에듀윌과 함께 시작하면,
당신도 합격할 수 있습니다!

이 일 저 일 전전하다 관리자가 되려고 시작해
최고득점으로 동차 합격한 퇴직자

4살 된 딸아이가 어린이집에 있는 동안 공부해
고득점으로 합격한 전업주부

밤에는 대리운전, 낮에는 독서실에서 공부하며
에듀윌의 도움으로 거머쥔 주택관리사 합격증

누구나 합격할 수 있습니다.
시작하겠다는 '다짐' 하나면 충분합니다.

마지막 페이지를 덮으면,

에듀윌과 함께
주택관리사 합격이 시작됩니다.

16년간
베스트셀러 1위

기초서

기본서

기출문제집

핵심요약집

문제집

네컷회계

주택관리사
교재 보기

베스트셀러 1위 교재로
따라만 하면 합격하는 커리큘럼

STEP 1	STEP 2	STEP 3	STEP 4
기초 이론	이론 완성 1 이론 완성 2	핵심 이론 문제 풀이	마무리 특강 동형 모의고사
시작에 필요한 기초 개념 확인	기본서 반복으로 탄탄한 이론 완성	빈출이론&문제 한 번에 정리	다양한 실전 연습으로 쉬운 합격 완성

* 커리큘럼의 명칭 및 내용은 변경될 수 있습니다.

* 2023 대한민국 브랜드만족도 주택관리사 교육 1위 (한경비즈니스)
* YES24 수험서 자격증 주택관리사 베스트셀러 1위 (2010년 12월, 2011년 3월, 9월, 12월, 2012년 1월, 3월~12월, 2013년 1월~5월, 8월~11월, 2014년 2월~8월, 10월~12월, 2015년 1월~5월, 7월~12월, 2016년 1월~12월, 2017년 1월~12월, 2018년 1월~12월, 2019년 1월~12월, 2020년 1월~7월, 9월~12월, 2021년 1월~12월, 2022년 1월~12월, 2023년 1월~11월, 2024년 1월~2월, 4월~12월, 2025년 1월 월별 베스트)

주택관리사,
에듀윌을 선택해야 하는 이유

오직 에듀윌에서만 가능한 합격 신화

6년 연속 최고득점자 배출

합격을 위한 최강 라인업

주택관리사 명품 교수진

주택관리사

합격부터 취업까지!

에듀윌 주택취업지원센터 운영

합격생들이 가장 많이 선택한 교재

16년간 베스트셀러 1위

* 2023 대한민국 브랜드만족도 주택관리사 교육 1위 (한경비즈니스)
2024년 석차 1등&공동주택관리실무 최고득점 / 2023년, 2022년 공동주택관리실무 최고득점 / 2021년, 2020년 주택관리관계법규, 공동주택관리실무 과목별 최고득점 / 2019년 주택관리관계법규 최고득점

* YES24 수험서 자격증 주택관리사 베스트셀러 1위 (2010년 12월, 2011년 3월, 9월, 12월, 2012년 1월, 3월~12월, 2013년 1월~5월, 8월~11월, 2014년 2월~8월, 10월~12월, 2015년 1월~5월, 7월~12월, 2016년 1월~12월, 2017년 1월~12월, 2018년 1월~12월, 2019년 1월~12월, 2020년 1월~7월, 9월~12월, 2021년 1월~12월, 2022년 1월~12월, 2023년 1월~11월, 2024년 1월~2월, 4월~12월, 2025년 1월 월별 베스트)

에듀윌이
너를
지지할게

ENERGY

시작하는 방법은

말을 멈추고

즉시 행동하는 것이다.

– 월트 디즈니(Walt Disney)

2025

에듀윌 주택관리사

출제가능 문제집 2차

공동주택관리실무 [객관식편]

eduwill

시험 안내

주택관리사 시험, 준비물은 무엇인가요?

꼭 챙겨가세요!

필기구　수험표　신분증

손목시계　계산기

* 신분증의 경우 정부24 전자문서지갑 등에서 발급된 모바일 자격증을 자격시험 신분증으로 인정합니다. (수험표의 수험자 유의사항 참고)
* 손목시계는 시각만 확인할 수 있어야 하며, 스마트워치는 사용이 불가합니다.
* 데이터 저장기능이 있는 전자계산기는 수험자 본인이 반드시 메모리(SD카드 포함)를 제거, 삭제하여야 합니다.

시험 중 절대 허용되지 않아요!

통신기기　전자기기　중도퇴실

* 통신기기 및 전자기기에는 휴대전화, PDA, PMP, MP3, 휴대용 컴퓨터, 디지털 카메라, 전자사전, 카메라 펜 등이 포함되며, 시험 도중 소지 · 착용하고 있는 경우에는 당해 시험이 정지(퇴실)되고 무효(0점) 처리되니 주의하세요.
* 시험시간 중에는 화장실 출입 및 중도 퇴실이 불가합니다. 단, 설사 · 배탈 등 긴급상황 발생으로 퇴실 시 해당 교시 재입실이 불가하고, 시험 종료 시까지 시험본부에 대기하게 됩니다.

답안 작성 시 유의사항이 있나요?

이렇게 작성하세요!

- 시험 문제지의 문제번호와 **동일한 번호**에 마킹
- 반드시 **검정색 사인펜** 사용
- 2차 시험 주관식 답안은 **검정색 필기구** 사용
- 답안을 잘못 마킹했을 경우, **답안카드 교체** 및 **수정테이프** 사용
- 2차 주관식 답안 정정 시 **두 줄로 긋고 다시 기재**하거나 **수정테이프** 사용

이렇게 작성하면 안 돼요!

- 답안카드 **마킹착오, 불완전한 마킹 · 수정, 예비마킹**
- **지워지는 펜** 사용
- 2차 주관식 답안 작성 시 **연필류, 유색 필기구, 두 가지 색 혼합 사용**
- 답안 정정 시 **수정액** 및 **스티커** 사용

상대평가, 어떻게 시행되나요?

2024년 제27회 1,612명 선발!

국가에서 정한 선발예정인원(선발예정인원은 매해 시험 공고에 게재됨) 범위에서 고득점자 순으로 합격자가 결정됩니다.

제1차는 평균 60점 이상 득점한 자, 제2차는 고득점자 순으로 선발!

제1차	매 과목 40점 이상, 전 과목 평균 60점 이상 득점한 사람 중에서 선발합니다.
제2차	매 과목 40점 이상, 전 과목 평균 60점 이상 득점한 사람 중에서 선발하며, 그중 선발예정인원 범위에서 고득점자 순으로 결정합니다. 선발예정인원에 미달하는 경우 전 과목 40점 이상자 중 고득점자 순으로 선발하며, 동점자로 인하여 선발예정인원을 초과하는 경우에는 동점자 모두를 합격자로 결정합니다.

제2차 과목의 주관식 단답형 16문항은 부분점수 적용

괄호가 3개인 경우	3개 정답(2.5점), 2개 정답(1.5점), 1개 정답(0.5점)
괄호가 2개인 경우	2개 정답(2.5점), 1개 정답(1점)
괄호가 1개인 경우	1개 정답(2.5점)

2020년 상대평가 시행 이후 제2차 시험 합격선은?

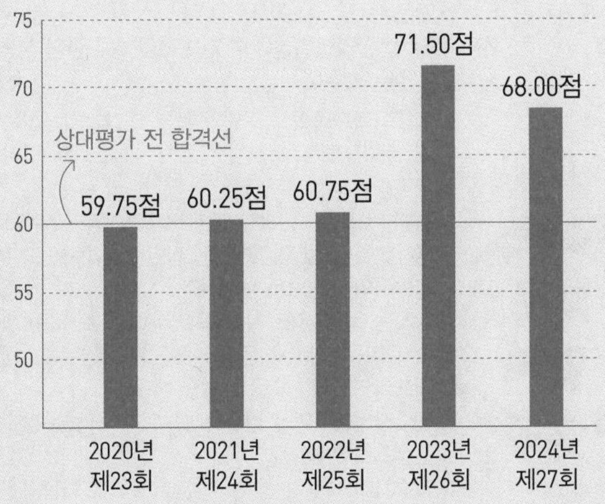

최근 2개년 합격선 **평균 69.75점**

상대평가 시행 이후 제25회 시험까지는 합격선이 60점 내외로 형성되었지만, 제26회에는 평균 71.50점, 제27회에는 평균 68.00점으로 합격선이 형성되며 합격에 필요한 점수가 상당히 올라갔습니다. 앞으로도 에듀윌은 변화하는 수험 환경에 맞는 학습 커리큘럼과 교재를 통해 수험자 여러분들을 합격의 길로 이끌겠습니다.

에듀윌 문제집으로 완성해야 하는 이유!

"이론만 공부하면 뭐해, 어떻게 풀어야 하는지를 모르는 걸…"
"범위가 너무 많아. 이제 그만 하고 포기하고 싶어…"

에듀윌 출제가능 문제집이 있는데, 왜 고민하세요?

수석합격자가 인정한 교재

에듀윌 주택관리사를 공부하면서 좋았던 부분은 체계적인 커리큘럼과 실전 대비 시스템입니다. 강의가 단계적으로 구성되어 초보자도 쉽게 따라갈 수 있었고, 중요한 내용을 반복 학습할 수 있는 구조가 시험 준비에 큰 도움이 되었다고 생각합니다. 또한 다양한 문제풀이와 모의고사를 통해 실전에 대한 자신감을 키울 수 있었던 점이 좋았습니다. 주택관리사 시험을 준비하는 여러분들, 많이 힘들고 불안한 마음이 들겠지만 "한 발짝 더 나아가는 용기와 꾸준함이 합격을 만드는 것 같습니다." 포기하지 않고 끝까지 달려간다면 반드시 좋은 결과를 얻을 수 있습니다. 마지막까지 최선을 다하는 여러분을 진심으로 응원합니다.

제27회 시험 수석합격&공동주택관리실무 최고득점 문O호 합격생

실제 시험과 유사한 교재

에듀윌 주택관리사 관리실무 출제가능 문제집

23. 공동주택관리법령상 입주자대표회의의 권한 및 의결사항에 관한 설명으로 옳은 것은?
① 입주자대표회의는 공동주택관리규약 제정안을 제안한다.
② 입주자대표회의는 위탁관리를 하는 경우 위탁관리기구 직원의 임면에 관한 사항을 결정한다.
③ 입주자대표회의는 공동주택관리규약에서 위임한 사항과 그 시행에 필요한 규정의 제정·개정 및 폐지를 구성원 3분의 2의 찬성으로 의결한다.
④ 공동주택의 전유부분의 보수·교체 및 개량은 공동주택관리규약으로 따로 정하는 바가 없더라도 입주자대표회의의 의결사항에 포함된다.
⑤ 입주자대표회의는 공용시설물의 이용료 부과기준을 결정한다.

지문 일치

주택관리사 관리실무 기출문제

23. 공동주택관리법령상 입주자대표회의에 관한 설명으로 옳지 않은 것은?
① 입주자대표회의의 구성원인 동별 대표자의 선거구는 2개 동 이상으로 묶거나 통로나 층별로 구획하여 관리규약으로 정할 수 있다.
② 동별 대표자를 선출할 때 후보자가 1명인 경우에는 해당 선거구 전체 입주자등의 과반수가 투표하고 투표자 과반수의 찬성으로 선출한다.
③ 감사는 입주자대표회의에서 의결한 안건이 관계 법령 및 관리규약에 위반된다고 판단되는 경우에는 입주자대표회의에 재심의를 요청할 수 있다.
④ 입주자대표회의는 입주자대표회의 구성원 3분의 2의 찬성으로 의결한다.
⑤ 입주자대표회의는 입주자등의 소통 및 화합의 증진을 위하여 그 이사 중 공동체 생활의 활성화에 관한 업무를 담당하는 이사를 선임할 수 있다.

1위 기록이 증명한 교재

* YES24 수험서 자격증 주택관리사 문제집 베스트셀러 1위
 – 법규 2024년 8월 월별 베스트
 – 실무 2024년 9월 5주 주별 베스트

최신 기출문제 수록

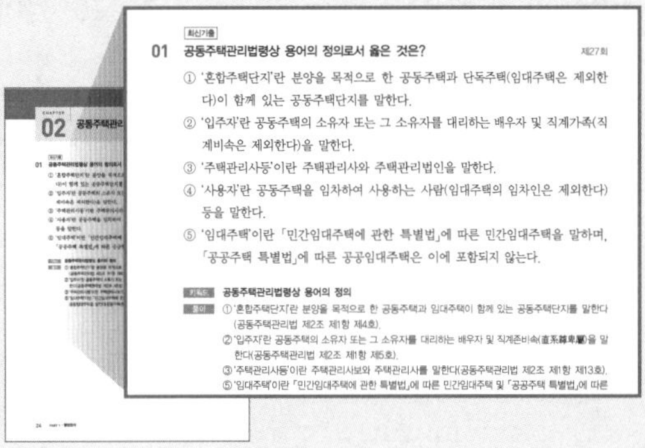

최신기출

01 공동주택관리법령상 용어의 정의로서 옳은 것은? 제27회

① '혼합주택단지'란 분양을 목적으로 한 공동주택과 단독주택(임대주택은 제외한다)이 함께 있는 공동주택단지를 말한다.

② '입주자'란 공동주택의 소유자 또는 그 소유자를 대리하는 배우자 및 직계가족(직계비속은 제외한다)을 말한다.

③ '주택관리사등'이란 주택관리사와 주택관리법인을 말한다.

④ '사용자'란 공동주택을 임차하여 사용하는 사람(임대주택의 임차인은 제외한다) 등을 말한다.

⑤ '임대주택'이란 「민간임대주택에 관한 특별법」에 따른 민간임대주택을 말하며, 「공공주택 특별법」에 따른 공공임대주택은 이에 포함되지 않는다.

키워드 공동주택관리법령상 용어의 정의

풀이 ① '혼합주택단지'란 분양을 목적으로 한 공동주택과 임대주택이 함께 있는 공동주택단지를 말한다(공동주택관리법 제2조 제1항 제4호).
② '입주자'란 공동주택의 소유자 또는 그 소유자를 대리하는 배우자 및 직계존비속(直系尊卑屬)을 말한다(공동주택관리법 제2조 제1항 제5호).
③ '주택관리사등'이란 주택관리사보와 주택관리사를 말한다(공동주택관리법 제2조 제1항 제13호).
⑤ '임대주택'이란 「민간임대주택에 관한 특별법」에 따른 민간임대주택 및 「공공주택 특별법」에 따른

최신 기출문제를 수록하여 최근의 출제경향을 파악할 수 있습니다.

⊕ PLUS 출제가능 문제집, 함께하면 좋은 책은?

핵심요약집(5종)

핵심만 싹 모은 진짜 요약서로 빠르게 이론 정리!

(2차 2종: 2025년 4월 출간 예정)

단원별 기출문제집(2종)

기출문제를 통한 약점 완전 정복!

구성과 특징

워밍업

기출기반 합격자료

문제풀이 전 출제경향을 확인해 보세요.

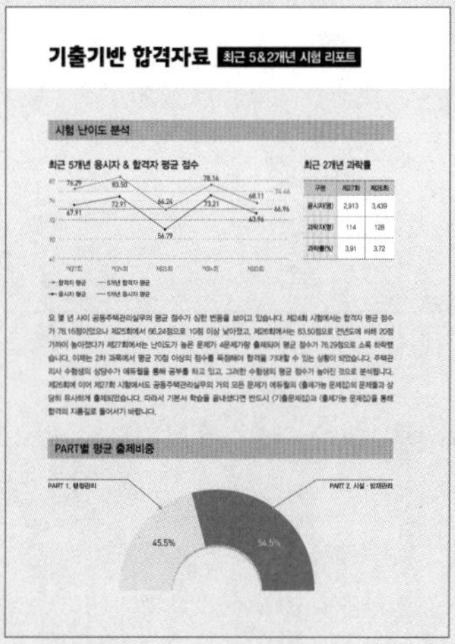

최근 5개년 평균 점수와 2개년 과락률, 시험 난이도를 확인해 보세요. PART별, CHAPTER별 출제비중을 꼼꼼히 분석하여 더 중점을 두고 학습해야 하는 단원을 파악할 수 있습니다.

문제풀이 본 학습

꼭 풀어 보아야 하는, 최신 기출문제

CHAPTER 02 공동주택관리법의 총칙 및 관리규약

▶ 연계학습 I 에듀윌 기본서 2차 [공동주택관리실무 上] p.34

최신기출

01 공동주택관리법령상 용어의 정의로서 옳은 것은?

① '혼합주택단지'란 분양을 목적으로 한 공동주택과 단독주택(임
다)이 함께 있는 공동주택단지를 말한다.

② '입주자'란 공동주택의 소유자 또는 그 소유자를 대리하는 배우지
계비속은 제외한다)을 말한다.

③ '주택관리사등'이란 주택관리사와 주택관리법인을 말한다.

④ '사용자'란 공동주택을 임차하여 사용하는 사람(임대주택의 임ㅊ
등을 말한다.

⑤ '임대주택'이란 「민간임대주택에 관한 특별법」에 따른 민간임ㄷ
「공공주택 특별법」에 따른 공공임대주택은 이에 포함되지 않는

키워드 공동주택관리법령상 용어의 정의

풀이 ① '혼합주택단지'란 분양을 목적으로 한 공동주택과 임대주택이 함께 있는 공
(공동주택관리법 제2조 제1항 제4호).
② '입주자'란 공동주택의 소유자 또는 그 소유자를 대리하는 배우자 및 직계존
한다(공동주택관리법 제2조 제1항 제5호).
③ '주택관리사등'이란 주택관리사보와 주택관리사를 말한다(공동주택관리법
⑤ '임대주택'이란 「민간임대주택에 관한 특별법」에 따른 민간임대주택 및 「공공
공공임대주택을 말한다(공동주택관리법 제2조 제1항 제19호).

24 PART 1 • 행정관리

맥락 잡고 약점 잡는, 키워드 & 풀이

마무리

법령 개정 걱정 없는, 기출 수정문제

95 남녀고용평등과 일·가정 양립 지원에 관한 법률상 배우자 출산휴가에 관한 내용이다. (　　)에 들어갈 아라비아 숫자와 용어를 쓰시오. 제26회 수정

PART 1

> 제18조의2【배우자 출산휴가】① 사업주는 근로자가 배우자의 출산을 이유로 휴가(이하 '배우자 출산휴가'라 한다)를 고지하는 경우에 (㉠)일의 휴가를 주어야 한다. 이 경우 사용한 휴가기간은 (㉡)(으)로 한다.
> ② 제1항 후단에도 불구하고 출산전후휴가급여등이 지급된 경우에는 그 금액의 한도에서 지급의 책임을 면한다.
> ③ 배우자 출산휴가는 근로자의 배우자가 출산한 날부터 (㉢)일이 지나면 사용할 수 없다.

96 남녀고용평등과 일·가정 양립 지원에 관한 법률상 모성보호에 관한 내용이다. (　　)에 들어갈 용어 또는 숫자를 쓰시오. 제23회 수정

> 사업주는 근로자가 인공수정 또는 체외수정 등 (㉠)을(를) 받기 위하여 휴가를 청구하는 경우에 연간 (㉡)일 이내의 휴가를 주어야 하며, 이 경우 최초 2일은 유급으로 한다. 다만, 근로자가 청구한 시기에 휴가를 주는 것이 정상적인 사업 운영에 중대한 지장을 초래하는 경우에는 근로자와 협의하여 그 시기를 변경할 수 있다.

97 남녀고용평등과 일·가정 양립 지원에 관한 법률상 육아휴직에 관한 설명이다. (　　)에 들어갈 아라비아 숫자를 쓰시오.

> 사업주는 임신 중인 여성근로자가 모성을 보호하거나 근로자가 만 (㉠)세 이하 또는 초등학교 (㉡)학년 이하의 자녀(입양한 자녀를 포함한다. 이하 같다)를 양육하기 위하여 휴직(이하 '육아휴직'이라 한다)을 신청하는 경우에 이를 허용하여야 한다. 다만, 대통령령으로 정하는 경우에는 그러하지 아니하다.

정답
부장관 **92** ㉠ 3, ㉡ 2 **93** ㉠ 유급휴가 **94** ㉠ 20 **95** ㉠ 20, ㉡ 유급,
㉠ 난임치료, ㉡ 6 **97** ㉠ 8, ㉡ 2

문제 풀고 바로 확인할 수 있는 정답

오답노트 작성

헷갈리거나 틀린 문제는 오답노트로 정리해 보세요.

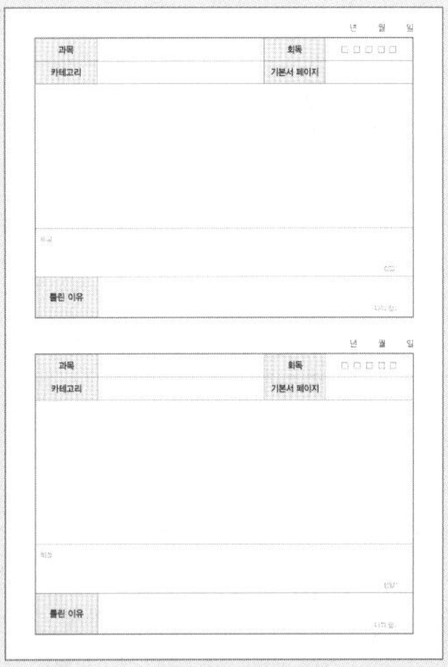

다운로드 방법

에듀윌 도서몰
(book.eduwill.net) 접속

▼

도서자료실 클릭 후
부가학습자료 클릭

▼

검색창에 '교재명' 입력 후
다운로드

기출기반 합격자료 최근 5&2개년 시험 리포트

시험 난이도 분석

최근 5개년 응시자 & 합격자 평균 점수

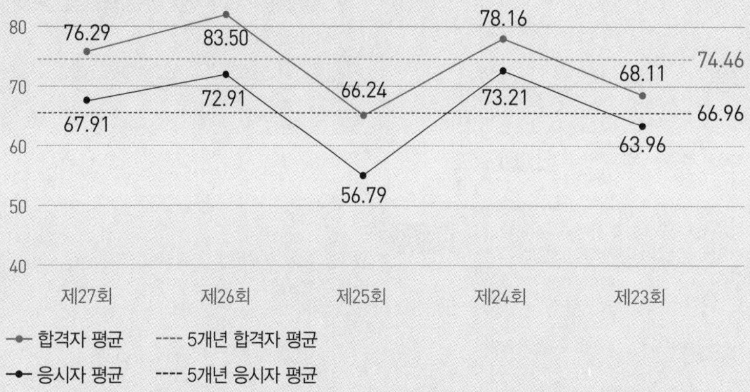

최근 2개년 과락률

구분	제27회	제26회
응시자(명)	2,913	3,439
과락자(명)	114	128
과락률(%)	3.91	3.72

요 몇 년 사이 공동주택관리실무의 평균 점수가 심한 변동을 보이고 있습니다. 제24회 시험에서는 합격자 평균 점수가 78.16점이었으나 제25회에서 66.24점으로 10점 이상 낮아졌고, 제26회에서는 83.50점으로 전년도에 비해 20점 가까이 높아졌다가 제27회에서는 난이도가 높은 문제가 4문제가량 출제되어 평균 점수가 76.29점으로 소폭 하락했습니다. 이제는 2차 과목에서 평균 70점 이상의 점수를 득점해야 합격을 기대할 수 있는 상황이 되었습니다. 주택관리사 수험생의 상당수가 에듀윌을 통해 공부를 하고 있고, 그러한 수험생의 평균 점수가 높아진 것으로 분석됩니다. 제26회에 이어 제27회 시험에서도 공동주택관리실무의 거의 모든 문제가 에듀윌의 〈출제가능 문제집〉의 문제들과 상당히 유사하게 출제되었습니다. 따라서 기본서 학습을 끝내셨다면 반드시 〈기출문제집〉과 〈출제가능 문제집〉을 통해 합격의 지름길로 들어서기 바랍니다.

PART별 평균 출제비중

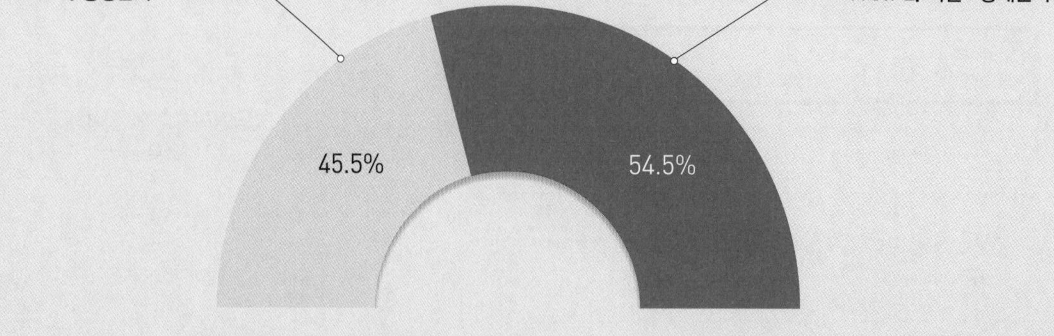

CHAPTER별 평균 출제비중

단원		5개년 평균 출제문항 수(개)	5개년 평균 출제비중
PART	CHAPTER		
1. 행정관리	01. 주택의 정의 및 종류	0.2(0.2)	0.5%
	02. 공동주택관리법의 총칙 및 관리규약	0.8(0.4)	2%
	03. 공동주택의 관리방법	2.6(1.4)	6.5%
	04. 공동주택의 관리조직	4.6(1.2)	11.5%
	05. 주택관리사제도	0.4(0)	1%
	06. 공동주택관리법상 벌칙사항	0(0)	0%
	07. 입주자관리	0.4(0)	1%
	08. 사무 및 인사관리	7.2(3.4)	18%
	09. 대외업무관리 및 리모델링	1.2(0.8)	3%
	10. 공동주거관리이론	0(0)	0%
	11. 공동주택회계관리	0.8(0)	2%
2. 시설 · 방재관리	01. 시설관리	16.6(6.4)	41.5%
	02. 환경관리	3.8(1.8)	9.5%
	03. 안전관리	1.4(0.4)	3.5%

* 괄호 안 숫자는 주관식 단답형 출제문항 수이며, 분류기준에 따라 수치가 달라질 수 있습니다.

차례

PART 1 | 행정관리

PART 2 | 시설 · 방재관리

PART 1

행정관리

CHAPTER

01 주택의 정의 및 종류

▶ 연계학습 | 에듀윌 기본서 2차 [공동주택관리실무 上] p.20

01 **건축법령상 공동주택에 해당하는 건축물로 옳게 짝지어진 것은?**

㉠ 다가구주택	㉡ 다세대주택
㉢ 공관	㉣ 기숙사
㉤ 다중주택	

① ㉠, ㉢
② ㉠, ㉤
③ ㉡, ㉢
④ ㉡, ㉣
⑤ ㉣, ㉤

키워드 **건축법령상 단독주택과 공동주택의 종류(건축법 시행령 제3조의5 별표 1 참조)**

풀이 공동주택의 종류에는 아파트, 연립주택, 다세대주택, 기숙사가 있다.

정답 ④

02 **1개 동의 건축물 현황이 다음과 같다. 건축법령상 용도별 건축물의 종류는?**

- 1층 전부를 필로티 구조로 하여 주차장으로 사용하며, 2층부터 5층까지 주택으로 사용함
- 주택으로 쓰는 바닥면적의 합계가 1,000m^2임
- 세대수 합계가 16세대로서 모든 세대에 취사시설이 설치됨

① 아파트
② 다중주택
③ 다세대주택
④ 연립주택
⑤ 다가구주택

키워드 **건축법령상 주택의 종류별 요건(건축법 시행령 제3조의5 별표 1 참조)**

풀이 해당 요건을 모두 충족하는 것은 연립주택이다.

정답 ④

03 건축법령상 주택에 관한 설명 중 옳은 것은?

제9회 수정

① 단독주택의 종류에는 단독주택·다세대주택 등이 있다.

② 공동주택의 종류에는 연립주택·다중주택·아파트 등이 있다.

③ 연립주택은 주택으로 쓰는 1개 동의 바닥면적의 합계가 660제곱미터를 초과하고 층수가 4개 층 이하인 주택을 말한다.

④ 일반기숙사는 학교 또는 공장 등의 학생 또는 종업원 등을 위하여 쓰는 것으로서 1개 동의 공동취사시설 이용 세대수가 전체의 60퍼센트 이상인 주택을 말한다.

⑤ 다세대주택은 주택으로 쓰는 1개 동의 바닥면적의 합계가 660제곱미터 이하이고 층수가 5개 층 이하인 주택을 말한다.

키워드 **건축법령상 주택의 종류별 요건(건축법 시행령 제3조의5 별표 1 참조)**

풀이 ① 단독주택의 종류에는 단독주택·다중주택·다가구주택·공관이 있다.
② 공동주택의 종류에는 아파트·연립주택·다세대주택·기숙사가 있다.
④ 일반기숙사는 학교 또는 공장 등의 학생 또는 종업원 등을 위하여 사용하는 것으로서 해당 기숙사의 공동취사시설 이용 세대수가 전체 세대수의 50퍼센트 이상인 것을 말한다.
⑤ 다세대주택은 주택으로 쓰는 1개 동의 바닥면적 합계가 660제곱미터 이하이고 층수가 4개 층 이하인 주택을 말한다.

정답 ③

04 주택법령상 단독주택에 해당하는 것을 모두 고른 것은?

㉠ 다세대주택	㉡ 다중주택
㉢ 공관	㉣ 다가구주택

① ㉠, ㉡　　② ㉠, ㉢
③ ㉡, ㉢　　④ ㉡, ㉣
⑤ ㉢, ㉣

키워드 **주택법령상 단독주택의 종류(주택법 시행령 제2조)**

풀이 주택법령상 단독주택에는 단독주택, 다중주택, 다가구주택이 있다.

정답 ④

05 다음 중 주택법령상 공동주택에 해당하는 것을 모두 고른 것은? 제14회

㉠ 연립주택	㉡ 다중주택
㉢ 다세대주택	㉣ 다가구주택

① ㉠, ㉡
② ㉠, ㉢
③ ㉡, ㉢
④ ㉡, ㉣
⑤ ㉢, ㉣

키워드 **주택법령상 공동주택의 종류(주택법 시행령 제3조)**

풀이 주택법령상 공동주택에는 아파트, 연립주택, 다세대주택이 있다.

정답 ②

06 주택법령상 준주택의 종류와 범위에 해당하는 것을 모두 고른 것은?

㉠ 건축법령상 단독주택 중 다중주택
㉡ 건축법령상 노유자시설 중 노인복지시설로서 「노인복지법」상 노인복지주택
㉢ 건축법령상 제2종 근린생활시설 중 다중생활시설
㉣ 건축법령상 업무시설 중 오피스텔
㉤ 건축법령상 공동주택 중 기숙사
㉥ 건축법령상 숙박시설 중 생활숙박시설

① ㉠, ㉡, ㉢, ㉣
② ㉠, ㉡, ㉣, ㉥
③ ㉡, ㉢, ㉣, ㉤
④ ㉡, ㉢, ㉤, ㉥
⑤ ㉢, ㉣, ㉤, ㉥

키워드 **준주택의 종류(주택법 시행령 제4조)**

풀이 준주택의 종류와 범위에는 기숙사, 다중생활시설, 노인복지시설 중 「노인복지법」의 노인복지주택, 오피스텔이 해당된다.

정답 ③

07 주택법령상 용어의 뜻에 의할 때 '주택'에 해당하지 않는 것을 모두 고른 것은?

㉠ 「건축법 시행령」상 용도별 건축물의 종류에 따른 다중주택 ㉡ 「건축법 시행령」상 용도별 건축물의 종류에 따른 기숙사 ㉢ 「건축법 시행령」상 용도별 건축물의 종류에 따른 오피스텔 ㉣ 「노인복지법」상 노인복지주택

① ㉠, ㉢
② ㉡, ㉢
③ ㉡, ㉣
④ ㉠, ㉡, ㉣
⑤ ㉡, ㉢, ㉣

키워드 주택법령상 주택의 범위(주택법 시행령 제4조)

풀이 ㉠은 단독주택에 해당하고, ㉡㉢㉣은 준주택의 종류에 해당한다.

정답 ⑤

08 주택법령상 공동주택에 해당하지 않는 것을 모두 고른 것은?

㉠ 「건축법 시행령」상 다중주택 ㉡ 「건축법 시행령」상 다가구주택 ㉢ 「건축법 시행령」상 연립주택 ㉣ 「건축법 시행령」상 다세대주택 ㉤ 「건축법 시행령」상 오피스텔

① ㉠, ㉡, ㉣
② ㉠, ㉡, ㉤
③ ㉠, ㉢, ㉤
④ ㉡, ㉢, ㉣
⑤ ㉢, ㉣, ㉤

키워드 주택법령상 공동주택의 범위(주택법 시행령 제2 · 3 · 4조)

풀이 ㉠㉡은 단독주택, ㉤은 준주택의 종류에 해당한다.

정답 ②

09 주택법령상의 용어로 옳지 않은 것을 모두 고른 것은?

㉠ '주택'이란 세대의 구성원이 장기간 독립된 주거생활을 할 수 있는 구조로 된 건축물(그 부속토지는 제외)의 전부 또는 일부를 말한다. ㉡ '세대구분형 공동주택'이란 공동주택의 주택 내부 공간의 일부를 세대별로 구분하여 생활이 가능한 구조로 하되, 그 구분된 공간 일부를 구분소유할 수 있는 주택으로서 대통령령으로 정하는 건설기준, 설치기준, 면적기준 등에 적합한 주택을 말한다. ㉢ '국민주택규모'란 주거의 용도로만 쓰이는 면적이 「수도권정비계획법」에 따른 수도권을 제외한 도시지역이 아닌 읍 또는 면 지역은 1호 또는 1세대당 주거전용면적이 85제곱미터 이하인 주택을 말한다. ㉣ '민영주택'이란 임대주택을 제외한 주택을 말한다. ㉤ '에너지절약형 친환경주택'이란 저에너지 건물 조성기술 등을 이용하여 실내공기의 오염물질 등을 최소화할 수 있도록 건설된 주택을 말한다.

① ㉠
② ㉠, ㉡
③ ㉠, ㉡, ㉢
④ ㉠, ㉡, ㉢, ㉣
⑤ ㉠, ㉡, ㉢, ㉣, ㉤

키워드 「주택법」상 용어의 정의(주택법 제2조)

풀이 ㉠ '주택'이란 세대의 구성원이 장기간 독립된 주거생활을 할 수 있는 구조로 된 건축물의 전부 또는 일부 및 그 부속토지를 말한다.

㉡ '세대구분형 공동주택'이란 공동주택의 주택 내부 공간의 일부를 세대별로 구분하여 생활이 가능한 구조로 하되, 그 구분된 공간의 일부를 구분소유할 수 없는 주택으로서 대통령령으로 정하는 건설기준, 설치기준, 면적기준 등에 적합한 주택을 말한다.

㉢ '국민주택규모'란 주거의 용도로만 쓰이는 면적(주거전용면적)이 1호(戶) 또는 1세대당 85제곱미터 이하인 주택(수도권정비계획법 제2조 제1호에 따른 수도권을 제외한 도시지역이 아닌 읍 또는 면 지역은 1호 또는 1세대당 주거전용면적이 100제곱미터 이하인 주택을 말한다)을 말한다.

㉣ '민영주택'이란 국민주택을 제외한 주택을 말한다.

㉤ '에너지절약형 친환경주택'이란 저에너지 건물 조성기술 등 대통령령으로 정하는 기술을 이용하여 에너지 사용량을 절감하거나 이산화탄소 배출량을 저감할 수 있도록 건설된 주택을 말한다.

정답 ⑤

10 주택법령상의 용어로 옳지 않은 것을 모두 고른 것은?

㉠ '도시형 생활주택'이란 300세대 이하의 국민주택규모에 해당하는 주택으로서 대통령령으로 정하는 주택을 말한다.
㉡ '국민주택'이란 국가·지방자치단체, 한국토지주택공사 또는 지방공사가 건설하는 주택 및 국가·지방자치단체의 재정 또는 주택도시기금으로부터 자금을 지원받아 건설되거나 개량되는 주택을 말한다.
㉢ '건강친화형 주택'이란 건강하고 쾌적한 실내환경의 조성을 위하여 이산화탄소 배출량을 저감할 수 있도록 건설된 주택을 말한다.
㉣ '장수명 주택'이란 구조적으로 오랫동안 유지·관리될 수 있는 내구성을 갖추고 있어 내부 구조를 쉽게 변경할 수 없는 주택을 말한다.
㉤ '에너지절약형 친환경주택'이란 저에너지 건물 조성기술 등 대통령령으로 정하는 기술을 이용하여 에너지 사용량을 절감하거나 이산화탄소 배출량을 증대할 수 있도록 건설된 주택을 말한다.

① ㉠
② ㉠, ㉡
③ ㉠, ㉡, ㉢
④ ㉠, ㉡, ㉢, ㉣
⑤ ㉠, ㉡, ㉢, ㉣, ㉤

키워드 「주택법」상 용어의 정의(주택법 제2조)

풀이 ㉠ '도시형 생활주택'이란 300세대 미만의 국민주택규모에 해당하는 주택으로서 대통령령으로 정하는 주택을 말한다.
㉡ '국민주택'이란 다음의 어느 하나에 해당하는 주택으로서 국민주택규모 이하인 주택을 말한다.
1. 국가·지방자치단체, 「한국토지주택공사법」에 따른 한국토지주택공사 또는 「지방공기업법」 제49조에 따라 주택사업을 목적으로 설립된 지방공사가 건설하는 주택
2. 국가·지방자치단체의 재정 또는 「주택도시기금법」에 따른 주택도시기금으로부터 자금을 지원받아 건설되거나 개량되는 주택

㉢ '건강친화형 주택'이란 건강하고 쾌적한 실내환경의 조성을 위하여 실내공기의 오염물질 등을 최소화할 수 있도록 대통령령으로 정하는 기준에 따라 건설된 주택을 말한다.
㉣ '장수명 주택'이란 구조적으로 오랫동안 유지·관리될 수 있는 내구성을 갖추고, 입주자의 필요에 따라 내부 구조를 쉽게 변경할 수 있는 가변성과 수리 용이성 등이 우수한 주택을 말한다.
㉤ '에너지절약형 친환경주택'이란 저에너지 건물 조성기술 등 대통령령으로 정하는 기술을 이용하여 에너지 사용량을 절감하거나 이산화탄소 배출량을 저감할 수 있도록 건설된 주택을 말한다.

정답 ⑤

11 **주택법 제15조에 따른 사업계획의 승인을 받아 건설하는 세대구분형 공동주택의 요건으로 옳지 않은 것을 모두 고른 것은?**

> ㉠ 세대별로 구분된 각각의 공간마다 별도의 욕실, 부엌과 보일러실을 설치할 것
> ㉡ 세대구분형 공동주택의 세대수가 해당 주택단지 안의 공동주택 전체 세대수의 5분의 1을 넘지 않을 것
> ㉢ 하나의 세대가 통합하여 사용할 수 있도록 세대 간에 연결문 또는 중량구조의 경계벽 등을 설치할 것
> ㉣ 세대별로 구분된 각각의 공간의 주거전용면적 합계가 해당 주택단지 전체 주거전용면적 합계의 3분의 1을 넘는 등 국토교통부장관이 정하여 고시하는 주거전용면적의 비율에 관한 기준을 충족할 것

① ㉠, ㉡
② ㉡, ㉢
③ ㉠, ㉡, ㉢
④ ㉡, ㉢, ㉣
⑤ ㉠, ㉡, ㉢, ㉣

키워드 **「주택법」 제15조에 따른 사업계획의 승인을 받아 건설하는 세대구분형 공동주택의 요건(주택법 시행령 제9조 제1항 제1호)**

풀이 ㉠ 세대별로 구분된 각각의 공간마다 별도의 욕실, 부엌과 현관을 설치할 것
㉡ 세대구분형 공동주택의 세대수가 해당 주택단지 안의 공동주택 전체 세대수의 3분의 1을 넘지 않을 것
㉢ 하나의 세대가 통합하여 사용할 수 있도록 세대 간에 연결문 또는 경량구조의 경계벽 등을 설치할 것
㉣ 세대별로 구분된 각각의 공간의 주거전용면적 합계가 해당 주택단지 전체 주거전용면적 합계의 3분의 1을 넘지 않는 등 국토교통부장관이 정하여 고시하는 주거전용면적의 비율에 관한 기준을 충족할 것

정답 ⑤

12 주택법령상 「공동주택관리법」에 따른 행위의 허가를 받거나 신고를 하고 설치하는 세대구분형 공동주택이 충족하여야 하는 요건에 해당하는 것을 모두 고른 것은? (단, 조례는 고려하지 않음)

㉠ 하나의 세대가 통합하여 사용할 수 있도록 세대 간에 연결문 또는 경량구조의 경계벽 등을 설치할 것 ㉡ 구분된 공간의 세대수는 기존 세대수를 포함하여 2세대 이하일 것 ㉢ 세대별로 구분된 각각의 공간마다 별도의 욕실, 부엌과 구분된 출입문을 설치할 것 ㉣ 구조, 화재, 소방 및 피난안전 등 관계 법령에서 정하는 안전 기준을 충족할 것

① ㉠, ㉡, ㉢
② ㉠, ㉡, ㉣
③ ㉠, ㉢, ㉣
④ ㉡, ㉢, ㉣
⑤ ㉠, ㉡, ㉢, ㉣

키워드 **「공동주택관리법」 제35조에 따른 행위의 허가를 받거나 신고를 하고 설치하는 세대구분형 공동주택의 요건(주택법 시행령 제9조 제1항 제2호)**

풀이 ㉠은 「주택법」 제15조에 따른 사업계획의 승인을 받아 건설하는 세대구분형 공동주택의 요건에 해당한다.

정답 ④

13 **주택법령상 주택 등에 관한 설명으로 옳은 것은?**

① 주택은 단독주택과 복합주택으로 구분한다.

② 세대구분형 공동주택의 건설과 관련하여 주택건설기준 등을 적용하는 경우 세대구분형 공동주택의 세대수는 그 구분된 공간마다 각각 세대로 산정한다.

③ 수도권에 소재한 읍 또는 면 지역의 경우 국민주택규모란 1호 또는 1세대당 주거전용면적이 100제곱미터 이하인 주택을 말한다.

④ 「국토의 계획 및 이용에 관한 법률」에 따른 도시지역에 건설하는 세대별 주거전용면적이 100제곱미터인 아파트는 도시형 생활주택에 해당한다.

⑤ 토지임대부 분양주택은 건축물의 전유부분(專有部分)에 대한 구분소유권은 이를 분양받은 자가 가지고, 건축물의 공용부분·부속건물 및 복리시설은 분양받은 자들이 공유한다.

키워드 **주택법령상 주택의 종류별 특징**

풀이 ① 주택은 단독주택과 공동주택으로 구분한다(주택법 제2조 제1호).

② 세대구분형 공동주택의 건설과 관련하여 주택건설기준 등을 적용하는 경우 세대구분형 공동주택의 세대수는 그 구분된 공간의 세대수에 관계없이 하나의 세대로 산정한다(주택법 시행령 제9조 제2항).

③ 수도권을 제외한 도시지역이 아닌 읍 또는 면 지역의 경우 국민주택규모란 1호 또는 1세대당 주거전용면적이 100제곱미터 이하인 주택을 말하며, 수도권에 소재한 읍 또는 면 지역의 경우 국민주택규모는 1호 또는 1세대당 주거전용면적이 85제곱미터 이하인 주택을 말한다(주택법 제2조 제6호).

④ 국민주택규모로서 세대별 주거전용면적이 85제곱미터 이하인 아파트가 도시형 생활주택인 아파트형 주택에 해당한다(주택법 제2조 제20호).

정답 ⑤

14 주택법령상 도시형 생활주택에 관한 설명으로 옳지 않은 것은?

① 단지형 다세대주택은 다세대주택. 다만, 「건축법」에 따라 건축위원회의 심의를 받은 경우에는 주택으로 쓰는 층수를 5개 층까지 건축할 수 있다.

② 준주거지역에서는 도시형 생활주택과 주거전용면적이 85제곱미터를 초과하는 주택 1세대는 하나의 건축물에 함께 건축할 수 없다.

③ 상업지역에서 하나의 건축물에는 아파트형 주택과 단지형 다세대주택을 함께 건축할 수 없다.

④ 일반주거지역에서는 하나의 건축물 안에 아파트형 주택과 도시형 생활주택 외의 주택을 함께 건축할 수 없다.

⑤ 「수도권정비계획법」에 따른 수도권의 경우 도시형 생활주택은 1호 또는 1세대당 주거전용면적이 85제곱미터 이하이어야 한다.

키워드 **도시형 생활주택의 건축 제한(주택법 시행령 제10조 제2항)**

풀이 하나의 건축물에는 도시형 생활주택과 그 밖의 주택을 함께 건축할 수 없다. 다만, 다음의 어느 하나에 해당하는 경우는 예외로 한다.

1. 도시형 생활주택과 주거전용면적이 85제곱미터를 초과하는 주택 1세대를 함께 건축하는 경우
2. 「국토의 계획 및 이용에 관한 법률 시행령」에 따른 준주거지역 또는 상업지역에서 아파트형 주택과 도시형 생활주택 외의 주택을 함께 건축하는 경우

정답 ②

CHAPTER

02 공동주택관리법의 총칙 및 관리규약

▶ **연계학습** | 에듀윌 기본서 2차 [공동주택관리실무 上] p.34

최신기출

01 공동주택관리법령상 용어의 정의로서 옳은 것은? 제27회

① '혼합주택단지'란 분양을 목적으로 한 공동주택과 단독주택(임대주택은 제외한다)이 함께 있는 공동주택단지를 말한다.

② '입주자'란 공동주택의 소유자 또는 그 소유자를 대리하는 배우자 및 직계가족(직계비속은 제외한다)을 말한다.

③ '주택관리사등'이란 주택관리사와 주택관리법인을 말한다.

④ '사용자'란 공동주택을 임차하여 사용하는 사람(임대주택의 임차인은 제외한다) 등을 말한다.

⑤ '임대주택'이란 「민간임대주택에 관한 특별법」에 따른 민간임대주택을 말하며, 「공공주택 특별법」에 따른 공공임대주택은 이에 포함되지 않는다.

키워드 **공동주택관리법령상 용어의 정의**

풀이 ① '혼합주택단지'란 분양을 목적으로 한 공동주택과 임대주택이 함께 있는 공동주택단지를 말한다(공동주택관리법 제2조 제1항 제4호).

② '입주자'란 공동주택의 소유자 또는 그 소유자를 대리하는 배우자 및 직계존비속(直系尊卑屬)을 말한다(공동주택관리법 제2조 제1항 제5호).

③ '주택관리사등'이란 주택관리사보와 주택관리사를 말한다(공동주택관리법 제2조 제1항 제13호).

⑤ '임대주택'이란 「민간임대주택에 관한 특별법」에 따른 민간임대주택 및 「공공주택 특별법」에 따른 공공임대주택을 말한다(공동주택관리법 제2조 제1항 제19호).

정답 ④

02 **공동주택관리법령상 의무관리대상 공동주택에 해당하는 것을 모두 고른 것은? (단, 입주자등이 대통령령으로 정하는 기준에 따라 동의하여 정하는 공동주택이 아닌 경우)**

제14회 수정

㉠ 승강기가 설치되지 않고 중앙집중식 난방방식이 아닌 400세대인 공동주택 ㉡ 승강기가 설치된 120세대인 공동주택 ㉢ 중앙집중식 난방방식의 120세대인 공동주택 ㉣ 「건축법」상 건축허가를 받아 주택 외의 시설과 주택을 동일 건축물로 건축한 건축물로서 주택이 200세대인 건축물

① ㉠, ㉡
② ㉠, ㉢
③ ㉠, ㉣
④ ㉡, ㉢
⑤ ㉡, ㉣

키워드 **「공동주택관리법」상 의무관리대상 공동주택의 정의**

풀이 의무관리대상 공동주택의 범위는 다음과 같다(공동주택관리법 제2조 제1항 제2호).

1. 300세대 이상의 공동주택
2. 150세대 이상으로서 승강기가 설치된 공동주택
3. 150세대 이상으로서 중앙집중식 난방방식(지역난방방식을 포함한다)의 공동주택
4. 「건축법」 제11조에 따른 건축허가를 받아 주택 외의 시설과 주택을 동일 건축물로 건축한 건축물로서 주택이 150세대 이상인 건축물
5. 위 1.부터 4.까지에 해당하지 아니하는 공동주택 중 입주자등이 대통령령으로 정하는 기준에 따라 동의하여 정하는 공동주택

정답 ③

03 **공동주택관리법상 의무관리대상 공동주택으로 옳지 않은 것은? (단, 입주자등이 대통령령으로 정하는 기준에 따라 동의하여 정하는 공동주택이 아닌 경우)**

① 승강기가 설치된 290세대 연립주택
② 중앙집중식 난방방식인 300세대 다세대주택
③ 지역난방방식인 290세대 아파트
④ 승강기가 설치되어 있지 않고 지역난방방식을 포함하여 중앙집중식 난방방식이 아닌 150세대 아파트
⑤ 「건축법」에 따른 건축허가를 받아 주택 외의 시설과 주택을 동일 건축물로 건축한 건축물로서 주택이 290세대인 건축물

키워드 **「공동주택관리법」상 의무관리대상 공동주택의 정의(공동주택관리법 제2조 제1항 제2호)**

풀이 승강기가 설치되어 있지 않고 지역난방방식을 포함하여 중앙집중식 난방방식이 아닌 공동주택은 300세대 이상인 공동주택부터 의무관리대상에 해당된다.

정답 ④

04 **공동주택관리법상 공동주택의 입주자등을 보호하고 주거생활의 질서를 유지하기 위하여 대통령령으로 정하는 바에 따라 공동주택의 관리 또는 사용에 관하여 준거가 되는 관리규약의 준칙을 정하는 주체로 옳지 않은 것은?** 제24회

① 서울특별시장
② 부산광역시장
③ 세종특별자치시장
④ 충청남도지사
⑤ 경상북도 경주시장

키워드 **관리규약의 준칙**

풀이 특별시장·광역시장·특별자치시장·도지사 또는 특별자치도지사(이하 '시·도지사'라 한다)는 공동주택의 입주자등을 보호하고 주거생활의 질서를 유지하기 위하여 대통령령으로 정하는 바에 따라 공동주택의 관리 또는 사용에 관하여 준거가 되는 관리규약의 준칙을 정하여야 한다(공동주택관리법 제18조 제1항).

정답 ⑤

05 공동주택관리법령상 관리규약의 준칙에 관한 설명으로 옳지 않은 것은? 제14회 수정

① 국토교통부장관은 공동주택의 입주자등의 보호와 주거생활의 질서를 유지하기 위하여 관리규약의 준칙을 정하여야 한다.

② 입주자등은 관리규약의 준칙을 참조하여 관리규약을 정한다.

③ 관리규약은 입주자등의 지위를 승계한 사람에 대하여도 그 효력이 있다.

④ 관리규약의 준칙에는 선거관리위원회의 구성·운영·업무·경비, 위원의 선임·해임 및 임기 등에 관한 사항도 포함되어야 한다.

⑤ 관리규약의 준칙에는 공동주택의 입주자등 외의 자의 기본적인 권리를 침해하는 사항이 포함되어서는 아니 된다.

PART 1

키워드 **관리규약준칙의 제정**

풀이 특별시장·광역시장·특별자치시장·도지사 또는 특별자치도지사(이하 '시·도지사'라 한다)는 공동주택의 입주자등을 보호하고 주거생활의 질서를 유지하기 위하여 대통령령으로 정하는 바에 따라 공동주택의 관리 또는 사용에 관하여 준거가 되는 관리규약의 준칙을 정하여야 한다(공동주택관리법 제18조 제1항).

정답 ①

06 **공동주택관리법령상 공동주택의 관리규약준칙에 포함되어야 할 공동주택의 어린이집 임대계약에 대한 임차인 선정기준에 해당하지 않는 것은? (단, 그 선정기준은 영유아보육법에 따른 국공립어린이집 위탁제 선정관리 기준에 따라야 함)** 제22회 수정

① 임차인의 신청자격

② 임대기간

③ 임차인 선정을 위한 심사기준

④ 어린이집을 이용하는 입주자등 중 어린이집 임대에 동의하여야 하는 비율

⑤ 시장·군수·구청장이 입주자대표회의가 구성되기 전에 어린이집 임대계약을 체결하려 할 때 입주예정자가 동의하여야 하는 비율

키워드 **관리규약준칙의 포함사항(공동주택관리법 시행령 제19조 제1항)**

풀이 관리규약준칙에는 다음의 사항이 포함되어야 한다. 이 경우 입주자등이 아닌 자의 기본적인 권리를 침해하는 사항이 포함되어서는 아니 된다(공동주택관리법 시행령 제19조 제1항 제21호).

21. 공동주택의 어린이집 임대계약(지방자치단체에 무상임대하는 것을 포함한다)에 대한 다음의 임차인 선정기준. 이 경우 그 기준은 「영유아보육법」 제24조 제2항 각 호 외의 부분 후단에 따른 국공립어린이집 위탁제 선정관리 기준에 따라야 한다.
   ㉠ 임차인의 신청자격
   ㉡ 임차인 선정을 위한 심사기준
   ㉢ 어린이집을 이용하는 입주자등 중 어린이집 임대에 동의하여야 하는 비율
   ㉣ 임대료 및 임대기간
   ㉤ 그 밖에 어린이집의 적정한 임대를 위하여 필요한 사항

정답 ⑤

07 공동주택관리법령상 관리규약에 관한 설명으로 옳지 않은 것은? 제22회

① 공동체 생활의 활성화에 필요한 경비의 일부를 공동주택을 관리하면서 부수적으로 발생하는 수입에서 지원하는 경우, 그 경비의 지원은 관리규약으로 정하거나 관리규약에 위배되지 아니하는 범위에서 입주자대표회의의 의결로 정한다.

② 공동생활의 질서를 문란하게 한 자에 대한 조치는 관리규약준칙에 포함되어야 한다.

③ 관리규약준칙에는 입주자등이 아닌 자의 기본적인 권리를 침해하는 사항이 포함되어서는 아니 된다.

④ 관리규약의 개정은 전체 입주자등의 10분의 1 이상이 서면으로 제안하고 투표자의 과반수가 찬성하는 방법에 따른다.

⑤ 사업주체는 시장·군수·구청장에게 관리규약의 제정을 신고하는 경우 관리규약의 제정 제안서 및 그에 대한 입주자등의 동의서를 첨부하여야 한다.

키워드 **공동주택관리법령상 관리규약에 관한 규정**

풀이 관리규약의 개정은 다음의 어느 하나에 해당하는 방법으로 한다(공동주택관리법 시행령 제20조 제5항, 제3조).

1. 입주자대표회의의 의결로 제안하고 전체 입주자등의 과반수가 찬성
2. 전체 입주자등의 10분의 1 이상이 서면으로 제안하고 전체 입주자등의 과반수가 찬성

정답 ④

08 공동주택관리법령상 관리규약에 관한 설명으로 옳지 않은 것을 모두 고른 것은?

> ㉠ 입주자등은 관리규약의 준칙을 정한다.
> ㉡ 장기수선충당금의 요율 및 사용절차는 장기수선계획에서 규정하고 있기 때문에 관리규약의 준칙에는 포함되지 않아도 된다.
> ㉢ 공동주택 분양 후 최초의 관리규약은 사업주체가 제안한 내용을 해당 입주예정자의 과반수가 서면동의하는 방법으로 이를 결정한다.
> ㉣ 사업주체가 입주자대표회의가 구성되기 전에 어린이집·다함께돌봄센터·공동육아나눔터의 임대계약을 체결하려는 경우에는 입주개시일 3개월 전부터 관리규약 제정안을 제안할 수 있다.
> ㉤ 입주자대표회의 회장은 관리규약의 개정 사항을 대통령령으로 정하는 바에 따라 시·도지사에게 신고하여야 한다.

① ㉠, ㉡, ㉤
② ㉠, ㉢, ㉣
③ ㉡, ㉢, ㉣
④ ㉡, ㉣, ㉤
⑤ ㉢, ㉣, ㉤

키워드 **공동주택관리법령상 관리규약에 관한 규정**

풀이 ㉠ 특별시장·광역시장·특별자치시장·도지사 또는 특별자치도지사(이하 '시·도지사'라 한다)는 공동주택의 입주자등을 보호하고 주거생활의 질서를 유지하기 위하여 대통령령으로 정하는 바에 따라 공동주택의 관리 또는 사용에 관하여 준거가 되는 관리규약의 준칙을 정하여야 한다(공동주택관리법 제18조 제1항).

㉡ 장기수선충당금의 요율 및 사용절차는 관리규약의 준칙에 포함되는 사항이다(공동주택관리법 시행령 제19조 제1항 제14호).

㉤ 입주자대표회의의 회장(관리규약 제정의 경우에는 사업주체 또는 의무관리대상 전환 공동주택의 관리인을 말한다)은 다음의 사항을 대통령령으로 정하는 바에 따라 시장·군수·구청장에게 신고하여야 하며, 신고한 사항이 변경되는 경우에도 또한 같다. 다만, 의무관리대상 전환 공동주택의 관리인이 관리규약의 제정 신고를 하지 아니하는 경우에는 입주자등의 10분의 1 이상이 연서하여 신고할 수 있다(공동주택관리법 제19조 제1항).

1. 관리규약의 제정·개정
2. 입주자대표회의의 구성·변경
3. 그 밖에 필요한 사항으로서 대통령령으로 정하는 사항

정답 ①

09 공동주택관리법령상 관리규약에 관한 설명으로 옳지 않은 것을 모두 고른 것은?

> ㉠ 입주자등은 시장·군수·구청장이 정한 관리규약의 준칙을 참조하여 관리규약을 정한다.
> ㉡ 의무관리대상 전환 공동주택의 관리규약 제정안은 의무관리대상 전환 공동주택의 관리인이 제안하고, 그 내용을 전체 입주자등 과반수의 서면동의로 결정한다.
> ㉢ 의무관리대상 전환 공동주택의 관리인이 관리규약의 제정 신고를 하지 아니하는 경우에는 입주자등의 과반수가 연서하여 신고하여야 한다.
> ㉣ 관리규약은 사업주체가 관리업무를 자치관리기구 또는 주택관리업자에게 인계하는 때에 인계해야 할 서류에 해당한다.
> ㉤ 시장·군수·구청장은 관리규약의 제정·개정 신고를 받은 날부터 10일 이내에 신고수리 여부를 신고인에게 통지하여야 한다.

① ㉠, ㉡, ㉣　　② ㉠, ㉢, ㉤
③ ㉡, ㉢, ㉣　　④ ㉡, ㉣, ㉤
⑤ ㉢, ㉣, ㉤

키워드 공동주택관리법령상 관리규약에 관한 규정

풀이 ㉠ 입주자등은 시·도지사가 정한 관리규약의 준칙을 참조하여 관리규약을 정한다(공동주택관리법 제18조 제2항).
㉢ 의무관리대상 전환 공동주택의 관리인이 관리규약의 제정 신고를 하지 아니하는 경우에는 입주자등의 10분의 1 이상이 연서하여 신고할 수 있다(공동주택관리법 제19조 제1항 단서).
㉤ 시장·군수·구청장은 관리규약의 제정·개정 신고를 받은 날부터 7일 이내에 신고수리 여부를 신고인에게 통지하여야 한다(공동주택관리법 제19조 제2항).

정답 ②

10 공동주택관리법령상 관리규약에 관한 설명으로 옳지 않은 것은?

① 공동주택 분양 후 최초의 관리규약은 사업주체가 제안한 내용을 해당 입주예정자의 과반수가 서면으로 동의하는 방법으로 결정한다.

② 의무관리대상 전환 공동주택의 관리규약 제정안은 의무관리대상 전환 공동주택의 관리인이 제안하고, 그 내용을 전체 입주자등 과반수의 서면동의로 결정한다.

③ 관리규약은 입주자등의 지위를 승계한 사람에 대하여도 그 효력이 있다.

④ 입주자등이 공동주택에 광고물을 부착하는 행위를 하려는 경우에는 관리주체의 동의를 받아야 한다.

⑤ 입주자대표회의의 회장은 관리규약을 개정한 경우 시장·군수·구청장으로부터 승인을 받아야 한다.

키워드 **공동주택관리법령상 관리규약에 관한 규정**

풀이 입주자대표회의의 회장(관리규약 제정의 경우에는 사업주체 또는 의무관리대상 전환 공동주택의 관리인을 말한다)은 다음의 사항을 대통령령으로 정하는 바에 따라 시장·군수·구청장에게 신고하여야 하며, 신고한 사항이 변경되는 경우에도 또한 같다. 다만, 의무관리대상 전환 공동주택의 관리인이 관리규약의 제정 신고를 하지 아니하는 경우에는 입주자등의 10분의 1 이상이 연서하여 신고할 수 있다(공동주택관리법 제19조 제1항).

1. 관리규약의 제정·개정
2. 입주자대표회의의 구성·변경
3. 그 밖에 필요한 사항으로서 대통령령으로 정하는 사항

정답 ⑤

11 공동주택관리법령상 관리규약에 관한 내용으로 옳은 것은?

① 입주자등이 정한 관리규약은 관리주체가 정한 관리규약준칙을 따라야 하고, 관리규약준칙에 반하는 관리규약은 효력이 없다.

② 입주자대표회의의 회장은 관리규약을 보관하고, 입주자등이 열람을 청구하거나 복사를 요구하면 이에 응하여야 한다.

③ 관리규약을 개정한 경우 입주자대표회의의 회장은 관리규약이 개정된 날부터 30일 이내에 시장·군수·구청장에게 신고하여야 한다.

④ 입주자등의 지위를 승계한 사람이 관리규약에 동의하지 않으면 그 사람에게는 관리규약의 효력이 미치지 않는다.

⑤ 입주자대표회의가 공동주택관리규약을 위반한 경우 공동주택의 관리주체는 전체 입주자등의 10분의 3 이상의 동의를 받아 지방자치단체의 장에게 감사를 요청할 수 있다.

키워드 **공동주택관리법령상 관리규약에 관한 규정**

풀이 ① 입주자등은 시·도지사가 정한 관리규약의 준칙을 참조하여 관리규약을 정한다(공동주택관리법 제18조 제2항).

② 공동주택의 관리주체는 관리규약을 보관하여 입주자등이 열람을 청구하거나 자기의 비용으로 복사를 요구하면 응하여야 한다(공동주택관리법 시행령 제20조 제6항).

④ 관리규약은 입주자등의 지위를 승계한 사람에 대하여도 그 효력이 있다(공동주택관리법 제18조 제4항).

⑤ 입주자대표회의가 공동주택관리규약을 위반한 경우 공동주택의 입주자등은 전체 입주자등의 10분의 2 이상의 동의를 받아 지방자치단체의 장에게 감사를 요청할 수 있다(공동주택관리법 제93조 제2항).

정답 ③

12 공동주택관리법령상 관리규약 등에 관한 설명으로 옳은 것은?

① 관리규약은 입주자등의 지위를 승계한 사람에 대하여는 그 효력이 없다.

② 사업주체는 공동주택의 관리 또는 사용에 관하여 준거가 되는 관리규약의 준칙을 정하여야 한다.

③ 의무관리대상 전환 공동주택의 관리인이 관리규약의 제정 신고를 하지 아니하는 경우에는 입주자등의 10분의 1 이상이 연서하여 신고할 수 있다.

④ 공동주택 층간소음의 범위와 기준은 국토교통부와 행정안전부의 공동부령으로 정한다.

⑤ 의무관리대상 공동주택의 입주자대표회의는 동별 대표자를 선출하는 등 공동주택의 관리와 관련한 의사결정에 대하여 서면의 방법을 우선적으로 이용하도록 노력하여야 한다.

키워드 **공동주택관리법령상 관리규약 등에 관한 규정**

풀이 ① 관리규약은 입주자등의 지위를 승계한 사람에 대하여도 그 효력이 있다(공동주택관리법 제18조 제4항).

② 특별시장·광역시장·특별자치시장·도지사 또는 특별자치도지사(이하 '시·도지사'라 한다)는 공동주택의 입주자등을 보호하고 주거생활의 질서를 유지하기 위하여 대통령령으로 정하는 바에 따라 공동주택의 관리 또는 사용에 관하여 준거가 되는 관리규약의 준칙을 정하여야 한다(공동주택관리법 제18조 제1항).

④ 공동주택 층간소음의 범위와 기준은 국토교통부와 환경부의 공동부령으로 정한다(공동주택관리법 제20조 제5항).

⑤ 의무관리대상 공동주택의 입주자대표회의, 관리주체 및 선거관리위원회는 입주자등의 참여를 확대하기 위하여 공동주택의 관리와 관련한 의사결정에 대하여 전자적 방법을 우선적으로 이용하도록 노력하여야 한다(공동주택관리법 제22조 제2항).

정답 ③

CHAPTER

03 공동주택의 관리방법

▶ **연계학습** | 에듀윌 기본서 2차 [공동주택관리실무 上] p.51

01 공동주택관리법령상 공동주택의 관리에 관한 설명으로 옳지 않은 것을 모두 고른 것은?

㉠ 의무관리대상 공동주택의 경우, 사업주체는 입주자대표회의의 구성 여부와 관계없이 입주가능일로부터 1년간 관리하여야 한다.
㉡ 100세대로서 승강기가 설치된 공동주택은 전체 입주자등의 3분의 2 이상이 서면으로 동의하면 의무관리대상 공동주택으로 전환할 수 있다.
㉢ 시장·군수·구청장은 입주자대표회의가 구성되기 전에 어린이집·다함께돌봄센터·공동육아나눔터의 임대계약 체결이 필요하다고 인정하는 경우에는 사업주체로 하여금 입주예정자 과반수의 서면 동의를 받아 해당 시설의 임대계약을 체결하도록 할 수 있다.
㉣ 입주자등은 전체 입주자등의 3분의 2 이상이 찬성하는 방법으로 공동주택의 관리방법을 결정하여야 한다.
㉤ 기존 관리주체는 기존 관리의 종료일까지 새로운 관리주체가 선정되지 못한 경우에는 새로운 관리주체가 선정된 날부터 3개월 이내에 새로운 관리주체에게 공동주택의 관리업무를 인계하여야 한다.

① ㉠, ㉡, ㉢　② ㉠, ㉣, ㉤
③ ㉡, ㉢, ㉣　④ ㉡, ㉣, ㉤
⑤ ㉢, ㉣, ㉤

키워드 **관리규약**

풀이 ㉠ 의무관리대상 공동주택을 건설한 사업주체는 입주예정자의 과반수가 입주할 때까지 그 공동주택을 관리하여야 하며, 입주예정자의 과반수가 입주하였을 때에는 입주자등에게 대통령령으로 정하는 바에 따라 그 사실을 통지하고 해당 공동주택을 관리할 것을 요구하여야 한다(공동주택관리법 제11조 제1항).
㉣ 공동주택 관리방법의 결정 또는 변경은 다음의 어느 하나에 해당하는 방법으로 한다(공동주택관리법 시행령 제3조).
1. 입주자대표회의의 의결로 제안하고 전체 입주자등의 과반수가 찬성
2. 전체 입주자등의 10분의 1 이상이 서면으로 제안하고 전체 입주자등의 과반수가 찬성
㉤ 기존 관리의 종료일까지 인계·인수가 이루어지지 아니한 경우 기존 관리주체는 기존 관리의 종료일(기존 관리의 종료일까지 새로운 관리주체가 선정되지 못한 경우에는 새로운 관리주체가 선정된 날을 말한다)부터 1개월 이내에 새로운 관리주체에게 공동주택의 관리업무를 인계하여야 한다(공동주택관리법 시행령 제10조 제3항).

정답 ②

02 **공동주택관리법령상 의무관리대상 전환 공동주택에 관한 설명으로 옳지 않은 것을 모두 고른 것은?**

> ㉠ 의무관리대상 공동주택으로 전환되는 공동주택의 관리인은 대통령령으로 정하는 바에 따라 관할 특별자치시장·특별자치도지사·시장·군수·구청장에게 의무관리대상 공동주택 전환 신고를 하여야 한다. 다만, 관리인이 신고하지 않는 경우에는 입주자등의 10분의 1 이상이 연서하여 신고할 수 있다.
> ㉡ 의무관리대상 전환 공동주택의 입주자등은 의무관리대상 공동주택 전환 신고가 수리된 날부터 3개월 이내에 입주자대표회의를 구성하여야 한다.
> ㉢ 의무관리대상 전환 공동주택의 입주자등은 입주자대표회의의 구성 신고가 수리된 날부터 6개월 이내에 공동주택의 관리 방법을 결정하여야 한다.
> ㉣ 의무관리대상 전환 공동주택의 입주자등이 공동주택을 위탁관리할 것을 결정한 경우 입주자대표회의는 입주자대표회의의 구성 신고가 수리된 날부터 3개월 이내에 주택관리업자를 선정하여야 한다.
> ㉤ 의무관리대상 전환 공동주택의 입주자등은 해당 공동주택을 의무관리대상에서 제외할 것을 정할 수 있으며, 이 경우 입주자대표회의의 회장은 대통령령으로 정하는 바에 따라 시장·군수·구청장에게 의무관리대상 공동주택 제외 신고를 하여야 한다.

① ㉠, ㉡, ㉢
② ㉠, ㉣, ㉤
③ ㉡, ㉢, ㉣
④ ㉡, ㉣, ㉤
⑤ ㉢, ㉣, ㉤

키워드 **의무관리대상 전환 공동주택(공동주택관리법 제10조의2)**

풀이 ㉡ 의무관리대상 전환 공동주택의 입주자등은 관리규약의 제정 신고가 수리된 날부터 3개월 이내에 입주자대표회의를 구성하여야 한다.

㉢ 의무관리대상 전환 공동주택의 입주자등은 입주자대표회의의 구성 신고가 수리된 날부터 3개월 이내에 공동주택의 관리 방법을 결정하여야 한다.

㉣ 의무관리대상 전환 공동주택의 입주자등이 공동주택을 위탁관리할 것을 결정한 경우 입주자대표회의는 입주자대표회의의 구성 신고가 수리된 날부터 6개월 이내에 주택관리업자를 선정하여야 한다.

정답 ③

03 공동주택관리법령상 공동주택관리에 관한 내용으로 옳은 것은? 제16회 수정

① 사업주체는 입주자대표회의의 회장으로부터 주택관리업자의 선정을 통지받은 날부터 3개월 이내에 해당 공동주택의 관리주체에게 공동주택의 관리업무를 인계하여야 한다.

② 입주자대표회의의 회장은 입주자등이 해당 공동주택의 관리방법을 결정한 경우에는 이를 사업주체에게 통지하고, 관할 시·도지사에게 신고하여야 한다.

③ 입주자대표회의는 공동주택을 공동관리할 것을 결정한 때에는 10일 이내에 그 내용을 시·도지사에게 신고해야 한다.

④ 공동주택 관리방법의 결정은 입주자대표회의의 10분의 1 이상이 서면으로 제안하고 입주자등의 3분의 1 이상의 서면동의가 있어야 한다.

⑤ 관리방법을 위탁관리로 결정하여 주택관리업자를 선정하는 경우에는 그 계약기간은 장기수선계획의 조정주기를 고려하여야 한다.

키워드 **공동주택관리법령상 공동주택관리에 관한 이해**

풀이 ① 사업주체 또는 의무관리대상 전환 공동주택의 관리인은 입주자대표회의의 회장으로부터 주택관리업자의 선정을 통지받은 날부터 1개월 이내에 해당 공동주택의 관리주체에게 공동주택의 관리업무를 인계하여야 한다(공동주택관리법 제13조 제1항, 동법 시행령 제10조 제1항).

② 입주자대표회의의 회장은 입주자등이 해당 공동주택의 관리방법을 결정한 경우에는 이를 사업주체 또는 의무관리대상 전환 공동주택의 관리인에게 통지하고, 관할 시장·군수·구청장에게 신고하여야 한다(공동주택관리법 제11조 제3항).

③ 입주자대표회의는 공동주택을 공동관리하거나 구분관리할 것을 결정한 경우에는 지체 없이 그 내용을 시장·군수·구청장에게 통보하여야 한다(공동주택관리법 시행규칙 제2조 제4항).

④ 공동주택 관리방법의 결정 또는 변경은 다음의 어느 하나에 해당하는 방법으로 한다(공동주택관리법 시행령 제3조).

1. 입주자대표회의의 의결로 제안하고 전체 입주자등의 과반수가 찬성
2. 전체 입주자등의 10분의 1 이상이 서면으로 제안하고 전체 입주자등의 과반수가 찬성

정답 ⑤

04 공동주택관리법령상 의무관리대상 공동주택의 관리에 관한 설명으로 옳은 것은?

① 의무관리대상 공동주택을 건설한 사업주체는 입주예정자의 과반수가 입주하였을 때에는 입주자등의 동의를 얻어서 입주자등에게 해당 공동주택을 관리할 것을 요구하여야 한다.

② 입주자등이 사업주체로부터 공동주택의 관리요구를 받았을 때에는 그 요구를 받은 날부터 1개월 이내에 입주자를 구성원으로 하는 입주자대표회의를 구성하여야 한다.

③ 사업주체는 입주예정자의 과반수가 입주할 때까지 공동주택을 직접 관리하는 경우에는 입주예정자와 관리계약을 체결하여야 하며, 그 관리계약에 따라 관리비를 징수할 수 있다.

④ 새로운 관리주체는 기존 관리의 종료일까지 공동주택관리기구를 구성하여야 하며, 기존 관리주체는 해당 관리의 종료일까지 공동주택의 관리업무를 인계하여야 한다.

⑤ 입주자대표회의의 회장은 공동주택 관리방법의 결정에 관한 신고를 하려는 경우에는 그 결정일부터 15일 이내에 신고서를 시장·군수·구청장에게 제출해야 한다.

키워드 공동주택관리법령상 공동주택의 관리방법

풀이 ① 의무관리대상 공동주택을 건설한 사업주체는 입주예정자의 과반수가 입주할 때까지 그 공동주택을 관리하여야 하며, 입주예정자의 과반수가 입주하였을 때에는 입주자등에게 대통령령으로 정하는 바에 따라 그 사실을 통지하고 해당 공동주택을 관리할 것을 요구하여야 한다(공동주택관리법 제11조 제1항).

② 입주자등이 사업주체로부터 공동주택의 관리요구를 받았을 때에는 그 요구를 받은 날부터 3개월 이내에 입주자를 구성원으로 하는 입주자대표회의를 구성하여야 한다(공동주택관리법 제11조 제2항).

③ 사업주체는 입주예정자의 과반수가 입주할 때까지 공동주택을 직접 관리하는 경우에는 입주예정자와 관리계약을 체결하여야 하며, 그 관리계약에 따라 관리비예치금을 징수할 수 있다(공동주택관리법 시행령 제24조).

⑤ 입주자대표회의의 회장은 공동주택 관리방법의 결정에 관한 신고를 하려는 경우에는 그 결정일부터 30일 이내에 신고서를 시장·군수·구청장에게 제출해야 한다(공동주택관리법 시행령 제9조).

정답 ④

05 공동주택관리법령상 관리업무의 인계·인수 시 인계할 서류가 아닌 것은?

① 장비의 명세
② 장기수선계획
③ 안전관리계획
④ 설계도서
⑤ 입주자대표회의 회의록

키워드 **관리업무 인계·인수 시 인계서류(공동주택관리법 시행령 제10조 제4항)**

풀이 입주자대표회의 회의록은 인계할 서류에 포함되지 않는다.

이론 +

> **인계서류**
> 1. 설계도서, 장비의 명세, 장기수선계획 및 안전관리계획
> 2. 관리비·사용료·이용료의 부과·징수현황 및 이에 관한 회계서류
> 3. 장기수선충당금의 적립현황
> 4. 관리비예치금의 명세
> 5. 세대 전유부분을 입주자에게 인도한 날의 현황
> 6. 관리규약과 그 밖에 공동주택의 관리업무에 필요한 사항

정답 ⑤

06 공동주택관리법령상 사업주체가 공동주택의 관리업무를 해당 관리주체에게 인계하는 때에 인계·인수서를 작성하여 인계할 서류에 해당하지 않는 것은?

① 설계도서, 장비의 명세, 장기수선계획 및 안전관리계획
② 관리비·사용료·이용료의 부과·징수현황 및 이에 관한 회계서류
③ 장기수선충당금의 적립현황
④ 관리비예치금의 명세
⑤ 공용부분을 입주자에게 인도한 날의 현황

키워드 **관리업무 인계·인수 시 인계서류(공동주택관리법 시행령 제10조 제4항)**

풀이 세대 전유부분을 입주자에게 인도한 날의 현황이 인계할 서류에 해당한다.

정답 ⑤

07 공동주택의 자치관리에 관한 설명 중 옳은 것은? 제9회 수정

① 입주자대표회의가 관리사무소장을 그 구성원 3분의 2 이상의 찬성으로 선임한다.
② 자치관리기구 직원은 입주자대표회의 구성원 중에서 선임될 수 있다.
③ 주택관리를 업으로 하는 자에게 의뢰하여 관리하게 하는 방식이다.
④ 입주자대표회의가 자치관리기구 직원의 임면을 의결할 수 있다.
⑤ 관리주체가 입주자대표회의의 동의를 받아 관리업무의 일부를 해당 법령에서 인정하는 전문용역업체에 용역하는 경우에도 해당 기술인력을 갖추어야 한다.

키워드 **자치관리기구**

풀이 ① 자치관리기구 관리사무소장은 입주자대표회의가 입주자대표회의 구성원(관리규약으로 정한 정원을 말하며, 해당 입주자대표회의 구성원의 3분의 2 이상이 선출되었을 때에는 그 선출된 인원을 말한다) 과반수의 찬성으로 선임한다(공동주택관리법 시행령 제4조 제3항).
② 입주자대표회의 구성원은 자치관리기구의 직원을 겸할 수 없다(공동주택관리법 시행령 제4조 제5항).
③ 주택관리를 업으로 하는 자에게 의뢰하여 관리하게 하는 방식은 위탁관리방식이다.
⑤ 관리주체가 입주자대표회의의 동의를 받아 관리업무의 일부를 해당 법령에서 인정하는 전문용역업체에 용역하는 경우에는 해당 기술인력을 갖추지 않을 수 있다(공동주택관리법 시행령 제4조 제1항 별표 1).

정답 ④

08 공동주택관리법령상 자치관리에 관한 설명으로 옳지 않은 것을 모두 고른 것은?

> ㉠ 의무관리대상 공동주택의 입주자등이 공동주택을 자치관리할 것을 정한 경우에는 입주자대표회의는 입주자대표회의의 회장을 자치관리기구의 대표자로 선임하고 자치관리기구를 구성하여야 한다.
> ㉡ 주택관리업자에게 위탁관리하다가 자치관리로 관리방법을 변경하는 경우 입주자대표회의는 그 위탁관리의 종료일의 다음 날부터 6개월 이내에 대통령령으로 정하는 기술인력 및 장비를 갖춘 자치관리기구를 구성하여야 한다.
> ㉢ 자치관리기구의 관리사무소장은 입주자등 과반수의 찬성으로 선임한다.
> ㉣ 관리주체가 입주자등의 동의를 받아 관리업무의 일부를 해당 법령에서 인정하는 전문용역업체에 용역하는 경우에는 해당 기술인력을 갖추지 않을 수 있다.
> ㉤ 자치관리기구는 입주자대표회의의 감독을 받지 않는다.

① ㉠
② ㉠, ㉡
③ ㉠, ㉡, ㉢
④ ㉠, ㉡, ㉢, ㉣
⑤ ㉠, ㉡, ㉢, ㉣, ㉤

키워드 **자치관리**

풀이 ㉠ 의무관리대상 공동주택의 입주자등이 공동주택을 자치관리할 것을 정한 경우에는 입주자대표회의는 사업주체로부터 해당 공동주택에 대한 관리요구가 있은 날(의무관리대상 공동주택으로 전환되는 경우에는 입주자대표회의의 구성 신고가 수리된 날을 말한다)부터 6개월 이내에 공동주택의 관리사무소장을 자치관리기구의 대표자로 선임하고, 대통령령으로 정하는 기술인력 및 장비를 갖춘 자치관리기구를 구성하여야 한다(공동주택관리법 제6조 제1항).

㉡ 주택관리업자에게 위탁관리하다가 자치관리로 관리방법을 변경하는 경우 입주자대표회의는 그 위탁관리의 종료일까지 자치관리기구를 구성하여야 한다(공동주택관리법 제6조 제2항).

㉢ 자치관리기구 관리사무소장은 입주자대표회의가 입주자대표회의 구성원(관리규약으로 정한 정원을 말하며, 해당 입주자대표회의 구성원의 3분의 2 이상이 선출되었을 때에는 그 선출된 인원을 말한다) 과반수의 찬성으로 선임한다(공동주택관리법 시행령 제4조 제3항).

㉣ 관리주체가 입주자대표회의의 동의를 받아 관리업무의 일부를 해당 법령에서 인정하는 전문용역업체에 용역하는 경우에는 해당 기술인력을 갖추지 않을 수 있다(공동주택관리법 시행령 제4조 제1항 별표 1).

㉤ 자치관리기구는 입주자대표회의의 감독을 받는다(공동주택관리법 시행령 제4조 제2항).

정답 ⑤

09 공동주택관리법령상 자치관리에 관한 설명으로 옳은 것은?

① 입주자대표회의는 사업주체로부터 해당 공동주택에 대한 관리요구가 있으면 자치관리로 결정된 날부터 6개월 이내에 대통령령으로 정하는 기술인력 및 장비를 갖춘 자치관리기구를 구성하여야 한다.

② 입주자대표회의는 해당 입주자대표회의 구성원 3분의 2 이상이 선출되었을 때에는 그 선출된 인원의 과반수 찬성으로 자치관리기구의 관리사무소장을 선임할 수 있다.

③ 의무관리대상 공동주택으로 전환되는 경우에는 관리규약의 제정 신고가 수리된 날부터 6개월 이내에 자치관리기구를 구성하여야 한다.

④ 입주자등이 자치관리할 것을 정한 경우, 입주자대표회의는 입주자대표회의 임원을 대표자로 한 자치관리기구를 구성하여야 한다.

⑤ 입주자대표회의는 선임된 관리사무소장이 해임되거나 그 밖의 사유로 결원이 되었을 때에는 그 사유가 발생한 날부터 15일 이내에 새로운 관리사무소장을 선임하여야 한다.

키워드 **공동주택관리법령상 자치관리기구의 구성**

풀이 ①③④ 의무관리대상 공동주택의 입주자등이 공동주택을 자치관리할 것을 정한 경우에는 입주자대표회의는 사업주체로부터 해당 공동주택에 대한 관리요구가 있은 날(의무관리대상 공동주택으로 전환되는 경우에는 입주자대표회의의 구성 신고가 수리된 날을 말한다)부터 6개월 이내에 공동주택의 관리사무소장을 자치관리기구의 대표자로 선임하고, 대통령령으로 정하는 기술인력 및 장비를 갖춘 자치관리기구를 구성하여야 한다(공동주택관리법 제6조 제1항).

⑤ 입주자대표회의는 선임된 관리사무소장이 해임되거나 그 밖의 사유로 결원이 되었을 때에는 그 사유가 발생한 날부터 30일 이내에 새로운 관리사무소장을 선임하여야 한다(공동주택관리법 시행령 제4조 제4항).

정답 ②

10 **공동주택관리법령상 공동주택의 관리방법에 관한 설명으로 옳지 않은 것은?**

① 전체 입주자등의 10분의 1 이상이 서면으로 제안하고 전체 입주자등의 과반수가 찬성하면 의무관리대상 공동주택 관리방법을 변경할 수 있다.

② 의무관리대상 공동주택을 입주자등이 자치관리할 것을 정한 경우 자치관리기구의 대표자는 입주자대표회의 회장이 겸임한다.

③ 입주자대표회의는 국토교통부령으로 정하는 바에 따라 500세대 이상의 단위로 나누어 관리하게 할 수 있다.

④ 입주자대표회의는 공동주택을 공동관리하는 경우에는 공동관리 단위별로 공동주택관리기구를 구성하여야 한다.

⑤ 입주자등이 의무관리대상 공동주택을 자치관리하거나 주택관리업자에게 위탁하여 관리하여야 한다.

키워드 **공동주택의 관리방법**

풀이 의무관리대상 공동주택의 입주자등이 공동주택을 자치관리할 것을 정한 경우에는 입주자대표회의는 사업주체로부터 해당 공동주택에 대한 관리요구가 있은 날(의무관리대상 공동주택으로 전환되는 경우에는 입주자대표회의의 구성 신고가 수리된 날을 말한다)부터 6개월 이내에 공동주택의 관리사무소장을 자치관리기구의 대표자로 선임하고, 대통령령으로 정하는 기술인력 및 장비를 갖춘 자치관리기구를 구성하여야 한다(공동주택관리법 제6조 제1항).

정답 ②

11 **공동주택관리법령상 의무관리대상 공동주택의 입주자등이 공동주택을 위탁관리할 것을 정한 경우 입주자대표회의가 주택관리업자를 선정하는 기준 및 방식에 관한 설명으로 옳은 것을 모두 고른 것은?** 제24회

ㄱ 입주자등은 기존 주택관리업자의 관리 서비스가 만족스럽지 못한 경우에는 대통령령으로 정하는 바에 따라 새로운 주택관리업자 선정을 위한 입찰에서 기존 주택관리업자의 참가를 제한하도록 입주자대표회의에 요구할 수 있다.
ㄴ 입주자대표회의는 입주자대표회의의 감사가 입찰과정 참관을 원하는 경우에는 참관할 수 있도록 하여야 한다.
ㄷ 입주자등이 새로운 주택관리업자 선정을 위한 입찰에서 기존 주택관리업자의 참가를 제한하도록 입주자대표회의에 요구하려면 전체 입주자등 3분의 2 이상의 서면동의가 있어야 한다.

① ㄱ
② ㄷ
③ ㄱ, ㄴ
④ ㄴ, ㄷ
⑤ ㄱ, ㄴ, ㄷ

키워드 **주택관리업자의 선정기준 및 방법**

풀이 ⓒ 입주자등이 새로운 주택관리업자 선정을 위한 입찰에서 기존 주택관리업자의 참가를 제한하도록 입주자대표회의에 요구하려면 전체 입주자등 과반수의 서면동의가 있어야 한다(공동주택관리법 시행령 제5조 제3항).

정답 ③

12 공동주택관리법령상 위탁관리에 관한 설명으로 옳지 않은 것을 모두 고른 것은?

㉠ 입주자등이 위탁관리할 것을 정한 경우, 전체 입주자등의 10분의 1 이상이 서면으로 요구하는 신규업체가 있으면 입주자대표회의는 그 업체를 수의계약의 방법으로 주택관리업자로 선정할 수 있다.
㉡ 주택관리업자를 선정하는 경우 수의계약 시 계약상대자 선정, 계약 조건 등 계약과 관련한 중요사항에 대하여 전체 입주자등의 3분의 2 이상 동의를 얻어야 한다.
㉢ 주택관리업자를 선정하는 경우 입주자대표회의의 감사는 입찰과정에 참관하여야 한다.
㉣ 주택관리업자를 선정하는 경우에는 그 계약기간은 하자담보책임기간을 고려하여야 한다.
㉤ 새로운 주택관리업자 선정을 위한 입찰에서 기존 주택관리업자의 참가를 제한하도록 요구하려면 입주자대표회의 구성원 과반수의 서면동의가 있어야 한다.

① ㉠ ② ㉠, ㉡
③ ㉠, ㉡, ㉢ ④ ㉠, ㉡, ㉢, ㉣
⑤ ㉠, ㉡, ㉢, ㉣, ㉤

키워드 **위탁관리**

풀이 ㉠ 의무관리대상 공동주택의 입주자등이 공동주택을 위탁관리할 것을 정한 경우에는 입주자대표회의는 다음의 기준에 따라 주택관리업자를 선정하여야 한다(공동주택관리법 제7조 제1항).
1. 「전자문서 및 전자거래 기본법」에 따른 정보처리시스템을 통하여 선정(이하 '전자입찰방식'이라 한다)할 것. 다만, 선정방법 등이 전자입찰방식을 적용하기 곤란한 경우로서 국토교통부장관이 정하여 고시하는 경우에는 전자입찰방식으로 선정하지 아니할 수 있다.
2. 그 밖에 입찰의 방법 등 대통령령으로 정하는 방식을 따를 것

㉡ 다음의 구분에 따른 사항에 대하여 전체 입주자등의 과반수의 동의를 얻을 것(공동주택관리법 제7조 제1항 제1호의2).
ⓐ 경쟁입찰: 입찰의 종류 및 방법, 낙찰방법, 참가자격 제한 등 입찰과 관련한 중요사항
ⓑ 수의계약: 계약상대자 선정, 계약 조건 등 계약과 관련한 중요사항

㉢ 입주자대표회의의 감사가 입찰과정 참관을 원하는 경우에는 참관할 수 있도록 한다(공동주택관리법 시행령 제5조 제2항 제3호).

㉣ 계약기간은 장기수선계획의 조정주기를 고려하여 정한다(공동주택관리법 시행령 제5조 제2항 제4호).

㉤ 입주자등이 새로운 주택관리업자 선정을 위한 입찰에서 기존 주택관리업자의 참가를 제한하도록 입주자대표회의에 요구하려면 전체 입주자등 과반수의 서면동의가 있어야 한다(공동주택관리법 시행령 제5조 제3항).

정답 ⑤

13 **공동주택관리법령상 주택관리업의 등록에 관한 설명으로 옳은 것은?**

① 주택관리업을 하려는 자는 국토교통부장관에게 등록하여야 한다.

② 주택관리업의 등록은 주택관리사가 신청할 수 있으며, 이 경우 임원 또는 사원의 5분의 1 이상이 주택관리사인 상사법인도 신청할 수 있다.

③ 주택관리업을 등록하려는 자는 자본금이 3억원 이상으로서 대통령령으로 정하는 금액 이상이어야 한다.

④ 주택관리업자가 그 등록이 말소된 후 3년이 지나지 아니한 때에는 다시 등록할 수 없다.

⑤ 등록사항 변경신고를 하려는 자는 변경사유가 발생한 날부터 15일 이내에 주택관리업 등록사항 변경신고서에 변경내용을 증명하는 서류를 첨부하여 시장·군수·구청장에게 제출하여야 한다.

키워드 **주택관리업의 등록(공동주택관리법 제52조)**

풀이 ① 주택관리업을 하려는 자는 대통령령으로 정하는 바에 따라 시장·군수·구청장에게 등록하여야 하며, 등록사항이 변경되는 경우에는 국토교통부령으로 정하는 바에 따라 변경신고를 하여야 한다.

②③ 주택관리업의 등록은 주택관리사(임원 또는 사원의 3분의 1 이상이 주택관리사인 상사법인을 포함한다)가 신청할 수 있다. 이 경우 주택관리업을 등록하려는 자는 다음의 요건을 갖추어야 한다.

1. 자본금(법인이 아닌 경우 자산평가액을 말한다)이 2억원 이상으로서 대통령령으로 정하는 금액 이상일 것
2. 대통령령으로 정하는 인력·시설 및 장비를 보유할 것

④ 등록을 한 주택관리업자가 그 등록이 말소된 후 2년이 지나지 아니한 때에는 다시 등록할 수 없다.

정답 ⑤

14 **공동주택관리법령상 주택관리업을 등록하고자 하는 자가 반드시 확보해야 할 기술능력에 해당하는 기술자의 기준으로 옳지 않은 것은?** 제15회 수정

① 연료사용기기 취급 관련 기술자 – 에너지관리산업기사 이상의 기술자 1명 이상

② 고압가스 관련 기술자 – 가스기능사 이상의 자격을 가진 사람 1명 이상

③ 전기분야 기술자 – 전기기능사 1명 이상

④ 연료사용기기 취급 관련 기술자 – 에너지관리기능사 1명 이상

⑤ 위험물 취급 관련 기술자 – 위험물기능사 이상의 기술자 1명 이상

키워드 **주택관리업의 등록기준(공동주택관리법 시행령 제65조 제4항 별표 5)**

풀이 전기분야 기술자로 전기산업기사 이상의 기술자 1명 이상을 확보해야 한다.

정답 ③

15 공동주택관리법상 주택관리업에 관한 설명으로 옳은 것은?

① 주택관리업자(법인인 경우에는 그 대표자를 말한다)는 국토교통부령으로 정하는 바에 따라 시장·군수·구청장으로부터 공동주택관리에 관한 교육과 윤리교육을 받아야 한다.

② 주택관리업의 등록을 하려는 자는 국토교통부령으로 정하는 바에 따라 신청서(전자문서에 의한 신청서를 제외한다)를 시장·군수·구청장에게 제출하여야 한다.

③ 주택관리업자는 관리하는 공동주택에 배치된 주택관리사등이 해임 그 밖의 사유로 결원이 된 때에는 그 사유가 발생한 날부터 30일 이내에 새로운 주택관리사등을 배치하여야 한다.

④ 입주자대표회의는 주택관리업자가 공동주택을 관리하는 경우에는 주택관리업자의 직원인사·노무관리 등의 업무수행에 부당하게 간섭해서는 아니 된다.

⑤ 주택관리업자의 지위에 관하여 「공동주택관리법」에 규정이 있는 것 외에는 「상법」을 준용한다.

PART 1

키워드 **공동주택관리법령상 주택관리업**

풀이 ① 주택관리업자(법인인 경우에는 그 대표자를 말한다)와 관리사무소장으로 배치받은 주택관리사등은 국토교통부령으로 정하는 바에 따라 시·도지사로부터 공동주택관리에 관한 교육과 윤리교육을 받아야 한다(공동주택관리법 제70조 제1항 전단).

② 주택관리업의 등록을 하려는 자는 국토교통부령으로 정하는 바에 따라 신청서(전자문서에 의한 신청서를 포함한다)를 시장·군수·구청장에게 제출하여야 한다(공동주택관리법 시행령 제65조 제1항).

③ 주택관리업자는 관리하는 공동주택에 배치된 주택관리사등이 해임 그 밖의 사유로 결원이 된 때에는 그 사유가 발생한 날부터 15일 이내에 새로운 주택관리사등을 배치하여야 한다(공동주택관리법 시행령 제66조 제1항).

⑤ 주택관리업자의 지위에 관하여 「공동주택관리법」에 규정이 있는 것 외에는 「민법」 중 위임에 관한 규정을 준용한다(공동주택관리법 제52조 제6항).

정답 ④

16 공동주택관리법령상 주택관리업자에 관한 설명이다. (　　)에 들어갈 내용이 순서대로 옳은 것은?

- 주택관리업을 하려는 자는 (　　)에게 등록하여야 한다. 등록을 하지 아니하고 주택관리업을 운영한 자 또는 거짓이나 그 밖의 부정한 방법으로 등록한 자에 대하여는 (　　)년 이하의 징역 또는 (　　)천만원 이하의 벌금에 처한다.
- (　　)은(는) 주택관리업자에 대한 교육의 업무를 주택관리에 관한 전문기관 또는 단체를 지정하여 위탁한다.

① 시장·군수·구청장 – 1 – 2 – 시·도지사
② 시장·군수·구청장 – 2 – 2 – 시·도지사
③ 시장·군수·구청장 – 1 – 2 – 시장·군수·구청장
④ 시·도지사 – 2 – 2 – 시장·군수·구청장
⑤ 시·도지사 – 2 – 1 – 시·도지사

키워드 **공동주택관리법령상 주택관리업자**

풀이
- 주택관리업을 하려는 자는 대통령령으로 정하는 바에 따라 '시장·군수·구청장'에게 등록하여야 하며, 등록사항이 변경되는 경우에는 국토교통부령으로 정하는 바에 따라 변경신고를 하여야 한다(공동주택관리법 제52조 제1항). 등록을 하지 아니하고 주택관리업을 운영한 자 또는 거짓이나 그 밖의 부정한 방법으로 등록한 자는 '2'년 이하의 징역 또는 '2'천만원 이하의 벌금에 처한다(공동주택관리법 제98조 제1호).
- '시·도지사'는 주택관리업자 및 관리사무소장에 대한 교육의 업무를 주택관리에 관한 전문기관 또는 단체를 지정하여 위탁한다(공동주택관리법 시행령 제95조 제3항).

정답 ②

17 공동주택관리법령상 시장·군수·구청장이 주택관리업자의 등록을 반드시 말소하여야 하는 사유로 옳은 것은?

① 등록요건에 미달하게 된 경우
② 고의로 공동주택을 잘못 관리하여 소유자 및 사용자에게 재산상의 손해를 입힌 경우
③ 매년 12월 31일을 기준으로 최근 3년간 공동주택의 관리 실적이 없는 경우
④ 입주자등의 감사요청에 의한 지방자치단체의 감사를 거부·방해 또는 기피한 경우
⑤ 최근 3년간 2회 이상의 영업정지처분을 받은 자로서 그 정지처분을 받은 기간이 합산하여 12개월을 초과한 경우

키워드 주택관리업의 행정처분사유(공동주택관리법 제53조 제1항)

풀이 ①②③④ 등록을 말소하거나 1년 이내의 기간을 정하여 영업의 전부 또는 일부의 정지를 명할 수 있다.

정답 ⑤

18 공동주택관리법령상 시장·군수·구청장이 주택관리업자의 등록을 반드시 말소하여야 하는 사유로만 짝지어진 것은? 제13회 수정

> ㉠ 부정한 방법으로 등록한 경우
> ㉡ 공동주택의 관리방법 및 업무내용 등을 위반하여 공동주택을 관리한 경우
> ㉢ 매년 12월 31일을 기준으로 최근 3년간 공동주택의 관리 실적이 없는 경우
> ㉣ 고의 또는 과실로 공동주택을 잘못 관리하여 소유자 및 사용자에게 재산상의 손해를 입힌 경우
> ㉤ 최근 3년간 2회 이상의 영업정지처분을 받은 자로서 그 정지처분을 받은 기간이 합산하여 12개월을 초과한 경우

① ㉠, ㉡
② ㉠, ㉤
③ ㉡, ㉣
④ ㉢, ㉣
⑤ ㉢, ㉤

키워드 주택관리업의 행정처분사유(공동주택관리법 제53조 제1항, 동법 시행령 제67조 제1항)

풀이 시장·군수·구청장은 주택관리업자가 ㉡㉢㉣에 해당하면 그 등록을 말소하거나 1년 이내의 기간을 정하여 영업의 전부 또는 일부의 정지를 명할 수 있다.

정답 ②

19 **공동주택관리법 제53조 제1항 주택관리업의 등록말소 등에 관한 설명으로 밑줄 친 내용에 해당하는 것은?**

> 시장·군수·구청장은 주택관리업자가 다음 각 호의 어느 하나에 해당하면 그 등록을 말소하거나 1년 이내의 기간을 정하여 영업의 전부 또는 일부의 정지를 명할 수 있다. 다만, 제1호, 제2호 또는 제9호에 해당하는 경우에는 그 등록을 말소하여야 하고, 제7호 또는 제8호에 해당하는 경우에는 1년 이내의 기간을 정하여 영업의 전부 또는 일부의 정지를 명하여야 한다.

① 매년 12월 31일을 기준으로 최근 3년간 공동주택의 관리 실적이 없는 경우
② 부정하게 재물 또는 재산상의 이익을 취득하거나 제공한 경우
③ 등록요건에 미달하게 된 경우
④ 공동주택관리에 관한 감독에 따른 보고, 자료의 제출, 조사 또는 검사를 거부·방해 또는 기피하거나 거짓으로 보고를 한 경우
⑤ 고의 또는 과실로 공동주택을 잘못 관리하여 소유자 및 사용자에게 재산상의 손해를 입힌 경우

키워드 **주택관리업의 행정처분사유(공동주택관리법 제53조 제1항, 동법 시행령 제67조 제1항)**

풀이 ①③④⑤ 그 등록을 말소하거나 1년 이내의 기간을 정하여 영업의 전부 또는 일부의 정지를 명할 수 있다.

정답 ②

20 **공동주택관리법령상 주택관리업에 관한 설명으로 옳지 않은 것은?** 제12회 수정

① 주택관리업자가 그 등록이 말소된 후 2년이 지나지 아니한 때에는 다시 등록할 수 없다.
② 주택관리업의 등록기준 중에서 자본금은 2억원 이상이어야 한다.
③ 최근 3년간 2회 이상의 영업정지처분을 받은 주택관리업자로서 그 정지처분을 받은 기간이 합산하여 12개월을 초과한 경우에는 영업정지에 갈음하여 2천만원 이하의 과징금을 부과할 수 있다.
④ 주택관리업을 하려는 자는 시장·군수·구청장에게 등록하여야 한다.
⑤ 과징금 납부를 통지받은 자는 통지를 받은 날부터 30일 이내에 과징금을 시장·군수·구청장이 정하는 수납기관에 납부해야 한다.

키워드 **과징금 부과대상**

풀이 최근 3년간 2회 이상의 영업정지처분을 받은 주택관리업자로서 그 정지처분을 받은 기간이 합산하여 12개월을 초과한 경우에는 필요적 등록말소사항으로 영업정지에 갈음하여 과징금을 부과할 수 없다(공동주택관리법 제53조 제1항 제2호, 제2항).

정답 ③

21 공동주택관리법령상 시장·군수·구청장이 주택관리업자의 영업정지에 갈음하여 2천만원 이하의 과징금을 부과할 수 없는 경우에 해당하는 것을 모두 고른 것은?

㉠ 거짓이나 그 밖의 부정한 방법으로 등록한 경우 ㉡ 관리비·사용료와 장기수선충당금을 「공동주택관리법」에 따른 용도 외의 목적으로 사용한 경우 ㉢ 부정하게 재물 또는 재산상의 이익을 취득하거나 제공한 경우 ㉣ 매년 12월 31일을 기준으로 최근 3년간 공동주택의 관리실적이 없는 경우 ㉤ 고의 또는 과실로 공동주택을 잘못 관리하여 소유자 및 사용자에게 재산상의 손해를 입힌 경우

① ㉠, ㉡, ㉢
② ㉠, ㉢, ㉤
③ ㉡, ㉢, ㉣
④ ㉡, ㉣, ㉤
⑤ ㉢, ㉣, ㉤

키워드 **과징금 부과대상**

풀이 시장·군수·구청장은 주택관리업자가 다음의 어느 하나에 해당하는 경우에는 영업정지에 갈음하여 2천만원 이하의 과징금을 부과할 수 있다(공동주택관리법 제53조 제2항, 동법 시행령 제67조 제1항).

1. 고의 또는 과실로 공동주택을 잘못 관리하여 소유자 및 사용자에게 재산상의 손해를 입힌 경우
2. 매년 12월 31일을 기준으로 최근 3년간 공동주택의 관리실적이 없는 경우
3. 등록요건에 미달하게 된 경우
4. 「공동주택관리법」 제52조 제4항에 따른 관리방법 및 업무내용 등을 위반하여 공동주택을 관리한 경우
5. 공동주택관리에 관한 감독에 따른 보고, 자료의 제출, 조사 또는 검사를 거부·방해 또는 기피하거나 거짓으로 보고를 한 경우
6. 입주자등의 감사요청에 의한 지방자치단체의 감사를 거부·방해 또는 기피한 경우

정답 ①

22 공동주택관리법령상 주택관리업자의 행정처분에 관한 설명으로 옳지 않은 것은?

① 시장·군수·구청장은 주택관리업자가 최근 3년간 2회 이상의 영업정지처분을 받은 자로서 그 정지처분을 받은 기간이 합산하여 12개월을 초과한 경우에는 그 등록을 말소하여야 한다.

② 시장·군수·구청장은 주택관리업자가 관리비·사용료와 장기수선충당금을 「공동주택관리법」에 따른 용도 외의 목적으로 사용한 경우에는 1년 이내의 기간을 정하여 영업의 전부 또는 일부의 정지를 명하여야 한다.

③ 시장·군수·구청장은 주택관리업자가 다른 자에게 자기의 성명 또는 상호를 사용하여 「공동주택관리법」에서 정한 사업이나 업무를 수행하게 하거나 그 등록증을 대여한 경우에는 그 등록을 말소하여야 한다.

④ 시장·군수·구청장은 주택관리업자에 대하여 등록말소 또는 영업정지처분을 하려는 때에는 처분일 15일 전까지 해당 주택관리업자가 관리하는 공동주택의 입주자대표회의에 그 사실을 통보하여야 한다.

⑤ 과징금의 부과통지를 받은 자는 통지를 받은 날부터 30일 이내에 과징금을 시장·군수·구청장이 정하는 수납기관에 납부해야 한다.

키워드 **행정처분**

풀이 시장·군수·구청장은 주택관리업자에 대하여 등록말소 또는 영업정지처분을 하려는 때에는 처분일 1개월 전까지 해당 주택관리업자가 관리하는 공동주택의 입주자대표회의에 그 사실을 통보하여야 한다(공동주택관리법 시행령 제67조 제2항).

정답 ④

23 공동주택의 입주자대표회의에서 인접한 공동주택단지와 공동관리하거나 500세대 이상의 단위로 구분하여 관리하고자 하는 경우에 관한 설명으로 틀린 것은? 제10회 수정

① 공동관리의 경우에는 단지별로 입주자등의 과반수의 서면동의를 얻어야 한다.

② 입주자등에게 서면동의를 얻을 때에는 공동관리 또는 구분관리의 필요성 등에 대해 통지해야 한다.

③ 공동주택을 공동관리하거나 구분관리할 것을 결정한 때에는 지체 없이 그 내용을 사업주체에게 통보하여야 한다.

④ 구분관리의 경우에는 구분관리 단위별 입주자등의 과반수의 서면동의를 얻어야 한다. 다만, 관리규약으로 달리 정한 경우에는 그에 따른다.

⑤ 입주자등에게 서면동의를 얻을 때에는 공동관리 또는 구분관리를 하는 경우의 입주자등이 부담하여야 하는 비용변동의 추정치에 대해 통지해야 한다.

키워드 **공동관리 및 구분관리의 결정통보**

풀이 입주자대표회의는 공동주택을 공동관리하거나 구분관리할 것을 결정한 경우에는 지체 없이 그 내용을 시장·군수·구청장에게 통보하여야 한다(공동주택관리법 시행규칙 제2조 제4항).

정답 ③

24 공동주택관리법령상 공동주택의 공동관리와 구분관리에 관한 설명으로 옳은 것은?

① 입주자대표회의는 해당 공동주택의 관리 여건상 필요하다고 인정하는 경우에는 인접한 공동주택단지(임대주택단지를 포함한다)와 공동으로 관리하거나 300세대 이상의 단위로 나누어 관리하게 할 수 있다.

② 입주자대표회의는 공동주택을 공동관리하는 경우에는 장기수선계획의 조정 및 장기수선충당금의 적립 및 관리 방안을 입주자등에게 통지하고 입주자등의 서면 동의를 받아야 한다.

③ 입주자대표회의 또는 관리주체는 공동주택을 공동관리하는 경우에는 공동관리 단지별로 공동주택관리기구를 구성하여야 한다.

④ 공동관리의 기준으로 공동관리하는 총세대수가 2천세대 이하여야 한다. 다만, 의무관리대상 공동주택단지와 인접한 300세대 미만의 공동주택단지를 공동으로 관리하는 경우는 제외한다.

⑤ 입주자대표회의가 인접한 공동주택단지와 공동으로 관리하고자 하는 경우 전체 입주자등의 3분의 1 이상의 동의를 받아야 한다.

키워드 **공동관리 및 구분관리의 이해**

풀이 ① 입주자대표회의는 해당 공동주택의 관리에 필요하다고 인정하는 경우에는 국토교통부령으로 정하는 바에 따라 인접한 공동주택단지(임대주택단지를 포함한다)와 공동으로 관리하거나 500세대 이상의 단위로 나누어 관리하게 할 수 있다(공동주택관리법 제8조 제1항).

③ 입주자대표회의 또는 관리주체는 공동주택을 공동관리하거나 구분관리하는 경우에는 공동관리 또는 구분관리 단위별로 공동주택관리기구를 구성하여야 한다(공동주택관리법 시행령 제6조 제2항).

④ 공동관리의 기준으로 공동관리하는 총세대수가 1천5백세대 이하여야 한다. 다만, 의무관리대상 공동주택단지와 인접한 300세대 미만의 공동주택단지를 공동으로 관리하는 경우는 제외한다(공동주택관리법 시행규칙 제2조 제3항 제1호).

⑤ 공동관리의 경우 단지별로 입주자등 과반수의 서면동의를 받아야 한다. 다만, 시장·군수·구청장이 지하도, 육교, 횡단보도, 그 밖에 이와 유사한 시설의 설치를 통하여 단지 간 보행자 통행의 편리성 및 안전성이 확보되었다고 인정하는 경우에는 단지별로 입주자등 3분의 2 이상의 서면동의를 받아야 한다(공동주택관리법 시행규칙 제2조 제2항 제1호).

정답 ②

25 공동주택관리법령상 혼합주택단지에 관한 설명으로 옳지 않은 것은?

① 입주자대표회의와 임대사업자는 혼합주택단지의 관리에 관한 사항을 공동으로 결정하여야 한다.

② 주택관리업자의 선정에 대하여 입주자대표회의와 임대사업자 간에 공동으로 결정하기 위한 합의가 이뤄지지 않는 경우에는 해당 혼합주택단지 공급면적의 2분의 1을 초과하는 면적을 관리하는 입주자대표회의 또는 임대사업자가 결정한다.

③ 혼합주택단지의 입주자대표회의와 임대사업자가 혼합주택단지의 관리에 관하여 공동으로 결정하여야 하는 사항에는 장기수선계획의 조정이 포함된다.

④ 장기수선충당금 및 특별수선충당금을 사용하는 주요 시설의 교체 및 보수에 관한 사항에 대하여 입주자대표회의와 임대사업자 간에 공동으로 결정하기 위한 합의가 이뤄지지 않는 경우에는 해당 혼합주택단지 공급면적의 3분의 2 이상을 관리하는 입주자대표회의 또는 임대사업자가 결정한다.

⑤ 입주자대표회의 또는 임대사업자는 혼합주택단지의 관리에 관한 사항의 결정이 이루어지지 아니하는 경우에는 임대주택 분쟁조정위원회에 분쟁의 조정을 신청할 수 있다.

키워드 **혼합주택단지의 관리**

풀이 입주자대표회의 또는 임대사업자는 혼합주택단지의 관리에 관한 사항의 결정이 이루어지지 아니하는 경우에는 공동주택관리 분쟁조정위원회에 분쟁의 조정을 신청할 수 있다(공동주택관리법 시행령 제7조 제4항).

정답 ⑤

26 **공동주택관리법령상 다음의 요건을 모두 갖춘 혼합주택단지에서 입주자대표회의와 임대사업자가 공동으로 결정하지 않고 각자 결정할 수 있는 사항은?** 제22회

- 분양을 목적으로 한 공동주택과 임대주택이 별개의 동(棟)으로 배치되는 등의 사유로 구분하여 관리가 가능할 것
- 입주자대표회의와 임대사업자가 공동으로 결정하지 아니하고 각자 결정하기로 합의하였을 것

① 공동주택 관리방법의 결정
② 공동주택 관리방법의 변경
③ 장기수선계획의 조정
④ 주택관리업자의 선정
⑤ 장기수선충당금을 사용하는 주요 시설의 교체

키워드 **혼합주택단지의 관리**

풀이 다음의 요건을 모두 갖춘 혼합주택단지에서는 장기수선충당금 및 특별수선충당금(민간임대주택에 관한 특별법 또는 공공주택 특별법에 따른 특별수선충당금을 말한다)을 사용하는 주요 시설의 교체 및 보수에 관한 사항과 관리비등을 사용하여 시행하는 각종 공사 및 용역에 관한 사항을 입주자대표회의와 임대사업자가 각자 결정할 수 있다(공동주택관리법 시행령 제7조 제2항).

1. 분양을 목적으로 한 공동주택과 임대주택이 별개의 동(棟)으로 배치되는 등의 사유로 구분하여 관리가 가능할 것
2. 입주자대표회의와 임대사업자가 공동으로 결정하지 아니하고 각자 결정하기로 합의하였을 것

정답 ⑤

27 **공동주택관리법령상 혼합주택단지에서 분양을 목적으로 한 공동주택과 임대주택이 별개의 동으로 배치되는 등의 사유로 구분하여 관리가 가능하고, 입주자대표회의와 임대사업자가 공동으로 결정하지 아니하고 각자 결정하기로 합의한 경우에, 입주자대표회의와 임대사업자가 각자 결정할 수 있는 사항을 모두 고른 것은?**

> ㉠ 관리방법의 결정 및 변경
> ㉡ 주택관리업자의 선정
> ㉢ 장기수선계획의 조정
> ㉣ 장기수선충당금 및 특별수선충당금을 사용하는 주요 시설의 교체 및 보수에 관한 사항
> ㉤ 관리비등을 사용하여 시행하는 각종 공사 및 용역에 관한 사항

① ㉠, ㉡
② ㉠, ㉢
③ ㉡, ㉢
④ ㉢, ㉣
⑤ ㉣, ㉤

키워드 **혼합주택단지의 관리(공동주택관리법 시행령 제7조 제2항)**

풀이 ㉣㉤에 한해서만 입주자대표회의와 임대사업자가 각자 결정할 수 있다.
㉠㉡㉢ 입주자대표회의와 임대사업자가 공동으로 결정하여야 하는 사항이다.

정답 ⑤

28 **공동주택관리법령상 공동으로 결정하기 위한 입주자대표회의와 임대사업자 간의 합의가 이뤄지지 않는 경우, 해당 혼합주택단지 공급면적의 2분의 1을 초과하는 면적을 관리하는 입주자대표회의 또는 임대사업자가 결정하는 사항을 모두 고른 것은?**

> ㉠ 관리방법의 결정 및 변경
> ㉡ 주택관리업자의 선정
> ㉢ 장기수선계획의 조정
> ㉣ 장기수선충당금 및 특별수선충당금을 사용하는 주요 시설의 교체 및 보수에 관한 사항
> ㉤ 관리비등을 사용하여 시행하는 각종 공사 및 용역에 관한 사항

① ㉠, ㉡
② ㉠, ㉢
③ ㉡, ㉢
④ ㉢, ㉣
⑤ ㉣, ㉤

키워드 **혼합주택단지의 관리(공동주택관리법 시행령 제7조 제3항)**

풀이 ㉢㉣㉤에 관한 사항은 해당 혼합주택단지 공급면적의 3분의 2 이상을 관리하는 입주자대표회의 또는 임대사업자가 결정한다.

정답 ①

29 **공동주택관리법령상 공동주택관리에 관한 설명으로 옳지 않은 것은?** 제21회

① 관리사무소는 공동주택 공용부분인 부대시설에 해당된다.
② 100세대인 지역난방방식 공동주택은 의무관리대상 공동주택에 해당되지 않는다.
③ 일반인에게 분양되는 복리시설은 공동주택관리의 대상인 공동주택에서 제외된다.
④ 입주자대표회의는 자치관리기구 관리사무소장이 해임되거나 그 밖의 사유로 결원이 되었을 때에는 그 사유가 발생한 날부터 30일 이내에 새로운 자치관리기구 관리사무소장을 선임하여야 한다.
⑤ 입주자대표회의 또는 관리주체는 공동주택 전유부분과 공용부분의 유지·보수 및 관리 등을 위하여 공동주택관리기구를 구성하여야 한다.

키워드 **공동주택관리기구의 구성**

풀이 입주자대표회의 또는 관리주체는 공동주택 공용부분의 유지·보수 및 관리 등을 위하여 공동주택관리기구(자치관리기구를 포함한다)를 구성하여야 한다(공동주택관리법 제9조 제1항).

정답 ⑤

30 **공동주택관리법령상 의무관리대상 공동주택의 관리방법에 관한 설명으로 옳지 않은 것은?**

① 자치관리기구 관리사무소장은 입주자대표회의가 입주자대표회의 구성원 과반수의 찬성으로 선임한다.
② 관리사무소장은 자치관리기구가 갖추어야 하는 기술인력을 겸직할 수 있다.
③ 혼합주택단지의 관리에 관한 사항 중 장기수선계획의 조정은 입주자대표회의와 임대사업자가 공동으로 결정하여야 한다.
④ 시장·군수·구청장은 관리방법의 결정 또는 변경에 관한 신고를 받은 날부터 7일 이내에 신고수리 여부를 신고인에게 통지하여야 한다.
⑤ 입주자대표회의는 해당 공동주택의 관리에 필요하다고 인정하는 경우에는 500세대 이상의 단위로 나누어 관리하게 할 수 있다.

키워드 **공동주택관리기구의 기술인력 및 장비기준(공동주택관리법 시행령 제4조 제1항 별표 1)**

풀이
1. 관리사무소장과 기술인력 상호간에는 겸직할 수 없다.
2. 기술인력 상호간에는 겸직할 수 없다. 다만, 입주자대표회의가 구성원 과반수의 찬성으로 의결하는 방법으로 다음의 겸직을 허용한 경우에는 그러하지 아니하다.
   ㉠ 해당 법령에서 「국가기술자격법」에 따른 국가기술자격의 취득을 선임요건으로 정하고 있는 기술인력과 국가기술자격을 취득하지 않아도 선임할 수 있는 기술인력의 겸직
   ㉡ 해당 법령에서 국가기술자격을 취득하지 않아도 선임할 수 있는 기술인력 상호간의 겸직

정답 ②

31 **공동주택관리법령상 공동주택의 관리방법에 관한 내용으로 옳은 것은?**

① 입주자등이 의무관리대상 공동주택의 관리방법을 변경하는 경우에는 전체 입주자등의 과반수 찬성과 국토교통부장관의 인가를 받아야 한다.

② 자치관리기구 관리사무소장은 입주자대표회의가 입주자대표회의 구성원(관리규약으로 정한 정원을 말하며, 해당 입주자대표회의 구성원 3분의 2 이상이 선출되었을 때에는 그 선출된 인원을 말한다) 과반수의 찬성으로 선임한다.

③ 위탁관리의 경우 「공동주택관리법」에 따른 전자입찰방식의 세부기준, 절차 및 방법 등은 의무관리대상 공동주택 소재지의 시장·군수·구청장이 정하여 고시한다.

④ 혼합주택단지의 관리에 관한 사항은 장기수선계획의 조정에 관한 사항을 포함하여 입주자대표회의가 시장·군수·구청장과 협의하여 결정한다.

⑤ 의무관리대상 공동주택을 건설한 사업주체가 그 공동주택에 대하여 관리하여야 하는 기간은 입주예정자의 3분의 1이 입주할 때까지이다.

키워드 **공동주택관리법령상 공동주택의 관리방법**

풀이 ① 공동주택 관리방법의 결정 또는 변경은 다음의 어느 하나에 해당하는 방법으로 한다(공동주택관리법 시행령 제3조).

1. 입주자대표회의의 의결로 제안하고 전체 입주자등의 과반수가 찬성
2. 전체 입주자등의 10분의 1 이상이 서면으로 제안하고 전체 입주자등의 과반수가 찬성

③ 위탁관리의 경우 「공동주택관리법」에 따른 전자입찰방식의 세부기준, 절차 및 방법 등은 국토교통부장관이 정하여 고시한다(공동주택관리법 시행령 제5조 제1항).

④ 입주자대표회의와 임대사업자는 혼합주택단지의 관리에 관한 사항을 공동으로 결정하여야 한다. 이 경우 임차인대표회의가 구성된 혼합주택단지에서는 임대사업자는 「민간임대주택에 관한 특별법」 제52조 제4항의 사항을 임차인대표회의와 사전에 협의하여야 한다(공동주택관리법 제10조 제1항).

⑤ 의무관리대상 공동주택을 건설한 사업주체는 입주예정자의 과반수가 입주할 때까지 그 공동주택을 관리하여야 하며, 입주예정자의 과반수가 입주하였을 때에는 입주자등에게 대통령령으로 정하는 바에 따라 그 사실을 통지하고 해당 공동주택을 관리할 것을 요구하여야 한다(공동주택관리법 제11조 제1항).

정답 ②

최신기출

32 공동주택관리법령상 공동주택의 관리방법에 관한 설명으로 옳은 것은? 제27회

① 의무관리대상 공동주택은 입주자등이 자치관리할 수 없다.

② 의무관리대상 공동주택의 관리방법은 전체 입주자등의 5분의 1 이상이 서면으로 제안하고 전체 입주자등의 3분의 1 이상이 찬성하는 방법으로 결정할 수 있다.

③ 입주자대표회의는 해당 공동주택의 관리에 필요하다고 인정하는 경우 공동주택을 300세대 이상의 단위로 나누어 관리하게 할 수 있다.

④ 의무관리대상 공동주택 전환 신고를 하려는 자는 입주자등의 동의를 받은 날부터 15일 이내에 관할 시·도지사에게 신고하여야 한다.

⑤ 의무관리대상 전환 공동주택의 입주자등은 관리규약의 제정 신고가 수리된 날부터 3개월 이내에 입주자대표회의를 구성하여야 한다.

PART 1

키워드 공동주택관리법령상 공동주택의 관리방법

풀이 ① 입주자등은 의무관리대상 공동주택을 자치관리하거나 주택관리업자에게 위탁하여 관리하여야 한다(공동주택관리법 제5조 제1항).

② 공동주택 관리방법의 결정 또는 변경은 다음 각 호의 어느 하나에 해당하는 방법으로 한다(공동주택관리법 시행령 제3조).

1. 입주자대표회의의 의결로 제안하고 전체 입주자등의 과반수가 찬성
2. 전체 입주자등의 10분의 1 이상이 서면으로 제안하고 전체 입주자등의 과반수가 찬성

③ 입주자대표회의는 해당 공동주택의 관리에 필요하다고 인정하는 경우에는 국토교통부령으로 정하는 바에 따라 인접한 공동주택단지(임대주택단지를 포함한다)와 공동으로 관리하거나 500세대 이상의 단위로 나누어 관리하게 할 수 있다(공동주택관리법 제8조 제1항).

④ 의무관리대상 공동주택 전환 신고를 하려는 자는 입주자등의 동의를 받은 날부터 30일 이내에 관할 특별자치시장·특별자치도지사·시장·군수·구청장(구청장은 자치구의 구청장을 말하며, 이하 '시장·군수·구청장'이라 한다)에게 국토교통부령으로 정하는 신고서를 제출해야 한다(공동주택관리법 시행령 제7조의2 제1항).

정답 ⑤

33 민간임대주택에 관한 특별법령상 주택임대관리업에 관한 설명으로 옳지 않은 것은?

① 자기관리형 주택임대관리업을 하는 주택임대관리업자는 임대인 및 임차인 권리 보호를 위하여 보증상품에 가입하여야 한다.

② 「지방공기업법」상 지방공사가 공동주택 100세대 이상으로 자기관리형 주택임대관리업을 할 경우에는 등록하지 않아도 된다.

③ 주택임대관리업을 등록하는 경우에는 자기관리형 주택임대관리업과 위탁관리형 주택임대관리업을 구분하여 등록하여야 한다. 이 경우 위탁관리형 주택임대관리업을 등록한 경우에는 자기관리형 주택임대관리업도 등록한 것으로 본다.

④ 자기관리형 주택임대관리업은 주택의 소유자로부터 임대관리를 위탁받아 관리하지만 주택의 소유자로부터 주택을 임차하여 자기책임으로 전대(轉貸)하는 형태의 업을 말한다.

⑤ 자기관리형 주택임대관리업 등록 시 자본금은 2억원 이상이어야 한다.

키워드 주택임대관리업

풀이 주택임대관리업을 등록하는 경우에는 자기관리형 주택임대관리업과 위탁관리형 주택임대관리업을 구분하여 등록하여야 한다. 이 경우 자기관리형 주택임대관리업을 등록한 경우에는 위탁관리형 주택임대관리업도 등록한 것으로 본다(민간임대주택에 관한 특별법 제7조 제2항).

정답 ③

34 민간임대주택에 관한 특별법령상 주택임대관리업의 결격사유에 해당하지 않는 것은?

제21회

① 피성년후견인

② 파산선고를 받고 복권되지 아니한 자

③ 「민간임대주택에 관한 특별법」을 위반하여 형의 집행유예를 선고받고 그 유예기간 중에 있는 사람

④ 「민간임대주택에 관한 특별법」 제10조에 따라 주택임대관리업의 등록이 말소된 후 2년이 지나지 아니한 자. 이 경우 등록이 말소된 자가 법인인 경우에는 말소 당시의 원인이 된 행위를 한 사람과 대표자를 포함한다.

⑤ 「민간임대주택에 관한 특별법」을 위반하여 금고 이상의 실형을 선고받고 집행이 종료(집행이 종료된 것으로 보는 경우를 포함한다)되거나 그 집행이 면제된 날부터 3년이 지난 사람

키워드 **주택임대관리업의 결격사유(민간임대주택에 관한 특별법 제9조)**

풀이 다음의 어느 하나에 해당하는 자는 주택임대관리업의 등록을 할 수 없다. 법인의 경우 그 임원 중 다음의 어느 하나에 해당하는 사람이 있을 때에도 또한 같다.

1. 파산선고를 받고 복권되지 아니한 자
2. 피성년후견인 또는 피한정후견인
3. 주택임대관리업의 등록이 말소된 후 2년이 지나지 아니한 자. 이 경우 등록이 말소된 자가 법인인 경우에는 말소 당시의 원인이 된 행위를 한 사람과 대표자를 포함한다.
4. 「민간임대주택에 관한 특별법」, 「주택법」, 「공공주택 특별법」 또는 「공동주택관리법」을 위반하여 금고 이상의 실형을 선고받고 집행이 종료(집행이 종료된 것으로 보는 경우를 포함한다)되거나 그 집행이 면제된 날부터 3년이 지나지 아니한 사람
5. 「민간임대주택에 관한 특별법」, 「주택법」, 「공공주택 특별법」 또는 「공동주택관리법」을 위반하여 형의 집행유예를 선고받고 그 유예기간 중에 있는 사람

정답 ⑤

35 민간임대주택에 관한 특별법령상 임대를 목적으로 하는 주택에 대한 주택임대관리업자의 업무(부수적인 업무 포함) 범위에 해당하는 것을 모두 고른 것은? 제24회

㉠ 시설물 유지·보수·개량 ㉡ 임대차계약의 체결·해제·해지·갱신 ㉢ 임대료의 부과·징수 ㉣ 「공인중개사법」에 따른 중개업 ㉤ 임차인의 안전 확보에 필요한 업무

① ㉠, ㉡, ㉣
② ㉠, ㉣, ㉤
③ ㉠, ㉡, ㉢, ㉤
④ ㉡, ㉢, ㉣, ㉤
⑤ ㉠, ㉡, ㉢, ㉣, ㉤

키워드 **주택임대관리업자의 업무범위(민간임대주택에 관한 특별법 제11조 제1·2항, 동법 시행령 제10조)**

풀이 ㉣ 주택임대관리업자의 업무에는 「공인중개사법」 제2조 제3호에 따른 중개업은 제외한다.

정답 ③

36 민간임대주택에 관한 특별법령상 주택임대관리업에 관한 설명으로 옳은 것은?

① 위탁관리형 주택임대관리업은 주택의 소유자로부터 임대관리를 위탁받아 관리하지만 주택의 소유자로부터 주택을 임차하여 자기책임으로 전대(轉貸)하는 형태의 업을 말한다.

② 위탁관리형 주택임대관리업의 경우 공동주택을 100세대 이상으로 주택임대관리업을 하려는 자는 등록하여야 한다.

③ 주택임대관리업의 등록기준으로 자본금은 자기관리형 주택임대관리업은 1억원 이상, 위탁관리형 주택임대관리업은 2억원 이상이다.

④ 주택임대관리업의 등록기준으로 전문인력은 자기관리형 주택임대관리업은 1명 이상, 위탁관리형 주택임대관리업은 2명 이상이다.

⑤ 주택임대관리업자는 등록한 사항이 변경된 경우에는 변경사유가 발생한 날부터 15일 이내에 시장·군수·구청장에게 신고하여야 하며, 주택임대관리업을 폐업하려면 폐업일 30일 이전에 시장·군수·구청장에게 말소신고를 하여야 한다.

키워드 주택임대관리업

풀이 ① 자기관리형 주택임대관리업은 주택의 소유자로부터 주택을 임차하여 자기책임으로 전대(轉貸)하는 형태의 업을 말하며, 위탁관리형 주택임대관리업은 주택의 소유자로부터 수수료를 받고 임대료 부과·징수 및 시설물 유지·관리 등을 대행하는 형태의 업을 말한다(민간임대주택에 관한 특별법 제2조 제10호).

② 주택임대관리업의 등록대상 범위(민간임대주택에 관한 특별법 시행령 제6조 제1항)

1. 자기관리형 주택임대관리업의 경우
   ㉠ 단독주택: 100호
   ㉡ 공동주택: 100세대
2. 위탁관리형 주택임대관리업의 경우
   ㉠ 단독주택: 300호
   ㉡ 공동주택: 300세대

③ 주택임대관리업의 등록기준으로 자본금은 자기관리형 주택임대관리업은 2억원 이상, 위탁관리형 주택임대관리업은 1억원 이상이다(민간임대주택에 관한 특별법 시행령 제7조 별표 1).

④ 주택임대관리업의 등록기준으로 전문인력은 자기관리형 주택임대관리업은 2명 이상, 위탁관리형 주택임대관리업은 1명 이상이다(민간임대주택에 관한 특별법 시행령 제7조 별표 1).

정답 ⑤

37 **민간임대주택에 관한 특별법령상 주택임대관리업에 관한 설명으로 옳지 않은 것은?**

제22회

① 주택임대관리업을 하려는 자가 자기관리형 주택임대관리업을 등록한 경우에는 위탁관리형 주택임대관리업도 등록한 것으로 본다.

② 주택임대관리업에 등록한 자는 자본금이 증가된 경우 이를 시장·군수·구청장에게 신고하여야 한다.

③ 「공동주택관리법」을 위반하여 형의 집행유예를 선고받고 그 유예기간 중에 있는 사람은 주택임대관리업의 등록을 할 수 없다.

④ 시장·군수·구청장은 주택임대관리업자가 정당한 사유 없이 최종 위탁계약 종료일의 다음 날부터 1년 이상 위탁계약 실적이 없어 영업정지 처분을 하여야 할 경우에는 이에 갈음하여 1천만원 이하의 과징금을 부과할 수 있다.

⑤ 시장·군수·구청장은 주택임대관리업자가 거짓이나 그 밖의 부정한 방법으로 주택임대관리업 등록을 한 경우에는 그 등록을 말소하여야 한다.

키워드 **주택임대관리업의 등록**

풀이 주택임대관리업을 등록한 자가 등록한 사항을 변경하거나 말소하고자 할 경우 시장·군수·구청장에게 신고하여야 한다. 다만, 자본금의 증가 등 국토교통부령으로 정하는 경미한 사항은 신고하지 아니하여도 된다(민간임대주택에 관한 특별법 제7조 제3항).

정답 ②

38 **민간임대주택에 관한 특별법령상 주택임대관리업의 등록에 관한 설명으로 옳지 않은 것은?** 제25회

① 자기관리형 주택임대관리업을 등록한 경우에는 위탁관리형 주택임대관리업도 등록한 것으로 본다.

② 위탁관리형 주택임대관리업의 등록기준 중에서 자본금은 1억원 이상이어야 한다.

③ 주택임대관리업 등록을 한 자는 등록한 사항 중 자본금이 증가한 경우 시장·군수·구청장에게 변경신고를 하여야 한다.

④ 「공동주택관리법」을 위반하여 형의 집행유예를 선고받고 그 유예기간 중에 있는 사람은 주택임대관리업의 등록을 할 수 없다.

⑤ 시장·군수·구청장은 주택임대관리업자가 거짓이나 그 밖의 부정한 방법으로 등록을 한 경우에는 그 등록을 말소하여야 한다.

키워드 **주택임대관리업의 등록**

풀이 등록한 자가 등록한 사항을 변경하거나 말소하고자 할 경우 시장·군수·구청장에게 신고하여야 한다. 다만, 자본금의 증가 등 국토교통부령으로 정하는 경미한 사항은 신고하지 아니하여도 된다(민간임대주택에 관한 특별법 제7조 제3항).

정답 ③

최신기출

39 **민간임대주택에 관한 특별법상 주택임대관리업에 관한 설명으로 옳지 않은 것은?** 제27회

① 주택임대관리업의 등록기관은 시장·군수·구청장이다.

② 주택임대관리업의 등록기관은 등록 사항의 변경 신고를 받은 때에는 신고를 받은 날부터 10일 이내에 신고수리 여부를 신고인에게 통지하여야 한다.

③ 주택임대관리업의 등록이 말소된 후 2년이 지나지 아니한 자는 주택임대관리업의 등록을 할 수 없다.

④ 거짓으로 주택임대관리업의 등록을 한 경우 주택임대관리업의 등록기관은 그 등록을 말소하여야 한다.

⑤ 임대 목적 주택에 대한 임대차계약서의 갱신 및 갱신거절은 주택임대관리업자의 업무범위에 해당한다.

키워드 **주택임대관리업의 등록**

풀이 시장·군수·구청장은 등록 사항의 변경 신고를 받은 때에는 신고를 받은 날부터 5일 이내에 신고수리 여부를 신고인에게 통지하여야 한다(민간임대주택에 관한 특별법 제7조 제4항).

정답 ②

40 민간임대주택에 관한 특별법령상 주택임대관리업에 관한 설명으로 옳지 않은 것은?

① 주택임대관리업을 등록하려는 자는 자기관리형 주택임대관리업과 위탁관리형 주택임대관리업을 구분하여 등록하여야 한다.

② 시장·군수·구청장은 등록사항 변경 및 말소신고를 받은 날부터 5일 이내에 신고수리 여부를 신고인에게 통지하여야 한다.

③ 주택임대관리업의 등록이 말소된 후 3년이 지나지 아니한 자는 주택임대관리업의 등록을 할 수 없다.

④ 시장·군수·구청장은 주택임대관리업자가 거짓이나 그 밖의 부정한 방법으로 등록을 한 경우에는 해당 주택임대관리업자의 등록을 말소하여야 한다.

⑤ 주택임대관리업자는 분기마다 그 분기가 끝나는 달의 다음 달 말일까지 자본금, 전문인력, 관리 호수 등 대통령령으로 정하는 정보를 시장·군수·구청장에게 신고하여야 한다.

키워드 **주택임대관리업의 등록**

풀이 주택임대관리업의 등록이 말소된 후 2년이 지나지 아니한 자는 주택임대관리업의 등록을 할 수 없다(민간임대주택에 관한 특별법 제9조 제3호).

정답 ③

41 **민간임대주택에 관한 특별법령상 주택임대관리업에 관한 설명으로 옳은 것은?**

① 주택임대관리업의 등록을 한 자는 자본금 또는 전문인력의 수가 증가한 경우에는 시장·군수·구청장에게 신고하여야 한다.

② 주택임대관리업자가 아닌 자는 주택임대관리업 또는 이와 유사한 명칭을 사용하지 못한다.

③ 주택임대관리업자는 분기마다 그 분기가 끝나는 달의 말일까지 자본금, 전문인력, 관리 호수 등 대통령령으로 정하는 정보를 시장·군수·구청장에게 신고하여야 한다. 이 경우 신고받은 시장·군수·구청장은 국토교통부장관에게 이를 보고하여야 한다.

④ 임대사업자인 임대인이 위탁관리형 주택임대관리업자에게 임대관리를 위탁한 경우 주택임대관리업자는 위탁받은 범위에서 「민간임대주택에 관한 특별법」에 따른 임대사업자의 의무를 이행하여야 한다.

⑤ 위탁관리형 주택임대관리업을 하는 주택임대관리업자는 임대인 및 임차인의 권리보호를 위하여 보증상품에 가입하여야 한다.

키워드 **민간임대주택에 관한 특별법령상 주택임대관리업**

풀이 ① 주택임대관리업의 등록을 한 자는 자본금 또는 전문인력의 수가 증가한 경우에는 시장·군수·구청장에게 신고하지 아니하여도 된다(민간임대주택에 관한 특별법 제7조 제3항, 동법 시행규칙 제6조 제4항).

③ 주택임대관리업자는 분기마다 그 분기가 끝나는 달의 다음 달 말일까지 자본금, 전문인력, 관리 호수 등 대통령령으로 정하는 정보를 시장·군수·구청장에게 신고하여야 한다. 이 경우 신고받은 시장·군수·구청장은 국토교통부장관에게 이를 보고하여야 한다(민간임대주택에 관한 특별법 제12조 제1항).

④ 임대사업자인 임대인이 자기관리형 주택임대관리업자에게 임대관리를 위탁한 경우 주택임대관리업자는 위탁받은 범위에서 「민간임대주택에 관한 특별법」에 따른 임대사업자의 의무를 이행하여야 한다(민간임대주택에 관한 특별법 제15조 전단).

⑤ 자기관리형 주택임대관리업을 하는 주택임대관리업자는 임대인 및 임차인의 권리보호를 위하여 보증상품에 가입하여야 한다(민간임대주택에 관한 특별법 제14조 제1항).

정답 ②

42 **민간임대주택에 관한 특별법령상 민간임대주택의 관리 및 주택임대관리업 등에 관한 설명으로 옳은 것은?** 제20회

① 임대사업자는 민간임대주택이 300세대 이상의 공동주택의 경우에는 「공동주택관리법」에 따른 주택관리업자에게 관리를 위탁하여야 하며, 자체관리할 수 없다.

② 주택임대관리업은 주택의 소유자로부터 주택을 임차하여 자기책임으로 전대하는 형태의 위탁관리형 주택임대관리업과 주택의 소유자로부터 수수료를 받고 임대료 부과·징수 및 시설물 유지·관리 등을 대행하는 형태의 자기관리형 주택임대관리업으로 구분한다.

③ 「지방공기업법」에 따라 설립된 지방공사가 주택임대관리업을 하려는 경우 신청서에 대통령령으로 정하는 서류를 첨부하여 시장·군수·구청장에게 제출하여야 한다.

④ 「민간임대주택에 관한 특별법」에 위반하여 주택임대관리업의 등록이 말소된 후 2년이 지나지 아니한 자는 주택임대관리업의 등록을 할 수 없다.

⑤ 주택임대관리업자는 주택임대관리업자의 현황 중 전문인력의 경우 1개월마다 시장·군수·구청장에게 신고하여야 한다.

PART 1

키워드 **민간임대주택에 관한 특별법령상 민간임대주택의 관리 및 주택임대관리**

풀이 ① 임대사업자는 민간임대주택이 300세대 이상의 공동주택 등 대통령령으로 정하는 규모 이상에 해당하면 「공동주택관리법」에 따른 주택관리업자에게 관리를 위탁하거나 자체관리하여야 한다(민간임대주택에 관한 특별법 제51조 제2항).

② '주택임대관리업'이란 주택의 소유자로부터 임대관리를 위탁받아 관리하는 업(業)을 말하며, 다음과 같이 구분한다(민간임대주택에 관한 특별법 제2조 제10호).

1. 자기관리형 주택임대관리업: 주택의 소유자로부터 주택을 임차하여 자기책임으로 전대(轉貸)하는 형태의 업
2. 위탁관리형 주택임대관리업: 주택의 소유자로부터 수수료를 받고 임대료 부과·징수 및 시설물 유지·관리 등을 대행하는 형태의 업

③ 주택임대관리업을 하려는 자는 시장·군수·구청장에게 등록할 수 있다. 다만, 100호 이상의 범위에서 대통령령으로 정하는 규모 이상으로 주택임대관리업을 하려는 자(국가, 지방자치단체, 공공기관의 운영에 관한 법률에 따른 공공기관, 지방공기업법에 따라 설립된 지방공사는 제외한다)는 등록하여야 한다(민간임대주택에 관한 특별법 제7조 제1항).

⑤ 주택임대관리업자는 분기마다 그 분기가 끝나는 달의 다음 달 말일까지 자본금, 전문인력, 관리호수 등 대통령령으로 정하는 정보를 시장·군수·구청장에게 신고하여야 한다. 이 경우 신고받은 시장·군수·구청장은 국토교통부장관에게 이를 보고하여야 한다(민간임대주택에 관한 특별법 제12조 제1항).

정답 ④

43 **민간임대주택에 관한 특별법령상 주택임대관리업에 관한 내용으로 옳은 것은?**

① 위탁관리형 주택임대관리업을 등록한 경우에는 자기관리형 주택임대관리업도 등록한 것으로 본다.

② 주택임대관리업 등록을 한 자가 등록한 사항 중 자본금이 증가한 경우 변경신고를 하여야 한다.

③ 주택임대관리업자는 반기마다 그 반기가 끝나는 달의 다음 달 말일까지 위탁받아 관리하는 주택의 호수·세대수 및 소재지를 시장·군수·구청장에게 신고하여야 한다.

④ 위탁관리형 주택임대관리업을 하는 주택임대관리업자는 임대인 및 임차인의 권리보호를 위하여 보증상품에 가입하여야 한다.

⑤ 주택임대관리업자는 임대를 목적으로 하는 주택에 대하여 부수적으로 시설물 유지·보수·개량 및 그 밖의 주택관리업무를 수행할 수 있다.

키워드 **민간임대주택에 관한 특별법령상 주택임대관리업**

풀이 ① 주택임대관리업을 등록하는 경우에는 자기관리형 주택임대관리업과 위탁관리형 주택임대관리업을 구분하여 등록하여야 한다. 이 경우 자기관리형 주택임대관리업을 등록한 경우에는 위탁관리형 주택임대관리업도 등록한 것으로 본다(민간임대주택에 관한 특별법 제7조 제2항).

② 주택임대관리업을 등록한 자가 등록한 사항을 변경하거나 말소하고자 할 경우 시장·군수·구청장에게 신고하여야 한다. 다만, 자본금의 증가 등 국토교통부령으로 정하는 경미한 사항은 신고하지 아니하여도 된다(민간임대주택에 관한 특별법 제7조 제3항).

③ 주택임대관리업자는 분기마다 그 분기가 끝나는 달의 다음 달 말일까지 자본금, 전문인력, 관리호수 등 대통령령으로 정하는 정보를 시장·군수·구청장에게 신고하여야 한다. 이 경우 신고받은 시장·군수·구청장은 국토교통부장관에게 이를 보고하여야 한다(민간임대주택에 관한 특별법 제12조 제1항, 동법 시행령 제11조 제1항).

④ 자기관리형 주택임대관리업을 하는 주택임대관리업자는 임대인 및 임차인의 권리보호를 위하여 보증상품에 가입하여야 한다(민간임대주택에 관한 특별법 제14조 제1항).

정답 ⑤

44 민간임대주택에 관한 특별법령상 주택임대관리업에 관한 설명으로 옳지 않은 것은?

제23회

① 「민간임대주택에 관한 특별법」을 위반하여 금고 이상의 실형을 선고받고 그 집행이 종료된 날부터 3년이 지나지 아니한 사람은 주택임대관리업을 등록할 수 없다.

② 주택임대관리업의 등록이 말소된 후 3년이 지난 자는 주택임대관리업을 등록할 수 있다.

③ 주택임대관리업자는 임대를 목적으로 하는 주택에 대하여 임대차계약의 체결에 관한 업무를 수행한다.

④ 위탁관리형 주택임대관리업자는 보증보험에 가입사항을 시장·군수·구청장에게 신고하여야 한다.

⑤ 자기관리형 주택임대관리업자는 전대료 및 전대보증금을 포함한 위·수탁계약서를 작성하여 주택의 소유자에게 교부하여야 한다.

키워드 **민간임대주택에 관한 특별법령상 주택임대관리업**

풀이 자기관리형 주택임대관리업자는 보증보험에 가입사항을 시장·군수·구청장에게 신고하여야 한다(민간임대주택에 관한 특별법 시행령 제11조 제1항).

정답 ④

45 민간임대주택에 관한 특별법령상 자기관리형 주택임대관리업자가 분기마다 그 분기가 끝나는 달의 다음 달 말일까지 시장 · 군수 · 구청장에게 신고하는 정보에 해당하지 않는 것은?

① 자본금

② 계약기간

③ 관리수수료

④ 위탁받아 관리하는 주택의 호수·세대수 및 소재지

⑤ 전대차(轉貸借) 계약기간, 전대료(轉貸料) 및 전대보증금

키워드 **위·수탁계약서에 포함되어야 하는 사항**

풀이 관리수수료는 위탁관리형 주택임대관리업자만 해당한다(민간임대주택에 관한 특별법 제12조 제1항, 동법 시행령 제11조 제1항).

정답 ③

46 **민간임대주택에 관한 특별법령상 임대를 목적으로 하는 주택에 대하여 자기관리형 주택임대관리업자가 업무를 위탁받은 경우 작성하는 위·수탁계약서에 포함되어야 하는 사항이 아닌 것은?** 제26회

① 임대료

② 계약기간

③ 관리수수료

④ 전대료(轉貸料) 및 전대보증금

⑤ 주택임대관리업자 및 임대인의 권리·의무에 관한 사항

키워드 **위·수탁계약서에 포함되어야 하는 사항**

풀이 위·수탁계약서에 포함되어야 하는 사항으로 관리수수료는 위탁관리형 주택임대관리업자만 해당한다(민간임대주택에 관한 특별법 제13조 제2항, 동법 시행령 제12조 제1호).

정답 ③

47 **민간임대주택에 관한 특별법령상 주택임대관리업의 등록을 반드시 말소하여야 하는 경우는?** 제17회 수정

① 등록기준을 갖추지 못한 경우

② 고의 또는 과실로 임대를 목적으로 하는 주택을 잘못 관리하여 임대인 및 임차인에게 재산상의 손해를 입힌 경우

③ 정당한 사유 없이 최종 위탁계약 종료일의 다음 날부터 1년 이상 위탁계약 실적이 없는 경우

④ 국토교통부장관 또는 지방자치단체의 장의 보고, 자료의 제출 또는 검사를 거부·방해 또는 기피하거나 거짓으로 보고한 경우

⑤ 최근 3년간 2회 이상의 영업정지처분을 받은 자로서 그 정지처분을 받은 기간이 합산하여 12개월을 초과한 경우

키워드 **주택임대관리업의 행정처분사유(민간임대주택에 관한 특별법 제10조 제1항)**

풀이 ①②③④ 등록을 말소하거나 1년 이내의 기간을 정하여 영업의 전부 또는 일부의 정지를 명할 수 있다.

이론 +

> **주택관리업의 등록을 반드시 말소하여야 하는 사유**
>
> 1. 거짓이나 그 밖의 부정한 방법으로 등록을 한 경우
> 2. 영업정지기간 중에 주택임대관리업을 영위한 경우 또는 최근 3년간 2회 이상의 영업정지처분을 받은 자로서 그 정지처분을 받은 기간이 합산하여 12개월을 초과한 경우
> 3. 다른 자에게 자기의 명의 또는 상호를 사용하여 「민간임대주택에 관한 특별법」에서 정한 사업이나 업무를 수행하게 하거나 그 등록증을 대여한 경우

정답 ⑤

48 민간임대주택에 관한 특별법령상 시장·군수·구청장이 주택임대관리업자의 등록을 반드시 말소하여야 하는 것을 모두 고른 것은?

> ㉠ 영업정지기간 중에 주택임대관리업을 영위한 경우
> ㉡ 고의 또는 과실로 임대를 목적으로 하는 주택을 잘못 관리하여 임대인 및 임차인에게 재산상의 손해를 입힌 경우
> ㉢ 국토교통부장관 또는 지방자치단체의 장의 보고, 자료의 제출 또는 검사를 거부·방해 또는 기피하거나 거짓으로 보고한 경우
> ㉣ 등록기준에 미달하게 된 경우
> ㉤ 다른 자에게 자기의 명의 또는 상호를 사용하여 「민간임대주택에 관한 특별법」에서 정한 사업이나 업무를 수행하게 하거나 그 등록증을 대여한 경우

① ㉠, ㉡
② ㉠, ㉤
③ ㉡, ㉣
④ ㉢, ㉣
⑤ ㉢, ㉤

키워드 **주택임대관리업의 행정처분사유(민간임대주택에 관한 특별법 제10조 제1항)**

풀이 ㉠㉤ 외에 거짓이나 그 밖의 부정한 방법으로 등록을 한 경우, 최근 3년간 2회 이상의 영업정지처분을 받은 자로서 그 정지처분을 받은 기간이 합산하여 12개월을 초과한 경우에는 그 등록을 말소하여야 한다. ㉡㉢㉣의 경우에는 그 등록을 말소하거나 1년 이내의 기간을 정하여 영업의 전부 또는 일부의 정지를 명할 수 있다.

정답 ②

CHAPTER

04 공동주택의 관리조직

▶ **연계학습** | 에듀윌 기본서 2차 [공동주택관리실무 上] p.89

01 공동주택관리법령상 입주자대표회의에 관한 설명으로 옳지 않은 것은? 제20회

① 입주자대표회의는 4명 이상으로 구성하되, 동별 세대수에 비례하여 시장·군수·구청장이 정한 선거구에 따라 선출된 대표자로 구성한다.

② 입주자대표회의에는 회장 1명, 감사 2명 이상, 이사 1명 이상의 임원을 두어야 한다.

③ 동별 대표자의 임기나 그 제한에 관한 사항, 동별 대표자 또는 입주자대표회의의 임원의 선출이나 해임 방법 등 입주자대표회의의 구성 및 운영에 필요한 사항과 입주자대표회의의 의결 방법은 대통령령으로 정한다.

④ 입주자대표회의의 의결사항은 관리규약, 관리비, 시설의 운영에 관한 사항 등으로 한다.

⑤ 의무관리대상 공동주택에 해당하는 하나의 공동주택단지를 여러 개의 공구로 구분하여 순차적으로 건설하는 경우 먼저 입주한 공구의 입주자등은 입주자대표회의를 구성할 수 있다. 다만, 다음 공구의 입주예정자의 과반수가 입주한 때에는 다시 입주자대표회의를 구성하여야 한다.

키워드 **입주자대표회의의 구성**

풀이 입주자대표회의는 4명 이상으로 구성하되, 동별 세대수에 비례하여 관리규약으로 정한 선거구에 따라 선출된 대표자로 구성한다(공동주택관리법 제14조 제1항).

정답 ①

02 공동주택관리법령상 입주자대표회의의 구성에 관한 설명으로 옳지 않은 것은? 제21회

① 선거구는 2개 동 이상으로 묶거나 통로나 층별로 구획하여 관리규약으로 정할 수 있다.

② 입주자대표회의는 3명 이상으로 구성하되, 동별 세대수에 비례하여 관리규약으로 정한 선거구에 따라 선출된 대표자로 구성한다.

③ 입주자대표회의의 구성원은 특별자치시장·특별자치도지사·시장·군수·자치구청장이 실시하는 입주자대표회의의 운영과 관련하여 필요한 교육 및 윤리교육을 성실히 이수하여야 한다.

④ 하나의 공동주택단지를 여러 개의 공구로 구분하여 순차적으로 건설하는 경우(임대주택은 분양전환된 경우를 말한다) 먼저 입주한 공구의 입주자등은 입주자대표회의를 구성할 수 있으며, 다음 공구의 입주예정자의 과반수가 입주한 때에는 다시 입주자대표회의를 구성하여야 한다.

⑤ 동별 대표자 선출공고에서 정한 각종 서류 제출 마감일을 기준으로 「공동주택관리법」을 위반한 범죄로 금고 이상의 실형 선고를 받고 그 집행이 끝난 날(집행이 끝난 것으로 보는 경우를 포함한다)부터 2년이 지나지 아니한 사람은 동별 대표자가 될 수 없으며 그 자격을 상실한다.

키워드 **입주자대표회의 구성**

풀이 입주자대표회의는 4명 이상으로 구성하되, 동별 세대수에 비례하여 관리규약으로 정한 선거구에 따라 선출된 대표자(이하 '동별 대표자'라 한다)로 구성한다. 이 경우 선거구는 2개 동 이상으로 묶거나 통로나 층별로 구획하여 정할 수 있다(공동주택관리법 제14조 제1항).

정답 ②

03 공동주택관리법령상 입주자대표회의의 구성 및 운영에 관한 설명으로 옳지 않은 것은?

제24회

① 입주자대표회의는 4명 이상으로 구성하되, 동별 세대수에 비례하여 관리규약으로 정한 선거구에 따라 선출된 대표자로 구성한다.

② 사용자는 입주자인 동별 대표자 후보자가 있는 선거구라도 해당 공동주택단지 안에서 주민등록을 마친 후 계속하여 3개월 이상 거주하고 있으면 동별 대표자로 선출될 수 있다.

③ 사용자인 동별 대표자는 입주자인 동별 대표자 중에서 회장 후보자가 없는 경우로서 선출 전에 전체 입주자 과반수의 서면동의를 얻은 경우에는 회장이 될 수 있다.

④ 공동체 생활의 활성화 및 질서유지에 관한 사항은 입주자대표회의 구성원 과반수의 찬성으로 의결한다.

⑤ 입주자대표회의는 주택관리업자가 공동주택을 관리하는 경우에는 주택관리업자의 직원인사·노무관리 등의 업무수행에 부당하게 간섭해서는 아니 된다.

키워드 **입주자대표회의의 구성 및 운영**

풀이 사용자는 입주자인 동별 대표자 후보자가 없는 선거구에서만 동별 대표자로 선출될 수 있다(공동주택관리법 제14조 제3항 단서).

정답 ②

04 **공동주택관리법령상 입주자대표회의 구성에 관한 설명으로 옳지 않은 것을 모두 고른 것은?**

> ㉠ 의무관리대상 공동주택의 경우, 입주자가 사업주체로부터 공동주택의 관리를 요구받은 때에는 그 요구를 받은 날부터 1개월 이내에 입주자대표회의를 구성하여야 한다.
> ㉡ 입주자대표회의는 3명으로 구성하여야 한다.
> ㉢ 2회의 선출공고(직전 선출공고일부터 3개월 이내에 공고하는 경우만 2회로 계산한다)에도 불구하고 입주자인 동별 대표자의 후보자가 없는 선거구에서 직전 선출공고일부터 3개월 이내에 선출공고를 하는 경우로서 선출공고에서 정한 각종 서류 제출 마감일을 기준으로 해당 선거구에 주민등록을 마친 후 계속하여 3개월 이상 거주하고 있는 사용자는 동별 대표자가 될 수 있다.
> ㉣ 동별 대표자의 임기는 3년 단임으로 한다.
> ㉤ 하나의 공동주택단지를 여러 개의 공구로 구분하여 순차적으로 건설하는 경우 먼저 입주한 공구의 입주자등은 입주자대표회의를 구성할 수 있다. 다만, 다음 공구의 입주예정자의 과반수가 입주한 때에는 다시 입주자대표회의를 구성하여야 한다.

① ㉠ ② ㉠, ㉡
③ ㉠, ㉡, ㉢ ④ ㉠, ㉡, ㉢, ㉣
⑤ ㉠, ㉡, ㉢, ㉣, ㉤

키워드 **입주자대표회의 구성**

풀이 ㉠ 입주자등이 사업주체로부터 관리할 것을 요구받았을 때에는 그 요구를 받은 날부터 3개월 이내에 입주자를 구성원으로 하는 입주자대표회의를 구성하여야 한다(공동주택관리법 제11조 제2항).

㉡ 입주자대표회의는 4명 이상으로 구성하되, 동별 세대수에 비례하여 관리규약으로 정한 선거구에 따라 선출된 동별 대표자로 구성한다. 이 경우 선거구는 2개 동 이상으로 묶거나 통로나 층별로 구획하여 정할 수 있다(공동주택관리법 제14조 제1항).

㉢ 사용자는 「공동주택관리법」 제14조 제3항 각 호 외의 부분 단서 및 같은 조 제9항에 따라 2회의 선출공고(직전 선출공고일부터 2개월 이내에 공고하는 경우만 2회로 계산한다)에도 불구하고 입주자(입주자가 법인인 경우에는 그 대표자를 말한다)인 동별 대표자의 후보자가 없는 선거구에서 직전 선출공고일부터 2개월 이내에 선출공고를 하는 경우로서 다음의 어느 하나에 해당하는 요건을 모두 갖춘 경우에는 동별 대표자가 될 수 있다. 이 경우 입주자인 후보자가 있으면 사용자는 후보자의 자격을 상실한다(공동주택관리법 제14조 제3항, 동법 시행령 제11조 제2·3항).

1. 해당 공동주택단지 안에서 주민등록을 마친 후 계속하여 3개월 이상 거주하고 있을 것
2. 해당 선거구에 주민등록을 마친 후 거주하고 있을 것
3. 공동주택을 임차하여 사용하는 사람일 것. 이 경우 법인인 경우에는 그 대표자를 말한다.
4. 위 3. 전단에 따른 사람의 배우자 또는 직계존비속일 것. 이 경우 위 3. 전단에 따른 사람이 서면으로 위임한 대리권이 있는 경우만 해당한다.

㉣ 동별 대표자의 임기는 2년으로 한다. 다만, 보궐선거 또는 재선거로 선출된 동별 대표자의 임기는 다음 구분에 따른다(공동주택관리법 시행령 제13조 제1항).

1. 모든 동별 대표자의 임기가 동시에 시작하는 경우: 2년
2. 그 밖의 경우: 전임자 임기(재선거의 경우 재선거 전에 실시한 선거에서 선출된 동별 대표자의 임기를 말한다)의 남은 기간

정답 ④

05 공동주택관리법령상 동별 대표자가 될 수 있는 사람을 모두 고른 것은?

㉠ 해당 공동주택의 동별 대표자를 해임된 날부터 2년이 지난 사람 ㉡ 「공동주택관리법」을 위반한 범죄로 벌금형을 선고받은 후 2년이 지난 사람 ㉢ 주택의 소유자가 서면으로 위임한 대리권이 없는 소유자의 배우자나 직계존비속 ㉣ 금고 이상의 형의 집행유예선고를 받고 그 유예기간 중에 있는 사람 ㉤ 해당 공동주택 관리주체의 소속 임직원과 해당 공동주택 관리주체에 용역을 공급하거나 사업자로 지정된 자의 소속 임원

① ㉠, ㉡
② ㉠, ㉢
③ ㉡, ㉤
④ ㉢, ㉣
⑤ ㉣, ㉤

키워드 **동별 대표자의 결격사유(공동주택관리법 제14조 제4항, 동법 시행령 제11조 제4항)**

풀이 ㉠ 해당 공동주택의 동별 대표자를 사퇴한 날부터 1년(해당 동별 대표자에 대한 해임이 요구된 후 사퇴한 경우에는 2년을 말한다)이 지나지 아니하거나 해임된 날부터 2년이 지나지 아니한 사람은 동별 대표자가 될 수 없으며 그 자격을 상실한다.

㉡ 「공동주택관리법」 또는 「주택법」, 「민간임대주택에 관한 특별법」, 「공공주택 특별법」, 「건축법」, 「집합건물의 소유 및 관리에 관한 법률」을 위반한 범죄로 벌금형을 선고받은 후 2년이 지나지 아니한 사람은 동별 대표자가 될 수 없으며 그 자격을 상실한다.

정답 ①

06 공동주택관리법령상 동별 대표자가 될 수 있는 사람은?

제16회 수정

① 「공동주택관리법」을 위반한 범죄로 금고 이상의 실형 선고를 받고 그 집행이 끝나거나 집행이 면제된 날로부터 2년이 지나지 아니한 사람
② 금고 이상의 형의 집행유예선고를 받고 그 유예기간이 종료된 후 3년이 지나지 아니한 사람
③ 선거관리위원회 위원(사퇴하거나 해임 또는 해촉된 사람으로서 그 남은 임기 중에 있는 사람을 포함한다)
④ 「공동주택관리법」을 위반한 범죄로 벌금형을 선고받은 후 2년이 지나지 아니한 사람
⑤ 관리비등을 최근 3개월 이상 연속하여 체납한 사람

키워드 **동별 대표자의 결격사유(공동주택관리법 제14조 제4항, 동법 시행령 제11조 제4항)**

풀이 동별 대표자의 결격사유는 금고 이상의 형의 집행유예를 선고받고 그 유예기간 중에 있는 사람이다.

정답 ②

07 **공동주택관리법령상 동별 대표자 선출공고에서 정한 각종 서류제출 마감일을 기준으로 동별 대표자가 될 수 없는 자에 해당하지 않는 사람은?** 제20회

① 해당 공동주택 관리주체의 소속 임직원
② 관리비를 최근 3개월 이상 연속하여 체납한 사람
③ 공동주택의 소유자가 서면으로 위임한 대리권이 없는 소유자의 배우자
④ 「주택법」을 위반한 범죄로 징역 6개월의 집행유예 1년의 선고를 받고 그 유예기간이 종료한 때로부터 2년이 지난 사람
⑤ 동별 대표자를 선출하기 위해 입주자등에 의해 구성된 선거관리위원회 위원이었으나 1개월 전에 사퇴하였고 그 남은 임기 중에 있는 사람

키워드 **동별 대표자의 결격사유(공동주택관리법 제14조 제4항, 동법 시행령 제11조 제4항)**
풀이 금고 이상의 형의 집행유예를 선고받고 그 유예기간 중에 있는 사람은 동별 대표자가 될 수 없다.

정답 ④

08 **공동주택관리법령상 동별 대표자가 될 수 있는 사람은 모두 몇 명인가?**

㉠ 파산자로서 복권된 사람 ㉡ 금고 이상의 형의 집행유예선고를 받고 그 유예기간 중에 있는 사람 ㉢ 해당 공동주택의 동별 대표자에 대한 해임이 요구된 후 사퇴한 날부터 1년이 지난 사람 ㉣ 「공동주택관리법」을 위반한 범죄로 과태료를 부과받은 후 1년이 지난 사람 ㉤ 사퇴하거나 해임 또는 해촉된 사람으로서 그 남은 임기 중에 있는 선거관리위원회의 위원 ㉥ 공동주택의 소유자가 서면으로 위임한 대리권이 있는 사용자 ㉦ 관리비등을 2개월을 연속하여 체납한 사람

① 2명 ② 3명 ③ 4명
④ 5명 ⑤ 6명

키워드 **동별 대표자의 결격사유(공동주택관리법 제14조 제4항, 동법 시행령 제11조 제4항)**
풀이 ㉡ 금고 이상의 형의 집행유예선고를 받고 그 유예기간 중에 있는 사람은 동별 대표자가 될 수 없다.
㉢ 해당 공동주택의 동별 대표자를 사퇴한 날부터 1년(해당 동별 대표자에 대한 해임이 요구된 후 사퇴한 경우에는 2년을 말한다)이 지나지 아니하거나 해임된 날부터 2년이 지나지 아니한 사람은 동별 대표자가 될 수 없다.
㉤ 선거관리위원회 위원(사퇴하거나 해임 또는 해촉된 사람으로서 그 남은 임기 중에 있는 사람을 포함한다)은 동별 대표자가 될 수 없다.
㉥ 공동주택의 소유자가 서면으로 위임한 대리권이 있는 소유자의 배우자나 직계존비속은 동별 대표자가 될 수 있으나, 사용자는 동별 대표자가 될 수 없다.

정답 ②

09 공동주택관리법령상 입주자대표회의의 구성원인 동별 대표자가 될 수 없는 사람을 모두 고른 것은? (단, 주어진 조건 이외에 다른 조건은 고려하지 않음)

> ㉠ 최초의 입주자대표회의를 구성하기 위한 동별 대표자를 선출하는 경우, 해당 선거구에 주민등록을 마친 후 계속하여 동별 대표자 선출공고에서 정한 각종 서류 제출 마감일 기준 2개월째 계속하여 거주하고 있는 공동주택의 소유자
> ㉡ 파산자였으나 동별 대표자 선출공고에서 정한 각종 서류 제출 마감일 기준 1개월 전에 복권된 공동주택의 소유자
> ㉢ 공동주택의 소유자의 조카(3촌)로서 해당 주택에 거주하고 있으면서 소유자가 서면으로 위임한 대리권이 있는 자
> ㉣ 「주택법」을 위반한 범죄로 징역 1년, 집행유예 2년을 선고받고 동별 대표자 선출공고에서 정한 각종 서류 제출 마감일 기준 그 집행유예기간 중인 공동주택의 소유자

① ㉠, ㉢
② ㉡, ㉣
③ ㉢, ㉣
④ ㉠, ㉢, ㉣
⑤ ㉠, ㉡, ㉢, ㉣

키워드 **동별 대표자의 결격사유(공동주택관리법 제14조 제4항, 동법 시행령 제11조 제4항)**

풀이 ㉢ 소유자의 조카는 직계비속이 아니므로 동별 대표자가 될 수 없다.
㉣ 금고 이상의 형의 집행유예선고를 받고 그 유예기간 중에 있는 사람은 동별 대표자가 될 수 없다.

정답 ③

10 공동주택관리법령상 입주자대표회의의 구성에 관한 설명으로 옳은 것은?

① 동별 대표자 선거구는 2개 동 이상으로 묶어서 정할 수 있으나, 통로나 층별로 구획하여 정할 수는 없다.

② 동별 대표자 선거관리위원회 위원을 사퇴한 사람으로서 동별 대표자 선출공고에서 정한 서류 제출 마감일을 기준으로 그 남은 임기 중에 있는 사람은 동별 대표자가 될 수 있다.

③ 동별 대표자가 임기 중에 관리비를 3개월 이상 연속하여 체납한 경우에는 해당 선거구 전체 입주자등의 과반수의 찬성으로 해임한다.

④ 500세대 미만인 공동주택의 입주자대표회의 회장은 관리규약으로 정한 바가 있으면, 입주자대표회의 구성원 과반수의 찬성으로 선출하고, 이 경우 입주자대표회의 구성원 과반수 찬성으로 선출할 수 없는 경우로서 최다득표자가 2인 이상인 경우에는 추첨으로 선출한다.

⑤ 공동주택을 임차하여 사용하는 사람의 동별 대표자 결격사유는 그를 대리하는 자에게 미치지 않는다.

키워드 입주자대표회의의 구성

풀이 ① 선거구는 2개 동 이상으로 묶거나 통로나 층별로 구획하여 정할 수 있다(공동주택관리법 제14조 제1항 후단).

② 동별 대표자 선거관리위원회 위원을 사퇴한 사람으로서 동별 대표자 선출공고에서 정한 서류 제출 마감일을 기준으로 그 남은 임기 중에 있는 사람은 동별 대표자가 될 수 없다(공동주택관리법 제14조 제4항, 동법 시행령 제11조 제4항 제2호).

③ 동별 대표자가 임기 중에 관리비를 3개월 이상 연속하여 체납한 경우에는 당연히 퇴임한다(공동주택관리법 제14조 제5항, 동법 시행령 제11조 제4항 제5호).

⑤ 공동주택 소유자 또는 공동주택을 임차하여 사용하는 사람의 결격사유는 그를 대리하는 자에게 미친다(공동주택관리법 시행령 제11조 제5항).

정답 ④

11 공동주택관리법령상 입주자대표회의의 구성 등에 관한 설명으로 옳은 것은?

① 하나의 공동주택단지를 여러 개의 공구로 구분하여 순차적으로 건설하는 경우에는 먼저 입주한 공구의 입주자등은 입주자대표회의를 구성할 수 있다. 다만, 다음 공구의 입주예정자의 3분의 2가 입주한 때에는 다시 입주자대표회의를 구성하여야 한다.

② 공동주택 소유자의 결격사유는 그를 대리하는 자에게 미치지 않는다.

③ 입주자인 동별 대표자 후보자가 없는 선거구에서는 사용자도 동별 대표자로 선출될 수 있다.

④ 동별 대표자는 한 번만 중임할 수 있다. 이 경우 보궐선거 또는 재선거로 선출된 동별 대표자의 임기가 1년 미만인 경우에는 임기의 횟수에 포함하지 않는다.

⑤ 2회의 선출공고(직전 선출공고일부터 2개월 이내에 공고하는 경우만 2회로 계산한다)에도 불구하고 동별 대표자의 후보자가 없거나 선출된 사람이 없는 선거구에서 직전 선출공고일부터 2개월 이내에 선출공고를 하는 경우에는 동별 대표자를 중임한 사람도 해당 선거구 입주자등의 2분의 1 이상의 찬성으로 다시 동별 대표자로 선출될 수 있다.

키워드 입주자대표회의의 구성

풀이 ① 하나의 공동주택단지를 여러 개의 공구로 구분하여 순차적으로 건설하는 경우(임대주택은 분양전환된 경우를 말한다) 먼저 입주한 공구의 입주자등은 입주자대표회의를 구성할 수 있다. 다만, 다음 공구의 입주예정자의 과반수가 입주한 때에는 다시 입주자대표회의를 구성하여야 한다(공동주택관리법 제14조 제2항).

② 공동주택 소유자의 결격사유는 그를 대리하는 자에게 미치며, 공유(共有)인 공동주택 소유자의 결격사유를 판단할 때에는 지분의 과반을 소유한 자의 결격사유를 기준으로 한다(공동주택관리법 시행령 제11조 제5항).

④ 동별 대표자는 한 번만 중임할 수 있다. 이 경우 보궐선거 또는 재선거로 선출된 동별 대표자의 임기가 6개월 미만인 경우에는 임기의 횟수에 포함하지 않는다(공동주택관리법 시행령 제13조 제2항).

⑤ 2회의 선출공고(직전 선출공고일부터 2개월 이내에 공고하는 경우만 2회로 계산한다)에도 불구하고 동별 대표자의 후보자가 없거나 선출된 사람이 없는 선거구에서 직전 선출공고일부터 2개월 이내에 선출공고를 하는 경우에는 동별 대표자를 중임한 사람도 해당 선거구 입주자등의 과반수의 찬성으로 다시 동별 대표자로 선출될 수 있다. 이 경우 후보자 중 동별 대표자를 중임하지 않은 사람이 있으면 동별 대표자를 중임한 사람은 후보자의 자격을 상실한다(공동주택관리법 시행령 제13조 제3항).

정답 ③

12 **공동주택관리법령상 입주자대표회의의 구성 및 운영에 관한 설명으로 옳지 않은 것은?**

① 동별 대표자는 후보자가 2명 이상인 경우 해당 선거구 전체 입주자등의 과반수가 투표하고 후보자 중 최다득표자를 선출한다.

② 이사는 관리규약으로 정한 사유가 있는 경우에 관리규약으로 정하는 절차에 따라 해임한다.

③ 500세대 이상인 공동주택의 경우 회장은 관리규약으로 정하는 경우 입주자대표회의 구성원 과반수의 찬성으로 동별 대표자 중에서 선출할 수 있다.

④ 동별 대표자의 임기는 2년으로 한다. 다만, 보궐선거 또는 재선거의 경우 모든 동별 대표자의 임기가 동시에 시작하는 경우에는 2년, 그 밖의 경우에는 전임자 임기의 남은 기간으로 한다.

⑤ 공유(共有)인 공동주택 소유자의 결격사유를 판단할 때에는 지분의 과반을 소유한 자의 결격사유를 기준으로 한다.

키워드 **입주자대표회의의 구성 및 운영**

풀이 회장 선출방법(공동주택관리법 시행령 제12조 제2항 제1호)

1. 입주자등의 보통·평등·직접·비밀선거를 통하여 선출
2. 후보자가 2명 이상인 경우: 전체 입주자등의 10분의 1 이상이 투표하고 후보자 중 최다득표자를 선출
3. 후보자가 1명인 경우: 전체 입주자등의 10분의 1 이상이 투표하고 투표자 과반수의 찬성으로 선출
4. 다음의 경우에는 입주자대표회의 구성원 과반수의 찬성으로 선출하며, 입주자대표회의 구성원 과반수 찬성으로 선출할 수 없는 경우로서 최다득표자가 2인 이상인 경우에는 추첨으로 선출
   ㉠ 후보자가 없거나 위 1.부터 3.까지의 규정에 따라 선출된 자가 없는 경우
   ㉡ 위 1.부터 3.까지의 규정에도 불구하고 500세대 미만의 공동주택단지에서 관리규약으로 정하는 경우

정답 ③

13 공동주택관리법령상 입주자대표회의에 관한 설명으로 옳은 것은?

① 최초의 입주자대표회의를 구성하기 위하여 동별 대표자를 선출하는 경우, 동별 대표자는 동별 대표자 선출공고에서 정한 각종 서류 제출 마감일을 기준으로 해당 공동주택단지 안에서 주민등록을 마친 후 계속하여 3개월 이상 거주하고 있어야 한다.

② 동별 대표자는 후보자가 1명인 경우에 해당 선거구 전체 입주자등 10분의 1 이상이 투표하고 투표자의 과반수 찬성으로 선출한다.

③ 500세대 미만의 공동주택단지의 경우 회장과 감사는 관리규약으로 정하는 경우 입주자대표회의 구성원 과반수 찬성으로 선출한다.

④ 감사는 후보자가 선출필요인원과 같거나 미달하는 경우 후보자별로 전체 입주자등의 과반수가 투표하고 투표자 과반수의 찬성으로 선출한다.

⑤ 이사는 동별 대표자 중에서 입주자등의 보통·평등·직접·비밀선거를 통하여 선출한다.

키워드 **입주자대표회의의 구성방법**

풀이 ① 최초로 구성되는 입주자대표회의의 동별 대표자는 3개월 이상 거주요건을 충족하지 않아도 동별 대표자가 될 수 있다(공동주택관리법 제14조 제3항 제1호 괄호부분).

② 동별 대표자는 선거구별로 1명씩 선출하되, 그 선출방법은 다음의 구분에 따른다(공동주택관리법 시행령 제11조 제1항).

1. 후보자가 2명 이상인 경우: 해당 선거구 전체 입주자등의 과반수가 투표하고 후보자 중 최다득표자를 선출
2. 후보자가 1명인 경우: 해당 선거구 전체 입주자등의 과반수가 투표하고 투표자 과반수의 찬성으로 선출

④ 감사 선출방법(공동주택관리법 시행령 제12조 제2항 제2호)

1. 입주자등의 보통·평등·직접·비밀선거를 통하여 선출
2. 후보자가 선출필요인원을 초과하는 경우: 전체 입주자등의 10분의 1 이상이 투표하고 후보자 중 다득표자 순으로 선출
3. 후보자가 선출필요인원과 같거나 미달하는 경우: 후보자별로 전체 입주자등의 10분의 1 이상이 투표하고 투표자 과반수의 찬성으로 선출
4. 다음의 경우에는 입주자대표회의 구성원 과반수의 찬성으로 선출하며, 입주자대표회의 구성원 과반수 찬성으로 선출할 수 없는 경우로서 최다득표자가 2인 이상인 경우에는 추첨으로 선출
   ㉠ 후보자가 없거나 위 1.부터 3.까지의 규정에 따라 선출된 자가 없는 경우(선출된 자가 선출필요인원에 미달하여 추가선출이 필요한 경우를 포함한다)
   ㉡ 위 1.부터 3.까지의 규정에도 불구하고 500세대 미만의 공동주택단지에서 관리규약으로 정하는 경우

⑤ 이사는 동별 대표자 중에서 입주자대표회의 구성원 과반수의 찬성으로 선출하며, 입주자대표회의 구성원 과반수 찬성으로 선출할 수 없는 경우로서 최다득표자가 2인 이상인 경우에는 추첨으로 선출한다(공동주택관리법 시행령 제12조 제2항 제3호).

정답 ③

14 공동주택관리법령상 입주자대표회의의 구성 등에 관한 설명으로 옳은 것은?

① 회장을 입주자등의 보통·평등·직접·비밀선거를 통하여 동별 대표자 중에서 선출하는 경우 후보자가 1명인 경우에 전체 입주자등의 과반수가 투표하고 투표자 과반수 찬성으로 선출한다.

② 감사는 선출된 자가 선출필요인원에 미달하여 추가선출이 필요한 경우에는 입주자등의 보통·평등·직접·비밀선거를 통하여 선출한다.

③ 동별 대표자는 관리규약으로 정한 사유가 있는 경우에 해당 선거구 전체 입주자등의 10분의 1 이상이 투표하고 투표자 과반수의 찬성으로 해임한다.

④ 이사는 입주자대표회의에서 의결한 안건이 관계 법령 및 관리규약에 위반된다고 판단되는 경우에는 입주자대표회의에 재심의를 요청할 수 있다.

⑤ 사용자인 동별 대표자는 회장이 될 수 없다. 다만, 입주자인 동별 대표자 중에서 회장 후보자가 없는 경우로서 선출 전에 전체 입주자 과반수의 서면동의를 얻은 경우에는 그러하지 아니하다.

키워드 입주자대표회의의 구성절차

풀이 ① 회장을 입주자등의 보통·평등·직접·비밀선거를 통하여 동별 대표자 중에서 선출하는 경우 후보자가 1명인 경우에 전체 입주자등의 10분의 1 이상이 투표하고 투표자 과반수 찬성으로 선출한다(공동주택관리법 시행령 제12조 제2항 제1호).

② 감사는 선출된 자가 선출필요인원에 미달하여 추가선출이 필요한 경우에는 입주자대표회의 구성원 과반수 찬성으로 선출하며, 입주자대표회의 구성원 과반수 찬성으로 선출할 수 없는 경우로서 최다득표자가 2인 이상인 경우에는 추첨으로 선출한다(공동주택관리법 시행령 제12조 제2항 제2호 라목).

③ 동별 대표자는 관리규약으로 정한 사유가 있는 경우에 해당 선거구 전체 입주자등의 과반수가 투표하고 투표자 과반수의 찬성으로 해임한다(공동주택관리법 시행령 제13조 제4항 제1호).

④ 감사는 입주자대표회의에서 의결한 안건이 관계 법령 및 관리규약에 위반된다고 판단되는 경우에는 입주자대표회의에 재심의를 요청할 수 있다(공동주택관리법 시행규칙 제4조 제5항).

정답 ⑤

15 **공동주택관리법령상 입주자대표회의에 관한 설명으로 옳은 것은?**

① 입주자대표회의에는 회장 1명, 감사 1명 이상, 이사 2명 이상의 임원을 두어야 한다.

② 입주자인 동별 대표자 중에서 회장 후보자가 없는 경우로서 선출 전에 전체 입주자 과반수의 서면동의를 얻더라도 사용자인 동별 대표자는 회장이 될 수 없다.

③ 500세대 미만의 공동주택단지에서 관리규약으로 정하는 경우 회장은 입주자대표회의 구성원 과반수의 찬성으로 선출하며, 입주자대표회의 구성원 과반수 찬성으로 선출할 수 없는 경우로서 최다득표자가 2인 이상인 경우에는 추첨으로 선출한다.

④ 이사는 관리규약으로 정한 사유가 있는 경우에는 전체 입주자등의 10분의 1 이상이 투표하고 투표자 과반수의 찬성으로 해임한다.

⑤ 동별 대표자는 두 차례만 연임할 수 있다. 이 경우 보궐선거 또는 재선거로 선출된 동별 대표자의 임기가 6개월 미만인 경우에는 임기의 횟수에 포함하지 않는다.

키워드 **입주자대표회의의 구성절차**

풀이 ① 입주자대표회의에는 다음의 임원을 두어야 한다(공동주택관리법 시행령 제12조 제1항).

1. 회장 1명
2. 감사 2명 이상
3. 이사 1명 이상

② 사용자인 동별 대표자는 회장이 될 수 없다. 다만, 입주자인 동별 대표자 중에서 회장 후보자가 없는 경우로서 선출 전에 전체 입주자 과반수의 서면동의를 얻은 경우에는 그러하지 아니하다(공동주택관리법 제14조 제7항).

④ 이사는 관리규약으로 정한 사유가 있는 경우에는 관리규약으로 정하는 절차에 따라 해임한다(공동주택관리법 시행령 제13조 제4항 제2호 나목).

⑤ 동별 대표자는 한 번만 중임할 수 있다. 이 경우 보궐선거 또는 재선거로 선출된 동별 대표자의 임기가 6개월 미만인 경우에는 임기의 횟수에 포함하지 않는다(공동주택관리법 시행령 제13조 제2항).

정답 ③

16 **공동주택관리법령상 입주자대표회의와 그 임원구성에 관한 내용으로 옳은 것을 모두 고른 것은?**

> ㉠ 300세대인 공동주택의 입주자대표회의는 3명 이상으로 구성하되, 동별 세대수에 비례하여 관리규약으로 정한 선거구에 따라 선출된 대표자로 구성한다.
> ㉡ 500세대인 공동주택의 입주자대표회의의 회장 후보자가 3명인 경우, 전체 입주자 등의 10분의 1 이상이 투표하고 후보자 중 최다득표를 한 동별 대표자 1명을 입주자대표회의 회장으로 선출한다.
> ㉢ 600세대인 공동주택의 입주자대표회의에 두는 이사는 입주자대표회의 구성원 과반수의 찬성으로 동별 대표자 중에서 1명 이상 선출한다.

① ㉢
② ㉠, ㉡
③ ㉠, ㉢
④ ㉡, ㉢
⑤ ㉠, ㉡, ㉢

키워드 **입주자대표회의와 임원의 구성**

풀이 ㉠ 입주자대표회의는 4명 이상으로 구성하되, 동별 세대수에 비례하여 관리규약으로 정한 선거구에 따라 선출된 동별 대표자로 구성한다. 이 경우 선거구는 2개 동 이상으로 묶거나 통로나 층별로 구획하여 정할 수 있다(공동주택관리법 제14조 제1항).

정답 ④

17 **공동주택관리법령상 입주자대표회의의 구성과 임원의 업무범위 등에 관한 설명으로 옳지 않은 것은?** 제23회 수정

① 감사는 감사를 한 경우에는 감사보고서를 작성하여 입주자대표회의와 관리주체에게 제출하고 인터넷 홈페이지 및 동별 게시판에 공개해야 한다.

② 동별 대표자가 임기 중에 동별 대표자의 결격사유에 해당하게 된 경우에는 당연히 퇴임한다.

③ 입주자대표회의는 의결사항을 의결할 때 입주자등이 아닌 자로서 해당 공동주택의 관리에 이해관계를 가진 자의 권리를 침해해서는 안 된다.

④ 사용자인 동별 대표자는 회장이 될 수 없으나, 입주자인 동별 대표자 중에서 회장 후보자가 없는 경우로서 선출 전에 전체 입주자등의 과반수의 서면동의를 얻은 경우에는 회장이 될 수 있다.

⑤ 입주자대표회의는 그 회의를 개최한 때에는 회의록을 작성하여 관리주체에게 보관하게 하여야 한다.

키워드 **입주자대표회의의 구성과 임원의 업무범위 등**

풀이 사용자인 동별 대표자는 회장이 될 수 없다. 다만, 입주자인 동별 대표자 중에서 회장 후보자가 없는 경우로서 선출 전에 전체 입주자 과반수의 서면동의를 얻은 경우에는 그러하지 아니하다(공동주택관리법 제14조 제7항).

정답 ④

18 **공동주택관리법령상 동별 대표자를 선출하기 위한 선거관리위원회 위원이 될 수 있는 사람은?** 제21회

① 사용자

② 동별 대표자

③ 피한정후견인

④ 동별 대표자 후보자의 직계존비속

⑤ 동별 대표자에서 해임된 사람으로서 그 남은 임기 중에 있는 사람

키워드 **선거관리위원회 위원의 결격사유 및 자격 상실사유**

풀이 다음의 어느 하나에 해당하는 사람은 선거관리위원회 위원이 될 수 없으며 그 자격을 상실한다(공동주택관리법 제15조 제2항, 동법 시행령 제16조).

1. 동별 대표자 또는 그 후보자
2. 위 1.에 해당하는 사람의 배우자 또는 직계존비속
3. 미성년자, 피성년후견인 또는 피한정후견인
4. 동별 대표자를 사퇴하거나 그 지위에서 해임된 사람 또는 당연 퇴임한 사람으로서 그 남은 임기 중에 있는 사람
5. 선거관리위원회 위원을 사퇴하거나 그 지위에서 해임 또는 해촉된 사람으로서 그 남은 임기 중에 있는 사람

정답 ①

최신기출

19 공동주택관리법령상 선거관리위원회의 위원이 될 수 없는 사람을 모두 고른 것은? 제27회

> ㉠ 피성년후견인 또는 피한정후견인
> ㉡ 동별 대표자 후보자의 직계존비속
> ㉢ 임기 중에 결격사유에 해당하여 동별 대표자에서 퇴임한 사람으로서 그 남은 임기 중에 있는 사람
> ㉣ 선거관리위원회 위원에서 해임된 사람으로서 그 남은 임기 중에 있는 사람

① ㉠
② ㉠, ㉡
③ ㉠, ㉡, ㉢
④ ㉡, ㉢, ㉣
⑤ ㉠, ㉡, ㉢, ㉣

키워드 **선거관리위원회 위원의 결격사유**

풀이 다음의 어느 하나에 해당하는 사람은 선거관리위원회 위원이 될 수 없으며 그 자격을 상실한다(공동주택관리법 제15조 제2항, 동법 시행령 제16조).

1. 동별 대표자 또는 그 후보자
2. 위 1.에 해당하는 사람의 배우자 또는 직계존비속
3. 미성년자, 피성년후견인 또는 피한정후견인
4. 동별 대표자를 사퇴하거나 그 지위에서 해임된 사람 또는 당연 퇴임한 사람으로서 그 남은 임기 중에 있는 사람
5. 선거관리위원회 위원을 사퇴하거나 그 지위에서 해임 또는 해촉된 사람으로서 그 남은 임기 중에 있는 사람

정답 ⑤

20 공동주택관리법령상 선거관리위원회에 관한 설명으로 옳지 않은 것은? 제22회

① 500세대 이상인 공동주택의 선거관리위원회는 입주자등 중에서 위원장을 포함하여 5명 이상 9명 이하의 위원으로 구성한다.

② 선거관리위원회 위원장은 위원 중에서 호선한다.

③ 500세대 미만인 공동주택은 「선거관리위원회법」에 따른 선거관리위원회 소속 직원 1명을 관리규약으로 정하는 바에 따라 위원으로 위촉한다.

④ 선거관리위원회 위원장은 동별 대표자 후보자에 대하여 동별 대표자의 자격요건 충족 여부와 결격사유 해당 여부를 확인하여야 한다.

⑤ 선거관리위원회의 위원장은 동별 대표자의 결격사유 확인에 관한 사무를 수행하기 위하여 불가피한 경우 「개인정보 보호법 시행령」에 따른 주민등록번호가 포함된 자료를 처리할 수 있다.

키워드 **동별 대표자 등의 선거관리**

풀이 500세대 이상인 공동주택은 「선거관리위원회법」 제2조에 따른 선거관리위원회 소속 직원 1명을 관리규약으로 정하는 바에 따라 위원으로 위촉할 수 있다(공동주택관리법 시행령 제15조 제3항).

정답 ③

21 공동주택관리법령상 선거관리위원회에 관한 설명으로 옳은 것은?

① 관리주체는 동별 대표자나 입주자대표회의의 임원을 선출하거나 해임하기 위하여 선거관리위원회를 구성한다.

② 500세대 이상인 공동주택의 선거관리위원회는 입주자등 중에서 위원장을 포함하여 3명 이상 9명 이하의 위원으로 구성한다.

③ 500세대 이상인 공동주택은 「선거관리위원회법」에 따른 선거관리위원회 소속 직원 1명을 해당 공동주택의 선거관리위원회의 위원으로 위촉하여야 한다.

④ 선거관리위원회는 그 구성원 과반수의 찬성으로 그 의사를 결정한다. 이 경우 선거관리위원회의 구성·운영·업무(동별 대표자 결격사유의 확인을 포함한다)·경비, 위원의 선임·해임 및 임기 등에 관한 사항은 선거관리위원회 규정으로 정한다.

⑤ 선거관리위원회가 구성되지 아니한 경우 입주자대표회의 회장은 동별 대표자 후보자에 대하여 동별 대표자의 자격요건 충족 여부와 결격사유 해당 여부를 확인하여야 하며, 결격사유 해당 여부를 확인하는 경우에는 동별 대표자 후보자의 동의를 받아 범죄경력을 관계 기관의 장에게 확인하여야 한다.

키워드 **동별 대표자 등의 선거관리**

풀이 ① 입주자등은 동별 대표자나 입주자대표회의의 임원을 선출하거나 해임하기 위하여 선거관리위원회를 구성한다(공동주택관리법 제15조 제1항).

② 선거관리위원회는 입주자등(서면으로 위임된 대리권이 없는 공동주택 소유자의 배우자 및 직계존비속이 그 소유자를 대리하는 경우를 포함한다) 중에서 위원장을 포함하여 다음의 구분에 따른 위원으로 구성한다(공동주택관리법 시행령 제15조 제1항).

1. 500세대 이상인 공동주택: 5명 이상 9명 이하
2. 500세대 미만인 공동주택: 3명 이상 9명 이하

③ 500세대 이상인 공동주택은 「선거관리위원회법」에 따른 선거관리위원회 소속 직원 1명을 관리규약으로 정하는 바에 따라 위원으로 위촉할 수 있다(공동주택관리법 시행령 제15조 제3항).

④ 선거관리위원회의 구성·운영·업무(동별 대표자 결격사유의 확인을 포함한다)·경비, 위원의 선임·해임 및 임기 등에 관한 사항은 관리규약으로 정한다(공동주택관리법 시행령 제15조 제5항).

정답 ⑤

22 공동주택관리법령상 동별 대표자 등의 선거관리에 관한 설명으로 옳은 것은? 제18회 수정

① 동별 대표자 및 선거관리위원회 위원을 사퇴하거나 그 지위에서 해임 또는 해촉된 사람으로서 그 남은 임기 중에 있는 사람은 선거관리위원회 위원이 될 수 있다.

② 300세대인 공동주택은 「선거관리위원회법」에 따른 선거관리위원회 소속 직원 1명을 위원으로 위촉하여야 한다.

③ 선거관리위원회의 구성·운영·업무·경비, 위원의 선임·해임 및 임기 등에 관한 사항은 국토교통부령으로 정한다.

④ 선거관리위원회는 그 구성원 과반수의 찬성으로 그 의사를 결정한다.

⑤ 동별 대표자 또는 그 후보자는 선거관리위원회의 위원이 될 수 없으나, 그 배우자나 직계존비속은 선거관리위원회의 위원이 될 수 있다.

키워드 **동별 대표자 등의 선거관리**

풀이 ①⑤ 다음의 어느 하나에 해당하는 사람은 선거관리위원회 위원이 될 수 없으며, 그 자격을 상실한다(공동주택관리법 제15조 제2항, 동법 시행령 제16조).

1. 동별 대표자 또는 그 후보자
2. 위 1.에 해당하는 사람의 배우자 또는 직계존비속
3. 미성년자, 피성년후견인 또는 피한정후견인
4. 동별 대표자를 사퇴하거나 그 지위에서 해임된 사람 또는 당연 퇴임한 사람으로서 그 남은 임기 중에 있는 사람
5. 선거관리위원회 위원을 사퇴하거나 그 지위에서 해임 또는 해촉된 사람으로서 그 남은 임기 중에 있는 사람

② 500세대 이상인 공동주택은 「선거관리위원회법」에 따른 선거관리위원회 소속 직원 1명을 관리규약으로 정하는 바에 따라 위원으로 위촉할 수 있다(공동주택관리법 시행령 제15조 제3항).

③ 선거관리위원회의 구성·운영·업무(동별 대표자 결격사유의 확인을 포함한다)·경비, 위원의 선임·해임 및 임기 등에 관한 사항은 관리규약으로 정한다(공동주택관리법 시행령 제15조 제5항).

정답 ④

23 공동주택관리법령상 입주자대표회의의 권한 및 의결사항에 관한 설명으로 옳은 것은?

제14회 수정

① 입주자대표회의는 공동주택관리규약 제정안을 제안한다.

② 입주자대표회의는 위탁관리를 하는 경우 위탁관리기구 직원의 임면에 관한 사항을 결정한다.

③ 입주자대표회의는 공동주택관리규약에서 위임한 사항과 그 시행에 필요한 규정의 제정·개정 및 폐지를 그 구성원 3분의 2의 찬성으로 의결한다.

④ 공동주택의 전유부분의 보수·교체 및 개량은 공동주택관리규약으로 따로 정하는 바가 없더라도 입주자대표회의의 의결사항에 포함된다.

⑤ 입주자대표회의는 공용시설물의 이용료 부과기준을 결정한다.

키워드 **입주자대표회의의 의결사항(공동주택관리법 시행령 제14조 제2항)**

풀이 ① 입주자대표회의는 공동주택관리규약 개정안을 제안하며, 제정안의 제안은 사업주체가 한다.
② 입주자대표회의는 자치관리를 하는 경우 자치관리기구 직원의 임면에 관한 사항은 의결할 수 있으나, 위탁관리를 하는 경우 위탁관리기구 직원의 임면에 관한 사항은 의결할 수 없다.
③ 입주자대표회의는 공동주택관리규약에서 위임한 사항과 그 시행에 필요한 규정의 제정·개정 및 폐지를 그 구성원 과반수의 찬성으로 의결한다.
④ 공동주택의 장기수선계획에 따른 공용부분의 보수·교체 및 개량에 관한 사항이 입주자대표회의의 의결사항에 포함된다.

정답 ⑤

24 공동주택관리법령상 입주자대표회의에 관한 설명으로 옳지 않은 것은?

제25회

① 입주자대표회의의 구성원인 동별 대표자의 선거구는 2개 동 이상으로 묶거나 통로나 층별로 구획하여 관리규약으로 정할 수 있다.

② 동별 대표자를 선출할 때 후보자가 1명인 경우에는 해당 선거구 전체 입주자등의 과반수가 투표하고 투표자 과반수의 찬성으로 선출한다.

③ 감사는 입주자대표회의에서 의결한 안건이 관계 법령 및 관리규약에 위반된다고 판단되는 경우에는 입주자대표회의에 재심의를 요청할 수 있다.

④ 입주자대표회의는 입주자대표회의 구성원 3분의 2의 찬성으로 의결한다.

⑤ 입주자대표회의는 입주자등의 소통 및 화합의 증진을 위하여 그 이사 중 공동체 생활의 활성화에 관한 업무를 담당하는 이사를 선임할 수 있다.

키워드 **입주자대표회의의 의결정족수**

풀이 입주자대표회의는 입주자대표회의 구성원 과반수의 찬성으로 의결한다(공동주택관리법 시행령 제14조 제1항).

정답 ④

25 **공동주택관리법령상 입주자대표회의의 구성원 과반수 찬성으로 의결하는 사항을 모두 고른 것은?**

> ㉠ 동별 대표자의 선출절차를 정한 관리규약 개정의 확정
> ㉡ 공동주택 관리방법 변경의 확정
> ㉢ 관리비등 집행을 위한 사업계획 및 예산의 승인
> ㉣ 주민공동시설(어린이집 · 다함께돌봄센터 · 공동육아나눔터는 제외한다) 위탁운영의 제안
> ㉤ 공동주택의 관리와 관련하여 지방자치단체의 조례로 정하는 사항

① ㉠, ㉡
② ㉡, ㉢
③ ㉡, ㉤
④ ㉢, ㉣
⑤ ㉣, ㉤

키워드 **입주자대표회의의 의결사항(공동주택관리법 시행령 제14조 제2항)**

풀이 ㉠㉡ 전체 입주자등 과반수 찬성으로 결정한다.
㉤ 입주자대표회의의 의결사항에는 공동주택의 관리와 관련하여 관리규약으로 정하는 사항이 해당되며, 지방자치단체의 조례로 정하는 사항은 해당되지 않는다.

정답 ④

26 공동주택관리법령상 입주자대표회의의 구성원 과반수 찬성으로 의결하는 사항이 아닌 것은 모두 몇 개인가?

㉠ 공동주택의 발코니 난간에 돌출물을 설치하는 행위 ㉡ 장기수선계획 및 안전관리계획의 수립 또는 조정(비용지출을 수반하지 아니하는 경우로 한정한다) ㉢ 주택관리업자의 직원인사·노무관리 ㉣ 어린이집·다함께돌봄센터·공동육아나눔터을 포함한 주민공동시설 위탁 운영의 제안 ㉤ 공동주택에 대한 전유부분의 담보책임 종료 확인 ㉥ 공동체 생활의 활성화 및 질서유지에 관한 사항

① 1개　　② 2개
③ 3개　　④ 4개
⑤ 5개

키워드 **입주자대표회의의 의결사항**

풀이 입주자대표회의는 입주자대표회의의 구성원 과반수의 찬성으로 의결하며, 입주자대표회의의 의결사항은 다음과 같다(공동주택관리법 시행령 제14조 제2항).

1. 관리규약 개정안의 제안(제안서에는 개정안의 취지, 내용, 제안유효기간 및 제안자 등을 포함한다)
2. 관리규약에서 위임한 사항과 그 시행에 필요한 규정의 제정·개정 및 폐지
3. 공동주택 관리방법의 제안
4. 관리비등의 집행을 위한 사업계획 및 예산의 승인(변경승인을 포함한다)
5. 공용시설물 이용료 부과기준의 결정
6. 관리비등의 회계감사 요구 및 회계감사보고서의 승인
7. 관리비등의 결산의 승인
8. 단지 안의 전기·도로·상하수도·주차장·가스설비·냉난방설비 및 승강기 등의 유지·운영 기준
9. 자치관리를 하는 경우 자치관리기구 직원의 임면에 관한 사항
10. 장기수선계획에 따른 공동주택 공용부분의 보수·교체 및 개량
11. 공동주택 공용부분의 행위허가 또는 신고행위의 제안
12. 공동주택 공용부분의 담보책임 종료 확인
13. 주민공동시설(어린이집·다함께돌봄센터·공동육아나눔터는 제외한다) 위탁 운영의 제안
14. 인근 공동주택단지 입주자등의 주민공동시설 이용에 대한 허용 제안
15. 장기수선계획 및 안전관리계획의 수립 또는 조정(비용지출을 수반하는 경우로 한정한다)
16. 입주자등 상호간에 이해가 상반되는 사항의 조정
17. 공동체 생활의 활성화 및 질서유지에 관한 사항
18. 그 밖에 공동주택의 관리와 관련하여 관리규약으로 정하는 사항

정답 ⑤

27 **공동주택관리법 시행령상 입주자대표회의의 의결방법 및 의결사항에 관한 내용으로 밑줄 친 부분에 해당하는 것은?**

> 제1항 및 제2항에도 불구하고 입주자대표회의의 구성원 중 사용자인 동별 대표자가 과반수인 경우에는 법 제14조 제12항에 따라 <u>제2항 제12호에 관한 사항은 의결사항에서 제외</u>하고, 같은 항 제14호 중 장기수선계획의 수립 또는 조정에 관한 사항은 전체 입주자 과반수의 서면동의를 받아 그 동의 내용대로 의결한다.

① 「공동주택관리법」 제35조 제1항에 따른 공동주택 공용부분의 행위허가 또는 신고 행위의 제안

② 장기수선계획에 따른 공동주택 공용부분의 보수·교체 및 개량

③ 공동주택 공용부분의 담보책임 종료 확인

④ 자치관리를 하는 경우 자치관리기구 직원의 임면에 관한 사항

⑤ 「주택건설기준 등에 관한 규정」 제2조 제3호에 따른 주민공동시설(어린이집은 제외한다) 위탁 운영의 제안

키워드 **사용자인 동별 대표자의 의결제한**

풀이 입주자대표회의의 구성원 중 사용자인 동별 대표자가 과반수인 경우 공동주택 공용부분의 담보책임 종료 확인은 의결사항에서 제외한다(공동주택관리법 시행령 제14조 제3항).

정답 ③

28 다음 사례 중 공동주택관리법령을 위반한 것은? 제16회 수정

① 하나의 공동주택단지를 여러 개의 공구로 구분하여 순차적으로 건설한 단지에서, 먼저 입주한 공구의 입주자등이 입주자대표회의를 구성하였다가 다음 공구의 입주예정자의 과반수가 입주한 때에 다시 입주자대표회의를 구성하였다.

② 입주자대표회의 구성원 10명 중 6명의 찬성으로 자치관리기구의 관리사무소장을 선임하였다.

③ 자치관리를 하는 공동주택의 입주자대표회의가 구성원 과반수의 찬성으로 자치관리기구 직원의 임면을 의결하였다.

④ 300세대 전체가 입주한 공동주택에서 2013년 8월 10일에 35세대의 입주자가 요청하여 회장이 2013년 9월 9일에 입주자대표회의를 소집하였다.

⑤ 입주자대표회의 구성원 10명 중 6명의 찬성으로 해당 공동주택 공용부분에 대한 행위허가 또는 신고행위의 제안을 의결하였다.

키워드 **입주자대표회의의 의결방법 및 의결사항 등**

풀이 입주자대표회의는 관리규약으로 정하는 바에 따라 회장이 그 명의로 소집한다. 다만, 다음의 어느 하나에 해당하는 때에는 회장은 해당일부터 14일 이내에 입주자대표회의를 소집해야 하며, 회장이 회의를 소집하지 않는 경우에는 관리규약으로 정하는 이사가 그 회의를 소집하고 회장의 직무를 대행한다(공동주택관리법 시행령 제14조 제4항).

1. 입주자대표회의 구성원 3분의 1 이상이 청구하는 때
2. 입주자등의 10분의 1 이상이 요청하는 때
3. 전체 입주자의 10분의 1 이상이 요청하는 때(의결사항 중 장기수선계획의 수립 또는 조정에 관한 사항만 해당한다)

정답 ④

29 공동주택관리법령상 입주자대표회의에 관한 설명으로 옳은 것은?

① 입주자대표회의의 구성원 중 사용자인 동별 대표자가 과반수인 경우에 비용지출을 수반하는 장기수선계획의 수립 또는 조정에 관한 사항은 전체 입주자 과반수의 서면동의를 받아 그 동의 내용대로 의결한다.

② 비용지출을 수반하는 장기수선계획의 수립 또는 조정에 관하여 전체 입주자등의 10분의 1 이상이 요청하는 때에 회장은 입주자대표회의를 소집하여야 한다.

③ 입주자등의 10분의 1 이상이 요청하는 때에는 입주자대표회의의 회장은 해당일부터 30일 이내에 입주자대표회의를 소집해야 한다.

④ 입주자대표회의는 그 회의를 개최한 때에는 회의록을 작성하여 이를 보관하여야 한다. 이 경우 입주자대표회의는 관리규약으로 정하는 바에 따라 입주자등에게 회의를 실시간 또는 녹화·녹음 등의 방식으로 중계하거나 방청하게 할 수 있다.

⑤ 300세대 미만인 공동주택의 관리주체는 관리규약으로 정하는 바에 따라 회의록을 공개하여야 한다.

키워드 **입주자대표회의의 운영**

풀이 ②③ 입주자대표회의는 관리규약으로 정하는 바에 따라 회장이 그 명의로 소집한다. 다만, 다음의 어느 하나에 해당하는 때에는 회장은 해당일부터 14일 이내에 입주자대표회의를 소집해야 하며, 회장이 회의를 소집하지 않는 경우에는 관리규약으로 정하는 이사가 그 회의를 소집하고 회장의 직무를 대행한다(공동주택관리법 시행령 제14조 제4항).

1. 입주자대표회의 구성원 3분의 1 이상이 청구하는 때
2. 입주자등의 10분의 1 이상이 요청하는 때
3. 전체 입주자의 10분의 1 이상이 요청하는 때(의결사항 중 장기수선계획의 수립 또는 조정에 관한 사항만 해당한다)

④ 입주자대표회의는 그 회의를 개최한 때에는 회의록을 작성하여 관리주체에게 보관하게 하여야 한다. 이 경우 입주자대표회의는 관리규약으로 정하는 바에 따라 입주자등에게 회의를 실시간 또는 녹화·녹음 등의 방식으로 중계하거나 방청하게 할 수 있다(공동주택관리법 제14조 제8항).

⑤ 300세대 이상인 공동주택의 관리주체는 관리규약으로 정하는 범위·방법 및 절차 등에 따라 회의록을 입주자등에게 공개하여야 하며, 300세대 미만인 공동주택의 관리주체는 관리규약으로 정하는 바에 따라 회의록을 공개할 수 있다. 이 경우 관리주체는 입주자등이 회의록의 열람을 청구하거나 자기의 비용으로 복사를 요구하는 때에는 관리규약으로 정하는 바에 따라 이에 응하여야 한다(공동주택관리법 제14조 제9항).

정답 ①

30 공동주택관리법령상 입주자대표회의에 관한 설명으로 옳은 것은? 제26회

① 입주자대표회의에는 회장 1명, 감사 3명 이상, 이사 2명 이상의 임원을 두어야 한다.

② 서류 제출 마감일을 기준으로 「공동주택관리법」을 위반한 범죄로 금고 8월의 실형을 선고받고 그 집행이 끝난 날부터 16개월이 지난 사람은 동별 대표자로 선출될 수 있다.

③ 입주자대표회의는 그 회의를 개최한 때에는 회의록을 작성하여 입주자대표회의 회장에게 보관하게 하여야 한다.

④ 입주자대표회의 회장은 입주자등의 10분의 1 이상이 요청하는 때에는 해당일부터 7일 이내에 입주자대표회의를 소집해야 한다.

⑤ 입주자대표회의의 회장 후보자가 2명 이상인 경우에는 전체 입주자등의 10분의 1 이상이 투표하고 후보자 중 최다득표자를 선출한다.

키워드 **입주자대표회의 구성 및 운영**

풀이 ① 입주자대표회의에는 다음의 임원을 두어야 한다(공동주택관리법 시행령 제12조 제1항).

1. 회장 1명
2. 감사 2명 이상
3. 이사 1명 이상

② 「공동주택관리법」, 또는 「주택법」, 「민간임대주택에 관한 특별법」, 「공공주택 특별법」, 「건축법」, 「집합건물의 소유 및 관리에 관한 법률」을 위반한 범죄로 금고 이상의 실형 선고를 받고 그 집행이 끝나거나(집행이 끝난 것으로 보는 경우를 포함한다) 집행이 면제된 날부터 2년이 지나지 아니한 사람은 동별 대표자가 될 수 없으며 그 자격을 상실한다(공동주택관리법 제14조 제4항 제3호).

③ 입주자대표회의는 그 회의를 개최한 때에는 회의록을 작성하여 관리주체에게 보관하게 하여야 한다. 이 경우 입주자대표회의는 관리규약으로 정하는 바에 따라 입주자등에게 회의를 실시간 또는 녹화·녹음 등의 방식으로 중계하거나 방청하게 할 수 있다(공동주택관리법 제14조 제8항).

④ 입주자대표회의는 관리규약으로 정하는 바에 따라 회장이 그 명의로 소집한다. 다만, 다음의 어느 하나에 해당하는 때에는 회장은 해당일부터 14일 이내에 입주자대표회의를 소집해야 하며, 회장이 회의를 소집하지 않는 경우에는 관리규약으로 정하는 이사가 그 회의를 소집하고 회장의 직무를 대행한다(공동주택관리법 시행령 제14조 제4항).

1. 입주자대표회의 구성원 3분의 1 이상이 청구하는 때
2. 입주자등의 10분의 1 이상이 요청하는 때
3. 전체 입주자의 10분의 1 이상이 요청하는 때(장기수선계획의 수립 또는 조정에 관한 사항만 해당한다)

정답 ⑤

31 공동주택관리법령상 관리주체에 관한 설명으로 옳지 않은 것을 모두 고른 것은?

㉠ 임대사업자는 관리주체가 될 수 없다.
㉡ 입주자대표회의는 관리주체로서 공동주택을 「공동주택관리법」 또는 「공동주택관리법」에 따른 명령에 따라 관리하여야 하며, 이를 위반한 경우에는 5백만원 이하의 과태료를 부과한다.
㉢ 관리주체는 관리규약으로 정한 사항을 의결한다.
㉣ 100세대 이상인 공동주택의 관리주체는 관리규약으로 정하는 바에 따라 입주자대표회의의 회의록을 입주자등에게 공개하여야 한다.
㉤ 관리주체는 업무에 필요한 범위 안에서 공동주택의 공용부분을 사용할 수 있다.

① ㉠
② ㉠, ㉡
③ ㉠, ㉡, ㉢
④ ㉠, ㉡, ㉢, ㉣
⑤ ㉠, ㉡, ㉢, ㉣, ㉤

키워드 **관리주체**

풀이 ㉠㉡ '관리주체'란 공동주택을 관리하는 다음의 자를 말한다(공동주택관리법 제2조 제1항 제10호).
1. 자치관리기구의 대표자인 공동주택의 관리사무소장
2. 관리업무를 인계하기 전의 사업주체
3. 주택관리업자
4. 임대사업자
5. 「민간임대주택에 관한 특별법」에 따른 주택임대관리업자(시설물 유지·보수·개량 및 그 밖의 주택관리업무를 수행하는 경우에 한정한다)

㉢ 관리주체는 관리규약으로 정한 사항을 집행한다(공동주택관리법 제63조 제1항 제5호).
㉣ 300세대 이상인 공동주택의 관리주체는 관리규약으로 정하는 범위·방법 및 절차 등에 따라 회의록을 입주자등에게 공개하여야 하며, 300세대 미만인 공동주택의 관리주체는 관리규약으로 정하는 바에 따라 회의록을 공개할 수 있다. 이 경우 관리주체는 입주자등이 회의록의 열람을 청구하거나 자기의 비용으로 복사를 요구하는 때에는 관리규약으로 정하는 바에 따라 이에 응하여야 한다(공동주택관리법 제14조 제9항).

정답 ④

32 공동주택관리법령상 입주자대표회의에 관한 설명으로 옳은 것은?

① 입주자대표회의는 관리규약으로 정하는 바에 따라 입주자등에게 회의를 실시간 또는 녹화·녹음 등의 방식으로 중계하거나 방청하게 할 수 있다.

② 입주자대표회의 구성원 5분의 1 이상이 청구하는 때에는 회장은 해당일부터 14일 이내에 입주자대표회의를 소집해야 한다.

③ 어린이집·다함께돌봄센터·공동육아나눔터의 위탁 운영의 제안은 입주자대표회의 구성원 과반수 찬성으로 의결한다.

④ 입주자대표회의 구성원 중 사용자인 동별 대표자가 과반수인 경우에는 비용지출을 수반하는 장기수선계획의 수립에 관한 사항은 전체 입주자등 과반수의 서면동의를 받아 그 동의 내용대로 의결한다.

⑤ 200세대인 공동주택의 관리주체는 관리규약으로 정하는 범위·방법 및 절차 등에 따라 회의록을 입주자등에게 공개하여야 한다.

키워드 **입주자대표회의 운영**

풀이 ② 입주자대표회의는 관리규약으로 정하는 바에 따라 회장이 그 명의로 소집한다. 다만, 다음의 어느 하나에 해당하는 때에는 회장은 해당일부터 14일 이내에 입주자대표회의를 소집해야 하며, 회장이 회의를 소집하지 않는 경우에는 관리규약으로 정하는 이사가 그 회의를 소집하고 회장의 직무를 대행한다(공동주택관리법 시행령 제14조 제4항).

1. 입주자대표회의 구성원 3분의 1 이상이 청구하는 때
2. 입주자등의 10분의 1 이상이 요청하는 때
3. 전체 입주자의 10분의 1 이상이 요청하는 때(의결사항 중 장기수선계획의 수립 또는 조정에 관한 사항만 해당한다)

③ 어린이집·다함께돌봄센터·공동육아나눔터를 제외한 주민공동시설 위탁 운영의 제안은 입주자대표회의 구성원 과반수 찬성으로 의결한다(공동주택관리법 시행령 제14조 제2항 제13호).

④ 입주자대표회의 구성원 중 사용자인 동별 대표자가 과반수인 경우에는 비용지출을 수반하는 장기수선계획의 수립 또는 조정에 관한 사항은 전체 입주자 과반수의 서면동의를 받아 그 동의 내용대로 의결한다(공동주택관리법 시행령 제14조 제3항).

⑤ 300세대 이상인 공동주택의 관리주체는 관리규약으로 정하는 범위·방법 및 절차 등에 따라 회의록을 입주자등에게 공개하여야 하며, 300세대 미만인 공동주택의 관리주체는 관리규약으로 정하는 바에 따라 회의록을 공개할 수 있다. 이 경우 관리주체는 입주자등이 회의록의 열람을 청구하거나 자기의 비용으로 복사를 요구하는 때에는 관리규약으로 정하는 바에 따라 이에 응하여야 한다(공동주택관리법 제14조 제9항).

정답 ①

33 **공동주택관리법령상 관리주체의 업무에 속하지 않는 것은?** 제18회 수정

① 관리비 및 사용료의 징수와 공과금 등의 납부대행
② 관리규약으로 정한 사항의 집행
③ 관리비등의 집행을 위한 사업계획 및 예산의 승인
④ 공동주택단지 안에서 발생한 안전사고 및 도난사고 등에 대한 대응조치
⑤ 입주자등의 공동사용에 제공되고 있는 공동주택단지 안의 토지, 부대시설 및 복리시설에 대한 무단점유행위의 방지 및 위반행위 시의 조치

키워드 **관리주체의 업무**

풀이 관리비등의 집행을 위한 사업계획 및 예산의 승인은 입주자대표회의의 의결사항이다(공동주택관리법 시행령 제14조 제2항 제4호).

정답 ③

34 **공동주택관리법령상 공동주택 관리주체의 업무에 해당하는 사항은 몇 개인가?**

㉠ 공동주택의 전유부분의 유지·보수 및 안전관리 ㉡ 공동주택단지 안의 경비·청소·소독 및 쓰레기수거 ㉢ 하자보수보증금의 징수·적립 및 관리 ㉣ 입주자등 상호간에 이해가 상반되는 사항의 조정 ㉤ 입주자대표회의가 의결한 장기수선계획에 따른 공동주택 공용부분의 보수·교체 및 개량의 집행 ㉥ 하자보수청구의 대행

① 2개 ② 3개
③ 4개 ④ 5개
⑤ 6개

키워드 **관리주체의 업무(공동주택관리법 제63조 제1항, 동법 시행규칙 제29조)**

풀이 ㉡㉤㉥ 관리주체의 업무에 해당한다.
㉠ 공동주택의 공용부분의 유지·보수 및 안전관리가 관리주체의 업무에 해당한다.
㉢ 장기수선충당금의 징수·적립 및 관리가 관리주체의 업무에 해당한다.
㉣ 입주자등 상호간에 이해가 상반되는 사항의 조정은 입주자대표회의의 의결사항에 해당한다.

정답 ②

35 공동주택관리법령상 관리주체의 업무에 관한 설명으로 옳지 않은 것을 모두 고른 것은?

㉠ 관리주체는 모든 거래행위에 관하여 월별로 작성한 장부 및 그 증빙서류를 해당 회계연도 종료일부터 3년간 보관하여야 한다. ㉡ 관리주체는 「전자문서 및 전자거래 기본법」에 따른 정보처리시스템을 통하여 장부 및 증빙서류를 작성하여 보관하여야 한다. ㉢ 관리주체는 입주자대표회의가 그 회의를 개최한 때에는 회의록을 작성하여 보관하여야 한다. ㉣ 관리주체는 공동주택의 입주자등이 관리주체의 업무에 관한 정보의 열람을 요구하는 경우에는 개인의 사생활의 비밀 또는 자유를 침해할 우려가 있는 정보는 관리규약이 정하는 바에 따라 이에 응하여야 한다. ㉤ 주택 내부의 구조물을 교체하는 행위로서 입주자가 창틀을 교체하는 행위는 관리주체의 동의를 받아야 한다.

① ㉠
② ㉠, ㉡
③ ㉠, ㉡, ㉢
④ ㉠, ㉡, ㉢, ㉣
⑤ ㉠, ㉡, ㉢, ㉣, ㉤

키워드 관리주체의 문서관리

풀이 ㉠㉡ 의무관리대상 공동주택의 관리주체는 다음의 구분에 따른 기간 동안 해당 장부 및 증빙서류를 보관하여야 한다. 이 경우 관리주체는 「전자문서 및 전자거래 기본법」 제2조 제2호에 따른 정보처리시스템을 통하여 장부 및 증빙서류를 작성하거나 보관할 수 있다(공동주택관리법 제27조 제1항).

1. 관리비등의 징수·보관·예치·집행 등 모든 거래 행위에 관하여 월별로 작성한 장부 및 그 증빙서류: 해당 회계연도 종료일부터 5년간
2. 주택관리업자 및 사업자 선정 관련 증빙서류: 해당 계약 체결일부터 5년간

㉢ 입주자대표회의는 그 회의를 개최한 때에는 회의록을 작성하여 관리주체에게 보관하게 하여야 한다(공동주택관리법 제14조 제8항 본문).

㉣ 관리주체는 입주자등이 위 ㉠에 따른 장부나 증빙서류, 관리비등의 사업계획, 예산안, 사업실적서 및 결산서의 열람을 요구하거나 자기의 비용으로 복사를 요구하는 때에는 관리규약으로 정하는 바에 따라 이에 응하여야 한다. 다만, 다음의 정보는 제외하고 요구에 응하여야 한다(공동주택관리법 제27조 제3항, 동법 시행령 제28조 제1항).

1. 「개인정보 보호법」 제24조에 따른 고유식별정보 등 개인의 사생활의 비밀 또는 자유를 침해할 우려가 있는 정보
2. 의사결정과정 또는 내부검토과정에 있는 사항 등으로서 공개될 경우 업무의 공정한 수행에 현저한 지장을 초래할 우려가 있는 정보

정답 ④

36 공동주택관리법령상 관리비등에 관한 설명으로 옳은 것은?

① 의무관리대상 공동주택의 관리주체는 다음 회계연도에 관한 관리비등의 사업계획 및 예산안을 매 회계연도 개시 2개월 전까지 입주자대표회의에 제출하여 승인을 받아야 하며, 승인사항에 변경이 있는 때에는 변경승인을 받아야 한다.

② 사업주체 또는 의무관리대상 전환 공동주택의 관리인으로부터 공동주택의 관리업무를 인계받은 관리주체는 지체 없이 다음 회계연도가 시작되기 전까지의 기간에 대한 사업계획 및 예산안을 수립하여 입주자대표회의의 승인을 받아야 한다. 다만, 다음 회계연도가 시작되기 전까지의 기간이 3개월 미만인 경우로서 입주자대표회의 의결이 있는 경우에는 사업계획 및 예산안의 수립을 생략할 수 있다.

③ 의무관리대상 공동주택의 관리주체는 회계연도마다 사업실적서 및 결산서를 작성하여 회계연도 종료 후 1개월 이내에 입주자대표회의에 제출하여야 한다.

④ 관리비등을 입주자등에게 부과한 관리주체는 그 명세를 다음 달 말일까지 해당 공동주택단지의 인터넷 홈페이지와 공동주택관리정보시스템에 공개해야 하지만 잡수입의 경우에는 공개하지 않아도 된다.

⑤ 의무관리대상 공동주택의 관리주체는 주택관리업자 및 사업자 선정 관련 증빙서류를 해당 계약 체결일부터 3년간 보관하여야 한다.

키워드 **관리비등의 회계관리**

풀이 ① 의무관리대상 공동주택의 관리주체는 다음 회계연도에 관한 관리비등의 사업계획 및 예산안을 매 회계연도 개시 1개월 전까지 입주자대표회의에 제출하여 승인을 받아야 하며, 승인사항에 변경이 있는 때에는 변경승인을 받아야 한다(공동주택관리법 시행령 제26조 제1항).

③ 의무관리대상 공동주택의 관리주체는 회계연도마다 사업실적서 및 결산서를 작성하여 회계연도 종료 후 2개월 이내에 입주자대표회의에 제출하여야 한다(공동주택관리법 시행령 제26조 제3항).

④ 관리비등을 입주자등에게 부과한 관리주체는 그 명세[난방비·급탕비·전기료(공동으로 사용하는 시설의 전기료를 포함한다)·수도료(공동으로 사용하는 수도료를 포함한다)·가스사용료·지역난방방식인 공동주택의 난방비와 급탕비는 사용량을, 장기수선충당금은 그 적립요율 및 사용한 금액을 각각 포함한다]를 다음 달 말일까지 해당 공동주택단지의 인터넷 홈페이지 및 동별 게시판(통로별 게시판이 설치된 경우에는 이를 포함한다)과 공동주택관리정보시스템에 공개해야 한다. 잡수입(재활용품의 매각 수입, 복리시설의 이용료 등 공동주택을 관리하면서 부수적으로 발생하는 수입을 말한다)의 경우에도 동일한 방법으로 공개해야 한다(공동주택관리법 시행령 제23조 제8항).

⑤ 의무관리대상 공동주택의 관리주체는 주택관리업자 및 사업자 선정 관련 증빙서류를 해당 계약 체결일부터 5년간 보관하여야 한다(공동주택관리법 제27조 제1항 제2호).

정답 ②

37 **공동주택관리법령상 300세대 이상 공동주택을 관리하는 관리주체의 업무에 관한 설명으로 옳지 않은 것을 모두 고른 것은?**

> ㉠ 관리주체가 관리비등 집행을 위한 사업자를 선정하려는 경우에는 시·도지사가 정하여 고시하는 경쟁입찰의 방법으로 사업자를 선정하고 집행하여야 한다.
> ㉡ 관리주체가 관리비등 집행을 위한 사업자를 선정하려는 경우에 입주자대표회의의 감사는 입찰과정에 참관하여야 한다.
> ㉢ 하자보수보증금을 사용하여 보수하는 공사는 관리주체가 사업자를 선정하고 집행하는 사항이다.
> ㉣ 의무관리대상 공동주택의 관리주체는 「주식회사 등의 외부감사에 관한 법률」상 감사인의 회계감사를 매년 2회 이상 받아야 한다.
> ㉤ 300세대 이상인 공동주택의 관리주체는 해당 연도에 입주자등의 과반수의 서면동의를 받은 경우 그 연도에 회계감사를 받지 아니할 수 있다.

① ㉠ ② ㉠, ㉡
③ ㉠, ㉡, ㉢ ④ ㉠, ㉡, ㉢, ㉣
⑤ ㉠, ㉡, ㉢, ㉣, ㉤

키워드 **관리주체의 업무**

풀이 ㉠ 경쟁입찰에 관한 사항은 국토교통부장관이 정하여 고시한다(공동주택관리법 시행령 제25조 제3항).
㉡ 입주자대표회의의 감사가 입찰과정 참관을 원하는 경우에는 참관할 수 있도록 한다(공동주택관리법 시행령 제25조 제3항 제2호).
㉢ 하자보수보증금을 사용하여 보수하는 공사는 입주자대표회의가 사업자를 선정하고 집행하는 사항이다(공동주택관리법 시행령 제25조 제1항 제2호).
㉣ 의무관리대상 공동주택의 관리주체는 「주식회사 등의 외부감사에 관한 법률」상 감사인의 회계감사를 매년 1회 이상 받아야 한다(공동주택관리법 제26조 제1항 본문).
㉤ 300세대 이상인 공동주택의 관리주체는 해당 연도에 입주자등의 3분의 2 이상의 서면동의를 받은 경우 그 연도에 회계감사를 받지 아니할 수 있다(공동주택관리법 제26조 제1항 제1호).

정답 ⑤

38 **공동주택관리법령상 공동주택의 관리에 관한 설명으로 옳은 것은?**

① 장기수선충당금을 사용하는 공사와 전기안전관리를 위한 용역에 관한 사항은 입주자대표회의가 사업자를 선정하고 집행하여야 한다.

② 의무관리대상 공동주택의 관리주체 또는 입주자대표회의는 선정한 주택관리업자 또는 공사, 용역 등을 수행하는 사업자와 계약을 체결하는 경우 계약 체결일부터 1개월 이내에 그 계약서를 공동주택관리정보시스템에 공개하여야 한다.

③ 관리주체 또는 입주자대표회의는 관리비, 사용료 등, 장기수선충당금에 해당하는 금전 또는 하자보수보증금과 그 밖에 해당 공동주택단지에서 발생하는 모든 수입에 따른 금전을 집행하기 위하여 사업자를 선정하려는 경우 국토교통부장관이 정하여 고시하는 경우 외에는 경쟁입찰로 하여야 한다.

④ 관리주체 또는 입주자대표회의는 관리비, 사용료 등, 장기수선충당금에 해당하는 금전 또는 하자보수보증금과 그 밖에 해당 공동주택단지에서 발생하는 모든 수입에 따른 금전을 집행하기 위하여 사업자를 선정하려는 경우 입주자대표회의 회장은 입찰과정을 참관하여야 한다.

⑤ 입주자등은 기존 용역 사업자의 서비스가 만족스럽지 못한 경우에는 전체 입주자등의 3분의 2 이상의 서면동의로 새로운 사업자의 선정을 위한 입찰에서 기존 사업자의 참가를 제한하도록 관리주체 또는 입주자대표회의에 요구할 수 있다.

키워드 **사업자 선정절차**

풀이 ① 장기수선충당금을 사용하는 공사와 전기안전관리를 위한 용역에 관한 사항은 입주자대표회의가 사업자를 선정하고 관리주체가 집행하여야 한다(공동주택관리법 시행령 제25조 제1항 제3호).

② 의무관리대상 공동주택의 관리주체 또는 입주자대표회의는 선정한 주택관리업자 또는 공사, 용역 등을 수행하는 사업자와 계약을 체결하는 경우 계약 체결일부터 1개월 이내에 그 계약서를 해당 공동주택단지의 인터넷 홈페이지 및 동별 게시판에 공개하여야 한다. 이 경우 「개인정보 보호법」 제24조에 따른 고유식별정보 등 개인의 사생활의 비밀 또는 자유를 침해할 우려가 있는 정보는 제외하고 공개하여야 한다(공동주택관리법 제28조).

④ 입주자대표회의의 감사가 입찰과정 참관을 원하는 경우에는 참관할 수 있도록 한다(공동주택관리법 시행령 제25조 제3항 제2호).

⑤ 입주자등은 기존 사업자(용역 사업자만 해당한다)의 서비스가 만족스럽지 못한 경우에는 전체 입주자등의 과반수의 서면동의로 새로운 사업자의 선정을 위한 입찰에서 기존 사업자의 참가를 제한하도록 관리주체 또는 입주자대표회의에 요구할 수 있다. 이 경우 관리주체 또는 입주자대표회의는 그 요구에 따라야 한다(공동주택관리법 시행령 제25조 제4항).

정답 ③

39 공동주택관리법령상 입주자대표회의가 사업자를 선정하고 집행하는 사항은? 제19회 수정

> ㉠ 청소, 경비, 소독, 승강기유지, 지능형 홈네트워크 등을 위한 용역 및 공사
> ㉡ 주민공동시설의 위탁, 물품의 구입과 매각
> ㉢ 하자보수보증금을 사용하여 보수하는 공사
> ㉣ 장기수선충당금을 사용하는 공사

① ㉠ ② ㉢
③ ㉣ ④ ㉠, ㉡
⑤ ㉢, ㉣

키워드 **관리비등의 집행을 위한 사업자 선정**

풀이 다음의 사항은 입주자대표회의가 사업자를 선정하고 집행한다(공동주택관리법 시행령 제25조 제1항 제2호).

1. 하자보수보증금을 사용하여 보수하는 공사
2. 사업주체로부터 지급받은 공동주택 공용부분의 하자보수비용을 사용하여 보수하는 공사

정답 ②

40 공동주택관리법령상 관리주체가 사업자를 선정하고 집행하는 사항은 모두 몇 개인가?

> ㉠ 청소, 경비, 소독, 승강기유지의 용역
> ㉡ 장기수선충당금을 사용하는 장기수선공사
> ㉢ 주민공동시설의 위탁, 물품의 구입과 매각
> ㉣ 공동주택 어린이집·다함께돌봄센터·공동육아나눔터의 임대에 따른 잡수입
> ㉤ 전기안전관리를 위한 용역
> ㉥ 보험계약

① 2개 ② 3개
③ 4개 ④ 5개
⑤ 6개

키워드 **관리비등의 집행을 위한 사업자 선정**

풀이 다음의 사항은 관리주체가 사업자를 선정하고 집행한다(공동주택관리법 시행령 제25조 제1항 제1호).

1. 청소, 경비, 소독, 승강기유지, 지능형 홈네트워크, 수선·유지(냉방·난방시설의 청소를 포함한다)를 위한 용역 및 공사
2. 주민공동시설의 위탁, 물품의 구입과 매각, 잡수입의 취득(어린이집·다함께돌봄센터·공동육아나눔터의 임대에 따른 잡수입의 취득은 제외한다), 보험계약 등 국토교통부장관이 정하여 고시하는 사항

정답 ②

41 공동주택관리법령상 의무관리대상 공동주택의 입주자대표회의가 관리비등의 집행을 위한 사업자를 선정하고 관리주체가 집행하는 사항에 해당하는 것을 모두 고른 것은?

> ㉠ 사업주체로부터 지급받은 공동주택 공용부분의 하자보수비용을 사용하여 보수하는 공사
> ㉡ 장기수선충당금을 사용하는 장기수선공사
> ㉢ 승강기유지, 지능형 홈네트워크를 위한 용역 및 공사
> ㉣ 공동주택의 어린이집 임대에 따른 잡수입의 취득
> ㉤ 전기안전관리를 위한 용역

① ㉠, ㉣
② ㉠, ㉤
③ ㉡, ㉣
④ ㉡, ㉤
⑤ ㉢, ㉣

키워드 **관리비등의 집행을 위한 사업자 선정**

풀이 다음의 사항은 입주자대표회의가 사업자를 선정하고 관리주체가 집행한다(공동주택관리법 시행령 제25조 제1항 제3호).

1. 장기수선충당금을 사용하는 공사
2. 전기안전관리(전기안전관리법에 따라 전기설비의 안전관리에 관한 업무를 위탁 또는 대행하게 하는 경우를 말한다)를 위한 용역

정답 ④

42 공동주택관리법령상 관리비등의 집행을 위한 사업자 선정과 사업계획 및 예산안 수립에 관한 설명으로 옳은 것은? 제23회

① 의무관리대상 공동주택의 관리주체는 회계연도마다 사업실적서 및 결산서를 작성하여 회계연도 종료 후 3개월 이내에 입주자대표회의에 제출하여야 한다.

② 의무관리대상 공동주택의 관리주체는 다음 회계연도에 관한 관리비등의 사업계획 및 예산안을 매 회계연도 개시 2개월 전까지 입주자대표회의에 제출하여 승인을 받아야 한다.

③ 의무관리대상 공동주택의 관리주체는 관리비, 장기수선충당금을 은행, 상호저축은행, 보험회사 중 입주자대표회의가 지정하는 동일한 계좌로 예치·관리하여야 한다.

④ 입주자대표회의는 주민공동시설의 위탁, 물품의 구입과 매각, 잡수익의 취득에 대한 사업자를 선정하고, 관리주체가 이를 집행하여야 한다.

⑤ 입주자대표회의는 하자보수보증금을 사용하여 보수하는 공사에 대한 사업자를 선정하고 집행하여야 한다.

키워드 관리비등의 집행을 위한 사업자 선정과 사업계획 및 예산안 수립

풀이 ① 의무관리대상 공동주택의 관리주체는 회계연도마다 사업실적서 및 결산서를 작성하여 회계연도 종료 후 2개월 이내에 입주자대표회의에 제출하여야 한다(공동주택관리법 시행령 제26조 제3항).

② 의무관리대상 공동주택의 관리주체는 다음 회계연도에 관한 관리비등의 사업계획 및 예산안을 매 회계연도 개시 1개월 전까지 입주자대표회의에 제출하여 승인을 받아야 하며, 승인사항에 변경이 있는 때에는 변경승인을 받아야 한다(공동주택관리법 시행령 제26조 제1항).

③ 관리주체는 관리비등을 다음의 금융기관 중 입주자대표회의가 지정하는 금융기관에 예치하여 관리하되, 장기수선충당금은 별도의 계좌로 예치·관리하여야 한다. 이 경우 계좌는 관리사무소장의 직인 외에 입주자대표회의의 회장 인감을 복수로 등록할 수 있다(공동주택관리법 시행령 제23조 제7항).

1. 「은행법」에 따른 은행
2. 「중소기업은행법」에 따른 중소기업은행
3. 「상호저축은행법」에 따른 상호저축은행
4. 「보험업법」에 따른 보험회사
5. 그 밖의 법률에 따라 금융업무를 하는 기관으로서 국토교통부령으로 정하는 기관

④ 주민공동시설의 위탁, 물품의 구입과 매각, 잡수익의 취득에 대한 사항은 관리주체가 사업자를 선정하고 집행한다(공동주택관리법 시행령 제25조 제1항 제1호).

정답 ⑤

43 **공동주택관리법령상 관리주체의 업무 등에 관한 설명으로 옳은 것은?**

① 관리주체는 입주자등의 세대별 사용명세 및 연체자의 동·호수 등을 그 공동주택단지 인터넷 홈페이지에 공개하거나 입주자등에게 개별 통지하여야 한다.

② 관리주체는 「주택법」에 따른 사업계획승인을 받아 건설한 건설임대주택의 경우에는 임차인대표회의 요청으로 제안하고 임차인 과반수의 동의를 받아 주민공동시설을 위탁할 수 있다.

③ 관리주체는 관리비등의 명세를 매월 말일까지 해당 공동주택단지의 인터넷 홈페이지 및 동별 게시판과 공동주택관리정보시스템에 공개해야 한다.

④ 의무관리대상이 아닌 공동주택으로서 100세대 미만인 공동주택의 관리인이 관리비 등의 내역을 공개하는 경우, 공동주택관리정보시스템 공개는 생략할 수 있다.

⑤ 관리주체는 관리비의 세대별 부과내역을 대통령령으로 정하는 바에 따라 해당 공동주택단지의 인터넷 홈페이지 및 동별 게시판과 국토교통부장관이 구축·운영하는 공동주택관리정보시스템에 공개해야 한다.

키워드 **관리주체의 업무**

풀이 ① 입주자등의 세대별 사용명세 및 연체자의 동·호수 등 기본권 침해의 우려가 있는 것은 공개하지 아니한다(공동주택관리법 시행령 제28조 제2항 괄호 부분).

② 관리주체는 「주택법」에 따른 사업계획승인을 받아 건설한 건설임대주택의 경우에는 임대사업자 또는 임차인 10분의 1 이상의 요청으로 제안하고 임차인 과반수의 동의를 받아 주민공동시설을 위탁할 수 있다(공동주택관리법 시행령 제29조 제2항 제2호).

③ 관리주체는 관리비등의 명세를 다음 달 말일까지 해당 공동주택단지의 인터넷 홈페이지 및 동별 게시판과 공동주택관리정보시스템에 공개해야 한다(공동주택관리법 시행령 제23조 제8항).

⑤ 관리주체는 다음의 내역(항목별 산출내역을 말하며, 세대별 부과내역은 제외한다)을 대통령령으로 정하는 바에 따라 해당 공동주택단지의 인터넷 홈페이지(인터넷 홈페이지가 없는 경우에는 인터넷 포털을 통하여 관리주체가 운영·통제하는 유사한 기능의 웹사이트 또는 관리사무소의 게시판을 말한다) 및 동별 게시판(통로별 게시판이 설치된 경우에는 이를 포함한다)과 국토교통부장관이 구축·운영하는 공동주택관리정보시스템에 공개하여야 한다. 다만, 공동주택관리정보시스템에 공개하기 곤란한 경우로서 대통령령으로 정하는 경우에는 해당 공동주택단지의 인터넷 홈페이지 및 동별 게시판에만 공개할 수 있다(공동주택관리법 제23조 제4항).

1. 관리비
2. 사용료 등
3. 장기수선충당금과 그 적립금액
4. 그 밖에 대통령령으로 정하는 사항

정답 ④

최신기출

44 공동주택관리법령상 의무관리대상 공동주택의 관리주체에 대한 회계감사 등에 관한 설명으로 옳지 않은 것은? 제27회

① 회계감사는 공동주택 회계의 특수성을 고려하여 제정된 회계감사기준에 따라 실시되어야 한다.

② 입주자대표회의는 입주자등의 10분의 1 이상이 연서하여 감사인의 추천을 요구하는 경우 감사인의 추천을 의뢰한 후 추천을 받은 자 중에서 감사인을 선정하여야 한다.

③ 관리주체는 회계감사를 받은 경우에는 감사보고서 등 회계감사의 결과를 제출받은 날부터 1개월 이내에 입주자대표회의에 보고하고 해당 공동주택단지의 인터넷 홈페이지 및 동별 게시판에 공개하여야 한다.

④ 300세대 이상인 공동주택으로서 해당 연도에 회계감사를 받지 아니하기로 입주자등의 과반수의 서면동의를 받은 경우, 그 연도에는 회계감사를 받지 않아도 된다.

⑤ 회계감사의 감사인은 회계감사 완료일부터 1개월 이내에 회계감사 결과를 해당 공동주택을 관할하는 시장·군수·구청장에게 제출하고 공동주택관리정보시스템에 공개하여야 한다.

키워드 **관리주체의 회계감사**

풀이 의무관리대상 공동주택의 관리주체는 대통령령으로 정하는 바에 따라 「주식회사 등의 외부감사에 관한 법률」 제2조 제7호에 따른 감사인(이하 '감사인'이라 한다)의 회계감사를 매년 1회 이상 받아야 한다. 다만, 다음의 구분에 따른 연도에는 그러하지 아니하다(공동주택관리법 제26조 제1항).

1. 300세대 이상인 공동주택: 해당 연도에 회계감사를 받지 아니하기로 입주자등의 3분의 2 이상의 서면동의를 받은 경우 그 연도
2. 300세대 미만인 공동주택: 해당 연도에 회계감사를 받지 아니하기로 입주자등의 과반수의 서면동의를 받은 경우 그 연도

정답 ④

45 공동주택관리법령상 공동주택의 회계감사에 관한 설명으로 옳은 것은?

① 회계감사를 받아야 하는 재무제표를 작성하는 회계처리기준은 한국공인회계사가 정하여 고시한다.

② 입주자대표회의는 감사인에게 감사보고서에 대한 설명을 하여 줄 것을 요청할 수 있다.

③ 회계감사를 받아야 하는 공동주택의 관리주체는 매 회계연도 종료 후 10개월 이내에 재무제표에 대하여 회계감사를 받아야 한다.

④ 감사인은 관리주체가 회계감사를 받은 날부터 1개월 이내에 입주자대표회의에 감사보고서를 제출해야 한다.

⑤ 회계감사의 감사인은 회계감사 완료일부터 1개월 이내에 회계감사 결과를 해당 공동주택의 입주자대표회의에게 제출하고 공동주택관리정보시스템에 공개하여야 한다.

키워드 **관리주체의 회계감사**

풀이 ① 재무제표를 작성하는 회계처리기준은 국토교통부장관이 정하여 고시한다(공동주택관리법 시행령 제27조 제2항).

③ 회계감사를 받아야 하는 공동주택의 관리주체는 매 회계연도 종료 후 9개월 이내에 다음의 재무제표에 대하여 회계감사를 받아야 한다(공동주택관리법 시행령 제27조 제1항).

1. 재무상태표
2. 운영성과표
3. 이익잉여금처분계산서(또는 결손금처리계산서)
4. 주석(註釋)

④ 감사인은 관리주체가 회계감사를 받은 날부터 1개월 이내에 관리주체에게 감사보고서를 제출해야 한다(공동주택관리법 시행령 제27조 제6항).

⑤ 회계감사의 감사인은 회계감사 완료일부터 1개월 이내에 회계감사 결과를 해당 공동주택을 관할하는 시장·군수·구청장에게 제출하고 공동주택관리정보시스템에 공개하여야 한다(공동주택관리법 제26조 제6항).

정답 ②

46 공동주택관리법령상 공동주택의 회계감사에 관한 설명으로 옳은 것은?

① 300세대 미만인 공동주택의 관리주체는 해당 연도에 회계감사를 받지 않기 위해서는 입주자등 3분의 2 이상의 서면동의를 받아야 한다.

② 회계감사기준은 「공인회계사법」에 따른 한국공인회계사회가 정하되, 국토교통부 장관의 승인을 받아야 한다.

③ 관리주체는 감사인의 회계감사를 받은 경우에는 감사보고서 등 회계감사의 결과를 제출받은 날부터 1개월 이내에 시장·군수·구청장에게 보고하고 공동주택관리정보시스템에 공개하여야 한다.

④ 입주자대표회의는 시장·군수·구청장 또는 「공인회계사법」 제41조에 따른 한국공인회계사회에 감사인의 추천을 의뢰할 수 있으며, 입주자등의 3분의 1 이상이 연서하여 감사인의 추천을 요구하는 경우 입주자대표회의는 감사인의 추천을 의뢰한 후 추천을 받은 자 중에서 감사인을 선정하여야 한다.

⑤ 공동주택 회계감사의 원활한 운영 등을 위하여 필요한 사항은 관리규약으로 정한다.

키워드 관리주체의 회계감사

풀이 ① 300세대 미만인 공동주택의 관리주체는 해당 연도에 회계감사를 받지 않기 위해서는 입주자등 과반수의 서면동의를 받아야 한다(공동주택관리법 제26조 제1항 제2호).

③ 관리주체는 회계감사를 받은 경우에는 감사보고서 등 회계감사의 결과를 제출받은 날부터 1개월 이내에 입주자대표회의에 보고하고 해당 공동주택단지의 인터넷 홈페이지 및 동별 게시판에 공개하여야 한다(공동주택관리법 제26조 제3항).

④ 회계감사의 감사인은 입주자대표회의가 선정한다. 이 경우 입주자대표회의는 시장·군수·구청장 또는 「공인회계사법」 제41조에 따른 한국공인회계사회에 감사인의 추천을 의뢰할 수 있으며, 입주자등의 10분의 1 이상이 연서하여 감사인의 추천을 요구하는 경우 입주자대표회의는 감사인의 추천을 의뢰한 후 추천을 받은 자 중에서 감사인을 선정하여야 한다(공동주택관리법 제26조 제4항).

⑤ 공동주택 회계감사의 원활한 운영 등을 위하여 필요한 사항은 국토교통부령으로 정한다(공동주택관리법 시행령 제27조 제8항).

정답 ②

47 **공동주택관리법령상 공동주택의 관리주체에 대한 회계감사에 등에 관한 설명으로 옳은 것을 모두 고른 것은?** 제25회

> ㉠ 재무제표를 작성하는 회계처리기준은 기획재정부장관이 정하여 고시한다.
> ㉡ 회계감사는 공동주택 회계의 특수성을 고려하여 제정된 회계감사기준에 따라 실시되어야 한다.
> ㉢ 감사인은 관리주체가 회계감사를 받은 날부터 3개월 이내에 관리주체에게 감사보고서를 제출하여야 한다.
> ㉣ 회계감사를 받아야 하는 공동주택의 관리주체는 매 회계연도 종료 후 6개월 이내에 회계감사를 받아야 한다.

① ㉡
② ㉠, ㉡
③ ㉢, ㉣
④ ㉠, ㉡, ㉣
⑤ ㉠, ㉢, ㉣

키워드 **관리주체의 회계감사**

풀이 ㉠ 재무제표를 작성하는 회계처리기준은 국토교통부장관이 정하여 고시한다(공동주택관리법 시행령 제27조 제2항).
㉢ 감사인은 관리주체가 회계감사를 받은 날부터 1개월 이내에 관리주체에게 감사보고서를 제출하여야 한다(공동주택관리법 시행령 제27조 제6항).
㉣ 회계감사를 받아야 하는 공동주택의 관리주체는 매 회계연도 종료 후 9개월 이내에 회계감사를 받아야 한다(공동주택관리법 시행령 제27조 제1항).

정답 ①

48 **공동주택관리법 시행령 제27조에 따른 회계감사를 받아야 하는 경우 그 감사의 대상이 되는 재무제표를 모두 고른 것은?** 제20회

㉠ 재무상태표	㉡ 운영성과표
㉢ 이익잉여금처분계산서	㉣ 주석(註釋)
㉤ 현금흐름표	

① ㉠, ㉡
② ㉢, ㉤
③ ㉡, ㉢, ㉣
④ ㉠, ㉡, ㉢, ㉣
⑤ ㉠, ㉡, ㉢, ㉣, ㉤

키워드 **회계감사대상 재무제표**

풀이 회계감사를 받아야 하는 공동주택의 관리주체는 매 회계연도 종료 후 9개월 이내에 다음의 재무제표에 대하여 회계감사를 받아야 한다(공동주택관리법 시행령 제27조 제1항).

1. 재무상태표
2. 운영성과표
3. 이익잉여금처분계산서(또는 결손금처리계산서)
4. 주석(註釋)

정답 ④

49 **공동주택관리법령상 공동주택 관리주체의 회계감사 및 회계서류에 관한 설명으로 옳지 않은 것은?** 제23회 수정

① 200세대인 의무관리대상 공동주택의 관리주체는 감사인의 회계감사를 매년 1회 이상 받아야 한다.
② 500세대인 공동주택의 관리주체는 해당 공동주택의 입주자등의 2분의 1이 회계감사를 받지 아니하기로 서면동의를 한 연도에는 회계감사를 받지 않을 수 있다.
③ 관리주체는 회계감사를 받은 경우에는 회계감사의 결과를 제출받은 날부터 1개월 이내에 입주자대표회의에 보고하여야 한다.
④ 감사인은 관리주체가 회계감사를 받은 날부터 1개월 이내에 관리주체에게 감사보고서를 제출해야 한다.
⑤ 의무관리대상 공동주택의 관리주체는 관리비등의 징수 등 모든 거래 행위에 관하여 장부를 월별로 작성하여 그 증빙서류와 함께 해당 회계연도 종료일부터 5년간 보관하여야 한다.

키워드 **회계감사 및 회계서류**

풀이 300세대 이상인 공동주택의 관리주체는 해당 연도에 회계감사를 받지 아니하기로 입주자등의 3분의 2 이상의 서면동의를 받은 경우 그 연도에는 회계감사를 받지 않을 수 있다(공동주택관리법 제26조 제1항 제1호).

정답 ②

50 공동주택관리법령상 의무관리대상 공동주택의 관리비 및 회계운영에 관한 설명으로 옳지 않은 것은?

제26회

① 관리주체는 입주자등이 납부하는 대통령령으로 정하는 사용료 등을 입주자등을 대행하여 그 사용료 등을 받을 자에게 납부할 수 있다.

② 관리주체는 회계감사를 받은 경우에는 감사보고서의 결과를 제출받은 다음 날부터 2개월 이내에 입주자대표회의에 보고하고 해당 공동주택단지 인터넷 홈페이지에 공개하여야 한다.

③ 공동주택의 소유자가 그 소유권을 상실한 경우 관리주체는 징수한 관리비예치금을 반환하여야 하되, 소유자가 관리비를 미납한 때에는 관리비예치금에서 정산한 후 그 잔액을 반환할 수 있다.

④ 관리주체는 보수가 필요한 시설이 2세대 이상의 공동사용에 제공되는 것인 경우에는 직접 보수하고 해당 입주자등에게 그 비용을 따로 부과할 수 있다.

⑤ 관리주체는 다음 회계연도에 관한 관리비등의 사업계획 및 예산안을 매 회계연도 개시 1개월 전까지 입주자대표회의에 제출하여 승인을 받아야 한다.

키워드 **의무관리대상 공동주택의 관리비 및 회계운영**

풀이 관리주체는 회계감사를 받은 경우에는 감사보고서 등 회계감사의 결과를 제출받은 날부터 1개월 이내에 입주자대표회의에 보고하고 해당 공동주택단지의 인터넷 홈페이지 및 동별 게시판에 공개하여야 한다(공동주택관리법 제26조 제3항).

정답 ②

51 **공동주택관리법령상 의무관리대상 공동주택의 관리주체의 직무에 관한 설명으로 옳지 않은 것은?**

① 공용부분에 관한 시설을 교체한 경우에는 그 실적을 시설별로 이력관리하여야 하며, 공동주택관리정보시스템에 등록을 하여야 한다.
② 소방시설에 관한 안전관리계획을 수립하여야 한다.
③ 안전관리계획에 따라 시설물별로 안전관리자 및 안전관리책임자를 지정하여 이를 시행하여야 한다.
④ 회계연도마다 사업실적서 및 결산서를 작성하여 회계연도 종료 후 2개월 이내에 입주자대표회의에 제출하여야 한다.
⑤ 회계감사의 감사인을 선정하여야 한다.

키워드 **관리주체의 직무**

풀이 회계감사의 감사인은 입주자대표회의가 선정한다. 이 경우 입주자대표회의는 시장·군수·구청장 또는 「공인회계사법」 제41조에 따른 한국공인회계사회에 감사인의 추천을 의뢰할 수 있으며, 입주자등의 10분의 1 이상이 연서하여 감사인의 추천을 요구하는 경우 입주자대표회의는 감사인의 추천을 의뢰한 후 추천을 받은 자 중에서 감사인을 선정하여야 한다(공동주택관리법 제26조 제4항).

정답 ⑤

52 **공동주택관리법 시행령 제28조 제2항에 관한 설명으로 밑줄 친 부분에 해당하는 사항으로 옳지 않은 것은?**

관리주체는 <u>다음 각 호의 사항</u>을 그 공동주택단지의 인터넷 홈페이지에 공개하거나 입주자등에게 개별 통지해야 한다. 이 경우 동별 게시판에는 정보의 주요내용을 요약하여 공개할 수 있다.

① 입주자대표회의의 소집 및 그 회의에서 의결한 사항
② 입주자등의 세대별 사용명세 및 연체자의 동·호수
③ 입주자등의 건의사항에 대한 조치결과 등 주요 업무의 추진 상황
④ 동별 대표자의 선출 및 입주자대표회의의 구성원에 관한 사항
⑤ 관리주체 및 공동주택관리기구의 조직에 관한 사항

키워드 **관리현황의 공개**

풀이 입주자등의 세대별 사용명세 및 연체자의 동·호수 등 기본권 침해의 우려가 있는 것은 공개하지 아니한다(공동주택관리법 시행령 제28조 제2항 괄호 부분).

정답 ②

53 **공동주택관리법령상 입주자등이 관리주체의 동의를 받아야 하는 행위에 해당하지 않는 것은?**

① 전기실·기계실·정화조시설 등에 출입하는 행위
② 방송시설 등을 사용함으로써 공동주거생활에 피해를 미치는 행위
③ 「환경친화적 자동차의 개발 및 보급 촉진에 관한 법률」에 따른 전기자동차의 이동형 충전기를 이용하기 위한 차량무선인식장치(전자태그를 말한다)를 콘센트 주위에 부착하는 행위
④ 공동주택의 발코니 난간 또는 외벽에 돌출물을 설치하는 행위
⑤ 「소방시설 설치 및 관리에 관한 법률」 제16조 제1항에 위배되는 범위에서 공용부분에 물건을 적재하여 통행·피난 및 소방을 방해하는 행위

키워드 **관리주체의 동의사항(공동주택관리법 시행령 제19조 제2항)**

풀이 관리주체의 동의사항에는 「소방시설 설치 및 관리에 관한 법률」 제16조 제1항에 위배되지 아니하는 범위에서 공용부분에 물건을 적재하여 통행·피난 및 소방을 방해하는 행위가 해당된다.

정답 ⑤

54 **공동주택관리법령상 공동주택의 입주자등이 관리주체의 동의를 받아 할 수 있는 행위에 해당하지 않는 것은?** 제25회 수정

① 「소방시설 설치 및 관리에 관한 법률」 제16조 제1항에 위배되지 아니하는 범위에서 공용부분에 물건을 적재하여 통행·피난 및 소방을 방해하는 행위
② 「주택건설기준 등에 관한 규정」에 따라 세대 안에 냉방설비의 배기장치를 설치할 수 있는 공간이 마련된 공동주택에서 입주자등이 냉방설비의 배기장치를 설치하기 위하여 공동주택의 발코니 난간에 돌출물을 설치하는 행위
③ 「환경친화적 자동차의 개발 및 보급 촉진에 관한 법률」 제2조 제3호에 따른 전기자동차의 이동형 충전기를 이용하기 위한 차량무선인식장치[전자태그(RFID tag)를 말한다]를 콘센트 주위에 부착하는 행위
④ 공동주택에 표지를 부착하는 행위
⑤ 전기실·기계실·정화조시설 등에 출입하는 행위

키워드 **관리주체의 동의사항(공동주택관리법 시행령 제19조 제2·3항)**

풀이 「주택건설기준 등에 관한 규정」에 따라 세대 안에 냉방설비의 배기장치를 설치할 수 있는 공간이 마련된 공동주택의 경우 입주자등은 냉방설비의 배기장치를 설치하기 위하여 돌출물을 설치하는 행위를 해서는 아니 된다.

정답 ②

최신기출

55 공동주택관리법상 입주자등이 관리주체의 동의를 받아야 하는 행위에 해당하지 않는 것은?

제27회

① 장애인 보조견을 사육함으로써 공동주거생활에 피해를 미치는 행위
② 공동주택에 광고물을 부착하는 행위
③ 기계실에 출입하는 행위
④ 방송시설을 사용함으로써 공동주거생활에 피해를 미치는 행위
⑤ 「환경친화적 자동차의 개발 및 보급 촉진에 관한 법률」에 따른 전기자동차의 이동형 충전기를 이용하기 위한 차량무선인식장치[전자태그(RFID tag)를 말한다]를 콘센트 주위에 부착하는 행위

키워드 **관리주체의 동의사항(공동주택관리법 시행령 제19조 제2·3항)**

풀이 장애인 보조견을 사육함으로써 공동주거생활에 피해를 미치는 행위는 관리주체의 동의를 받아야 하는 행위에서 제외한다.

정답 ①

56 다음 사례 중 공동주택관리법령을 위반한 것은?

제13회 수정

① A아파트의 관리사무소장은 선량한 관리자의 주의로 그 직무를 수행하였다.
② B아파트의 입주자대표회의는 관리사무소장이 해임된 날부터 20일째 되는 날에 새로운 관리사무소장을 선임하였다.
③ 甲주택관리업자는 700세대인 A아파트의 관리사무소장으로 주택관리사보를 배치하였다.
④ B아파트의 관리사무소장은 관리사무소장으로 배치된 날의 그 다음 달에 공동주택관리에 관한 교육업무를 위탁받은 기관에서 시행한 교육을 3일간 받았다.
⑤ A아파트의 관리사무소장은 입주자대표회의에서 의결한 공동주택의 운영·관리·유지·보수·교체·개량 업무를 집행하였다.

키워드 **관리사무소장의 배치**

풀이 의무관리대상 공동주택을 관리하는 다음의 어느 하나에 해당하는 자는 주택관리사를 해당 공동주택의 관리사무소장으로 배치하여야 한다. 다만, 500세대 미만의 공동주택에는 주택관리사를 갈음하여 주택관리사보를 해당 공동주택의 관리사무소장으로 배치할 수 있다(공동주택관리법 제64조 제1항, 동법 시행령 제69조 제1항).

1. 입주자대표회의(자치관리의 경우에 한정한다)
2. 관리업무를 인계하기 전의 사업주체
3. 주택관리업자
4. 임대사업자

정답 ③

57 공동주택관리법령상 관리사무소장의 집행업무에 해당하는 사항을 모두 고른 것은?

㉠ 장기수선계획의 수립 및 조정 ㉡ 입주자대표회의에서 의결하는 공동주택의 운영·관리·유지에 관한 업무 ㉢ 안전관리계획은 5년마다 조정하되, 입주자대표회의 구성원 과반수의 서면동의를 얻은 경우에는 5년이 지나기 전에 조정 ㉣ 자치관리기구 직원의 임면 ㉤ 입주자대표회의 및 선거관리위원회의 운영에 필요한 업무지원 및 사무처리

① ㉠, ㉡　　② ㉡, ㉣
③ ㉡, ㉤　　④ ㉢, ㉣
⑤ ㉣, ㉤

키워드 **관리사무소장의 집행업무**

풀이 관리사무소장은 공동주택을 안전하고 효율적으로 관리하여 공동주택의 입주자등의 권익을 보호하기 위하여 다음의 업무를 집행한다(공동주택관리법 제64조 제2항, 동법 시행규칙 제30조 제1항).

1. 입주자대표회의에서 의결하는 다음의 업무
   ⓐ 공동주택의 운영·관리·유지·보수·교체·개량
   ⓑ 위 ⓐ의 업무를 집행하기 위한 관리비·장기수선충당금이나 그 밖의 경비의 청구·수령·지출 및 그 금액을 관리하는 업무
2. 하자의 발견 및 하자보수의 청구, 장기수선계획의 조정, 시설물 안전관리계획의 수립 및 건축물의 안전점검에 관한 업무. 다만, 비용지출을 수반하는 사항에 대하여는 입주자대표회의의 의결을 거쳐야 한다.
3. 관리사무소 업무의 지휘·총괄
4. 관리주체의 업무(공동주택관리법 제63조 제1항 및 동법 시행규칙 제29조)를 지휘·총괄하는 업무
5. 입주자대표회의 및 선거관리위원회의 운영에 필요한 업무지원 및 사무처리
6. 안전관리계획의 조정. 이 경우 3년마다 조정하되, 관리 여건상 필요하여 관리사무소장이 입주자대표회의 구성원 과반수의 서면동의를 받은 경우에는 3년이 지나기 전에 조정할 수 있다.
7. 관리비등이 예치된 금융기관으로부터 매월 말일을 기준으로 발급받은 잔고증명서의 금액과 관리비등의 징수·보관·예치·집행 등 모든 거래행위에 관하여 월별로 작성한 장부상 금액이 일치하는지 여부를 관리비등이 부과된 달의 다음 달 10일까지 확인하는 업무

정답 ③

58 **공동주택관리법령상 관리사무소장의 업무 등에 관한 설명으로 옳지 않은 것은?**

① 공용부분의 유지·보수 및 안전관리를 지휘·총괄하는 업무

② 관리비등이 예치된 금융기관으로부터 매월 말일을 기준으로 발급받은 잔고증명서의 금액과 관리비등의 징수·보관·예치·집행 등 모든 거래행위에 관하여 월별로 작성한 장부상 금액이 일치하는지 여부를 관리비등이 부과된 달의 다음 달 10일까지 확인하는 업무

③ 비용지출을 수반하지 않는 하자의 발견 및 하자보수의 청구, 장기수선계획의 조정, 시설물 안전관리계획의 수립 및 안전점검의 업무

④ 관리비·장기수선충당금의 청구·수령·지출 및 그 금액을 관리하는 업무

⑤ 입주자대표회의 구성원 과반수의 서면동의를 받은 경우에 안전관리계획을 3년이 지난 후에 조정하는 업무

키워드 **관리사무소장의 집행업무(공동주택관리법 제64조 제2항, 동법 시행규칙 제30조 제1항)**

풀이 안전관리계획의 경우 3년마다 조정하되, 관리 여건상 필요하여 관리사무소장이 입주자대표회의 구성원 과반수의 서면동의를 받은 경우에는 3년이 지나기 전에 조정할 수 있다.

정답 ⑤

59 **공동주택관리법령상 의무관리대상 공동주택의 관리사무소장의 업무 등에 관한 설명으로 옳지 않은 것은?** 제25회

① 관리사무소장은 업무의 집행에 사용하기 위해 신고한 직인을 변경할 경우 변경신고를 하여야 한다.

② 관리사무소장은 비용지출을 수반하는 건축물의 안전점검에 관한 업무에 대하여는 입주자대표회의의 의결을 거쳐 집행하여야 한다.

③ 관리사무소장은 입주자대표회의에서 의결하는 공동주택의 유지 업무와 관련하여 입주자대표회의를 대리하여 재판상의 행위를 할 수 없다.

④ 300세대의 공동주택에는 주택관리사를 갈음하여 주택관리사보를 해당 공동주택의 관리사무소장으로 배치할 수 있다.

⑤ 주택관리사는 관리사무소장의 업무를 집행하면서 고의 또는 과실로 입주자등에게 재산상의 손해를 입힌 경우에는 그 손해를 배상할 책임이 있다.

키워드 **관리사무소장의 집행업무**

풀이 관리사무소장은 공동주택의 운영·관리·유지·보수·교체·개량에 관한 업무와 관리비·장기수선충당금이나 그 밖의 경비의 청구·수령·지출 및 그 금액을 관리하는 업무와 관련하여 입주자대표회의를 대리하여 재판상 또는 재판 외의 행위를 할 수 있다(공동주택관리법 제64조 제3항).

정답 ③

60 **공동주택관리법령상 관리사무소장의 업무와 손해배상책임에 관한 설명으로 옳지 않은 것은?** 제23회

① 관리사무소장은 하자의 발견 및 하자보수의 청구, 장기수선계획의 조정, 시설물 안전관리계획의 수립 및 안전점검업무가 비용지출을 수반하는 경우 입주자대표회의의 의결 없이 이를 집행할 수 있다.

② 관리사무소장은 안전관리계획의 조정을 3년마다 하되, 관리 여건상 필요하여 입주자대표회의의 구성원 과반수의 서면동의를 받은 경우에는 3년이 지나기 전에 조정할 수 있다.

③ 주택관리사등은 관리사무소장의 업무를 집행하면서 고의 또는 과실로 입주자등에게 재산상의 손해를 입힌 경우에는 그 손해를 배상할 책임이 있다.

④ 관리사무소장은 관리비, 장기수선충당금의 관리업무에 관하여 입주자대표회의를 대리하여 재판상 또는 재판 외의 행위를 할 수 있다.

⑤ 관리사무소장은 입주자대표회의에서 의결하는 공동주택의 운영·관리·유지·보수·교체·개량에 대한 업무를 집행한다.

키워드 **관리사무소장의 업무**

풀이 관리사무소장은 하자의 발견 및 하자보수의 청구, 장기수선계획의 조정, 시설물 안전관리계획의 수립 및 건축물의 안전점검에 관한 업무를 집행하여야 하나, 비용지출을 수반하는 사항에 대하여는 입주자대표회의의 의결을 거쳐야 한다(공동주택관리법 제64조 제2항 제2호).

정답 ①

61 **공동주택관리법령상 입주자대표회의와 관리사무소장의 권한에 관한 설명으로 옳은 것은?** 제13회 수정

① 입주자대표회의는 공동주택에 하자가 있는 경우 그 하자에 갈음하여 하자보수를 청구할 수 있을 뿐 손해배상청구권을 가지지 못한다.

② 관리사무소장은 비용지출이 수반되는 장기수선계획의 조정, 시설물 안전관리계획의 수립을 입주자대표회의의 의결을 거치지 아니하고 독자적으로 집행할 수 있는 권한이 있다.

③ 입주자대표회의는 주택관리업자가 공동주택을 관리하는 경우에 주택관리업자의 인사·노무관리에 대하여 공동주택관리규약에서 정한 의결절차만 거치면 인사·노무관리에 적극적으로 개입할 수 있는 권한이 있다.

④ 입주자대표회의가 공동주택의 행위허가 또는 신고행위의 제안에 관한 사항을 의결할 때 공동주택의 입주자등이 아닌 자로서 해당 공동주택의 관리에 이해관계를 가진 자의 권리를 침해해도 된다.

⑤ 관리사무소장은 공동주택 공용부분의 유지, 보수 및 안전관리업무에 대해 입주자대표회의의 의결을 거쳐 그 업무의 지휘·총괄권을 가진다.

키워드 **입주자대표회의와 관리사무소장의 권한**

풀이 ② 비용지출이 수반되는 장기수선계획의 조정, 시설물 안전관리계획의 수립은 입주자대표회의의 의결을 거쳐 집행하여야 한다(공동주택관리법 제64조 제2항 제2호).

③ 입주자대표회의는 주택관리업자가 공동주택을 관리하는 경우에는 주택관리업자의 직원인사·노무관리 등의 업무수행에 부당하게 간섭하여서는 아니 된다(공동주택관리법 시행령 제14조 제6항).

④ 입주자대표회의는 의결사항을 의결할 때에는 입주자등이 아닌 자로서 해당 공동주택의 관리에 이해관계를 가진 자의 권리를 침해해서는 안 된다(공동주택관리법 시행령 제14조 제5항).

⑤ 관리사무소장은 관리주체의 업무에 대해서는 입주자대표회의의 의결을 거치지 않아도 그 업무의 지휘·총괄권을 가진다.

정답 ①

62 **공동주택관리법령상 관리사무소장의 업무 등에 관한 설명으로 옳지 않은 것은?**

① 주택관리업자 또는 임대사업자는 주택관리사를 해당 공동주택의 관리사무소장으로 배치하여야 한다. 다만, 500세대 미만의 공동주택에는 주택관리사를 갈음하여 주택관리사보를 해당 공동주택의 관리사무소장으로 배치할 수 있다.

② 자치관리의 경우 입주자대표회의는 주택관리사등을 관리사무소장의 보조자로 배치할 수 있다.

③ 관리사무소장은 그 배치 내용과 업무의 집행에 사용할 직인을 시·도지사에게 신고하여야 한다.

④ 입주자대표회의가 관리사무소장의 업무에 대하여 「공동주택관리법」 또는 관계 법령에 위반되는 지시를 하거나 명령을 하는 등 부당하게 간섭하는 행위를 하는 경우 관리사무소장은 시장·군수·구청장에게 이를 보고하고, 사실조사를 의뢰할 수 있다.

⑤ 주택관리사등은 관리사무소장의 업무를 집행하면서 고의 또는 과실로 입주자등에게 재산상의 손해를 입힌 경우에는 그 손해를 배상할 책임이 있다.

키워드 **관리사무소장의 배치신고절차**

풀이 관리사무소장은 그 배치 내용과 업무의 집행에 사용할 직인을 국토교통부령으로 정하는 바에 따라 시장·군수·구청장에게 신고하여야 한다. 신고한 배치내용과 직인을 변경할 때에도 또한 같다(공동주택관리법 제64조 제5항).

정답 ③

63 **공동주택관리법령상 공동주택의 관리주체 및 관리사무소장의 업무에 관한 설명으로 옳지 않은 것은?** 제24회 수정

① 의무관리대상 공동주택의 관리주체는 관리비등의 징수·보관·예치·집행 등 모든 거래 행위에 관하여 월별로 작성한 장부 및 그 증빙서류를 해당 회계연도 종료일부터 5년간 보관하여야 한다.

② 관리주체는 장기수선충당금을 해당 주택의 소유자로부터 징수하여 적립하여야 한다.

③ 관리사무소장은 입주자대표회의에서 의결하는 공동주택의 운영·관리업무와 관련하여 입주자대표회의를 대리하여 재판상 행위를 할 수 있다.

④ 관리사무소장은 배치 내용과 업무의 집행에 사용할 직인을 시장·군수·구청장에게 신고하여야 하며, 배치된 날부터 30일 이내에 '관리사무소장 배치 및 직인 신고서'를 시장·군수·구청장에게 제출하여야 한다.

⑤ 의무관리대상 공동주택에 취업한 주택관리사등이 다른 공동주택 및 상가·오피스텔 등 주택 외의 시설에 취업한 경우, 주택관리사등의 자격취소 사유에 해당한다.

키워드 **관리주체 및 관리사무소장의 업무**

풀이 배치 내용과 업무의 집행에 사용할 직인을 신고하려는 관리사무소장은 배치된 날부터 15일 이내에 관리사무소장 배치 및 직인 신고서를 주택관리사단체에 제출하여야 한다(공동주택관리법 시행규칙 제30조 제2항).

정답 ④

64 **공동주택관리법령상 공동주택의 관리사무소장으로 배치된 자가 관리사무소장 배치 및 직인신고서를 주택관리사단체에 제출할 때 반드시 첨부하여야 할 서류에 해당하지 않는 것은?** 제13회 수정

① 임명장 등 사본

② 학력 및 경력을 입증하는 사본

③ 관리사무소장 교육 또는 주택관리사등의 교육 이수현황(주택관리사단체가 해당 교육 이수현황을 발급하는 경우에는 제출하지 아니할 수 있다)

④ 주택관리사보 자격시험 합격증서 또는 주택관리사 자격증 사본

⑤ 주택관리사등의 손해배상책임을 보장하기 위한 보증설정을 입증하는 서류

키워드 **관리사무소장의 배치신고절차**

풀이 배치 내용과 업무의 집행에 사용할 직인을 신고하려는 관리사무소장은 배치된 날부터 15일 이내에 관리사무소장 배치 및 직인신고서에 다음의 서류를 첨부하여 주택관리사단체에 제출하여야 한다(공동주택관리법 시행규칙 제30조 제2항).

1. 관리사무소장 교육 또는 주택관리사등의 교육 이수현황(주택관리사단체가 해당 교육 이수현황을 발급하는 경우에는 제출하지 아니할 수 있다) 1부
2. 임명장 사본 1부. 다만, 배치된 공동주택의 전임(前任) 관리사무소장이 배치종료 신고를 하지 아니한 경우에는 배치를 증명하는 다음의 구분에 따른 서류를 함께 제출하여야 한다.
   ㉠ 공동주택의 관리방법이 자치관리인 경우: 근로계약서 사본 1부
   ㉡ 공동주택의 관리방법이 위탁관리인 경우: 위·수탁 계약서 사본 1부
3. 주택관리사보 자격시험 합격증서 또는 주택관리사 자격증 사본 1부
4. 주택관리사등의 손해배상책임을 보장하기 위한 보증설정을 입증하는 서류 1부

정답 ②

65 공동주택관리법령상 공동주택의 관리사무소장으로 배치된 자가 관리사무소장 배치 및 직인신고서를 주택관리사단체에 제출할 때 반드시 첨부하여야 할 서류에 해당하지 않는 것은? (단, 주택관리사단체가 해당 교육 이수현황을 발급하지 않는 경우)

① 관리사무소장 교육 또는 주택관리사등의 교육 이수현황
② 임명장 사본
③ 주택관리사보 자격시험 합격증서 또는 주택관리사 자격증 사본
④ 배치된 공동주택의 전임(前任) 관리사무소장이 배치종료 신고를 하지 아니한 경우 공동주택의 관리방법이 위탁관리인 경우 근로계약서 사본
⑤ 주택관리사등의 손해배상책임을 보장하기 위한 보증설정을 입증하는 서류

키워드 **관리사무소장의 배치신고절차**

풀이 배치된 공동주택의 전임(前任) 관리사무소장이 배치종료 신고를 하지 아니한 경우에는 배치를 증명하는 다음의 구분에 따른 서류를 함께 제출하여야 한다(공동주택관리법 시행규칙 제30조 제2항 제2호).

1. 공동주택의 관리방법이 자치관리인 경우: 근로계약서 사본 1부
2. 공동주택의 관리방법이 위탁관리인 경우: 위·수탁 계약서 사본 1부

정답 ④

66 **공동주택관리법령상 공동주택의 관리사무소장 배치 등 신고에 관한 설명으로 옳지 않은 것은?**

① 관리사무소장은 배치 내용과 업무의 집행에 사용할 직인을 시장·군수·구청장에게 신고하여야 한다.

② 배치 내용과 업무의 집행에 사용할 직인을 신고하려는 공동주택의 관리사무소장은 배치된 날부터 15일 이내에 관리사무소장 배치 및 직인신고서를 주택관리사단체에 제출하여야 한다.

③ 신고한 배치 내용과 업무의 집행에 사용하는 직인을 변경하려는 관리사무소장은 변경사유가 발생한 날부터 15일 이내에 관리사무소장 배치 및 직인변경신고서에 변경내용을 증명하는 서류를 첨부하여 주택관리사단체에 제출하여야 한다.

④ 신고 또는 변경신고를 접수한 주택관리사단체는 관리사무소장의 배치 내용 및 직인신고(변경신고하는 경우를 포함한다) 접수 현황을 분기별로 시장·군수·구청장에게 보고하여야 한다.

⑤ 주택관리사단체는 관리사무소장이 배치신고 또는 변경신고에 대한 증명서 발급을 요청하면 7일 이내 관리사무소장의 배치 및 직인신고증명서(변경신고증명서)를 발급하여야 한다.

키워드 **관리사무소장의 배치신고절차**

풀이 주택관리사단체는 관리사무소장이 배치신고 또는 변경신고에 대한 증명서 발급을 요청하면 즉시 관리사무소장의 배치 및 직인신고증명서(변경신고증명서)를 발급하여야 한다(공동주택관리법 시행규칙 제30조 제5항).

정답 ⑤

67 **공동주택관리법령상 관리사무소장의 업무 및 손해배상책임에 관한 설명으로 옳은 것은?**

① 500세대 이상 공동주택의 관리사무소장으로 배치된 주택관리사는 손해배상책임을 보장하기 위하여 3천만원을 보장하는 보증보험 또는 공제에 가입하거나 공탁을 하여야 한다.

② 주택관리사등은 보증보험금·공제금 또는 공탁금으로 손해배상을 한 때에는 15일 이내에 보증보험 또는 공제에 다시 가입하거나 공탁금 중 부족하게 된 금액을 보전하여야 한다.

③ 보증보험 또는 공제에 가입한 주택관리사등으로서 보증기간이 만료되어 다시 보증설정을 하려는 자는 그 보증기간 만료일 다음 날까지 다시 보증설정을 하여야 한다.

④ 주택관리사등은 관리사무소장의 업무를 집행하면서 과실로 입주자등에게 재산상의 손해를 입힌 경우에는 그 손해를 배상할 책임이 없다.

⑤ 관리사무소장은 그 배치 내용과 업무의 집행에 사용할 직인을 조례에서 정하는 바에 따라 시장·군수·구청장에게 신고하여야 한다.

키워드 **주택관리사등의 손해배상책임**

풀이 ① 관리사무소장으로 배치된 주택관리사등은 손해배상책임을 보장하기 위하여 다음의 구분에 따른 금액을 보장하는 보증보험 또는 공제에 가입하거나 공탁을 하여야 한다(공동주택관리법 시행령 제70조).

1. 500세대 미만의 공동주택: 3천만원
2. 500세대 이상의 공동주택: 5천만원

③ 보증보험 또는 공제에 가입한 주택관리사등으로서 보증기간이 만료되어 다시 보증설정을 하려는 자는 그 보증기간이 만료되기 전에 다시 보증설정을 하여야 한다(공동주택관리법 시행령 제71조 제2항).

④ 주택관리사등은 관리사무소장의 업무를 집행하면서 고의 또는 과실로 입주자등에게 재산상의 손해를 입힌 경우에는 그 손해를 배상할 책임이 있다(공동주택관리법 제66조 제1항).

⑤ 관리사무소장은 그 배치 내용과 업무의 집행에 사용할 직인을 국토교통부령으로 정하는 바에 따라 시장·군수·구청장에게 신고하여야 한다. 신고한 배치 내용과 직인을 변경할 때에도 또한 같다(공동주택관리법 제64조 제5항).

정답 ②

68 **공동주택관리법령상 관리사무소장의 손해배상책임에 관한 설명으로 옳은 것은?**

① 주택관리사등은 관리사무소장의 손해배상책임을 보장하기 위하여 가입한 보증보험을 공탁으로 변경하려는 경우에는 해당 보증설정의 효력이 소멸한 후에 할 수 있다.

② 관리사무소장은 그 업무를 집행하면서 고의로 입주자등에게 재산상의 손해를 입힌 경우에만 그 손해를 배상할 책임이 있다.

③ 주택관리사등은 손해배상책임을 보장하기 위한 보증보험 또는 공제에 가입하거나 공탁을 한 후 해당 공동주택의 관리사무소장으로 배치된 날부터 15일 이내에 입주자대표회의의 회장 등에게 보증보험 등에 가입한 사실을 입증하는 서류를 제출하여야 한다.

④ 입주자대표회의는 손해배상금으로 공탁금을 지급받으려는 경우에는 입주자대표회의와 주택관리사등 간의 손해배상합의서 또는 화해조서, 확정된 법원의 판결문 사본, 이에 준하는 효력이 있는 서류를 첨부하여 공탁기관에 손해배상금의 지급을 청구하여야 한다.

⑤ 공탁한 공탁금은 주택관리사등이 해당 공동주택의 관리사무소장의 직을 사임하거나 그 직에서 해임된 날 또는 사망한 날부터 5년 이내에는 회수할 수 없다.

키워드 **주택관리사등의 손해배상책임**

풀이 ① 관리사무소장의 손해배상책임을 보장하기 위한 보증보험 또는 공제에 가입하거나 공탁을 한 조치(이하 '보증설정'이라 한다)를 이행한 주택관리사등은 그 보증설정을 다른 보증설정으로 변경하려는 경우에는 해당 보증설정의 효력이 있는 기간 중에 다른 보증설정을 하여야 한다(공동주택관리법 시행령 제71조 제1항).

② 주택관리사등은 관리사무소장의 업무를 집행하면서 고의 또는 과실로 입주자등에게 재산상의 손해를 입힌 경우에는 그 손해를 배상할 책임이 있다(공동주택관리법 제66조 제1항).

③ 주택관리사등은 손해배상책임을 보장하기 위한 보증보험 또는 공제에 가입하거나 공탁을 한 후 해당 공동주택의 관리사무소장으로 배치된 날에 다음의 어느 하나에 해당하는 자에게 보증보험 등에 가입한 사실을 입증하는 서류를 제출하여야 한다(공동주택관리법 제66조 제3항).

1. 입주자대표회의의 회장
2. 임대주택의 경우에는 임대사업자
3. 입주자대표회의가 없는 경우에는 시장·군수·구청장

⑤ 공탁한 공탁금은 주택관리사등이 해당 공동주택의 관리사무소장의 직을 사임하거나 그 직에서 해임된 날 또는 사망한 날부터 3년 이내에는 회수할 수 없다(공동주택관리법 제66조 제4항).

정답 ④

69 공동주택관리법령상 관리사무소장으로 배치된 주택관리사등의 손해배상책임에 관한 설명 중 옳지 않은 것은? 제11회 수정

① 공제 또는 보증보험에 가입한 주택관리사등으로서 보증기간이 만료되어 다시 보증설정을 하려는 자는 그 보증기간 만료 후 30일 이내에 다시 보증설정을 하여야 한다.

② 손해배상책임을 보장하기 위하여 공탁한 공탁금은 주택관리사등이 해당 공동주택 관리사무소장의 직을 사임하거나 해임된 날부터 3년 이내에는 회수할 수 없다.

③ 500세대 이상의 공동주택에 배치된 경우 5천만원을 보장하는 보증보험 또는 공제에 가입하거나 공탁을 하여야 한다.

④ 손해배상책임을 보장하기 위한 보증보험 또는 공제에 가입하거나 공탁을 한 후 관리사무소장으로 배치된 날에 입주자대표회의의 회장, 임대주택의 경우에는 임대사업자, 입주자대표회의가 없는 경우에는 시장·군수·구청장에게 보증보험 등에 가입한 사실을 입증하는 서류를 제출하여야 한다.

⑤ 공탁금으로 손해배상을 한 때에는 15일 이내에 공탁금 중 부족하게 된 금액을 보전하여야 한다.

키워드 **주택관리사등의 손해배상책임**

풀이 보증보험 또는 공제에 가입한 주택관리사등으로서 보증기간이 만료되어 다시 보증설정을 하려는 자는 그 보증기간이 만료되기 전에 다시 보증설정을 하여야 한다(공동주택관리법 시행령 제71조 제2항).

정답 ①

70 **공동주택관리법령상 관리사무소장의 손해배상책임에 관한 설명으로 옳은 것을 모두 고른 것은?** 제22회

> ㉠ 주택관리사등은 관리사무소장의 업무를 집행하면서 고의 또는 과실로 입주자등에게 재산상의 손해를 입힌 경우에는 그 손해를 배상할 책임이 있다.
> ㉡ 임대주택의 경우 주택관리사등은 손해배상책임을 보장하기 위한 보증보험 또는 공제에 가입하거나 공탁을 한 후 해당 공동주택의 관리사무소장으로 배치된 날에 임대사업자에게 보증보험 등에 가입한 사실을 입증하는 서류를 제출하여야 한다.
> ㉢ 주택관리사등이 손해배상책임 보장을 위하여 공탁한 공탁금은 주택관리사등이 해당 공동주택의 관리사무소장의 직을 사임하거나 그 직에서 해임된 날 또는 사망한 날부터 3년 이내에는 회수할 수 없다.
> ㉣ 주택관리사등은 보증보험금·공제금 또는 공탁금으로 손해배상을 한 때에는 지체 없이 보증보험 또는 공제에 다시 가입하거나 공탁금 중 부족하게 된 금액을 보전하여야 한다.

① ㉠
② ㉠, ㉡
③ ㉠, ㉡, ㉢
④ ㉡, ㉢, ㉣
⑤ ㉠, ㉡, ㉢, ㉣

키워드 **주택관리사등의 손해배상책임**

풀이 ㉣ 주택관리사등은 보증보험금·공제금 또는 공탁금으로 손해배상을 한 때에는 15일 이내에 보증보험 또는 공제에 다시 가입하거나 공탁금 중 부족하게 된 금액을 보전하여야 한다(공동주택관리법 시행령 제72조 제2항).

정답 ③

71 **공동주택관리법령상 관리사무소장 및 경비원의 업무에 관한 설명으로 옳지 않은 것은?**

제26회

① 관리사무소장이 집행하는 업무에는 공동주택단지 안에서 발생한 도난사고에 대한 대응조치의 지휘·총괄이 포함된다.

② 관리사무소장의 업무에 대하여 입주자등의 관계 법령에 위반되는 지시를 하는 등 부당하게 간섭하는 행위를 한 경우 관리사무소장은 시장·군수·구청장에게 이를 보고하고, 사실 조사를 의뢰할 수 있다.

③ 경비원은 입주자등에게 수준 높은 근로 서비스를 제공하여야 한다.

④ 주택관리사등이 관리사무소장의 업무를 집행하면서 입주자등에게 재산상 손해를 입힌 경우에 그 손해를 배상할 책임을 지는 것은 고의 또는 중대한 과실이 있는 경우에 한한다.

⑤ 공동주택에 경비원을 배치한 경비업자는 청소와 이에 준하는 미화의 보조 업무에 경비원을 종사하게 할 수 있다.

키워드 **관리사무소장 및 경비원의 업무**

풀이 주택관리사등은 관리사무소장의 업무를 집행하면서 고의 또는 과실로 입주자등에게 재산상의 손해를 입힌 경우에는 그 손해를 배상할 책임이 있다(공동주택관리법 제66조 제1항).

정답 ④

72 공동주택관리법령상 주택관리사단체의 공제사업에 관한 설명으로 옳은 것은?

제15회 수정

① 주택관리사단체는 공제사업을 하려면 공제규정에 대해 시·도지사의 승인을 받아야 한다.

② 주택관리사단체는 공제사업을 다른 회계와 구분하지 않고 동일한 회계로 관리하여야 한다.

③ 「금융위원회의 설치 등에 관한 법률」에 따른 금융감독원 원장은 시장·군수·구청장이 요청한 경우에는 주택관리사단체의 공제사업에 관하여 검사를 할 수 있다.

④ 공제규정에는 공제사고 발생률 및 공제금 지급액 등을 종합적으로 고려하여 정한 공제료 수입액의 100분의 5에 해당하는 책임준비금의 적립비율을 포함하여야 한다.

⑤ 공제규정에는 공제사업을 손해배상기금과 복지기금으로 구분하여 각 기금별 목적 및 회계원칙에 부합되는 세부기준을 마련한 회계기준을 포함하여야 한다.

키워드 주택관리사단체의 공제사업

풀이 ① 주택관리사단체는 공제사업을 하려면 공제규정을 제정하여 국토교통부장관의 승인을 받아야 한다(공동주택관리법 제82조 제2항).

② 주택관리사단체는 공제사업을 다른 회계와 구분하여 별도의 회계로 관리하여야 한다(공동주택관리법 제82조 제4항).

③ 「금융위원회의 설치 등에 관한 법률」에 따른 금융감독원 원장은 국토교통부장관이 요청한 경우에는 주택관리사단체의 공제사업에 관하여 검사를 할 수 있다(공동주택관리법 제82조 제7항).

④ 책임준비금의 적립비율은 공제료 수입액의 100분의 10 이상이다. 이 경우 공제사고 발생률 및 공제금 지급액 등을 종합적으로 고려하여 정한다(공동주택관리법 시행령 제89조 제3호).

정답 ⑤

73 **민간임대주택에 관한 특별법령상 규정된 임차인대표회의의 구성에 관한 내용이다. (　　)에 들어갈 내용이 순서대로 옳은 것은?**

> • 임대사업자가 (　　) 이상의 범위에서 대통령령으로 정하는 세대 이상의 민간임대주택을 공급하는 공동주택단지에 입주하는 임차인은 임차인대표회의를 구성할 수 있다. 다만, 임대사업자가 (　　) 이상의 민간임대주택을 공급하는 공동주택단지 중 대통령령으로 정하는 공동주택단지에 입주하는 임차인은 임차인대표회의를 구성하여야 한다.
> • 임대사업자는 입주예정자의 과반수가 입주한 때에는 과반수가 입주한 날부터 (　　) 이내에 입주현황과 임차인대표회의를 구성할 수 있다는 사실 또는 구성하여야 한다는 사실을 입주한 임차인에게 통지하여야 한다.
> • 동별 대표자가 될 수 있는 사람은 해당 민간임대주택단지에서 (　　) 이상 계속 거주하고 있는 임차인으로 한다. 다만, 최초로 임차인대표회의를 구성하는 경우에는 그러하지 아니하다.

① 20세대, 150세대, 30일, 6개월
② 30세대, 150세대, 50일, 3개월
③ 30세대, 300세대, 30일, 1년
④ 50세대, 100세대, 60일, 2년
⑤ 50세대, 300세대, 50일, 1년

키워드 **임차인대표회의의 구성**

풀이
• 임대사업자가 '20세대' 이상의 범위에서 대통령령으로 정하는 세대 이상의 민간임대주택을 공급하는 공동주택단지에 입주하는 임차인은 임차인대표회의를 구성할 수 있다. 다만, 임대사업자가 '150세대' 이상의 민간임대주택을 공급하는 공동주택단지 중 대통령령으로 정하는 공동주택단지에 입주하는 임차인은 임차인대표회의를 구성하여야 한다(민간임대주택에 관한 특별법 제52조 제1항).
• 임대사업자는 입주예정자의 과반수가 입주한 때에는 과반수가 입주한 날부터 '30일' 이내에 입주현황과 임차인대표회의를 구성할 수 있다는 사실 또는 구성하여야 한다는 사실을 입주한 임차인에게 통지하여야 한다. 다만, 임대사업자가 본문에 따른 통지를 하지 아니하는 경우 시장·군수·구청장이 임차인대표회의를 구성하도록 임차인에게 통지할 수 있다(민간임대주택에 관한 특별법 제52조 제2항).
• 동별 대표자가 될 수 있는 사람은 해당 민간임대주택단지에서 '6개월' 이상 계속 거주하고 있는 임차인으로 한다. 다만, 최초로 임차인대표회의를 구성하는 경우에는 그러하지 아니하다(민간임대주택에 관한 특별법 시행령 제42조 제7항).

정답 ①

74 **민간임대주택에 관한 특별법령상 임대사업자와 임차인대표회의 간의 협의사항으로 옳은 것은 몇 개인가?**

> ㉠ 민간임대주택 관리규약의 제정 및 개정
> ㉡ 임대주택조합의 설립에 관한 사항
> ㉢ 민간임대주택의 공용부분·부대시설 및 복리시설의 유지·보수
> ㉣ 하자보수
> ㉤ 공동주택관리에 관하여 임대사업자와 임차인대표회의가 합의한 사항
> ㉥ 특별수선충당금의 사용

① 2개
② 3개
③ 4개
④ 5개
⑤ 6개

키워드 **임대사업자와 임차인대표회의 간의 협의사항**

풀이 임차인대표회의는 다음의 사항에 관하여 임대사업자와 협의하여야 한다(민간임대주택에 관한 특별법 제52조 제4항, 동법 시행령 제42조 제4항).

1. 민간임대주택 관리규약의 제정 및 개정
2. 관리비
3. 민간임대주택의 공용부분·부대시설 및 복리시설의 유지·보수
4. 임대료 증감
5. 하자보수
6. 공동주택의 관리에 관하여 임대사업자와 임차인대표회의가 합의한 사항
7. 임차인 외의 자에게 민간임대주택 주차장을 개방하는 경우 다음의 사항
   ⓐ 개방할 수 있는 주차대수 및 위치
   ⓑ 주차장의 개방시간
   ⓒ 주차료 징수 및 사용에 관한 사항
   ⓓ 그 밖에 주차장의 적정한 개방을 위해 필요한 사항

정답 ③

75 민간임대주택에 관한 특별법령상 임차인대표회의에 관한 설명으로 옳지 않은 것은?

① 임차인대표회의를 소집하려는 경우에는 소집일 5일 전까지 회의의 목적·일시 및 장소 등을 임차인에게 알리거나 공고하여야 한다.

② 승강기가 설치된 공동주택 또는 중앙집중식 난방방식의 공동주택으로서 150세대 이상인 공동주택단지에 입주하는 임차인은 임차인대표회의를 구성하여야 한다.

③ 임대사업자는 300세대 이상 공동주택단지에서 임차인이 임차인대표회의를 구성하지 않는 경우에 임차인대표회의를 구성해야 한다는 사실을 연 1회 이상 임차인에게 통지해야 한다.

④ 임대사업자는 임차인 외의 자에게 민간임대주택 주차장을 개방하는 경우 임차인대표회의와 협의하여 결정한 사항에 대해 전체 임차인 과반수의 서면동의를 받은 경우 지방자치단체와 협약을 체결하여 주차장을 개방할 수 있다.

⑤ 임대사업자는 입주예정자의 과반수가 입주한 때에는 과반수가 입주한 날부터 30일 이내에 입주현황과 임차인대표회의를 구성할 수 있다는 사실 또는 구성하여야 한다는 사실을 입주한 임차인에게 통지하여야 한다.

키워드 **임차인대표회의의 운영**

풀이 임대사업자는 임차인대표회의를 의무적으로 구성하여야 하는 공동주택단지에서 임차인이 임차인대표회의를 구성하지 않는 경우에 임차인대표회의를 구성해야 한다는 사실과 협의사항 및 임차인대표회의의 구성·운영에 관한 사항을 반기 1회 이상 임차인에게 통지해야 한다(민간임대주택에 관한 특별법 시행령 제42조 제3항).

정답 ③

76 **민간임대주택에 관한 특별법령상 임차인대표회의 및 특별수선충당금에 관한 설명으로 옳지 않은 것은?**

① 최초로 임차인대표회의를 구성하는 경우가 아닌 한, 동별 대표자가 될 수 있는 사람은 해당 민간임대주택단지에서 1년 이상 계속 거주하고 있는 임차인으로 한다.

② 임차인대표회의는 회장 1명, 부회장 1명, 감사 1명을 동별 대표자 중에서 선출하여야 한다.

③ 임차인대표회의를 소집하려는 경우에는 소집일 5일 전까지 회의의 목적·일시 및 장소 등을 임차인에게 알리거나 공고하여야 한다.

④ 임대사업자는 특별수선충당금을 사용하려면 미리 해당 민간임대주택의 소재지를 관할하는 시장·군수·구청장과 협의하여야 한다.

⑤ 특별수선충당금은 임대사업자와 해당 민간임대주택의 소재지를 관할하는 시장·군수·구청장의 공동 명의로 금융회사 등에 예치하여 따로 관리하여야 한다.

키워드 **임차인대표회의 및 특별수선충당금**

풀이 동별 대표자가 될 수 있는 사람은 해당 민간임대주택단지에서 '6개월' 이상 계속 거주하고 있는 임차인으로 한다. 다만, 최초로 임차인대표회의를 구성하는 경우에는 그러하지 아니하다(민간임대주택에 관한 특별법 시행령 제42조 제7항).

정답 ①

77 민간임대주택에 관한 특별법령상 임대주택의 관리에 관한 설명으로 옳은 것은?

제18회 수정

① 임대사업자가 민간임대주택을 양도하는 경우에는 특별수선충당금을 「공동주택관리법」에 따라 최초로 구성되는 입주자대표회의에 넘겨주어야 한다.

② 임차인대표회의는 필수적으로 회장 1명, 부회장 1명, 이사 1명 및 감사 1명을 동별 대표자 중에서 선출하여야 한다.

③ 임대사업자가 민간임대주택을 자체관리하려면 대통령령으로 정하는 기술인력 및 장비를 갖추고 국토교통부장관에게 신고하여야 한다.

④ 임차인대표회의를 소집하려는 경우에는 소집일 3일 전까지 회의의 목적·일시 및 장소 등을 임차인에게 알리거나 공고하여야 한다.

⑤ 임대사업자는 임차인으로부터 민간임대주택을 관리하는 데에 필요한 경비를 받을 수 없다.

키워드 **민간임대주택에 관한 특별법령상 임대주택의 관리**

풀이 ② 임차인대표회의는 회장 1명, 부회장 1명 및 감사 1명을 동별 대표자 중에서 선출하여야 한다(민간임대주택에 관한 특별법 시행령 제42조 제8항).

③ 임대사업자가 민간임대주택을 자체관리하려면 대통령령으로 정하는 기술인력 및 장비를 갖추고 국토교통부령으로 정하는 바에 따라 시장·군수·구청장의 인가를 받아야 한다(민간임대주택에 관한 특별법 제51조 제3항).

④ 임차인대표회의를 소집하려는 경우에는 소집일 5일 전까지 회의의 목적·일시 및 장소 등을 임차인에게 알리거나 공고하여야 한다(민간임대주택에 관한 특별법 시행령 제42조 제9항).

⑤ 임대사업자는 국토교통부령으로 정하는 바에 따라 임차인으로부터 민간임대주택을 관리하는 데에 필요한 경비를 받을 수 있다(민간임대주택에 관한 특별법 제51조 제5항).

정답 ①

CHAPTER

05 주택관리사제도

▶ **연계학습** | 에듀윌 기본서 2차 [공동주택관리실무 上] p.136

01 공동주택관리법령상 주택관리사 또는 주택관리사보가 될 자격이 있는 사람으로 옳은 것은?

① 피성년후견인 또는 피한정후견인

② 파산선고를 받은 사람으로서 복권되지 아니한 사람

③ 금고 이상의 실형을 선고받고 집행이 면제된 날부터 2년이 지나지 아니한 사람

④ 금고 이상의 형의 집행유예를 선고받고 그 유예기간 중에 있는 사람

⑤ 주택관리사등의 자격이 취소된 후 3년이 지난 사람

키워드 **주택관리사등의 결격사유**

풀이 다음의 어느 하나에 해당하는 사람은 주택관리사등이 될 수 없으며, 그 자격을 상실한다(공동주택관리법 제67조 제4항).

1. 피성년후견인 또는 피한정후견인
2. 파산선고를 받은 사람으로서 복권되지 아니한 사람
3. 금고 이상의 실형을 선고받고 그 집행이 끝나거나(집행이 끝난 것으로 보는 경우를 포함한다) 집행이 면제된 날부터 2년이 지나지 아니한 사람
4. 금고 이상의 형의 집행유예를 선고받고 그 유예기간 중에 있는 사람
5. 주택관리사등의 자격이 취소된 후 3년이 지나지 아니한 사람(위 1. 및 2.에 해당하여 주택관리사등의 자격이 취소된 경우는 제외한다)

정답 ⑤

02 **공동주택관리법령상 주택관리사 자격증을 발급받을 수 있는 주택 관련 실무 경력 기준을 충족시키지 못하는 자는?** 제22회

① 주택관리사보 시험에 합격하기 전에 한국토지주택공사의 직원으로 주택관리업무에 종사한 경력이 5년인 자
② 주택관리사보 시험에 합격하기 전에 공무원으로 주택 관련 인·허가 업무 등에 종사한 경력이 3년인 자
③ 주택관리사보 시험에 합격하기 전에 「공동주택관리법」에 따른 주택관리사단체의 직원으로 주택 관련 업무에 종사한 경력이 2년이고, 주택관리사보 시험에 합격한 후에 지방공사의 직원으로 주택관리업무에 종사한 경력이 3년인 자
④ 주택관리사보 시험에 합격한 후에 「주택법」에 따른 사업계획승인을 받아 건설한 100세대인 공동주택의 관리사무소장으로 근무한 경력이 3년인 자
⑤ 주택관리사보 시험에 합격한 후에 「공동주택관리법」에 따른 주택관리사단체 직원으로 주택 관련 업무에 종사한 경력이 5년인 자

키워드 **주택관리사가 되기 위한 실무경력**
풀이 공무원으로 주택 관련 지도·감독 및 인·허가 업무 등에 종사한 경력 5년 이상에 대하여 주택관리사 자격증을 발급한다(공동주택관리법 시행령 제73조 제1항 제4호).

정답 ②

03 **공동주택관리법령상 주택관리사의 자격증을 교부받기 위한 주택 관련 실무경력에 관한 설명으로 옳지 않은 것은?**

① 「건축법」에 따른 건축허가를 받아 주택과 주택 외의 시설을 동일 건축물로 건축한 건축물 중 주택이 50세대 이상 300세대 미만인 건축물의 관리사무소장으로의 근무경력 3년 이상
② 「주택법」에 따른 사업계획승인을 받아 건설한 50세대 이상 공동주택의 관리사무소의 경비원, 청소원, 소독원으로서 종사경력 5년 이상
③ 한국토지주택공사 또는 지방공사 직원으로서 주택관리업무에 종사경력 5년 이상
④ 공무원으로서 주택 관련 지도·감독 및 인·허가 업무 등에의 종사경력 5년 이상
⑤ 「공동주택관리법」에 따른 주택관리사단체와 국토교통부장관이 고시하는 공동주택관리와 관련된 단체의 임직원으로서 주택 관련 업무에 종사한 경력 5년 이상

키워드 **주택관리사가 되기 위한 실무경력**
풀이 경비원, 청소원, 소독원의 경력은 제외한다(공동주택관리법 시행령 제73조 제1항 제2호).

정답 ②

04 공동주택관리법령상 다음의 경력을 갖춘 주택관리사보 중 주택관리사 자격증을 교부받을 수 있는 경우를 모두 고른 것은? (단, 아래의 경력은 주택관리사보 자격시험에 합격한 후의 경력을 말함)

제15회 수정

> ㉠ 「주택법」에 따른 사업계획승인을 받아 건설한 50세대 이상 공동주택 관리사무소의 소독원으로 5년간 종사한 자
> ㉡ 법령에 따라 등록한 주택관리업자의 임직원으로서 주택관리업무에 5년간 종사한 자
> ㉢ 지방공사의 직원으로서 주택관리업무에 3년간 종사한 자
> ㉣ 국토교통부장관이 정하여 고시하는 공동주택관리와 관련된 단체의 임직원으로서 주택 관련 업무에 3년간 종사한 자
> ㉤ 법령에 따라 등록한 주택관리업자의 직원으로서 주택관리업무에 3년간 종사한 후 지방공사의 직원으로서 주택관리업무에 2년간 종사한 자

① ㉠, ㉢　　② ㉠, ㉤
③ ㉡, ㉣　　④ ㉡, ㉤
⑤ ㉢, ㉣

키워드 **주택관리사가 되기 위한 실무경력**

풀이 특별시장·광역시장·특별자치시장·도지사 또는 특별자치도지사(이하 '시·도지사'라 한다)는 주택관리사보 자격시험에 합격하기 전이나 합격한 후 다음의 어느 하나에 해당하는 경력을 갖춘 자에 대하여 주택관리사 자격증을 발급한다(공동주택관리법 시행령 제73조 제1항).

1. 「주택법」에 따른 사업계획승인을 받아 건설한 50세대 이상 500세대 미만의 공동주택(건축법에 따른 건축허가를 받아 주택과 주택 외의 시설을 동일 건축물로 건축한 건축물 중 주택이 50세대 이상 300세대 미만인 건축물을 포함한다)의 관리사무소장으로 근무한 경력 3년 이상
2. 「주택법」에 따른 사업계획승인을 받아 건설한 50세대 이상의 공동주택(건축법에 따른 건축허가를 받아 주택과 주택 외의 시설을 동일 건축물로 건축한 건축물 중 주택이 50세대 이상 300세대 미만인 건축물을 포함한다)의 관리사무소의 직원(경비원, 청소원 및 소독원은 제외한다) 또는 주택관리업자의 임직원으로 주택관리업무에 종사한 경력 5년 이상
3. 한국토지주택공사 또는 지방공사의 직원으로 주택관리업무에 종사한 경력 5년 이상
4. 공무원으로 주택 관련 지도·감독 및 인·허가 업무 등에 종사한 경력 5년 이상
5. 「공동주택관리법」에 따른 주택관리사단체와 국토교통부장관이 정하여 고시하는 공동주택관리와 관련된 단체의 임직원으로 주택 관련 업무에 종사한 경력 5년 이상
6. 위 1.부터 5.의 경력을 합산한 기간 5년 이상

정답 ④

05 **공동주택관리법령상 주택관리사등에 관한 설명으로 옳은 것은?** 제26회

① 400세대의 의무관리대상 공동주택에는 주택관리사보를 해당 공동주택의 관리사무소장으로 배치할 수 없다.

② 주택관리사보가 공무원으로 주택 관련 인·허가 업무에 3년 9개월 종사한 경력이 있다면 주택관리사 자격을 취득할 수 있다.

③ 금고 이상의 형의 집행유예를 선고받고 그 유예기간이 끝난 날부터 1년 6개월이 지난 사람은 주택관리사가 될 수 없다.

④ 주택관리사로서 공동주택의 관리사무소장으로 12년 근무한 사람은 하자분쟁조정위원회의 위원으로 위촉될 수 없다.

⑤ 임원 또는 사원의 3분의 1 이상이 주택관리사인 상사법인은 주택관리업의 등록을 신청할 수 있다.

키워드 **주택관리사가 되기 위한 실무경력**

풀이 ① 500세대 미만의 의무관리대상 공동주택에는 주택관리사보를 해당 공동주택의 관리사무소장으로 배치할 수 있다(공동주택관리법 제64조 제1항, 동법 시행령 제69조 제1항).

② 주택관리사보가 공무원으로 주택 관련 인·허가 업무에 5년 이상 종사한 경력이 있다면 주택관리사 자격을 취득할 수 있다(공동주택관리법 시행령 제73조 제1항 제4호).

③ 금고 이상의 형의 집행유예를 선고받고 그 유예기간 중에 있는 사람은 주택관리사등이 될 수 없으며 그 자격을 상실한다(공동주택관리법 제67조 제4항 제4호).

④ 주택관리사로서 공동주택의 관리사무소장으로 10년 이상 근무한 사람은 하자분쟁조정위원회의 위원으로 위촉될 수 있다(공동주택관리법 제40조 제7항 제5호).

정답 ⑤

06 **공동주택관리법령상 주택관리사등의 자격을 반드시 취소해야 하는 사유에 해당하지 않는 것은?** 제19회 수정

① 거짓이나 그 밖의 부정한 방법으로 자격을 취득한 경우
② 의무관리대상 공동주택에 취업한 주택관리사등이 다른 공동주택 및 상가·오피스텔 등 주택 외의 시설에 취업한 경우
③ 공동주택의 관리업무와 관련하여 금고 이상의 형을 선고받은 경우
④ 주택관리사등이 업무와 관련하여 금품수수 등 부당이득을 취한 경우
⑤ 주택관리사등이 다른 사람에게 자기의 명의를 사용하여 「공동주택관리법」에서 정한 업무를 수행하게 하거나 자격증을 대여한 경우

키워드 **주택관리사등의 행정처분사유**

풀이 시·도지사는 주택관리사등이 업무와 관련하여 금품수수 등 부당이득을 취한 경우에 해당하면 그 자격을 취소하거나 1년 이내의 기간을 정하여 그 자격을 정지시킬 수 있다(공동주택관리법 제69조 제1항 제6호).

정답 ④

07 **공동주택관리법령상 시·도지사가 주택관리사등의 자격을 반드시 취소해야 하는 경우에 해당하는 것은?**

① 중대한 과실로 주택을 잘못 관리하여 소유자 및 사용자에게 재산상의 손해를 입힌 경우
② 공동주택의 관리업무와 관련하여 벌금형을 선고받은 경우
③ 지방자치단체장의 공동주택관리에 관한 감독에 대한 보고, 자료의 제출, 조사 또는 검사를 거부·방해 또는 기피하거나 거짓으로 보고를 한 경우
④ 주택관리사등이 업무와 관련하여 금품수수 등 부당이득을 취한 경우
⑤ 의무관리대상 공동주택에 취업한 주택관리사등이 다른 공동주택 및 상가·오피스텔 등 주택 외의 시설에 취업한 경우

키워드 **주택관리사등의 행정처분사유(공동주택관리법 제69조 제1항)**

풀이 ①③④ 자격을 취소하거나 1년 이내의 기간을 정하여 그 자격을 정지시킬 수 있다.
② 행정처분의 대상이 아니다.

정답 ⑤

08 공동주택관리법령상 주택관리사등에 대한 행정처분기준 중 반드시 자격을 취소하여야 하는 행위로만 짝지어진 것은? 제12회

㉠ 중대한 과실로 주택을 잘못 관리하여 소유자 및 사용자에게 재산상의 손해를 입힌 경우
㉡ 주택관리사등이 자격정지기간에 공동주택관리업무를 수행한 경우
㉢ 주택관리사등이 업무와 관련하여 금품수수 등 부당이득을 취한 경우
㉣ 의무관리대상 공동주택에 취업한 주택관리사등이 다른 공동주택에 취업한 경우
㉤ 고의로 주택을 잘못 관리하여 소유자 및 사용자에게 재산상의 손해를 입힌 경우

① ㉠, ㉡
② ㉠, ㉤
③ ㉡, ㉣
④ ㉢, ㉣
⑤ ㉢, ㉤

키워드 **주택관리사등의 행정처분사유**

풀이 주택관리사등의 자격을 반드시 취소하여야 하는 사유(공동주택관리법 제69조 제1항)

1. 거짓이나 그 밖의 부정한 방법으로 자격을 취득한 경우
2. 공동주택의 관리업무와 관련하여 금고 이상의 형을 선고받은 경우
3. 의무관리대상 공동주택에 취업한 주택관리사등이 다른 공동주택 및 상가·오피스텔 등 주택 외의 시설에 취업한 경우
4. 주택관리사등이 자격정지기간에 공동주택관리업무를 수행한 경우
5. 주택관리사등이 다른 사람에게 자기의 명의를 사용하여 「공동주택관리법」에서 정한 업무를 수행하게 하거나 자격증을 대여한 경우

정답 ③

09 공동주택관리법령상 주택관리사등에 대한 행정처분기준으로 옳지 않은 것은?

① 위반행위의 횟수에 따른 행정처분의 기준은 최근 1년간 같은 위반행위로 처분을 받은 경우에 적용한다.

② 위반행위의 횟수에 따른 행정처분의 기준 적용일은 위반행위에 대한 행정처분일과 그 처분 후에 한 위반행위가 다시 적발된 날을 기준으로 한다.

③ 같은 주택관리사등이 둘 이상의 위반행위를 한 경우로서 그에 해당하는 각각의 처분기준이 다른 경우, 가장 무거운 위반행위에 대한 처분기준이 자격정지인 경우에는 자격취소처분을 한다.

④ 시·도지사는 주택관리사등이 업무와 관련하여 금품수수 등 부당이득을 취한 경우에 해당되어 자격취소인 경우로서 행정처분의 감경사유가 있는 경우에는 6개월 이상의 자격정지처분으로 감경할 수 있다.

⑤ 시·도지사는 주택관리사등의 자격을 취소하고자 하는 경우에는 청문을 실시하여야 한다.

키워드 **행정처분의 일반기준(공동주택관리법 시행령 제81조 별표 8)**

풀이 같은 주택관리사등이 둘 이상의 위반행위를 한 경우로서 그에 해당하는 각각의 처분기준이 다른 경우에는 다음의 기준에 따라 처분한다.

1. 가장 무거운 위반행위에 대한 처분기준이 자격취소인 경우에는 자격취소처분을 한다.
2. 각 위반행위에 대한 처분기준이 자격정지인 경우에는 가장 중한 처분의 2분의 1까지 가중할 수 있되, 각 처분기준을 합산한 기간을 초과할 수 없다. 이 경우 그 합산한 자격정지기간이 1년을 초과하는 때에는 1년으로 한다.

정답 ③

10 공동주택관리법령상 주택관리사등의 행정처분의 감경사유로 옳지 않은 것은?

① 위반행위가 사소한 부주의나 오류에 따른 것으로 인정되는 경우

② 위반의 내용과 정도가 경미하여 입주자등 소비자에게 미치는 피해가 적다고 인정되는 경우

③ 위반행위자가 처음 위반행위를 한 경우로서 주택관리사로서 3년 이상 관리사무소장을 모범적으로 해 온 사실이 인정되는 경우

④ 위반행위자가 해당 위반행위로 법원으로부터 선고유예의 판결을 받은 경우

⑤ 고의로 주택을 잘못 관리하여 소유자 및 사용자에게 재산상의 손해를 입힌 경우에 따른 자격정지처분을 하려는 경우로써 위반행위자가 손해배상책임을 보장하는 금액을 2배 이상 보장하는 보증보험가입·공제가입 또는 공탁을 한 경우

키워드 행정처분의 일반기준(공동주택관리법 시행령 제81조 별표 8)

풀이 중대한 과실로 공동주택을 잘못 관리하여 소유자 및 사용자에게 재산상의 손해를 입힌 경우에 따른 자격정지처분을 하려는 경우로써 위반행위자가 손해배상책임을 보장하는 금액을 2배 이상 보장하는 보증보험가입·공제가입 또는 공탁을 한 경우 감경사유에 해당된다.

정답 ⑤

11 공동주택관리법령상 주택관리사등에 대한 행정처분기준 중 개별기준에 관한 규정의 일부이다. ㉠~㉢에 들어갈 내용으로 옳은 것은? 제20회

위반행위	행정처분기준		
중대한 과실로 공동주택을 잘못 관리하여 소유자 및 사용자에게 재산상의 손해를 입힌 경우	1차 위반	2차 위반	3차 위반
	㉠	㉡	㉢

① ㉠ 자격정지 3개월, ㉡ 자격정지 3개월, ㉢ 자격정지 6개월
② ㉠ 자격정지 3개월, ㉡ 자격정지 3개월, ㉢ 자격취소
③ ㉠ 자격정지 3개월, ㉡ 자격정지 6개월, ㉢ 자격정지 6개월
④ ㉠ 자격정지 3개월, ㉡ 자격정지 6개월, ㉢ 자격취소
⑤ ㉠ 자격정지 6개월, ㉡ 자격정지 6개월, ㉢ 자격취소

키워드 행정처분의 개별기준(공동주택관리법 시행령 제81조 별표 8)

풀이 행정처분의 개별기준

위반행위	행정처분기준		
중대한 과실로 공동주택을 잘못 관리하여 소유자 및 사용자에게 재산상 손해를 입힌 경우	1차 위반	2차 위반	3차 위반
	자격정지 3개월	자격정지 6개월	자격정지 6개월

정답 ③

12 공동주택관리법령상 주택관리사등에 대한 행정처분기준 중 개별기준의 일부이다. (   )에 들어갈 내용을 옳게 나열한 것은? 제25회

위반행위	근거법조문	행정처분기준		
		1차 위반	2차 위반	3차 위반
고의로 공동주택을 잘못 관리하여 소유자 및 사용자에게 재산상의 손해를 입힌 경우	법 제69조 제1항 제5호	(㉠)	(㉡)	

① ㉠: 자격정지 2개월, ㉡: 자격정지 3개월
② ㉠: 자격정지 3개월, ㉡: 자격정지 6개월
③ ㉠: 자격정지 6개월, ㉡: 자격정지 1년
④ ㉠: 자격정지 6개월, ㉡: 자격취소
⑤ ㉠: 자격정지 1년, ㉡: 자격취소

키워드 행정처분의 개별기준(공동주택관리법 시행령 제81조 별표 8)

풀이

위반행위	근거 법조문	행정처분기준		
		1차 위반	2차 위반	3차 위반
마. 고의 또는 중대한 과실로 공동주택을 잘못 관리하여 소유자 및 사용자에게 재산상의 손해를 입힌 경우 1) 고의로 공동주택을 잘못 관리하여 소유자 및 사용자에게 재산상의 손해를 입힌 경우	법 제69조 제1항 제5호	자격정지 6개월	자격정지 1년	

정답 ③

CHAPTER

06 공동주택관리법상 벌칙사항

▶ **연계학습** | 에듀윌 기본서 2차 [공동주택관리실무 上] p.144

01 공동주택관리법상 2년 이하의 징역 또는 2천만원 이하의 벌금에 해당하는 사항으로 옳은 것을 모두 고른 것은?

> ㉠ 공동주택의 관리와 관련하여 입주자대표회의(구성원을 포함한다)와 관리사무소장이 공모(共謀)하여 부정하게 재물 또는 재산상의 이익을 취득하거나 제공한 경우
> ㉡ 등록을 하지 아니하고 주택관리업을 운영한 자 또는 거짓이나 그 밖의 부정한 방법으로 등록한 자
> ㉢ 공동주택의 관리와 관련하여 입주자등·관리주체·입주자대표회의·선거관리위원회(위원을 포함한다)가 부정하게 재물 또는 재산상의 이익을 취득하거나 제공한 자
> ㉣ 주택관리업의 영업정지기간에 영업을 한 자나 주택관리업의 등록이 말소된 후 영업을 한 자
> ㉤ 등록증 또는 자격증의 대여 등을 한 자

① ㉠, ㉡
② ㉠, ㉤
③ ㉡, ㉢
④ ㉢, ㉣
⑤ ㉣, ㉤

키워드 **행정형벌의 구분(공동주택관리법 제97·98·99조)**

풀이 ㉠ 3년 이하의 징역 또는 3천만원 이하의 벌금
㉣㉤ 1년 이하의 징역 또는 1천만원 이하의 벌금

정답 ③

02 공동주택관리법상 다음의 행위를 한 자에 대한 벌칙규정이 다른 것은? 제9회 수정

① 주택관리업의 등록사항의 변경신고를 하지 아니한 자

② 공사 중지 등의 명령을 위반한 자

③ 주택관리사등의 자격을 취득하지 아니한 자가 관리사무소장의 업무를 수행한 자

④ 주택관리업의 등록이 말소된 후 영업을 한 자

⑤ 주택관리업 등록증을 대여한 자

키워드 **행정형벌과 과태료의 구분(공동주택관리법 제99·102조)**

풀이 주택관리업의 등록사항의 변경신고를 하지 아니한 자는 500만원 이하의 과태료를 부과한다.
②③④⑤ 1년 이하의 징역 또는 1천만원 이하의 벌금에 처한다.

정답 ①

03 공동주택관리법상 1천만원 이하의 벌금에 해당하는 사항으로 옳은 것을 모두 고른 것은?

> ㉠ 국토교통부장관 또는 지방자치단체의 장의 보고·검사나 지방자치단체의 장의 공동주택관리의 효율화와 입주자등의 보호를 위한 감사를 거부·방해 또는 기피한 자
> ㉡ 공동주택의 관리와 관련하여 입주자등·관리주체·입주자대표회의·선거관리위원회(위원을 포함한다)가 부정하게 재물 또는 재산상의 이익을 취득하거나 제공한 자
> ㉢ 용도 외 사용 등 행위 허가기준을 위반한 자
> ㉣ 관리기구가 갖추어야 할 기술인력 또는 장비를 갖추지 아니하고 관리 행위를 한 자
> ㉤ 주택관리사등을 배치하지 아니한 자

① ㉠, ㉡　　② ㉠, ㉤

③ ㉡, ㉢　　④ ㉢, ㉣

⑤ ㉣, ㉤

키워드 **행정형벌의 구분(공동주택관리법 제98·99·100조)**

풀이 ㉠㉢ 1년 이하의 징역 또는 1천만원 이하의 벌금
㉡ 2년 이하의 징역 또는 2천만원 이하의 벌금

정답 ⑤

04 공동주택관리법상 벌칙규정으로 옳지 않은 것은?

① 공동주택의 관리와 관련하여 입주자대표회의(구성원을 포함한다)와 관리사무소장이 공모(共謀)하여 부정하게 재물 또는 재산상의 이익을 취득하거나 제공한 경우에는 3년 이하의 징역 또는 3천만원 이하의 벌금에 처한다.

② 등록을 하지 아니하고 주택관리업을 운영한 자 또는 거짓이나 그 밖의 부정한 방법으로 등록한 자는 2년 이하의 징역 또는 2천만원 이하의 벌금에 처한다.

③ 주택관리업의 영업정지기간에 영업을 한 자나 주택관리업의 등록이 말소된 후 영업을 한 자는 1년 이하의 징역 또는 1천만원 이하의 벌금에 처한다.

④ 등록증 또는 자격증의 대여 등을 한 자는 1년 이하의 징역 또는 1천만원 이하의 벌금에 처한다.

⑤ 주택관리사등의 자격을 취득하지 아니하고 관리사무소장의 업무를 수행한 자 또는 해당 자격이 없는 자에게 이를 수행하게 한 자는 1천만원 이하의 벌금에 처한다.

키워드 **행정형벌의 구분(공동주택관리법 제97·98·99조)**

풀이 주택관리사등의 자격을 취득하지 아니하고 관리사무소장의 업무를 수행한 자 또는 해당 자격이 없는 자에게 이를 수행하게 한 자는 1년 이하의 징역 또는 1천만원 이하의 벌금에 처한다(공동주택관리법 제99조 제5호).

정답 ⑤

05 공동주택관리법상 과태료 부과사유에 해당하지 않는 것은?

① 입주자대표회의 및 관리주체가 관리비 · 사용료 · 장기수선충당금을 「공동주택관리법」에 따른 용도 외의 목적으로 사용한 경우

② 입주자대표회의등이 하자보수보증금을 「공동주택관리법」에 따른 용도 외의 목적으로 사용한 경우

③ 사업주체가 입주자대표회의로부터 주택관리업자의 선정을 통지받고 대통령령으로 정하는 기간 이내에 해당 관리주체에게 공동주택의 관리업무를 인계하지 않은 경우

④ 500세대 이상의 공동주택을 관리하는 주택관리업자가 주택관리사를 해당 공동주택의 관리사무소장으로 배치하지 않은 경우

⑤ 의무관리대상 공동주택의 입주자가 입주자대표회의를 구성하고 시장 · 군수 · 구청장에게 신고를 하지 않은 경우

키워드 행정형벌과 과태료 부과대상의 구분(공동주택관리법 제100 · 102조)

풀이 주택관리사등을 관리사무소장으로 배치하지 않은 경우에는 1천만원 이하의 벌금형에 처한다(공동주택관리법 제100조 제2호).

정답 ④

06 공동주택관리법상 과태료 부과금액이 가장 높은 경우는? (단, 가중 · 감경사유는 고려하지 않음)

제19회 수정

① 수립되거나 조정된 장기수선계획에 따라 주요 시설을 교체하거나 보수하지 않은 경우

② 입주자대표회의등이 하자보수보증금을 법원의 재판 결과에 따른 하자보수비용 외의 목적으로 사용한 경우

③ 관리주체가 장기수선계획에 따라 장기수선충당금을 적립하지 않은 경우

④ 관리사무소장으로 배치받은 주택관리사가 시 · 도지사로부터 공동주택주택관리에 관한 교육을 받지 않은 경우

⑤ 의무관리대상 공동주택의 관리주체가 주택관리업자 또는 사업자와 계약을 체결한 후 1개월 이내에 그 계약서를 공개하지 아니하거나 거짓으로 공개한 경우

키워드 과태료 부과대상의 비교(공동주택관리법 제102조)

풀이 ① 1천만원 이하의 과태료, ② 2천만원 이하의 과태료, ③④⑤ 5백만원 이하의 과태료 부과대상이다.

정답 ②

07 **공동주택관리법상 1천만원 이하의 과태료 부과대상에 해당하는 사항으로 옳은 것을 모두 고른 것은?**

> ㉠ 하자보수보증금을 「공동주택관리법」에 따른 용도 외의 목적으로 사용한 자
> ㉡ 관리비·사용료·장기수선충당금을 「공동주택관리법」에 따른 용도 외의 목적으로 사용한 자
> ㉢ 관리사무소장의 업무에 대한 부당간섭 배제를 위반하여 관리사무소장을 해임하거나 해임하도록 주택관리업자에게 요구한 자
> ㉣ 관리주체가 회계감사의 결과를 보고 또는 공개하지 아니하거나 거짓으로 보고 또는 공개한 자
> ㉤ 장기수선계획을 수립하지 아니하거나 검토하지 아니한 자 또는 장기수선계획에 대한 검토사항을 기록하고 보관하지 아니한 자

① ㉠, ㉡
② ㉠, ㉤
③ ㉡, ㉢
④ ㉢, ㉣
⑤ ㉣, ㉤

키워드 **과태료 부과금액의 구분(공동주택관리법 제102조)**

풀이 ㉠ 2천만원 이하의 과태료, ㉣㉤ 5백만원 이하의 과태료 부과대상이다.

정답 ③

08 **공동주택관리법상 1천만원 이하의 과태료 부과사유에 해당하지 않는 것은?**

① 공동주택의 관리업무를 인계하지 아니한 자
② 수립되거나 조정된 장기수선계획에 따라 주요 시설을 교체하거나 보수하지 아니한 자
③ 회계감사를 받지 아니하거나 부정한 방법으로 받은 자
④ 주택관리업자가 아닌 자가 주택관리업 또는 이와 유사명칭을 사용한 자
⑤ 하자 판정을 받은 하자를 보수하지 아니한 자

키워드 **과태료 부과금액의 구분**

풀이 회계감사를 받지 아니하거나 부정한 방법으로 받은 자는 1년 이하의 징역 또는 1천만원 이하의 벌금에 처한다(공동주택관리법 제99조 제1호).

정답 ③

09 공동주택관리법상 과태료 부과금액이 500만원 이하인 것은 모두 몇 개인가?

> ㉠ 하자보수보증금을 「공동주택관리법」에 따른 용도 외의 목적으로 사용한 자
> ㉡ 공동주택의 관리업무를 인계하지 아니한 자
> ㉢ 수립되거나 또는 조정된 장기수선계획에 따라 주요 시설을 교체하거나 보수하지 아니한 입주자대표회의의 대표자
> ㉣ 장기수선충당금을 「공동주택관리법」에 따른 용도 외의 목적으로 사용한 자
> ㉤ 전자입찰방식 등을 위반하여 주택관리업자 또는 사업자를 선정한 자

① 1개
② 2개
③ 3개
④ 4개
⑤ 5개

키워드 **과태료 부과금액의 구분(공동주택관리법 제102조)**

풀이 ㉠ 2천만원 이하의 과태료
㉡㉢㉣ 1천만원 이하의 과태료

정답 ①

10 공동주택관리법상 500만원 이하의 과태료 부과대상이 아닌 것은?

① 안전관리계획을 수립 및 시행하지 아니하거나 교육을 받지 아니한 자
② 주택관리사등이 손해배상책임을 보장하기 위한 보증보험 등에 가입한 사실을 입증하는 서류를 제출하지 아니한 자
③ 회계장부 및 증빙서류를 작성 또는 보관하지 아니하거나 거짓으로 작성한 자
④ 하자보수보증금의 사용내역 신고를 하지 아니하거나 거짓으로 신고한 자
⑤ 장기수선충당금을 적립하지 아니한 자

키워드 **과태료 부과대상의 구분(공동주택관리법 제102조)**

풀이 회계장부 및 증빙서류를 작성 또는 보관하지 아니하거나 거짓으로 작성한 자는 1년 이하의 징역 또는 1천만원 이하의 벌금에 처한다(공동주택관리법 제99조 제1호의3).

정답 ③

CHAPTER

07 입주자관리

▶ 연계학습 | 에듀윌 기본서 2차 [공동주택관리실무 上] p.154

PART 1

01 공동주택관리법령상 공동주택관리 분쟁조정위원회의 심의·조정사항이 아닌 것은?

제14회 수정

① 공동주택 전유부분의 유지·보수·개량 등에 관한 사항
② 공동주택의 리모델링에 관한 사항
③ 관리비·사용료 및 장기수선충당금의 징수·사용 등에 관한 사항
④ 공동주택관리기구의 구성·운영 등에 관한 사항
⑤ 입주자대표회의의 구성·운영 및 동별 대표자의 자격·선임·해임·임기에 관한 사항

키워드 **분쟁조정위원회의 심의·조정사항(공동주택관리법 제71조 제2항)**

풀이 공동주택 공용부분의 유지·보수·개량 등에 관한 사항이 분쟁조정위원회의 심의·조정사항이며, 전유부분의 유지·보수·개량 등에 관한 사항은 심의·조정사항에 해당하지 않는다.

정답 ①

02 공동주택관리법령상 공동주택관리 분쟁조정위원회의 심의·조정사항이 아닌 것은?

① 공동주택의 공용부분에 대한 유지·보수·개량 등에 관한 사항
② 공동주택의 리모델링에 관한 사항
③ 입주자대표회의의 구성·운영 및 동별 대표자의 자격·선임·해임·임기에 관한 사항
④ 공동주택의 하자담보책임 및 하자보수 등에 관련한 분쟁에 관한 사항
⑤ 혼합주택단지에서의 분쟁에 관한 사항

키워드 **분쟁조정위원회의 심의·조정사항(공동주택관리법 제71조 제2항)**

풀이 공동주택의 하자담보책임 및 하자보수 등에 관한 사항은 공동주택관리 분쟁조정위원회의 심의·조정사항이 아니다.

정답 ④

03 공동주택관리법령상 공동주택관리 분쟁조정위원회의 심의·조정사항이 아닌 것은?

① 동별 대표자의 자격·선임·해임 및 임기에 관한 사항
② 다른 법령에서 공동주택관리 분쟁조정위원회가 분쟁을 심의·조정할 수 있도록 한 사항
③ 공동주택의 층간소음에 관한 사항
④ 공동주택의 리모델링과 재건축에 관한 사항
⑤ 공동주택(공용부분만 해당한다)의 유지·보수·개량 등에 관한 사항

키워드 **분쟁조정위원회의 심의·조정사항(공동주택관리법 제71조 제2항)**

풀이 공동주택의 리모델링에 관한 사항은 심의·조정사항이지만, 재건축에 관한 사항은 심의·조정사항이 아니다.

정답 ④

04 공동주택관리법령상 공동주택관리 분쟁조정위원회에 관한 설명으로 옳은 것은? 제22회

① 중앙분쟁조정위원회를 구성할 때에는 성별을 고려하여야 한다.
② 공동주택의 층간소음에 관한 사항은 공동주택관리 분쟁조정위원회의 심의사항에 해당하지 않는다.
③ 국토교통부에 중앙분쟁조정위원회를 두고, 시·도에 지방분쟁조정위원회를 둔다.
④ 300세대인 공동주택단지에서 발생한 분쟁은 중앙분쟁조정위원회에서 관할한다.
⑤ 중앙분쟁조정위원회는 위원장 1명을 제외한 15명 이내의 위원으로 구성한다.

키워드 **중앙분쟁조정위원회의 구성 등**

풀이 ② 공동주택의 층간소음에 관한 사항은 공동주택관리 분쟁조정위원회의 심의사항에 해당한다(공동주택관리법 제71조 제2항 제6호).
③ 공동주택관리 분쟁(공동주택의 하자담보책임 및 하자보수 등과 관련한 분쟁은 제외한다. 이하 같다)을 조정하기 위하여 국토교통부에 중앙 공동주택관리 분쟁조정위원회(이하 '중앙분쟁조정위원회'라 한다)를 두고, 시·군·구(자치구를 말하며, 이하 같다)에 지방 공동주택관리 분쟁조정위원회(이하 '지방분쟁조정위원회'라 한다)를 둔다. 다만, 공동주택 비율이 낮은 시·군·구로서 국토교통부장관이 인정하는 시·군·구의 경우에는 지방분쟁조정위원회를 두지 아니할 수 있다(공동주택관리법 제71조 제1항).
④ 500세대 이상의 공동주택단지에서 발생한 분쟁은 중앙분쟁조정위원회에서 관할한다(공동주택관리법 제72조 제1항, 동법 시행령 제82조의2).
⑤ 중앙분쟁조정위원회는 위원장 1명을 포함한 15명 이내의 위원으로 구성한다(공동주택관리법 제73조 제1항).

정답 ①

05 공동주택관리법령상 공동주택관리 분쟁조정에 관한 설명으로 옳지 않은 것은? 제25회

① 분쟁당사자가 지방분쟁조정위원회의 조정결과를 수락한 경우에는 당사자간에 조정조서와 같은 내용의 합의가 성립된 것으로 본다.

② 중앙분쟁조정위원회는 조정을 효율적으로 하기 위하여 필요하다고 인정하면 해당 사건을 분리하거나 병합할 수 있다.

③ 공동주택관리 분쟁조정위원회는 공동주택의 리모델링에 관한 사항을 심의·조정한다.

④ 둘 이상의 시·군·구의 관할 구역에 걸친 분쟁으로서 300세대의 공동주택단지에서 발생한 분쟁은 지방분쟁조정위원회에서 관할한다.

⑤ 중앙분쟁조정위원회로부터 분쟁조정 신청에 관한 통지를 받은 입주자대표회의와 관리주체는 분쟁조정에 응하여야 한다.

키워드 **공동주택관리 분쟁조정위원회의 조정사항**

풀이 둘 이상의 시·군·구의 관할 구역에 걸친 분쟁은 중앙분쟁조정위원회에서 관할한다(공동주택관리법 제72조 제1항 제1호).

정답 ④

06 공동주택관리법령상 공동주택관리 분쟁조정위원회에 관한 설명으로 옳은 것은?

① 공동주택관리 분쟁(공동주택의 하자담보책임 및 하자보수 등과 관련한 분쟁을 제외한다)을 조정하기 위하여 시·도에 중앙 공동주택관리 분쟁조정위원회를 두고, 시·군·구에 지방 공동주택관리 분쟁조정위원회를 둔다.

② 중앙분쟁조정위원회는 위원장 1명을 포함한 10명 이내의 위원으로 구성한다.

③ 중앙분쟁조정위원회의 위원은 공인된 대학이나 연구기관에서 부교수 이상 또는 이에 상당하는 직에 재직한 사람이 3명 이상 포함되어야 한다.

④ 중앙분쟁조정위원회의 위원장과 공무원이 아닌 위원의 임기는 3년으로 하되 연임할 수 있으며, 보궐위원의 임기는 전임자의 남은 임기로 한다.

⑤ 중앙분쟁조정위원회의 회의는 재적위원 과반수의 출석으로 개의하고, 출석위원 과반수의 찬성으로 의결한다.

키워드 **중앙분쟁조정위원회의 구성 등**

풀이 ① 공동주택관리 분쟁(공동주택의 하자담보책임 및 하자보수 등과 관련한 분쟁은 제외한다)을 조정하기 위하여 국토교통부에 중앙 공동주택관리 분쟁조정위원회를 두고, 시·군·구에 지방 공동주택관리 분쟁조정위원회를 둔다. 다만, 공동주택 비율이 낮은 시·군·구로서 국토교통부장관이 인정하는 시·군·구의 경우에는 지방분쟁조정위원회를 두지 아니할 수 있다(공동주택관리법 제71조 제1항).

② 중앙분쟁조정위원회는 위원장 1명을 포함한 15명 이내의 위원으로 구성한다(공동주택관리법 제73조 제1항).

③ 중앙분쟁조정위원회의 위원은 판사·검사 또는 변호사의 직에 6년 이상 재직한 사람이 3명 이상 포함되어야 한다(공동주택관리법 제73조 제2항 후단).

④ 중앙분쟁조정위원회의 위원장과 공무원이 아닌 위원의 임기는 2년으로 하되 연임할 수 있으며, 보궐위원의 임기는 전임자의 남은 임기로 한다(공동주택관리법 제73조 제3항, 제40조 제8항).

정답 ⑤

07 공동주택관리법령상 중앙 공동주택관리 분쟁조정위원회에 위원으로 임명 또는 위촉될 수 없는 사람에 해당하는 것은?

① 4급 상당의 공무원

② 공인된 대학에서 조교수로 재직한 사람

③ 변호사의 직에 6년을 재직한 사람

④ 주택관리사로서 공동주택의 관리사무소장으로 10년을 근무한 사람

⑤ 공인노무사의 자격이 있는 사람으로 10년을 근무한 사람

키워드 **중앙분쟁조정위원회의 구성(공동주택관리법 제73조 제2항)**

풀이 공인된 대학이나 연구기관에서 부교수 이상 또는 이에 상당하는 직에 재직한 사람이 임명 또는 위촉될 수 있다.

정답 ②

08 공동주택관리법령상 중앙 공동주택관리 분쟁조정위원회에 관한 설명으로 옳은 것은?

① 위원은 제척의 사유에 해당하는 경우에는 스스로 그 사건의 조정등에서 기피하여야 한다.

② 중앙분쟁조정위원회의 위원장은 위원회의 회의를 소집하려면 특별한 사정이 있는 경우를 제외하고는 회의 개최 2일 전까지 회의의 일시·장소 및 심의안건을 각 위원에게 서면으로 알려야 한다.

③ 중앙분쟁조정위원회는 당사자나 이해관계인을 중앙분쟁조정위원회에 출석시켜 의견을 들으려면 회의 개최 3일 전까지 서면으로 출석을 요청하여야 한다. 이 경우 출석을 요청받은 사람은 출석할 수 없는 부득이한 사유가 있는 경우에는 미리 서면으로 의견을 제출할 수 있다.

④ 신청한 조정등의 사건 중에서 여러 사람이 공동으로 조정등의 당사자가 되는 사건의 경우에는 그중에서 3명 이하의 사람을 대표자로 선정할 수 있다.

⑤ 분쟁당사자가 중앙분쟁조정위원회의 조정결과를 수락한 경우에는 당사자간에 조정조서(調停調書)와 같은 내용의 합의가 성립된 것으로 본다.

키워드 **중앙분쟁조정위원회의 구성 및 운영**

풀이 ① 위원은 제척 또는 기피신청의 사유에 해당하는 경우에는 스스로 그 사건의 조정등에서 회피(回避)하여야 한다(공동주택관리법 제73조 제5항, 제41조 제4항).

② 중앙분쟁조정위원회의 위원장은 위원회의 회의를 소집하려면 특별한 사정이 있는 경우를 제외하고는 회의 개최 3일 전까지 회의의 일시·장소 및 심의안건을 각 위원에게 서면(전자우편을 포함한다)으로 알려야 한다(공동주택관리법 시행령 제82조 제2항).

③ 중앙분쟁조정위원회는 당사자나 이해관계인을 중앙분쟁조정위원회에 출석시켜 의견을 들으려면 회의 개최 5일 전까지 서면(전자우편을 포함한다)으로 출석을 요청하여야 한다. 이 경우 출석을 요청받은 사람은 출석할 수 없는 부득이한 사유가 있는 경우에는 미리 서면으로 의견을 제출할 수 있다(공동주택관리법 시행령 제82조 제6항).

⑤ 당사자가 조정안을 수락하거나 수락한 것으로 보는 때에는 그 조정서의 내용은 재판상 화해와 동일한 효력을 갖는다. 다만, 당사자가 임의로 처분할 수 없는 사항에 관한 것은 그러하지 아니하다(공동주택관리법 제74조 제6항).

정답 ④

09 **공동주택관리법령상 공동주택관리 분쟁조정위원회(이하 '분쟁조정위원회')에 관한 설명으로 옳은 것은? (단, 조례는 고려하지 않음)**

① 분쟁조정위원회는 공동주택 전유부분의 유지·보수·개량 등에 관한 사항을 심의·조정한다.

② 중앙분쟁조정위원회는 해당 사건들을 분리하거나 병합한 경우에는 조정의 당사자로부터 지체 없이 동의를 받아야 한다.

③ 300세대 이상의 공동주택단지에서 발생한 분쟁은 중앙분쟁조정위원회의 관할이다.

④ 중앙분쟁조정위원회에는 공인회계사·세무사·건축사의 자격이 있는 사람으로서 10년 이상 근무한 사람이 3명 이상 포함되어야 한다.

⑤ 분쟁조정위원회는 여러 사람이 공동으로 조정의 당사자가 되는 사건의 당사자들에게 3명 이하의 사람을 대표자로 선정하도록 권고할 수 있다.

키워드 **중앙분쟁조정위원회의 구성 및 운영**

풀이 ① 분쟁조정위원회는 공동주택 공용부분의 유지·보수·개량 등에 관한 사항을 심의·조정한다(공동주택관리법 제71조 제2항 제4호).

② 중앙분쟁조정위원회는 해당 사건들을 분리하거나 병합한 경우에는 조정의 당사자에게 지체 없이 서면으로 그 뜻을 알려야 한다(공동주택관리법 시행령 제82조 제4항).

③ 500세대 이상의 공동주택단지에서 발생한 분쟁은 중앙분쟁조정위원회의 관할이다(공동주택관리법 제72조 제1항 제4호, 동법 시행령 제82조의2 제1호).

④ 중앙분쟁조정위원회에는 판사·검사 또는 변호사의 직에 6년 이상 재직한 사람이 3명 이상 포함되어야 한다(공동주택관리법 제73조 제2항 후단).

정답 ⑤

10 공동주택관리법령상 중앙 공동주택관리 분쟁조정위원회에 관한 설명으로 옳지 않은 것은?

① 중앙분쟁조정위원회가 수행하는 조정등의 절차 및 의사결정 과정은 공개하지 아니한다. 다만, 중앙분쟁조정위원회에서 공개할 것을 의결한 경우에는 그러하지 아니하다.

② 중앙분쟁조정위원회의 위원과 중앙분쟁조정위원회의 사무국 직원으로서 그 업무를 수행하거나 수행하였던 사람은 조정등의 절차에서 직무상 알게 된 비밀을 누설하여서는 아니 된다.

③ 국토교통부장관은 중앙분쟁조정위원회의 운영 및 사무처리를 고시로 정하는 기관 또는 단체에 위탁할 수 있다.

④ 중앙분쟁조정위원회로부터 분쟁조정 신청에 관한 통지를 받은 입주자대표회의(구성원을 포함한다)와 관리주체는 분쟁조정에 응할 수 있다.

⑤ 사무국의 조직 및 인력 등은 운영수탁자가 국토교통부장관의 승인을 받아 정한다.

키워드 **중앙분쟁조정위원회의 조정절차**

풀이 중앙분쟁조정위원회로부터 분쟁조정 신청에 관한 통지를 받은 입주자대표회의(구성원을 포함한다)와 관리주체는 분쟁조정에 응하여야 한다(공동주택관리법 제75조 제2항).

정답 ④

11 공동주택관리법령상 공동주택관리의 분쟁조정에 관한 설명으로 옳지 않은 것은?

제21회

① 관리비·사용료 및 장기수선충당금 등의 징수·사용 등에 관한 사항은 공동주택관리 분쟁조정위원회의 심의·조정사항에 해당된다.

② 분쟁당사자가 쌍방이 합의하여 중앙 공동주택관리 분쟁조정위원회에 조정을 신청하는 분쟁은 중앙 공동주택관리 분쟁조정위원회의 심의·조정사항에 해당된다.

③ 지방 공동주택관리 분쟁조정위원회는 해당 특별자치시·특별자치도·시·군·자치구의 관할구역에서 발생한 분쟁 중 중앙 공동주택관리 분쟁조정위원회의 심의·조정 대상인 분쟁 외의 분쟁을 심의·조정한다.

④ 조정안을 제시받은 당사자는 그 제시를 받은 날부터 60일 이내에 그 수락 여부를 중앙 공동주택관리 분쟁조정위원회에 서면으로 통보하여야 하며, 60일 이내에 의사표시가 없는 때에는 수락한 것으로 본다.

⑤ 공동주택관리 분쟁(공동주택의 하자담보책임 및 하자보수 등과 관련한 분쟁은 제외한다)을 조정하기 위하여 국토교통부에 중앙 공동주택관리 분쟁조정위원회를 두고, 특별자치시·특별자치도·시·군·자치구에 지방 공동주택관리 분쟁조정위원회를 둔다. 다만, 공동주택 비율이 낮은 특별자치시·특별자치도·시·군·자치구로서 국토교통부장관이 인정하는 특별자치시·특별자치도·시·군·자치구의 경우에는 지방 공동주택관리 분쟁조정위원회를 두지 아니할 수 있다.

키워드 **중앙분쟁조정위원회의 조정절차**

풀이 조정안을 제시받은 당사자는 그 제시를 받은 날부터 30일 이내에 그 수락 여부를 중앙분쟁조정위원회에 서면으로 통보하여야 한다. 이 경우 30일 이내에 의사표시가 없는 때에는 수락한 것으로 본다(공동주택관리법 제74조 제4항).

정답 ④

12 **공동주택관리법령상 중앙 공동주택관리 분쟁조정위원회에 관한 설명으로 옳은 것은?**

① 중앙분쟁조정위원회는 분쟁의 조정등의 절차에 관하여 「공동주택관리법」에서 규정하지 아니한 사항 및 소멸시효의 중단에 관하여는 「민사소송법」을 준용한다.

② 조정등의 신청내용에 대한 통지를 받은 상대방은 신청내용에 대한 답변서를 특별한 사정이 없으면 15일 이내에 중앙분쟁조정위원회에 제출하여야 한다.

③ 중앙분쟁조정위원회는 신청된 사건의 처리절차가 진행되는 도중에 한쪽 당사자가 소를 제기한 경우에는 조정의 처리를 중지하고 이를 당사자에게 알려야 한다.

④ 중앙분쟁조정위원회는 조정절차를 개시한 날부터 60일 이내에 그 절차를 완료한 후 조정안을 작성하여 지체 없이 이를 각 당사자에게 제시하여야 한다. 다만, 부득이한 사정으로 60일 이내에 조정절차를 완료할 수 없는 경우 중앙분쟁조정위원회는 그 기간을 연장할 수 있다.

⑤ 조정안을 제시받은 당사자는 그 제시를 받은 날부터 30일 이내에 그 수락 여부를 중앙분쟁조정위원회에 서면으로 통보하여야 한다. 이 경우 30일 이내에 의사표시가 없는 때에는 수락한 것으로 보지 아니한다.

키워드 **중앙분쟁조정위원회의 조정절차**

풀이 ① 중앙분쟁조정위원회는 분쟁의 조정등의 절차에 관하여 「공동주택관리법」에서 규정하지 아니한 사항 및 소멸시효의 중단에 관하여는 「민사조정법」을 준용한다(공동주택관리법 제78조, 제47조 제1항).

② 조정등의 신청내용에 대한 통지를 받은 상대방은 신청내용에 대한 답변서를 특별한 사정이 없으면 10일 이내에 중앙분쟁조정위원회에 제출하여야 한다(공동주택관리법 제75조 제1항, 제46조 제2항).

④ 중앙분쟁조정위원회는 조정절차를 개시한 날부터 30일 이내에 그 절차를 완료한 후 조정안을 작성하여 지체 없이 이를 각 당사자에게 제시하여야 한다. 다만, 부득이한 사정으로 30일 이내에 조정절차를 완료할 수 없는 경우 중앙분쟁조정위원회는 그 기간을 연장할 수 있다(공동주택관리법 제74조 제3항).

⑤ 조정안을 제시받은 당사자는 그 제시를 받은 날부터 30일 이내에 그 수락 여부를 중앙분쟁조정위원회에 서면으로 통보하여야 한다. 이 경우 30일 이내에 의사표시가 없는 때에는 수락한 것으로 본다(공동주택관리법 제74조 제4항).

정답 ③

13 **공동주택관리법령상 공동주택관리 분쟁조정위원회에 관한 설명 중 옳지 않은 것은?**

제10회 수정

① 지방분쟁조정위원회의 구성에 필요한 사항은 해당 시·군·구의 조례로 정한다.
② 공동주택의 리모델링에 관한 사항 등을 심의·조정할 수 있다.
③ 공동주택의 사용자와 관리주체 간의 분쟁을 조정할 수 있다.
④ 지방분쟁조정위원회의 위원은 시장·군수·구청장이 위촉하거나 임명한다.
⑤ 지방분쟁조정위원회의 공무원이 아닌 위원의 임기는 2년으로 한다. 다만, 보궐위원의 임기는 전임자의 남은 임기로 한다.

키워드 **지방분쟁조정위원회의 구성에 관한 위임규정**

풀이 지방분쟁조정위원회의 구성에 필요한 사항은 대통령령으로 정하며, 지방분쟁조정위원회의 회의·운영 등에 필요한 사항은 해당 시·군·구의 조례로 정한다(공동주택관리법 제80조 제3항).

정답 ①

14 **공동주택관리법령상 지방 공동주택관리 분쟁조정위원회에 관한 설명으로 옳은 것은?**

① 지방분쟁조정위원회의 구성에 필요한 사항은 대통령령으로 정하며, 지방분쟁조정위원회의 회의·운영 등에 필요한 사항은 해당 시·군·구의 조례로 정한다.
② 지방 공동주택관리 분쟁조정위원회는 위원장 1명을 포함하여 15명 이내의 위원으로 구성하되, 성별을 고려하여야 한다.
③ 공무원이 아닌 위원의 임기는 3년으로 한다. 다만, 보궐위원의 임기는 전임자의 남은 임기로 한다.
④ 지방분쟁조정위원회의 위원장은 위원 중에서 해당 국토교통부장관이 지명하는 사람이 된다.
⑤ 분쟁당사자가 지방분쟁조정위원회의 조정결과를 수락한 경우에는 당사자간에 조정조서(調停調書)와 같은 내용의 합의가 성립된 것으로 추정한다.

키워드 **지방분쟁조정위원회의 구성에 관한 위임규정**

풀이
② 지방 공동주택관리 분쟁조정위원회는 위원장 1명을 포함하여 10명 이내의 위원으로 구성하되, 성별을 고려하여야 한다(공동주택관리법 시행령 제87조 제1항).
③ 공무원이 아닌 위원의 임기는 2년으로 한다. 다만, 보궐위원의 임기는 전임자의 남은 임기로 한다(공동주택관리법 시행령 제87조 제4항).
④ 지방분쟁조정위원회의 위원장은 위원 중에서 해당 지방자치단체의 장이 지명하는 사람이 된다(공동주택관리법 시행령 제87조 제3항).
⑤ 분쟁당사자가 지방분쟁조정위원회의 조정결과를 수락한 경우에는 당사자간에 조정조서(調停調書)와 같은 내용의 합의가 성립된 것으로 본다(공동주택관리법 제80조 제2항).

정답 ①

15 **공동주택관리법령상 지방 공동주택관리 분쟁조정위원회에 위원으로 위촉 또는 임명될 수 없는 사람은?**

① 해당 시·군 또는 구(자치구를 말한다) 소속 5급 공무원
② 주택분야와 관련된 학문을 전공한 사람으로 대학이나 공인된 연구기관에서 조교수로 있었던 사람
③ 변호사의 직에 5년을 재직한 사람
④ 공동주택 관리사무소장으로 3년을 근무한 주택관리사
⑤ 공인노무사의 자격이 있는 사람으로 1년을 근무한 사람

키워드 **지방 공동주택관리 분쟁조정위원회의 구성(공동주택관리법 시행령 제87조 제2항)**

풀이 공동주택 관리사무소장으로 5년 이상 근무한 경력이 있는 주택관리사를 위촉하거나 임명한다.

정답 ④

16 **민간임대주택에 관한 특별법령상 임대주택분쟁조정위원회의 구성에 관한 내용이다. (　　)에 들어갈 용어와 숫자를 순서대로 나열한 것은?** 제19회

> • 임대주택분쟁조정위원회의 구성은 (　　)이(가) 한다.
> • 임대주택분쟁조정위원회는 위원장 1명을 포함하여 (　　)명 이내로 구성한다.

① 시·도지사, 7
② 지방자치단체의 장, 7
③ 국토교통부장관, 10
④ 임차인대표회장, 10
⑤ 시장·군수·구청장, 10

키워드 **임대주택분쟁조정위원회의 구성**

풀이
• '시장·군수·구청장'은 임대주택에 관한 학식 및 경험이 풍부한 자 등으로 임대주택분쟁조정위원회를 구성한다(민간임대주택에 관한 특별법 제55조 제1항).
• 조정위원회는 위원장 1명을 포함하여 '10'명 이내로 구성하되, 조정위원회의 운영, 절차 등에 필요한 사항은 대통령령으로 정한다(민간임대주택에 관한 특별법 제55조 제2항).

정답 ⑤

17 민간임대주택에 관한 특별법령상 임대주택분쟁조정위원회에 관한 설명으로 옳지 않은 것은?

① 시·도지사는 임대주택에 관한 학식 및 경험이 풍부한 자 등으로 임대주택분쟁조정위원회를 구성한다.

② 임대주택분쟁조정위원회의 위원장은 해당 지방자치단체의 장이 된다.

③ 주택관리사가 된 후 관련 업무에 3년 이상 근무한 사람을 1명 이상 임대주택분쟁조정위원회의 위원으로 임명하거나 위촉한다.

④ 공공주택사업자 또는 임차인대표회의는 공공임대주택의 분양전환가격의 분쟁에 관하여 임대주택분쟁조정위원회에 조정을 신청할 수 있다.

⑤ 임대주택분쟁조정위원회의 위원장은 회의 개최일 2일 전까지는 회의와 관련된 사항을 위원에게 알려야 한다.

키워드 **임대주택분쟁조정위원회의 구성**

풀이 시장·군수·구청장은 임대주택(민간임대주택 및 공공임대주택을 말한다)에 관한 학식 및 경험이 풍부한 자 등으로 임대주택분쟁조정위원회를 구성한다(민간임대주택에 관한 특별법 제55조 제1항).

정답 ①

18 민간임대주택에 관한 특별법령상 임대주택분쟁조정위원회에 관한 설명으로 옳은 것은?

① 위원장은 해당 지방자치단체의 장이 지명하는 위원이 된다.

② 공무원이 아닌 위원의 임기는 2년으로 하되, 한 차례만 연임할 수 있다.

③ 조정의 각 당사자가 조정위원회의 조정안을 받아들이면 당사자간에 조정조서와 같은 내용의 합의가 성립된 것으로 추정한다.

④ 위원장은 회의 개최일 3일 전까지 회의와 관련된 사항을 위원에게 알려야 한다.

⑤ 위원장은 조정위원회의 사무를 처리하도록 하기 위하여 해당 지방자치단체에서 민간임대주택 또는 공공임대주택 업무를 하는 직원 중 1명을 간사로 임명하여야 한다.

키워드 **임대주택분쟁조정위원회의 운영**

풀이 ① 위원장은 해당 지방자치단체의 장이 된다(민간임대주택에 관한 특별법 제55조 제3항).
② 공무원이 아닌 위원의 임기는 2년으로 하며 두 차례만 연임할 수 있다(민간임대주택에 관한 특별법 제55조 제5항).
③ 조정의 각 당사자가 조정위원회의 조정안을 받아들이면 당사자간에 조정조서와 같은 내용의 합의가 성립된 것으로 본다(민간임대주택에 관한 특별법 제57조).
④ 위원장은 회의 개최일 2일 전까지 회의와 관련된 사항을 위원에게 알려야 한다(민간임대주택에 관한 특별법 시행령 제45조 제2항).

정답 ⑤

19 민간임대주택에 관한 특별법령상 임대주택분쟁조정위원회에 관한 설명으로 옳은 것은?

제20회

① 위원회는 위원장 1명을 포함하여 20명 이내로 구성한다.

② 분쟁조정은 임대사업자와 임차인대표회의의 신청 또는 위원회의 직권으로 개시한다.

③ 공공임대주택의 임차인대표회의는 공공주택사업자와 분양전환승인에 관하여 분쟁이 있는 경우 위원회에 조정을 신청할 수 있다.

④ 위원회의 위원장은 위원 중에서 호선한다.

⑤ 공무원이 아닌 위원의 임기는 2년으로 하되, 두 차례만 연임할 수 있다.

키워드 **임대주택분쟁조정위원회의 구성 및 운영**

풀이 ① 조정위원회는 위원장 1명을 포함하여 10명 이내로 구성하되, 조정위원회의 운영, 절차 등에 필요한 사항은 대통령령으로 정한다(민간임대주택에 관한 특별법 제55조 제2항).

② 분쟁조정은 위원회의 직권으로 개시할 수 없다.

③ 공공주택사업자 또는 임차인대표회의는 공공임대주택의 분양전환가격에 해당하는 분쟁에 관하여 조정위원회에 조정을 신청할 수 있다. 다만, 분양전환승인에 관한 사항은 제외한다(민간임대주택에 관한 특별법 제56조 제2항 제2호).

④ 위원장은 해당 지방자치단체의 장이 된다(민간임대주택에 관한 특별법 제55조 제3항).

정답 ⑤

20 **민간임대주택에 관한 특별법령상 임대주택분쟁조정위원회(이하 '조정위원회'라 한다)에 관한 설명으로 옳은 것은?** 제24회

① 임대료의 증액에 대한 분쟁에 관해서는 조정위원회가 직권으로 조정을 하여야 한다.

② 임차인대표회의는 이 법에 따른 민간임대주택의 관리에 대한 분쟁에 관하여 조정위원회에 조정을 신청할 수 없다.

③ 공무원이 아닌 위원의 임기는 1년으로 하며 연임할 수 있다.

④ 공공주택사업자 또는 임차인대표회의는 공공임대주택의 분양전환승인에 관한 사항의 분쟁에 관하여 조정위원회에 조정을 신청할 수 없다.

⑤ 임차인은 「공공주택 특별법」 제50조의3에 따른 우선 분양전환 자격에 대한 분쟁에 관하여 조정위원회에 조정을 신청할 수 없다.

키워드 **임대주택분쟁조정위원회의 구성 및 운영**

풀이 ① 임대료의 증액에 대한 분쟁에 관해서는 임대사업자 또는 임차인대표회의가 조정위원회에 조정을 신청할 수 있으며, 조정위원회의 직권으로는 할 수 없다(민간임대주택에 관한 특별법 제56조 제1항).

② 임차인대표회의는 이 법에 따른 민간임대주택의 관리에 대한 분쟁에 관하여 조정위원회에 조정을 신청할 수 있다(민간임대주택에 관한 특별법 제56조 제1항).

③ 공무원이 아닌 위원의 임기는 2년으로 하며 두 차례만 연임할 수 있다(민간임대주택에 관한 특별법 제55조 제5항).

⑤ 공공주택사업자, 임차인대표회의 또는 임차인은 「공공주택 특별법」 제50조의3에 따른 우선 분양전환 자격에 대한 분쟁에 관하여 조정위원회에 조정을 신청할 수 있다(민간임대주택에 관한 특별법 제56조 제3항).

정답 ④

21 **민간임대주택에 관한 특별법령상 임대주택분쟁조정위원회의 조정신청사항이 아닌 것은?**

① 공공임대주택의 분양전환가격

② 특별수선충당금의 사용

③ 민간임대주택의 관리

④ 민간임대주택의 하자보수

⑤ 임대료의 증액

키워드 **분쟁의 조정신청사항(민간임대주택에 관한 특별법 제56조)**

풀이 특별수선충당금은 조정신청사항에 해당되지 않는다.

정답 ②

22 **민간임대주택에 관한 특별법령상 임대주택의 분쟁조정에 관한 설명으로 옳은 것은?**

① 공공주택사업자는 관리비를 둘러싼 분쟁에 관하여 임대주택분쟁조정위원회에 조정을 신청할 수 없다.

② 임대사업자는 민간임대주택 관리규약의 개정에 대한 분쟁에 관하여 임대주택분쟁조정위원회에 조정을 신청할 수 있다.

③ 임대사업자는 공공임대주택의 분양전환가격에 관한 분쟁에 대하여 임대주택분쟁조정위원회에 조정을 신청할 수 있다.

④ 임대주택분쟁조정위원회는 위원 중에 호선하는 위원장 1명을 포함하여 10명 이내로 구성한다.

⑤ 임대주택분쟁조정위원회가 제시한 조정안에 대하여 임차인대표회의가 동의하는 경우에는 임대사업자의 이의가 있더라도 조정조서와 같은 내용의 합의가 성립된 것으로 본다.

키워드 **임대주택분쟁조정위원회의 구성 및 운영**

풀이 ① 공공주택사업자는 관리비를 둘러싼 분쟁에 관하여 임대주택분쟁조정위원회에 조정을 신청할 수 있다(민간임대주택에 관한 특별법 제56조 제2항).

③ 공공주택사업자 또는 임차인대표회의는 공공임대주택의 분양전환가격에 관한 분쟁에 대하여 임대주택분쟁조정위원회에 조정을 신청할 수 있다(민간임대주택에 관한 특별법 제56조 제2항).

④ 임대주택분쟁조정위원회의 위원장은 지방자치단체의 장이 된다(민간임대주택에 관한 특별법 제55조 제3항).

⑤ 임대사업자, 공공주택사업자와 임차인대표회의가 조정위원회의 조정안을 받아들이면 당사자간에 조정조서와 같은 내용의 합의가 성립된 것으로 본다(민간임대주택에 관한 특별법 제57조).

정답 ②

23 **민간임대주택에 관한 특별법령상 임대주택분쟁조정위원회의 조정신청사항이 아닌 것은?**

① 민간임대주택 관리규약의 제정 및 개정

② 공동주택의 관리에 관하여 임대사업자와 임차인대표회의가 합의한 사항

③ 공공임대주택의 분양전환승인

④ 주택도시기금 융자금에 대한 이자를 6개월을 초과하여 내지 아니한 임대사업자의 민간임대주택에 대한 분양전환, 주택관리, 주택도시기금 융자금의 변제 및 임대보증금 반환 등에 관한 사항

⑤ 민간임대주택의 관리

키워드 **분쟁의 조정신청사항**

풀이 공공임대주택의 분양전환가격은 조정을 신청할 수 있지만, 분양전환승인에 관한 사항은 조정을 신청할 수 없다(민간임대주택에 관한 특별법 제56조 제2항 제2호).

정답 ③

CHAPTER

08 사무 및 인사관리

▶ **연계학습** | 에듀윌 기본서 2차 [공동주택관리실무 上] p.173

01 보존대상 문서와 그 법정보존기간이 잘못 짝지어진 것은? 제16회 수정

① 수도법령상 저수조의 수질검사결과기록 – 2년

② 공동주택관리법령상 관리비등의 징수에 관한 장부 – 해당 회계연도 종료일부터 5년

③ 어린이놀이시설 안전관리법령상 어린이놀이시설의 안전점검실시대장 – 최종 기재일부터 3년

④ 남녀고용평등과 일·가정 양립 지원에 관한 법령상 직장 내 성희롱 예방 교육을 하였음을 확인할 수 있는 서류 – 2년

⑤ 근로기준법령상 근로계약서 – 근로관계가 끝난 날부터 3년

키워드 **문서보존기간**

풀이 남녀고용평등과 일·가정 양립 지원에 관한 법령상 직장 내 성희롱 예방 교육을 하였음을 확인할 수 있는 서류의 법정보존기간은 3년이다(남녀고용평등과 일·가정 양립 지원에 관한 법률 제33조, 동법 시행령 제19조 제2호).

정답 ④

02 공동주택관리와 관련하여 문서의 보존(보관)기간으로 옳은 것은?

① 공동주택관리법령상 하자보수청구 내용이 적힌 서류 – 5년

② 화재의 예방 및 안전관리에 관한 법령상 소방훈련·교육실시 결과기록부 – 1년

③ 「근로기준법」상 재해보상에 관한 중요서류 – 3년

④ 근로자퇴직급여 보장법령상 퇴직금의 중간정산지급 관련 증명서류 – 5년

⑤ 어린이놀이시설 안전관리법령상 어린이놀이시설의 안전점검실시대장 – 최종 기재일부터 2년

키워드 **문서보존기간**

풀이 ① 공동주택관리법령상 하자보수청구 내용이 적힌 서류 – 10년
② 화재의 예방 및 안전관리에 관한 법령상 소방훈련·교육실시 결과기록부 – 2년
③ 「근로기준법」상 재해보상에 관한 중요서류 – 재해보상이 끝나지 아니하거나 재해보상청구권이 시효로 소멸되기 전에 폐기하여서는 아니 된다.
⑤ 어린이놀이시설 안전관리법령상 어린이놀이시설의 안전점검실시대장 – 최종 기재일부터 3년

정답 ④

03 공동주택관리와 관련하여 문서의 보존(보관)기간으로 옳게 연결된 것은? 제18회 수정

① 공동주택관리법령상 의무관리대상 공동주택 관리주체의 관리비등의 징수·보관·예치·집행 등 모든 거래행위에 관한 장부 및 그 증빙서류 – 해당 회계연도 종료일부터 3년

② 소방시설 설치 및 관리에 관한 법령상 소방시설등 자체점검 실시결과 보고서 –1년

③ 근로기준법령상 근로자 명부 – 해고되거나 퇴직 또는 사망한 날부터 2년

④ 수도법령상 저수조의 수질검사기록 – 6개월

⑤ 어린이놀이시설 안전관리법령상 어린이놀이시설의 안전점검실시대장 – 최종 기재일부터 3년

키워드 문서보존기간

풀이 ① 공동주택관리법령상 의무관리대상 공동주택 관리주체의 관리비등의 징수·보관·예치·집행 등 모든 거래행위에 관한 장부 및 그 증빙서류 – 해당 회계연도 종료일부터 5년

② 소방시설 설치 및 관리에 관한 법령상 소방시설등 자체점검 실시결과 보고서 – 2년

③ 근로기준법령상 근로자 명부 – 해고되거나 퇴직 또는 사망한 날부터 3년

④ 수도법령상 저수조의 수질검사기록 – 2년

정답 ⑤

04 공동주택관리와 관련한 문서나 서류 또는 자료의 보존(보관)기간에 관한 설명으로 옳은 것을 모두 고른 것은? 제20회 수정

> ㉠ 「공동주택관리법」에 의하면 의무관리대상 공동주택의 관리주체는 관리비등의 징수·보관·예치·집행 등 모든 거래 행위에 관하여 월별로 작성한 장부 및 그 증빙서류는 해당 회계연도 종료일부터 5년간 보관하여야 한다.
> ㉡ 「남녀고용평등과 일·가정 양립 지원에 관한 법률」에 의하면 직장 내 성희롱 예방 교육을 실시해야 하는 사업주는 직장 내 성희롱 예방 교육을 실시하였음을 확인할 수 있는 서류를 1년간 보관하여야 한다.
> ㉢ 「근로기준법」에 의하면 동법의 적용을 받은 사용자는 근로자 명부와 근로계약서의 경우 3년간 보존하여야 한다.
> ㉣ 「공동주택관리법 시행규칙」에 의하면 공동주택단지에 설치된 영상정보처리기기의 촬영된 자료는 20일 이상 보관하여야 한다.

① ㉠, ㉢　② ㉠, ㉣　③ ㉡, ㉢
④ ㉡, ㉣　⑤ ㉢, ㉣

키워드 문서보존기간

풀이 ㉡ 직장 내 성희롱 예방 교육을 실시해야 하는 사업주는 직장 내 성희롱 예방 교육을 실시하였음을 확인할 수 있는 서류를 3년간 보관하여야 한다(남녀고용평등과 일·가정 양립 지원에 관한 법률 제33조, 동법 시행령 제19조 제2호).
㉣ 공동주택단지에 설치된 영상정보처리기기의 촬영된 자료는 30일 이상 보관하여야 한다(공동주택관리법 시행규칙 제8조 제2항 제3호).

정답 ①

05 근로기준법령에서 사용하는 용어의 뜻으로 옳은 것은?

① '사용자'란 사업주 또는 사업 경영 담당자, 그 밖에 사용자의 이익을 대표하여 행동하는 자를 말한다.
② '근로자'란 직업의 종류를 불문하고 임금·급료 기타 이에 준하는 수입에 의하여 생활하는 자를 말한다.
③ '근로계약'이란 근로자가 사용자에게 근로를 제공하고 사용자는 이에 대하여 임금을 지급하는 것을 목적으로 체결된 계약을 말한다.
④ '단시간근로자'란 1일의 소정근로시간이 통상근로자의 1일의 소정근로시간에 비하여 짧은 근로자를 말한다.
⑤ '평균임금'이란 이를 산정하여야 할 사유가 발생한 날 이전 3개월 동안에 그 근로자에게 지급된 임금의 총액을 말한다.

키워드 근로기준법령상 용어의 정의(근로기준법 제2조)

풀이 ① '사용자'란 사업주 또는 사업 경영 담당자, 그 밖에 근로자에 관한 사항에 대하여 사업주를 위하여 행위하는 자를 말한다.
② '근로자'란 직업의 종류와 관계없이 임금을 목적으로 사업이나 사업장에 근로를 제공하는 사람을 말한다.
④ '단시간근로자'란 1주 동안의 소정근로시간이 그 사업장에서 같은 종류의 업무에 종사하는 통상 근로자의 1주 동안의 소정근로시간에 비하여 짧은 근로자를 말한다.
⑤ '평균임금'이란 이를 산정하여야 할 사유가 발생한 날 이전 3개월 동안에 그 근로자에게 지급된 임금의 총액을 그 기간의 총일수로 나눈 금액을 말한다.

정답 ③

06 근로기준법에 규정된 내용으로 옳지 않은 것은?

① 「근로기준법」에서 정하는 근로조건은 최저기준이므로 근로관계 당사자는 이 기준을 이유로 근로조건을 낮출 수 없다.
② 근로조건은 근로자와 사용자가 동등한 지위에서 자유의사에 따라 결정하여야 한다.
③ 사용자는 근로자에 대하여 남녀의 성(性)을 이유로 차별적 대우를 하지 못한다.
④ 누구든지 법률에 따르지 아니하고는 영리로 다른 사람의 취업에 개입하거나 중간인으로서 이익을 취득하지 못한다.
⑤ 사용자는 근로자가 공(公)의 직무를 집행하기 위하여 근로시간 중에 필요한 시간을 청구하면 이를 거부할 수 있다.

키워드 「근로기준법」의 기본원칙

풀이 사용자는 근로자가 근로시간 중에 선거권, 그 밖의 공민권(公民權) 행사 또는 공(公)의 직무를 집행하기 위하여 필요한 시간을 청구하면 거부하지 못한다. 다만, 그 권리 행사나 공(公)의 직무를 수행하는 데에 지장이 없으면 청구한 시간을 변경할 수 있다(근로기준법 제10조).

정답 ⑤

07 근로기준법상 근로계약에 관한 설명으로 옳지 않은 것은?

① 「근로기준법」에 정하는 기준에 미치지 못하는 근로조건을 정한 근로계약은 그 부분에 한정하여 무효로 한다.

② 사용자는 근로계약에 덧붙여 저축금의 관리를 규정하는 계약을 체결할 수 있다.

③ 근로자는 근로계약 체결 시 명시된 근로조건이 사실과 다를 경우에 근로조건 위반을 이유로 손해의 배상을 청구할 수 있다.

④ 사용자는 근로계약 체결 후 소정근로시간을 변경하는 경우에 근로자에게 명시하여야 한다.

⑤ 단시간근로자의 근로조건은 그 사업장의 같은 종류의 업무에 종사하는 통상 근로자의 근로시간을 기준으로 산정한 비율에 따라 결정되어야 한다.

키워드 **「근로기준법」상 근로계약**

풀이 사용자는 근로계약에 덧붙여 강제 저축 또는 저축금의 관리를 규정하는 계약을 체결하지 못한다(근로기준법 제22조 제1항).

정답 ②

08 근로기준법령상 단시간근로자에 관한 설명으로 옳은 것은?

① 단시간근로자의 근로조건은 다른 사업장의 같은 종류의 업무에 종사하는 단시간근로자와 동일하게 결정되어야 한다.

② 4주 동안을 평균하여 1주 동안의 소정근로시간이 15시간 미만인 근로자에 대하여는 「근로기준법」 제54조(휴게)를 적용하지 아니한다.

③ 단시간근로자란 4주 동안의 총근로시간이 그 사업장에서 같은 종류의 업무에 종사하는 통상근로자의 4주 동안의 총근로시간에 비하여 짧은 근로자를 말한다.

④ 사용자는 단시간근로자에게 적용되는 취업규칙을 통상근로자에게 적용되는 취업규칙과 별도로 작성할 수 있다.

⑤ 4주 동안을 평균하여 1주 동안의 소정근로시간이 15시간 미만인 근로자에 대하여는 「근로기준법」 제55조(휴일)가 적용된다.

키워드 **단시간근로자의 근로조건**

풀이 ① 단시간근로자의 근로조건은 그 사업장의 같은 종류의 업무에 종사하는 통상근로자의 근로시간을 기준으로 산정한 비율에 따라 결정되어야 한다(근로기준법 제18조 제1항).

②⑤ 4주 동안(4주 미만으로 근로하는 경우에는 그 기간)을 평균하여 1주 동안의 소정근로시간이 15시간 미만인 근로자에 대하여는 제55조(휴일)와 제60조(연차 유급휴가)를 적용하지 아니한다(근로기준법 제18조 제3항).

③ 단시간근로자란 1주 동안의 소정근로시간이 그 사업장에서 같은 종류의 업무에 종사하는 통상근로자의 1주 동안의 소정근로시간에 비하여 짧은 근로자를 말한다(근로기준법 제2조 제1항 제9호).

정답 ④

09 근로기준법령상 근로계약에 관한 설명으로 옳은 것을 모두 고른 것은?

㉠ 단체협약 또는 취업규칙의 변경으로 서면(전자문서 및 전자거래 기본법에 따른 전자문서를 포함한다)으로 명시해야 되는 사항이 변경되는 경우에는 근로자의 요구가 없더라도 명시된 서면을 근로자에게 교부하여야 한다.
㉡ 사용자는 근로할 것을 조건으로 하는 전대(前貸)채권과 임금을 상계할 수 있다.
㉢ 사용자는 근로계약에 덧붙여 저축금의 관리를 규정하는 계약을 체결하지 못하나, 근로자의 위탁으로 저축을 관리할 수 있다.
㉣ 근로자는 「근로기준법」 제17조에 따라 명시된 근로조건이 사실과 다를 경우에 근로계약을 즉시 해제할 수 있다.
㉤ 「근로기준법」 제17조에 따라 근로계약서에 명시된 근로조건이 사실과 다를 경우에 근로자는 근로조건 위반을 이유로 고용노동부장관에게 손해배상의 청구를 신청하여야 한다.

① ㉠, ㉡
② ㉠, ㉣
③ ㉡, ㉢
④ ㉢, ㉣
⑤ ㉣, ㉤

키워드 **근로계약**

풀이 ㉠ 단체협약 또는 취업규칙의 변경으로 서면으로 명시해야 되는 사항이 변경되는 경우에는 근로자의 요구가 있으면 그 근로자에게 교부하여야 한다(근로기준법 제17조 제2항).

㉡ 사용자는 전차금(前借金)이나 그 밖에 근로할 것을 조건으로 하는 전대(前貸)채권과 임금을 상계하지 못한다(근로기준법 제21조).

㉤ 「근로기준법」 제17조에 따라 근로계약서에 명시된 근로조건이 사실과 다를 경우에 근로조건 위반을 이유로 근로자가 손해배상을 청구할 경우에는 노동위원회에 신청할 수 있으며, 근로계약이 해제되었을 경우에는 사용자는 취업을 목적으로 거주를 변경하는 근로자에게 귀향 여비를 지급하여야 한다(근로기준법 제19조 제2항).

정답 ④

10 근로기준법령에 규정된 내용으로 옳은 것은?

① 단시간근로자의 근로조건은 그 사업장의 같은 종류의 업무에 종사하는 통상근로자의 근로시간을 기준으로 산정한 비율에 따라 결정되어야 한다.

② 취업규칙에서 정한 기준보다 유리한 내용의 근로조건을 정한 근로계약은 그 부분에 관하여는 무효로 한다.

③ 사용자는 근로계약이 해제되었을 경우에 거주를 변경하는 근로자에게 귀향 여비를 지급하여야 한다.

④ 사용자는 근로계약 불이행에 대한 손해배상액을 예정하는 계약을 체결할 수 있다.

⑤ 사용자는 근로계약에 덧붙여 강제 저축 또는 저축금의 관리를 규정하는 계약을 체결할 수 있다.

키워드 **근로조건의 위반 및 금지되는 근로조건**

풀이 ② 취업규칙에서 정한 기준에 미달하는 근로조건을 정한 근로계약은 그 부분에 관하여는 무효로 한다. 이 경우 무효로 된 부분은 취업규칙에 정한 기준에 따른다(근로기준법 제97조).

③ 「근로기준법」 제17조에 따라 근로계약서에 명시된 근로조건이 사실과 다를 경우에 근로조건 위반을 이유로 근로자가 손해배상을 청구할 경우에는 노동위원회에 신청할 수 있으며, 근로계약이 해제되었을 경우에는 사용자는 취업을 목적으로 거주를 변경하는 근로자에게 귀향 여비를 지급하여야 한다(근로기준법 제19조 제2항).

④ 사용자는 근로계약 불이행에 대한 위약금 또는 손해배상액을 예정하는 계약을 체결하지 못한다(근로기준법 제20조).

⑤ 사용자는 근로계약에 덧붙여 강제 저축 또는 저축금의 관리를 규정하는 계약을 체결하지 못한다(근로기준법 제22조 제1항).

정답 ①

11 근로기준법령상 근로관계 종료 후 법률관계에 관한 설명으로 옳지 않은 것은?

① 사용자는 근로자가 사망 또는 퇴직한 경우에는 그 지급사유가 발생한 때부터 14일 이내에 임금, 보상금, 그 밖의 모든 금품을 지급하여야 하나, 특별한 사정이 있을 경우에는 당사자 사이의 합의에 의하여 기일을 연장할 수 있다.
② 사용자는 퇴직에 관한 서류를 퇴직한 날부터 3년간 보존하여야 한다.
③ 사용증명서를 청구할 수 있는 자는 계속하여 30일 이상 근무한 근로자로 하되, 청구할 수 있는 기한은 퇴직 후 3년 이내로 한다.
④ 사용자는 사용증명서에 근로자가 요구한 사항과 상관없이 자유롭게 기재할 수 있다.
⑤ 누구든지 근로자의 취업을 방해할 목적으로 비밀기호 또는 명부를 작성·사용하거나 통신을 하여서는 아니 된다.

키워드 **근로계약의 종료 후 법률관계**
풀이 사용증명서에는 근로자가 요구한 사항만을 적어야 한다(근로기준법 제39조 제2항).

정답 ④

12 사용증명서와 근로자 명부 등에 관하여 근로기준법령에 규정된 내용으로 옳지 않은 것은?

① 「근로기준법」 제39조 제1항에 따라 사용증명서를 청구할 수 있는 자는 계속하여 30일 이상 근무한 근로자로 하되, 청구할 수 있는 기한은 퇴직 후 3년 이내로 한다.
② 사용증명서에는 근로자가 요구한 사항만을 적어야 한다.
③ 주소는 근로자 명부의 기재사항이다.
④ 사용기간이 50일 미만인 일용근로자에 대하여는 근로자 명부를 작성하지 아니할 수 있다.
⑤ 사용자는 근로자 명부를 3년간 보존하여야 한다.

키워드 **사용증명서 및 근로자 명부**
풀이 사용기간이 30일 미만인 일용근로자에 대하여는 근로자 명부를 작성하지 아니할 수 있다(근로기준법 시행령 제21조).

정답 ④

13 근로기준법령상 근로계약에 관한 설명으로 옳은 것은? 제26회

① 사용자는 전차금(前借金)이나 그 밖에 근로할 것을 조건으로 하는 전대(前貸)채권과 임금을 상계할 수 있다.

② 「근로기준법」에서 정하는 기준에 미치지 못하는 근로조건을 정한 근로계약은 그 계약 전부를 무효로 한다.

③ 사용자는 근로자 명부와 임금대장을 5년간 보존하여야 한다.

④ 노동위원회는 구제명령을 받은 후 이행기한까지 구제명령을 이행하지 아니한 사용자에게 3천만원 이하의 이행강제금을 부과한다.

⑤ 노동위원회의 구제명령, 기각결정 또는 재심판정은 행정소송 제기에 의하여 그 효력이 정지된다.

키워드 근로계약

풀이 ① 사용자는 전차금(前借金)이나 그 밖에 근로할 것을 조건으로 하는 전대(前貸)채권과 임금을 상계하지 못한다(근로기준법 제21조).

② 「근로기준법」에서 정하는 기준에 미치지 못하는 근로조건을 정한 근로계약은 그 부분에 한정하여 무효로 한다(근로기준법 제15조 제1항).

③ 사용자는 근로자 명부와 임금대장을 3년간 보존하여야 한다(근로기준법 제42조, 동법 시행령 제22조).

⑤ 노동위원회의 구제명령, 기각결정 또는 재심판정은 중앙노동위원회에 대한 재심 신청이나 행정소송 제기에 의하여 그 효력이 정지되지 아니한다(근로기준법 제32조).

정답 ④

14 근로기준법령상 해고에 관한 설명으로 옳지 않은 것은? 제22회

① 사용자가 경영상 이유에 의하여 근로자를 해고하려면 긴박한 경영상의 필요가 있어야 한다.

② 정부는 경영상 이유에 의해 해고된 근로자에 대하여 생계안정, 재취업, 직업훈련 등 필요한 조치를 우선적으로 취하여야 한다.

③ 사용자는 근로자를 해고하려면 해고사유와 해고시기를 서면으로 통지하여야 한다.

④ 사용자는 계속 근로한 기간이 3개월 미만인 근로자를 경영상의 이유에 의해 해고하려면 적어도 15일 전에 예고를 하여야 한다.

⑤ 부당해고의 구제신청은 부당해고가 있었던 날부터 3개월 이내에 하여야 한다.

키워드 **해고의 제한**

풀이 사용자는 근로자를 해고(경영상 이유에 의한 해고를 포함한다)하려면 적어도 30일 전에 예고를 하여야 하고, 30일 전에 예고를 하지 아니하였을 때에는 30일분 이상의 통상임금을 지급하여야 한다. 다만, 다음의 어느 하나에 해당하는 경우에는 그러하지 아니하다(근로기준법 제26조).

1. 근로자가 계속 근로한 기간이 3개월 미만인 경우
2. 천재·사변, 그 밖의 부득이한 사유로 사업을 계속하는 것이 불가능한 경우
3. 근로자가 고의로 사업에 막대한 지장을 초래하거나 재산상 손해를 끼친 경우로서 고용노동부령으로 정하는 사유에 해당하는 경우

정답 ④

15 근로기준법령상 해고예고의 예외 사유에 해당하지 않는 것은?

① 근로자가 계속 근로한 기간이 3개월 미만인 경우

② 6개월을 초과하여 단시간 근로를 계속한 경우

③ 천재·사변, 그 밖의 부득이한 사유로 사업을 계속하는 것이 불가능한 경우

④ 제품 또는 원료 등을 몰래 훔치거나 불법 반출한 경우

⑤ 사업장의 기물을 고의로 파손하여 생산에 막대한 지장을 가져온 경우

키워드 **해고의 예고 및 예외**

풀이 사용자는 근로자를 해고(경영상 이유에 의한 해고를 포함한다)하려면 적어도 30일 전에 예고를 하여야 하고, 30일 전에 예고를 하지 아니하였을 때에는 30일분 이상의 통상임금을 지급하여야 한다. 다만, 다음의 어느 하나에 해당하는 경우에는 그러하지 아니하다(근로기준법 제26조).

1. 근로자가 계속 근로한 기간이 3개월 미만인 경우
2. 천재·사변, 그 밖의 부득이한 사유로 사업을 계속하는 것이 불가능한 경우
3. 근로자가 고의로 사업에 막대한 지장을 초래하거나 재산상 손해를 끼친 경우로서 고용노동부령으로 정하는 사유에 해당하는 경우

정답 ②

16 근로기준법령상 근로자의 해고제도에 관한 설명으로 옳지 않은 것은?

① 사용자는 근로자가 업무상 부상 또는 질병의 요양을 위하여 휴업한 기간과 그 후 30일 동안 또는 산전·산후의 여성이 휴업한 기간과 그 후 30일 동안은 해고할 수 없는 것이 원칙이다.

② 사용자는 근로자를 해고(경영상 이유에 의한 해고를 포함한다)하려면 적어도 30일 전에 그 예고를 하여야 하며, 30일 전에 예고를 하지 아니한 때에는 30일분 이상의 통상임금을 지급하여야 한다.

③ 근로자가 계속 근로한 기간이 3개월 미만인 경우에는 해고예고의 예외가 된다.

④ 근로자가 과실로 사업에 막대한 지장을 초래하거나 재산상 손해를 끼친 경우에는 해고예고의 예외가 된다.

⑤ 해고의 정당한 이유가 있는 경우라도 사용자는 해고사유와 해고시기를 서면으로 통지하여야 그 해고는 효력이 있다.

키워드 **해고의 제한**

풀이 사용자는 근로자를 해고(경영상 이유에 의한 해고를 포함한다)하려면 적어도 30일 전에 예고를 하여야 하고, 30일 전에 예고를 하지 아니하였을 때에는 30일분 이상의 통상임금을 지급하여야 한다. 다만, 다음의 어느 하나에 해당하는 경우에는 그러하지 아니하다(근로기준법 제26조).

1. 근로자가 계속 근로한 기간이 3개월 미만인 경우
2. 천재·사변, 그 밖의 부득이한 사유로 사업을 계속하는 것이 불가능한 경우
3. 근로자가 고의로 사업에 막대한 지장을 초래하거나 재산상 손해를 끼친 경우로서 고용노동부령으로 정하는 사유에 해당하는 경우

정답 ④

17 근로기준법령상 경영상 이유에 의한 해고에 관한 설명으로 옳은 것을 모두 고른 것은?

> ㉠ 경영 악화를 방지하기 위한 사업의 양도·인수·합병은 긴박한 경영상의 필요가 있는 것으로 본다.
> ㉡ 사용자가 경영상 이유에 의하여 일정한 규모 이상의 인원을 해고하려면 고용노동부장관에게 지체 없이 통보하여야 한다.
> ㉢ 사용자는 근로자대표에게 해고를 하려는 날의 60일 전까지 해고의 기준을 통보하여야 한다.
> ㉣ 사용자는 근로자를 해고한 날부터 3년 이내에 해고된 근로자가 해고 당시 담당하였던 업무와 같은 업무를 할 근로자를 채용하려고 할 경우 해고된 근로자가 원하면 그 근로자를 우선적으로 고용하도록 노력하여야 한다.
> ㉤ 사용자는 경영상 이유에 의하여 해고된 근로자에 대하여 생계안정, 재취업, 직업훈련 등 필요한 조치를 우선적으로 취하여야 한다.

① ㉠
② ㉠, ㉡
③ ㉠, ㉡, ㉢
④ ㉠, ㉡, ㉢, ㉣
⑤ ㉠, ㉡, ㉢, ㉣, ㉤

키워드 경영상 이유에 의한 해고

풀이 ㉡ 경영상의 이유로 사용자가 1개월 동안에 다음의 어느 하나에 해당하는 인원을 해고하려면 최초로 해고하려는 날의 30일 전까지 고용노동부장관에게 신고하여야 한다(근로기준법 시행령 제10조 제1항).

1. 상시 근로자 수가 99명 이하인 사업 또는 사업장: 10명 이상
2. 상시 근로자 수가 100명 이상 999명 이하인 사업 또는 사업장: 상시 근로자 수의 10퍼센트 이상
3. 상시 근로자 수가 1,000명 이상 사업 또는 사업장: 100명 이상

㉢ 사용자는 해고를 피하기 위한 방법과 해고의 기준 등에 관하여 그 사업 또는 사업장에 근로자의 과반수로 조직된 노동조합이 있는 경우에는 그 노동조합(근로자의 과반수로 조직된 노동조합이 없는 경우에는 근로자의 과반수를 대표하는 자를 말한다. 이하 '근로자대표'라 한다)에 해고를 하려는 날의 50일 전까지 통보하고 성실하게 협의하여야 한다(근로기준법 제24조 제3항).

㉣ 경영상 이유에 의하여 근로자를 해고한 사용자는 근로자를 해고한 날부터 3년 이내에 해고된 근로자가 해고 당시 담당하였던 업무와 같은 업무를 할 근로자를 채용하려고 할 경우 해고된 근로자가 원하면 그 근로자를 우선적으로 고용하여야 한다(근로기준법 제25조 제1항).

㉤ 정부는 경영상 이유에 의하여 해고된 근로자에 대하여 생계안정, 재취업, 직업훈련 등 필요한 조치를 우선적으로 취하여야 한다(근로기준법 제25조 제2항).

정답 ①

18 **근로기준법령상 부당해고등의 구제신청에 관한 설명으로 옳지 않은 것은?** 제19회

① 사용자가 근로자에게 부당해고등을 하면 근로자는 노동위원회에 구제를 신청할 수 있다.

② 노동위원회는 부당해고등이 성립한다고 판정하면 사용자에게 구제명령을 하여야 하며, 부당해고등이 성립하지 아니한다고 판정하면 구제신청을 기각하는 결정을 하여야 한다.

③ 지방노동위원회의 구제명령이나 기각결정에 불복하는 사용자나 근로자는 구제명령서나 기각결정서를 통지받은 날부터 10일 이내에 중앙노동위원회에 재심을 신청할 수 있다.

④ 노동위원회의 구제명령, 기각결정 또는 재심판정은 중앙노동위원회에 대한 재심신청이나 행정소송 제기에 의하여 그 효력이 정지된다.

⑤ 행정소송을 제기하여 확정된 구제명령 또는 구제명령을 내용으로 하는 재심판정을 이행하지 아니한 자는 1년 이하의 징역 또는 1천만원 이하의 벌금에 처한다.

키워드 **부당해고등의 구제절차**

풀이 노동위원회의 구제명령, 기각결정 또는 재심판정은 중앙노동위원회에 대한 재심신청이나 행정소송 제기에 의하여 그 효력이 정지되지 아니한다(근로기준법 제32조).

정답 ④

19 근로기준법령상 근로자의 부당해고에 관한 구제절차로 옳은 것은?

① 사용자가 근로자에게 부당해고등을 하면 노동조합은 노동위원회에 구제를 신청할 수 있으며, 구제신청은 부당해고등이 있었던 날부터 3개월 이내에 하여야 한다.

② 지방노동위원회의 구제명령이나 기각결정에 불복하는 사용자나 근로자는 구제명령이나 기각결정이 있은 날부터 10일 이내에 중앙노동위원회에 재심을 신청할 수 있다.

③ 중앙노동위원회의 재심판정에 대하여 사용자나 근로자는 재심판정서를 송달받은 날부터 30일 이내에 「행정소송법」의 규정에 따라 소(訴)를 제기할 수 있다.

④ 노동위원회는 근로계약기간의 만료로 원직복직이 불가능한 경우에도 부당해고가 성립한다고 판정하면 근로자가 해고기간 동안 근로를 제공하였더라면 받을 수 있었던 임금 상당액에 해당하는 금품을 사업주가 근로자에게 지급하도록 명할 수 있다.

⑤ 노동위원회가 구제명령을 할 때에 사용자의 신청에 따라 원직복직 대신 해고기간 동안의 임금 상당액 이상의 금품을 근로자에게 지급하도록 명할 수 있다.

키워드 **부당해고의 구제절차**

풀이
① 부당해고등에 대한 구제신청은 부당해고등을 당한 근로자만이 신청할 수 있다(근로기준법 제28조 참고).
② 지방노동위원회의 구제명령이나 기각결정에 불복하는 사용자나 근로자는 구제명령서나 기각결정서를 통지받은 날부터 10일 이내에 중앙노동위원회에 재심을 신청할 수 있다(근로기준법 제31조 제1항).
③ 중앙노동위원회의 재심판정에 대하여 사용자나 근로자는 재심판정서를 송달받은 날부터 15일 이내에 「행정소송법」의 규정에 따라 소를 제기할 수 있다(근로기준법 제31조 제2항).
⑤ 노동위원회는 해고에 대한 구제명령을 할 때에 근로자가 원직복직을 원하지 아니하면 원직복직을 명하는 대신 근로자가 해고기간 동안 근로를 제공하였더라면 받을 수 있었던 임금 상당액 이상의 금품을 근로자에게 지급하도록 명할 수 있다(근로기준법 제30조 제3항).

정답 ④

20 **근로기준법령상 부당해고등의 구제절차에 대한 설명으로 옳은 것은?** 제21회

① 사용자가 근로자에게 부당해고등을 하면 근로자 및 노동조합은 노동위원회에 구제를 신청할 수 있다.

② 부당해고등에 대한 구제신청은 부당해고등이 있었던 날부터 6개월 이내에 하여야 한다.

③ 노동위원회의 구제명령, 기각결정 또는 재심판정은 중앙노동위원회에 대한 재심신청이나 행정소송 제기에 의하여 그 효력이 정지되지 아니한다.

④ 노동위원회는 이행강제금을 부과하기 40일 전까지 이행강제금을 부과·징수한다는 뜻을 사용자에게 미리 문서로써 알려 주어야 한다.

⑤ 노동위원회는 구제명령을 받은 자가 구제명령을 이행하면 새로운 이행강제금을 부과하지 아니하되, 구제명령을 이행하기 전에 이미 부과된 이행강제금은 징수하지 아니한다.

키워드 **부당해고의 구제절차**

풀이 ① 사용자가 근로자에게 부당해고등을 하면 근로자는 노동위원회에 구제를 신청할 수 있다(근로기준법 제28조 제1항).

② 부당해고등에 대한 구제신청은 부당해고등이 있었던 날부터 3개월 이내에 하여야 한다(근로기준법 제28조 제2항).

④ 노동위원회는 이행강제금을 부과하기 30일 전까지 이행강제금을 부과·징수한다는 뜻을 사용자에게 미리 문서로써 알려 주어야 한다(근로기준법 제33조 제2항).

⑤ 노동위원회는 구제명령을 받은 자가 구제명령을 이행하면 새로운 이행강제금을 부과하지 아니하되, 구제명령을 이행하기 전에 이미 부과된 이행강제금은 징수하여야 한다(근로기준법 제33조 제6항).

정답 ③

21 근로기준법령상 부당해고등 구제제도에 관한 설명으로 옳은 것은?

① 노동위원회는 중앙노동위원회의 재심판정이나 법원의 확정판결에 따라 노동위원회의 구제명령이 취소되면 직권 또는 사용자의 신청에 따라 이행강제금의 부과·징수를 즉시 중지하고 이미 징수한 이행강제금을 반환하여야 한다.

② 노동위원회는 구제명령을 이행하지 아니한 사용자에게 최초 구제명령을 한 날을 기준으로 최대 2년 동안 이행강제금을 부과할 수 있으며, 그 총금액의 한도는 1억원이다.

③ 노동위원회는 사용자에게 구제명령을 하는 때에는 사용자가 구제명령을 서면으로 통지받은 날부터 60일 이내의 이행기한을 정하여야 한다.

④ 노동위원회는 구제명령을 받은 자가 구제명령을 이행하면, 구제명령을 이행하기 전에 부과된 이행강제금은 징수하지 아니한다.

⑤ 지방노동위원회의 구제명령에 불복하는 사용자는 중앙노동위원회에 재심을 신청하거나 「행정소송법」의 규정에 따라 소(訴)를 제기할 수 있다.

키워드 **부당해고의 구제절차**

풀이 ② 3천만원 이하의 이행강제금을 매년 2회의 범위에서 반복하여 부과·징수할 수 있고 2년을 초과하지 못하므로, 이행강제금의 총금액의 한도는 1억 2천만원이다(근로기준법 제33조 제1·5항).

③ 노동위원회는 사용자에게 구제명령을 하는 때에는 이행기한을 정하여야 하며, 이 경우 이행기한은 사용자가 구제명령을 서면으로 통지받은 날부터 30일 이내로 한다(근로기준법 시행령 제11조).

④ 노동위원회는 구제명령을 받은 자가 구제명령을 이행하면 새로운 이행강제금을 부과하지 아니하되, 구제명령을 이행하기 전에 부과된 이행강제금은 징수하여야 한다(근로기준법 제33조 제6항).

⑤ 지방노동위원회의 구제명령에 불복하는 사용자는 중앙노동위원회에 재심을 신청할 수 있으며, 중앙노동위원회의 재심판정에 불복하는 경우 「행정소송법」의 규정에 따라 소(訴)를 제기할 수 있다(근로기준법 제31조 제1·2항).

정답 ①

22 **근로기준법령상 부당해고등의 구제명령에 대한 이행강제금의 설명으로 옳은 것은?**

① 노동위원회는 구제명령을 받은 후 이행기한까지 구제명령을 이행하지 아니한 사용자에게 2천만원 이하의 이행강제금을 부과한다.

② 노동위원회는 2년을 초과하지 않는 범위 내에서 최초의 구제명령을 한 날을 기준으로 매년 2회의 범위에서 행정소송이 제기될 때까지 반복하여 이행강제금을 부과·징수할 수 있다.

③ 노동위원회는 이행강제금 납부의무자가 납부기한까지 이행강제금을 내지 아니하면 즉시 국세 체납처분의 예에 따라 징수할 수 있다.

④ 노동위원회는 구제명령을 받은 자가 구제명령을 이행하면 새로운 이행강제금을 부과하지 아니하고, 구제명령을 이행하기 전에 부과된 이행강제금의 부과처분은 취소하여야 한다.

⑤ 근로자는 구제명령을 받은 사용자가 이행기한까지 구제명령을 이행하지 아니하면 이행기한이 지난 때부터 15일 이내에 그 사실을 노동위원회에 알려줄 수 있다.

키워드 **이행강제금**

풀이 ① 노동위원회는 구제명령을 받은 후 이행기한까지 구제명령을 이행하지 아니한 사용자에게 3천만원 이하의 이행강제금을 부과한다(근로기준법 제33조 제1항).

② 노동위원회는 최초의 구제명령을 한 날을 기준으로 매년 2회의 범위에서 구제명령이 이행될 때까지 반복하여 이행강제금을 부과·징수할 수 있다. 이 경우 이행강제금은 2년을 초과하여 부과·징수하지 못한다(근로기준법 제33조 제5항).

③ 노동위원회는 이행강제금 납부의무자가 납부기한까지 이행강제금을 내지 아니하면 기간을 정하여 독촉을 하고 지정된 기간에 이행강제금을 내지 아니하면 국세 체납처분의 예에 따라 징수할 수 있다(근로기준법 제33조 제7항).

④ 노동위원회는 구제명령을 받은 자가 구제명령을 이행하면 새로운 이행강제금을 부과하지 아니하되, 구제명령을 이행하기 전에 이미 부과된 이행강제금은 징수하여야 한다(근로기준법 제33조 제6항).

정답 ⑤

23 근로기준법상 해고에 관한 설명으로 옳은 것은? 제24회

① 사용자는 근로자를 해고하려면 적어도 20일 전에 예고를 하여야 한다.

② 근로자에 대한 해고사유와 해고시기를 밝히면 서면이 아닌 유선으로 통지하여도 효력이 있다.

③ 노동위원회는 부당해고 구제신청에 대한 심문을 할 때에 직권으로 증인을 출석하게 하여 필요한 사항을 질문할 수는 없다.

④ 지방노동위원회의 해고에 대한 구제명령은 행정소송 제기가 있으면 그 효력이 정지된다.

⑤ 노동위원회는 이행강제금을 부과하기 30일 전까지 이행강제금을 부과·징수한다는 뜻을 사용자에게 미리 문서로써 알려 주어야 한다.

PART 1

키워드 **해고제도**

풀이 ① 사용자는 근로자를 해고하려면 적어도 30일 전에 예고를 하여야 한다(근로기준법 제26조 본문).

② 사용자는 근로자를 해고하려면 해고사유와 해고시기를 서면으로 통지하여야 하며, 근로자에 대한 해고는 서면으로 통지하여야 효력이 있다(근로기준법 제27조 제1·2항).

③ 노동위원회는 부당해고 구제신청에 대한 심문을 할 때에 관계 당사자의 신청이나 직권으로 증인을 출석하게 하여 필요한 사항을 질문할 수 있다(근로기준법 제29조 제2항).

④ 노동위원회의 구제명령, 기각결정 또는 재심판정은 중앙노동위원회에 대한 재심 신청이나 행정소송 제기에 의하여 그 효력이 정지되지 아니한다(근로기준법 제32조).

정답 ⑤

24 근로기준법상 구제명령과 이행강제금에 관한 설명으로 옳지 않은 것은? 제25회

① 노동위원회는 부당해고가 성립한다고 판정하면 정년의 도래로 근로자가 원직복직이 불가능한 경우에도 사용자에게 구제명령을 하여야 한다.

② 지방노동위원회의 구제명령에 불복하는 사용자는 구제명령서를 통지받은 날부터 10일 이내에 중앙노동위원회에 재심을 신청할 수 있다.

③ 노동위원회의 구제명령은 중앙노동위원회에 대한 재심 신청에 의하여 그 효력이 정지되지 아니한다.

④ 노동위원회는 구제명령을 받은 자가 구제명령을 이행하면 구제명령을 이행하기 전에 이미 부과된 이행강제금을 징수할 수 없다.

⑤ 근로자는 구제명령을 받은 사용자가 이행기한까지 구제명령을 이행하지 아니하면 이행기한이 지난 때부터 15일 이내에 그 사실을 노동위원회에 알려줄 수 있다.

키워드 **구제명령과 이행강제금**

풀이 노동위원회는 구제명령을 받은 자가 구제명령을 이행하면 새로운 이행강제금을 부과하지 아니하되, 구제명령을 이행하기 전에 이미 부과된 이행강제금은 징수하여야 한다(근로기준법 제33조 제6항).

정답 ④

25 근로기준법령상 이행강제금에 관한 설명으로 옳지 않은 것은?

① 노동위원회는 이행강제금을 부과하기 30일 전까지 이행강제금을 부과·징수한다는 뜻을 사용자에게 미리 문서로써 알려 주어야 한다.

② 노동위원회는 구제명령을 받은 자가 구제명령을 이행하면 구제명령을 이행하기 전에 이미 부과된 이행강제금은 징수하여야 한다.

③ 노동위원회는 이행강제금을 부과하는 때에는 이행강제금의 부과통지를 받은 날부터 15일 이내의 납부기한을 정하여야 한다.

④ 노동위원회는 천재·사변, 그 밖의 부득이한 사유로 구제명령을 이행하기 어려운 경우에는 직권 또는 사용자의 신청에 따라 그 사유가 없어진 뒤에 이행강제금을 부과할 수 있다.

⑤ 노동위원회는 법원의 확정판결에 따라 노동위원회의 구제명령이 취소되는 경우에도 이미 징수한 이행강제금은 반환하지 아니한다.

키워드 **이행강제금**

풀이 노동위원회는 중앙노동위원회의 재심판정이나 법원의 확정판결에 따라 노동위원회의 구제명령이 취소되면 직권 또는 사용자의 신청에 따라 이행강제금의 부과·징수를 즉시 중지하고 이미 징수한 이행강제금을 반환하여야 한다(근로기준법 시행령 제15조 제1항).

정답 ⑤

최신기출

26 근로기준법령상 부당해고등의 구제절차에 관한 설명으로 옳은 것은? 제27회

① 사용자가 근로자에게 부당해고를 하면 노동조합은 부당해고가 있었던 날부터 3개월 이내에 노동위원회에 구제를 신청할 수 있다.

② 노동위원회가 사용자에게 구제명령을 하는 경우 이행기간을 정하여야 하며, 그 이행기한은 사용자가 구제명령을 서면으로 통지받은 날부터 30일 이내로 한다.

③ 중앙노동위원회의 재심판정에 대하여 근로자는 재심판정서를 송달받은 날부터 20일 이내에 행정소송을 제기할 수 있다.

④ 중앙노동위원회의 재심판정은 행정소송 제기에 의하여 그 효력이 정지된다.

⑤ 노동위원회는 최초의 구제명령을 한 날을 기준으로 매년 3회의 범위에서 구제명령이 이행될 때까지 반복하여 이행강제금을 부과·징수할 수 있다.

키워드 **부당해고의 구제절차**

풀이 ① 사용자가 근로자에게 부당해고를 하면 근로자는 부당해고가 있었던 날부터 3개월 이내에 노동위원회에 구제를 신청할 수 있다(근로기준법 제28조 제1·2항).

③ 중앙노동위원회의 재심판정에 대하여 사용자나 근로자는 재심판정서를 송달받은 날부터 15일 이내에 「행정소송법」의 규정에 따라 소(訴)를 제기할 수 있다(근로기준법 제31조 제2항).

④ 노동위원회의 구제명령, 기각결정 또는 재심판정은 중앙노동위원회에 대한 재심 신청이나 행정소송 제기에 의하여 그 효력이 정지되지 아니한다(근로기준법 제32조).

⑤ 노동위원회는 최초의 구제명령을 한 날을 기준으로 매년 2회의 범위에서 구제명령이 이행될 때까지 반복하여 이행강제금을 부과·징수할 수 있다. 이 경우 이행강제금은 2년을 초과하여 부과·징수하지 못한다(근로기준법 제33조 제5항).

정답 ②

27 근로기준법령상 취업규칙에 관한 설명으로 옳은 것은?

① 상시 5명 이상의 근로자를 사용하는 사용자는 취업규칙을 작성하여 고용노동부장관에게 신고하여야 한다.

② 사용자는 취업규칙의 작성 또는 변경에 관하여 해당 사업 또는 사업장에 근로자의 과반수로 조직된 노동조합이 있는 경우에는 그 노동조합, 근로자의 과반수로 조직된 노동조합이 없는 경우에는 근로자의 과반수의 동의를 받아야 한다.

③ 고용노동부장관은 근로기준법령이나 단체협약에 어긋나는 취업규칙의 변경을 명할 수 있다.

④ 취업규칙에 정한 기준에 미달하는 근로조건을 정한 근로계약은 그 전부가 무효가 된다.

⑤ 취업규칙에서 근로자에 대하여 감급(減給)의 제재를 정할 경우에 그 감액은 1회의 금액이 통상임금의 1일분의 2분의 1을, 총액이 1임금지급기의 임금 총액의 10분의 1을 초과하지 못한다.

키워드 취업규칙의 작성절차

풀이 ① 상시 10명 이상의 근로자를 사용하는 사용자는 취업규칙을 작성하여 고용노동부장관에게 신고하여야 한다(근로기준법 제93조).

② 사용자는 취업규칙의 작성 또는 변경에 관하여 해당 사업 또는 사업장에 근로자의 과반수로 조직된 노동조합이 있는 경우에는 그 노동조합, 근로자의 과반수로 조직된 노동조합이 없는 경우에는 근로자의 과반수의 의견을 들어야 한다. 다만, 취업규칙을 근로자에게 불리하게 변경하는 경우에는 그 동의를 받아야 한다(근로기준법 제94조 제1항).

④ 취업규칙에 정한 기준에 미달하는 근로조건을 정한 근로계약은 그 부분에 관하여는 무효로 한다. 이 경우 무효로 된 부분은 취업규칙에 정한 기준에 따른다(근로기준법 제97조).

⑤ 취업규칙에서 근로자에 대하여 감급(減給)의 제재를 정할 경우에 그 감액은 1회의 금액이 평균임금의 1일분의 2분의 1을, 총액이 1임금지급기의 임금 총액의 10분의 1을 초과하지 못한다(근로기준법 제95조).

정답 ③

28 근로기준법령상 평균임금의 계산에서 제외되는 기간이 아닌 것은?

① 수습 사용한 날부터 3개월 이내인 기간

② 출산전후휴가기간

③ 업무 외 질병으로 사용자의 승인을 받아 근로하지 못한 기간

④ 사용자의 귀책사유로 휴업한 기간

⑤ 「예비군법」에 따른 의무이행을 위해 근로하지 못하였지만 임금을 지급받은 기간

키워드 **평균임금의 계산**

풀이 평균임금 산정기간 중에 다음의 어느 하나에 해당하는 기간이 있는 경우에는 그 기간과 그 기간 중에 지급된 임금은 평균임금 산정기준이 되는 기간과 임금의 총액에서 각각 뺀다(근로기준법 시행령 제2조 제1항).

1. 근로계약을 체결하고 수습 중에 있는 근로자가 수습을 시작한 날부터 3개월 이내의 기간
2. 사용자의 귀책사유로 휴업한 기간
3. 출산전후휴가 및 유산·사산휴가기간
4. 업무상 부상 또는 질병으로 요양하기 위하여 휴업한 기간
5. 육아휴직기간
6. 쟁의행위기간
7. 「병역법」, 「예비군법」 또는 「민방위기본법」에 따른 의무를 이행하기 위하여 휴직하거나 근로하지 못한 기간. 다만, 그 기간 중 임금을 지급받은 경우에는 그러하지 아니하다.
8. 업무 외 부상이나 질병, 그 밖의 사유로 사용자의 승인을 받아 휴업한 기간

정답 ⑤

PART 1

29 근로기준법령상 임금에 관한 설명으로 옳지 않은 것은?

① 사용자는 각 사업장별로 임금대장을 작성하고 임금과 가족수당 계산의 기초가 되는 사항, 임금액, 그 밖에 대통령령으로 정하는 사항을 임금을 지급할 때마다 적어야 한다.

② 고용노동부장관은 체불사업주의 명단을 공개할 경우에 해당 체불사업주에게 3개월 이상의 기간을 정하여 소명 기회를 주어야 한다.

③ 일용근로자의 통상임금은 고용노동부장관이 사업이나 직업에 따라 근로시간을 고려하여 정하는 금액으로 한다.

④ 사용자는 도급으로 사용하는 근로자에게 근로시간에 따라 일정액의 임금을 보장하여야 한다.

⑤ 「근로기준법」에 따른 임금채권은 3년간 행사하지 아니하면 시효로 소멸한다.

키워드 **근로기준법령상 임금**

풀이 일용근로자의 평균임금은 고용노동부장관이 사업이나 직업에 따라 정하는 금액으로 한다(근로기준법 시행령 제3조).

정답 ③

30 근로기준법령상 임금에 관한 설명으로 옳은 것은?

① 임금은 법령에 특별한 규정이 있는 경우에는 직접 근로자에게 지급하지 않을 수 있으며, 취업규칙에 특별한 규정이 있는 경우에는 임금을 통화 이외의 것으로 지급할 수 있다.

② 근로자가 비상한 경우의 비용에 충당하기 위하여 청구하는 경우에 사용자는 1개월분의 임금을 미리 지급하여야 한다.

③ 사용자는 근로자에게 매월 1회 이상 일정한 날짜를 정하여 임금을 지급하여야 한다. 따라서 매 3개월마다 상여금을 지급하는 것은 허용되지 않는다.

④ 부득이한 사유로 사업 계속이 불가능한 경우에는 노동위원회의 승인을 받아 기준에 못 미치는 휴업수당을 지불할 수 있다.

⑤ 임금대장 등 근로계약에 관한 중요한 서류의 보존기간은 1년이며, 임금채권의 소멸시효는 3년이다.

키워드 **근로기준법령상 임금의 지급**

풀이 ① 임금은 통화(通貨)로 직접 근로자에게 그 전액을 지급하여야 한다. 다만, 법령 또는 단체협약에 특별한 규정이 있는 경우에는 임금의 일부를 공제하거나 통화 이외의 것으로 지급할 수 있다(근로기준법 제43조 제1항).

② 사용자는 근로자가 출산, 질병, 재해, 그 밖에 대통령령으로 정하는 비상(非常)한 경우의 비용에 충당하기 위하여 임금 지급을 청구하면 지급기일 전이라도 이미 제공한 근로에 대한 임금을 지급하여야 한다(근로기준법 제45조).

③ 사용자는 근로자에게 매월 1회 이상 일정한 날짜를 정하여 임금을 지급하여야 한다. 다만, 임시로 지급하는 임금, 수당, 1개월을 초과하는 기간에 걸친 사유에 따라 산정되는 상여금 등은 그러하지 아니하다(근로기준법 제43조 제2항, 동법 시행령 제23조).

⑤ 임금대장 등 근로계약에 관한 중요한 서류의 보존기간은 3년이다(근로기준법 제42조).

정답 ④

31 **상시 5명 이상의 근로자를 사용하는 사업장의 휴업수당 지급과 관련하여 근로기준법령에 위반하지 않은 것을 모두 고른 것은?**

㉠ 사용자 A의 휴업에 귀책사유가 있어 평균임금의 100분의 80에 해당하는 금액을 휴업수당으로 지급하였다. ㉡ 사용자 B의 휴업에 귀책사유가 없어 휴업수당을 지급하지 아니하였다. ㉢ 사용자 C의 휴업에 귀책사유가 있는데 평균임금의 100분의 70에 해당하는 금액이 통상임금을 초과하므로 통상임금을 휴업수당으로 지급하였다.

① ㉠
② ㉠, ㉡
③ ㉠, ㉢
④ ㉡, ㉢
⑤ ㉠, ㉡, ㉢

키워드 **휴업수당**

풀이 휴업수당(근로기준법 제46조)

1. 사용자의 귀책사유로 휴업하는 경우에 사용자는 휴업기간 동안 그 근로자에게 평균임금의 100분의 70 이상의 수당을 지급하여야 한다. 다만, 평균임금의 100분의 70에 해당하는 금액이 통상임금을 초과하는 경우에는 통상임금을 휴업수당으로 지급할 수 있다.
2. 위 1.에도 불구하고 부득이한 사유로 사업을 계속하는 것이 불가능하여 노동위원회의 승인을 받은 경우에는 위 1.의 기준에 못 미치는 휴업수당을 지급할 수 있다.

정답 ⑤

32 근로기준법령상 탄력적 근로시간제에 관한 설명으로 옳은 것은?

① 탄력적 근로시간제하에서는 당사자간의 합의에 의한 연장근로를 시킬 수 없다.

② 사용자는 취업규칙으로 3개월 이내 단위의 탄력적 근로시간제를 시행할 수 있다.

③ 2주 단위의 탄력적 근로시간제에서 특정일의 근로시간은 12시간을 초과할 수 없다.

④ 3개월 이내 단위의 탄력적 근로시간제에서 특정주의 근로시간은 48시간을 초과할 수 없다.

⑤ 임신 중인 여성근로자에게는 탄력적 근로시간제를 실시할 수 없다.

키워드 근로기준법령상 탄력적 근로시간제

풀이 ① 당사자간에 합의하면 1주간에 12시간을 한도로 탄력적 근로시간 규정에 의한 근로시간을 연장할 수 있고, 선택적 근로시간의 정산기간을 평균하여 1주간에 12시간을 초과하지 아니하는 범위에서 선택적 근로시간제의 근로시간을 연장할 수 있다(근로기준법 제53조 제2항).

②④ 사용자는 근로자대표와의 서면합의에 따라 3개월 이내의 단위기간을 평균하여 1주간의 근로시간이 40시간을 초과하지 아니하는 범위에서 특정한 주에 40시간을, 특정한 날에 8시간을 초과하여 근로하게 할 수 있다. 다만, 특정한 주의 근로시간은 52시간을, 특정한 날의 근로시간은 12시간을 초과할 수 없다(근로기준법 제51조 제2항).

③ 사용자는 취업규칙(취업규칙에 준하는 것을 포함한다)에서 정하는 바에 따라 2주 이내의 일정한 단위기간을 평균하여 1주간의 근로시간이 40시간을 초과하지 아니하는 범위에서 특정한 주에 40시간을, 특정한 날에 8시간을 초과하여 근로하게 할 수 있다. 다만, 특정한 주의 근로시간은 48시간을 초과할 수 없다(근로기준법 제51조 제1항).

정답 ⑤

33 근로기준법령상 근로시간에 관한 설명으로 옳은 것은?

① 야간근로란 자정부터 오전 6시까지 사이의 근로를 말한다.

② 15세 이상 18세 미만인 사람의 근로시간은 1일에 7시간, 1주에 40시간을 초과하지 못한다.

③ 사용자는 취업규칙이 정하는 바에 따라 연장근로에 대하여 임금을 지급하는 것을 갈음하여 휴가를 줄 수 있다.

④ 대기시간은 근로자가 사용자의 지휘·감독 아래에 있다 하더라도 근로시간으로 보지 않는다.

⑤ 감시 또는 단속적으로 근로에 종사하는 자로서 사용자가 고용노동부장관의 승인을 받은 자에 대하여는 「근로기준법」 제4장과 제5장의 근로시간에 관한 규정을 적용하지 않는다.

키워드 **근로기준법령상 근로시간**

풀이 ① 야간근로란 오후 10시부터 다음 날 오전 6시까지 사이의 근로를 말한다(근로기준법 제56조 제3항).
② 15세 이상 18세 미만인 사람의 근로시간은 1일에 7시간, 1주에 35시간을 초과하지 못한다(근로기준법 제69조).
③ 사용자는 근로자대표와의 서면합의에 따라 연장근로·야간근로 및 휴일근로에 대하여 임금을 지급하는 것을 갈음하여 휴가를 줄 수 있다(근로기준법 제57조).
④ 사용자의 지휘·감독 아래에 있는 대기시간 등은 근로시간으로 본다(근로기준법 제50조 제3항).

정답 ⑤

34 근로기준법상 근로시간에 관한 설명으로 옳은 것은?

① 3개월 이내의 탄력적 근로시간제에 따라 근로자를 근로시킬 경우에는 근로일 종료 후 다음 근로일 개시 전까지 근로자에게 연속하여 11시간 이상의 휴식 시간을 주어야 한다.
② 3개월 이내의 탄력적 근로시간제에 따라 근로자를 근로시킬 경우에는 기존의 임금 수준이 낮아지지 않도록 임금보전방안을 마련하여 고용노동부장관에게 신고하여야 한다.
③ 3개월 이내의 탄력적 근로시간제는 15세 이상 18세 미만의 근로자에 대하여는 적용하지 아니한다.
④ 3개월을 초과하는 탄력적 근로시간제에 있어 업무량 급증의 불가피한 사유가 발생한 때에는 근로자대표와의 협의를 거쳐 단위기간의 주별 근로시간을 변경해야 한다.
⑤ 15세 이상 18세 미만인 사람의 근로시간은 1일에 6시간, 1주에 30시간을 초과하지 못한다.

키워드 **근로기준법령상 근로시간**

풀이 ① 3개월을 초과하는 탄력적 근로시간제에 따라 근로자를 근로시킬 경우에는 근로일 종료 후 다음 근로일 개시 전까지 근로자에게 연속하여 11시간 이상의 휴식 시간을 주어야 한다(근로기준법 제51조의2 제2항).
② 3개월을 초과하는 탄력적 근로시간제에 따라 근로자를 근로시킬 경우에는 기존의 임금 수준이 낮아지지 않도록 임금보전방안을 마련하여 고용노동부장관에게 신고하여야 한다(근로기준법 제51조의2 제5항).
④ 3개월을 초과하는 탄력적 근로시간제에 있어 사용자는 근로자대표와의 서면 합의 당시에는 예측하지 못한 천재지변, 기계 고장, 업무량 급증 등 불가피한 사유가 발생한 때에는 단위기간 내에서 평균하여 1주간의 근로시간이 유지되는 범위에서 근로자대표와의 협의를 거쳐 단위기간의 주별 근로시간을 변경할 수 있다(근로기준법 제51조의2 제4항 전단).
⑤ 15세 이상 18세 미만인 사람의 근로시간은 1일에 7시간, 1주에 35시간을 초과하지 못한다(근로기준법 제69조 본문).

정답 ③

35 근로기준법령상 근로시간과 휴식에 관한 설명으로 옳은 것은?

① 사용자는 고용노동부장관의 승인을 받으면 연장근로에 대하여 임금을 지급하는 것을 갈음하여 휴가를 줄 수 있다.

② 사용자는 1년간 80퍼센트 이상 출근한 근로자에게 10일의 유급휴가를 주어야 한다.

③ 사용자는 계속하여 근로한 기간이 1년 미만인 근로자에게 1개월간 80퍼센트 이상 출근 시 1일의 유급휴가를 주어야 한다.

④ 사용자는 고용노동부장관의 승인을 받으면 「근로기준법」 제60조에 따른 연차 유급휴가일을 갈음하여 특정한 근로일에 근로자를 휴무시킬 수 있다.

⑤ 「근로기준법」 제55조에 따른 유급휴일은 1주 동안의 소정근로일을 개근한 자에게 주어야 한다.

키워드 **근로기준법령상 근로조건**

풀이 ① 사용자는 근로자대표와의 서면합의에 따라 연장근로·야간근로 및 휴일근로 등에 대하여 임금을 지급하는 것을 갈음하여 휴가를 줄 수 있다(근로기준법 제57조).

② 사용자는 1년간 80퍼센트 이상 출근한 근로자에게 15일의 유급휴가를 주어야 한다(근로기준법 제60조 제1항).

③ 사용자는 계속하여 근로한 기간이 1년 미만인 근로자 또는 1년간 80퍼센트 미만 출근한 근로자에게 1개월 개근 시 1일의 유급휴가를 주어야 한다(근로기준법 제60조 제2항).

④ 사용자는 근로자대표와의 서면합의에 따라 「근로기준법」 제60조에 따른 연차 유급휴가일을 갈음하여 특정한 근로일에 근로자를 휴무시킬 수 있다(근로기준법 제62조).

정답 ⑤

36 근로기준법령상 근로시간 및 휴식에 관한 설명으로 옳은 것은?

① 사용자는 근로자의 동의와 고용노동부장관의 승인을 받아 연장근로에 대하여 임금을 지급하는 대신에 휴가를 줄 수 있다.

② 사용자는 근로자에게 1주에 평균 1회 이상의 유급휴일을 일요일에 부여하여야 한다.

③ 사용자가 근로자대표와 서면합의를 한 경우 단속적(斷續的)으로 근로에 종사하는 자에게는 휴일에 관한 규정을 적용하지 아니한다.

④ 18세 이상의 임신 중인 여성 근로자에 대하여는 선택적 근로시간제를 적용할 수 있다.

⑤ 사용자는 8시간을 초과하는 휴일근로에 대하여는 통상임금의 100분의 50 이상을 가산하여 근로자에게 지급하여야 한다.

키워드 근로기준법령상 근로조건

풀이 ① 사용자는 근로자대표와의 서면합의에 따라 연장근로·야간근로 및 휴일근로 등에 대하여 임금을 지급하는 것을 갈음하여 휴가를 줄 수 있다(근로기준법 제57조).
② 사용자는 근로자에게 1주에 평균 1회 이상의 유급휴일을 보장하여야 한다(근로기준법 제55조 제1항).
③ 사용자가 고용노동부장관의 승인을 받은 경우 단속적(斷續的)으로 근로에 종사하는 자에게는 휴일에 관한 규정을 적용하지 아니한다(근로기준법 제63조).
⑤ 사용자는 휴일근로에 대하여는 다음의 기준에 따른 금액 이상을 가산하여 근로자에게 지급하여야 한다(근로기준법 제56조 제2항).
1. 8시간 이내의 휴일근로: 통상임금의 100분의 50
2. 8시간을 초과한 휴일근로: 통상임금의 100분의 100

정답 ④

37 근로기준법상 근로시간과 휴식에 관한 설명으로 옳은 것은?

① 사용자는 모든 근로자에게 근로시간이 8시간인 경우에는 30분의 휴게시간을 근로시간 도중에 주어야 한다.
② 사용자는 근로자에게 매월 평균 1회 이상의 유급휴일을 보장해야 한다.
③ 사용자는 근로자에게 대통령령으로 정하는 휴일을 유급으로 보장하여야 하므로 근로자대표와 서면합의를 하였더라도 특정한 근로일로 대체할 수 없다.
④ 사용자는 8시간을 초과한 연장근로에 대하여는 통상임금의 100분의 100 이상을 가산하여 지급하여야 한다.
⑤ 사용자는 근로자대표와의 서면합의에 따라 야간근로에 대하여 임금을 지급하는 것을 갈음하여 휴가를 줄 수 있다.

키워드 「근로기준법」상 근로조건

풀이 ① 사용자는 모든 근로자에게 근로시간이 8시간인 경우에는 1시간 이상의 휴게시간을 근로시간 도중에 주어야 한다(근로기준법 제54조 제1항).
② 사용자는 근로자에게 1주에 평균 1회 이상의 유급휴일을 보장해야 한다(근로기준법 제55조 제1항).
③ 사용자는 근로자에게 대통령령으로 정하는 휴일을 유급으로 보장하여야 한다. 다만, 근로자대표와 서면으로 합의한 경우 특정한 근로일로 대체할 수 있다(근로기준법 제55조 제2항).
④ 사용자는 연장근로에 대하여는 통상임금의 100분의 50 이상을 가산하여 지급하여야 한다(근로기준법 제56조 제1항).

정답 ⑤

38 **관리사무소장이 직원에게 다음과 같이 휴가에 대하여 설명하고 있다. 근로기준법상 (　　)에 들어갈 내용으로 바르게 나열된 것은?** 제9회

> 3년 이상 계속 근로한 근로자로서 (㉠)간 80퍼센트 이상 출근한 자에 대하여 사용자는 15일의 유급휴가에 최초 1년을 초과하는 계속근로연수 매 (㉡)에 대하여 1일을 가산한 유급휴가를 주어야 한다. 이 경우 가산휴가를 포함한 총휴가일수는 (㉢)을 한도로 한다.

	㉠	㉡	㉢
①	1년	2년	25일
②	1년	2년	30일
③	2년	3년	25일
④	3년	3년	30일
⑤	3년	1년	45일

키워드 「근로기준법」상 가산휴가

풀이 3년 이상 계속 근로한 근로자로서 '1년'간 80퍼센트 이상 출근한 근로자에 대하여 사용자는 15일의 유급휴가에 최초 1년을 초과하는 계속 근로연수 매 '2년'에 대하여 1일을 가산한 유급휴가를 주어야 한다. 이 경우 가산휴가를 포함한 총휴가일수는 '25일'을 한도로 한다(근로기준법 제60조 제1·4항).

정답 ①

39 **근로기준법령의 규정에 따른 연차 유급휴가에 관한 설명으로 옳지 않은 것은?**

① 사용자는 1년간 80퍼센트 이상 출근한 근로자에게 15일의 유급휴가를 주어야 한다.

② 4주 동안을 평균하여 1주 동안의 소정근로시간이 15시간 미만인 근로자의 경우 사용자는 통상 근로자의 근로시간을 기준으로 산정한 비율에 따라 연차 유급휴가를 주어야 한다.

③ 연차 유급휴가는 사용자의 귀책사유로 사용하지 못한 경우를 제외하고 1년간 행사하지 아니하면 소멸된다.

④ 사용자는 계속하여 근로한 기간이 1년 미만인 근로자에게 1개월 개근 시 1일의 유급휴가를 주어야 한다.

⑤ 사용자는 근로자가 청구한 시기에 연차 유급휴가를 주는 것이 사업에 막대한 지장이 있는 경우에는 그 시기를 변경할 수 있다.

키워드 근로기준법령상 연차 유급휴가

풀이 4주 동안을 평균하여 1주 동안의 소정근로시간이 15시간 미만인 근로자에게는 주휴일과 연차 유급휴가에 관한 규정이 적용되지 않는다(근로기준법 제18조 제3항).

정답 ②

40 **근로기준법령상 휴가에 관한 설명으로 옳지 않은 것은?**

① 사용자는 임신 중인 여성근로자가 유산의 경험 등의 사유로 출산전후휴가를 청구하는 경우 출산 전 어느 때라도 휴가를 나누어 사용할 수 있도록 하여야 한다. 이 경우 출산 후의 휴가기간은 연속하여 45일 이상이 되어야 한다.

② 사용자는 1년간 80퍼센트 미만 출근한 근로자에게 1개월 개근 시 1일의 유급휴가를 주어야 한다.

③ 사용자는 근로자대표와의 서면합의에 따라 연차 유급휴가일을 갈음하여 특정한 근로일에 근로자를 휴무시킬 수 있다.

④ 사용자는 임신 중의 여성에게 출산 전과 출산 후를 통하여 90일의 출산전후휴가를 주어야 하고, 휴가 중 최초 60일은 유급으로 한다.

⑤ 사용자는 계속하여 근로한 기간이 1년 미만인 근로자에게 연차 유급휴가의 사용촉진을 취하지 아니하여도 미사용휴가에 대한 보상의무를 면할 수 있다.

키워드 **근로기준법령상 휴가**

풀이 사용자가 계속하여 근로한 기간이 1년 미만인 근로자의 유급휴가의 사용을 촉진하기 위하여 조치를 하였음에도 불구하고 근로자가 휴가를 사용하지 아니하여 소멸된 경우에는 사용자는 그 사용하지 아니한 휴가에 대하여 보상할 의무가 없다(근로기준법 제61조 제2항).

정답 ⑤

41 근로기준법령에 관한 설명으로 옳은 것을 모두 고른 것은?

> ㉠ 사용자는 산후 1년이 지나지 아니한 여성에 대하여는 단체협약이 있는 경우라도 1일에 2시간, 1주에 6시간, 1년에 150시간을 초과하는 시간외근로를 시키지 못한다.
> ㉡ 4주 동안을 평균하여 1주 동안의 소정근로시간이 15시간 이상인 근로자에 대하여는 「근로기준법」 제55조에 따른 휴일을 적용하지 아니한다.
> ㉢ 단체협약에 특별한 규정이 있는 경우에는 임금의 일부를 공제할 수 있다.
> ㉣ 연차 유급휴가 규정을 적용하는 경우 육아휴직으로 휴업한 기간은 출근한 것으로 보지 않는다.

① ㉠
② ㉠, ㉢
③ ㉡, ㉣
④ ㉡, ㉢, ㉣
⑤ ㉠, ㉡, ㉢, ㉣

키워드 근로기준법령상 근로조건

풀이 ㉡ 4주 동안(4주 미만으로 근로하는 경우에는 그 기간)을 평균하여 1주 동안의 소정근로시간이 15시간 미만인 근로자에 대하여는 주휴일과 연차 유급휴가를 적용하지 아니한다(근로기준법 제18조 제3항).

㉣ 연차 휴가 산정을 위한 출근율 판단에서 다음의 어느 하나에 해당하는 기간은 출근한 것으로 본다(근로기준법 제60조 제6항).

1. 근로자가 업무상의 부상 또는 질병으로 휴업한 기간
2. 임신 중의 여성이 출산전후휴가와 유산·사산휴가로 휴업한 기간
3. 「남녀고용평등과 일·가정 양립 지원에 관한 법률」에 따른 육아휴직으로 휴업한 기간

정답 ②

42 근로기준법령상 임산부의 보호에 관한 설명으로 옳지 않은 것은?

① 사용자는 한 번에 둘 이상 자녀를 임신한 여성에게 출산 전과 출산 후를 통하여 120일의 출산전후휴가를 주어야 한다.
② 사용자가 한 번에 둘 이상 자녀를 임신한 여성에게 출산전후휴가를 부여할 경우 최초 90일은 유급으로 한다.
③ 사용자는 임신 중인 여성근로자가 출산전후휴가를 청구할 당시 연령이 만 40세 이상인 경우에는 출산 전 어느 때라도 휴가를 나누어 사용할 수 있도록 하여야 한다.
④ 사용자는 임신 후 32주 이후에 있으며 1일 근로시간이 8시간인 여성 근로자가 1일 2시간의 근로시간 단축을 신청하는 경우 이를 허용하여야 한다.
⑤ 생후 1년 미만의 유아를 가진 여성근로자가 청구하면 1일 2회 각각 30분 이상의 유급 수유시간을 주어야 한다.

키워드 임산부의 보호

풀이 휴가 중 최초 60일(한 번에 둘 이상 자녀를 임신한 경우에는 75일)은 유급으로 한다. 다만, 「남녀고용평등과 일·가정 양립 지원에 관한 법률」에 따라 출산전후휴가 급여 등이 지급된 경우에는 그 금액의 한도에서 지급의 책임을 면한다(근로기준법 제74조 제4항).

정답 ②

43 근로기준법령상 임산부의 보호 등에 관한 설명으로 옳지 않은 것은?

① 사용자는 임신 중의 여성에게 「근로기준법」 제74조 제1항에 따른 출산전후휴가를 주는 경우 휴가기간의 배정은 출산 전에 45일 이상이 되어야 한다.

② 사용자는 임신 중의 여성이 명시적으로 청구하는 경우로서 고용노동부장관의 인가를 받으면 그 임신 중의 여성근로자를 오후 10시부터 다음 날 오전 6시까지의 시간에 근로시킬 수 있다.

③ 사용자는 임신 중의 여성이 명시적으로 청구하는 경우로서 고용노동부장관의 인가를 받으면 그 임신 중의 여성근로자를 휴일에 근로시킬 수 있다.

④ 사용자는 산후 1년이 지나지 아니한 여성에 대하여는 단체협약이 있는 경우라도 1일에 2시간, 1주에 6시간, 1년에 150시간을 초과하는 시간외근로를 시키지 못한다.

⑤ 사용자는 임산부를 도덕상 또는 보건상 유해·위험한 사업에 사용하지 못한다.

키워드 임산부의 보호

풀이 사용자는 임신 중의 여성에게 출산 전과 출산 후를 통하여 90일(미숙아를 출산한 경우에는 100일, 한 번에 둘 이상 자녀를 임신한 경우에는 120일)의 출산전후휴가를 주어야 한다. 이 경우 휴가기간의 배정은 출산 후에 45일(한 번에 둘 이상 자녀를 임신한 경우에는 60일) 이상이 되어야 하고, 미숙아의 범위, 휴가 부여 절차 등에 필요한 사항은 고용노동부령으로 정한다(근로기준법 제74조 제1항).

정답 ①

44 **근로기준법령상 직장 내 괴롭힘에 관한 설명으로 옳지 않은 것은?**

① 누구든지 직장 내 괴롭힘 발생 사실을 알게 된 경우 그 사실을 사용자에게 신고하여야 한다.

② 사용자는 직장 내 괴롭힘 발생 사실을 인지한 경우에는 지체 없이 당사자 등을 대상으로 그 사실 확인을 위하여 객관적으로 조사를 실시하여야 한다.

③ 사용자는 조사 기간 동안 직장 내 괴롭힘과 관련하여 피해를 입은 근로자 또는 피해를 입었다고 주장하는 근로자를 보호하기 위하여 필요한 경우 해당 피해근로자등에 대하여 근무장소의 변경, 유급휴가 명령 등 적절한 조치를 하여야 한다. 이 경우 사용자는 피해근로자등의 의사에 반하는 조치를 하여서는 아니 된다.

④ 사용자는 직장 내 괴롭힘과 관련한 조사 결과 직장 내 괴롭힘 발생 사실이 확인된 때에는 지체 없이 행위자에 대하여 징계, 근무장소의 변경 등 필요한 조치를 하여야 한다. 이 경우 사용자는 징계 등의 조치를 하기 전에 그 조치에 대하여 피해근로자의 의견을 들어야 한다.

⑤ 사용자는 직장 내 괴롭힘에 대한 조사 결과 직장 내 괴롭힘 발생 사실이 확인된 때에는 피해근로자가 요청하면 근무장소의 변경, 배치전환, 유급휴가 명령 등 적절한 조치를 하여야 한다.

키워드 **직장 내 괴롭힘의 금지(근로기준법 제76조의3)**

풀이 누구든지 직장 내 괴롭힘 발생 사실을 알게 된 경우 그 사실을 사용자에게 신고할 수 있다(근로기준법 제76조의3 제1항).

정답 ①

45 근로기준법상 직장 내 괴롭힘에 관한 설명으로 옳지 않은 것은?

① 사용자는 직장 내 괴롭힘 발생 사실을 인지한 경우에는 지체 없이 당사자등을 대상으로 그 사실 확인을 위하여 객관적으로 조사를 실시하여야 한다.

② 사용자는 조사기간 동안 직장 내 괴롭힘과 관련하여 피해를 입은 근로자를 보호하기 위하여 행위자에 대하여 근무장소의 변경 조치를 하여야 한다.

③ 직장 내 괴롭힘 발생 사실을 조사한 사람은 해당 조사 과정에서 알게 된 비밀을 피해근로자등의 의사에 반하는 경우에도 관계 기관의 요청에 따라 필요한 정보를 제공할 수 있다.

④ 근로자는 직장에서의 지위 또는 관계 등의 우위를 이용하여 업무상 적정범위를 넘어 다른 근로자에게 신체적·정신적 고통을 주거나 근무환경을 악화시키는 행위를 하여서는 아니 된다.

⑤ 사용자가 직장 내 괴롭힘의 금지를 위반하여 직장 내 괴롭힘을 한 경우에는 1천만원 이하의 과태료를 부과한다.

키워드 **직장 내 괴롭힘의 금지**

풀이 사용자는 조사기간 동안 직장 내 괴롭힘과 관련하여 피해를 입은 근로자 또는 피해를 입었다고 주장하는 근로자(이하 '피해근로자등'이라 한다)를 보호하기 위하여 필요한 경우 해당 피해근로자등에 대하여 근무장소의 변경, 유급휴가 명령 등 적절한 조치를 하여야 한다. 이 경우 사용자는 피해근로자등의 의사에 반하는 조치를 하여서는 아니 된다(근로기준법 제76조의3 제3항).

정답 ②

46 최저임금법령상 최저임금제도에 관한 설명으로 옳지 않은 것은? 제16회

① 사용자는 최저임금을 이유로 종전의 임금수준을 낮추어서는 아니 된다.
② 최저임금의 적용을 받는 근로자와 사용자 사이의 근로계약 중 최저임금액에 미치지 못하는 금액을 임금으로 정한 부분은 무효로 하며, 이 경우 무효로 된 부분은 최저임금액과 동일한 임금을 지급하기로 한 것으로 본다.
③ 도급으로 사업을 행하는 경우 도급인이 책임져야 할 사유로 수급인이 근로자에게 최저임금액에 미치지 못하는 임금을 지급한 경우 도급인은 해당 수급인과 연대(連帶)하여 책임을 진다.
④ 최저임금은 근로자의 생계비, 유사 근로자의 임금, 노동생산성 및 소득분배율 등을 고려하여 정한다.
⑤ 「최저임금법」은 동거하는 친족만을 사용하는 사업에는 적용되지만, 가사(家事) 사용인에게는 적용되지 아니한다.

키워드 **최저임금의 적용범위**

풀이 「최저임금법」은 근로자를 사용하는 모든 사업 또는 사업장에 적용한다. 다만, 동거하는 친족만을 사용하는 사업과 가사(家事) 사용인에게는 적용하지 아니한다(최저임금법 제3조 제1항).

정답 ⑤

47 최저임금법령상 최저임금에 관한 설명으로 옳지 않은 것은?

① 최저임금은 근로자의 생계비, 유사 근로자의 임금, 노동생산성 및 소득분배율 등을 고려하여 정한다.
② 최저임금액은 시간·일·주 또는 월을 단위로 하여 정한다.
③ 감시 또는 단속적으로 근로에 종사하는 자로서 고용노동부장관의 승인을 얻은 자에게 최저임금을 적용하지 아니한다.
④ 최저임금은 최저임금위원회가 심의·의결한 최저임금안에 따라 고용노동부장관이 결정한다.
⑤ 임금이 도급제나 그 밖에 이와 비슷한 형태로 정해진 경우에 근로시간을 파악하기 어렵거나 그 밖에 일·주·월을 단위로 하여 최저임금액을 정하는 것이 적합하지 않다고 인정되면 해당 근로자의 생산고(生産高) 또는 업적의 일정단위에 의하여 최저임금액을 정한다.

키워드 최저임금의 적용범위

풀이 감시 또는 단속적으로 근로에 종사하는 자에 대해서도 최저임금이 적용된다.

정답 ③

48 최저임금법령상 최저임금의 적용과 효력에 관한 설명으로 옳지 않은 것은? 제20회

① 신체장애로 근로능력이 현저히 낮은 자에 대해서는 사용자가 고용노동부장관의 인가를 받은 경우 최저임금의 효력을 적용하지 아니한다.

② 임금이 도급제나 그 밖에 이와 비슷한 형태로 정해진 경우에 근로시간을 파악하기 어렵다고 인정되면 해당 근로자의 생산고(生産高) 또는 업적의 일정단위에 의하여 최저임금액을 정한다.

③ 최저임금의 적용을 받는 근로자와 사용자 사이의 근로계약 중 최저임금액에 미치지 못하는 금액을 임금으로 정한 부분은 무효로 하며, 이 경우 무효로 된 부분은 「최저임금법」으로 정한 최저임금액과 동일한 임금을 지급하기로 한 것으로 본다.

④ 도급으로 사업을 행하는 경우 도급인이 책임져야 할 사유로 수급인이 근로자에게 최저임금액에 미치지 못하는 임금을 지급한 경우 도급인은 해당 수급인과 연대(連帶)하여 책임을 진다.

⑤ 최저임금의 적용을 받는 근로자가 자기의 사정으로 소정의 근로일의 근로를 하지 아니한 경우 근로하지 아니한 일에 대하여 사용자는 최저임금액의 2분의 1에 해당하는 임금을 지급하여야 한다.

키워드 최저임금의 지급의무면제

풀이 다음의 어느 하나에 해당하는 사유로 근로하지 아니한 시간 또는 일에 대하여 사용자가 임금을 지급할 것을 강제하는 것은 아니다(최저임금법 제6조 제6항).

1. 근로자가 자기의 사정으로 소정근로시간 또는 소정의 근로일의 근로를 하지 아니한 경우
2. 사용자가 정당한 이유로 근로자에게 소정근로시간 또는 소정의 근로일의 근로를 시키지 아니한 경우

정답 ⑤

49 최저임금법령에 관한 설명으로 옳지 않은 것은?

① 1년 미만의 기간을 정하여 근로계약을 체결하고 수습 중에 있는 근로자로서 수습을 시작한 날부터 6개월 이내인 사람에 대하여 고용노동부장관에 의해 고시된 최저임금액보다 적은 최저임금액을 정할 수 있다.

② 사용자가 고용노동부장관의 인가를 받아 최저임금의 적용을 제외할 수 있는 자는 정신 또는 신체의 장애가 업무 수행에 직접적으로 현저한 지장을 주는 것이 명백하다고 인정되는 사람으로 한다.

③ 최저임금위원회는 필요하다고 인정하면 사업의 종류별 또는 특정 사항별로 전문위원회를 둘 수 있다.

④ 고용노동부장관은 매년 8월 5일까지 최저임금을 결정하여야 한다.

⑤ 최저임금위원회에는 관계 행정기관의 공무원 중에서 3명 이내의 특별위원을 둘 수 있다.

키워드 **최저임금**

풀이 1년 이상의 기간을 정하여 근로계약을 체결하고 수습 중에 있는 근로자로서 수습을 시작한 날부터 3개월 이내인 사람에 대하여는 대통령령으로 정하는 바에 따라 최저임금액과 다른 금액으로 최저임금액을 정할 수 있다. 다만, 단순노무업무로 고용노동부장관이 정하여 고시한 직종에 종사하는 근로자는 제외한다(최저임금법 제5조 제2항).

정답 ①

50 최저임금법령에 관한 설명으로 옳은 것은? 제15회

① 최저임금으로 정한 금액은 시간·일·주 또는 월을 단위로 하여 정한다. 이 경우 일·주 또는 월을 단위로 하여 최저임금액을 정할 때에는 시간급으로도 표시하여야 한다.

② 최저임금에 관한 심의와 그 밖에 최저임금에 관한 중요사항을 심의하기 위하여 고용노동부에 근로감독위원회를 둔다.

③ 고용노동부장관이 고시한 최저임금은 해당 연도 1월 1일부터 효력이 발생한다. 다만, 고용노동부장관은 사업의 종류별로 임금교섭시기 등을 고려하여 필요하다고 인정하면 효력발생시기를 따로 정할 수 있다.

④ 도급으로 사업을 행하는 경우 도급인이 책임져야 할 사유로 수급인이 근로자에게 최저임금액에 미치지 못하는 임금을 지급한 경우 도급인이 책임을 져야 하며 수급인에게 책임을 물을 수 없다.

⑤ 최저임금의 적용을 받는 사용자는 대통령령으로 정하는 바에 따라 해당 최저임금을 그 사업의 근로자가 쉽게 볼 수 있는 장소에 게시하거나 그 외의 적당한 방법으로 근로자에게 널리 알려야 한다. 이 규정을 위반할 경우에는 500만원의 과태료에 처한다.

키워드 최저임금

풀이
② 최저임금에 관한 심의와 그 밖에 최저임금에 관한 중요사항을 심의하기 위하여 고용노동부에 최저임금위원회를 둔다(최저임금법 제12조).
③ 고시된 최저임금은 다음 연도 1월 1일부터 효력이 발생한다(최저임금법 제10조 제2항).
④ 도급으로 사업을 행하는 경우 도급인이 책임져야 할 사유로 수급인이 근로자에게 최저임금액에 미치지 못하는 임금을 지급한 경우 도급인은 해당 수급인과 연대하여 책임을 진다(최저임금법 제6조 제7항).
⑤ 최저임금의 적용을 받는 사용자는 대통령령으로 정하는 바에 따라 해당 최저임금을 그 사업의 근로자가 쉽게 볼 수 있는 장소에 게시하거나 그 외의 적당한 방법으로 근로자에게 널리 알려야 한다. 이 규정을 위반할 경우에는 100만원의 과태료에 처한다(최저임금법 제31조 제1항 제1호).

정답 ①

51 **최저임금법상 최저임금에 관한 설명으로 옳은 것은?** 제22회

① 최저임금액을 일·주 또는 월을 단위로 하여 최저임금액을 정할 때에는 시간급(時間給)으로도 표시하여야 한다.

② 사용자는 「최저임금법」에 따른 최저임금을 이유로 종전의 임금수준을 낮출 수 있다.

③ 최저임금의 사업 종류별 구분은 최저임금위원회가 정한다.

④ 사용자를 대표하는 자는 고시된 최저임금안에 대하여 이의를 제기할 수 없다.

⑤ 고시된 최저임금은 다음 연도 3월 1일부터 효력이 발생하나, 고용노동부장관은 사업의 종류별로 임금교섭시기 등을 고려하여 필요하다고 인정하면 효력발생시기를 따로 정할 수 있다.

키워드 **최저임금**

풀이 ② 사용자는 「최저임금법」에 따른 최저임금을 이유로 종전의 임금수준을 낮추어서는 아니 된다(최저임금법 제6조 제2항).

③ 최저임금의 사업의 종류별 구분은 최저임금위원회의 심의를 거쳐 고용노동부장관이 정한다(최저임금법 제4조 제2항).

④ 근로자를 대표하는 자나 사용자를 대표하는 자는 고시된 최저임금안에 대하여 이의가 있으면 고시된 날부터 10일 이내에 대통령령으로 정하는 바에 따라 고용노동부장관에게 이의를 제기할 수 있다. 이 경우 근로자를 대표하는 자나 사용자를 대표하는 자의 범위는 대통령령으로 정한다(최저임금법 제9조 제2항).

⑤ 고시된 최저임금은 다음 연도 1월 1일부터 효력이 발생한다. 다만, 고용노동부장관은 사업의 종류별로 임금교섭시기 등을 고려하여 필요하다고 인정하면 효력발생시기를 따로 정할 수 있다(최저임금법 제10조 제2항).

정답 ①

52 **최저임금법령에 관한 설명으로 옳지 않은 것을 모두 고른 것은?**

> ㉠ 최저임금액은 시간·일(日)·주(週)·월(月) 또는 연(年)을 단위로 하여 정한다.
> ㉡ 최저임금위원회는 매년 8월 5일까지 최저임금을 결정하고 이를 지체 없이 고시하여야 한다.
> ㉢ 최저임금의 효력은 고용노동부장관이 고시한 때부터 발생한다.
> ㉣ 최저임금에 관한 중요사항을 심의하기 위하여 대통령 직속의 최저임금위원회를 둔다.
> ㉤ 사용자는 최저임금의 내용을 최저임금의 효력발생일 전날까지 근로자에게 주지시켜야 한다.

① ㉠　　② ㉠, ㉡

③ ㉠, ㉡, ㉢　　④ ㉠, ㉡, ㉢, ㉣

⑤ ㉠, ㉡, ㉢, ㉣, ㉤

키워드 **최저임금**

풀이 ㉠ 최저임금액은 시간·일(日)·주(週) 또는 월(月)을 단위로 하여 정한다. 이 경우 일·주 또는 월을 단위로 하여 최저임금액을 정할 때에는 시간급(時間給)으로도 표시하여야 한다(최저임금법 제5조 제1항).

㉡ 고용노동부장관은 매년 8월 5일까지 최저임금을 결정하여야 한다. 이 경우 고용노동부장관은 대통령령으로 정하는 바에 따라 최저임금위원회에 심의를 요청하고, 위원회가 심의하여 의결한 최저임금안에 따라 최저임금을 결정하여야 한다(최저임금법 제8조 제1항).

㉢ 고용노동부장관은 최저임금을 결정한 때에는 지체 없이 그 내용을 고시하여야 하며, 고시된 최저임금은 다음 연도 1월 1일부터 효력이 발생한다. 다만, 고용노동부장관은 사업의 종류별로 임금교섭시기 등을 고려하여 필요하다고 인정하면 효력발생시기를 따로 정할 수 있다(최저임금법 제10조).

㉣ 최저임금에 관한 심의와 그 밖에 최저임금에 관한 중요사항을 심의하기 위하여 고용노동부에 최저임금위원회를 둔다(최저임금법 제12조).

정답 ④

PART 1

53 최저임금법령에 관한 설명으로 옳은 것을 모두 고른 것은?

㉠ 「선원법」의 적용을 받는 선원과 선원을 사용하는 선박의 소유자에게는 적용하지 아니한다.
㉡ 최저임금은 매년 12월 31일까지 결정하여 고시한다.
㉢ 최저임금위원회는 대통령 소속으로 둔다.
㉣ 고용노동부장관은 근로자의 생계비와 임금실태 등을 매년 조사하여야 한다.

① ㉠, ㉡
② ㉠, ㉢
③ ㉠, ㉣
④ ㉡, ㉣
⑤ ㉢, ㉣

키워드 **최저임금**

풀이 ㉡ 고용노동부장관은 매년 8월 5일까지 최저임금을 결정하여야 한다. 이 경우 고용노동부장관은 대통령령으로 정하는 바에 따라 「최저임금법」 제12조에 따른 최저임금위원회(이하 '위원회'라 한다)에 심의를 요청하고, 위원회가 심의하여 의결한 최저임금안에 따라 최저임금을 결정하여야 한다(최저임금법 제8조 제1항).

㉢ 최저임금에 관한 심의와 그 밖에 최저임금에 관한 중요사항을 심의하기 위하여 고용노동부에 최저임금위원회를 둔다(최저임금법 제12조).

정답 ③

54 최저임금법령상 최저임금의 결정 등에 관한 설명으로 옳지 않은 것은?

① 고용노동부장관은 매년 3월 31일까지 최저임금위원회에 최저임금에 관한 심의를 요청하여야 한다.

② 최저임금위원회는 고용노동부장관으로부터 최저임금에 관한 심의 요청을 받은 경우 이를 심의하여 최저임금안을 의결하고 심의 요청을 받은 날부터 90일 이내에 고용노동부장관에게 제출하여야 한다.

③ 고용노동부장관은 최저임금위원회가 심의하여 제출한 최저임금안에 따라 최저임금을 결정하기가 어렵다고 인정되면 20일 이내에 그 이유를 밝혀 위원회에 10일 이상의 기간을 정하여 재심의를 요청할 수 있다.

④ 고용노동부장관은 매년 8월 5일까지 최저임금을 결정하여야 한다.

⑤ 사용자를 대표하는 자는 고시된 최저임금안에 대하여 이의가 있으면 고시된 날부터 30일 이내에 고용노동부장관에게 이의를 제기할 수 있다.

키워드 **최저임금의 내용**

풀이 근로자를 대표하는 자나 사용자를 대표하는 자는 고시된 최저임금안에 대하여 이의가 있으면 고시된 날부터 10일 이내에 대통령령으로 정하는 바에 따라 고용노동부장관에게 이의를 제기할 수 있다(최저임금법 제9조 제2항 전단).

정답 ⑤

55 근로자퇴직급여 보장법령상 용어의 정의가 옳은 것은?

제14회 수정

① '확정기여형 퇴직연금제도'란 근로자가 지급받을 급여의 수준이 사전에 결정되어 있는 퇴직연금제도를 말한다.

② '확정급여형 퇴직연금제도'란 급여의 지급을 위하여 사용자가 부담하여야 할 부담금의 수준이 사전에 결정되어 있는 퇴직연금제도를 말한다.

③ '개인형 퇴직연금제도'란 가입자의 선택에 따라 가입자가 납입한 일시금이나 사용자 또는 가입자가 납입한 부담금을 적립·운용하기 위하여 설정한 퇴직연금제도로서 급여의 수준이나 부담금의 수준이 확정되지 아니한 퇴직연금제도를 말한다.

④ '급여'란 퇴직급여제도나 개인형 퇴직연금제도에 의하여 근로자에게 지급되는 연금을 말하며, 일시금은 포함되지 않는다.

⑤ '가입자'란 퇴직연금제도에 가입한 사람을 말하며, 개인형 퇴직연금제도에 가입한 근로자는 포함되지 않는다.

키워드 **근로자퇴직급여 보장법령상 용어의 정의(근로자퇴직급여 보장법 제2조)**

풀이 ① '확정기여형 퇴직연금제도'란 급여의 지급을 위하여 사용자가 부담하여야 할 부담금의 수준이 사전에 결정되어 있는 퇴직연금제도를 말한다.
② '확정급여형 퇴직연금제도'란 근로자가 받을 급여의 수준이 사전에 결정되어 있는 퇴직연금제도를 말한다.
④ '급여'란 퇴직급여제도나 개인형 퇴직연금제도에 의하여 근로자에게 지급되는 연금 또는 일시금을 말한다.
⑤ '가입자'란 퇴직연금제도 또는 중소기업퇴직연금기금제도에 가입한 사람을 말한다. 개인형 퇴직연금제도도 퇴직연금제도에 포함되므로 개인형 퇴직연금제도에 가입한 근로자도 포함된다.

정답 ③

PART 1

56 근로자퇴직급여 보장법령에 관한 설명으로 옳지 않은 것은?

① 퇴직금제도를 설정하려는 사용자는 계속근로기간 1년에 대하여 30일분 이상의 평균임금을 퇴직금으로 퇴직 근로자에게 지급할 수 있는 제도를 설정하여야 한다.
② 확정급여형 퇴직연금제도란 근로자가 받을 급여의 수준이 사전에 결정되어 있는 퇴직연금제도를 말한다.
③ 사용자가 퇴직급여제도를 다른 종류의 퇴직급여제도로 변경하려는 경우에는 근로자의 과반수를 대표하는 자와 사전협의를 하여야 한다.
④ 확정기여형 퇴직연금제도에 가입한 근로자는 주택구입 등 대통령령으로 정하는 사유가 발생하면 적립금을 중도인출할 수 있다.
⑤ 사용자는 그 지급사유가 발생한 날부터 14일 이내에 원칙적으로 퇴직금을 지급하여야 한다.

키워드 **「근로자퇴직급여 보장법」의 퇴직급여제도의 설정**

풀이 사용자가 퇴직급여제도를 설정하거나 설정된 퇴직급여제도를 다른 종류의 퇴직급여제도로 변경하려는 경우에는 근로자의 과반수가 가입한 노동조합이 있는 경우에는 그 노동조합, 근로자의 과반수가 가입한 노동조합이 없는 경우에는 근로자 과반수(이하 '근로자대표'라 한다)의 동의를 받아야 한다(근로자퇴직급여 보장법 제4조 제3항).

정답 ③

57 근로자퇴직급여 보장법령에 규정된 내용으로 옳은 것은?

① 「근로자퇴직급여 보장법」에 따른 퇴직금을 받을 권리는 1년간 행사하지 아니하면 시효로 인하여 소멸한다.

② 「근로자퇴직급여 보장법」은 동거하는 친족만을 사용하는 사업 및 가구 내 고용활동에는 적용하지 아니한다.

③ 사용자는 계속근로기간이 1년 미만인 근로자에 대하여 퇴직급여제도 중 하나 이상의 제도를 설정하여야 한다.

④ 퇴직연금사업자는 매년 2회 이상 적립금액 및 운용수익률 등을 고용노동부령으로 정하는 바에 따라 가입자에게 알려야 한다.

⑤ 확정기여형 퇴직연금제도란 근로자가 받을 급여의 수준이 사전에 결정되어 있는 퇴직연금제도를 말한다.

키워드 **「근로자퇴직급여 보장법」의 내용**

풀이 ① 「근로자퇴직급여 보장법」에 따른 퇴직금을 받을 권리는 3년간 행사하지 아니하면 시효로 인하여 소멸한다(근로자퇴직급여 보장법 제10조).

③ 사용자는 퇴직하는 근로자에게 급여를 지급하기 위하여 퇴직급여제도 중 하나 이상의 제도를 설정하여야 한다. 다만, 계속근로기간이 1년 미만인 근로자, 4주간을 평균하여 1주간의 소정근로시간이 15시간 미만인 근로자에 대하여는 그러하지 아니하다(근로자퇴직급여 보장법 제4조 제1항).

④ 퇴직연금사업자는 매년 1회 이상 적립금액 및 운용수익률 등을 고용노동부령으로 정하는 바에 따라 가입자에게 알려야 한다(근로자퇴직급여 보장법 제18조).

⑤ '확정급여형 퇴직연금제도'의 설명이다. '확정기여형 퇴직연금제도'란 급여의 지급을 위하여 사용자가 부담하여야 할 부담금의 수준이 사전에 결정되어 있는 퇴직연금제도를 말한다(근로자퇴직급여 보장법 제2조 제9호).

정답 ②

58 **근로자퇴직급여 보장법령상 퇴직급여제도에 관한 설명으로 옳지 않은 것은?**

① 사용자는 계속근로기간이 1년 미만인 근로자, 4주간을 평균하여 1주간의 소정근로시간이 15시간 미만인 근로자에 대하여는 퇴직급여제도를 설정하지 아니하여도 된다.

② 사용자가 퇴직급여제도를 설정하거나 설정된 퇴직급여제도를 다른 종류의 퇴직급여제도로 변경하려는 경우에는 근로자의 과반수로 조직된 노동조합이 있는 경우에는 그 노동조합, 근로자의 과반수로 조직된 노동조합이 없는 경우에는 근로자 과반수(이하 '근로자대표'라 한다)의 동의를 얻어야 한다.

③ 퇴직급여제도를 설정함에 있어서 하나의 사업에서 급여 및 부담금 산정방법의 적용 등에 관하여 차등을 두어서는 아니 된다.

④ 사용자가 설정되거나 변경된 퇴직급여제도의 내용을 변경하려는 경우에는 근로자대표의 의견을 들어야 한다.

⑤ 퇴직연금제도(중소기업퇴직연금기금제도를 포함한다)의 급여를 받을 권리는 양도하거나 담보로 제공할 수 없다. 따라서 주택구입 등의 경우에도 담보로 제공할 수 없다.

키워드 **퇴직급여제도**

풀이 퇴직연금제도(중소기업퇴직연금기금제도를 포함한다)의 급여를 받을 권리는 양도하거나 담보로 제공할 수 없다. 다만, 주택구입 등 대통령령으로 정하는 사유와 요건을 갖춘 경우에는 대통령령으로 정하는 한도에서 퇴직연금제도의 급여를 받을 권리를 담보로 제공할 수 있다(근로자퇴직급여 보장법 제7조).

정답 ⑤

59 **근로자퇴직급여 보장법령상 퇴직급여에 관한 설명으로 옳지 않은 것은?**

① 새로 성립된 사업의 사용자는 근로자대표의 의견을 들어 사업의 성립 후 1년 이내에 확정급여형 퇴직연금제도나 확정기여형 퇴직연금제도를 설정하여야 한다.

② 사용자는 주택구입 등 대통령령으로 정하는 사유로 근로자의 요구가 있는 경우에는 퇴직 전이라도 퇴직금을 미리 정산하여 지급할 수 있다.

③ 퇴직금을 받을 권리는 3년간 행사하지 아니하면 시효로 인하여 소멸한다.

④ 사용자가 퇴직급여제도나 개인형 퇴직연금제도를 설정하지 아니하는 경우에는 퇴직금제도를 설정한 것으로 본다.

⑤ 사용자는 계속근로기간 1년에 대하여 30일분 이상의 통상임금을 퇴직하는 근로자에게 퇴직금으로 지급할 수 있는 제도를 설정하여야 한다.

키워드 **퇴직금제도의 설정방법**

풀이 퇴직금제도를 설정하고자 하는 사용자는 계속근로기간 1년에 대하여 30일분 이상의 평균임금을 퇴직금으로 퇴직하는 근로자에게 지급할 수 있는 제도를 설정하여야 한다(근로자퇴직급여 보장법 제8조 제1항).

정답 ⑤

60 **근로자퇴직급여 보장법령상 퇴직급여제도에 관한 설명으로 옳지 않은 것은?**

① 가입자의 부양가족의 혼례비를 가입자가 부담하는 경우에는 퇴직연금제도의 급여를 받을 권리는 담보로 제공할 수 없다.

② 무주택자인 가입자가 본인 명의로 주택을 구입하는 경우 가입자별 적립금의 100분의 50 한도에서 퇴직연금제도의 급여를 받을 권리를 담보로 제공할 수 있다.

③ 6개월 이상 요양을 필요로 하는 근로자의 부상의료비를 근로자 본인 연간 임금총액의 1천분의 125를 초과하여 부담하는 경우 퇴직금을 미리 정산하여 지급할 수 있다.

④ 퇴직금을 중간정산하여 지급한 후의 퇴직금 산정을 위한 계속근로기간은 정산시점부터 새로 계산한다.

⑤ 사용자는 퇴직금을 미리 정산하여 지급한 경우 근로자의 퇴직한 후 5년이 되는 날까지 관련 증명서류를 보존하여야 한다.

키워드 **퇴직급여제도**

풀이 가입자의 부양가족의 혼례비를 가입자가 부담하는 경우에는 퇴직연금제도의 급여를 받을 권리는 담보로 제공할 수 있다(근로자퇴직급여 보장법 제7조 제2항, 동법 시행령 제2조 제1항 제4호의2).

정답 ①

61 근로자퇴직급여 보장법령상 퇴직연금수급권의 담보제공 사유와 요건으로 옳지 않은 것은?

① 무주택자인 가입자가 본인 명의로 주택을 구입하는 경우
② 사용자가 기존의 정년을 연장하거나 보장하는 조건으로 단체협약 및 취업규칙 등을 통하여 일정 나이, 근속시점 또는 임금액을 기준으로 임금을 줄이는 제도를 시행하는 경우
③ 가입자 또는 그 배우자의 부양가족의 대학등록금, 혼례비 또는 장례비를 가입자가 부담하는 경우
④ 가입자가 6개월 이상 요양을 필요로 하는 가입자 본인 또는 가입자의 배우자의 질병 또는 부상에 대한 의료비를 부담하는 경우
⑤ 담보를 제공하는 날부터 거꾸로 계산하여 5년 이내에 가입자가 「채무자 회생 및 파산에 관한 법률」에 따라 파산선고를 받은 경우

키워드 **퇴직연금의 담보제공 사유**

풀이 사용자가 기존의 정년을 연장하거나 보장하는 조건으로 단체협약 및 취업규칙 등을 통하여 일정 나이, 근속시점 또는 임금액을 기준으로 임금을 줄이는 제도를 시행하는 경우는 퇴직금의 중간정산 사유에 해당한다(근로자퇴직급여 보장법 시행령 제3조 제1항 제6호).

이론 +

퇴직연금의 담보제공 사유(근로자퇴직급여 보장법 제7조 제2항, 동법 시행령 제2조 제1항)

1. 무주택자인 가입자가 본인 명의로 주택을 구입하는 경우
2. 무주택자인 가입자가 주거를 목적으로 「민법」 제303조에 따른 전세금 또는 「주택임대차보호법」 제3조의2에 따른 보증금을 부담하는 경우. 이 경우 가입자가 하나의 사업 또는 사업장에 근로하는 동안 1회로 한정한다.
3. 가입자가 6개월 이상 요양을 필요로 하는 다음의 어느 하나에 해당하는 사람의 질병이나 부상에 대한 의료비(소득세법 시행령 제118조의5 제1항 및 제2항에 따른 의료비를 말한다)를 부담하는 경우
   ㉠ 가입자 본인
   ㉡ 가입자의 배우자
   ㉢ 가입자 또는 그 배우자의 부양가족(소득세법에 따른 부양가족을 말한다)
4. 담보를 제공하는 날부터 거꾸로 계산하여 5년 이내에 가입자가 「채무자 회생 및 파산에 관한 법률」에 따라 파산선고를 받은 경우
5. 담보를 제공하는 날부터 거꾸로 계산하여 5년 이내에 가입자가 「채무자 회생 및 파산에 관한 법률」에 따라 개인회생절차개시 결정을 받은 경우
6. 다음의 어느 하나에 해당하는 사람의 대학등록금, 혼례비 또는 장례비를 가입자가 부담하는 경우
   ㉠ 가입자 본인
   ㉡ 가입자의 배우자
   ㉢ 가입자 또는 그 배우자의 부양가족
7. 사업주의 휴업 실시로 근로자의 임금이 감소하거나 재난(재난 및 안전관리 기본법 제3조 제1호에 따른 재난을 말한다)으로 피해를 입은 경우로서 고용노동부장관이 정하여 고시하는 사유와 요건에 해당하는 경우

정답 ②

62 **근로자퇴직급여 보장법령상 퇴직금의 중간정산 사유에 해당하지 않는 것을 모두 고른 것은?**

> ㉠ 사용자가 근로자와의 합의에 따라 연장근로시간을 1일 1시간 또는 1주 5시간 이상 단축한 경우
> ㉡ 사용자가 기존의 정년을 연장하거나 보장하는 조건으로 단체협약 및 취업규칙 등을 통하여 일정 나이, 근속시점 또는 임금액을 기준으로 임금을 줄이는 제도를 시행하는 경우
> ㉢ 근로자가 휴직을 하여 수입이 줄어드는 경우
> ㉣ 퇴직금 중간정산을 신청하는 날부터 거꾸로 계산하여 5년 이내에 근로자가 「채무자 회생 및 파산에 관한 법률」에 따라 개인회생절차개시 결정을 받은 경우
> ㉤ 근로자 또는 그 배우자의 부양가족의 대학등록금, 혼례비 또는 장례비를 근로자가 부담하는 경우

① ㉠, ㉡, ㉣　② ㉠, ㉢, ㉤　③ ㉡, ㉢, ㉣
④ ㉠, ㉡, ㉢, ㉣　⑤ ㉡, ㉢, ㉣, ㉤

키워드 **퇴직금의 중간정산 사유**

풀이 ㉠ 사용자가 근로자와의 합의에 따라 소정근로시간을 1일 1시간 또는 1주 5시간 이상 단축한 경우가 퇴직금의 중간정산 사유에 해당된다.
㉤ 퇴직연금제도 수급권의 담보제공 사유에 해당된다(근로자퇴직급여 보장법 시행령 제2조 제1항 제4호의2).

이론 +

> **퇴직금의 중간정산 사유(근로자퇴직급여 보장법 제8조 제2항, 동법 시행령 제3조 제1항)**
> 1. 무주택자인 근로자가 본인 명의로 주택을 구입하는 경우
> 2. 무주택자인 근로자가 주거를 목적으로 「민법」 제303조에 따른 전세금 또는 「주택임대차보호법」 제3조의2에 따른 보증금을 부담하는 경우. 이 경우 근로자가 하나의 사업에 근로하는 동안 1회로 한정한다.
> 3. 근로자가 6개월 이상을 필요로 하는 다음의 어느 하나에 해당하는 사람의 질병이나 부상에 대한 의료비를 해당 근로자가 본인 연간 임금총액의 1천분의 125를 초과하여 부담하는 경우
>   ⓐ 근로자 본인
>   ⓑ 근로자의 배우자
>   ⓒ 근로자 또는 그 배우자의 부양가족
> 4. 퇴직금 중간정산을 신청하는 날부터 거꾸로 계산하여 5년 이내에 근로자가 「채무자 회생 및 파산에 관한 법률」에 따라 파산선고를 받은 경우
> 5. 퇴직금 중간정산을 신청하는 날부터 거꾸로 계산하여 5년 이내에 근로자가 「채무자 회생 및 파산에 관한 법률」에 따라 개인회생절차개시 결정을 받은 경우
> 6. 사용자가 기존의 정년을 연장하거나 보장하는 조건으로 단체협약 및 취업규칙 등을 통하여 일정 나이, 근속시점 또는 임금액을 기준으로 임금을 줄이는 제도를 시행하는 경우
> 7. 사용자가 근로자와의 합의에 따라 소정근로시간을 1일 1시간 또는 1주 5시간 이상 단축함으로써 단축된 소정근로시간에 따라 근로자가 3개월 이상 계속 근로하기로 한 경우
> 8. 법률 제15513호 「근로기준법」 일부개정법률의 시행에 따른 근로시간의 단축으로 근로자의 퇴직금이 감소되는 경우
> 9. 재난으로 피해를 입은 경우로서 고용노동부장관이 정하여 고시하는 사유에 해당하는 경우

정답 ②

63 근로자퇴직급여 보장법령상 퇴직급여제도에 관한 설명으로 옳지 않은 것은?

제16회 수정

① 퇴직금제도를 설정하려는 사용자는 계속근로기간 1년에 대하여 30일분 이상의 평균임금을 퇴직금으로 퇴직근로자에게 지급할 수 있는 제도를 설정하여야 한다.

② 퇴직금을 받을 권리는 3년간 행사하지 않으면 시효로 인하여 소멸한다.

③ 사용자가 퇴직금을 미리 정산하여 지급한 경우에는 근로자의 퇴직금청구권이 소멸시효가 완성되는 날까지 관련 증명서류를 보존하여야 한다.

④ 최종 3년간의 퇴직금은 사용자의 총재산에 대하여 질권 또는 저당권에 의하여 담보된 채권, 조세·공과금 및 다른 채권에 우선하여 변제되어야 한다.

⑤ 퇴직급여 중 확정급여형 퇴직연금제도의 급여의 수준은 가입자의 퇴직일을 기준으로 산정한 일시금이 계속근로기간 1년에 대하여 30일분 이상의 평균임금이 되도록 하여야 한다.

키워드 **퇴직금제도**

풀이 사용자는 퇴직금을 미리 정산하여 지급한 경우 근로자가 퇴직한 후 5년이 되는 날까지 관련 증명서류를 보존하여야 한다(근로자퇴직급여 보장법 시행령 제3조 제2항).

정답 ③

64 근로자퇴직급여 보장법령상 퇴직급여제도에 관한 설명으로 옳은 것은?

① 사용자는 퇴직하는 근로자에게 급여를 지급하기 위하여 4주간을 평균하여 1주간의 소정근로시간이 15시간 미만인 근로자에 대하여 퇴직급여제도 중 하나 이상의 제도를 설정하여야 한다.

② 사용자는 주택구입 등 대통령령으로 정하는 사유로 근로자가 요구하는 경우에는 근로자가 퇴직하기 전에 해당 근로자의 계속근로기간에 대한 퇴직금을 미리 정산하여 지급하여야 한다.

③ 최종 3년간의 퇴직급여등은 사용자의 총재산에 대하여 질권 또는 저당권에 의하여 담보된 채권, 조세·공과금 및 다른 채권에 우선하여 변제되어야 한다.

④ 가입자는 확정급여형 퇴직연금제도를 설정한 사용자가 부담하는 부담금 외에 스스로 부담하는 추가부담금을 가입자의 확정급여형 퇴직연금계정에 납입할 수 있다.

⑤ 확정급여형 퇴직연금제도에 가입한 근로자는 주택구입 등의 사유가 발생하면 적립금을 중도인출할 수 있다.

키워드 **퇴직급여제도**

풀이 ① 사용자는 퇴직하는 근로자에게 급여를 지급하기 위하여 퇴직급여제도 중 하나 이상의 제도를 설정하여야 한다. 다만, 계속근로기간이 1년 미만인 근로자, 4주간을 평균하여 1주간의 소정근로시간이 15시간 미만인 근로자에 대하여는 그러하지 아니하다(근로자퇴직급여 보장법 제4조 제1항).

② 사용자는 주택구입 등 대통령령으로 정하는 사유로 근로자가 요구하는 경우에는 근로자가 퇴직하기 전에 해당 근로자의 계속근로기간에 대한 퇴직금을 미리 정산하여 지급할 수 있다. 이 경우 미리 정산하여 지급한 후의 퇴직금 산정을 위한 계속근로기간은 정산시점부터 새로 계산한다(근로자퇴직급여 보장법 제8조 제2항).

④ 가입자는 확정기여형 퇴직연금제도를 설정한 사용자가 부담하는 부담금 외에 스스로 부담하는 추가부담금을 가입자의 확정기여형 퇴직연금계정에 납입할 수 있다(근로자퇴직급여 보장법 제20조 제2항).

⑤ 확정기여형 퇴직연금제도에 가입한 근로자는 주택구입 등의 사유가 발생하면 적립금을 중도인출할 수 있다(근로자퇴직급여 보장법 제22조).

정답 ③

65 근로자퇴직급여 보장법령상 확정급여형 퇴직연금제도에 관한 설명으로 옳지 않은 것은?

① 확정급여형 퇴직연금제도를 설정하려는 사용자는 근로자대표의 동의를 얻거나 의견을 들어 확정급여형 퇴직연금규약을 작성하여 고용노동부장관에게 신고하여야 한다.

② 확정급여형 퇴직연금에서 급여수준은 가입자의 퇴직일 기준으로 산정한 일시금이 계속근로기간 1년에 대하여 30일분 이상의 평균임금이 되도록 하여야 한다.

③ 확정급여형 퇴직연금제도의 연금은 55세 이상으로서 가입기간이 10년 이상인 가입자에게 지급하여야 하고, 연금의 지급기간은 5년 이상이어야 한다.

④ 확정급여형 퇴직연금제도의 일시금은 연금수급요건을 갖추지 못한 근로자에게 지급되며, 연금수급 요건을 갖춘 근로자에게는 일시금을 지급할 수 없다.

⑤ 확정급여형 퇴직연금제도를 설정한 사용자는 급여지급능력을 확보하기 위하여 매 사업연도 말 기준책임준비금에 100분의 60 이상으로 대통령령으로 정하는 비율을 곱하여 산출한 최소적립금 이상을 적립금으로 적립하여야 한다.

키워드 **확정급여형 퇴직연금제도**

풀이 확정급여형 퇴직연금제도의 일시금은 연금수급 요건을 갖추지 못하거나 일시금 수급을 원하는 가입자에게 지급할 수 있다(근로자퇴직급여 보장법 제17조 제1항 제2호).

정답 ④

66 **근로자퇴직급여 보장법상 확정급여형 퇴직연금제도에 관한 설명으로 옳지 않은 것은?**

제25회

① 확정급여형 퇴직연금제도를 설정하려는 사용자는 근로자대표의 동의를 얻어 확정급여형 퇴직연금규약을 작성하여 고용노동부장관의 허가를 받아야 한다.

② 확정급여형 퇴직연금규약에는 퇴직연금사업자 선정에 관한 사항이 포함되어야 한다.

③ 급여 수준은 가입자의 퇴직일을 기준으로 산정한 일시금이 계속근로기간 1년에 대하여 30일분 이상의 평균임금이 되도록 하여야 한다.

④ 급여 종류를 연금으로 하는 경우 연금의 지급기간은 5년 이상이어야 한다.

⑤ 퇴직연금사업자는 매년 1회 이상 적립금액 및 운용수익률 등을 고용노동부령으로 정하는 바에 따라 가입자에게 알려야 한다.

키워드 **확정급여형 퇴직연금제도**

풀이 확정급여형 퇴직연금제도를 설정하려는 사용자는 근로자대표의 동의를 얻거나 의견을 들어 확정급여형 퇴직연금규약을 작성하여 고용노동부장관에게 신고하여야 한다(근로자퇴직급여 보장법 제13조).

정답 ①

67 **근로자퇴직급여 보장법령상 확정기여형 퇴직연금제도에 관한 설명으로 옳지 않은 것은?**

① 확정기여형 퇴직연금제도를 설정한 사용자는 가입자의 연간 임금총액의 12분의 1 이상에 해당하는 부담금을 현금으로 가입자의 확정기여형 퇴직연금제도 계정에 납입하여야 한다.

② 확정기여형 퇴직연금의 경우 가입자는 사용자가 부담하는 부담금 외에 스스로 부담하는 추가부담금을 가입자의 확정기여형 퇴직연금계정에 납입할 수 있다.

③ 확정기여형 퇴직연금의 경우 사용자는 매월 1회 이상 정기적으로 부담금을 납부하여야 한다.

④ 확정기여형 퇴직연금제도의 가입자는 적립금의 운용방법을 스스로 선정할 수 있고, 반기마다 1회 이상 적립금의 운용방법을 변경할 수 있다.

⑤ 확정기여형 퇴직연금제도에 가입한 근로자는 주택구입 등 대통령령으로 정하는 사유가 발생하면 적립금을 중도인출할 수 있다.

키워드 **확정기여형 퇴직연금제도**

풀이 사용자는 매년 1회 이상 정기적으로 부담금을 가입자의 확정기여형 퇴직연금제도 계정에 납입하여야 한다(근로자퇴직급여 보장법 제20조 제3항).

정답 ③

68 근로자퇴직급여 보장법령상 확정기여형 퇴직연금제도의 중도인출 사유로 옳지 않은 것은?

① 무주택자인 가입자가 본인 명의로 주택을 구입하는 경우

② 무주택자인 가입자가 주거를 목적으로 「민법」 제303조에 따른 전세금 또는 「주택임대차보호법」 제3조의2에 따른 보증금을 부담하는 경우

③ 가입자 또는 그 배우자의 부양가족의 대학등록금, 혼례비 또는 장례비를 가입자가 부담하는 경우

④ 6개월 이상 요양을 필요로 하는 가입자 또는 그 배우자의 부양가족의 질병 또는 부상에 대한 의료비를 가입자가 본인 연간 임금총액의 1천분의 125를 초과하여 부담하는 경우

⑤ 중도인출을 신청한 날부터 거꾸로 계산하여 5년 이내에 가입자가 「채무자 회생 및 파산에 관한 법률」에 따라 파산선고를 받은 경우

키워드 **확정기여형 퇴직연금제도의 중도인출 사유(근로자퇴직급여 보장법 제22조, 동법 시행령 제14조)**

풀이 가입자 또는 그 배우자의 부양가족의 대학등록금, 혼례비 또는 장례비를 가입자가 부담하는 경우는 퇴직연금의 담보제공 사유에 해당한다(근로자퇴직급여 보장법 시행령 제2조 제1항 제4호의2).

이론 +

확정기여형 퇴직연금제도의 중도인출 사유

1. 무주택자인 가입자가 본인 명의로 주택을 구입하는 경우
2. 무주택자인 가입자가 주거를 목적으로 「민법」 제303조에 따른 전세금 또는 「주택임대차보호법」 제3조의2에 따른 보증금을 부담하는 경우. 이 경우 가입자가 하나의 사업 또는 사업장에 근로하는 동안 1회로 한정한다.
3. 가입자가 6개월 이상 요양을 필요로 하는 가입자 본인이나 배우자, 가입자 또는 그 배우자의 부양가족(소득세법에 따른 부양가족을 말한다)의 질병이나 부상에 대한 의료비를 부담하는 경우로서 가입자가 본인 연간 임금총액의 1천분의 125를 초과하여 의료비를 부담하는 경우
4. 재난으로 피해를 입은 경우로서 고용노동부장관이 정하여 고시하는 사유에 해당하는 경우
5. 중도인출을 신청한 날부터 거꾸로 계산하여 5년 이내에 가입자가 「채무자 회생 및 파산에 관한 법률」에 따라 파산선고를 받은 경우
6. 중도인출을 신청한 날부터 거꾸로 계산하여 5년 이내에 가입자가 「채무자 회생 및 파산에 관한 법률」에 따라 개인회생절차개시 결정을 받은 경우
7. 퇴직연금제도의 급여를 받을 권리를 담보로 제공하고 대출을 받은 가입자가 그 대출 원리금을 상환하기 위한 경우로서 고용노동부장관이 정하여 고시하는 사유에 해당하는 경우

정답 ③

69 근로자퇴직급여 보장법령상 퇴직급여제도에 관한 설명으로 옳지 않은 것은? 제17회

① 확정급여형 퇴직연금제도의 가입자는 적립금의 운용방법을 스스로 선정할 수 있고, 반기마다 1회 이상 적립금의 운용방법을 변경할 수 있다.

② 사용자가 설정된 퇴직급여제도를 다른 종류의 퇴직급여제도로 변경하려면 근로자의 과반수가 가입한 노동조합이 있는 경우에는 그 노동조합의 동의를 받아야 한다.

③ 퇴직연금제도의 급여를 받을 권리는 무주택자인 가입자가 본인 명의로 주택을 구입하는 경우에 대통령령으로 정하는 한도에서 담보로 제공할 수 있다.

④ 상시 10명 미만의 근로자를 사용하는 사업의 경우 사용자가 개별 근로자의 동의를 받거나 근로자의 요구에 따라 개인형 퇴직연금제도를 설정하는 경우에는 해당 근로자에 대하여 퇴직급여제도를 설정한 것으로 본다.

⑤ 사용자는 근로자가 퇴직한 경우에는 그 지급사유가 발생한 날부터 14일 이내에 퇴직금을 지급하여야 한다. 다만, 특별한 사정이 있는 경우에는 당사자간의 합의에 따라 지급기일을 연장할 수 있다.

키워드 **퇴직급여제도**

풀이 확정기여형 퇴직연금제도의 가입자는 적립금의 운용방법을 스스로 선정할 수 있고, 반기마다 1회 이상 적립금의 운용방법을 변경할 수 있다(근로자퇴직급여 보장법 제21조 제1항).

정답 ①

70 **근로자퇴직급여 보장법령상 퇴직급여제도에 관한 설명으로 옳은 것은?** 제21회

① 사용자는 근로자가 퇴직한 경우에는 그 지급사유가 발생한 날부터 14일 이내에 퇴직금을 지급하여야 하며, 특별한 사정이 있는 경우에도 당사자간의 합의로 그 지급기일을 연장할 수 없다.

② 확정급여형 퇴직연금제도의 설정 전에 해당 사업에서 제공한 근로기간에 대하여도 퇴직금을 미리 정산한 기간을 포함하여 가입기간으로 할 수 있다.

③ 확정급여형 퇴직연금제도의 가입자는 적립금의 운용방법을 스스로 선정할 수 있고, 반기마다 1회 이상 적립금의 운용방법을 변경할 수 있다.

④ 확정기여형 퇴직연금제도에 가입한 근로자는 중도인출을 신청한 날부터 거꾸로 계산하여 5년 이내에 「채무자 회생 및 파산에 관한 법률」에 따라 파산선고를 받은 경우 적립금을 중도인출할 수 있다.

⑤ 퇴직급여제도의 일시금을 수령한 사람은 개인형 퇴직연금제도를 설정할 수 없다.

키워드 **퇴직급여제도**

풀이 ① 사용자는 근로자가 퇴직한 경우에는 그 지급사유가 발생한 날부터 14일 이내에 퇴직금을 지급하여야 한다. 다만, 특별한 사정이 있는 경우에는 당사자간의 합의에 따라 지급기일을 연장할 수 있다(근로자퇴직급여 보장법 제9조).

② 해당 퇴직연금제도(확정급여형 퇴직연금제도)의 설정 전에 해당 사업에서 제공한 근로기간에 대하여도 가입기간으로 할 수 있다. 이 경우 퇴직금을 미리 정산한 기간은 제외한다(근로자퇴직급여 보장법 제14조 제2항).

③ 확정기여형 퇴직연금제도의 가입자는 적립금의 운용방법을 스스로 선정할 수 있고, 반기마다 1회 이상 적립금의 운용방법을 변경할 수 있다(근로자퇴직급여 보장법 제21조 제1항).

⑤ 다음의 어느 하나에 해당하는 사람은 개인형 퇴직연금제도를 설정할 수 있다(근로자퇴직급여 보장법 제24조 제2항).

1. 퇴직급여제도의 일시금을 수령한 사람
2. 확정급여형 퇴직연금제도, 확정기여형 퇴직연금제도 또는 중소기업퇴직연금기금제도의 가입자로서 자기의 부담으로 개인형 퇴직연금제도를 추가로 설정하려는 사람
3. 자영업자 등 안정적인 노후소득 확보가 필요한 사람으로서 대통령령으로 정하는 사람

정답 ④

71 근로자퇴직급여 보장법령에 관한 설명으로 옳지 않은 것을 모두 고른 것은?

> ㉠ 확정급여형 퇴직연금제도의 경우 55세 이상으로서 가입기간이 10년 이상인 가입자에게 연금으로 지급하되 연금의 지급기간은 10년 이상이어야 한다.
> ㉡ 확정급여형 퇴직연금제도 또는 확정기여형 퇴직연금제도의 가입자는 개인형 퇴직연금제도를 추가로 설정할 수 없다.
> ㉢ 상시 10명 미만의 근로자를 사용하는 사업의 경우에는 개별 근로자의 동의나 요구와 관계없이 개인형 퇴직연금제도를 설정할 수 있으며 이 경우 해당 근로자에 대하여 퇴직급여제도를 설정한 것으로 본다.
> ㉣ 퇴직연금사업자는 매분기당 1회 이상 적립금액 및 운용수익률 등을 고용노동부령으로 정하는 바에 따라 가입자에게 알려야 한다.
> ㉤ 퇴직연금사업자는 연 1회 이상 위험과 수익구조가 서로 다른 세 가지 이상의 적립금 운용방법을 제시하여야 한다.

① ㉠
② ㉠, ㉡
③ ㉠, ㉡, ㉢
④ ㉠, ㉡, ㉢, ㉣
⑤ ㉠, ㉡, ㉢, ㉣, ㉤

키워드 **퇴직급여제도**

풀이 ㉠ 확정급여형 퇴직연금제도의 급여 종류는 연금 또는 일시금으로 하되, 수급요건은 다음과 같다(근로자퇴직급여 보장법 제17조 제1항).

1. 연금은 55세 이상으로서 가입기간이 10년 이상인 가입자에게 지급할 것. 이 경우 연금의 지급기간은 5년 이상이어야 한다.
2. 일시금은 연금 수급요건을 갖추지 못하거나 일시금 수급을 원하는 가입자에게 지급할 것

㉡ 다음의 어느 하나에 해당하는 사람은 개인형 퇴직연금제도를 설정할 수 있다(근로자퇴직급여 보장법 제24조 제2항).

1. 퇴직급여제도의 일시금을 수령한 사람
2. 확정급여형 퇴직연금제도, 확정기여형 퇴직연금제도 또는 중소기업퇴직연금기금제도의 가입자로서 자기의 부담으로 개인형 퇴직연금제도를 추가로 설정하려는 사람
3. 자영업자 등 안정적인 노후소득 확보가 필요한 사람으로서 대통령령으로 정하는 사람

㉢ 상시 10명 미만의 근로자를 사용하는 사업의 경우 사용자가 개별 근로자의 동의를 받거나 근로자의 요구에 따라 개인형 퇴직연금제도를 설정하는 경우에는 해당 근로자에 대하여 퇴직급여제도를 설정한 것으로 본다(근로자퇴직급여 보장법 제25조 제1항).

㉣ 퇴직연금사업자는 매년 1회 이상 적립금액 및 운용수익률 등을 고용노동부령으로 정하는 바에 따라 가입자에게 알려야 한다(근로자퇴직급여 보장법 제18조).

㉤ 확정기여형 퇴직연금제도의 경우, 퇴직연금사업자는 반기마다 1회 이상 위험과 수익구조가 서로 다른 세 가지 이상의 적립금 운용방법을 제시하여야 한다(근로자퇴직급여 보장법 제21조 제2항).

정답 ⑤

72 **공동주택의 인사관리에 있어서 남녀고용평등과 일·가정 양립 지원에 관한 법률상 남녀의 평등한 기회보장 및 대우 등에 관한 설명으로 옳지 않은 것은?** 제12회 수정

① 사업주는 동일한 사업 내의 동일한 가치의 노동에 대하여는 동일한 임금을 지급하여야 하며, 사업주가 임금차별을 목적으로 설립한 별개의 사업은 동일한 사업으로 보지 않는다.

② 사업주는 근로자를 모집·채용할 때 그 직무의 수행에 필요하지 아니한 용모·키·체중 등의 신체적 조건, 미혼 조건 등을 제시하거나 요구하여서는 아니 된다.

③ 사업주는 근로자를 모집하거나 채용할 때 남녀를 차별하여서는 아니 된다.

④ 사업주는 임금 외에 근로자의 생활을 보조하기 위한 금품의 지급 또는 자금의 융자 등 복리후생에서 남녀를 차별하여서는 아니 된다.

⑤ 사업주는 근로자의 교육·배치 및 승진에서 남녀를 차별하여서는 아니 된다.

키워드 **남녀의 고용차별금지**

풀이 사업주가 임금차별을 목적으로 설립한 별개의 사업은 동일한 사업으로 본다(남녀고용평등과 일·가정 양립 지원에 관한 법률 제8조 제3항).

정답 ①

73 **남녀고용평등과 일·가정 양립 지원에 관한 법률에 대한 설명으로 옳지 않은 것은?**

① 「남녀고용평등과 일·가정 양립 지원에 관한 법률」과 관련한 분쟁에서 입증책임은 사업주와 근로자가 각각 부담한다.

② 사업주는 근로자를 모집·채용할 때 그 직무의 수행에 필요하지 아니한 용모·키·체중 등의 신체적 조건, 미혼 조건을 제시하거나 요구하여서는 아니 된다.

③ 사업주가 임금차별을 목적으로 설립한 별개의 사업은 동일한 사업으로 본다.

④ 누구든지 직장 내 성희롱 발생 사실을 알게 된 경우 그 사실을 해당 사업주에게 신고할 수 있다.

⑤ 적극적 고용개선조치란 현존하는 남녀 간의 고용차별을 없애거나 고용평등을 촉진하기 위하여 잠정적으로 특정 성을 우대하는 조치를 말한다.

키워드 **분쟁의 입증책임**

풀이 「남녀고용평등과 일·가정 양립 지원에 관한 법률」과 관련한 분쟁해결에서 입증책임은 사업주가 부담한다(남녀고용평등과 일·가정 양립 지원에 관한 법률 제30조).

정답 ①

74 **남녀고용평등과 일·가정 양립 지원에 관한 법령에 관한 내용으로 옳은 것은?**

① 사업주는 직장 내 성희롱 예방을 위한 교육을 분기별 1회 이상 하여야 한다.

② 사업주는 동일한 사업 내의 동일 가치 노동에 대하여는 동일한 임금을 지급하여야 하며, 사업주가 임금차별을 목적으로 설립한 별개의 사업은 동일한 사업으로 추정한다.

③ 사업주는 직장 내 성희롱 발생 사실 확인을 위한 조사 결과 직장 내 성희롱 발생 사실이 확인된 때에는 지체 없이 직장 내 성희롱 행위를 한 사람에 대하여 징계, 근무장소의 변경 등 필요한 조치를 할 수 있다.

④ 상시 10명 미만의 근로자를 고용하는 사업의 사업주는 성희롱 예방 교육의 내용을 근로자가 알 수 있도록 홍보물을 게시하거나 배포하는 방법으로 직장 내 성희롱 예방 교육을 할 수 있다.

⑤ 사업주는 여성 근로자의 혼인, 임신 또는 출산을 퇴직사유로 예정하는 근로계약을 체결할 수 있다.

키워드 **일·가정의 양립을 위한 지원**

풀이 ① 사업주는 직장 내 성희롱 예방을 위한 교육을 연 1회 이상 하여야 한다(남녀고용평등과 일·가정 양립 지원에 관한 법률 시행령 제3조 제1항).

② 사업주는 동일한 사업 내의 동일 가치 노동에 대하여는 동일한 임금을 지급하여야 하며, 사업주가 임금차별을 목적으로 설립한 별개의 사업은 동일한 사업으로 본다(남녀고용평등과 일·가정 양립 지원에 관한 법률 제8조 제1·3항).

③ 사업주는 조사 결과 직장 내 성희롱 발생 사실이 확인된 때에는 지체 없이 직장 내 성희롱 행위를 한 사람에 대하여 징계, 근무장소의 변경 등 필요한 조치를 하여야 한다. 이 경우 사업주는 징계 등의 조치를 하기 전에 그 조치에 대하여 직장 내 성희롱 피해를 입은 근로자의 의견을 들어야 한다(남녀고용평등과 일·가정 양립 지원에 관한 법률 제14조 제5항).

⑤ 사업주는 여성 근로자의 혼인, 임신 또는 출산을 퇴직사유로 예정하는 근로계약을 체결하여서는 아니 된다(남녀고용평등과 일·가정 양립 지원에 관한 법률 제11조 제2항).

정답 ④

75 **남녀고용평등과 일·가정 양립 지원에 관한 법령상 직장 내 성희롱 예방을 위한 교육에 관한 설명으로 옳지 않은 것은?** 제14회

① 사업주는 직장 내 성희롱 예방을 위한 교육을 연 1회 이상 하여야 한다.
② 성희롱 예방 교육은 사업의 규모나 특성 등을 고려하여 직원연수·조회·회의·인터넷 등 정보통신망을 이용한 사이버 교육 등을 통하여 실시할 수 있다.
③ 위 ②의 경우 단순히 교육자료 등을 배포·게시하거나 전자우편을 보내거나 게시판에 공지하는 데 그치는 등 근로자에게 교육내용이 제대로 전달되었는지 확인하기 곤란한 경우에는 예방 교육을 한 것으로 보지 아니한다.
④ 사업주 및 근로자 모두가 남성 또는 여성 중 어느 한 성(性)으로 구성된 사업의 사업주는 성희롱 교육자료의 내용을 근로자가 알 수 있도록 홍보물을 게시하거나 배포하는 방법으로 직장 내 성희롱 예방 교육을 할 수 있다.
⑤ 사업주는 성희롱 예방 교육을 여성가족부장관이 지정하는 기관에 위탁하여 실시할 수 있다.

키워드 **성희롱 예방 교육**

풀이 사업주는 성희롱 예방 교육을 고용노동부장관이 지정하는 기관에 위탁하여 실시할 수 있다(남녀고용평등과 일·가정 양립 지원에 관한 법률 제13조의2 제1항).

정답 ⑤

76 **남녀고용평등과 일·가정 양립 지원에 관한 법령상 직장 내 성희롱의 예방 및 벌칙에 관한 설명으로 옳지 않은 것은?** 제20회 수정

① 직장 내 성희롱 예방 교육을 실시해야 하는 사업주는 그 교육을 연 1회 이상 하여야 한다.

② 성희롱 예방 교육기관은 고용노동부령으로 정하는 기관 중에서 지정하되, 고용노동부령으로 정하는 강사를 1명 이상 두어야 한다.

③ 고용노동부장관은 성희롱 예방 교육기관이 정당한 사유 없이 고용노동부령으로 정하는 강사를 6개월 이상 계속하여 두지 아니한 경우 그 지정을 취소하여야 한다.

④ 이 법의 적용을 받는 사업주가 직장 내 성희롱과 관련하여 피해를 입은 근로자에게 해고나 그 밖의 불리한 조치를 하는 경우에는 3년 이하의 징역 또는 3천만원 이하의 벌금에 처한다.

⑤ 직장 내 성희롱을 하여 최근 3년 이내에 과태료처분을 받은 사실이 있는 사업주가 다시 직장 내 성희롱을 한 경우 1천만원의 과태료에 해당한다.

키워드 **성희롱 예방 교육**

풀이 고용노동부장관은 성희롱 예방 교육기관이 다음의 어느 하나에 해당하면 그 지정을 취소할 수 있다(남녀고용평등과 일·가정 양립 지원에 관한 법률 제13조의2 제5항).

1. 거짓이나 그 밖의 부정한 방법으로 지정을 받은 경우
2. 정당한 사유 없이 강사를 3개월 이상 계속하여 두지 아니한 경우
3. 2년 동안 직장 내 성희롱 예방 교육 실적이 없는 경우

정답 ③

77 **남녀고용평등과 일·가정 양립 지원에 관한 법령상 직장 내 성희롱의 금지 및 예방에 관한 설명으로 옳지 않은 것은?** 제24회

① 사업주는 직장 내 성희롱 예방을 위한 교육을 연 1회 이상 하여야 한다.

② 사업주는 성희롱 예방 교육의 내용을 근로자가 자유롭게 열람할 수 있는 장소에 항상 게시하거나 갖추어 두어 근로자에게 널리 알려야 한다.

③ 사업주가 마련해야 하는 성희롱 예방지침에는 직장 내 성희롱 조사절차가 포함되어야 한다.

④ 직장 내 성희롱 발생 사실을 조사한 사람은 해당 조사와 관련된 내용을 사업주에게 보고해서는 아니 된다.

⑤ 사업주가 해야 하는 직장 내 성희롱 예방을 위한 교육에는 직장 내 성희롱에 관한 법령이 포함되어야 한다.

키워드 **성희롱의 금지 및 예방**

풀이 직장 내 성희롱 발생 사실을 조사한 사람, 조사 내용을 보고받은 사람 또는 그 밖에 조사 과정에 참여한 사람은 해당 조사 과정에서 알게 된 비밀을 피해근로자등의 의사에 반하여 다른 사람에게 누설하여서는 아니 된다. 다만, 조사와 관련된 내용을 사업주에게 보고하거나 관계 기관의 요청에 따라 필요한 정보를 제공하는 경우는 제외한다(남녀고용평등과 일·가정 양립 지원에 관한 법률 제14조 제7항).

정답 ④

78 남녀고용평등과 일·가정 양립 지원에 관한 법령상 배우자 출산휴가에 관한 내용으로 옳지 않은 것은?

① 사업주는 근로자가 배우자의 출산을 이유로 휴가를 고지하는 경우에 20일의 휴가를 주어야 한다.

② 휴가기간은 유급으로 한다. 다만, 출산전후휴가 급여등이 지급된 경우에는 그 금액의 한도에서 지급의 책임을 면한다.

③ 배우자 출산휴가는 근로자의 배우자가 출산한 날부터 90일이 지나면 사용할 수 없다.

④ 배우자 출산휴가는 3회에 한정하여 나누어 사용할 수 있다.

⑤ 사업주는 배우자 출산휴가를 이유로 근로자를 해고하거나 그 밖의 불리한 처우를 하여서는 아니 된다.

키워드 **배우자 출산휴가**

풀이 배우자 출산휴가는 근로자의 배우자가 출산한 날부터 120일이 지나면 사용할 수 없다(남녀고용평등과 일·가정 양립 지원에 관한 법률 제18조의2 제3항).

정답 ③

79 **남녀고용평등과 일·가정 양립 지원에 관한 법령상 육아휴직에 관한 설명으로 옳지 않은 것은?**

① 사업주는 원칙적으로 임신 중인 여성근로자가 모성을 보호하거나 근로자가 만 8세 이하 또는 초등학교 2학년 이하의 자녀를 양육하기 위하여 휴직을 신청하는 경우에 이를 허용하여야 한다.

② 근로자는 육아휴직을 3회에 한정하여 나누어 사용할 수 있다. 이 경우 임신 중인 여성근로자가 모성보호를 위하여 육아휴직을 사용한 횟수는 육아휴직을 나누어 사용한 횟수에 포함하지 아니한다.

③ 육아휴직을 시작하려는 날의 전날까지 해당 사업에서 계속 근로한 기간이 6개월 미만인 근로자가 신청한 경우에는 허용하지 아니한다.

④ 같은 자녀를 대상으로 부모가 모두 육아휴직을 각각 3개월 이상 사용한 경우의 부 또는 모에 해당하는 근로자의 경우 6개월 이내에서 추가로 육아휴직을 사용할 수 있다.

⑤ 사업주는 육아휴직을 마친 후에는 휴직 전과 같은 업무 또는 같은 수준의 임금을 지급하는 직무에 복귀시켜야 하며, 육아휴직기간은 근속기간에서 제외된다.

키워드 **육아휴직**

풀이 육아휴직기간은 근속기간에 포함된다(남녀고용평등과 일·가정 양립 지원에 관한 법률 제19조 제4항).

정답 ⑤

80 남녀고용평등과 일·가정 양립 지원에 관한 법령상 육아휴직에 관한 설명으로 옳지 않은 것은? 제16회 수정

① 사업주는 원칙적으로 임신 중인 여성 근로자가 모성을 보호하거나 근로자가 만 8세 이하 또는 초등학교 2학년 이하의 자녀를 양육하기 위하여 휴직을 신청하는 경우에 이를 허용하여야 한다.

② 육아휴직의 기간은 1년 이내로 하며, 그 기간은 근속기간에 포함한다.

③ 사업주는 사업을 계속할 수 없는 경우를 제외하고 육아휴직을 이유로 해고나 그 밖의 불리한 처우를 하여서는 아니 된다.

④ 사업주는 육아휴직을 마친 후에는 휴직 전과 같은 업무 또는 같은 수준의 임금을 지급하는 직무에 복귀시켜야 한다.

⑤ 기간제 근로자 또는 파견근로자의 육아휴직기간은 「기간제 및 단시간근로자 보호 등에 관한 법률」에 따른 사용기간 또는 「파견근로자보호 등에 관한 법률」에 따른 근로자 파견기간에 산입한다.

키워드 **육아휴직에 의한 근로자의 보호**

풀이 기간제 근로자 또는 파견근로자의 육아휴직기간은 「기간제 및 단시간근로자 보호 등에 관한 법률」 제4조에 따른 사용기간 또는 「파견근로자보호 등에 관한 법률」 제6조에 따른 근로자 파견기간에서 제외한다(남녀고용평등과 일·가정 양립 지원에 관한 법률 제19조 제5항).

정답 ⑤

81 **남녀고용평등과 일·가정 양립 지원에 관한 법령상 육아기 근로시간 단축에 관한 내용으로 옳지 않은 것은?**

① 사업주는 임신 중인 여성 근로자가 모성을 보호하거나 근로자가 만 8세 이하 또는 초등학교 2학년 이하의 자녀를 양육하기 위하여 근로시간의 단축을 신청하는 경우에 원칙적으로 이를 허용하여야 한다.

② 사업주가 해당 근로자에게 육아기 근로시간 단축을 허용하는 경우 단축 후 근로시간은 주당 15시간 이상이어야 하고 35시간을 넘어서는 아니 된다.

③ 육아기 근로시간 단축의 기간은 1년 이내로 한다. 다만, 육아휴직을 신청할 수 있는 근로자가 육아휴직기간 중 사용하지 아니한 기간이 있으면 그 기간의 두 배를 가산한 기간 이내로 한다.

④ 사업주는 육아기 근로시간 단축을 하고 있는 근로자에게 단축된 근로시간 외에 연장근로를 요구할 수 없다. 다만, 근로자가 명시적으로 청구하는 경우에는 사업주는 주 12시간 이내에서 연장근로를 시킬 수 있다.

⑤ 육아기 근로시간 단축을 한 근로자에 대하여 「근로기준법」에 따른 평균임금을 산정하는 경우에는 그 근로자의 육아기 근로시간 단축기간을 평균임금 산정기간에서 제외한다.

키워드 **육아기 근로시간 단축**

풀이 사업주는 근로자가 만 12세 이하 또는 초등학교 6학년 이하의 자녀를 양육하기 위하여 근로시간의 단축(이하 '육아기 근로시간 단축'이라 한다)을 신청하는 경우에 이를 허용하여야 한다. 다만, 대체인력 채용이 불가능한 경우, 정상적인 사업 운영에 중대한 지장을 초래하는 경우 등 대통령령으로 정하는 경우에는 그러하지 아니하다(남녀고용평등과 일·가정 양립 지원에 관한 법률 제19조의2 제1항).

정답 ①

82 남녀고용평등과 일·가정 양립 지원에 관한 법률에 관한 설명으로 옳지 않은 것은?

제19회 수정

① 사업주는 근로자가 배우자의 출산을 이유로 휴가를 고지하는 경우에 20일의 휴가를 주어야 한다.

② 가족돌봄휴직기간은 연간 최장 180일로 하며, 이를 나누어 사용할 수 있다.

③ 사업주는 성희롱 예방 교육을 고용노동부장관이 지정하는 기관에 위탁하여 실시할 수 있다.

④ 사업주는 사업을 계속할 수 없는 경우를 제외하고 육아휴직을 이유로 해고나 그 밖의 불리한 처우를 하여서는 아니 되며, 육아휴직기간에는 그 근로자를 해고하지 못한다.

⑤ 사업주는 임금 외에 근로자의 생활을 보조하기 위한 금품의 지급 또는 자금의 융자 등 복리후생에서 남녀를 차별하여서는 아니 된다.

키워드 **가족돌봄휴직기간 등**

풀이 가족돌봄휴직기간은 연간 최장 90일로 하며, 이를 나누어 사용할 수 있다. 이 경우 나누어 사용하는 1회의 기간은 30일 이상이 되어야 한다(남녀고용평등과 일·가정 양립 지원에 관한 법률 제22조의2 제4항 제1호).

정답 ②

83 **남녀고용평등과 일·가정 양립 지원에 관한 법령상 근로자의 가족돌봄 등을 위한 지원에 관한 내용으로 옳지 않은 것은?**

① 사업주는 근로자가 조부모, 부모, 배우자, 배우자의 부모, 자녀 또는 손자녀의 질병, 사고, 노령으로 인하여 그 가족을 돌보기 위한 휴직을 신청하는 경우 이를 허용하여야 한다. 다만, 대체인력 채용이 불가능한 경우, 정상적인 사업 운영에 중대한 지장을 초래하는 경우, 본인 외에도 조부모의 직계비속 또는 손자녀의 직계존속이 있는 경우 등 대통령령으로 정하는 경우에는 그러하지 아니하다.

② 사업주는 근로자가 가족(조부모 또는 손자녀의 경우 근로자 본인 외에도 직계비속 또는 직계존속이 있는 등 대통령령으로 정하는 경우는 제외한다)의 질병, 사고, 노령 또는 자녀의 양육으로 인하여 긴급하게 그 가족을 돌보기 위한 휴가를 신청하는 경우 이를 허용하여야 한다. 다만, 근로자가 청구한 시기에 가족돌봄휴가를 주는 것이 정상적인 사업 운영에 중대한 지장을 초래하는 경우에는 근로자와 협의하여 그 시기를 변경할 수 있다.

③ 가족돌봄휴직기간은 연간 최장 90일로 하며, 이를 나누어 사용할 수 있을 것. 이 경우 나누어 사용하는 1회의 기간은 30일 이상이 되어야 한다.

④ 가족돌봄휴가기간은 연간 최장 10일[가족돌봄휴가기간이 연장되는 경우 20일(한부모가족지원법의 모 또는 부에 해당하는 근로자의 경우 25일) 이내]로 하며, 일단위로 사용할 수 있을 것. 다만, 가족돌봄휴가기간은 가족돌봄휴직기간에 포함된다.

⑤ 가족돌봄휴직 및 가족돌봄휴가기간은 근속기간에서 제외한다. 다만, 「근로기준법」에 따른 평균임금 산정기간에서는 포함한다.

키워드 **근로자의 가족돌봄 등을 위한 지원**

풀이 가족돌봄휴직 및 가족돌봄휴가기간은 근속기간에 포함한다. 다만, 「근로기준법」 제2조 제1항 제6호에 따른 평균임금 산정기간에서는 제외한다(남녀고용평등과 일·가정 양립 지원에 관한 법률 제22조의2 제7항).

정답 ⑤

84 **남녀고용평등과 일·가정 양립 지원에 관한 법령상 가족돌봄 등을 위한 근로시간 단축에 관한 내용으로 옳지 않은 것은?**

① 사업주는 55세 이상의 근로자가 은퇴를 준비하기 위한 경우에 해당하는 사유로 근로시간의 단축을 신청하는 경우에 이를 허용하여야 한다. 다만, 대체인력 채용이 불가능한 경우, 정상적인 사업 운영에 중대한 지장을 초래하는 경우 등 대통령령으로 정하는 경우에는 그러하지 아니하다.

② 사업주가 근로시간 단축을 허용하지 아니하는 경우에는 해당 근로자에게 그 사유를 서면으로 통보하고 휴직을 사용하게 하거나 그 밖의 조치를 통하여 지원할 수 있는지를 해당 근로자와 협의하여야 한다.

③ 사업주가 해당 근로자에게 근로시간 단축을 허용하는 경우 단축 후 근로시간은 주당 15시간 이상이어야 하고 30시간을 넘어서는 아니 된다.

④ 근로시간 단축의 기간은 1년 이내로 한다. 다만, 학업을 위한 경우로 근로시간 단축을 하는 근로자는 합리적 이유가 있는 경우에 추가로 2년의 범위 안에서 근로시간 단축의 기간을 연장할 수 있다.

⑤ 사업주는 55세 이상의 근로자에게 은퇴를 준비하기 위한 근로시간 단축을 허용한 경우에 그 근로자가 단축된 근로시간 외에 연장근로를 명시적으로 청구하면 주 12시간 이내에서 연장근로를 시킬 수 있다.

키워드 **가족돌봄 등을 위한 근로시간 단축**

풀이 근로시간 단축의 기간은 1년 이내로 한다. 다만, 다음의 어느 하나에 해당하는 근로자는 합리적 이유가 있는 경우에 추가로 2년의 범위 안에서 근로시간 단축의 기간을 연장할 수 있다(남녀고용평등과 일·가정 양립 지원에 관한 법률 제22조의3 제4항).

1. 근로자가 가족의 질병, 사고, 노령으로 인하여 그 가족을 돌보기 위한 경우
2. 근로자 자신의 질병이나 사고로 인한 부상 등의 사유로 자신의 건강을 돌보기 위한 경우
3. 55세 이상의 근로자가 은퇴를 준비하기 위한 경우

정답 ④

85 **남녀고용평등과 일·가정 양립 지원에 관한 법령에 관한 내용으로 옳은 것은?**

① 사업주는 근로자가 초등학교 2학년 이하의 자녀(입양자녀를 제외한다)를 양육하기 위하여 휴직을 신청하는 경우에 이를 허용하여야 한다.

② 사업주는 정상적인 사업 운영에 중대한 지장을 초래하는 경우에는 육아휴직 및 육아기 근로시간 단축을 허용하지 아니할 수 있다.

③ 육아기 근로시간 단축기간은 근속기간에 포함되나, 육아휴직기간은 근속기간에 포함되지 않는다.

④ 사업주는 사업을 계속할 수 없는 경우에도 육아휴직 중인 근로자를 육아휴직기간에 해고하지 못한다.

⑤ 사업주는 육아기 근로시간 단축을 하고 있는 근로자의 명시적 청구가 있으면 단축된 근로시간 외에 주 12시간 이내에서 연장근로를 시킬 수 있다.

키워드 **일·가정 양립 지원**

풀이 ① 사업주는 근로자가 초등학교 2학년 이하의 자녀(입양자녀를 포함한다)를 양육하기 위하여 휴직을 신청하는 경우에 이를 허용하여야 한다(남녀고용평등과 일·가정 양립 지원에 관한 법률 제19조 제1항).

② 사업주는 정상적인 사업 운영에 중대한 지장을 초래하는 경우에는 육아기 근로시간 단축을 허용하지 아니할 수 있으나 육아휴직은 허용하여야 한다(남녀고용평등과 일·가정 양립 지원에 관한 법률 제19조 제1항, 제19조의2 제1항).

③ 육아기 근로시간 단축기간과 육아휴직기간은 근속기간에 포함된다(남녀고용평등과 일·가정 양립 지원에 관한 법률 제19조 제4항).

④ 사업주는 육아휴직을 이유로 해고나 그 밖의 불리한 처우를 하여서는 아니 되며, 육아휴직기간에는 근로자를 해고하지 못한다. 다만, 사업을 계속할 수 없는 경우에는 그러하지 아니하다(남녀고용평등과 일·가정 양립 지원에 관한 법률 제19조 제3항).

정답 ⑤

86 **남녀고용평등과 일·가정 양립 지원에 관한 법령상 일·가정의 양립 지원에 관한 설명으로 옳은 것은?** 제25회

① 사업주는 육아휴직을 시작하려는 전날까지 해당 사업에서 계속 근로한 기간이 5개월인 근로자가 육아휴직을 신청한 경우에 이를 허용하여야 한다.

② 가족돌봄휴가기간은 근속기간에 포함하지만, 「근로기준법」에 따른 평균임금 산정기간에서는 제외한다.

③ 사업주가 근로자에게 육아기 근로시간 단축을 허용하는 경우 단축 후 근로시간은 주당 15시간 이상이어야 하고 30시간을 넘어서는 아니 된다.

④ 가족돌봄휴직기간은 연간 최장 120일로 하며, 이를 나누어 사용할 경우 그 1회의 기간은 30일 이상이 되어야 한다.

⑤ 사업주는 육아기 근로시간 단축을 하고 있는 근로자가 단축된 근로시간 외에 연장근로를 명시적으로 청구하는 경우 주 15시간 이내에서 연장근로를 시킬 수 있다.

키워드 **일·가정의 양립 지원**

풀이 ① 사업주는 임신 중인 여성 근로자가 모성을 보호하거나 근로자가 만 8세 이하 또는 초등학교 2학년 이하의 자녀(입양한 자녀를 포함한다. 이하 같다)를 양육하기 위하여 휴직(이하 '육아휴직'이라 한다)을 신청하는 경우에 이를 허용하여야 한다. 다만, 육아휴직을 시작하려는 날(이하 '휴직개시예정일'이라 한다)의 전날까지 해당 사업에서 계속 근로한 기간이 6개월 미만인 근로자가 신청한 경우에는 그러하지 아니하다(남녀고용평등과 일·가정 양립 지원에 관한 법률 제19조 제1항, 동법 시행령 제10조).

③ 사업주가 근로자에게 육아기 근로시간 단축을 허용하는 경우 단축 후 근로시간은 주당 15시간 이상이어야 하고 35시간을 넘어서는 아니 된다(남녀고용평등과 일·가정 양립 지원에 관한 법률 제19조의2 제3항).

④ 가족돌봄휴직 기간은 연간 최장 90일로 하며, 이를 나누어 사용할 경우 그 1회의 기간은 30일 이상이 되어야 한다(남녀고용평등과 일·가정 양립 지원에 관한 법률 제22조의2 제4항 제1호).

⑤ 사업주는 육아기 근로시간 단축을 하고 있는 근로자가 명시적으로 청구하는 경우에는 사업주는 주 12시간 이내에서 연장근로를 시킬 수 있다(남녀고용평등과 일·가정 양립 지원에 관한 법률 제19조의3 제3항 단서).

정답 ②

PART 1

87 **남녀고용평등과 일·가정 양립 지원에 관한 법령상 차별적 처우등의 시정신청에 관한 설명으로 옳은 것은?**

① 차별적 처우등에 관한 시정신청은 차별적 처우등을 받은 날부터 3개월, 계속되는 경우에는 그 종료일부터 6개월 이내에 신청을 하여야 한다.

② 노동위원회는 차별적 처우등 시정신청에 대한 심문을 할 때에 직권으로 증인을 출석하게 하여 필요한 사항을 질문할 수는 없다.

③ 노동위원회는 심문 과정에서 관계 당사자 쌍방 또는 일방의 신청이나 직권으로 조정(調停)절차를 개시할 수 있고, 관계 당사자가 미리 노동위원회의 중재(仲裁)결정에 따르기로 합의하여 중재를 신청한 경우에는 중재를 할 수 있다.

④ 조정 또는 중재의 신청은 시정신청을 한 날부터 15일 이내에 하여야 한다. 다만, 노동위원회가 정당한 사유로 그 기간에 신청할 수 없었다고 인정하는 경우에는 15일 후에도 신청할 수 있다.

⑤ 노동위원회는 특별한 사유가 없으면 조정절차를 개시하거나 중재신청을 받은 날부터 30일 이내에 조정안을 제시하거나 중재결정을 하여야 한다.

키워드 **차별적 처우등의 시정신청**

풀이 ① 근로자는 사업주로부터 다음의 어느 하나에 해당하는 차별적 처우 등(이하 '차별적 처우등'이라 한다)을 받은 경우 「노동위원회법」 제1조에 따른 노동위원회(이하 '노동위원회'라 한다)에 그 시정을 신청할 수 있다. 다만, 차별적 처우등을 받은 날(1. 및 3.에 따른 차별적 처우등이 계속되는 경우에는 그 종료일)부터 6개월이 지난 때에는 그러하지 아니하다(남녀고용평등과 일·가정 양립 지원에 관한 법률 제26조 제1항).

1. 「남녀고용평등과 일·가정 양립 지원에 관한 법률」 제7조부터 제11조까지 중 어느 하나를 위반한 행위(이하 '차별적 처우'라 한다)
2. 「남녀고용평등과 일·가정 양립 지원에 관한 법률」 제14조 제4항 또는 동법 제14조의2 제1항에 따른 적절한 조치를 하지 아니한 행위
3. 「남녀고용평등과 일·가정 양립 지원에 관한 법률」 제14조 제6항을 위반한 불리한 처우 또는 동법 제14조의2 제2항을 위반한 해고나 그 밖의 불이익한 조치

② 노동위원회는 심문을 하는 때에는 관계 당사자의 신청 또는 직권으로 증인을 출석하게 하여 필요한 사항을 질문할 수 있다(남녀고용평등과 일·가정 양립 지원에 관한 법률 제27조 제2항).

④ 조정 또는 중재의 신청은 시정신청을 한 날부터 14일 이내에 하여야 한다. 다만, 노동위원회가 정당한 사유로 그 기간에 신청할 수 없었다고 인정하는 경우에는 14일 후에도 신청할 수 있다(남녀고용평등과 일·가정 양립 지원에 관한 법률 제28조 제2항).

⑤ 노동위원회는 특별한 사유가 없으면 조정절차를 개시하거나 중재신청을 받은 날부터 60일 이내에 조정안을 제시하거나 중재결정을 하여야 한다(남녀고용평등과 일·가정 양립 지원에 관한 법률 제28조 제4항).

정답 ③

88 남녀고용평등과 일·가정 양립 지원에 관한 법령상 차별적 처우등의 시정신청에 관한 설명으로 옳은 것은?

① 노동위원회는 사업주의 차별적 처우등에 명백한 고의가 인정되거나 차별적 처우등이 반복되는 경우에는 그 손해액을 기준으로 2배를 넘지 아니하는 범위에서 배상을 명령할 수 있다.

② 지방노동위원회의 시정명령 또는 기각결정에 불복하는 관계 당사자는 시정명령서 또는 기각결정서를 송달받은 날부터 10일 이내에 중앙노동위원회에 재심을 신청할 수 있다.

③ 노동위원회는 확정된 시정명령에 대하여 사업주에게 이행상황을 제출할 것을 요구할 수 있다.

④ 시정신청을 한 근로자는 사업주가 확정된 시정명령을 이행하지 아니하는 경우 이를 노동위원회에 신고할 수 있다.

⑤ 노동위원회는 사업주가 차별적 처우를 한 경우에는 그 시정을 요구할 수 있다.

키워드 **차별적 처우등의 시정신청**

풀이 ① 노동위원회는 사업주의 차별적 처우등에 명백한 고의가 인정되거나 차별적 처우등이 반복되는 경우에는 그 손해액을 기준으로 3배를 넘지 아니하는 범위에서 배상을 명령할 수 있다(남녀고용평등과 일·가정 양립 지원에 관한 법률 제29조의2 제2항 단서).

③ 고용노동부장관은 확정된 시정명령에 대하여 사업주에게 이행상황을 제출할 것을 요구할 수 있다(남녀고용평등과 일·가정 양립 지원에 관한 법률 제29조의4 제1항).

④ 시정신청을 한 근로자는 사업주가 확정된 시정명령을 이행하지 아니하는 경우 이를 고용노동부장관에게 신고할 수 있다(남녀고용평등과 일·가정 양립 지원에 관한 법률 제29조의4 제2항).

⑤ 고용노동부장관은 사업주가 차별적 처우를 한 경우에는 그 시정을 요구할 수 있다(남녀고용평등과 일·가정 양립 지원에 관한 법률 제29조의5 제1항).

정답 ②

89 노동조합 및 노동관계조정법령상 노동조합에 관한 설명으로 옳지 않은 것은?

① 최소한의 규모라 하더라도 사용자로부터 노동조합사무소를 제공받은 경우에는 노동조합으로 보지 아니한다.

② 복리사업만을 목적으로 하는 경우 노동조합으로 보지 아니한다.

③ 항상 사용자의 이익을 대표하여 행동하는 자의 참가를 허용하는 경우에는 노동조합으로 보지 아니한다.

④ 주로 정치운동을 목적으로 하는 경우에는 노동조합으로 보지 아니한다.

⑤ 공제사업만을 목적으로 하는 경우에는 노동조합으로 보지 아니한다.

키워드 **노동조합의 결격요건(노동조합 및 노동관계조정법 제2조 제4호)**

풀이 경비의 주된 부분을 사용자로부터 원조받는 경우에만 노동조합으로 보지 아니한다.

정답 ①

90 노동조합 및 노동관계조정법령상 용어의 정의로 옳지 않은 것은?

① '사용자단체'라 함은 노동관계에 관하여 그 구성원인 사용자에 대하여 조정 또는 규제할 수 있는 권한을 가진 사용자의 단체를 말한다.

② '노동쟁의'라 함은 근로자와 사용자 또는 사용자단체 간에 임금·근로시간·복지·해고 기타 대우 등 근로조건의 결정에 관한 주장의 불일치로 인하여 발생한 분쟁상태를 말한다. 이 경우 주장의 불일치라 함은 당사자간에 합의를 위한 노력을 계속하여도 더 이상 자주적 교섭에 의한 합의의 여지가 없는 경우를 말한다.

③ '쟁의행위'라 함은 파업·태업·직장폐쇄 기타 노동관계 당사자가 그 주장을 관철할 목적으로 행하는 행위와 이에 대항하는 행위로서 업무의 정상적인 운영을 저해하는 행위를 말한다.

④ '노동조합'이라 함은 근로자가 주체가 되어 자주적으로 단결하여 근로조건의 유지·개선 기타 근로자의 경제적·사회적 지위의 향상을 도모함을 목적으로 조직하는 단체 또는 그 연합단체를 말한다.

⑤ '사용자'라 함은 사업주, 사업의 경영담당자 또는 그 사업의 근로자에 관한 사항에 대하여 사업주를 위하여 행동하는 자를 말한다.

키워드 **「노동조합 및 노동관계조정법」상 용어의 정의**

풀이 '노동쟁의'라 함은 노동조합과 사용자 또는 사용자단체 간에 임금·근로시간·복지·해고 기타 대우 등 근로조건의 결정에 관한 주장의 불일치로 인하여 발생한 분쟁상태를 말한다. 이 경우 주장의 불일치라 함은 당사자간에 합의를 위한 노력을 계속하여도 더 이상 자주적 교섭에 의한 합의의 여지가 없는 경우를 말한다(노동조합 및 노동관계조정법 제2조 제5호).

정답 ②

91 **노동조합 및 노동관계조정법령에 의하여 설립된 노동조합에 관한 설명으로 옳은 것은 모두 몇 개인가?**

- 노동위원회에 노동쟁의의 조정 및 부당노동행위의 구제를 신청할 수 있다.
- 노동조합의 규약이 정하는 바에 의하여 법인으로 할 수 있다.
- 노동조합이라는 명칭을 사용할 수 있다.
- 노동조합에 대하여는 그 사업체를 포함하여 세법이 정하는 바에 따라 조세를 부과하지 아니한다.

① 0개 ② 1개
③ 2개 ④ 3개
⑤ 4개

키워드 **노동조합의 보호요건 등**

풀이 노동조합에 대하여는 그 사업체를 제외하고는 세법이 정하는 바에 따라 조세를 부과하지 아니한다(노동조합 및 노동관계조정법 제8조).

정답 ④

92 **노동조합과 관련된 내용 중 옳지 않은 것은?** 제10회 수정

① 노동조합은 그 규약으로 조합비를 납부하지 아니한 조합원의 권리를 제한할 수 있다.
② 근로자는 자유로이 노동조합을 조직하거나 가입할 수 있지만, 공무원과 교원에 대해서는 따로 법률로 정한다.
③ 총회 또는 대의원회의 해산결의가 있는 경우에 그 대표자는 해산한 날부터 15일 이내에 행정관청에 신고하여야 한다.
④ 2 이상의 시·군·구(자치구를 말한다)에 걸치는 단위노동조합은 규약을 첨부한 신고서를 고용노동부장관에게 제출하여야 한다.
⑤ 노동조합은 매년 1회 이상 총회를 개최하여야 한다.

키워드 **노동조합의 설립절차 등**

풀이 노동조합을 설립하고자 하는 자는 일정한 사항을 기재한 신고서에 규약을 첨부하여 연합단체인 노동조합과 2 이상의 특별시·광역시·특별자치시·도·특별자치도에 걸치는 단위노동조합은 고용노동부장관에게, 2 이상의 시·군·구(자치구를 말한다)에 걸치는 단위노동조합은 특별시장·광역시장·도지사에게, 그 외의 노동조합은 특별자치시장·특별자치도지사·시장·군수·구청장(자치구의 구청장을 말한다)에게 제출하여야 한다(노동조합 및 노동관계조정법 제10조 제1항).

정답 ④

93 **노동조합 및 노동관계조정법령상 노동조합의 설립신고에 관한 설명이다. ( )에 들어갈 내용이 순서대로 옳은 것은?**

> • 노동조합을 설립하고자 하는 자는 설립신고서에 (㉠)을(를) 첨부하여 연합단체인 노동조합과 2 이상의 특별시·광역시·특별자치시·도·특별자치도에 걸치는 단위노동조합은 고용노동부장관에게, 2 이상의 시·군·구(자치구를 말한다)에 걸치는 단위노동조합은 특별시장·광역시장·도지사에게, 그 외의 노동조합은 특별자치시장·특별자치도지사·시장·군수·구청장에게 제출하여야 한다.
> • 고용노동부장관, 특별시장·광역시장·특별자치시장·도지사·특별자치도지사 또는 시장·군수·구청장(이하 '행정관청'이라 한다)은 설립신고서를 접수한 때에는 (㉡)일 이내에 신고증을 교부하여야 한다.
> • 행정관청은 설립신고서 또는 규약이 기재사항의 누락 등으로 보완이 필요한 경우에는 대통령령이 정하는 바에 따라 (㉢)일 이내의 기간을 정하여 보완을 요구하여야 한다.

① ㉠ 규약, ㉡ 7, ㉢ 20
② ㉠ 규약, ㉡ 3, ㉢ 20
③ ㉠ 규약, ㉡ 3, ㉢ 30
④ ㉠ 조합원명부, ㉡ 7, ㉢ 20
⑤ ㉠ 조합원명부, ㉡ 7, ㉢ 30

키워드 **노동조합의 설립절차**

풀이 노동조합을 설립하고자 하는 자는 설립신고서에 '규약'을 첨부하여 행정관청에 제출해야 하고, 설립신고서를 접수한 행정관청은 '3'일 이내에 신고증을 교부하여야 하며, 설립신고서 또는 규약이 기재사항의 누락 등으로 보완이 필요한 경우에는 '20'일 이내의 기간을 정하여 보완을 요구하여야 한다(노동조합 및 노동관계조정법 제10조 제1항, 제12조 제1·2항).

정답 ②

94 **노동조합 및 노동관계조정법령상 노동조합 설립에 관한 설명으로 옳지 않은 것은?**

① 행정관청은 설립신고서를 접수한 때에는 보완을 요구하거나 반려하는 경우를 제외하고는 3일 이내에 신고증을 교부하여야 한다.

② 행정관청은 설립신고서 또는 규약이 기재사항의 누락 등으로 보완이 필요한 경우에는 대통령령이 정하는 바에 따라 20일 이내의 기간을 정하여 보완을 요구하여야 한다.

③ 행정관청은 설립신고서에 규약이 첨부되어 있지 아니한 경우 보완을 요구함이 없이 설립신고서를 반려하여야 한다.

④ 행정관청이 규약의 기재사항 누락 등으로 보완을 요구하였음에도 불구하고 보완기간 내에 보완을 하지 아니하는 경우 설립신고서를 반려하여야 한다.

⑤ 근로조건의 결정권이 있는 독립된 사업 또는 사업장에 조직된 노동단체는 지부 · 분회 등 명칭 여하에 불구하고 노동조합의 설립신고를 할 수 있다.

키워드 **노동조합의 설립절차**

풀이 행정관청은 설립신고서에 규약이 첨부되어 있지 아니하거나 설립신고서 또는 규약의 기재사항 중 누락 또는 허위사실이 있는 경우에는 보완을 요구하여야 한다(노동조합 및 노동관계조정법 시행령 제9조 제1항 제1호).

정답 ③

95 노동조합 및 노동관계조정법령상 노동조합의 설립에 관한 설명으로 옳지 않은 것은?

① 행정관청은 접수한 노동조합 설립신고서의 기재사항이 누락된 경우에는 설립신고서를 반려하여야 한다.

② 행정관청이 설립신고서를 접수한 때에는 반려·보완사유가 없을 경우 3일 이내에 신고증을 교부하여야 한다.

③ 노동조합이 신고증을 교부받은 경우에는 설립신고서가 접수된 때에 설립된 것으로 본다.

④ 행정관청은 설립하고자 하는 노동조합이 복리사업만을 목적으로 하는 경우에는 설립신고서를 반려하여야 한다.

⑤ 「노동조합 및 노동관계조정법」에 의하여 설립된 노동조합이 아니면 노동위원회에 부당노동행위의 구제를 신청할 수 없다.

키워드 노동조합의 설립절차

풀이 설립신고서 등의 보완요구와 반려처분(노동조합 및 노동관계조정법 제12조 제2·3항)

1. 행정관청은 설립신고서 또는 규약이 기재사항의 누락 등으로 보완이 필요한 경우에는 대통령령이 정하는 바에 따라 20일 이내의 기간을 정하여 보완을 요구하여야 한다. 이 경우 보완된 설립신고서 또는 규약을 접수한 때에는 3일 이내에 신고증을 교부하여야 한다.
2. 행정관청은 설립하고자 하는 노동조합이 다음에 해당하는 경우에는 설립신고서를 반려하여야 한다.
   ㉠ 노동조합의 결격요건에 해당하는 경우
   ㉡ 위 1.의 규정에 의하여 보완을 요구하였음에도 불구하고 그 기간 내에 보완을 하지 아니하는 경우

정답 ①

96 노동조합 및 노동관계조정법령상 노동조합의 설립 등에 관한 설명으로 옳지 않은 것은?

① 연합단체인 노동조합을 설립하고자 하는 자는 설립신고서를 고용노동부장관에게 제출하여야 한다.

② 설립신고서를 접수한 행정관청은 반려·보완사유가 없는 경우 3일 이내에 신고증을 교부하여야 한다.

③ 행정관청은 설립신고서 또는 규약이 기재사항의 누락 등으로 보완이 필요한 경우에는 대통령령이 정하는 바에 따라 20일 이내의 기간을 정하여 보완을 요구하여야 한다.

④ 노동조합 설립신고서에는 임원의 성명과 주소가 기재되어야 한다.

⑤ 노동조합은 신고증을 교부받은 시점에 설립된 것으로 본다.

키워드 **노동조합의 설립인정 시기**

풀이 노동조합이 신고증을 교부받은 경우에는 설립신고서가 접수된 때에 설립된 것으로 본다(노동조합 및 노동관계조정법 제12조 제4항).

정답 ⑤

97 노동조합 및 노동관계조정법령상 노동조합의 총회에 관한 설명으로 옳은 것은?

① 노동조합은 매년 2회 이상 총회를 개최하여야 한다.

② 규약의 변경에 관한 사항은 조합원의 직접·비밀·무기명투표에 의하여 결정한다.

③ 임원의 해임은 총회에서 재적조합원 과반수의 출석과 출석조합원 과반수의 찬성이 있어야 한다.

④ 대표자는 조합원 5분의 1이 회의의 소집을 요구한 때에는 지체 없이 임시총회를 소집하여야 한다.

⑤ 총회 또는 대의원회는 회의개최일 5일 전까지 그 회의에 부의할 사항을 공고하고 규약에 정한 방법에 의하여 소집하여야 한다.

키워드 **노동조합의 총회**

풀이 ① 노동조합은 매년 1회 이상 총회를 개최하여야 한다(노동조합 및 노동관계조정법 제15조 제1항).
③ 임원의 해임은 총회에서 재적조합원 과반수의 출석과 출석조합원 3분의 2 이상의 찬성이 있어야 한다(노동조합 및 노동관계조정법 제16조 제2항).
④ 대표자는 조합원 3분의 1 이상이 회의의 소집을 요구한 때에는 지체 없이 임시총회를 소집하여야 한다(노동조합 및 노동관계조정법 제18조 제2항).
⑤ 총회 또는 대의원회는 회의개최일 7일 전까지 그 회의에 부의할 사항을 공고하고 규약에 정한 방법에 의하여 소집하여야 한다. 다만, 노동조합이 동일한 사업장 내의 근로자로 구성된 경우에는 그 규약으로 공고기간을 단축할 수 있다(노동조합 및 노동관계조정법 제19조).

정답 ②

98 노동조합 및 노동관계조정법령상 노동조합의 총회 등에 관한 설명으로 옳지 않은 것은?

① 노동조합은 규약으로 총회에 갈음할 대의원회를 둘 수 있다.

② 노동조합 임원을 해임하고자 하는 경우에는 총회에서 재적조합원 과반수 출석과 출석조합원 3분의 2 이상의 찬성이 있어야 한다.

③ 임원의 선거에 있어서 재적조합원 과반수의 찬성을 얻은 자가 없는 경우에는 결선투표에서 다수의 찬성을 얻은 자를 임원으로 선출할 수 있다.

④ 노동조합이 특정 조합원에 관한 사항을 의결할 경우에는 그 조합원은 표결권이 없다.

⑤ 노동조합의 대표자는 총회의 의장이 된다.

키워드 **노동조합의 총회**

풀이 임원의 선거에 있어서 출석조합원 과반수의 찬성을 얻은 자가 없는 경우에는 규약이 정하는 바에 따라 결선투표를 실시하여 다수의 찬성을 얻은 자를 임원으로 선출할 수 있다(노동조합 및 노동관계조정법 제16조 제3항).

정답 ③

99 노동조합 및 노동관계조정법령상 노동조합의 관리에 관한 설명으로 옳지 않은 것은?

① 임원의 선거에 있어서 출석조합원 과반수의 찬성을 얻은 자가 없는 경우에는 규약이 정하는 바에 따라 결선투표를 실시하여 다수의 찬성을 얻은 자를 임원으로 선출할 수 있다.

② 노동조합은 그 규약으로 조합비를 납부하지 아니하는 조합원의 권리를 제한할 수 있다.

③ 임원의 임기는 규약으로 정하되, 3년을 초과할 수 없다.

④ 노동조합의 대표자는 그 회계감사원으로 하여금 1년에 1회 이상 당해 노동조합의 모든 재원 및 용도 등에 대한 회계감사를 실시하게 하고, 그 내용과 감사결과를 전체 조합원에게 공개하여야 한다.

⑤ 노동조합의 회계감사원은 필요하다고 인정할 경우에는 당해 노동조합의 회계감사를 실시하고 그 결과를 공개할 수 있다.

키워드 **노동조합의 관리**

풀이 노동조합의 대표자는 그 회계감사원으로 하여금 6월에 1회 이상 당해 노동조합의 모든 재원 및 용도, 주요한 기부자의 성명, 현재의 경리상황 등에 대한 회계감사를 실시하게 하고, 그 내용과 감사결과를 전체 조합원에게 공개하여야 한다(노동조합 및 노동관계조정법 제25조 제1항).

정답 ④

100 노동조합 및 노동관계조정법령상 단체협약에 관한 내용으로 옳지 않은 것은? 제18회

① 행정관청은 단체협약 중 위법한 내용이 있는 경우에는 노동위원회의 의결을 얻어 그 시정을 명할 수 있다.

② 단체협약의 당사자는 단체협약의 체결일부터 30일 이내에 이를 행정관청에 신고하여야 한다.

③ 단체협약에는 3년을 초과하는 유효기간을 정할 수 없다.

④ 단체협약에 정한 근로조건 기타 근로자의 대우에 관한 기준에 위반하는 근로계약의 부분은 무효로 한다.

⑤ 하나의 사업 또는 사업장에 상시 사용되는 동종의 근로자 반수 이상이 하나의 단체협약의 적용을 받게 된 때에는 당해 사업 또는 사업장에 사용되는 다른 동종의 근로자에 대하여도 당해 단체협약이 적용된다.

키워드 **단체협약의 신고절차**

풀이 단체협약의 당사자는 단체협약의 체결일부터 15일 이내에 이를 행정관청에 신고하여야 한다(노동조합 및 노동관계조정법 제31조 제2항).

정답 ②

101 노동조합 및 노동관계조정법령상 단체협약에 관한 설명으로 옳지 않은 것은?

① 단체협약은 서면으로 작성하여 당사자 쌍방이 서명 또는 날인하여야 한다.

② 사용자는 정당한 이유 없이 단체협약의 체결을 거부하거나 해태하여서는 아니 된다.

③ 단체협약의 당사자는 체결일부터 15일 이내에 노동위원회에 신고하여야 한다.

④ 행정관청은 단체협약 중 위법한 내용이 있는 경우에는 노동위원회의 의결을 얻어 그 시정을 명할 수 있다.

⑤ 단체협약에 정한 근로조건에 관한 기준에 위반하는 취업규칙의 부분은 무효이다.

키워드 **단체협약의 작성절차**

풀이 단체협약의 당사자는 단체협약의 체결일부터 15일 이내에 이를 행정관청에 신고하여야 한다(노동조합 및 노동관계조정법 제31조 제2항).

정답 ③

102 **노동조합 및 노동관계조정법령상 노동조합과 사용자 간에 체결하는 단체협약에 관한 설명으로 옳지 않은 것은?**

① 단체협약에 그 유효기간을 정하지 아니한 경우에 그 유효기간은 3년으로 한다.
② 단체협약의 당사자는 단체협약의 체결일부터 15일 이내에 이를 행정관청에 신고하여야 한다.
③ 단체협약의 해석 또는 이행방법에 관하여 관계 당사자간에 의견의 불일치가 있는 때에는 당사자 쌍방 또는 단체협약에 정하는 바에 의하여 어느 일방이 노동위원회에 그 해석 또는 이행방법에 관한 견해의 제시를 요청할 수 있다.
④ 취업규칙 또는 근로계약의 일부분이 단체협약에 정한 근로조건 기타 근로자의 대우에 관한 기준에 위반하는 경우 취업규칙 또는 근로계약 전부를 무효로 한다.
⑤ 하나의 사업 또는 사업장에 상시 사용되는 동종의 근로자 반수 이상이 하나의 단체협약의 적용을 받게 된 때에는 당해 사업 또는 사업장에 사용되는 다른 동종의 근로자에 대하여도 당해 단체협약이 적용된다.

키워드 **단체협약의 효력**
풀이 단체협약에 정한 근로조건 기타 근로자의 대우에 관한 기준에 위반하는 취업규칙 또는 근로계약의 부분은 무효로 한다(노동조합 및 노동관계조정법 제33조 제1항).

정답 ④

103 **노동조합 및 노동관계조정법령상 단체협약에 관한 설명으로 옳지 않은 것은?**

① 단체협약에 3년을 초과하는 유효기간을 정한 경우 그 유효기간은 3년으로 한다.
② 단체협약의 당사자는 단체협약의 체결일로부터 15일 이내에 이를 행정관청에게 신고하여야 한다.
③ 단체협약의 해석에 관하여 관계 당사자간에 의견의 불일치가 있는 때에는 당사자 쌍방 또는 단체협약에 정하는 바에 의하여 어느 일방이 노동위원회에 그 해석에 관한 견해의 제시를 요청할 수 있다.
④ 단체협약에 정한 근로조건 기타 근로자의 대우에 관한 기준에 위반하는 취업규칙의 부분은 무효이며, 무효로 된 부분은 단체협약에 정한 기준에 의한다.
⑤ 하나의 지역에 있어서 종업하는 동종의 근로자 반수 이상이 하나의 단체협약의 적용을 받게 된 때에는 당해 지역에서 종업하는 다른 동종의 근로자에 대하여도 당해 단체협약이 적용된다.

키워드 **단체협약**

풀이 하나의 지역에 있어서 종업하는 동종의 근로자 3분의 2 이상이 하나의 단체협약의 적용을 받게 된 때에는 행정관청은 당해 단체협약의 당사자의 쌍방 또는 일방의 신청에 의하거나 그 직권으로 노동위원회의 의결을 얻어 당해 지역에서 종업하는 다른 동종의 근로자와 그 사용자에 대하여도 당해 단체협약을 적용한다는 결정을 할 수 있다(노동조합 및 노동관계조정법 제36조 제1항).

정답 ⑤

104 노동조합 및 노동관계조정법상 쟁의행위에 관한 설명으로 옳은 것은? 제23회

① 노동조합의 쟁의행위는 그 조합원의 직접·비밀·무기명투표에 의한 조합원 3분의 2 이상의 찬성으로 결정하지 아니하면 이를 행할 수 없다.

② 사용자는 쟁의행위에 참가하여 근로를 제공하지 아니한 근로자에 대하여는 그 기간 중의 임금을 지급할 의무가 없다.

③ 노동조합은 쟁의행위 기간에 대한 임금의 지급을 요구하여 이를 관철할 목적으로 쟁의행위를 할 수 있다.

④ 사용자는 쟁의행위 기간 중 그 쟁의행위로 중단된 업무를 도급 또는 하도급 줄 수 있다.

⑤ 사용자는 노동조합의 쟁의행위에 대응하기 위하여 노동조합이 쟁의행위를 개시하기 전에 직장폐쇄를 할 수 있다.

키워드 **쟁의행위**

풀이
① 노동조합의 쟁의행위는 그 조합원(교섭대표노동조합이 결정된 경우에는 그 절차에 참여한 노동조합의 전체 조합원)의 직접·비밀·무기명투표에 의한 조합원 과반수의 찬성으로 결정하지 아니하면 이를 행할 수 없다. 이 경우 조합원 수 산정은 종사근로자인 조합원을 기준으로 한다(노동조합 및 노동관계조정법 제41조 제1항).
③ 노동조합은 쟁의행위 기간에 대한 임금의 지급을 요구하여 이를 관철할 목적으로 쟁의행위를 하여서는 아니 된다(노동조합 및 노동관계조정법 제44조 제2항).
④ 사용자는 쟁의행위 기간 중 그 쟁의행위로 중단된 업무를 도급 또는 하도급 줄 수 없다(노동조합 및 노동관계조정법 제43조 제2항).
⑤ 사용자는 노동조합이 쟁의행위를 개시한 이후에만 직장폐쇄를 할 수 있다(노동조합 및 노동관계조정법 제46조 제1항).

정답 ②

105 노동조합 및 노동관계조정법령상 쟁의행위에 관한 설명으로 옳지 않은 것은?

① 작업시설의 손상이나 원료·제품의 변질 또는 부패를 방지하기 위한 작업은 쟁의행위기간 중에도 정상적으로 수행되어야 한다.

② 행정관청은 쟁의행위가 그 쟁의행위와 관계없는 자의 정상적인 업무를 방해하는 방법으로 행하여지는 경우 즉시 관할 노동위원회에 신고하여야 한다.

③ 쟁의행위는 근로를 제공하고자 하는 자의 출입·조업을 방해하는 방법으로 행하여져서는 아니된다.

④ 근로자는 쟁의행위 기간 중에는 현행범 외에는 「노동조합 및 노동관계조정법」 위반을 이유로 구속되지 아니한다.

⑤ 사용자는 노동조합이 쟁의행위를 개시한 이후에만 직장폐쇄를 할 수 있다.

키워드 쟁의행위

풀이 사용자는 쟁의행위가 그 쟁의행위와 관계없는 자의 정상적인 업무를 방해하는 방법으로 행하여지는 경우 즉시 그 상황을 행정관청과 관할 노동위원회에 신고하여야 한다(노동조합 및 노동관계조정법 시행령 제18조 제1항).

정답 ②

106 노동조합 및 노동관계조정법령상 노동쟁의의 조정절차에 관한 설명으로 옳지 않은 것은?

① 노동위원회는 노동관계 당사자 일방이 노동쟁의의 조정을 신청한 때에는 지체 없이 조정을 개시하여야 하며, 관계 당사자 쌍방은 이에 성실히 임하여야 한다.

② 조정은 조정의 신청이 있은 날부터 일반사업에 있어서는 15일 이내에 종료하여야 하며, 조정기간은 관계 당사자간의 합의로 일반사업에 있어서는 15일 이내에서 연장할 수 있다.

③ 조정안이 관계 당사자에 의하여 수락된 경우에는 조정위원 전원 또는 단독조정인은 조정서를 작성하고 관계 당사자와 함께 서명 또는 날인하여야 한다.

④ 조정위원회는 관계 당사자가 수락을 거부하여 더 이상 조정이 이루어질 여지가 없다고 판단되는 경우에는 조정의 종료를 결정하고 이를 관계 당사자 쌍방에 통보하여야 한다.

⑤ 조정안을 수락하여 작성된 조정서의 내용은 단체협약과 동일한 효력을 가진다.

키워드 노동쟁의의 조정절차

풀이 조정은 조정의 신청이 있은 날부터 일반사업에 있어서는 10일, 공익사업에 있어서는 15일 이내에 종료하여야 하며, 조정기간은 관계 당사자간의 합의로 일반사업에 있어서는 10일, 공익사업에 있어서는 15일 이내에서 연장할 수 있다(노동조합 및 노동관계조정법 제54조).

정답 ②

107 **노동조합 및 노동관계조정법령상 노동쟁의의 중재에 관한 설명으로 옳지 않은 것은?**

① 노동위원회는 관계 당사자의 일방이 단체협약에 의하여 중재를 신청한 때에는 중재를 행한다.

② 노동쟁의가 중재에 회부된 때에는 그날부터 15일간은 쟁의행위를 할 수 없다.

③ 확정된 중재재정의 내용은 단체협약과 동일한 효력을 가진다.

④ 관계 당사자는 지방노동위원회 또는 특별노동위원회의 중재재정이 위법이거나 월권에 의한 것이라고 인정하는 경우에는 그 중재재정서의 송달을 받은 날부터 10일 이내에 중앙노동위원회에 그 재심을 신청할 수 있다.

⑤ 노동위원회의 중재재정 또는 재심결정은 중앙노동위원회에의 재심신청 또는 행정소송의 제기에 의하여 그 효력이 정지된다.

키워드 **노동쟁의의 중재**

풀이 노동위원회의 중재재정 또는 재심결정은 중앙노동위원회에의 재심신청 또는 행정소송의 제기에 의하여 그 효력이 정지되지 아니한다(노동조합 및 노동관계조정법 제70조 제2항).

정답 ⑤

108 **노동조합 및 노동관계조정법령상 부당노동행위에 해당하지 않는 것은?**

① 근로자가 노동조합에 가입하지 아니할 것을 고용조건으로 하는 행위

② 사용자가 근로시간 면제한도를 초과하여 급여를 지급하는 행위

③ 근로자의 후생자금 또는 경제상의 불행 그 밖에 재해의 방지와 구제 등을 위한 기금의 기부

④ 근로자가 정당한 단체행위에 참가한 것을 이유로 해고하거나 불이익을 주는 행위

⑤ 근로자가 노동조합을 조직 또는 운영하는 것을 지배하거나 이에 개입하는 행위

키워드 **부당노동행위의 유형**

풀이 근로자가 노동조합을 조직 또는 운영하는 것을 지배하거나 이에 개입하는 행위와 근로시간 면제한도를 초과하여 급여를 지급하거나 노동조합의 운영비를 원조하는 행위. 다만, 근로자가 근로시간 중에 「노동조합 및 노동관계조정법」 제24조 제2항에 따른 활동을 하는 것을 사용자가 허용함은 무방하며, 또한 근로자의 후생자금 또는 경제상의 불행 그 밖에 재해의 방지와 구제 등을 위한 기금의 기부와 최소한의 규모의 노동조합사무소의 제공 및 그 밖에 이에 준하여 노동조합의 자주적인 운영 또는 활동을 침해할 위험이 없는 범위에서의 운영비 원조행위는 예외로 한다(노동조합 및 노동관계조정법 제81조 제1항 제4호).

정답 ③

109 **사용자의 부당노동행위에 관한 설명 중 틀린 것은?** 제9회

① 사용자의 부당노동행위로 인하여 그 권리를 침해당한 근로자는 부당노동행위가 있은 날(계속하는 행위는 그 종료일)부터 3개월 이내에 공정거래위원회에 구제신청을 하여야 한다.

② 사용자는 근로자가 노동조합을 조직하려 한 것을 이유로 해고하거나 근로자에게 불이익을 주는 행위를 할 수 없다.

③ 사용자는 근로자가 특정한 노동조합의 조합원이 될 것을 고용조건으로 하는 행위를 할 수 없다.

④ 부당노동행위에 위반한 자는 2년 이하의 징역 또는 2천만원 이하의 벌금에 처한다.

⑤ 사용자는 노동조합으로부터 위임을 받은 자와의 단체협약 체결 기타의 단체교섭을 정당한 이유 없이 거부하는 행위를 할 수 없다.

키워드 **부당노동행위 구제절차**

풀이 사용자의 부당노동행위로 인하여 그 권리를 침해당한 근로자 또는 노동조합은 노동위원회에 그 구제를 신청할 수 있다(노동조합 및 노동관계조정법 제82조 제1항).

정답 ①

110 **노동조합 및 노동관계조정법령상 부당노동행위 구제제도에 관한 설명으로 옳은 것은?**

① 부당노동행위로 그 권리를 침해당한 근로자는 노동조합을 통해서만 노동위원회에 구제를 신청할 수 있다.

② 부당노동행위가 계속되는 행위인 경우에는 그 종료일부터 6월 이내에 구제신청을 하여야 한다.

③ 지방노동위원회의 구제명령에 불복이 있는 관계 당사자는 그 명령서의 송달을 받은 날부터 15일 이내에 중앙노동위원회에 재심을 신청할 수 있다.

④ 중앙노동위원회의 재심판정에 대하여 관계 당사자는 그 재심판정서의 송달을 받은 날부터 20일 이내에 「행정소송법」이 정하는 바에 의하여 소를 제기할 수 있다.

⑤ 지방노동위원회의 구제명령은 중앙노동위원회의 재심신청에 의하여 그 효력이 정지되지 아니한다.

키워드 **부당노동행위 구제절차**

풀이 ① 사용자의 부당노동행위로 인하여 그 권리를 침해당한 근로자 또는 노동조합은 노동위원회에 그 구제를 신청할 수 있다(노동조합 및 노동관계조정법 제82조 제1항).

② 구제의 신청은 부당노동행위가 있은 날(계속하는 행위는 그 종료일)부터 3월 이내에 이를 행하여야 한다(노동조합 및 노동관계조정법 제82조 제2항).

③ 지방노동위원회 또는 특별노동위원회의 구제명령 또는 기각결정에 불복이 있는 관계 당사자는 그 명령서 또는 결정서의 송달을 받은 날부터 10일 이내에 중앙노동위원회에 그 재심을 신청할 수 있다(노동조합 및 노동관계조정법 제85조 제1항).

④ 중앙노동위원회의 재심판정에 대하여 관계 당사자는 그 재심판정서의 송달을 받은 날부터 15일 이내에 「행정소송법」이 정하는 바에 의하여 소를 제기할 수 있다(노동조합 및 노동관계조정법 제85조 제2항).

정답 ⑤

PART 1

111 노동조합 및 노동관계조정법령상 부당노동행위 구제제도에 관한 설명으로 옳지 않은 것은?

① 노동위원회는 부당노동행위 구제신청을 받은 때에는 지체 없이 필요한 조사와 관계 당사자의 심문을 하여야 한다.

② 노동위원회는 관계 당사자에 대하여 증거의 제출과 증인에 대한 반대심문을 할 수 있는 충분한 기회를 주어야 한다.

③ 노동위원회는 부당노동행위 구제신청의 심문을 할 때에 관계 당사자의 신청에 의하거나 그 직권으로 증인을 출석하게 하여 필요한 사항을 질문할 수 있다.

④ 사용자가 중앙노동위원회의 판정에 불복하여 행정소송을 제기한 경우 관할 법원은 직권으로 중앙노동위원회의 구제명령의 전부 또는 일부를 이행하도록 명할 수 있다.

⑤ 확정된 구제명령을 이행하지 않은 경우에는 형벌이 적용된다.

키워드 **부당노동행위 구제절차**

풀이 사용자가 행정소송을 제기한 경우에 관할 법원은 중앙노동위원회의 신청에 의하여 결정으로써, 판결이 확정될 때까지 중앙노동위원회의 구제명령의 전부 또는 일부를 이행하도록 명할 수 있으며, 당사자의 신청에 의하여 또는 직권으로 그 결정을 취소할 수 있다(노동조합 및 노동관계조정법 제85조 제5항).

정답 ④

112 **고용보험 및 산업재해보상보험의 보험료징수 등에 관한 법령에 관한 설명으로 옳지 않은 것은?**

① 사업장 이전으로 사업의 소재지를 파악하기 곤란한 경우에는 고용노동부장관이 정하여 고시하는 금액을 보수로 할 수 있다.

② 사업이 여러 차례의 도급에 의하여 행하여지는 경우에 최초로 사업을 도급받아 행하는 자를 원수급인이라 한다.

③ 원수급인으로부터 사업의 전부를 도급받은 자로부터 그 사업의 전부를 도급받아 하는 자는 하수급인에 해당한다.

④ 근로복지공단은 사업의 실체가 없는 등의 사유로 계속하여 보험관계를 유지할 수 없다고 인정하는 경우에는 보험관계를 소멸시킬 수 있다.

⑤ 국민건강보험공단은 고용보험 및 산업재해보상보험사업의 보험료등에 대한 고지·수납·체납관리 업무를 근로복지공단으로부터 위탁받아 수행한다.

키워드 **보험사업의 수행주체**

풀이 「고용보험법」 및 「산업재해보상보험법」에 따른 보험사업에 관하여 「고용보험 및 산업재해보상보험의 보험료징수 등에 관한 법률」에서 정한 사항은 고용노동부장관으로부터 위탁을 받아 「산업재해보상보험법」 제10조에 따른 근로복지공단이 수행한다. 다만, 다음에 해당하는 징수업무는 「국민건강보험법」 제13조에 따른 국민건강보험공단이 고용노동부장관으로부터 위탁을 받아 수행한다(고용보험 및 산업재해보상보험의 보험료징수 등에 관한 법률 제4조).

1. 보험료등(개산보험료 및 확정보험료, 징수금은 제외한다)의 고지 및 수납
2. 보험료등의 체납관리

정답 ⑤

113 **고용보험 및 산업재해보상보험의 보험료징수 등에 관한 법률상 보험관계의 성립 및 소멸에 관한 설명으로 옳지 않은 것은?** 제14회

① 「산업재해보상보험법」의 적용을 받는 사업의 사업주는 당연히 산업재해보상보험의 보험가입자가 된다.

② 「산업재해보상보험법」의 적용을 받지 아니하는 사업의 사업주는 근로복지공단의 승인을 얻어 산업재해보상보험에 가입할 수 있다.

③ 산업재해보상보험에 가입한 사업주가 보험계약을 해지하고자 할 때에는 근로복지공단의 승인을 얻어야 한다.

④ 위 ③의 경우 보험계약 해지는 그 보험계약이 성립한 보험연도가 끝난 후에 하여야 한다.

⑤ 근로복지공단은 사업의 실체가 없는 등의 사유로 계속하여 보험관계를 유지할 수 없다고 인정하는 경우에도 그 보험관계를 소멸시킬 수 없다.

키워드 **보험관계의 성립 및 소멸**

풀이 근로복지공단은 사업의 실체가 없는 등의 사유로 계속하여 보험관계를 유지할 수 없다고 인정하는 경우에는 그 보험관계를 소멸시킬 수 있다(고용보험 및 산업재해보상보험의 보험료징수 등에 관한 법률 제5조 제7항).

정답 ⑤

114 고용보험 및 산업재해보상보험의 보험료징수 등에 관한 법령상 보험가입자에 관한 설명으로 옳지 않은 것은?

① 「고용보험법」을 적용받는 사업의 사업주와 근로자(고용보험법에 따른 적용 제외 근로자는 제외한다)는 당연히 「고용보험법」에 따른 고용보험의 보험가입자가 된다.

② 「산업재해보상보험법」을 적용받는 사업의 사업주는 당연히 「산업재해보상보험법」에 따른 산업재해보상보험의 보험가입자가 된다.

③ 「고용보험법」에 따라 같은 법을 적용하지 아니하는 사업장의 근로자는 개별적으로 고용보험에 가입할 수 있다.

④ 「산업재해보상보험법」에 따라 같은 법을 적용하지 아니하는 사업의 사업주는 근로복지공단의 승인을 받아 산재보험에 가입할 수 있다.

⑤ 근로복지공단은 사업 실체가 없는 등의 사유로 계속하여 보험관계를 유지할 수 없다고 인정하는 경우에는 그 보험관계를 소멸시킬 수 있다.

키워드 **보험가입자**

풀이 「고용보험법」 적용 제외 사업의 사업주가 근로자의 과반수의 동의를 받아 근로복지공단의 승인을 받으면 그 사업의 사업주와 근로자는 고용보험에 가입할 수 있다(고용보험 및 산업재해보상보험의 보험료징수 등에 관한 법률 제5조 제2항).

정답 ③

115 **고용보험 및 산업재해보상보험의 보험료징수 등에 관한 법령상 보험가입 및 해지에 관한 설명으로 옳지 않은 것은?**

① 「산업재해보상보험법」 적용 제외 사업의 사업주는 근로복지공단의 승인을 받아 산업재해보상보험에 가입할 수 있다.

② 사업주 및 근로자가 고용보험의 당연가입자가 되는 사업이 사업규모의 변동 등의 사유로 적용 제외 사업에 해당하게 되었을 때에는 그날부터 임의가입에 의하여 고용보험에 가입한 것으로 본다.

③ 근로복지공단은 사업실체가 없는 등의 사유로 계속하여 보험관계를 유지할 수 없다고 인정하는 경우에는 그 보험관계를 소멸시킬 수 있다.

④ 산업재해보상보험에 가입한 사업주가 그 사업을 운영하다가 근로자를 고용하지 아니하게 되었을 때에는 그날부터 1년의 범위에서 근로자를 사용하지 아니한 기간에도 보험에 가입한 것으로 본다.

⑤ 산업재해보상보험에 임의가입한 사업주가 보험계약을 해지할 때에는 근로자 과반수의 동의와 근로복지공단의 승인을 받아야 한다.

키워드 **보험가입 및 해지**

풀이 산업재해보상보험에 임의가입한 사업주는 근로복지공단의 승인을 받아 보험계약을 해지할 수 있으며, 근로자의 동의는 받지 않는다(고용보험 및 산업재해보상보험의 보험료징수 등에 관한 법률 제5조 제5항).

정답 ⑤

116 **고용보험 및 산업재해보상보험의 보험료징수 등에 관한 법령상 보험관계의 성립일에 관한 설명으로 옳지 않은 것은?**

① 당연가입자가 되는 사업의 경우에는 그 사업이 시작된 날

② 사업규모 변동 등으로 당연가입사업에 해당하게 된 경우에는 그 해당하게 된 날

③ 적용 제외 사업장이 근로복지공단의 승인을 받아 보험에 가입한 경우에는 근로복지공단이 그 사업의 사업주로부터 보험가입승인신청서를 접수한 날

④ 일괄적용을 받는 사업의 경우에는 처음 하는 사업이 시작된 날

⑤ 여러 차례의 도급이 이루어진 건설업에서 근로복지공단의 승인을 받아 보험에 가입한 하수급인의 경우에는 그 하도급공사의 착공일

키워드 **보험관계의 성립일**

풀이 적용 제외 사업장이 근로복지공단의 승인을 받아 보험에 가입한 경우에는 근로복지공단이 그 사업의 사업주로부터 보험가입승인신청서를 접수한 날의 다음 날에 보험관계가 성립한다(고용보험 및 산업재해보상보험의 보험료징수 등에 관한 법률 제7조 제3호).

정답 ③

117 고용보험 및 산업재해보상보험의 보험료징수 등에 관한 법령상 보험관계의 성립일 또는 소멸일에 해당하지 않는 것은?

① 보험에 가입한 하수급인의 경우에는 그 하도급공사의 착공일

② 사업이 폐업된 날의 다음 날

③ 사업실체가 없는 등의 사유로 계속하여 보험관계를 유지할 수 없다고 인정하여 근로복지공단이 보험관계를 소멸시키는 경우에는 그 소멸을 결정·통지한 날의 다음 날

④ 근로복지공단의 승인을 얻어 가입한 보험계약을 해지하는 경우에는 그 해지에 관하여 근로복지공단의 승인을 받은 날

⑤ 사업이 끝난 날의 다음 날

키워드 **보험관계의 성립일 및 소멸일**

풀이 보험계약을 해지하는 경우에는 그 해지에 관하여 근로복지공단의 승인을 받은 날의 다음 날에 소멸한다(고용보험 및 산업재해보상보험의 보험료징수 등에 관한 법률 제10조 제2호).

정답 ④

118 고용보험 및 산업재해보상보험의 보험료징수 등에 관한 법령의 내용으로 옳은 것은?

① 사업의 도산으로 보수 관련 자료가 없는 경우에는 고용노동부장관이 정하여 고시하는 금액을 보수로 할 수 있다.

② 원수급인으로부터 사업의 전부를 도급받아 하는 자는 하수급인에 해당하지 않는다.

③ 고용보험료를 징수하는 경우에는 근로자가 휴직기간 중에 사업주 외의 자로부터 지급받는 금품 일체는 보수로 보지 않는다.

④ 보험에 가입한 사업주는 사업의 명칭 및 소재지, 사업의 종류 등이 변경된 경우에는 다음 보험연도 첫날부터 14일 이내에 그 변경사항을 근로복지공단에 신고하여야 한다.

⑤ 「산업재해보상보험법」을 적용받는 사업의 사업주는 근로복지공단의 승인을 받아 산업재해보상보험에 가입할 수 있다.

키워드 **용어의 정의 및 기준보수 등**

풀이 ② '하수급인'이란 원수급인으로부터 그 사업의 전부 또는 일부를 도급받아 하는 자와 그 자로부터 그 사업의 전부 또는 일부를 도급받아 하는 자를 말한다(고용보험 및 산업재해보상보험의 보험료징수 등에 관한 법률 제2조 제5호).

③ '보수'란 「소득세법」 제20조에 따른 근로소득에서 대통령령으로 정하는 금품을 뺀 금액을 말한다. 다만, 「고용보험 및 산업재해보상보험의 보험료징수 등에 관한 법률」 제13조 제1항 제1호에 따른 고용보험료를 징수하는 경우에는 근로자가 휴직이나 그 밖에 이와 비슷한 상태에 있는 기간 중에 사업주 외의 자로부터 지급받는 금품 중 고용노동부장관이 정하여 고시하는 금품은 보수로 본다(고용보험 및 산업재해보상보험의 보험료징수 등에 관한 법률 제2조 제3호).

④ 보험에 가입한 사업주는 그 이름, 사업의 소재지 등 대통령령으로 정하는 사항이 변경된 경우에는 그날부터 14일 이내에 그 변경사항을 근로복지공단에 신고하여야 한다(고용보험 및 산업재해보상보험의 보험료징수 등에 관한 법률 제12조).

⑤ 「산업재해보상보험법」을 적용받는 사업의 사업주는 당연히 「산업재해보상보험법」에 따른 산업재해보상보험의 보험가입자가 된다(고용보험 및 산업재해보상보험의 보험료징수 등에 관한 법률 제5조 제3항).

정답 ①

119 고용보험 및 산업재해보상보험의 보험료징수 등에 관한 법률상 보험료의 부과·징수에 관한 설명으로 옳지 않은 것은?

① 월별 보험료는 근로복지공단이 매월 부과한다.
② 월별 보험료는 국민건강보험공단이 징수한다.
③ 보험료율이 인하된 경우 근로복지공단은 개산보험료를 감액 조정한다.
④ 보험료율이 인상된 경우 국민건강보험공단은 월별 보험료를 증액 조정한다.
⑤ 원칙적으로 보험료와 그 밖의 징수금은 국세 및 지방세를 제외한 다른 채권보다 우선하여 징수한다.

키워드 **보험료의 부과 및 징수**

풀이 근로복지공단은 보험료율이 인상 또는 인하된 때에는 월별 보험료 및 개산보험료를 증액 또는 감액 조정하고, 월별 보험료가 증액된 때에는 건강보험공단이, 개산보험료가 증액된 때에는 근로복지공단이 각각 징수한다. 이 경우 사업주에 대한 통지, 납부기한 등 필요한 사항은 대통령령으로 정한다(고용보험 및 산업재해보상보험의 보험료징수 등에 관한 법률 제18조 제1항).

정답 ④

120 **고용보험 및 산업재해보상보험의 보험료징수 등에 관한 법령상 보험료에 관한 설명으로 옳은 것은?**

① 고용보험료는 근로복지공단이 매월 부과하고 이를 징수한다.

② 근로자가 월의 중간에 동일한 사업주의 하나의 사업장에서 다른 사업장으로 전근되는 경우 그 근로자에 대한 월별 보험료는 해당 월의 다음 달부터 산정한다.

③ 사업주는 그달의 월별 보험료를 다음 달 15일까지 납부하여야 한다.

④ 근로복지공단은 사업주에게 문서로써 납부기한 10일 전까지 월별 보험료의 납입을 고지하여야 한다.

⑤ 보수총액신고는 문서로 함을 원칙으로 한다.

키워드 **보험료의 부과 및 징수**

풀이 ① 보험료는 근로복지공단이 매월 부과하고, 건강보험공단이 이를 징수한다(고용보험 및 산업재해보상보험의 보험료징수 등에 관한 법률 제16조의2 제1항).

③ 사업주는 그달의 월별 보험료를 다음 달 10일까지 납부하여야 한다(고용보험 및 산업재해보상보험의 보험료징수 등에 관한 법률 제16조의7 제1항).

④ 건강보험공단은 사업주에게 다음의 사항을 적은 문서로써 납부기한 10일 전까지 월별 보험료의 납입을 고지하여야 한다(고용보험 및 산업재해보상보험의 보험료징수 등에 관한 법률 제16조의8 제1항).

1. 징수하고자 하는 보험료 등의 종류
2. 납부하여야 할 보험료 등의 금액
3. 납부기한 및 장소

⑤ 보수총액을 신고하여야 하는 사업주는 보수총액의 신고를 정보통신망을 이용하거나 콤팩트디스크(Compact Disc) 등 전자적 기록매체로 제출하는 방식으로 하여야 한다. 다만, 대통령령으로 정하는 규모에 해당하는 사업주는 보수총액의 신고를 문서로 할 수 있다(고용보험 및 산업재해보상보험의 보험료징수 등에 관한 법률 제16조의10 제8항).

정답 ②

121 **산업재해보상보험법령에 관한 내용으로 옳은 것은?**

① 산업재해보상보험 사업은 근로복지공단 이사장이 관장한다.
② '장해'란 업무상의 부상 또는 질병에 따른 정신적 또는 육체적 훼손으로 노동능력이 상실되거나 감소된 상태로서 그 부상 또는 질병이 치유되지 아니한 상태를 말한다.
③ 산업재해보상보험 및 예방에 관한 중요사항을 심의하게 하기 위하여 고용노동부에 산업재해보상보험심사위원회를 둔다.
④ 산업재해보상보험 및 예방기금은 기획재정부장관이 관리·운용한다.
⑤ 고용노동부장관은 보험가입자에 대하여 장해급여 또는 진폐보상연금을 받은 사람을 그 적성에 맞는 업무에 고용하도록 권고할 수 있다.

키워드 **산재보험의 업무**

풀이 ① 산업재해보상보험 사업은 고용노동부장관이 관장한다(산업재해보상보험법 제2조 제1항).
② '중증요양상태'에 관한 설명이다. '장해'란 부상 또는 질병이 치유되었으나 정신적 또는 육체적 훼손으로 인하여 노동능력이 상실되거나 감소된 상태를 말한다(산업재해보상보험법 제5조 제5·6호).
③ 산업재해보상보험 및 예방에 관한 중요사항을 심의하게 하기 위하여 고용노동부에 산업재해보상보험및예방심의위원회를 둔다(산업재해보상보험법 제8조 제1항).
④ 산업재해보상보험 및 예방기금은 고용노동부장관이 관리·운용한다(산업재해보상보험법 제97조 제1항).

정답 ⑤

122 **산업재해보상보험법령상의 보험급여에 해당하는 것을 모두 고른 것은?**

㉠ 요양급여	㉡ 건강검진급여
㉢ 휴업급여	㉣ 상병수당
㉤ 간병급여	

① ㉠, ㉡, ㉢
② ㉠, ㉡, ㉣
③ ㉠, ㉢, ㉣
④ ㉠, ㉢, ㉤
⑤ ㉠, ㉣, ㉤

키워드 **보험급여의 종류(산업재해보상보험법 제36조 제1항)**

풀이 산업재해보상보험의 보험급여에는 요양급여, 휴업급여, 장해급여, 간병급여, 유족급여, 상병보상연금, 장례비, 직업재활급여가 있다.

정답 ④

최신기출

123 산업재해보상보험법상 보험급여에 관한 설명으로 옳지 않은 것은? 제27회

① 직업재활급여는 보험급여의 종류에 해당하지 아니한다.

② 업무상 사유로 인한 부상 또는 질병이 3일 이내의 요양으로 치유될 수 있으면 근로자에게 요양급여를 지급하지 아니한다.

③ 보험급여는 지급 결정일부터 14일 이내에 지급하여야 한다.

④ 유족보상연금 수급자격자인 유족이 사망한 근로자와의 친족 관계가 끝난 경우 그 자격을 잃는다.

⑤ 보험급여로서 지급된 금품에 대하여는 국가나 지방자치단체의 공과금을 부과하지 아니한다.

키워드 **보험급여의 지급**

풀이 직업재활급여는 보험급여의 종류에 해당한다(산업재해보상보험법 제36조 제1항 제8호).

정답 ①

124 산업재해보상보험법령상 보험급여에 관한 설명으로 옳지 않은 것은?

① 진폐에 따른 보험급여의 종류는 요양급여, 간병급여, 장례비, 직업재활급여, 진폐보상연금 및 진폐유족연금으로 한다.

② 요양급여는 근로자가 업무상의 사유로 부상을 당하거나 질병에 걸린 경우에 그 보험가입자에게 지급한다.

③ 요양으로 취업하지 못한 기간이 3일 이내이면 휴업급여를 지급하지 아니한다.

④ 대한민국 국민이 아닌 장해보상연금의 수급권자가 외국에서 거주하기 위하여 출국하는 경우 그 수급권이 소멸한다.

⑤ 산업재해로 사망한 근로자의 배우자가 재혼한 때 유족보상연금 수급자격을 잃는다.

키워드 **보험급여의 지급대상**

풀이 요양급여는 근로자가 업무상의 사유로 부상을 당하거나 질병에 걸린 경우에 그 근로자에게 지급한다(산업재해보상보험법 제40조 제1항).

정답 ②

125 산업재해보상보험법령상 휴업급여에 관한 내용이다. (　　)에 들어갈 숫자의 합으로 옳은 것은?

> • 휴업급여는 업무상 사유로 부상을 당하거나 질병에 걸린 근로자에게 요양으로 취업하지 못한 기간에 대하여 지급하되, 1일당 지급액은 평균임금의 100분의 (　　)에 상당하는 금액으로 한다. 다만, 취업하지 못한 기간이 3일 이내이면 지급하지 아니한다.
> • 요양 또는 재요양을 받고 있는 근로자가 그 요양기간 중 일정기간 또는 단시간 취업을 하는 경우에는 그 취업한 날에 해당하는 그 근로자의 평균임금에서 그 취업한 날에 대한 임금을 뺀 금액의 100분의 (　　)에 상당하는 금액을 지급할 수 있다.

① 130　　② 140
③ 150　　④ 160
⑤ 170

키워드 휴업급여의 지급액

풀이
• 휴업급여는 업무상 사유로 부상을 당하거나 질병에 걸린 근로자에게 요양으로 취업하지 못한 기간에 대하여 지급하되, 1일당 지급액은 평균임금의 100분의 '70'에 상당하는 금액으로 한다. 다만, 취업하지 못한 기간이 3일 이내이면 지급하지 아니한다(산업재해보상보험법 제52조).
• 요양 또는 재요양을 받고 있는 근로자가 그 요양기간 중 일정기간 또는 단시간 취업을 하는 경우에는 그 취업한 날에 해당하는 그 근로자의 평균임금에서 그 취업한 날에 대한 임금을 뺀 금액의 100분의 '80'에 상당하는 금액을 지급할 수 있다(산업재해보상보험법 제53조 제1항).

정답 ③

126 산업재해보상보험법령상 요양급여에 관한 설명으로 옳지 않은 것은? 제16회

① 근로자가 업무상의 사유로 부상을 당하거나 질병에 걸린 경우에는 현금으로 요양비를 지급하여야 한다. 다만, 부득이한 경우에는 요양비에 갈음하여 법령에서 정하는 산재보험 의료기관에서 요양을 하게 할 수 있다.

② 근로자가 업무상의 사유로 부상을 당하거나 질병에 걸린 경우 그 부상 또는 질병이 3일 이내의 요양으로 치유될 수 있으면 요양급여를 지급하지 아니한다.

③ 요양급여의 신청을 한 사람은 근로복지공단이 요양급여에 관한 결정을 하기 전에는 「국민건강보험법」에 따른 요양급여 또는 「의료급여법」에 따른 의료급여를 받을 수 있다.

④ 간호 및 간병, 재활치료도 요양급여의 범위에 포함된다.

⑤ 근로자를 진료한 산재보험 의료기관은 그 근로자의 재해가 업무상의 재해로 판단되면 그 근로자의 동의를 받아 요양급여의 신청을 대행할 수 있다.

키워드 **요양급여의 지급방법**

풀이 요양급여는 산재보험 의료기관에서 요양을 하게 한다. 다만, 부득이한 경우에는 요양을 갈음하여 요양비를 지급할 수 있다(산업재해보상보험법 제40조 제2항).

정답 ①

127 산업재해보상보험법령상 보험급여에 관한 설명 중 옳지 않은 것은? 제11회

① 수급권자가 이 법령에 따라 보험급여를 받았거나 받을 수 있으면 보험가입자는 동일한 사유에 대하여 「근로기준법」에 따른 재해보상책임이 면제된다.

② 간병급여는 요양급여를 받은 사람 중 치유 후 의학적으로 상시 또는 수시로 간병이 필요하여 실제로 간병을 받는 사람에게 지급한다.

③ 유족급여는 근로자가 업무상의 사유로 사망한 경우에 유족에게 지급한다.

④ 요양급여는 근로자가 업무상의 사유로 부상을 당하거나 질병에 걸린 경우에 그 근로자에게 지급한다. 단, 3일 이내의 요양으로 치유될 수 있으면 요양급여를 지급하지 아니한다.

⑤ 휴업급여는 업무상 사유로 부상을 당하거나 질병에 걸린 근로자에게 요양으로 취업하지 못한 기간에 대하여 지급하되, 1일당 지급액은 통상임금의 100분의 50에 상당하는 금액으로 한다.

키워드 **보험급여**

풀이 휴업급여의 1일당 지급액은 평균임금의 100분의 70에 상당하는 금액으로 한다(산업재해보상보험법 제52조).

정답 ⑤

128 산업재해보상보험법령상 휴업급여에 관한 설명으로 옳은 것은?

① 1일당 지급액은 평균임금의 100분의 70에 상당하는 금액으로 한다. 다만, 취업하지 못한 기간이 5일 이내이면 지급하지 아니한다.

② 요양을 받고 있는 근로자가 그 요양기간 중 단시간 취업을 하는 경우에는 취업한 날에 해당하는 그 근로자의 평균임금에서 취업한 날에 대한 임금을 뺀 금액의 100분의 70에 상당하는 금액을 지급할 수 있다.

③ 휴업급여를 받는 근로자가 60세가 되면 그 이후의 휴업급여는 감액하여 지급한다.

④ 재요양을 받는 사람에 대하여는 재요양 당시의 임금을 기준으로 산정한 평균임금의 100분의 90에 상당하는 금액을 1일당 휴업급여 지급액으로 한다.

⑤ 재요양을 받은 자에 대하여 산정한 1일당 휴업급여 지급액이 최저임금액보다 적으면 최저임금액을 1일당 휴업급여 지급액으로 한다.

키워드 **휴업급여**

풀이 ① 1일당 지급액은 평균임금의 100분의 70에 상당하는 금액으로 한다. 다만, 취업하지 못한 기간이 3일 이내이면 지급하지 아니한다(산업재해보상보험법 제52조).

② 요양을 받고 있는 근로자가 그 요양기간 중 단시간 취업을 하는 경우에는 취업한 날에 해당하는 그 근로자의 평균임금에서 취업한 날에 대한 임금을 뺀 금액의 100분의 80에 상당하는 금액을 지급할 수 있다(산업재해보상보험법 제53조 제1항).

③ 휴업급여를 받는 근로자가 61세가 되면 그 이후의 휴업급여는 감액하여 지급한다(산업재해보상보험법 제55조).

④ 재요양을 받는 사람에 대하여는 재요양 당시의 임금을 기준으로 산정한 평균임금의 100분의 70에 상당하는 금액을 1일당 휴업급여 지급액으로 한다(산업재해보상보험법 제56조 제1항).

정답 ⑤

129 산업재해보상보험법령상 보험급여에 관한 설명으로 옳지 않은 것은?

① 업무상 재해로 요양 중인 근로자는 그 업무상의 재해로 발생한 부상이나 질병이 원인이 되어 새로운 질병이 발생하여 요양이 필요한 경우에는 그 부상 또는 질병에 대하여 요양급여를 신청할 수 있다.

② 요양 또는 재요양을 받고 있는 근로자가 그 요양기간 중 일정기간 또는 단시간 취업을 하는 경우에는 그 취업한 날에 해당하는 그 근로자의 평균임금에서 그 취업한 날에 대한 임금을 뺀 금액의 100분의 80에 상당하는 금액을 지급할 수 있다.

③ 장해보상연금의 수급권자가 재요양을 받는 경우에는 그 연금의 지급을 정지한다.

④ 장해보상연금 수급권자가 고의로 장해 상태를 악화시킨 경우 보험급여의 전부 또는 일부를 지급하지 아니할 수 있다.

⑤ 유족보상일시금은 근로자가 사망할 당시 유족보상연금을 받을 수 있는 자격이 있는 사람이 없는 경우에 지급한다.

키워드 **산업재해보상의 보험급여**

풀이 장해보상연금의 수급권자가 재요양을 받는 경우에도 그 연금의 지급을 정지하지 아니한다(산업재해보상보험법 제60조 제1항).

정답 ③

130 산업재해보상보험법령상 보험급여에 관한 설명으로 옳지 않은 것은?

① 장해급여 청구사유 발생 당시 대한민국 국민이 아닌 사람으로서 외국에서 거주하고 있는 근로자에게는 장해보상일시금을 지급한다.

② 2급 장해등급 근로자에게는 장해보상연금 또는 장해보상일시금을 근로자의 선택에 따라 지급한다.

③ 장례비는 장례를 지낼 유족이 없는 경우에는 평균임금의 120일분에 상당하는 금액의 범위에서 실제 드는 비용을 그 장례를 지낸 사람에게 지급한다.

④ 상병보상연금을 산정할 때 평균임금이 최저임금액의 70분의 100보다 적을 때에는 최저임금액의 70분의 100에 해당하는 금액을 평균임금으로 본다.

⑤ 요양급여는 소정의 산재보험 의료기관에서 요양을 하게 하는 것이 부득이한 경우에는 요양을 갈음하여 요양비를 지급할 수 있다.

키워드 **산업재해보상의 보험급여**

풀이 1급부터 3급까지의 노동력을 완전히 상실한 장해등급 근로자에게는 장해보상연금을 지급한다(산업재해보상보험법 제57조 제3항 단서, 동법 시행령 제53조 제5항).

정답 ②

131 산업재해보상보험법령상 장해보상연금 수급권의 소멸사유를 모두 고른 것은?

> ㉠ 수급권자가 사망한 경우
> ㉡ 대한민국 국민이었던 수급권자가 국적을 상실하고 외국에서 거주하고 있는 경우
> ㉢ 대한민국 국민이 아닌 수급권자가 외국에서 거주하기 위해 출국하는 경우
> ㉣ 수급권자의 장해등급이 변경되어 장해보상연금의 지급 대상에서 제외되는 경우

① ㉠, ㉡
② ㉠, ㉣
③ ㉡, ㉢
④ ㉠, ㉢, ㉣
⑤ ㉠, ㉡, ㉢, ㉣

키워드 장해보상연금의 수급권 소멸사유

풀이 장해보상연금 또는 진폐보상연금의 수급권자가 다음의 어느 하나에 해당하면 그 수급권이 소멸한다(산업재해보상보험법 제58조).

1. 사망한 경우
2. 대한민국 국민이었던 수급권자가 국적을 상실하고 외국에서 거주하고 있거나 외국에서 거주하기 위하여 출국하는 경우
3. 대한민국 국민이 아닌 수급권자가 외국에서 거주하기 위하여 출국하는 경우
4. 장해등급 또는 진폐장해등급이 변경되어 장해보상연금 또는 진폐보상연금의 지급 대상에서 제외되는 경우

정답 ⑤

132 산업재해보상보험법상 유족급여에 관한 설명으로 옳지 않은 것을 모두 고른 것은?

> ㉠ 유족보상연금액은 기본금액과 가산금액을 곱한 금액으로 한다.
> ㉡ 유족보상연금액상 급여기초연액은 평균임금에 365를 곱하여 얻은 금액이다.
> ㉢ 유족보상연금액상 기본금액은 급여기초연액의 100분의 45에 상당하는 금액이다.
> ㉣ 유족보상연금액상 가산금액의 합산금액이 급여기초연액의 100분의 20을 넘을 때에는 급여기초연액의 100분의 20에 상당하는 금액으로 한다.

① ㉠, ㉡
② ㉠, ㉢
③ ㉡, ㉢
④ ㉡, ㉣
⑤ ㉢, ㉣

키워드 유족급여

풀이
㉠ 유족보상연금액은 기본금액과 가산금액을 합한 금액으로 한다(산업재해보상보험법 제62조 제2항 별표 3).
㉢ 유족보상연금액상 기본금액은 급여기초연액의 100분의 47에 상당하는 금액이다(산업재해보상보험법 제62조 제2항 별표 3).

정답 ②

133 **산업재해보상보험법상 보험급여에 관한 설명으로 옳지 않은 것은?** 제26회 수정

① 업무상 사유로 인한 부상 또는 질병이 3일 이내의 요양으로 치유될 수 있으면 근로자가 요양급여를 지급하지 아니한다.

② 장해보상연금 또는 진폐보상연금의 수급권자가 사망한 경우 그 수급권은 소멸한다.

③ 장해보상연금 수급권자가 재요양을 받는 경우에도 그 연금의 지급을 정지하지 아니한다.

④ 근로자가 사망할 당시 그 근로자와 생계를 같이 하고 있던 유족 중 25세 미만인 자녀는 유족보상연금 수급자격자에 해당한다.

⑤ 유족보상연금 수급자격자인 손자녀가 25세가 된 때에도 그 자격을 잃지 아니한다.

키워드 **산업재해보상보험법상 보험급여**

풀이 유족보상연금 수급자격자인 유족이 다음의 어느 하나에 해당하면 그 자격을 잃는다(산업재해보상보험법 제64조 제1항).

1. 사망한 경우
2. 재혼한 때(사망한 근로자의 배우자만 해당하며, 재혼에는 사실상 혼인 관계에 있는 경우를 포함한다)
3. 사망한 근로자와의 친족 관계가 끝난 경우
4. 자녀가 25세가 된 때
5. 손자녀가 25세가 된 때
6. 형제자매가 19세가 된 때
7. 법 제63조 제1항 제4호에 따른 장애인이었던 사람으로서 그 장애 상태가 해소된 경우
8. 근로자가 사망할 당시 대한민국 국민이었던 유족보상연금 수급자격자가 국적을 상실하고 외국에서 거주하고 있거나 외국에서 거주하기 위하여 출국하는 경우
9. 대한민국 국민이 아닌 유족보상연금 수급자격자가 외국에서 거주하기 위하여 출국하는 경우

정답 ⑤

134 산업재해보상보험법령상 유족보상연금 수급자격의 상실사유가 아닌 것은?

① 수급권자가 3개월 이상 행방불명된 경우
② 수급자격자인 자녀가 25세가 된 경우
③ 근로자가 사망할 당시 대한민국 국민이었던 수급자격자가 국적을 상실하고 외국에서 거주하기 위하여 출국하는 경우
④ 사망한 근로자의 배우자인 수급자격자가 다른 사람과 사실상 혼인관계에 있는 경우
⑤ 수급자격자인 자녀가 사망한 경우

키워드 **유족보상연금 수급자격의 상실사유**

풀이 유족보상연금 수급권자가 3개월 이상 행방불명이면 연금의 지급을 정지하는 사유이며, 수급자격 상실사유는 아니다(산업재해보상보험법 제64조 제3항).

정답 ①

135 산업재해보상보험법령상 보험급여에 관한 설명으로 옳은 것은?

① 부상 또는 질병이 7일 이내의 요양으로 치유될 수 있으면 요양급여를 지급하지 아니한다.
② 요양급여의 신청을 한 사람은 근로복지공단이 요양급여에 관한 결정을 하기 전에는 「국민건강보험법」상 요양급여를 받을 수 있다.
③ 장해급여는 근로자가 업무상의 사유로 질병에 걸려 치유된 후 신체 등에 장해가 있는 경우에 한국장애인고용공단에서 지급한다.
④ 장해보상연금의 수급권자가 재요양을 받는 경우에는 그 연금의 지급을 정지한다.
⑤ 간병급여는 실제로 간병을 실시한 사람에게 직접 지급한다.

키워드 **보험급여**

풀이
① 부상 또는 질병이 3일 이내의 요양으로 치유될 수 있으면 요양급여를 지급하지 아니한다(산업재해보상보험법 제40조 제3항).
③ 보험급여는 근로복지공단이 지급한다(산업재해보상보험법 제11조 제1항 제3호).
④ 장해보상연금의 수급권자가 재요양을 받는 경우에도 그 연금의 지급을 정지하지 아니한다(산업재해보상보험법 제60조 제1항).
⑤ 간병급여는 요양급여를 받은 사람 중 치유 후 의학적으로 상시 또는 수시로 간병이 필요하여 실제로 간병을 받는 사람에게 지급한다(산업재해보상보험법 제61조 제1항).

정답 ②

136 **산업재해보상보험법령상 보험급여에 관한 내용으로 옳지 않은 것은?**

① 장해보상연금의 수급권자가 재요양을 받은 경우에도 그 연금의 지급을 정지하지 아니한다.

② 유족보상연금의 지급은 그 지급사유가 발생한 달의 다음 달 첫날부터 시작된다.

③ 유족보상연금 수급자격자인 형제자매가 19세가 된 때에는 그 자격을 잃는다.

④ 요양급여를 받는 근로자가 요양을 시작한 지 1년이 지난 이후에 취업하지 못하면 휴업급여 대신 상병보상연금을 그 근로자에게 지급한다.

⑤ 장해보상연금은 그 지급을 정지할 사유가 발생한 때에는 그 사유가 발생한 달의 다음 달 첫날부터 그 사유가 소멸한 달의 말일까지 지급하지 아니한다.

키워드 **보험급여**

풀이 요양급여를 받는 근로자가 요양을 시작한 지 2년이 지난 날 이후에 다음의 요건 모두에 해당하는 상태가 계속되면 휴업급여 대신 상병보상연금을 그 근로자에게 지급한다(산업재해보상보험법 제66조 제1항).

1. 그 부상이나 질병이 치유되지 아니한 상태일 것
2. 그 부상이나 질병에 따른 중증요양상태의 정도가 대통령령으로 정하는 중증요양상태등급 기준에 해당할 것
3. 요양으로 인하여 취업하지 못하였을 것

정답 ④

137 **산업재해보상보험법령상 보험급여의 내용으로 옳지 않은 것은?**

① 장해급여 청구사유 발생 당시 대한민국 국민이 아닌 자로서 외국에서 거주하고 있는 근로자에게는 장해보상일시금을 지급한다.

② 간병급여 수급권자가 재요양을 받는 경우 그 재요양기간 중에는 간병급여를 지급하지 않는다.

③ 유족보상일시금은 근로자가 사망할 당시 유족보상연금을 받을 수 있는 자격이 있는 사람이 없는 경우에 지급한다.

④ 유족급여는 근로자가 업무상의 사유로 사망한 경우에 유족에게 지급한다.

⑤ 장례비는 유족이 아닌 사람이 장례를 지낸 경우에는 평균임금의 120일분을 그 장례를 지낸 사람에게 지급한다.

키워드 **보험급여**

풀이 장례비는 근로자가 업무상의 사유로 사망한 경우에 지급하되, 평균임금의 120일분에 상당하는 금액을 그 장례를 지낸 유족에게 지급한다. 다만, 장례를 지낼 유족이 없거나 그 밖에 부득이한 사유로 유족이 아닌 사람이 장례를 지낸 경우에는 평균임금의 120일분에 상당하는 금액의 범위에서 실제 드는 비용을 그 장례를 지낸 사람에게 지급한다(산업재해보상보험법 제71조 제1항).

정답 ⑤

138 산업재해보상보험법령상 연금의 지급기간 및 지급시기에 관한 설명으로 옳은 것은?

① 장해보상연금의 지급은 그 지급사유가 발생한 달의 첫날부터 시작된다.

② 유족보상연금의 지급은 그 지급받을 권리가 소멸한 달의 다음 달 말일에 끝난다.

③ 진폐유족연금은 그 지급을 정지할 사유가 발생한 때에는 그 사유가 발생한 달의 다음 달 첫날부터 그 사유가 소멸한 달의 말일까지 지급하지 아니한다.

④ 진폐보상연금은 매년 이를 12등분하여 매달 25일에 그달치의 금액을 지급하되, 지급일이 토요일이거나 공휴일이면 그 다음 날에 지급한다.

⑤ 유족보상연금의 지급은 그 지급사유가 발생한 달의 첫날부터 시작된다.

키워드 **연금의 지급기간 및 지급시기**

풀이 ①②⑤ 장해보상연금, 유족보상연금, 진폐보상연금 또는 진폐유족연금의 지급은 그 지급사유가 발생한 달의 다음 달 첫날부터 시작되며, 그 지급받을 권리가 소멸한 달의 말일에 끝난다(산업재해보상보험법 제70조 제1항).

④ 장해보상연금, 유족보상연금, 진폐보상연금 또는 진폐유족연금은 매년 이를 12등분하여 매달 25일에 그달치의 금액을 지급하되, 지급일이 토요일이거나 공휴일이면 그 전날에 지급한다(산업재해보상보험법 제70조 제3항).

정답 ③

139 산업재해보상보험법령상 내용으로 옳은 것은?

① 수급권자가 「산업재해보상보험법」에 따라 보험급여를 받으면 보험가입자는 동일한 사유에 대하여 「근로기준법」에 따른 재해보상책임이 면제된다.

② 수급권자가 동일한 사유에 대하여 「산업재해보상보험법」에 따른 보험급여를 받으면 보험가입자는 「민법」에 따른 손해배상책임이 전부 면제된다.

③ 보험급여는 지급 신청일부터 14일 이내에 지급하여야 한다.

④ 보험급여의 수급권자가 사망한 경우에 아직 지급되지 아니한 보험급여가 있으면 그 수급권자의 유족의 청구와 관계없이 그 보험급여를 지급한다.

⑤ 근로자의 보험급여를 받을 권리는 퇴직하면 소멸한다.

키워드 **보험급여의 면제범위**

풀이 ② 수급권자가 동일한 사유에 대하여 「산업재해보상보험법」에 따른 보험급여를 받으면 보험가입자는 그 금액의 한도 안에서 「민법」이나 그 밖의 법령에 따른 손해배상책임이 면제된다(산업재해보상보험법 제80조 제2항).

③ 보험급여는 지급 결정일부터 14일 이내에 지급하여야 한다(산업재해보상보험법 제82조 제1항).

④ 보험급여의 수급권자가 사망한 경우에 아직 지급되지 아니한 보험급여가 있으면 그 수급권자의 유족의 청구에 따라 그 보험급여를 지급한다(산업재해보상보험법 제81조 제1항).

⑤ 근로자의 보험급여를 받을 권리는 퇴직해도 소멸되지 않는다(산업재해보상보험법 제88조 제1항).

정답 ①

140 **산업재해보상보험법령에 관한 설명으로 옳지 않은 것을 모두 고른 것은?**

㉠ 업무상 재해를 당한 근로자가 보험급여를 지급받으려면 고용노동부에 설립되어 있는 산업재해보상보험심사위원회에 신청하여야 한다. ㉡ 유족이란 사망한 사람의 배우자(사실상 혼인관계에 있는 사람을 제외한다) · 자녀 · 부모 · 손자녀 · 조부모 또는 형제자매를 말한다. ㉢ '근로자' · '임금' · '평균임금' · '통상임금'이란 각각 「근로기준법」에 따른 '근로자' · '임금' · '평균임금' · '통상임금'을 말한다. ㉣ 휴업급여는 통상임금의 100분의 70에 상당하는 금액으로 한다. ㉤ 업무상 재해는 업무상의 사유에 따른 근로자의 부상 · 질병 · 장해 또는 사망을 말한다.

① ㉠, ㉡, ㉢
② ㉠, ㉡, ㉣
③ ㉠, ㉢, ㉤
④ ㉡, ㉢, ㉣
⑤ ㉡, ㉣, ㉤

키워드 **산업재해보상보험법령상 용어의 정의 등**

풀이 ㉠ 보험급여 신청은 근로복지공단에 하여야 한다.
㉡ 유족이란 사망한 자의 배우자(사실상 혼인관계에 있는 사람을 포함한다) · 자녀 · 부모 · 손자녀 · 조부모 또는 형제자매를 말한다(산업재해보상보험법 제5조 제3호).
㉣ 휴업급여는 평균임금의 100분의 70에 상당하는 금액으로 한다(산업재해보상보험법 제52조).

정답 ②

141 **산업재해보상보험법령에 관한 설명으로 옳은 것은?**

① 근로자를 진료한 산재보험 의료기관은 요양급여의 신청을 대행할 수 없다.
② 보험급여는 지급 결정일부터 30일 이내에 지급하여야 한다.
③ 근로복지공단은 제3자의 행위에 따른 재해로 보험급여를 지급한 경우에는 손해배상청구권을 대위할 수 없다.
④ 요양급여가 지급된 후 그 지급결정이 취소된 경우 국민건강보험공단은 그 건강보험 요양급여액을 근로복지공단에 청구할 수 있다.
⑤ 보험급여로서 지급된 금품에 대하여 국가나 지방자치단체의 공과금을 부과하지 아니한다.

키워드 **보험급여**

풀이 ① 근로자를 진료한 산재보험 의료기관은 그 근로자의 재해가 업무상의 재해로 판단되면 그 근로자의 동의를 받아 요양급여의 신청을 대행할 수 있다(산업재해보상보험법 제41조 제2항).

② 보험급여는 지급 결정일부터 14일 이내에 지급하여야 한다(산업재해보상보험법 제82조 제1항).

③ 근로복지공단은 제3자의 행위에 따른 재해로 보험급여를 지급한 경우에는 그 급여액의 한도 안에서 급여를 받은 사람의 제3자에 대한 손해배상청구권을 대위한다. 다만, 보험가입자인 둘 이상의 사업주가 같은 장소에서 하나의 사업을 분할하여 각각 행하다가 그중 사업주를 달리하는 근로자의 행위로 재해가 발생하면 그러하지 아니하다(산업재해보상보험법 제87조 제1항).

④ 근로복지공단이 수급권자에게 요양급여를 지급한 후 그 지급결정이 취소된 경우로서 그 지급한 요양급여가 「국민건강보험법」 또는 「의료급여법」에 따라 지급할 수 있는 건강보험 요양급여등에 상당한 것으로 인정되면 근로복지공단은 그 건강보험 요양급여등에 해당하는 금액을 국민건강보험공단등에 청구할 수 있다(산업재해보상보험법 제90조 제2항).

정답 ⑤

PART 1

142 산업재해보상보험법령상 보험급여의 일시 중지에 해당되는 사유를 모두 고른 것은?

ㄱ 진찰 요구에 따르지 아니하는 경우
ㄴ 요양 중인 근로자가 근로복지공단의 의료기관 변경 요양 지시를 정당한 사유 없이 따르지 아니한 경우
ㄷ 근로복지공단이 직권으로 실시하는 장해등급 또는 진폐장해등급 재판정 요구에 따르지 아니하는 경우
ㄹ 거짓이나 그 밖의 부정한 방법으로 진료비나 약제비를 지급받은 경우

① ㄱ, ㄷ
② ㄴ, ㄹ
③ ㄱ, ㄴ, ㄷ
④ ㄱ, ㄴ, ㄹ
⑤ ㄴ, ㄷ, ㄹ

키워드 **보험급여의 일시 중지 사유**

풀이 근로복지공단은 보험급여를 받고자 하는 사람이 다음의 하나에 해당되면 보험급여의 지급을 일시 중지할 수 있다(산업재해보상보험법 제120조 제1항).

1. 요양 중인 근로자가 근로복지공단의 의료기관 변경 요양 지시를 정당한 사유 없이 따르지 아니하는 경우
2. 근로복지공단이 직권으로 실시하는 장해등급 또는 진폐장해등급 재판정 요구에 따르지 아니하는 경우
3. 보고·서류제출 또는 신고를 하지 아니하는 경우
4. 질문이나 조사에 따르지 아니하는 경우
5. 진찰 요구에 따르지 아니하는 경우

정답 ③

143 산업재해보상보험법령상 보험급여 결정등에 대한 심사청구 및 재심사청구에 관한 설명으로 옳지 않은 것은? 제21회 수정

① 근로복지공단의 보험급여 결정등에 불복하는 자는 그 보험급여 결정등을 한 근로복지공단의 소속 기관을 거쳐 산업재해보상보험심사위원회에 심사청구를 할 수 있다.

② 근로복지공단이 심사청구에 대한 결정기간을 연장할 때에는 최초의 결정기간이 끝나기 7일 전까지 심사청구인 및 보험급여 결정등을 한 근로복지공단의 소속 기관에 알려야 한다.

③ 근로복지공단의 보험급여 결정에 대하여 심사청구기간이 지난 후에 제기된 심사청구는 산업재해보상보험심사위원회의 심의를 거치지 아니할 수 있다.

④ 산업재해보상보험심사위원회는 위원장 1명을 포함하여 150명 이내의 위원으로 구성하되, 위원 중 2명은 상임으로 한다.

⑤ 업무상질병판정위원회의 심의를 거친 보험급여에 관한 결정에 불복하는 자는 심사청구를 하지 아니하고 재심사청구를 할 수 있다.

키워드 **심사청구 및 재심사청구**

풀이 보험급여에 관한 결정에 불복하는 자는 근로복지공단에 심사청구를 할 수 있다(산업재해보상보험법 제103조 제1항).

정답 ①

144 산업재해보상보험법상 심사청구에 관한 설명으로 옳지 않은 것은? 제17회 수정

① 보험급여 결정등에 불복하는 자는 근로복지공단에 심사청구를 할 수 있고, 심사청구는 그 보험급여 결정등을 한 근로복지공단의 소속 기관을 거쳐 근로복지공단에 제기하여야 한다.

② 심사청구서를 받은 근로복지공단의 소속 기관은 10일 이내에 의견서를 첨부하여 근로복지공단에 보내야 한다.

③ 심사청구를 심의하기 위하여 근로복지공단에 관계 전문가 등으로 구성되는 산업재해보상보험심사위원회를 둔다.

④ 근로복지공단은 심사청구서를 받은 날부터 60일 이내에 산업재해보상보험심사위원회의 심의를 거쳐 심사청구에 대한 결정을 하여야 한다. 다만, 부득이한 사유로 그 기간 이내에 결정을 할 수 없으면 한 차례만 20일을 넘지 아니하는 범위에서 그 기간을 연장할 수 있다.

⑤ 보험급여 결정등에 대하여는 「행정심판법」에 따른 행정심판을 제기할 수 없다.

키워드 **심사청구**

풀이 심사청구서를 받은 근로복지공단의 소속 기관은 5일 이내에 의견서를 첨부하여 근로복지공단에 보내야 한다(산업재해보상보험법 제103조 제4항).

정답 ②

145 산업재해보상보험법령상 심사청구의 제기와 관련한 내용으로 옳지 않은 것은?

① 심사청구는 그 보험급여 결정등을 한 근로복지공단의 소속 기관을 거쳐 근로복지공단에 제기하여야 한다.

② 심사청구는 보험급여 결정등이 있음을 안 날부터 90일 이내에 하여야 한다.

③ 심사청구서를 받은 근로복지공단의 소속 기관은 5일 이내에 의견서를 첨부하여 근로복지공단에 보내야 한다.

④ 보험급여 결정등에 대하여 「행정심판법」에 따른 행정심판을 제기할 수 있다.

⑤ 약제비에 관한 근로복지공단의 결정에 불복하는 자는 근로복지공단에 심사청구를 할 수 있다.

키워드 **심사청구**

풀이 보험급여 결정등에 대하여는 「행정심판법」에 따른 행정심판을 제기할 수 없다(산업재해보상보험법 제103조 제5항).

정답 ④

146 산업재해보상보험법령상 심사청구 및 재심사청구에 관한 설명으로 옳지 않은 것을 모두 고른 것은?

㉠ 근로복지공단의 보험급여 결정에 대하여는 「행정심판법」에 따른 행정심판을 제기할 수 있다. ㉡ 보험급여 결정등에 대한 심사청구는 보험급여 결정등이 있은 날부터 90일 이내에 하여야 한다. ㉢ 심사청구 및 재심사청구에 관하여 「산업재해보상보험법」에 정하고 있지 아니한 사항에 대하여는 「행정심판법」에 따른다. ㉣ 심사청구 및 재심사청구의 제기는 시효의 중단에 관하여 「민법」에 따른 재판상의 청구로 본다.

① ㉠, ㉡
② ㉢, ㉣
③ ㉠, ㉡, ㉣
④ ㉠, ㉢, ㉣
⑤ ㉡, ㉢, ㉣

키워드 심사청구 및 재심사청구

풀이 ㉠ 보험급여 결정에 대하여는 「행정심판법」에 따른 행정심판을 제기할 수 없다(산업재해보상보험법 제103조 제5항).
㉡ 보험급여 결정등에 대한 심사청구는 보험급여 결정등이 있음을 안 날부터 90일 이내에 하여야 한다(산업재해보상보험법 제103조 제3항).

정답 ①

147 산업재해보상보험법령상 심사청구 및 재심사청구에 관한 설명으로 옳은 것은?

① 근로복지공단은 심사청구서를 받은 날부터 60일 이내에 결정을 하여야 하지만, 부득이한 사유로 그 기간 이내에 결정을 할 수 없으면 한 차례만 20일을 넘지 아니하는 범위에서 그 기간을 연장할 수 있다.
② 심사청구 및 재심사청구에 관하여 「산업재해보상보험법」에서 정하고 있지 아니한 사항에 대하여는 「행정소송법」에 따른다.
③ 업무상질병판정위원회의 심의를 거친 보험급여에 관한 결정에 불복하는 자는 근로복지공단에 심사청구를 하지 아니하고는 산업재해보상보험재심사위원회에 재심사청구를 할 수 없다.
④ 심사청구는 보험급여 결정등이 있음을 안 날부터 180일 이내에 하여야 한다.
⑤ 재심사청구의 재결은 근로복지공단을 기속하지 아니한다.

키워드 심사청구 및 재심사청구

풀이 ② 심사청구 및 재심사청구에 관하여 「산업재해보상보험법」에서 정하고 있지 아니한 사항에 대하여는 「행정심판법」에 따른다(산업재해보상보험법 제111조 제3항).
③ 심사청구에 대한 결정에 불복하는 자는 산업재해보상보험재심사위원회에 재심사청구를 할 수 있다. 다만, 업무상질병판정위원회의 심의를 거친 보험급여에 관한 결정에 불복하는 자는 심사청구를 하지 아니하고 재심사청구를 할 수 있다(산업재해보상보험법 제106조 제1항).
④ 심사청구는 보험급여 결정등이 있음을 안 날부터 90일 이내에 하여야 한다(산업재해보상보험법 제103조 제3항).
⑤ 재심사위원회의 재결은 공단을 기속(羈束)한다(산업재해보상보험법 제109조 제2항).

정답 ①

148 산업재해보상보험법령에 관한 설명으로 옳은 것을 모두 고른 것은?

㉠ 근로자의 보험급여를 받을 권리는 퇴직하여도 소멸되지 아니한다. ㉡ 수급권의 대위 규정에 따른 보험가입자의 권리는 3년간 행사하지 아니하면 시효로 말미암아 소멸한다. ㉢ 보험급여에 관한 공단의 결정에 불복하는 자의 심사청구는 보험급여 결정등이 있음을 안 날부터 180일 이내에 하여야 한다.

① ㉠
② ㉡
③ ㉠, ㉡
④ ㉡, ㉢
⑤ ㉠, ㉡, ㉢

키워드 산업재해보상보험법령상 보험급여

풀이 보험급여에 관한 공단의 결정에 불복하는 자의 심사청구는 보험급여 결정등이 있음을 안 날부터 90일 이내에 하여야 한다(산업재해보상보험법 제103조 제3항).

정답 ③

149 **산업재해보상보험법령상 보험급여 중 시효의 완성 기간이 다른 것은?**

① 요양급여를 받을 권리 ② 간병급여를 받을 권리
③ 상병보상연금을 받을 권리 ④ 장례비를 받을 권리
⑤ 직업재활급여를 받을 권리

키워드 **시효**

풀이 다음의 권리는 3년간 행사하지 아니하면 시효로 말미암아 소멸한다. 다만, 1.의 보험급여 중 장해급여, 유족급여, 장례비, 진폐보상연금 및 진폐유족연금을 받을 권리는 5년간 행사하지 아니하면 시효의 완성으로 소멸한다(산업재해보상보험법 제112조 제1항).

1. 보험급여를 받을 권리
2. 산재보험 의료기관의 권리
3. 약국의 권리
4. 수급권에 대위 규정에 따른 보험가입자의 권리
5. 국민건강보험공단등의 권리

정답 ④

150 **고용보험법상 용어 정의 및 피보험자의 관리에 관한 설명으로 옳지 않은 것은? (권한의 위임·위탁은 고려하지 않음)** 제24회

① 일용근로자란 3개월 미만 동안 고용되는 사람을 말한다.
② 실업의 인정이란 직업안정기관의 장이 이 법에 따른 수급자격자가 실업한 상태에서 적극적으로 직업을 구하기 위하여 노력하고 있다고 인정하는 것을 말한다.
③ 근로자인 피보험자가 이 법에 따른 적용 제외 근로자에 해당하게 된 경우에는 그 적용 제외 대상자가 된 날에 그 피보험자격을 상실한다.
④ 이 법에 따른 적용 제외 근로자였던 사람이 이 법의 적용을 받게 된 경우에는 그 적용을 받게 된 날에 피보험자격을 취득한 것으로 본다.
⑤ 사업주는 그 사업에 고용된 근로자의 피보험자격의 취득 및 상실 등에 관한 사항을 대통령령으로 정하는 바에 따라 고용노동부장관에게 신고하여야 한다.

키워드 **「고용보험법」 관련 용어(고용보험법 제2조)**

풀이 일용근로자란 1개월 미만 동안 고용되는 사람을 말한다.

정답 ①

151 고용보험법령상 고용보험의 적용 제외 대상인 사람을 모두 고른 것은? 제26회

㉠ 「사립학교교직원 연금법」의 적용을 받는 사람 ㉡ 1주간의 소정근로시간이 15시간 미만인 일용근로자 ㉢ 「별정우체국법」에 따른 별정우체국 직원

① ㉠ ② ㉡ ③ ㉠, ㉢
④ ㉡, ㉢ ⑤ ㉠, ㉡, ㉢

키워드 **고용보험법령상 고용보험의 적용 제외 대상**

풀이 다음의 어느 하나에 해당하는 근로자는 「고용보험법」 적용대상으로 한다(고용보험법 시행령 제3조 제2항).
1. 해당 사업에서 3개월 이상 계속하여 근로를 제공하는 근로자
2. 일용근로자

정답 ③

152 고용보험법령의 적용대상인 사람을 모두 고른 것은?

㉠ 해당 사업에서 1개월간 소정근로시간이 60시간 미만이지만, 3개월 이상 계속하여 근로를 제공하는 사람 ㉡ 「별정우체국법」에 따른 별정우체국 직원 ㉢ 일용근로자(1개월 미만 동안 고용되는 사람)

① ㉠ ② ㉠, ㉡ ③ ㉠, ㉢
④ ㉡, ㉢ ⑤ ㉠, ㉡, ㉢

키워드 **「고용보험법」의 적용대상**

풀이 「별정우체국법」에 따른 별정우체국 직원은 「고용보험법」의 적용 제외 대상자이다.

이론 +

「고용보험법」의 적용 제외 대상자(고용보험법 제10조 제1항, 동법 시행령 제3조)

다음의 어느 하나에 해당하는 사람에게는 「고용보험법」을 적용하지 아니한다.
1. 해당 사업에서 1개월간 소정근로시간이 60시간 미만이거나 1주간의 소정근로시간이 15시간 미만인 근로자(예외: 3개월 이상 계속하여 근로를 제공하는 사람과 일용근로자는 제외한다)
2. 「국가공무원법」과 「지방공무원법」에 따른 공무원. 다만, 대통령령으로 정하는 바에 따라 별정직 공무원, 임기제 공무원의 경우는 본인의 의사에 따라 고용보험(실업급여에 한정한다)에 가입할 수 있다.
3. 「사립학교교직원 연금법」의 적용을 받는 사람
4. 「별정우체국법」에 따른 별정우체국 직원

정답 ③

153 고용보험법령상 적용범위 및 피보험자의 관리에 관한 설명으로 옳지 않은 것은?

제13회 수정

① 해당 사업에서 1개월간 소정근로시간이 60시간 미만인 근로자는 「고용보험법」의 적용을 받을 수 없다.

② 적용 제외 근로자였던 사람이 「고용보험법」의 적용을 받게 된 경우에는 그 적용을 받게 된 날에 피보험자격을 취득한 것으로 본다.

③ 해당 사업에서 3개월 이상 계속하여 근로를 제공하는 사람과 1개월 미만 동안 고용되는 일용근로자는 「고용보험법」의 적용을 받을 수 없다.

④ 피보험자가 이직한 경우에는 이직한 날의 다음 날에 피보험자격을 상실한다.

⑤ 사업주는 그 사업에 고용된 근로자의 피보험자격의 취득 및 상실 등에 관한 사항을 고용노동부장관에게 신고하여야 한다.

키워드 **피보험자의 관리**

풀이 해당 사업에서 3개월 이상 계속하여 근로를 제공하는 사람과 1개월 미만 동안 고용되는 일용근로자는 「고용보험법」의 적용 근로자에 해당한다(고용보험법 시행령 제3조 제2항).

정답 ③

154 고용보험법령상 피보험자격의 취득일·상실일에 관한 설명으로 옳은 것은?

① 고용보험의 적용 제외 근로자였던 사람이 「고용보험법」의 적용을 받게 된 경우에는 그 적용을 받게 된 날의 다음 날에 피보험자격을 취득한 것으로 본다.

② 보험관계 성립일 전에 고용된 근로자의 경우에는 고용된 날에 피보험자격을 취득한 것으로 본다.

③ 근로자인 피보험자가 적용 제외 근로자에 해당하게 된 경우에는 그 적용 제외 대상자가 된 날에 피보험자격을 상실한다.

④ 피보험자가 사망한 경우에는 사망한 날에 피보험자격을 상실한다.

⑤ 보험관계가 소멸한 경우에는 그 보험관계가 소멸한 날의 다음 날에 피보험자격을 상실한다.

키워드 **피보험자격의 취득일 · 상실일**

풀이 ① 고용보험의 적용 제외 근로자였던 사람이 「고용보험법」의 적용을 받게 된 경우에는 그 적용을 받게 된 날에 피보험자격을 취득한 것으로 본다(고용보험법 제13조 제1항 제1호).
② 보험관계 성립일 전에 고용된 근로자의 경우에는 그 보험관계가 성립한 날에 피보험자격을 취득한 것으로 본다(고용보험법 제13조 제1항 제2호).
④ 근로자인 피보험자가 사망한 경우에는 사망한 날의 다음 날에 피보험자격을 상실한다(고용보험법 제14조 제1항 제4호).
⑤ 보험관계가 소멸한 경우에는 그 보험관계가 소멸한 날에 피보험자격을 상실한다(고용보험법 제14조 제1항 제2호).

정답 ③

155 고용보험법상의 내용으로 옳지 않은 것은? 제17회 수정

① 「고용보험 및 산업재해보상보험의 보험료징수 등에 관한 법률」에 따라 보험에 가입되거나 가입된 것으로 보는 근로자, 예술인 또는 노무제공자는 피보험자에 해당된다.
② 피보험자가 이직하거나 사망한 경우 그 다음 날부터 피보험자격을 상실한다.
③ 피보험자가 「고용보험 및 산업재해보상보험의 보험료징수 등에 관한 법률」에 따라 보험관계가 소멸한 경우에는 그 보험관계가 소멸한 날에 피보험자격을 상실한다.
④ 구직급여를 지급받기 위하여 실업을 신고하려는 사람은 이직하기 전 사업의 사업주에게 피보험 단위기간, 이직 전 1일 소정근로시간 등을 확인할 수 있는 자료의 발급을 요청할 수 있다.
⑤ 근로자가 보험관계가 성립되어 있는 둘 이상의 사업에 동시에 고용되어 있는 경우에는 각 사업의 근로자로서의 피보험자격을 모두 취득한다.

키워드 **피보험자격의 취득**

풀이 근로자가 보험관계가 성립되어 있는 둘 이상의 사업에 동시에 고용되어 있는 경우에는 대통령령으로 정하는 바에 따라 그중 한 사업의 피보험자격을 취득한다(고용보험법 제18조 제1항).

정답 ⑤

156 고용보험법령상 피보험자격에 관한 설명으로 옳지 않은 것은?

① 사업주는 그 사업에 고용된 근로자의 피보험자격의 취득 및 상실 등에 관한 사항을 고용노동부장관에게 신고하여야 한다.

② 사업주가 피보험자격에 관한 사항을 신고하지 아니하면 근로자가 신고할 수 있다.

③ 사업주는 그 사업에 고용된 근로자의 피보험자격 취득에 관한 사항을 신고하려는 경우 그 사유가 발생한 날이 속하는 달의 다음 달 말일까지 신고해야 한다.

④ 자영업자인 피보험자는 피보험자격의 취득 및 상실에 관한 신고를 하지 아니한다.

⑤ 피보험자 또는 피보험자였던 사람은 언제든지 고용노동부장관에게 피보험자격의 취득 또는 상실에 관한 확인을 청구할 수 있다.

키워드 **피보험자격의 취득 및 상실**

풀이 피보험자격의 취득 및 상실 등에 관한 신고는 그 사유가 발생한 날이 속하는 달의 다음 달 15일까지 하여야 한다(고용보험법 시행령 제7조 제1항).

정답 ③

157 고용보험법령상 고용안정 · 직업능력개발사업의 내용에 해당하지 않는 것은?

① 고용창출의 지원

② 조기재취업 수당 지원

③ 고용조정의 지원

④ 지역고용의 촉진

⑤ 임금피크제 지원금의 지급

키워드 **고용안정 · 직업능력개발사업**

풀이 고용안정 · 직업능력개발사업에는 고용창출의 지원, 고용조정의 지원, 지역고용의 촉진, 임금피크제 지원금의 지급 등이 해당된다.

정답 ②

158 **고용보험법령상 이직한 근로자인 피보험자의 구직급여 수급요건으로 옳지 않은 것을 모두 고른 것은?**

> ㉠ 기준기간 동안의 피보험단위기간이 합산하여 150일 이상일 것
> ㉡ 근로의 의사와 능력이 있음에도 불구하고 취업(영리를 목적으로 사업을 영위하는 것을 포함한다)하지 못한 상태에 있을 것
> ㉢ 재취업을 위한 노력을 적극적으로 할 것
> ㉣ 이직사유가 수급자격의 제한사유에 해당하지 아니할 것
> ㉤ 일용근로자는 수급자격 인정신청일이 속한 달의 직전 달 초일부터 수급자격 인정신청일까지의 근로일수의 합이 같은 기간 동안의 총 일수의 2분의 1 미만일 것

① ㉠ ② ㉠, ㉤
③ ㉡, ㉢ ④ ㉡, ㉢, ㉣
⑤ ㉠, ㉡, ㉢, ㉣, ㉤

키워드 **구직급여의 수급요건(고용보험법 제40조)**

풀이 ㉠ 기준기간 동안의 피보험단위기간이 합산하여 180일 이상일 것
㉤ 일용근로자는 수급자격 인정신청일이 속한 달의 직전 달 초일부터 수급자격 인정신청일까지의 근로일수의 합이 같은 기간 동안의 총 일수의 3분의 1 미만일 것

정답 ②

159 고용보험법령상 구직급여에 관한 설명으로 옳지 않은 것은?

① 피보험 단위기간을 계산할 때, 최후로 피보험자격을 취득한 날 이전에 구직급여를 받은 사실이 있는 경우에는 그 구직급여와 관련된 피보험자격 상실일 이전의 피보험 단위기간은 산입한다.

② 최종 이직 당시 건설일용근로자였던 피보험자가 구직급여를 받으려는 경우에는 건설일용근로자로서 수급자격 인정신청일 이전 14일간 연속하여 근로내역이 없어야 한다.

③ 구직급여를 지급받으려는 사람은 이직 후 지체 없이 직업안정기관에 출석하여 실업을 신고하여야 한다.

④ 직업안정기관의 장은 필요하다고 인정하면 수급자격자의 실업인정대상기간 중의 취업사실에 대하여 조사할 수 있다.

⑤ 수급자격자가 질병이나 부상으로 직업안정기관에 출석할 수 없었던 경우로서 그 기간이 계속하여 7일 미만인 경우에는 직업안정기관에 출석할 수 없었던 사유를 적은 증명서를 제출하여 실업의 인정을 받을 수 있다.

키워드 **구직급여**

풀이 피보험 단위기간을 계산할 때에는 최후로 피보험자격을 취득한 날 이전에 구직급여를 받은 사실이 있는 경우에는 그 구직급여와 관련된 피보험자격 상실일 이전의 피보험 단위기간은 넣지 아니한다(고용보험법 제41조 제2항).

정답 ①

160 고용보험법령에 관한 설명으로 옳지 않은 것은? 제15회 수정

① 실업의 인정을 받으려는 수급자격자는 이 법에 따라 실업의 신고를 한 날부터 계산하기 시작하여 1주부터 4주의 범위에서 직업안정기관의 장이 지정한 날에 출석하여 재취업을 위한 노력을 하였음을 신고하여야 한다.

② 구직급여의 산정 기초가 되는 임금일액은 수급자격의 인정과 관련된 마지막 이직 당시 「근로기준법」에 따라 산정된 통상임금으로 한다.

③ 근로자인 피보험자가 이 법에 따른 적용 제외 근로자에 해당하게 된 경우에는 그 적용 제외 대상자가 된 날에, 「고용보험 및 산업재해보상보험의 보험료징수 등에 관한 법률」에 따라 보험관계가 소멸한 경우에는 그 보험관계가 소멸한 날에 피보험자격을 상실한다.

④ 수급자격자가 소정급여일수 내에 임신·출산·육아의 사유로 수급기간을 연장한 경우에는 그 기간만큼 구직급여를 유예하여 지급한다.

⑤ 직업안정기관의 장은 거짓으로 구직급여를 지급받은 사람에게 지급받은 전체 구직급여의 전부 또는 일부의 반환을 명할 수 있다.

키워드 **구직급여의 산정방법**

풀이 구직급여의 산정 기초가 되는 임금일액은 수급자격의 인정과 관련된 마지막 이직 당시 「근로기준법」에 따라 산정된 평균임금으로 하는 것을 원칙으로 한다(고용보험법 제45조 제1항).

정답 ②

161 고용보험법령상 구직급여에 관한 설명으로 옳지 않은 것은?

① 구직급여를 받으려는 사람은 이직 후 지체 없이 직업안정기관에 출석하여 실업을 신고하여야 한다.

② 구직급여를 지급받기 위해 실업을 신고하려는 사람이 사업주로부터 이직확인서를 발급받은 경우에는 이를 소재지 관할 직업안정기관의 장에게 제출해야 한다.

③ 직업안정기관의 장은 수급자격 인정신청서를 제출한 사람이 구직급여의 수급자격이 인정되지 않는 경우에는 그 신청인에게 해당 사실을 알려야 한다.

④ 구직급여는 「고용보험법」에 따로 규정이 있는 경우 외에는 그 구직급여의 수급자격과 관련된 이직일부터 계산하기 시작하여 12개월 내에 소정급여일수를 한도로 하여 지급한다.

⑤ 구직급여는 수급자격자가 실업한 상태에 있는 날 중에서 직업안정기관의 장으로부터 실업의 인정을 받은 날에 대하여 지급한다.

키워드 **구직급여의 수급절차**

풀이 구직급여는 「고용보험법」에 따로 규정이 있는 경우 외에는 그 구직급여의 수급자격과 관련된 이직일의 다음 날부터 계산하기 시작하여 12개월 내에 소정급여일수를 한도로 하여 지급한다(고용보험법 제48조 제1항).

정답 ④

162 고용보험법령상 구직급여에 관한 설명으로 옳지 않은 것은?

① 구직급여를 지급받으려는 사람은 이직 후 지체 없이 직업안정기관에 출석하여 실업을 신고하여야 한다.

② 구직급여의 산정 기초가 되는 임금일액은 수급자격의 인정과 관련된 마지막 이직 당시 「근로기준법」에 따라 산정된 평균임금으로 한다.

③ 구직급여 기초 임금일액의 상한액은 11만원이다.

④ 건설일용근로자가 아닌 경우 실업의 신고일부터 계산하기 시작하여 3일간은 대기기간으로 보아 구직급여를 지급하지 아니한다.

⑤ 구직급여의 소정급여일수는 대기기간이 끝난 다음 날부터 계산하기 시작하여 피보험기간과 연령에 따라 정한 일수가 되는 날까지로 한다.

키워드 **구직급여의 지급**

풀이 실업의 신고일부터 계산하기 시작하여 7일간은 대기기간으로 보아 구직급여를 지급하지 아니한다. 다만, 최종 이직 당시 건설일용근로자였던 사람에 대해서는 실업의 신고일부터 계산하여 구직급여를 지급한다(고용보험법 제49조).

정답 ④

163 **고용보험법상 취업촉진 수당의 종류에 해당하는 것을 모두 고른 것은?** 제25회

㉠ 훈련연장급여	㉡ 직업능력개발 수당
㉢ 광역 구직활동비	㉣ 이주비

① ㉠, ㉡ ② ㉡, ㉢
③ ㉢, ㉣ ④ ㉠, ㉡, ㉢
⑤ ㉡, ㉢, ㉣

키워드 **취업촉진 수당의 종류**

풀이 취업촉진 수당의 종류는 다음과 같다(고용보험법 제37조 제2항).
1. 조기(早期)재취업 수당
2. 직업능력개발 수당
3. 광역 구직활동비
4. 이주비

정답 ⑤

164 **고용보험의 실업급여사업 중 취업촉진 수당의 종류가 아닌 것은?**

① 조기재취업 수당
② 직업능력개발 수당
③ 광역 구직활동비
④ 이주비
⑤ 구직급여

키워드 **취업촉진 수당의 종류**

풀이 실업급여는 구직급여와 취업촉진 수당으로 구분하며, 이 중 취업촉진 수당의 종류에는 조기재취업 수당, 직업능력개발 수당, 광역 구직활동비, 이주비가 있다(고용보험법 제37조).

정답 ⑤

165 甲(38세)은 4년간 근무하던 A회사를 퇴사하여 직업안정기관으로부터 구직급여 수급자격을 인정받았다. 甲이 받을 수 있는 구직급여의 소정급여일수는?

① 90일　　② 120일
③ 180일　　④ 210일
⑤ 240일

키워드 구직급여의 소정급여일수

풀이 구직급여의 소정급여일수(고용보험법 제50조 제1항 별표 1)

구분		피보험기간				
		1년 미만	1년 이상 3년 미만	3년 이상 5년 미만	5년 이상 10년 미만	10년 이상
이직일 현재 연령	50세 미만	120일	150일	180일	210일	240일
	50세 이상 및 장애인	120일	180일	210일	240일	270일

정답 ③

166 고용보험법상의 실업급여에 관한 설명으로 옳지 않은 것은? 제22회

① 구직급여는 실업급여에 포함된다.
② 취업촉진 수당에는 이주비는 포함되지만, 조기재취업 수당은 포함되지 않는다.
③ 실업급여수급계좌의 해당 금융기관은 「고용보험법」에 따른 실업급여만이 실업급여수급계좌에 입금되도록 관리하여야 한다.
④ 실업급여를 받을 권리는 양도할 수 없다.
⑤ 실업급여로서 지급된 금품에 대하여는 국가나 지방자치단체의 공과금(국세기본법 또는 지방세기본법에 따른 공과금을 말한다)을 부과하지 아니한다.

키워드 실업급여

풀이 취업촉진 수당의 종류는 다음과 같다(고용보험법 제37조 제2항).
1. 조기재취업 수당
2. 직업능력개발 수당
3. 광역 구직활동비
4. 이주비

정답 ②

최신기출

167 고용보험법령상 고용보험사업에 관한 설명으로 옳은 것을 모두 고른 것은? 제27회

㉠ 배우자의 직계존속이 사망한 경우는 육아휴직 급여 신청기간의 연장 사유에 해당하지 않는다.
㉡ 조기재취업 수당의 금액은 구직급여의 소정급여일수 중 미지급일수의 비율에 따라 구직급여일액에 미지급일수의 2분의 1을 곱한 금액으로 한다.
㉢ 이주비는 구직급여의 종류에 해당한다.
㉣ 실업급여를 받을 권리는 양도할 수 없지만 담보로 제공할 수는 있다.

① ㉠ ② ㉡ ③ ㉠, ㉡
④ ㉢, ㉣ ⑤ ㉡, ㉢, ㉣

키워드 고용보험사업

풀이 ㉢ 이주비는 취업촉진 수당의 종류에 해당한다(고용보험법 제37조 제2항).
㉣ 실업급여를 받을 권리는 양도 또는 압류하거나 담보로 제공할 수 없다(고용보험법 제38조 제1항).

정답 ③

168 고용보험법령상 실업급여에 관한 설명으로 옳지 않은 것은?

① 실업급여수급계좌의 해당 금융기관은 「고용보험법」에 따른 실업급여만이 실업급여수급계좌에 입금되도록 관리하여야 한다.
② 직업안정기관의 장은 수급자격 인정신청을 한 사람에게 신청인이 원하는 경우에는 해당 실업급여를 실업급여수급계좌로 받을 수 있다는 사실을 안내하여야 한다.
③ 실업급여수급계좌에 입금된 실업급여 금액 전액 이하의 금액에 관한 채권은 압류할 수 없다.
④ 실업급여로서 지급된 금품에 대하여는 「국세기본법」 제2조 제8호의 공과금을 부과한다.
⑤ 직업안정기관의 장은 정보통신장애로 인하여 실업급여를 실업급여수급계좌로 이체할 수 없을 때에는 해당 실업급여 금액을 수급자격자에게 직접 현금으로 지급할 수 있다.

키워드 실업급여

풀이 실업급여로서 지급된 금품에 대하여는 국가나 지방자치단체의 공과금(국세기본법 제2조 제8호 또는 지방세기본법 제2조 제1항 제26호에 따른 공과금을 말한다)을 부과하지 아니한다(고용보험법 제38조의2).

정답 ④

169 **고용보험법령상 육아휴직 급여에 관한 설명으로 옳은 것은?**

① 고용노동부장관은 「남녀고용평등과 일·가정 양립 지원에 관한 법률」에 따른 육아휴직을 30일 이상 부여받은 피보험자 중 육아휴직을 시작한 날 이전에 피보험 단위기간이 합산하여 150일 이상인 피보험자에게 육아휴직 급여를 지급한다.

② 거짓이나 그 밖의 부정한 방법으로 육아휴직 급여를 받았거나 받으려 한 사람이 그 급여와 관련된 육아휴직 이후에 새로 육아휴직 급여 요건을 갖춘 경우에는 그 새로운 요건에 따른 육아휴직 급여를 지급하지 아니한다.

③ 피보험자가 육아휴직기간 중에 새로 취업을 한 경우에는 그 취업한 기간에 대해서는 육아휴직 급여를 지급하지 아니한다.

④ 천재지변으로 육아휴직 급여를 신청할 수 없었던 사람은 그 사유가 끝난 후 15일 이내에 신청을 하여야 한다.

⑤ 직업안정기관의 장은 필요하다고 인정하면 직권으로 그 자에게 행하는 육아휴직 급여에 관한 사무를 다른 직업안정기관의 장에게 위탁하여 처리할 수 있다.

키워드 **육아휴직 급여의 지급**

풀이 ① 고용노동부장관은 「남녀고용평등과 일·가정 양립 지원에 관한 법률」에 따른 육아휴직을 30일 이상 부여받은 피보험자 중 육아휴직을 시작한 날 이전에 피보험 단위기간이 합산하여 180일 이상인 피보험자에게 육아휴직 급여를 지급한다(고용보험법 제70조 제1항).

② 거짓이나 그 밖의 부정한 방법으로 육아휴직 급여를 받았거나 받으려 한 사람에게는 그 급여를 받은 날 또는 받으려 한 날부터의 육아휴직 급여를 지급하지 아니한다. 다만, 그 급여와 관련된 육아휴직 이후에 새로 육아휴직 급여 요건을 갖춘 경우 그 새로운 요건에 따른 육아휴직 급여는 그러하지 아니하다(고용보험법 제73조 제4항).

④ 천재지변으로 육아휴직 급여를 신청할 수 없었던 사람은 그 사유가 끝난 후 30일 이내에 신청을 하여야 한다(고용보험법 제70조 제2항 단서, 동법 시행령 제94조 제1호).

⑤ 직업안정기관의 장은 필요하다고 인정하면 피보험자의 신청으로 그 자에게 행하는 육아휴직 급여에 관한 사무를 다른 직업안정기관의 장에게 위탁하여 처리할 수 있다(고용보험법 시행령 제99조).

정답 ③

170 **고용보험법령상 정해진 기간에 대통령령으로 정하는 사유로 육아휴직 급여를 신청할 수 없었던 사람은 그 사유가 끝난 후 30일 이내에 신청하여야 한다. 대통령령으로 정하는 사유가 아닌 것은?** 제23회

① 천재지변
② 「병역법」에 따른 의무복무
③ 본인이나 배우자의 질병·부상
④ 본인이나 배우자의 직계존속 및 직계비속의 사망
⑤ 범죄혐의로 인한 구속이나 형의 집행

키워드 **육아휴직 급여 신청기간의 연장사유**

풀이 육아휴직 급여 신청기간의 연장 사유(고용보험법 시행령 제94조)

1. 천재지변
2. 본인이나 배우자의 질병·부상
3. 본인이나 배우자의 직계존속 및 직계비속의 질병·부상
4. 「병역법」에 따른 의무복무
5. 범죄혐의로 인한 구속이나 형의 집행

정답 ④

171 **고용보험법령상 육아휴직 급여 신청기간의 연장사유에 해당하지 않는 것은?**

① 천재지변
② 형제의 질병
③ 배우자의 직계존속의 부상
④ 범죄혐의로 인한 구속
⑤ 「병역법」에 따른 의무복무

키워드 **육아휴직 급여 신청기간의 연장사유(고용보험법 시행령 제94조)**

풀이 형제의 질병은 육아휴직 급여의 연장신청사유에 해당하지 않는다.

정답 ②

172 고용보험법령상 육아휴직 급여와 출산전후휴가 급여에 관한 설명으로 옳지 않은 것은?

① 육아휴직 급여를 받으려면 「남녀고용평등과 일·가정 양립 지원에 관한 법률」에 따른 육아휴직을 30일 이상 부여받은 피보험자이어야 한다.
② 피보험자가 육아휴직기간 중에 그 사업에서 이직한 경우에는 그 이직하였을 때부터 육아휴직 급여를 지급하지 아니한다.
③ 피보험자가 사업주로부터 육아휴직을 이유로 금품을 지급받은 경우 대통령령으로 정하는 바에 따라 급여를 감액하여 지급할 수 있다.
④ 출산전후휴가 급여 등은 「근로기준법」에 따른 출산전후휴가 또는 유산·사산휴가 기간에 대하여 「근로기준법」의 통상임금에 해당하는 금액을 지급한다. 다만, 우선지원대상 기업이 아닌 경우에는 휴가기간 중 60일을 초과한 일수로 한정하며 30일을 한도로 한다.
⑤ 육아휴직 또는 출산전후휴가를 시작한 날 이전에 피보험 단위기간이 합산하여 180일 이상이어야 한다.

키워드 **육아휴직 급여와 출산전후휴가 급여의 비교**

풀이 육아휴직은 육아휴직을 시작한 날 이전에 피보험 단위기간이 합산하여 180일 이상이어야 하고, 출산전후휴가 급여는 휴가가 끝난 날 이전에 피보험 단위기간이 합산하여 180일 이상이어야 한다(고용보험법 제70조 제1항, 제75조 제1호).

정답 ⑤

173 고용보험법령상 심사의 청구에 관한 내용으로 옳지 않은 것은?

① 심사의 청구는 시효중단에 관하여 재판상의 청구로 본다.
② 피보험자격의 취득·상실에 대한 확인, 실업급여 및 육아휴직 급여와 출산전후휴가 급여 등에 관한 처분에 이의가 있는 자는 고용보험심사관에게 심사를 청구할 수 있다.
③ 심사의 청구는 확인 또는 처분이 있음을 안 날부터 90일 이내에 제기하여야 한다.
④ 고용보험심사관은 심사청구를 받으면 30일 이내에 그 심사청구에 대한 결정을 하여야 한다. 다만, 부득이한 사정으로 그 기간에 결정할 수 없을 때에는 한 차례만 10일을 넘지 아니하는 범위에서 그 기간을 연장할 수 있다.
⑤ 직업안정기관 또는 근로복지공단은 심사청구서를 받은 날부터 10일 이내에 의견서를 첨부하여 심사청구서를 고용보험심사관에게 보내야 한다.

키워드 **심사의 청구**

풀이 직업안정기관 또는 근로복지공단은 심사청구서를 받은 날부터 5일 이내에 의견서를 첨부하여 심사청구서를 고용보험심사관에게 보내야 한다(고용보험법 제90조 제2항).

정답 ⑤

174 고용보험법령상 심사 및 재심사에 관한 설명으로 옳지 않은 것은?

① 실업급여에 관한 처분에 이의가 있는 자는 고용보험심사관에게 심사를 청구할 수 있다.
② 심사의 청구가 법령으로 정한 방식을 위반하여 보정하지 못할 것인 경우에 고용보험심사관은 그 심사의 청구를 결정으로 각하하여야 한다.
③ 재심사청구인은 법정대리인 외에 자신의 형제자매를 대리인으로 선임할 수 없다.
④ 심사 및 재심사의 청구는 시효중단에 관하여 재판상의 청구로 본다.
⑤ 재심사청구에 대한 심리는 공개로 하나, 당사자의 양쪽 또는 어느 한쪽이 신청한 경우에는 공개하지 아니할 수 있다.

키워드 **심사 및 재심사청구**

풀이 심사청구인 또는 재심사청구인은 법정대리인 외에 다음의 어느 하나에 해당하는 자를 대리인으로 선임할 수 있다(고용보험법 제88조).
1. 청구인의 배우자, 직계존속·비속 또는 형제자매
2. 청구인인 법인의 임원 또는 직원
3. 변호사나 공인노무사
4. 고용보험심사위원회의 허가를 받은 자

정답 ③

175 고용보험법령상 심사 및 재심사청구에 관한 설명으로 옳지 않은 것은?

① 심사청구의 당사자는 고용보험심사관에게 심리·결정의 공정을 기대하기 어려운 사정이 있으면 그 심사관에 대한 기피신청을 고용노동부장관에게 할 수 있다.
② 심사청구인 또는 재심사청구인은 법정대리인 외에 청구인인 법인의 임원 또는 직원을 대리인으로 선임할 수 있다.
③ 재심사의 청구는 원처분 등을 행한 직업안정기관의 장 또는 근로복지공단을 상대방으로 한다.
④ 결정은 심사청구인 및 직업안정기관의 장 또는 근로복지공단이 결정서의 정본을 받은 날부터 효력이 발생한다.
⑤ 심사를 청구하는 경우 피보험자격의 취득·상실 확인에 대한 심사의 청구는 「산업재해보상보험법」에 따른 근로복지공단을, 실업급여 및 육아휴직 급여와 출산전후휴가 급여등에 관한 처분에 대한 심사의 청구는 직업안정기관의 장을 거쳐 고용보험심사관에게 하여야 한다.

키워드 **심사 및 재심사청구**

풀이 결정은 심사청구인 및 직업안정기관의 장 또는 근로복지공단에 결정서의 정본을 보낸 날부터 효력이 발생한다(고용보험법 제98조 제1항).

정답 ④

176 **국민연금법령상 사업장가입자가 가입자격을 상실하는 시기가 다른 하나는?** 제14회

① 국적을 상실하거나 국외로 이주한 때

② 사용관계가 끝난 때

③ 60세가 된 때

④ 공무원이 된 때

⑤ 사망한 때

키워드 **사업장가입자의 가입자격 상실시기**

풀이 사업장가입자는 다음의 어느 하나에 해당하게 된 날의 다음 날에 자격을 상실한다. 다만, 5.의 경우에는 그에 해당하게 된 날에 자격을 상실한다(국민연금법 제12조 제1항).

1. 사망한 때
2. 국적을 상실하거나 국외로 이주한 때
3. 사용관계가 끝난 때
4. 60세가 된 때
5. 국민연금 가입대상 제외자(공무원연금법, 군인연금법, 사립학교교직원 연금법 및 별정우체국법을 적용받는 공무원, 군인, 교직원 및 별정우체국 직원, 그 밖에 대통령령으로 정하는 자)에 해당하게 된 때

정답 ④

177 **국민연금법령상 사업장가입자의 가입자격 상실사유가 아닌 것은?**

① 사망한 때

② 60세가 된 때

③ 국적을 상실하거나 국외로 이주한 때

④ 사용관계가 끝난 때

⑤ 6개월 이상 계속하여 연금보험료를 체납한 때

키워드 **사업장가입자의 가입자격 상실사유(국민연금법 제12조 제1항)**

풀이 임의가입자나 임의계속가입자와 달리 직장가입자나 지역가입자는 연금보험료를 체납한 경우에 자격을 상실하지 않는다.

정답 ⑤

178 국민연금법령상 국민연금 가입기간에 관한 설명으로 옳지 않은 것은?

① 사용자가 근로자의 임금에서 기여금을 공제하고 연금보험료를 내지 아니한 경우에는 그 내지 아니한 기간은 근로자의 가입기간에 산입하지 아니한다.
② 가입자의 가입 종류가 변동되면 그 가입자의 가입기간은 각 종류별 가입기간을 합산한 기간으로 한다.
③ 가입자의 자격을 상실한 후 다시 그 자격을 취득한 자에 대하여는 전후의 가입기간을 합산한다.
④ 임의계속가입자의 자격을 취득한 경우에는 자격을 취득한 날이 속하는 달을 가입기간에 산입한다.
⑤ 가입자가 지급받은 반환일시금이 환수할 급여에 해당하는 경우 이를 반납하지 아니하는 때에는 그에 상응하는 기간을 가입기간에 산입하지 아니한다.

키워드 **국민연금 가입기간의 산정방법**

풀이 가입기간을 계산할 때 연금보험료를 내지 아니한 기간은 가입기간에 산입하지 아니한다. 다만, 사용자가 근로자의 임금에서 기여금을 공제하고 연금보험료를 내지 아니한 경우에는 그 내지 아니한 기간의 2분의 1에 해당하는 기간을 근로자의 가입기간으로 산입한다. 이 경우 1개월 미만의 기간은 1개월로 한다(국민연금법 제17조 제2항).

정답 ①

179 **국민연금법령상 급여의 종류가 아닌 것은?**

① 반환일시금
② 장애연금
③ 유족연금
④ 노령연금
⑤ 상병연금

키워드 **급여의 종류**

풀이 「국민연금법」에 따른 급여의 종류는 다음과 같다(국민연금법 제49조).

1. 노령연금
2. 장애연금
3. 유족연금
4. 반환일시금

정답 ⑤

180 **국민연금법령에 관한 설명으로 옳지 않은 것은?** 제15회

① 연금은 지급하여야 할 사유가 생긴 날이 속하는 달의 다음 달부터 수급권이 소멸한 날이 속하는 달까지 지급한다.
② 국민연금공단은 수급권이 소멸 또는 정지된 급여를 받은 자에 대하여 지급한 금액에 대통령령으로 정하는 이자를 더하여 환수하여야 한다.
③ 가입 중에 생긴 질병이나 부상으로 완치된 후에도 신체상·정신상의 장애가 있는 자에 대하여는 그 장애가 계속되는 동안 장애 정도에 따라 장애연금을 지급한다.
④ 가입자 또는 가입자였던 자가 고의로 질병·부상 또는 그 원인이 되는 사고를 일으켜 그로 인하여 장애를 입은 경우에는 그 장애를 지급사유로 하는 장애연금을 지급하지 아니할 수 있다.
⑤ 심사청구에 대한 결정에 불복하는 자는 그 결정통지를 받은 날부터 90일 이내에 국민연금재심사위원회에 재심사를 청구할 수 있다.

키워드 **부당이득의 환수방법**

풀이 국민연금공단은 급여를 받은 사람이 거짓이나 그 밖의 부정한 방법으로 급여를 받은 경우와 수급권 소멸사유를 국민연금공단에 신고하지 아니하거나 늦게 신고하여 급여를 잘못 지급받은 경우에는 그 지급금액에 이자를 가산하여 환수한다. 다만, 납부의무자의 귀책사유가 없는 경우에는 이자를 가산하지 아니한다(국민연금법 제57조 제1·2항).

정답 ②

181 국민연금법령상 유족에게 유족연금을 지급하여야 할 사유에 해당하지 않는 것은?

① 노령연금 수급권자가 사망한 경우
② 가입기간이 5년 이상인 가입자였던 자가 사망한 경우
③ 연금보험료를 낸 기간이 가입대상기간의 3분의 1 이상인 가입자 또는 가입자였던 자가 사망한 경우
④ 사망일 5년 전부터 사망일까지의 기간 중 연금보험료를 낸 기간이 3년 이상인 가입자 또는 가입자였던 자가 사망한 경우. 다만, 가입대상기간 중 체납기간이 3년 이상인 사람은 제외한다.
⑤ 장애등급이 2급 이상인 장애연금 수급권자가 사망한 경우

키워드 **유족연금의 지급사유**

풀이 가입기간이 10년 이상인 가입자 또는 가입자였던 자가 사망한 경우에 유족연금을 지급한다(국민연금법 제72조 제1항 제2호).

정답 ②

182 **국민연금법령상 유족연금 수급권자의 유족연금 수급권이 소멸되는 사유를 모두 고른 것은?**

> ㉠ 장애등급 2급인 자녀가 25세가 된 때
> ㉡ 손자녀인 수급권자가 파양된 때
> ㉢ 장애로 수급권을 취득한 자가 장애등급 3급에 해당하게 된 때

① ㉠
② ㉡
③ ㉢
④ ㉠, ㉡
⑤ ㉡, ㉢

키워드 **유족연금의 수급권 소멸사유**

풀이 유족연금 수급권자가 다음의 어느 하나에 해당하게 되면 그 수급권은 소멸한다(국민연금법 제75조 제1항).

1. 수급권자가 사망한 때
2. 배우자인 수급권자가 재혼한 때
3. 자녀나 손자녀인 수급권자가 파양된 때
4. 「국민연금법」 제52조의2에 따른 장애상태에 해당하지 아니한 자녀인 수급권자가 25세가 된 때 또는 「국민연금법」 제52조의2에 따른 장애상태에 해당하지 아니한 손자녀인 수급권자가 19세가 된 때

이론 +

> **「국민연금법」 제52조의2 【부양가족연금액 및 유족연금 지급대상의 장애인정기준】**
> 제52조, 제73조, 제75조 및 제76조의 장애상태란 다음 각 호의 어느 하나에 해당하는 상태를 말한다.
> 1. 제67조 제4항에 따른 장애등급 1급 또는 2급에 해당하는 상태
> 2. 「장애인복지법」 제2조에 따른 장애인 중 장애의 정도가 심한 장애인으로서 대통령령으로 정하는 장애 정도에 해당하는 상태

정답 ②

183 국민연금법상 연금급여에 관한 설명으로 옳은 것은? 제22회

① 「국민연금법」상 급여의 종류는 노령연금, 장애연금, 유족연금의 3가지로 구분된다.

② 유족연금등의 수급권자가 될 수 있는 자를 고의로 사망하게 한 유족에게는 사망에 따라 발생되는 유족연금등의 일부를 지급하지 아니할 수 있다.

③ 수급권자의 청구가 없더라도 급여원인이 발생하면 공단은 급여를 지급한다.

④ 연금액은 지급사유에 따라 기본연금액과 부양가족연금액을 기초로 산정한다.

⑤ 장애연금의 수급권자가 정당한 사유 없이 「국민연금법」에 따른 공단의 진단 요구에 응하지 아니한 때에는 급여의 전부의 지급을 정지한다.

PART 1

키워드 급여의 종류

풀이 ① 「국민연금법」에 따른 급여의 종류는 다음과 같다(국민연금법 제49조).

1. 노령연금
2. 장애연금
3. 유족연금
4. 반환일시금

② 다음의 어느 하나에 해당하는 사람에게는 사망에 따라 발생되는 유족연금, 미지급 급여, 반환일시금 및 사망일시금(이하 '유족연금등'이라 한다)을 지급하지 아니한다(국민연금법 제82조 제3항).

1. 가입자 또는 가입자였던 자를 고의로 사망하게 한 유족
2. 유족연금등의 수급권자가 될 수 있는 자를 고의로 사망하게 한 유족
3. 다른 유족연금등의 수급권자를 고의로 사망하게 한 유족연금등의 수급권자

③ 급여는 수급권자의 청구에 따라 국민연금공단이 지급한다(국민연금법 제50조 제1항).

⑤ 수급권자가 다음의 어느 하나에 해당하면 급여의 전부 또는 일부의 지급을 정지할 수 있다(국민연금법 제86조 제1항).

1. 수급권자가 정당한 사유 없이 국민연금공단의 서류, 그 밖의 자료 제출 요구에 응하지 아니한 때
2. 장애연금 또는 유족연금의 수급권자가 정당한 사유 없이 국민연금공단의 진단 요구 또는 확인에 응하지 아니한 때
3. 장애연금 수급권자가 고의나 중대한 과실로 요양 지시에 따르지 아니하거나 정당한 사유 없이 요양 지시에 따르지 아니하여 회복을 방해한 때
4. 수급권자가 정당한 사유 없이 수급권의 발생·변경·소멸·정지 및 급여액의 산정·지급 등에 관련된 사항으로서 보건복지부령으로 정하는 사항을 국민연금공단에 신고를 하지 아니한 때

정답 ④

184 국민연금법상 급여에 관한 설명으로 옳지 않은 것은?

① 급여의 종류는 노령연금, 장애연금, 유족연금, 반환일시금이 있다.
② 급여는 수급권자의 청구에 따라 국민연금공단이 지급한다.
③ 연금액은 지급사유에 따라 기본연금액과 부양가족연금액을 기초로 산정한다.
④ 연금은 매월 25일에 그달의 금액을 지급하되, 지급일이 공휴일이면 그 다음 날에 지급한다.
⑤ 급여수급전용계좌에 입금된 급여와 이에 관한 채권은 압류할 수 없다.

키워드 **연금급여**

풀이 연금은 매월 25일에 그달의 금액을 지급하되, 지급일이 토요일이나 공휴일이면 그 전날에 지급한다. 다만, 수급권이 소멸하거나 연금 지급이 정지된 경우에는 그 지급일 전에 지급할 수 있다(국민연금법 제54조 제2항).

정답 ④

185 국민연금법령상 국민연금보험료에 관한 설명으로 옳지 않은 것은?

① 국민연금공단은 국민연금사업에 드는 비용에 충당하기 위하여 가입자와 사용자로부터 가입기간 동안 매월 연금보험료를 부과하고 이를 징수한다.
② 사업장가입자의 연금보험료 중 기여금은 사업장가입자 본인이, 부담금은 사용자가 각각 부담하되, 그 금액은 각각 기준소득월액의 1천분의 45에 해당하는 금액으로 한다.
③ 임의계속가입자의 연금보험료는 임의계속가입자 본인이 부담하되, 그 금액은 기준소득월액의 1천분의 90으로 한다.
④ 연금보험료는 납부의무자가 다음 달 10일까지 내야 한다.
⑤ 사용자는 사업장가입자가 부담할 기여금을 그에게 지급할 매달의 임금에서 공제하여 내야 한다.

키워드 **국민연금보험료의 부과 및 징수**

풀이 국민연금공단은 국민연금사업에 드는 비용에 충당하기 위하여 가입자와 사용자에게 가입기간 동안 매월 연금보험료를 부과하고, 건강보험공단이 이를 징수한다(국민연금법 제88조 제2항).

정답 ①

186 국민연금법령상 심사청구와 재심사청구에 관한 설명으로 옳지 않은 것은?

① 가입자의 자격, 기준소득월액, 연금보험료, 그 밖의 「국민연금법」에 따른 징수금과 급여에 관한 국민연금공단 또는 건강보험공단의 처분에 이의가 있는 자는 그 처분을 한 국민연금공단 또는 건강보험공단에 심사청구를 할 수 있다.
② 심사청구는 그 처분이 있음을 안 날부터 90일 이내에 문서로 하여야 하며, 처분이 있은 날부터 180일을 경과하면 이를 제기하지 못한다.
③ 심사청구에 대한 결정에 불복하는 자는 그 결정이 있음을 안 날부터 90일 이내에 국민연금재심사위원회에 재심사를 청구할 수 있다.
④ 국민연금공단은 심사청구가 이유 없다고 인정하는 경우에는 그 심사청구를 기각하는 결정을 한다.
⑤ 국민연금공단의 처분에 불복이 있는 자는 심사청구 및 재심사청구의 절차를 거치지 아니하고 곧바로 행정소송을 제기할 수 있다.

키워드 **심사청구와 재심사청구**

풀이 심사청구에 대한 결정에 불복하는 자는 그 결정통지를 받은 날부터 90일 이내에 국민연금재심사위원회에 재심사를 청구할 수 있다(국민연금법 제110조 제1항).

정답 ③

187 국민건강보험법령상 가입자에 관한 설명으로 옳지 않은 것은?

① 1개월 미만의 기간 동안 고용되는 일용근로자는 직장가입자에서 제외된다.
② 「의료급여법」에 따라 의료급여를 받는 사람은 「국민건강보험법」의 적용대상자가 아니다.
③ 소재지가 일정하지 아니한 사업장의 근로자 및 사용자는 직장가입자에서 제외된다.
④ 선거에 당선되어 취임하는 공무원으로서 매월 보수 또는 이에 준하는 급료를 받지 아니하는 사람은 직장가입자에서 제외된다.
⑤ 「병역법」의 규정에 의한 군간부후보생은 직장가입자가 된다.

키워드 **국민건강보험법령상 가입자**

풀이 「병역법」의 규정에 의한 군간부후보생은 직장가입자에서 제외된다(국민건강보험법 제6조 제2항 제2호).

정답 ⑤

188 국민건강보험법령상 직장가입자에 해당하는 사람은?

① 고용기간이 1개월 미만인 일용근로자
② 「의료급여법」에 따라 의료급여를 받는 사람
③ 소재지가 일정하지 아니한 사업장의 근로자
④ 비상근 근로자만을 고용하고 있는 사업장의 사업주
⑤ 1개월 동안의 소정근로시간이 60시간인 단시간근로자

키워드 직장가입자

풀이 모든 사업장의 근로자 및 사용자와 공무원 및 교직원은 직장가입자가 된다. 다만, 다음의 어느 하나에 해당하는 사람은 제외한다(국민건강보험법 제6조 제2항, 동법 시행령 제9조).

1. 고용기간이 1개월 미만인 일용근로자
2. 「병역법」에 따른 현역병(지원에 의하지 아니하고 임용된 하사를 포함한다), 전환복무된 사람 및 군간부후보생
3. 선거에 당선되어 취임하는 공무원으로서 매월 보수 또는 보수에 준하는 급료를 받지 아니하는 사람
4. 비상근 근로자 또는 1개월 동안의 소정(所定)근로시간이 60시간 미만인 단시간근로자
5. 비상근 교직원 또는 1개월 동안의 소정근로시간이 60시간 미만인 시간제 공무원 및 교직원
6. 소재지가 일정하지 아니한 사업장의 근로자 및 사용자
7. 근로자가 없거나 위 4.에 해당하는 근로자만을 고용하고 있는 사업장의 사업주

정답 ⑤

189 국민건강보험법령상 피부양자가 될 수 없는 자는?

제15회

① 직장가입자의 배우자
② 직장가입자의 직계존속
③ 직장가입자의 배우자의 직계비속
④ 직장가입자의 직계비속의 배우자
⑤ 직장가입자의 형제의 배우자

키워드 피부양자의 범위

풀이 피부양자는 다음의 어느 하나에 해당하는 사람 중 직장가입자에게 주로 생계를 의존하는 사람으로서 소득 및 재산이 보건복지부령으로 정하는 기준 이하에 해당하는 사람을 말한다(국민건강보험법 제5조 제2항).

1. 직장가입자의 배우자
2. 직장가입자의 직계존속(배우자의 직계존속을 포함한다)
3. 직장가입자의 직계비속(배우자의 직계비속을 포함한다)과 그 배우자
4. 직장가입자의 형제·자매

정답 ⑤

190 **국민건강보험법령상 피부양자의 요건과 자격인정 기준을 충족하는 사람을 모두 고른 것은?** 제23회

㉠ 직장가입자의 직계존속과 직계비속 ㉡ 직장가입자의 배우자의 직계존속과 직계비속 ㉢ 직장가입자의 형제·자매 ㉣ 직장가입자의 형제·자매의 직계비속

① ㉠, ㉡
② ㉠, ㉢
③ ㉠, ㉡, ㉢
④ ㉠, ㉡, ㉣
⑤ ㉡, ㉢, ㉣

키워드 **피부양자의 범위**

풀이 피부양자는 다음의 어느 하나에 해당하는 사람 중 직장가입자에게 주로 생계를 의존하는 사람으로서 소득 및 재산이 보건복지부령으로 정하는 기준 이하에 해당하는 사람을 말한다(국민건강보험법 제5조 제2항).

1. 직장가입자의 배우자
2. 직장가입자의 직계존속(배우자의 직계존속을 포함한다)
3. 직장가입자의 직계비속(배우자의 직계비속을 포함한다)과 그 배우자
4. 직장가입자의 형제·자매

정답 ③

191 **국민건강보험법상 국내에 거주하는 국민으로서 건강보험 가입자의 자격의 변동시기에 관한 내용으로 옳은 것을 모두 고른 것은?**

㉠ 지역가입자가 적용대상사업장의 사용자로 된 다음 날 ㉡ 직장가입자가 다른 적용대상사업장의 근로자로 사용된 날 ㉢ 지역가입자가 다른 세대로 전입한 날 ㉣ 직장가입자인 근로자가 그 사용관계가 끝난 날의 다음 날

① ㉠
② ㉠, ㉡
③ ㉡, ㉢
④ ㉡, ㉢, ㉣
⑤ ㉠, ㉡, ㉢, ㉣

키워드 **자격의 변동시기**

풀이 ㉠ 지역가입자가 적용대상사업장의 사용자로 된 날에 그 자격이 변동된다(국민건강보험법 제9조 제1항 제1호).

정답 ④

192 **국민건강보험법상 가입자가 그 건강보험자격을 상실하게 되는 시기에 관한 내용 중 옳은 것은?** 제9회

① 사망한 날

② 국적을 잃은 날

③ 국내에 거주하지 아니하게 된 날

④ 직장가입자의 피부양자가 된 날

⑤ 수급권자가 된 날의 다음 날

키워드 **건강보험자격의 상실 시기**

풀이 국민건강보험가입자의 자격상실일(국민건강보험법 제10조 제1항)

1. 사망한 날의 다음 날
2. 국적을 잃은 날의 다음 날
3. 국내에 거주하지 아니하게 된 날의 다음 날
4. 직장가입자의 피부양자가 된 날
5. 수급권자가 된 날
6. 건강보험의 적용을 받고 있던 사람이 유공자 등 의료보호대상자가 되어 건강보험의 적용배제신청을 한 날

정답 ④

193 **국민건강보험법령상 보험가입자의 자격상실시기에 해당하지 않는 것은?**

① 사망한 날의 다음 날

② 국적을 잃은 날의 다음 날

③ 직장가입자의 피부양자가 된 날

④ 국내에 거주하지 아니하게 된 날

⑤ 수급권자가 된 날

키워드 **건강보험자격의 상실 시기**

풀이 국내에 거주하지 아니하게 된 날의 다음 날에 건강보험자격을 상실한다(국민건강보험법 제10조 제1항 제3호).

정답 ④

194 국민건강보험법상 가입자에 관한 설명으로 옳지 않은 것은? 제26회

① 가입자는 「의료급여법」에 따른 수급권자가 된 날의 다음 날에 그 자격을 잃는다.
② 「병역법」에 따른 현역병은 직장가입자에서 제외된다.
③ 유공자등 의료보호대상자이었던 사람은 그 대상자에서 제외된 날에 직장가입자 또는 지역가입자의 자격을 얻는다.
④ 가입자는 국내에 거주하지 아니하게 된 날의 다음 날에 그 자격을 잃는다.
⑤ 직장가입자인 근로자등은 그 사용관계가 끝난 날의 다음 날에 그 자격이 변동된다.

키워드 **보험가입자의 자격상실**

풀이 가입자는 다음의 어느 하나에 해당하게 된 날에 그 자격을 잃는다(국민건강보험법 제10조).

1. 사망한 날의 다음 날
2. 국적을 잃은 날의 다음 날
3. 국내에 거주하지 아니하게 된 날의 다음 날
4. 직장가입자의 피부양자가 된 날
5. 수급권자가 된 날
6. 건강보험을 적용받고 있던 사람이 유공자등 의료보호대상자가 되어 건강보험의 적용배제신청을 한 날

정답 ①

195 A사업(사용자 甲)의 근로자 乙은 2024년 5월 10일에 건강보험가입자의 자격을 취득하였다. 국민건강보험법상 보험자에게 자격취득을 신고하여야 할 사람과 신고기한으로 옳은 것은?

① 甲, 2024년 5월 17일까지
② 乙, 2024년 5월 17일까지
③ 甲, 2024년 5월 24일까지
④ 乙, 2024년 5월 24일까지
⑤ 乙, 2024년 6월 15일까지

키워드 **자격취득의 신고**

풀이 직장가입자로서 자격을 얻은 경우 그 직장가입자의 사용자는 그 명세를 보건복지부령으로 정하는 바에 따라 자격을 취득한 날부터 14일 이내에 보험자에게 신고하여야 한다(국민건강보험법 제8조 제2항).

정답 ③

196 **국민건강보험법령상 보험급여가 아닌 것은?**

① 요양비 ② 임신·출산진료비
③ 요양급여 ④ 유족급여
⑤ 건강검진

키워드 **보험급여의 종류**
풀이 유족급여는 산업재해보상보험의 보험급여이다.

정답 ④

197 **국민건강보험법령상 보험급여에 관한 설명으로 옳지 않은 것은?**

① 보험급여를 받을 수 있는 자가 고의 또는 중대한 과실로 사고를 발생시킨 때에는 보험급여를 하지 아니한다.
② 보험급여를 받을 수 있는 자가 업무상 질병·부상·재해로 인하여 다른 법령에 의한 보험급여를 받게 되는 때에는 보험급여를 하지 아니한다.
③ 보험급여를 받을 수 있는 자가 국외에 체류하고 있는 경우에는 그 기간 중 보험급여를 하지 아니한다.
④ 국민건강보험공단은 보험급여를 제한하는 경우에는 문서로 그 내용과 사유를 가입자에게 알려야 한다.
⑤ 국민건강보험공단은 보험급여를 받을 수 있는 사람이 다른 법령에 따라 국가나 지방자치단체로부터 보험급여에 상당하는 급여를 받거나 보험급여에 상당하는 비용을 지급받게 되는 경우에는 그 한도에서 보험급여를 하지 아니한다.

키워드 **보험급여의 지급제한사유**
풀이 고의로 사고를 발생시킨 때에는 보험급여를 하지 아니하나, 중대한 과실로 사고를 발생시킨 때에는 보험급여를 한다(국민건강보험법 제53조 제1항 제1호).

정답 ①

198 국민건강보험법령상 보험급여가 정지되는 사유에 해당하는 것은?

① 업무로 생긴 재해로 다른 법령에 따른 보험급여를 받게 되는 경우
② 다른 법령에 따라 국가로부터 보험급여에 상당하는 비용을 지급받게 되는 경우
③ 고의 또는 중대한 과실로 요양기관의 요양에 관한 지시에 따르지 아니한 경우
④ 고의 또는 중대한 과실로 인한 범죄행위에 그 원인이 있거나 고의로 사고를 일으킨 경우
⑤ 국외에 체류하는 경우

키워드 **보험급여의 제한·정지 사유(국민건강보험법 제53·54조 제1항)**
풀이 ①②③④ 보험급여의 지급제한 사유이다.

정답 ⑤

199 국민건강보험법령상 보험료와 보험급여에 관한 설명으로 옳지 않은 것은?

① 보험급여를 받을 수 있는 자가 군간부후보생에 해당하게 된 경우에는 그 기간 중 보험급여를 정지한다.
② 직장가입자가 교도소에 수용되어 있는 경우에 그 기간 중 그 가입자의 보험료는 면제된다.
③ 피부양자가 없는 직장가입자가 현역병으로 입영한 경우에 그 기간 중 그 가입자의 보험료는 면제된다.
④ 피부양자가 없는 직장가입자가 1개월 이상의 기간으로서 대통령령으로 정하는 기간 이상 국외에 체류하고 있다면 그 기간에 대해서는 보험급여를 정지하고 해당 가입자의 보험료를 경감한다.
⑤ 휴직이나 그 밖의 사유로 보수의 전부 또는 일부가 지급되지 아니하는 가입자의 보험료는 해당 사유가 발생하기 전달의 보수월액을 기준으로 보험료를 산정한다.

키워드 **보험료와 보험급여**
풀이 피부양자가 없는 직장가입자가 1개월 이상의 기간으로서 대통령령으로 정하는 기간 이상 국외에 체류하는 경우 그 기간에 대하여 보험료를 면제한다(국민건강보험법 제74조 제1항).

정답 ④

200 **국민건강보험법령상 보험료에 관한 설명으로 옳지 않은 것은?**

① 직장가입자의 보수월액보험료는 직장가입자가 납부한다.

② 보수가 지급되지 아니하는 사용자의 보수월액은 객관적인 자료를 통하여 확인된 금액으로 하고, 객관적인 자료가 없는 경우에는 사용자의 신고금액으로 한다.

③ 직장가입자의 소득월액보험료 및 지역가입자의 보험료는 분기별로 납부할 수 있다.

④ 직장가입자의 월별 보험료액은 보수월액에 보험료율을 곱하여 얻은 금액과 보수 외 소득월액에 보험료율을 곱하여 얻은 금액으로 한다.

⑤ 직장가입자의 보수 외 소득월액보험료는 직장가입자가 전액 부담한다.

키워드 **보험료의 납부**

풀이 직장가입자의 보험료는 다음의 구분에 따라 각각에서 정한 자가 납부한다(국민건강보험법 제77조 제1항).

1. 보수월액보험료: 사용자. 이 경우 사업장의 사용자가 2명 이상인 때에는 그 사업장의 사용자는 해당 직장가입자의 보험료를 연대하여 납부한다.
2. 보수 외 소득월액보험료: 직장가입자

정답 ①

201 **국민건강보험법령상 보험료에 관한 설명으로 옳은 것은?**

① 가입자의 자격을 취득한 날이 속하는 달의 다음 달부터 가입자의 자격을 잃은 날이 속하는 달까지 징수한다.

② 직장가입자의 보수 외 소득월액보험료는 사용자가 납부한다.

③ 보험료 납부의무가 있는 자는 가입자에 대한 그달의 보험료를 그달 말일까지 납부하여야 한다.

④ 직장가입자의 보험료율은 1만분의 709로 한다.

⑤ 60세 이상인 사람은 보험료 경감대상이 될 수 있다.

키워드 **국민건강보험의 보험료**

풀이 ① 보험료는 가입자의 자격을 취득한 날이 속하는 달의 다음 달부터 가입자의 자격을 잃은 날의 전날이 속하는 달까지 징수한다(국민건강보험법 제69조 제2항 본문).

② 직장가입자의 보수 외 소득월액보험료는 직장가입자가 납부한다(국민건강보험법 제77조 제1항 제2호).

③ 보험료 납부의무가 있는 자는 가입자에 대한 그달의 보험료를 그 다음 달 10일까지 납부하여야 한다(국민건강보험법 제78조 제1항 본문).

⑤ 65세 이상인 사람은 보험료 경감대상이 될 수 있다(국민건강보험법 제75조 제1항 제2호).

정답 ④

202 국민건강보험법령상 보험료 부담 및 납부의무에 관한 설명으로 옳지 않은 것은?

① 직장가입자의 보수월액보험료는 직장가입자가 보험료액의 100분의 50을 부담한다.
② 직장가입자의 보수 외 소득월액보험료는 직장가입자가 부담한다.
③ 지역가입자의 보험료는 그 가입자가 속한 세대의 지역가입자 전원이 연대하여 부담한다.
④ 직장가입자의 보수월액보험료는 사용자가 납부한다.
⑤ 공무원인 직장가입자의 보수월액보험료는 그 공무원이 소속되어 있는 국가 또는 지방자치단체가 보험료액의 전액을 부담한다.

키워드 **보험료의 부담 및 납부**

풀이 직장가입자의 보수월액보험료는 직장가입자와 다음의 구분에 따른 자가 각각 보험료액의 100분의 50씩 부담한다. 다만, 직장가입자가 교직원으로서 사립학교에 근무하는 교원이면 보험료액은 그 직장가입자가 100분의 50을, 교직원이 소속되어 있는 사립학교를 설립·운영하는 자가 100분의 30을, 국가가 100분의 20을 각각 부담한다(국민건강보험법 제76조 제1항).

1. 직장가입자가 근로자인 경우에는 근로자가 소속되어 있는 사업장의 사업주
2. 직장가입자가 공무원인 경우에는 그 공무원이 소속되어 있는 국가 또는 지방자치단체
3. 직장가입자가 교직원(사립학교에 근무하는 교원은 제외한다)인 경우에는 교직원이 소속되어 있는 사립학교를 설립·운영하는 자

정답 ⑤

203 국민건강보험법령에 관한 설명으로 옳지 않은 것은?

① 직장가입자의 보수월액보험료는 사용자가 납부한다.
② 직장가입자의 보수월액보험료는 보수월액에 보험료율을 곱하여 얻은 금액으로 한다.
③ 직장가입자의 보수월액은 직장가입자가 지급받는 보수를 기준으로 하여 산정한다.
④ 국민건강보험공단 또는 건강보험심사평가원의 이의신청에 대한 결정에 불복하는 자는 보건복지부에 둔 건강보험분쟁조정위원회에 심판청구를 할 수 있다.
⑤ 이의신청은 처분이 있음을 안 날부터 60일 이내, 처분이 있은 날부터 180일 이내에 하여야 한다.

키워드 **이의신청의 제기**

풀이 이의신청은 처분이 있음을 안 날부터 90일 이내에 문서(전자문서를 포함한다)로 하여야 하며 처분이 있은 날부터 180일을 지나면 제기하지 못한다(국민건강보험법 제87조 제3항).

정답 ⑤

204 국민건강보험법령에 관한 내용이다. ( )에 들어갈 내용으로 옳은 것은?

> 가입자 및 피부양자의 자격·보험료에 관한 국민건강보험공단의 처분에 이의가 있는 자는 (㉠)에, 요양급여비용 및 요양급여의 적정성에 대한 평가에 관한 건강보험심사평가원의 처분에 이의가 있는 자는 (㉡)에 이의신청을 할 수 있다. 다만, 이의신청은 처분이 있음을 안 날부터 (㉢)일 이내에 문서로 하여야 하는 것이 원칙이다. 한편, 이의신청에 대한 결정에 불복이 있는 자는 (㉣)에 심판청구를 할 수 있다.

① ㉠ 건강보험공단, ㉡ 건강보험심사평가원, ㉢ 90, ㉣ 건강보험분쟁조정위원회
② ㉠ 건강보험심사평가원, ㉡ 국민건강보험공단, ㉢ 90, ㉣ 보건복지부
③ ㉠ 보건복지부, ㉡ 국민건강보험공단, ㉢ 180, ㉣ 건강보험분쟁조정위원회
④ ㉠ 건강보험공단, ㉡ 건강보험심사평가원, ㉢ 180, ㉣ 행정법원
⑤ ㉠ 건강보험심사평가원, ㉡ 국민건강보험공단, ㉢ 180, ㉣ 행정법원

키워드 이의신청과 심판청구

풀이 1. 이의신청(국민건강보험법 제87조 제1·2·3항)
㉠ 가입자 및 피부양자의 자격, 보험료등, 보험급여, 보험급여비용에 관한 국민건강보험공단의 처분에 이의가 있는 자는 '국민건강보험공단'에 이의신청을 할 수 있다.
㉡ 요양급여비용 및 요양급여의 적정성 평가 등에 관한 건강보험심사평가원의 처분에 이의가 있는 건강보험공단, 요양기관 또는 그 밖의 자는 '건강보험심사평가원'에 이의신청을 할 수 있다.
㉢ 이의신청은 처분이 있음을 안 날부터 '90'일 이내에 문서(전자문서를 포함한다)로 하여야 하며 처분이 있은 날부터 180일을 지나면 제기하지 못한다.
2. 심판청구: 이의신청에 대한 결정에 불복하는 자는 '건강보험분쟁조정위원회'에 심판청구를 할 수 있다(국민건강보험법 제88조 제1항).

정답 ①

205 국민건강보험법령상 이의신청 및 심판청구에 관한 내용으로 옳은 것은?

① 이의신청에 대한 결정에 불복하는 자는 건강보험분쟁조정위원회에 심판청구를 할 수 있다.
② 가입자 및 피부양자의 자격에 관한 국민건강보험공단의 처분에 이의가 있는 자는 건강보험분쟁조정위원회에 이의신청을 할 수 있다.
③ 요양급여의 적정성 평가에 관한 건강보험심사평가원의 처분에 이의가 있는 요양기관은 건강보험심사평가원에 심판청구를 할 수 있다.
④ 이의신청은 처분이 있음을 안 날부터 180일 이내에 제기하여야 한다.
⑤ 이의신청에 불복하는 자는 심판청구를 거치지 아니하고는 행정소송을 제기할 수 없다.

키워드 **이의신청 및 심판청구**

풀이 ② 가입자 및 피부양자의 자격, 보험료등, 보험급여, 보험급여비용에 관한 국민건강보험공단의 처분에 이의가 있는 자는 국민건강보험공단에 이의신청을 할 수 있다(국민건강보험법 제87조 제1항).
③ 요양급여비용 및 요양급여의 적정성 평가 등에 관한 건강보험심사평가원의 처분에 이의가 있는 건강보험공단, 요양기관 또는 그 밖의 자는 건강보험심사평가원에 이의신청을 할 수 있다(국민건강보험법 제87조 제2항).
④ 이의신청은 처분이 있음을 안 날부터 90일 이내에 문서(전자문서를 포함한다)로 하여야 하며 처분이 있은 날부터 180일을 지나면 제기하지 못한다. 다만, 정당한 사유로 그 기간에 이의신청을 할 수 없었음을 소명한 경우에는 그러하지 아니하다(국민건강보험법 제87조 제3항).
⑤ 건강보험공단 또는 건강보험심사평가원의 처분에 이의가 있는 자와 이의신청 또는 심판청구에 대한 결정에 불복하는 자는 「행정소송법」에서 정하는 바에 따라 행정소송을 제기할 수 있다(국민건강보험법 제90조).

정답 ①

206 국민건강보험법령상 이의신청 및 심판청구에 관한 설명으로 옳은 것을 모두 고른 것은?

㉠ 요양급여비용에 관한 건강보험심사평가원의 처분에 이의가 있는 자는 건강보험심사평가원에 이의신청을 할 수 있다. ㉡ 이의신청은 처분이 있음을 안 날부터 90일 이내에, 처분이 있은 날부터 1년 이내에 문서로 하여야 한다. ㉢ 이의신청에 대한 결정에 불복하는 자는 건강보험분쟁조정위원회에 심판청구를 할 수 있다.

① ㉡
② ㉠, ㉡
③ ㉠, ㉢
④ ㉡, ㉢
⑤ ㉠, ㉡, ㉢

키워드 **이의신청 및 심판청구**

풀이 이의신청은 처분이 있음을 안 날부터 90일 이내에 문서(전자문서를 포함한다)로 하여야 하며 처분이 있은 날부터 180일을 지나면 제기하지 못한다. 다만, 정당한 사유로 그 기간에 이의신청을 할 수 없었음을 소명한 경우에는 그러하지 아니하다(국민건강보험법 제87조 제3항).

정답 ③

207 국민건강보험법령에 관한 설명으로 옳은 것은? 제21회

① 고용기간이 3개월 미만인 일용근로자나 「병역법」에 따른 현역병(지원에 의하지 아니하고 임용된 하사를 포함한다), 전환복무된 사람 및 군간부후보생은 직장가입자에서 제외된다.

② 가입자는 국적을 잃은 날, 직장가입자의 피부양자가 된 날, 수급권자가 된 날 건강보험자격을 상실한다.

③ 국내에 거주하는 피부양자가 있는 직장가입자가 국외에서 업무에 종사하고 있는 경우에는 보험료를 면제한다.

④ 국민건강보험료는 가입자의 자격을 취득한 날이 속하는 달의 다음 달부터 가입자의 자격을 잃은 날의 전날이 속하는 달까지 징수하며, 가입자의 자격을 매월 1일에 취득한 경우에는 그달부터 징수한다.

⑤ 과다납부된 본인일부부담금을 돌려받을 권리는 5년 동안 행사하지 아니하면 시효로 소멸한다.

키워드 **국민건강보험법령상 보험의 가입 및 상실 등**

풀이 ① 고용기간이 1개월 미만인 일용근로자는 직장가입자에서 제외된다(국민건강보험법 제6조 제2항 제1호).
② 가입자는 국적을 잃은 날의 다음 날에 그 자격을 상실한다(국민건강보험법 제10조 제1항 제2호).
③ 국내에 거주하는 피부양자가 없는 직장가입자가 1개월 이상의 기간으로서 대통령령으로 정하는 기간 이상 국외에 체류하는 경우 보험료를 면제한다(국민건강보험법 제54조 제2호, 제74조 제1항).
⑤ 과다납부된 본인일부부담금을 돌려받을 권리는 3년 동안 행사하지 아니하면 시효로 소멸한다(국민건강보험법 제91조 제1항 제5호).

정답 ④

208 **공동주택의 관리사무소에 근무하는 근로자에게 적용하는 보험에 관한 설명으로 옳지 않은 것은?** 제12회 수정

① 사업의 종류, 근로자의 수 등을 고려하여 당연적용사업장의 18세 이상 60세 미만인 근로자와 사용자는 예외 없이 「국민연금법」상 사업장가입자가 된다.

② 고용보험을 가입한 관리사무소 직원이 65세 이후에 고용되는 경우 고용보험료 중 실업급여의 보험료를 징수하지 않는다.

③ 고용노동부장관이 산재보험료를 정하는 경우 특정 사업종류의 산재보험료율이 전체 사업의 평균 산재보험료율의 20배를 초과하지 않아야 한다.

④ 산업재해보상보험 가입자가 된 사업주는 그 보험관계가 성립한 날부터 14일 이내에 근로복지공단에 보험관계의 성립신고를 하여야 한다.

⑤ 비상근 근로자 등 사업장에서 상시 근로에 종사할 목적으로 고용되지 아니한 근로자는 국민건강보험의 직장가입자에서 제외된다.

키워드 **보험의 적용대상**

풀이 사업의 종류, 근로자의 수 등을 고려하여 대통령령으로 정하는 사업장(이하 '당연적용사업장'이라 한다)의 18세 이상 60세 미만인 근로자와 사용자는 당연히 사업장가입자가 된다. 다만, 「공무원연금법」, 「공무원 재해보상법」, 「사립학교교직원 연금법」, 「별정우체국법」에 따른 퇴직연금, 장해연금, 퇴직연금일시금이나 「군인연금법」에 따른 퇴역연금, 퇴역연금일시금, 「군인 재해보상법」에 따른 상이연금을 받을 권리를 얻은 자(이하 '퇴직연금등수급권자'라 한다)는 제외한다. 다만, 퇴직연금등수급권자가 「국민연금과 직역연금의 연계에 관한 법률」에 따라 연계 신청을 한 경우에는 그러하지 아니하다(국민연금법 제8조 제1항).

정답 ①

CHAPTER

09 대외업무관리 및 리모델링

▶ **연계학습** | 에듀윌 기본서 2차 [공동주택관리실무 上] p.334

01 공동주택관리법상 지방자치단체의 장의 감사에 관한 설명으로 옳지 않은 것은? 제26회

① 감사 대상이 되는 업무는 입주자대표회의나 그 구성원, 관리주체, 관리사무소장 또는 선거관리위원회나 그 위원 등의 업무이다.

② 공동주택단지 내 분쟁의 조정이 필요한 경우 공동주택의 입주자등은 지방자치단체의 장에게 감사를 요청할 수 있다.

③ 공동주택의 입주자등이 감사를 요청하려면 전체 입주자등의 과반수의 동의를 받아야 한다.

④ 지방자치단체의 장은 공동주택의 입주자등의 감사 요청이 없더라도 공동주택관리 효율화와 입주자등의 보호를 위하여 필요하다고 인정하는 경우에는 감사를 실시할 수 있다.

⑤ 지방자치단체의 장은 감사 요청이 이유가 있다고 인정하는 경우에는 감사를 실시한 후 감사를 요청한 입주자등에게 그 결과를 통보하여야 한다.

키워드 **공동주택관리에 관한 감독**

풀이 공동주택의 입주자등은 전체 입주자등의 10분의 2 이상의 동의를 받아 지방자치단체의 장에게 입주자대표회의나 그 구성원, 관리주체, 관리사무소장 또는 선거관리위원회나 그 위원 등의 업무에 대하여 감사를 요청할 수 있다(공동주택관리법 제93조 제2항 전단).

정답 ③

02 공동주택관리법령상 공동주택 관리비리에 관한 내용으로 옳은 것은?

① 시·도지사는 해당 지방자치단체에 공동주택 관리비리 신고센터를 설치하여야 한다.

② 공동주택관리와 관련한 불법행위를 인지한 자는 익명으로 공동주택 관리비리 신고센터에 구두로 그 사실을 신고할 수 있다.

③ 공동주택 관리비리 신고센터의 장은 시·도지사로 하고, 구성원은 공동주택관리와 관련된 업무를 담당하는 공무원으로 한다.

④ 공동주택 관리비리 신고센터는 공동주택 관리비리 신고를 확인한 결과 신고서가 신고 내용의 특정에 필요한 사항을 갖추지 못한 경우에는 접수된 신고를 종결한다.

⑤ 공동주택관리법령에 따라 신고사항에 대한 조사 및 조치를 요구받은 지방자치단체의 장은 요구를 받은 날부터 60일 이내에 조사 및 조치를 완료하여야 한다. 다만, 60일 이내에 처리가 곤란한 경우에는 한 차례만 30일 이내의 범위에서 그 기간을 연장할 수 있다.

키워드 **공동주택 관리비리 신고센터**

풀이 ① 국토교통부장관은 국토교통부에 공동주택 관리비리 신고센터를 설치한다(공동주택관리법 시행령 제96조의2 제1항).

② 공동주택관리와 관련하여 불법행위를 인지한 자는 신고센터에 그 사실을 신고할 수 있다. 이 경우 신고를 하려는 자는 자신의 인적사항과 신고의 취지·이유·내용을 적고 서명한 문서와 함께 신고 대상 및 증거 등을 제출하여야 한다(공동주택관리법 제93조의2 제3항).

③ 신고센터의 장은 국토교통부의 공동주택관리업무를 총괄하는 부서의 장으로 하고, 구성원은 공동주택관리와 관련된 업무를 담당하는 공무원으로 한다(공동주택관리법 시행령 제96조의2 제2항).

④ 신고센터는 신고 확인 결과 신고서가 신고자의 인적사항이나 신고내용의 특정에 필요한 사항을 갖추지 못한 경우에는 신고자로 하여금 15일 이내의 기간을 정하여 이를 보완하게 할 수 있다. 다만, 15일 이내에 자료를 보완하기 곤란한 사유가 있다고 인정되는 경우에는 신고자와 협의하여 보완기간을 따로 정할 수 있다(공동주택관리법 시행령 제96조의3 제4항).

정답 ⑤

03 공동주택관리법령상 공동주택 관리비리 신고센터에 관한 설명으로 옳지 않은 것은?

① 국토교통부장관은 공동주택 관리비리와 관련된 불법행위 신고의 접수·처리 등에 관한 업무를 효율적으로 수행하기 위하여 공동주택 관리비리 신고센터를 설치·운영할 수 있다.

② 신고센터는 신고서 확인 결과 신고서가 신고자의 인적사항이나 신고내용의 특정에 필요한 사항을 갖추지 못한 경우에는 신고자로 하여금 30일 이내의 기간을 정하여 이를 보완하게 할 수 있다.

③ 신고센터는 신고에 대한 처리결과를 통보받은 사항에 대하여 정당한 사유 없이 다시 신고한 경우로서 새로운 증거자료 또는 참고인이 없는 경우 접수된 신고를 종결할 수 있다.

④ 신고센터는 신고서를 받은 날부터 10일 이내(보완기간은 제외한다)에 해당 지방자치단체의 장에게 신고사항에 대한 조사 및 조치를 요구하고, 그 사실을 신고자에게 통보하여야 한다.

⑤ 신고사항에 대한 조사 및 조치를 요구받은 지방자치단체의 장은 요구를 받은 날부터 60일 이내에 조사 및 조치를 완료하고, 조사 및 조치를 완료한 날부터 10일 이내에 국토교통부장관에게 통보하여야 한다. 다만, 60일 이내에 처리가 곤란한 경우에는 한 차례만 30일 이내의 범위에서 그 기간을 연장할 수 있다.

키워드 공동주택 관리비리 신고센터

풀이 신고센터는 신고서 확인 결과 신고서가 신고자의 인적사항이나 신고내용의 특정에 필요한 사항을 갖추지 못한 경우에는 신고자로 하여금 15일 이내의 기간을 정하여 이를 보완하게 할 수 있다. 다만, 15일 이내에 자료를 보완하기 곤란한 사유가 있다고 인정되는 경우에는 신고자와 협의하여 보완기간을 따로 정할 수 있다(공동주택관리법 시행령 제96조의3 제4항).

정답 ②

04 **공동주택관리법령상 공동주택관리에 관한 교육과 윤리교육 등에 관한 설명으로 옳지 않은 것은?**

① 주택관리업자와 관리사무소장으로 배치받으려는 주택관리사등은 국토교통부령으로 정하는 바에 따라 시·도지사로부터 공동주택관리에 관한 교육과 윤리교육을 받아야 한다.

② 관리사무소장으로 배치받으려는 주택관리사등이 배치예정일부터 직전 5년 이내에 관리사무소장·공동주택관리기구의 직원 또는 주택관리업자의 임직원으로서 종사한 경력이 없는 경우에는 국토교통부령으로 정하는 바에 따라 시·도지사가 실시하는 공동주택관리에 관한 교육과 윤리교육을 이수하여야 관리사무소장으로 배치받을 수 있다.

③ 공동주택의 관리사무소장으로 배치받아 근무 중인 주택관리사등은 공동주택관리에 관한 교육과 윤리교육을 받은 후 3년마다 국토교통부령으로 정하는 바에 따라 공동주택관리에 관한 교육과 윤리교육을 받아야 한다.

④ 시·도지사는 주택관리업자 및 관리사무소장에 대한 교육의 업무를 주택관리에 관한 전문기관 또는 단체를 지정하여 위탁한다.

⑤ 국토교통부장관은 시·도지사가 실시하는 교육의 전국적 균형을 유지하기 위하여 교육수준 및 교육방법 등에 필요한 지침을 마련하여 시행할 수 있다.

키워드 **공동주택관리에 관한 교육과 윤리교육**

풀이 주택관리업자(법인인 경우에는 그 대표자를 말한다)와 관리사무소장으로 배치받은 주택관리사등은 국토교통부령으로 정하는 바에 따라 시·도지사로부터 공동주택관리에 관한 교육과 윤리교육을 받아야 한다. 이 경우 관리사무소장으로 배치받으려는 주택관리사등은 국토교통부령으로 정하는 바에 따라 공동주택관리에 관한 교육과 윤리교육을 받을 수 있고, 그 교육을 받은 경우에는 관리사무소장의 교육의무를 이행한 것으로 본다(공동주택관리법 제70조 제1항).

정답 ①

05 공동주택관리법령상 주택관리업자 등의 주택관리교육에 관한 설명으로 옳은 것은?

① 관리사무소장으로 배치받은 주택관리사등은 배치받은 날부터 6개월 이내 교육업무를 위탁받은 기관 또는 단체로부터 공동주택관리에 관한 교육과 윤리교육을 받아야 한다.

② 공동주택관리에 관한 교육과 윤리교육의 교육기간은 5일로 한다.

③ 주택관리에 관한 교육 및 관리사무소장의 직무에 관한 교육 업무를 위탁받은 기관은 교육실시 5일 전에 교육의 일시·장소·기간·내용·대상자 그 밖에 교육에 필요한 사항을 공고하거나 관리주체에게 통보하여야 한다.

④ 국토교통부장관은 주택관리업자 및 관리사무소장에 대한 교육의 업무를 주택관리에 관한 전문기관 또는 단체를 지정하여 위탁한다.

⑤ 공동주택의 관리사무소장으로 배치받아 근무 중인 주택관리사가 받는 공동주택관리에 관한 교육과 윤리교육에는 공동주택의 하자보수 절차 및 분쟁해결에 관한 교육이 포함되어야 한다.

키워드 주택관리교육

풀이 ① 관리사무소장으로 배치받은 주택관리사등은 관리사무소장으로 배치된 날(주택관리사보로서 관리사무소장이던 사람이 주택관리사의 자격을 취득한 경우에는 그 자격취득일을 말한다)부터 3개월 이내 교육업무를 위탁받은 기관 또는 단체(이하 '교육수탁기관'이라 한다)로부터 공동주택관리에 관한 교육과 윤리교육을 받아야 한다. 이 경우 교육수탁기관은 관리사무소장으로 배치받으려는 주택관리사등에 대해서도 공동주택관리에 관한 교육과 윤리교육을 시행할 수 있다(공동주택관리법 시행규칙 제33조 제1항).

② 공동주택관리에 관한 교육과 윤리교육의 교육기간은 3일로 한다. 이 경우 교육은 교육과정의 성격, 교육여건 등을 고려하여 집합교육 또는 인터넷을 이용한 교육의 방법으로 실시할 수 있다(공동주택관리법 시행규칙 제33조 제4항).

③ 주택관리에 관한 교육 및 관리사무소장의 직무에 관한 교육 업무를 위탁받은 기관은 교육실시 10일 전에 교육의 일시·장소·기간·내용·대상자 그 밖에 교육에 필요한 사항을 공고하거나 관리주체에게 통보하여야 한다(공동주택관리법 시행규칙 제33조 제5항, 제7조 제4항).

④ 시·도지사는 주택관리업자 및 관리사무소장에 대한 교육의 업무를 주택관리에 관한 전문기관 또는 단체를 지정하여 위탁한다(공동주택관리법 제89조 제2항 제7호, 동법 시행령 제95조 제3항 제2호).

정답 ⑤

06 공동주택관리법령상 공동주택의 관리에 관한 설명으로 옳지 않은 것은? 제17회 수정

① 관리주체는 장기수선계획을 검토하기 전에 해당 공동주택의 관리사무소장으로 하여금 장기수선계획의 비용산출 및 공사방법 등에 관한 교육을 받게 할 수 있다.

② 관리주체는 해당 공동주택의 시설물로 인한 안전사고를 예방하기 위하여 대통령령으로 정하는 바에 따라 안전관리계획을 수립하고, 이에 따라 시설물별로 안전관리자 및 안전관리책임자를 선정하여 이를 시행하여야 한다.

③ 주택관리업자와 관리사무소장으로 배치받은 주택관리사등은 시장·군수·구청장이 실시하는 공동주택관리에 관한 교육과 윤리교육을 받아야 한다.

④ 시장·군수·구청장은 입주자대표회의 구성원에 대하여 입주자대표회의의 운영과 관련하여 필요한 교육 및 윤리교육을 하려면 교육일시, 교육장소, 교육기간, 교육내용, 교육대상자, 그 밖에 교육에 관하여 필요한 사항을 교육 실시 10일 전까지 공고하거나 교육대상자에게 알려야 한다.

⑤ 운영·윤리교육은 집합교육의 방법으로 한다. 다만, 교육 참여현황의 관리가 가능한 경우에는 그 전부 또는 일부를 온라인교육으로 할 수 있다.

키워드 **공동주택관리에 관한 교육**

풀이 주택관리업자(법인인 경우에는 그 대표자를 말한다)와 관리사무소장으로 배치받은 주택관리사등은 국토교통부령으로 정하는 바에 따라 시·도지사로부터 공동주택관리에 관한 교육과 윤리교육을 받아야 한다. 이 경우 관리사무소장으로 배치받으려는 주택관리사등은 국토교통부령으로 정하는 바에 따라 공동주택관리에 관한 교육과 윤리교육을 받을 수 있고, 그 교육을 받은 경우에는 관리사무소장의 교육의무를 이행한 것으로 본다(공동주택관리법 제70조 제1항).

정답 ③

07 공동주택관리법령상 장기수선계획의 조정교육에 관한 설명으로 옳지 않은 것은?

① 시·도지사는 장기수선계획의 조정교육의 업무를 주택관리에 관한 전문기관 또는 단체를 지정하여 위탁한다.

② 입주자대표회의는 장기수선계획을 검토하기 전에 해당 공동주택의 관리사무소장으로 하여금 장기수선계획의 비용산출 및 공사방법 등에 관한 교육을 받게 할 수 있다.

③ 조정교육수탁기관은 해당 연도의 교육 종료 후 1개월 이내에 교육결과보고서를 작성하여 시·도지사에게 보고하여야 한다.

④ 조정교육수탁기관은 매년 11월 30일까지 다음 연도의 교육계획서를 작성하여 시·도지사의 승인을 받아야 한다.

⑤ 장기수선계획의 조정교육에 관한 업무를 위탁받은 기관은 교육실시 10일 전에 교육의 일시·장소·기간·내용·대상자 그 밖에 교육에 관하여 필요한 사항을 공고하거나 관리주체에게 통보하여야 한다.

키워드 장기수선계획의 조정교육 대상자

풀이 관리주체는 장기수선계획을 검토하기 전에 해당 공동주택의 관리사무소장으로 하여금 국토교통부령으로 정하는 바에 따라 시·도지사가 실시하는 장기수선계획의 비용산출 및 공사방법 등에 관한 교육을 받게 할 수 있다(공동주택관리법 제29조 제4항).

정답 ②

08 공동주택관리법령상 입주자대표회의의 구성원에 관한 교육에 관한 설명으로 옳지 않은 것은?

① 시장·군수·구청장은 대통령령으로 정하는 바에 따라 입주자대표회의의 구성원에게 입주자대표회의의 운영과 관련하여 필요한 교육 및 윤리교육을 실시하여야 한다.

② 입주자대표회의의 구성원은 매년 4시간의 운영·윤리교육을 이수하여야 한다.

③ 시장·군수·구청장은 운영·윤리교육을 이수한 사람에게 수료증을 내주어야 한다. 다만, 교육수료사실을 수료자가 소속된 입주자대표회의에 문서로 통보함으로써 수료증의 수여를 갈음할 수 있다.

④ 운영·윤리교육은 집합교육의 방법으로 한다. 다만, 교육 참여현황의 관리가 가능한 경우에는 그 전부 또는 일부를 온라인교육으로 할 수 있다.

⑤ 입주자대표회의의 구성원에 대한 운영·윤리교육의 수강비용은 수강생 본인이 부담한다. 다만, 시장·군수·구청장은 필요하다고 인정하는 경우에는 그 비용의 전부 또는 일부를 지원할 수 있다.

키워드 **입주자대표회의 구성원 교육**

풀이 입주자대표회의 구성원에 대한 운영·윤리교육의 수강비용은 입주자대표회의 운영경비에서 부담하며, 입주자등에 대한 운영·윤리교육의 수강비용은 수강생 본인이 부담한다. 다만, 시장·군수·구청장은 필요하다고 인정하는 경우에는 그 비용의 전부 또는 일부를 지원할 수 있다(공동주택관리법 시행령 제18조 제5항).

정답 ⑤

09 공동주택관리법령상 시장·군수·구청장이 실시하는 입주자대표회의 구성원에 대한 교육 내용에 포함하여야 할 사항을 모두 고른 것은?

> ㉠ 하자보수에 관한 사항
> ㉡ 층간소음 예방 및 입주민 간 분쟁의 조정에 관한 사항
> ㉢ 공동주택단지 공동체의 활성화에 관한 사항
> ㉣ 관리비·사용료 및 장기수선충당금에 관한 사항
> ㉤ 공동주택의 관리에 관한 법령 및 관리규약의 준칙에 관한 사항

① ㉠, ㉡, ㉢
② ㉡, ㉣, ㉤
③ ㉢, ㉣, ㉤
④ ㉠, ㉡, ㉢, ㉤
⑤ ㉠, ㉡, ㉢, ㉣, ㉤

키워드 **입주자대표회의 구성원 교육내용**

풀이 입주자대표회의 구성원 교육 내용에는 다음의 사항을 포함하여야 한다(공동주택관리법 제17조 제2항).

1. 공동주택의 관리에 관한 법령 및 관리규약의 준칙에 관한 사항
2. 입주자대표회의의 구성원의 직무·소양 및 윤리에 관한 사항
3. 공동주택단지 공동체의 활성화에 관한 사항
4. 관리비·사용료 및 장기수선충당금에 관한 사항
5. 공동주택 회계처리에 관한 사항
6. 층간소음 예방 및 입주민 간 분쟁의 조정에 관한 사항
7. 하자보수에 관한 사항
8. 그 밖에 입주자대표회의의 운영에 필요한 사항

정답 ⑤

10 **공동주택관리법령상 甲구청장이 A아파트의 동별 대표자에게 실시할 운영 및 윤리교육에 관한 내용으로 옳지 않은 것은?** 제12회

① 교육내용으로 공동주택단지 공동체 활성화에 관한 사항을 포함하여 실시하기로 하였다.

② 2010년 10월 15일에 실시할 운영 및 윤리교육 시간을 오후 1시부터 오후 5시까지로 확정하여 실시하기로 하였다.

③ 2010년 10월 15일에 실시할 운영 및 윤리교육에 관한 교육일시, 교육장소 등을 2010년 10월 1일에 공고하기로 하였다.

④ 甲구청장은 운영 및 윤리교육에 드는 비용을 필요하다고 인정하여 그 비용의 전부를 지원하기로 하였다.

⑤ 2010년 10월 15일에 이수한 운영 및 윤리교육의 다음 교육을 2012년 10월 15일에 이수하였다.

키워드 **입주자대표회의 운영 및 윤리교육시간**

풀이 입주자대표회의 구성원은 매년 4시간의 운영·윤리교육을 이수하여야 한다(공동주택관리법 시행령 제18조 제2항).

정답 ⑤

11 **공동주택관리법령상 방범 및 안전교육에 관한 내용으로 옳지 않은 것은?**

① 공동주택의 관리사무소장은 공동주택단지의 각종 안전사고의 예방과 방범을 위하여 시장·군수·구청장이 실시하는 방범교육 및 안전교육을 받아야 한다.

② 시장·군수·구청장은 방범교육을 관할 경찰서장 또는 공동주택관리 지원기구를 지정하여 위탁한다.

③ 「화재의 예방 및 안전관리에 관한 법률」에 따른 소방안전관리자 실무교육 또는 소방안전교육을 이수한 사람은 소방에 관한 안전교육을 이수한 것으로 본다.

④ 시설물에 관한 안전교육의 업무를 위탁받은 기관은 교육실시 10일 전에 교육의 일시·장소·기간·내용·대상자 및 그 밖에 교육에 필요한 사항을 공고하거나 관리주체에게 통보하여야 한다.

⑤ 교육시간은 연 2회 이내에서 시장·군수·구청장이 실시하는 횟수, 매회별 4시간이다.

키워드 **방범 및 안전교육의 대상자**

풀이 다음의 사람은 국토교통부령으로 정하는 바에 따라 공동주택단지의 각종 안전사고의 예방과 방범을 위하여 시장·군수·구청장이 실시하는 방범교육 및 안전교육을 받아야 한다(공동주택관리법 제32조 제2항).

1. 경비업무에 종사하는 사람
2. 안전관리계획에 따라 시설물 안전관리자 및 안전관리책임자로 선정된 사람

정답 ①

12 공동주택관리법령상 방범교육 및 안전교육에 관한 설명으로 옳지 않은 것은? 제14회 수정

① 경비책임자는 방범교육 대상자이다.

② 교육기간은 연 2회 이상, 매회별 2시간이다.

③ 시장·군수·구청장은 방범교육을 관할 경찰서장 또는 공동주택관리 지원기구를 지정하여 위탁한다.

④ 시설물에 관한 안전교육은 시설물 안전사고의 예방 및 대응을 내용으로 한다.

⑤ 「화재의 예방 및 안전관리에 관한 법률」상 소방안전관리자 실무교육을 이수한 자에 대해서는 소방에 관한 안전교육을 이수한 것으로 본다.

키워드 **방범 및 안전교육의 교육기준**

풀이 이수 의무 교육시간은 연 2회 이내에서 시장·군수·구청장이 실시하는 횟수, 매회별 4시간이다(공동주택관리법 시행규칙 제12조 제1항 제1호).

정답 ②

13 **공동주택관리법상 공동주택의 관리에 있어 공동주택을 파손하거나 해당 시설의 전부 또는 일부를 철거하는 행위는 대통령령으로 정하는 기준·절차 등에 따라 시장·군수·구청장의 허가를 받거나 신고를 하여야 한다. 그러나 이 경우 국토교통부령으로 정하는 '경미한 행위'의 경우는 제외하고 있는바, 이에 해당하지 않는 것은?** 제10회 수정

① 시설물의 파손·철거를 포함한 세대 내 난방설비의 교체

② 세대 내 천장의 마감재 교체

③ 세대 내 급·배수관 등 배관설비의 교체

④ 창틀·문틀의 교체

⑤ 세대 내 바닥의 마감재 교체

키워드 **허가 및 신고대상행위의 구분**

풀이 국토교통부령으로 정하는 경미한 행위로서 허가 및 신고대상에서 제외되는 행위(공동주택관리법 시행규칙 제15조 제1항)

1. 창틀·문틀의 교체
2. 세대 내 천장·벽·바닥의 마감재 교체
3. 급·배수관 등 배관설비의 교체
4. 세대 내 난방설비의 교체(시설물의 파손·철거는 제외한다)
5. 구내통신선로설비, 경비실과 통화가 가능한 구내전화, 지능형 홈네트워크 설비, 방송수신을 위한 공동수신설비 또는 영상정보처리기기의 교체(폐쇄회로 텔레비전과 네트워크 카메라 간의 교체를 포함한다)
6. 보안등, 자전거보관소 또는 안내표지판, 담장(축대는 제외한다) 또는 보도블록의 교체
7. 폐기물보관시설(재활용품 분류보관시설을 포함한다), 택배보관함 또는 우편함의 교체
8. 조경시설 중 수목(樹木)의 일부 제거 및 교체
9. 주민운동시설의 교체(다른 운동종목을 위한 시설로 변경하는 것을 말하며, 면적이 변경되는 경우는 제외한다)
10. 부대시설 중 각종 설비나 장비의 수선·유지·보수를 위한 부품의 일부 교체
11. 그 밖에 1.부터 10.까지의 규정에서 정한 사항과 유사한 행위로서 시장·군수·구청장이 인정하는 행위

정답 ①

14 **공동주택관리법령상 공동주택 관리주체가 시장·군수·구청장의 허가를 받거나 신고를 하여야 하는 행위에 해당하는 것은?**

① 공동주택의 구내통신선로설비, 경비실과 통화가 가능한 구내전화, 지능형 홈네트워크 설비, 방송수신을 위한 공동수신설비 또는 영상정보처리기기의 교체
② 공동주택의 세대 내 천장·벽·바닥의 마감재 교체
③ 보안등, 자전거보관소 또는 안내표지판, 담장(축대는 제외한다) 또는 보도블록의 교체
④ 주민운동시설 면적의 변경
⑤ 입주자 공유가 아닌 복리시설의 비내력벽 철거

키워드 **허가 및 신고대상행위의 구분(공동주택관리법 시행규칙 제15조 제1항)**
풀이 주민운동시설의 교체(다른 운동종목을 위한 시설로 변경하는 것을 말하며, 면적이 변경되는 경우는 제외한다)는 국토교통부령으로 정하는 경미한 행위로 허가 또는 신고 없이 할 수 있다.

정답 ④

15 **공동주택관리법령상 공동주택의 관리주체가 관할 특별자치시장·특별자치도지사·시장·군수·구청장(자치구의 구청장을 말한다)의 허가를 받거나 신고를 하여야 하는 행위를 모두 고른 것은?** 제20회

㉠ 급·배수관 등 배관설비의 교체 ㉡ 지능형 홈네트워크 설비의 교체 ㉢ 공동주택을 사업계획에 따른 용도 외의 용도에 사용하는 행위 ㉣ 공동주택의 효율적인 관리에 지장을 주는 공동주택의 용도폐지

① ㉠, ㉢
② ㉢, ㉣
③ ㉠, ㉡, ㉣
④ ㉠, ㉢, ㉣
⑤ ㉡, ㉢, ㉣

키워드 **허가 및 신고대상행위의 구분(공동주택관리법 제35조 제1항, 동법 시행규칙 제15조 제1항)**
풀이 ㉠㉡ 국토교통부령으로 정하는 경미한 행위로서 허가 및 신고대상에서 제외되는 행위이다.

정답 ②

16 **공동주택관리법령상 공동주택의 입주자등 또는 관리주체가 시장·군수·구청장의 허가를 받거나 시장·군수·구청장에게 신고하여야 하는 행위가 아닌 것은?** 제23회

① 공동주택의 용도변경
② 입주자 공유가 아닌 복리시설의 비내력벽 철거
③ 세대구분형 공동주택의 설치
④ 부대시설의 대수선
⑤ 입주자 공유인 복리시설의 증설

키워드 **공동주택의 행위제한**

풀이 입주자 공유가 아닌 복리시설의 비내력벽 철거는 허가 및 신고대상 행위에서 제외된다(공동주택관리법 시행령 제35조 제2항 제2호).

정답 ②

17 **공동주택관리법령상 주택건설기준 등에 관한 규정에 적합한 범위 내에서 입주자대표회의의 동의를 받아 신고만으로 사용검사를 받은 면적 또는 규모의 10퍼센트 범위 안에서 증축할 수 있는 시설이 아닌 것은?**

① 경로당
② 유치원
③ 주차장
④ 관리사무소
⑤ 조경시설

키워드 **행위허가·신고의 기준**

풀이 부대시설 및 입주자 공유인 복리시설의 증축의 신고기준란에서 '국토교통부령으로 정하는 경미한 사항'이란 「주택건설기준 등에 관한 규정」에 적합한 범위에서 다음의 시설을 사용검사를 받은 면적 또는 규모의 10퍼센트 범위에서 증축 또는 증설하는 경우를 말한다(공동주택관리법 시행규칙 제15조 제2항).

1. 주차장, 조경시설, 어린이놀이터, 관리사무소, 경비원 등 근로자휴게시설, 경비실, 경로당 또는 입주자집회소
2. 대문, 담장 또는 공중화장실
3. 경비실과 통화가 가능한 구내전화 또는 영상정보처리기기
4. 보안등, 자전거보관소 또는 안내표지판
5. 옹벽, 축대[문주(문기둥)를 포함한다] 또는 주택단지 안의 도로
6. 폐기물보관시설(재활용품 분류보관시설을 포함한다), 택배보관함 또는 우편함
7. 주민운동시설(실외에 설치된 시설로 한정한다)

정답 ②

18 주택법령상 리모델링에 관한 설명으로 옳지 않은 것은?

① '세대수 증가형 리모델링'이란 각 세대의 증축 가능 면적을 합산한 면적의 범위에서 기존 세대수의 15퍼센트 이내에서 세대수를 증가하는 증축 행위를 말한다.

② '수직증축형 리모델링'이란 건축물의 노후화 억제 또는 기능 향상을 위해 수직으로 증축하는 행위를 말한다.

③ 증축형 리모델링을 하려는 자는 시장·군수·구청장에게 안전진단을 요청하여야 하며, 안전진단을 요청받은 시장·군수·구청장은 해당 건축물의 증축 가능 여부의 확인을 위하여 안전진단을 실시하여야 한다.

④ 시장·군수·구청장이 세대수 증가형 리모델링(50세대 이상으로 세대수가 증가하는 경우)을 허가하려는 경우에는 기반시설에의 영향이나 도시·군관리계획과의 부합 여부 등에 대하여 시·군·구 도시계획위원회의 심의를 거쳐야 한다.

⑤ 수직증축형이 아닌 세대수 증가형 리모델링의 경우 리모델링의 대상이 되는 건축물의 신축 당시 구조도를 보유하고 있어야 한다.

키워드 **리모델링의 정의**

풀이 수직증축형 리모델링은 수직증축형 리모델링 대상이 되는 기존 건축물의 신축 당시의 구조도를 보유하고 있어야 한다(주택법 시행령 제13조 제2항).

정답 ⑤

19 **주택법령상 공동주택의 리모델링에 관한 설명으로 옳은 것은?** 제12회 수정

① 리모델링에서 아파트의 행위허가기준에 따르면 수직으로 증축하여 세대를 증가시키는 행위를 할 수 없다.

② 리모델링을 위하여 주택조합을 설립하고자 하는 경우에는 관할 시장·군수·구청장의 인가를 받아야 한다.

③ 사용검사를 받은 후 10년이 경과된 공동주택은 리모델링의 증축이 가능하다.

④ 리모델링에서 부대시설 및 입주자 공유인 복리시설의 행위허가기준은 전체 입주자 3분의 2 이상의 동의를 받아 허가를 받은 때이다.

⑤ 리모델링에서 아파트의 행위허가기준에 따르면 내력벽의 철거에 의하여 세대를 합치는 행위가 가능하다.

키워드 **리모델링의 기준과 절차**

풀이 ① 리모델링에서 아파트의 행위허가기준에 따르면 수직으로 증축하여 세대를 증가시키는 행위를 할 수 있다(주택법 제2조 제25호).

③ 사용검사를 받은 후 15년이 경과된 공동주택은 리모델링의 증축이 가능하다(주택법 제2조 제25호).

④ 리모델링에서 부대시설 및 입주자 공유인 복리시설의 행위허가기준은 규정되어 있지 않다.

⑤ 리모델링에서 아파트의 행위허가기준에 따르면 내력벽의 철거에 의하여 세대를 합치는 행위는 할 수 없다(주택법 시행령 제75조 제1항 별표 4).

정답 ②

20 **주택법령상 리모델링 기본계획에 관한 설명으로 옳은 것은?**

① 특별시장·광역시장 및 대도시의 시장은 관할구역에 대하여 리모델링 기본계획을 5년 단위로 수립하여야 한다.

② 특별시장·광역시장 및 대도시의 시장은 리모델링 기본계획을 수립하거나 변경하려면 30일 이상 주민에게 공람하고, 지방의회의 의견을 들어야 한다. 이 경우 지방의회는 의견제시를 요청받은 날부터 14일 이내에 의견을 제시하여야 하며, 14일 이내에 의견을 제시하지 아니하는 경우에는 이의가 없는 것으로 본다.

③ 리모델링 기본계획을 수립하거나 변경하려는 경우로서 세대수 증가형 리모델링 수요 예측 결과에 따른 세대수 증가형 리모델링 수요(세대수 증가형 리모델링을 하려는 주택의 총세대수를 말한다)가 감소하거나 15퍼센트 범위에서 증가하는 경우에는 주민공람 및 지방의회 의견청취 절차를 거치지 아니할 수 있다.

④ 특별시장·광역시장 및 대도시의 시장은 리모델링 기본계획을 수립하거나 변경하려면 「국토의 계획 및 이용에 관한 법률」에 따라 설치된 시·도 도시계획위원회 또는 시·군·구 도시계획위원회의 심의를 거친 후에 관계 행정기관의 장과 협의를 하여야 한다.

⑤ 특별시장·광역시장 및 대도시의 시장은 5년마다 리모델링 기본계획의 타당성 여부를 검토하여 그 결과를 리모델링 기본계획에 반영하여야 한다.

키워드 **리모델링 기본계획**

풀이 ① 특별시장·광역시장 및 대도시의 시장은 관할구역에 대하여 리모델링 기본계획을 10년 단위로 수립하여야 한다(주택법 제71조 제1항).

② 특별시장·광역시장 및 대도시의 시장은 리모델링 기본계획을 수립하거나 변경하려면 14일 이상 주민에게 공람하고, 지방의회의 의견을 들어야 한다. 이 경우 지방의회는 의견제시를 요청받은 날부터 30일 이내에 의견을 제시하여야 하며, 30일 이내에 의견을 제시하지 아니하는 경우에는 이의가 없는 것으로 본다(주택법 제72조 제1항).

③ 리모델링 기본계획을 수립하거나 변경하려는 경우로서 세대수 증가형 리모델링 수요 예측 결과에 따른 세대수 증가형 리모델링 수요(세대수 증가형 리모델링을 하려는 주택의 총세대수를 말한다)가 감소하거나 10퍼센트 범위에서 증가하는 경우에는 주민공람 및 지방의회 의견청취 절차를 거치지 아니할 수 있다(주택법 제72조 제1항 단서, 동법 시행령 제80조 제3항 제1호).

④ 특별시장·광역시장 및 대도시의 시장은 리모델링 기본계획을 수립하거나 변경하려면 관계 행정기관의 장과 협의한 후 「국토의 계획 및 이용에 관한 법률」에 따라 설치된 시·도 도시계획위원회 또는 시·군·구 도시계획위원회의 심의를 거쳐야 한다(주택법 제72조 제2항).

정답 ⑤

21 주택법령상 리모델링 기본계획의 수립권자 및 대상지역 등에 관한 설명으로 옳지 않은 것은?

① 특별시장·광역시장 및 대도시의 시장은 관할구역에 대하여 리모델링 기본계획을 수립하여야 한다.

② 리모델링 기본계획에는 도시과밀 방지 등을 위한 계획적 관리와 리모델링의 원활한 추진을 지원하기 위한 사항으로서 특별시·광역시 또는 대도시의 조례로 정하는 사항이 포함되어야 한다.

③ 리모델링 기본계획은 5년 단위로 수립하여야 한다.

④ 리모델링 기본계획의 작성기준 및 작성방법 등은 국토교통부장관이 정한다.

⑤ 세대수 증가형 리모델링에 따른 도시과밀의 우려가 적은 경우 등 대통령령으로 정하는 경우에는 리모델링 기본계획을 수립하지 아니할 수 있다.

키워드 **리모델링 기본계획의 수립절차**

풀이 특별시장·광역시장 및 대도시의 시장은 관할구역에 대하여 리모델링 기본계획을 10년 단위로 수립하여야 한다. 다만, 세대수 증가형 리모델링에 따른 도시과밀의 우려가 적은 경우 등 대통령령으로 정하는 경우에는 리모델링 기본계획을 수립하지 아니할 수 있다(주택법 제71조 제1항).

정답 ③

22 주택법령상 리모델링에 관한 내용으로 옳지 않은 것은?

① 건축물의 노후화 억제 또는 기능 향상 등을 위한 대수선은 리모델링에 해당한다.

② 세대수가 증가되는 리모델링을 하는 경우에는 권리변동계획을 수립하여 사업계획승인 또는 행위허가를 받아야 한다.

③ 시장·군수·구청장은 수직증축형 리모델링을 하려는 자가 「건축법」에 따른 건축위원회의 심의를 요청하는 경우 구조계획상 증축범위의 적정성 등에 대하여 대통령령으로 정하는 전문기관에 안전성 검토를 의뢰하여야 한다.

④ 시장·군수·구청장으로부터 리모델링 기본계획과 관련하여 협의를 요청받은 관계 행정기관의 장은 특별한 사유가 없으면 그 요청을 받은 날부터 20일 이내에 의견을 제시하여야 한다.

⑤ 리모델링에 동의한 소유자는 리모델링주택조합 또는 입주자대표회의가 허가신청서를 제출하기 전까지 서면으로 동의를 철회할 수 있다.

키워드 **리모델링 기본계획의 수립절차**

풀이 특별시장·광역시장 및 대도시의 시장으로부터 리모델링 기본계획과 관련하여 협의를 요청받은 관계 행정기관의 장은 특별한 사유가 없으면 그 요청을 받은 날부터 30일 이내에 의견을 제시하여야 한다(주택법 제72조 제3항).

정답 ④

23 **주택법령상 리모델링에 관한 설명으로 옳지 않은 것은? (단, 조례는 고려하지 않음)**

① 세대수 증가형 리모델링으로 인한 도시과밀, 이주수요집중 등을 체계적으로 관리하기 위하여 수립하는 계획을 리모델링 기본계획이라 한다.

② 리모델링에 동의한 소유자는 리모델링 결의를 한 리모델링주택조합이나 소유자 전원의 동의를 받은 입주자대표회의가 시장·군수·구청장에게 리모델링 허가신청서를 제출하기 전까지 서면으로 동의를 철회할 수 있다.

③ 특별시장·광역시장 및 대도시의 시장은 리모델링 기본계획을 수립하거나 변경한 때에는 이를 지체 없이 해당 지방자치단체의 공보에 고시하여야 한다.

④ 수직증축형 리모델링의 설계자는 국토교통부장관이 정하여 고시하는 구조기준에 맞게 구조설계도서를 작성하여야 한다.

⑤ 대수선인 리모델링을 하려는 자는 시장·군수·구청장에게 안전진단을 요청하여야 한다.

키워드 **증축형 리모델링의 안전진단**

풀이 면적 및 세대수 증가를 위하여 증축하는 리모델링(이하 '증축형 리모델링'이라 한다)을 하려는 자는 시장·군수·구청장에게 안전진단을 요청하여야 하며, 안전진단을 요청받은 시장·군수·구청장은 해당 건축물의 증축 가능 여부의 확인 등을 위하여 안전진단을 실시하여야 한다(주택법 제68조 제1항).

정답 ⑤

24 주택법령상 공동주택의 리모델링에 관한 설명으로 옳지 않은 것은?

① 리모델링에 동의한 소유자는 리모델링주택조합 또는 입주자대표회의가 시장·군수·구청장에게 허가신청서를 제출하기 전까지 서면으로 동의를 철회할 수 있다.

② 시장·군수·구청장은 리모델링의 원활한 추진을 지원하기 위하여 리모델링 지원센터를 설치하여 운영할 수 있다.

③ 공동주택의 리모델링은 주택단지별 또는 동별로 한다.

④ 공동주택의 리모델링은 복리시설을 분양하기 위한 것이 아니어야 한다. 다만, 1층을 필로티 구조로 전용하여 세대의 일부 또는 전부를 부대시설 및 복리시설 등으로 이용하는 경우에는 그렇지 않다.

⑤ 리모델링주택조합의 리모델링 허가기준으로 주택단지 전체를 리모델링하는 경우에는 주택단지 전체 및 각 동별 구분소유자 및 의결권의 각 75퍼센트 이상의 동의를 받아야 하며, 동을 리모델링하는 경우에는 그 동의 구분소유자 및 의결권의 각 75퍼센트 이상의 동의를 받아야 한다.

키워드 **리모델링의 허가기준**

풀이 리모델링주택조합의 리모델링 허가기준(주택법 시행령 제75조 제1항 별표 4)
다음의 사항이 적혀 있는 결의서에 주택단지 전체를 리모델링하는 경우에는 주택단지 전체 구분소유자 및 의결권의 각 75퍼센트 이상의 동의와 각 동별 구분소유자 및 의결권의 각 50퍼센트 이상의 동의를 받아야 하며(리모델링을 하지 않는 별동의 건축물로 입주자 공유가 아닌 복리시설 등의 소유자는 권리변동이 없는 경우에 한정하여 동의 비율 산정에서 제외한다), 동을 리모델링하는 경우에는 그 동의 구분소유자 및 의결권의 각 75퍼센트 이상의 동의를 받아야 한다.

1. 리모델링 설계의 개요
2. 공사비
3. 조합원의 비용분담 명세

정답 ⑤

25 **주택법령상 리모델링주택조합에 관한 설명으로 옳은 것은?**

① 세대별로 주거전용면적이 85제곱미터 미만인 12층의 기존 건축물을 리모델링주택조합을 설립하여 수직증축형 리모델링을 하는 경우, 3개 층까지 리모델링을 할 수 있다.

② 리모델링주택조합이 주택단지 전체를 리모델링하는 경우에는 주택단지 전체 구분소유자 및 의결권 전체의 동의를 받아야 한다.

③ 국민주택에 대한 리모델링을 위하여 리모델링주택조합을 설립하려는 자는 관할 시장·군수·구청장에게 신고하여야 한다.

④ 리모델링주택조합이 대수선인 리모델링을 하려면 해당 주택이 「주택법」에 따른 사용검사일 또는 「건축법」에 따른 사용승인일부터 15년 이상이 경과되어야 한다.

⑤ 리모델링주택조합이 리모델링을 하려면 관할 시장·군수·구청장의 허가를 받아야 한다.

키워드 **리모델링주택조합의 리모델링**

풀이 ① 수직으로 증축하는 행위(이하 '수직증축형 리모델링'이라 한다)의 대상이 되는 기존 건축물의 층수가 14층 이하인 경우에는 2개 층까지 리모델링을 할 수 있다(주택법 시행령 제13조 제1항 제2호).

② 리모델링주택조합이 주택단지 전체를 리모델링 하는 경우 주택단지 전체 구분소유자 및 의결권의 각 75퍼센트 이상의 동의와 각 동별 구분소유자 및 의결권의 각 50퍼센트 이상의 동의를 받아야 한다(주택법 시행령 제75조 제1항 별표 4).

③ 리모델링주택조합을 설립하려는 자는 관할 시장·군수·구청장의 인가를 받아야 한다(주택법 제11조 제1항).

④ 리모델링주택조합이 대수선인 리모델링을 하려면 해당 주택이 「주택법」에 따른 사용검사일 또는 「건축법」에 따른 사용승인일부터 10년 이상이 경과되어야 한다(주택법 시행령 제20조 제1항 제1호).

정답 ⑤

26 주택법령상 공동주택의 리모델링에 관한 설명으로 옳은 것은?

① 공동주택의 관리주체가 리모델링을 하려는 경우 공사기간, 공사방법 등이 적혀 있는 동의서에 입주자 전체의 동의를 받아야 한다.

② 주택의 소유자 3분의 2 이상의 동의를 받은 경우 「공동주택관리법」에 따른 입주자대표회의는 리모델링을 할 수 있다.

③ 30세대 이상으로 세대수가 증가하는 리모델링을 허가하려는 경우에는 「국토의 계획 및 이용에 관한 법률」에 따라 설치된 시·군·구 도시계획위원회의 심의를 거쳐야 한다.

④ 증축형 리모델링이 아닌 경우에는 허가받은 리모델링 공사를 완료하였을 때 따로 사용검사를 받지 않아도 된다.

⑤ 동(棟)을 리모델링하기 위하여 리모델링주택조합을 설립하려는 경우에는 그 동의 구분소유자 및 의결권의 각 과반수의 결의를 얻어야 한다.

키워드 **주택법령상 공동주택의 리모델링**

풀이 ② 주택의 소유자 전원의 동의를 받은 경우 「공동주택관리법」에 따른 입주자대표회의는 리모델링을 할 수 있다(주택법 제66조 제2항).

③ 50세대 이상으로 세대수가 증가하는 리모델링을 허가하려는 경우에는 「국토의 계획 및 이용에 관한 법률」에 따라 설치된 시·군·구 도시계획위원회의 심의를 거쳐야 한다(주택법 제66조 제6항, 동법 시행령 제76조 제2항).

④ 공동주택의 입주자·사용자·관리주체·입주자대표회의 또는 리모델링주택조합이 리모델링에 관하여 시장·군수·구청장의 허가를 받은 후 그 공사를 완료하였을 때에는 시장·군수·구청장의 사용검사를 받아야 하며, 사용검사에 관하여는 「주택법」 제49조를 준용한다(주택법 제66조 제7항).

⑤ 동(棟)을 리모델링하기 위하여 리모델링주택조합을 설립하려는 경우에는 그 동의 구분소유자 및 의결권의 각 3분의 2 이상의 결의를 얻어야 한다(주택법 제11조 제3항 제2호).

정답 ①

27 **주택법령상 공동주택의 리모델링에 관한 설명으로 옳지 않은 것은?**

① 공동주택의 소유자가 리모델링에 의하여 일부 공용부분(집합건물의 소유 및 관리에 관한 법률에 따른 공용부분을 말한다)의 면적을 전유부분의 면적으로 변경한 경우에는 규약으로 달리 정하지 않는 한 그 소유자의 나머지 공용부분의 면적은 변하지 아니하는 것으로 본다.

② 리모델링주택조합이 동을 리모델링하는 경우 리모델링의 설계의 개요, 공사비, 조합원의 비용분담 명세가 적혀 있는 결의서에 그 동의 구분소유자 및 의결권의 각 50퍼센트 이상의 동의를 받아야 한다.

③ 리모델링주택조합은 법인으로 한다.

④ 공동주택의 관리주체가 리모델링을 하려는 경우 공사기간, 공사방법 등이 적혀 있는 동의서에 입주자 전체의 동의를 받아야 한다.

⑤ 수직증축형 리모델링의 설계자는 국토교통부장관이 정하여 고시하는 구조기준에 맞게 구조설계도서를 작성하여야 한다.

키워드 **주택법령상 공동주택의 리모델링**

풀이 리모델링주택조합이 동을 리모델링하는 경우 리모델링의 설계의 개요, 공사비, 조합원의 비용분담 명세가 적혀 있는 결의서에 그 동의 구분소유자 및 의결권의 각 75퍼센트 이상의 동의를 받아야 한다(주택법 시행령 제75조 제1항 별표 4).

정답 ②

28 **주택법령상 공동주택의 리모델링에 관한 설명으로 옳지 않은 것은?**

① 리모델링주택조합이 동을 리모델링하고자 하는 경우에는 그 동의 구분소유자 및 의결권의 각 75퍼센트 이상의 동의를 받아야 한다.

② 입주자 공유가 아닌 복리시설 등의 리모델링의 허가기준에 의하면 증축은 기존 건축물 연면적 합계의 10분의 1 이내여야 하고, 증축 범위는 「건축법 시행령」 제6조 제2항 제2호 나목에 따른다. 다만, 주택과 주택 외의 시설이 동일 건축물로 건축된 경우는 주택의 증축 면적비율의 범위 안에서 증축할 수 있다.

③ 공동주택의 소유자가 리모델링에 의하여 전유부분의 면적이 늘거나 줄어드는 경우에는 대지사용권은 권리변동계획에 따른다.

④ 공동주택의 리모델링은 내력벽의 철거에 의하여 세대를 합치는 행위가 아니어야 한다.

⑤ 임대차계약 당시 해당 건축물의 소유자들이 리모델링주택조합 설립인가를 받은 경우에 해당하여 그 사실을 임차인에게 고지한 경우로서 리모델링 허가를 받은 경우에는 해당 리모델링 건축물에 관한 임대차계약에 대하여 「주택임대차보호법」 제4조 제1항 및 「상가건물 임대차보호법」 제9조 제1항을 적용하지 아니한다.

키워드 **주택법령상 리모델링의 특례**

풀이 공동주택의 소유자가 리모델링에 의하여 전유부분의 면적이 늘거나 줄어드는 경우에는 「집합건물의 소유 및 관리에 관한 법률」 제12조 및 제20조 제1항에도 불구하고 대지사용권은 변하지 아니하는 것으로 본다. 다만, 세대수 증가를 수반하는 리모델링의 경우에는 권리변동계획에 따른다(주택법 제76조 제1항).

정답 ③

29 **건축법령상 리모델링에 대비한 특례 등에 관한 기준내용이다. 밑줄 친 대통령령으로 정하는 구조에 해당하지 않는 것은?**

리모델링이 쉬운 구조의 공동주택의 건축을 촉진하기 위하여 공동주택을 대통령령으로 정하는 구조로 하여 건축허가를 신청하면 제56조, 제60조 및 제61조에 따른 기준을 100분의 120의 범위에서 대통령령으로 정하는 비율로 완화하여 적용할 수 있다.

① 개별 세대 안에서 구획된 실(室)의 개수 또는 위치를 변경할 수 있을 것

② 개별 세대 안에서 구획된 실(室)의 크기를 변경할 수 있을 것

③ 각 세대는 인접한 세대와 수직방향으로 통합할 수 없을 것

④ 각 세대는 인접한 세대와 수평방향으로 분할할 수 있을 것

⑤ 구조체에서 건축설비, 내부 마감재료 및 외부 마감재료를 분리할 수 있을 것

키워드 건축법령상 리모델링에 대비한 특례(건축법 제8조, 동법 시행령 제6조의5 제1항)

풀이 각 세대는 인접한 세대와 수직 또는 수평방향으로 통합하거나 분할할 수 있어야 한다.

정답 ③

30 **건축법령상 공동주택에서 리모델링에 대비한 특례와 관련하여 리모델링이 쉬운 구조에 해당하지 않는 것은?**

① 구조체는 철골구조 또는 목구조로 구성되어 있을 것
② 구조체에서 건축설비, 내부 마감재료 및 외부 마감재료를 분리할 수 있을 것
③ 개별 세대 안에서 구획된 실(室)의 크기, 개수 또는 위치 등을 변경할 수 있을 것
④ 각 세대는 인접한 세대와 수직 또는 수평방향으로 통합할 수 있을 것
⑤ 각 세대는 인접한 세대와 수직 또는 수평방향으로 분할할 수 있을 것

키워드 건축법령상 리모델링에 대비한 특례(건축법 제8조, 동법 시행령 제6조의5 제1항)

풀이 ②③④⑤ 리모델링이 쉬운 구조에 해당한다.

정답 ①

CHAPTER

10 공동주거관리이론

▶ **연계학습** | 에듀윌 기본서 2차 [공동주택관리실무 上] p.378

01 공동주거관리에 관한 설명으로 옳지 않은 것은? 제12회

① 주택법령상 주택이란 세대의 구성원이 장기간 독립된 주거생활을 할 수 있는 구조로 된 건축물의 전부 또는 일부 및 그 부속토지를 말한다.

② 주택은 인간이 주체가 되어 생활을 수용하고 영위하는 장소로서 인간의 정서적인 내면과 함께 물리적 객체인 공간 사이에서 맺어진 심리적·문화적인 측면도 같이 포함되는 것을 말하며, 주거는 물리적 객체로서 공간 그 자체를 의미한다.

③ 주거관리는 관리주체가 주택을 관리대상으로 전개하는 관리적 측면의 총체적 행위로, 주택의 기능을 유지하고 유용성을 발휘할 수 있도록 하며 나아가 이웃과의 관계까지 개선하는 행위이다.

④ 주거의 범위는 개인생활뿐만 아니라 가족의 공동생활, 인근생활, 지역생활 등의 공동체 생활까지 포괄하는 것으로 이해할 수 있다.

⑤ 정부는 공동주택관리와 관련된 법령을 만들고 지원하는 등의 역할을 수행하므로 공동주택관리의 주요 참여자에 속한다.

키워드 **주거와 주택의 개념 이해**

풀이 주거는 인간이 주체가 되어 생활을 수용하고 영위하는 장소로서 인간의 정서적인 내면과 함께 물리적 객체인 공간 사이에서 맺어진 심리적·문화적인 측면도 같이 포함되는 것을 말하며, 주택은 물리적 객체로서 공간 그 자체를 의미한다.

정답 ②

02 공동주거에 관한 내용으로 옳지 않은 것은? 제17회

① 주택이 물리적인 것을 의미하는 반면, 주거는 주택에서 일어나는 경험적인 측면과 정서적인 측면을 포함하는 개념이다.

② 새집증후군은 주택이나 건물을 새로 지을 때 사용하는 건축자재나 벽지 등에서 나오는 유해물질로 인해 거주자들이 느끼는 건강상 문제 및 불쾌감을 말한다.

③ 주거복지는 사회구성원인 국민 전체의 주거수준 향상으로 사회적 안정을 도모하고 복지를 증진시키는 것이다.

④ 주택의 유형에는 경사진 대지에 계단식으로 건축되어 지면에서 직접 각 세대가 있는 층으로의 출입이 가능하고, 위층 세대가 아래층 세대의 지붕을 정원 등으로 활용하는 주택도 있다.

⑤ 코하우징(Co-housing)은 행정과 주민이 협력하여 지역 공간의 의미를 재발견하고 거기서 문화적 정체성을 찾아 도시공간의 활력을 되찾고 생활공간의 쾌적성을 높이려는 일련의 시도라고 볼 수 있다.

키워드 **주거와 주택의 개념 이해**

풀이 코하우징은 개인과 가족이 이웃과 공통의 목적과 활동을 공유하면서 동시에 개별공간에서 개개인의 사생활을 함께 즐길 수 있는 삶의 한 방식이다.

정답 ⑤

03 공동주거관리의 필요성에 관한 다음의 설명에 부합하는 것은? 제20회

지속 가능한 주거환경의 정착을 위하여 재건축으로 인한 단절보다는 주택의 수명을 연장시키고 오랫동안 이용하고 거주할 수 있는 관리방식이 요구되고 있다. 특히 공동주택은 건설 시에 대량의 자원과 에너지를 소비하게 되고 제거 시에도 대량의 폐기물이 발생되므로 주택의 수명연장이 필수적이다.

① 양질의 사회적 자산형성

② 자원낭비로부터의 환경보호

③ 자연재해로부터의 안전성 확보

④ 공동주거를 통한 자산가치의 향상

⑤ 지속적인 커뮤니티로부터의 주거문화 계승

키워드 **공동주거관리의 필요성**

풀이 공동주거관리의 필요성 중에서 자원낭비로부터의 환경보호에 관한 설명이다.

정답 ②

04 공동주거관리의 의의와 내용에 관한 설명으로 옳지 않은 것은? 제21회

① 지속적인 커뮤니티로부터의 주거문화 계승 측면에서 공동주거관리 행위가 바람직하게 지속적으로 이루어져야 된다.

② 자연재해로부터의 안전성 확보 측면에서 주민들이 생활변화에 대응하면서 쾌적하게 오랫동안 살 수 있는 주택 스톡(Stock) 대책으로 공동주택이 적절히 유지관리되어야 한다.

③ 공동주거관리 시스템은 물리적 지원 시스템의 구축, 주민의 자율적 참여유도를 위한 인프라의 구축, 관리주체의 전문성 체계의 구축 측면으로 전개되어야 한다.

④ 자원낭비로부터의 환경 보호 측면에서 지속 가능한 주거환경을 정착시키기 위해서는 재건축으로 인한 단절보다는 주택의 수명을 연장시키고 오랫동안 이용하고 거주할 수 있는 관리의 모색이 요구되고 있다.

⑤ 공동주거관리는 주민들의 다양한 삶을 담고 있는 공동체를 위하여 휴먼웨어 관리, 하드웨어 관리, 소프트웨어 관리라는 메커니즘 안에서 거주자가 중심이 되어 관리주체와의 상호 신뢰와 협조를 바탕으로 관리해 나가는 능동적 관리이다.

키워드 **공동주거관리의 필요성**

풀이 양질의 사회적 자산 형성 측면에서 주민들이 생활변화에 대응하면서 쾌적하게 오랫동안 살 수 있는 주택 스톡(Stock) 대책으로 공동주택이 적절히 유지관리되어야 한다.

정답 ②

05 공동주거관리에 관한 설명으로 옳지 않은 것은? 제18회

① 공동주거관리는 주택의 수명을 연장시켜 오랫동안 이용하고 거주할 수 있게 함으로써 자원낭비를 방지하고 환경을 보호하기 위해 필요하다.

② 공동주거관리자는 주거문화 향상을 위하여 주민, 관리회사, 지방자치단체와 상호 협력체계가 원만하게 이루어지도록 하는 휴먼웨어의 네트워크 관리가 필요하다.

③ 공동주거관리자는 입주민 간 또는 동대표 간 분쟁이 발생하였을 때 무엇보다도 법적 분쟁절차에 의해 해결하는 것을 최우선으로 하여야 한다.

④ 공동주거관리는 주민들의 삶에 대한 사고전환을 기반으로 관리주체, 민간기업, 지방자치단체, 정부와의 네트워크를 체계적으로 활용하는 관리이다.

⑤ 공동주거관리는 공동주택을 거주자들의 다양한 생활변화와 요구에 대응하는 공간으로 개선하고, 주민의 삶의 질을 향상시키는 적극적인 관리를 포함한다.

키워드 **공동주거관리 시 입주자 간의 분쟁해결**

풀이 입주민 간 또는 동대표 간 분쟁이 발생했을 경우에는 무엇보다도 관리규약에 의거한 충분한 의사소통과 합의의 노력을 최우선으로 해야 한다.

정답 ③

06 공동주거관리에 관한 설명으로 옳지 않은 것은? 제13회

① 오늘날의 공동주거관리는 거주자들의 다양한 생활변화와 요구에 대응하여 공간을 개선하거나 주민의 삶의 질을 높이기 위한 적극적인 관리가 요구되고 있다.

② 공동주거관리는 주택이 가지고 있는 물리적 조건을 유지·보전시키며, 쾌적하게 주거생활을 영위할 수 있도록 인적·사회적·경제적 관리를 해 나가는 일련의 행위라고 볼 수 있다.

③ 친환경 공동주거단지의 지속적인 유지·관리를 위해서는 입주자에게 친환경 아파트를 충분히 홍보하여 친환경설비나 기술 등이 생활 속에서 정착될 수 있도록 한다.

④ 공동주거관리는 주택의 수명을 연장시키고 오랫동안 이용하고 거주할 수 있는 관리의 모색을 통해 자원낭비로부터 환경을 보호하기 위해서 필요하다.

⑤ 공동주거를 관리함에 있어 발생한 분쟁은 구성원들 간의 효율적인 의사소통을 통하여 합의로 해결하기보다는 법적 소송이 최선의 방법임을 인식하는 것이 바람직하다.

키워드 **공동주거관리 시 입주자 간의 분쟁해결**

풀이 조직 내의 분쟁해결을 위한 법적 소송은 공동체가 겪게 되는 각종 분쟁의 최후의 해결방법임을 인식하고 그 이전에 구성원들 간에 효율적인 의사소통을 통하여 모든 문제를 합의로 해결하는 것이 가장 바람직하다.

정답 ⑤

07 **공동주거생활에 있어 발생할 수 있는 분쟁에 관한 설명으로 옳지 않은 것은?** 제15회

① 정해진 관리규약 이외에 주민회의에서 결정된 사항들도 기록으로 남겨서 문제가 생겼을 때 이를 근거로 조정해야 분쟁을 줄일 수 있다.

② 분쟁을 줄이기 위해서는 주민 모두가 관리규약을 준수하도록 노력하여야 한다.

③ 분쟁해결을 위한 법적 소송은 공동체가 겪게 되는 각종 분쟁의 선행적 해결방법임을 인식하고 모든 문제를 합의로 해결하는 방법보다 먼저 활용되어야 한다.

④ 노무·인사 등과 관련된 법적 분쟁은 대체로 계약에 의한 관계성립을 기반으로 하기 때문에 법원이 판결을 내리는 데 있어서 이에 관한 절차의 합리성을 중요하게 보는 편이다.

⑤ 무엇보다 조직 내에서 구성원 간 분쟁을 최소화하려면 의사소통이 원활하게 이루어져야 한다.

키워드 **공동주거생활에서의 분쟁해결방법**

풀이 조직 내의 분쟁해결은 구성원들 간에 효율적인 의사소통을 통하여 모든 문제를 합의로 해결하는 것이 가장 바람직하며, 법적 소송은 공동체가 겪게 되는 각종 분쟁의 최후의 해결방법임을 인식하여야 한다.

정답 ③

08 **관리사무소장이 관리업무종사자에 대하여 갖추어야 할 바람직한 리더십에 관한 설명 중 옳은 것은 몇 개인가?** 제11회

- 대화나 면담을 통하여 관리업무종사자의 의견을 경청하고 참여와 위임을 통해 반발의 여지를 해소시켜 사기를 높여야 한다.
- 관리업무종사자에게 권한을 넘기지 않고 세세한 모든 일에 간섭한다.
- 관리업무종사자들의 관점을 이해하며 그들에게 전망을 제시하는 감정이입능력을 갖추어야 한다.
- 관리업무종사자에게 보다 더 큰 목적을 추구하도록 책무를 상기시키고 의욕을 고취한다.
- 상세하게 설명하기를 꺼리고 고압적인 자세를 유지한다.

① 1개 ② 2개

③ 3개 ④ 4개

⑤ 5개

키워드 **관리사무소장의 리더십**

풀이 관리사무소장으로서 바람직하지 않은 리더십 유형

1. 선도형 리더십: 관리업무종사자에게 권한을 넘기지 않고 관리사무소장이 세세한 모든 일에 간섭하며 일이 지체되는 경우에는 직접 나서서 일처리를 한다. 이 유형에서는 보수나 지위와 같은 외적 보상을 바라고 일을 하기보다 자신의 뛰어난 능력을 확인하고 싶은 욕구에서 일을 하는 경우가 많으며 주의를 요하는 리더십의 유형이다.
2. 지시형 리더십: 관리업무종사자에게 상세하게 설명하기를 꺼리고 고압적인 자세를 유지하는 리더십으로 거의 모든 상황에서 가장 효과가 나쁜 유형으로 이해되고 있다.

정답 ③

PART 1

09 공동주거관리에서 주민참여의 기능에 관한 설명으로 옳지 않은 것은? 제19회

① 관리사안 결정 및 수행에 주민의 참여가 이루어질 때 입주자대표회의와 관리주체의 업무처리에 대한 신뢰 구축에 긍정적인 영향을 미친다.

② 주민참여는 의결결정권자인 입주자대표회의를 감독하고, 관리업무수행의 주체인 관리주체에 대하여 견제할 수 있다.

③ 모든 관리사안 결정에 주민이 참여하는 경우에는 운영과정상의 효율성이 증대된다.

④ 주민참여는 주민들 간의 이해관계가 보다 쉽게 조정될 수 있는 기회를 부여하기도 한다.

⑤ 주민의 개인적 견해와 자기중심적인 이해가 지나치게 반영될 경우, 주민 전체의 이익과 객관성에 문제가 생길 수 있다.

키워드 **주민참여의 기능**

풀이 모든 관리사안 결정에 주민이 참여하는 경우에는 그 처리가 늦어질 수 있다. 즉, 운영상에 있어 비효율성이 초래될 수 있다.

정답 ③

10 공동주거와 정보 네트워크에 관한 설명으로 옳지 않은 것은? 제15회

① 공동주택은 양적 팽창과 더불어 시설·설비 등 질적 측면의 발달도 함께 병행되었는데, 컴퓨터와 인터넷을 이용한 공동주거의 정보 네트워크화가 그 한 예이다.

② 초고속 정보통신 건물인증제도는 일정기준 이상의 구내 정보통신설비를 갖춘 건물에 대해 국가가 직접 인증을 부여해 줌으로써 건설업계가 신축건물에 대해 구내통신망의 고도화에 적극적으로 참여하도록 유도하는 제도이다.

③ 초고속 정보통신 건물인증을 획득한 공동주택은 이를 홍보함으로써 분양을 촉진할 수 있다.

④ 홈네트워크는 가정에서 유·무선 인터넷 등을 통해 주요 가전제품을 제어하고 기기 간에 콘텐츠를 공유할 수 있는 물리적 네트워크 기술이다.

⑤ 「건축법」에 의한 공동주택 중 10세대로 구성된 건축물 또는 업무시설 중 연면적 3,000제곱미터인 건축물은 초고속 정보통신 건물인증대상이다.

키워드 **초고속 정보통신 건물인증대상**

풀이 초고속 정보통신 건물인증대상은 「건축법」의 공동주택 중 20세대 이상의 건축물 또는 업무시설 중 연면적이 3,300제곱미터 이상인 건축물을 대상으로 한다.

정답 ⑤

11 공동주거관리에 관한 설명 중 옳지 않은 것은? 제11회

① 주거관리의 다양한 목적 중의 하나는 주택의 물리적 노후화에 대비한 관리행위를 통해 주택이 적절한 기능을 유지할 수 있도록 관리하여 안전하고 쾌적한 주거생활을 유지하도록 하는 것이다.

② 입주자 간에 분쟁이 발생했을 경우에는 무엇보다도 관리규약에 의거한 충분한 의사소통과 합의의 노력을 최우선으로 해야 한다.

③ 공동주거자산관리에 있어 입주자관리는 공동주택시설을 운영하여 유지하는 것으로서 그 업무는 설비운전 및 보수, 외주관리, 에너지관리, 환경안전관리 등이다.

④ 공동주거관리는 주민들의 삶에 대한 사고의 전환을 기반으로 관리주체, 민간기업, 지자체, 정부와의 네트워크를 체계적으로 활용하는 관리개념이다.

⑤ 공동주택은 높은 재건축 비율로 인한 자원낭비와 환경파괴 등의 문제가 발생할 수 있기 때문에 수명연장을 위해 적절한 유지·관리가 필요하다.

키워드 **공동주거자산관리의 분류**

풀이 설비운전 및 보수, 외주관리, 에너지관리, 환경안전관리는 공동주거자산관리에 있어 시설관리업무의 내용이다. 공동주거자산관리에 있어 입주자관리의 내용은 입주자 지향, 즉각적인 응답, 임대차 서비스, 이사 서비스, 불만사항의 처리 등이다.

정답 ③

12 공동주거자산관리에 관한 설명으로 옳지 않은 것은? 제13회

① 공동주거자산관리란 공동주택 소유자의 자산적 목표가 달성되도록 대상 공동주택의 관리기능을 수행하는 것을 말한다.

② 공동주거자산관리자는 타인의 자산을 책임지고 맡아서 관리해야 하므로 윤리적 의식이 투철하여야 한다.

③ 공동주거자산관리에 있어 시설관리(Facility Management)의 업무에는 설비운전 및 보수, 외주관리, 에너지관리, 환경안전관리 등이 있다.

④ 공동주거자산관리에 있어 입주자관리(Tenant Management)의 업무에는 인력관리, 회계업무, 임대료 책정을 위한 적절한 기준과 계획, 보험 및 세금에 대한 업무 등이 있다.

⑤ 최근 주거용 부동산이 자산으로서 차지하는 부분이 점차 커짐에 따라 주택의 임대와 같은 이용활동을 통하여 그 유용성을 증대시키며, 개량활동을 통하여 주택의 물리적·경제적 가치를 향상시키는 주거자산관리의 필요성이 부각되고 있다.

키워드 **공동주거자산관리의 분류**

풀이 인력관리, 회계업무, 임대료 책정을 위한 적절한 기준과 계획, 보험 및 세금에 대한 업무 등은 부동산자산관리의 업무내용이며, 입주자관리의 업무내용에는 관리직원의 친절함은 물론이고 우편물관리, 민원대행, 주차안내, 자동차관리, 이사 서비스, 임대차계약 후 사후관리 서비스 등이 있다.

정답 ④

CHAPTER

11 공동주택회계관리

▶ **연계학습** I 에듀윌 기본서 2차 [공동주택관리실무 上] p.388

01 공동주택관리법령상 관리비에 포함하여 징수할 수 있는 항목으로 옳은 것은?

① 입주자대표회의 운영경비
② 생활폐기물수수료
③ 장기수선충당금
④ 위탁관리수수료
⑤ 정화조오물수수료

키워드 **관리비 항목(공동주택관리법 시행령 제23조 제1·3항)**

풀이 ①②⑤ 사용료 등으로 납부대행 항목이다.
③ 관리비와 구분하여 징수하는 항목이다.

정답 ④

02 공동주택관리법령상 의무관리대상 공동주택의 일반관리비 중 인건비에 해당하지 않는 것은? 제25회

① 퇴직금
② 상여금
③ 국민연금
④ 산재보험료
⑤ 교육훈련비

키워드 **일반관리비의 구성내역**

풀이 관리비의 비목별 세부명세(공동주택관리법 시행령 제23조 제1항 관련 별표 2)

관리비 항목	구성명세
일반관리비	1. 인건비: 급여, 제 수당, 상여금, 퇴직금, 산재보험료, 고용보험료, 국민연금, 국민건강보험료 및 식대 등 복리후생비 2. 제 사무비: 일반사무용품비, 도서인쇄비, 교통통신비 등 관리사무에 직접 소요되는 비용 3. 제세공과금: 관리기구가 사용한 전기료, 통신료, 우편료 및 관리기구에 부과되는 세금 등 4. 피복비 5. 교육훈련비 6. 차량유지비: 연료비, 수리비, 보험료 등 차량유지에 직접 소요되는 비용 7. 그 밖의 부대비용: 관리용품구입비, 회계감사비 그 밖에 관리업무에 소요되는 비용

정답 ⑤

03 공동주택관리법령상 일반관리비의 구성내역으로 옳은 것을 모두 고른 것은?

㉠ 공동으로 사용되는 시설의 전기료 ㉡ 차량유지비 ㉢ 직영 시 경비원의 인건비·피복비 ㉣ 선거관리위원회 운영경비 ㉤ 회계감사비 ㉥ 교육훈련비

① ㉠, ㉢, ㉣
② ㉠, ㉢, ㉤
③ ㉡, ㉢, ㉥
④ ㉡, ㉤, ㉥
⑤ ㉢, ㉣, ㉤

키워드 일반관리비의 구성내역(공동주택관리법 시행령 제23조 제1항 별표 2)

풀이 ㉠㉣ 납부대행인 사용료 항목
㉢ 경비비

정답 ④

04 공동주택관리법령상 관리비에 포함하여 징수할 수 있는 항목 및 구성내역으로 옳은 것을 모두 고른 것은? 제12회 수정

㉠ 관리기구에 부과되는 세금 ㉡ 안전진단 실시비용 ㉢ 지능형 홈네트워크 설비의 유지 및 관리에 직접 소요되는 비용 ㉣ 냉난방시설의 청소비 ㉤ 장기수선충당금

① ㉠, ㉡, ㉢
② ㉠, ㉢, ㉣
③ ㉡, ㉢, ㉤
④ ㉡, ㉢, ㉣
⑤ ㉡, ㉣, ㉤

키워드 관리비 항목과 세부내역(공동주택관리법 시행령 제23조 제1항 별표 2)

풀이 ㉡㉤ 안전진단 실시비용과 장기수선충당금은 관리비와 구분해서 징수하는 비용이다.

정답 ②

05 공동주택관리법령상 다음과 같은 관리비 세부구성내역이 포함되어야 할 관리비 항목에 해당하는 것은?

제13회 수정

냉난방시설의 청소비·소화기충약비 등 공동으로 이용하는 시설의 보수유지비 및 제반 검사비

① 수선유지비
② 난방비
③ 청소비
④ 일반관리비
⑤ 위탁관리수수료

키워드 **관리비 항목(공동주택관리법 시행령 제23조 제1항 별표 2)**

풀이 수선유지비의 세부구성내역

1. 장기수선계획에서 제외되는 공동주택의 공용부분의 수선·보수에 소요되는 비용으로 보수용역 시에는 용역금액, 직영 시에는 자재 및 인건비
2. 냉난방시설의 청소비·소화기충약비 등 공동으로 이용하는 시설의 보수유지비 및 제반 검사비
3. 건축물의 안전점검비용
4. 재난 및 재해 등의 예방에 따른 비용

정답 ①

06 공동주택관리법령상 수선유지비의 구성내역으로 옳지 않은 것은?

① 장기수선계획에 포함되는 공동주택의 공용부분의 수선·보수에 소요되는 비용
② 냉난방시설의 청소비·소화기충약비
③ 공동으로 이용하는 시설의 보수유지비 및 제반 검사비
④ 건축물의 안전점검비용
⑤ 재난 및 재해 등의 예방에 따른 비용

키워드 **수선유지비의 구성내역(공동주택관리법 시행령 제23조 제1항 별표 2)**

풀이 장기수선계획에서 제외되는 공동주택의 공용부분의 수선·보수에 소요되는 비용으로 보수용역 시에는 용역금액, 직영 시에는 자재 및 인건비가 수선유지비의 구성내역이다.

정답 ①

07 **공동주택관리법령에 의할 경우 '관리비등'의 설명 중 틀린 것은?** 제10회 수정

① 소화기충약비는 일반관리비로 부과한다.

② 관리기구가 사용한 전기료·통신료 등은 일반관리비로 부과한다.

③ 급탕용 유류대는 급탕비로 부과한다.

④ 승강기 유지관리업무를 직영으로 운영할 때 승강기전기료는 공동으로 사용되는 시설의 전기료로 부과한다.

⑤ 냉난방시설의 청소비는 수선유지비로 부과한다.

키워드 **관리비의 세부내역(공동주택관리법 시행령 제23조 제1항 별표 2)**

풀이 소화기충약비는 수선유지비의 구성내역이므로 수선유지비로 부과한다.

정답 ①

08 **공동주택관리법령상 관리주체가 관리비와 구분하여 징수하여야 하는 것을 모두 고른 것은?** 제24회

㉠ 경비비 ㉡ 장기수선충당금 ㉢ 위탁관리수수료 ㉣ 급탕비 ㉤ 안전진단 실시비용(하자 원인이 사업주체 외의 자에게 있는 경우)

① ㉠, ㉡

② ㉡, ㉢

③ ㉡, ㉤

④ ㉠, ㉢, ㉣

⑤ ㉡, ㉢, ㉤

키워드 **관리비와 구분하여 징수하는 비용**

풀이 관리주체는 다음의 비용에 대해서는 관리비와 구분하여 징수하여야 한다(공동주택관리법 시행령 제23조 제2항).

1. 장기수선충당금
2. 「공동주택관리법 시행령」 제40조 제2항 단서에 따른 안전진단 실시비용

정답 ③

09 **공동주택관리법령상 공동주택의 관리주체가 입주자등을 대행하여 사용료 등을 받을 자에게 납부할 수 있는 사용료 등으로 옳지 않은 것은?** 제11회 수정

① 공동주택단지 안의 건물 전체를 대상으로 하는 보험료
② 입주자대표회의 운영경비
③ 생활폐기물수수료
④ 정화조오물수수료
⑤ 경비비

키워드 **납부대행 항목(공동주택관리법 제23조 제3항, 동법 시행령 제23조 제3항)**
풀이 경비비는 관리비의 구성항목이다.

정답 ⑤

10 **공동주택관리법령상 공동주택의 관리주체는 입주자등이 납부하는 사용료 등을 대행하여 납부할 수 있다. 그 대상이 되는 사용료 등으로 옳은 것으로만 짝지어진 것은?** 제15회 수정

㉠ 장기수선충당금
㉡ 입주자대표회의의 운영경비
㉢ 선거관리위원회의 운영경비
㉣ 공동주택단지 안의 건물 전체를 대상으로 하는 보험료
㉤ 하자의 원인이 사업주체 외의 자에게 있는 경우의 안전진단 실시비용

① ㉠, ㉡, ㉢ ② ㉠, ㉡, ㉤
③ ㉠, ㉣, ㉤ ④ ㉡, ㉢, ㉣
⑤ ㉢, ㉣, ㉤

키워드 **납부대행 항목과 구분징수 항목의 비교(공동주택관리법 제23조 제3항, 동법 시행령 제23조 제3항)**
풀이 ㉠㉤ 관리주체가 관리비와 구분하여 징수하는 비용에 해당한다.

정답 ④

11 **공동주택관리법령상 관리주체가 입주자등이 납부하는 사용료 등을 입주자등을 대행하여 그 사용료 등을 받을 자에게 납부할 수 있다. 그 대상이 되는 사용료 등이 아닌 것은?**

① 입주자대표회의의 운영경비
② 공동주택단지 안의 건물 전체를 대상으로 하는 보험료
③ 관리기구가 사용한 전기료
④ 지역난방방식인 공동주택의 난방비와 급탕비
⑤ 정화조오물수수료

키워드 **납부대행 항목(공동주택관리법 제23조 제3항, 동법 시행령 제23조 제3항)**
풀이 관리기구가 사용한 전기료는 일반관리비의 구성내역이다.

정답 ③

12 **공동주택관리법령상 관리주체가 입주자등이 납부하는 사용료 등을 입주자등을 대행하여 그 사용료 등을 받을 자에게 납부할 수 있다. 그 대상이 되는 사용료 등이 아닌 것은?**

① 공동으로 사용하는 수도료
② 공동주택단지 안의 건물 전체를 대상으로 하는 보험료
③ 입주자대표회의 운영경비
④ 냉난방시설의 청소비
⑤ 선거관리위원회의 운영경비

키워드 **납부대행 항목(공동주택관리법 제23조 제3항, 동법 시행령 제23조 제3항)**
풀이 냉난방시설의 청소비는 수선유지비의 구성내역이다.

정답 ④

13 공동주택관리법령상 관리비에 대한 회계처리방법으로 옳은 것은?

① 주택관리업자에게 위탁하여 관리하는 경우로서 입주자대표회의와 주택관리업자 간의 계약으로 정한 월간 비용을 일반관리비로 회계처리하였다.

② 냉난방시설의 청소비를 청소비로 회계처리하였다.

③ 공동주택단지 안의 건물 전체를 대상으로 하는 보험료를 일반관리비로 회계처리하였다.

④ 승강기의 전기료를 승강기유지비로 회계처리하였다.

⑤ 연료비·수리비 및 보험료 등 차량유지에 직접 소요되는 비용을 일반관리비로 회계처리하였다.

키워드 관리비에 대한 회계처리방법(공동주택관리법 시행령 제23조 제1항 별표 2, 제3항)

풀이 ① 위탁관리수수료
② 수선유지비
③ 납부 대행 사용료
④ 공동으로 사용되는 시설물의 전기료

정답 ⑤

14 공동주택관리법령상 공동주택 관리비등에 관한 설명으로 옳은 것은?

① 지역난방방식인 공동주택의 난방비와 급탕비는 관리비로 부과한다.

② 「공동주택관리법 시행령」에 따른 안전진단 실시비용은 수선유지비로 부과한다.

③ 관리주체는 주민공동시설, 인양기 등 공용시설물의 이용료를 해당 시설의 이용자에게 따로 부과할 수 있다.

④ 관리주체는 해당 공동주택의 공용부분의 관리 및 운영 등에 필요한 경비를 공동주택의 소유자 및 사용자로부터 징수할 수 있다.

⑤ 공동으로 사용되는 시설의 전기료는 일반관리비의 구성내역이다.

키워드 관리비에 대한 회계처리방법

풀이 ① 공동주택의 관리주체는 입주자등이 납부하는 지역난방방식인 공동주택의 난방비와 급탕비를 입주자등을 대행하여 그 사용료 등을 받을 자에게 납부할 수 있다(공동주택관리법 제23조 제3항, 동법 시행령 제23조 제3항 제4호).
② 관리주체는 「공동주택관리법 시행령」에 따른 안전진단 실시비용을 관리비와 구분하여 징수하여야 한다(공동주택관리법 시행령 제23조 제2항).
④ 관리주체는 해당 공동주택의 공용부분의 관리 및 운영 등에 필요한 경비를 공동주택의 소유자로부터 징수할 수 있다(공동주택관리법 제24조 제1항).
⑤ 공동주택의 관리주체는 입주자등이 납부하는 공동으로 사용되는 시설의 전기료를 입주자등을 대행하여 그 사용료 등을 받을 자에게 납부할 수 있다(공동주택관리법 제23조 제3항, 동법 시행령 제23조 제3항 제1호).

정답 ③

15 **공동주택회계관리의 목적을 감안하고 공동주택관리법령의 규정을 준수한다고 할 때 틀린 것은?** 제10회 수정

① 공동주택의 입주 초기에 관리주체가 관리계약에 의하여 공동주택 공용부분의 관리 및 운영에 필요하여 징수하는 금액을 관리비예치금으로 계상하고 있다.
② 공동주택단지의 건물과 부대시설에 대한 화재보험료를 일반관리비에 포함하지 않고 별도 계정으로 회계처리하고 있다.
③ 관리비의 적정부과를 위하여 매월 말일자로 퇴직급여를 계상하고 있다.
④ 고용보험료 납부금액 전부를 관리비에 부과할 계정으로 처리하고 있다.
⑤ 공동주택에서 전·출입 시 승강기를 사용하는 세대에 대하여 시설사용료를 부과하고 있다.

키워드 **관리비에 대한 회계처리방법**

풀이 고용보험료 중에서 사업주가 부담하는 몫에 대해서만 관리비로 부과하고 근로자의 부담 몫은 그 근로자의 임금에서 원천공제한다. 그러므로 관리비로 부과하는 고용보험료는 그 사업에 종사하는 고용보험가입자인 근로자의 보수총액에 고용안정·직업능력개발사업의 보험료율을 곱한 금액 및 실업급여의 보험료율의 2분의 1을 곱한 금액을 합한 금액으로 한다(고용보험 및 산업재해보상보험의 보험료징수 등에 관한 법률 제13조 제4항 참조).

정답 ④

16 **공동주택의 관리비등에 관한 설명으로 옳지 않은 것은?** 제12회 수정

① 관리비의 구성내역 중 관리용품 구입비·회계감사비 등은 일반관리비에 포함되어 있다.
② 임대주택의 소화기충약비용은 관리비 중 수선유지비에 포함할 수 있다.
③ 승강기유지비는 용역 시에는 용역금액, 직영 시에는 제 부대비·자재비 등으로 하며, 전기료는 공동으로 사용되는 시설의 전기료에 포함한다.
④ 해고된 관리소장을 복직시키고 해고기간 동안의 임금 상당액을 지급해야 할 경우 그 임금을 장기수선충당금으로 지급하여서는 안 된다.
⑤ 아파트 내에서 발생한 광고비 수입의 관리는 관리규약으로 정하지 않더라도 입주자대표회의에서의 의결로 사용이 가능하다.

키워드 **관리비등에 대한 회계관리**

풀이 관리 등으로 인하여 발생한 수입의 용도 및 사용절차는 관리규약준칙에 포함되는 사항으로 광고비 수입은 관리규약으로 정한 용도로 사용이 가능하다.

정답 ⑤

17 공동주택관리법령상 관리비등에 관한 설명이다. 옳은 것으로만 짝지어진 것은?

제15회 수정

> ㉠ 관리비등을 입주자등에게 부과한 관리주체는 그 관리비등의 명세를 다음 달 말일까지 공동주택관리정보시스템에 공개하여야 하지만, 잡수입의 경우에는 공개하지 않아도 된다.
> ㉡ 관리주체는 보수를 요하는 시설(누수되는 시설을 포함한다)이 2세대 이상의 공동사용에 제공되는 것인 경우에는 이를 직접 보수하고 해당 입주자등에게 그 비용을 따로 부과할 수 있다.
> ㉢ 관리주체는 관리비등을 입주자대표회의가 지정하는 금융기관에 예치하여 관리하되, 장기수선충당금도 관리비등을 예치한 계좌에 같이 예치하여 관리하여야 한다.
> ㉣ 난방비는 난방 및 급탕에 소요된 원가(유류대·난방비 및 급탕용수비)에서 급탕비를 뺀 금액이며, 급탕비는 급탕용 유류대 및 급탕용수비로 구성된다.
> ㉤ 수선유지비에는 냉난방시설의 청소비·소화기충약비 등 공동으로 이용하는 시설의 보수유지비 및 제반 검사비가 포함된다.

① ㉠, ㉡　　② ㉠, ㉣
③ ㉡, ㉢　　④ ㉡, ㉤
⑤ ㉢, ㉣

키워드 **관리비등에 대한 회계관리**

풀이 ㉠ 관리비등을 입주자등에게 부과한 관리주체는 그 명세[난방비·급탕비·전기료(공동으로 사용하는 시설의 전기료를 포함한다)·수도료(공동으로 사용하는 수도료를 포함한다)·가스사용료·지역난방방식인 공동주택의 난방비와 급탕비는 사용량을, 장기수선충당금은 그 적립요율 및 사용한 금액을 각각 포함한다]를 다음 달 말일까지 해당 공동주택단지의 인터넷 홈페이지 및 동별 게시판(통로별 게시판이 설치된 경우에는 이를 포함한다)과 공동주택관리정보시스템에 공개해야 한다. 잡수입(재활용품의 매각 수입, 복리시설의 이용료 등 공동주택을 관리하면서 부수적으로 발생하는 수입을 말한다)의 경우에도 동일한 방법으로 공개해야 한다(공동주택관리법 시행령 제23조 제8항).

㉢ 관리주체는 관리비등을 다음의 금융기관 중 입주자대표회의가 지정하는 금융기관에 예치하여 관리하되, 장기수선충당금은 별도의 계좌로 예치·관리하여야 한다. 이 경우 계좌는 관리사무소장의 직인 외에 입주자대표회의의 회장 인감을 복수로 등록할 수 있다(공동주택관리법 시행령 제23조 제7항).

1. 「은행법」에 따른 은행
2. 「중소기업은행법」에 따른 중소기업은행
3. 「상호저축은행법」에 따른 상호저축은행
4. 「보험업법」에 따른 보험회사
5. 그 밖의 법률에 따라 금융업무를 하는 기관으로서 국토교통부령으로 정하는 기관

정답 ④

18 **공동주택관리법령상 의무관리대상 공동주택의 관리비등에 관한 설명으로 옳지 않은 것은?**

① 공동주택의 입주자등은 그 공동주택의 유지·관리를 위하여 필요한 관리비를 관리주체에게 내야 한다.

② 관리주체는 인양기 등 공용시설물의 이용료를 해당 시설의 이용자에게 따로 부과할 수 있다.

③ 관리주체는 보수를 요하는 시설이 2세대 이상의 공동사용에 제공되는 경우에는 이를 직접 보수하고 해당 입주자등에게 그 비용을 따로 부과할 수 있다.

④ 관리주체는 입주자등이 납부하는 사용료 등을 입주자등을 대행하여 그 사용료 등을 받을 자에게 납부할 수 있다.

⑤ 관리주체는 관리비, 사용료 및 장기수선충당금을 입주자대표회의가 지정하는 금융기관의 동일한 계좌에 예치하여 관리하여야 한다.

키워드 **관리비등에 대한 회계관리**

풀이 관리주체는 관리비등을 다음의 금융기관 중 입주자대표회의가 지정하는 금융기관에 예치하여 관리하되, 장기수선충당금은 별도의 계좌로 예치·관리하여야 한다. 이 경우 계좌는 관리사무소장의 직인 외에 입주자대표회의의 회장 인감을 복수로 등록할 수 있다(공동주택관리법 시행령 제23조 제7항).

1. 「은행법」에 따른 은행
2. 「중소기업은행법」에 따른 중소기업은행
3. 「상호저축은행법」에 따른 상호저축은행
4. 「보험업법」에 따른 보험회사
5. 그 밖의 법률에 따라 금융업무를 하는 기관으로서 국토교통부령으로 정하는 기관

정답 ⑤

19 **공동주택관리법령상 관리비등에 관한 설명이다. 옳은 것으로만 짝지어진 것은?**

> ㉠ 관리비등을 입주자등에게 부과한 관리주체는 그 관리비등의 명세를 매월 말일까지 해당 공동주택단지의 인터넷 홈페이지 및 동별 게시판과 공동주택관리정보시스템에 공개하여야 하고, 잡수입의 경우에도 동일한 방법으로 공개하여야 한다.
> ㉡ 관리주체는 주민공동시설, 인양기 등 공용시설물의 이용료를 해당 시설의 이용자에게 따로 부과할 수 있다. 이 경우 주민공동시설을 위탁한 때에는 주민공동시설의 이용료는 주민공동시설의 위탁에 따른 수수료, 주민공동시설의 관리비용 등의 범위에서 정하여야 한다.
> ㉢ 관리주체는 관리비등을 시장·군수·구청장이 지정하는 금융기관에 예치·관리하되, 관리사무소장의 직인 외에 입주자대표회의의 회장 인감을 복수로 등록할 수 있다.
> ㉣ 관리주체는 해당 공동주택의 공용부분의 관리 및 운영 등에 필요한 경비를 공동주택의 소유자로부터 징수할 수 있다.
> ㉤ 국가 또는 지방자치단체인 관리주체가 관리하는 공동주택의 장기수선충당금 또는 관리비가 체납된 경우 국가 또는 지방자치단체는 국세 또는 지방세 체납처분의 예에 따라 해당 장기수선충당금 또는 관리비를 강제징수할 수 있다.

① ㉠, ㉡　　② ㉠, ㉣
③ ㉡, ㉢　　④ ㉡, ㉤
⑤ ㉢, ㉣

키워드 **관리비등에 대한 회계관리**

풀이 ㉠ 관리비등을 입주자등에게 부과한 관리주체는 그 관리비등의 명세를 다음 달 말일까지 해당 공동주택단지의 인터넷 홈페이지 및 동별 게시판과 공동주택관리정보시스템에 공개하여야 하고, 잡수입의 경우에도 동일한 방법으로 공개하여야 한다(공동주택관리법 시행령 제23조 제8항).
㉢ 관리주체는 관리비등을 입주자대표회의가 지정하는 금융기관에 예치·관리하되, 이 경우 관리사무소장의 직인 외에 입주자대표회의의 회장 인감을 복수로 등록할 수 있다(공동주택관리법 시행령 제23조 제7항).

정답 ④

20 공동주택관리법령상 의무관리대상 공동주택의 관리비등에 관한 내용으로 옳은 것은?

① 관리비는 관리비 비목의 전년도 금액의 합계액을 12로 나눈 금액을 매월 납부한다.

② 관리비를 납부받은 관리주체는 관리비와 사용료 등의 세대별 부과내역을 해당 공동주택단지의 인터넷 홈페이지에 공개하여야 한다.

③ 관리주체는 장기수선충당금에 대해서는 관리비와 구분하여 징수하여야 한다.

④ 관리주체는 관리비예치금을 납부한 소유자가 공동주택의 소유권을 상실하면 미납한 관리비·사용료가 있더라도 징수한 관리비예치금 전액을 반환하여야 한다.

⑤ 하자보수보증금을 사용하여 보수하는 공사를 할 경우에는 관리주체가 사업자를 선정하고 집행하여야 한다.

키워드 **관리비등에 대한 회계관리**

풀이 ① 관리비는 관리비 비목의 월별 금액의 합계액으로 한다(공동주택관리법 시행령 제23조 제1항).

② 관리주체는 관리비와 사용료 등의 내역(항목별 산출내역을 말하며, 세대별 부과내역은 제외한다)을 대통령령으로 정하는 바에 따라 해당 공동주택단지의 인터넷 홈페이지(인터넷 홈페이지가 없는 경우에는 인터넷 포털을 통하여 관리주체가 운영·통제하는 유사한 기능의 웹사이트 또는 관리사무소의 게시판을 말한다) 및 동별 게시판(통로별 게시판이 설치된 경우에는 이를 포함한다)과 국토교통부장관이 구축·운영하는 공동주택관리정보시스템에 공개하여야 한다. 다만, 공동주택관리정보시스템에 공개하기 곤란한 경우로서 대통령령으로 정하는 경우에는 해당 공동주택단지의 인터넷 홈페이지 및 동별 게시판에만 공개할 수 있다(공동주택관리법 제23조 제4항).

④ 관리주체는 소유자가 공동주택의 소유권을 상실한 경우에는 징수한 관리비예치금을 반환하여야 한다. 다만, 소유자가 관리비·사용료 및 장기수선충당금 등을 미납한 때에는 관리비예치금에서 정산한 후 그 잔액을 반환할 수 있다(공동주택관리법 제24조 제2항).

⑤ 하자보수보증금을 사용하여 보수하는 공사를 할 경우에는 입주자대표회의가 사업자를 선정하고 집행하여야 한다(공동주택관리법 시행령 제25조 제1항 제2호).

정답 ③

21 공동주택관리법령상 공동주택의 관리비 및 회계운영 등에 관한 설명으로 옳지 않은 것은?

제24회

① 의무관리대상이 아닌 공동주택으로서 100세대 미만인 공동주택의 관리인이 관리비 등의 내역을 공개하는 경우, 공동주택관리정보시스템 공개는 생략할 수 있다.

② 관리주체는 해당 공동주택의 공용부분의 관리 및 운영 등에 필요한 경비(관리비예치금)를 공동주택의 사용자로부터 징수한다.

③ 관리주체는 보수가 필요한 시설이 2세대 이상의 공동사용에 제공되는 것인 경우, 직접 보수하고 해당 입주자등에게 그 비용을 따로 부과할 수 있다.

④ 관리주체는 주민공동시설, 인양기 등 공용시설물의 이용료를 해당 시설의 이용자에게 따로 부과할 수 있다.

⑤ 지방자치단체인 관리주체가 관리하는 공동주택의 관리비가 체납된 경우 지방자치단체는 지방세 체납처분의 예에 따라 강제징수할 수 있다.

키워드 관리비등에 대한 회계관리

풀이 관리주체는 해당 공동주택의 공용부분의 관리 및 운영 등에 필요한 경비(이하 '관리비예치금'이라 한다)를 공동주택의 소유자로부터 징수할 수 있다(공동주택관리법 제24조 제1항).

정답 ②

22 공동주택관리법령상 장기수선충당금에 관한 설명으로 옳지 않은 것은?

제10회 수정

① 장기수선충당금은 입주자 과반수의 서면동의가 있는 경우에는 하자진단 및 감정에 드는 비용으로 사용할 수 있다.

② 장기수선충당금의 요율은 해당 공동주택의 공용부분의 내구연한 등을 고려하여 정한다.

③ 관리주체는 장기수선충당금을 해당 주택의 소유자로부터 관리비와 구분하여 징수하고 적립한다.

④ 장기수선충당금의 사용은 장기수선계획에 따른다.

⑤ 장기수선충당금의 요율·산정방법·적립방법 및 사용절차와 사후관리 등에 관하여 필요한 사항은 국토교통부령으로 정한다.

키워드 장기수선충당금 요율 등의 위임규정

풀이 장기수선충당금의 요율·산정방법·적립방법 및 사용절차와 사후관리 등에 관하여 필요한 사항은 대통령령으로 정한다(공동주택관리법 제30조 제4항).

정답 ⑤

23 **공동주택관리법령상 장기수선충당금에 관한 설명으로 옳지 않은 것은?** 제13회 수정

① 장기수선충당금의 요율 및 적립금액은 해당 공동주택 공용부분의 내구연한을 고려하여 관리규약으로 정한다.

② 장기수선충당금은 관리주체가 수선공사의 명칭과 공사내용 등이 포함된 장기수선충당금 사용계획서를 장기수선계획에 따라 작성하고 입주자대표회의의 의결을 거쳐 사용한다.

③ 건설임대주택에서 분양전환된 공동주택의 경우에는 임대사업자가 관리주체에게 공동주택의 관리업무를 인계한 날이 속하는 달부터 적립한다.

④ 공동주택 중 분양되지 아니한 세대의 장기수선충당금은 사업주체가 부담하여야 한다.

⑤ 관리주체가 장기수선충당금을 적립하지 아니한 경우에는 과태료를 부과받는다.

키워드 **장기수선충당금의 요율 및 적립금액**

풀이 장기수선충당금의 요율은 해당 공동주택의 공용부분의 내구연한 등을 고려하여 관리규약으로 정하며(공동주택관리법 시행령 제31조 제1항), 장기수선충당금의 적립금액은 장기수선계획으로 정한다. 이 경우 국토교통부장관이 주요 시설의 계획적인 교체 및 보수를 위하여 최소 적립금액의 기준을 정하여 고시하는 경우에는 그에 맞아야 한다(공동주택관리법 시행령 제31조 제4항).

정답 ①

24 공동주택관리법령상 공동주택의 장기수선충당금에 관한 설명으로 옳지 않은 것은?

제16회 수정

① 장기수선충당금은 입주자 과반수의 서면동의가 있는 경우에는 하자진단 및 감정에 드는 비용으로 사용할 수 있다.

② 장기수선충당금의 요율은 당해 공동주택의 공용부분의 내구연한 등을 고려하여 관리규약으로 정하고, 적립금액은 장기수선계획에서 정한다.

③ 건설임대주택을 분양전환한 이후 관리업무를 인계하기 전까지의 장기수선충당금 요율은 「민간임대주택에 관한 특별법 시행령」 또는 「공공주택 특별법 시행령」에 따른 특별수선충당금 적립요율에 따른다.

④ 장기수선충당금은 해당 공동주택의 사용검사(단지 안의 공동주택의 전부에 대하여 임시사용승인을 받은 경우에는 임시사용승인을 말한다)를 받은 날부터 매달 적립한다.

⑤ 관리주체는 장기수선계획에 따라 장기수선충당금 사용계획서를 작성하고, 입주자대표회의의 의결을 거쳐 장기수선충당금을 사용한다.

키워드 **장기수선충당금의 요율 및 적립금액**

풀이 장기수선충당금은 해당 공동주택에 대한 다음의 구분에 따른 날부터 1년이 경과한 날이 속하는 달부터 매달 적립한다. 다만, 건설임대주택에서 분양전환된 공동주택의 경우에는 임대사업자가 관리주체에게 공동주택의 관리업무를 인계한 날이 속하는 달부터 적립한다(공동주택관리법 시행령 제31조 제6항).

1. 「주택법」 제49조에 따른 사용검사(공동주택단지 안의 공동주택 전부에 대하여 같은 조에 따른 임시사용승인을 받은 경우에는 임시사용승인을 말한다)를 받은 날
2. 「건축법」 제22조에 따른 사용승인(공동주택단지 안의 공동주택 전부에 대하여 같은 조에 따른 임시사용승인을 받은 경우에는 임시사용승인을 말한다)을 받은 날

정답 ④

25 공동주택관리법령상 장기수선충당금에 관한 설명으로 옳은 것은?

① 관리주체는 장기수선계획에 따라 공동주택의 주요 시설의 교체 및 보수에 필요한 장기수선충당금을 소유자 및 사용자로부터 징수하여 적립하여야 한다.

② 입주자 과반수의 서면동의가 있더라도 장기수선충당금을 하자진단 및 감정에 드는 비용으로 사용할 수 없다.

③ 건설임대주택을 분양전환한 이후 관리업무를 인계하기 전까지의 장기수선충당금 요율은 「민간임대주택에 관한 특별법 시행령」 또는 「공공주택 특별법 시행령」에 따른 특별수선충당금 적립요율에 따른다.

④ 장기수선충당금의 적립금액은 관리규약으로 정한다. 이 경우 국토교통부장관이 주요 시설의 계획적인 교체 및 보수를 위하여 최소 적립금액의 기준을 정하여 고시하는 경우에는 그에 맞아야 한다.

⑤ 건설임대주택에서 분양전환된 공동주택의 경우에는 임대사업자가 관리주체에게 공동주택의 관리업무를 인계한 날이 속하는 달의 다음 달부터 적립한다.

키워드 **장기수선충당금의 적립 등**

풀이 ① 관리주체는 장기수선계획에 따라 공동주택의 주요 시설의 교체 및 보수에 필요한 장기수선충당금을 해당 주택의 소유자로부터 징수하여 적립하여야 한다(공동주택관리법 제30조 제1항).

② 장기수선충당금의 사용은 장기수선계획에 따른다. 다만, 해당 공동주택의 입주자 과반수의 서면동의가 있는 경우에는 다음의 용도로 사용할 수 있다(공동주택관리법 제30조 제2항).

1. 하자심사·분쟁에 따른 조정등의 비용
2. 하자진단 및 감정에 드는 비용
3. 위 1. 또는 2.의 비용을 청구하는 데 드는 비용

④ 장기수선충당금의 적립금액은 장기수선계획으로 정한다. 이 경우 국토교통부장관이 주요 시설의 계획적인 교체 및 보수를 위하여 최소 적립금액의 기준을 정하여 고시하는 경우에는 그에 맞아야 한다(공동주택관리법 시행령 제31조 제4항).

⑤ 장기수선충당금은 해당 공동주택에 대한 다음의 구분에 따른 날부터 1년이 경과한 날이 속하는 달부터 매달 적립한다. 다만, 건설임대주택에서 분양전환된 공동주택의 경우에는 임대사업자가 관리주체에게 공동주택의 관리업무를 인계한 날이 속하는 달부터 적립한다(공동주택관리법 시행령 제31조 제6항).

1. 「주택법」 제49조에 따른 사용검사(공동주택단지 안의 공동주택 전부에 대하여 같은 조에 따른 임시사용승인을 받은 경우에는 임시사용승인을 말한다)를 받은 날
2. 「건축법」 제22조에 따른 사용승인(공동주택단지 안의 공동주택 전부에 대하여 같은 조에 따른 임시사용승인을 받은 경우에는 임시사용승인을 말한다)을 받은 날

정답 ③

26 공동주택관리법령상 장기수선충당금에 관한 설명으로 옳은 것은?

① 관리주체는 관리규약에 따라 공동주택의 주요 시설의 교체 및 보수에 필요한 장기수선충당금을 해당 주택의 소유자로부터 징수하여 적립하여야 한다.

② 장기수선충당금의 사용은 관리규약에 따른다. 다만, 해당 공동주택의 입주자대표회의의 의결을 거쳐 하자심사·분쟁에 따른 조정등의 비용의 용도로 사용할 수 있다.

③ 장기수선충당금의 요율은 해당 공동주택의 공용부분의 내구연한 등을 고려하여 장기수선계획으로 정한다.

④ 장기수선충당금은 관리주체가 장기수선충당금 사용계획서를 장기수선계획에 따라 작성하고 입주자대표회의의 의결을 거쳐 사용한다.

⑤ 장기수선충당금은 해당 공동주택에 대한 「주택법」에 따른 사용검사를 받은 날부터 2년이 경과한 날이 속하는 달부터 매달 적립한다.

키워드 **장기수선충당금의 적립 등**

풀이 ① 관리주체는 장기수선계획에 따라 공동주택의 주요 시설의 교체 및 보수에 필요한 장기수선충당금을 해당 주택의 소유자로부터 징수하여 적립하여야 한다(공동주택관리법 제30조 제1항).

② 장기수선충당금의 사용은 장기수선계획에 따른다. 다만, 해당 공동주택의 입주자 과반수의 서면동의가 있는 경우에는 다음의 용도로 사용할 수 있다(공동주택관리법 제30조 제2항).

1. 하자심사·분쟁에 따른 조정등의 비용
2. 하자진단 및 감정에 드는 비용
3. 위 1. 또는 2.의 비용을 청구하는 데 드는 비용

③ 장기수선충당금의 요율은 해당 공동주택의 공용부분의 내구연한 등을 고려하여 관리규약으로 정한다(공동주택관리법 시행령 제31조 제1항).

⑤ 장기수선충당금은 해당 공동주택에 대한 다음의 구분에 따른 날부터 1년이 경과한 날이 속하는 달부터 매달 적립한다. 다만, 건설임대주택에서 분양전환된 공동주택의 경우에는 임대사업자가 관리주체에게 공동주택의 관리업무를 인계한 날이 속하는 달부터 적립한다(공동주택관리법 시행령 제31조 제6항).

1. 「주택법」 제49조에 따른 사용검사(공동주택단지 안의 공동주택 전부에 대하여 같은 조에 따른 임시사용승인을 받은 경우에는 임시사용승인을 말한다)를 받은 날
2. 「건축법」 제22조에 따른 사용승인(공동주택단지 안의 공동주택 전부에 대하여 같은 조에 따른 임시사용승인을 받은 경우에는 임시사용승인을 말한다)을 받은 날

정답 ④

27 **공동주택관리법령상 공동주택의 장기수선충당금에 관한 설명으로 옳은 것을 모두 고른 것은?**

제21회 수정

> ㉠ 관리주체는 장기수선계획에 따라 공동주택의 주요 시설의 교체 및 보수에 필요한 장기수선충당금을 해당 주택의 소유자로부터 징수하여 적립하여야 한다.
> ㉡ 해당 공동주택의 입주자 과반수의 서면동의가 있더라도 장기수선충당금을 하자진단 및 감정에 드는 비용으로 사용할 수 없다.
> ㉢ 공동주택 중 분양되지 아니한 세대의 장기수선충당금은 사업주체가 부담하여야 한다.
> ㉣ 장기수선충당금은 관리주체가 「공동주택관리법 시행령」 제31조 제5항 각 호의 사항이 포함된 장기수선충당금 사용계획서를 장기수선계획에 따라 작성하고 입주자대표회의의 의결을 거쳐 사용한다.
> ㉤ 장기수선충당금은 건설임대주택에서 분양전환된 공동주택의 경우에는 임대사업자가 관리주체에게 공동주택의 관리업무를 인계한 날부터 1년이 경과한 날이 속하는 달부터 매달 적립한다.

① ㉠, ㉤
② ㉡, ㉣
③ ㉠, ㉢, ㉣
④ ㉡, ㉢, ㉤
⑤ ㉡, ㉣, ㉤

키워드 **장기수선충당금의 적립 등**

풀이 ㉡ 해당 공동주택의 입주자 과반수의 서면동의가 있는 경우에는 장기수선충당금을 하자진단 및 감정에 드는 비용으로 사용할 수 있다(공동주택관리법 제30조 제2항).
㉤ 장기수선충당금은 건설임대주택에서 분양전환된 공동주택의 경우에는 임대사업자가 관리주체에게 공동주택의 관리업무를 인계한 날이 속하는 달부터 적립한다(공동주택관리법 시행령 제31조 제6항 단서).

정답 ③

28 선비아파트의 관리주체가 작성한 장기수선계획에 의하면 승강기 와이어로프의 전면교체 수선주기가 5년이고 총공사비는 6천만원을 예상하고 있다. 총공급면적이 60,000m^2이라면, 해당 공동주택의 A동 205호가 승강기 와이어로프의 전면교체에 따라 월간 부담하여야 할 장기수선충당금의 납부액은 얼마인가? (단, 총세대수는 450가구이고, A동 205호의 주택공급면적은 90m^2임)

① 450원 ② 900원
③ 1,500원 ④ 2,000원
⑤ 2,500원

키워드 장기수선충당금의 산정방법(공동주택관리법 시행령 제31조 제3항)

풀이 월간 세대별 장기수선충당금 = $\frac{\text{장기수선계획기간 중의 수선비 총액}}{\text{총공급면적} \times 12 \times \text{계획기간(년)}} \times$ 세대당 주택공급면적

$\therefore \frac{60,000,000}{60,000 \times 12 \times 5} \times 90 = 1,500(\text{원})$

정답 ③

29 민간임대주택에 관한 특별법령상 임대주택의 관리에 관한 설명으로 옳지 않은 것은?

① 임차인 또는 임차인대표회의는 시장·군수·구청장에게 공인회계사등의 선정을 의뢰할 수 있고, 회계감사 비용도 시장·군수·구청장이 부담한다.
② 임대사업자는 임차인이 내야 하는 전기료·수도료를 임차인을 대행하여 그 사용료 등을 받을 자에게 낼 수 있다.
③ 임대사업자는 인양기 등의 사용료를 해당 시설의 사용자에게 따로 부과할 수 있다.
④ 임대사업자는 민간임대주택을 관리하는 데 필요한 경비를 임차인이 최초로 납부하기 전까지 해당 민간임대주택의 유지관리 및 운영에 필요한 경비(이하 '선수관리비'라 한다)를 대통령령으로 정하는 바에 따라 부담할 수 있다.
⑤ 임대사업자는 임차인으로부터 임대주택의 관리에 필요한 경비를 받을 수 있다.

키워드 관리비의 회계처리방법

풀이 회계감사 비용은 임차인 또는 임차인대표회의가 부담한다(민간임대주택에 관한 특별법 시행규칙 제22조 제9항).

정답 ①

30 **민간임대주택에 관한 특별법령상 임대사업자가 임차인에게 청구할 수 있는 관리비 항목이 아닌 것은?** 제14회 수정

① 급탕비
② 위탁관리수수료
③ 수선유지비
④ 지능형 홈네트워크 설비가 설치된 민간임대주택의 경우에는 지능형 홈네트워크 설비유지비
⑤ 일반관리비

키워드 **「민간임대주택에 관한 특별법」의 관리비 항목**

풀이 임대사업자가 임차인으로부터 받을 수 있는 관리에 필요한 관리비는 다음의 항목에 대한 월별 비용의 합계액으로 한다(민간임대주택에 관한 특별법 시행규칙 제22조 제1항).

1. 일반관리비
2. 청소비
3. 경비비
4. 소독비
5. 승강기유지비
6. 난방비
7. 급탕비
8. 수선유지비
9. 지능형 홈네트워크 설비가 설치된 민간임대주택의 경우에는 지능형 홈네트워크 설비유지비

정답 ②

31 **민간임대주택에 관한 특별법령상 임대사업자가 임차인을 대행하여 그 사용료 등을 받을 자에게 낼 수 있는 사용료 등을 모두 고른 것은?**

㉠ 생활폐기물 수수료 ㉡ 지능형 홈네트워크 설비의 유지에 직접 소요되는 비용 ㉢ 관리기구가 사용한 전기료 ㉣ 가스사용료 ㉤ 지역난방방식인 공동주택의 난방비 ㉥ 냉난방시설의 청소비 ㉦ 소화기충약비

① ㉠, ㉡, ㉦
② ㉠, ㉣, ㉤
③ ㉡, ㉢, ㉤
④ ㉡, ㉥, ㉦
⑤ ㉢, ㉣, ㉥

키워드 **납부대행하는 사용료 항목**

풀이 임대사업자는 임차인이 내야 하는 다음의 사용료 등을 임차인을 대행하여 그 사용료 등을 받을 자에게 낼 수 있다(민간임대주택에 관한 특별법 시행규칙 제22조 제4항).

1. 전기료(공동으로 사용하는 시설의 전기료를 포함한다)
2. 수도료(공동으로 사용하는 수도료를 포함한다)
3. 가스사용료
4. 지역난방방식인 공동주택의 난방비와 급탕비
5. 정화조 오물 수수료
6. 생활폐기물 수수료
7. 임차인대표회의 운영비

정답 ②

32 **민간임대주택에 관한 특별법령상 특별수선충당금에 관한 설명으로 옳은 것은?**

제15회 수정

① 임대사업자가 민간임대주택을 양도하는 경우에는 특별수선충당금을 「공동주택관리법」에 따라 최초로 구성되는 관리사무소장에게 넘겨주어야 한다.

② 특별수선충당금은 임대사업자와 해당 민간임대주택의 소재지를 관할하는 시장·군수·구청장의 공동명의로 금융회사 등에 예치하여 따로 관리하여야 한다.

③ 임대사업자는 특별수선충당금을 사용하려면 미리 해당 민간임대주택이 있는 곳을 관할하는 시장·군수·구청장의 승인을 받아야 한다.

④ 관리사무소장은 국토교통부령으로 정하는 방법에 따라 임대사업자의 특별수선충당금 적립 여부, 적립금액 등을 관할 시·도지사에게 보고하여야 한다.

⑤ 관리사무소장은 특별수선충당금 적립현황보고서를 매년 2월 15일과 8월 15일까지 관할 특별시장·광역시장·특별자치시장·도지사 또는 특별자치도지사에게 제출하여야 한다.

키워드 **특별수선충당금**

풀이 ① 임대사업자가 민간임대주택을 양도하는 경우에는 특별수선충당금을 「공동주택관리법」에 따라 최초로 구성되는 입주자대표회의에 넘겨주어야 한다(민간임대주택에 관한 특별법 제53조 제2항).

③ 임대사업자는 특별수선충당금을 사용하려면 미리 해당 민간임대주택의 소재지를 관할하는 시장·군수·구청장과 협의하여야 한다(민간임대주택에 관한 특별법 시행령 제43조 제5항).

④ 시장·군수·구청장은 국토교통부령으로 정하는 방법에 따라 임대사업자의 특별수선충당금 적립 여부, 적립금액 등을 관할 시·도지사에게 보고하여야 하며, 시·도지사는 시장·군수·구청장의 보고를 종합하여 국토교통부장관에게 보고하여야 한다(민간임대주택에 관한 특별법 시행령 제43조 제6항).

⑤ 시장·군수·구청장은 특별수선충당금 적립현황보고서를 매년 1월 31일과 7월 31일까지 관할 특별시장·광역시장·특별자치시장·도지사 또는 특별자치도지사(이하 '시·도지사'라 한다)에게 제출하여야 하며, 시·도지사는 이를 종합하여 매년 2월 15일과 8월 15일까지 국토교통부장관에게 보고하여야 한다(민간임대주택에 관한 특별법 시행규칙 제25조).

정답 ②

33 민간임대주택에 관한 특별법령상 임대주택관리에 관한 설명으로 옳지 않은 것은?

제19회

① 임대사업자는 민간임대주택이 300세대 이상의 공동주택이면 주택관리업자에게 관리를 위탁하거나 자체관리하여야 한다.

② 임대사업자가 20세대 이상의 민간임대주택을 공급하는 공동주택단지에 입주하는 임차인은 임차인대표회의를 구성할 수 있다.

③ 임대사업자는 특별수선충당금 적립 여부, 적립금액 등을 관할 시·도지사에게 보고하여야 한다.

④ 임차인대표회의는 민간임대주택의 동별 세대수에 비례하여 선출한 대표자로 구성한다.

⑤ 임차인대표회의는 그 회의에서 의결한 사항, 임대사업자와의 협의결과 등 주요 업무의 추진 상황을 지체 없이 임차인에게 알리거나 공고하여야 한다.

키워드 **임대주택관리**

풀이 시장·군수·구청장은 국토교통부령으로 정하는 방법에 따라 임대사업자의 특별수선충당금 적립 여부, 적립금액 등을 관할 시·도지사에게 보고하여야 하며, 시·도지사는 시장·군수·구청장의 보고를 종합하여 국토교통부장관에게 보고하여야 한다(민간임대주택에 관한 특별법 시행령 제43조 제6항).

정답 ③

34 민간임대주택에 관한 특별법령상 특별수선충당금에 관한 설명으로 옳은 것은?

① 민간임대주택의 임대사업자는 주요 시설을 교체하고 보수하는 데에 필요한 특별수선충당금을 임차인으로부터 징수하여 적립하여야 한다.

② 임대사업자는 특별수선충당금을 사용하려면 미리 해당 민간임대주택의 임차인대표회의와 협의하여야 한다.

③ 장기수선계획을 수립하여야 하는 민간임대주택의 임대사업자는 특별수선충당금을 사용검사일 또는 임시사용승인일이 속하는 달부터 「주택법」에 따른 사업계획 승인 당시 표준건축비의 1만분의 1의 요율로 매달 적립하여야 한다.

④ 임대사업자는 특별수선충당금 적립 여부, 적립금액 등을 관할 시·도지사에게 보고하여야 한다.

⑤ 「민간임대주택에 관한 특별법 시행령」에 규정한 사항 외에 특별수선충당금의 사용방법, 세부사용절차, 그 밖에 필요한 사항은 장기수선계획으로 정한다.

키워드 **민간임대주택에 관한 특별법령상 특별수선충당금**

풀이 ① 민간임대주택의 임대사업자는 주요 시설을 교체하고 보수하는 데에 필요한 특별수선충당금을 적립하여야 한다(민간임대주택에 관한 특별법 제53조 제1항).

② 임대사업자는 특별수선충당금을 사용하려면 미리 해당 민간임대주택의 소재지를 관할하는 시장·군수·구청장과 협의하여야 한다(민간임대주택에 관한 특별법 시행령 제43조 제5항).

③ 장기수선계획을 수립하여야 하는 민간임대주택의 임대사업자는 특별수선충당금을 사용검사일 또는 임시사용승인일부터 1년이 지난 날이 속하는 달부터 「주택법」에 따른 사업계획승인 당시 표준건축비의 1만분의 1의 요율로 매달 적립하여야 한다(민간임대주택에 관한 특별법 시행령 제43조 제3항).

④ 시장·군수·구청장은 국토교통부령으로 정하는 방법에 따라 임대사업자의 특별수선충당금 적립 여부, 적립금액 등을 관할 시·도지사에게 보고하여야 하며, 시·도지사는 시장·군수·구청장의 보고를 종합하여 국토교통부장관에게 보고하여야 한다(민간임대주택에 관한 특별법 시행령 제43조 제6항).

정답 ⑤

35 공공주택 특별법령상 특별수선충당금에 관한 설명으로 옳은 것은?

① 1997년 3월 1일 전에 주택건설사업계획의 승인을 받은 공공임대주택이라도 300세대 이상의 공동주택이라면 특별수선충당금을 적립하여야 한다.

② 특별수선충당금은 사용검사일이 속하는 달부터 매달 적립한다.

③ 국민임대주택의 경우 특별수선충당금의 적립요율은 국토교통부장관이 고시하는 표준건축비의 1만분의 1이다.

④ 특별수선충당금의 적립요율은 시장·군수 또는 구청장의 허가를 받아 변경할 수 있다.

⑤ 공공주택사업자는 특별수선충당금을 사용하려면 미리 해당 공공임대주택의 주소지를 관할하는 시장·군수 또는 구청장과 협의하여야 한다.

키워드 **공공임대주택의 특별수선충당금의 적립 등**

풀이 ① 1997년 3월 1일 전에 주택건설사업계획의 승인을 받은 공공임대주택은 특별수선충당금을 적립하지 않는다(공공주택 특별법 시행령 제57조 제1항 단서).

②③④ 공공주택사업자는 「공공주택 특별법」 제50조의4 제1항에 따른 특별수선충당금(이하 '특별수선충당금'이라 한다)을 사용검사일(임시사용승인을 받은 경우에는 임시사용승인일을 말한다)부터 1년이 지난 날이 속하는 달부터 매달 적립하되, 적립요율은 다음의 비율에 따른다(공공주택특별법 시행령 제57조 제4항).

1. 영구임대주택, 국민임대주택, 행복주택, 통합공공임대주택 및 장기전세주택: 국토교통부장관이 고시하는 표준건축비의 1만분의 4
2. 위 1.에 해당하지 아니하는 공공임대주택: 「주택법」 제15조 제1항에 따른 사업계획승인 당시 표준건축비의 1만분의 1

정답 ⑤

"젊을 때 도전하라"라는
구글 회장의 말은 틀렸다.
도전할 때 젊은 것이다.

– 김은주, 『1cm+』, 허밍버드

PART 2

시설 · 방재관리

CHAPTER

01 시설관리

▶ 연계학습 | 에듀윌 기본서 2차 [공동주택관리실무 下] p.8

1 총칙

01 공동주택관리법령상 공동주택을 건설·공급하는 사업주체가 사용검사를 신청할 때에 공동주택의 공용부분에 대한 장기수선계획을 수립·제출하여야 하는 경우에 해당하는 공동주택을 모두 고른 것은?

> ㉠ 300세대인 공동주택
> ㉡ 승강기가 설치된 100세대인 공동주택
> ㉢ 중앙집중식 난방방식의 150세대인 공동주택
> ㉣ 지역난방방식의 150세대인 공동주택

① ㉠ ② ㉡, ㉢
③ ㉡, ㉣ ④ ㉠, ㉢, ㉣
⑤ ㉠, ㉡, ㉢, ㉣

키워드 **장기수선계획의 수립대상 공동주택의 범위**

풀이 다음의 어느 하나에 해당하는 공동주택을 건설·공급하는 사업주체(건축법 제11조에 따른 건축허가를 받아 주택 외의 시설과 주택을 동일 건축물로 건축하는 건축주를 포함한다. 이하 같다) 또는 「주택법」 제66조 제1항 및 제2항에 따라 리모델링을 하는 자는 대통령령으로 정하는 바에 따라 그 공동주택의 공용부분에 대한 장기수선계획을 수립하여 「주택법」 제49조에 따른 사용검사(4.의 경우에는 건축법 제22조에 따른 사용승인을 말한다. 이하 같다)를 신청할 때에 사용검사권자에게 제출하고, 사용검사권자는 이를 그 공동주택의 관리주체에게 인계하여야 한다. 이 경우 사용검사권자는 사업주체 또는 리모델링을 하는 자에게 장기수선계획의 보완을 요구할 수 있다(공동주택관리법 제29조 제1항).

1. 300세대 이상의 공동주택
2. 승강기가 설치된 공동주택
3. 중앙집중식 난방방식 또는 지역난방방식의 공동주택
4. 「건축법」 제11조에 따른 건축허가를 받아 주택 외의 시설과 주택을 동일 건축물로 건축한 건축물

정답 ⑤

02 공동주택관리법령상 공동주택 공용부분의 장기수선계획에 관한 설명으로 옳지 않은 것은?

제12회 수정

① 장기수선계획 수립대상은 300세대 이상 공동주택, 승강기가 설치되거나 중앙집중식 난방방식인 공동주택 또는 지역난방방식의 공동주택, 「건축법」에 따른 건축허가를 받아 주택 외의 시설과 주택을 동일 건축물로 건축한 건축물이다.

② 사업주체는 장기수선계획을 3년마다 검토하고, 필요한 경우 이를 조정하여야 한다.

③ 장기수선충당금의 부담주체는 주택의 소유자이며, 분양되지 아니한 세대가 있는 경우에는 사업주체가 부담한다.

④ 장기수선충당금은 해당 공동주택에 대하여 사용검사를 받은 날 또는 사용승인을 받은 날부터 1년이 경과한 날이 속하는 달부터 매달 적립한다.

⑤ 장기수선계획을 수립하는 자는 국토교통부령으로 정하는 기준에 따라 장기수선계획을 수립하여야 한다. 이 경우 해당 공동주택의 건설비용을 고려하여야 한다.

PART 2

키워드 **장기수선계획의 검토 및 조정**

풀이 입주자대표회의와 관리주체는 장기수선계획을 3년마다 검토하고 필요한 경우 이를 국토교통부령으로 정하는 바에 따라 조정하여야 하며, 입주자대표회의와 관리주체는 주요 시설을 신설하는 등 관리 여건상 필요하여 전체 입주자 과반수의 서면동의를 받은 경우에는 3년이 지나기 전에 장기수선계획을 조정할 수 있다(공동주택관리법 제29조 제2·3항).

정답 ②

03 **공동주택관리법령상 장기수선계획에 관한 설명으로 옳지 않은 것은?** 제17회 수정

① 200세대의 지역난방방식의 공동주택을 건설·공급하는 사업주체 또는 리모델링을 하는 자는 그 공동주택의 공용부분에 대한 장기수선계획을 수립하여야 한다.

② 300세대 이상의 공동주택을 건설·공급하는 사업주체 또는 리모델링을 하는 자는 그 공동주택의 공용부분에 대한 장기수선계획을 수립하여야 한다.

③ 400세대의 중앙집중식 난방방식의 공동주택을 건설·공급하는 사업주체 또는 리모델링을 하는 자는 그 공동주택의 공용부분에 대한 장기수선계획을 수립하여야 한다.

④ 사업주체는 장기수선계획을 3년마다 검토하고 필요한 경우 이를 국토교통부령으로 정하는 바에 따라 조정하여야 하며, 주요 시설을 신설하는 등 관리 여건상 필요하여 입주자대표회의의 의결을 받은 경우에는 3년이 지나기 전에 조정할 수 있다.

⑤ 장기수선계획을 수립하는 자는 국토교통부령으로 정하는 기준에 따라 장기수선계획을 수립하여야 한다. 이 경우 해당 공동주택의 건설비용을 고려하여야 한다.

키워드 **장기수선계획의 검토 및 조정**

풀이 입주자대표회의와 관리주체는 장기수선계획을 3년마다 검토하고 필요한 경우 이를 국토교통부령으로 정하는 바에 따라 조정하여야 하며, 입주자대표회의와 관리주체는 주요 시설을 신설하는 등 관리 여건상 필요하여 전체 입주자 과반수의 서면동의를 받은 경우에는 3년이 지나기 전에 장기수선계획을 조정할 수 있다(공동주택관리법 제29조 제2·3항).

정답 ④

04 **공동주택관리법령상 장기수선계획의 조정과 그에 관련된 교육에 관한 설명으로 옳지 않은 것은?** 제16회 수정

① 입주자대표회의와 관리주체는 장기수선계획을 2년마다 검토하고 필요한 경우 이를 국토교통부령으로 정하는 바에 따라 조정하되, 주요 시설을 신설하는 등 관리여건상 필요하여 전체 입주자 과반수의 서면동의를 받은 경우에는 2년이 지나기 전에 조정할 수 있다.

② 입주자대표회의와 관리주체는 장기수선계획을 조정하려는 경우에는 「에너지이용 합리화법」에 따라 산업통상자원부장관에게 등록한 에너지절약전문기업이 제시하는 에너지절약을 통한 주택의 온실가스 감소를 위한 시설 개선 방법을 반영할 수 있다.

③ 관리주체는 장기수선계획을 검토하기 전에 해당 공동주택의 관리사무소장으로 하여금 시·도지사가 실시하는 장기수선계획의 비용산출 및 공사방법에 관한 교육을 받게 할 수 있다.

④ 장기수선계획의 조정교육에 관한 업무를 위탁받은 기관은 교육 실시 10일 전에 교육의 일시·장소·기간·내용·대상자 및 그 밖에 교육에 필요한 사항을 공고하거나 관리주체에게 통보하여야 한다.

⑤ 교육수탁기관은 해당 연도의 교육 종료 후 1개월 이내에 교육결과보고서를 작성하여 시·도지사에게 보고하여야 한다.

키워드 **장기수선계획의 조정과 교육**

풀이 입주자대표회의와 관리주체는 장기수선계획을 3년마다 검토하고 필요한 경우 이를 국토교통부령으로 정하는 바에 따라 조정하여야 하며, 입주자대표회의와 관리주체는 주요 시설을 신설하는 등 관리여건상 필요하여 전체 입주자 과반수의 서면동의를 받은 경우에는 3년이 지나기 전에 장기수선계획을 조정할 수 있다(공동주택관리법 제29조 제2·3항).

정답 ①

05 **공동주택관리법령상 장기수선계획에 관한 설명으로 옳은 것은?**

① 300세대 이상의 공동주택을 건설·공급하는 사업주체는 그 공동주택의 공용부분에 대한 장기수선계획을 수립하여 이를 그 공동주택의 관리주체에게 인계하여야 한다.

② 관리주체는 사업주체 또는 리모델링을 하는 자에게 장기수선계획의 보완을 요구할 수 있다.

③ 입주자대표회의와 관리주체는 주요 시설을 신설하는 등 관리여건상 필요하여 전체 입주자 과반수의 서면동의를 받은 경우에는 3년이 지난 후에 장기수선계획을 검토하여 이를 조정할 수 있다.

④ 입주자대표회의와 관리주체는 장기수선계획을 조정하려는 경우에는 관리주체가 장기수선계획의 조정안을 작성한 후 입주자대표회의의 의결을 거쳐야 한다.

⑤ 관리주체는 장기수선계획을 검토하기 전에 해당 공동주택의 관리사무소장으로 하여금 시·도지사가 실시하는 장기수선계획의 비용산출 및 공사방법 등에 관한 교육을 받게 하여야 한다.

키워드 **장기수선계획의 수립 및 조정**

풀이 ①② 사업주체(건축법 제11조에 따른 건축허가를 받아 주택 외의 시설과 주택을 동일 건축물로 건축하는 건축주를 포함한다) 또는 「주택법」에 따라 리모델링을 하는 자는 대통령령으로 정하는 바에 따라 그 공동주택의 공용부분에 대한 장기수선계획을 수립하여 「주택법」에 따른 사용검사를 신청할 때에 사용검사권자에게 제출하고, 사용검사권자는 이를 그 공동주택의 관리주체에게 인계하여야 한다. 이 경우 사용검사권자는 사업주체 또는 리모델링을 하는 자에게 장기수선계획의 보완을 요구할 수 있다(공동주택관리법 제29조 제1항).

③ 입주자대표회의와 관리주체는 주요 시설을 신설하는 등 관리여건상 필요하여 전체 입주자 과반수의 서면동의를 받은 경우에는 3년이 지나기 전에 장기수선계획을 조정할 수 있다(공동주택관리법 제29조 제3항).

⑤ 관리주체는 장기수선계획을 검토하기 전에 해당 공동주택의 관리사무소장으로 하여금 국토교통부령으로 정하는 바에 따라 시·도지사가 실시하는 장기수선계획의 비용산출 및 공사방법 등에 관한 교육을 받게 할 수 있다(공동주택관리법 제29조 제4항).

정답 ④

06 공동주택관리법령상 의무관리대상 공동주택의 시설관리에 관한 설명으로 옳지 않은 것은?

제26회

① 관리주체는 장기수선계획에 따라 공동주택의 주요 시설의 교체 및 보수에 필요한 장기수선충당금을 해당 주택의 소유자로부터 징수하여 적립하여야 한다.

② 입주자대표회의와 관리주체는 주요 시설을 신설하는 등 관리여건상 필요하여 전체 입주자 3분의 1 이상의 서면동의를 받은 경우에는 장기수선계획을 조정할 수 있다.

③ 공동주택의 안전점검 방법, 안전점검의 실시시기, 안전점검을 위한 보유장비, 그 밖에 안전점검에 필요한 사항은 대통령령으로 정한다.

④ 공동주택의 소유자는 장기수선충당금을 사용자가 대신 납부한 경우에는 그 금액을 반환하여야 한다.

⑤ 관리주체는 공동주택의 사용자가 장기수선충당금의 납부 확인을 요구하는 경우에는 지체 없이 확인서를 발급해 주어야 한다.

키워드 **의무관리대상 공동주택의 시설관리**

풀이 입주자대표회의와 관리주체는 주요 시설을 신설하는 등 관리여건상 필요하여 전체 입주자 과반수의 서면동의를 받은 경우에는 3년이 지나기 전에 장기수선계획을 조정할 수 있다(공동주택관리법 제29조 제3항).

정답 ②

PART 2

07 **공동주택관리법령상 장기수선계획 수립기준에 따라 수선주기가 동일한 공사로 짝지어진 것은?** 제17회 수정

㉠ 승강기 및 인양기의 와이어로프 ㉡ 소화설비의 소화수관(강관) ㉢ 난방설비의 난방관(강관) ㉣ 옥외부대시설 및 옥외복리시설의 현관입구·지하주차장 진입로 지붕공사 ㉤ 급수설비의 급수펌프

① ㉠, ㉢
② ㉠, ㉤
③ ㉡, ㉣
④ ㉡, ㉤
⑤ ㉢, ㉣

키워드 장기수선계획의 수선주기(공동주택관리법 시행규칙 제7조 제1항 별표 1)

풀이 ㉢㉣ 15년
㉠ 5년
㉡ 25년
㉤ 10년

정답 ⑤

08 **공동주택관리법 시행규칙상 장기수선계획의 수립기준으로 전면교체 수선주기가 긴 것에서 짧은 것의 순서로 옳은 것은?** 제25회 수정

① 발전기 – 소화펌프 – 보안등
② 발전기 – 보안등 – 소화펌프
③ 소화펌프 – 발전기 – 보안등
④ 보안등 – 소화펌프 – 발전기
⑤ 보안등 – 발전기 – 소화펌프

키워드 장기수선계획의 수선주기(공동주택관리법 시행규칙 제7조 제1항 별표 1)

풀이 발전기 수선주기: 30년
보안등 수선주기: 25년
소화펌프 수선주기: 20년

정답 ②

09 **공동주택관리법령상 장기수선계획 수립기준에 따른 공사종별 수선주기로 옳지 않은 것은?** 제18회 수정

① 보안·방범시설 중 영상정보처리기기 및 침입탐지시설의 전면교체 수선주기: 5년
② 건물 외부 지붕의 방수 전면수리 수선주기: 15년
③ 건물 내부 페인트칠 전면도장 수선주기: 10년
④ 피뢰설비의 부분수선 수선주기: 10년
⑤ 승강기 및 인양기설비 중 도어개폐장치의 전면교체 수선주기: 15년

키워드 **장기수선계획의 수선주기(공동주택관리법 시행규칙 제7조 제1항 별표 1)**
풀이 건물 내부 페인트칠 전면도장 수선주기는 8년이다.

정답 ③

최신기출

10 **다음 중 공동주택관리법 시행규칙상 장기수선계획의 수립기준에서 전면교체 수선주기가 가장 긴 것은?** 제27회 수정

① 보도블록
② 어린이놀이시설
③ 울타리
④ 자전거보관소
⑤ 주차차단기

키워드 **장기수선계획의 수선주기(공동주택관리법 시행규칙 제7조 제1항 별표 1)**
풀이 ①②④ 15년
③ 20년
⑤ 10년

정답 ③

11 **공동주택관리법령상 장기수선계획의 수립기준에서 전면교체의 수선주기가 다른 것은?**

① 급수설비 급수펌프
② 배수설비 펌프
③ 난방설비 순환펌프
④ 급탕설비 순환펌프
⑤ 소화설비 소화펌프

키워드 **장기수선계획의 수선주기(공동주택관리법 시행규칙 제7조 제1항 별표 1)**
풀이 소화설비 소화펌프의 전면교체 수선주기는 20년이다.
①②③④ 10년

정답 ⑤

12 **공동주택관리법령상 장기수선계획의 수선주기로 승강기 및 인양기의 전면교체주기가 다른 것은?**

① 기계장치 ② 와이어로프, 쉬브(도르레)
③ 제어반 ④ 조속기
⑤ 도어개폐장치

키워드 **장기수선계획의 수선주기(공동주택관리법 시행규칙 제7조 제1항 별표 1)**

풀이 와이어로프, 쉬브(도르레)의 전면교체 수선주기는 5년이다.
①③④⑤ 15년

정답 ②

13 **공동주택관리법령상 장기수선계획의 난방설비의 공사종별 전면교체주기가 다른 것은?**

① 보일러 ② 급수탱크
③ 자동제어기기 ④ 난방관(강관)
⑤ 열교환기

키워드 **장기수선계획의 수선주기(공동주택관리법 시행규칙 제7조 제1항 별표 1)**

풀이 자동제어기기의 전면교체 수선주기는 20년이다.
①②④⑤ 15년

정답 ③

14 공동주택관리법령상 하자담보책임 및 하자보수에 관한 설명으로 옳지 않은 것은?

① 「주택법」에 따른 리모델링을 수행한 시공자는 공동주택의 하자에 대하여 수급인의 담보책임을 진다.

② 공동주택의 내력구조부별 하자에 대한 담보책임기간은 10년이다.

③ 공동주택의 마감공사 하자에 대한 담보책임기간은 2년이다.

④ 전유부분의 담보책임기간은 「건축법」에 따른 공동주택의 사용승인일부터 기산한다.

⑤ 하자보수를 실시한 사업주체는 하자보수가 완료되면 즉시 그 보수결과를 하자보수를 청구한 입주자대표회의등 또는 임차인등에 통보하여야 한다.

키워드 **하자담보책임 및 하자보수**

풀이 담보책임의 기간은 하자의 중대성, 시설물의 사용 가능 햇수 및 교체 가능성 등을 고려하여 공동주택의 내력구조부별 및 시설공사별로 10년의 범위에서 대통령령으로 정한다. 이 경우 담보책임기간은 다음의 날부터 기산한다(공동주택관리법 제36조 제3항).

1. 전유부분: 입주자에게 인도한 날
2. 공용부분: 「주택법」에 따른 사용검사일(공동주택의 전부에 대하여 임시사용승인을 받은 경우에는 그 임시사용승인일을 말하고, 분할 사용검사나 동별 사용검사를 받은 경우에는 그 분할 사용검사일 또는 동별 사용검사일을 말한다) 또는 「건축법」에 따른 공동주택의 사용승인일

정답 ④

15 공동주택관리법령상 시설공사별 하자담보책임기간의 내용으로 옳지 않은 것은?

제11회 수정

① 전기기기공사: 2년 ② 방수공사: 5년

③ 승강기설비공사: 3년 ④ 마감공사: 2년

⑤ 조명설비공사: 3년

키워드 **시설공사별 하자담보책임기간(공동주택관리법 시행령 제36조 제1항 별표 4)**

풀이 전기기기공사의 하자담보책임기간은 3년이다.

정답 ①

16 **공동주택관리법령상 사업주체가 보수책임을 부담하는 시설공사별 하자담보책임기간의 연결이 옳지 않은 것은?** 제12회 수정

① 정보통신공사 중 TV공청설비공사: 3년
② 옥외급수·위생 관련 공사 중 저수조(물탱크)공사: 3년
③ 창호공사 중 창문틀 및 문짝공사: 3년
④ 난방·냉방·환기, 공기조화설비공사 중 온돌공사(세대매립배관 포함): 2년
⑤ 마감공사 중 가전제품: 2년

키워드 **시설공사별 하자담보책임기간(공동주택관리법 시행령 제36조 제1항 별표 4)**

풀이 난방·냉방·환기, 공기조화설비공사 중 온돌공사(세대매립배관 포함)의 하자담보책임기간은 3년이다.

정답 ④

17 **공동주택관리법령상 사업주체가 보수책임을 부담하는 시설공사별 하자담보책임기간이 나머지와 다른 것은?** 제15회 수정

① 가스설비공사 중 가스설비공사
② 옥외급수·위생 관련 공사 중 저수조(물탱크)공사
③ 급·배수 및 위생설비공사 중 위생기구설비공사
④ 조경공사 중 잔디심기공사
⑤ 지붕공사 중 지붕공사

키워드 **시설공사별 하자담보책임기간(공동주택관리법 시행령 제36조 제1항 별표 4)**

풀이 지붕공사 중 지붕공사의 하자담보책임기간은 5년이다.
①②③④ 3년

정답 ⑤

18 공동주택관리법령상 시설공사별 하자담보책임기간이 나머지와 다른 하나는?

제16회 수정

① 목공사 중 수장목공사
② 급·배수 및 위생설비공사 중 위생기구설비공사
③ 조적공사 중 일반벽돌공사
④ 전기 및 전력설비공사 중 수·변전설비공사
⑤ 가스설비공사 중 가스설비공사

키워드 시설공사별 하자담보책임기간(공동주택관리법 시행령 제36조 제1항 별표 4)

풀이 조적공사 중 일반벽돌공사의 하자담보책임기간은 5년이다.
①②④⑤ 3년

정답 ③

19 공동주택관리법령상 사업주체가 보수책임을 부담하는 시설공사별 하자담보책임기간이 가장 긴 것은?

제17회 수정

① 옥외급수·위생 관련 공사 중 옥외급수 관련 공사
② 창호공사 중 창문틀 및 문짝공사
③ 방수공사 중 방수공사
④ 난방·냉방·환기, 공기조화설비공사 중 보온공사
⑤ 급·배수 및 위생설비공사 중 배수·통기설비공사

키워드 시설공사별 하자담보책임기간(공동주택관리법 시행령 제36조 제1항 별표 4)

풀이 방수공사 중 방수공사의 하자담보책임기간은 5년이다.
①②④⑤ 3년

정답 ③

20 공동주택관리법령상 시설공사별 하자담보책임기간이 5년인 것으로만 짝지어진 것은?

제13회 수정

> ㉠ 석공사(건물 내부 공사)
> ㉡ 철근콘크리트공사 중 일반철근콘크리트공사
> ㉢ 목공사 중 구조체 또는 바탕재공사
> ㉣ 지붕공사 중 홈통 및 우수관공사
> ㉤ 가스설비공사 중 가스저장시설공사

① ㉠, ㉢
② ㉠, ㉤
③ ㉡, ㉣
④ ㉡, ㉤
⑤ ㉢, ㉣

키워드 **시설공사별 하자담보책임기간(공동주택관리법 시행령 제36조 제1항 별표 4)**

풀이 ㉠ 2년
㉢㉤ 3년

정답 ③

21 공동주택관리법령상 시설공사별 하자담보책임기간의 연결이 옳지 않은 것은?

제19회 수정

① 소방시설공사 중 자동화재탐지설비공사: 2년
② 지능형 홈네트워크 설비공사 중 홈네트워크망공사: 3년
③ 난방·냉방·환기, 공기조화 설비공사 중 자동제어설비공사: 3년
④ 대지조성공사 중 포장공사: 5년
⑤ 지붕공사 중 홈통 및 우수관공사: 5년

키워드 **시설공사별 하자담보책임기간(공동주택관리법 시행령 제36조 제1항 별표 4)**

풀이 소방시설공사 중 자동화재탐지설비공사의 하자담보책임기간은 3년이다.

정답 ①

22 공동주택관리법령상 공동주택의 하자담보책임기간으로 옳은 것을 모두 고른 것은?

제23회

㉠ 지능형 홈네트워크 설비 공사: 3년 ㉡ 우수관공사: 3년 ㉢ 저수조(물탱크)공사: 3년 ㉣ 지붕공사: 5년

① ㉠, ㉡, ㉢
② ㉠, ㉡, ㉣
③ ㉠, ㉢, ㉣
④ ㉡, ㉢, ㉣
⑤ ㉠, ㉡, ㉢, ㉣

키워드 시설공사별 하자담보책임기간(공동주택관리법 시행령 제36조 제1항 별표 4)

풀이 ㉡ 우수관공사의 하자담보책임기간은 5년이다.

정답 ③

23 공동주택관리법령상 하자보수대상 시설공사 중에서 하자담보책임기간이 다른 것은?

① 수장공사(건축물 내부 마무리 공사)
② 타일공사
③ 석공사(건물 외부 공사)
④ 옥내가구공사
⑤ 가전제품

키워드 시설공사별 하자담보책임기간(공동주택관리법 시행령 제36조 제1항 별표 4)

풀이 석공사(건물 외부 공사)의 하자담보책임기간은 5년이다.
①②④⑤ 2년

정답 ③

24 공동주택관리법령상 사업주체의 하자담보책임기간이 가장 긴 시설공사는?

① 지붕공사
② 식재공사
③ 단열공사
④ 소화설비공사
⑤ 홈네트워크기기공사

키워드 시설공사별 하자담보책임기간(공동주택관리법 시행령 제36조 제1항 별표 4)

풀이 지붕공사의 하자담보책임기간은 5년이다.
②③④⑤ 3년

정답 ①

25 공동주택관리법령상 시설공사별 하자담보책임기간이 2년인 것을 모두 고른 것은?

> ㉠ 석공사(건물 외부 공사)
> ㉡ 수장공사(건축물 내부 마무리 공사)
> ㉢ 구조체 또는 바탕재공사
> ㉣ 주방기구공사
> ㉤ 보온공사

① ㉠, ㉢
② ㉠, ㉤
③ ㉡, ㉣
④ ㉡, ㉤
⑤ ㉢, ㉣

키워드 시설공사별 하자담보책임기간(공동주택관리법 시행령 제36조 제1항 별표 4)

풀이 ㉠ 5년
㉢㉤ 3년

정답 ③

26 공동주택관리법령상 시설공사별 하자담보책임기간이 3년인 것을 모두 고른 것은?

> ㉠ 홈네트워크망공사
> ㉡ 철골부대공사
> ㉢ 방재설비공사
> ㉣ 주방기구공사
> ㉤ 포장공사

① ㉠, ㉢
② ㉠, ㉤
③ ㉡, ㉣
④ ㉡, ㉤
⑤ ㉢, ㉣

키워드 시설공사별 하자담보책임기간(공동주택관리법 시행령 제36조 제1항 별표 4)

풀이 ㉡㉤ 5년
㉣ 2년

정답 ①

27 공동주택관리법령상 시설공사별 하자담보책임기간이 5년인 것을 모두 고른 것은?

㉠ 홈통 및 우수관공사	㉡ 조경시설물공사
㉢ 석축공사	㉣ 전기기기공사
㉤ 석공사(건물 내부 공사)	

① ㉠, ㉢
② ㉠, ㉤
③ ㉡, ㉣
④ ㉡, ㉤
⑤ ㉢, ㉣

키워드 시설공사별 하자담보책임기간(공동주택관리법 시행령 제36조 제1항 별표 4)

풀이 ㉡㉣ 3년
㉤ 2년

정답 ①

28 공동주택관리법령상 공동주택의 시설공사별 하자에 대한 담보책임기간으로 옳은 것을 모두 고른 것은? 제26회

㉠ 도배공사: 2년	㉡ 타일공사: 2년
㉢ 공동구공사: 3년	㉣ 방수공사: 3년

① ㉠, ㉡, ㉢
② ㉠, ㉡, ㉣
③ ㉠, ㉢, ㉣
④ ㉡, ㉢, ㉣
⑤ ㉠, ㉡, ㉢, ㉣

키워드 시설공사별 하자담보책임기간(공동주택관리법 시행령 제36조 제1항 별표 4)

풀이 ㉣ 5년

정답 ①

29 공동주택관리법령상 담보책임 및 하자보수 등에 관한 설명으로 옳은 것은?

① 담보책임의 기간은 하자의 중대성, 시설물의 사용 가능 햇수 및 교체 가능성 등을 고려하여 공동주택의 내력구조부별 및 시설공사별로 15년의 범위에서 대통령령으로 정한다.

② 입주자 또는 입주자대표회의를 대행하는 관리주체는 하자보수청구 내용이 적힌 서류를 문서 또는 전자문서의 형태로 보관해야 하며, 그 내용을 하자관리정보시스템에 등록해야 한다.

③ 담보책임기간은 전유부분 및 공용부분은 「주택법」에 따른 사용검사일 또는 「건축법」에 따른 공동주택의 사용승인일부터 기산한다.

④ 사업주체는 해당 공동주택의 전유부분을 입주자에게 인도한 때에는 국토교통부령으로 정하는 바에 따라 주택인도증서를 작성하여 관리주체에게 인계하여야 한다. 이 경우 관리주체는 15일 이내에 하자관리정보시스템에 전유부분의 인도일을 공개하여야 한다.

⑤ 사업주체는 주택의 미분양(未分讓) 등으로 인하여 인계·인수서에 인도일의 현황이 누락된 세대가 있는 경우에는 주택의 인도일부터 30일 이내에 인도일의 현황을 관리주체에게 인계하여야 한다.

키워드 담보책임 및 하자보수

풀이 ①③ 담보책임의 기간은 하자의 중대성, 시설물의 사용 가능 햇수 및 교체 가능성 등을 고려하여 공동주택의 내력구조부별 및 시설공사별로 10년의 범위에서 대통령령으로 정한다. 이 경우 담보책임기간은 다음의 날부터 기산한다(공동주택관리법 제36조 제3항).

1. 전유부분: 입주자에게 인도한 날
2. 공용부분: 「주택법」에 따른 사용검사일(공동주택의 전부에 대하여 임시사용승인을 받은 경우에는 그 임시사용승인일을 말하고, 분할 사용검사나 동별 사용검사를 받은 경우에는 그 분할 사용검사일 또는 동별 사용검사일을 말한다) 또는 「건축법」에 따른 공동주택의 사용승인일

④ 사업주체(건축법에 따른 건축허가를 받아 분양을 목적으로 하는 공동주택을 건축한 건축주를 포함한다)는 해당 공동주택의 전유부분을 입주자에게 인도한 때에는 국토교통부령으로 정하는 바에 따라 주택인도증서를 작성하여 관리주체(의무관리대상 공동주택이 아닌 경우에는 집합건물의 소유 및 관리에 관한 법률에 따른 관리인을 말한다)에게 인계하여야 한다. 이 경우 관리주체는 30일 이내에 공동주택관리정보시스템에 전유부분의 인도일을 공개하여야 한다(공동주택관리법 시행령 제36조 제2항).

⑤ 사업주체는 주택의 미분양(未分讓) 등으로 인하여 인계·인수서에 인도일의 현황이 누락된 세대가 있는 경우에는 주택의 인도일부터 15일 이내에 인도일의 현황을 관리주체에게 인계하여야 한다(공동주택관리법 시행령 제36조 제4항).

정답 ②

30 공동주택관리법령상 사업주체에게 하자보수를 청구할 수 있는 자에 해당하지 않는 것은?

① 「집합건물의 소유 및 관리에 관한 법률」에 따른 관리단

② 입주자대표회의

③ 시장·군수·구청장

④ 입주자

⑤ 하자보수청구 등에 관하여 입주자 또는 입주자대표회의를 대행하는 관리주체

키워드 **하자보수를 청구할 수 있는 자**

풀이 사업주체(건설산업기본법 제28조에 따라 하자담보책임이 있는 자로서 사업주체로부터 건설공사를 일괄 도급받아 건설공사를 수행한 자가 따로 있는 경우에는 그 자를 말한다)는 담보책임기간에 하자가 발생한 경우에는 해당 공동주택의 다음의 1.부터 4.까지에 해당하는 자(이하 '입주자대표회의등'이라 한다) 또는 5.에 해당하는 자의 청구에 따라 그 하자를 보수하여야 한다. 이 경우 하자보수의 절차 및 종료 등에 필요한 사항은 대통령령으로 정한다(공동주택관리법 제37조 제1항).

1. 입주자
2. 입주자대표회의
3. 관리주체(하자보수청구 등에 관하여 입주자 또는 입주자대표회의를 대행하는 관리주체를 말한다)
4. 「집합건물의 소유 및 관리에 관한 법률」에 따른 관리단
5. 공공임대주택의 임차인 또는 임차인대표회의(이하 '임차인등'이라 한다)

정답 ③

31 **공동주택관리법령상 담보책임기간에 공동주택에 하자가 발생한 경우, 하자보수의 청구에 관한 설명으로 옳지 않은 것은?**

① 입주자는 전유부분의 하자에 대해 하자보수의 청구를 할 수 있다.

② 공공임대주택의 임차인대표회의는 전유부분의 하자에 대해 하자보수의 청구를 할 수 있다.

③ 입주자대표회의는 공용부분의 하자에 대해 하자보수의 청구를 할 수 있다.

④ 하자보수청구 등에 관하여 입주자대표회의를 대행하는 관리주체는 공용부분의 하자에 대해 하자보수의 청구를 할 수 있다.

⑤ 「집합건물의 소유 및 관리에 관한 법률」에 따른 관리단은 공용부분의 하자에 대해 하자보수의 청구를 할 수 있다.

키워드 **하자보수의 청구**

풀이 하자보수의 청구는 다음의 구분에 따른 자가 하여야 한다. 이 경우 입주자는 전유부분에 대한 청구를 관리주체가 대행하도록 할 수 있으며, 공용부분에 대한 하자보수의 청구를 2.의 어느 하나에 해당하는 자에게 요청할 수 있다(공동주택관리법 시행령 제38조 제2항).

1. 전유부분: 입주자 또는 공공임대주택의 임차인
2. 공용부분: 다음의 어느 하나에 해당하는 자
   ㉠ 입주자대표회의 또는 공공임대주택의 임차인대표회의
   ㉡ 관리주체(하자보수청구 등에 관하여 입주자 또는 입주자대표회의를 대행하는 관리주체를 말한다)
   ㉢ 「집합건물의 소유 및 관리에 관한 법률」에 따른 관리단

정답 ②

32 **공동주택관리법령상 담보책임 및 하자보수 등에 관한 설명으로 옳지 않은 것은?**

제18회 수정

① 사업주체에 대한 보수청구는 입주자 단독으로는 할 수 없으며, 입주자대표회의를 통하여야 한다.

② 하자보수에 대한 담보책임을 지는 사업주체에는 「건축법」에 따라 건축허가를 받아 분양을 목적으로 하는 공동주택을 건축한 건축주도 포함된다.

③ 한국토지주택공사가 사업주체인 경우에는 공동주택관리법령에 따른 하자보수보증금을 예치하지 않아도 된다.

④ 사업주체는 담보책임기간에 공동주택에 하자가 발생한 경우에는 하자 발생으로 인한 손해를 배상할 책임이 있다.

⑤ 시장·군수·구청장은 담보책임기간에 공동주택의 구조안전에 중대한 하자가 있다고 인정하는 경우에는 안전진단기관에 의뢰하여 안전진단을 할 수 있다.

키워드 **담보책임 및 하자보수**

풀이 사업주체(건설산업기본법 제28조에 따라 하자담보책임이 있는 자로서 사업주체로부터 건설공사를 일괄 도급받아 건설공사를 수행한 자가 따로 있는 경우에는 그 자를 말한다)는 담보책임기간에 하자가 발생한 경우에는 해당 공동주택의 다음의 1.부터 4.까지에 해당하는 자(이하 '입주자대표회의등'이라 한다) 또는 5.에 해당하는 자의 청구에 따라 그 하자를 보수하여야 한다. 이 경우 하자보수의 절차 및 종료 등에 필요한 사항은 대통령령으로 정한다(공동주택관리법 제37조 제1항).

1. 입주자
2. 입주자대표회의
3. 관리주체(하자보수청구 등에 관하여 입주자 또는 입주자대표회의를 대행하는 관리주체를 말한다)
4. 「집합건물의 소유 및 관리에 관한 법률」에 따른 관리단
5. 공공임대주택의 임차인 또는 임차인대표회의(이하 '임차인등'이라 한다)

정답 ①

PART 2

33 공동주택관리법령상 공동주택의 하자보수에 관한 설명으로 틀린 것은? 제13회 수정

① 공용부분에 대한 담보책임기간은 「주택법」에 따른 사용검사일 또는 「건축법」에 따른 사용승인일부터 기산하여 공동주택의 내력구조부별 및 시설공사별로 10년 범위에서 정한다.

② 담보책임기간에 하자가 발생한 경우에는 입주자, 입주자대표회의, 관리주체는 사업주체에 대하여 하자의 보수를 청구할 수 있다.

③ 하자보수청구에 대하여 사업주체는 하자보수를 청구받은 날부터 10일 이내에 그 하자를 보수하거나 하자보수계획을 입주자대표회의등 또는 임차인등에 서면으로 통보하고 그 계획에 따라 하자를 보수하여야 한다.

④ 하자보수청구에 대하여 이의가 있는 사업주체는 해당 분야의 기술사 또는 건축사에게 하자진단을 의뢰할 수 있다.

⑤ 안전진단기관은 하자진단을 의뢰받은 날부터 20일 이내에 그 결과를 사업주체등과 입주자대표회의등에 제출하여야 한다. 다만, 당사자 사이에 달리 약정한 경우에는 그에 따른다.

키워드 **하자담보책임 및 하자보수**

풀이 사업주체는 하자보수를 청구받은 날(하자진단결과를 통보받은 때에는 그 통보받은 날을 말한다)부터 15일 이내에 그 하자를 보수하거나 다음의 사항을 명시한 하자보수계획을 입주자대표회의등 또는 임차인등에 서면(전자문서 및 전자거래 기본법에 따른 정보처리시스템을 사용한 전자문서를 포함한다)으로 통보하고 그 계획에 따라 하자를 보수하여야 한다. 다만, 하자가 아니라고 판단되는 사항에 대해서는 그 이유를 서면으로 통보하여야 한다(공동주택관리법 시행령 제38조 제3항).

1. 하자부위, 보수방법 및 보수에 필요한 상당한 기간(동일한 하자가 2세대 이상에서 발생한 경우 세대별 보수 일정을 포함한다)
2. 담당자 성명 및 연락처
3. 그 밖에 보수에 필요한 사항

정답 ③

34 공동주택관리법령상 하자보수에 관한 설명으로 옳지 않은 것은? 제17회 수정

① 하자 여부의 조사는 현장실사 등을 통하여 하자가 주장되는 부위와 설계도서를 비교하여 측정하는 등의 방법으로 한다.

② 공동주택의 하자보수비용은 실제 하자보수에 소요되는 공사비용으로 산정하되, 하자보수에 필수적으로 수반되는 부대비용을 추가할 수 있다.

③ 사업주체는 하자보수를 청구받은 날부터 30일 이내에 그 하자를 보수하거나 하자부위 등을 명시한 하자보수계획을 관리주체에게 서면으로 통보하고 그 계획에 따라 하자를 보수하여야 한다.

④ 입주자대표회의의 회장은 공용부분의 담보책임 종료확인서를 작성하기 위하여 입주자대표회의 의결을 거쳐야 한다. 이 경우 전체 입주자의 5분의 1 이상이 서면으로 반대하면 입주자대표회의는 의결을 할 수 없다.

⑤ 입주자대표회의등이 하자보수보증금의 사용내역을 신고하려는 경우에는 하자보수보증금 사용내역 신고서에 하자보수보증금의 금융기관 거래명세표 및 하자보수보증금의 세부 사용명세를 첨부하여 시장·군수·구청장에게 제출하여야 한다.

키워드 **하자담보책임 및 하자보수**

풀이 사업주체는 하자보수를 청구받은 날(하자진단결과를 통보받은 때에는 그 통보받은 날을 말한다)부터 15일 이내에 그 하자를 보수하거나 다음의 사항을 명시한 하자보수계획을 입주자대표회의등 또는 임차인등에 서면(전자문서 및 전자거래 기본법에 따른 정보처리시스템을 사용한 전자문서를 포함한다)으로 통보하고 그 계획에 따라 하자를 보수하여야 한다. 다만, 하자가 아니라고 판단되는 사항에 대해서는 그 이유를 서면으로 통보하여야 한다(공동주택관리법 시행령 제38조 제3항).

1. 하자부위, 보수방법 및 보수에 필요한 상당한 기간(동일한 하자가 2세대 이상에서 발생한 경우 세대별 보수 일정을 포함한다)
2. 담당자 성명 및 연락처
3. 그 밖에 보수에 필요한 사항

정답 ③

35 **공동주택관리법령상 하자보수에 관한 설명으로 옳지 않은 것은?**

① 시장·군수·구청장은 입주자대표회의등 및 임차인등이 하자보수를 청구한 사항에 대하여 사업주체가 정당한 사유 없이 따르지 아니할 때에는 시정을 명할 수 있다.

② 사업주체는 담보책임기간이 만료되기 30일 전까지 그 만료예정일을 해당 공동주택의 입주자대표회의 또는 해당 공공임대주택의 임차인대표회의에 서면으로 통보하여야 한다.

③ 사업주체로부터 만료예정일을 통보받은 입주자대표회의 또는 공공임대주택의 임차인대표회의는 전유부분에 대하여 담보책임이 만료되는 날까지 하자보수를 청구하도록 입주자 또는 공공임대주택의 임차인에게 개별통지하고 공동주택단지 안의 잘 보이는 게시판에 20일 이상 게시하여야 한다.

④ 사업주체로부터 하자보수결과를 통보받은 입주자대표회의등 또는 임차인등은 통보받은 날부터 30일 이내에 이유를 명확히 기재한 서면으로 사업주체에게 이의를 제기할 수 있다.

⑤ 사업주체와 입주자대표회의의 구성원 중 사용자인 동별 대표자가 과반수인 경우 3분의 2 이상의 입주자는 공용부분의 하자보수가 끝난 때에 공동으로 담보책임 종료확인서를 작성해야 한다.

키워드 **하자보수 절차**

풀이 사업주체와 다음의 구분에 따른 자는 하자보수가 끝난 때에는 공동으로 담보책임 종료확인서를 작성해야 한다. 이 경우 담보책임기간이 만료되기 전에 담보책임 종료확인서를 작성해서는 안 된다(공동주택관리법 시행령 제39조 제5항).

1. 전유부분: 입주자
2. 공용부분: 입주자대표회의의 회장(의무관리대상 공동주택이 아닌 경우에는 집합건물의 소유 및 관리에 관한 법률에 따른 관리인을 말한다) 또는 5분의 4 이상의 입주자(입주자대표회의의 구성원 중 사용자인 동별 대표자가 과반수인 경우만 해당한다)

정답 ⑤

36 공동주택관리법령상 하자보수 등에 관한 설명으로 옳지 않은 것은?

① 사업주체는 담보책임기간에 공동주택에 하자가 발생한 경우에는 하자 발생으로 인한 손해를 배상할 책임이 있다.

② 하자보수청구 등에 관하여 입주자대표회의를 대행하는 관리주체는 공용부분의 하자에 대해 하자보수의 청구를 할 수 있다.

③ 의무관리대상 공동주택의 사업주체는 담보책임기간이 만료되기 30일 전까지 그 만료 예정일을 해당 의무관리대상 공동주택의 입주자대표회의에 서면으로 통보하여야 한다.

④ 전유부분에 대한 하자보수가 끝난 때에는 사업주체와 입주자는 담보책임기간이 만료되기 전에 공동으로 담보책임 종료확인서를 작성할 수 있다.

⑤ 공공임대주택의 전유부분에 대한 담보책임기간은 임차인에게 인도한 날부터 기산한다.

키워드 **하자담보책임 및 하자보수**

풀이 사업주체와 다음의 구분에 따른 자는 하자보수가 끝난 때에는 공동으로 담보책임 종료확인서를 작성해야 한다. 이 경우 담보책임기간이 만료되기 전에 담보책임 종료확인서를 작성해서는 안 된다(공동주택관리법 시행령 제39조 제5항).

1. 전유부분: 입주자
2. 공용부분: 입주자대표회의의 회장(의무관리대상 공동주택이 아닌 경우에는 집합건물의 소유 및 관리에 관한 법률에 따른 관리인을 말한다) 또는 5분의 4 이상의 입주자(입주자대표회의의 구성원 중 사용자인 동별 대표자가 과반수인 경우만 해당한다)

정답 ④

37 공동주택관리법령상 하자보수에 관한 설명으로 옳은 것은?

① 입주자는 공용부분에 대한 하자보수의 청구를 입주자대표회의, 관리주체에게 요청할 수 있다.

② 입주자대표회의의 회장은 공용부분의 담보책임 종료확인서를 작성하려면 입주자대표회의 의결을 거쳐야 한다. 이 경우 전체 입주자의 10분의 1 이상이 서면으로 반대하면 입주자대표회의는 의결을 할 수 없다.

③ 입주자대표회의등은 사업주체등과 협의하여 안전진단기관에 보수책임이 있는 하자범위에 해당하는지 여부 등 하자진단을 의뢰할 수 있다.

④ 시장·군수·구청장은 하자원인이 불분명한 사건의 경우에 대통령령으로 정하는 안전진단기관에 그에 따른 감정을 요청할 수 있다.

⑤ 안전진단기관은 하자감정을 의뢰받은 날부터 30일 이내에 그 결과를 하자분쟁조정위원회에 제출하여야 한다.

키워드 **하자담보책임 및 하자보수**

풀이 ② 입주자대표회의의 회장은 공용부분의 담보책임 종료확인서를 작성하려면 입주자대표회의의 의결을 거쳐야 한다. 이 경우 전체 입주자의 5분의 1 이상이 서면으로 반대하면 입주자대표회의는 의결을 할 수 없다(공동주택관리법 시행령 제39조 제6항).

③ 사업주체등은 입주자대표회의등 또는 임차인등의 하자보수청구에 이의가 있는 경우, 입주자대표회의등 또는 임차인등과 협의하여 대통령령으로 정하는 안전진단기관에 보수책임이 있는 하자범위에 해당하는지 여부 등 하자진단을 의뢰할 수 있다(공동주택관리법 제48조 제1항 전단).

④ 하자분쟁조정위원회는 다음의 어느 하나에 해당하는 사건의 경우에는 대통령령으로 정하는 안전진단기관에 그에 따른 감정을 요청할 수 있다(공동주택관리법 제48조 제2항).

1. 하자진단결과에 대하여 다투는 사건
2. 당사자 쌍방 또는 일방이 하자감정을 요청하는 사건
3. 하자원인이 불분명한 사건
4. 그 밖에 하자분쟁조정위원회에서 하자감정이 필요하다고 결정하는 사건

⑤ 안전진단기관은 하자감정을 의뢰받은 날부터 20일 이내에 그 결과를 하자분쟁조정위원회에 제출하여야 한다(공동주택관리법 시행령 제62조 제4항).

정답 ①

38 공동주택관리법령상 내력구조부의 하자보수에 관한 설명으로 옳지 않은 것은?

① 공동주택의 구조안전에 중대한 하자가 있다고 인정하는 경우에 사업주체는 안전진단기관에 안전진단을 의뢰할 수 있다.

② 내력구조부의 하자에 대한 안전진단에 드는 비용은 사업주체가 부담하는 것이 원칙이다.

③ 내력구조부의 하자의 범위에는 공동주택의 구조안전상 위험을 초래하거나 그 위험을 초래할 우려가 있는 정도의 균열·침하(沈下) 등의 결함이 발생한 경우도 해당한다.

④ 사업주체는 담보책임기간에 공동주택에 하자가 발생한 경우에는 하자 발생으로 인한 손해를 배상할 책임이 있다.

⑤ 내력구조부별 하자에 대한 담보책임기간은 10년이다.

키워드 **내력구조부의 하자보수**

풀이 시장·군수·구청장은 공동주택의 구조안전에 중대한 하자가 있다고 인정하는 경우에는 해당 공동주택의 안전진단을 의뢰할 수 있다(공동주택관리법 시행령 제40조 제1항).

정답 ①

39 **공동주택관리법령상 입주자대표회의등의 하자보수청구에 대한 이의가 있을 때, 사업주체가 보수책임이 있는 하자범위에 해당하는지 여부에 대해서 하자진단을 의뢰할 수 있는 안전진단기관이 아닌 것은?**

① 한국건설기술연구원
② 국토안전관리원
③ 「건축사법」에 따라 신고한 건축사
④ 국립 또는 공립의 주택 관련 시험·검사기관
⑤ 건축 분야의 안전진단전문기관

키워드 **하자진단 의뢰기관**

풀이 하자진단 의뢰기관(공동주택관리법 시행령 제62조 제1항)
1. 국토안전관리원
2. 한국건설기술연구원
3. 「엔지니어링산업 진흥법」에 따라 신고한 엔지니어링사업자
4. 「기술사법」에 따라 등록한 해당 분야의 기술사
5. 「건축사법」에 따라 신고한 건축사
6. 건축 분야 안전진단전문기관

정답 ④

40 **공동주택관리법령상 하자담보책임에 관한 내용으로 옳은 것은?**

① 「주택법」 제66조에 따른 리모델링을 수행한 시공자는 수급인의 담보책임을 진다.
② 「공공주택 특별법」에 따라 임대한 후 분양전환을 목적으로 공급하는 공동주택을 공급한 사업주체의 분양전환이 되기 전까지의 공용부분에 대한 하자담보책임기간은 임차인에게 인도한 날부터 기산한다.
③ 내력구조부별(건축법 제2조 제1항 제7호에 따른 건물의 주요구조부) 하자에 대한 담보책임기간은 5년이다.
④ 태양광설비공사 등 신재생에너지 설비공사의 담보책임기간은 1년이다.
⑤ 한국토지주택공사가 사업주체인 경우에도 하자보수보증금을 담보책임기간 동안 「은행법」에 따른 은행에 현금으로 예치하여야 한다.

키워드 **하자담보책임**

풀이 ② 공용부분은 「주택법」 제49조에 따른 사용검사일(공동주택의 전부에 대하여 임시사용승인을 받은 경우에는 그 임시사용승인일을 말하고, 분할 사용검사나 동별 사용검사를 받은 경우에는 그 분할 사용검사일 또는 동별 사용검사일을 말한다) 또는 「건축법」 제22조에 따른 공동주택의 사용승인일부터 기산한다(공동주택관리법 제36조 제3항 제2호).
③ 내력구조부별(건축법 제2조 제1항 제7호에 따른 건물의 주요구조부) 하자에 대한 담보책임기간은 10년이다(공동주택관리법 시행령 제36조 제1항 제1호).

④ 태양광설비공사 등 신재생에너지 설비공사의 담보책임기간은 3년이다(공동주택관리법 시행령 제36조 제1항 별표 4).
⑤ 사업주체는 대통령령으로 정하는 바에 따라 하자보수를 보장하기 위하여 하자보수보증금을 담보책임기간 동안 예치하여야 한다. 다만, 국가·지방자치단체·한국토지주택공사 및 지방공사인 사업주체의 경우에는 그러하지 아니하다(공동주택관리법 제38조 제1항).

정답 ①

41 공동주택관리법령상 하자보수보증금에 관한 설명으로 옳은 것은?

① 한국토지주택공사 및 지방공사인 사업주체는 하자보수보증금을 예치하여야 한다.
② 사업주체가 하자보수보증금을 은행에 현금으로 예치하거나 보증으로서 하자보수보증금 지급을 보장하는 보증에 가입하는 경우, 그 예치명의는 입주자대표회의로 하여야 한다.
③ 사업주체는 입주자대표회의가 구성된 때에는 지체 없이 하자보수보증금의 예치명의 또는 가입명의를 해당 입주자대표회의로 변경하고 입주자대표회의에 현금 예치증서 또는 보증서를 인계하여야 한다.
④ 입주자대표회의는 인계받은 하자보수보증금의 현금 예치증서 또는 보증서를 해당 공동주택의 관리주체로 하여금 보관하게 하여야 한다.
⑤ 입주자대표회의는 사업주체가 예치한 하자보수보증금을 사용검사일부터 10년이 경과된 때 하자보수보증금을 사업주체에게 일시에 반환하여야 한다.

키워드 **하자보수보증금의 예치 절차**

풀이 ① 사업주체는 대통령령으로 정하는 바에 따라 하자보수를 보장하기 위하여 하자보수보증금을 담보책임기간 동안 예치하여야 한다. 다만, 국가·지방자치단체·한국토지주택공사 및 지방공사인 사업주체의 경우에는 그러하지 아니하다(공동주택관리법 제38조 제1항).
② 사업주체(건설임대주택을 분양전환하려는 경우에는 그 임대사업자를 말한다)는 하자보수보증금을 은행(은행법에 따른 은행을 말한다)에 현금으로 예치하거나 보증으로서 하자보수보증금 지급을 보장하는 보증에 가입하여야 한다. 이 경우 그 예치명의 또는 가입명의는 사용검사권자로 하여야 한다(공동주택관리법 시행령 제41조 제1항).
③ 사용검사권자는 입주자대표회의가 구성된 때에는 지체 없이 하자보수보증금의 예치명의 또는 가입명의를 해당 입주자대표회의로 변경하고 입주자대표회의에 현금 예치증서 또는 보증서를 인계하여야 한다(공동주택관리법 시행령 제41조 제3항).
⑤ 입주자대표회의는 사업주체가 예치한 하자보수보증금을 다음의 구분에 따라 순차적으로 사업주체에게 반환하여야 한다(공동주택관리법 시행령 제45조 제1항).
1. 사용검사일부터 2년이 경과된 때: 하자보수보증금의 100분의 15
2. 사용검사일부터 3년이 경과된 때: 하자보수보증금의 100분의 40
3. 사용검사일부터 5년이 경과된 때: 하자보수보증금의 100분의 25
4. 사용검사일부터 10년이 경과된 때: 하자보수보증금의 100분의 20

정답 ④

42 **공동주택관리법령상 하자보수보증금에 관한 설명으로 옳지 않은 것은?** 제24회

① 지방공사인 사업주체는 대통령령으로 정하는 바에 따라 하자보수를 보장하기 위하여 하자보수보증금을 담보책임기간 동안 예치하여야 한다.

② 입주자대표회의등은 하자보수보증금을 하자심사·분쟁조정위원회의 하자 여부 판정 등에 따른 하자보수비용 등 대통령령으로 정하는 용도로만 사용하여야 한다.

③ 사업주체는 하자보수보증금을 「은행법」에 따른 은행에 현금으로 예치할 수 있다.

④ 입주자대표회의는 하자보수보증서 발급기관으로부터 하자보수보증금을 지급받기 전에 미리 하자보수를 하는 사업자를 선정해서는 아니 된다.

⑤ 입주자대표회의는 하자보수보증금을 사용한 때에는 그날부터 30일 이내에 그 사용명세를 사업주체에게 통보하여야 한다.

키워드 **하자보수보증금**

풀이 사업주체는 대통령령으로 정하는 바에 따라 하자보수를 보장하기 위하여 하자보수보증금을 담보책임기간(보증기간은 공용부분을 기준으로 기산한다) 동안 예치하여야 한다. 다만, 국가·지방자치단체·한국토지주택공사 및 지방공사인 사업주체의 경우에는 그러하지 아니하다(공동주택관리법 제38조 제1항).

정답 ①

43 **공동주택관리법령상 하자보수보증금에 관한 설명으로 옳은 것은?**

① 입주자대표회의는 사용검사권자로부터 인계받은 현금 예치증서 또는 보증서를 해당 공동주택의 관리주체로 하여금 보관하게 하여야 한다.

② 의무관리대상 공동주택의 경우에는 하자보수보증금의 사용 후 15일 이내에 그 사용내역을 국토교통부령으로 정하는 바에 따라 하자심사·분쟁조정위원회에 신고하여야 한다.

③ 하자보수보증금의 지급청구를 받은 하자보수보증서 발급기관은 청구일부터 15일 이내에 하자보수보증금을 지급하여야 한다.

④ 하자보수보증금을 예치받은 자는 하자보수보증금을 의무관리대상 공동주택의 입주자대표회의에 지급한 날부터 15일 이내에 지급 내역을 국토교통부령으로 정하는 바에 따라 관할 시장·군수·구청장에게 통보하여야 한다.

⑤ 입주자대표회의는 하자보수보증금을 사용한 때에는 그날부터 15일 이내에 그 사용명세를 사업주체에게 통보하여야 한다.

키워드 **하자보수보증금의 예치 절차**

풀이 ② 입주자대표회의등은 하자보수보증금을 하자심사·분쟁조정위원회의 하자 여부 판정 등에 따른 하자보수비용 등 대통령령으로 정하는 용도로만 사용하여야 하며, 의무관리대상 공동주택의 경우에는 하자보수보증금의 사용 후 30일 이내에 그 사용내역을 국토교통부령으로 정하는 바에 따라 시장·군수·구청장에게 신고하여야 한다(공동주택관리법 제38조 제2항).

③ 하자보수보증금의 지급청구를 받은 하자보수보증서 발급기관은 청구일부터 30일 이내에 하자보수보증금을 지급해야 한다. 다만, 송달된 하자 여부 판정서 정본에 따라 하자로 판정된 시설공사 등에 따른 하자보수비용 및 하자진단의 결과에 따른 하자보수비용의 경우 하자보수보증서 발급기관이 청구를 받은 금액에 이의가 있으면 하자분쟁조정위원회에 분쟁조정이나 분쟁재정을 신청한 후 그 결과에 따라 지급해야 한다(공동주택관리법 시행령 제44조 제2항).

④ 하자보수보증금을 예치받은 자(이하 '하자보수보증금의 보증서 발급기관'이라 한다)는 하자보수보증금을 의무관리대상 공동주택의 입주자대표회의에 지급한 날부터 30일 이내에 지급 내역을 국토교통부령으로 정하는 바에 따라 관할 시장·군수·구청장에게 통보하여야 한다(공동주택관리법 제38조 제3항).

⑤ 입주자대표회의는 하자보수보증금을 사용한 때에는 그날부터 30일 이내에 그 사용명세를 사업주체에게 통보하여야 한다(공동주택관리법 시행령 제44조 제5항).

정답 ①

PART 2

44 공동주택관리법령상 하자보수보증금의 순차적 반환비율에 관한 설명이다. (   )에 들어갈 내용으로 옳은 것은?

> 입주자대표회의는 사업주체가 예치한 하자보수보증금을 사용검사일부터 5년이 경과된 때에 사업주체에게 반환하여야 한다. 이 경우 반환금액은 하자보수보증금을 사용한 경우에는 이를 포함하여 하자보수보증금의 (   )의 비율로 계산하되, 이미 사용한 하자보수보증금은 반환하지 아니한다.

① 100분의 15
② 100분의 20
③ 100분의 25
④ 100분의 40
⑤ 100분의 50

키워드 **하자보수보증금의 반환비율**

풀이 입주자대표회의는 사업주체가 예치한 하자보수보증금을 다음의 구분에 따라 순차적으로 사업주체에게 반환하여야 한다(공동주택관리법 시행령 제45조 제1항).

1. 사용검사일부터 2년이 경과된 때: 하자보수보증금의 100분의 15
2. 사용검사일부터 3년이 경과된 때: 하자보수보증금의 100분의 40
3. 사용검사일부터 5년이 경과된 때: 하자보수보증금의 100분의 25
4. 사용검사일부터 10년이 경과된 때: 하자보수보증금의 100분의 20

정답 ③

45 **공동주택관리법령상 하자심사·분쟁조정 및 분쟁재정에 관한 설명으로 옳지 않은 것은?**

① 담보책임 및 하자보수 등과 관련한 사무를 관장하기 위하여 국토교통부에 하자심사·분쟁조정위원회를 둔다.

② 사용자와 사업주체등 간의 하자담보책임 및 하자보수 등에 대한 분쟁의 조정 및 재정은 하자분쟁조정위원회의 사무에 포함된다.

③ 사업주체등·설계자 및 감리자 간에 하자의 책임범위 등에 대하여 발생하는 분쟁의 조정 및 재정은 하자분쟁조정위원회의 사무에 포함된다.

④ 하자분쟁조정위원회의 위원은 공동주택 하자에 관한 학식과 경험이 풍부한 사람으로서 주택관리사인 경우 공동주택의 관리사무소장으로 10년 이상 근무한 사람 중에서 임명 또는 위촉할 수 있다.

⑤ 신청한 하자심사·분쟁조정 또는 분쟁재정 사건 중에서 여러 사람이 공동으로 조정등의 당사자가 되는 사건의 경우에는 그중에서 3명 이하의 사람을 대표자로 선정할 수 있다.

키워드 **하자심사·분쟁조정 및 분쟁재정**

풀이 하자분쟁조정위원회의 사무는 하자담보책임 및 하자보수 등에 대한 사업주체·하자보수보증금의 보증서 발급기관(이하 '사업주체등'이라 한다)과 입주자대표회의등·임차인등 간의 분쟁의 조정 및 재정이 포함된다(공동주택관리법 제39조 제2항 제2호).

정답 ②

46 **공동주택관리법령상 하자심사·분쟁조정위원회에 관한 설명으로 옳은 것은?**

① 담보책임 및 하자보수 등과 관련한 사무를 관장하기 위하여 시·도에 하자심사·분쟁조정위원회를 둔다.

② 하자분쟁조정위원회는 위원장 1명을 포함한 50명 이내의 위원으로 구성한다.

③ 하자 여부 판정 또는 분쟁조정을 다루는 분과위원회는 하자분쟁조정위원회의 위원장이 지명하는 5명의 위원으로 구성한다.

④ 분쟁재정을 다루는 분과위원회는 위원장이 지명하는 9명 이상 15명 이하의 위원으로 구성한다.

⑤ 위원장은 분과위원회별로 사건의 심리 등을 위하여 전문분야 등을 고려하여 3명 이상 5명 이하의 위원으로 소위원회를 구성할 수 있다.

키워드 **하자심사·분쟁조정위원회의 구성**

풀이 ① 담보책임 및 하자보수 등과 관련한 사무를 관장하기 위하여 국토교통부에 하자심사·분쟁조정위원회를 둔다(공동주택관리법 제39조 제1항).

② 하자분쟁조정위원회는 위원장 1명을 포함한 60명 이내의 위원으로 구성하며, 위원장은 상임으로 한다(공동주택관리법 제40조 제1항).

③ 하자 여부 판정 또는 분쟁조정을 다루는 분과위원회는 하자분쟁조정위원회의 위원장이 지명하는 9명 이상 15명 이하의 위원으로 구성한다(공동주택관리법 제40조 제3항).

④ 분쟁재정을 다루는 분과위원회는 위원장이 지명하는 5명의 위원으로 구성하되, 판사·검사 또는 변호사의 직에 6년 이상 재직한 사람이 1명 이상 포함되어야 한다(공동주택관리법 제40조 제4항).

정답 ⑤

PART 2

47 공동주택관리법령상 하자심사·분쟁조정위원회의 구성 등에 관한 설명으로 옳은 것은?

① 하자분쟁조정위원회의 위원은 공인된 대학이나 연구기관에서 부교수 이상 또는 이에 상당하는 직에 재직한 사람이 9명 이상 포함되어야 한다.

② 위원장과 공무원이 아닌 위원의 임기는 3년으로 하되 연임할 수 있으며, 보궐위원의 임기는 전임자의 남은 임기로 한다.

③ 하자분쟁조정위원회의 위원장은 위원의 전문성과 경력 등을 고려하여 각 분과위원회별 위원을 지명하여야 한다.

④ 위원장은 분과위원회별로 사건의 심리 등을 위하여 전문분야 등을 고려하여 5명의 위원으로 소위원회를 구성한다.

⑤ 당사자는 위원에게 공정한 조정등을 기대하기 어려운 사정이 있는 경우에는 하자분쟁조정위원회에 회피신청을 할 수 있다.

키워드 **하자심사·분쟁조정위원회의 구성**

풀이 ① 하자분쟁조정위원회의 위원은 판사·검사 또는 변호사의 직에 6년 이상 재직한 사람이 9명 이상 포함되어야 한다(공동주택관리법 제40조 제7항 후단).

② 위원장과 공무원이 아닌 위원의 임기는 2년으로 하되 연임할 수 있으며, 보궐위원의 임기는 전임자의 남은 임기로 한다(공동주택관리법 제40조 제8항).

④ 위원장은 분과위원회별로 사건의 심리 등을 위하여 전문분야 등을 고려하여 3명 이상 5명 이하의 위원으로 소위원회를 구성할 수 있다. 이 경우 위원장이 해당 분과위원회 위원 중에서 소위원회의 위원장을 지명한다(공동주택관리법 제40조 제6항).

⑤ 당사자는 위원에게 공정한 조정등을 기대하기 어려운 사정이 있는 경우에는 하자분쟁조정위원회에 기피신청을 할 수 있으며, 하자분쟁조정위원회는 기피신청이 타당하다고 인정하면 기피결정을 하여야 한다(공동주택관리법 제41조 제3항).

정답 ③

48 공동주택관리법령상 하자심사·분쟁조정위원회의 위원이 될 수 있는 사람에 해당하는 것은?

① 5급 상당의 공무원
② 공인된 대학의 조교수로 재직 중인 사람
③ 변호사의 자격을 취득한 후 6년을 재직한 사람
④ 주택관리사로서 공동주택의 관리사무소장으로 8년을 근무한 사람
⑤ 「건축사법」에 따라 신고한 건축사로서 그 업무에 7년을 종사한 사람

키워드 **하자심사·분쟁조정위원회의 구성**

풀이 하자분쟁조정위원회의 위원은 공동주택 하자에 관한 학식과 경험이 풍부한 사람으로서 다음의 어느 하나에 해당하는 사람 중에서 국토교통부장관이 임명 또는 위촉한다. 이 경우 3.에 해당하는 사람이 9명 이상 포함되어야 한다(공동주택관리법 제40조 제7항).

1. 1급부터 4급까지 상당의 공무원 또는 고위공무원단에 속하는 공무원이거나 이와 같은 직에 재직한 사람
2. 공인된 대학이나 연구기관에서 부교수 이상 또는 이에 상당하는 직에 재직한 사람
3. 판사·검사 또는 변호사 자격을 취득한 후 6년 이상 재직한 사람
4. 건설공사, 전기공사, 정보통신공사, 소방시설공사, 시설물 정밀안전진단 또는 감정평가에 대한 전문적 지식을 갖추고 그 업무에 10년 이상 종사한 사람
5. 주택관리사로서 공동주택의 관리사무소장으로 10년 이상 근무한 사람
6. 「건축사법」에 따라 신고한 건축사 또는 「기술사법」에 따라 등록한 기술사로서 그 업무에 10년 이상 종사한 사람

정답 ③

49 공동주택관리법령상 하자심사·분쟁조정위원회의 회의 등에 관한 설명으로 옳지 않은 것은?

① 위원장은 전체위원회, 분과위원회 및 소위원회의 회의를 소집한다.
② 전체위원회 회의는 재적위원 과반수의 출석으로 개의하고, 그 출석위원 과반수의 찬성으로 의결한다.
③ 분과위원회는 하자 여부 판정, 분쟁조정 및 분쟁재정 사건을 심의·의결하며, 회의는 그 구성원 과반수의 출석으로 개의하고 출석위원 과반수(분쟁재정을 다루는 분과위원회의 회의의 경우에는 출석위원 전원을 말한다)의 찬성으로 의결한다.
④ 소위원회는 소관 분과위원회의 사건에 대한 심리 등을 수행하며, 회의는 그 구성원 과반수의 출석으로 개의하고 출석위원 전원의 찬성으로 의결한다.
⑤ 하자분쟁조정위원회는 분쟁조정 신청을 받으면 조정절차 계속 중에도 당사자에게 하자보수 및 손해배상 등에 관한 합의를 권고할 수 있다. 이 경우 권고는 조정절차의 진행에 영향을 미치지 아니한다.

키워드 **하자심사·분쟁조정위원회의 회의 등**

풀이 분과위원회는 하자 여부 판정, 분쟁조정 및 분쟁재정 사건을 심의·의결하며, 회의는 그 구성원 과반수(분쟁재정을 다루는 분과위원회의 회의의 경우에는 그 구성원 전원을 말한다)의 출석으로 개의하고 출석위원 과반수의 찬성으로 의결한다. 이 경우 분과위원회에서 의결한 사항은 하자분쟁조정위원회에서 의결한 것으로 본다(공동주택관리법 제42조 제3항).

정답 ③

50 공동주택관리법령상 하자심사·분쟁조정위원회의 회의 등에 관한 설명으로 옳은 것은?

① 분과위원회의 회의의 의장은 분과위원장이 된다. 다만, 청구금액이 5억원 이상인 분쟁조정사건은 위원장이 의장이 된다.

② 소위원장은 소위원회를 소집하며, 해당 회의의 의장이 된다.

③ 소위원회는 2천만원 미만의 소액 사건을 심의·의결한다.

④ 하자분쟁조정위원회 위원장은 전체위원회, 분과위원회 또는 소위원회 회의를 소집하려면 특별한 사정이 있는 경우를 제외하고는 회의 개최 2일 전까지 회의의 일시·장소 및 안건을 각 위원에게 알려야 한다.

⑤ 국토교통부장관은 조정등 사건의 접수·통지와 송달, 공동주택의 하자와 관련된 민원상담과 홍보 등을 인터넷을 이용하여 처리하기 위하여 하자관리정보시스템을 구축·운영할 수 있다.

키워드 **하자심사·분쟁조정위원회의 회의 등**

풀이 ①② 위원장은 전체위원회, 분과위원회 및 소위원회의 회의를 소집하며, 해당 회의의 의장은 다음의 구분에 따른다(공동주택관리법 제42조 제1항, 동법 시행령 제51조).

1. 전체위원회: 위원장
2. 분과위원회: 분과위원장. 다만, 다음의 사항을 심의하는 경우에는 위원장이 의장이 된다.
   ㉠ 하자 여부 판정 결과에 대한 재심의사건
   ㉡ 청구금액이 10억원 이상인 분쟁조정사건
   ㉢ 국토교통부장관이 필요하다고 인정하는 분과위원회의 안건으로서 하자분쟁위원회의 의사 및 운영 등에 관한 사항
3. 소위원회: 소위원장

③ 소위원회는 1천만원 미만의 소액 사건을 심의·의결한다(공동주택관리법 제42조 제4항 제1호).

④ 하자분쟁조정위원회 위원장은 전체위원회, 분과위원회 또는 소위원회 회의를 소집하려면 특별한 사정이 있는 경우를 제외하고는 회의 개최 3일 전까지 회의의 일시·장소 및 안건을 각 위원에게 알려야 한다(공동주택관리법 시행령 제53조 제1항).

정답 ⑤

51 **공동주택관리법령상 조정등을 신청하는 자와 그 상대방이 대리인으로 선임할 수 없는 자에 해당하는 것은?**

① 변호사
② 의무관리대상 공동주택의 관리사무소장
③ 6촌인 친족
④ 주택(전유부분에 한정한다)의 사용자
⑤ 당사자가 국가 또는 지방자치단체인 경우에는 그 소속 공무원

키워드 **대리인 선임**

풀이 조정등을 신청하는 자와 그 상대방은 다음의 어느 하나에 해당하는 사람을 대리인으로 선임할 수 있다(공동주택관리법 제42조의2 제1항).
1. 변호사
2. 「집합건물의 소유 및 관리에 관한 법률」에 따른 관리단의 관리인
3. 의무관리대상 공동주택의 관리사무소장
4. 당사자의 배우자 또는 4촌 이내의 친족
5. 주택(전유부분에 한정한다)의 사용자
6. 당사자가 국가 또는 지방자치단체인 경우에는 그 소속 공무원
7. 당사자가 법인인 경우에는 그 법인의 임원 또는 직원

정답 ③

52 **공동주택관리법령상 하자심사·분쟁조정위원회의 조정등에 관한 설명으로 옳지 않은 것은?**

① 조정등을 신청하는 자와 그 상대방은 의무관리대상 공동주택의 관리사무소장을 대리인으로 선임할 수 있다.
② 하자분쟁조정위원회는 해당 사건들을 분리하거나 병합한 경우에는 조정등의 당사자에게 지체 없이 그 결과를 알려야 한다.
③ 하자분쟁조정위원회는 조정등의 사건의 처리 절차가 진행되는 도중에 한쪽 당사자가 법원에 소송(訴訟)을 제기한 경우에는 조정등의 신청을 각하한다.
④ 하자 여부 판정 결과에 대하여 이의가 있는 자는 하자 여부 판정서를 송달받은 날부터 30일 이내에 안전진단전문기관 또는 관계 전문가가 작성한 의견서를 첨부하여 국토교통부령으로 정하는 바에 따라 이의신청을 할 수 있다.
⑤ 재심의를 하는 분과위원회가 당초의 하자 여부 판정을 변경하기 위하여는 재적위원 과반수의 출석으로 개의하고 출석위원 과반수의 찬성으로 의결하여야 한다. 이 경우 출석위원 과반수가 찬성하지 아니한 경우에는 당초의 판정을 하자분쟁조정위원회의 최종 판정으로 본다.

키워드 **하자심사·분쟁조정위원회의 조정등**

풀이 재심의를 하는 분과위원회가 당초의 하자 여부 판정을 변경하기 위하여는 재적위원 과반수의 출석으로 개의하고 출석위원 3분의 2 이상의 찬성으로 의결하여야 한다. 이 경우 출석위원 3분의 2 이상이 찬성하지 아니한 경우에는 당초의 판정을 하자분쟁조정위원회의 최종 판정으로 본다(공동주택관리법 제43조 제7항).

정답 ⑤

53 공동주택관리법령상 하자심사·분쟁조정위원회의 조정등에 관한 설명으로 옳은 것은?

① 조정안을 제시받은 당사자는 그 제시를 받은 날부터 30일 이내에 그 수락 여부를 하자분쟁조정위원회에 통보하여야 한다. 이 경우 수락 여부에 대한 답변이 없는 때에는 그 조정안을 수락한 것으로 보지 않는다.

② 하자분쟁조정위원회는 분쟁의 재정을 위하여 심문(審問)의 기일을 정하고, 심문기일의 5일 전까지 당사자에게 심문기일을 통지해야 한다.

③ 재정문서는 그 정본이 당사자에게 송달된 날부터 30일 이내에 당사자 양쪽 또는 어느 한쪽이 그 재정의 대상인 공동주택의 하자담보책임을 원인으로 하는 소송을 제기하지 아니하거나 그 소송을 취하한 경우 재판상 화해와 동일한 효력이 있다.

④ 하자분쟁조정위원회로부터 조정등의 신청내용에 대한 통지를 받은 상대방은 신청내용에 대한 답변서를 특별한 사정이 없으면 15일 이내에 하자분쟁조정위원회에 제출하여야 한다.

⑤ 분쟁재정을 다루는 분과위원회는 재정신청된 사건을 분쟁조정에 회부하는 것이 적합하다고 인정하는 경우에는 분쟁조정을 다루는 분과위원회에 송부하여 조정하게 할 수 있다.

키워드 **하자심사·분쟁조정위원회의 분쟁조정**

풀이
① 조정안을 제시받은 당사자는 그 제시를 받은 날부터 30일 이내에 그 수락 여부를 하자분쟁조정위원회에 통보하여야 한다. 이 경우 수락 여부에 대한 답변이 없는 때에는 그 조정안을 수락한 것으로 본다(공동주택관리법 제44조 제2항).
② 하자분쟁조정위원회는 심문기일의 7일 전까지 당사자에게 심문기일을 통지해야 한다(공동주택관리법 시행령 제60조의2 제2항).
③ 재정문서는 그 정본이 당사자에게 송달된 날부터 60일 이내에 당사자 양쪽 또는 어느 한쪽이 그 재정의 대상인 공동주택의 하자담보책임을 원인으로 하는 소송을 제기하지 아니하거나 그 소송을 취하한 경우 재판상 화해와 동일한 효력이 있다. 다만, 당사자가 임의로 처분할 수 없는 사항으로서 대통령령으로 정하는 사항은 그러하지 아니하다(공동주택관리법 제44조의2 제7항).
④ 조정등의 신청내용에 대한 통지를 받은 상대방은 신청내용에 대한 답변서를 특별한 사정이 없으면 10일 이내에 하자분쟁조정위원회에 제출하여야 한다(공동주택관리법 제46조 제2항).

정답 ⑤

54 공동주택관리법령상 하자심사·분쟁조정위원회에 관한 설명으로 옳은 것은?

① 하자분쟁조정위원회는 조정등의 신청을 받은 날부터 하자심사 및 분쟁조정은 150일(공용부분의 경우 180일) 이내에 그 절차를 완료하여야 한다.

② 기간 이내에 조정등을 완료할 수 없는 경우에는 해당 사건을 담당하는 분과위원회 또는 소위원회의 의결로 그 기간을 한 차례만 연장할 수 있으나, 그 기간은 60일 이내로 한다.

③ 하자분쟁조정위원회로부터 조정등의 신청에 관한 통지를 받은 사업주체등, 설계자, 감리자 및 입주자대표회의등 및 임차인등은 분쟁조정에 응할 수 있다.

④ 조정등의 신청에 관한 통지를 받은 입주자(공공임대주택의 경우에는 임차인을 말한다)가 조정기일에 출석하지 아니한 경우에는 하자분쟁조정위원회가 직권으로 조정안을 결정하고, 이를 각 당사자 또는 그 대리인에게 제시할 수 있다.

⑤ 하자분쟁조정위원회는 분쟁의 조정등의 절차에 관하여 「공동주택관리법」에서 규정하지 아니한 사항 및 소멸시효의 중단에 관하여는 「민사소송법」을 준용한다.

키워드 **하자심사·분쟁조정위원회의 조정절차**

풀이 ① 하자분쟁조정위원회는 조정등의 신청을 받은 때에는 지체 없이 조정등의 절차를 개시하여야 한다. 이 경우 하자분쟁조정위원회는 그 신청을 받은 날부터 다음의 구분에 따른 기간(흠결보정기간 및 하자감정기간은 제외한다) 이내에 그 절차를 완료하여야 한다(공동주택관리법 제45조 제1항).

1. 하자심사 및 분쟁조정: 60일(공용부분의 경우 90일)
2. 분쟁재정: 150일(공용부분의 경우 180일)

② 기간 이내에 조정등을 완료할 수 없는 경우에는 해당 사건을 담당하는 분과위원회 또는 소위원회의 의결로 그 기간을 한 차례만 연장할 수 있으나, 그 기간은 30일 이내로 한다(공동주택관리법 제45조 제3항).

③ 하자분쟁조정위원회로부터 조정등의 신청에 관한 통지를 받은 사업주체등, 설계자, 감리자 및 입주자대표회의등 및 임차인등은 분쟁조정에 응하여야 한다. 다만, 조정등의 신청에 관한 통지를 받은 입주자(공공임대주택의 경우에는 임차인을 말한다)가 조정기일에 출석하지 아니한 경우에는 하자분쟁조정위원회가 직권으로 조정안을 결정하고, 이를 각 당사자 또는 그 대리인에게 제시할 수 있다(공동주택관리법 제46조 제3항).

⑤ 하자분쟁조정위원회는 분쟁의 조정등의 절차에 관하여 「공동주택관리법」에서 규정하지 아니한 사항 및 소멸시효의 중단에 관하여는 「민사조정법」을 준용한다(공동주택관리법 제47조 제1항).

정답 ④

55 공동주택관리법령상 하자심사·분쟁조정위원회에 관한 설명으로 옳지 않은 것은?

① 국토교통부장관은 하자분쟁조정위원회의 운영 및 사무처리를 국토안전관리원에 위탁할 수 있다.

② 사무국의 조직·인력은 국토안전관리원의 원장이 국토교통부장관의 승인을 받아 정한다.

③ 하자분쟁조정위원회가 수행하는 조정등의 절차 및 의사결정과정은 공개한다. 다만, 분과위원회 및 소위원회에서 공개하지 아니할 것을 의결한 경우에는 그러하지 아니하다.

④ 조정등의 진행과정에서 조사·검사, 자료 분석 등에 별도의 비용이 발생하는 경우 비용 부담의 주체, 부담 방법 등에 필요한 사항은 국토교통부령으로 정한다.

⑤ 하자분쟁조정위원회가 조정등을 신청받은 때에는 위원장은 하자분쟁조정위원회의 사무국 직원으로 하여금 조정등의 대상물 및 관련 자료를 조사·검사 및 열람하게 하거나 참고인의 진술을 들을 수 있도록 할 수 있다.

PART 2

키워드 **하자심사·분쟁조정위원회의 조정절차**

풀이 하자분쟁조정위원회가 수행하는 조정등의 절차 및 의사결정과정은 공개하지 아니한다. 다만, 분과위원회 및 소위원회에서 공개할 것을 의결한 경우에는 그러하지 아니하다(공동주택관리법 제50조 제1항).

정답 ③

56 벽돌벽 균열의 원인 중 계획·설계상의 미비와 가장 관련이 없는 것은?

① 건물의 평면, 입면의 불균형

② 온도 및 습기에 의한 재료의 신축성

③ 벽돌벽의 길이, 높이에 비해 부족한 두께

④ 문꼴 크기의 불합리 및 불균형 배치

⑤ 불균형 하중, 큰 집중하중, 횡력 및 충격

키워드 **벽돌벽 균열의 원인**

풀이 온도 및 습기에 의한 재료의 신축성은 시공상의 결함에 의한 균열이다.

정답 ②

57 시공상의 결함으로 인한 균열이 아닌 것은?

① 모르타르의 배합불량으로 인한 균열
② 콘크리트의 형틀의 조기 제거로 인한 균열
③ 콜드조인트로 처리불량에 의한 균열
④ 과도한 집중하중 및 횡력에 의한 균열
⑤ 벽돌벽의 부분적 시공결함으로 인한 균열

키워드 **균열원인의 비교**
풀이 과도한 집중하중 및 횡력에 의한 균열은 설계상의 하자로 인한 균열이다.

정답 ④

58 벽돌벽의 균열원인과 가장 관련이 없는 것은?

① 기초의 부농침하
② 내력벽의 불균형 배치
③ 상하 개구부의 수직선상 배치
④ 벽돌 및 모르타르의 강도부족과 신축성
⑤ 온도 및 습기에 의한 재료의 신축성

키워드 **벽돌벽 균열의 원인**
풀이 균열발생을 줄이기 위해서는 상하 개구부를 수직선상에 배치하여야 한다.

정답 ③

59 조적조 건물의 벽체 균열에 대한 계획·설계상 대책으로 옳지 않은 것은?

① 건물의 복잡한 평면구성을 피한다.
② 건축물의 자중을 크게 한다.
③ 테두리보를 설치한다.
④ 상하층의 창문 위치 및 너비를 일치시킨다.
⑤ 벽돌벽의 길이가 길면 벽의 두께를 두껍게 한다.

키워드 **벽돌벽 균열의 대책**
풀이 건축물의 자중을 크게 하면 부동침하가 발생하여 균열이 발생할 수 있다.

정답 ②

60 철근콘크리트 구조물의 내구성 저하요인으로 옳지 않은 것은?

① 수화반응으로 생긴 수산화칼슘
② 기상작용으로 인한 동결융해
③ 부식성 화학물질과의 반응으로 인한 화학적 침식
④ 알칼리 골재반응
⑤ 철근의 부식

키워드 **철근콘크리트 구조물의 균열원인**

풀이 수화반응으로 생긴 수산화칼슘 때문에 콘크리트는 강한 알칼리성을 띠게 되고, 내부에 매입된 철근이 녹슬지 않도록 보호해준다.
②③④⑤ 철근콘크리트 구조물의 균열원인으로 내구성 저하요인이다.

정답 ①

61 철근콘크리트 균열원인 중 시공과 관련이 없는 것은? 제13회

① 경화 전의 진동 및 재하
② 불균일한 타설
③ 펌프 압송 시 수량(水量)의 증가
④ 철근의 휨 및 피복두께의 감소
⑤ 과도한 적재하중

키워드 **철근콘크리트 균열원인**

풀이 과도한 적재하중으로 발생한 균열은 계획·설계상 미비로 인한 균열이다.

정답 ⑤

62 철근콘크리트 구조물에서 시공상 하자에 의한 균열의 원인과 관계가 가장 먼 것은? 제16회

① 혼화제의 불균일한 분산
② 이음처리의 부정확
③ 거푸집의 변형
④ 경화 전의 진동과 재하
⑤ 콘크리트의 침하 및 블리딩(Bleeding)

키워드 **균열원인의 비교**

풀이 콘크리트의 침하 및 블리딩(Bleeding)에 의한 균열은 콘크리트의 재료상 균열에 해당한다.

정답 ⑤

63 **콘크리트의 균열을 시기에 따라 구분할 때 콘크리트의 경화 전 균열의 원인이 아닌 것은?**

① 거푸집 변형　　② 진동 또는 충격
③ 소성수축·소성침하　　④ 수화열
⑤ 건조수축

키워드 **균열의 발생시기**
풀이 건조수축에 의한 균열은 콘크리트의 경화 후에 발생한다.

정답 ⑤

64 **콘크리트 구조물에 발생하는 균열에 관한 설명으로 옳지 않은 것은?**

① 재료분리는 입경이 큰 재료의 비율이 클수록 증가한다.
② 침하균열은 배근된 철근 직경이 클수록 증가한다.
③ 건조수축균열은 물시멘트비가 높을수록 증가한다.
④ 소성수축균열은 풍속이 약할수록 증가한다.
⑤ 온도균열은 콘크리트 내·외부의 온도차와 부재단면이 클수록 증가한다.

키워드 **콘크리트 구조물에 발생하는 균열**
풀이 소성수축균열은 풍속이 강할수록 증가한다.

정답 ④

65 **콘크리트 균열의 보수 및 보강에 관한 설명으로 옳지 않은 것은?**

① 주입공법은 작업의 신속성을 위하여 균열부위에 주입파이프를 설치하여 보수재를 고압고속으로 주입하는 공법이다.
② 표면처리공법은 균열 0.2mm 이하의 부위를 수지로 충전하고 균열표면에 보수재료를 씌우는 공법이다.
③ 충전공법 사용재료는 실링재, 에폭시수지 및 폴리머시멘트 모르타르 등이 있다.
④ 탄소섬유접착공법은 탄소섬유판을 에폭시수지 등으로 콘크리트 면에 부착시켜 탄소섬유관의 높은 인장저항성으로 콘크리트를 보강하는 공법이다.
⑤ 강재 앵커공법은 균열부분을 U자형 앵커체로 봉합시켜 내구력을 회복시키며, 보강할 부위가 넓지 않은 경우에 적용할 수 있다.

키워드 **콘크리트 균열의 보수 및 보강공법**

풀이 주입공법은 주로 저점도의 에폭시를 사용하므로 주입속도가 빠르거나 압력이 높으면 효과가 작다.

정답 ①

66 건축물의 외벽 백화현상에 관한 설명으로 옳지 않은 것은? 제13회

① 기온이 낮은 겨울철에 많이 발생한다.

② 습도가 비교적 낮을 때 발생한다.

③ 벽돌의 흡수율이 높거나 소성 불량 시 발생한다.

④ 그늘진 면, 북쪽 면에서 많이 발생한다.

⑤ 시멘트 제품의 재령이 짧을 때 발생한다.

키워드 **백화의 발생원인**

풀이 백화현상은 습도가 높은 경우에 발생한다.

정답 ②

67 건축물의 외관을 해치는 백화에 관한 설명으로 옳지 않은 것은?

① 배합수 중에 용해되는 가용 성분이 시멘트 경화체의 표면건조 후 나타나는 현상을 백화라 한다.

② 시멘트는 수산화칼슘의 주성분인 생석회의 다량 공급원으로서 백화의 주요 요인이다.

③ 백화현상은 미장 표면뿐만 아니라 벽돌벽체, 타일 및 착색 시멘트 제품 표면에도 발생한다.

④ 백화는 주로 여름철에 많이 발생하며, 기온이 높고 습도가 낮을 때 많이 발생한다.

⑤ 배합수 중에 용해되는 가용 성분이 시멘트 경화체의 표면건조 후 나타나는 백화를 1차 백화라 한다.

키워드 **백화의 발생원인**

풀이 백화는 기온이 낮은 겨울철과 습도가 높을 때 많이 발생한다.

정답 ④

68 백화를 방지하기 위한 방법으로 옳지 않은 것을 모두 고른 것은?

㉠ 10% 이하의 흡수율을 가진 양질의 벽돌을 사용한다. ㉡ 줄눈에 분말도가 작은 시멘트를 사용한다. ㉢ 줄눈 모르타르에 석회를 혼합하여 우수의 침입을 방지한다. ㉣ 조립률이 작은 골재를 사용한다. ㉤ 파라핀 도료를 발라 염류가 나오는 것을 방지한다.

① ㉠, ㉡
② ㉠, ㉣
③ ㉡, ㉢, ㉣
④ ㉢, ㉣, ㉤
⑤ ㉠, ㉡, ㉢, ㉣, ㉤

키워드 **백화의 방지대책**

풀이 ㉡ 백화를 방지하기 위해서는 줄눈에 분말도가 큰 시멘트를 사용한다.
㉢ 벽돌의 백화현상은 석회 때문에 발생하므로 줄눈에 석회를 넣어 시공하면 백화가 더 많이 발생한다.
㉣ 백화를 방지하기 위해서는 조립률이 큰 골재를 사용한다.

정답 ③

69 결로의 발생원인이 아닌 것은?

① 실내외 온도차
② 실내의 습기 부족
③ 구조체의 열적 특성
④ 생활습관에 의한 환기 부족
⑤ 시공 직후의 미건조 상태

키워드 **결로의 발생원인**

풀이 결로는 다음의 여러 가지 원인이 복합적으로 작용하여 발생한다.
1. 실내외 온도차: 실내외 온도차가 클수록 많이 발생한다.
2. 실내 습기의 과다 발생: 가정에서 호흡, 조리, 세탁 등으로 하루 약 12kg의 습기 발생
3. 생활습관에 의한 환기 부족: 대부분의 주거활동이 창문을 닫은 상태인 야간에 이루어짐
4. 구조체의 열적 특성: 단열이 어려운 보, 기둥, 수평지붕
5. 시공불량: 단열시공의 불안전
6. 시공 직후의 미건조 상태에 따른 결로: 콘크리트, 모르타르, 벽돌
➡ 열전달, 열전도율, 열관류율이 클수록 결로현상이 심하다.

정답 ②

70 실내의 결로현상에 관한 설명으로 옳지 않은 것은?

① 열전도율이 높을수록 심하다.
② 환기횟수를 증가시킬수록 심하다.
③ 실내외 온도차가 클수록 심하다.
④ 실내의 절대습도가 높을수록 심하다.
⑤ 열관류저항이 작을수록 심하다.

키워드 **결로의 발생원인**
풀이 결로현상은 환기횟수가 적을수록 심하다.

정답 ②

71 건축물의 결로에 관한 설명으로 옳지 않은 것은? 제12회

① 결로에는 내부결로와 표면결로가 있다.
② 유리창의 표면결로 발생에는 복층유리를 사용하면 효과가 있다.
③ 표면결로를 방지하기 위해서는 공기와의 접촉면을 노점온도 이상으로 유지해야 한다.
④ 실내에서 표면결로를 방지하기 위해서는 수증기 발생을 억제하고, 환기를 통해 수증기를 배출시킨다.
⑤ 구조체의 내부결로를 방지하기 위해서는 실외 측에 방습층을 설치한다.

키워드 **결로의 방지대책**
풀이 구조체의 내부결로를 방지하기 위해서는 실내의 고온 측에 방습층을 설치한다.

정답 ⑤

72 **결로에 관한 설명으로 옳지 않은 것은?** 제14회

① 내부결로는 벽체 내부의 온도가 노점온도보다 높을 때 발생한다.
② 겨울철 내부결로를 방지하기 위해 방습층을 단열재의 실내 측에 설치하는 것이 좋다.
③ 실내 수증기 발생을 억제할 경우 표면결로 방지에 효과가 있다.
④ 겨울철 외벽의 내부결로 방지를 위해서는 내단열보다 외단열이 우수하다.
⑤ 겨울철 외벽의 열관류율이 높은 경우 결로가 발생하기 쉽다.

키워드 **결로의 발생원인과 방지대책**
풀이 내부결로는 벽체 내부의 온도가 노점온도보다 낮을 때 발생한다.

정답 ①

73 **실내 표면결로 현상에 관한 설명으로 옳지 않은 것은?** 제17회

① 벽체 열저항이 작을수록 심해진다.
② 실내외 온도차가 클수록 심해진다.
③ 열교현상이 발생할수록 심해진다.
④ 실내의 공기온도가 높을수록 심해진다.
⑤ 실내의 절대습도가 높을수록 심해진다.

키워드 **결로의 발생원인**
풀이 실내의 공기온도가 낮을수록 심해진다.

정답 ④

74 **결로현상에 관한 설명으로 옳지 않은 것은?**

① 실내의 상대습도가 높으면 표면결로가 발생하기 쉽다.
② 열교(Heat Bridge)가 생기면 결로가 생기기 쉽다.
③ 실내 공기의 노점이 실내 벽의 표면온도보다 높으면 결로가 생긴다.
④ 결로는 단열과 관계가 있으나 방습층과는 무관하다.
⑤ 창에 커튼을 달면 유리창 쪽에서의 결로는 오히려 심해진다.

키워드 **결로의 발생원인**
풀이 방습층을 단열재의 고온 측에 설치하면 구조체의 내부결로를 줄일 수 있다.

정답 ④

75 겨울철 실내 표면결로의 방지대책으로 옳지 않은 것을 모두 고른 것은?

> ㉠ 벽의 단열성을 좋게 하여 열관류저항을 크게 한다.
> ㉡ 실내 수증기압을 낮추어 실내 공기의 노점온도를 낮게 한다.
> ㉢ 방습재는 저온 측(실외)에, 단열재는 고온 측(실내)에 배치한다.
> ㉣ 건물 내부의 표면온도를 노점온도 이하로 한다.
> ㉤ 비난방실 등으로의 수증기 침입을 억제한다.

① ㉠, ㉡ ② ㉡, ㉢
③ ㉢, ㉣ ④ ㉣, ㉤
⑤ ㉡, ㉢, ㉣

키워드 표면결로의 방지대책

풀이 ㉢ 겨울철 결로를 방지하기 위해서 단열재는 저온 측인 외부에 두며, 방습재는 고온 측 내부에 둔다.
㉣ 외벽의 실내 측 표면온도를 실내 공기의 노점온도보다 높게 한다.

정답 ③

76 건축물의 표면결로 방지대책에 관한 설명으로 옳지 않은 것은? 제24회

① 실내의 수증기 발생을 억제한다.
② 환기를 통해 실내 절대습도를 낮춘다.
③ 외벽의 단열강화를 통해 실내 측 표면온도가 낮아지는 것을 방지한다.
④ 벽체의 실내 측 표면온도를 실내공기의 노점온도보다 낮게 유지한다.
⑤ 외기에 접한 창의 경우 일반유리보다 로이(Low-E) 복층유리를 사용하면 표면결로 발생을 줄일 수 있다.

키워드 표면결로의 방지대책

풀이 벽체의 실내 측 표면온도를 실내공기의 노점온도보다 높게 유지한다.

정답 ④

77 겨울철 실내 유리창 표면에 발생하기 쉬운 결로를 방지할 수 있는 방법이 아닌 것은?

① 실내에서 발생하는 가습량을 억제한다.

② 실내 공기의 움직임을 억제한다.

③ 이중유리로 하여 유리창의 단열성능을 높인다.

④ 난방기기를 이용하여 유리창 표면온도를 높인다.

⑤ 실내 온도를 균일하게 유지한다.

키워드 **결로의 방지대책**

풀이 환기를 통해 습한 공기를 제거한다.

정답 ②

78 내부결로에 관한 설명으로 옳은 것은?

① 내부결로는 벽체 내부의 온도가 노점온도보다 높을 때 발생한다.

② 구조체의 내부결로를 방지하기 위해서는 단열재의 실내 측보다 실외 측에 방습막을 설치하는 것이 효과적이다.

③ 내부결로가 발생하면 함수율이 낮아지고 열전도율이 커진다.

④ 내측단열을 하면 표면결로는 발생하지 않으나 내부결로가 발생한다.

⑤ 내부결로는 단열재의 고온 측에서 발생하기 쉽다.

키워드 **내부결로의 발생과 방지대책**

풀이 ① 내부결로는 벽체 내부의 온도가 노점온도보다 낮을 때 발생한다.
② 구조체의 내부결로를 방지하기 위해서는 단열재의 실내 측에 방습막을 설치하는 것이 효과적이다.
③ 내부결로가 발생하면 함수율이 높아지고 열전도율이 커진다.
⑤ 내부결로는 단열재의 저온 측에서 발생하기 쉽다.

정답 ④

79 **겨울철 주택의 단열 및 결로에 관한 설명으로 옳지 않은 것은?**

① 단층유리보다 복층유리의 사용이 단열에 유리하다.
② 단열이 잘된 벽체는 내부결로는 없으나 표면결로가 발생하기 쉽다.
③ 적절한 투습저항을 갖춘 방습층을 단열재의 고온 측에 설치하면 내부결로 방지에 효과적이다.
④ 실내 측 벽 표면온도가 실내 공기의 노점온도보다 높은 경우 표면결로는 발생하지 않는다.
⑤ 열교현상이 발생하는 부위는 표면온도가 낮아지며 결로가 발생하므로 쉽게 알 수 있다.

PART 2

키워드 **결로의 발생원인**
풀이 단열이 잘된 벽체는 열관류저항이 커져서 내부결로와 표면결로가 발생하지 않는다.

정답 ②

80 **열교(熱橋)현상에 관한 설명으로 옳지 않은 것은?** 제13회

① 열교현상은 벽체와 지붕 또는 바닥과의 접합부위 등에서 발생하기 쉽다.
② 열교현상이 발생하는 부위는 열관류율값이 높기 때문에 구조체의 전체 단열성능을 저하시킨다.
③ 겨울철에 열교현상이 발생하는 부위는 결로의 발생 가능성이 크다.
④ 열교현상을 방지하기 위해서는 일반적으로 외단열이 내단열보다 유리하다.
⑤ 열교현상이 발생하는 부위에는 열저항값을 감소시키는 설계 및 시공이 요구된다.

키워드 **열교(熱橋)현상의 방지대책**
풀이 열교현상의 방지방법으로 접합부위의 단열설계 및 단열재가 불연속됨이 없도록 철저한 단열시공이 이루어져야 하며 콘크리트 라멘조나 조적조의 건물에서는 근본적으로 단열이 연속되기 어려운 점이 있으나 가능한 열저항값을 증대시키는 외단열과 같은 방법으로 취약부위를 감소시키는 설계 및 시공이 요구된다.

정답 ⑤

81 **열교현상에 관한 설명으로 옳지 않은 것은?**

① 열교현상이 발생하면 구조체 전체의 단열성이 저하된다.
② 열교현상이 발생하는 부위는 표면온도가 낮아지며 결로가 발생하기 쉽다.
③ 조적조 건물의 경우 외단열은 열교현상의 방지에 효과가 없으며 내단열이 효과적이다.
④ 벽이나 바닥, 지붕 등의 건물부위에 단열이 연속되지 않은 부분이 있을 때 발생한다.
⑤ 열교현상이 발생하는 부위에는 열저항값을 증대시키는 설계 및 시공이 요구된다.

키워드 **열교현상의 방지대책**
풀이 조적조 건물의 경우 내단열은 열교현상의 방지에 효과가 없으며 외단열이 효과적이다.

정답 ③

82 **방수층의 종류에 해당하지 않는 것은?**

① 아스팔트 방수층
② 개량아스팔트 시트 방수
③ 합성고분자 시트 방수
④ 도막 방수층
⑤ 오일 스테인 방수층

키워드 **방수층의 종류**
풀이 오일 스테인은 목재의 착색재·마감재를 말하며, 방충·방부에 효과적이다.

정답 ⑤

83 **방수공법의 분류 중 피막 방수(멤브레인 방수)에 해당하지 않는 것은?**

① 아스팔트 방수공법
② 개량아스팔트 방수공법
③ 합성고분자 시트 방수공법
④ 콘크리트 구조체 방수공법
⑤ 도막 방수공법

키워드 **방수공법의 분류**
풀이 멤브레인 방수공법에는 아스팔트 방수, 개량아스팔트 방수, 합성고분자 시트 방수, 도막 방수가 있으며, 콘크리트 구조체 방수는 구조체 방수에 속한다.

정답 ④

84 **아스팔트 방수에서 바탕면과 방수층의 부착이 잘 되도록 하기 위하여 바르는 것은?**

① 스트레이트 아스팔트
② 블로운 아스팔트
③ 아스팔트 컴파운드
④ 아스팔트 루핑
⑤ 아스팔트 프라이머

키워드 **아스팔트 방수재료**

풀이 아스팔트 방수에서 바탕면과 방수층의 부착이 잘 되도록 하기 위하여 바르는 것은 아스팔트 프라이머이다.

정답 ⑤

85 **아스팔트 방수에서 아스팔트 프라이머를 사용하는 목적으로 옳은 것은?**

① 방수층의 습기를 제거하기 위하여
② 아스팔트 보호누름을 시공하기 위하여
③ 보수 시 불량 및 하자 위치를 쉽게 발견하기 위하여
④ 콘크리트 바탕과 방수시트의 접착을 양호하게 하기 위하여
⑤ 수축 등에 의한 균열을 방지하기 위하여

키워드 **아스팔트 프라이머의 사용 목적**

풀이 아스팔트 방수공사에서 아스팔트 프라이머 사용의 주된 목적은 방수층의 접착이다.

정답 ④

86 아스팔트 방수재료에 관한 설명으로 옳지 않은 것은?

① 아스팔트 컴파운드는 블로운 아스팔트에 동식물성 유지나 광물질 분말을 혼합한 것이다.
② 아스팔트 프라이머는 스트레이트 아스팔트를 용제로 녹인 것이다.
③ 스트레이트 아스팔트는 연화점이 낮아 지하실에 사용하며, 루핑의 제조에 사용한다.
④ 아스팔트 루핑은 펠트 양면에 컴파운드를 피복한 후 광물질 분말을 살포한 것이다.
⑤ 아스팔트 펠트는 섬유원지에 스트레이트 아스팔트를 가열용해하여 흡수시킨 것이다.

키워드 **아스팔트 방수재료**

풀이 아스팔트 프라이머는 블로운 아스팔트 50%와 용제 50%로 만든 바탕접착제이다.

정답 ②

87 아스팔트 방수공사에 관한 설명으로 옳은 것은?

① 아스팔트 방수공사 시에 방수층은 모르타르가 완전 건조하기 전에 프라이머를 뿜칠 혹은 솔칠하여 침투시킨 다음 액상의 아스팔트를 균일하게 도포하고 펠트를 덧붙인다.
② 스트레이트 아스팔트의 경우 신축이 좋고, 내구력이 좋아 옥외방수에도 사용 가능하다.
③ 아스팔트 방수층 시공 시 가장 신축성이 크고 최우량품인 재료는 블로운 아스팔트이다.
④ 아스팔트 방수공사 시 바탕면은 결함부분을 보수하고 평행이 되도록 하고, 완전 건조시킨다.
⑤ 아스팔트 루핑은 펠트의 양면에 스트레이트 아스팔트를 가열 용융시켜 피복한 것이다.

키워드 **아스팔트 방수공사**

풀이 ① 프라이머 바탕은 24시간 이상 충분히 건조한 후 시공해야 한다.
② 스트레이트 아스팔트는 연화점과 내구력이 떨어지므로 주로 지하실 방수용이나 삼투용으로 사용된다.
③ 아스팔트 방수층 시공 시 가장 신축성이 크고 최우량품인 재료는 컴파운드 아스팔트이다.
⑤ 아스팔트 루핑은 펠트의 양면에 컴파운드를 가열 용융시켜 피복한 것이다.

정답 ④

88 아스팔트 방수공사에 관한 설명으로 옳지 않은 것은?

① 옥상 방수층 누름 콘크리트 부위에는 온도에 의한 콘크리트의 수축 및 팽창에 대비하여 신축줄눈을 설치한다.

② 한랭지에서 사용되는 아스팔트는 침입도 지수가 작은 것이 좋다.

③ 지붕 방수에는 침입도가 크고 연화점이 높은 것을 사용한다.

④ 아스팔트 용융 솥은 가능한 한 시공장소와 근접한 곳에 설치한다.

⑤ 블로운 아스팔트의 내열성·내한성·내후성 등을 개량하기 위하여 동물성유나 식물성유를 혼합하여 유동성을 부여한 것은 아스팔트 컴파운드이다.

키워드 **아스팔트 방수공사**

풀이 한랭지에서 사용되는 아스팔트는 침입도 지수가 큰 것이 좋다.

정답 ②

89 옥상 방수에 관한 설명으로 옳지 않은 것은? 제14회

① 옥상 방수에 사용되는 아스팔트 재료는 지하실 방수보다 연화점이 높고 침입도가 큰 것을 사용한다.

② 옥상 방수의 바탕은 물의 고임방지를 위해 물흘림경사를 둔다.

③ 옥상 방수층 누름 콘크리트 부위에는 온도에 의한 콘크리트의 수축 및 팽창에 대비하여 신축줄눈을 설치한다.

④ 아스팔트 방수층의 부분적 보수를 위해서는 일반적으로 시멘트 모르타르가 사용된다.

⑤ 시트 방수의 결함 발생 시에는 부분적 교체 및 보수가 가능하다.

키워드 **옥상 방수시공**

풀이 아스팔트 방수는 부분적 보수를 할 수 없으므로 광범위하고, 보호누름도 재시공하여야 한다.

정답 ④

90 **아스팔트 방수층과 시멘트 액체 방수층의 차이점에 관한 설명으로 옳지 않은 것은?**

① 아스팔트 방수는 시멘트 액체 방수보다 방수층의 신축성이 크다.
② 아스팔트 방수층의 결함 부분의 발견이 시멘트 액체 방수층보다 용이하다.
③ 시멘트 액체 방수층이 아스팔트 방수층보다 균열이 잘 생긴다.
④ 아스팔트 방수층의 보수비는 시멘트 액체 방수층의 보수비보다 고가이다.
⑤ 아스팔트 방수층의 시공이 시멘트 액체 방수층의 시공보다 복잡하며 소요시간이 길다.

키워드 **아스팔트 방수층과 시멘트 액체 방수층의 차이점**

풀이 아스팔트 방수층은 결함부의 발견이 어렵고 보수를 할 경우 광범위하게 보수해야 한다.

정답 ②

91 **아스팔트 방수공사의 시공순서로 옳은 것은?**

㉠ 바탕면 처리 및 청소	㉡ 아스팔트 바르기
㉢ 아스팔트 프라이머 바르기	㉣ 아스팔트 방수지 붙이기
㉤ 방수층 누름	

① ㉠ → ㉡ → ㉢ → ㉣ → ㉤
② ㉠ → ㉡ → ㉣ → ㉢ → ㉤
③ ㉠ → ㉢ → ㉡ → ㉣ → ㉤
④ ㉠ → ㉢ → ㉣ → ㉡ → ㉤
⑤ ㉠ → ㉣ → ㉡ → ㉢ → ㉤

키워드 **아스팔트 방수공사의 시공순서**

풀이 아스팔트 방수공사는 '바탕면 처리 및 청소(㉠) → 아스팔트 프라이머 바르기(㉢) → 아스팔트 바르기(㉡) → 아스팔트 방수지 붙이기(㉣) → 방수층 누름(㉤)' 순으로 이루어진다.

정답 ③

92 아스팔트 방수공법에 관한 설명으로 옳지 않은 것은?

① 아스팔트 용융공정이 필요하다.
② 멤브레인 방수의 일종이다.
③ 작업 공정이 복잡하다.
④ 결함부 발견이 용이하다.
⑤ 보호누름층이 필요하다.

키워드 **아스팔트 방수공법**
풀이 아스팔트 방수공법은 결함부 발견이 어렵다.

정답 ④

93 시멘트 액체 방수에 관한 설명으로 옳지 않은 것은?

① 모체 표면에 시멘트 방수제를 도포하고 방수 모르타르를 덧발라 방수층을 형성하는 공법이다.
② 옥상 등 실외에서는 효력의 지속성을 기대할 수 없다.
③ 시공은 '바탕처리 → 지수 → 혼합 → 바르기 → 마무리' 순으로 진행한다.
④ 시공 시 방수층의 부착력을 강화하기 위하여 방수할 콘크리트 바탕면은 최대한 매끄럽게 하고 충분히 건조시키는 것이 좋다.
⑤ 지하 방수나 소규모의 지붕 방수 등에 사용되는 경우가 많다.

키워드 **시멘트 액체 방수시공**
풀이 건조환경하에서 시멘트계 방수제는 강도 저하 및 균열이 발생하여 접착이 불량해지기 때문에 습윤환경을 조성하고 바탕은 거칠게 한다.

정답 ④

94 **시멘트 액체 방수에 관한 설명으로 옳지 않은 것은?**

① 값이 저렴하고 시공 및 보수가 용이한 편이다.
② 바탕의 상태가 습하거나 수분이 함유되어 있더라도 시공할 수 있다.
③ 바탕콘크리트의 침하, 경화 후의 건조수축, 균열 등 구조적 변형이 심한 부분에도 사용할 수 있다.
④ 옥상 등 실외에서는 효력의 지속성을 기대할 수 없다.
⑤ 하절기에는 새벽이나 저녁에 시공하는 것이 좋다.

키워드 **시멘트 액체 방수의 적용**

풀이 시멘트 액체 방수는 건조수축이나 균열 등 구조적 변형이 심한 부분에는 사용할 수 없다.

정답 ③

95 **아스팔트 방수와 비교한 시멘트 액체 방수의 특성에 관한 설명으로 옳지 않은 것은?**

① 방수층의 신축성이 작다.
② 결함부의 발견이 어렵다.
③ 공사비가 비교적 저렴하다.
④ 시공에 소요되는 시간이 짧다.
⑤ 균열의 발생빈도가 높다.

키워드 **시멘트 액체 방수의 특성**

풀이 시멘트 액체 방수는 아스팔트 방수에 비해 결함부의 발견이 쉽다.

정답 ②

96 **방수공법에 관한 설명으로 옳지 않은 것은?**

① 시멘트 액체 방수는 모체에 균열이 발생하여도 방수층 손상이 효과적으로 방지된다.
② 아스팔트 방수는 방수층 보호를 위해 보호누름 처리가 필요하다.
③ 도막 방수는 도료상의 방수재를 여러 번 발라 방수막을 형성하는 방식이다.
④ 바깥방수는 수압이 강하고 깊은 지하실 방수에 사용된다.
⑤ 실링 방수는 접합부, 줄눈, 균열부위 등에 적용하는 방식이다.

키워드 **방수공법의 적용**

풀이 시멘트 액체 방수는 모체에 균열이 발생하면 방수층도 균열이 진행되므로 시멘트 액체 방수는 모체 상태가 나쁘면 시공할 수 없다.

정답 ①

97 합성고무와 열가소성수지를 사용하여 1겹으로 방수효과를 내는 공법에 해당하는 것은?

① 도막 방수
② 시트 방수
③ 아스팔트 방수
④ 표면도포 방수
⑤ 시멘트 액체 방수

키워드 **시트 방수공법**

풀이 시트 방수는 합성수지계로 된 얇은 막판의 발수성을 이용하는 방수법으로, 아스팔트처럼 여러 겹으로 완성하는 것이 아닌 시트 1겹으로 방수 처리하는 공법이다.

정답 ②

98 시트 방수공법에 관한 설명으로 옳지 않은 것은?

① 건축용 시트의 두께는 0.8~2.0mm의 것이 사용된다.
② 시트의 너비와 길이에 제한이 없고, 3겹 이상 적층하여 방수하는 것이 원칙이다.
③ 상온에서 용재형의 접착제를 도포한 후 약 20분이 경과되어야 압착이 가능하다.
④ 결함 발생 시에는 부분적 교체 및 보수가 가능하다.
⑤ 시트 방수성능시험은 담수시험에 의한다.

키워드 **시트 방수공법**

풀이 아스팔트처럼 여러 겹으로 완성하는 것이 아닌 시트 1겹으로 방수처리하는 방법이다.

정답 ②

99 방수공사에 관한 설명으로 옳지 않은 것은?

① 보행용 시트 방수는 상부 보호층이 필요하다.
② 벤토나이트 방수는 지하외벽 방수 등에 사용한다.
③ 아스팔트 방수는 결함부 발견이 어렵고, 작업 시 악취가 발생한다.
④ 시멘트 액체 방수는 모재 콘크리트의 균열 발생 시에도 방수성능이 우수하다.
⑤ 도막 방수는 도료상의 방수재를 바탕면에 여러 번 칠해 방수막을 만드는 공법이다.

키워드 **방수공사별 특성**

풀이 시멘트 액체 방수는 신축이 작아서 모재 콘크리트의 균열 발생 시에 추종성에 의해서 방수층에 균열이 발생하여 방수성능이 저하된다.

정답 ④

100 **건축물의 방수공법에 관한 설명으로 옳지 않은 것은?**

① 시멘트 모르타르 방수는 가격이 저렴하고 습윤바탕에 시공이 가능하다.
② 아스팔트 방수는 여러 층의 방수재를 적층하여 하자를 감소시킬 수 있다.
③ 시트 방수는 바탕의 균열에 대한 저항성이 약하다.
④ 도막 방수는 복잡한 형상에서 시공이 용이하다.
⑤ 복합 방수는 시트재와 도막재를 복합적으로 사용하여 단일방수재의 단점을 보완한 공법이다.

키워드 **방수공법별 특성**
풀이 시트 방수는 신축성이 있어 바탕의 균열에 저항성이 크다.

정답 ③

101 **도막 방수의 특성이 아닌 것은?**

① 연신율이 뛰어나며 경량의 장점이 있다.
② 방수층의 내수성이 우수하다.
③ 균일한 두께를 확보하기 어렵고 두꺼운 층을 만들 수 없다.
④ 누수사고가 생기면 아스팔트 방수에 비해 보수가 어려운 단점이 있다.
⑤ 모재의 균열에 불리하다.

키워드 **도막 방수의 특성**
풀이 도막 방수는 아스팔트 방수에 비해서 보수가 쉽다.

정답 ④

102 **방수에 관한 설명 중 틀린 것은?** 제10회

① 멤브레인 방수는 여러 층의 피막을 부착시켜 결합을 통해 침입하는 수분을 차단하는 공법이다.
② 아스팔트 방수는 침입도가 크며 연화점이 높은 것이 좋고, 누수 시 우수 유입의 위치 확인이 곤란하다.
③ 합성고분자 시트 방수재는 신장성이 우수하고 상온시공이 가능하다.
④ 도막 방수는 균일시공이 우수하고 결함부 발견이 어렵다.
⑤ 벤토나이트 방수재는 물과 접촉하면 팽창하고, 건조하면 수축하는 성질이 있다.

키워드 **방수공사별 특성**

풀이 도막 방수는 균일시공이 되지 않는 단점이 있다.

정답 ④

103 방수에 관한 설명으로 옳지 않은 것은? 제13회

① 아스팔트 방수는 시멘트 액체 방수에 비해 광범위한 보수가 가능하고 보수비용이 비싸다.

② 아스팔트 방수는 열공법으로 시공하는 경우 화기에 대한 위험방지대책이 필요하다.

③ 아스팔트 방수는 누수 시 결함부 발견이 어렵다.

④ 도막 방수는 균일한 방수층 시공이 어려우나, 복잡한 형상의 시공에는 유리하다.

⑤ 도막 방수는 단열을 필요로 하는 옥상층에 유리하고, 핀홀이 생길 우려가 없다.

키워드 **방수공사별 특성**

풀이 도막 방수는 단열을 요하는 옥상층에 불리하고, 핀홀이 생길 우려가 있다.

정답 ⑤

104 방수공사에 관한 설명으로 옳은 것은?

① 기상조건은 방수층의 품질 및 성능에 큰 영향을 미치지 않는다.

② 안방수 공법은 수압이 크고 깊은 지하실 방수공사에 적합하다.

③ 도막 방수공법은 이음매가 있어 일체성이 좋지 않다.

④ 아스팔트 프라이머는 방수층과 바탕면의 부착력을 증대시키는 역할을 한다.

⑤ 아스팔트 방수는 보호누름이 필요하지 않다.

키워드 **방수공사별 특성**

풀이 ① 기상조건은 방수층의 품질 및 성능에 큰 영향을 미친다.
② 바깥방수 공법은 수압이 크고 깊은 지하실 방수공사에 적합하다.
③ 도막 방수공법은 이음매가 없어 일체성이 좋다.
⑤ 아스팔트 방수는 보호누름이 필요하다.

정답 ④

105 **건물의 단열에 관한 설명으로 옳지 않은 것은?** 제18회

① 열전도율이 낮을수록 우수한 단열재이다.
② 부실한 단열은 결로현상이 유발될 수 있다.
③ 알루미늄박(Foil)은 저항형 단열재이다.
④ 내단열은 외단열에 비해 열교현상의 가능성이 크다.
⑤ 단열원리상 벽체에는 저항형이 반사형보다 유리하다.

키워드 **건물의 단열**
풀이 알루미늄박(Foil)은 반사형 단열재이다.

정답 ③

106 **벽체나 지붕과 같은 구조체의 실외 쪽에 단열재를 설치하는 외단열에 관한 설명으로 옳지 않은 것은?**

① 표면결로 및 내부결로의 방지에 유리하다.
② 열교현상의 문제가 거의 발생하지 않는다.
③ 단열재가 콘크리트를 감싸고 있어 콘크리트의 성능유지에 도움이 된다.
④ 강당이나 집회장과 같이 간헐난방을 하는 곳에서는 단시간에 난방효과를 얻을 수 있다.
⑤ 시공이 어렵고 복잡하다.

키워드 **외단열**
풀이 건물의 열용량이 크기 때문에 연속난방에 유리하다.

정답 ④

107 **외단열과 내단열공법에 관한 설명으로 옳지 않은 것은?**

① 내단열은 외단열에 비해 실온변동이 적다.
② 외단열로 하면 건물의 열교현상을 방지할 수 있다.
③ 내단열로 하면 내부결로 발생 위험이 크다.
④ 단시간 간헐난방을 하는 공간은 외단열보다 내단열이 유리하다.
⑤ 외단열은 시공이 어렵고 복잡하다.

키워드 **외단열과 내단열공법의 특징**
풀이 내단열은 외단열에 비해 열용량이 작기 때문에 실온변동이 크다.

정답 ①

108 **단열재에 관한 설명으로 옳지 않은 것은?** 제14회

① 단열재는 열전도율이 낮은 것일수록 단열성이 높다.
② 섬유질계 단열재는 밀도가 큰 것일수록 단열성이 높다.
③ 단열재의 열저항은 재료의 두께가 두꺼울수록 커진다.
④ 다공질계 단열재는 기포가 미세하고 균일한 것일수록 열전도율이 높다.
⑤ 단열재는 함수율이 증가할수록 열전도율이 높아진다.

키워드 **단열이론**

풀이 다공질계 단열재는 기포가 미세하고 균일한 것일수록 열전도율이 낮아 단열에 유리하다.

정답 ④

109 **벽체의 열관류율에 관한 설명으로 옳지 않은 것은?**

① 열관류율이 높을수록 단열성능이 좋다.
② 벽체 구성재료의 열전도율이 높을수록 열관류율은 커진다.
③ 벽체에 사용되는 단열재의 두께가 두꺼울수록 열관류율이 낮아진다.
④ 열관류율이 높을수록 외벽의 실내 측 표면에 결로 발생 우려가 커진다.
⑤ 벽체에 내부결로가 발생하면 함수율이 증가하여 열관류율이 커진다.

키워드 **열관류율**

풀이 열관류율이 낮을수록 단열성능이 좋다.

정답 ①

110 **단열에 관한 설명으로 옳지 않은 것은?**

① 일반적으로 열전도율이 작은 재료를 사용하는 것이 단열효과가 좋다.
② 공기층은 기밀성이 떨어져도 단열효과에는 영향이 없다.
③ 단열재에 수분이 침투하면 단열성이 매우 나빠진다.
④ 10cm 공기층을 1개 층 설치하는 것보다 5cm 공기층을 2개 층 설치하는 것이 단열에 유리하다.
⑤ 단열재료는 흡수율이 낮은 것을 사용한다.

키워드 **단열효과**

풀이 벽체의 내부 중간에 공기층을 두면 단열량이 많아지며, 중공층의 단열효과는 공기층의 두께나 기밀성에 따라 달라진다.

정답 ②

111 **에너지를 절약하기 위한 단열재의 요구조건으로 옳지 않은 것을 모두 고른 것은?**

> ㉠ 비중이 크고, 상온에서 가공성이 좋은 재료를 사용한다.
> ㉡ 흡습성이 높은 재료를 사용한다.
> ㉢ 동일한 재료인 경우 두께가 두꺼운 것을 사용한다.
> ㉣ 열전도율이 낮은 재료를 사용한다.
> ㉤ 투습성이 적고 내화성이 있는 재료를 사용한다.

① ㉠, ㉡
② ㉡, ㉢
③ ㉢, ㉣
④ ㉣, ㉤
⑤ ㉡, ㉢, ㉣

키워드 **단열재의 요구조건**

풀이 ㉠ 비중이 큰 재료는 열전도율이 크다. 가공성이 좋은 재료는 대부분 연질이고 비중이 작다.
㉡ 흡습성이 높은 재료는 열전도율이 커서 단열성이 매우 나빠진다.

정답 ①

112 **겨울철 주택의 단열, 보온, 방로에 관한 설명으로 옳지 않은 것은?**

① 벽체의 열전달저항은 근처의 풍속이 클수록 작게 된다.
② 단열재가 결로 등에 의해 습기를 함유하면 그 열관류저항은 크게 된다.
③ 외벽의 모서리 부분은 다른 부분에 비해 손실열량이 크고, 그 실내 측은 결로되기 쉽다.
④ 주택의 열손실을 저감시키기 위해서는 벽체 등의 단열성을 높이는 것만 아니라 틈새바람에 대한 대책도 필요하다.
⑤ 열교현상이 발생하는 부위는 표면온도가 낮아지며 결로가 발생하므로 쉽게 알 수 있다.

키워드 **단열, 보온, 방로**

풀이 단열재가 결로 등에 의해 습기를 함유하면 열관류저항은 작게 된다.

정답 ②

113 주택법령상 주택단지에 관한 설명으로 옳지 않은 것은? 제16회

① 철도·고속도로·자동차전용도로에 의해 분리된 토지는 각각 별개의 주택단지로 본다.

② 폭 8미터 이상인 도시계획예정도로에 의해 분리된 토지는 각각 별개의 주택단지로 본다.

③ 보행자 및 자동차의 통행이 가능한 도로로서 「도로법」에 따른 일반국도·특별시도·광역시도 또는 지방도에 의해 분리된 토지는 각각 별개의 주택단지로 본다.

④ 폭 20미터 이상인 일반도로에 의해 분리된 토지는 각각 별개의 주택단지로 본다.

⑤ 「국토의 계획 및 이용에 관한 법률」에 따른 도시·군계획시설인 도로로서 폭 4미터 이상인 국지도로에 의해 분리된 토지는 각각 별개의 주택단지로 본다.

키워드 **주택단지의 구분 기준이 되는 도로**

풀이 「국토의 계획 및 이용에 관한 법률」에 따른 도시·군계획시설인 도로로서 폭 8미터 이상인 국지도로에 의해 분리된 토지는 각각 별개의 주택단지로 본다(주택법 제2조 제12호, 동법 시행령 제5조, 동법 시행규칙 제3조 제1호).

정답 ⑤

114 주택법령상 복리시설로 옳은 것을 모두 고른 것은?

㉠ 주민운동시설	㉡ 주택단지 안의 도로
㉢ 어린이놀이터	㉣ 경로당
㉤ 유치원	

① ㉠, ㉡
② ㉠, ㉣
③ ㉡, ㉢, ㉤
④ ㉠, ㉢, ㉣, ㉤
⑤ ㉡, ㉢, ㉣, ㉤

키워드 **복리시설과 부대시설의 구분(주택법 제2조 제13·14호)**

풀이 ㉡ 주택단지 안의 도로는 부대시설이다.

정답 ④

115 **건축법령상 방화문의 구분과 그에 대한 설명으로 옳은 것은?**

① 180분+ 방화문: 연기 및 열을 차단할 수 있는 시간이 180분 이상이고, 불꽃을 차단할 수 있는 시간이 60분 이상인 방화문

② 120분+ 방화문: 연기 및 불꽃을 차단할 수 있는 시간이 120분 이상이고, 열을 차단할 수 있는 시간이 60분 이상인 방화문

③ 60분+ 방화문: 연기 및 열을 차단할 수 있는 시간이 60분 이상인 방화문

④ 60분 방화문: 연기 및 열을 차단할 수 있는 시간이 60분이고, 불꽃을 차단할 수 있는 시간이 30분인 방화문

⑤ 30분 방화문: 연기 및 불꽃을 차단할 수 있는 시간이 30분 이상 60분 미만인 방화문

키워드 **방화문의 구분**

풀이 방화문은 다음과 같이 구분한다(건축법 시행령 제64조 제1항).

1. 60분+ 방화문: 연기 및 불꽃을 차단할 수 있는 시간이 60분 이상이고, 열을 차단할 수 있는 시간이 30분 이상인 방화문
2. 60분 방화문: 연기 및 불꽃을 차단할 수 있는 시간이 60분 이상인 방화문
3. 30분 방화문: 연기 및 불꽃을 차단할 수 있는 시간이 30분 이상 60분 미만인 방화문

정답 ⑤

116 **주택법령 및 주택건설기준 등에 관한 규정에 의한 공동주택 각 세대 간 경계벽의 두께로 옳은 것은? (단, 경계벽은 내화구조이며, 시멘트 모르타르·회반죽·석고 플라스터 기타 이와 유사한 재료를 바른 후의 두께를 포함함)** 제11회

① 석조: 15cm
② 무근콘크리트조: 15cm
③ 철근콘크리트조: 12cm
④ 콘크리트블록조: 15cm
⑤ 조립식 주택부재인 콘크리트판: 12cm

키워드 **세대 간 경계벽의 두께**

풀이 공동주택 각 세대 간의 경계벽 및 공동주택과 주택 외의 시설 간의 경계벽은 내화구조로서 다음의 어느 하나에 해당하는 구조로 해야 한다(주택건설기준 등에 관한 규정 제14조 제1항).

1. 철근콘크리트조 또는 철골·철근콘크리트조로서 그 두께(시멘트 모르타르, 회반죽, 석고 플라스터, 그 밖에 이와 유사한 재료를 바른 후의 두께를 포함한다)가 15센티미터 이상인 것
2. 무근콘크리트조·콘크리트블록조·벽돌조 또는 석조로서 그 두께(시멘트 모르타르, 회반죽, 석고 플라스터, 그 밖에 이와 유사한 재료를 바른 후의 두께를 포함한다)가 20센티미터 이상인 것
3. 조립식 주택부재인 콘크리트판으로서 그 두께가 12센티미터 이상인 것
4. 위 1. 내지 3. 외에 국토교통부장관이 정하여 고시하는 기준에 따라 한국건설기술연구원장이 차음성능을 인정하여 지정하는 구조인 것

정답 ⑤

117 **주택건설기준 등에 관한 규정상 계단의 설치기준으로 옳지 않은 것은?**

① 주택단지 안의 공동으로 사용하는 계단의 각 부위의 치수는 유효폭 120센티미터 이상, 단높이 18센티미터 이하, 단너비 26센티미터 이상이어야 한다.
② 높이 3미터를 넘는 계단에는 3미터 이내마다 당해 계단의 유효폭 이상의 폭으로 너비 120센티미터 이상인 계단참을 설치한다. 다만, 각 동 출입구에 설치하는 계단은 1층에 한정하여 높이 2.5미터 이내마다 계단참을 설치할 수 있다.
③ 계단의 바닥은 미끄럼을 방지할 수 있는 구조로 하여야 한다.
④ 계단실형인 공동주택의 계단실 최상부에는 배연 등에 유효한 개구부를 설치하여야 한다.
⑤ 계단실형인 공동주택의 계단실의 벽 및 반자의 마감은 불연재료 또는 준불연재료로 하여야 한다.

키워드 **계단의 설치기준**

풀이 높이 2미터를 넘는 계단(세대 내 계단을 제외한다)에는 2미터(기계실 또는 물탱크실의 계단의 경우에는 3미터) 이내마다 해당 계단의 유효폭 이상의 폭으로 너비 120센티미터 이상인 계단참을 설치한다. 다만, 각 동 출입구에 설치하는 계단은 1층에 한정하여 높이 2.5미터 이내마다 계단참을 설치할 수 있다(주택건설기준 등에 관한 규정 제16조 제2항 제1호).

정답 ②

118 **건축법령상 아파트의 대피공간을 발코니에 설치해야 하는 경우 대피공간의 설치기준에 관한 내용으로 옳지 않은 것은?** 제22회 수정

① 대피공간은 바깥의 공기와 접할 것
② 대피공간의 바닥면적은 인접 세대와 공동으로 설치하는 경우 3제곱미터 이상으로 할 것
③ 대피공간의 바닥면적은 각 세대별로 설치하는 경우 1.5제곱미터 이상으로 할 것
④ 대피공간은 실내의 다른 부분과 방화구획으로 구획될 것
⑤ 국토교통부장관이 정하는 기준에 적합할 것

키워드 **대피공간의 설치기준(건축법 시행령 제46조 제4항)**

풀이 대피공간의 바닥면적은 각 세대별로 설치하는 경우 2제곱미터 이상으로 하여야 한다.

정답 ③

119 **건축법령상 아파트로서 4층 이상의 발코니에 인접세대와 공동으로 설치하는 대피공간에 관한 설명으로 옳지 않은 것은?**

① 대피공간은 바깥의 공기와 접하여야 한다.

② 대피공간은 실내의 다른 부분과 방화구획이 되어야 한다.

③ 대피공간의 바닥면적은 2제곱미터 이상으로 하여야 한다.

④ 대피공간으로 통하는 출입문은 60분+ 방화문으로 설치하여야 한다.

⑤ 국토교통부장관이 정하는 기준에 적합하여야 한다.

키워드 **대피공간의 설치기준(건축법 시행령 제46조 제4·5항)**

풀이 대피공간의 바닥면적은 인접세대와 공동으로 설치하는 경우에는 3제곱미터 이상, 각 세대별로 설치하는 경우에는 2제곱미터 이상이어야 한다.

정답 ③

120 **건축물의 피난·방화구조 등의 기준에 관한 규칙상 아파트로서 4층 이상의 발코니에 설치하는 하향식 피난구의 구조로 옳지 않은 것은?**

① 피난구의 덮개(덮개와 사다리, 승강식피난기 또는 경보시스템이 일체형으로 구성된 경우에는 그 사다리, 승강식피난기 또는 경보시스템을 포함한다)는 품질시험을 실시한 결과 비차열 1시간 이상의 내화성능을 가져야 하며, 피난구의 유효 개구부 규격은 직경 60센티미터 이상이어야 한다.

② 상층·하층 간 피난구의 수평거리는 15센티미터 이상 떨어져 있어야 한다.

③ 아래층에서는 바로 위층의 피난구를 열 수 있는 구조여야 한다.

④ 사다리는 바로 아래층의 바닥면으로부터 50센티미터 이하까지 내려오는 길이로 한다.

⑤ 덮개가 개방될 경우에는 건축물관리시스템 등을 통하여 경보음이 울리는 구조여야 한다.

키워드 **하향식 피난구의 구조(건축물의 피난·방화구조 등의 기준에 관한 규칙 제14조 제4항)**

풀이 아래층에서는 바로 위층의 피난구를 열 수 없는 구조여야 한다.

정답 ③

121 **주택건설기준 등에 관한 규정 및 주택건설기준 등에 관한 규칙상 공동주택을 건설하는 주택단지 안의 도로에 관한 설명으로 옳지 않은 것은?** 제14회 수정

① 공동주택을 건설하는 주택단지에는 폭 1.5미터 이상의 보도를 포함한 폭 7미터 이상의 도로를 설치하여야 한다.

② 지하주차장의 출입구, 경사형·유선형 차도 등 차량의 속도를 제한할 필요가 있는 곳에는 높이 7.5센티미터 이상 10센티미터 이하, 너비 1미터 이상인 과속방지턱을 설치하여야 한다.

③ 지하주차장의 출입구, 경사형·유선형 차도 등 차량의 속도를 제한할 필요가 있는 곳에 설치하는 과속방지턱에는 운전자에게 그 시설의 위치를 알릴 수 있도록 반사성 도료로 도색한 노면표지를 하여야 한다.

④ 도로통행의 안전을 위하여 필요하다고 인정되는 곳에는 도로반사경, 교통안전표지판, 방호울타리, 속도측정표시판, 조명시설, 그 밖에 필요한 교통안전시설을 설치하여야 한다.

⑤ 공동주택을 건설하는 주택단지에 설치하는 도로는 해당 도로를 이용하는 공동주택의 세대수가 100세대 미만이고 막다른 도로로서 그 길이가 50미터 미만인 경우에는 도로 폭을 4미터 이상으로 할 수 있다.

키워드 **주택단지 안의 도로의 설치기준**

풀이 공동주택을 건설하는 주택단지에 설치하는 도로는 해당 도로를 이용하는 공동주택의 세대수가 100세대 미만이고 막다른 도로로서 그 길이가 35미터 미만인 경우에는 도로 폭을 4미터 이상으로 할 수 있다(주택건설기준 등에 관한 규정 제26조 제2항).

정답 ⑤

122 **주택건설기준 등에 관한 규정상 공동주택을 건설하는 주택단지 안의 도로에 관한 설명으로 옳지 않은 것은?** 제26회

① 유선형(流線型) 도로로 설계하여 도로의 설계속도(도로설계의 기초가 되는 속도를 말한다)가 시속 20킬로미터 이하가 되도록 하여야 한다.

② 폭 1.5미터 이상의 보도를 포함한 폭 7미터 이상의 도로(보행자전용도로, 자전거도로는 제외한다)를 설치하여야 한다.

③ 도로 노면의 요철(凹凸) 포장 또는 과속방지턱의 설치 등을 통하여 도로의 설계속도가 시속 20킬로미터 이하가 되도록 하여야 한다.

④ 300세대 이상의 경우 어린이 통학버스의 정차가 가능하도록 어린이 안전보호구역을 1개소 이상 설치하여야 한다.

⑤ 해당 도로를 이용하는 공동주택의 세대수가 100세대 미만이고 해당 도로가 막다른 도로로서 그 길이가 35미터 미만인 경우 도로의 폭을 4미터 이상으로 할 수 있다.

키워드 **주택단지 안의 도로의 설치기준**

풀이 500세대 이상의 공동주택을 건설하는 주택단지 안의 도로에는 어린이 통학버스의 정차가 가능하도록 국토교통부령으로 정하는 기준에 적합한 어린이 안전보호구역을 1개소 이상 설치하여야 한다(주택건설기준 등에 관한 규정 제26조 제4항).

정답 ④

123 주차장법 시행규칙상 주차장의 구조 및 설비의 기준에 관한 설명으로 옳지 않은 것은?

제25회

PART 2

① 노외주차장 내부 공간의 일산화탄소 농도는 주차장을 이용하는 차량이 가장 빈번한 시각의 앞뒤 8시간의 평균치가 100피피엠 이하로 유지되어야 한다.

② 자주식주차장으로서 지하식 노외주차장에서 주차구획(벽면에서부터 50센티미터 이내를 제외한 바닥면)의 최소 조도는 10럭스 이상, 최대 조도는 최소 조도의 10배 이내이어야 한다.

③ 자주식주차장으로서 지하식 노외주차장에서 사람이 출입하는 통로(벽면에서부터 50센티미터 이내를 제외한 바닥면)의 최소 조도는 50럭스 이상이어야 한다.

④ 주차대수 30대를 초과하는 규모의 자주식주차장으로서 지하식 노외주차장에는 관리사무소에서 주차장 내부 전체를 볼 수 있는 폐쇄회로 텔레비전(녹화장치를 포함한다) 또는 네트워크 카메라를 포함하는 방범설비를 설치·관리하여야 한다.

⑤ 주차장 내부 전체를 볼 수 있는 방범설비를 설치·관리하여야 하는 주차장에서 촬영된 자료는 컴퓨터보안시스템을 설치하여 1개월 이상 보관하여야 한다.

키워드 **주차장의 구조 및 설비의 기준**

풀이 노외주차장 내부 공간의 일산화탄소 농도는 주차장을 이용하는 차량이 가장 빈번한 시각의 앞뒤 8시간의 평균치가 50피피엠 이하(실내공기질 관리법 제3조 제1항 제9호에 따른 실내주차장은 25피피엠 이하)로 유지되어야 한다(주차장법 시행규칙 제6조 제1항 제8호).

정답 ①

124 **주택건설기준 등에 관한 규정상 다음의 각 경우 관리사무소와 경비원 등 공동주택관리업무에 종사하는 근로자를 위한 휴게시설의 법정면적 합계는 얼마인가?** 제8회

> ㉠ 관리대상 세대가 150세대인 A아파트
> ㉡ 관리대상 세대가 648세대인 B아파트

	㉠	㉡
①	$10m^2$	약 $20m^2$
②	$10m^2$	약 $25m^2$
③	$15m^2$	약 $25m^2$
④	$15m^2$	약 $40m^2$
⑤	$20m^2$	약 $50m^2$

키워드 **관리사무소의 설치면적 산정방법**

풀이 50세대 이상의 공동주택을 건설하는 주택단지에는 관리사무소, 경비원 등 공동주택관리업무에 종사하는 근로자를 위한 휴게시설을 모두 설치하되, 그 면적의 합계가 10제곱미터에 50세대를 넘는 매 세대마다 500제곱센티미터를 더한 면적 이상이 되도록 관리사무소를 설치해야 한다. 다만, 그 면적의 합계가 100제곱미터를 초과하는 경우에는 설치면적을 100제곱미터로 할 수 있다(주택건설기준 등에 관한 규정 제28조 제1항).

즉, 산정식은 $10m^2$ + (총세대 − 50세대) × $0.05m^2$이다.

∴ ㉠ $10m^2$ + (150세대 − 50세대) × $0.05m^2$ = 10 + 100 × 0.05 = $15m^2$

㉡ $10m^2$ + (648세대 − 50세대) × $0.05m^2$ = 10 + 598 × 0.05 = $39.9m^2$

정답 ④

125 **주택단지 내의 수해방지를 위한 설명 중 틀린 것은?** 제9회 수정

① 옹벽의 기초보다 그 기초가 낮은 건축물인 경우 옹벽등으로부터 건축물 외곽부분까지를 3층 이하 건축물은 1미터 이상 띄워야 한다.

② 높이 2미터 이상의 옹벽 또는 축대가 있거나 이를 설치할 경우에는 그 옹벽으로부터 건축물의 외곽부분까지를 당해 옹벽높이만큼 띄워야 한다.

③ 옹벽보다 낮은 쪽에 위치한 건축물 지하부분 및 땅으로부터 높이 1미터 이하인 건축물부분은 그 옹벽으로부터 건축물 외곽부분까지를 당해 옹벽높이만큼 띄우지 않아도 된다.

④ 주택단지에는 배수구·집수구 및 집수정(물저장고) 등 우수의 배수에 필요한 시설을 설치해야 한다.

⑤ 저지대 등 침수 우려가 있는 지역의 주택단지 내 수전실, 전화국선용 단자함 등은 가능한 한 침수가 되지 않는 지역에 설치하여야 한다.

키워드 수해방지조치

풀이 주택단지(단지경계선 주변 외곽부분을 포함한다)에 높이 2미터 이상의 옹벽 또는 축대(이하 '옹벽등'이라 한다)가 있거나 이를 설치하는 경우에는 그 옹벽등으로부터 건축물의 외곽부분까지를 당해 옹벽등의 높이만큼 띄워야 한다. 다만, 다음의 경우에는 그러하지 아니하다(주택건설기준 등에 관한 규정 제30조 제1항).

1. 옹벽등의 기초보다 그 기초가 낮은 건축물. 이 경우 옹벽등으로부터 건축물 외곽부분까지를 5미터(3층 이하인 건축물은 3미터) 이상 띄워야 한다.
2. 옹벽등보다 낮은 쪽에 위치한 건축물의 지하부분 및 땅으로부터 높이 1미터 이하인 건축물부분

PART 2

정답 ①

126 **주택건설기준 등에 관한 규칙상 주택단지에 비탈면이 있는 경우 수해방지에 관한 내용으로 옳지 않은 것은?** 제26회

① 사업계획승인권자가 건축물의 안전상 지장이 없다고 인정하지 않은 경우, 비탈면의 높이가 3미터를 넘는 경우에는 높이 3미터 이내마다 그 비탈면의 면적의 5분의 1 이상에 해당하는 면적의 단을 만들어야 한다.

② 토양의 유실을 막기 위하여 석재·합성수지재 또는 콘크리트를 사용한 배수로를 설치하여야 한다.

③ 비탈면의 안전을 위하여 필요한 경우에는 돌붙이기를 하거나 콘크리트 격자블록 기타 비탈면 보호용 구조물을 설치하여야 한다.

④ 비탈면 아랫부분에 옹벽 또는 축대(이하 '옹벽등'이라 한다)가 있는 경우에는 그 옹벽등과 비탈면 사이에 너비 1미터 이상의 단을 만들어야 한다.

⑤ 비탈면 윗부분에 옹벽등이 있는 경우에는 그 옹벽등과 비탈면 사이에 너비 1.5미터 이상으로서 당해 옹벽등의 높이의 3분의 1 이상에 해당하는 너비 이상의 단을 만들어야 한다.

키워드 수해방지조치

풀이 비탈면 윗부분에 옹벽등이 있는 경우에는 그 옹벽등과 비탈면 사이에 너비 1.5미터 이상으로서 당해 옹벽등의 높이의 2분의 1 이상에 해당하는 너비 이상의 단을 만들어야 한다(주택건설기준 등에 관한 규칙 제7조 제2항 제3호).

정답 ⑤

127 주택건설기준 등에 관한 규정 및 주택건설기준 등에 관한 규칙상 주택단지 내의 수해방지 등을 위한 설명으로 옳지 않은 것은?

① 옹벽의 기초보다 그 기초가 낮은 건축물인 경우 옹벽등으로부터 건축물 외곽부분까지를 5미터 이상 띄워야 한다.

② 비탈면의 높이가 3미터를 넘는 경우에는 높이 3미터 이내마다 그 비탈면 면적의 5분의 1 이상에 해당하는 면적의 단을 만들어야 한다.

③ 건축물은 그 외곽부분을 비탈면의 윗가장자리 또는 아랫가장자리로부터 당해 비탈면의 높이만큼 띄워야 한다.

④ 비탈면에는 나무심기와 잔디붙이기를 한다. 다만, 비탈면의 안전을 위하여 필요한 경우에는 돌붙이기를 하거나 콘크리트 격자블록 기타 비탈면 보호용 구조물을 설치하여야 한다.

⑤ 비탈면 윗부분에 옹벽 또는 축대가 있는 경우에는 그 옹벽등과 비탈면 사이에 너비 1미터 이상의 단을 만들어야 하며, 비탈면 아랫부분에 옹벽등이 있는 경우에는 그 옹벽등과 비탈면 사이에 너비 1.5미터 이상으로서 당해 옹벽등의 높이의 2분의 1 이상에 해당하는 너비 이상의 단을 만들어야 한다.

키워드 **수해방지조치**

풀이 비탈면 아랫부분에 옹벽 또는 축대(이하 '옹벽등'이라 한다)가 있는 경우에는 그 옹벽등과 비탈면 사이에 너비 1미터 이상의 단을 만들어야 하며, 비탈면 윗부분에 옹벽등이 있는 경우에는 그 옹벽등과 비탈면 사이에 너비 1.5미터 이상으로서 당해 옹벽등의 높이의 2분의 1 이상에 해당하는 너비 이상의 단을 만들어야 한다(주택건설기준 등에 관한 규칙 제7조 제2항).

정답 ⑤

128 주택건설기준 등에 관한 규정상 주택단지에는 안내표지판을 설치하여야 한다. 이 경우, 주택단지 안내표지판을 설치하여야 하는 세대규모로 옳은 것은? 제9회 수정

① 100세대 이상
② 150세대 이상
③ 200세대 이상
④ 250세대 이상
⑤ 300세대 이상

키워드 **안내표지판 설치기준**

풀이 300세대 이상의 주택을 건설하는 주택단지와 그 주변에는 안내표지판을 설치하여야 한다(주택건설기준 등에 관한 규정 제31조 제1항).

정답 ⑤

129 주택건설기준 등에 관한 규정상 주택의 건설기준에 관한 설명으로 옳지 않은 것은?

① 주택에 설치하는 전기시설의 용량은 원칙적으로 각 세대별로 3킬로와트 이상이어야 한다.

② 주택단지 안의 도로에 설치하는 보안등의 간격은 60미터 이내로 하여야 한다.

③ 공동주택 세대 간 경계벽은 철근콘크리트조 또는 철골·철근콘크리트조일 경우 두께가 15센티미터 이상으로 하여야 한다.

④ 공동주택을 건설하는 지점의 소음도는 원칙적으로 65데시벨 미만이 되도록 하여야 한다.

⑤ 공동주택 바닥의 각 층간 중량충격음은 49데시벨 이하가 되도록 하여야 한다.

PART 2

키워드 **주택의 건설기준**

풀이 주택단지 안의 어린이놀이터 및 도로(폭 15미터 이상인 도로의 경우에는 도로의 양측)에는 보안등을 설치하여야 한다. 이 경우 당해 도로에 설치하는 보안등의 간격은 50미터 이내로 하여야 한다(주택건설기준 등에 관한 규정 제33조).

정답 ②

130 주택건설기준 등에 관한 규칙상 영상정보처리기기 설치 기준에 관한 규정의 일부이다. (　　)에 들어갈 숫자는? 제17회 수정

> 제9조【영상정보처리기기의 설치 기준】영 제39조에서 '국토교통부령으로 정하는 기준'이란 다음 각 호의 기준을 말한다.
> 1. 승강기, 어린이놀이터 및 공동주택 각 동의 출입구마다 「개인정보 보호법 시행령」 제3조 제1호 또는 제2호에 따른 영상정보처리기기(이하 '영상정보처리기기'라 한다)의 카메라를 설치할 것
> 2. 영상정보처리기기의 카메라는 전체 또는 주요 부분이 조망되고 잘 식별될 수 있도록 설치하되, 카메라의 해상도는 (　　)만 화소 이상일 것

① 100　② 110

③ 120　④ 130

⑤ 140

키워드 **영상정보처리기기의 설치 기준**

풀이 영상정보처리기기의 카메라는 전체 또는 주요 부분이 조망되고 잘 식별될 수 있도록 설치하되, 카메라의 해상도는 '130'만 화소 이상이어야 한다(주택건설기준 등에 관한 규칙 제9조 제2호).

정답 ④

131 **주택건설기준 등에 관한 규정 및 주택건설기준 등에 관한 규칙상 영상정보처리기기의 설치에 관한 설명으로 옳지 않은 것은?**

① 승강기, 어린이놀이터 및 공동주택 각 동의 출입구마다 「개인정보 보호법 시행령」 제3조 제1호 또는 제2호에 따른 영상정보처리기기의 카메라를 설치해야 한다.

② 영상정보처리기기의 카메라는 전체 또는 주요 부분이 조망되고 잘 식별될 수 있도록 설치하되, 카메라의 해상도는 130만 화소 이상이어야 한다.

③ 네트워크 카메라를 설치하는 경우 인터넷 장애가 발생하더라도 영상정보가 끊어지지 않고 지속적으로 저장될 수 있도록 필요한 기술적 조치를 해야 한다.

④ 네트워크 카메라를 설치하는 경우 서버 및 저장장치 등 주요 설비는 국내에 설치해야 한다.

⑤ 다채널의 카메라 신호를 1대의 녹화장치에 연결하여 감시할 경우에 연결된 카메라 신호가 전부 모니터 화면에 표시돼야 하며, 1채널의 감시화면의 대각선 방향 크기는 최소한 5인치 이상이어야 한다.

키워드 **영상정보처리기기의 설치기준**

풀이 다채널의 카메라 신호를 1대의 녹화장치에 연결하여 감시할 경우에 연결된 카메라 신호가 전부 모니터 화면에 표시돼야 하며, 1채널의 감시화면의 대각선 방향 크기는 최소한 4인치 이상이어야 한다(주택건설기준 등에 관한 규칙 제9조 제3호).

정답 ⑤

132 **공동주택관리법령상 공동주택단지의 영상정보처리기기의 설치 절차 및 관리에 관한 설명으로 옳지 않은 것은?**

① 공동주택단지에 「개인정보 보호법 시행령」에 따른 영상정보처리기기를 설치하거나 설치된 영상정보처리기기를 보수 또는 교체하려는 경우에는 장기수선계획에 반영하여야 한다.

② 촬영된 자료는 컴퓨터보안시스템을 설치하여 30일 이상 보관하여야 한다.

③ 영상정보처리기기가 고장 난 경우에는 3일 이내에 수리를 하여야 한다.

④ 영상정보처리기기의 안전관리자를 지정하여 관리하여야 한다.

⑤ 관리주체는 정보주체의 동의가 있는 경우에는 촬영자료를 열람하게 하거나 제공할 수 있다.

키워드 **영상정보처리기기의 설치 절차 및 관리**

풀이 영상정보처리기기가 고장 난 경우에는 지체 없이 수리하여야 한다(공동주택관리법 시행규칙 제8조 제2항 제4호).

정답 ③

133 **공동주택관리법령상 관리주체가 영상정보처리기기의 촬영자료를 타인에게 열람하게 하거나 제공할 수 있는 예외적인 규정으로 옳지 않은 것은?** 제15회 수정

① 정보주체에게 열람 또는 제공하는 경우
② 정보주체의 동의가 있는 경우
③ 입주자대표회의의 요청이 있는 경우
④ 범죄에 대한 재판업무 수행을 위하여 필요한 경우
⑤ 범죄의 수사와 공소의 제기 및 유지에 필요한 경우

PART 2

키워드 **영상정보처리기기 촬영자료의 관리**

풀이 관리주체는 영상정보처리기기의 촬영자료를 보안 및 방범 목적 외의 용도로 활용하거나 타인에게 열람하게 하거나 제공하여서는 아니 된다. 다만, 다음의 어느 하나에 해당하는 경우에는 촬영자료를 열람하게 하거나 제공할 수 있다(공동주택관리법 시행규칙 제8조 제3항).
1. 정보주체에게 열람 또는 제공하는 경우
2. 정보주체의 동의가 있는 경우
3. 범죄의 수사와 공소의 제기 및 유지에 필요한 경우
4. 범죄에 대한 재판업무 수행을 위하여 필요한 경우
5. 다른 법률에 특별한 규정이 있는 경우

정답 ③

134 **주택건설기준 등에 관한 규정상 주민공동시설의 설치규정의 일부이다. ( )에 들어갈 주민공동시설에 해당하지 않는 것은?**

주민공동시설을 설치하는 경우 해당 주택단지에는 다음 각 호의 구분에 따른 시설이 포함되어야 한다. 다만, 해당 주택단지의 특성, 인근 지역의 시설설치 현황 등을 고려할 때 사업계획승인권자가 설치할 필요가 없다고 인정하는 시설이거나 입주예정자의 과반수가 서면으로 반대하는 다함께돌봄센터는 설치하지 않을 수 있다. 3. 500세대 이상: ( ), ( ), ( ), ( ), ( ), ( )

① 경로당
② 어린이놀이터
③ 어린이집
④ 주민운동시설
⑤ 입주자집회소

키워드 **주민공동시설의 설치규정**

풀이 주민공동시설을 설치하는 경우 해당 주택단지에는 다음의 구분에 따른 시설이 포함되어야 한다. 다만, 해당 주택단지의 특성, 인근 지역의 시설설치 현황 등을 고려할 때 사업계획승인권자가 설치할 필요가 없다고 인정하는 시설이거나 입주예정자의 과반수가 서면으로 반대하는 다함께돌봄센터는 설치하지 않을 수 있다(주택건설기준 등에 관한 규정 제55조의2 제3항).
3. 500세대 이상: 경로당, 어린이놀이터, 어린이집, 주민운동시설, 작은도서관, 다함께돌봄센터

정답 ⑤

135 **주택건설기준 등에 관한 규정에서 정하고 있는 '에너지절약형 친환경 주택의 건설기준'에 적용되는 기술을 모두 고른 것은?** 제21회

㉠ 고에너지 건물 조성기술	㉡ 에너지 고효율 설비기술
㉢ 에너지 이용효율 극대화 기술	㉣ 신·재생에너지 이용기술

① ㉠, ㉢
② ㉡, ㉣
③ ㉠, ㉢, ㉣
④ ㉡, ㉢, ㉣
⑤ ㉠, ㉡, ㉢, ㉣

키워드 **에너지절약형 친환경 주택의 건설기준(주택건설기준 등에 관한 규정 제64조 제1항)**

풀이 ㉠ 에너지절약형 친환경 주택의 건설기준에 적용되는 기술은 저에너지 건물 조성기술이다.

정답 ④

136 **주택법령상 사업주체가 입주자 모집공고에 표시하여야 하는 공동주택 성능등급의 분류에 해당하지 않는 것은?**

① 자재 관련 등급
② 소음 관련 등급
③ 구조 관련 등급
④ 생활환경 관련 등급
⑤ 화재·소방 관련 등급

키워드 **공동주택 성능등급의 분류(주택법 제39조)**

풀이 입주자 모집공고에 표시하여야 하는 공동주택 성능등급에는 소음 관련 등급, 구조 관련 등급, 환경 관련 등급, 생활환경 관련 등급, 화재·소방 관련 등급이 있다.

정답 ①

137 **주택법령상 입주자 모집공고에 표시하여야 하는 공동주택 성능등급에 해당하지 않는 것은?**

① 리모델링 등에 대비한 가변성 및 수리 용이성 등 구조 관련 등급
② 경량충격음·중량충격음·화장실소음·경계소음 등 소음 관련 등급
③ 커뮤니티시설, 사회적 약자 배려, 홈네트워크, 방범안전 등 생활환경 관련 등급
④ 인근 초·중등학교, 구청·동사무소와의 거리 등 사회 관련 등급
⑤ 조경·일조확보율·실내공기질·에너지절약 등 환경 관련 등급

키워드 **공동주택 성능등급의 분류(주택법 제39조)**

풀이 인근 초·중등학교, 구청·동사무소와의 거리 등 사회 관련 등급은 공동주택 성능등급에 해당하지 않는다. ①②③⑤ 외에 사업주체가 입주자 모집공고에 표시하여야 하는 공동주택 성능등급은 화재·소방·피난안전 등 화재·소방 관련 등급이다.

정답 ④

2 설비관리

01 **4℃ 물을 100℃로 가열하였을 때 팽창한 체적의 비율은? (단, 4℃ 물의 밀도는 1kg/ℓ, 100℃ 물의 밀도는 0.9586kg/ℓ임)**

① 2.78%   ② 3.13%

③ 4.32%   ④ 5.42%

⑤ 6.14%

키워드 **물의 팽창**

풀이 순수한 물은 1기압하에서 4℃일 때 밀도가 최대가 되며, 4℃의 물의 밀도는 1(kg/ℓ)이지만 100℃까지 상승하면 0.9586(kg/ℓ)가 되므로 그 사이에 팽창한 체적의 비율은 다음과 같다.

$$\text{물의 팽창비율} = \left(\frac{1}{\rho_2} - \frac{1}{\rho_1}\right) \times 100$$

$$= \left(\frac{1}{0.9586} - \frac{1}{1}\right) \times 100 \fallingdotseq 4.32\%$$

여기서 ρ_1: 온도 변화 전의 물의 밀도(kg/ℓ)

ρ_2: 온도 변화 후의 물의 밀도(kg/ℓ)

정답 ③

02 **15층 아파트의 급수방식이 고가수조방식인 경우, 지하층 수도꼭지에 압력계를 부착한다면 압력계 지침의 값은 얼마인가? (단, 지하층 수도꼭지에서 1층까지의 높이는 4.5m, 1층에서 15층까지의 각 층 높이는 2.6m, 15층에서 고가수조 수면까지의 높이는 7.5m임)**

제9회 수정

① 0.41MPa   ② 0.46MPa

③ 0.51MPa   ④ 0.56MPa

⑤ 0.61MPa

키워드 **급수압력**

풀이 중력에 대항하는 수압은 다음과 같은 식으로 구할 수 있다.

$P = 0.01 \times H$ [P: 수압(MPa), H: 높이(m)]

즉, 수압(물의 무게에 의한 압력) $P = 0.01 \times H = 0.01 \times [4.5 + (2.6 \times 15) + 7.5] = 0.51\text{MPa}$

정답 ③

03 **지상 20층 공동주택의 급수방식이 고가수조방식인 경우, 지상 5층의 싱크대 수전에 걸리는 정지수압은 얼마인가? (단, 각 층의 높이는 3m, 옥상바닥면에서 고가수조 수면까지의 높이는 7m, 바닥면에서 싱크대 수전까지의 높이는 1m, 단위환산은 10mAq = 1kg/cm² = 0.1MPa로 함)** 제13회

① 0.51MPa
② 0.52MPa
③ 0.53MPa
④ 0.54MPa
⑤ 0.55MPa

키워드 **급수압력**

풀이 수압 $P(\text{MPa}) = 0.01 \times H = 0.01 \times [(16층 \times 3\text{m}) + 7\text{m} - 1\text{m}] = 0.54(\text{MPa})$

정답 ④

04 **유체의 흐름에 관한 설명으로 옳지 않은 것은?**

① 레이놀즈 수는 동점성계수에 반비례하고, 관경에 비례한다.
② 레이놀즈 수에 의해 관 내의 흐름이 층류인지 난류인지 판별할 수 있다.
③ 유체 유동 중 층류는 유체분자가 규칙적으로 층을 이루면서 흐르는 것이다.
④ 층류영역에서 난류영역 사이를 천이영역이라고 한다.
⑤ 층류에서 난류로 천이할 때의 유속을 평균 유속이라고 한다.

키워드 **유체의 흐름**

풀이 층류에서 난류로 천이할 때의 유속을 임계유속이라고 한다.

정답 ⑤

05 **다음에서 설명하고 있는 유체의 성질에 해당하는 것은?**

에너지보존의 법칙을 유체의 흐름에 적용한 것으로서 유체가 갖고 있는 운동에너지, 중력에 의한 위치에너지 및 압축에너지의 총합은 흐름 내 어디에서나 일정하다.

① 파스칼의 원리
② 스토크스의 법칙
③ 뉴턴의 점성법칙
④ 베르누이의 정리
⑤ 아르키메데스의 원리

키워드 **유체의 역학**

풀이 베르누이의 정리는 에너지보존의 법칙을 유체의 흐름에 적용한 것이다.

정답 ④

06 설비의 기본 사항에 관한 설명으로 옳지 않은 것은? 제25회

① 열용량은 어떤 물질을 1K 올리는 데 필요한 열량이다.
② 단위 질량당 체적을 비체적이라 한다.
③ 온도변화에 따라 유입 또는 유출되는 열은 현열이다.
④ 열관류율의 단위는 $W/m^2 \cdot K$이다.
⑤ 유체의 운동에너지는 배관 내 어느 지점에서나 일정하다.

PART 2

키워드 **베르누이의 정리**

풀이 베르누이의 정리: 에너지보존의 법칙을 유체의 흐름에 적용한 것으로서 유체가 갖고 있는 운동에너지, 중력에 의한 위치에너지 및 압축에너지의 총합은 흐름 내 어디에서나 일정하다.

정답 ⑤

최신기출

07 건축설비의 기본사항에 관한 설명으로 옳지 않은 것은? 제27회

① 잠열은 온도변화에 따라 유입 또는 유출되는 열이다.
② 노점온도는 습공기를 냉각하는 경우 포화상태로 되는 온도이다.
③ 열관류율은 건물외피의 단열성능을 나타내며, 단위는 $W/m^2 \cdot K$이다.
④ 압력의 단위로 Pa이 사용된다.
⑤ 열은 매체를 통해 전도나 대류로 전달되지만 진공 중에서도 전달될 수 있다.

키워드 **건축설비의 기본사항**

풀이 1. 잠열: 물체의 온도를 바꾸지 않고 상태변화에 따라 이동하는 열
2. 현열: 물체의 온도가 변화하는 것에 의해 출입하는 열

정답 ①

08 **지름 150mm, 길이 320m인 원형관에 유속 3.397m/sec의 물이 흐를 때, 관 내의 마찰손실수두는? (단, 관마찰계수 f = 0.03임)**

① 약 3.4m
② 약 10.2m
③ 약 37.7m
④ 약 40.8m
⑤ 약 45.8m

키워드 **마찰손실수두**

풀이 마찰손실수두(H_f)

$$H_f = f \cdot \frac{l}{d} \cdot \frac{v^2}{2g}$$

여기서 H_f: 길이 1m의 직관에 있어서의 마찰손실수두(mAq)
f: 관마찰계수
l: 직관의 길이(m)
d: 관의 내경(m)
v: 관 내 평균유속(m/s)
g: 중력가속도(9.8m/sec²)

$$\therefore H_f = f \cdot \frac{l}{d} \cdot \frac{v^2}{2g} = 0.03 \times \frac{320}{0.15} \times \frac{3.397^2}{2 \times 9.8} \fallingdotseq 37.68 \fallingdotseq 37.7(\text{m})$$

정답 ③

09 **안지름 100mm의 관에서 2m/sec의 유속으로 물이 흐를 때 마찰손실수두가 10m라고 하면 이 관의 길이는 몇 m인가? (단, 마찰손실계수 f는 0.02로 함)**

① 184
② 245
③ 262
④ 294
⑤ 324

키워드 **배관의 길이**

풀이 마찰손실수두식에서 $H_f = f \cdot \frac{l}{d} \cdot \frac{v^2}{2g}$(mAq)

$$l = \frac{H_f \times d \times 2g}{f \times v^2} = \frac{10 \times 0.1 \times 2 \times 9.8}{0.02 \times 2^2} = 245\text{m}$$

정답 ②

10 배관의 마찰저항에 관한 설명으로 옳은 것은?

① 관의 길이에 반비례한다.
② 중력가속도에 비례한다.
③ 관의 내경이 클수록 커진다.
④ 유속의 제곱에 비례한다.
⑤ 관의 마찰(손실)계수가 클수록 작아진다.

키워드 **마찰손실수두**

풀이 마찰손실수두는 관마찰손실계수, 관의 길이 및 유속의 제곱에 비례하고, 관의 내경 및 중력가속도에 반비례한다.

정답 ④

11 길이 50m, 내경 25mm인 배관에 물이 2m/s의 속도로 흐르고 있다. 관마찰계수가 0.03일 때 압력강하는 얼마인가?

① 12.24Pa ② 12.24kPa
③ 120Pa ④ 120kPa
⑤ 1,200Pa

키워드 **압력강하**

풀이 압력강하(압력손실, P_f)

$$P_f = \lambda \cdot \frac{l}{d} \cdot \frac{\rho v^2}{2} \text{(Pa)}$$

여기서 P_f: 길이 1m의 직관에 있어서의 마찰손실수두(Pa)
λ: 관마찰계수
l: 직관의 길이(m)
d: 관의 내경(m)
v: 관 내 평균유속(m/s)
ρ: 물의 밀도(1,000kg/m³)

$$\therefore P_f = 0.03 \times \frac{50}{0.025} \times \frac{1{,}000 \times 2^2}{2} = 120{,}000\text{(Pa)} = 120\text{(kPa)}$$

정답 ④

12 **배관 내에 물이 흐를 때 생기는 마찰손실의 크기와 관련이 없는 것은?**

① 물의 유속 ② 배관의 길이
③ 배관의 직경 ④ 시스템 내의 압력
⑤ 관마찰계수

키워드 **마찰손실수두 및 압력강하**

풀이 마찰손실수두는 관마찰손실계수, 관의 길이 및 유속의 제곱에 비례하고, 관의 내경 및 중력가속도에 반비례한다.

정답 ④

13 **배관 속에 흐르는 유체의 마찰저항에 관한 설명으로 옳은 것은?** 제23회

① 배관의 내경이 커질수록 작아진다.
② 유체의 밀도가 커질수록 작아진다.
③ 유체의 속도가 커질수록 작아진다.
④ 배관의 길이가 길어질수록 작아진다.
⑤ 배관의 마찰손실계수가 커질수록 작아진다.

키워드 **유체의 마찰저항손실**

풀이 ② 유체의 마찰저항은 유체의 밀도와 비례하므로 밀도가 커질수록 마찰저항은 커진다.
③ 유체의 마찰저항은 유속의 제곱에 비례하므로 속도가 커질수록 마찰저항은 커진다.
④ 유체의 마찰저항은 배관의 길이에 비례하므로 배관의 길이가 길어질수록 마찰저항은 커진다.
⑤ 유체의 마찰저항은 배관의 마찰손실계수와 비례하므로 마찰손실계수가 커질수록 마찰저항은 커진다.

정답 ①

14 **배관 내 흐르는 유체의 마찰저항에 관한 설명으로 옳은 것은?** 제25회

① 배관 내경이 2배 증가하면 마찰저항의 크기는 1/4로 감소한다.
② 배관 길이가 2배 증가하면 마찰저항의 크기는 1.4배 증가한다.
③ 배관 내 유체 속도가 2배 증가하면 마찰저항의 크기는 4배 증가한다.
④ 배관 마찰손실계수가 2배 증가하면 마찰저항의 크기는 4배 증가한다.
⑤ 배관 내 유체 밀도가 2배 증가하면 마찰저항의 크기는 1/2로 감소한다.

키워드 **유체의 마찰저항**

풀이 ① 배관 내경은 마찰저항에 반비례하므로 내경이 2배 증가하면 마찰저항의 크기는 1/2로 감소한다.
② 배관 길이는 마찰저항에 비례하므로 길이가 2배 증가하면 마찰저항의 크기는 2배 증가한다.
④ 배관 마찰손실계수는 마찰저항에 비례하므로 마찰손실계수가 2배 증가하면 마찰저항의 크기는 2배 증가한다.
⑤ 배관 내 유체 밀도는 마찰저항에 비례하므로 밀도가 2배 증가하면 마찰저항의 크기는 2배로 증가한다.

정답 ③

15 급수배관 내부의 압력손실에 관한 설명으로 옳지 않은 것은?

① 유체의 점성이 커질수록 커진다.
② 유속이 빠를수록 관로의 마찰손실은 커진다.
③ 관로의 내경이 클수록 관로의 마찰손실은 작아진다.
④ 관로의 길이가 길수록 관로의 마찰손실은 커진다.
⑤ 유체의 밀도가 클수록 관로의 마찰손실은 작아진다.

키워드 **마찰손실수두**

풀이 마찰손실은 관마찰손실계수, 관의 길이, 유체의 밀도 및 유속의 제곱에 비례하고, 관의 내경에 반비례한다.

정답 ⑤

16 건축설비의 기초사항에 관한 내용으로 옳은 것을 모두 고른 것은?

㉠ 순수한 물은 1기압하에서 4℃일 때 밀도가 가장 작다. ㉡ 정지해 있는 물에서 임의의 점의 압력은 모든 방향으로 같고 수면으로부터 깊이에 비례한다. ㉢ 관 내에 유체가 흐를 때, 어느 장소에서 흐름의 상태가 시간에 따라 변화하는 흐름을 비정상류라고 한다. ㉣ 관경이 달라지는 수평관 속에서 물이 정상 흐름을 할 때, 관경이 클수록 유속이 느려진다.

① ㉠, ㉡
② ㉢, ㉣
③ ㉠, ㉡, ㉢
④ ㉡, ㉢, ㉣
⑤ ㉠, ㉡, ㉢, ㉣

키워드 **건축설비의 기초사항**

풀이 순수한 물은 1기압하에서 4℃일 때 밀도가 가장 크다.

정답 ④

17 채수한 지하수의 물처리 과정으로 옳은 것은?

㉠ 폭기	㉡ 채수
㉢ 살균	㉣ 급수
㉤ 여과	㉥ 침전

① ㉡ → ㉢ → ㉤ → ㉠ → ㉥ → ㉣

② ㉡ → ㉢ → ㉥ → ㉠ → ㉤ → ㉣

③ ㉡ → ㉤ → ㉥ → ㉢ → ㉠ → ㉣

④ ㉡ → ㉥ → ㉠ → ㉤ → ㉢ → ㉣

⑤ ㉡ → ㉥ → ㉤ → ㉠ → ㉢ → ㉣

키워드 **정수 과정**

풀이 물처리 과정: 채수(㉡) → 침전(㉥) → 폭기(㉠) → 여과(㉤) → 살균(㉢) → 급수(㉣)
물처리 과정은 원수의 수질에 따라 다르기 때문에 획일적으로 규정짓기는 어려우나 한 가지 방법보다는 여러 과정을 반복처리하면 매우 효과적이다. 물처리의 기본과정은 '침전 → 여과 → 소독(살균)'이며, 지하수처럼 철분이 많을 때는 폭기과정을 거치기도 하나 잡용수로 사용할 때는 급속여과로도 충분하다.

정답 ④

18 단물이라고도 불리는 연수(軟水)에 관한 설명으로 옳지 않은 것은? 제18회

① 총경도 120ppm 이상의 물이다.

② 경수보다 표백용으로 적합하다.

③ 경수보다 비누가 잘 풀린다.

④ 경수보다 염색용으로 적합하다.

⑤ 경수보다 보일러 용수로 적합하다.

키워드 **물의 경도**

풀이 연수는 총경도 90ppm 이하이며, 경수는 총경도 110ppm 이상의 물이다.

정답 ①

19 물의 경도에 관한 설명으로 옳지 않은 것은?

① 경도의 표시에는 도(度) 또는 ppm이 사용된다.

② 경도가 큰 물을 경수, 경도가 낮은 물을 연수라고 한다.

③ 일반적으로 물이 접하고 있는 지층의 종류와 관계없이 지표수는 경수, 지하수는 연수로 간주된다.

④ 물의 경도는 물속에 녹아 있는 칼슘, 마그네슘 등의 염류의 양을 탄산칼슘의 농도로 환산하여 나타낸 것이다.

⑤ 연수는 연관이나 황동관을 부식시키며, 경수는 배관 내에 스케일을 발생시킨다.

키워드 **물의 경도**

풀이 일반적으로 지표수는 연수, 지하수는 경수로 간주하며, 지층의 종류에 따라 달라질 수 있다.

정답 ③

20 물의 경도는 건축설비에서 중요하게 다루고 있다. 그 이유가 아닌 것은?

① 배관 내 스케일 발생 원인

② 급수펌프 소요 동력 증가 원인

③ 열교환기의 열교환 효율 감소 원인

④ 배관 내 유체의 흐름 저항 감소 원인

⑤ 보일러의 과열 원인

키워드 **물의 경도**

풀이 경도에 의한 스케일 형성은 배관 내 유체의 흐름 저항 증가 원인이다.

정답 ④

21 **수도법령상 아파트 저수조의 설치기준에 관한 설명으로 옳지 않은 것은?** 제12회 수정

① 저수조의 맨홀부분은 건축물의 천장 및 보 등으로부터 100센티미터 이상 떨어져야 하며, 그 밖의 부분은 60센티미터 이상의 간격을 띄운다.

② 침전찌꺼기의 배출구를 저수조의 맨 밑부분에 설치하고, 저수조의 바닥은 배출구를 향하여 100분의 1 이상의 경사를 두어 설치하는 등 배출이 쉬운 구조로 한다.

③ 각 변의 길이가 90센티미터 이상인 사각형 맨홀 또는 지름이 90센티미터 이상인 원형 맨홀을 1개 이상 설치하여 청소를 위한 사람이나 장비의 출입이 원활하도록 한다.

④ 건축물 또는 시설 외부의 땅 밑에 저수조를 설치하는 경우에는 부득이한 경우를 제외하고는 분뇨·쓰레기 등의 유해물질로부터 5미터 이상 띄워서 설치하여야 한다.

⑤ 물의 유입구는 유출구의 반대편 밑부분에 설치하되, 침전물이 유입되지 않도록 저수조의 바닥에서 띄워서 설치하고, 물 칸막이 등을 설치하여 수조 안의 물이 고이지 않도록 한다.

키워드 **저수조의 설치기준(수도법 시행규칙 제9조의2 별표 3의2)**

풀이 물의 유출구는 유입구의 반대편 밑부분에 설치하되, 침전물이 유출되지 않도록 저수조의 바닥에서 띄워서 설치하고, 물 칸막이 등을 설치하여 수조 안의 물이 고이지 않도록 한다.

정답 ⑤

22 **수도법령상 아파트 저수조의 설치기준에 관한 설명으로 옳지 않은 것은?**

① 저수조의 맨홀부분은 건축물로부터 100센티미터 이상 떨어지게 설치하여야 한다.

② 저수조를 부득이하게 유해물질로부터 5미터 이상 띄워서 설치하지 못하는 경우에는 저수조의 주위에 차단벽을 설치하여야 한다.

③ 물의 유출구는 유입구의 윗부분에 설치하여 침전물이 유출되지 않도록 한다.

④ 저수조의 바닥은 침전찌꺼기 배출구를 향하여 100분의 1 이상의 경사를 두어 설치하여야 한다.

⑤ 소화용수가 저수조에 역류되는 것을 방지하기 위한 역류방지장치가 설치되어야 한다.

키워드 **저수조의 설치기준(수도법 시행규칙 제9조의2 별표 3의2)**

풀이 물의 유출구는 유입구의 반대편 밑부분에 설치하되, 바닥의 침전물이 유출되지 않도록 저수조의 바닥에서 띄워서 설치한다.

정답 ③

23 수도법령상 공동주택 저수조의 설치기준에 해당하지 않는 것으로만 짝지어진 것은?

제13회 수정

> ㉠ 3세제곱미터인 저수조에는 청소·위생점검 및 보수 등 유지관리를 위하여 1개의 저수조를 둘 이상의 부분으로 구획하거나 저수조를 2개 이상 설치하여야 한다.
> ㉡ 저수조 및 저수조에 설치하는 사다리, 버팀대, 물과 접촉하는 접합부속 등의 재질은 섬유보강플라스틱·스테인리스스틸·콘크리트 등의 내식성(耐蝕性) 재료를 사용하여야 한다.
> ㉢ 저수조의 공기정화를 위한 통기관과 물의 수위조절을 위한 월류관(越流管)을 설치하고, 관에는 벌레 등 오염물질이 들어가지 아니하도록 녹이 슬지 않는 재질의 세목(細木) 스크린을 설치해야 한다.
> ㉣ 저수조를 설치하는 곳은 분진 등으로 인한 2차 오염을 방지하기 위하여 암·석면을 제외한 다른 적절한 자재를 사용하여야 한다.
> ㉤ 저수조 내부의 높이는 최소 1m 50cm 이상으로 하여야 한다.

① ㉠, ㉢
② ㉠, ㉤
③ ㉡, ㉣
④ ㉡, ㉤
⑤ ㉢, ㉣

키워드 **저수조의 설치기준(수도법 시행규칙 제9조의2 별표 3의2)**

풀이 ㉠ 5세제곱미터를 초과하는 저수조는 청소·위생점검 및 보수 등 유지관리를 위하여 1개의 저수조를 둘 이상의 부분으로 구획하거나 저수조를 2개 이상 설치하여야 하며, 1개의 저수조를 둘 이상의 부분으로 구획할 경우에는 한쪽의 물을 비웠을 때 수압에 견딜 수 있는 구조여야 한다.
㉤ 저수조 내부의 높이는 최소 1미터 80센티미터 이상으로 한다. 다만, 옥상에 설치한 저수조는 제외한다.

정답 ②

24 수도법령상 저수조 설치기준으로 옳지 않은 것은?

① 5세제곱미터 이하 소규모 저수조의 맨홀은 각 변 또는 지름을 60센티미터 이상으로 할 수 있다.

② 저수조의 뚜껑은 잠금장치를 하여야 하고, 출입구 부분은 이물질이 들어가지 않는 구조여야 하며, 측면에 출입구를 설치할 경우에는 점검 및 유지관리가 쉽도록 안전발판을 설치하여야 한다.

③ 저수조의 공기정화를 위한 통기관과 물의 수위조절을 위한 월류관(越流管)을 설치하고, 관에는 벌레 등 오염물질이 들어가지 아니하도록 녹이 슬지 않는 재질의 세목(細木) 스크린을 설치한다.

④ 저수조의 맨홀부분은 건축물(천장 및 보 등)로부터 90센티미터 이상 떨어져야 하며, 그 밖의 부분은 60센티미터 이상의 간격을 띄워야 한다.

⑤ 저수조의 유입배관에는 단수 후 통수과정에서 들어간 오수나 이물질이 저수조로 들어가는 것을 방지하기 위하여 배수용(排水用) 밸브를 설치하여야 한다.

키워드 **저수조의 설치기준(수도법 시행규칙 제9조의2 별표 3의2)**

풀이 저수조의 맨홀부분은 건축물(천장 및 보 등)로부터 100센티미터 이상 떨어져야 하며, 그 밖의 부분은 60센티미터 이상의 간격을 띄워야 한다.

정답 ④

25 공동주택 지하저수조 설치방법에 관한 설명으로 옳지 않은 것은? 제20회

① 저수조에는 청소, 점검, 보수를 위한 맨홀을 설치하고 오염물이 들어가지 않도록 뚜껑을 설치한다.

② 저수조 주위에는 청소, 점검, 보수를 위하여 충분한 공간을 확보한다.

③ 저수조 내부는 위생에 지장이 없는 공법으로 처리한다.

④ 저수조 상부에는 오수배관이나 오염이 염려되는 기기류 설치를 피한다.

⑤ 저수조 넘침(Over Flow)관은 일반배수계통에 직접 연결한다.

키워드 **저수조의 설치방법**

풀이 저수조 넘침(Over Flow)관은 간접배수로 한다.

정답 ⑤

26 수도법령상 절수설비와 절수기기에 관한 내용으로 옳은 것을 모두 고른 것은?

㉠ 별도의 부속이나 기기를 추가로 장착하지 아니하고도 일반 제품에 비하여 물을 적게 사용하도록 생산된 수도꼭지 및 변기를 절수설비라고 한다. ㉡ 절수형 수도꼭지는 공급수압 98kPa에서 최대토수유량이 1분당 6.0리터 이하인 것. 다만, 공중용 화장실에 설치하는 수도꼭지는 1분당 5리터 이하인 것이어야 한다. ㉢ 절수형 대변기는 공급수압 98kPa에서 사용수량이 8리터 이하인 것이어야 한다. ㉣ 절수형 소변기는 물을 사용하지 않는 것이거나, 공급수압 98kPa에서 사용수량이 3리터 이하인 것이어야 한다.

① ㉢ ② ㉣ ③ ㉠, ㉡
④ ㉠, ㉢ ⑤ ㉡, ㉢, ㉣

키워드 **절수설비와 절수기기의 종류 및 기준(수도법 시행규칙 제1조의2 별표 1)**

풀이 ㉢ 절수형 대변기는 공급수압 98kPa에서 사용수량이 6리터 이하인 것이어야 한다.
㉣ 절수형 소변기는 물을 사용하지 않는 것이거나, 공급수압 98kPa에서 사용수량이 2리터 이하인 것이어야 한다.

정답 ③

27 연면적이 10,000m²인 사무소 건물의 급수량을 구하여 옥상탱크의 용량을 결정하고자 한다. 1시간 최대 사용수량을 옥상탱크 용량으로 결정할 경우 가장 적당한 것은? (단, 유효면적비 56%, 유효면적당 거주인원 0.2인/m², 1인 1일당 급수량 100ℓ, 건물의 사용시간은 10시간으로 함)

① $10m^3$ ② $20m^3$ ③ $30m^3$
④ $40m^3$ ⑤ $50m^3$

키워드 **옥상탱크 용량계산을 위한 시간평균 예상급수량 산정**

풀이 고가수조 용량(V_h)

1. 1일 급수량(Q_d)

$Q_d = A \times k \times n \times q(\ell/\text{d})$

$= 10{,}000\text{m}^2 \times 0.56 \times 0.2\text{인}/\text{m}^2 \times 100\ell = 112{,}000(\ell/\text{d}) = 112(\text{m}^3/\text{d})$

2. 시간평균 예상급수량(Q_h)

$$Q_h = \frac{Q_d}{T} = \frac{112}{10} = 11.2(\text{m}^3/\text{h})$$

3. 시간최대 급수량($V_h = Q_m$)

$Q_m = Q_h \times (1.5 \sim 2.0)(\ell)$

$= 11.2\text{m}^3/\text{h} \times (1.5 \sim 2.0) = 16.8 \sim 22.4(\text{m}^3)$

정답 ②

28 **연면적이 2,000m²인 아파트에서 필요한 1일의 급수량(사용수량)은? (단, 유효면적비 56%, 거주인원 0.2인/m², 1일 1인당 사용수량은 150ℓ/d로 함)**

① $3.36m^3/d$
② $4.36m^3/d$
③ $33.6m^3/d$
④ $40.6m^3/d$
⑤ $43.6m^3/d$

키워드 **건물 면적에 의한 1일 급수량 산정**

풀이 $Q_d = A \times k \times n \times q$

$= 2{,}000m^2 \times 0.56 \times 0.2인 \times 150ℓ/인 \cdot d = 33{,}600(ℓ/d) = 33.6(m^3/d)$

여기서 A: 건물의 연면적(m^2)

k: 유효면적비율(%)

n: 유효면적당 거주인원(인/m^2)

q: 1일 1인당 사용수량(ℓ/인·d)

정답 ③

29 **다음 조건의 600인이 거주하는 공동주택의 순간최대 예상급수량(ℓ/min)은?** 제18회

- 1인 1일 평균사용수량: 200ℓ/인·일
- 1일 평균사용시간: 10시간
- 순간최대 예상급수량은 시간평균 예상급수량의 4배로 한다.
- 그 외의 조건은 고려하지 않는다.

① 400
② 800
③ 1,000
④ 1,400
⑤ 2,000

키워드 **양수펌프의 용량계산**

풀이 순간최대 예상급수량(Q_P) 산정식은 다음과 같다.

$$Q_P = \frac{Q_h \times (3\sim4)}{60}(ℓ/min)$$

여기서 시간평균 예상급수량(Q_h)의 산정은

$$Q_h = \frac{Q_d}{T}(ℓ/h)$$

그러므로 순간최대 예상급수량(ℓ/min)은 다음과 같다.

$$Q_P = \frac{[(600인 \times 200ℓ/인 \cdot 일) \div 10시간] \times 4}{60} = 800(ℓ/min)$$

정답 ②

30 **급수방식 중 수도직결방식에 관한 설명으로 옳지 않은 것을 모두 고른 것은?**

㉠ 상수도관의 공급압력에 의해 급수하는 방식으로 주로 대규모 및 고층건물에 사용된다. ㉡ 일반적으로 하향급수 배관방식을 사용한다. ㉢ 저수조가 있으므로 단수 시에도 급수가 가능하다. ㉣ 급수압력이 일정하다. ㉤ 고가수조방식에 비해 수질오염 가능성이 낮고, 설비비가 저렴하다.

① ㉠
② ㉠, ㉡
③ ㉠, ㉡, ㉢
④ ㉠, ㉡, ㉢, ㉣
⑤ ㉠, ㉡, ㉢, ㉣, ㉤

키워드 **수도직결방식의 특징**

풀이 ㉠ 상수도관의 공급압력에 의해 급수하는 방식으로 1, 2층 정도의 소규모 건물에 이용할 수 있다.
㉡ 일반적으로 상향급수 배관방식을 사용한다.
㉢ 저수조가 없으므로 단수 시에는 급수가 불가능하다.
㉣ 수도본관의 영향을 그대로 받으므로 수압 변화가 심하다.

정답 ④

31 **수도본관으로부터 10m 높이에 있는 세면기를 수도직결방식으로 배관하였을 때 수도본관 연결 부분의 최소필요압력(MPa)은? [단, 수도본관에서 세면기까지 배관의 총압력손실은 수주(水柱) 높이의 40%, 세면기 최소필요압력은 3mAq, 수주(水柱) 1mAq는 0.01MPa로 함]** 제20회

① 0.07
② 0.11
③ 0.17
④ 0.70
⑤ 1.07

키워드 **수도직결방식의 수도본관의 최저필요압력**

풀이 $P(\text{MPa}) \geq P_1 + P_2 + 0.01h(\text{m}) = (3 \times 0.01) + (4 \times 0.01) + (10 \times 0.01) = 0.17(\text{MPa})$

여기서 P: 수도본관의 최저필요압력
P_1: 기구 최저필요압력
P_2: 마찰손실수압
h: 수도본관에서 최고층 급수기구까지의 높이(m)

정답 ③

32 **수도직결방식 급수설비의 수도본관에서 1층에 설치된 샤워기까지의 높이가 2m이고, 마찰손실압력이 20kPa, 수도본관의 수압이 150kPa인 경우 샤워기 입구에서의 수압은?**

① 약 110kPa
② 약 130kPa
③ 약 150kPa
④ 약 170kPa
⑤ 약 190kPa

키워드 **수도본관의 압력**

풀이 $P(\text{MPa}) \geq P_1 + P_2 + 0.01h(\text{m})$

여기서 P: 수도본관의 압력(MPa) → 150kPa = 0.15MPa

P_1: 수전 또는 기구의 필요압력(MPa)

P_2: 본관에서 기구에 이르는 사이의 저항(MPa) → 20kPa = 0.02MPa

h: 수도본관에서 최고층 급수기구까지의 높이

그러므로 $P(\text{MPa}) \geq P_1 + P_2 + 0.01h(\text{m})$에서

$0.15 = P_1 + 0.02 + (0.01 \times 2)$

$\therefore P_1 = 0.15 - 0.02 - 0.02 = 0.11(\text{MPa}) = 110(\text{kPa})$

정답 ①

33 **고가수조방식을 적용하는 공동주택에서 각 세대에 공급되는 급수과정 순서로 옳은 것은?**

제22회

㉠ 세대 계량기	㉡ 상수도 본관
㉢ 양수장치(급수펌프)	㉣ 지하저수조
㉤ 고가수조	

① ㉠ → ㉣ → ㉤ → ㉢ → ㉡
② ㉡ → ㉣ → ㉢ → ㉤ → ㉠
③ ㉡ → ㉤ → ㉣ → ㉢ → ㉠
④ ㉣ → ㉢ → ㉤ → ㉡ → ㉠
⑤ ㉣ → ㉡ → ㉤ → ㉢ → ㉠

키워드 **고가수조방식의 물공급 순서**

풀이 고가수조방식의 급수과정 순서는 '상수도 본관(㉡) → 지하저수조(㉣) → 양수장치(급수펌프)(㉢) → 고가수조(㉤) → 세대 계량기(㉠)' 순이다.

정답 ②

34 다음에서 설명하고 있는 급수방식에 해당하는 것은?

• 대규모의 급수 수요에 쉽게 대응할 수 있다.
• 급수압력이 일정하다.
• 단수 시에도 일정량의 급수를 계속할 수 있다.
• 물탱크에서 물이 오염될 가능성이 있다.

① 수도직결방식
② 고가수조방식
③ 압력수조방식
④ 펌프직송방식
⑤ 부스터방식

키워드 **급수방식의 종류별 특징**

풀이 고가수조방식에 관한 설명이다. 고가수조방식은 이외에도 설비비·경상비가 높고, 저수시간이 길어지면 수질이 나빠지기 쉬운 특징이 있다.

정답 ②

35 급수방식 중 고가수조방식에 관한 설명으로 옳지 않은 것을 모두 고른 것은?

㉠ 수도본관의 영향을 그대로 받아 수압 변화가 심하다.
㉡ 단수 시에도 지속적인 급수가 가능하다.
㉢ 대규모 급수수요에 대응이 불가능하다.
㉣ 위생성 측면에서 가장 바람직한 방식이다.
㉤ 수전에 미치는 압력의 변동이 적으며 취급이 간단하고 고장이 적다.

① ㉠
② ㉠, ㉡
③ ㉠, ㉡, ㉢
④ ㉠, ㉡, ㉢, ㉣
⑤ ㉠, ㉡, ㉢, ㉣, ㉤

키워드 **고가수조방식의 특징**

풀이 ㉠ 항상 일정한 수압을 유지하여 급수할 수 있다.
㉡ 단수 시에는 저수조의 저수량 한도에서 일정량 급수가 가능하다.
㉢ 대규모 급수설비에 가장 적합하다(아파트, 사무소 등에 적합).
㉣ 급수오염 가능성이 크다.

정답 ④

36 **고가수조방식에 관한 일반적 사항 중에서 옳지 않은 것은?** 제15회

① 저수조를 상수용으로 사용할 때는 넘침관과 배수관을 간접배수방식으로 배관해야 한다.

② 단수 시에도 일정량의 급수를 계속할 수 있다.

③ 수압이 0.4MPa을 초과하는 층이나 구간에는 감압밸브를 설치하여 적정압력으로 감압이 이루어지도록 하여야 한다.

④ 고가수조의 필요높이를 산정할 때는 가장 수압이 높은 지점을 기준으로 최소필요높이를 산정하여야 한다.

⑤ 스위치 고장으로 고가수조에 양수가 계속될 경우 수조에서 넘쳐흐르는 물을 배수하는 넘침관은 양수관 직경의 2배 크기이다.

키워드 **고가수조방식의 특징**

풀이 고가수조의 필요높이를 산정할 때는 최고층의 급수전 또는 기구에서의 소요압력에 해당하는 높이를 기준으로 산정하여야 한다.

정답 ④

37 **고가수조방식으로 급수하는 공동주택에서 최상층 세대 샤워기의 적정수압을 유지하기 위해 추가해야 할 최저필요수압(kPa)은? (단, 층고 3m, 옥상바닥면에서 고가수조 수면까지의 높이 3m, 바닥면에서 샤워기까지의 높이 1.5m, 샤워기의 적정급수압력은 70kPa이고 배관 마찰손실은 무시함. 단위환산은 10mAq = 1kg/cm² = 100kPa)** 제16회

① 20 ② 25

③ 30 ④ 35

⑤ 40

키워드 **고가수조의 높이 산정방법**

풀이 P(kPa) = 높이(m) × 10

P = 70kPa − [(3 × 10) + (3 × 10) − (1.5 × 10)] = 25(kPa)

정답 ②

38 **압력수조방식에 관한 다음 설명 중 가장 적절하지 않은 것은?** 제8회

① 압력수조 내에 물을 공급한 후 압축공기로 물에 압력을 가해 급수하는 방식이다.
② 펌프, 압력수조, 컴프레서(Compressor), 수수조 등이 필요하다.
③ 수조는 압력용기이므로 제작비가 싸다.
④ 고가수조가 필요 없어 구조상·미관상 좋다.
⑤ 국부적으로 고압을 필요로 할 때 적합하다.

키워드 **압력수조방식의 특징**
풀이 압력탱크는 압력용기이므로 제작비가 비싸다.

정답 ③

39 **급수방식 중 압력수조방식에 관한 설명으로 옳지 않은 것을 모두 고른 것은?**

ㄱ 압력탱크 급수방식은 급수 압력을 일정하게 유지할 수 있다.
ㄴ 압력탱크방식은 정전 시에도 급수가 가능하다.
ㄷ 압력수조 급수방식은 고가수조방식에 비해 수조의 설치 위치에 제한이 많다.
ㄹ 압력탱크방식은 취급이 비교적 쉽고 고장도 없다.
ㅁ 압력탱크방식은 고가수조방식에 비하여 관리비용이 저렴하고 저양정의 펌프를 사용한다.

① ㄱ
② ㄱ, ㄴ
③ ㄱ, ㄴ, ㄷ
④ ㄱ, ㄴ, ㄷ, ㄹ
⑤ ㄱ, ㄴ, ㄷ, ㄹ, ㅁ

키워드 **압력수조방식의 특징**
풀이 압력수조방식의 장단점

장점	단점
• 고가탱크가 필요 없다. • 고가시설이 없어 미관상 좋다. • 국부적으로 일시적인 고압을 필요로 할 때 적합하다. • 탱크의 설치 위치에 제한을 받지 않는다. • 탱크 중량에 의한 구조물의 구조를 강화시킬 필요가 없다.	• 펌프의 양정이 길어야 하므로 동력비가 비싸다. • 탱크가 압력용기이므로 제작비가 비싸다. • 조작상 최고·최저의 압력차가 크므로 급수압의 변동이 크다. • 저수량이 적고 정전 시 급수가 중단된다. • 물속에 공기가 녹기 때문에 컴프레서로 때때로 공기를 공급해야 한다. • 취급이 어렵고 고장이 잦다.

정답 ⑤

40 급수설비에 관한 설명으로 옳지 않은 것은? 제23회

① 초고층 공동주택의 경우 급수압을 조절하기 위해, 중간수조 방식이나 감압밸브 방식을 사용한다.

② 크로스 커넥션(Cross Connection)은 급수설비 오염의 원인이 된다.

③ 급수량 산정 시 시간최대 예상급수량은 시간평균 예상급수량의 1.5~2.0배로 한다.

④ 압력탱크방식은 최고·최저의 압력차가 작아 급수압이 일정하다.

⑤ 고가수조방식은 펌프직송방식에 비해 수질오염 측면에서 불리하다.

키워드 **급수설비의 급수방식**

풀이 압력탱크방식은 최고·최저의 압력차가 크므로 급수압의 변동이 크다.

정답 ④

41 펌프직송방식에서 물의 공급 순서로 옳은 것은?

① 상수도 → 저수조 → 펌프 → 위생기구

② 상수도 → 펌프 → 압력수조 → 위생기구

③ 상수도 → 펌프 → 고가수조 → 위생기구

④ 상수도 → 저수조 → 고가수조 → 위생기구

⑤ 상수도 → 펌프 → 저수조 → 위생기구

키워드 **펌프직송방식에서 물의 공급 순서**

풀이 펌프직송방식에서 물의 공급 순서는 '상수도 → 저수조 → 펌프 → 위생기구' 순이다.

정답 ①

42 급수설비 중 펌프직송방식(부스터방식)에 관한 설명으로 옳은 것은?

① 주택과 같은 소규모 건물(2~3층 이하)에 주로 이용된다.

② 밀폐용기 내에 펌프로 물을 보내 공기를 압축시켜 압력을 올린 후 그 압력으로 필요 장소에 급수하는 방식이다.

③ 도로에 있는 수도본관에 수도 인입관을 연결하여 건물 내의 필요개소에 직접 급수하는 방식이다.

④ 저수조에 저장된 물을 펌프로 고가수조에 양수하고, 여기서 급수관을 통해 건물의 필요개소에 급수하는 방식이다.

⑤ 급수관 내의 압력 또는 유량을 탐지하여 펌프의 대수를 제어하는 정속방식과 회전수를 제어하는 변속방식이 있으며, 이를 병용하기도 한다.

키워드 **펌프직송방식의 특징**

풀이 ① 주택과 같은 소규모 건물(2~3층 이하)에 주로 이용하는 것은 수도직결방식이다.
② 밀폐용기 내에 펌프로 물을 보내 공기를 압축시켜 압력을 올린 후 그 압력으로 필요 장소에 급수하는 방식은 압력탱크방식이다.
③ 도로에 있는 수도본관에 수도 인입관을 연결하여 건물 내의 필요개소에 직접 급수하는 방식은 수도직결방식이다.
④ 저수조에 저장된 물을 펌프로 고가수조에 양수하고, 여기서 급수관을 통해 건물의 필요개소에 급수하는 방식은 고가수조방식이다.

정답 ⑤

43 급수방식 중 펌프직송방식에 관한 설명으로 옳지 않은 것을 모두 고른 것은?

㉠ 자동제어에 필요한 설비비가 적고, 유지관리가 간단하다. ㉡ 펌프를 병렬로 연결하여 운전대수를 변화시켜 양수량 및 토출압력을 조절하는 것을 변속운전방식이라 한다. ㉢ 고가수조방식에 비해 수질오염 가능성이 크다. ㉣ 하향급수 배관방식이 주로 이용된다. ㉤ 건축적으로 건물의 외관 디자인이 용이해지고 구조적 부담이 경감된다.

① ㉠
② ㉠, ㉡
③ ㉠, ㉡, ㉢
④ ㉠, ㉡, ㉢, ㉣
⑤ ㉠, ㉡, ㉢, ㉣, ㉤

키워드 펌프직송방식의 특징

풀이 ㉠ 펌프직송방식은 대수제어, 교대운전 등 자동제어에 필요한 설치비가 많이 들고, 유지관리가 어렵다.
㉡ 펌프를 병렬로 연결하여 운전대수를 변화시켜 양수량 및 토출압력을 조절하는 것은 정속운전방식이다.
㉢ 옥상탱크방식에 비해 수질오염의 가능성이 적은 편이다.
㉣ 상향급수 배관방식이 주로 이용된다.

정답 ④

44 급배수 위생설비에 관한 내용으로 옳지 않은 것은? 제21회

① 탱크가 없는 부스터방식은 펌프의 동력을 이용하여 급수하는 방식으로 저수조가 필요 없다.
② 수격작용이란 급수전이나 밸브 등을 급속히 폐쇄했을 때 순간적으로 급수관 내부에 충격압력이 발생하여 소음이나 충격음, 진동 등이 일어나는 현상을 말한다.
③ 매시 최대 예상급수량은 일반적으로 매시 평균 예상급수량의 1.5~2.0배 정도로 산정한다.
④ 배수수평주관의 관경이 125mm일 경우 원활한 배수를 위한 배관 최소구배는 1/100로 한다.
⑤ 결합통기관은 배수수직관과 통기수직관을 접속하는 것으로 배수수직관 내의 압력변동을 완화하기 위해 설치한다.

키워드 급배수 위생설비

풀이 탱크가 없는 부스터 방식(펌프직송방식)은 수도본관으로부터 물을 저수조에 저수한 후, 급수펌프만으로 건물 내에 급수하는 방식이다.

정답 ①

45 **급수방식을 비교한 내용으로 옳지 않은 것은?** 제17회

① 수도직결방식은 고가수조방식에 비해 수질오염 가능성이 낮다.
② 수도직결방식은 압력수조방식에 비해 기계실 면적이 작다.
③ 펌프직송방식은 고가수조방식에 비해 옥상탱크 면적이 크다.
④ 고가수조방식은 수도직결방식에 비해 수도 단수 시 유리하다.
⑤ 압력수조방식은 수도직결방식에 비해 유지관리 측면에서 불리하다.

키워드 **급수방식의 종류별 특징**
풀이 펌프직송방식에는 고가수조를 설치하지 않는다.

정답 ③

46 **급수방식에 관한 설명으로 옳지 않은 것은?**

① 수도직결방식은 2층 이하의 주택 등과 같이 소규모 건물에 주로 사용된다.
② 고가탱크방식은 고가탱크 수위면과 사용기구의 낙차가 클수록 토출압력이 증가한다.
③ 압력수조방식은 미관 및 구조상 유리하며 급수압력의 변동이 없다.
④ 고가수조방식은 수전에 미치는 압력의 변동이 적으며 취급이 간단하고 고장이 적다.
⑤ 펌프직송방식은 고가수조의 설치가 요구되지는 않으나 펌프의 설비비가 높다.

키워드 **급수방식의 종류별 특징**
풀이 압력탱크방식은 급수압 변동이 크다.

정답 ③

47 **급수방식에 관한 내용으로 옳지 않은 것은?**

① 고가수조방식은 건물 내 모든 층의 위생기구에서 압력이 동일하다.
② 펌프직송방식은 단수 시에도 저수조에 남은 양만큼 급수가 가능하다.
③ 펌프직송방식은 급수설비로 인한 옥상층의 하중을 고려할 필요가 없다.
④ 고가수조방식은 타 급수방식에 비해 수질오염 가능성이 높다.
⑤ 수도직결방식은 수도 본관의 압력에 따라 급수압이 변한다.

키워드 **급수방식의 종류별 특징**
풀이 고가수조방식은 건물의 상층부는 위생기구에서의 압력이 낮고, 하층부는 위생기구에서의 압력이 높다.

정답 ①

48 **건물 내의 급수방식에 관한 설명으로 옳지 않은 것은?**

① 펌프직송방식은 정속방식과 변속방식이 있다.
② 수도직결방식은 기계실 및 옥상탱크가 불필요하고, 단수 시 급수가 불가능하다.
③ 압력탱크방식은 단수 시 저수탱크의 물을 이용할 수 있으며, 옥상탱크가 불필요하다.
④ 펌프직송방식은 펌프의 가동과 정지 시 급수압력의 변동이 있으며, 비상전원 사용 시를 제외하고 정전 시 급수가 불가능하다.
⑤ 고가탱크의 설치높이는 최하층 사용기구의 최소필요압력과 배관 마찰손실 등을 고려하여 결정한다.

키워드 **급수방식의 종류별 특징**

풀이 고가탱크의 설치높이는 최상층 사용기구의 최소필요압력과 배관 마찰손실 등을 고려하여 결정한다.

정답 ⑤

49 **급수방식에 관한 설명으로 옳은 것은?**

① 펌프직송방식 중 변속방식은 정속방식에 비해 압력변동이 심하기 때문에 아파트에서는 사용할 수 없다.
② 고가수조방식은 수질오염 가능성이 가장 낮은 방식으로 단수 시 일정시간 동안 급수가 가능하다.
③ 압력탱크방식은 경제적이며 공급압력이 일정하다.
④ 펌프직송방식은 정교한 제어가 필요하며 정전 시 급수가 불가능하다.
⑤ 고가수조방식에서 고층부 수전과 저층부 수전의 토출압력이 동일하다.

키워드 **급수방식의 종류별 특징**

풀이 ① 펌프직송방식 중 변속펌프방식은 압력에 따라 전동기의 회전속도를 변화시켜 수압을 조절하는 방식으로, 최근 아파트 등에서 그 사용이 점차 증가하고 있다. 또한 압력에 따라 운전대수를 제어하는 대수제어방식도 많이 사용된다.
② 고가수조방식은 수질오염 가능성이 가장 높으나 단수 시 가장 유리하다.
③ 압력탱크방식은 고가이며, 압력탱크 내의 압력에 따라 수압이 변한다.
⑤ 고가수조방식은 고층부 수전과 저층부 수전의 토출압력이 다르다.

정답 ④

50 **건축물의 급수 및 급탕설비에 관한 설명으로 옳지 않은 것은?** 제24회

① 급수 및 급탕설비에 이용하는 재료는 유해물이 침출되지 않는 것을 사용한다.

② 고층건물의 급수배관은 단일계통으로 하면 하층부보다 상층부의 급수압력이 높아진다.

③ 급수 및 급탕은 위생기구나 장치 등의 기능에 만족하는 수압과 수량(水量)으로 공급한다.

④ 급탕배관에는 관의 온도변화에 따른 팽창과 수축을 흡수할 수 있는 장치를 설치하여야 한다.

⑤ 급수 및 급탕계통에는 역사이펀 작용에 의한 역류가 발생되지 않아야 한다.

키워드 **급수 및 급탕설비**

풀이 고층건물의 급수배관은 단일계통으로 하면 상층부보다 하층부의 급수압력이 높아진다. 그러므로 하층부의 급수압력을 줄이기 위해서 급수 조닝을 하여야 한다.

정답 ②

51 **고층건물에서 급수 조닝을 하는 이유와 관련이 있는 것은?**

① 엔탈피 ② 쇼트서킷

③ 캐비테이션 ④ 수격작용

⑤ 유인작용

키워드 **급수 조닝의 목적**

풀이 급수 조닝을 하면 저층부의 급수압력을 줄여 수격작용을 방지할 수 있다.

정답 ④

52 **초고층 아파트에서 중간층에 중간수조를 설치하는 가장 주된 이유에 해당하는 것은?**

① 물탱크에서 물이 오염될 가능성을 낮추기 위하여
② 정전 등으로 인한 단수를 막기 위하여
③ 단수 등으로 인한 단수를 막기 위하여
④ 저층부의 수압을 줄이기 위하여
⑤ 옥상층의 면적을 줄이기 위하여

키워드 **급수 조닝의 목적**

풀이 초고층 건물은 최고층과 최하층의 수압차가 크므로 최하층에서는 과대한 수압으로 수격작용이 생기고 그 결과 소음이나 진동이 일어나며, 기구의 부속품 등의 파손이 생기므로 적절한 수압을 유지하기 위해 급수 조닝을 한다. 조닝방법에는 중간탱크에 의한 방법과 감압밸브에 의한 방법 등이 있다.

정답 ④

53 **고층건물에서는 급수압이 고르게 될 수 있도록 급수 조닝을 할 필요가 있다. 다음 중 급수 조닝방식에 해당하지 않는 것은?**

① 순환식　　② 층별식
③ 중계식　　④ 감압밸브식
⑤ 펌프직송방식

키워드 **급수 조닝방식**

풀이 급수 조닝방식에는 층별식, 중계식, 감압밸브식, 펌프직송방식, 옥상탱크와 펌프직송방식의 겸용이 있다.

정답 ①

54 **급수설비의 오염원인에 해당하지 않는 것은?**

① 배관의 부식
② 급수설비로의 배수 역류
③ 저수탱크로의 정체수
④ 크로스 커넥션(Cross Connection)
⑤ 수격작용(Water Hammering)의 발생

키워드 **급수설비의 오염원인**

풀이 수격작용은 배관계통에서 소음과 진동이 발생하는 현상으로, 급수설비의 오염과는 거리가 멀다.

정답 ⑤

55 **세정밸브식 대변기에서 토수된 물이나 이미 사용된 물이 역사이펀 작용에 의해 상수계통으로 역류하는 것을 방지하는 기구에 해당하는 것은?**

① 볼탭
② 슬리브
③ 스트레이너
④ 버큠 브레이커
⑤ 공기실

키워드 **역류방지기구**

풀이 세정밸브형 대변기에는 급수오염을 방지하기 위하여 진공방지기(Vacuum Breaker), 토수구 등을 설치하여 역사이펀 작용을 방지한다.

정답 ④

56 **급수설비에 관한 설명으로 옳지 않은 것은?** 제18회

① 펌프직송방식이 고가수조방식보다 위생적인 급수가 가능하다.
② 급수관경을 정할 때 관균등표 또는 유량선도가 일반적으로 이용된다.
③ 고층건물일 경우 급수압 조절 및 소음방지 등을 위해 적절한 급수 조닝(Zoning)이 필요하다.
④ 급수설비의 오염원인으로 상수와 상수 이외의 물질이 혼합되는 캐비테이션(Cavitation) 현상이 있다.
⑤ 급수설비공사 후 탱크류의 누수 유무를 확인하기 위해 만수시험을 한다.

키워드 **급수설비**

풀이 급수설비의 오염원인으로 상수와 상수 이외의 물질이 혼합되는 것은 크로스 커넥션이다.

정답 ④

57 **건축물의 급수설비에 관한 설명으로 옳지 않은 것은?** 제12회

① 고가수조급수방식은 압력이 거의 일정하여 관이나 밸브류가 파손될 염려가 상대적으로 적다.

② 수압이 지나치게 높으면 유수 소음이 발생하고 물의 낭비가 많아진다.

③ 부스터펌프방식은 압력변동폭이 적고 수질오염 가능성이 낮다.

④ 일반적으로 급수배관에는 크로스 커넥션 이음법으로 연결한다.

⑤ 수격작용을 방지하기 위해서는 공기실 또는 수격방지기를 설치한다.

키워드 **급수배관 설계·시공상의 유의사항**

풀이 크로스 커넥션은 음용수와 음용수 이외의 물질이 혼입되면서 오염되는 것으로 음용수배관은 크로스 커넥션이 되어서는 안 된다.

정답 ④

58 **크로스 커넥션에 관한 설명으로 옳은 것은?**

① 상수로부터의 급수계통(배관)과 그 외의 계통이 직접 접속되어 있는 것이다.

② 관로 내의 유체가 급격히 변화하여 압력변화를 일으키는 것이다.

③ 겨울철 난방을 하고 있는 실내에서, 창을 타고 차가운 공기가 하부로 내려오는 현상이다.

④ 급탕·반탕관의 순환거리를 각 계통에 있어서 거의 같게 하여 전 계통의 탕의 순환을 촉진하는 방식이다.

⑤ 수전류를 급격히 닫을 때 일어나는 현상이다.

키워드 **크로스 커넥션의 개념**

풀이 ②⑤ 수격작용
③ 콜드드래프트
④ 역환수배관방식

정답 ①

59 **급수설비에서 크로스 커넥션에 따른 수질오염의 방지법으로 옳은 것은?**

① 관 내 유속을 억제하고, 설비 내에 서지탱크 및 안전밸브를 설치한다.
② 설비 내에 버큠 브레이커나 역류방지장치를 부착한다.
③ 수평배관에는 공기나 오물이 정체하지 않도록 하며, 어쩔 수 없이 공기 정체가 일어나는 곳에는 공기빼기밸브를 설치한다.
④ 각 계통의 배관을 색깔로 구분하여 오접합을 방지한다.
⑤ 기기 및 배관류는 부식에 강한 재료를 사용한다.

키워드 **수질오염 방지대책**

풀이 크로스 커넥션은 수돗물과 수돗물 이외의 물질이 혼입되어 급수가 오염되는 현상이므로 각 계통마다 배관을 색깔로 구분할 수 있도록 한다.

정답 ④

60 **공동주택 급수설비의 수질오염을 방지하기 위한 대책으로 틀린 것은?** 제10회

① 배관설치 공간을 줄이기 위하여 음용수와 음용수 이외의 배관이 크로스 커넥션(Cross Connection)이 되도록 한다.
② 수조의 재질은 부식이 적은 스테인리스관을 사용하거나 내면도료를 칠하여 수질에 영향을 미치지 않도록 한다.
③ 저수조를 설치하는 장소는 배수관과 이격하여 설치한다.
④ 기기 및 배관류는 부식에 강한 재료를 사용한다.
⑤ 수전과 세면기 상단부와의 거리를 확보(토수구 공간)하여 배수의 역류를 방지한다.

키워드 **수질오염 방지대책**

풀이 음용수와 음용수 이외의 배관이 크로스 커넥션이 되면 음용수가 오염될 수 있으므로 크로스 커넥션을 하지 않는다.

정답 ①

61 급수설비의 수질오염에 관한 설명으로 옳지 않은 것은?

① 저수조에 설치된 넘침관 말단에는 철망을 씌워 벌레 등의 침입을 막는다.
② 물탱크에 물이 오래 있으면 잔류염소가 증가하면서 오염 가능성이 커진다.
③ 크로스 커넥션이 이루어지면 오염 가능성이 있다.
④ 세면기에는 토수구 공간을 확보하여 배수의 역류를 방지한다.
⑤ 대변기에는 버큠 브레이커(Vacuum Breaker)를 설치하여 배수의 역류를 방지한다.

키워드 급수설비의 수질오염
풀이 물탱크에 물이 오래 있으면 잔류염소가 감소하면서 오염 가능성이 커진다.

정답 ②

62 음료용 급수의 오염원인에 따른 방지대책으로 옳지 않은 것은?

① 정체수: 적정한 탱크 용량으로 설계한다.
② 조류의 증식: 투광성 재료로 탱크를 제작한다.
③ 크로스 커넥션: 각 계통마다의 배관을 색깔로 구분한다.
④ 곤충 등의 침입: 맨홀 및 오버플로우관의 관리를 철저히 한다.
⑤ 배수의 역류: 진공방지기를 설치하고 토수구 공간을 둔다.

키워드 급수설비의 오염방지대책
풀이 조류의 증식을 막기 위해서는 불투광성 재료로 탱크를 제작해야 한다.

정답 ②

63 급수설비의 수질오염 방지대책으로 옳지 않은 것은?

① 수조의 급수 유입구와 유출구 사이의 거리는 가능한 한 짧게 하여 정체에 의한 오염이 발생하지 않도록 한다.

② 크로스 커넥션이 발생하지 않도록 급수배관을 한다.

③ 수조 및 배관류와 같은 자재는 내식성 재료를 사용한다.

④ 건축물의 땅밑에 저수조를 설치하는 경우에는 분뇨·쓰레기 등의 유해물질로부터 5m 이상 띄워서 설치한다.

⑤ 일시적인 부압으로 역류가 발생하지 않도록 세면기에는 토수구 공간을 둔다.

키워드 **급수설비의 오염방지대책**

풀이 수조의 급수 유입구와 유출구 사이의 거리는 가능한 한 길게 하여 정체에 의한 오염이 발생하지 않도록 한다.

정답 ①

64 순간최대 급수량 산정방법 중 기구급수부하단위법에 대한 설명으로 옳지 않은 것은?

① 기구급수부하단위수로부터 헌터선도에 의해 동시사용 유량을 산출한다.

② 기구급수부하단위는 각 급수기구의 표준 토출량, 사용빈도, 사용시간을 고려하여 1개의 급수기구에 대한 부하의 정도를 예상하여 단위화한 것이다.

③ 공중용과 개인용으로 나누어 산정한다.

④ 전반적으로 과소 설계된다는 단점이 있어 소규모 시설에서만 일부 이용된다.

⑤ 세면기를 기준으로 기구급수부하단위를 산정한다.

키워드 **기구급수부하단위법**

풀이 기구급수부하단위법은 소요유량에 동시사용률을 적용한 방법으로 간편하며 신뢰성을 가지기 때문에 대규모 시설에서 이용된다.

정답 ④

65 급수설비의 수질오염 방지대책에 관한 설명으로 옳은 것은?

① 역류를 방지하여 오염으로부터 상수계통을 보호하기 위하여 수압이 0.4MPa을 초과하는 계통에는 감압밸브를 부착한다.

② 음용수 배관과 음용수 이외의 배관을 접속시켜 설비배관의 효율성을 높이도록 한다.

③ 세정탱크식 대변기에는 역류방지를 위해 진공방지기를 설치해야 한다.

④ 토수구 공간이 확보되지 않을 경우에는 버큠 브레이커(Vacuum Breaker)를 설치한다.

⑤ 급수관과 배수관이 교차될 때는 배수관의 아랫부분에 급수관을 매설한다.

키워드 **수질오염 방지대책**

풀이 ① 수압이 0.4MPa을 초과하는 계통에 감압밸브를 부착하는 것은 저층부의 수압을 줄이기 위해서이다.

② 크로스 커넥션은 음용수와 음용수 이외의 물질이 혼입되어 오염되는 것으로, 음용수 배관은 크로스 커넥션이 되어서는 안 된다.

③ 세정밸브식 대변기에는 역류방지를 위해 진공방지기를 설치해야 하며, 세정탱크식 대변기에는 역류방지를 위해 진공방지기를 설치하지 않는다.

⑤ 급수관과 배수관의 교차 매설은 가능한 한 피하는 것이 좋으며, 부득이한 경우에는 급수관을 배수관 위쪽에 매설한다.

정답 ④

66 급수배관의 관경 결정과 관계없는 것은?

① 관균등표 ② 동시사용률

③ 마찰저항선도 ④ 확대관 저항계수

⑤ 기구급수부하단위

키워드 **급수배관의 관경 결정방법**

풀이

급수배관의 관경 결정방법
1. 기구 연결관의 관경에 의한 관경 결정
2. 균등표에 의한 관경의 결정
㉠ 기구의 동시사용률 계산
㉡ 균등표에 의한 관경 결정
3. 마찰저항선도에 의한 관경의 결정
㉠ 동시사용 수량 계산(Hunter 곡선)
㉡ 허용마찰손실수두 계산 → 마찰저항선도

정답 ④

67 급수설비에 관한 설명으로 옳지 않은 것은?

① 고가탱크방식은 수전에서의 압력변동이 거의 없다.

② 세정밸브식 대변기의 급수관 관경은 15mm 이상으로 한다.

③ 펌프직송방식은 고가탱크방식에 비해 수질오염의 가능성이 적다.

④ 급수압력이 높으면 수전의 파손 원인이 되며 수격작용이 일어나기 쉽다.

⑤ 동시사용률은 위생기기의 개수가 증가할수록 작아진다.

키워드 **급수설비의 배관 관경 결정방법 등**

풀이 세정밸브식 대변기의 경우 25mm 이상의 급수관으로 설계한다.

정답 ②

68 어느 배관에 접속관경이 15mm인 위생기구 5개가 연결될 때, 이 배관의 관경으로 가장 적절한 것은?

[표 1] 동시사용률표

기구 수	2	3	4	5	10
동시사용률(%)	100	80	75	70	53

[표 2] 균등표

관경(mm)	15	20	25	32	40
사용기구 수	1	2	3.7	7.2	11

① 15mm
② 20mm
③ 25mm
④ 32mm
⑤ 40mm

키워드 **급수배관의 관경 결정**

풀이 5개의 동시사용률은 70%, 동시사용기구 수 = 5 × 0.7 = 3.5
균등표에서 3.5보다 큰 3.7항의 25mm를 선정한다.

정답 ③

69 어느 배관에 15mm 세면기 1개, 20mm 소변기 2개, 25mm 대변기 2개가 연결될 때, 이 배관의 관경으로 가장 적절한 것은?

[표 1] 동시사용률표

기구 수	2	3	4	5	10
동시사용률(%)	100	80	75	70	53

[표 2] 균등표

관경(mm)	15	20	25	32	40	50
사용기구 수	1	2	3.7	7.2	11	20

① 20mm
② 25mm
③ 32mm
④ 40mm
⑤ 50mm

키워드 **급수배관의 관경 결정**

풀이 1. 기구의 동시사용률 계산
㉠ 15A관의 상당개수로 환산: 세면기 – 1개, 소변기 – 2개, 대변기 – 3.7개
㉡ 15A관의 상대개수 누계: 1 + 2(소변기) × 2 + 2(대변기) × 3.7 = 12.4
㉢ 기구 수 5개에 대한 동시사용률이 70%이므로 12.4 × 0.7 = 8.68개이다.
2. 균등표에 의한 관경결정: 균등표에서 15mm의 관 8.68개분의 유량에 해당하는 상당관은 7.2와 11 사이의 값이므로 여유 있는 11을 선택한다.
3. 균등표에서 15mm의 관 8.68개분의 유량에 해당하는 관경은 40mm이다.

정답 ④

70 다음 급수설비의 기구 중 공중용 기구급수부하단위가 가장 큰 것은? 제15회

① 대변기 세정탱크
② 대변기 세정밸브
③ 세면기 급수전
④ 욕조 급수전
⑤ 샤워기 혼합밸브

키워드 **기구급수부하단위**

풀이 공중용 기구급수부하단위는 대변기 세정탱크: 5, 대변기 세정밸브: 10, 세면기 급수전: 2, 욕조 급수전: 4, 샤워기 혼합밸브: 4이다.

정답 ②

71 **다음 급수설비의 기구 중 개인용 기구급수부하단위가 가장 작은 것은?**

① 대변기 세정탱크
② 대변기 세정밸브
③ 세면기 급수전
④ 욕조 급수전
⑤ 샤워기 혼합밸브

키워드 **기구급수부하단위**

풀이 개인용 기구급수부하단위는 대변기 세정탱크: 3, 대변기 세정밸브: 6, 세면기 급수전: 1, 욕조 급수전: 2, 샤워기 혼합밸브: 2이다.

정답 ③

72 **급수배관의 관경 결정법에 관한 설명으로 옳지 않은 것은?**

① 같은 급수기구 중에서도 개인용과 공중용에 대한 기구급수부하단위는 공중용이 개인용보다 값이 크다.
② 유량선도에 의한 방법으로 관경을 결정하고자 할 때의 부하유량(급수량)은 기구급수부하단위로 산정한다.
③ 소규모 건물에는 유량선도에 의한 방법이, 중규모 이상의 건물에는 관균등표에 의한 방법이 주로 이용된다.
④ 기구급수부하단위는 각 급수기구의 표준 토출량, 사용빈도, 사용시간을 고려하여 1개의 급수기구에 대한 부하의 정도를 예상하여 단위화한 것이다.
⑤ 급수관경을 결정할 때 관균등표 또는 유량선도가 일반적으로 이용된다.

키워드 **급수배관의 관경 결정방법**

풀이 대규모 건물에는 유량선도에 의한 방법이, 중규모 이하의 건물에는 관균등표에 의한 방법이 주로 이용된다.

정답 ③

73 급수배관에 관한 설명으로 옳지 않은 것은?

① 수직배관에는 체크밸브를 설치하지 않는다.

② 수평배관에서 물이 고일 수 있는 부분에는 퇴수밸브를 설치한다.

③ 하향 급수배관방식의 경우 수평배관은 진행방향에 따라 내려가는 기울기로 한다.

④ 상향 급수배관방식의 경우 수평배관은 진행방향에 따라 올라가는 기울기로 한다.

⑤ 배관의 말단 부분인 청소구에 배니밸브를 설치하여 침전물질 등 부유물을 제거한다.

키워드 급수설비의 설계 및 시공 시 주의사항

풀이 수직배관에는 25~30m 구간마다 체크밸브를 설치하여 유동 정지 시의 역류에너지의 작용을 분산한다. 체크밸브 상류 측에는 워터해머 흡수기를 부착하여 체크밸브의 파손을 방지하고 워터해머로 인한 소음과 진동을 흡수하도록 하여야 한다.

정답 ①

74 밸브나 수전(水栓)류를 급격히 열고 닫을 때 압력변화에 의해 발생하는 현상은? 제17회

① 수격(Water Hammering)현상

② 표면장력(Surface Tension)현상

③ 공동(Cavitation)현상

④ 사이펀(Siphon)현상

⑤ 모세관(Capillary Tube)현상

키워드 수격작용의 개념

풀이 밸브나 수전(水栓)류를 급격히 열고 닫을 때 압력변화에 의해 발생하는 현상은 수격작용이다.

정답 ①

75 급수관에서 수격작용의 발생 우려가 가장 높은 것은?

① 관의 분기

② 관경의 확대

③ 관의 방향 전환

④ 관 내 유수의 급정지

⑤ 관의 부식

키워드 수격작용의 발생원인

풀이 수격작용은 수전을 갑자기 열고 닫을 때 생기는 마찰음으로, 유속이 빠르거나 관경이 작을 때, 밸브수전을 급히 잠글 때, 굴곡 개소가 많을 때 일어나기 쉽다.

정답 ④

76 **워터해머링이 발생할 우려가 있는 지점에 해당하지 않는 것은?**

① 물탱크 등에 설치된 볼탭
② 급폐쇄형 수도꼭지 사용개소
③ 펌프 토출 측에 설치된 체크밸브 하단
④ 급수배관 계통의 전자밸브, 모터밸브 등 급폐쇄형 밸브 설치개소
⑤ 배관의 굴곡개소

키워드 **수격작용의 발생지점**
풀이 수격작용은 펌프 토출 측 및 양수관 구간에 설치된 체크밸브 상단에서 발생한다.

정답 ③

77 **급수설비에서 발생하는 수격작용에 관한 설명으로 옳지 않은 것은?** 제14회

① 배관 내의 상용압력이 낮을수록 일어나기 쉽다.
② 배관 내의 유속의 변동이 심할수록 일어나기 쉽다.
③ 밸브를 급하게 폐쇄할 경우 일어나기 쉽다.
④ 배관 중에 굴곡지점이 많을수록 일어나기 쉽다.
⑤ 동일 유량인 경우 배관의 지름이 작을수록 일어나기 쉽다.

키워드 **수격작용의 발생원인**
풀이 배관 내의 상용압력이 높을수록 일어나기 쉽다.

정답 ①

78 **급수배관 내의 수격작용이 일어나는 원인에 해당하는 것은?**

① 배관 내의 압력 감소
② 관경의 확대
③ 급수관 내의 유속 증대
④ 배관 내의 온도 변화
⑤ 수전류 등의 개폐를 서서히 하는 경우

키워드 **수격작용의 발생원인**
풀이 유속이 빠르면 관 내 압력이 높아져 수격작용이 발생한다.

정답 ③

79 수격작용에 관한 설명으로 옳지 않은 것은?

① 수격작용의 크기는 유속에 반비례한다.
② 양정이 높은 펌프를 사용할 때 발생하기 쉽다.
③ 수격작용은 에어챔버를 설치함으로써 완화시킬 수 있다.
④ 밸브를 급히 열어 정지 중인 배관 내의 물을 급격히 유동시킨 경우에도 발생한다.
⑤ 수격작용 발생에 따른 압력 상승은 배관경에 반비례한다.

키워드 **수격작용의 발생원인**
풀이 수격작용의 크기는 유속에 비례한다.

정답 ①

80 지하저수조 펌프실 내 펌프류 및 배관시스템에서 소음 및 진동이 발생하여 인접세대로부터 민원이 발생한 경우, 이에 대한 대책으로 옳지 않은 것은? 제9회

① 배관 내 수격방지기를 설치한다.
② 배관 내 유속을 크게 한다.
③ 밸브조작을 서서히 한다.
④ 도피밸브를 설치한다.
⑤ 공기실을 설치한다.

키워드 **수격작용의 대책**
풀이 배관 내 유속을 크게 하면 수격작용이 발생하여 소음 및 진동이 더 커진다.

정답 ②

81 급수관 내에 공기실(Air Chamber)을 설치하는 이유로 옳은 것은?

① 배관의 신축을 위해서
② 수압시험을 하기 위해서
③ 누출시험을 하기 위해서
④ 수격작용의 방지를 위해서
⑤ 수질오염을 방지하기 위해서

키워드 **수격작용의 대책**
풀이 수전 근처에 공기실을 설치하는 목적은 수격작용을 방지하기 위함이다.

정답 ④

82 수격작용을 방지하기 위한 방법으로 옳지 않은 것을 모두 고른 것은?

> ㉠ 대기압식 또는 가압식 진공브레이커를 설치한다.
> ㉡ 배관은 가능한 한 직선이 되지 않고 우회하도록 계획한다.
> ㉢ 수압이 0.4MPa을 초과하는 계통에는 감압밸브를 부착하여 적절한 압력으로 감압한다.
> ㉣ 밸브 앞의 배관길이를 길게 설계한다.
> ㉤ 펌프계통의 유속을 증가시킨다.

① ㉠, ㉡
② ㉡, ㉢
③ ㉠, ㉡, ㉢
④ ㉠, ㉡, ㉢, ㉣
⑤ ㉠, ㉡, ㉣, ㉤

키워드 수격작용의 대책

풀이 ㉠ 진공브레이커는 역류방지 목적으로 설치한다.
㉡ 배관은 가능한 한 직선이 되게 계획하여 마찰손실을 작게 한다.
㉣ 수격작용을 방지하기 위해서는 마찰저항이 작아지도록 밸브 앞의 배관길이를 짧게 설계한다.
㉤ 수격작용을 방지하기 위해서는 유속을 감소시켜야 한다.

정답 ⑤

83 급배수배관이 벽체 또는 건축물의 구조부를 관통하는 부분에 슬리브(Sleeve)를 설치하는 이유로 옳은 것은?

① 관의 수리·교체를 위하여
② 관의 부식방지를 위하여
③ 관의 방동을 위하여
④ 관의 방로를 위하여
⑤ 수격작용을 방지하기 위하여

키워드 슬리브배관의 목적

풀이 바닥이나 벽을 관통하는 배관의 경우 콘크리트를 칠 때 미리 철관인 슬리브를 넣고, 이 슬리브 속에 관을 통과시켜 배관을 한다. 슬리브배관은 관의 신축과 팽창을 흡수하며 관의 교체 시 편리하다.

정답 ①

PART 2

84 급수설비에 관한 설명으로 옳지 않은 것은?

① 음료수 계통에는 규정 잔류염소를 함유한 물이 공급된다.

② 아파트에 있어서 1인당 1일 평균사용수량은 160~250ℓ 정도이다.

③ 급수배관계통에서 강관과 동관을 직접 접속할 경우 동관의 부식이 촉진된다.

④ 저수조 등의 기기가 있는 경우에는 급수량의 산정법은 통상 인원에 의한 방법이 사용된다.

⑤ 급수관의 기울기는 상향 기울기로 한다. 그러나 옥상탱크식에서는 수평주관은 하향 기울기로 한다.

키워드 **급수설비**

풀이 급수배관계통에서 강관과 동관을 직접 접속할 경우 강관의 부식이 촉진될 가능성이 있다.

정답 ③

85 급수배관의 설계 및 시공에 관한 설명으로 옳지 않은 것은?

① 수직배관에는 25~30m 구간마다 체크밸브를 설치하여 유동 정지 시의 역류에너지의 작용을 분산한다.

② 급수관은 수리 시에 관 속의 물을 완전히 뺄 수 있도록 기울기를 주어야 하며, 일반적으로 상향기울기로 한다.

③ 소규모 건물의 급수주관이나 급수지관의 관경을 결정할 때는 주로 관균등표가 이용된다.

④ 수평배관에서 물이 고일 수 있는 부분에는 진공방지밸브를 설치한다.

⑤ 급수관의 모든 기울기는 250분의 1을 표준으로 한다.

키워드 **급수배관의 설계 및 시공**

풀이 수평배관에서 물이 고일 수 있는 부분에는 퇴수밸브를 설치한다.

정답 ④

86 급수배관 설계·시공상의 주의사항으로 옳지 않은 것은? 제11회

① 수격작용을 방지하기 위하여 기구류 가까이에 공기실을 설치한다.

② 배관현장의 여건상 ㄷ자형의 배관이 되어 공기가 찰 우려가 있는 곳은 공기빼기 밸브를 설치한다.

③ 바닥이나 벽을 관통하는 배관의 경우에는 콘크리트 시공 시 미리 슬리브를 넣고 이 슬리브 속으로 관을 통과시킨다.

④ 배관공사가 끝나기 전 수압시험을 실시하여 누수의 유무를 파악한다.

⑤ 연관이나 납땜이음부분을 콘크리트 속에 매설하는 경우에는 내알칼리성 도장을 한다.

키워드 급수배관 설계·시공상의 주의사항

풀이 접합부 및 기타 부분에서의 누수의 유무, 수압에 대한 저항 등 시공의 불량 여부를 파악하기 위해 수압시험은 배관공사 후 피복하기 전에 실시한다.

정답 ④

87 급수배관 설계·시공상의 주의사항으로 옳지 않은 것은?

① 배관은 직선을 원칙으로 하며, 되도록 관 내 마찰손실을 작게 한다.

② 기구의 접속관지름은 기구의 구경과 동일한 것을 원칙으로 하며 이것보다 작게 해서는 안 된다.

③ 배관계통에는 지수(Stop)밸브를 달아서 급수계통의 수량 및 수압조절을 할 수 있도록 한다.

④ 배관계통의 수압시험은 가장 정확도가 높은 시험으로 모든 배관공사를 완료한 후에 실시하는 것이 원칙이다.

⑤ 옥상탱크식 급수배관에 있어서 수평주관은 앞내림구배, 각 층의 수평주관은 앞올림구배로 한다.

키워드 급수배관 설계·시공상의 주의사항

풀이 배관계통의 수압시험은 보통 배관공사 후 피복하기 전에 실시한다.

정답 ④

88 급수배관의 계획 및 시공에 관한 설명으로 옳지 않은 것은?

① 급수주관으로부터 분기하는 경우에는 주로 티(Tee)를 사용한다.
② 주배관에는 적당한 위치에 플랜지 이음을 하여 보수점검을 용이하게 한다.
③ 수평배관에는 오물이 정체하지 않도록 하며, 어쩔 수 없이 각종 오물이 정체하는 곳에는 공기빼기밸브를 설치한다.
④ 급수관과 배수관을 매설하는 경우, 급수관은 배수관 위쪽에 매설한다.
⑤ 급수관은 수리 시에 관 속의 물을 완전히 뺄 수 있도록 기울기를 주어야 하며, 일반적으로 상향 기울기로 한다.

키워드 **급수배관 설계·시공상의 주의사항**

풀이 급수배관에서 오물이 정체하는 곳에는 배니밸브를, 공기가 고이는 에어포켓에는 공기빼기밸브를 설치한다.

정답 ③

89 수도법령상 아파트의 수질관리에 관한 설명으로 옳지 않은 것은? 제12회 수정

① 아파트의 관리자는 저수조를 반기 1회 이상 청소해야 한다.
② 아파트의 관리자는 저수조가 1개월 이상 사용이 중단된 경우에는 사용 전에 청소를 하여야 한다.
③ 수질검사의 시료채취방법은 저수조나 해당 저수조로부터 가장 먼 수도꼭지에서 채수한다.
④ 아파트의 관리자는 매년 마지막 검사일부터 1년이 되는 날이 속하는 달의 말일까지의 기간 중에 1회 이상 수돗물의 안전한 위생관리를 위하여 지정된 먹는물 수질검사기관에 의뢰하여 수질검사를 하여야 한다.
⑤ 아파트의 관리자는 저수조의 위생상태를 월 1회 이상 점검하여야 한다.

키워드 **아파트의 수질관리**

풀이 수질검사의 시료채취방법은 저수조나 해당 저수조로부터 가장 가까운 쪽 수도꼭지에서 채수한다(수도법 시행규칙 제22조의4 제5항 제1호).

정답 ③

90 수도법령에 의한 대형건축물등(아파트)의 수질관리에 관한 설명으로 옳지 않은 것은?

① 저수조를 반기 1회 이상 청소하여야 하며, 저수조의 위생상태를 월 1회 이상 점검하여야 한다.

② 저수조의 청소 등을 하는 경우 청소 후에는 저수조에 물을 채운 다음 탁도는 1NTU 이하의 기준을 충족하는지 여부를 점검하여야 한다.

③ 수질검사항목에는 탁도, 수소이온농도, 잔류염소, 일반세균, 총대장균군, 분원성대장균군 또는 대장균이 있다.

④ 소유자등은 수질검사 결과가 수질기준에 위반되면 지체 없이 그 원인을 규명하여 배수 또는 저수조의 청소를 하는 등 필요한 조치를 신속하게 해야 한다.

⑤ 저수조의 청소·위생점검 또는 수질검사를 하거나 수질기준 위반에 따른 조치를 한 때에는 각각 그 결과를 기록하고 2년간 보관하여야 한다.

PART 2

키워드 **아파트의 수질관리**

풀이 저수조 청소를 하는 경우 청소에 사용된 약품으로 인하여 「먹는물 수질기준 및 검사 등에 관한 규칙」 별표 1에 따른 먹는물의 수질기준이 초과되지 않도록 해야 하며, 청소 후에는 저수조에 물을 채운 다음, 다음의 기준을 충족하는지 여부를 점검해야 한다(수도법 시행규칙 제22조의4 제3항).

1. 잔류염소: 리터당 0.1밀리그램 이상 4.0밀리그램 이하
2. 수소이온농도(pH): 5.8 이상 8.5 이하
3. 탁도: 0.5NTU(네펠로메트릭 탁도 단위, Nephelometric Turbidity Unit) 이하

정답 ②

91 **다음은 수도법령상 급수관의 상태검사 및 조치 등에서 급수설비 상태검사의 구분 및 방법에 관한 내용이다. 옳지 않은 것을 모두 고른 것은?** 제20회 수정

> ㉠ 기초조사 중 문제점 조사에서 출수불량, 녹물 등 수질불량 등을 조사한다.
> ㉡ 급수관 내 정체수 수질검사 중 수소이온농도의 기준은 5.8 이상 8.5 이하이다.
> ㉢ 급수관 내 정체수 수질검사 중 시료채취방법은 건물 내 임의의 냉수 수도꼭지 하나 이상에서 물 0.5리터를 채취한다.
> ㉣ 현장조사 중 유량은 건물 안의 가장 낮은 층의 냉수 수도꼭지 하나 이상에서 유량을 측정한다.
> ㉤ 현장조사 중 내시경 관찰은 단수시킨 후 지하저수조 급수배관, 입상관(入上管), 건물 내 임의의 냉수 수도꼭지를 하나 이상 분리하여 내시경을 이용하여 진단한다.

① ㉠, ㉡　　② ㉠, ㉢
③ ㉡, ㉤　　④ ㉢, ㉣
⑤ ㉣, ㉤

키워드 **급수관의 상태검사(수도법 시행규칙 제23조 별표 7)**

풀이 ㉢ 급수관 내 정체수 수질검사 중 시료채취방법은 건물 내 임의의 냉수 수도꼭지 하나 이상에서 물 1리터를 채취한다.
㉣ 현장조사 중 유량은 건물 안의 가장 높은 층의 냉수 수도꼭지 하나 이상에서 유량을 측정한다.

정답 ④

92 **급수 및 배수설비에 관한 설명으로 옳지 않은 것은?** 제25회

① 터빈펌프는 임펠러의 외주에 안내날개(Guide Vane)가 달려 있지 않다.
② 보일러에 경수를 사용하면 보일러 수명 단축의 원인이 될 수 있다.
③ 급수용 저수조의 오버플로우(Overflow)관은 간접배수 방식으로 한다.
④ 결합통기관은 배수수직관과 통기수직관을 연결하는 통기관이다.
⑤ 기구배수부하단위의 기준이 되는 위생기구는 세면기이다.

키워드 **급수 및 배수설비**

풀이 터빈펌프는 임펠러의 외주에 안내날개(Guide Vane)가 달려 있다.

정답 ①

93 **유량 280ℓ/min, 유속 3m/sec일 때 관(pipe)의 규격으로 가장 적합한 것은?** 제15회

① 20A
② 25A
③ 32A
④ 50A
⑤ 65A

키워드 **관의 규격**

풀이 $d = 1.13 \times \sqrt{\dfrac{\text{유량}(m^3/s)}{\text{유속}(m/s)}} = 1.13 \times \sqrt{\dfrac{0.0047m^3/s}{3m/s}}$

$= 1.13 \times \sqrt{0.0016} = 1.13 \times 0.04 = 0.0452(m)$

관경(d) = 45.2mm이므로 배관의 규격은 50mm 이상을 사용한다.

정답 ④

94 **펌프의 실양정 산정 시 필요한 요소를 모두 고른 것은?**

㉠ 마찰손실수두	㉡ 압력수두
㉢ 흡입양정	㉣ 속도수두
㉤ 토출양정	

① ㉠, ㉢
② ㉢, ㉤
③ ㉠, ㉡, ㉣
④ ㉡, ㉢, ㉣, ㉤
⑤ ㉠, ㉡, ㉢, ㉣, ㉤

키워드 **펌프의 실양정**

풀이 펌프의 실양정(m) = 흡입양정 + 토출양정

정답 ②

95 **급수설비에서 펌프의 흡입양정이 15m, 토출양정이 35m, 관 내 마찰손실수두가 실양정의 10%일 때 펌프의 전양정으로 옳은 것은?**

① 10m
② 36m
③ 40m
④ 48m
⑤ 55m

키워드 **전양정 계산**

풀이 전양정 = 흡입양정 + 토출양정 + 마찰손실수두
= 15m + 35m + (15 + 35) × 0.1 = 55(m)

정답 ⑤

96 **다음 조건에 따라 계산된 급수펌프의 양정(MPa)은?** 제22회

> • 부스터 방식이며 펌프(저수조 낮은 수위)에서 최고 수전까지 높이는 30.0mAq
> • 배관과 기타 부속의 소요 양정은 펌프에서 최고 수전까지 높이의 40%
> • 수전 최소 필요 압력은 7.0mAq
> • 수조 1.0mAq는 0.01MPa로 한다.
> • 그 외의 조건은 고려하지 않는다.

① 0.30 ② 0.37
③ 0.49 ④ 0.58
⑤ 0.77

키워드 **전양정 계산**

풀이 [30m + (30 × 0.4)m + 7m] × 0.01 = 0.49MPa

정답 ③

97 **공동주택의 최상층 샤워기에서 최저필요수압을 확보하기 위한 급수펌프의 전양정(m)을 다음 조건을 활용하여 구하면 얼마인가?** 제23회

> • 지하 저수조에서 펌프직송방식으로 급수하고 있다.
> • 펌프에서 최상층 샤워기까지의 높이는 50m, 배관마찰, 국부저항 등으로 인한 손실양정은 10m이다.
> • 샤워기의 필요압력은 70kPa로 하며, 1mAq = 10kPa로 환산한다.
> • 저수조의 수위는 펌프보다 5m 높은 곳에서 항상 일정하다고 가정한다.
> • 그 외의 조건은 고려하지 않는다.

① 52 ② 57
③ 62 ④ 67
⑤ 72

키워드 **전양정 계산**

풀이 저수조 수위가 펌프보다 높은 경우의 전양정을 구하는 공식은 다음과 같다.
전양정(m) = 토출 측 실양정 + 마찰손실수두 − 압입수두
= (50m + 7m) + 10m − 5m = 62m

정답 ③

98 2.0m/sec의 속도로 흐르는 물의 속도수두는 얼마인가?

① 0.024m
② 0.204m
③ 2.04m
④ 20.4m
⑤ 204m

키워드 속도수두의 계산

풀이 속도수두(Hw) = $\frac{v^2}{2g}$(m) = $\frac{2^2}{2 \times 9.8}$ ≒ 0.204(m)

여기서 g는 중력가속도(9.8m/sec^2)이다.

정답 ②

99 다음과 같은 조건을 가진 양수펌프의 전양정은 얼마인가?

[조건]
- 흡입실양정: 3m
- 토출실양정: 5m
- 배관의 마찰손실수두: 1.6m
- 토출구의 속도: 1.0m/s

① 8m
② 9.65m
③ 14.63m
④ 16.63m
⑤ 18.54m

키워드 전양정 계산

풀이 전양정(H) = 흡입양정 + 토출양정 + 관 내 마찰손실수두(m) (속도수두를 무시할 때)
= 흡입양정 + 토출양정 + 관 내 마찰손실수두 + 속도수두(m)

속도수두 = $\frac{v^2}{2g}$

여기서 g는 중력가속도(9.8m/sec^2)이다.

$\therefore H = 3 + 5 + 1.6 + \frac{1^2}{2 \times 9.8}$ ≒ 9.65(m)

정답 ②

100 **유량 360ℓ/min, 전양정 50mAq, 펌프효율 70%인 경우 소요동력(kW)은 약 얼마인가? (단, 여유율은 고려하지 않음)** 제15회

① 4.2
② 5.2
③ 6.2
④ 7.2
⑤ 8.2

키워드 **펌프의 소요동력**

풀이 펌프의 소요동력(kW) $= \frac{\rho \times Q \times H}{6{,}120 \times E} \times (1+\alpha) = \frac{1{,}000 \times 0.36 \times 50}{6{,}120 \times 0.7} \fallingdotseq 4.2$(kW)

여기서 ρ: 물의 밀도(1,000kg/m^3)
Q: 양수량(m^3/min)
H: 전양정(mAq)
E: 펌프의 효율(%)
α: 여유율

정답 ①

101 **매시간 15m^3의 물을 고가수조에 공급하고자 할 때 양수펌프에 요구되는 축동력은 얼마인가? (단, 펌프의 전양정은 33m, 펌프의 효율은 45%임)**

① 1kW
② 1.5kW
③ 2kW
④ 2.5kW
⑤ 3kW

키워드 **펌프의 축동력**

풀이 펌프의 축동력(kW) $= \frac{\rho \times Q \times H}{6{,}120 \times E} = \frac{1{,}000 \times 15/60 \times 33}{6{,}120 \times 0.45} \fallingdotseq 3$(kW)

여기서 ρ: 물의 밀도(1,000kg/m^3)
Q: 양수량(m^3/min)
H: 전양정(mAq)
E: 펌프의 효율(%)

정답 ⑤

102 **펌프운전에서 캐비테이션이 발생하기 쉬운 조건에 해당하지 않는 것은?**

① 흡입양정이 클 경우
② 유체의 온도가 높을 경우
③ 펌프가 흡수면보다 위에 있을 경우
④ 흡입 측 배관의 손실수두가 작을 경우
⑤ 날개차의 원주속도가 클 경우

키워드 **공동현상의 발생원인**
풀이 캐비테이션은 흡입 측 배관의 손실수두가 클 경우에 발생한다.

정답 ④

103 **펌프의 공동현상(Cavitation)을 방지하기 위해 고려할 사항으로 옳은 것은?** 제16회

① 펌프를 저수조 수위보다 높게 설치한다.
② 방진장치를 설치한다.
③ 펌프의 토출 측에 체크밸브를 설치한다.
④ 흡입배관의 마찰손실을 줄여 준다.
⑤ 펌프의 흡입 및 토출 측에 플렉시블 이음을 한다.

키워드 **공동현상의 방지법**
풀이 공동현상을 방지하기 위해서는 흡입양정을 작게 하여 배관 내의 마찰손실을 줄여야 한다.

정답 ④

104 펌프의 공동현상(Cavitation) 방지방법으로 옳지 않은 것은?

① 흡수관을 가능한 한 짧고 굵게 함과 동시에 관 내에 공기가 체류하지 않도록 배관한다.

② 설계상의 펌프 운전범위 내에서 항상 필요 NPSH가 유효 NPSH보다 크게 되도록 배관계획을 한다.

③ 흡입조건이 나쁜 경우는 비속도를 작게 하기 위해 회전수가 작은 펌프를 사용한다.

④ 양정에 필요 이상의 여유를 주지 않는다.

⑤ 펌프의 설치높이를 될 수 있는 대로 낮추어 흡입양정을 짧게 하고, 흡입배관의 마찰손실을 줄인다.

키워드 **공동현상의 방지법**

풀이 설계상의 펌프 운전범위 내에서 항상 필요 NPSH가 유효 NPSH보다 작게 되도록 한다.

정답 ②

105 급수설비에 관한 내용으로 옳지 않은 것은?

① 기구급수부하단위는 같은 종류의 기구일 경우 공중용이 개인용보다 크다.

② 벽을 관통하는 배관의 위치에는 슬리브를 설치하는 것이 바람직하다.

③ 고층건물에서는 급수계통을 조닝하는 것이 바람직하다.

④ 펌프의 공동현상(Cavitation)을 방지하기 위하여 펌프의 설치 위치를 수조의 수위보다 높게 하는 것이 바람직하다.

⑤ 보급수의 경도가 높을수록 보일러 내면에 스케일 발생 가능성이 커진다.

키워드 **급수설비**

풀이 펌프의 공동현상(Cavitation)을 방지하기 위하여 펌프의 설치 위치를 수조의 수위보다 낮게 하는 것이 바람직하다.

정답 ④

106 **서징(Surging)현상에 관한 설명으로 옳은 것은?** 제15회

① 물이 관 속을 유동하고 있을 때 흐르는 물속 어느 부분의 정압이 그때 물의 온도에 해당하는 증기압 이하로 되면 부분적으로 증기가 발생하는 현상을 말한다.

② 관 속을 충만하게 흐르는 액체의 속도를 급격히 변화시키면 액체에 심한 압력의 변화가 발생하는 현상을 말한다.

③ 펌프와 송풍기 등이 운전 중에 한숨을 쉬는 것과 같은 상태가 되며 송출압력과 송출유량 사이에 주기적인 변동이 일어나는 현상을 말한다.

④ 비등점이 낮은 액체 등을 이송할 경우 펌프의 입구 측에서 발생되는 현상으로 액체의 비등현상을 말한다.

⑤ 습기가 많고 실온이 높을 경우 배관 속에 온도가 낮은 유체가 흐를 때 관 외벽에 공기 중의 습기가 응축하여 건물의 천장이나 벽에 얼룩이 생기는 현상을 말한다.

키워드 **서징현상의 개념**

풀이 ① 공동현상
② 수격작용
④ 베이퍼록현상
⑤ 얼룩무늬현상

정답 ③

107 서징현상에 관한 설명으로 옳지 않은 것을 모두 고른 것은?

㉠ 토출배관 중에 수조 또는 공기체류가 있는 경우에 발생할 수 있다. ㉡ 토출량을 조절하는 밸브의 위치가 수조 또는 공기가 체류하는 곳보다 상류에 있는 경우에 주로 발생한다. ㉢ 펌프의 토출 측에 바이패스를 설치하여 토출수량의 일부를 흡입 측으로 되돌려 주어 방지할 수 있다. ㉣ 펌프의 양정곡선이 산형 특성이고, 그 사용범위가 오른쪽으로 감소하는 특성을 갖는 범위에서 사용하는 경우에 발생할 수 있다. ㉤ 서징현상이 발생하면 유량 및 압력이 주기적으로 변동되면서 진동과 소음을 수반한다.

① ㉠, ㉡
② ㉠, ㉢
③ ㉡, ㉣
④ ㉢, ㉣
⑤ ㉣, ㉤

키워드 **서징현상의 특징**

풀이 ㉡ 토출량을 조절하는 밸브의 위치가 수조 또는 공기가 체류하는 곳보다 하류(수조 뒤쪽)에 있는 경우에 주로 발생한다.
㉣ 펌프의 양정곡선이 산형 특성이고, 그 사용범위가 오른쪽으로 증가하는 특성을 갖는 범위에서 사용하는 경우에 발생할 수 있다.

정답 ③

108 급수설비에 관한 설명으로 옳은 것은?

① 급수펌프의 회전수를 2배로 하면 양정은 8배가 된다.
② 펌프의 흡입양정이 작을수록 서징현상 방지에 유리하다.
③ 펌프직송방식은 정전이 될 경우 비상발전기가 없어도 일정량의 급수가 가능하다.
④ 고층건물의 급수 조닝방법으로 안전밸브를 설치하는 것이 있다.
⑤ 「먹는물 수질기준 및 검사 등에 관한 규칙」상 먹는물의 수질기준 중 수돗물의 경도는 300mg/ℓ를 넘지 않아야 한다.

키워드 **급수설비**

풀이 ① 급수펌프의 회전수를 2배로 하면 양정은 4배가 된다.
② 펌프의 흡입양정이 작을수록 공동현상 방지에 유리하나 서징현상과는 관계가 없다.
③ 펌프직송방식은 정전이 될 경우 급수가 불가능하다.
④ 고층건물의 급수 조닝방법으로 감압밸브를 설치하는 것이 있다.

정답 ⑤

109 다음에서 설명하고 있는 펌프는? 제24회

- 디퓨져펌프라고도 하며 임펠러 주위에 가이드 베인을 갖고 있다.
- 임펠러를 직렬로 장치하면 고양정을 얻을 수 있다.
- 양정은 회전비의 제곱에 비례한다.

① 터빈펌프 ② 기어펌프
③ 피스톤펌프 ④ 워싱톤펌프
⑤ 플런저펌프

키워드 **펌프의 종류**

풀이 터빈펌프(디퓨져펌프)는 축과 날개차(임펠러) 외주에 안내날개[가이드 베인(Guide Vane)]가 달려 있어 물의 흐름을 조절하며, 20m 이상의 고양정에 사용한다.

정답 ①

110 펌프에 관한 설명으로 옳지 않은 것은? 제17회

① 양수량은 회전수에 비례한다.
② 축동력은 회전수의 세제곱에 비례한다.
③ 전양정은 회전수의 제곱에 비례한다.
④ 2대의 펌프를 직렬운전하면 토출량은 2배가 된다.
⑤ 실양정은 흡수면으로부터 토출수면까지의 수직거리이다.

키워드 **펌프의 원리**

풀이 직렬운전 시에는 토출량은 동일하고 양정이 2배가 된다.

정답 ④

111 급수설비에서 펌프에 관한 설명으로 옳은 것은?

① 펌프의 축동력은 회전수의 세제곱에 비례한다.
② 펌프의 전양정은 회전수에 반비례한다.
③ 펌프의 양수량은 회전수의 제곱에 비례한다.
④ 동일 특성을 갖는 펌프를 직렬로 연결하면 유량은 2배로 증가한다.
⑤ 동일 특성을 갖는 펌프를 병렬로 연결하면 양정은 2배로 증가한다.

키워드 **펌프의 원리**

풀이 ② 펌프의 전양정은 회전수의 제곱에 비례한다.
③ 펌프의 양수량은 회전수에 비례한다.
④ 동일 특성을 갖는 펌프를 직렬로 연결하면 양정은 2배로 증가한다.
⑤ 동일 특성을 갖는 펌프를 병렬로 연결하면 유량은 2배로 증가한다.

정답 ①

112 급수설비의 펌프에 관한 내용으로 옳은 것은?

① 흡입양정을 크게 할수록 공동현상(Cavitation) 방지에 유리하다.
② 펌프의 실양정은 흡입양정, 토출양정, 배관 손실수두의 합이다.
③ 서징현상(Surging)을 방지하기 위해 관로에 있는 불필요한 잔류 공기를 제거한다.
④ 펌프의 전양정은 펌프의 회전수에 반비례한다.
⑤ 펌프의 회전수를 2배로 하면 펌프의 축동력은 4배가 된다.

키워드 **펌프의 원리**

풀이 ① 흡입양정을 작게 할수록 공동현상(Cavitation) 방지에 유리하다.
② 펌프의 실양정은 흡입양정, 토출양정의 합이다.
④ 펌프의 전양정은 펌프의 회전수의 제곱에 비례한다.
⑤ 펌프의 회전수를 2배로 하면 펌프의 축동력은 8배가 된다.

정답 ③

113 펌프의 회전수 제어 시 펌프의 회전수를 20% 증가시키면 유량은 얼마나 증가하는가?

① 10%
② 20%
③ 44%
④ 73%
⑤ 80%

키워드 **상사법칙**

풀이 양수량은 회전수에 비례한다.

정답 ②

114 펌프에 관한 설명으로 옳지 않은 것은? 제19회

① 펌프의 양수량은 펌프의 회전수에 비례한다.

② 펌프의 흡상높이는 수온이 높을수록 높아진다.

③ 워싱톤펌프는 왕복동식 펌프이다.

④ 펌프의 축동력은 펌프의 양정에 비례한다.

⑤ 볼류트펌프는 원심식 펌프이다.

키워드 **펌프의 원리**

풀이 펌프의 흡상높이는 수온이 높을수록 작아진다.

정답 ②

115 급수설비의 양수펌프에 관한 설명으로 옳은 것은?

① 용적형 펌프에는 볼류트펌프와 터빈펌프가 있다.

② 동일 특성을 갖는 펌프를 직렬로 연결하면 유량은 2배로 증가한다.

③ 펌프의 회전수를 변화시켜 양수량을 조절하는 것을 변속운전방식이라 한다.

④ 펌프의 양수량은 펌프의 회전수에 반비례한다.

⑤ 공동현상을 방지하기 위해 흡입양정을 높인다.

키워드 **펌프의 운전**

풀이 ① 볼류트펌프와 터빈펌프는 터보형의 원심식 펌프이다.
② 동일 특성을 갖는 펌프를 직렬로 연결하면 유량은 변화가 없고 양정은 2배로 증가한다.
④ 펌프의 양수량은 펌프의 회전수에 비례한다.
⑤ 공동현상을 방지하기 위해 흡입양정을 낮춘다.

정답 ③

116 펌프에 관한 설명으로 옳은 것은? 제23회

① 펌프의 회전수를 1.2배로 하면 양정은 1.73배가 된다.

② 펌프의 회전수를 1.2배로 하면 양수량은 1.44배가 된다.

③ 동일한 배관계에서는 순환하는 물의 온도가 낮을수록 서징(Surging)의 발생 가능성이 커진다.

④ 동일 성능의 펌프 2대를 직렬운전하면 1대 운전 시보다 양정은 커지나 배관계 저항 때문에 2배가 되지는 않는다.

⑤ 펌프의 축동력을 산정하기 위해서는 양정, 양수량, 여유율이 필요하다.

키워드 **펌프의 운전**

풀이 ① 펌프의 회전수와 양정은 제곱에 비례하므로 회전수를 1.2배로 하면 양정은 1.44배가 된다.
② 펌프의 회전수와 양수량은 비례하므로 회전수를 1.2배로 하면 양수량은 1.2배가 된다.
③ 서징(Surging)의 발생은 순환하는 물의 온도와 관련이 없다.
⑤ 펌프의 축동력을 산정하기 위해서는 물의 밀도, 양수량, 양정, 펌프의 효율이 필요하다.

정답 ④

117 급탕할 때 필요한 물의 온도가 60℃일 경우 필요한 열량은? (단, 물의 양은 1톤, 물의 비열은 4.2kJ/kg·K, 급수온도는 5℃임) 제9회 수정

① 21,000kJ
② 23,100kJ
③ 210,000kJ
④ 231,000kJ
⑤ 252,000kJ

키워드 **급탕열량**

풀이 열량 = 온도차 × 비열 × 물의 무게 = (60 − 5) × 4.2 × 1,000 = 231,000(kJ)

정답 ④

118 **급탕량이 $3m^3/h$이고, 급탕온도 60℃, 급수온도 10℃일 때의 급탕부하는? (단, 물의 비열은 4.2kJ/kg·K, 물 $1m^3$는 1,000kg으로 함)** 제20회

① 175kW ② 185kW
③ 195kW ④ 205kW
⑤ 215kW

키워드 **급탕부하**

풀이 급탕부하 $Q = \frac{G \times C \times \Delta t}{3,600}(kW) = \frac{3,000 \times 4.2 \times (60-10)}{3,600} = 175(kW)$

여기서 G: 물의 중량(kg/h)
C: 물의 비열(4.2kJ/kg·K)
Δt: 온도차(K)

정답 ①

119 **다음 조건에 따라 계산된 전기급탕가열기의 용량(kW)은?** 제22회

- 급수온도 10℃, 급탕온도 50℃, 급탕량 150(ℓ/hr)
- 물의 비중 1(kg/ℓ), 물의 비열 4.2(kJ/kg·K), 가열기효율 80%
- 그 외의 조건은 고려하지 않는다.

① 7.55 ② 7.75
③ 8.00 ④ 8.25
⑤ 8.75

키워드 **급탕가열 시 필요전력량**

풀이 급탕가열기 용량(kW) $= \frac{150(\ell/hr) \times 4.2(kJ/kg \cdot K) \times (50℃ - 10℃)}{3,600 \times 0.8} = 8.75(kW)$

정답 ⑤

120 **공동주택에서 다음과 같은 조건으로 온수보일러를 가동할 경우 사용되는 가스 소비량 (m^3/h)은?** 제21회

• 온수생산량: 500kg/h	• 가스 저위발열량: 20,000kJ/m^3
• 보일러 효율: 90%	• 급수온도: 20℃
• 온수온도: 80℃	• 물의 비열: 4.2kJ/kg·K

① 2 ② 5 ③ 7
④ 9 ⑤ 12

키워드 **가스 소비량**

풀이 가스 소비량(m^3/h) $= \dfrac{m \cdot c \cdot \Delta t}{h \times \eta}$

여기서 m: 급탕량(kg/h)
c: 비열(kJ/kg·K)
Δt: 온도차(℃)
h: 가스 저위발열량(kJ/m^3)
η: 가열장치의 가열효율

$\therefore$ 가스 소비량 $= \dfrac{500 \times 4.2 \times (80-20)}{20{,}000 \times 0.9} = 7$($m^3$/h)

정답 ③

121 **개별식(국소식) 급탕방식에 관한 설명으로 옳지 않은 것은?**

① 배관 중의 열손실이 크다.
② 기존 건물에 설치가 용이하다.
③ 주택 등 소규모 건물에 적합하다.
④ 급탕개소마다 가열기의 설치공간이 필요하다.
⑤ 주택 등에서는 난방 겸용 온수보일러 등을 사용할 수 있다.

키워드 **개별식 급탕방식의 특징**

풀이

개별식(국소식) 급탕방식

1. 배관설비 거리가 짧고, 배관 중의 열손실이 적다.
2. 수시로 더운 물을 사용할 수 있으며, 필요시 고온의 물을 쉽게 얻을 수 있다.
3. 급탕개소가 적을 경우 시설비가 싸게 든다.
4. 주택 등에서는 난방 겸용의 온수보일러를 이용할 수 있다.
5. 급탕개소마다 가열기의 설치공간이 필요하다.
6. 주택, 중소 여관, 작은 사무실 등 급탕개소가 적은 건축물에 적합하다.

정답 ①

122 **급탕설비인 저탕탱크에서 온수온도를 적절히 유지하기 위하여 사용하는 것은?**

① 버킷 트랩(Bucket Trap)
② 서모스탯(Thermostat)
③ 볼 조인트(Ball Joint)
④ 스위블 조인트(Swivel Joint)
⑤ 플로트 트랩(Float Trap)

키워드 **자동온도조절장치**
풀이 저탕탱크에서는 서모스탯(Thermostat, 자동온도조절기)에 의해 저탕온도를 조절한다.

정답 ②

123 **증기를 사일렌서(Silencer) 등에 의해 물과 혼합시켜 탕을 만드는 급탕방식은?**

① 순간식
② 저탕식
③ 열매혼합식
④ 직접가열식
⑤ 간접가열식

키워드 **급탕방식**
풀이 열매혼합식(기수혼합식)은 증기를 물과 혼합시켜 탕을 만드는 급탕방식이다.

정답 ③

124 **급탕설비에 관한 내용으로 옳지 않은 것은?**

① 저탕탱크의 온수온도를 설정온도로 유지하기 위하여 서모스탯을 설치한다.
② 기수혼합식 탕비기는 소음이 발생하지 않는 장점이 있으나 열효율이 좋지 않다.
③ 중앙식 급탕방식은 가열방법에 따라 직접가열식과 간접가열식으로 구분한다.
④ 개별식 급탕방식은 급탕을 필요로 하는 개소마다 가열기를 설치하여 급탕하는 방식이다.
⑤ 수온변화에 의한 배관의 신축을 흡수하기 위하여 신축이음을 설치한다.

키워드 **급탕방식**
풀이 기수혼합식 탕비기는 소음이 많이 발생하는 단점이 있으나 열효율이 높은 장점이 있다.

정답 ②

125 급탕방식 중 중앙식 급탕법에 관한 설명으로 옳은 것은?

① 배관 및 기기로부터의 열손실이 거의 없다.
② 급탕개소마다 가열기의 설치 스페이스가 필요하다.
③ 건물 완공 후 급탕개소의 증설이 용이하다.
④ 기구의 동시사용률을 고려하여 가열장치의 총용량을 적게 할 수 있다.
⑤ 가열기, 배관 등 설비규모가 작다.

키워드 **중앙식 급탕방식**

풀이

중앙식 급탕방식의 특징

1. 열원으로 값싼 중유, 석탄 등이 사용되므로 연료비가 싸다.
2. 급탕설비가 대규모이므로 열효율이 좋다.
3. 급탕설비의 기계류가 동일 장소에 설치되어 관리상 유리하다.
4. 기구의 동시사용률을 고려하여 가열장치의 총용량을 적게 할 수 있다.
5. 최초의 설비비와 건설비는 비싸지만 경상비가 적게 들므로 대규모 급탕설비에는 중앙식이 경제적이다.
6. 급탕 공급의 배관의 길이가 길어 열손실이 많다.
7. 순환이 느리기 때문에 순환펌프를 사용해야 한다.
8. 시공 후 기구 증설에 따른 배관변경공사를 하기가 어렵다.

정답 ④

126 급탕설비에 관한 내용으로 옳지 않은 것은?

① 간접가열식은 직접가열식보다 수처리를 더 자주 해야 한다.
② 유량이 균등하게 분배되도록 역환수방식을 적용한다.
③ 동일한 배관재를 사용할 경우 급탕관은 급수관보다 부식이 발생하기 쉽다.
④ 개별식은 중앙식에 비해 배관에서의 열손실이 작다.
⑤ 일반적으로 개별식은 단관식, 중앙식은 복관식 배관을 사용한다.

키워드 **급탕방식**

풀이 직접가열식은 간접가열식에 비해 보일러 내의 스케일 발생이 많기 때문에 수처리를 더 자주 해야 한다.

정답 ①

127 건물의 급탕설비에 관한 설명으로 옳지 않은 것은?

① 개별식 급탕방식은 긴 배관이 필요 없으므로 배관에서의 열손실이 적다.
② 중앙식 급탕방식은 초기에 설비비가 많이 소용되나, 기구의 동시이용률을 고려하여 가열장치의 총용량을 적게 할 수 있다.
③ 기수혼합식은 증기를 열원으로 하는 급탕방식으로 열효율이 낮다.
④ 중소 주택 등 소규모 급탕설비에서는 설비비를 적게 하기 위하여 단관식을 채택한다.
⑤ 신축이음쇠에는 슬리브형, 벨로즈형 등이 있다.

키워드 **급탕가열방식의 특징**

풀이 기수혼합식은 열효율이 100%이므로 열효율이 높다.

정답 ③

128 급탕가열방식에 관한 설명으로 옳은 것은?

① 중앙식 급탕법은 급탕개소가 적은 경우에 주로 채용된다.
② 국소식 급탕법은 배관에 의해 필요개소에 어디든지 급탕할 수 있다.
③ 고층건물에 직접가열식을 사용하는 경우 수두에 의해 가열장치의 내압이 증가하게 된다.
④ 간접가열식은 직접가열식보다 열효율이 높다.
⑤ 간접가열식은 급수의 경도가 높을 경우 스케일 발생으로 보일러의 효율이 감소한다.

키워드 **급탕가열방식의 특징**

풀이 ① 중앙식 급탕법은 급탕개소가 많은 경우에 주로 채용된다.
② 배관에 의해 필요개소에 어디든지 급탕할 수 있는 것은 중앙식 급탕법이다.
④ 직접가열식이 간접가열식보다 열효율이 높다.
⑤ 직접가열식은 급수의 경도가 높을 경우 스케일 발생으로 보일러의 효율이 감소한다.

정답 ③

129 **중앙급탕법에서 간접가열식 급탕법의 특징에 관한 설명으로 옳지 않은 것은?**

① 보일러 내에 스케일이 부착될 염려가 적다.
② 저압보일러를 사용할 수 없으며, 중압 또는 고압보일러를 사용한다.
③ 난방용 보일러와 겸용할 수 있다.
④ 큰 건축물의 급탕설비에 적합하다.
⑤ 저탕탱크에 가열코일이 내장되어 있다.

키워드 **급탕가열방식의 특징**
풀이 간접가열식은 급탕압력이 보일러와 독립적이어서 저압보일러를 사용할 수 있다.

정답 ②

130 **중앙식 급탕설비에 관한 내용으로 옳은 것을 모두 고른 것은?**

> ㉠ 직접가열식은 간접가열식에 비해 고층건물에서는 고압에 견디는 보일러가 필요하다.
> ㉡ 직접가열식은 간접가열식보다 일반적으로 열효율이 높다.
> ㉢ 직접가열식은 간접가열식보다 대규모 설비에 적합하다.
> ㉣ 직접가열식은 간접가열식보다 수처리를 적게 한다.

① ㉠, ㉡ ② ㉡, ㉣
③ ㉢, ㉣ ④ ㉠, ㉡, ㉢
⑤ ㉠, ㉢, ㉣

키워드 **중앙식 급탕설비**
풀이 ㉢ 직접가열식은 간접가열식보다 중·소규모 설비에 적합하다.
㉣ 직접가열식은 간접가열식보다 수처리를 많이 한다.

정답 ①

131 급탕설비에 관한 내용으로 옳지 않은 것은?

① 간접가열식은 직접가열식보다 열효율이 좋다.

② 팽창관의 도중에는 밸브를 설치해서는 안 된다.

③ 일반적으로 급탕관의 관경을 환탕관(반탕관)의 관경보다 크게 한다.

④ 자동온도조절기(Thermostat)는 저탕탱크에서 온수온도를 적절히 유지하기 위해 사용하는 것이다.

⑤ 급탕배관을 복관식(2관식)으로 하는 이유는 수전을 열었을 때 바로 온수가 나오게 하기 위해서이다.

키워드 **급탕가열방식의 특징**

풀이 직접가열식이 간접가열식보다 열효율이 높다.

정답 ①

132 아파트 1동 50세대의 급탕설비를 중앙공급식으로 하는 경우 1시간 최대 급탕량(ℓ/h)은? [단, 각 세대마다 세면기(40ℓ/h), 부엌싱크대(70ℓ/h), 욕조(110ℓ/h)가 1개씩 설치되며, 기구의 동시사용률은 30%로 가정함]

① 2,700
② 3,300
③ 3,700
④ 4,300
⑤ 4,700

키워드 **1시간당 최대 급탕량**

풀이 시간당 최대 급탕량 = 총급탕량 × 동시사용률 = (40 + 70 + 110) × 50 × 0.3
= 3,300(ℓ/h)

정답 ②

133 500인이 거주하는 아파트에서 급수온도 5℃, 급탕온도는 65℃일 때, 급탕가열장치의 용량(kW)은 약 얼마인가? (단, 1인 1일당 급탕량은 100ℓ/d·인, 물의 비열은 4.2kJ/kg·K, 1일 사용량에 대한 가열능력 비율은 1/7, 급탕가열장치 효율은 100%, 이 외의 조건은 고려하지 않음)

① 50　② 250　③ 500
④ 1,000　⑤ 3,000

키워드 **가열능력 계산**

풀이 $H = \dfrac{Q_d \times r \times C \times (t_h - t_c)}{3,600}$ (kW)

여기서 Q_d: 1일 급탕량(ℓ/d)
r: 가열능력 비율
t_h: 급탕온도(℃)
t_c: 급수온도(℃)
C: 물의 비열(4.2kJ/kg·K)

1일 급탕량(Q_d) = 500인 × 100(ℓ/인·d) = 50,000ℓ/d이므로

$H = \dfrac{50,000 \times 1/7 \times 4.2 \times (65-5)}{3,600} \fallingdotseq 500$(kW)

정답 ③

134 다음과 같은 조건에서 급탕순환펌프의 순환수량(ℓ/min)은 얼마인가?

[조건]
- 급탕배관의 전열손실량: 4,000W
- 급탕온도: 65℃, 환탕온도: 55℃
- 물의 비열: 4.2kJ/kg·K

① 5.7　② 10.5　③ 20.9
④ 30.4　⑤ 40.5

키워드 **급탕순환수량**

풀이 급탕순환펌프의 수량 $W = \dfrac{Q}{60 \cdot C \cdot \Delta t}$ (ℓ/min)

여기서 W: 순환수량(ℓ/min)
Q: 배관과 펌프 및 기타 손실 열량(kJ/h)
C: 탕의 비열(kJ/kg·K)
Δt: 급탕과 반탕의 온도차(K)

$\therefore W = \dfrac{(4,000 \div 1,000) \times 3,600}{60 \times 4.2 \times (65-55)} \fallingdotseq 5.7$(ℓ/min)

정답 ①

135 급탕설비에서 팽창관을 설치하는 가장 주된 이유로 옳은 것은?

① 급탕온도를 일정하게 유지하기 위하여

② 온도변화에 따른 급탕배관의 신축을 흡수하기 위하여

③ 저탕조 내의 온도가 100℃를 넘지 않도록 하기 위하여

④ 보일러, 저탕조 등 밀폐 가열장치 내의 압력상승을 도피시키기 위하여

⑤ 저탕조의 소음을 줄이기 위하여

PART 2

키워드 **팽창관의 설치목적**

풀이

팽창관

1. 온수순환 배관 도중에 이상 압력이 생겼을 때 그 압력을 흡수하는 도피구로서 증기나 공기를 배출한다.
2. 팽창관은 보일러, 저탕조 등 밀폐 가열장치 내의 압력상승을 도피시키는 역할을 한다.
3. 팽창관 도중에는 절대로 밸브류를 설치해서는 안 된다.
4. 팽창관의 배수는 간접배수로 한다.
5. 팽창관은 급탕관에서 수직으로 연장시켜 고가탱크 또는 팽창탱크에 개방시킨다.

정답 ④

136 급탕설비의 안전장치에 관한 설명으로 옳지 않은 것을 모두 고른 것은?

㉠ 팽창관은 가열장치의 과도한 수온 상승을 방지하기 위해 설치한다.
㉡ 급탕배관과 팽창탱크 사이의 팽창관에는 차단밸브와 체크밸브를 설치하여야 한다.
㉢ 팽창관의 배수는 직접배수로 한다.
㉣ 개방식 팽창탱크는 급수방식이 고가탱크방식일 경우에 적합하며 급탕 보급탱크와 겸용할 수 있다.
㉤ 팽창탱크의 용량은 급탕 계통 내 전체 수량에 대한 팽창량을 기준으로 산정한다.

① ㉠, ㉡, ㉢
② ㉠, ㉢, ㉤
③ ㉡, ㉢, ㉣
④ ㉡, ㉣, ㉤
⑤ ㉠, ㉡, ㉢, ㉣, ㉤

키워드 **급탕설비의 안전장치**

풀이
㉠ 팽창관은 보일러, 저탕조 등 밀폐 가열장치 내의 압력상승을 도피시키는 역할을 한다.
㉡ 팽창관 도중에는 절대로 밸브류를 달아서는 안 된다.
㉢ 팽창관의 배수는 간접배수로 한다.

정답 ①

137 길이가 50m인 배관의 온도가 20℃에서 60℃로 상승하였다. 이때 배관의 팽창량은? [단, 배관의 선팽창계수는 0.2×10^{-4}(1/℃)임] 제24회

① 20mm ② 30mm
③ 40mm ④ 50mm
⑤ 60mm

키워드 **배관의 팽창량**

풀이 $L(\text{mm}) = 1{,}000 \times \ell \times C \times \Delta t$
여기서 ℓ: 온도변화 전의 관의 길이(m)
C: 관의 선팽창계수
Δt: 온도차(℃)
$\therefore 1{,}000 \times 50 \times \frac{0.2}{10{,}000} \times (60 - 20) = 40\text{mm}$

정답 ③

138 급탕설비에서 급탕기기의 부속장치에 관한 설명으로 옳지 않은 것은?

① 안전밸브와 팽창탱크 및 배관 사이에는 차단밸브를 설치한다.
② 온수탱크 상단에는 진공방지밸브를, 하부에는 배수밸브를 설치한다.
③ 순간식 급탕가열기에는 이상고온의 경우 가열원(열매체 등)을 차단하는 장치나 기구를 설치한다.
④ 밀폐형 가열장치에는 일정 압력 이상이면 압력을 도피시킬 수 있도록 도피밸브나 안전밸브를 설치한다.
⑤ 온수탱크의 보급수관에는 급수관의 압력변화에 의한 환탕의 유입을 방지하도록 역류방지 밸브를 설치한다.

키워드 **급탕계통의 부속장치**

풀이 안전밸브와 팽창탱크 및 배관 사이에는 차단밸브나 체크밸브 등 어떠한 밸브도 설치해서는 안 된다.

정답 ①

139 **배관계통에서 마찰손실을 같게 하여 균등한 유량이 공급되도록 하는 배관방식은?**

제17회

① 이관식 배관　　② 하트포드 배관
③ 리턴콕 배관　　④ 글로브 배관
⑤ 역환수 배관

키워드 **균등한 유량공급**

풀이 역환수 배관은 배관계통에서 마찰손실을 같게 하여 균등한 유량이 공급되도록 하는 배관방식이다.

정답 ⑤

140 **급탕설비 배관에서 역환수 배관을 채택하는 주된 이유로 옳은 것은?**

① 수격작용 방지　　② 유량의 균등분배
③ 마찰손실 감소　　④ 배관의 부식방지
⑤ 배관의 신축흡수

키워드 **역환수 배관의 목적**

풀이 역환수 방식(리버스리턴 방식)은 배관 마찰손실을 같게 하여 균등한 유량이 되도록 각 기기마다 배관 회로의 길이를 같게 하는 방식이다.

정답 ②

141 **수배관방식의 하나인 역환수(Reverse Return) 방식의 목적과 유사한 기능을 갖는 것은?**

제18회

① 스트레이너　　② 정유량밸브
③ 체크밸브　　④ 볼조인트
⑤ 열동트랩

키워드 **역환수 배관의 목적**

풀이 정유량밸브는 지역난방 각 세대에 설치하여 각 세대의 공급유량을 일정하게 하는 역할을 한다.

정답 ②

142 급탕배관에 관한 설명으로 옳지 않은 것은?

① 급탕관과 환탕관의 관경은 동일하게 해야 한다.
② 굴곡부위에 공기가 정체되는 부분에는 공기빼기밸브를 설치한다.
③ 강제순환식 급탕배관의 구배(물매)는 통상 1/200 이상으로 한다.
④ 직선배관 시 강관은 30m마다, 동관은 20m마다 신축이음을 설치한다.
⑤ 중앙식 급탕설비는 원칙적으로 강제순환방식으로 한다.

키워드 **급탕관의 관경**

풀이 반탕관(환탕관)의 관경은 급탕관의 관경보다 한 치수 작은 치수로 한다.

정답 ①

143 급탕설비의 배관이 벽이나 바닥을 관통할 때 슬리브(Sleeve)를 사용하는 주된 이유로 옳은 것은?

① 배관의 중량을 건물 구조체에 지지하기 위해
② 배관의 진동이 건물 구조체에 전달되지 않도록 하기 위해
③ 배관의 마찰저항을 감소시켜 온수의 순환을 균일하게 하기 위해
④ 관의 신축을 자유롭게 하고 배관의 교체나 수리를 편리하게 하기 위해
⑤ 배관 내의 수격작용을 방지하기 위해

키워드 **슬리브배관의 목적**

풀이 슬리브는 배관 시공 시 바닥이나 벽에 배관을 통과시키기 위해 설치하며 관의 신축이 자유롭고 배관의 교체나 수리가 편리하다.

정답 ④

144 급탕배관의 신축이음으로 옳지 않은 것은?

제17회

① 신축곡관
② 스위블 이음
③ 벨로즈형 이음
④ 슬리브형 이음
⑤ 슬루스 이음

키워드 **신축이음의 종류**

풀이 신축이음에는 슬리브형, 스위블 조인트, 벨로즈형, 신축곡관, 볼형이 있다.

정답 ⑤

145 **급탕배관에서 신축이음의 종류가 아닌 것은?** 제19회

① 스위블 조인트
② 슬리브형
③ 벨로즈형
④ 루프형
⑤ 플랜지형

키워드 **신축이음의 종류**

풀이 신축이음에는 슬리브형, 스위블 조인트, 벨로즈형, 신축곡관(루프형), 볼형이 있다.

정답 ⑤

146 **2개 이상의 엘보를 사용하여 이음부의 나사회전을 이용해서 배관의 신축을 흡수하는 신축이음쇠는?**

① 루프형
② 벨로즈형
③ 슬리브형
④ 스위블형
⑤ 볼형

키워드 **신축이음의 종류**

풀이 스위블 조인트는 2개 이상의 엘보를 사용하여 나사회전을 이용해서 신축을 흡수하는 조인트로, 방열기 주변 배관에 많이 이용한다.

정답 ④

147 **다음에서 설명하고 있는 배관의 신축이음은?**

- 신축곡관이라고 한다.
- 설치공간을 많이 차지한다.
- 신축에 따른 자체 응력이 생긴다.

① 슬리브형
② 벨로즈형
③ 스위블형
④ 루프형
⑤ 볼형

키워드 **신축이음의 특징**

풀이 루프형 신축이음은 신축곡관이라고도 하고, 관을 루프 모양으로 구부려서 그 휨에 의하여 신축을 흡수하며 신축에 따른 자체 응력이 발생한다. 설치공간을 많이 차지하므로 고압의 옥외배관에 주로 사용한다.

정답 ④

148 급탕설비에 관한 설명으로 옳지 않은 것은?

① 유량을 균등하게 분배하기 위하여 역환수 방식을 사용한다.
② 배관 내 공기가 머물 우려가 있는 곳에 공기빼기밸브를 설치한다.
③ 팽창관의 도중에 밸브를 설치해서는 안 된다.
④ 일반적으로 급탕관의 관경은 환탕관의 관경보다 크게 한다.
⑤ 수온변화에 의한 배관의 신축을 흡수하기 위하여 팽창탱크를 설치한다.

키워드 **급탕설비의 이해**
풀이 수온변화에 의한 배관의 신축을 흡수하기 위하여 신축이음을 설치한다.

정답 ⑤

149 급탕설비에 관한 설명으로 옳지 않은 것은?

① 급탕사용량을 기준으로 급탕순환펌프의 유량을 산정한다.
② 급수압력과 급탕압력이 동일하도록 배관 구성을 한다.
③ 급탕부하단위 수는 일반적으로 급수부하단위 수의 3/4을 기준으로 한다.
④ 급탕 배관 시 수평주관은 상향 배관법에서는 급탕관은 앞올림구배로 하고 환탕관은 앞내림구배로 한다.
⑤ 배관의 구배는 온수의 순환을 원활하게 하기 위해 될 수 있는 한 급구배로 한다.

키워드 **급탕설비의 시공상 주의사항**
풀이 급탕순환펌프의 순환량의 결정은 배관 등에서의 방열손실량으로 산정한다.

정답 ①

150 **급탕설비에서 급탕배관의 설계 및 시공상 주의사항에 관한 설명으로 옳지 않은 것은?**

제14회

① 상향식 공급방식에서 급탕 수평주관은 선상향구배로 하고, 반탕(복귀)관은 선하향구배로 한다.

② 하향식 공급방식에서 급탕관은 선하향구배로 하고, 반탕(복귀)관은 선상향구배로 한다.

③ 이종(異種) 금속 배관재의 접속 시에는 전식(電蝕)방지 이음쇠를 사용한다.

④ 배관의 신축이음의 종류에는 스위블형, 슬리브형, 벨로즈형 등이 있다.

⑤ 수평관의 지름을 축소할 경우에는 편심 리듀서(Eccentric Reducer)를 사용한다.

PART 2

키워드 **급탕배관의 설계 및 시공상 주의사항**

풀이 하향식 공급방식에서 급탕관과 반탕관은 모두 선하향구배로 한다.

정답 ②

151 **급탕설비에 관한 설명으로 옳은 것은?**

① 급탕배관 시 상향 공급방식에서는 급탕 수평주관은 앞올림구배로 하고, 복귀관은 앞내림구배로 한다.

② 중앙식 급탕설비는 원칙적으로 자연순환방식으로 한다.

③ 펌프의 기동, 정지는 감압밸브에 의해 자동적으로 이루어진다.

④ 중앙식 급탕공급방식에서 간접가열식은 직접가열식과 비교해서 열효율은 좋지만, 보일러에 공급되는 냉수로 인해 보일러 본체에 불균등한 신축이 생길 수 있다.

⑤ 수평배관의 길이가 가능한 한 길게 되도록 수직배관을 배치하며, 반탕관의 길이도 길게 되도록 계획한다.

키워드 **급탕배관의 설계 및 시공상 주의사항**

풀이 ② 중앙식 급탕설비는 강제순환방식으로 한다.
③ 펌프의 기동, 정지는 서모스탯에 의해 급탕의 온도를 감지하여 자동적으로 이루어진다.
④ 중앙식 급탕공급방식에서 직접가열식은 간접가열식과 비교해서 열효율은 좋지만, 보일러에 공급되는 냉수로 인해 보일러 본체에 불균등한 신축이 생길 수 있다.
⑤ 급탕배관, 반탕관의 열손실과 배관의 마찰손실을 줄이기 위해서 관의 길이를 되도록 짧게 하는 것이 유리하다.

정답 ①

152 급탕설비에 관한 내용으로 옳은 것은? 제26회

① 급탕배관에서 하향 공급방식은 급탕관과 반탕(복귀)관을 모두 선하향 구배로 한다.

② 중앙식 급탕법에서 간접가열식은 보일러 내에 스케일이 부착될 염려가 크기 때문에 소규모 건물의 급탕설비에 적합하다.

③ 보일러 내의 온수 체적 팽창과 이상 압력을 흡수하기 위해 설치하는 팽창관에는 안전을 위해 감압밸브와 차단밸브를 설치한다.

④ 급탕배관 계통에서 급탕관과 반탕관의 마찰손실을 같게 하여 균등한 유량이 공급되도록 하는 배관 방식은 직접환수방식이다.

⑤ 급탕배관의 신축이음에서 벨로즈형은 2개 이상의 엘보를 사용하여 나사 부분의 회전에 의하여 신축을 흡수한다.

키워드 **급탕배관의 설계 및 시공상 주의사항**

풀이 ② 중앙식 급탕법에서 직접가열식은 보일러 내에 스케일이 부착될 염려가 크기 때문에 소규모 건물의 급탕설비에 적합하다.
③ 팽창관은 단독배관으로 하고 밸브를 설치하지 않는다.
④ 급탕배관 계통에서 급탕관과 반탕관의 마찰손실을 같게 하여 균등한 유량이 공급되도록 하는 배관 방식은 역환수방식이다.
⑤ 급탕배관의 신축이음에서 스위블 조인트는 2개 이상의 엘보를 사용하여 나사 부분의 회전에 의하여 신축을 흡수한다.

정답 ①

153 급탕배관의 설계 및 시공상의 주의점으로 옳지 않은 것은?

① 2개 이상의 엘보를 사용하여 신축을 흡수하는 이음은 스위블 조인트이다.

② 배관의 신축을 고려하여 배관이 벽이나 바닥을 관통하는 경우 슬리브를 사용한다.

③ ㄷ자형 배관 시에는 배관 도중에 공기의 정체를 방지하기 위하여 에어챔버를 설치한다.

④ 동일 재질의 관을 사용하였을 경우 급탕배관은 급수배관보다 관의 부식이 발생하기 쉽다.

⑤ 배관 방법에서 복관식은 단관식 배관법보다 뜨거운 물이 빨리 나온다.

키워드 **급탕배관의 설계 및 시공상 주의사항**

풀이 ㄷ자형 배관 시에는 배관 도중에 공기의 정체를 방지하기 위하여 공기빼기밸브를 설치한다.

정답 ③

154 **급탕배관에 관한 설명으로 옳은 것은?**

① 배관은 하향구배로 하는 것이 원칙이다.
② 탕비기 주위의 급탕배관은 가능한 한 짧게 하고 공기가 체류하지 않도록 한다.
③ 배관은 신축에 견디도록 가능하면 요철부가 많도록 배관하는 것이 원칙이다.
④ 물이 뜨거워지면 수중에 포함된 공기가 분리되기 쉽고, 이 공기는 배관의 상부에 모여서 급탕의 순환을 원활하게 한다.
⑤ 반탕관은 급탕관보다 큰 치수의 것을 사용한다.

키워드 **급탕배관의 설계 및 시공상 주의사항**

풀이 ① 고온의 유체를 수송하는 급탕배관은 상향구배로 하는 것이 원칙이다.
③ 배관에 생기는 팽창량을 흡수하여, 응력에 의한 배관 이음쇠의 파손 부분에서 발생하는 누수를 방지하기 위하여 배관 중에 신축이음쇠를 설치한다.
④ 물이 뜨거워지면 수중에 포함된 공기가 분리되기 쉽고, 이 공기는 배관의 상부에 모여서 급탕의 순환에 지장을 준다.
⑤ 반탕관은 급탕관보다 작은 치수의 것을 사용한다.

정답 ②

155 **급탕배관의 시공상 주의사항으로 옳은 것은?**

① 2개 이상의 엘보를 사용하여 나사회전을 이용해서 신축을 흡수하는 조인트는 슬리브형이다.
② 강관의 경우 신축이음쇠는 20m 이내마다 1개소씩 설치한다.
③ 급탕배관에는 보온재를 사용해야 하나 환탕배관은 보온하지 않는다.
④ 온도강하 및 급탕수전에서의 온도 불균형을 방지하기 위해 단관식으로 한다.
⑤ 동일 재질의 관을 사용하였을 경우 급탕배관은 급수배관보다 관의 부식이 발생하기 쉽다.

키워드 **급탕배관의 설계 및 시공상 주의사항**

풀이 ① 2개 이상의 엘보를 사용하여 신축을 흡수하는 조인트는 스위블 조인트이다.
② 강관의 경우 신축이음쇠는 30m 이내마다 1개소씩 설치한다.
③ 급탕배관 및 환탕배관은 모두 보온재를 사용해야 한다.
④ 급탕수전에서의 온도 불균형을 방지하기 위해 복관식으로 한다.

정답 ⑤

156 **건물의 급탕설비에 관한 설명으로 옳지 않은 것을 모두 고른 것은?** 제19회

> ㉠ 점검에 대비하여 팽창관에는 게이트밸브를 설치한다.
> ㉡ 단관식 급탕공급방식은 배관길이가 길어지면 급탕수전에서 온수를 얻기까지의 시간이 길어진다.
> ㉢ 급탕량 산정은 건물의 사용인원수에 의한 방법과 급탕기구 수에 의한 방법이 있다.
> ㉣ 중앙식 급탕방식에서 직접가열식은 보일러에서 만들어지는 증기나 고온수를 가열코일을 통해서 저탕탱크 내의 물과 열교환하는 방식이다.

① ㉠, ㉡
② ㉠, ㉣
③ ㉡, ㉢
④ ㉠, ㉡, ㉣
⑤ ㉡, ㉢, ㉣

키워드 **급탕설비의 이해**

풀이 ㉠ 팽창관 도중에는 절대로 밸브를 설치하지 않는다.
㉣ 중앙식 급탕방식에서 간접가열식은 보일러에서 만들어지는 증기나 고온수를 가열코일을 통해서 저탕탱크 내의 물과 열교환하는 방식이다.

정답 ②

157 **국내 아파트의 단위세대에 있는 수평배관이나 수평덕트 중 일반적으로 아래층 천장 속에 설치되는 것은?** 제21회

① 거실 환기덕트
② 주방 급수배관
③ 거실 난방배관
④ 욕실 배수배관
⑤ 욕실 환기덕트

키워드 **배수용 배관설비의 설치기준**

풀이 배수용 배관의 층하배관공법이란 배관을 바닥 슬래브 아래에 설치하여 아래층 세대 천장으로 노출시키는 공법을 말한다.

정답 ④

158 배관설비로서 배수용으로 쓰이는 배관설비의 기준으로 옳지 않은 것은?

① 승강기의 승강로 안에는 승강기의 운행에 필요한 배관설비 외의 배관설비를 설치하지 않는다.
② 우수관과 오수관은 통합하여 배관한다.
③ 배관설비의 오수에 접하는 부분은 내수재료를 사용한다.
④ 지하실 등 공공하수도로 자연배수를 할 수 없는 곳에는 배수용량에 맞는 강제배수시설을 설치한다.
⑤ 배관설비에는 배수트랩·통기관을 설치하는 등 위생에 지장이 없도록 한다.

키워드 **배수용 배관설비의 설치기준**

풀이 우수관과 오수관은 분리하여 배관한다(건축물의 설비기준 등에 관한 규칙 제17조 제2항 제5호).

정답 ②

159 간접배수방식을 적용하지 않는 것은?

① 욕조의 배수관
② 냉각탑의 배수관
③ 열교환기의 배수관
④ 고가수조의 오버플로우관
⑤ 세탁기의 배수

키워드 **직접배수와 간접배수의 적용**

풀이 직접배수와 간접배수

직접배수	위생기구와 배수관이 연결된 일반위생기구에서의 배수
간접배수	냉장고, 세탁기, 음료기, 공기정화기 등에서의 배수방식으로 기구의 오염을 막기 위해 일반배수관으로 직접 연결하지 않고, 물받이 사이에 공간을 두어 공기 중에 노출시켰다가 배수관으로 흘려보내는 배수

정답 ①

160 간접배수로 처리해야 하는 것은?

① 세면기 ② 대변기
③ 식기세척기 ④ 청소용 싱크
⑤ 욕조

키워드 **직접배수와 간접배수의 적용**

풀이 간접배수는 냉장고, 세탁기, 음료기, 공기정화기, 식기세척기 등에서의 배수방식으로, 기구의 오염을 막기 위해 일반배수관으로 직접 연결하지 않고 물받이 사이에 공간을 두어 공기 중에 노출시켰다가 배수관으로 흘려보내는 배수방식이다.

정답 ③

161 개별 시설물이나 개발사업 등으로 조성되는 지역에서 발생하는 오수를 공공하수도로 배출하지 아니하고 재이용할 수 있도록 개별적 또는 지역적으로 처리하는 시설로 정의되는 것은?

① 중수도 ② 물 재이용시설
③ 빗물이용시설 ④ 배수설비
⑤ 개인하수도

키워드 **중수도의 정의(물의 재이용 촉진 및 지원에 관한 법률 제2조 제4호)**

풀이
② 물 재이용시설: 빗물이용시설, 중수도, 하·폐수처리수 재이용시설 및 온배수 재이용시설을 말한다(물의 재이용 촉진 및 지원에 관한 법률 제2조 제2호).
③ 빗물이용시설: 건축물의 지붕면 등에 내린 빗물을 모아 이용할 수 있도록 처리하는 시설을 말한다(물의 재이용 촉진 및 지원에 관한 법률 제2조 제3호).
④ 배수설비: 건물·시설 등에서 발생하는 하수를 공공하수도에 유입시키기 위하여 설치하는 배수관과 그 밖의 배수시설을 말한다(하수도법 제2조 제12호).
⑤ 개인하수도: 건물·시설 등의 설치자 또는 소유자가 해당 건물·시설 등에서 발생하는 하수를 유출 또는 처리하기 위하여 설치하는 배수설비·개인하수처리시설과 그 부대시설을 말한다(하수도법 제2조 제5호).

정답 ①

162 중수도에 관한 설명으로 옳지 않은 것은?

① 중수도 원수로는 주로 잡용수가 사용되지만 냉각배수, 하수처리수 등도 사용된다.
② 일반하수뿐만 아니라 빗물도 중수도의 원수가 될 수 있다.
③ 중수도의 채용은 어려운 상수도 사정을 완화할 수 있고, 하수처리장의 처리부하를 줄일 수 있다.
④ 중수도는 냉각용수, 살수용수, 음용수로 주로 사용된다.
⑤ 중수처리방식은 원수의 수질, 중수이용수량, 용도별 수질기준을 기초로 하여 설계재원, 경제성, 유지관리 측면을 고려하여 결정한다.

키워드 **중수도의 이용목적**
풀이 중수도는 음용수로 사용해서는 안 된다.

정답 ④

163 배수설비에 트랩을 설치하는 목적은? 제2회, 제5회

① 하수도로부터 역류하는 악취를 방지하기 위하여
② 배수관과 연결된 통기관의 능률을 촉진시키기 위하여
③ 배수의 흐름을 원활하게 하기 위하여
④ 배수관의 청결을 유지하기 위하여
⑤ 배수관의 오수와 잡배수의 분류를 위하여

키워드 **트랩의 설치목적**
풀이 트랩은 악취를 방지하기 위하여 설치한다.

정답 ①

164 배수용 P트랩의 적정 봉수 깊이에 해당하는 것은? 제17회

① 50~100mm ② 110~160mm
③ 170~220mm ④ 230~280mm
⑤ 290~340mm

키워드 **유효 봉수 깊이**
풀이 유효 봉수 깊이는 50~100mm이다.

정답 ①

165 다음 그림의 트랩에서 각 부위별 명칭이 옳게 연결된 것은? 제19회

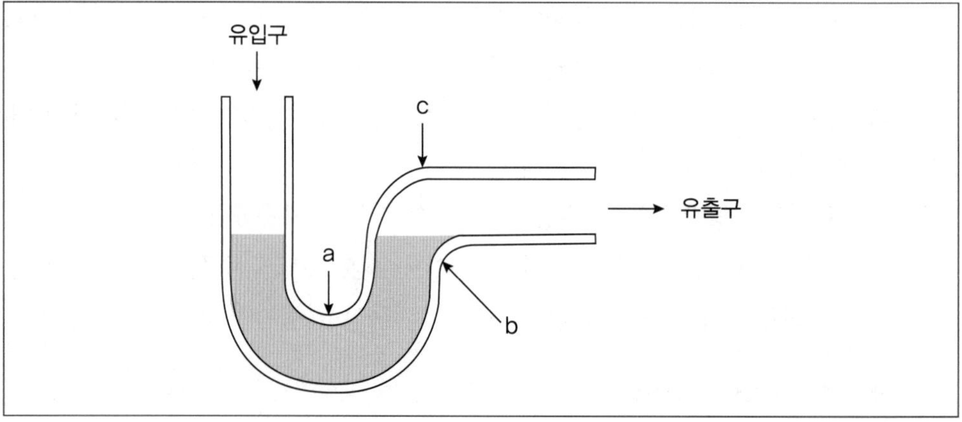

① a 디프, b 웨어, c 크라운

② a 디프, b 크라운, c 웨어

③ a 웨어, b 디프, c 크라운

④ a 크라운, b 웨어, c 디프

⑤ a 크라운, b 디프, c 웨어

키워드 **트랩의 부위별 명칭**

풀이 P트랩의 부위별 명칭으로 a는 디프, b는 웨어, c는 크라운이다. P트랩은 세면기나 개수대 등에 사용되며, 봉수가 안정적인 특징이 있다.

정답 ①

166 배수설비에 사용되는 트랩에 관한 설명으로 옳지 않은 것은? 제14회

① 봉수가 항상 유지될 수 있는 구조일 것

② 구조가 간단하며 자기세정작용을 할 수 있을 것

③ 유수면이 평활하여 오수가 정체하지 않을 것

④ 하수가스가 실내로 침입하는 것을 방지할 수 있는 구조일 것

⑤ 자기사이펀작용이 발생하기 쉬운 구조일 것

키워드 **트랩의 구비조건**

풀이 자기사이펀작용 등에 의해서 봉수가 파괴되지 않는 구조여야 한다.

정답 ⑤

167 배수트랩에 관한 설명으로 옳지 않은 것은? 제18회

① 배수트랩의 역할 중 하나는 배수관 내에서 발생한 악취가 실내로 침입하는 것을 방지하는 것이다.

② 배수트랩은 봉수가 파괴되지 않는 형태로 한다.

③ 배수트랩 봉수의 깊이는 50~100mm로 하는 것이 보통이다.

④ 배수트랩 중 벨트랩은 화장실 등 바닥배수에 적합한 트랩이다.

⑤ 배수트랩은 배수수직관 가까이에 설치하여 원활한 배수가 이루어지도록 한다.

키워드 **트랩의 구비조건**

풀이 배수트랩이 배수수직관 가까이에 설치되면 유인사이펀작용으로 봉수가 파괴될 수 있다.

정답 ⑤

168 배수용 트랩이 갖추어야 할 조건으로 옳지 않은 것은?

① 배수 등으로 내면을 씻어내리는 자기세정작용을 해야 한다.

② 하나의 배수관에 직렬로 2개 이상의 트랩을 설치해야 한다.

③ 봉수가 확실하게 유지되고 재질은 내식성이어야 한다.

④ 이물질 제거 등을 위하여 봉수부에는 금속제 이음을 사용한다.

⑤ 구조가 간단하고 오물이 정체하지 않아야 한다.

키워드 **트랩의 구비조건**

풀이 트랩은 이중트랩을 피하고 가동부분이 없어야 한다.

정답 ②

169 **배수트랩에 관한 설명으로 옳지 않은 것은?**

① 하나의 배수관에 직렬로 2개 이상의 트랩을 설치하지 않는다.
② 유수의 힘으로 가동부분이 열리고 유수가 끝나면 자동으로 닫히게 되는 구조의 것이 좋다.
③ 수봉식 트랩은 중력식 배수방식에서 하수가스 침입방지장치로서 안전하고 신뢰성이 높다.
④ 유효 봉수 깊이가 너무 깊으면 유수의 저항이 증가하여 통수능력이 감소된다.
⑤ 내부 치수가 동일한 S트랩은 사용하지 않는 것이 좋다.

키워드 **트랩의 구비조건**
풀이 가동부분이 있는 트랩은 사용하지 않는 것이 좋다.

정답 ②

170 **배수트랩에 관한 설명으로 옳지 않은 것은?**

① 트랩의 봉수깊이는 50~100mm가 적절하다.
② 위생기구 중 세면기에는 U트랩이 가장 널리 이용된다.
③ P트랩, S트랩, U트랩은 사이폰 트랩이라고도 한다.
④ 트랩의 봉수깊이란 디프(Top Dip)와 웨어(Crown Weir)와의 수직거리를 의미한다.
⑤ 포집기류를 제외하고는 오수에 포함된 오물 등이 부착 및 침전하기 어려워야 한다.

키워드 **배수트랩**
풀이 위생기구 중 세면기에는 P트랩이 가장 널리 이용된다.

정답 ②

171 **배수트랩에 관한 설명으로 옳은 것은?**

① 봉수 깊이가 깊으면 통수능력이 감소된다.
② 트랩의 목적은 배수의 흐름을 원활히 하기 위한 것이다.
③ 트랩은 오버플로우 부근에 머리카락이나 헝겊이 걸린 경우에는 흡인작용에 의해 봉수가 파괴될 수 있다.
④ 벨트랩은 주방용 싱크나 소제용 싱크에 주로 사용한다.
⑤ U트랩은 배수수직주관에 사용된다.

키워드 **트랩의 원리**

풀이 ② 트랩의 목적은 악취예방이다.
③ 트랩은 오버플로우 부근에 머리카락이나 헝겊이 걸린 경우에는 모세관현상에 의해 봉수가 파괴될 수 있다.
④ 벨트랩은 욕실 바닥에 사용한다.
⑤ U트랩은 배수수평주관에 사용된다.

정답 ①

172 배수계통에 사용되는 트랩으로 옳지 않은 것은? 제18회

① P트랩
② 벨트랩
③ 기구트랩
④ 버킷트랩
⑤ 드럼트랩

키워드 **트랩의 종류**

풀이 버킷트랩은 방열기트랩의 일종이다.

정답 ④

173 배수트랩에 해당하는 것을 모두 고른 것은?

㉠ 벨트랩	㉡ 버킷트랩
㉢ 그리스트랩	㉣ P트랩
㉤ 플로트트랩	㉥ 드럼트랩

① ㉠, ㉡
② ㉠, ㉢, ㉥
③ ㉢, ㉣, ㉥
④ ㉠, ㉢, ㉣, ㉥
⑤ ㉡, ㉢, ㉣, ㉤

키워드 **트랩의 종류**

풀이 ㉡㉤ 증기트랩에 해당하며, 증기트랩의 종류에는 방열기트랩(열동트랩, 실로폰트랩), 버킷트랩, 플로트트랩, 벨로즈트랩, 디스크트랩 등이 있다.

정답 ④

174 **세면기, 대변기, 소변기에 부착하여 바닥 밑의 배수횡지관에 접속할 때 사용하며, 사이펀 작용을 일으키기 쉬운 형태로 봉수가 쉽게 파괴되는 트랩은?**

① 그리스트랩　　② S트랩
③ 드럼트랩　　④ 벨트랩
⑤ U트랩

키워드 **트랩의 종류**

풀이 S트랩은 위생기구에서 바닥 아래의 수평지관으로 접속할 때 많이 사용되며, 사이펀작용을 일으키기 쉽다.

정답 ②

175 **배수트랩에 관한 설명으로 옳지 않은 것은?**

① P트랩은 세면기 배수에 주로 이용된다.
② U트랩은 옥내 배수수평주관 계통에 이용된다.
③ S트랩은 욕실 및 다용도실의 바닥배수에 주로 이용된다.
④ 드럼트랩은 싱크 등의 물 사용량이 많은 곳에 이용된다.
⑤ 트랩은 하수 유해 가스가 역류해서 실내로 침입하는 것을 방지하기 위해서 설치한다.

키워드 **트랩의 종류별 특징**

풀이 S트랩은 대변기, 소변기, 세면기 등에 부착한다.

정답 ③

176 **배수트랩 중 벨트랩(Bell Trap)에 관한 설명으로 옳은 것은?** 제13회

① 배수수평주관에 설치한다.
② 관트랩보다 자기사이펀작용에 의해 트랩의 봉수가 파괴되기 쉽다.
③ 호텔, 레스토랑 등의 주방에서 배출되는 배수에 포함된 유지(油脂) 성분을 제거하기 위해 사용된다.
④ 주로 욕실의 바닥 배수용으로 사용된다.
⑤ 세면기의 배수용으로 사용되며, 벽체 내의 배수수직관에 접속된다.

키워드 **트랩의 종류별 특징**

풀이 ① 배수수평주관에 설치하는 것은 U트랩이다.
② 관트랩보다 자기사이펀작용에 의해 트랩의 봉수가 파괴되지 않는다.
③ 호텔, 레스토랑 등의 주방에서 배출되는 배수에 포함된 유지(油脂) 성분을 제거하기 위해 사용되는 것은 그리스트랩이다.
⑤ 세면기의 배수용으로 사용되며, 벽체 내의 배수수직관에 접속하는 것은 P트랩이다.

정답 ④

177 조집기(포집기, 저집기)에 관한 설명으로 옳지 않은 것은? 제11회

① 그리스 조집기(Grease Interceptor): 주방 등에서 배출되는 배수 중에 포함되어 있는 지방분을 제거하는 역할
② 가솔린 조집기(Gasoline Interceptor): 자동차공장, 정제공장 등의 배수계통에 설치되어 가솔린을 수면 위에 뜨게 하여 휘발시키는 역할
③ 모래 조집기(Sand Interceptor): 배수 중의 진흙이나 모래를 제거하는 역할
④ 헤어 조집기(Hair Interceptor): 세탁소 등에 설치하여 실이나 천조각을 제거하는 역할
⑤ 플라스터 조집기(Plaster Interceptor): 치과, 정형외과 등에서 사용되며 금, 은, 플라스터재를 회수하는 역할

키워드 **조집기의 종류**

풀이 헤어 조집기는 이발소, 미장원, 목욕탕 등에서 머리카락의 배수관 유입을 막는 것으로, 금속망의 트랩을 사용한다.

정답 ④

178 배수설비관리에서 트랩의 봉수파괴 원인에 해당되지 않는 것은? 제12회

① 공동(空洞)현상
② 자기사이펀작용
③ 모세관현상
④ 감압에 의한 흡인작용
⑤ 증발현상

키워드 **봉수파괴 원인**

풀이 공동현상(Cavitation)은 펌프에 발생하는 이상현상이다.

정답 ①

179 **배수관에서 트랩의 봉수파괴 원인을 모두 고른 것은?**

㉠ 자기사이펀작용	㉡ 흡출작용
㉢ 운동량에 의한 관성	㉣ 모세관현상
㉤ 분출작용	

① ㉠, ㉡
② ㉠, ㉡, ㉤
③ ㉡, ㉢, ㉤
④ ㉠, ㉡, ㉣, ㉤
⑤ ㉠, ㉡, ㉢, ㉣, ㉤

키워드 **봉수파괴 원인**

풀이 봉수파괴 원인에는 자기사이펀작용, 흡출작용(흡인작용, 유인사이펀작용, 유도사이펀작용), 분출작용(역사이펀작용), 모세관현상, 증발, 운동량에 의한 관성이 있다.

정답 ⑤

180 **트랩의 봉수가 파괴되는 원인 중 위생기구에서 트랩을 통하여 배수가 만수상태로 흐를 때 주로 발생하는 것은?**

① 분출작용
② 자기사이펀작용
③ 모세관현상
④ 감압에 의한 흡인작용
⑤ 증발현상

키워드 **봉수파괴 원인**

풀이 자기사이펀작용은 배수가 관 속에 꽉 차서 흐를 때(만수상태일 때) 주로 S트랩에서 발생한다.

정답 ②

181 **다음에서 설명하고 있는 트랩의 봉수파괴 원인에 해당하는 것은?**

일반적으로 배수수직관의 상·중층부에서는 압력이 부압으로, 그리고 저층부분에서는 정압으로 된다. 이때 배수수직관 내 부압으로 되는 곳에 배수수평지관이 접속되어 있으면 배수수평지관 내의 공기는 수직관 쪽으로 유입되며, 이에 따라서 봉수가 이동하여 손실된다.

① 증발현상
② 모세관현상
③ 자기사이펀작용
④ 유도사이펀작용
⑤ 역사이펀작용

키워드 **봉수파괴 원인**

풀이 유도사이펀작용(흡인작용, 흡출작용, 유인사이펀작용)에 관한 설명이다.

정답 ④

182 배수관의 봉수파괴 원인인 분출작용(역사이펀작용)에 관한 설명으로 옳은 것은?

① S트랩 내부에 모발과 같이 다량의 이물질이 정체되어 봉수가 파괴된다.

② 배수수직관에서 다량으로 유하되는 배수로 인해, S트랩 내부의 압력이 감소하고 대기압의 작용으로 봉수가 파괴된다.

③ 상층과 하층에서 배수가 다량으로 유출되어 해당 층의 배수수직관의 공기가 압축되고 S트랩으로 유입되어 봉수가 파괴된다.

④ 위생기구로부터 만수상태의 배수가 S트랩으로 유하할 때 배관 내부의 압력은 감소하며, 트랩 유입 측에는 대기압이 작용하여 봉수가 파괴된다.

⑤ 강풍 또는 그 밖의 원인으로 배관 중에 급격한 압력변화가 일어난 경우에 봉수면에 상하 동요를 일으켜 봉수가 파괴된다.

키워드 **봉수파괴 원인**

풀이 ① 모세관현상
② 유인사이펀작용
④ 자기사이펀작용
⑤ 운동량에 의한 관성

정답 ③

183 배수계통에서 트랩의 봉수가 파괴되는 원인 중 액체의 응집력과 액체와 고체 사이의 부착력에 의해 발생하는 것은?

① 분출작용
② 자기사이펀작용
③ 모세관현상
④ 감압에 의한 흡인작용
⑤ 증발현상

키워드 **봉수파괴 원인**

풀이 모세관현상은 응집력과 부착력에 의해서 유발되며 머리카락, 걸레조각 등이 트랩에 걸리면 서서히 봉수가 파괴된다.

정답 ③

184 **집을 오랫동안 비워 두었더니 트랩의 봉수가 파괴된 경우, 가장 큰 원인에 해당하는 것은?**

① 분출작용
② 자기사이펀작용
③ 모세관현상
④ 감압에 의한 흡인작용
⑤ 증발현상

키워드 **봉수파괴 원인**

풀이 증발현상은 위생기구를 장시간 사용하지 않거나 바닥배수 설치부분을 난방하게 되면 봉수부의 수면에서 봉수가 증발하여 주봉이 파괴되는 현상이다.

정답 ⑤

185 **공동주택의 트랩과 봉수에 관한 설명으로 옳지 않은 것은?**

① U트랩은 일명 가옥트랩(House Trap)이라 하며, 옥외 맨홀의 악취가 건물 내로 침입하는 것을 방지하기 위하여 설치하는 트랩이다.
② S트랩은 대·소변기, 세면기에 설치하며 봉수파괴가 잘 되는 단점이 있다.
③ 세면기 등에서 만수된 물이 일시에 흐를 때 봉수가 파괴되는 현상을 자기사이펀작용에 의한 봉수파괴라 한다.
④ 수직관 상부로부터 다량의 물이 배수될 때 상층부의 감압현상으로 실내의 봉수가 빨려 나가 파괴되는 현상을 유인사이펀작용에 의한 봉수파괴라 한다.
⑤ 일시에 다량의 배수가 흘러내릴 때 봉수가 실내로 분출되어 파괴되는 현상을 역사이펀에 의한 봉수파괴라 하며, 주로 건축물의 상층부에서 발생한다.

키워드 **트랩과 봉수**

풀이 하층부에서 분출작용이 발생한다.

정답 ⑤

186 **S트랩에서 자기사이펀작용에 의한 봉수의 파괴를 방지하기 위한 방법으로 옳은 것은?**

① 트랩의 내표면을 매끄럽게 한다.
② 트랩을 정기적으로 청소하여 이물질을 제거한다.
③ 트랩과 위생기구가 연결되는 관의 관경을 트랩의 관경보다 더 크게 한다.
④ 트랩의 유출부분 단면적이 유입부분 단면적보다 더 큰 것을 설치한다.
⑤ 격자철물을 설치하여 트랩을 고정시킨다.

키워드 **봉수파괴 대책**

풀이 배수 시에 트랩 및 배수관은 사이펀관을 형성하여 기구에 만수된 물이 일시에 흐르게 되면 트랩 내의 물이 자기사이펀작용에 의해 모두 배수관 쪽으로 흡입되어 배출된다. 이 현상은 S트랩의 경우에 특히 심하다. 방지책으로 기구배수관 관경을 트랩 구경보다 크게 하여 만류가 되지 않도록 트랩의 유출부분 단면적이 유입부분 단면적보다 큰 것을 설치한다.

정답 ④

187 모세관현상에 따른 트랩의 봉수파괴를 방지하기 위한 방법으로 옳은 것은?

① 트랩을 자주 청소한다.

② 봉수 위에 기름층을 만든다.

③ 각개통기관을 설치한다.

④ 기구배수관 관경을 트랩구경보다 크게 한다.

⑤ 관 내 압력변동을 작게 한다.

키워드 **봉수파괴를 방지하기 위한 방법**

풀이 트랩의 오버플로우관 부분에 머리카락·걸레 등이 걸려 아래로 늘어뜨려져 있으면 모세관작용으로 봉수가 서서히 흘러내려 마침내 말라 버리게 되므로 트랩을 자주 청소하여 방지한다.

정답 ①

188 통기관의 설치목적으로 옳은 것을 모두 고른 것은?

㉠ 배수트랩의 봉수를 보호한다. ㉡ 배수관에 부착된 고형물을 청소하는 데 이용한다. ㉢ 신선한 외기를 통하게 하여 배수관 청결을 유지한다. ㉣ 배수관을 통해 냄새나 벌레가 실내로 침입하는 것을 방지한다. ㉤ 배수트랩의 봉수부에 가해지는 압력과 배수관 내의 압력차를 크게 하여 배수작용을 돕는다.

① ㉠, ㉢

② ㉠, ㉡, ㉣

③ ㉡, ㉢, ㉤

④ ㉠, ㉡, ㉢, ㉣

⑤ ㉠, ㉢, ㉣, ㉤

키워드 **통기관의 설치목적**

풀이 ㉡ 청소구의 설치목적이다.

㉣ 트랩의 설치목적이다.

㉤ 배수트랩의 봉수부에 가해지는 압력과 배수관 내의 압력차를 작게 하여 배수작용을 돕는다.

정답 ①

189 **최상부의 배수수평관이 배수수직관에 접속되는 위치보다 더욱 위로 배수수직관을 끌어올려 대기 중에 개구하여 통기관으로 사용하는 부분을 의미하는 것은?**

① 각개통기관 ② 공용통기관
③ 회로통기관 ④ 도피통기관
⑤ 신정통기관

키워드 **통기관의 종류**

풀이 신정통기관은 배수수직관 끝을 연장하여 대기 중에 개방하는 통기관으로, 가장 단순하고 경제적인 통기관이다.

정답 ⑤

190 **배수설비 배관계통에 설치되는 트랩 및 통기관에 관한 설명으로 옳지 않은 것은?**

제26회

① 트랩의 유효 봉수 깊이가 깊으면 유수의 저항이 증가하여 통수능력이 감소된다.
② 루프통기관은 배수수직관 상부에서 관경을 축소하지 않고 연장하여 대기 중에 개구한 통기관이다.
③ 통기관은 배수의 흐름을 원활하게 하는 동시에 트랩의 봉수를 보호한다.
④ 각개통기방식은 각 위생기구의 트랩마다 통기관을 설치하기 때문에 안정도가 높은 방식이다.
⑤ 대규모 설비에서 배수수직관의 하층부 기구에서는 역압에 의한 분출작용으로 봉수가 파괴되는 현상이 발생한다.

키워드 **트랩 및 통기관**

풀이 신정통기관은 배수수직관 상부에서 관경을 축소하지 않고 연장하여 대기 중에 개구한 통기관이다.

정답 ②

191 다음에서 설명하고 있는 배수배관의 통기방식은? 제22회

- 봉수보호의 안정도가 높은 방식이다.
- 위생기구마다 통기관을 설치한다.
- 자기사이펀작용의 방지 효과가 있다.
- 경제성과 건물의 구조 등 때문에 모두 적용하기 어려운 점이 있다.

① 각개통기방식
② 결합통기방식
③ 루프통기방식
④ 신정통기방식
⑤ 섹스티아방식

키워드 **통기관의 종류**

풀이 각개통기방식은 가장 이상적인 통기방식으로 각 위생기구마다 통기관을 설치한다.

정답 ①

192 2개 이상의 기구트랩의 봉수를 보호하기 위하여 설치하는 통기관으로, 최상류의 기구배수관이 배수수평지관에 접속하는 위치의 직하에서 입상하여 통기수직관 또는 신정통기관에 접속하는 것은?

① 습윤통기관
② 결합통기관
③ 루프통기관
④ 도피통기관
⑤ 각개통기관

키워드 **통기관의 종류**

풀이 루프통기관(회로통기관, 환상통기관)은 2개 이상 8개 이내 트랩의 봉수를 보호하기 위하여, 최상류에 있는 위생기구 바로 아래 수평지관에 접속시켜 통기수직관 또는 신정통기관으로 연결하는 통기관이다.

정답 ③

193 **다음에서 설명하고 있는 통기관은?**

> • 배수, 통기 양 계통 간의 공기의 유통을 원활히 하기 위해 설치하는 통기관을 말한다.
> • 배수수평지관의 하류 측 관 내 기압이 높게 될 위험을 방지한다.

① 공용통기관 ② 신정통기관
③ 각개통기관 ④ 도피통기관
⑤ 습윤통기관

키워드 **통기관의 종류**
풀이 도피통기관은 루프통기관의 통기를 촉진하기 위해서 설치한다.

정답 ④

194 **통기관설비 중 도피통기관에 관한 설명으로 옳은 것은?** 제16회

① 배수수직관 상부에서 관경을 축소하지 않고 그대로 연장하여 정상부를 대기 중에 개구한 것이다.
② 배수수직관과 통기수직관을 연결하여 설치한 것이다.
③ 루프통기관과 배수수평지관을 연결하여 설치한 것이다.
④ 각 위생기구마다 통기관을 하나씩 설치한 것이다.
⑤ 복수의 신정통기관이나 배수수직관들을 최상부에서 한 곳에 모아 대기 중에 개구한 것이다.

키워드 **통기관의 종류**
풀이 ① 신정통기관, ② 결합통기관, ④ 각개통기관, ⑤ 헤더통기관

정답 ③

195 **배수와 통기의 역할을 겸하는 통기관은?** 제14회

① 결합통기관 ② 공용통기관
③ 습윤통기관 ④ 도피통기관
⑤ 반송통기관

키워드 **통기관의 종류**
풀이 습윤통기관(습식통기관)은 배수수평지관 최상류 기구의 바로 아래에서 연결하는 통기관으로, 환상통기관에 연결되어 배수와 통기를 겸하는 배수관이다.

정답 ③

196 **배수수직관 내의 압력변화를 방지 또는 완화하기 위해 배수수직관으로부터 분기·입상하여 통기수직관에 접속하는 통기관은?**

① 신정통기관 ② 반송통기관
③ 공용통기관 ④ 결합통기관
⑤ 습윤통기관

키워드 **통기관의 종류**

풀이 결합통기관은 배수수직관 내의 압력변화를 방지 또는 완화하기 위해 배수수직관으로부터 분기·입상하여 통기수직관에 접속하는 통기관으로, 층수가 많을 경우에는 5개 층마다 통기관을 취한다.

정답 ④

197 **건축물의 배수·통기설비에 관한 설명으로 옳지 않은 것은?** 제24회

① 트랩의 적정 봉수깊이는 50mm 이상 100mm 이하로 한다.
② 트랩은 2중 트랩이 되지 않도록 한다.
③ 드럼 트랩은 트랩부의 수량(水量)이 많기 때문에 트랩의 봉수는 파괴되기 어렵지만 침전물이 고이기 쉽다.
④ 각개통기관의 배수관 접속점은 기구의 최고 수면과 배수수평지관이 수직관에 접속되는 점을 연결한 동수 구배선보다 상위에 있도록 배관한다.
⑤ 크로스 커넥션은 배수수직관과 통기수직관을 연결하여 배수의 흐름을 원활하게 하기 위한 접속법이다.

키워드 **배수·통기설비**

풀이 결합통기관은 배수수직관과 통기수직관을 연결하여 배수의 흐름을 원활하게 하기 위한 접속법이다. 크로스 커넥션은 음용수 배관계통과 타 배관 계통이 배관이나 장치와 직접 연결된 것을 말한다.

정답 ⑤

198 통기방식에 관한 설명으로 옳지 않은 것은?

① 외부에 개방되는 통기관의 말단은 인접건물의 문, 개폐 창문과 인접하지 않아야 한다.
② 결합통기관은 배수수직관과 통기수직관을 연결하는 통기관이다.
③ 각개통기관의 수직올림위치는 동수구배선보다 아래에 위치시켜 흐름이 원활하도록 하여야 한다.
④ 통기수직관은 빗물수직관과 연결해서는 안 된다.
⑤ 각개통기방식은 기구의 넘침면보다 15cm 정도 위에서 통기수평지관과 접속시킨다.

키워드 **통기방식**
풀이 각개통기관의 수직올림위치는 동수구배선보다 상위에 위치시켜 흐름이 원활하도록 하여야 한다.

정답 ③

199 다음에서 설명하고 있는 통기관은?

> 기구가 반대방향(좌우분기) 또는 병렬로 설치된 기구배수관의 교점에 접속 입상하여, 그 양 기구의 트랩 봉수를 보호하기 위한 1개의 통기관을 말한다.

① 공용통기관 ② 결합통기관
③ 각개통기관 ④ 도피통기관
⑤ 습윤통기관

키워드 **통기관의 종류**
풀이 공용통기관에 관한 설명이다.

정답 ①

200 통기수직관이 없는 방식으로 배수수평지관에서 유입하는 배수에 선회력을 주어 통기를 위한 공기 코어를 유지하도록 하여 하나의 관으로 배수와 통기를 겸하는 통기방식은?

① 섹스티아방식 ② 각개통기방식
③ 소벤트방식 ④ 회로통기방식
⑤ 신정통기방식

키워드 **통기관의 종류**

풀이 섹스티아방식은 수평지관에서 유입하는 배수에 선회력을 주어 관 내 통기를 위한 공기 코어를 유지하여 하나의 관으로 배수와 통기를 겸하는 방식이다.

정답 ①

201 통기관에 관한 설명으로 옳지 않은 것은?

① 사이펀작용 및 배압에 의해서 트랩 봉수가 파괴되는 것을 방지한다.

② 배수관 계통의 환기를 도모하며 관 내를 청결하게 유지한다.

③ 각개통기방식은 기능적으로 우수하고 이상적이다.

④ 신정통기관은 회로통기방식이라고도 하며, 통기수직관을 설치한 배수·통기 계통에 이용된다.

⑤ 각개통기방식은 트랩마다 통기되기 때문에 가장 안정도가 높은 방식으로, 자기사이펀작용의 방지에도 효과적이다.

키워드 **통기관의 종류별 특징**

풀이 신정통기관은 배수수직관 상부에서 관경을 축소하지 않고 연장하여 대기 중에 개방하는 통기관이며, 회로통기방식은 루프통기관에 포함된다.

정답 ④

202 배수배관 계통에 설치되는 트랩과 통기관에 관한 설명으로 옳지 않은 것은? 제23회

① 신정통기관은 가장 높은 곳에 위치한 기구의 물넘침선보다 150mm 이상에서 배수수직관에 연결한다.

② 도피통기관은 배수수평지관의 최하류에서 통기수직관과 연결한다.

③ 트랩은 자기세정이 가능하도록 하고, 적정 봉수의 깊이는 50~100mm 정도로 한다.

④ 장기간 사용하지 않을 때, 모세관현상이나 증발에 의해 트랩의 봉수가 파괴될 수 있다.

⑤ 섹스티아 통기관에는 배수수평주관에 배수가 원활하게 유입되도록 공기분리 이음쇠가 설치된다.

키워드 **트랩과 통기관**

풀이 소벤트 통기관에는 배수수평주관에 배수가 원활하게 유입되도록 공기분리 이음쇠가 설치된다.

정답 ⑤

203 배수관 및 통기관에 관한 설명으로 옳지 않은 것은? 제14회

① 신정통기관의 관지름은 배수수직관의 관지름보다 작게 해서는 안 된다.
② 배수수직관으로부터 분기 입상하여 통기수직관에 접속하는 통기관을 루프통기관이라 한다.
③ 기구배수관의 관지름은 이것과 접속하는 기구의 트랩구경 이상으로 한다.
④ 배수수평지관의 관지름은 이것과 접속하는 기구배수관의 최대 관지름 이상으로 한다.
⑤ 배수수직관의 관지름은 이것과 접속하는 배수수평지관의 최대 관지름 이상으로 한다.

키워드 **통기관의 종류별 특징**

풀이 2개 이상의 트랩을 보호하기 위하여 최상류 기구의 하류 배수수평지관에서 분기 입상하여 통기관을 취하며, 이 통기관을 신정통기관에 접속하는 것을 환상통기, 또는 통기수직관에 접속하는 것을 회로통기라 한다. 이 양자를 합쳐서 루프통기관이라 한다.

정답 ②

204 통기관에 관한 설명으로 옳은 것은?

① 결합통기관은 2개의 통기관을 서로 연결하는 통기관이다.
② 공용통기관은 통기관과 배수관의 역할을 겸용하고 있는 관이다.
③ 도피통기관은 배수수평지관의 최상류에서 분기하여 통기지관에 연결한다.
④ 통기수직관의 상부는 관경의 축소 없이 단독으로 대기 중에 개구하거나 신정통기관에 접속한다.
⑤ 루프통기관은 기구가 반대방향(좌우분기) 또는 병렬로 설치된 기구배수관의 교점에 접속 입상하여, 그 양 기구의 트랩 봉수를 보호하기 위한 1개의 통기관을 말한다.

키워드 **통기관의 종류별 특징**

풀이
① 결합통기관: 고층 건축물의 경우 배수수직관과 통기수직관을 연결하는 통기관으로 5개 층마다 설치해서 배수수직관의 통기를 촉진한다.
② 공용통기관: 2개의 위생기구가 같은 레벨로 설치되어 있을 때 설치하는 것으로 배수관의 교점에서 접속되어 수직으로 올려 세운 통기관이다.
③ 도피통기관: 루프통기관에서 통기 능률을 촉진시키기 위한 통기관으로 최하류 기구배수관과 배수수직관 사이에 설치한다.
⑤ 루프통기관: 2개 이상의 트랩을 보호하기 위하여 최상류 기구의 하류 배수수평지관에서 분기 입상하여 통기관을 취하며, 이 통기관을 신정통기관에 접속하는 것을 환상통기, 또는 통기수직관에 접속하는 것을 회로통기라 한다. 이 양자를 합쳐서 루프통기관이라 한다.

정답 ④

205 통기관에 관한 설명으로 옳지 않은 것은?

① 루프통기관은 기구배수관을 통하여 배수수평지관에 연결된 2~8개 기구의 통기를 한 개의 통기관으로 담당한다.

② 도피통기관은 각개통기관에서 담당하는 기구 수가 많을 경우 발생하는 하수가스를 도피시키기 위하여 통기수직관에 연결시킨 관이다.

③ 결합통기관은 배수수직주관과 통기수직주관을 연결하는 통기관이다.

④ 소벤트시스템, 섹스티아시스템은 신정통기방식을 변형한 것이다.

⑤ 습통기관은 통기의 목적 외에 배수관으로도 이용되는 통기관을 말한다.

키워드 통기관의 종류별 특징

풀이 도피통기관은 루프통기관의 통기능률을 촉진시키기 위한 통기관으로, 최하류 기구배수관과 배수수직관 사이에 설치하여 통기수직관에 연결시킨 관이다.

정답 ②

최신기출

206 배수배관 계통에 설치되는 통기관 설비에 관한 설명으로 옳지 않은 것은? 제27회

① 공용통기관은 최하류 기구배수관과 배수수직관 사이에 설치된다.

② 신정통기관은 배수수직관 상부에서 관경을 축소하지 않고 연장하여 대기 중에 개구한 통기관이다.

③ 각개통기관은 자기사이펀 작용의 방지 효과가 있다.

④ 결합통기관은 배수수직관과 통기수직관을 연결한 통기관이다.

⑤ 섹스티아 통기방식은 1개의 배수수직관으로 배수와 통기가 이루어지도록 한다.

키워드 통기관의 종류별 특징

풀이 공용통기관은 맞물림 또는 병렬로 설치한 위생기구의 기구배수관 교차점에 접속하여, 그 양쪽 기구의 트랩 봉수를 보호하는 1개의 통기관을 말하며, 도피통기관은 최하류 기구배수관과 배수수직관 사이에 설치된다.

정답 ①

207 **통기관의 관경에 관한 설명으로 옳지 않은 것은?**

① 각개통기관의 관경은 그것이 접속되는 배수관 관경의 1/2 이상으로 한다.
② 신정통기관의 관경은 배수수직관의 관경보다 작게 해서는 안 된다.
③ 회로통기관의 관경은 배수수평지관과 통기수직관 중 큰 쪽 관경의 1/2 이상으로 한다.
④ 결합통기관의 관경은 통기수직관과 배수수직관 중 작은 쪽 관경 이상으로 한다.
⑤ 도피통기관의 관경은 배수수평지관 관경의 1/2 이상으로 한다.

키워드 **통기관의 관경**
풀이 회로통기관의 관경은 배수수평지관과 통기수직관 중 작은 쪽 관경의 1/2 이상으로 한다.

정답 ③

208 **통기관경 결정의 기본 원칙에 따라 산정된 통기관경으로 옳지 않은 것은?**

① 100mm 관경의 배수수직관에 접속하는 신정통기관의 관경을 100mm로 한다.
② 50mm 관경의 배수수평지관과 100mm 관경의 통기수직관에 접속하는 루프통기관의 관경을 32mm로 한다.
③ 75mm 관경의 배수수평지관에 접속하는 도피통기관의 관경을 50mm로 한다.
④ 50mm 관경의 기구배수관에 접속하는 각개통기관의 관경을 32mm로 한다.
⑤ 100mm 통기수직관과 150mm 배수수직관에 접속하는 결합통기관의 관경을 75mm로 한다.

키워드 **통기관의 관경**
풀이 결합통기관의 관경은 통기수직주관과 배수수직주관의 작은 쪽 관경으로 한다.

정답 ⑤

209 통기설비에 관한 설명으로 옳지 않은 것은?

① 신정통기관의 관경은 배수수직관의 관경보다 작게 해서는 안 된다.
② 위생배관의 통기관은 위생배관 통기 이외 다른 목적으로 사용해서는 안 된다.
③ 각개통기관의 관경은 그것이 접속되는 배수관 관경의 1/2 이상으로 한다.
④ 소벤트시스템은 특수통기방식으로 통기수직관을 사용한 루프통기방식의 일종이다.
⑤ 간접배수계통의 통기관은 단독으로 대기 중에 개구한다.

키워드 **통기설비**
풀이 소벤트방식은 하나의 배수수직관으로 배수와 통기를 겸하는 신정통기의 변형방식이다.

정답 ④

210 통기배관에 관한 설명으로 옳지 않은 것은?

① 각개통기방식의 경우, 반드시 통기수직관을 설치한다.
② 통기수직관과 빗물수직관은 겸용하는 것이 경제적이며 이상적이다.
③ 배수수직관의 상부는 연장하여 신정통기관으로 사용하며, 대기 중에 개구한다.
④ 통기수직관의 하부는 최저 위치에 있는 배수수평지관보다 낮은 위치에서 배수수직관에 접속하거나 배수수평주관에 접속한다.
⑤ 간접배수계통의 통기관은 다른 통기계통에 접속하지 않고 단독으로 대기 중에 개구한다.

키워드 **통기배관의 주의사항**
풀이 빗물수직관은 건물 내의 어느 배관과도 겸용하거나 연결시키면 안 된다.

정답 ②

211 배수·통기배관의 시공에 관한 설명으로 옳지 않은 것은?

① 배수수직관의 최하부에 청소구를 설치한다.

② 배수수직관의 관경은 최하부부터 최상부까지 동일하게 한다.

③ 간접배수계통의 통기관은 일반통기계통에 접속시키지 않고 단독으로 대기 중에 개구한다.

④ 통기수직관의 하단은 배수수직관에 60° 이상의 각도로 접속한다.

⑤ 루프통기관의 인출 위치는 배수수평지관 최상류 기구의 하단 측으로 한다.

키워드 **배수·통기배관의 시공**

풀이 통기수직관의 하부는 관경을 축소하지 않고, 최저 위치에 있는 배수수평지관보다 낮은 위치에서 배수수직관에 45° 경사지게 접속하거나 배수수평지관에 접속하여 배수수직관의 압력변화를 흡수한다.

정답 ④

212 배수 및 통기배관에 관한 설명으로 옳지 않은 것은?

① 기구배수관의 통기는 트랩 위로 연결한다.

② 배수수직관의 관경은 배수의 흐름방향으로 축소하지 않는다.

③ 배수수평관에는 배수와 그것에 포함되어 있는 고형물을 신속하게 배출하기 위하여 구배를 두어야 한다.

④ 간접배수계통 및 특수배수계통의 통기관은 다른 통기계통과 접속하여 공동으로 대기 중에 개구한다.

⑤ 배수수직관 최상단부에는 찌꺼기가 쌓이지 않으므로 청소구가 필요 없으며 신정통기관으로 하여 옥상에 개방한다.

키워드 **배수·통기배관의 시공**

풀이 간접배수계통 및 특수배수계통의 통기관은 다른 통기계통에 접속하지 않고 단독으로 대기 중에 개구한다.

정답 ④

213 **배수배관에서 관이 막혔을 때 점검·수리를 위해 필요한 청소구의 설치위치로 옳지 않은 것은?** 제11회

① 배관이 45° 이상의 각도로 방향을 바꾸는 곳
② 배수수평지관의 최하단부
③ 가옥배수관과 부지배수관이 접속하는 곳(망홀 설치 시 제외 가능)
④ 배수수평관(관경 100mm 이하)의 직선거리 15m 이내
⑤ 배수수직관의 최하단부

키워드 **청소구의 설치위치**

풀이

청소구의 설치위치
1. 가옥배수관과 부지하수관이 접속하는 곳
2. 배수수직관의 최하단부
3. 수평지관의 최상단부
4. 배관이 45° 이상의 각도로 구부러지는 곳
5. 각종 트랩 및 기타 배관상 특히 필요한 곳
6. 수평관의 관경이 100mm 이하인 경우에는 직선거리 15m 이내마다, 관경 100mm 초과인 경우에는 직선거리 30m 이내마다 설치

정답 ②

214 **배수관에 설치하는 청소구(Clean Out)의 설치위치로 옳지 않은 것은?** 제20회

① 배수수직관과 신정통기관의 접속부분
② 배수수평지관 및 배수수평주관의 기점(수평관의 최상단부)
③ 배수수직관의 최하단부
④ 배수배관이 45° 이상 각도로 방향을 바꾸는 부분
⑤ 길이가 긴 배수수평관의 중간 부분

키워드 **청소구의 설치위치**

풀이 배수수직관 최상단부에는 찌꺼기가 쌓이지 않으므로 청소구가 필요 없으며 신정통기관으로 하여 옥상에 개방한다.

정답 ①

215 **배수설비에서 청소구의 설치에 관한 사항으로 옳지 않은 것을 모두 고른 것은?**

㉠ 배수수평지관의 기점에 설치한다. ㉡ 배수수평주관의 기점에 설치한다. ㉢ 배수수직관의 최하단부에 설치한다. ㉣ 배수관이 30°를 넘는 각도로 방향을 변경한 개소에 설치한다. ㉤ 배수수평관이 긴 경우, 배수관의 관지름이 100mm 이하인 경우는 30m마다 1개씩 설치한다.

① ㉠, ㉡
② ㉡, ㉢
③ ㉢, ㉣
④ ㉣, ㉤
⑤ ㉠, ㉢, ㉣, ㉤

키워드 **청소구의 설치위치**

풀이 ㉣ 배수관이 45°를 넘는 각도로 방향을 변경한 개소에 설치한다.
㉤ 배수수평관이 긴 경우, 배수관의 관지름이 100mm 이하인 경우에는 직선거리 15m 이내마다, 100mm를 넘는 경우에는 매 30m마다 설치한다.

정답 ④

216 **배수 및 통기설비에 관한 설명으로 옳지 않은 것은?**

① 결합통기관은 배수수직관 내의 압력을 완화하기 위하여 배수수직관과 통기수직관을 연결하는 통기관이다.
② 통기수평지관은 기구의 물넘침선보다 150mm 이상 높은 위치에서 수직통기관에 연결한다.
③ 신정통기관은 배수수직관의 상부를 그대로 연장하여 대기에 개방하는 것으로, 배수수직관의 관경보다 작게 해서는 안 된다.
④ 배수수평관이 긴 경우, 배수관의 관지름이 100mm 이하는 경우에는 20m 이내, 100mm를 넘는 경우는 매 35m마다 청소구를 설치한다.
⑤ 특수통기방식의 일종인 소벤트방식, 섹스티아방식은 신정통기방식을 변형시킨 것이다.

키워드 **배수·통기배관의 시공**

풀이 배수수평관이 긴 경우, 배수관의 관지름이 100mm 이하인 경우에는 직선거리 15m 이내마다, 100mm를 넘는 경우에는 매 30m마다 설치한다.

정답 ④

217 배수 및 통기배관 시공상의 주의사항으로 옳지 않은 것을 모두 고르면? 제15회

① 발포 존(Zone)에서는 기구배수관이나 배수수평지관을 접속하지 않도록 한다.

② 간접배수가 불가피한 곳에서는 배수구 공간을 충분히 두어야 한다.

③ 배수관은 자정작용이 있어야 하므로 0.6m/s 이상의 유속을 유지할 수 있도록 구배가 되어야 한다.

④ 통기관은 넘침선까지 올려 세운 다음 배수수직관에 접속한다.

⑤ 배수 및 통기수직주관은 되도록 수리 및 점검을 용이하게 하기 위하여 파이프 샤프트 바깥에 배관한다.

PART 2

키워드 **배수·통기배관의 시공**

풀이 통기관은 위생기구의 넘치는 부분보다 150mm 이상의 높이로 배관한다. 또한 배수 및 통기수직주관은 되도록 수리 및 점검을 용이하게 하기 위하여 파이프 샤프트 안에 배관한다.

정답 ④, ⑤

218 공동주택의 배수설비계통에서 발생하는 발포 존에 관한 설명으로 옳지 않은 것은? 제16회

① 배수에 포함된 세제로 인하여 발생한다.

② 발포 존에서는 배수수직관과 배수수평지관의 접속을 피하는 것이 바람직하다.

③ 배수수평주관의 길이를 길게 하여 발포 존의 발생을 줄일 수 있다.

④ 발포 존의 발생 방지를 위하여 저층부와 고층부의 배수계통을 별도로 한다.

⑤ 배수수직관의 압력변동으로 저층부 배수계통의 트랩에서 분출작용이 발생한다.

키워드 **발포 존의 방지대책**

풀이 배수수평주관의 길이를 짧게 하여 발포 존의 발생을 줄일 수 있다.

정답 ③

219 공동주택 배수관에서 발생하는 발포 존(Zone)에 관한 설명으로 옳지 않은 것은?

제20회

① 물은 거품보다 무겁기 때문에 먼저 흘러내리고 거품은 배수수평주관과 같이 수평에 가까운 부분에 오랫동안 정체한다.

② 각 세대에서 세제가 포함된 배수를 배출할 때 많은 거품이 발생한다.

③ 수직관 내에 어느 정도 높이까지 거품이 충만하면 배수수직관 하층부의 압력상승으로 트랩의 봉수가 파괴되어 거품이 실내로 유입되게 된다.

④ 배수수평주관의 관경은 통상의 관경 산정 방법에 의한 관경보다 크게 하는 것이 유리하다.

⑤ 발포 존의 발생방지를 위하여 저층부와 고층부의 배수수직관을 분리하지 않는다.

키워드 **발포 존의 방지대책**

풀이 발포 존의 발생방지를 위하여 저층부와 고층부의 배수계통을 별도로 한다.

정답 ⑤

220 배수 및 통기설비에 관한 내용으로 옳은 것은?

① 배수관 내에 유입된 배수가 상층부에서 하층부로 낙하하면서 증가하던 속도가 더 이상 증가하지 않을 때의 속도를 종국유속이라 한다.

② 도피통기관은 배수수직관의 상부를 그대로 연장하여 대기에 개방한 통기관이다.

③ 루프통기관은 고층건물에서 배수수직관과 통기수직관을 연결하여 설치한 것이다.

④ 신정통기관은 모든 위생기구마다 설치하는 통기관이다.

⑤ 급수탱크의 배수방식은 간접배수보다 직접배수로 해야 한다.

키워드 **배수 및 통기설비**

풀이 ② 신정통기관은 배수수직관의 상부를 그대로 연장하여 대기에 개방한 통기관이다.
③ 결합통기관은 고층건물에서 배수수직관과 통기수직관을 연결하여 설치한 것이다.
④ 각개통기관은 모든 위생기구마다 설치하는 통기관이다.
⑤ 급수탱크의 배수방식은 간접배수로 해야 한다.

정답 ①

221 배수관 내 배수의 흐름에 관한 설명으로 옳지 않은 것은?

① 배수수직관의 관경이 작을수록 종국 길이는 짧다.
② 일반적으로 배수수직관의 허용유량은 30% 정도를 한도로 하고 있다.
③ 배수수직관 내에서 배수가 관벽을 따라 나선형의 상태로 하강하는 현상을 수력도약현상(도수현상)이라고 한다.
④ 배수수평지관으로부터 배수수직관에 배수가 유입되면 배수량이 적을 때에는 배수가 수직관 관벽을 따라 지그재그로 강하한다.
⑤ 기구배수관은 기구에서의 배수가 단시간에 집중하여 유입되므로 거의 만수상태로 선회하면서 가속으로 흐르기 때문에 매우 혼란한 흐름이 된다.

키워드 **배수관 내 배수의 흐름**

풀이 배수수직주관으로부터 배수수평주관으로 배수가 옮겨가는 경우, 굴곡부에서는 원심력에 의해 외측의 배수는 관벽으로 힘이 작용하면서 흐른다. 또한 배수수직주관 내의 유속은 상당히 빠르지만 배수수평주관 내에서는 이 유속이 유지될 수 없기 때문에 급격히 유속이 떨어지게 되고 뒤이어 흘러내리는 배수가 있을 경우에는 유속이 떨어진 배수의 정체로 인하여 도수현상(수력도약 현상)이 발생한다.

정답 ③

222 배수배관의 관경과 구배에 관한 설명으로 옳지 않은 것은?

① 배수수평관에는 배수와 그것에 포함되어 있는 고형물을 신속하게 배출하기 위하여 구배를 두어야 한다.
② 배수관 관경이 클수록 자기세정 작용이 커진다.
③ 배관의 구배가 너무 크면 유수가 빨리 흘러 고형물이 남게 된다.
④ 배관의 구배가 작으면 고형물을 밀어낼 수 있는 힘이 작아진다.
⑤ 배수관 관경이 필요 이상으로 크면 오히려 배수의 능력이 저하된다.

키워드 **배수관의 관경과 구배**

풀이 배수관 관경을 필요 이상으로 크게 하면 할수록 배수능력은 저하된다.

정답 ②

223 기구배수부하단위에 관한 설명이다. (　　)에 들어갈 내용에 해당하는 것은?

세면기 기준의 배수관지름을 DN32로 할 때 평균배수량이 (　　)이라고 가정하고, 이 값을 1로 정한 다음 각종 위생기구의 배수량을 이 값의 배수로 표시한 것이 기구배수부하단위이다.

① 12.5ℓ/min
② 22.5ℓ/min
③ 28.5ℓ/min
④ 32.5ℓ/min
⑤ 35.5ℓ/min

키워드 **기구배수부하단위**

풀이 배수부하단위 1FU = 28.5(ℓ/min)

정답 ③

224 옥내 배수관의 관경을 결정하는 방법으로 옳지 않은 것은?

① 옥내 배수관의 관경은 기구배수부하단위법 등에 의하여 결정할 수 있다.
② 기구배수부하단위는 각 기구의 최대 배수유량을 소변기 최대 배수유량으로 나눈 값에 동시사용률 등을 고려하여 결정한다.
③ 배수수평지관의 관경은 그것에 접속하는 트랩구경과 기구배수관의 관경과 같거나 커야 한다.
④ 배수수평지관은 배수가 흐르는 방향으로 관경을 축소하지 않는다.
⑤ 배수수직관의 관경은 가장 큰 배수부하를 담당하는 최하층 관경을 최상층까지 동일하게 적용한다.

키워드 **배수관의 관경**

풀이 기구배수부하단위는 각 기구의 최대 배수유량을 세면기 최대 배수유량으로 나눈 값에 동시사용률 등을 고려하여 결정한다.

정답 ②

225 **사무실 건물의 화장실에 세면기 8개, 청소싱크 1개가 설치되어 있는 경우 배수 배출량은? (단, 세면기 FU = 1, 청소싱크 FU = 3, 전체의 동시사용률은 55%이며, 1FU = 28.5 ℓ/min임)**

① 약 127ℓ/min
② 약 172ℓ/min
③ 약 285ℓ/min
④ 약 325ℓ/min
⑤ 약 570ℓ/min

키워드 **기구배수부하단위**

풀이 배수부하단위 총합 = (8 × 1) + (1 × 3) = 11
기구의 동시사용률이 55%이므로
∴ 배수 배출량 = 11 × 28.5ℓ/min × 0.55 = 172.43 ≒ 172(ℓ/min)

정답 ②

226 **위생기구의 배수부하단위를 큰 것부터 작은 순으로 나열한 것으로 옳은 것은?**

㉠ 대변기(세정밸브 형식)	㉡ 세면기
㉢ 샤워기(주택용)	㉣ 소변기

① ㉠ > ㉡ > ㉣ > ㉢
② ㉠ > ㉣ > ㉢ > ㉡
③ ㉡ > ㉣ > ㉢ > ㉠
④ ㉢ > ㉠ > ㉣ > ㉡
⑤ ㉢ > ㉣ > ㉠ > ㉡

키워드 **기구배수부하단위**

풀이 대변기(FU 8) > 소변기(FU 4) > 샤워기, 욕조(FU 2 ~ 3) > 세면기(FU 1)

정답 ②

227 배수관에 관한 설명으로 옳지 않은 것은?

① 기구의 트랩에서 배수수평지관까지의 관을 기구배수관이라 한다.
② 배수수직관에서 건물 외로 유도되는 수평관을 배수수평주관이라 한다.
③ 기구배수관과 합류하여 배수수직관에 접속하는 수평관을 배수수평지관이라 한다.
④ 간접배수관이란 기구와 배수관을 직접 접속시키지 않고 중간에 공간을 설치하는 것으로, 트랩이 불필요하다.
⑤ 세탁기의 배수는 간접배수로 한다.

키워드 **배수관의 개념**
풀이 간접배수관에도 트랩을 설치해야 한다.

정답 ④

228 배수관에 관한 설명으로 옳지 않은 것은?

① 배수관은 배수의 유하방향으로 관경을 축소해서는 안 된다.
② 기구배수관의 관경은 이것에 접속하는 위생기구의 트랩구경 이상으로 한다.
③ 배수수직관의 관경은 이것에 접속하는 배수수평지관의 최대 관경 이상으로 한다.
④ 배수수평지관의 관경은 이것에 접속하는 기구배수관의 최대 관경 이상으로 한다.
⑤ 지중에 매설하는 배수관의 관경은 최소 25mm 이상으로 하여야 한다.

키워드 **배수관의 관경**
풀이 지중에 매설하는 배수관의 관경은 최소 50mm 이상으로 하여야 한다.

정답 ⑤

229 배수설비에 관한 설명으로 옳은 것은?

① 배수는 기구배수관, 배수수평주관, 배수수직주관의 순서로 이루어지며, 이 순서대로 관경은 작아져야 한다.
② 청소구는 배수수평지관의 최하단부에 설치해야만 한다.
③ 배수관 트랩 봉수의 유효깊이는 주로 50~100cm 정도로 해야 한다.
④ 기구를 배수관에 직접 연결하지 않고 도중에 끊어서 대기에 개방시키는 배수방식을 간접배수라고 한다.
⑤ 각개통기관은 기구의 넘침선 아래에서 배수수평주관에 접속한다.

키워드 **배수설비**

풀이 ① 배수는 기구배수관, 배수수평지관, 배수수직주관, 배수수평주관의 순서로 이루어지며, 이 순서대로 관경은 커져야 한다.
② 청소구는 배수수평지관의 최상단부에 설치해야만 한다.
③ 배수관 트랩 봉수의 유효깊이는 주로 5~10cm 정도로 해야 한다.
⑤ 각개통기관은 기구의 넘침선보다 15cm 정도 높은 곳에서 통기수평지관에 접속한다.

정답 ④

230 대변기의 세정방식 중 세정밸브식인 것은? 제19회

① 사이펀 볼텍스식
② 세락식
③ 사이펀식
④ 블로아웃식
⑤ 사이펀 제트식

키워드 **대변기의 세정방식**

풀이 대변기의 세정방식에는 세출식, 세락식, 사이펀식, 사이펀 제트식, 취출식, 절수식, 블로아웃식이 있으며, 이 중 블로아웃식은 세정밸브식에 해당한다.

정답 ④

231 양변기의 세정급수방식을 모두 고른 것은? 제22회

㉠ 고가수조식	㉡ 로우탱크식
㉢ 수도직결식	㉣ 세정밸브식

① ㉠, ㉡
② ㉠, ㉢
③ ㉡, ㉢
④ ㉡, ㉣
⑤ ㉢, ㉣

키워드 **양변기의 세정급수방식**

풀이 고가수조식과 수도직결식은 건축물의 급수방식이다.

정답 ④

232 **대변기의 세정방식 중 플러시밸브식에 관한 설명으로 옳지 않은 것은?**

① 대변기의 연속 사용이 가능하다.
② 일반 가정용으로 거의 사용되지 않는다.
③ 급수관경 및 수압과 관계없이 사용 가능하다.
④ 세정음에 유수음이 포함되기 때문에 소음이 크다.
⑤ 역류방지를 위해 진공방지기를 설치해야 한다.

키워드 **대변기 세정방식의 특징**

풀이 플러시밸브식은 접속 급수관경이 25mm 이상 필요하며, 최저 필요 수압 0.1MPa 이상을 확보할 수 있는 경우에 사용이 가능하다.

정답 ③

233 **위생기구의 세정(플러시)밸브에 관한 설명으로 옳지 않은 것은?**

① 플러시밸브의 2차 측(하류 측)에는 버큠 브레이커(Vacuum Breaker)를 설치한다.
② 버큠 브레이커(Vacuum Breaker)의 역할은 이미 사용한 물의 자기사이펀작용에 의해 상수계통(급수관)으로 역류하는 것을 방지하기 위한 것이다.
③ 플러시밸브에는 핸들식, 전자식, 절수형 등이 있다.
④ 소음이 크고, 단시간에 다량의 물을 필요로 하는 문제점 등으로 인해 일반 가정용으로는 거의 사용하지 않는다.
⑤ 급수관의 관경은 25mm 이상 필요하다.

키워드 **위생기구의 세정밸브**

풀이 버큠 브레이커(Vacuum Breaker)의 역할은 이미 사용한 물의 역사이펀 작용에 의해 상수계통(급수관)으로 역류하는 것을 방지하기 위한 것이다.

정답 ②

234 위생기구설비에 관한 설명으로 옳은 것은?

① 위생기구로서 도기는 다른 재질들에 비해 흡수성이 큰 장점을 갖고 있어 가장 많이 사용되고 있다.
② 세정밸브식과 세정탱크식의 대변기에서 급수관의 최소 관경은 15mm로 동일하다.
③ 세정탱크식 대변기에서 세정 시 소음은 로우탱크식이 하이탱크식보다 크다.
④ 세정밸브식 대변기의 최저필요압력은 세면기 수전의 최저필요압력보다 크다.
⑤ 세정탱크식 대변기에는 역류방지를 위해 진공방지기를 설치해야 한다.

키워드 대변기 세정방식의 특징

풀이 ① 위생기구로서 도기는 다른 재질들에 비해 흡수성이 작은 장점을 갖고 있어 가장 많이 사용되고 있다.
② 세정탱크식 대변기에서 급수관의 최소 관경은 10mm이고, 세정밸브식 대변기의 경우는 25mm이다.
③ 세정탱크식 대변기에서 세정 시 소음은 로우탱크식이 하이탱크식보다 작다.
⑤ 세정탱크식 대변기에는 진공방지기를 설치하지 않는다.

정답 ④

235 주철관의 이음방법에 해당하지 않는 것은?

① 소켓이음 ② 빅토릭이음
③ 타이톤이음 ④ 스위블이음
⑤ 메커니컬이음

키워드 배관의 이음방법

풀이

관의 접합(이음, 조인트) 종류
1. 주철관: 소켓접합(납코킹법), 플랜지접합, 메커니컬(기계적)접합, 빅토릭접합, 타이톤(고무링)접합
2. 강관: 나사접합, 플랜지접합, 용접접합
3. 연관: 플라스턴접합, 납땜접합
4. 콘크리트관: 칼라접합, 기볼트접합, 심플렉스접합, 모르타르접합

정답 ④

236 **동관의 이음방법으로 옳지 않은 것은?**

① 연납땜 ② 플랜지이음
③ 프레스이음 ④ 플레어이음
⑤ 메카니컬이음

키워드 **배관의 이음방법**
풀이 프레스이음은 스테인리스관 이음방법이다.

정답 ③

237 **배관재료에 관한 설명으로 옳지 않은 것은?**

① 경질염화비닐관은 내식성은 우수하나 충격과 열에 약하다.
② 연관은 내식성이 작아 배수용보다는 난방배관에 주로 사용된다.
③ 동관은 전기 및 열전도율이 좋고 전성·연성이 풍부하여 가공도 용이하다.
④ 주철관은 오배수관이나 지중매설배관에 사용된다.
⑤ 강관은 연관이나 주철관에 비하여 가볍고 인장강도가 크며, 주철관에 비해 부식되기 쉽다.

키워드 **배관재료의 특징**
풀이 연관은 내식성·가공성은 좋으나, 열에 약해 급탕·난방배관에는 부적합하다.

정답 ②

238 **비철금속관 중 동관에 관한 설명으로 옳지 않은 것은?**

① 전기 및 열의 전도성이 우수하다.
② 전성·연성이 풍부하여 가공이 용이하다.
③ 연수에는 내식성이 크나 담수에는 부식된다.
④ 상온 공기 속에서는 변하지 않으나 탄산가스를 포함한 공기 중에는 푸른 녹이 생긴다.
⑤ 가성소다, 가성칼리 등 알칼리성에 대한 내식성이 높다.

키워드 **배관재료의 특징**
풀이 동관은 증류수나 극연수에는 부식되어 주석도금하여 사용한다.

정답 ③

239 **배관재료에 관한 설명으로 옳지 않은 것은?**

① 주철관은 강관에 비해 내식성이 우수하다.
② 강관의 접합에는 납땜접합이 가장 많이 이용된다.
③ 동관은 관의 두께에 따라 K, L, M타입으로 구분된다.
④ 합성수지관은 온도 변화에 따른 신축에 유의하여야 한다.
⑤ 강관의 두께는 스케줄 번호로 표시하며, 스케줄 번호가 클수록 관의 두께가 두껍다.

키워드 **배관재료의 특징**

풀이 강관의 접합에는 나사접합이 가장 많이 이용되며, 그외 플랜지접합, 용접접합 등이 이용된다. 납땜접합은 연관의 접합에 쓰인다.

정답 ②

240 **배관재료의 종류별 특성에 관한 설명으로 옳지 않은 것은?** 제18회

① 스테인리스강관은 부식에 강하며 급수, 급탕과 같은 위생설비 배관용 등으로 널리 사용된다.
② 주철관은 내식, 내마모성이 우수하여 급수, 오·배수 배관용 등으로 사용된다.
③ 동관은 열전도성이 높고 유연성이 우수하다.
④ 탄소강관은 주철관에 비하여 가볍고 인장강도가 커서 고압용으로 사용된다.
⑤ 라이닝관은 경량이면서 산, 알칼리에 대한 내식성이 낮고 마찰이 커서 특수용 배관으로 사용된다.

키워드 **배관재료의 특징**

풀이 라이닝관은 강관과 주철관의 내부식성(耐腐蝕性)을 높이기 위해 관의 내면에 염화비닐수지나 에폭시수지를 칠하거나 모르타르 라이닝 도장을 실시한 관으로, 시멘트의 알칼리성에 의해 산화가 방지되므로 수명도 길어진다.

정답 ⑤

241 배관재료 중 경질염화비닐관에 관한 설명으로 옳지 않은 것은?

① 전기절연성이 크고 금속관과 같은 전식작용을 일으키지 않는다.
② 내면이 매끄럽고 마찰저항이 작다.
③ 내식성이 크고 염산, 황산, 가성소다 등의 부식성 약품에 의해 거의 부식되지 않는다.
④ 열팽창률이 강관에 비해 작으며 온도변화에 따른 신축이 거의 없다.
⑤ 저온에 약하며 한랭지에서는 외부로부터 조금만 충격을 받아도 파괴되기 쉽다.

키워드 **배관재료의 특징**
풀이 경질염화비닐관은 열팽창률이 커서 온도변화에 따른 신축이 크다.

정답 ④

242 내식성 및 가공성이 우수하며, 배관 두께별로 K, L, M형으로 구분하여 사용되는 배관재료에 해당하는 것은?

① 일반배관용 탄소강관
② 동관
③ 주철관
④ 압력배관용 탄소강관
⑤ 스테인리스강관

키워드 **관의 두께**
풀이 동관은 두께가 두꺼울수록 고압에 사용한다. 두께는 K형, L형, M형 순이다.

정답 ②

243 배관의 부속품 중 동일 구경의 배관을 직선으로 연장하기 위한 접합에 사용하는 이음(Joint)은? 제16회

① 플러그(Plug)
② 리듀서(Reducer)
③ 유니언(Union)
④ 캡(Cap)
⑤ 엘보(Elbow)

키워드 **배관의 부속품**
풀이 ①④ 배관의 말단부
② 구경이 다른 관을 접합할 때
⑤ 배관을 굴곡할 때

정답 ③

244 **배관의 이음재료 중 시공한 후 배관 교체 등 수리를 편리하게 하기 위해 사용하는 것은?**

① 플러그(Plug)
② 리듀서(Reducer)
③ 유니언(Union)
④ 부싱(Bushing)
⑤ 엘보(Elbow)

키워드 **배관의 부속품**

풀이 유니언과 플랜지는 관의 교체나 펌프의 고장 수리 시 사용된다.

정답 ③

245 **다음은 배관설비의 각종 이음부속의 용도를 분류한 것이다. 옳게 짝지어지지 않은 것은?**

제18회

① 분기배관: 티, 크로스
② 동일 지름 직선 연결: 소켓, 니플
③ 관단 막음: 플러그, 캡
④ 방향 전환: 유니언, 이경소켓
⑤ 이경관의 연결: 부싱, 이경니플

키워드 **배관의 부속품**

풀이 방향 전환에는 엘보, 벤드 등이 사용된다.

정답 ④

246 **강관 이음류의 주요 사용목적으로 옳게 짝지어지지 않은 것은?**

① 배관을 구부릴 때: 엘보, 벤드
② 분기배관 시: 티, 크로스, 와이
③ 구경이 같은 직관 접합 시: 부싱, 플랜지, 유니언
④ 배관의 말단부: 플러그, 캡
⑤ 구경이 다른 관의 접합 시: 이경소켓, 이경티

키워드 **배관의 부속품**

풀이 부싱은 구경이 다른 관의 접합 시에 사용한다.

정답 ③

247 다음에서 설명하고 있는 밸브의 종류는?

- 관로를 전개하거나 전개할 목적으로 사용된다.
- 밸브를 완전히 열면 배관경과 밸브의 구경이 동일하므로 유체의 저항이 작다.

① 체크밸브
② 앵글밸브
③ 글로브밸브
④ 게이트밸브
⑤ 볼탭

키워드 **밸브의 종류**

풀이 게이트밸브에 관한 설명이다. 게이트밸브는 슬루스밸브라고도 하며, 유체의 마찰손실이 적어 급수·급탕배관에 많이 사용한다.

정답 ④

248 슬루스밸브에 관한 설명으로 옳지 않은 것은?

① 게이트밸브라고도 한다.
② 리프트가 커서 개폐에 시간이 걸린다.
③ 유체의 흐름을 단속하는 대표적인 밸브이다.
④ 유체의 흐름을 90°로 바꾸기 때문에 유체에 대한 저항이 크다.
⑤ 핸들 회전력이 글로브밸브보다 가벼우므로 대형 및 고압 밸브로 사용된다.

키워드 **밸브의 종류**

풀이 유체의 흐름을 90°로 바꾸기 때문에 유체에 대한 저항이 큰 것은 앵글밸브이다.

정답 ④

249 유로의 폐쇄나 유량의 계속적인 변화에 의한 유량조절에 적합한 것으로, 스톱밸브라고도 불리는 것은?

① 앵글밸브
② 게이트밸브
③ 체크밸브
④ 글로브밸브
⑤ 감압밸브

키워드 **밸브의 종류**

풀이 글로브밸브는 스톱밸브, 구형밸브라고도 한다. 슬루스밸브보다 소형이고 저가이나 유체의 저항손실이 큰 것이 단점이다.

정답 ④

250 유량조절용으로 사용되는 밸브로, 유체의 흐름 방향을 90°로 전환시킬 수 있는 것은?

① 앵글밸브 ② 게이트밸브
③ 체크밸브 ④ 글로브밸브
⑤ 감압밸브

키워드 **밸브의 종류**

풀이 앵글밸브는 글로브밸브의 일종으로, 유체의 입구와 출구가 이루는 각이 90°이다.

정답 ①

251 원추형의 유량조절장치를 0°～90° 사이의 임의 각도만큼 회전시킴으로써 유량을 제어하는 것은?

① 드렌처(Drencher) ② 체크밸브(Check Valve)
③ 볼탭(Ball Tap) ④ 스트레이너(Strainer)
⑤ 콕(Cock)

키워드 **밸브의 종류**

풀이 콕은 밸브의 일종으로, 원추형의 수전을 90° 회전시킴으로써 유체의 흐름을 차단하고 유량을 제어한다. 콕은 수전을 0°~90° 사이의 임의의 각도만큼 회전시킴으로써 유량을 조절할 수 있다.

정답 ⑤

252 다음에서 설명하고 있는 밸브의 종류는?

- 유체를 일정한 방향으로만 흐르게 하고 역류를 방지하는 데 사용한다.
- 시트의 고정핀을 축으로 하여 개폐되며 수평·수직 어느 배관에도 사용할 수 있다.

① 리프트형 체크밸브 ② 스윙형 체크밸브
③ 풋형 체크밸브 ④ 슬루스밸브
⑤ 버터플라이밸브

키워드 **밸브의 종류**

풀이

체크밸브(역지밸브)
1. 유체의 흐름을 한쪽 방향으로만 흐르게 할 때 쓰인다.
2. 리프트형(수평배관), 스윙형(수평·수직배관)이 있다.

정답 ②

253 체크밸브에 관한 설명으로 옳지 않은 것은?

① 유체의 역류를 방지하기 위한 것이다.

② 스윙형 체크밸브는 수평배관에 사용할 수 있다.

③ 스윙형 체크밸브는 유수에 대한 마찰저항이 리프트형보다 크다.

④ 리프트형 체크밸브는 글로브밸브와 같은 밸브시트의 구조로써 유체의 압력에 밸브가 수직으로 올라가게 되어 있다.

⑤ 리프트형 체크밸브는 수직배관에 사용할 수 없다.

키워드 **체크밸브의 특징**

풀이 스윙형 체크밸브는 유수에 대한 마찰저항이 리프트형보다 작다.

정답 ③

254 공조설비의 냉온수 공급관과 환수관의 양측 압력을 동시에 감지하여 압력 균형을 유지시키는 용도의 밸브는? 제20회

① 온도조절밸브　② 차압조절밸브

③ 공기빼기밸브　④ 안전밸브

⑤ 감압밸브

키워드 **밸브의 종류**

풀이 차압조절밸브는 공급관과 환수관의 양측 압력을 동시에 감지하여 압력 균형을 유지시키는 용도로 사용한다.

정답 ②

255 밸브에 관한 설명 중 틀린 것은? 제9회

① 게이트밸브는 쐐기형의 디스크가 오르내림으로써 개폐목적으로 사용되는 밸브이다.
② 글로브밸브는 스톱밸브의 일종으로 유체의 흐름방향을 바꾸어 유량을 차단하는 데 사용되는 밸브이다.
③ 정수위밸브는 워터해머링을 방지하기 위해 완만하게 폐쇄할 수 있는 구조의 밸브이다.
④ 체크밸브는 유체를 한쪽 방향으로만 흐르게 하고 반대방향으로는 흐르지 못하게 하는 밸브이다.
⑤ 안전밸브는 일정압력 이상으로 압력이 증가할 때 자동적으로 열리게 되어 용기의 안전을 보전하는 밸브이다.

키워드 밸브의 종류별 특징

풀이 글로브밸브는 스톱밸브의 일종으로 유체의 흐름방향은 바꾸지 않고 유량을 차단하는 데 사용되는 밸브이다. 유체의 흐름을 바꾸는 밸브로는 앵글밸브와 Y형 밸브가 있다.

정답 ②

256 배관 부속품인 밸브에 관한 설명 중 옳지 않은 것은? 제11회

① 콕(Cock)은 유체의 흐름을 급속하게 개폐하는 경우에 사용된다.
② 조정밸브에는 감압밸브, 안전밸브, 온도조절밸브 등이 있다.
③ 글로브밸브(Globe Valve)는 스톱밸브(Stop Valve)라고도 하며, 유체에 대한 저항이 큰 것이 단점이다.
④ 체크밸브(Check Valve)는 유체의 흐름을 한쪽 방향으로만 흐르게 한다.
⑤ 게이트밸브(Gate Valve)는 유체의 흐름을 직각으로 바꾸는 경우에 사용된다.

키워드 밸브의 종류별 특징

풀이 게이트밸브는 쐐기형의 디스크가 오르내림으로써 개폐목적으로 사용되는 밸브이며, 유체의 흐름을 직각으로 바꾸는 경우에 사용되는 밸브는 앵글밸브이다.

정답 ⑤

257 **밸브에 관한 설명으로 옳은 것은?**

① 슬루스밸브는 주로 유량조절용으로 사용된다.
② 글로브밸브는 밸브를 완전히 열었을 때 유체 흐름의 단면적 변화가 없어서 마찰 저항이 없다.
③ 리프트형 체크밸브는 수평배관에 사용된다.
④ 버터플라이밸브는 기밀성이 좋아서 고압유체의 흐름단속용으로 주로 사용된다.
⑤ 앵글밸브는 주로 유체의 흐름단속용으로 사용된다.

키워드 **밸브의 종류별 특징**

풀이 ① 슬루스밸브는 주로 개폐용으로 사용된다.
② 글로브밸브는 밸브를 완전히 열었을 때 단면적 변화가 커서 마찰저항이 크다.
④ 버터플라이밸브는 상대적으로 기밀성이 약해서 고압유체용에 부적합하다.
⑤ 앵글밸브는 유체의 방향을 직각으로 바꿀 때 사용한다.

정답 ③

258 **밸브에 관한 설명으로 옳지 않은 것은?**

① 체크밸브는 유체 흐름의 역류방지를 목적으로 설치한다.
② 글로브밸브는 유체저항이 비교적 작으며, 슬루스밸브라고도 불린다.
③ 버터플라이밸브는 밸브 몸통 내 중심축에 원판 형태의 디스크를 설치한 것이다.
④ 볼밸브는 핸들 조작에 따라 볼에 있는 구멍의 방향이 바뀌면서 개폐가 이루어진다.
⑤ 게이트밸브는 디스크가 배관의 횡단면과 평행하게 상하로 이동하면서 개폐가 이루어진다.

키워드 **밸브의 종류별 특징**

풀이 유체저항이 비교적 작으며, 슬루스밸브라고도 불리는 것은 게이트밸브이다.

정답 ②

259 **배관의 부속품으로 사용되는 밸브에 관한 설명으로 옳지 않은 것은?** 제23회

① 글로브밸브는 스톱밸브라고도 하며, 게이트밸브에 비해 유체에 대항 저항이 크다.
② 볼탭밸브는 밸브 중간에 위치한 볼의 회전에 의해 유체의 흐름을 조절한다.
③ 게이트밸브는 급수배관의 개폐용으로 주로 사용된다.
④ 체크밸브는 유체의 흐름을 한 방향으로 흐르게 하며, 리프트형 체크밸브는 수평 배관에 사용된다.
⑤ 공기빼기밸브는 배관 내 공기가 머물 우려가 있는 곳에 설치된다.

키워드 **밸브의 역할**

풀이 볼탭밸브는 급수관의 끝에 부착된 동제의 부자(浮子)에 의하여 수조 내의 수면이 상승했을 때 자동적으로 수전을 멈추고 수면이 내려가면 부자가 내려가 수전을 여는 장치이며, 볼밸브는 통로가 연결된 파이프와 같은 모양과 단면으로 되어 있는 중간에 둥근 볼의 회전에 의하여 유체의 흐름을 조절하는 밸브이다.

정답 ②

260 **배관 중에 먼지 또는 토사·쇠부스러기 등이 들어가면 배관이 막힐 우려가 있으므로 이를 방지하기 위하여 배관에 부착하는 것은?** 제11회

① 볼탭(Ball Tap)
② 드렌처(Drencher)
③ 스트레이너(Strainer)
④ 스팀 사일렌서(Steam Silencer)
⑤ 벤투리(Venturis)

키워드 **배관계통에 설치하는 여과기**

풀이
① 볼탭: 급수관의 끝에 부착된 동제의 부자(浮子)에 의하여 수조 내의 수면이 상승했을 때 자동적으로 수전을 멈추고, 수면이 내려가면 부자가 내려가 수전을 여는 장치이다.
② 드렌처: 건축물의 외벽 창, 지붕 등에 설치하여 인접 건물에 화재가 발생하였을 때 수막을 만들어 건물을 화재의 연소로부터 보호할 수 있는 방화시설이다.
④ 스팀 사일렌서: 급탕설비 중 기수혼합식 탕비기의 소음을 줄여주는 기기이다.
⑤ 벤투리: 좁은 관과 넓은 관의 압력차를 이용하여 유량을 측정한다.

정답 ③

261 배관 내를 흐르는 냉온수 등에 혼입된 이물질이 펌프 등의 기기에 들어가지 않도록 그 앞 부분에 설치하는 것은? 제16회

① 트랩(Trap)
② 스트레이너(Strainer)
③ 볼조인트(Ball Joint)
④ 기수혼합밸브
⑤ 정압기(Governor)

키워드 **배관계통에 설치하는 여과기**

풀이 배관계통에 사용되는 여과기는 스트레이너이다.

정답 ②

262 배관설비 계통에 설치하는 부속이 아닌 것은?

① 흡입 베인(Suction Vane)
② 스트레이너(Strainer)
③ 리듀서(Reducer)
④ 벨로즈(Bellows) 이음
⑤ 캡(Cap)

키워드 **배관설비의 부속**

풀이 흡입 베인은 송풍기의 흡입구 부분에 가변저항을 붙여 풍량을 조절하는 장치이다.

정답 ①

263 건물의 급수설비에 관한 설명으로 옳은 것을 모두 고른 것은? 제19회

> ㉠ 수격작용을 방지하기 위하여 통기관을 설치한다.
> ㉡ 압력탱크방식은 급수압력이 일정하지 않다.
> ㉢ 체크밸브는 밸브류 앞에 설치하여 배관 내의 흙, 모래 등의 이물질을 제거하기 위한 장치이다.
> ㉣ 토수구 공간을 두는 것은 물의 역류를 방지하기 위함이다.
> ㉤ 슬루스밸브는 스톱밸브라고도 하며 유체에 대한 저항이 큰 것이 결점이다.

① ㉠, ㉢
② ㉠, ㉤
③ ㉡, ㉣
④ ㉡, ㉤
⑤ ㉢, ㉣

키워드 **급수설비의 특징**

풀이 ㉠ 수격작용을 방지하기 위하여 공기실을 설치한다.
㉢ 기구류 앞에 설치하여 배관 내의 흙, 모래 등의 이물질을 제거하기 위한 장치는 스트레이너이다.
㉤ 스톱밸브라고도 하며 유체에 대한 저항이 큰 것이 결점인 것은 글로브밸브이다.

정답 ③

264 배관지지장치 중 리지드 행거(Rigid Hanger)에 관한 설명으로 옳은 것은? 제15회

① 관의 수직방향 변위가 없는 곳에 사용하는 장치이다.
② 관이 응력을 받아서 휘어지는 것을 방지하고 팽창 시 움직임을 바르게 유도하는 장치이다.
③ 관의 진동을 방지하거나 감쇠시키는 장치이다.
④ 관의 이동이나 회전을 방지하기 위한 지지점을 완전히 고정시키는 장치이다.
⑤ 관이 회전은 되지만 직선운동을 방지하는 장치이다.

키워드 **배관지지장치의 종류별 특징**

풀이 ② 레스트레인트(Restraint)
③ 방진기
④ 앵커(Anchor)
⑤ 스톱(Stop)

정답 ①

265 하수도법상 용어의 정의가 옳지 않은 것은?

① '합류식 하수관로'라 함은 오수와 하수도로 유입되는 빗물·지하수가 함께 흐르도록 하기 위한 하수관로를 말한다.
② '분뇨'라 함은 수거식 화장실에서 수거되는 액체성 또는 고체성의 오염물질(개인하수처리시설의 청소과정에서 발생하는 찌꺼기를 포함한다)을 말한다.
③ '분뇨처리시설'이라 함은 분뇨를 침전·분해 등의 방법으로 처리하는 시설을 말한다.
④ '공공하수도'라 함은 지방자치단체가 설치 또는 관리하는 하수도를 말하며, 개인하수도를 포함한다.
⑤ '개인하수처리시설'이라 함은 건물·시설 등에서 발생하는 오수를 침전·분해 등의 방법으로 처리하는 시설을 말한다.

키워드 **「하수도법」상 용어의 정의**

풀이 '공공하수도'라 함은 지방자치단체가 설치 또는 관리하는 하수도를 말하며, 개인하수도는 제외한다(하수도법 제2조 제4호).

정답 ④

266 하수도법상 용어의 정의로 옳지 않은 것은?

① '하수'란 사람의 생활이나 경제활동으로 인하여 액체성 또는 고체성의 물질이 섞이어 오염된 물(이하 '오수'라 한다)을 말하며, 건물·도로 그 밖의 시설물의 부지로부터 하수도로 유입되는 빗물·지하수는 제외한다.

② '하수도'란 하수와 분뇨를 유출 또는 처리하기 위하여 설치되는 하수관로·공공하수처리시설·간이공공하수처리시설·하수저류시설·분뇨처리시설·배수설비·개인하수처리시설 그 밖의 공작물·시설의 총체를 말한다.

③ '분류식 하수관로'란 오수와 하수도로 유입되는 빗물·지하수가 각각 구분되어 흐르도록 하기 위한 하수관로를 말한다.

④ '공공하수도'란 지방자치단체가 설치 또는 관리하는 하수도를 말한다. 다만, 개인하수도는 제외한다.

⑤ '배수설비'란 건물·시설 등에서 발생하는 하수를 공공하수도에 유입시키기 위하여 설치하는 배수관과 그 밖의 배수시설을 말한다.

키워드 「하수도법」상 용어의 정의

풀이 '하수'란 사람의 생활이나 경제활동으로 인하여 액체성 또는 고체성의 물질이 섞이어 오염된 물(이하 '오수'라 한다)과 건물·도로 그 밖의 시설물의 부지로부터 하수도로 유입되는 빗물·지하수를 말한다. 다만, 농작물의 경작으로 인한 것은 제외한다(하수도법 제2조 제1호).

정답 ①

267 하수도법령상 하수도에 포함되는 시설이 아닌 것은?

① 중수도시설
② 하수관로
③ 공공하수처리시설
④ 개인하수처리시설
⑤ 하수저류시설

키워드 「하수도법」상 용어의 정의

풀이 '하수도'란 하수와 분뇨를 유출 또는 처리하기 위하여 설치되는 하수관로·공공하수처리시설·간이공공하수처리시설·하수저류시설·분뇨처리시설·배수설비·개인하수처리시설 그 밖의 공작물·시설의 총체를 말한다(하수도법 제2조 제3호).

정답 ①

268 **건물에서 발생하는 오수와 하수도로 유입되는 빗물 및 지하수를 각각 흐르게 하기 위한 시설에 해당하는 것은?**

① 하수저류시설
② 합류식 하수관로
③ 분류식 하수관로
④ 개인하수처리시설
⑤ 공공하수처리시설

키워드 「하수도법」상 용어의 정의

풀이 '분류식 하수관로'란 오수와 하수도로 유입되는 빗물·지하수가 각각 구분되어 흐르도록 하기 위한 하수관로이다(하수도법 제2조 제8호).

정답 ③

269 **하수도법령상 개인하수처리시설의 관리기준에 관한 내용의 일부이다. (   )에 들어갈 내용으로 옳은 것은?**

> 제33조【개인하수처리시설의 관리기준】 ① 〈생략〉
> 1. 다음 각 목의 구분에 따른 기간마다 그 시설로부터 배출되는 방류수의 수질을 자가측정하거나 「환경분야 시험·검사 등에 관한 법률」 제16조에 따른 측정대행업자가 측정하게 하고, 그 결과를 기록하여 3년 동안 보관할 것
>   가. 1일 처리용량이 200세제곱미터 이상인 오수처리시설과 1일 처리대상 인원이 2천 명 이상인 정화조: (㉠)회 이상
>   나. 1일 처리용량이 50세제곱미터 이상 200세제곱미터 미만인 오수처리시설과 1일 처리대상 인원이 1천 명 이상 2천 명 미만인 정화조: (㉡)회 이상

① ㉠ 6개월마다 1, ㉡ 2년마다 1
② ㉠ 6개월마다 1, ㉡ 연 1
③ ㉠ 연 1, ㉡ 연 1
④ ㉠ 연 1, ㉡ 2년마다 1
⑤ ㉠ 연 1, ㉡ 3년마다 1

키워드 개인하수처리시설의 관리기준

풀이 1일 처리용량이 200세제곱미터 이상인 오수처리시설과 1일 처리대상 인원이 2천 명 이상인 정화조는 '6개월마다 1'회 이상 측정하고, 1일 처리용량이 50세제곱미터 이상 200세제곱미터 미만인 오수처리시설과 1일 처리대상 인원이 1천 명 이상 2천 명 미만인 정화조는 '연 1'회 이상 측정한다(하수도법 시행규칙 제33조 제1항 제1호).

정답 ②

270 오수의 수질을 나타내는 지표를 모두 고른 것은?

㉠ VOCs(Volatile Organic Compounds) ㉡ BOD(Biochemical Oxygen Demand) ㉢ SS(Suspended Solid) ㉣ PM(Particulate Matter) ㉤ DO(Dissolved Oxygen)

① ㉠, ㉡
② ㉡, ㉢
③ ㉠, ㉡, ㉢
④ ㉡, ㉢, ㉣
⑤ ㉡, ㉢, ㉤

키워드 수질오염의 지표

풀이 ㉠은 총휘발성 유기화합물, ㉣은 미세먼지로 대기오염의 지표이다.

정답 ⑤

271 수질오염의 지표로서, 물속에 용존하고 있는 산소를 의미하는 것은?

① DO
② SS
③ BOD
④ COD
⑤ SOD

키워드 수질오염지표의 개념

풀이 DO(Dissolved Oxygen)란 용존산소량을 말한다.

정답 ①

272 수질과 관련된 용어 중 부유물질로서 오수 중에 현탁되어 있는 물질을 의미하는 것은?

① BOD
② COD
③ SS
④ 염소이온
⑤ DO

키워드 수질오염지표의 개념

풀이 SS(Suspended Solid)는 부유물질로서 오수 중에 현탁되어 있는 물질을 말한다.

정답 ③

273 오수정화시설과 관련된 용어의 정의로 옳은 것은? 제11회

① 오수: 수거식 화장실에서 수거되는 액체성 또는 고체성의 오염물질(개인하수처리시설의 청소과정에서 발생하는 찌꺼기를 포함)

② 스컴: 유기물질 분해에 작용하는 미생물군을 뜻하거나 오수 중의 고형분을 통칭

③ 용존산소량: 오수 중에 포함되어 있는 고형물질로 물에 용해되지 않는 것

④ BOD 제거율: 오물정화조의 유입수 BOD와 유출수 BOD의 차이를 유출수 BOD로 나눈 값

⑤ 화학적 산소요구량: 오수 중의 산화되기 쉬운 오염물질이 화학적으로 안정된 물질로 변화하는 데 필요한 산소량

키워드 **수질오염지표의 개념**

풀이 ① 분뇨: 수거식 화장실에서 수거되는 액체성 또는 고체성의 오염물질(개인하수처리시설의 청소과정에서 발생하는 찌꺼기를 포함한다)을 말한다.
② 스컴(Scum): 정화조 내의 오수 표면 위에 떠오르는 오물찌꺼기를 말한다.
③ 용존산소량(DO; Dissolved Oxygen): 오수 중에 녹아 있는 산소량으로 DO가 클수록 정화능력이 우수한 수질임을 의미한다.
④ BOD 제거율: 오물정화조의 유입수 BOD와 유출수 BOD의 차이를 유입수 BOD로 나눈 값을 말한다.

정답 ⑤

274 오수 등의 수질지표에 관한 설명으로 옳지 않은 것은? 제22회

① SS – 물 $1cm^3$ 중의 대장균군 수를 개수로 표시한 것이다.

② BOD – 생물화학적 산소요구량으로 수중 유기물이 미생물에 의해서 분해될 때 필요한 산소량이다.

③ pH – 물이 산성인가 알칼리성인가를 나타내는 것이다.

④ DO – 수중 용존산소량을 나타낸 것이며 이것이 클수록 정화능력도 크다고 할 수 있다.

⑤ COD – 화학적 산소요구량으로 수중 산화되기 쉬운 유기물을 산화제로 산화시킬 때 산화제에 상당하는 산소량이다.

키워드 **수질오염지표의 개념**

풀이 SS(Suspended Solid)란 오수 중에 함유되는 부유물질을 ppm으로 나타낸 것이며, 수질의 오염도를 표시한다.

정답 ①

275 수질과 관련된 용어의 설명으로 옳지 않은 것은?

① SS란 오수 중에 떠 있는 부유물질을 말하며, 탁도의 원인이 되기도 한다.
② DO는 용존산소량으로 DO 값이 작을수록 오수의 정화능력이 우수하다.
③ BOD란 생물화학적 산소요구량을 말하며, 오수 중의 분해 가능한 유기물의 함유 정도를 간접적으로 측정하는 데 이용된다.
④ COD란 화학적 산소요구량을 말하며, COD값은 미생물에 의하여 분해되지 않은 유기물까지 화학적으로 산화되기 때문에, 일반적으로 BOD값보다 높게 나타난다.
⑤ BOD 제거율은 오물정화조의 유입수 BOD와 유출수 BOD의 차이를 유입수 BOD로 나눈 값으로 정화조의 정화능력기준이 된다.

키워드 **수질오염지표의 개념**

풀이 DO(Dissolved Oxygen)란 용존산소량으로 DO 값이 클수록 오수의 정화능력이 우수하다.

정답 ②

276 수질에 관한 설명으로 옳은 것은?

① SS값이 클수록 탁도가 작다.
② COD값이 클수록 오염도가 작다.
③ BOD값이 클수록 오염도가 작다.
④ DO값이 클수록 오염도가 크다.
⑤ BOD 제거율값이 클수록 처리능력이 양호하다.

키워드 **수질오염지표의 개념**

풀이 SS, COD, BOD 값이 클수록 오염도가 크며, DO값이 클수록 오염도가 작다.

정답 ⑤

277 오수의 BOD 제거율이 95%인 정화조에서 정화조로 유입되는 오수의 BOD 농도가 300ppm일 경우, 방류수의 BOD 농도는 얼마인가?

① 15ppm
② 85ppm
③ 150ppm
④ 285ppm
⑤ 300ppm

키워드 방류수의 BOD 농도

풀이 $\text{BOD 제거율(\%)} = \frac{\text{유입수 BOD} - \text{유출수 BOD}}{\text{유입수 BOD}} \times 100$

$95(\%) = \frac{300 - x}{300} \times 100 \quad \therefore x = 15(\text{ppm})$

정답 ①

278 평균 BOD 200ppm인 오수가 1,500m³/d 유입되는 오수정화조의 1일 유입 BOD부하(kg/d)는 얼마인가? 제15회

① 0.3
② 3
③ 30
④ 300
⑤ 3,000

키워드 BOD부하

풀이 $\frac{200}{1,000,000} \times 1,500,000(\text{kg/d}) = 300(\text{kg/d})$

정답 ④

279 다음 중 오수정화조의 오물유입에서 방류까지의 과정에 대한 오수처리 순서로 옳은 것은? 제7회

① 부패조 → 산화조 → 소독조 → 여과조
② 부패조 → 여과조 → 산화조 → 소독조
③ 산화조 → 부패조 → 소독조 → 여과조
④ 여과조 → 산화조 → 소독조 → 부패조
⑤ 여과조 → 부패조 → 산화조 → 소독조

키워드 오수의 정화순서

풀이 정화조는 '부패조 → 여과조 → 산화조 → 소독조'의 순서로 오수를 정화한다.

정답 ②

280 **공동주택의 개별난방방식에 관한 설명 중 틀린 것은?** 제10회 수정

① 보일러는 거실 외의 곳에 설치하되, 보일러를 설치하는 곳과 거실 사이의 경계벽은 출입구를 제외하고는 내화구조의 벽으로 구획한다.

② 난방구획을 방화구획으로 구획한다.

③ 기름보일러를 설치하는 경우에는 기름저장소를 보일러실 외의 다른 곳에 설치한다.

④ 보일러실의 윗부분에는 그 면적이 0.5m^2 이상인 환기창을 설치하도록 한다(단, 전기보일러의 경우에는 그러하지 않다).

⑤ 보일러실과 거실 사이의 출입구는 그 출입구가 닫힌 경우에는 보일러가스가 거실에 들어갈 수 없는 구조로 한다.

키워드 **개별난방방식의 설치기준**

풀이 오피스텔의 경우에 난방구획을 방화구획으로 구획한다(건축물의 설비기준 등에 관한 규칙 제13조 제1항 제6호).

정답 ②

281 **건축물의 설비기준 등에 관한 규칙상 개별난방설비의 기준에 관한 설명으로 옳지 않은 것은?** 제24회

① 보일러는 거실 외의 곳에 설치하되, 보일러를 설치하는 곳과 거실 사이의 경계벽은 출입구를 제외하고는 내화구조의 벽으로 구획해야 한다.

② 보일러실의 윗부분에는 그 면적이 0.5제곱미터 이상인 환기창을 설치해야 한다. 다만, 전기보일러의 경우에는 그러하지 아니하다.

③ 보일러실과 거실 사이의 출입구는 그 출입구가 닫힌 경우에는 보일러가스가 거실에 들어갈 수 없는 구조로 해야 한다.

④ 오피스텔의 경우에는 난방구획을 방화구획으로 구획해야 한다.

⑤ 기름보일러를 설치하는 경우에는 기름저장소를 보일러실 내에 설치해야 한다.

키워드 **개별난방방식의 설치기준**

풀이 기름보일러를 설치하는 경우에는 기름저장소를 보일러실 외의 다른 곳에 설치해야 한다(건축물의 설비기준 등에 관한 규칙 제13조 제1항 제5호).

정답 ⑤

282 **건축법령상 아파트의 난방설비를 개별난방방식으로 하고자 하는 경우에 대한 기준 내용으로 옳은 것은? (단, 가스를 중앙공급방식으로 공급하는 가스보일러의 경우에는 제외함)**

① 보일러의 연도는 방화구조로서 공동연도로 설치하여야 한다.

② 기름보일러를 설치하는 경우에는 기름저장소를 보일러실에 설치하여야 한다.

③ 보일러는 거실 외의 곳에 설치하되, 보일러를 설치하는 곳과 거실 사이의 경계벽은 출입구를 제외하고는 방음구조의 벽으로 구획하여야 한다.

④ 전기보일러의 경우 보일러실 윗부분과 아랫부분에는 각각 지름 10센티미터 이상의 공기흡입구 및 배기구를 항상 열려 있는 상태로 바깥공기에 접하도록 설치한다.

⑤ 보일러실의 윗부분에는 그 면적이 0.5제곱미터 이상인 환기창을 설치한다.

키워드 **개별난방방식의 설치기준(건축물의 설비기준 등에 관한 규칙 제13조 제1항)**

풀이 ① 보일러의 연도는 내화구조로서 공동연도로 설치하여야 한다.

② 기름보일러를 설치하는 경우에는 기름저장소를 보일러실 외의 다른 곳에 설치하여야 한다.

③ 보일러는 거실 외의 곳에 설치하되, 보일러를 설치하는 곳과 거실 사이의 경계벽은 출입구를 제외하고는 내화구조의 벽으로 구획하여야 한다.

④ 보일러실의 윗부분에는 그 면적이 0.5제곱미터 이상인 환기창을 설치하고, 보일러실의 윗부분과 아랫부분에는 각각 지름 10센티미터 이상의 공기흡입구 및 배기구를 항상 열려 있는 상태로 바깥공기에 접하도록 설치한다. 다만, 전기보일러의 경우에는 그러하지 아니하다.

정답 ⑤

283 **건축물의 설비기준 등에 관한 규칙상 온수온돌의 설치기준 내용으로 옳지 않은 것을 모두 고른 것은? (단, 한국산업표준에 따른 조립식 온수온돌판을 사용하여 온수온돌을 시공하는 것은 제외함)**

㉠ 바닥난방을 위한 열이 바탕층 아래 및 측벽으로 손실되는 것을 막을 수 있도록 단열재를 방열관과 바탕층 사이에 설치하는 것을 원칙으로 한다. ㉡ 바탕층이 지면에 접하는 경우에는 단열재의 아랫부분에 방습처리를 하여야 한다. ㉢ 바탕층이 지면에 접하는 경우에는 바탕층 아래와 주변 벽면에 높이 5센티미터 이상의 방수처리를 하여야 한다. ㉣ 배관층은 방열관에서 방출된 열이 마감층 부위로 최대한 균일하게 전달될 수 없는 높이와 구조를 갖추어야 한다. ㉤ 마감층은 수평이 되도록 설치하여야 하며, 바닥의 균열을 방지하기 위하여 충분히 양생하거나 건조시켜 마감재의 뒤틀림이나 변형이 없도록 하여야 한다.

① ㉠, ㉡, ㉢　② ㉠, ㉢, ㉤　③ ㉡, ㉢, ㉣
④ ㉡, ㉢, ㉤　⑤ ㉢, ㉣, ㉤

키워드 **온수온돌의 설치기준(건축물의 설비기준 등에 관한 규칙 제12조 제1항 별표 1의7)**

풀이 ㉡ 바탕층이 지면에 접하는 경우에는 단열재의 윗부분에 방습처리를 하여야 한다.
㉢ 바탕층이 지면에 접하는 경우에는 바탕층 아래와 주변 벽면에 높이 10센티미터 이상의 방수처리를 하여야 한다.
㉣ 배관층은 방열관에서 방출된 열이 마감층 부위로 최대한 균일하게 전달될 수 있는 높이와 구조를 갖추어야 한다.

정답 ③

284 **증기난방과 온수난방을 비교한 설명으로 옳은 것은?**

① 증기난방은 온수난방에 비해 제어가 용이하다.
② 증기난방은 온수난방에 비해 설비비가 비싸다.
③ 증기난방은 온수난방에 비해 동결의 위험이 높다.
④ 증기난방은 온수난방에 비해 방열면적이 작다.
⑤ 증기난방은 온수난방에 비해 쾌적성이 우수하다.

키워드 **증기난방과 온수난방의 비교**

풀이 ① 제어(온도 조절, 방열량 조절)가 용이한 것은 온수난방이다.
② 온수난방이 증기난방에 비해 설치·유지비가 비싸다.
③ 온수난방은 온수 순환시간이 길어 한랭 시, 난방 정지 시 동결이 우려된다.
⑤ 온수난방은 현열을 이용하므로 증기난방에 비해 쾌적성이 크다.

정답 ④

285 증기난방의 일반적인 특징에 관한 설명으로 옳지 않은 것은?

① 응축수 환수관 내에 부식이 발생하기 쉽다.
② 온수난방에 비해 방열기 크기나 배관의 크기가 작아도 된다.
③ 방열기를 바닥에 설치하므로 복사난방에 비해 실내바닥의 유효면적이 줄어든다.
④ 온수난방에 비해 예열시간이 길어서 충분히 난방감을 느끼는 데 시간이 걸린다.
⑤ 증기의 유량제어가 어렵고 실온조절이 곤란하다.

키워드 **증기난방의 특징**
풀이 온수난방에 비해 예열시간이 짧다.

정답 ④

286 온수난방의 일반적인 특징에 관한 설명으로 옳지 않은 것은?

① 한랭지에서 운전정지 중에 동결의 위험이 있다.
② 난방을 정지하여도 난방효과가 어느 정도 지속된다.
③ 현열을 이용한 난방이므로 증기난방에 비해 쾌감도가 높다.
④ 증기난방에 비하여 소요방열면적과 배관경이 작게 되므로 설비비가 적게 든다.
⑤ 난방부하의 변동에 따른 온도조절이 용이하다.

키워드 **온수난방의 특징**
풀이 증기난방에 비해서 방열면적과 배관경이 커야 하므로 설비비가 약간 비싸다.

정답 ④

287 증기난방에 비해 고온수난방의 장점이 아닌 것은? 제16회

① 예열시간이 짧다.
② 배관의 기울기를 고려하지 않아도 된다.
③ 배관 내 부식이 발생할 가능성이 낮다.
④ 트랩이나 감압밸브와 같은 부속 기기류가 없어 유지관리가 용이하다.
⑤ 수요 측 부하조건에 따라 송수온도조절이 용이하다.

키워드 **고온수난방의 장점**
풀이 고온수난방은 증기난방에 비하여 열용량이 크기 때문에 예열시간이 길다.

정답 ①

288 난방설비에 관한 설명으로 옳은 것은?

① 온수난방은 온수의 잠열을 이용하여 난방하는 방식이다.

② 증기난방은 온수난방에 비해 부하 변동에 따른 온도조절이 용이하다.

③ 건물의 규모가 큰 경우에는 증기난방보다 온수난방이 설비비와 유지비가 적게 소요된다.

④ 온수난방은 열용량이 커서 예열시간이 길게 소요되므로 간헐운전에는 예열부하가 크게 된다.

⑤ 증기난방은 온수난방에 비해서 쾌감도가 높다.

키워드 **난방방식의 비교**

풀이 ① 온수난방은 온수의 현열을 이용하여 난방하는 방식이다.
② 증기난방은 온수난방에 비해 부하 변동에 따른 온도조절이 어렵다.
③ 건물의 규모가 큰 경우에는 증기난방보다 온수난방이 설비비와 유지비가 많이 소요된다.
⑤ 온수난방은 현열을 이용하는 난방방식으로 증기난방에 비해서 쾌감도가 높다.

정답 ④

최신기출

289 난방설비에 관한 설명으로 옳은 것은?

제27회

① 증기난방은 현열을 이용하므로 온수난방에 비해 열운반능력이 크다.

② 온수난방은 증기난방에 비해 예열시간이 짧다.

③ 복사난방은 대류난방에 비해 열용량이 작아 부하변동에 따른 방열량 조절이 용이하다.

④ 증기난방에 사용되는 트랩으로 열동트랩, 버킷(bucket)트랩 등이 있다.

⑤ 온수난방에서는 배관의 길이를 줄이기 위해 역환수 배관방식이 사용된다.

키워드 **난방방식의 비교**

풀이 ① 증기난방은 잠열을 이용하므로 온수난방에 비해 열운반능력이 크다.
② 온수난방은 증기난방에 비해 예열시간이 길다.
③ 복사난방은 대류난방에 비해 열용량이 커 부하변동에 따른 방열량 조절이 어렵다.
⑤ 온수난방에서는 온수의 배분을 균등하게 하기 위해 역환수 배관방식이 사용된다.

정답 ④

290 난방설비에 관한 설명으로 옳지 않은 것은?

① 방열기는 열손실이 많은 창문 내측 하부에 위치시킨다.
② 증기난방은 증발잠열을 이용하기 때문에 열의 운반능력이 떨어진다.
③ 방열기 내에 공기가 있으면 열전달과 유동을 방해한다.
④ 증기난방방식은 온수난방과 비교하여 설비비가 낮다.
⑤ 증기난방 방열기에는 벨로즈트랩 또는 다이아프램트랩을 사용한다.

키워드 **난방방식의 비교**

풀이 증기난방은 증발잠열을 이용하기 때문에 열의 운반능력이 크다.

정답 ②

291 온수온돌난방(복사난방)방식에 관한 설명으로 옳지 않은 것은? 제13회

① 대류난방방식에 비해 실내 공기 유동이 적으므로 바닥면 먼지의 상승이 적다.
② 대류난방방식에 비해 실내의 높이에 따른 상하 공기 온도차가 작기 때문에 쾌감도가 높다.
③ 대류난방방식에 비해 방열면의 열용량이 크기 때문에 난방부하 변동에 대한 대응이 빠르다.
④ 대류난방방식에 비해 방이 개방된 상태에서도 난방효과가 좋다.
⑤ 난방배관을 매설하게 되므로 시공·수리, 방의 모양변경이 용이하지 않다.

키워드 **온수온돌난방방식의 특징**

풀이 복사난방은 열용량이 크기 때문에 외기온도의 급변에 대해 바로 방열량을 조절하기가 어렵다.

정답 ③

292 **복사난방에 관한 설명으로 옳지 않은 것을 모두 고른 것은?**

> ㉠ 실내의 상하 온도분포 차이가 커서 대류난방방식보다 쾌적성이 좋지 않다.
> ㉡ 열용량이 작기 때문에 간헐난방에 적합하다.
> ㉢ 외기온도 변화에 따른 방열량 조절이 쉽다.
> ㉣ 동일 방열량에 대하여 바닥복사난방은 대류난방보다 실의 평균온도가 높기 때문에 손실열량이 많다.
> ㉤ 매립코일이 고장나면 수리가 어렵다.

① ㉠, ㉡
② ㉡, ㉢
③ ㉢, ㉣
④ ㉡, ㉢, ㉣, ㉤
⑤ ㉠, ㉡, ㉢, ㉣

키워드 **복사난방방식의 특징**

풀이 ㉠ 복사난방방식은 실내의 온도분포가 균등하고 쾌감도가 높다.
㉡ 복사난방은 열용량이 크기 때문에 지속난방에 적합하다.
㉢ 복사난방은 대류난방과 비교하여 열용량이 크기 때문에 방열량 조절이 어렵다.
㉣ 동일 방열량에 대하여 바닥복사난방은 대류난방보다 실의 평균온도가 낮기 때문에 손실열량이 작다.

정답 ⑤

293 **공동주택 난방방식의 특징에 관한 설명으로 옳지 않은 것은?** 제12회

① 개별난방의 경우 보일러실의 설치로 건물의 유효면적이 줄어들고 소음이 발생한다.
② 중앙난방의 경우 예열시간이 길고, 초기공사비가 많이 들며 추후 개·보수가 번거롭다.
③ 지역난방의 경우 수용가의 중간기계실에 열교환기를 이용하여 저온수 및 급탕을 만들어 각 세대에 공급하는 방식이다.
④ 개별난방의 경우 유지관리비가 많이 들고, 간헐운전 시 입주자가 원하는 쾌적 열환경의 유지가 어렵다.
⑤ 지역난방의 경우 24시간 난방수의 공급과 실내 쾌적 열환경의 유지가 편리하다.

키워드 **공동주택 난방방식의 특징**

풀이 유지관리비가 많이 들고, 간헐운전 시 입주자가 원하는 쾌적 열환경의 유지가 어려운 것은 중앙난방의 특징이다.

정답 ④

294 지역난방의 특징에 관한 설명으로 옳지 않은 것은? 제12회

① 열의 사용량이 적으면 기본요금이 낮아진다.
② 대기오염을 줄일 수 있어 친환경적이다.
③ 에너지 이용효율을 높일 수 있다.
④ 건설 초기에 설비투자비용이 많이 든다.
⑤ 단위세대의 유효면적이 증대된다.

키워드 **지역난방의 특징**
풀이 기본요금은 사용량과 관계가 없는 고정된 금액이다.

정답 ①

295 지역난방방식의 특징에 관한 내용으로 옳지 않은 것은?

① 열병합발전인 경우에 미활용 에너지를 이용할 수 있어 에너지절약 효과가 있다.
② 단지 자체에 중앙난방 보일러를 설치하는 경우와 비교하여 단지의 난방 운용 인원수를 줄일 수 있다.
③ 건물이 밀집되어 있을수록 배관매설비용이 줄어든다.
④ 단지에 중앙난방 보일러를 설치하지 않으므로 기계실 면적을 줄일 수 있다.
⑤ 건물이 플랜트로부터 멀리 떨어질수록 열매 반송 동력이 감소한다.

키워드 **지역난방의 특징**
풀이 건물이 플랜트로부터 멀리 떨어질수록 열매 반송 동력이 증가한다.

정답 ⑤

296 지역난방의 장단점에 관한 설명으로 옳지 않은 것은?

① 설비의 고도화에 따라 도시의 매연을 경감시킬 수 있다.
② 각 건축물의 설비면적을 줄이고 유효면적을 넓힐 수 있다.
③ 초기투자비는 싸지만 사용요금의 분배가 곤란하다.
④ 열원설비를 집중관리하므로 관리인의 감소를 통해 비용절감이 된다.
⑤ 각 건축물마다 보일러시설을 설치할 필요가 없으나 배관 중의 열손실이 많다.

키워드 **지역난방의 장단점**
풀이 초기투자비가 많이 들고 요금의 분배가 어려운 것이 지역난방의 단점이다.

정답 ③

297 지역난방방식의 특징으로 옳지 않은 것은?

① 설비의 고도화로 대기오염 등 공해를 감소시킬 수 있다.
② 각 건물의 이용시간의 차이를 이용하면 보일러의 용량을 크게 줄일 수 있다.
③ 시설이 대규모이므로 설비비와 연료비가 증가한다.
④ 같은 유형의 건물 집단보다는 사용 패턴이 다른 다양한 건물 집단에서 채택하는 것이 유리하다.
⑤ 각 건물마다 유효면적이 증대되고 화재의 위험이 적다.

키워드 **지역난방의 특징**
풀이 시설이 대규모이므로 효율이 높아 연료비가 대폭 감소한다.

정답 ③

298 주철제보일러에 관한 설명으로 옳지 않은 것은?

① 내식성이 우수하며 수명이 길다.
② 중소형 건물의 난방용으로 사용된다.
③ 재질이 강하여 고압용으로 사용된다.
④ 주철제로 된 여러 장의 섹션을 난방부하의 크기에 따라 조립하여 사용한다.
⑤ 보일러실 반입이 쉽다.

키워드 **주철제보일러의 특징**
풀이 재질이 약하고 고압으로 사용할 수 없다.

정답 ③

299 다음에서 설명하고 있는 보일러는?

• 수직으로 세운 드럼 내에 연관 또는 수관이 있는 소규모 패키지형으로 되어 있다. • 설치면적이 작고 취급이 용이하다.

① 관류보일러
② 입형보일러
③ 수관보일러
④ 주철제보일러
⑤ 노통연관식 보일러

키워드 입형보일러의 특징

풀이 입형보일러는 사용압력이 낮고 용량이 적으며 효율도 낮아서, 규모가 작은 건물 및 일반 가정용 난방에 사용된다.

정답 ②

PART 2

300 다음과 같은 특징을 갖는 보일러에 해당하는 것은?

- 부하변동에 잘 적응하며, 보유수면이 넓어서 급수용량 제어가 쉽다.
- 예열시간이 길고 반입 시 분할이 어려우며, 수명이 짧다.
- 공조 및 급탕을 겸하며 비교적 규모가 큰 건물에 사용된다.

① 주철제보일러
② 노통연관보일러
③ 수관보일러
④ 관류보일러
⑤ 입형보일러

키워드 노통연관보일러의 특징

풀이 노통연관보일러는 노통 내의 파이프 속으로 연소가스를 통과시켜 파이프 밖에 있는 물을 가열 또는 증발시키는 방식이다.

정답 ②

301 노통연관보일러에 관한 설명으로 옳지 않은 것은?

① 분할반입이 용이하다.
② 증기 및 온수용이 있다.
③ 수처리가 비교적 간단하다.
④ 부하변동에 안정성이 있다.
⑤ 급수용량 조절이 쉽다.

키워드 노통연관보일러의 특징

풀이 취급이 간편하고, 분할반입·조립·증설이 용이한 것은 주철제보일러이다.

이론 +

노통연관보일러

1. 부하의 변동에 대해 안정성이 있으며, 수면이 넓어 급수용량 조절이 쉽다.
2. 수처리가 비교적 간단하며, 현장공사가 거의 필요하지 않다.
3. 예열시간이 길고 주철제에 비해 가격이 비싸다.
4. 사용압력은 0.7~1.0MPa 정도이다.
5. 공조 및 급탕을 겸하며 비교적 규모가 큰 건물에 사용된다.

정답 ①

302 **보일러 하부의 물드럼과 상부의 기수드럼을 연결하는 다수의 관을 연소실 주위에 배치한 구조로 상부 기수드럼 내의 증기를 사용하는 보일러는?**

① 관류보일러
② 노통연관보일러
③ 주철제보일러
④ 수관보일러
⑤ 입형보일러

키워드 **보일러의 종류**

풀이 수관보일러는 드럼과 드럼 간에 여러 개의 수관을 연결하고 관 내에 흐르는 물을 가열하여 온수 및 증기를 발생시킨다.

정답 ④

303 **지역난방이나 고압증기가 다량으로 필요한 곳에 주로 사용하는 보일러는?**

① 전기보일러
② 노통연관보일러
③ 주철제보일러
④ 수관보일러
⑤ 입형보일러

키워드 **보일러의 종류**

풀이 수관보일러는 대형 건물 또는 병원이나 호텔 등과 같이 고압증기를 다량 사용하는 곳 또는 지역난방 등에 사용된다.

정답 ④

304 **수관보일러에 관한 설명으로 옳지 않은 것은?**

① 지역난방에 사용이 가능하다.
② 예열시간이 짧고 효율이 좋다.
③ 부하변동에 대한 추종성이 높다.
④ 연관식보다 사용압력이 낮고 설치면적이 작다.
⑤ 연관식보다 수처리가 까다롭다.

키워드 **수관보일러의 특징**

풀이 수관보일러는 연관식보다 사용압력이 높고, 대용량 보일러로 설치면적이 넓다.

정답 ④

305 보일러에 관한 설명으로 옳지 않은 것은? 제14회

① 수관보일러: 가동시간이 짧고 효율이 좋으나 고가이며 수처리가 복잡하다.
② 관류보일러: 하나의 관 내를 흐르는 동안에 예열, 가열, 증발, 과열이 행해져 과열증기를 얻을 수 있다.
③ 입형보일러: 설치면적이 넓고 취급이 복잡하나 대용량으로 효율이 좋다.
④ 주철제보일러: 조립식이므로 용량을 쉽게 증가시킬 수 있으며 반입이 용이하고 수명이 길다.
⑤ 노통연관보일러: 부하의 변동에 대해 안정성이 있으며 수면이 넓어 급수 조절이 용이하다.

키워드 **보일러의 종류별 특징**

풀이 입형보일러는 설치면적이 작고 취급이 간단하며 소용량의 사무소, 점포, 주택 등에 사용된다. 효율은 다른 보일러에 비해 떨어지지만 구조가 간단하고 가격이 싸다.

정답 ③

306 보일러에 관한 설명으로 옳지 않은 것은?

① 입형보일러는 설치면적이 작고 취급이 용이하나 사용압력이 낮다.
② 노통연관보일러는 부하변동의 적응성이 낮으나 예열시간은 짧다.
③ 주철제보일러는 규모가 비교적 작은 건물의 난방용으로 사용된다.
④ 수관보일러는 대형 건물 또는 병원이나 호텔 등과 같이 고압증기를 다량 사용하는 곳에 사용된다.
⑤ 관류보일러는 보유수량이 적으므로 가열시간이 짧고, 부하변동에 대한 추종성이 좋으며, 경량으로 설치면적이 작다.

키워드 **보일러의 종류별 특징**

풀이 노통연관보일러는 부하변동의 적응성이 높으나 예열시간은 길다.

정답 ②

307 보일러에 관한 설명으로 옳지 않은 것은?

① 증기보일러의 용량은 단위시간당 증발량으로 나타낸다.
② 관류보일러는 드럼이 설치되어 있어 부하변동에 대한 응답이 느리다.
③ 노통연관보일러는 부하변동에 대한 안정성이 있고, 수면이 넓어 급수 조절이 용이하다.
④ 난방·급탕 겸용 보일러의 정격출력은 급탕부하, 난방부하, 배관부하, 예열부하의 합으로 표시한다.
⑤ 수관보일러는 고압 및 대용량에 적합하여 지역난방과 같은 대규모 설비나 대규모 공장 등에서 사용된다.

키워드 **보일러의 종류별 특징**

풀이 관류보일러는 드럼(수실)이 없고, 보유수량이 적으므로 가열시간이 짧다. 또한 부하변동에 대한 추종성이 좋다.

정답 ②

308 난방방식에 관한 내용으로 옳지 않은 것은?

① 보일러의 정격출력은 난방부하와 급탕부하의 합이다.
② 노통연관보일러는 증기나 고온수 공급이 가능하다.
③ 표준상태에서 증기방열기의 표준방열량은 약 756W/m^2이다.
④ 온수방열기의 표준방열량 산정 시 실내온도는 18.5℃를 기준으로 한다.
⑤ 지역난방용으로 수관식 보일러를 주로 사용한다.

키워드 **보일러의 용량 결정**

풀이

보일러의 용량
1. 정미출력 = 난방부하 + 급탕부하
2. 정격출력 = 난방부하 + 급탕부하 + 배관손실부하 + 예열부하 = 상용출력 + 예열부하

정답 ①

309 연속해서 운전할 수 있는 보일러의 능력으로서 난방부하, 급탕부하, 배관부하, 예열부하의 합이며 일반적으로 보일러 선정 시에 기준이 되는 출력의 표시방법은?

① 과부하출력
② 상용출력
③ 정미출력
④ 정격출력
⑤ 표준방열량

키워드 보일러의 용량 결정

풀이

보일러의 용량

1. 상용출력 = 난방부하 + 급탕부하 + 배관손실부하
2. 정격출력 = 난방부하 + 급탕부하 + 배관손실부하 + 예열부하 = 상용출력 + 예열부하

정답 ④

310 난방설비에 관한 설명으로 옳지 않은 것은? 제23회

① 방열기의 상당방열면적은 표준상태에서 전 방열량을 표준방열량으로 나눈 값이다.
② 증기용 트랩으로 열동트랩, 버킷트랩, 플로트트랩 등이 있다.
③ 천장고가 높은 공간에는 복사난방이 적합하다.
④ 보일러의 정격출력은 난방부하 + 급탕부하 + 배관(손실)부하이다.
⑤ 증기난방은 증기의 잠열을 이용하는 방식이다.

키워드 난방설비

풀이 보일러의 정격출력은 난방부하 + 급탕부하 + 배관(손실)부하 + 예열부하이다.

정답 ④

311 방열기의 방열능력을 표시하는 상당방열면적에 관한 설명이다. ㉠과 ㉡에 들어갈 숫자로 옳은 것은? 제11회

온수난방에서 상당방열면적이란 표준상태에서 방열기의 전방열량을 실내온도 (㉠)℃, 온수온도 (㉡)℃의 표준상태에서 얻어지는 표준방열량으로 나눈 값이다.

	㉠	㉡
①	20.5	70
②	20.5	80
③	20.5	60
④	18.5	80
⑤	18.5	70

키워드 상당방열면적

풀이 표준방열량(kW/m^2)

열매	표준상태의 온도(°C)		표준온도차(°C)	표준방열량(kW/m^2)
	열매온도	실내온도		
증기	102	18.5	83.5	0.756
온수	80	18.5	61.5	0.523

정답 ④

312 온수난방장치에 적용되는 팽창탱크에 관한 설명으로 옳지 않은 것은? 제21회

① 팽창된 물의 배출을 막아 장치의 열취득을 방지한다.
② 운전 중 장치 내를 소정의 압력으로 유지시킨다.
③ 장치 내의 수온상승으로 발생되는 물의 체적팽창과 압력을 흡수한다.
④ 장치 내 물의 누수 등으로 발생되는 공기의 침입을 방지한다.
⑤ 개방형 팽창탱크의 경우 장치 내의 공기 배출구와 온수보일러의 도피관으로 이용된다.

키워드 **팽창탱크의 목적**
풀이 팽창된 물의 배출을 막아 장치의 열손실을 방지한다.

정답 ①

313 보일러에서 스케일의 발생에 따른 영향에 관한 설명으로 옳지 않은 것은? 제14회

① 전열량이 감소되며 보일러 효율을 저하시킨다.
② 연료소비량이 증가한다.
③ 배기가스 온도가 낮아진다.
④ 과열로 인한 파열사고를 유발시킨다.
⑤ 보일러수의 순환을 어렵게 하며 통수공을 차단시킨다.

키워드 **스케일이 보일러에 미치는 영향**
풀이 스케일이 발생하면 열전도의 방해로 인해 전열면이 과열되어 배기가스의 온도를 높인다.

정답 ③

314 스케일이 보일러에 미치는 영향으로 옳지 않은 것은?

① 보일러의 전열면이 과열된다.
② 워터해머링(Water Hammering)을 일으킨다.
③ 열의 전달을 방해하여 보일러 효율을 저하시킨다.
④ 보일러의 철판이나 관 등을 부식시킨다.
⑤ 보일러수의 순환을 어렵게 하며 통수공을 차단시킨다.

키워드 **스케일이 보일러에 미치는 영향**
풀이 워터해머링은 증기 중의 응축수가 체류하여 발생한다.

정답 ②

315 보일러에 경수를 사용했을 경우 일어나는 현상으로 옳지 않은 것은?

① 보일러 내면에 물때가 생긴다.
② 열전도율이 나빠진다.
③ 보일러의 수명이 단축된다.
④ 연관이나 황동관을 부식시킨다.
⑤ 보일러 과열의 원인이 되며 보일러를 손상시킨다.

키워드 **스케일의 영향**
풀이 연관이나 황동관을 부식시키는 것은 극연수이다.

정답 ④

316 보일러 가동 중 이상현상인 팽출에 관한 설명으로 옳은 것은? 제13회

① 전열면이 과열에 의해 내압을 견디지 못하고 밖으로 부풀어 오르는 현상
② 증기관으로 보내지는 증기에 비수 등 수분이 과다 함유되어 배관 내부에 응결수나 물이 고여서 수격작용의 원인이 되는 현상
③ 비수, 관수가 갑자기 끓을 때 물거품이 수면을 벗어나서 증기 속으로 비상하는 현상
④ 보일러의 물이 끓을 때 그 속에 함유된 유지분이나 부유물에 의해 거품이 생기는 현상
⑤ 전열면이 과열에 의해 외압을 견디지 못해 안쪽으로 오목하게 찌그러지는 현상

키워드 **보일러 가동 중 이상현상**
풀이 ② 캐리오버현상
③ 프라이밍
④ 포밍
⑤ 압궤

정답 ①

317 습공기 선도에서 상대습도가 100%일 경우 같은 값을 갖는 것을 모두 고른 것은?

제26회

㉠ 건구온도	㉡ 습구온도
㉢ 유효온도	㉣ 노점온도
㉤ 등가온도	

① ㉠, ㉡, ㉢
② ㉠, ㉡, ㉣
③ ㉡, ㉢, ㉣
④ ㉠, ㉢, ㉣, ㉤
⑤ ㉡, ㉢, ㉣, ㉤

키워드 습공기 선도

풀이 포화공기(상대습도가 100%)에서는 건구온도, 습구온도, 노점온도가 동일하다.

정답 ②

318 압축식 냉동기에서 냉방용 냉수를 만드는 곳은?

제16회

① 증발기
② 압축기
③ 응축기
④ 재생기
⑤ 흡수기

키워드 압축식 냉동기의 원리

풀이 증발기는 주위로부터 흡열하여 냉매는 가스상태가 되며 주위는 열을 빼앗기므로 냉동 또는 냉각이 이루어진다.

정답 ①

319 증기압축식 냉동기의 주요 구성부분이 아닌 것은?

① 증발기
② 압축기
③ 응축기
④ 팽창밸브
⑤ 흡수기

키워드 압축식 냉동기의 주요 구성부분

풀이 증기압축식 냉동기의 4대 구성요소는 압축기, 응축기, 팽창밸브, 증발기이며, '압축 → 응축 → 팽창 → 증발' 순으로 냉동이 이루어진다.

정답 ⑤

320 **흡수식 냉동기의 주요 구성부분이 아닌 것은?**

① 증발기 ② 압축기
③ 응축기 ④ 발생기
⑤ 흡수기

키워드 **흡수식 냉동기의 주요 구성부분**

풀이 흡수식 냉동기의 구성요소는 흡수기, 발생기(고온, 저온), 응축기, 증발기이며, '흡수 → 발생 → 응축 → 증발' 순으로 냉동이 이루어진다.

정답 ②

321 **흡수식 냉동기의 냉동사이클로 옳은 것은?**

① 압축 → 응축 → 팽창 → 증발 ② 흡수 → 발생 → 응축 → 증발
③ 흡수 → 증발 → 압축 → 응축 ④ 압축 → 증발 → 응축 → 팽창
⑤ 압축 → 흡수 → 증발 → 팽창

키워드 **흡수식 냉동기의 냉동사이클**

풀이 흡수식 냉동기의 냉동사이클은 '흡수 → 발생 → 응축 → 증발' 순이며 증기압축식 냉동사이클은 '압축 → 응축 → 팽창 → 증발' 순으로 이루어진다.

정답 ②

322 **흡수식 냉동기의 특징으로 옳지 않은 것을 모두 고른 것은?**

㉠ 열에너지가 아닌 기계적 에너지에 의해 냉동효과를 얻는다.
㉡ 특별 고압수전을 필요로 할 때 적합하다.
㉢ 옥상 등에 냉동기를 설치하여 운전 시 정숙성이 요구될 때 적합하다.
㉣ 흡수식 냉동기의 냉매로써 R-12가 사용된다.
㉤ 연간 냉동기 운전비를 적게 하고자 할 때 적합하다.

① ㉠, ㉡, ㉣ ② ㉠, ㉢, ㉤
③ ㉡, ㉢, ㉣ ④ ㉡, ㉣, ㉤
⑤ ㉠, ㉡, ㉢, ㉣, ㉤

키워드 **흡수식 냉동기의 특징**

풀이 ㉠ 증기나 고온수를 구동력으로 냉동효과를 얻는다.
㉡ 전력소비가 적으므로 특별 고압수전이 불필요하다.
㉣ 흡수식 냉동기는 물과 브롬화리튬의 혼합액을 사용한다.

정답 ①

323 **냉각 목적의 냉동기 성적계수와 가열 목적의 열펌프(Heat Pump) 성적계수에 관한 설명으로 옳은 것은?** 제24회

① 냉동기의 성적계수와 열펌프의 성적계수는 같다.
② 냉동기의 성적계수는 열펌프의 성적계수보다 1 크다.
③ 열펌프의 성적계수는 냉동기의 성적계수보다 1 크다.
④ 냉동기의 성적계수는 열펌프의 성적계수보다 2 크다.
⑤ 열펌프의 성적계수는 냉동기의 성적계수보다 2 크다.

키워드 **히트펌프의 성적계수**

풀이 히트펌프의 성적계수(COP) $= \frac{\text{압축일} + \text{냉동효과}}{\text{압축일}} = 1 + \frac{\text{냉동효과}}{\text{압축일}} = 1 + \text{냉동기의 성적계수}$

정답 ③

324 **히트펌프에 관한 내용으로 옳지 않은 것은?** 제21회

① 겨울철 온도가 낮은 실외로부터 온도가 높은 실내로 열을 끌어들인다는 의미에서 열펌프라고도 한다.
② 운전에 소비된 에너지보다 대량의 열에너지가 얻어져 일반적으로 성적계수(COP)가 1 이하의 값을 유지한다.
③ 한 대의 기기로 냉방용 또는 난방용으로 사용할 수 있다.
④ 공기열원 히트펌프는 겨울철 난방부하가 큰 날에는 외기온도도 낮으므로 성적계수(COP)가 저하될 우려가 있다.
⑤ 히트펌프의 열원으로는 일반적으로 공기, 물, 지중(땅속)을 많이 이용한다.

키워드 **히트펌프의 성적계수**

풀이 히트펌프의 성적계수는 히트펌프를 구동하기 위해 투입된 전기에너지와 히트펌프의 동작에 의해 회수된 열에너지의 비율을 말하며, 운전에 소비된 에너지보다 대량의 열에너지가 얻어져 일반적으로 성적계수(COP)는 1 이상이다. 즉, 투입된 전기에너지의 3배 정도 되는 열에너지를 얻는다.

정답 ②

325 히트펌프에 관한 설명으로 옳지 않은 것은?

① 1대의 기기로 냉방과 난방을 겸용할 수 있다.
② 냉동사이클에서 응축기의 방열을 난방에 이용한다.
③ 냉동기의 성적계수가 히트펌프의 성적계수보다 1만큼 크다.
④ 히트펌프의 성적계수를 향상시키기 위해 지열 등을 이용할 수 있다.
⑤ 압축기를 동력원으로 '압축 → 응축 → 팽창 → 증발'의 사이클로 순환한다.

키워드 **히트펌프의 특징**
풀이 열펌프를 이용한 성적계수가 냉동기로 이용한 성적계수보다 1만큼 크다.

정답 ③

326 송풍기의 날개 형식에 의한 분류 중 원심형 송풍기가 아닌 것은? 제24회

① 튜브형 ② 다익형
③ 익형 ④ 방사형
⑤ 후곡형

키워드 **송풍기의 분류**
풀이 튜브형은 축류형 송풍기에 해당한다.

정답 ①

327 **주택건설기준 등에 관한 규칙상 주택의 부엌·욕실 및 화장실에 설치하는 배기설비에 관한 설명으로 옳지 않은 것은?** 제25회

① 배기구는 반자 또는 반자 아래 80센티미터 이내의 높이에 설치하고, 항상 개방될 수 있는 구조로 한다.

② 세대 간 배기통을 서로 연결하고 직접 외기에 개방되도록 설치하여 연기나 냄새의 역류를 방지한다.

③ 배기구는 외기의 기류에 의하여 배기에 지장이 생기지 아니하는 구조로 한다.

④ 배기통에는 그 최상부 및 배기구를 제외하고 개구부를 두지 아니한다.

⑤ 부엌에 설치하는 배기구에는 전동환기설비를 설치한다.

키워드 **배기설비 설치기준**

풀이 세대 간 배기통이 서로 연결되지 아니하고 직접 외기에 개방되도록 설치하여 연기나 냄새의 역류를 방지한다(주택건설기준 등에 관한 규정 제44조 제1항, 주택건설기준 등에 관한 규칙 제11조 제6호 나목).

정답 ②

328 **건축물의 설비기준 등에 관한 규칙상 건축물에 설치하는 배연설비에 관한 기준으로 옳지 않은 것은?**

① 배연구는 손으로 열고 닫을 수 있도록 한다.

② 배연구는 예비전원에 의해 열 수 있도록 한다.

③ 배연창의 유효면적은 최소 3제곱미터 이상으로 하여야 한다.

④ 건축물이 방화구획으로 구획된 경우에는 그 구획마다 1개소 이상의 배연창을 설치하여야 한다.

⑤ 배연창의 상변과 천장 또는 반자로부터 수직거리가 0.9미터 이내일 것. 다만, 반자높이가 바닥으로부터 3미터 이상인 경우에는 배연창의 하변이 바닥으로부터 2.1미터 이상의 위치에 놓이도록 설치하여야 한다.

키워드 **배연설비의 설치기준**

풀이 배연창의 유효면적은 별표 2의 산정기준에 의하여 산정된 면적이 1제곱미터 이상으로서 그 면적의 합계가 당해 건축물의 바닥면적(건축법 시행령 제46조 제1항 또는 제3항의 규정에 의하여 방화구획이 설치된 경우에는 그 구획된 부분의 바닥면적을 말한다)의 100분의 1 이상일 것. 이 경우 바닥면적의 산정에 있어서 거실바닥면적의 20분의 1 이상으로 환기창을 설치한 거실의 면적은 이에 산입하지 아니한다(건축물의 설비기준 등에 관한 규칙 제14조 제1항 제2호).

정답 ③

329 **건축물의 설비기준 등에 관한 규칙상 비상용 승강기의 승강장에 설치하는 배연설비 구조의 기준으로 옳지 않은 것을 모두 고른 것은?**

> ㉠ 배연구 및 배연풍도는 불연재료로 할 것
> ㉡ 배연구는 평상시에 사용하는 굴뚝에 연결할 것
> ㉢ 배연구가 외기에 접하지 아니하는 경우에는 배연기를 설치할 것
> ㉣ 배연구는 평상시에는 열린 상태를 유지하고, 배연에 의한 기류로 인하여 닫히지 아니하도록 할 것

① ㉠, ㉢
② ㉡, ㉣
③ ㉠, ㉢, ㉣
④ ㉡, ㉢, ㉣
⑤ ㉠, ㉡, ㉢, ㉣

키워드 **배연설비 구조의 기준(건축물의 설비기준 등에 관한 규칙 제14조 제2항)**

풀이 ㉡ 배연구 및 배연풍도는 불연재료로 하고, 화재가 발생한 경우 원활하게 배연시킬 수 있는 규모로서 외기 또는 평상시에 사용하지 아니하는 굴뚝에 연결할 것
㉣ 배연구는 평상시에는 닫힌 상태를 유지하고, 연 경우에는 배연에 의한 기류로 인하여 닫히지 아니하도록 할 것

정답 ②

330 **건축물의 설비기준 등에 관한 규칙상 특별피난계단에 설치하는 배연설비 구조의 기준으로 옳지 않은 것은?** 제17회

① 배연구 및 배연풍도는 불연재료로 할 것
② 배연기는 배연구의 열림에 따라 자동적으로 작동하지 않도록 할 것
③ 배연구는 평상시에 닫힌 상태를 유지할 것
④ 배연구가 외기에 접하지 아니하는 경우에는 배연기를 설치할 것
⑤ 배연구에 설치하는 수동개방장치 또는 자동개방장치(열감지기 또는 연기감지기에 의한 것을 말한다)는 손으로도 열고 닫을 수 있도록 할 것

키워드 **배연설비 구조의 기준(건축물의 설비기준 등에 관한 규칙 제14조 제2항)**

풀이 배연기는 배연구의 열림에 따라 자동적으로 작동하고, 충분한 공기배출 또는 가압능력이 있어야 한다.

정답 ②

331 건축물에서 자연환기에 관한 설명으로 옳지 않은 것은? 제12회

① 바람이 없을 경우 실내·외의 온도차가 클수록 환기량은 많아진다.
② 실내온도가 외기온도보다 높으면 개구부의 하부에서 외부공기가 유입된다.
③ 고단열·고기밀 건축물은 자연환기량의 확보가 용이하고, 에너지도 절약된다.
④ 개구부를 주풍향에 직각으로 계획하면 환기량이 많아진다.
⑤ 환기횟수는 시간당 교체되는 외기량을 실(室)의 체적으로 나눈 값이다.

키워드 **자연환기의 원리**
풀이 최근의 고단열·고기밀 건축물은 열효율면에서는 유리하나 자연환기에는 불리하다.

정답 ③

332 건물 또는 실내의 환기에 관한 설명으로 옳지 않은 것은?

① 바람이 강할수록 환기량은 많아진다.
② 실내·외의 온도차가 클수록 환기량은 적어진다.
③ 배기용 송풍기만을 설치하여 실내 공기를 강제적으로 배출시키는 기계환기법은 화장실, 욕실에 적합하다.
④ 중력환기의 경우 항상 일정한 환기량을 얻을 수 없고 또 일정량 이상의 환기량을 기대할 수 없다.
⑤ 일반적으로 목조주택이 콘크리트조 주택보다 환기량이 많다.

키워드 **실내의 환기**
풀이 실내·외의 온도차가 클수록 환기량은 많아진다.

정답 ②

333 자연환기(통풍)에 관련된 설명으로 옳지 않은 것은?

① 환기란 실내 공기질 유지의 목적이 강하며, 통풍이란 실내 발생열을 제거하는 의미가 강하다.

② 야간에 창을 개방하여 외기를 도입함으로써 건물의 축열부하를 제거하고 구체를 냉각하는 것을 나이트 퍼지(Night Purge)라고 한다.

③ 연돌효과 또는 굴뚝효과(Stack Effect)에 의한 환기는 겨울철보다 여름철에 더 활발하게 발생한다.

④ 통풍을 발생시키는 근원은 바람에 의해 건물에 가해지는 풍압력이며, 외벽에 가해지는 압력과 실내압력의 차가 크면 클수록 환기량은 많아진다.

⑤ 역굴뚝효과는 건축물 바깥 공기가 실내의 공기보다 온도가 높을 때는 건물 내에서 공기가 위에서 아래쪽으로 이동하게 되는데 이러한 하향 공기흐름을 말한다.

PART 2

키워드 **자연환기의 원리**

풀이 연돌효과 또는 굴뚝효과에 의한 환기는 여름철보다 겨울철에 더 활발하게 발생한다.

이론 +

> 굴뚝효과(연돌효과, Stack Effect)
> 1. 실 외벽에 개구부가 있으면 실내 공기는 위쪽으로 나가고 실외 공기는 아래로 유입되는 현상을 말한다.
> 2. 굴뚝효과는 실내 공기의 유동이 거의 없을 때에도 환기를 일으킨다.
> 3. 고층건물의 엘리베이터실과 계단실에는 천장이 높아 큰 압력차가 생겨 강한 바람이 불게 된다.

정답 ③

334 아파트에서 환기설비가 설치되는 실의 명칭들이다. 이 중 압력을 중심으로 환기설비를 계획할 경우 요구되는 실내압력의 특성이 같은 것을 모두 고른 것은? 제21회

㉠ 화장실	㉡ 주방
㉢ 욕실	㉣ 특별피난계단 부속실

① ㉠, ㉢
② ㉡, ㉣
③ ㉠, ㉡, ㉢
④ ㉡, ㉢, ㉣
⑤ ㉠, ㉡, ㉢, ㉣

키워드 **기계환기**

풀이 화장실, 주방, 욕실은 제3종 환기법이 적용되므로 실내 압력을 부압으로 유지하며, 특별피난계단 부속실은 제2종 환기가 적용되므로 실내 압력을 정압으로 유지한다.

정답 ③

335 **신축공동주택(30세대 이상의 공동주택)의 자연환기설비의 설치기준으로 옳지 않은 것은?**

① 자연환기설비는 표면결로 및 바깥공기의 직접적인 유입으로 인하여 발생할 수 있는 불쾌감(콜드드래프트 등)을 방지할 수 있는 재료와 구조를 갖추어야 한다.
② 자연환기설비가 갖추어야 하는 공기여과기는 한국산업표준에 따른 입자포집률이 질량법으로 측정하여 70퍼센트 이상이어야 한다.
③ 자연환기설비를 지속적으로 작동시키는 경우에도 대상 공간의 사용에 지장을 주지 아니하는 위치에 설치되어야 한다.
④ 실내로 도입되는 바깥공기를 예열할 수 있는 기능을 갖는 자연환기설비는 최대한 에너지절약적인 구조와 형태를 가져야 한다.
⑤ 자연환기설비는 설치되는 실의 바닥부터 수직으로 1미터 이상의 높이에 설치하여야 하며, 2개 이상의 자연환기설비를 상하로 설치하는 경우 1.2미터 이상의 수직간격을 확보하여야 한다.

키워드 **공동주택의 환기설비기준(건축물의 설비기준 등에 관한 규칙 제11조 제3항 별표 1의4)**

풀이 자연환기설비는 설치되는 실의 바닥부터 수직으로 1.2미터 이상의 높이에 설치하여야 하며, 2개 이상의 자연환기설비를 상하로 설치하는 경우 1미터 이상의 수직간격을 확보하여야 한다.

정답 ⑤

336 **신축공동주택(30세대 이상의 주택 또는 공동주택)의 기계환기설비에 관한 설명 중 틀린 것은?** 제10회 수정

① 각 세대의 환기량은 시간당 0.5회로 환기할 수 있는 풍량을 확보하여야 한다.
② 기계환기설비는 주방 가스대 위의 공기배출장치, 화장실의 공기배출 송풍기 등 급속환기설비와 함께 설치할 수 있다.
③ 기계환기설비에서 발생하는 소음은 대표길이 1m(수직 또는 수평 하단)에서 측정하여 소음이 40데시벨 이하가 되어야 하는 것이 원칙이다.
④ 공기흡입구는 오염물질을 제거하는 공기여과기 또는 집진기 등을 갖추어야 한다.
⑤ 에너지절약을 위하여 열회수형 환기장치를 설치할 경우, 열회수형 환기장치의 유효환기량이 표시용량의 85% 이상이어야 한다.

키워드 **공동주택의 환기설비기준(건축물의 설비기준 등에 관한 규칙 제11조 제3항 별표 1의5)**

풀이 기계환기설비의 에너지절약을 위하여 열회수형 환기장치를 설치하는 경우에는 한국산업표준(KS B 6879)에 따라 시험한 열회수형 환기장치의 유효환기량이 표시용량의 90퍼센트 이상이어야 하고, 열회수형 환기장치의 안과 밖은 물맺힘이 발생하는 것을 최소화할 수 있는 구조와 성능을 확보하도록 하여야 한다.

정답 ⑤

337 건축물의 설비기준 등에 관한 규칙상 30세대 이상의 신축공동주택 등의 기계환기설비의 설치기준에 관한 설명으로 옳지 않은 것은? 제13회 수정

① 하나의 기계환기설비로 세대 내 2 이상의 실에 바깥공기를 공급할 경우의 필요 환기량은 각 실에 필요한 환기량의 합계 이상이 되도록 하여야 한다.

② 세대의 환기량 조절을 위하여 환기설비의 정격풍량을 최소·최대의 2단계 또는 그 이하로 조절할 수 있는 체계를 갖추어야 한다.

③ 기계환기설비는 환기의 효율을 극대화할 수 있는 위치에 설치하여야 하고, 바깥공기의 변동에 의한 영향을 최소화할 수 있도록 해야 한다.

④ 기계환기설비의 각 부분의 재료는 충분한 내구성 및 강도를 유지하여 작동되는 동안 구조 및 성능에 변형이 없도록 하여야 한다.

⑤ 공기흡입구 및 배기구와 공기공급체계 및 공기배출체계는 기계환기설비를 지속적으로 작동시키는 경우에도 대상 공간의 사용에 지장을 주지 아니하는 위치에 설치되어야 한다.

키워드 **공동주택의 환기설비기준(건축물의 설비기준 등에 관한 규칙 제11조 제3항 별표 1의5)**

풀이 세대의 환기량 조절을 위하여 환기설비의 정격풍량을 최소·적정·최대의 3단계 또는 그 이상으로 조절할 수 있는 체계를 갖추어야 하고, 적정 단계의 필요 환기량은 신축공동주택 등의 세대를 시간당 0.5회로 환기할 수 있는 풍량을 확보하여야 한다.

정답 ②

338 건축물의 설비기준 등에 관한 규칙상 30세대 이상의 신축공동주택 등의 기계환기설비 설치기준에 관한 설명으로 옳지 않은 것은? 제17회 수정

① 공기흡입구 및 배기구와 공기공급체계 및 공기배출체계는 기계환기설비를 지속적으로 작동시키는 경우에도 대상 공간의 사용에 지장을 주지 아니하는 위치에 설치되어야 한다.

② 세대의 환기량 조절을 위해서 환기설비의 정격풍량을 2단계 이상으로 조절할 수 있도록 하여야 한다.

③ 기계환기설비는 주방 가스대 위의 공기배출장치, 화장실의 공기배출 송풍기 등 급속환기설비와 함께 설치할 수 있다.

④ 에너지절약을 위하여 열회수형 환기장치를 설치하는 경우에는 한국산업표준(KS B 6879)에 따라 시험한 열회수형 환기장치의 유효환기량이 표시용량의 90% 이상이어야 한다.

⑤ 외부에 면하는 공기흡입구와 배기구는 교차오염을 방지할 수 있도록 1.5미터 이상의 이격거리를 확보하거나 공기흡입구와 배기구의 방향이 서로 90도 이상 되는 위치에 설치되어야 한다.

키워드 **공동주택의 환기설비기준(건축물의 설비기준 등에 관한 규칙 제11조 제3항 별표 1의5)**

풀이 세대의 환기량 조절을 위하여 환기설비의 정격풍량을 최소·적정·최대의 3단계 또는 그 이상으로 조절할 수 있는 체계를 갖추어야 하고, 적정 단계의 필요 환기량은 신축공동주택 등의 세대를 시간당 0.5회로 환기할 수 있는 풍량을 확보하여야 한다.

정답 ②

339 300세대의 아파트를 리모델링하는 경우 설치하여야 하는 환기설비에 관한 설명으로 옳지 않은 것은? 제14회 수정

① 시간당 0.5회 이상의 환기가 이루어질 수 있도록 자연환기설비 또는 기계환기설비를 설치하여야 한다.

② 기계환기설비의 시간당 실내공기 교환횟수는 환기설비에 의한 최종 공기흡입구에서 세대의 실내로 공급되는 시간당 총 체적 풍량을 실내 총 체적으로 나눈 환기횟수를 말한다.

③ 외부에 면하는 공기흡입구와 배기구는 교차오염을 방지할 수 있도록 1.5m 이상의 이격거리를 확보하거나, 공기흡입구와 배기구의 방향이 서로 90도 이상 되는 위치에 설치되어야 하고, 화재 등 유사시 안전에 대비할 수 있는 구조와 성능이 확보되어야 한다.

④ 하나의 기계환기설비로 세대 내 2 이상의 실에 바깥공기를 공급할 경우의 필요환기량은 그중 체적이 가장 큰 실에 필요한 환기량 이상이 되도록 하여야 한다.

⑤ 기계환기설비는 바깥공기의 변동에 의한 영향을 최소화할 수 있도록 공기흡입구 또는 배기구 등에 완충장치 또는 석쇠형 철망 등을 설치하여야 한다.

키워드 **공동주택의 환기설비기준(건축물의 설비기준 등에 관한 규칙 제11조 제3항 별표 1의5)**

풀이 하나의 기계환기설비로 세대 내 2 이상의 실에 바깥공기를 공급할 경우의 필요환기량은 각 실에 필요한 환기량의 합계 이상이 되도록 하여야 한다.

정답 ④

340 신축되는 30세대 이상 공동주택의 기계환기설비 설치기준에 관한 설명으로 옳지 않은 것은?

① 세대의 환기량 조절을 위하여 환기설비의 정격풍량을 최소·적정·최대의 3단계 또는 그 이상으로 조절할 수 있는 체계를 갖추어야 하고, 적정 단계의 필요 환기량은 신축공동주택 등의 세대를 시간당 0.5회로 환기할 수 있는 풍량을 확보하여야 한다.

② 기계환기설비는 신축 또는 리모델링하는 공동주택의 모든 세대가 시간당 0.5회 이상의 환기횟수를 만족시킬 수 있도록 24시간 가동할 수 있어야 한다.

③ 공기여과기의 경우 한국산업표준에 따른 입자포집률이 계수법으로 측정하여 50퍼센트 이상이어야 한다.

④ 기계환기설비에서 발생하는 소음의 측정은 한국산업규격에 따르는 것을 원칙으로 한다. 측정위치는 대표길이 1미터(수직 또는 수평 하단)에서 측정하여 소음이 40dB 이하가 되어야 하며, 암소음(측정대상인 소음 외에 주변에 존재하는 소음을 말한다)은 보정하여야 한다. 다만, 환기설비 본체(소음원)가 거주공간 외부에 설치될 경우에는 대표길이 1미터(수직 또는 수평 하단)에서 측정하여 50dB 이하가 되거나, 거주공간 내부의 중앙부 바닥으로부터 1.0~1.2미터 높이에서 측정하여 40dB 이하가 되어야 한다.

⑤ 외부에 면하는 공기흡입구와 배기구는 교차오염을 방지할 수 있도록 1.5미터 이상의 이격거리를 확보하거나 공기흡입구와 배기구의 방향이 서로 90도 이상 되는 위치에 설치되어야 하고, 화재 등 유사시 안전에 대비할 수 있는 구조와 성능이 확보되어야 한다.

키워드 **공동주택의 환기설비기준(건축물의 설비기준 등에 관한 규칙 제11조 제3항 별표 1의5)**

풀이 비깥공기를 공급하는 공기공급체계 또는 바깥공기가 도입되는 공기흡입구는 다음의 요건을 모두 갖춘 공기여과기 또는 집진기 등을 갖춰야 한다.

1. 입자형·가스형 오염물질을 제거 또는 여과하는 성능이 일정 수준 이상일 것
2. 여과장치 등의 청소 및 교환 등 유지관리가 쉬운 구조일 것
3. 공기여과기의 경우 한국산업표준에 따른 입자포집률이 계수법으로 측정하여 60퍼센트 이상일 것

정답 ③

341 아파트단지 내 상가 1층에 실용적 720m³인 은행을 환기횟수 1.5회/h로 계획했을 때의 필요풍량(m³/min)은?

① 18
② 90
③ 270
④ 540
⑤ 1,080

키워드 **환기량의 계산**

풀이 환기량(m³/h) = 환기횟수(회/h) × 실용적(m³) = 1.5 × 720 = 1,080(m³/h)
이 문제에서는 분당 환기량을 구해야 하므로 1,080 ÷ 60 = 18(m³/min)

정답 ①

342 가로 10m, 세로 20m, 천장높이 5m인 기계실에서, 기기의 발열량이 40kW일 때 필요한 최소 환기횟수(회/h)는? (단, 실내 설정온도 28℃, 외기온도 18℃, 공기의 비중 1.2kg/m³, 공기의 비열 1.0kJ/kg·K로 하고 주어진 조건 외의 사항은 고려하지 않음)

제20회

① 10
② 12
③ 14
④ 16
⑤ 18

키워드 **발열량에 따른 환기량의 계산**

풀이 실내 발열량에 의한 환기량(보일러, 변전실 등에 적용)

$$Q(\text{환기량}) = \frac{H_s}{\rho \cdot C_p \cdot (t_r - t_o)}(\text{m}^3/\text{h}) = \frac{40 \times 3,600}{1.2 \times 1.0 \times (28-18)} ≒ 12,000(\text{m}^3)$$

여기서 H_s: 실내 발열량(kJ/h)
ρ: 밀도(1.2kg/m³)
C_p: 공기정압비열(1.01kJ/kg·K)
t_r: 실내 허용온도
t_o: 신선공기온도

∴ 환기횟수 = 환기량 ÷ 실내체적 = 12,000 ÷ 1,000 = 12(회/h)

정답 ②

343 다음의 조건에서 관리사무소의 환기횟수(회/h)는? (단, 주어진 조건 외는 고려하지 않음)

제26회

- 근무인원: 8명
- 1인당 CO_2 발생량: 15ℓ/h
- 실내의 CO_2 허용농도: 1,000ppm
- 외기 중의 CO_2 농도: 500ppm
- 사무실의 크기: 10m(가로) × 8m(세로) × 3m(높이)

① 0.5　② 0.75　③ 1.0
④ 1.25　⑤ 1.5

키워드 환기량의 계산

풀이 1. 환기량 : $Q(\text{m}^3/\text{h}) = \frac{K}{C_i - C_o} = \frac{8 \times 0.015}{0.001 - 0.0005} = 240$

여기서, K: 실내 CO_2 발생량(m^3/h)
C_i: 실내 CO_2 허용농도(m^3/m^3)
C_o: 외기(신선) CO_2 농도(m^3/m^3)

2. 환기횟수 : $\frac{240}{10 \times 8 \times 3} = 1$(회/h)

정답 ③

최신기출

344 실의 크기가 가로 10m, 세로 10m, 천장고 2.5m인 공동주택 관리사무소의 환기횟수가 2회/h일 때, 이 실내의 CO_2 농도(ppm)는? (단, 재실인원은 10명, 1인당 CO_2 발생량은 20liter/h, 외기의 CO_2 농도는 450ppm으로 하고, 이 외 조건은 고려하지 않음)

제27회

① 750　② 800　③ 850
④ 900　⑤ 950

키워드 환기량의 계산

풀이 1. 환기량(m^3/h) = 환기횟수(회/h) × 실내체적(m^3) = 2회/h × (10m × 10m × 2.5m) = 500m^3/h

2. 환기량 = $Q(\text{m}^3/\text{h}) = \frac{K}{C_i - C_o}$

여기서, K: 실내 CO_2 발생량(m^3/h)
C_i: 실내 CO_2 허용농도(m^3/m^3)
C_o: 외기(신선) CO_2 농도(m^3/m^3)

$500\text{m}^3/\text{h} = \frac{10(\text{명}) \times 20(\ell/\text{h})}{x - 0.00045}$ 에서 $x = 0.00085 \times 1{,}000{,}000 = 850$ppm

정답 ③

345 **공기여과장치에서 입구 측의 오염도가 0.5mg/m^3, 출구 측의 오염도가 0.14mg/m^{3}일 때, 이 공기여과장치의 여과효율은?**

① 67% ② 72%
③ 77% ④ 82%
⑤ 87%

키워드 **공기여과기의 효율**

풀이 $$여과효율(\eta) = \frac{통과\ 전의\ 오염농도(C_1) - 통과\ 후의\ 오염농도(C_2)}{통과\ 전의\ 오염농도(C_1)} \times 100(\%)$$

$$\therefore \eta = \frac{0.5 - 0.14}{0.5} \times 100 = 72(\%)$$

정답 ②

346 **소방시설 설치 및 관리에 관한 법령상 소방시설 중 소화설비에 해당하지 않는 것은?**

① 수동식 소화기 ② 옥내소화전설비
③ 스프링클러설비 ④ 연결송수관설비
⑤ 옥외소화전설비

키워드 **소화설비의 종류(소방시설 설치 및 관리에 관한 법률 시행령 제3조 별표 1)**

풀이 연결송수관설비는 소화활동설비에 포함된다.

정답 ④

347 **소방시설 중 경보설비에 해당하지 않는 것은?**

① 자동화재탐지설비 ② 자동화재속보설비
③ 누전경보기 ④ 비상콘센트설비
⑤ 비상방송설비

키워드 **경보설비의 종류(소방시설 설치 및 관리에 관한 법률 시행령 제3조 별표 1)**

풀이 비상콘센트설비는 소화활동설비에 포함된다.

정답 ④

348 **소방시설 설치 및 관리에 관한 법령상 소방시설 중 피난구조설비에 해당하지 않는 것은?**

① 제연설비　② 방열복

③ 공기호흡기　④ 인공소생기

⑤ 비상조명등

키워드 **피난구조설비의 종류(소방시설 설치 및 관리에 관한 법률 시행령 제3조 별표 1)**

풀이 제연설비는 소화활동설비에 속한다.

정답 ①

349 **소방시설 설치 및 관리에 관한 법령상 화재를 진압하거나 인명구조활동을 위하여 사용하는 소화활동설비가 아닌 것은?** 제26회

① 연결송수관설비　② 비상콘센트설비

③ 비상방송설비　④ 연소방지설비

⑤ 무선통신보조설비

키워드 **소화활동설비의 종류(소방시설 설치 및 관리에 관한 법률 시행령 제3조 별표 1)**

풀이 비상방송설비는 경보설비에 해당한다.

정답 ③

350 **소방시설 설치 및 관리에 관한 법령상 소방시설이란 소화설비, 경보설비, 피난구조설비, 소화용수설비, 그 밖의 소화활동설비로서 대통령령으로 정하는 것을 말한다. 각 소방시설과 그에 속하는 기계·기구·설비를 옳게 연결한 것이 아닌 것은?**

① 소화설비: 분말자동소화장치, 화재조기진압용 스프링클러설비

② 경보설비: 자동화재탐지설비, 자동화재속보설비

③ 피난구조설비: 방열복, 인공소생기

④ 소화용수설비: 상수도소화용수설비, 저수조

⑤ 소화활동설비: 제연설비, 옥외소화전설비

키워드 **소화활동설비의 종류(소방시설 설치 및 관리에 관한 법률 시행령 제3조 별표 1)**

풀이 옥외소화전설비는 소화설비에 해당한다.

정답 ⑤

351 소방시설에 관한 설명 중 틀린 것은? 제9회

① 소화설비로는 옥내소화전설비, 스프링클러설비, 자동화재속보설비, 물분무소화설비 등이 있다.

② 경보설비로는 비상방송설비, 누전경보기, 가스누설경보기 등이 있다.

③ 소화활동설비로는 제연설비, 연결살수설비, 연소방지설비, 비상콘센트설비 등이 있다.

④ 소화용수설비로는 상수도소화용수설비, 소화수조, 저수조 등이 있다.

⑤ 피난구조설비로는 피난사다리, 방열복, 공기호흡기, 유도등, 비상조명등 등이 있다.

키워드 **소방시설의 종류(소방시설 설치 및 관리에 관한 법률 시행령 제3조 별표 1)**

풀이 자동화재속보설비는 경보설비이다.

정답 ①

352 소방시설 설치 및 관리에 관한 법령상 무창층에 관한 설명 중 밑줄 친 요건과 관련된 기준 내용으로 옳지 않은 것은?

> 무창층이란 지상층 중 <u>다음의 요건</u>을 모두 갖춘 개구부의 면적의 합계가 해당 층의 바닥면적의 30분의 1 이하가 되는 층을 말한다.

① 도로 또는 차량이 진입할 수 있는 빈터를 향할 것

② 크기는 지름 50센티미터 이상의 원이 통과할 수 있을 것

③ 내부 또는 외부에서 쉽게 부수거나 열 수 있을 것

④ 해당 층의 바닥면으로부터 개구부 밑부분까지의 높이가 1.2미터 이내일 것

⑤ 개구부에 창살을 설치할 것

키워드 **무창층의 정의(소방시설 설치 및 관리에 관한 법률 시행령 제2조 제1호)**

풀이 화재 시 건축물로부터 쉽게 피난할 수 있도록 창살이나 그 밖의 장애물이 설치되지 않아야 한다.

정답 ⑤

353 소화기구를 설치해야 하는 특정소방대상물의 연면적 기준은?

① $10m^2$ 이상
② $25m^2$ 이상
③ $33m^2$ 이상
④ $40m^2$ 이상
⑤ $66m^2$ 이상

키워드 **소화기구의 설치기준(소방시설 설치 및 관리에 관한 법률 시행령 제11조 제1항 별표 4)**

풀이 소화기구를 설치해야 하는 특정소방대상물은 연면적 $33m^2$ 이상인 것이다.

정답 ③

354 비상경보설비를 설치해야 하는 특정소방대상물의 연면적 기준은?

① $400m^2$ 이상
② $500m^2$ 이상
③ $600m^2$ 이상
④ $1,000m^2$ 이상
⑤ $1,500m^2$ 이상

키워드 **비상경보설비의 설치기준(소방시설 설치 및 관리에 관한 법률 시행령 제11조 제1항 별표 4)**

풀이 비상경보설비를 설치해야 하는 특정소방대상물은 연면적 $400m^2$ 이상인 것은 모든 층에 설치한다.

정답 ①

355 비상방송설비를 설치해야 하는 특정소방대상물의 연면적 기준은?

① $1,500m^2$ 이상
② $2,000m^2$ 이상
③ $2,500m^2$ 이상
④ $3,000m^2$ 이상
⑤ $3,500m^2$ 이상

키워드 **비상방송설비의 설치기준(소방시설 설치 및 관리에 관한 법률 시행령 제11조 제1항 별표 4)**

풀이 비상방송설비를 설치해야 하는 특정소방대상물(위험물저장 및 처리시설 중 가스시설, 사람이 거주하지 않거나 벽이 없는 축사 등 동물 및 식물 관련 시설, 지하가 중 터널 및 지하구는 제외한다)은 다음의 어느 하나에 해당하는 것으로 한다.

1. 연면적 $3,500m^2$ 이상인 것은 모든 층
2. 층수가 11층 이상인 것은 모든 층
3. 지하층의 층수가 3층 이상인 것은 모든 층

정답 ⑤

356 화재안전기준에 적합한 피난기구를 설치해야 하는 특정소방대상물의 층에 해당하는 것은?

① 피난층
② 지상 1층
③ 지상 2층
④ 지상 8층
⑤ 지상 11층

키워드 **피난기구의 설치기준(소방시설 설치 및 관리에 관한 법률 시행령 제11조 제1항 별표 4)**

풀이 피난기구는 특정소방대상물의 모든 층에 화재안전기준에 적합한 것으로 설치해야 한다. 다만, 피난층, 지상 1층, 지상 2층(노유자시설 중 피난층이 아닌 지상 1층과 피난층이 아닌 지상 2층은 제외한다), 층수가 11층 이상인 층과 위험물저장 및 처리시설 중 가스시설, 지하가 중 터널 또는 지하구의 경우에는 그렇지 않다.

정답 ④

357 비상조명등을 설치해야 하는 특정소방대상물의 층수 및 연면적 기준은?

① 지하층을 포함하는 층수가 5층 이상인 건축물로서 연면적 2,000m² 이상인 경우에는 모든 층
② 지하층을 포함하는 층수가 5층 이상인 건축물로서 연면적 3,000m² 이상인 경우에는 모든 층
③ 지하층을 포함하는 층수가 3층 이상인 건축물로서 연면적 2,000m² 이상인 경우에는 모든 층
④ 지하층을 포함하는 층수가 3층 이상인 건축물로서 연면적 3,000m² 이상인 경우에는 모든 층
⑤ 지하층을 포함하는 층수가 11층 이상인 건축물로서 연면적 2,000m² 이상인 경우에는 모든 층

키워드 **비상조명등의 설치기준(소방시설 설치 및 관리에 관한 법률 시행령 제11조 제1항 별표 4)**

풀이 비상조명등을 설치해야 하는 특정소방대상물(창고시설 중 창고 및 하역장, 위험물저장 및 처리시설 중 가스시설 및 사람이 거주하지 않거나 벽이 없는 축사 등 동물 및 식물 관련 시설은 제외한다)은 다음의 어느 하나에 해당하는 것으로 한다.

1. 지하층을 포함하는 층수가 5층 이상인 건축물로서 연면적 3천m² 이상인 경우에는 모든 층
2. 위 1.에 해당하지 않는 특정소방대상물로서 그 지하층 또는 무창층의 바닥면적이 450m² 이상인 경우에는 해당 층

정답 ②

358 상수도소화용수설비를 설치해야 하는 특정소방대상물의 연면적 기준은?

① 1,000m^2 이상
② 2,000m^2 이상
③ 3,000m^2 이상
④ 4,000m^2 이상
⑤ 5,000m^2 이상

키워드 **상수도소화용수설비의 설치기준(소방시설 설치 및 관리에 관한 법률 시행령 제11조 제1항 별표 4)**

풀이 상수도소화용수설비를 설치해야 하는 특정소방대상물은 다음의 어느 하나에 해당하는 것으로 한다. 다만, 상수도소화용수설비를 설치해야 하는 특정소방대상물의 대지 경계선으로부터 180m 이내에 지름 75mm 이상인 상수도용 배수관이 설치되지 않은 지역의 경우에는 화재안전기준에 따른 소화수조 또는 저수조를 설치해야 한다.

1. 연면적 5천m^2 이상인 것. 다만, 위험물저장 및 처리시설 중 가스시설, 지하가 중 터널 또는 지하구의 경우에는 제외한다.

정답 ⑤

359 비상콘센트설비를 설치해야 하는 특정소방대상물에 관한 기준이다. (   )에 공통으로 들어갈 숫자에 해당하는 것은?

층수가 (   )층 이상인 특정소방대상물의 경우에는 (   )층 이상의 층

① 3
② 5
③ 8
④ 11
⑤ 16

키워드 **비상콘센트설비의 설치기준(소방시설 설치 및 관리에 관한 법률 시행령 제11조 제1항 별표 4)**

풀이 비상콘센트설비를 설치해야 하는 특정소방대상물(위험물저장 및 처리시설 중 가스시설 또는 지하구는 제외한다)은 다음의 어느 하나에 해당하는 것으로 한다.

1. 층수가 11층 이상인 특정소방대상물의 경우에는 11층 이상의 층
2. 지하층의 층수가 3층 이상이고 지하층의 바닥면적의 합계가 1천m^2 이상인 것은 지하층의 모든 층

정답 ④

360 **소방시설 설치 및 관리에 관한 법령상 소방시설의 설치규정으로서 옳지 않은 것은?**

① 연면적 3천m^2 이상(터널은 제외한다)이거나 지하층·무창층(축사는 제외한다)으로서 바닥면적이 600m^2인 층이 있는 것, 층수가 4층 이상인 층 중에서 바닥면적이 600m^2 이상인 층이 있는 것은 모든 층에 옥내소화전설비를 설치해야 한다.

② 지상 1층 및 2층의 바닥면적의 합계가 6천m^2 이상인 특정소방대상물은 옥외소화전설비를 설치해야 한다.

③ 특정소방대상물(갓복도형 아파트등은 제외한다)에 부설된 특별피난계단, 비상용 승강기의 승강장 또는 피난용 승강기의 승강장은 제연설비를 설치해야 한다.

④ 층수가 5층 이상으로서 연면적 6천m^2 이상인 특정소방대상물에는 모든 층에 연결송수관설비를 설치해야 한다.

⑤ 지하층의 바닥면적의 합계가 3천m^2 이상인 것 또는 지하층의 층수가 3층 이상이고 지하층의 바닥면적의 합계가 1천m^2 이상인 것은 지하층의 모든 층에 무선통신보조설비를 설치해야 한다.

키워드 **소방시설의 설치기준(소방시설 설치 및 관리에 관한 법률 시행령 제11조 제1항 별표 4)**

풀이 지상 1층 및 2층의 바닥면적 합계가 9천m^2 이상인 특정소방대상물은 옥외소화전설비를 설치해야 한다.

정답 ②

361 **소방시설 설치 및 관리에 관한 법령상 소방시설의 설치규정으로서 옳지 않은 것은?**

① 아파트등의 모든 층에는 주거용 주방자동소화장치를 설치해야 한다.

② 공동주택 중 아파트등의 경우에는 모든 층에 자동화재탐지설비를 설치해야 한다.

③ 공동주택 중 연립주택 및 다세대주택은 단독경보형 감지기를 설치해야 한다.

④ 특정소방대상물로서 지하층을 포함하는 층수가 7층 이상인 경우에는 모든 층에 연결송수관설비를 설치해야 한다.

⑤ 「주택법 시행령」 규정에 따른 국민주택규모 이하인 아파트등의 지하층(대피시설로 사용하는 것만 해당한다)에 있어서 150m^2 이상인 경우에는 연결살수설비를 설치해야 한다.

키워드 **소방시설의 설치기준(소방시설 설치 및 관리에 관한 법률 시행령 제11조 제1항 별표 4)**

풀이 연결살수설비의 설치대상은 지하층(피난층으로 주된 출입구가 도로와 접한 경우는 제외한다)으로서 바닥면적의 합계가 150m^2 이상인 경우에는 지하층의 모든 층. 다만, 「주택법 시행령」 제46조 제1항에 따른 국민주택규모 이하인 아파트등의 지하층(대피시설로 사용하는 것만 해당한다)과 교육연구시설 중 학교의 지하층의 경우에는 700m^2 이상인 것으로 한다.

정답 ⑤

362 소방시설기준 적용의 특례에 관한 기준 내용이다. (　　)에 해당하지 않는 것은?

> 소방본부장이나 소방서장은 특정소방대상물에 설치하여야 하는 소방시설 가운데 기능과 성능이 유사한 (　　) 등의 소방시설의 경우에는 대통령령으로 정하는 바에 따라 유사한 소방시설의 설치를 면제할 수 있다.

① 비상경보설비　　② 비상방송설비
③ 자동화재속보설비　　④ 물분무등소화설비
⑤ 스프링클러설비

키워드 소방시설기준 적용의 특례

풀이 소방본부장이나 소방서장은 특정소방대상물에 설치하여야 하는 소방시설 가운데 기능과 성능이 유사한 스프링클러설비, 물분무등소화설비, 비상경보설비 및 비상방송설비 등의 소방시설의 경우에는 대통령령으로 정하는 바에 따라 유사한 소방시설의 설치를 면제할 수 있다(소방시설 설치 및 관리에 관한 법률 제13조 제2항).

정답 ③

363 소방시설 설치 및 관리에 관한 법령상 공동주택(아파트등으로 한정한다)의 세대별 자체점검 방법에 관한 설명으로 옳지 않은 것은?

① 관리자(관리소장, 입주자대표회의 및 소방안전관리자를 포함한다. 이하 같다) 및 입주민(세대 거주자를 말한다)은 2년 주기로 모든 세대에 대하여 점검을 해야 한다.
② 아날로그감지기 등 특수감지기가 설치되어 있는 경우에는 수신기에서 원격 점검할 수 있으며, 점검할 때마다 모든 세대를 점검해야 한다.
③ 관리자는 수신기에서 원격 점검이 불가능한 경우 매년 작동점검만 실시하는 공동주택은 1회 점검 시마다 전체 세대수의 30퍼센트 이상, 종합점검을 실시하는 공동주택은 1회 점검 시마다 전체 세대수의 50퍼센트 이상 점검하도록 자체점검 계획을 수립·시행해야 한다.
④ 관리자는 관리업자로 하여금 세대별 점검을 하고자 하는 경우에는 사전에 점검 일정을 입주민에게 사전에 공지하고 세대별 점검 일자를 파악하여 관리업자에게 알려주어야 한다.
⑤ 관리자는 세대별 점검현황(입주민 부재 등 불가피한 사유로 점검을 하지 못한 세대 현황을 포함한다)을 작성하여 자체점검이 끝난 날부터 2년간 자체 보관해야 한다.

키워드 **소방시설의 자체점검(소방시설 설치 및 관리에 관한 법률 시행규칙 제20조 제1항 별표 3)**

풀이 관리자는 수신기에서 원격 점검이 불가능한 경우 매년 작동점검만 실시하는 공동주택은 1회 점검 시마다 전체 세대수의 50퍼센트 이상, 종합점검을 실시하는 공동주택은 1회 점검 시마다 전체 세대수의 30퍼센트 이상 점검하도록 자체점검 계획을 수립·시행해야 한다.

정답 ③

364 소방시설 설치 및 관리에 관한 법령상 점검결과보고서의 제출에 관한 기준 내용이다. ( )에 들어갈 내용으로 적절한 것은?

> 제1항에 따른 자체점검 실시결과 보고서를 제출받거나 스스로 자체점검을 실시한 관계인은 법 제23조 제3항에 따라 자체점검이 끝난 날부터 ( ) 이내에 별지 제9호서식의 소방시설등 자체점검 실시결과 보고서(전자문서로 된 보고서를 포함한다)에 다음 각 호의 서류를 첨부하여 소방본부장 또는 소방서장에게 서면이나 소방청장이 지정하는 전산망을 통하여 보고해야 한다.
> 1. 점검인력 배치확인서(관리업자가 점검한 경우만 해당한다)
> 2. 별지 제10호서식의 소방시설등의 자체점검 결과 이행계획서

① 3일 ② 7일
③ 10일 ④ 15일
⑤ 30일

키워드 **소방시설의 자체점검**

풀이 자체점검 실시결과 보고서를 제출받거나 스스로 자체점검을 실시한 관계인은 법 제23조 제3항에 따라 자체점검이 끝난 날부터 15일 이내에 별지 제9호서식의 소방시설등 자체점검 실시결과 보고서(전자문서로 된 보고서를 포함한다)에 다음 각 호의 서류를 첨부하여 소방본부장 또는 소방서장에게 서면이나 소방청장이 지정하는 전산망을 통하여 보고해야 한다(소방시설 설치 및 관리에 관한 법률 시행규칙 제23조 제2항).

1. 점검인력 배치확인서(관리업자가 점검한 경우만 해당한다)
2. 별지 제10호서식의 소방시설등의 자체점검 결과 이행계획서

정답 ④

365 나무, 섬유, 종이, 고무, 플라스틱류와 같은 일반 가연물이 타고 나서 재가 남는 화재를 의미하는 것은?

① A급 화재 ② B급 화재
③ C급 화재 ④ D급 화재
⑤ K급 화재

키워드 「소화기구 및 자동소화장치의 화재안전기술기준」상 용어의 정의

풀이 '일반화재(A급 화재)'란 나무, 섬유, 종이, 고무, 플라스틱류와 같은 일반 가연물이 타고 나서 재가 남는 화재를 말한다. 일반화재에 대한 소화기의 적응 화재별 표시는 'A'로 표시한다(소화기구 및 자동소화장치의 화재안전기술기준 1.7.1.7).

정답 ①

366 소화기구 및 자동소화장치의 화재안전기술기준상 용어의 정의로 옳지 않은 것은?

① '대형소화기'란 화재 시 사람이 운반할 수 있도록 운반대와 바퀴가 설치되어 있고 능력단위가 A급 10단위 이상, B급 20단위 이상인 소화기를 말한다.
② '소형소화기'란 능력단위가 1단위 이상이고 대형소화기의 능력단위 미만인 소화기를 말한다.
③ '주거용 주방자동소화장치'란 주거용 주방에 설치된 열발생 조리기구의 사용으로 인한 화재 발생 시 열원(전기 또는 가스)을 자동으로 차단하며 소화약제를 방출하는 소화장치를 말한다.
④ '유류화재(B급 화재)'란 인화성 액체, 가연성 액체, 석유 그리스, 타르, 오일, 유성도료, 솔벤트, 래커, 알코올 및 인화성 가스와 같은 유류가 타고 나서 재가 남지 않는 화재를 말한다. 유류화재에 대한 소화기의 적응 화재별 표시는 'B'로 표시한다.
⑤ '주방화재(C급 화재)'란 주방에서 동식물유를 취급하는 조리기구에서 일어나는 화재를 말한다. 주방화재에 대한 소화기의 적응 화재별 표시는 'C'로 표시한다.

키워드 「소화기구 및 자동소화장치의 화재안전기술기준」상 용어의 정의

풀이 '주방화재(K급 화재)'란 주방에서 동식물유를 취급하는 조리기구에서 일어나는 화재를 말한다. 주방화재에 대한 소화기의 적응 화재별 표시는 'K'로 표시한다. 'C급 화재'는 전기화재를 말하며, 전기화재에 대한 소화기의 적응 화재별 표시는 'C'로 표시한다(소화기구 및 자동소화장치의 화재안전기술기준 1.7.1.9, 1.7.1.10)

정답 ⑤

367 화재안전기술기준상 소화기구에 관한 설명으로 옳지 않은 것은?

① 소형소화기란 능력단위가 1단위 이상이고, 대형소화기의 능력단위 미만인 소화기를 말한다.
② 대형소화기란 A급 10단위 이상, B급 20단위 이상인 소화기를 말한다.
③ 가스자동소화장치란 열, 연기 또는 불꽃 등을 감지하여 분말의 소화약제를 방사하여 소화하는 소화장치를 말한다.
④ 자동확산소화기를 제외한 소화기구는 거주자 등이 손쉽게 사용할 수 있는 장소에 바닥으로부터 높이 1.5m 이하의 곳에 비치한다.
⑤ 차단장치(전기 또는 가스)는 상시 확인 및 점검이 가능하도록 설치한다.

키워드 **소화기의 사용 및 관리요령**

풀이 '가스자동소화장치'란 열, 연기 또는 불꽃 등을 감지하여 가스계 소화약제를 방사하여 소화하는 소화장치를 말하며, '분말자동소화장치'란 열, 연기 또는 불꽃 등을 감지하여 분말의 소화약제를 방사하여 소화하는 소화장치를 말한다(소화기구 및 자동소화장치의 화재안전기술기준 1.7.1.4).

정답 ③

368 화재안전기술기준(NFTC)상 소화기구 및 자동소화장치의 소화기 설치기준에 관한 내용이다. (　　)에 들어갈 숫자를 순서대로 나열한 것은? 제19회 수정

특정소방대상물의 각 부분으로부터 1개의 소화기까지의 보행거리가 소형소화기의 경우에는 (　　)m 이내, 대형소화기의 경우에는 (　　)m 이내가 되도록 배치할 것. 다만, 가연성 물질이 없는 작업장의 경우에는 작업장의 실정에 맞게 보행거리를 완화하여 배치할 수 있다.

① 20, 40
② 20, 30
③ 25, 30
④ 25, 35
⑤ 30, 35

키워드 **소화기의 설치기준**

풀이 특정소방대상물의 각 부분으로부터 1개의 소화기까지의 보행거리가 소형소화기의 경우에는 '20'm 이내, 대형소화기의 경우에는 '30'm 이내가 되도록 배치할 것. 다만, 가연성 물질이 없는 작업장의 경우에는 작업장의 실정에 맞게 보행거리를 완화하여 배치할 수 있다(소화기구 및 자동소화장치의 화재안전기술기준 2.1.1.4.2).

정답 ②

369 화재안전기술기준(NFTC)상 소화기구 및 자동소화장치의 화재안전기줄기준에 관한 내용으로 옳지 않은 것은? 제23회 수정

① '소형소화기'란 능력단위가 1단위 이상이고 대형소화기의 능력단위 미만인 소화기를 말한다.

② '주거용 주방자동소화장치'란 주거용 주방에 설치된 열발생 조리기구의 사용으로 인한 화재 발생 시 열원(전기 또는 가스)을 자동으로 차단하며 소화약제를 방출하는 소화장치를 말한다.

③ '일반화재(A급 화재)'란 나무, 섬유, 종이, 고무, 플라스틱류와 같은 일반 가연물이 타고 나서 재가 남는 화재를 말한다. 일반화재에 대한 소화기의 적응 화재별 표시는 'A'로 표시한다.

④ 소화기는 각 층마다 설치하되, 특정소방대상물의 각 부분으로부터 1개의 소화기까지의 보행거리가 소형소화기의 경우에는 20m 이내, 대형소화기의 경우에는 30m 이내가 되도록 배치한다.

⑤ 소화기구(자동확산소화기를 제외한다)는 거주자 등이 손쉽게 사용할 수 있는 장소에 바닥으로부터 높이 1.6m 이하의 곳에 비치한다.

키워드 **「소화기구 및 자동소화장치의 화재안전기술기준」상 소화기의 설치기준**

풀이 소화기구(자동확산소화기를 제외한다)는 거주자 등이 손쉽게 사용할 수 있는 장소에 바닥으로부터 높이 1.5m 이하의 곳에 비치한다(소화기구 및 자동소화장치의 화재안전기술기준 2.1.1.6).

정답 ⑤

370 **국가화재안전기술기준(NFTC)상 소화기구 및 자동소화장치의 주거용 주방자동소화장치에 관한 설치기준이다. (   )에 들어갈 내용을 옳게 나열한 것은?** 제20회 수정

> 주거용 주방자동소화장치는 다음의 기준에 따라 설치할 것
> • (㉠)는 형식승인받은 유효한 높이 및 위치에 설치할 것
> • 가스용 주방자동소화장치를 사용하는 경우 (㉡)는 수신부와 분리하여 설치하되, 공기보다 가벼운 가스를 사용하는 경우에는 천장 면으로부터 (㉢)의 위치에 설치하고, 공기보다 무거운 가스를 사용하는 장소에는 바닥 면으로부터 (㉢)의 위치에 설치할 것

① ㉠ 감지부, ㉡ 탐지부, ㉢ 30cm 이하
② ㉠ 환기구, ㉡ 감지부, ㉢ 30cm 이하
③ ㉠ 수신부, ㉡ 환기구, ㉢ 30cm 이상
④ ㉠ 감지부, ㉡ 중계부, ㉢ 60cm 이하
⑤ ㉠ 수신부, ㉡ 탐지부, ㉢ 60cm 이상

키워드 **주방자동소화장치의 설치기준**

풀이 주거용 주방자동소화장치는 다음의 기준에 따라 설치할 것(소화기구 및 자동소화장치의 화재안전기술기준 2.1.2.1)

1. 소화약제 방출구는 환기구(주방에서 발생하는 열기류 등을 밖으로 배출하는 장치를 말한다)의 청소부분과 분리되어 있어야 하며, 형식승인받은 유효설치 높이 및 방호면적에 따라 설치할 것
2. '감지부'는 형식승인받은 유효한 높이 및 위치에 설치할 것
3. 차단장치(전기 또는 가스)는 상시 확인 및 점검이 가능하도록 할 것
4. 가스용 주방자동소화장치를 사용하는 경우 '탐지부'는 수신부와 분리하여 설치하되, 공기보다 가벼운 가스를 사용하는 경우에는 천장 면으로부터 '30cm 이하'의 위치에 설치하고, 공기보다 무거운 가스를 사용하는 장소에는 바닥 면으로부터 '30cm 이하'의 위치에 설치할 것
5. 수신부는 주위의 열기류 또는 습기 등과 주위온도에 영향을 받지 아니하고 사용자가 상시 볼 수 있는 장소에 설치할 것

정답 ①

PART 2

371 **국가화재안전기술기준(NFTC)상 아파트에 설치하는 주거용 주방자동소화장치의 설치기준으로 옳지 않은 것은?**

① 소화약제 방출구는 환기구(주방에서 발생하는 열기류 등을 밖으로 배출하는 장치를 말한다)의 청소부분과 분리되어 있어야 한다.

② 감지부는 형식승인받은 유효한 높이 및 위치에 설치하여야 한다.

③ 차단장치(전기 또는 가스)는 상시 확인 및 점검이 가능하도록 설치하여야 한다.

④ 가스용 주방자동소화장치를 사용하는 경우 탐지부는 수신부와 분리하여 설치하되, 공기보다 무거운 가스 사용 시에는 천장 면으로부터 30cm 이하의 위치에 설치한다.

⑤ 수신부는 주위의 열기류 또는 습기 등과 주위온도에 영향을 받지 아니하고 사용자가 상시 볼 수 있는 장소에 설치하여야 한다.

키워드 **자동소화장치의 설치기준**

풀이 가스용 주방자동소화장치를 사용하는 경우 탐지부는 수신부와 분리하여 설치하되, 공기보다 가벼운 가스를 사용하는 경우에는 천장 면으로부터 30cm 이하의 위치에 설치하고, 공기보다 무거운 가스를 사용하는 장소에는 바닥 면으로부터 30cm 이하의 위치에 설치할 것(소화기구 및 자동소화장치의 화재안전기술기준 2.1.2.1.4)

정답 ④

372 **국가화재안전기술기준(NFTC)상 옥내소화전설비의 화재안전기술기준에 따른 용어의 정의가 옳지 않은 것은?**

① '진공계'란 대기압 이상의 압력과 대기압 이하의 압력을 측정할 수 있는 계측기를 말한다.

② '가압수조'란 가압원인 압축공기 또는 불연성 기체의 압력으로 소방용수를 가압하여 그 압력으로 급수하는 수조를 말한다.

③ '충압펌프'란 배관 내 압력손실에 따른 주펌프의 빈번한 기동을 방지하기 위하여 충압역할을 하는 펌프를 말한다.

④ '체절운전'이란 펌프의 성능시험을 목적으로 펌프 토출 측의 개폐밸브를 닫은 상태에서 펌프를 운전하는 것을 말한다.

⑤ '주펌프'란 구동장치의 회전 또는 왕복운동으로 소화용수를 가압하여 그 압력으로 급수하는 주된 펌프를 말한다.

키워드 「옥내소화전설비의 화재안전기술기준」상 용어의 정의

풀이 '진공계'란 대기압 이하의 압력을 측정하는 계측기를 말하고, 대기압 이상의 압력과 대기압 이하의 압력을 측정할 수 있는 계측기는 '연성계'이다.

정답 ①

373 옥내소화전설비의 가압송수장치 설치기준에 관한 설명으로 옳지 않은 것은?

제13회 수정

① 펌프의 토출량은 옥내소화전이 가장 많이 설치된 층의 설치개수(옥내소화전이 2개 이상 설치된 경우에는 2개)에 130ℓ/min를 곱한 양 이상이 되도록 한다.

② 펌프는 전기에너지를 절약하기 위하여 성능에 관계없이 급수용과 겸용으로 한다.

③ 가압송수장치에는 체절운전 시 수온의 상승을 방지하기 위한 순환배관을 설치할 것. 다만, 충압펌프의 경우에는 그렇지 않다.

④ 기동용 수압개폐장치 중 압력챔버를 사용할 경우 그 용적은 100ℓ 이상으로 하여야 한다.

⑤ 특정소방대상물의 어느 층에 있어서도 해당 층의 옥내소화전(2개 이상 설치된 경우에는 2개의 옥내소화전)을 동시에 사용할 경우 각 소화전의 노즐선단에서의 방수압력이 0.17MPa 이상이어야 한다.

키워드 가압송수장치 설치기준

풀이 펌프는 전용으로 할 것. 다만, 다른 소화설비와 겸용하는 경우 각각의 소화설비의 성능에 지장이 없을 때에는 그렇지 않다(옥내소화전설비의 화재안전기술기준 2.2.1.5).

정답 ②

374 옥내소화전이 가장 많이 설치된 층의 설치개수가 7개인 건물이 있다. 이 건물의 수원의 유효수량은 얼마 이상인가? (단, 30층 미만 건물인 경우)

① $5.2m^3$

② $13m^3$

③ $18.2m^3$

④ $26m^3$

⑤ $30m^3$

키워드 옥내소화전 수원의 유효수량(옥내소화전설비의 화재안전기술기준 2.1.1)

풀이 옥내소화전 소화수량(수원의 수량) = 2.6 × N(m^3)

N은 최대 2개이므로 2.6 × 2개 = $5.2m^3$

정답 ①

375 옥내소화전설비에서 펌프를 이용한 가압송수장치에 관한 설명으로 옳은 것은?

① 수원의 수위가 펌프보다 낮은 위치에 있는 가압송수장치에는 물올림장치를 설치하지 않는다.

② 가압송수장치에는 체절운전 시 수온의 상승을 방지하기 위한 냉각수배관을 설치한다.

③ 펌프의 토출량은 옥내소화전이 가장 많이 설치된 층의 설치개수를 기준으로 하며, 옥내소화전이 2개 이상 설치된 경우에는 2개를 기준으로 한다.

④ 노즐선단에서의 방수압력이 0.17MPa 이상이고, 방수량이 260ℓ/min 이상이 되는 성능의 것으로 하여야 한다.

⑤ 펌프의 토출 측에는 진공계를 체크밸브 이전에 펌프 토출 측 플랜지에서 가까운 곳에 설치한다.

키워드 **가압송수장치(옥내소화전설비의 화재안전기술기준 2.2)**

풀이 ① 수원의 수위가 펌프보다 낮은 위치에 있는 가압송수장치에는 물올림장치를 설치한다.

② 가압송수장치에는 체절운전 시 수온의 상승을 방지하기 위한 순환배관을 설치한다.

④ 노즐선단에서의 방수압력이 0.17MPa 이상이고, 방수량이 130ℓ/min 이상이 되는 성능의 것으로 하여야 한다.

⑤ 펌프의 토출 측에는 압력계를 체크밸브 이전에 펌프 토출 측 플랜지에서 가까운 곳에 설치하고, 흡입 측에는 연성계 또는 진공계를 설치한다.

정답 ③

376 옥내소화전설비의 화재안전기술기준상 배관 내 사용압력이 1.2MPa 이상인 경우 가장 적합한 배관재료는?

① 배관용 탄소강관

② 압력배관용 탄소강관

③ 배관용 스테인리스강관

④ 이음매 없는 구리 및 구리합금관

⑤ 덕타일 주철관

키워드 **옥내소화전설비의 배관**

풀이 배관 내 사용압력이 1.2MPa 이상일 경우에는 다음의 어느 하나에 해당하는 배관재료를 사용한다(옥내소화전설비의 화재안전기술기준 2.3.1.2).

1. 압력배관용 탄소강관(KS D 3562)
2. 배관용 아크용접 탄소강강관(KS D 3583)

정답 ②

377 **화재안전기술기준(NFTC)상 옥내소화전설비의 송수구 설치기준에 관한 설명으로 옳지 않은 것은?** 제19회 수정

① 지면으로부터 높이가 0.8m 이상 1.5m 이하의 위치에 설치할 것

② 송수구는 65mm의 쌍구형 또는 단구형으로 할 것

③ 송수구의 부근에는 자동배수밸브(또는 직경 5mm의 배수공) 및 체크밸브를 설치할 것. 이 경우 자동배수밸브는 배관 안의 물이 잘 빠질 수 있는 위치에 설치하되, 배수로 인하여 다른 물건 또는 장소에 피해를 주지 않아야 한다.

④ 송수구에는 이물질을 막기 위한 마개를 씌울 것

⑤ 소방차가 쉽게 접근할 수 있고 잘 보이는 장소에 설치하고, 화재층으로부터 지면으로 떨어지는 유리창 등이 송수 및 그 밖의 소화작업에 지장을 주지 않는 장소에 설치할 것

PART 2

키워드 **옥내소화전설비의 송수구 설치기준**

풀이 송수구는 지면으로부터 높이가 0.5m 이상 1m 이하의 위치에 설치해야 한다(옥내소화전설비의 화재안전기술기준 2.3.12.3).

정답 ①

378 **옥내소화전설비의 배관 등에 관한 설명으로 옳지 않은 것은?**

① 송수구는 구경 65mm의 쌍구형 또는 단구형으로 한다.

② 송수구는 지면으로부터 높이가 0.5m 이상 1m 이하의 위치에 설치한다.

③ 연결송수관설비의 배관과 겸용할 경우의 주배관은 구경 65mm 이상으로 해야 한다.

④ 옥내소화전 방수구와 연결되는 가지배관의 구경은 40mm 이상으로 해야 하며, 주배관 중 수직배관의 구경은 50mm 이상으로 해야 한다.

⑤ 펌프의 토출 측 주배관의 구경은 유속이 4m/s 이하가 될 수 있는 크기 이상으로 해야 한다.

키워드 **옥내소화전설비의 배관**

풀이 연결송수관설비의 배관과 겸용할 경우의 주배관은 구경 100mm 이상, 방수구로 연결되는 배관의 구경은 65mm 이상의 것으로 해야 한다(옥내소화전설비의 화재안전기술기준 2.3.6).

정답 ③

379 옥내소화전설비에 관한 설명으로 옳은 것은?

① 수원은 그 저수량이 옥내소화전의 설치개수가 가장 많은 층의 설치개수에 1.3m^3를 곱한 양 이상이 되도록 하여야 한다.

② 옥내소화전 노즐선단의 방수압력은 0.25MPa 이상이어야 한다.

③ 옥내소화전용 펌프의 토출량은 옥내소화전이 가장 많이 설치된 층의 설치개수에 100ℓ/min를 곱한 양 이상이어야 한다.

④ 소화전 내에 설치하는 호스의 구경은 40mm(호스릴옥내소화전설비의 경우에는 25mm) 이상으로 한다.

⑤ 방수구는 해당 특정소방대상물의 각 부분으로부터 하나의 옥내소화전 방수구까지의 수평거리가 40m 이하가 되도록 한다.

키워드 **옥내소화전설비**

풀이 ① 수원은 그 저수량이 옥내소화전의 설치개수가 가장 많은 층의 설치개수(2개 이상 설치된 경우에는 2개)에 2.6m^3를 곱한 양 이상이 되도록 하여야 한다(옥내소화전설비의 화재안전기술기준 2.1.1).

② 노즐선단의 방수압력은 0.17MPa 이상이어야 한다(옥내소화전설비의 화재안전기술기준 2.2.1.3).

③ 펌프의 토출량은 옥내소화전이 가장 많이 설치된 층의 설치개수(옥내소화전이 2개 이상 설치된 경우에는 2개)에 130ℓ/min를 곱한 양 이상이어야 한다(옥내소화전설비의 화재안전기술기준 2.2.1.4).

⑤ 옥내소화전 방수구는 특정소방대상물의 층마다 설치하되, 해당 특정소방대상물의 각 부분으로부터 하나의 옥내소화전 방수구까지의 수평거리가 25m(호스릴옥내소화전설비를 포함한다) 이하가 되도록 할 것. 다만, 복층형 구조의 공동주택의 경우에는 세대의 출입구가 설치된 층에만 설치할 수 있다(옥내소화전설비의 화재안전기술기준 2.4.2.1).

정답 ④

380 옥내소화전설비에 관한 설명으로 옳지 않은 것은?

① 송수구로부터 주배관에 이르는 연결배관에는 개폐밸브를 설치하지 않을 것. 다만, 스프링클러설비·물분무소화설비·포소화설비 또는 연결송수관설비의 배관과 겸용하는 경우에는 그렇지 않다.

② 옥내소화전 방수구 높이는 바닥으로부터 1.5m 이상이 되도록 한다.

③ 소화전 내에 설치하는 호스의 구경은 40mm(호스릴옥내소화전설비의 경우 25mm) 이상으로 한다.

④ 옥내소화전설비의 위치를 표시하는 표시등은 함의 상부에 설치한다.

⑤ 압력수조란 소화용수와 공기를 채우고 일정압력 이상으로 가압하여 그 압력으로 급수하는 수조를 말한다.

키워드 **옥내소화전설비**

풀이 옥내소화전 방수구 높이는 바닥으로부터 1.5m 이하가 되도록 한다(옥내소화전설비의 화재안전기술기준 2.4.2.2).

정답 ②

381 옥내소화전설비의 함 및 방수구에 관한 설명으로 옳지 않은 것은?

① 옥내소화전 방수구는 특정소방대상물의 층마다 설치하되, 해당 특정소방대상물의 각 부분으로부터 하나의 옥내소화전 방수구까지의 수평거리가 25m 이하가 되도록 한다.

② 옥내소화전 방수구는 바닥으로부터의 높이가 1.5m 이하가 되도록 한다.

③ 호스는 구경 40mm(호스릴옥내소화전설비의 경우에는 25mm) 이상의 것으로서 특정소방대상물의 각 부분에 물이 유효하게 뿌려질 수 있는 길이로 설치한다.

④ 호스릴옥내소화전설비의 경우 그 노즐에는 노즐을 쉽게 개폐할 수 있는 장치를 부착한다.

⑤ 가압송수장치의 기동을 표시하는 표시등은 옥내소화전함의 하부 또는 그 직근에 설치하되 적색등으로 한다.

키워드 **옥내소화전설비의 함 및 방수구**

풀이 가압송수장치의 기동을 표시하는 표시등은 옥내소화전함의 상부 또는 그 직근에 설치하되 적색등으로 한다(옥내소화전설비의 화재안전기술기준 2.4.3.2).

정답 ⑤

382 옥외소화전이 5개 설치되어 있는 아파트의 옥외소화전 수원의 최소 저수량은 얼마 이상이어야 하는가?

① $7m^3$　　② $14m^3$

③ $21m^3$　　④ $28m^3$

⑤ $42m^3$

키워드 **옥외소화전설비의 저수량(옥외소화전설비의 화재안전기술기준 2.1.1)**

풀이 옥외소화전 소화수량(수원의 수량) = 7 × N(m^3)
N은 최대 2개이므로 7 × 2개 = 14(m^3)

정답 ②

383 **옥외소화전설비에 관한 설명으로 옳지 않은 것은?**

① 호스는 구경 65mm의 것으로 해야 한다.

② 수원의 수량은 소화전의 설치개수에 $1.6m^3$를 곱한 양 이상이 되도록 한다.

③ 호스접결구는 지면으로부터 높이가 0.5m 이상 1m 이하의 위치에 설치하고, 특정소방대상물의 각 부분으로부터 하나의 호스접결구까지의 수평거리는 40m 이하가 되도록 설치해야 한다.

④ 옥외소화전이 10개 이하로 설치된 때에는 옥외소화전마다 5m 이내의 장소에 1개 이상의 소화전함을 설치해야 한다.

⑤ 특정소방대상물에 설치된 옥외소화전(2개 이상 설치된 경우에는 2개의 옥외소화전)을 동시에 사용할 경우 각 옥외소화전의 노즐선단에서의 방수압력이 0.25MPa 이상이고, 방수량이 350ℓ/min 이상이 되는 성능의 것으로 한다.

키워드 **옥외소화전설비**

풀이 옥외소화전설비의 수원은 그 저수량이 옥외소화전의 설치개수(옥외소화전이 2개 이상 설치된 경우에는 2개)에 $7m^3$를 곱한 양 이상이 되도록 해야 한다(옥외소화전설비의 화재안전기술기준 2.1.1).

정답 ②

384 **옥외소화전설비의 호스접결구 설치위치로 옳은 것은?**

① 0.5m 이상 1m 이하

② 0.5m 이상 1.5m 이하

③ 0.8m 이상 1m 이하

④ 0.8m 이상 1.5m 이하

⑤ 1.5m 이상

키워드 **옥외소화전설비의 호스접결구 설치위치**

풀이 호스접결구는 지면으로부터 높이가 0.5m 이상 1m 이하의 위치에 설치하고, 특정소방대상물의 각 부분으로부터 하나의 호스접결구까지의 수평거리가 40m 이하가 되도록 설치해야 한다(옥외소화전설비의 화재안전기술기준 2.3.1).

정답 ①

385 화재안전기술기준(NFTC)상 옥내소화전과 옥외소화전설비에 관한 설명으로 옳은 것은?

제17회 수정

① 옥내소화전설비의 각 노즐선단에서의 방수압력은 0.12MPa 이상으로 한다.
② 옥내소화전설비의 방수구는 바닥으로부터의 높이가 1.8m 이하가 되도록 한다.
③ 옥외소화전설비의 호스접결구는 지면으로부터 1.5m 이하의 위치에 설치한다.
④ 옥외소화전설비의 호스는 구경 65mm의 것으로 한다.
⑤ 옥외소화전설비의 각 노즐선단에서의 방수량은 130ℓ/min 이상으로 한다.

키워드 **옥내소화전과 옥외소화전설비의 화재안전기술기준**

풀이 ① 옥내소화전설비의 각 노즐선단에서의 방수압력은 0.17MPa 이상으로 한다(옥내소화전설비의 화재안전기술기준 2.2.1.3).
② 옥내소화전설비의 방수구는 바닥으로부터의 높이가 1.5m 이하가 되도록 한다(옥내소화전설비의 화재안전기술기준 2.4.2.2).
③ 옥외소화전설비의 호스접결구는 지면으로부터 0.5m 이상 1m 이하의 위치에 설치한다(옥외소화전설비의 화재안전기술기준 2.3.1).
⑤ 옥외소화전설비의 각 노즐선단에서의 방수량은 350ℓ/min 이상으로 한다(옥외소화전설비의 화재안전기술기준 2.2.1.3).

정답 ④

386 국가화재안전기술기준(NFTC 103)상 스프링클러설비의 화재안전기술기준에 관한 용어로 옳은 것은?

제21회 수정

① 압력수조: 구조물 또는 지형지물 등에 설치하여 자연낙차 압력으로 급수하는 수조
② 충압펌프: 배관 내 압력손실에 따른 주펌프의 빈번한 기동을 방지하기 위하여 충압역할을 하는 펌프
③ 일제개방밸브: 습식스프링클러설비에 설치되는 유수검지장치를 말한다.
④ 진공계: 대기압 이상의 압력과 대기압 이하의 압력을 측정할 수 있는 계측기
⑤ 체절운전: 펌프의 성능시험을 목적으로 펌프토출 측의 개폐밸브를 개방한 상태에서 펌프를 운전하는 것

키워드 **「스프링클러설비의 화재안전기술기준」상 용어의 정의**

풀이 ① '압력수조'란 소화용수와 공기를 채우고 일정압력 이상으로 가압하여 그 압력으로 급수하는 수조를 말하며, 구조물 또는 지형지물 등에 설치하여 자연낙차 압력으로 급수하는 수조는 '고가수조'이다.
③ '일제개방밸브'란 일제살수식 스프링클러설비에 설치되는 유수검지장치를 말한다.
④ '진공계'란 대기압 이하의 압력을 측정하는 계측기를 말한다.
⑤ '체절운전'이란 펌프의 성능시험을 목적으로 펌프토출 측의 개폐밸브를 닫은 상태에서 펌프를 운전하는 것을 말한다.

정답 ②

387 **화재안전기술기준상 배관의 정의 중 헤드가 설치되어 있는 배관에 해당하는 것은?**

① 주배관　　② 교차배관
③ 가지배관　　④ 급수배관
⑤ 신축배관

키워드 **배관의 정의(스프링클러설비의 화재안전기술기준 1.7)**

풀이 ① 주배관: 가압송수장치 또는 송수구 등과 직접 연결되어 소화수를 이송하는 주된 배관을 말한다.
② 교차배관: 가지배관에 급수하는 배관을 말한다.
④ 급수배관: 수원 또는 송수구 등으로부터 소화설비에 급수하는 배관을 말한다.
⑤ 신축배관: 가지배관과 스프링클러헤드를 연결하는 구부림이 용이하고 유연성을 가진 배관을 말한다.

정답 ③

388 **스프링클러설비에 관한 설명으로 옳은 것은?**

① 교차배관은 헤드가 설치되어 있는 배관이며, 가지배관은 교차배관에 급수하는 배관이다.
② 폐쇄형 스프링클러설비의 헤드는 개별적으로 화재를 감지하여 개방하는 구조로 되어 있다.
③ 폐쇄형 습식 스프링클러설비는 별도로 설치되어 있는 화재감지기에 의해 유수검지장치가 작동되어 물이 송수되는 구조로 되어 있다.
④ 폐쇄형 건식 스프링클러설비는 헤드가 화재의 열을 감지하면 헤드를 막고 있던 감열체가 녹으면서 헤드까지 차 있던 물이 곧바로 뿌려지는 구조로 되어 있다.
⑤ 폐쇄형 준비작동식 스프링클러설비는 헤드가 화재의 열을 감지하여 헤드를 막고 있던 감열체가 녹으면 압축공기 등이 빠져나가면서 배관계 도중에 있는 유수검지장치가 개방되어 물이 분출되는 구조로 되어 있다.

키워드 **스프링클러설비의 구조**

풀이 ① 교차배관이란 가지배관에 급수하는 배관을 말하며, 가지배관이란 헤드가 설치되어 있는 배관을 말한다(스프링클러설비의 화재안전기술기준 1.7.1.17, 1.7.1.18).
③ 폐쇄형 준비작동식 스프링클러설비는 별도로 설치되어 있는 화재감지기에 의해 유수검지장치가 작동되어 물이 송수되는 구조로 되어 있다.
④ 폐쇄형 습식 스프링클러설비는 헤드가 화재의 열을 감지하면 헤드를 막고 있던 감열체가 녹으면서 헤드까지 차 있던 물이 곧바로 뿌려지는 구조로 되어 있다.
⑤ 폐쇄형 건식 스프링클러설비는 헤드가 화재의 열을 감지하여 헤드를 막고 있던 감열체가 녹으면 압축공기 등이 빠져나가면서 배관계 도중에 있는 유수검지장치가 개방되어 물이 분출되는 구조로 되어 있다.

정답 ②

389 스프링클러설비의 화재안전기술기준상 용어의 정의 중 다음 내용에 해당하는 것은?

물과 오리피스가 분리되어 동파를 방지할 수 있는 스프링클러헤드를 말한다.

① 개방형 스프링클러헤드 ② 건식 스프링클러헤드
③ 폐쇄형 스프링클러헤드 ④ 측벽형 스프링클러헤드
⑤ 습식 스프링클러헤드

PART 2

키워드 **스프링클러설비의 정의**
풀이 건식 스프링클러헤드는 물과 오리피스가 분리되어 동파를 방지할 수 있는 스프링클러헤드를 말한다(스프링클러설비의 화재안전기술기준 1.7.1.14).

정답 ②

390 정상상태에서 방수구를 막고 있는 감열체가 일정온도에서 자동적으로 파괴·용해 또는 이탈됨으로써 방수구가 개방되는 스프링클러헤드는?

① 개방형 스프링클러헤드 ② 건식 스프링클러헤드
③ 폐쇄형 스프링클러헤드 ④ 측벽형 스프링클러헤드
⑤ 조기반응형 헤드

키워드 **스프링클러설비의 정의**
풀이 폐쇄형 스프링클러헤드에 대한 설명이다(스프링클러설비의 화재안전기술기준 1.7.1.11).

정답 ③

391 가압송수장치에서 폐쇄형 스프링클러헤드까지 배관 내에 항상 물이 가압되어 있다가 화재로 인한 열로 폐쇄형 스프링클러헤드가 개방되면 배관 내에 유수가 발생하여 습식 유수검지장치가 작동하게 되는 스프링클러설비는?

① 습식 스프링클러설비 ② 건식 스프링클러설비
③ 준비작동식 스프링클러설비 ④ 일제살수식 스프링클러설비
⑤ 부압식 스프링클러설비

키워드 **스프링클러설비의 정의**
풀이 습식 스프링클러설비에 대한 설명이다(스프링클러설비의 화재안전기술기준 1.7.1.23).

정답 ①

392 **스프링클러설비에 관한 기준이다. (　　)에 들어갈 내용으로 옳은 것은?**

> 개방형 스프링클러헤드를 사용하는 스프링클러설비의 수원은 최대 방수구역에 설치된 스프링클러헤드의 개수가 30개 이하일 경우에는 설치헤드 수에 (　　)를 곱한 양 이상으로 한다.

① $0.8m^3$　　② $1.2m^3$
③ $1.6m^3$　　④ $2.0m^3$
⑤ $2.2m^3$

키워드 **스프링클러설비의 저수량**

풀이 개방형 스프링클러헤드를 사용하는 스프링클러설비의 수원은 최대 방수구역에 설치된 스프링클러헤드의 개수가 30개 이하인 경우에는 설치헤드 수에 '$1.6m^3$'를 곱한 양 이상으로 하고, 30개를 초과하는 경우에는 수리계산에 따를 것(스프링클러설비의 화재안전기술기준 2.1.1.2).

정답 ③

393 **최대 방수구역에 설치된 스프링클러헤드의 개수가 20개인 경우 스프링클러설비의 수원의 저수량은 최소 얼마 이상이어야 하는가? (단, 개방형 스프링클러헤드 사용)**

① $16m^3$　　② $32m^3$
③ $48m^3$　　④ $56m^3$
⑤ $64m^3$

키워드 **스프링클러설비의 저수량(스프링클러설비의 화재안전기술기준 2.1)**

풀이 스프링클러설비의 소화수량(수원의 수량) = 80(ℓ/min) × N × 20(min) = 1.6N(m^3)에서 N = 20이면 소화수량은 32(m^3)가 된다.

정답 ②

394 **스프링클러설비용 수조에 관한 설명으로 옳지 않은 것은?**

① 수조의 외측에 수위계를 설치할 것
② 수조의 상단에는 청소용 배수밸브 또는 배수관을 설치할 것
③ 수조가 실내에 설치된 때에는 그 실내에 조명설비를 설치할 것
④ 수조의 상단이 바닥보다 높은 때에는 수조의 외측에 고정식 사다리를 설치할 것
⑤ 동결방지조치를 하거나 동결의 우려가 없는 장소에 설치할 것

키워드 **스프링클러설비의 수조**

풀이 수조의 밑부분에 청소용 배수밸브 또는 배수관을 설치해야 한다(스프링클러설비의 화재안전기술기준 2.1.6.6).

정답 ②

395 폐쇄형 스프링클러헤드를 사용하는 스프링클러설비에서 하나의 방호구역의 바닥면적은 최대 얼마 이하여야 하는가? (단, 격자형 배관방식이 아닌 경우)

① $1,000m^2$
② $2,000m^2$
③ $3,000m^2$
④ $4,000m^2$
⑤ $5,000m^2$

키워드 **폐쇄형 스프링클러설비의 방호구역**

풀이 스프링클러설비에서 하나의 방호구역의 바닥면적은 $3,000m^2$를 초과하지 아니할 것(스프링클러설비의 화재안전기술기준 2.3.1.1).

정답 ③

396 스프링클러설비에 관한 설명으로 옳지 않은 것은?

① 겨울철에 동결의 우려가 있는 주차장에 설치하는 배관은 건식배관으로 한다.
② 스프링클러설비는 자동소화설비로서 화재진압 후 자동적으로 개구부가 닫혀 살수가 멈춘다.
③ 스프링클러헤드의 방수압력은 0.1~1.2MPa이고, 방수량은 80ℓ/min 이상이어야 한다.
④ 준비작동식은 준비작동밸브의 1차 측까지 가압수인 소방용수가 차 있고 밸브의 2차 측에서 스프링클러헤드까지는 저압 또는 무압상태이다.
⑤ 아파트등의 세대 내 스프링클러헤드를 설치하는 천장·반자·천장과 반자 사이·덕트·선반 등의 각 부분으로부터 하나의 스프링클러헤드까지의 수평거리는 2.6m 이하여야 한다.

키워드 **스프링클러설비의 이해**

풀이 헤드의 개방에 의해 살수는 자동으로 시작되나 살수의 정지를 위해서는 제어반에서 스프링클러 펌프를 수동으로 멈추어야 한다.

정답 ②

397 스프링클러설비에 관한 설명으로 옳지 않은 것은?

① 천장이 높은 무대부를 비롯하여 공장, 창고, 준위험물저장소에는 개방형 스프링클러 배관방식이 효과적이다.

② 비상전원 중 자가발전설비는 스프링클러설비를 유효하게 20분 이상 작동할 수 있어야 한다.

③ 가압송수장치의 정격토출압력은 하나의 헤드선단에 0.1MPa 이상, 2.0MPa 이하의 방수압력이 될 수 있게 하는 크기로 한다.

④ 기동용 수압개폐장치 중 압력챔버를 사용할 경우 그 용적은 100ℓ 이상의 것으로 한다.

⑤ 가압송수장치의 송수량은 0.1MPa의 방수압력기준으로 80ℓ/min 이상의 방수성능을 가진 기준개수의 모든 헤드로부터의 방수량을 충족시킬 수 있는 양 이상으로 한다.

키워드 **스프링클러설비의 이해**

풀이 가압송수장치의 정격토출압력은 하나의 헤드선단에 0.1MPa 이상, 1.2MPa 이하의 방수압력이 될 수 있게 하는 크기일 것(스프링클러설비의 화재안전기술기준 2.2.1.10).

정답 ③

398 소방차로부터 스프링클러설비에 송수할 수 있는 송수구에 관한 기준으로 옳지 않은 것은?

① 송수구는 구경 65mm의 단구형으로 할 것

② 송수구에는 이물질을 막기 위한 마개를 씌울 것

③ 지면으로부터 높이가 0.5m 이상 1m 이하의 위치에 설치할 것

④ 송수구의 부근에는 자동배수밸브(또는 직경 5mm의 배수공) 및 체크밸브를 설치할 것

⑤ 폐쇄형 스프링클러헤드를 사용하는 스프링클러설비의 송수구는 하나의 층의 바닥면적이 3,000m²를 넘을 때마다 1개 이상(5개를 넘을 경우에는 5개로 한다)을 설치할 것

키워드 **스프링클러설비의 송수구**

풀이 송수구는 구경 65mm의 쌍구형으로 한다(스프링클러설비의 화재안전기술기준 2.8.1.3).

정답 ①

399 화재안전기술기준상 스프링클러헤드를 설치하지 아니할 수 있는 장소가 아닌 것은? (단, 스프링클러설비를 설치하여야 할 특정소방대상물의 경우) 제14회 수정

① 비상용 승강기의 승강장
② 천장·반자 중 한쪽이 불연재료로 되어 있고, 천장과 반자 사이의 거리가 0.7m인 부분
③ 현관 또는 로비 등으로서 바닥으로부터 높이가 10m인 장소
④ 천장과 반자 양쪽이 불연재료로 되어 있고, 천장과 반자 사이의 거리가 2m 미만인 부분
⑤ 천장과 반자가 불연재료 외의 것으로 되어 있고, 천장과 반자 사이의 거리가 0.3m인 부분

키워드 **스프링클러헤드의 설치 제외**

풀이 현관 또는 로비 등으로서 바닥으로부터 높이가 20m 이상인 장소여야 한다(스프링클러설비의 화재안전기술기준 2.12.1.9).

정답 ③

400 화재안전기술기준상 비상경보설비에 관한 설명으로 옳지 않은 것은?

① 발신기는 화재발생 신호를 수신기에 수동으로 발신하는 장치를 말한다.
② 음향장치는 정격전압의 80% 전압에서도 음향을 발할 수 있도록 해야 한다.
③ 음향장치의 음향의 크기는 부착된 음향장치의 중심으로부터 1m 떨어진 위치에서 90dB 이상이 되는 것으로 해야 한다.
④ 발신기는 조작이 쉬운 장소에 설치하고, 조작스위치는 바닥으로부터 0.8m 이상 1.5m 이하의 높이에 설치한다.
⑤ 발신기는 특정소방대상물의 층마다 설치하되, 해당 특정소방대상물의 각 부분으로부터 하나의 발신기까지의 수평거리가 40m 이하가 되도록 한다.

키워드 **비상경보설비의 설치기준**

풀이 발신기는 특정소방대상물의 층마다 설치하되, 해당 특정소방대상물의 각 부분으로부터 하나의 발신기까지의 수평거리가 25m 이하가 되도록 할 것. 다만, 복도 또는 별도로 구획된 실로서 보행거리가 40m 이상일 경우에는 추가로 설치해야 한다(비상경보설비 및 단독경보형감지기의 화재안전기술기준 2.1.5.2).

정답 ⑤

401 **자동화재탐지설비의 구성기기에 속하지 않는 것은?**

① 수신기　　② 유도등
③ 음향장치　　④ 중계기
⑤ 감지기

키워드 **자동화재탐지설비의 구성기기**

풀이 자동화재탐지설비는 수신기, 발신기, 중계기, 감지기, 음향장치 등으로 구성되어 화재를 탐지하는 경보설비 중의 하나이며, 유도등은 피난구조설비에 해당한다.

정답 ②

402 **국가화재안전기술기준(NFTC 203)상 자동화재탐지설비의 화재안전기술기준에 관한 용어로 옳지 않은 것은?**

① 경계구역: 특정소방대상물 중 화재신호를 발신하고 그 신호를 수신 및 유효하게 제어할 수 있는 구역을 말한다.
② 수신기: 감지기나 발신기에서 발하는 화재신호를 직접 수신하거나 중계기를 통하여 수신하여 화재의 발생을 표시 및 경보하여 주는 장치를 말한다.
③ 중계기: 감지기·발신기 또는 전기적인 접점 등의 작동에 따른 신호를 받아 이를 수신기에 전송하는 장치를 말한다.
④ 감지기: 화재 시 발생하는 열, 연기, 불꽃 또는 연소생성물을 자동적으로 감지하여 수신기에 화재신호 등을 발신하는 장치를 말한다.
⑤ 발신기: 수동누름버턴 등의 작동으로 화재신호를 중계기에 발신하는 장치를 말한다.

키워드 **화재안전기술기준상 자동화재탐지설비의 용어**

풀이 발신기는 수동누름버턴 등의 작동으로 화재신호를 수신기에 발신하는 장치를 말한다(자동화재탐지설비 및 시각경보장치의 화재안전기술기준 1.7.1.5).

정답 ⑤

403 다음 자동화재탐지설비의 감지기에서 열감지기만을 모두 고른 것은? 제18회

㉠ 정온식	㉡ 차동식
㉢ 보상식	㉣ 광전식
㉤ 이온화식	

① ㉠, ㉡, ㉢
② ㉠, ㉢, ㉣
③ ㉠, ㉣, ㉤
④ ㉡, ㉢, ㉣
⑤ ㉢, ㉣, ㉤

키워드 자동화재탐지설비의 감지기 구분

풀이

감지기의 종류
1. 열감지기: 정온식, 차동식, 보상식
2. 연기감지기: 광전식, 이온화식

정답 ①

404 화재 시 실내온도가 일정한 온도에 도달하면 경보하는 것으로, 주로 주방이나 보일러실에 사용되는 감지기는?

① 정온식 분포형 감지기
② 연기감지기
③ 이온화식 감지기
④ 보상식 감지기
⑤ 차동식 스폿형 감지기

키워드 화재감지기의 작동원리

풀이 정온식 감지기는 주방·보일러실 등으로서 다량의 화기를 취급하는 장소에 설치하되, 공칭작동온도가 최고주위온도보다 20℃ 이상 높은 것으로 설치한다(자동화재탐지설비 및 시각경보장치의 화재안전기술기준 2.4.3.4).

정답 ①

405 일정한 온도상승률에 따라 동작하며 공장, 창고, 강당 등 넓은 지역에 설치하는 화재감지기는?

① 차동식 분포형 감지기
② 정온식 스폿형 감지기
③ 이온화식 감지기
④ 보상식 스폿형 감지기
⑤ 광전식 감지기

키워드 **화재감지기의 작동원리**

풀이 차동식 감지기는 일정한 온도상승률에 따라 화재를 감지한다.

정답 ①

406 자동화재탐지설비의 감지기 중 주위의 공기에 일정한 농도 이상의 연기가 포함되었을 때 동작하는 감지기는?

① 불꽃감지기
② 차동식 감지기
③ 이온화식 감지기
④ 보상식 감지기
⑤ 정온식 감지기

키워드 **화재감지기의 작동원리**

풀이 이온화식 감지기는 주위의 공기가 일정한 농도의 연기를 포함하게 되면 연기에 의해 이온전류가 변화함으로써 작동하는 감지기이다.

정답 ③

407 화재감지기에 관한 설명 중 틀린 것은? 제10회

① 정온식 감지기는 주위온도가 일정한 온도 이상이 되었을 때 작동하는 것으로 주방에 설치하는 것이 적당하다.
② 차동식 감지기는 주위온도가 일정한 온도상승률 이상으로 되었을 때 작동하는 것으로 거실에 설치하는 것이 적당하다.
③ 연기감지기는 천장이 높은 계단실에 설치하는 것이 적당하다.
④ 분포형 감지기는 차동식 감지기로서 가는 동파이프를 천장에 배관하고, 배관 속 공기의 팽창으로 화재신호를 감지한다.
⑤ 보상식 감지기는 광전식 감지기와 이온식 감지기를 포함한다.

키워드 **화재감지기의 작동원리**

풀이 보상식 감지기는 차동식 스폿형과 정온식 스폿형을 겸용한 것이며, 광전식 감지기와 이온식 감지기는 연기감지기에 포함된다.

정답 ⑤

408 자동화재탐지설비에 관한 설명으로 옳지 않은 것은?

① 차동식 감지기는 주위온도가 일정한 온도상승률 이상이 되었을 때 작동하는 감지기이다.

② 정온식 감지기는 주위온도가 일정한 온도 이상이 되었을 때 작동하는 것으로 보일러실 등에 설치한다.

③ 이온화식 감지기는 감지기 주위의 공기가 일정한 농도의 연기를 포함하게 되면 작동하는 것으로 화재신호 감지 후 신호를 발생하는 시간에 따라 축적형과 비축적형으로 분류된다.

④ 보상식 감지기는 차동식 기능과 정온식 기능을 혼합한 것으로 두 기능이 모두 만족되었을 경우에만 작동한다.

⑤ 광전식 감지기는 외부의 빛에 영향을 받지 않는 암실형태의 챔버 속에 광원과 수광소자를 설치해 놓는다.

키워드 **화재감지기의 작동원리**

풀이 보상식 열감지기는 차동식 기능과 정온식 기능 중 하나만 충족되어도 작동한다.

정답 ④

409 자동화재탐지설비에서 감지기에 관한 내용 중 옳지 않은 것은?

제15회

① 열전도율이 낮아야 한다.

② 열용량이 적어야 한다.

③ 수열면적이 커야 한다.

④ 보상식 감지기는 차동식의 단점을 보완한 것이다.

⑤ 열의 흡수가 용이한 표면상태이어야 한다.

키워드 **감지기의 요건**

풀이 감지기는 기능상 열전도율이 높고, 열용량이 적으며, 수열면적이 커야 하고, 열의 흡수가 용이한 표면상태여야 한다.

정답 ①

410 **자동화재탐지설비의 하나의 경계구역의 면적은 최대 얼마 이하로 하는가? (단, 해당 특정 소방대상물의 주된 출입구에서 그 내부 전체가 보이는 것 제외)**

① $150m^2$　　② $300m^2$
③ $500m^2$　　④ $600m^2$
⑤ $1,000m^2$

키워드 **자동화재탐지설비의 경계구역**

풀이 하나의 경계구역의 면적은 $600m^2$ 이하로 하고 한 변의 길이는 50m 이하로 할 것. 다만, 해당 특정소방대상물의 주된 출입구에서 그 내부 전체가 보이는 것에 있어서는 한 변의 길이가 50m의 범위 내에서 $1,000m^2$ 이하로 할 수 있다(자동화재탐지설비 및 시각경보장치의 화재안전기술기준 2.1.1.3).

정답 ④

411 **국가화재안전기술기준(NFTC)상 자동화재탐지설비에 관한 내용으로 옳은 것은?**

제20회 수정

① '수신기'란 화재 시 발생하는 열, 연기, 불꽃 또는 연소생성물을 자동적으로 감지하여 중계기에 발신하는 장치를 말한다.
② 하나의 경계구역의 면적은 $600m^2$ 이하로 하고 한 변의 길이는 60m 이하로 할 것. 다만, 해당 특정소방대상물의 주된 출입구에서 그 내부 전체가 보이는 것에 있어서는 한 변의 길이가 60m의 범위 내에서 $1,200m^2$ 이하로 할 수 있다.
③ 음향장치는 정격전압의 90% 전압에서 음향을 발할 수 있는 것으로 해야 하며 음향의 크기는 부착된 음향장치의 중심으로부터 1m 떨어진 위치에서 80dB 이상이 되는 것으로 해야 한다.
④ 자동화재탐지설비에는 그 설비에 대한 감시상태를 60분간 지속한 후 유효하게 10분 이상 경보할 수 있는 비상전원으로서 축전지설비(수신기에 내장하는 경우를 포함한다) 또는 전기저장장치(외부 전기에너지를 저장해 두었다가 필요한 때 전기를 공급하는 장치)를 설치해야 한다. 다만, 상용전원이 축전지설비인 경우 또는 건전지를 주전원으로 사용하는 무선식 설비인 경우에는 그렇지 않다.
⑤ 수신기의 조작 스위치는 바닥으로부터의 높이가 1.6m 이상인 장소에 설치해야 한다.

키워드 **자동화재탐지설비의 감지기 설치기준**

풀이 ① '수신기'란 감지기나 발신기에서 발하는 화재신호를 직접 수신하거나 중계기를 통하여 수신하여 화재의 발생을 표시 및 경보하여 주는 장치를 말하며, '감지기'란 화재 시 발생하는 열, 연기, 불꽃 또는 연소생성물을 자동적으로 감지하여 수신기에 화재신호 등을 발신하는 장치를 말한다(자동화재탐지설비 및 시각경보장치의 화재안전기술기준 1.7.1.2, 1.7.1.4).

② 하나의 경계구역의 면적은 600m² 이하로 하고 한 변의 길이는 50m 이하로 할 것. 다만, 해당 특정소방대상물의 주된 출입구에서 그 내부 전체가 보이는 것에 있어서는 한 변의 길이가 50m의 범위 내에서 1,000m² 이하로 할 수 있다(자동화재탐지설비 및 시각경보장치의 화재안전기술기준 2.1.1.3).

③ 음향장치는 정격전압의 80% 전압에서 음향을 발할 수 있는 것으로 해야 하며 음향의 크기는 부착된 음향장치의 중심으로부터 1m 떨어진 위치에서 90dB 이상이 되는 것으로 해야 한다(자동화재탐지설비 및 시각경보장치의 화재안전기술기준 2.5.1.4).

⑤ 수신기의 조작 스위치는 바닥으로부터의 높이가 0.8m 이상 1.5m 이하인 장소에 설치하여야 한다(자동화재탐지설비 및 시각경보장치의 화재안전기술기준 2.2.3.7).

정답 ④

PART 2

412 자동화재탐지설비의 감지기 설치에 관한 설명으로 옳지 않은 것은?

① 감지기는 천장 또는 반자의 옥내에 면하는 부분에 설치한다.

② 차동식 분포형의 것을 제외한 감지기는 실내로의 공기유입구로부터 1m 이상 떨어진 위치에 설치한다.

③ 보상식 스폿형 감지기는 정온점이 감지기 주위의 평상시 최고온도보다 20℃ 이상 높은 것으로 설치한다.

④ 정온식 감지기는 주방·보일러실 등으로서 다량의 화기를 취급하는 장소에 설치하되, 공칭작동온도가 최고주위온도보다 20℃ 이상 높은 것으로 설치한다.

⑤ 스폿형 감지기는 45° 이상 경사되지 않도록 부착한다.

키워드 **자동화재탐지설비의 감지기 설치기준**

풀이 차동식 분포형의 것을 제외한 감지기는 실내로의 공기유입구로부터 1.5m 이상 떨어진 위치에 설치한다(자동화재탐지설비 및 시각경보장치의 화재안전기술기준 2.4.3.1).

정답 ②

413 화재안전기술기준상 자동화재탐지설비의 발신기 위치를 표시하는 표시등 설치기준으로 옳은 것은?

① 불빛은 부착면으로부터 15° 이상의 범위에서 부착지점으로부터 10m 이내의 어느 곳에서도 쉽게 식별할 수 있는 적색등으로 해야 한다.

② 불빛은 부착면으로부터 15° 이상의 범위에서 부착지점으로부터 10m 이내의 어느 곳에서도 쉽게 식별할 수 있는 황색등으로 해야 한다.

③ 불빛은 부착면으로부터 20° 이상의 범위에서 부착지점으로부터 5m 이내의 어느 곳에서도 쉽게 식별할 수 있는 적색등으로 해야 한다.

④ 불빛은 부착면으로부터 20° 이상의 범위에서 부착지점으로부터 20m 이내의 어느 곳에서도 쉽게 식별할 수 있는 황색등으로 해야 한다.

⑤ 불빛은 부착면으로부터 20° 이상의 범위에서 부착지점으로부터 20m 이내의 어느 곳에서도 쉽게 식별할 수 있는 녹색등으로 해야 한다.

키워드 **자동화재탐지설비의 표시등 설치기준**

풀이 발신기의 위치를 표시하는 표시등은 함의 상부에 설치하되, 그 불빛은 부착면으로부터 15° 이상의 범위에서 부착지점으로부터 10m 이내의 어느 곳에서도 쉽게 식별할 수 있는 적색등으로 해야 한다(자동화재탐지설비 및 시각경보장치의 화재안전기술기준 2.6.2).

정답 ①

414 화재안전기술기준상 피난기구에 관한 용어의 정의로 옳지 않은 것은?

① '다수인피난장비'란 화재 시 2인 이상의 피난자가 동시에 해당 층에서 지상 또는 피난층으로 하강하는 피난기구를 말한다.

② '구조대'란 포지 등을 사용하여 자루형태로 만든 것으로서 화재 시 사용자가 그 내부에 들어가서 내려옴으로써 대피할 수 있는 것을 말한다.

③ '피난사다리'란 화재 시 긴급대피를 위해 사용하는 사다리를 말한다.

④ '간이완강기'란 사용자의 몸무게에 따라 자동적으로 내려올 수 있는 기구 중 사용자가 교대하여 연속적으로 사용할 수 있는 것을 말한다.

⑤ '승강식 피난기'란 사용자의 몸무게에 의하여 자동으로 하강하고 내려서면 스스로 상승하여 연속적으로 사용할 수 있는 무동력 승강식 기기를 말한다.

키워드 **화재안전기술기준상 피난기구의 용어 정의**

풀이 '간이완강기'란 사용자의 몸무게에 따라 자동적으로 내려올 수 있는 기구 중 사용자가 연속적으로 사용할 수 없는 것을 말하며, 사용자의 몸무게에 따라 자동적으로 내려올 수 있는 기구 중 사용자가 교대하여 연속적으로 사용할 수 있는 것은 '완강기'이다(피난기구의 화재안전기술기준 1.8.1.1, 1.8.1.2).

정답 ④

415 화재안전기술기준(NFTC 202)상 비상방송설비의 음향장치에 관한 설명으로 옳지 않은 것은? 제14회 수정

① 확성기의 음성입력은 3W(실내에 설치하는 것에 있어서는 1W) 이상이어야 한다.
② 확성기는 각 층마다 설치하되, 그 층의 각 부분으로부터 하나의 확성기까지의 수평거리가 25m 이하가 되도록 하여야 한다.
③ 음량조정기를 설치하는 경우 음량조정기의 배선은 4선식으로 하여야 한다.
④ 조작부의 조작스위치는 바닥으로부터 0.8m 이상 1.5m 이하의 높이에 설치하여야 한다.
⑤ 기동장치에 따른 화재신고를 수신한 후 필요한 음량으로 화재발생 상황 및 피난에 유효한 방송이 자동으로 개시될 때까지의 소요시간은 10초 이내로 하여야 한다.

키워드 **화재안전기술기준상 비상방송설비의 음향장치**

풀이 음량조정기를 설치하는 경우 음량조정기의 배선은 3선식으로 하여야 한다(비상방송설비의 화재안전기술기준 2.1.1.3).

정답 ③

416 화재안전기술기준상 누전경보기 설치에 관한 설명으로 옳지 않은 것은?

① 경계전로가 분기되지 아니한 정격전류가 60A를 초과하는 전로에 있어서는 2급 누전경보기를 설치한다.
② 누전경보기 전원은 분전반으로부터 전용회로로 하고 각 극에 개폐기 및 15A 이하의 과전류차단기를 설치한다.
③ 전원을 분기할 때는 다른 차단기에 따라 전원이 차단되지 아니하도록 한다.
④ 전원의 개폐기에는 누전경보기용임을 표시한 표지를 한다.
⑤ 수신부의 음향장치는 수위실 등 상시 사람이 근무하는 장소에 설치해야 하며, 그 음량 및 음색은 다른 기기의 소음 등과 명확히 구별할 수 있는 것으로 해야 한다.

키워드 **화재안전기술기준상 누전경보기의 설치기준**

풀이 경계전로의 정격전류가 60A를 초과하는 전로에 있어서는 1급 누전경보기를, 60A 이하의 전로에 있어서는 1급 또는 2급 누전경보기를 설치할 것. 다만, 정격전류가 60A를 초과하는 경계전로가 분기되어 각 분기회로의 정격전류가 60A 이하로 되는 경우 당해 분기회로마다 2급 누전경보기를 설치한 때에는 당해 경계전로에 1급 누전경보기를 설치한 것으로 본다(누전경보기의 화재안전기술기준 2.1.1.1).

정답 ①

417 화재안전기술기준(NFTC)상 유도등 및 유도표지에 관한 용어의 정의로 옳지 않은 것은?

제19회 수정

① '피난구유도등'이란 피난구 또는 피난경로로 사용되는 출입구를 표시하여 피난을 유도하는 등을 말한다.

② '피난구유도표지'란 피난구 또는 피난경로로 사용되는 출입구를 표시하여 피난을 유도하는 표지를 말한다.

③ '복도통로유도등'이란 거주, 집무, 작업, 집회, 오락 그 밖에 이와 유사한 목적을 위하여 계속적으로 사용하는 거실, 주차장 등 개방된 통로에 설치하는 유도등으로 피난의 방향을 명시하는 것을 말한다.

④ '계단통로유도등'이란 피난통로가 되는 계단이나 경사로에 설치하는 통로유도등으로 바닥면 및 디딤 바닥면을 비추는 것을 말한다.

⑤ '통로유도표지'란 피난통로가 되는 복도, 계단 등에 설치하는 것으로서 피난구의 방향을 표시하는 유도표지를 말한다.

키워드 화재안전기술기준상 유도등 및 유도표지의 용어 정의

풀이 '복도통로유도등'이란 피난통로가 되는 복도에 설치하는 통로유도등으로서 피난구의 방향을 명시하는 것을 말하며, '거실통로유도등'이란 거주, 집무, 작업, 집회, 오락 그 밖에 이와 유사한 목적을 위하여 계속적으로 사용하는 거실, 주차장 등 개방된 통로에 설치하는 유도등으로 피난의 방향을 명시하는 것을 말한다(유도등 및 유도표지의 화재안전기술기준 1.7.1.4, 1.7.1.5).

정답 ③

418 화재안전기술기준상 유도등 및 유도표지에 관한 내용으로 옳지 않은 것은?

① 피난구유도등은 피난구의 바닥으로부터 높이 1.5m 이상으로서 출입구에 인접하도록 설치해야 한다.

② 복도통로유도등은 바닥으로부터 높이 1.2m의 위치에 설치해야 한다.

③ 피난구유도표지란 피난구 또는 피난경로로 사용되는 출입구를 표시하여 피난을 유도하는 표지를 말한다.

④ 계단통로유도등은 바닥으로부터 높이 1m 이하의 위치에 설치해야 한다.

⑤ 거실통로유도등은 구부러진 모퉁이 및 보행거리 20m마다 설치해야 한다.

키워드 화재안전기술기준상 유도등 및 유도표지의 설치기준

풀이 복도통로유도등은 바닥으로부터 높이 1m 이하의 위치에 설치해야 한다(유도등 및 유도표지의 화재안전기술기준 2.3.1.1.3).

정답 ②

419 **국가화재안전기술기준(NFTC 303)상 유도등 및 유도표지의 화재안전기술기준에 관한 설명으로 옳은 것은?** 제21회 수정

① 복도통로유도등은 복도에 설치하며, 구부러진 모퉁이 및 「유도등 및 유도표지의 화재안전기술기준」 2.3.1.1.1에 따라 설치된 통로유도등을 기점으로 보행거리 20m마다 설치하여야 한다.

② 피난구유도등은 피난통로를 안내하기 위한 유도등으로 복도통로유도등, 거실통로유도등, 계단통로유도등을 말한다.

③ 계단통로유도등은 각 층의 경사로 참 또는 계단참마다(1개 층에 경사로 참 또는 계단참이 2 이상 있는 경우에는 2개의 계단참마다) 설치하며, 바닥으로부터 높이 1.5m 이하의 위치에 설치하여야 한다.

④ 피난구유도등은 바닥면적이 1,000m^2 미만인 층으로서 옥내로부터 직접 지상으로 통하는 출입구(외부의 식별이 용이한 경우에 한한다)에 설치하여야 한다.

⑤ 피난구유도표지는 출입구 상단에 설치하고, 통로유도표지는 바닥으로부터 높이 1.5m 이하의 위치에 설치하여야 한다.

키워드 **화재안전기술기준상 유도등 및 유도표지의 설치기준**

풀이 ② '피난구유도등'이란 피난구 또는 피난경로로 사용되는 출입구를 표시하여 피난을 유도하는 등을 말하며, '통로유도등'이란 피난통로를 안내하기 위한 유도등으로 복도통로유도등, 거실통로유도등, 계단통로유도등을 말한다(유도등 및 유도표지의 화재안전기술기준 1.7.1.2, 1.7.1.6).

③ 계단통로유도등은 각 층의 경사로 참 또는 계단참마다(1개 층에 경사로 참 또는 계단참이 2 이상 있는 경우에는 2개의 계단참마다) 설치하며, 바닥으로부터 높이 1m 이하의 위치에 설치하여야 한다(유도등 및 유도표지의 화재안전기술기준 2.3.1.3).

④ 바닥면적이 1,000m^2 미만인 층으로서 옥내로부터 직접 지상으로 통하는 출입구(외부의 식별이 용이한 경우에 한한다)에는 피난구유도등을 설치하지 않을 수 있다(유도등 및 유도표지의 화재안전기술기준 2.8.1.1).

⑤ 피난구유도표지는 출입구 상단에 설치하고, 통로유도표지는 바닥으로부터 높이 1m 이하의 위치에 설치하여야 한다(유도등 및 유도표지의 화재안전기술기준 2.5.1.2).

정답 ①

420 **유도등 및 유도표지의 화재안전기술기준상 유도등 설치에 관한 설명으로 옳지 않은 것은?**

제16회 수정

① 유도등의 상용전원은 전기가 정상적으로 공급되는 축전지설비, 전기저장장치(외부 전기에너지를 저장해 두었다가 필요한 때 전기를 공급하는 장치) 또는 교류전압의 옥내 간선으로 하고, 전원까지의 배선은 전용으로 해야 한다.

② 유도등의 비상전원은 비상발전기로 하여야 한다.

③ 유도등의 인입선과 옥내배선은 직접 연결하여야 한다.

④ 지하상가의 유도등 비상전원은 피난층에 이르는 부분의 유도등을 60분 이상 유효하게 작동시킬 수 있는 용량으로 해야 한다.

⑤ 유도등은 전기회로에 점멸기를 설치하지 않고 항상 점등 상태를 유지해야 한다.

키워드 **화재안전기술기준상 유도등 설치기준**

풀이 유도등의 비상전원은 축전지로 하여야 한다(유도등 및 유도표지의 화재안전기술기준 2.7.2.1).

정답 ②

421 **화재안전기술기준상 연결송수관설비의 송수구에 관한 설명으로 옳지 않은 것은?**

① 소방차가 쉽게 접근할 수 있고 잘 보이는 장소에 설치할 것

② 지면으로부터 높이가 0.5m 이상 1m 이하의 위치에 설치할 것

③ 송수구는 연결송수관의 수직배관마다 1개 이상을 설치할 것

④ 구경 32mm의 쌍구형으로 할 것

⑤ 송수구에는 이물질을 막기 위한 마개를 씌울 것

키워드 **연결송수관설비의 송수구 설치기준**

풀이 송수구는 구경 65mm의 쌍구형으로 한다(연결송수관설비의 화재안전기술기준 2.1.1.5).

정답 ④

422 화재안전기술기준상 연결송수관설비의 방수구에 관한 설명으로 옳지 않은 것은?

① 특정소방대상물의 층마다 설치하는 방수구는 아파트 또는 바닥면적이 1,000m^2 미만인 층에 있어서는 계단(계단이 둘 이상 있는 경우에는 그중 1개의 계단을 말한다)으로부터 5m 이내에 설치한다.

② 방수구의 호스접결구는 바닥으로부터 0.5m 이상 1m 이하의 위치에 설치한다.

③ 방수구는 개폐 기능을 가진 것으로 설치해야 하며, 평상시 닫힌 상태를 유지하도록 한다.

④ 방구구는 연결송수관의 전용방수구 또는 옥내소화전 방수구로서 구경 50mm의 것으로 설치한다.

⑤ 방수구는 그 특정소방대상물의 층마다 설치하되, 아파트의 1층 및 2층에서는 설치하지 않을 수 있다.

키워드 **연결송수관설비의 방수구 설치기준**

풀이 방수구는 연결송수관의 전용방수구 또는 옥내소화전 방수구로서 구경 65mm의 것으로 한다(연결송수관설비의 화재안전기술기준 2.3.1.5).

정답 ④

423 연결송수관설비에 관한 설명으로 옳은 것은?

① 송수구는 지면으로부터 1m 이상 1.5m 이하의 위치에 설치한다.

② 수직배관은 내화구조로 구획되지 않은 계단실 또는 파이프덕트 등에 설치한다.

③ 방수구는 특정소방대상물의 층마다 설치하되, 아파트와 업무시설의 1층, 2층에는 설치하지 않는다.

④ 지면으로부터의 높이가 25m 이상인 특정소방대상물 또는 지상 7층 이상인 특정소방대상물에 있어서는 습식설비로 한다.

⑤ 송수구는 연결송수관의 수직배관마다 1개 이상 설치하는 것이 원칙이다.

키워드 **화재안전기술기준상 연결송수관설비**

풀이 ① 송수구는 지면으로부터 0.5m 이상 1m 이하의 위치에 설치한다(연결송수관설비의 화재안전기술기준 2.1.1.2).

② 수직배관은 내화구조로 구획된 계단실(부속실 포함) 또는 파이프덕트 등 화재의 우려가 없는 장소에 설치해야 한다(연결송수관설비의 화재안전기술기준 2.2.5).

③ 방수구는 특정소방대상물의 층마다 설치하되, 아파트의 1층, 2층에는 설치하지 않을 수 있다(연결송수관설비의 화재안전기술기준 2.3.1.1).

④ 지면으로부터의 높이가 31m 이상인 특정소방대상물 또는 지상 11층 이상인 특정소방대상물에 있어서는 습식설비로 한다(연결송수관설비의 화재안전기술기준 2.2.1.2).

정답 ⑤

424 **다음은 화재안전기술기준(NFTC 502)상 연결송수관설비의 기준이다. (   )에 들어갈 숫자를 옳게 나열한 것은?** 제22회 수정

> 2.2 배관 등
> 2.2.1 연결송수관설비의 배관은 다음의 기준에 따라 설치해야 한다.
> 2.2.1.1 주배관의 구경은 100mm 이상의 것으로 할 것
> 2.2.1.2 지면으로부터의 높이가 (㉠)m 이상인 특정소방대상물 또는 지상 (㉡)층 이상인 특정소방대상물에 있어서는 습식설비로 할 것

① ㉠: 20, ㉡: 7
② ㉠: 21, ㉡: 7
③ ㉠: 25, ㉡: 7
④ ㉠: 30, ㉡: 11
⑤ ㉠: 31, ㉡: 11

키워드 **연결송수관설비의 배관**

풀이 지면으로부터의 높이가 '31'm 이상인 특정소방대상물 또는 지상 '11'층 이상인 특정소방대상물에 있어서는 습식설비로 할 것(연결송수관설비의 화재안전기술기준 2.2.1.2)

정답 ⑤

425 **연결송수관설비의 화재안전성능기준(NFPC 502)에 관한 설명으로 옳지 않은 것은?** 제26회

① 체절운전은 펌프의 성능시험을 목적으로 펌프 토출 측의 개폐밸브를 닫은 상태에서 펌프를 운전하는 것을 말한다.
② 연결송수관설비의 송수구는 지면으로부터 높이가 0.5미터 이상 1미터 이하의 위치에 설치하며, 구경 65밀리미터의 쌍구형으로 설치해야 한다.
③ 방수구는 연결송수관설비의 전용방수구 또는 옥내소화전방수구로서 구경 65밀리미터의 것으로 설치해야 한다.
④ 지상 11층 이상인 특정소방대상물의 연결송수관설비의 배관은 건식설비로 설치해야 한다.
⑤ 지표면에서 최상층 방수구의 높이가 70미터 이상의 특정소방대상물에는 연결송수관설비의 가압송수장치를 설치해야 한다.

키워드 **화재안전성능기준상 연결송수관설비**

풀이 지면으로부터의 높이가 31m 이상인 특정소방대상물 또는 지상 11층 이상인 특정소방대상물에 있어서는 습식설비로 할 것(연결송수관설비의 화재안전성능기준 제5조 제1항 제2호)

정답 ④

426 화재안전기술기준상 연결송수관설비에 관한 설명으로 옳지 않은 것은?

① 주배관의 구경은 80mm 이상의 것으로 한다.

② 지면으로부터의 높이가 31m 이상인 특정소방대상물 또는 지상 11층 이상인 특정소방대상물에 있어서는 습식설비로 한다.

③ 방수구는 연결송수관설비의 전용방수구 또는 옥내소화전 방수구로서 구경 65mm의 것으로 설치한다.

④ 펌프의 양정은 최상층에 설치된 노즐선단의 압력이 0.35MPa 이상의 압력이 되도록 한다.

⑤ 11층 이상 부분에 설치하는 방수구는 쌍구형으로 하여야 한다. 다만, 11층 이상 부분이 아파트의 용도로 사용되는 층에는 단구형으로 할 수 있다.

키워드 화재안전기술기준상 연결송수관설비의 설치기준

풀이 주배관의 구경은 100mm 이상의 것으로 한다(연결송수관설비의 화재안전기술기준 2.2.1.1).

정답 ①

427 화재안전기술기준상 연결살수설비의 송수구에 관한 설명으로 옳지 않은 것은?

① 소방차가 쉽게 접근할 수 있고 노출된 장소에 설치한다.

② 소방관의 호스연결 등 소화작업에 용이하도록 지면으로부터 높이가 0.5m 이상 1m 이하의 위치에 설치한다.

③ 송수구는 구경 32mm의 쌍구형으로 설치한다.

④ 개방형 헤드를 사용하는 송수구의 호스접결구는 각 송수구역마다 설치하는 것이 원칙이다.

⑤ 송수구로부터 주배관에 이르는 연결배관에는 개폐밸브를 설치하지 않는 것이 원칙이다.

키워드 화재안전기술기준상 연결살수설비의 송수구의 설치기준

풀이 송수구는 구경 65mm의 쌍구형으로 설치할 것. 다만, 하나의 송수구역에 부착하는 살수헤드의 수가 10개 이하인 것은 단구형인 것으로 할 수 있다(연결살수설비의 화재안전기술기준 2.1.1.3).

정답 ③

428 화재안전기술기준상 비상콘센트설비에 관한 설명으로 옳지 않은 것은?

① 비상콘센트설비는 바닥으로부터 높이 0.8m 이상 1.5m 이하의 위치에 설치한다.

② 전원회로는 각 층에 2 이상이 되도록 설치한다. 다만, 설치해야 할 층의 비상콘센트가 1개인 때에는 하나의 회로로 할 수 있다.

③ 비상콘센트의 배치는 아파트 또는 바닥면적이 1,000m^2 미만인 층은 계단의 출입구로부터 5m 이내에 설치한다.

④ 콘센트마다 배선용 차단기(KS C 8321)를 설치해야 하며, 충전부가 노출되지 않도록 한다.

⑤ 하나의 전용회로에 설치하는 비상콘센트는 5개 이하로 한다.

키워드 **화재안전기술기준상 비상콘센트의 전원회로**

풀이 하나의 전용회로에 설치하는 비상콘센트는 10개 이하로 할 것. 이 경우 전선의 용량은 각 비상콘센트(비상콘센트가 3개 이상인 경우에는 3개)의 공급용량을 합한 용량 이상의 것으로 해야 한다(비상콘센트설비의 화재안전기술기준 2.1.2.8).

정답 ⑤

429 화재안전기술기준(NFTC)상 무선통신보조설비의 증폭기 설치기준에 관한 내용이다. (　　)에 들어갈 작동시간으로 옳은 것은? 제18회 수정

> 증폭기 및 무선중계기를 설치하는 경우에는 다음의 기준에 따라 설치해야 한다.
> 2.5.1.1 상용전원은 전기가 정상적으로 공급되는 축전지설비, 전기저장장치(외부 전기에너지를 저장해 두었다가 필요한 때 전기를 공급하는 장치) 또는 교류전압의 옥내 간선으로 하고, 전원까지의 배선은 전용으로 할 것
> 2.5.1.2 증폭기의 전면에는 주회로 전원의 정상 여부를 표시할 수 있는 표시등 및 전압계를 설치할 것
> 2.5.1.3 증폭기에는 비상전원이 부착된 것으로 하고 해당 비상전원 용량은 무선통신보조설비를 유효하게 (　　) 이상 작동시킬 수 있는 것으로 할 것
> 2.5.1.4 증폭기 및 무선중계기를 설치하는 경우에는 「전파법」 제58조의2에 따른 적합성평가를 받은 제품으로 설치하고 임의로 변경하지 않도록 할 것
> 2.5.1.5 디지털 방식의 무전기를 사용하는 데 지장이 없도록 설치할 것

① 5분　　② 10분

③ 15분　　④ 20분

⑤ 30분

키워드 **화재안전기술기준상 무선통신보조설비의 비상전원**

풀이 증폭기에는 비상전원이 부착된 것으로 하고 해당 비상전원 용량은 무선통신보조설비를 유효하게 '30분' 이상 작동시킬 수 있는 것으로 할 것(무선통신보조설비의 화재안전기술기준 2.5.1.3)

정답 ⑤

PART 2

430 공동주택의 화재안전기술기준(NFTC 608)상 아파트등의 경우, 스프링클러설비 수원의 저수량 산정에 사용되는 폐쇄형 스프링클러헤드의 최대 기준개수로 옳은 것은? (단, 아파트등의 각 동이 주차장으로 서로 연결된 구조인 경우 해당 주차장 부분이 아닌 경우)

① 5개 ② 10개 ③ 15개
④ 20개 ⑤ 30개

키워드 **스프링클러설비의 수원**

풀이 폐쇄형 스프링클러헤드를 사용하는 아파트등은 기준개수 10개(스프링클러헤드의 설치개수가 가장 많은 세대에 설치된 스프링클러헤드의 개수가 기준개수보다 작은 경우에는 그 설치개수를 말한다)에 $1.6m^3$를 곱한 양 이상의 수원이 확보되도록 할 것. 다만, 아파트등의 각 동이 주차장으로 서로 연결된 구조인 경우 해당 주차장 부분의 기준개수는 30개로 할 것(공동주택의 화재안전기술기준 2.3.1.1)

정답 ②

431 공동주택의 화재안전성능기준에 관한 내용으로 옳지 않은 것은?

① 소화기는 바닥면적 100제곱미터마다 1단위 이상의 능력단위를 기준으로 설치해야 한다.
② 주거용 주방자동소화장치는 아파트등의 주방에 열원(가스 또는 전기)의 종류에 적합한 것으로 설치하고, 열원을 차단할 수 있는 차단장치를 설치해야 한다.
③ 아파트등의 경우 실내에 설치하는 비상방송설비의 확성기 음성입력은 2와트 이상이어야 한다.
④ 세대 내 거실(취침용도로 사용될 수 있는 통상적인 방 및 거실을 말한다)에는 연기감지기를 설치해야 한다.
⑤ 아파트등의 세대 내 스프링클러헤드를 설치하는 천장·반자·천장과 반자사이·덕트·선반등의 각 부분으로부터 하나의 스프링클러헤드까지의 수평거리는 3.2미터 이하로 해야 한다.

키워드 **화재안전기술기준상 스프링클러설비**

풀이 아파트등의 세대 내 스프링클러헤드를 설치하는 천장·반자·천장과 반자 사이·덕트·선반 등의 각 부분으로부터 하나의 스프링클러헤드까지의 수평거리는 2.6m 이하로 한다(공동주택의 화재안전기술기준 2.3.1.4).

정답 ⑤

432 **화재의 예방 및 안전관리에 관한 법령상 소방안전관리대상물의 안전관리에 관한 내용으로 옳은 것은?**

① 30층 이상(지하층을 포함한다)이거나 지상으로부터 높이가 120미터 이상인 아파트는 소방안전관리자를 선임하여야 하는 1급 소방안전관리대상물에 해당한다.
② 50층 이상(지하층을 포함한다)이거나 지상으로부터 높이가 200미터 이상인 아파트는 소방안전관리자를 선임하여야 하는 특급 소방안전관리대상물에 해당한다.
③ 소방안전관리대상물의 관계인이 소방안전관리자를 선임한 경우에는 선임한 날부터 30일 이내에 소방본부장이나 소방서장에게 신고하여야 한다.
④ 소방안전관리자를 두어야 하는 특정소방대상물 중 300세대 이상인 아파트는 소방안전관리보조자를 선임하여야 한다.
⑤ 소방안전관리대상물의 관계인은 소방안전관리보조자를 해임한 경우 소방안전관리보조자를 해임한 날의 다음 날부터 30일 이내에 소방안전관리보조자를 선임해야 한다.

키워드 **소방안전관리대상물의 안전관리**

풀이 ① 30층 이상(지하층은 제외한다)이거나 지상으로부터 높이가 120미터 이상인 아파트는 소방안전관리자를 선임하여야 하는 1급 소방안전관리대상물에 해당한다(화재의 예방 및 안전관리에 관한 법률 시행령 제25조 제1항 별표 4 제2호).
② 50층 이상(지하층은 제외한다)이거나 지상으로부터 높이가 200미터 이상인 아파트는 소방안전관리자를 선임하여야 하는 특급 소방안전관리대상물에 해당한다(화재의 예방 및 안전관리에 관한 법률 시행령 제25조 제1항 별표 4 제1호).
③ 소방안전관리대상물의 관계인이 소방안전관리자 또는 소방안전관리보조자를 선임한 경우에는 행정안전부령으로 정하는 바에 따라 선임한 날부터 14일 이내에 소방본부장 또는 소방서장에게 신고하고, 소방안전관리대상물의 출입자가 쉽게 알 수 있도록 소방안전관리자의 성명과 그 밖에 행정안전부령으로 정하는 사항을 게시하여야 한다(화재의 예방 및 안전관리에 관한 법률 제26조 제1항).
⑤ 소방안전관리대상물의 관계인은 소방안전관리보조자를 해임한 경우 소방안전관리보조자를 해임한 날부터 30일 이내에 소방안전관리보조자를 선임해야 한다(화재의 예방 및 안전관리에 관한 법률 시행규칙 제16조 제1항).

정답 ④

433 **화재의 예방 및 안전관리에 관한 법령상 지상으로부터 높이가 135미터인 40층 아파트가 해당되는 소방안전관리대상물은?**

① 특급 소방안전관리대상물
② 공동 소방안전관리대상물
③ 1급 소방안전관리대상물
④ 2급 소방안전관리대상물
⑤ 3급 소방안전관리대상물

키워드 **소방안전관리대상물의 범위**

풀이 지상으로부터 높이가 135미터인 40층 아파트는 1급 소방안전관리대상물에 해당한다(화재의 예방 및 안전관리에 관한 법률 시행령 제25조 제1항 별표 4 제2호).

정답 ③

434 **화재의 예방 및 안전관리에 관한 법령상 소방안전관리자의 업무에 해당하지 않는 것은?**

① 소방계획서의 작성
② 화기 취급의 감독
③ 의용소방대의 조직
④ 피난시설, 방화구획 및 방화시설의 관리
⑤ 소방시설이나 그 밖의 소방 관련 시설의 관리

키워드 **소방안전관리자의 수행업무(화재의 예방 및 안전관리에 관한 법률 제24조 제5항)**

풀이 자위소방대 및 초기대응체계의 구성·운영 및 교육이 업무에 해당된다.

정답 ③

435 **액화천연가스(LNG)에 관한 설명으로 옳지 않은 것은?**

① 공기보다 가볍다.
② 아황산가스, 매연 등의 오염이 없다.
③ 발열량이 액화석유가스(LPG)보다 높다.
④ 천연가스를 정제해서 얻은 메탄을 주성분으로 하는 가스를 냉각시켜 액화한 것이다.
⑤ 배관을 통하여 공급하여야 하기 때문에 대규모 저장시설이 필요하다.

키워드 **액화천연가스의 특징**

풀이 발열량은 액화석유가스가 액화천연가스보다 높다.

정답 ③

436 LNG의 특성에 관한 설명으로 옳지 않은 것은?

① 프로판과 부탄을 주성분으로 한다.

② 공기보다 가벼워 LPG보다 상대적으로 안전하다.

③ 무공해, 무독성이다.

④ 대규모의 저장시설을 필요로 하며, 공급은 배관을 통하여 이루어진다.

⑤ 천연가스를 −162℃까지 냉각하여 액화시킨 것이다.

키워드 **액화천연가스의 특징**

풀이 액화천연가스는 메탄을 주성분으로 한다.

정답 ①

437 액화석유가스에 관한 설명으로 옳지 않은 것은?

① LPG라고도 하며 프로판, 부탄을 주성분으로 한다.

② 기체상태로, 저장·운반이 편리하며 공기보다 가볍다.

③ 상온·상압 상태의 LP가스가 액화되면 체적이 약 1/250로 감소된다.

④ 천연가스나 석유정제 과정에서 채취된 가스를 압축냉각해서 액화시킨 것이다.

⑤ 발열량이 크고 연소할 때 공기량을 많이 필요로 한다.

키워드 **액화석유가스의 특징**

풀이

LPG(액화석유가스 = 프로판가스)

1. 주성분은 프로판, 부탄과 같은 탄화수소물로서 질식 또는 불완전연소에 의한 중독의 위험성이 있다.
2. 특징
   ㉠ 공기보다 무겁다.
   ㉡ 샐 경우 바닥에 깔린다. → 위험(환기에 유의)
   ㉢ 경보기를 바닥에서 30cm 높이에 설치한다.
   ㉣ 무색, 무미, 무취
   ㉤ 상압에서는 기체이지만 압력을 가하면 액화한다(체적이 1/250로 줄어든다).
   ㉥ 발열량이 높다.

정답 ②

438 LPG와 LNG에 관한 내용으로 옳은 것은? 제22회

① LNG의 주성분은 탄소수 3~4의 탄화수소이다.
② LPG의 주성분은 메탄이다.
③ 기화된 LPG는 대기압 상태에서 공기보다 비중이 낮다.
④ 기화된 LNG의 표준상태 용적당 발열량은 기화된 LPG보다 높다.
⑤ 액체 상태의 LNG 비점은 액체 상태의 LPG보다 낮다.

키워드 LN가스와 LP가스의 비교

풀이 ① LNG의 주성분은 메탄이다.
② LPG의 주성분은 프로판과 부탄이다.
③ 기화된 LPG는 대기압 상태에서 공기보다 비중이 크다.
④ 기화된 LNG의 표준상태 용적당 발열량은 기화된 LPG보다 낮다.

정답 ⑤

439 가스에 관한 설명으로 옳지 않은 것은?

① LP가스는 비중이 공기보다 크고 연소 시 이론공기량이 많다.
② LN가스는 메탄을 주성분으로 하는 천연가스를 냉각하여 액화시킨 것이다.
③ LN가스는 배관을 통해서 공급할 수 없으며 작은 용기에 담아서 사용해야 한다.
④ LN가스는 공기보다 가벼워 누설이 된다 해도 공기 중에 흡수되기 때문에 안전성이 높다.
⑤ LP가스는 가스경보기를 바닥 위 30cm에 설치한다.

키워드 LN가스와 LP가스의 비교

풀이 LN가스는 상온에서 기체상태로 공급하기 때문에 주로 배관을 통해서 공급한다. LP가스는 용기를 주로 사용하며 배관공급도 가능하다.

정답 ③

440 도시가스사업법령상 도시가스에서 중압의 가스압력에 해당하는 것은?

① 0.05MPa 이상 0.1MPa 미만

② 0.01MPa 이상 0.1MPa 미만

③ 0.1MPa 이상 1MPa 미만

④ 1MPa 이상 100MPa 미만

⑤ 100MPa 이상 200MPa 미만

키워드 **도시가스의 압력범위**

풀이 고압은 1MPa 이상, 중압은 0.1MPa 이상 1MPa 미만, 저압은 0.1MPa 미만이다(도시가스사업법 시행규칙 제2조 제1항 제6·7·8호).

정답 ③

441 도시가스사업법령상 가스계량기의 시설기준에 관한 설명으로 옳지 않은 것은? 제13회

① 가스계량기와 화기(그 시설 안에서 사용하는 자체화기는 제외) 사이는 1.5m 이상의 거리를 유지하여야 한다.

② 설치장소는 환기가 양호하고 직사광선이나 빗물을 받을 우려가 없는 곳으로 하되, 보호상자 안에 설치할 경우에는 직사광선이나 빗물을 받을 우려가 있는 곳에도 설치할 수 있다.

③ $30m^3/hr$ 미만인 가스계량기의 설치높이는 바닥으로부터 1.6m 이상 2m 이내에 수직·수평으로 설치한다.

④ 가스계량기와 전기계량기 및 전기개폐기의 거리는 60cm 이상, 절연조치를 하지 아니한 전선과의 거리는 15cm 이상의 거리를 유지하여야 한다.

⑤ 공동주택의 대피공간, 방·거실 및 주방 등으로서 사람이 거처하는 곳 및 가스계량기에 나쁜 영향을 미칠 우려가 있는 장소에는 설치를 금지한다.

키워드 **가스사용시설의 시설기준(도시가스사업법 시행규칙 별표 7)**

풀이 가스계량기와 화기(그 시설 안에서 사용하는 자체화기는 제외한다) 사이에 유지하여야 하는 거리는 2m 이상이다.

정답 ①

442 도시가스사업법령상 가스사용시설의 시설기준으로 옳은 것은?

① 가스계량기는 절연조치를 하지 않은 전선과는 10cm 이상 거리를 유지한다.

② 가스사용시설에 설치된 압력조정기는 매 2년에 1회 이상 압력조정기의 유지·관리에 적합한 방법으로 안전점검을 실시한다.

③ 가스배관은 움직이지 않도록 고정 부착하는 조치를 하되 그 호칭지름이 13mm 미만의 것에는 2m마다 고정 장치를 설치한다.

④ 가스계량기와 화기(그 시설 안에서 사용하는 자체화기는 제외) 사이에 유지하여야 하는 거리는 2m 이상이다.

⑤ 가스계량기와 전기계량기 및 전기개폐기와의 거리는 30cm 이상 유지한다.

키워드 가스사용시설의 시설기준(도시가스사업법 시행규칙 별표 7)

풀이 ① 가스계량기는 절연조치를 하지 않은 전선과는 15cm 이상 거리를 유지한다.
② 가스사용시설에 설치된 압력조정기는 매 1년에 1회 이상 압력조정기의 유지·관리에 적합한 방법으로 안전점검을 실시한다.
③ 가스배관은 움직이지 않도록 고정 부착하는 조치를 하되 그 호칭지름이 13mm 미만의 것에는 1m마다 고정 장치를 설치한다.
⑤ 가스계량기와 전기계량기 및 전기개폐기와의 거리는 60cm 이상 유지한다.

정답 ④

443 도시가스사업법상 가스사용시설의 시설기준 및 기술기준에 관한 설명 중 틀린 것은?

제9회 수정

① 배관을 지하에 매설하는 경우 지면으로부터 0.6m 이상의 거리를 유지하여야 한다.

② 지하매설배관은 최고사용압력이 저압인 배관은 황색으로, 중압 이상인 배관은 붉은색으로 하여야 한다.

③ 배관을 실내에 노출하여 설치하는 경우에는 용접이음매를 제외한 배관의 이음부와 전기계량기 및 전기개폐기와는 적절한 거리를 유지하여야 한다.

④ 입상관의 밸브는 보호상자 안에 설치하는 경우 바닥으로부터 1.6m 이상 2m 이내에 설치하여야 한다.

⑤ 입상관은 그 시설 안에서 사용되는 자체화기를 제외한 화기와 2m 이상의 우회거리를 유지해야 한다.

키워드 가스사용시설의 시설기준(도시가스사업법 시행규칙 별표 7)

풀이 입상관의 밸브는 바닥으로부터 1.6m 이상 2m 이내에 설치할 것. 다만, 보호상자에 설치하는 경우에는 그러하지 아니하다.

정답 ④

444 도시가스설비공사에 관한 설명으로 옳은 것은?

① 가스계량기와 화기 사이에 유지하여야 하는 거리는 1.5m 이상이다.
② 가스계량기와 전기계량기 및 전기개폐기와의 거리는 30cm 이상을 유지하여야 한다.
③ 입상관의 밸브는 바닥으로부터 1m 이상 2m 이내에 설치하여야 한다.
④ 지상배관은 부식방지 도장 후 표면색상을 황색으로 도색하고, 최고사용압력이 저압인 지하매설배관은 황색으로 하여야 한다.
⑤ 가스계량기의 설치 높이는 바닥으로부터 1m 이상 2m 이내에 수직·수평으로 설치하여야 한다.

키워드 가스사용시설의 시설기준(도시가스사업법 시행규칙 별표 7)

풀이 ① 가스계량기와 화기(그 시설 안에서 사용하는 자체화기는 제외한다) 사이에 유지하여야 하는 거리는 2m 이상이다.
② 가스계량기와 전기계량기 및 전기개폐기와의 거리는 60cm 이상을 유지하여야 한다.
③ 입상관의 밸브는 바닥으로부터 1.6m 이상 2m 이내에 설치하여야 한다.
⑤ 가스계량기의 설치 높이는 바닥으로부터 1.6m 이상 2m 이내에 수직·수평으로 설치하여야 한다.

정답 ④

445 도시가스사업법령상 배관설비기준으로 옳지 않은 것은?

① 배관은 그 외부에 사용가스명, 최고사용압력 및 도시가스 흐름방향을 표시한다. 다만, 지하에 매설하는 배관의 경우에는 흐름방향을 표시하지 아니할 수 있다.
② 지상배관은 부식방지도장 후 표면색상을 황색으로 도색하여야 한다.
③ 지하매설배관은 최고사용압력이 저압인 배관은 붉은색으로, 중압 이상인 배관은 황색으로 도색하여야 한다.
④ 지상배관의 경우 건축물의 내·외벽에 노출된 것으로서 바닥(2층 이상의 건물의 경우에는 각 층의 바닥을 말한다)에서 1m의 높이에 폭 3cm의 황색띠를 2중으로 표시한 경우에는 표면색상을 황색으로 하지 아니할 수 있다.
⑤ 폴리에틸렌관을 지상배관과 연결을 위하여 금속관을 사용하여 보호조치를 한 경우로서 지면에서 30cm 이하로 노출하여 시공하는 경우에는 노출배관용으로 사용할 수 있다.

키워드 가스사용시설의 시설기준(도시가스사업법 시행규칙 별표 7)

풀이 지하매설배관은 최고사용압력이 저압인 배관은 황색으로, 중압 이상인 배관은 붉은색으로 도색하여야 한다.

정답 ③

446 약전설비에 해당하는 것은?

① 변전설비　　② 간선설비
③ 피뢰침설비　　④ 전화설비
⑤ 조명설비

PART 2

키워드 약전설비와 강전설비의 구분
풀이 정보·통신설비로서 전화설비, 인터폰, 안테나설비, 방송설비는 약전설비에 해당한다.

정답 ④

447 주택건설기준 등에 관한 규정상 부대시설의 설치에 관한 설명으로 옳은 것은? 제14회

① 세대당 전용면적이 60m² 미만인 주택에 설치하는 전기시설의 용량은 각 세대별로 3킬로와트 이상이어야 한다.

② 공동주택에서 세대별 전기사용량을 측정하는 전력량계는 전기사용량을 자동으로 검침하는 원격검침방식을 적용하는 경우 각 세대 전용부분 안에 설치할 수 없다.

③ 세대당 전용면적이 85m² 이하인 공동주택의 각 세대에는 지상파텔레비전방송, 에프엠(FM)라디오방송 및 위성방송의 수신안테나와 연결된 단자를 1개소로 할 수 있다.

④ 공동주택에는 세대별 수도계량기 및 세대마다 최소 3개소 이상의 급수전을 설치하여야 한다.

⑤ 주택단지 안의 옥외에 설치하는 전선은 지하에 매설하여야 한다. 다만, 세대당 전용면적이 85m² 이하인 주택을 전체 세대수의 2분의 1 이상 건설하는 단지에서 폭 8m 이상의 도로에 가설하는 전선은 가공선으로 할 수 있다.

키워드 부대시설의 전기시설 등의 설치기준
풀이 ② 주택에는 세대별 전기사용량을 측정하는 전력량계를 각 세대 전용부분 밖의 검침이 용이한 곳에 설치하여야 한다. 다만, 전기사용량을 자동으로 검침하는 원격검침방식을 적용하는 경우에는 전력량계를 각 세대 전용부분 안에 설치할 수 있다(주택건설기준 등에 관한 규정 제40조 제2항).
③ 공동주택의 각 세대에는 방송 공동수신설비 중 지상파텔레비전방송, 에프엠(FM)라디오방송 및 위성방송의 수신안테나와 연결된 단자를 2개소 이상 설치하여야 한다. 다만, 세대당 전용면적이 60m² 이하인 주택의 경우에는 1개소로 할 수 있다(주택건설기준 등에 관한 규정 제42조 제2항).
④ 공동주택에는 세대별 수도계량기 및 세대마다 2개소 이상의 급수전을 설치하여야 한다(주택건설기준 등에 관한 규정 제43조 제3항).
⑤ 주택단지 안의 옥외에 설치하는 전선은 지하에 매설하여야 한다. 다만, 세대당 전용면적이 60m² 이하인 주택을 전체 세대수의 2분의 1 이상 건설하는 단지에서 폭 8m 이상의 도로에 가설하는 전선은 가공선으로 할 수 있다(주택건설기준 등에 관한 규정 제40조 제3항).

정답 ①

448 **주택건설기준 등에 관한 규정상 공동주택의 세대당 전용면적이 80m²일 때, 각 세대에 설치해야 할 전기시설의 최소 용량(kW)은?** 제23회

① 3.0　　② 3.5
③ 4.0　　④ 4.5
⑤ 5.0

키워드 **전기시설의 용량**

풀이 주택에 설치하는 전기시설의 용량은 각 세대별로 3킬로와트(세대당 전용면적이 60제곱미터 이상인 경우에는 3킬로와트에 60제곱미터를 초과하는 10제곱미터마다 0.5킬로와트를 더한 값) 이상이어야 한다(주택건설기준 등에 관한 규정 제40조 제1항).

$$3kW + \frac{80m^2 - 60m^2}{10m^2} \times 0.5kW = 4kW$$

정답 ③

449 **전압을 구분한 표이다. (　　)에 들어갈 숫자를 옳게 나열한 것은?** 제19회 수정

구분	저압	고압	특고압
직류	(㉠)V 이하	(㉠)V 초과~7,000V 이하	7,000V 초과
교류	(㉡)V 이하	(㉡)V 초과~7,000V 이하	

① ㉠ 600, ㉡ 750
② ㉠ 760, ㉡ 600
③ ㉠ 450, ㉡ 660
④ ㉠ 1,000, ㉡ 1,500
⑤ ㉠ 1,500, ㉡ 1,000

키워드 **전압의 구분(전기사업법 시행규칙 제2조 제8·9·10호)**

풀이
- 저압: 직류에서는 1,500볼트 이하의 전압, 교류에서는 1,000볼트 이하의 전압
- 고압: 직류에서는 1,500볼트를 초과하고 7천볼트 이하인 전압, 교류에서는 1,000볼트를 초과하고 7천볼트 이하인 전압
- 특고압: 7천볼트를 초과하는 전압

정답 ⑤

450 전원설비에 관한 설명이다. ( )에 들어갈 내용으로 옳은 것은?

> 수전점에서 변압기 1차 측까지의 기기 구성을 (㉠)라 하고, 변압기에서 전력부하설비의 배전반까지를 (㉡)라 한다.

① ㉠ 배전설비, ㉡ 수전설비
② ㉠ 수전설비, ㉡ 배전설비
③ ㉠ 간선설비, ㉡ 동력설비
④ ㉠ 동력설비, ㉡ 간선설비
⑤ ㉠ 수전설비, ㉡ 동력설비

키워드 전기설비의 구성
풀이 수전점에서 변압기 1차 측까지의 기기 구성을 '수전설비'라 하고, 변압기에서 전력부하설비의 배전반까지를 '배전설비'라 한다.

정답 ②

451 역률에 관한 설명으로 옳은 것은? 제15회

① 무효전력에 대한 유효전력의 비를 말한다.
② 역률을 개선하면 설비용량의 여유도가 감소한다.
③ 백열전등이나 전기히터(Electric Heater)의 역률은 100%에 가깝다.
④ 역률은 부하의 종류와 관계가 없다.
⑤ 역률을 개선하면 선로에 흐르는 전류가 증가한다.

키워드 역률의 개념
풀이 ① 교류회로에 전력을 공급할 때의 유효전력과 피상전력의 비를 말한다.
② 역률을 개선하면 설비용량의 여유도가 증가한다.
④ 역률은 부하의 종류와 관계가 있다.
⑤ 역률을 개선하면 선로에 흐르는 전류가 감소한다.

정답 ③

452 전기설비의 설비용량 산출을 위하여 필요한 각 계산식이다. 옳게 짝지어진 것은?

제11회

$$(㉠) = \frac{\text{최대수용전력}}{\text{부하설비용량}} \times 100(\%)$$

$$(㉡) = \frac{\text{평균수용전력}}{\text{최대수용전력}} \times 100(\%)$$

$$(㉢) = \frac{\text{각 부하의 최대수용전력의 합계}}{\text{합계 부하의 최대수용전력}}$$

① ㉠ 부등률, ㉡ 수용률, ㉢ 부하율
② ㉠ 수용률, ㉡ 부등률, ㉢ 부하율
③ ㉠ 부등률, ㉡ 부하율, ㉢ 수용률
④ ㉠ 수용률, ㉡ 부하율, ㉢ 부등률
⑤ ㉠ 부하율, ㉡ 수용률, ㉢ 부등률

키워드 **전기설비의 설비용량 산출**

풀이 ㉠ 수용률: 수용장소에 설치된 총설비용량에 대하여 실제 사용하고 있는 부하의 최대수용전력과의 비율을 백분율로 표시한 것이다.
㉡ 부하율: 전기설비가 어느 정도 유효하게 사용되고 있는가를 나타내는 척도이고, 어떤 기간 중에 최대수용전력과 그 기간 중에 평균전력과의 비율을 백분율로 표시한 것이다.
㉢ 부등률: 수용가의 설비부하는 각 부하의 부하 특성에 따라 최대수용전력 발생시각이 다르게 나타나므로, 부등률을 고려하면 변압기용량을 적정용량으로 낮추는 효과를 갖게 된다.

정답 ④

453 최대수용전력이 500kW, 수용률이 80%일 때 부하설비용량(kW)은?

① 400
② 425
③ 500
④ 525
⑤ 625

키워드 **전기설비의 설비용량 산출**

풀이 $\text{수용률}(\%) = \frac{\text{최대수용전력(kW)}}{\text{부하설비용량(kW)}} \times 100$에서

$$\text{부하설비용량} = \frac{\text{최대수용전력(kW)}}{\text{수용률}(\%)} \times 100 = \frac{500(\text{kW})}{80(\%)} \times 100 = 625(\text{kW})$$

정답 ⑤

PART 2

454 **합성 최대수용전력이 1,500kW, 부하율이 0.7일 때 평균전력(kW)은?**

① 1,050
② 1,500
③ 2,142
④ 3,000
⑤ 3,250

키워드 **전기설비의 설비용량 산출**

풀이 $\text{부하율} = \dfrac{\text{평균수용전력}}{\text{최대수용전력}} \times 100$에서 $0.7 = \dfrac{\text{평균수용전력}}{1{,}500}$

∴ 평균수용전력 = 1,050(kW)

정답 ①

455 **수변전설비에 관한 내용으로 옳지 않은 것은?**

① 공동주택 단위세대 전용면적이 60m^2 이하인 경우, 단위세대 전기부하용량은 3.0kW로 한다.
② 부하율이 작을수록 전기설비가 효율적으로 사용되고 있음을 나타낸다.
③ 역률개선용 콘덴서라 함은 역률을 개선하기 위하여 변압기 또는 전동기 등에 병렬로 설치하는 커패시터를 말한다.
④ 수용률이라 함은 부하설비용량 합계에 대한 최대수용전력의 백분율을 말한다.
⑤ 부등률은 합성 최대수요전력을 구하는 계수로서 부하종별 최대수요전력이 생기는 시간차에 의한 값이다.

키워드 **수변전설비**

풀이 부하율이 클수록 전기설비가 효율적으로 사용되고 있음을 나타낸다.

정답 ②

456 **수변전실의 구조 및 위치에 관한 설명으로 옳지 않은 것은?** 제12회

① 습기·먼지가 적고, 물이 침입할 우려가 없는 장소로 한다.
② 발전기실, 축전지실과 가급적 인접한 장소로 한다.
③ 천장높이는 고압의 경우 보 아래 3m 이상, 특고압의 경우 4.5m 이상으로 한다.
④ 격벽은 내화구조로 하고, 출입문은 방화문으로 한다.
⑤ 부하의 가장자리에 배치하여 전원의 인입이 편리해야 한다.

키워드 **수변전실의 구조 및 위치**
풀이 수변전실은 가능한 한 부하의 중심에 가까운 곳에 설치한다.

정답 ⑤

457 **수전실의 시설기준에 관한 설명으로 옳지 않은 것은?** 제13회

① 창 및 출입구에는 방화문을 시설하여야 한다.
② 눈, 비의 침입을 방지하는 구조와 환기가 가능한 구조로 해야 한다.
③ 수전실의 조명은 감시 및 조작을 안전하고 확실하게 하기 위하여 필요한 조명설비를 시설하여야 한다.
④ 정전 시의 안전조작을 위한 비상조명설비를 설치하는 것이 바람직하다.
⑤ 난연재료로 만들어진 벽, 기둥, 바닥 및 천장으로 구획되어야 한다.

키워드 **수전실의 시설기준**
풀이 수전실은 불연재료로 만들어진 벽, 기둥, 바닥 및 천장으로 구획되어야 한다.

정답 ⑤

458 **축전지실의 구조에 관한 설명으로 옳지 않은 것은?**

① 내진성을 고려하고, 배기설비가 필요하다.
② 축전지실의 천장높이는 1.8m 이상으로 한다.
③ 축전지실의 전기배선은 비닐전선을 사용한다.
④ 개방형 축전지의 경우 조명기구 등은 내산성으로 한다.
⑤ 밀폐형 축전지를 사용할 때는 면적이 좁아도 된다.

키워드 **축전지실의 구조**
풀이 축전지실의 천장높이는 2.6m 이상으로 한다.

정답 ②

459 전기설비에 사용하는 합성수지관에 관한 설명으로 옳지 않은 것은? 제19회

① 기계적 충격에 약하다.

② 금속관보다 무게가 가볍고 내식성이 있다.

③ 대부분 경질비닐관이 사용된다.

④ 열적 영향을 받기 쉬운 곳에 사용된다.

⑤ 관 자체의 절연성능이 우수하다.

키워드 **배선공사**

풀이 합성수지관 공사는 열에 약하므로 열적 영향을 받기 쉬운 곳에는 사용할 수 없다.

정답 ④

460 다음에서 설명하고 있는 배선공사는?

• 열적 영향이나 기계적 외상을 받기 쉬운 곳이 아니면 광범위하게 사용 가능하다. • 관 자체가 절연체이므로 감전의 우려가 없으며 시공이 쉽다. • 옥내의 점검할 수 없는 은폐 장소에도 사용이 가능하다.

① 금속관 공사

② 버스덕트 공사

③ 플로어덕트 공사

④ 합성수지관 공사(CD관 제외)

⑤ 가요전선관 공사

키워드 **배선공사**

풀이

합성수지관 배관공사(경질비닐관 배선공사) 1. 열적 영향이나 기계적 외상을 받기 쉽다. 2. 관 자체가 절연체이므로 감전의 우려가 없으며, 시공이 용이하다. 3. 화학공장, 연구실의 배선 등에 적합하다. 4. 옥내의 점검할 수 없는 은폐 장소에도 사용이 가능하다.

정답 ④

461 금속관 공사에 관한 설명으로 옳지 않은 것은?

① 전선의 과열로 인한 화재의 위험이 적다.

② 기계적인 외력에 대하여 전선이 안전하게 보호된다.

③ 철근콘크리트 건물의 매입 배선으로는 사용할 수 없다.

④ 전선의 인입이 용이하다.

⑤ 습기, 먼지가 있는 장소에도 시공이 가능하나 증설은 곤란하다.

키워드 **배선공사**

풀이 금속관은 주로 철근콘크리트 건물의 매입 배선 등에 사용된다.

정답 ③

462 다음에서 설명하고 있는 전기배선 공사방법은? 제23회

- 철근콘크리트 건물의 매입 배선 등에 사용된다.
- 화재에 대한 위험성이 낮다.
- 기계적 손상에 대해 안전하여 다양한 유형의 건물에 시공이 가능하다.

① 금속관 공사

② 목재몰드 공사

③ 애자사용 공사

④ 버스덕트 공사

⑤ 경질비닐관 공사

키워드 **배선공사**

풀이

금속관 공사

1. 금속관 공사는 콘크리트 매입공사에 적합하고, 전선의 교체가 용이하며, 전선의 기계적 손상에 대해 안전하다.
2. 금속관 공사에서 전선은 배선공사가 끝난 후 제일 나중에 인입한다.
3. 금속관 공사를 하면 전선을 외력으로부터 보호할 수 있고, 필요에 따라 전선인입을 쉽게 할 수 있다. 그러나 누전을 방지할 수는 없다.

정답 ①

463 **다음에서 설명하고 있는 배선공사는?**

• 굴곡이 많은 장소에 적합하다. • 기계실 등에서 전동기로 배선하는 경우나 건물의 확장부분 등에 배선하는 경우에 적용된다.

① 합성수지몰드 공사　　② 플로어덕트 공사
③ 가요전선관 공사　　④ 금속몰드 공사
⑤ 버스덕트 공사

키워드 **배선공사**

풀이 가요전선관 공사는 굴곡 장소가 많아서 금속관공사로 하기 어려운 경우에 적합하며, 옥내배선과 전동기를 연결하는 경우나 엘리베이터의 배선, 증설공사, 기차나 전차 내의 배선 등에 적합하다.

정답 ③

464 **건축물의 설비기준 등에 관한 규칙상 피뢰설비의 설치기준에 관한 내용으로 옳지 않은 것은?** 제21회 수정

① 피뢰설비의 재료는 최소 단면적이 피복이 없는 동선(銅線)을 기준으로 수뢰부, 인하도선 및 접지극은 50제곱밀리미터 이상이거나 이와 동등 이상의 성능을 갖출 것
② 접지(接地)는 환경오염을 일으킬 수 있는 시공방법이나 화학 첨가물 등을 사용하지 아니할 것
③ 피뢰설비는 한국산업표준이 정하는 피뢰레벨 등급에 적합한 피뢰설비일 것. 다만, 위험물저장 및 처리시설에 설치하는 피뢰설비는 한국산업표준이 정하는 피뢰시스템레벨Ⅱ 이상이어야 할 것
④ 급수·급탕·난방·가스 등을 공급하기 위하여 건축물에 설치하는 금속배관 및 금속재 설비는 전위(電位)가 균등하게 이루어지도록 전기적으로 접속할 것
⑤ 전기설비의 접지계통과 건축물의 피뢰설비 및 통신설비 등의 접지극을 공용하는 통합접지공사를 하는 경우에는 낙뢰 등으로 인한 과전압으로부터 전기설비 등을 보호하기 위하여 한국산업표준에 적합한 배선용 차단기를 설치할 것

키워드 **피뢰설비의 설치기준**

풀이 전기설비의 접지계통과 건축물의 피뢰설비 및 통신설비 등의 접지극을 공용하는 통합접지공사를 하는 경우에는 낙뢰 등으로 인한 과전압으로부터 전기설비 등을 보호하기 위하여 한국산업표준에 적합한 서지보호장치[서지(Surge: 전류·전압 등의 과도 파형을 말한다)로부터 각종 설비를 보호하기 위한 장치를 말한다]를 설치할 것(건축물의 설비기준 등에 관한 규칙 제20조 제8호)

정답 ⑤

465 건축물의 설비기준 등에 관한 규칙상 피뢰설비의 기준에 관한 내용이다. ( )에 들어갈 숫자를 옳게 나열한 것은? 제24회

> 제20조【피뢰설비】〈생략〉
> 1. 〈생략〉
> 2. 돌침은 건축물의 맨 윗부분으로부터 (㉠)센티미터 이상 돌출시켜 설치하되, 「건축물의 구조기준 등에 관한 규칙」 제9조에 따른 설계하중에 견딜 수 있는 구조일 것
> 3. 피뢰설비의 재료는 최소 단면적이 피복이 없는 동선(銅線)을 기준으로 수뢰부, 인하도선 및 접지극은 (㉡)제곱밀리미터 이상이거나 이와 동등 이상의 성능을 갖출 것

① ㉠: 20, ㉡: 30
② ㉠: 20, ㉡: 50
③ ㉠: 25, ㉡: 30
④ ㉠: 25, ㉡: 50
⑤ ㉠: 30, ㉡: 30

키워드 **피뢰설비의 설치기준(건축물의 설비기준 등에 관한 규칙 제20조)**

풀이
2. 돌침은 건축물의 맨 윗부분으로부터 '25'센티미터 이상 돌출시켜 설치하되, 「건축물의 구조기준 등에 관한 규칙」 제9조에 따른 설계하중에 견딜 수 있는 구조일 것
3. 피뢰설비의 재료는 최소 단면적이 피복이 없는 동선(銅線)을 기준으로 수뢰부, 인하도선 및 접지극은 '50'제곱밀리미터 이상이거나 이와 동등 이상의 성능을 갖출 것

정답 ④

466 피뢰설비에 관한 설명으로 옳지 않은 것은?

① 돌침은 건축물의 맨 윗부분으로부터 25센티미터 이상 돌출시켜 설치한다.
② 피뢰설비의 재료는 최소 단면적이 피복이 없는 동선(銅線)을 기준으로 수뢰부, 인하도선, 접지극은 50제곱밀리미터 이상이거나 동등 이상의 성능을 갖춘다.
③ 피뢰설비의 인하도선을 대신하여 철골조의 철골구조물을 사용할 경우 전기적 연속성이 보장되어야 한다. 이 경우 전기적 연속성이 있다고 판단되기 위하여는 건축물 금속 구조체의 최상단부와 지표레벨 사이의 전기저항이 0.2옴 이하이어야 한다.
④ 측면 낙뢰를 방지하기 위하여 60미터를 초과하는 건축물 등에는 지면에서 건축물 높이의 5분의 3 지점부터 최상단부분까지의 측면에 수뢰부를 설치한다.
⑤ 지표레벨에서 최상단부의 높이가 150미터를 초과하는 건축물은 120미터 지점부터 최상단부분까지의 측면에 수뢰부를 설치한다.

키워드 **피뢰설비의 설치기준**

풀이 측면 낙뢰 방지를 위하여 60미터를 초과하는 건축물 등에는 지면에서 건축물 높이의 5분의 4가 되는 지점부터 최상단부분까지의 측면에 수뢰부를 설치하여야 한다(건축물의 설비기준 등에 관한 규칙 제20조 제5호).

정답 ④

467 조명설비에 관한 설명이다. (   )에 들어갈 용어를 순서대로 나열한 것은? 제21회

- (   ): 빛을 받는 면에 입사하는 단위면적당 광속
- (   ): 램프의 사용시간 경과에 따라 감광되거나 먼지부착 등에 의한 조명기구 효율저하를 보완하기 위한 보정계수
- (   ): 실내의 작업범위(수평면)에서 최저조도를 최고조도로 나눈 값

① 광도, 감소율, 균제도 ② 광도, 감소율, 조명률
③ 조도, 감소율, 조명률 ④ 조도, 보수율, 조명률
⑤ 조도, 보수율, 균제도

키워드 **조명설비 용어의 정의**

풀이
- 조도: 빛을 받는 면에 입사하는 단위면적당 광속으로, 조명설계에서 가장 기본이 되는 단위이다. 단위는 lx(lux, 룩스)이다.
- 보수율: 램프의 사용시간 경과에 따라 감광되거나 먼지부착 등에 의한 조명기구 효율저하를 보완하기 위한 보정계수이다.
- 균제도: 조명의 균일한 정도를 나타내기 위하여 조명이 닿은 면 위의 최소조도와 평균조도와의 비 또는 최소조도와 최대조도와의 비를 말한다.

정답 ⑤

468 어느 실에 필요한 조명기구의 개수를 구하고자 한다. 그 실의 바닥면적을 A, 평균조도를 E, 조명률을 U, 보수율을 M, 기구 1개의 광속을 F라고 할 때 개수의 적절한 산정식은?

① $\frac{EAM}{FU}$ ② $\frac{EAF}{UM}$ ③ $\frac{EA}{FUM}$

④ $\frac{E}{AFUM}$ ⑤ $\frac{EF}{AUM}$

키워드 **조명기구의 개수 산정식**

풀이 $F=\frac{EAD}{NU}$, $D=\frac{1}{M}$이므로 $F=\frac{EA}{NUM}$에서

$N=\frac{EA}{FUM}$

정답 ③

469 바닥면적이 $100m^2$인 공동주택 관리사무소에 설치된 25개의 조명기구를 광원만 LED로 교체하여 평균조도 400럭스(lx)를 확보하고자 할 때, 조명기구의 개당 최소 광속(lm)은? (단, 조명률 50%, 보수율은 0.8로 함)

① 3,000 ② 3,500
③ 4,000 ④ 4,500
⑤ 5,000

키워드 조명기구의 광속 산정

풀이 $F = \frac{EAD}{NU}$, $D = \frac{1}{M}$ 이므로

$$F = \frac{EA}{NUM} = \frac{400 \times 100}{25 \times 0.5 \times 0.8} = 4{,}000(\text{lm})$$

여기서, F: 광속
E: 조도
A: 실의 면적
D: 감광보상률
N: 등의 개수
U: 조명률
M: 보수율

정답 ③

470 실의 면적이 $100m^2$, 천장고가 2.8m인 관리사무소의 평균조도를 400lx로 유지하기 위해 LED램프로 조명을 교체하고자 할 때, 필요한 최소 개수는? (단, LED램프의 광속 4,000lm/개, 감광보상률 1.3, 조명률은 0.5로 함) 제23회

① 20개 ② 22개
③ 26개 ④ 28개
⑤ 30개

키워드 조명기구의 개수 산정

풀이 $$N = \frac{EAD}{FU} = \frac{400 \times 100 \times 1.3}{4{,}000 \times 0.5} = 26\text{개}$$

여기서, N: 등의 개수
E: 조도
A: 실의 면적
D: 감광보상률
F: 광속
U: 조명률

정답 ③

471 **폭 7m, 길이 10m, 천장높이 3.5m인 어느 사무실의 야간 평균조도가 100lx가 되려면 필요한 형광등의 개수는? (단, 사용되는 형광등 1개당의 광속은 2,000lm, 조명률 50%, 감광보상률 1.5임)**

① 5개 ② 11개
③ 16개 ④ 23개
⑤ 26개

키워드 **조명기구의 개수 산정**

풀이 $N = \frac{EAD}{FU} = \frac{100 \times 7 \times 10 \times 1.5}{2,000 \times 0.5} = 10.5$

∴ 11개가 필요하다.

여기서, N: 등의 개수
E: 조도
A: 실의 면적
D: 감광보상률
F: 광속
U: 조명률

정답 ②

472 **실의 크기가 가로 10m, 세로 12m, 천장고 2.7m인 공동주택 관리사무소에 설치된 30개의 형광등을 동일한 개수의 LED램프로 교체했을 때, 예상되는 평균조도(lx)는? (단, LED램프의 광속은 4,000lm/개, 보수율은 0.8, 조명률은 0.5로 함)** 제25회

① 400 ② 480
③ 520 ④ 585
⑤ 625

키워드 **평균조도**

풀이 $E = \frac{FNU}{AD} = \frac{4,000 \times 30 \times 0.5}{10 \times 12 \times \frac{1}{0.8}} = 400(\text{lx})$

• 감광보상률$(D) = \frac{1}{\text{보수율}} = \frac{1}{0.8} = 1.25$

여기서, E: 조도
F: 광속
N: 등의 개수
U: 조명률
A: 실의 면적
D: 감광보상률(보수율의 역수)

정답 ①

473 지능형 홈네트워크 설비 설치 및 기술기준에서 사용하는 용어의 정의로 옳지 않은 것은?

① 집중구내통신실(TPS실): 통신용 파이프 샤프트 및 통신단자함을 설치하기 위한 공간

② 세대단자함: 세대 내에 인입되는 통신선로, 방송공동수신설비 또는 홈네트워크 설비 등의 배선을 효율적으로 분배·접속하기 위하여 이용자의 전유부분에 포함되어 실내공간에 설치되는 분배함

③ 원격검침시스템: 주택 내부 및 외부에서 전력, 가스, 난방, 온수, 수도 등의 사용량 정보를 원격으로 검침하는 시스템

④ 홈게이트웨이: 전유부분에 설치되어 세대 내에서 사용되는 홈네트워크사용기기들을 유무선 네트워크로 연결하고 세대망과 단지망 혹은 통신사의 기간망을 상호 접속하는 장치

⑤ 원격제어기기: 주택 내부 및 외부에서 가스, 조명, 전기 및 난방, 출입 등을 원격으로 제어할 수 있는 기기

키워드 「지능형 홈네트워크 설비 설치 및 기술기준」상 용어의 정의

풀이 '집중구내통신실(MDF실)'이란 국선·국선단자함 또는 국선배선반과 초고속통신망장비, 이동통신망장비 등 각종 구내통신선로설비 및 구내용 이동통신설비를 설치하기 위한 공간을 말하며, '통신배관실(TPS실)'이란 통신용 파이프 샤프트 및 통신단자함을 설치하기 위한 공간을 말한다(지능형 홈네트워크 설비 설치 및 기술기준 제3조 제5호).

정답 ①

474 백본(Back-Bone), 방화벽, 워크그룹스위치 등과 같이 세대 내 홈게이트웨이와 단지서버 간의 통신 및 보안을 수행하는 것은?

① 홈네트워크망
② 원격제어기기
③ 단지네트워크장비
④ 원격검침시스템
⑤ 세대단말기

키워드 홈네트워크 장비의 용어

풀이 단지네트워크장비는 세대 내 홈게이트웨이와 단지서버 간의 통신 및 보안을 수행하는 장비로서, 백본(Back-Bone), 방화벽(Fire Wall), 워크그룹스위치 등 단지망을 구성하는 장비를 말한다(지능형 홈네트워크 설비 설치 및 기술기준 제3조 제3호).

정답 ③

475 **지능형 홈네트워크 설비 설치 및 기술기준에서 구분하고 있는 홈네트워크 장비가 아닌 것은?**

① 홈게이트웨이 ② 세대단자함
③ 세대단말기 ④ 단지네트워크장비
⑤ 단지서버

키워드 **홈네트워크 장비의 용어**
풀이 세대단자함은 홈네트워크 설비 설치공간에 속한다(지능형 홈네트워크 설비 설치 및 기술기준 제3조 제5호).

정답 ②

476 **지능형 홈네트워크 설비 설치 및 기술기준에서 정하고 있는 홈네트워크 사용기기에 해당하는 것을 모두 고른 것은?**

㉠ 무인택배시스템	㉡ 홈게이트웨이
㉢ 차량출입시스템	㉣ 감지기
㉤ 세대단말기	㉥ 원격검침시스템

① ㉠, ㉡, ㉣ ② ㉠, ㉡, ㉤
③ ㉠, ㉢, ㉣, ㉥ ④ ㉡, ㉢, ㉤, ㉥
⑤ ㉢, ㉣, ㉤, ㉥

키워드 **홈네트워크 사용기기**
풀이 홈게이트웨이와 세대단말기는 홈네트워크 장비에 해당한다.

정답 ③

477 **국선배선반과 초고속통신망장비 등 각종 구내통신용 설비를 설치하기 위한 공간은?**

① TPS실 ② MDF실
③ 방재실 ④ 단지서버실
⑤ 단지네트워크센터

키워드 **홈네트워크 설비 설치공간의 용어**
풀이 '집중구내통신실(MDF실)'이란 국선·국선단자함 또는 국선배선반과 초고속통신망장비, 이동통신망 장비 등 각종 구내통신선로설비 및 구내용 이동통신설비를 설치하기 위한 공간을 말한다(지능형 홈네트워크 설비 설치 및 기술기준 제3조 제5호).

정답 ②

478 **지능형 홈네트워크 설비 설치 및 기술기준상 홈네트워크 필수설비 중 홈네트워크 장비에 해당하지 않는 것은?**

① 홈게이트웨이
② 세대단말기
③ 단지네트워크장비
④ 단지서버
⑤ 홈네트워크망

키워드 **홈네트워크 필수설비의 구성요소**

풀이 공동주택이 다음의 설비를 모두 갖추는 경우에는 홈네트워크 설비를 갖춘 것으로 본다(지능형 홈네트워크 설비 설치 및 기술기준 제4조 제1항).

1. 홈네트워크망
   ㉠ 단지망
   ㉡ 세대망
2. 홈네트워크 장비
   ㉠ 홈게이트웨이(단, 세대단말기가 홈게이트웨이 기능을 포함하는 경우는 세대단말기로 대체 가능)
   ㉡ 세대단말기
   ㉢ 단지네트워크장비
   ㉣ 단지서버(클라우드컴퓨팅 서비스로 대체 가능)

정답 ⑤

479 **홈네트워크 설비에 관한 설명으로 옳지 않은 것은?**

① 세대단말기는 세대 및 공용부의 다양한 설비의 기능 및 성능을 제어하고 확인할 수 있는 기기로 사용자인터페이스를 제공하는 장치를 말한다.
② 단지서버는 홈네트워크 설비를 총괄적으로 관리하며, 이로부터 발생하는 각종 데이터의 저장·관리·서비스를 제공하는 장비를 말한다.
③ 홈네트워크망 중 단지망은 집중구내통신실에서 세대까지를 연결하는 망을 말한다.
④ 집중구내통신실(MDF실)은 국선·국선단자함 또는 국선배선반과 초고속통신망장비, 이동통신망장비 등 각종 구내통신선로설비 및 구내용 이동통신설비를 설치하기 위한 공간을 말한다.
⑤ 홈게이트웨이는 세대 내 홈네트워크 기기와 단지서버 간의 통신 및 보안을 수행하는 장비로서, 백본(Back-Bone), 방화벽(Fire Wall), 워크그룹스위치 등 단지망을 구성하는 장비를 말한다.

키워드 **홈네트워크 설비의 용어**

풀이 '홈게이트웨이'란 전유부분에 설치되어 세대 내에서 사용되는 홈네트워크 사용기기들을 유무선 네트워크로 연결하고 세대망과 단지망 혹은 통신사의 기간망을 상호 접속하는 장치를 말한다. 세대 내 홈게이트웨이와 단지서버 간의 통신 및 보안을 수행하는 장비로서, 백본(Back-Bone), 방화벽(Fire Wall), 워크그룹스위치 등 단지망을 구성하는 장비는 '단지네트워크장비'이다(지능형 홈네트워크 설비 설치 및 기술기준 제3조 제3호).

정답 ⑤

480 홈네트워크 설비에 관한 설명으로 옳지 않은 것은?

① 홈게이트웨이는 세대단자함에 설치하여야 하며, 세대단말기에 포함하여 설치할 수는 없다.

② 단지네트워크장비는 집중구내통신실 또는 통신배관실에 설치하여야 한다.

③ 단지네트워크장비는 외부인으로부터 직접적인 접촉이 되지 않도록 별도의 함체나 랙(Rack)으로 설치하며, 함체나 랙에는 외부인의 조작을 막기 위한 잠금장치를 하여야 한다.

④ 단지서버는 집중구내통신실 또는 방재실에 설치할 수 있다.

⑤ 원격검침시스템은 각 세대별 원격검침장치가 정전 등 운용시스템의 동작 불능 시에도 계량이 가능해야 하며 데이터 값을 보존할 수 있도록 구성하여야 한다.

키워드 **홈네트워크 설비**

풀이 홈게이트웨이는 세대단자함에 설치하거나 세대단말기에 포함하여 설치할 수 있다(지능형 홈네트워크 설비 설치 및 기술기준 제6조 제1항).

정답 ①

481 **지능형 홈네트워크 설비 설치 및 기술기준에서 홈네트워크 사용기기에 관한 설명으로 옳지 않은 것은?**

① 원격제어기기는 전원공급, 통신 등 이상상황에 대비하여 수동으로 조작할 수 있어야 한다.

② 전자출입시스템의 접지단자는 프레임 내부에 설치하여야 한다.

③ 가스감지기는 LNG인 경우에는 바닥 쪽에, LPG인 경우에는 천장 쪽에 설치하여야 한다.

④ 무인택배함의 설치수량은 소형주택의 경우 세대수의 약 10~15%, 중형주택 이상은 세대수의 15~20% 정도 설치할 것을 권장한다.

⑤ 영상정보처리기기의 영상은 필요시 거주자에게 제공될 수 있도록 관련 설비를 설치하여야 한다.

키워드 **홈네트워크 사용기기**

풀이 가스감지기는 LNG인 경우에는 천장 쪽에, LPG인 경우에는 바닥 쪽에 설치하여야 한다(지능형 홈네트워크 설비 설치 및 기술기준 제10조 제3호).

정답 ③

482 **지능형 홈네트워크 설비 설치 및 기술기준으로 옳은 것은?**

① 무인택배함의 설치수량은 소형주택의 경우 세대수의 약 15~20% 정도 설치할 것을 권장한다.

② 단지네트워크장비는 집중구내통신실 또는 통신배관실에 설치하여야 한다.

③ 홈네트워크 사용기기의 예비부품은 내구연한을 고려하고, 3% 이상 5년간 확보할 것을 권장한다.

④ 전자출입시스템의 접지단자는 프레임 외부에 설치하여야 한다.

⑤ 차수판 또는 차수막을 설치하지 아니한 경우, 통신배관실은 외부의 청소 등에 의한 먼지, 물 등이 들어오지 않도록 30밀리미터 이상의 문턱을 설치하여야 한다.

키워드 **지능형 홈네트워크 설비 설치 및 기술기준**

풀이 ① 무인택배함의 설치수량은 소형주택의 경우 세대수의 약 10~15% 정도 설치할 것을 권장한다.
③ 홈네트워크 사용기기의 예비부품은 내구연한을 고려하고, 5% 이상 5년간 확보할 것을 권장한다.
④ 전자출입시스템의 접지단자는 프레임 내부에 설치하여야 한다.
⑤ 차수판 또는 차수막을 설치하지 아니한 경우, 통신배관실은 외부의 청소 등에 의한 먼지, 물 등이 들어오지 않도록 50밀리미터 이상의 문턱을 설치하여야 한다.

정답 ②

483 홈네트워크 설비의 설치공간에 관한 설명으로 옳지 않은 것은?

① 세대단자함은 별도의 구획된 장소나 노출된 장소로서 침수 및 결로 발생의 우려가 없는 장소에 설치하여야 한다.
② 집중구내통신실은 외부의 청소 등에 의한 먼지, 물 등이 들어오지 않도록 50밀리미터 이상의 문턱을 설치하여야 한다. 다만, 차수판 또는 차수막을 설치하는 때에는 그러하지 아니하다.
③ 집중구내통신실은 적정온도의 유지를 위한 냉방시설 또는 흡배기용 환풍기를 설치하여야 한다.
④ 세대단자함은 500mm × 400mm × 80mm(깊이) 크기로 설치할 것을 권장한다.
⑤ 통신배관실의 출입문은 폭 0.7미터, 높이 1.8미터 이상(문틀의 내측치수)이어야 하며, 잠금장치를 설치하고, 관계자 외 출입통제 표시를 부착하여야 한다.

PART 2

키워드 **홈네트워크 설비 설치공간**

풀이 통신배관실은 외부의 청소 등에 의한 먼지, 물 등이 들어오지 않도록 50밀리미터 이상의 문턱을 설치하여야 한다. 다만, 차수판 또는 차수막을 설치하는 때에는 그러하지 아니하다(지능형 홈네트워크 설비 설치 및 기술기준 제11조 제2호).

정답 ②

484 지능형 홈네트워크 설비 설치 및 기술기준에 관한 내용으로 옳지 않은 것은?

① 통신배관실의 출입문은 폭 0.7미터, 높이 1.8미터 이상(문틀의 내측치수)이어야 한다.
② 중형주택 이상의 무인택배함 설치수량은 세대수의 15~20% 정도 설치할 것을 권장한다.
③ 차수판 또는 차수막을 설치하지 않은 통신배관실에는 최소 40밀리미터 이상의 문턱을 설치하여야 한다.
④ 단지네트워크장비는 집중구내통신실 또는 통신배관실에 설치하여야 한다.
⑤ 가스감지기는 LNG인 경우에는 천장 쪽에, LPG인 경우에는 바닥 쪽에 설치하여야 한다.

키워드 **홈네트워크 설비 설치공간(지능형 홈네트워크 설비 설치 및 기술기준 제11조)**

풀이 통신배관실은 외부의 청소 등에 의한 먼지, 물 등이 들어오지 않도록 50밀리미터 이상의 문턱을 설치하여야 한다. 다만, 차수판 또는 차수막을 설치하는 때에는 그러하지 아니하다.

정답 ③

485 지능형 홈네트워크 설비 설치 및 기술기준에 관한 설명으로 옳은 것은?

① 단지네트워크장비는 집중구내통신실 또는 방재실에 설치하여야 한다.

② 단지서버는 집중구내통신실 또는 통신배관실에 설치할 수 있다. 다만, 단지서버가 설치되는 공간에는 보안을 고려하여 영상정보처리기기 등을 설치하되 관리자가 확인할 수 있도록 하여야 한다.

③ 집중구내통신실의 출입문은 폭 0.7미터, 높이 1.8미터 이상(문틀의 내측치수)이어야 하며, 잠금장치를 설치하고, 관계자 외 출입통제 표시를 부착하여야 한다.

④ 홈네트워크 사용기기는 단지서버와 상호 연동할 수 있어야 하며, 각 기기 간 호환성을 고려하여 설치하여야 한다.

⑤ 홈네트워크 사용기기의 예비부품은 5% 이상 5년간 확보할 것을 권장한다.

키워드 지능형 홈네트워크 설비 설치 및 기술기준의 이해

풀이 ① 단지네트워크장비는 집중구내통신실 또는 통신배관실에 설치하여야 한다(지능형 홈네트워크 설비 설치 및 기술기준 제8조 제1항).

② 단지서버는 집중구내통신실 또는 방재실에 설치할 수 있다. 다만, 단지서버가 설치되는 공간에는 보안을 고려하여 영상정보처리기기 등을 설치하되 관리자가 확인할 수 있도록 하여야 한다(지능형 홈네트워크 설비 설치 및 기술기준 제9조 제1항).

③ 통신배관실의 출입문은 폭 0.7미터, 높이 1.8미터 이상(문틀의 내측치수)이어야 하며, 잠금장치를 설치하고, 관계자 외 출입통제 표시를 부착하여야 한다(지능형 홈네트워크 설비 설치 및 기술기준 제11조 제2호 다목).

④ 홈네트워크 사용기기는 홈게이트웨이와 상호 연동할 수 있어야 하며, 각 기기 간 호환성을 고려하여 설치하여야 한다(지능형 홈네트워크 설비 설치 및 기술기준 제12조 제2항).

정답 ⑤

486 지능형 홈네트워크 설비 설치 및 기술기준에 관한 내용으로 옳은 것은?

① 가스감지기는 LNG인 경우에는 바닥 쪽에, LPG인 경우에는 천장 쪽에 설치하여야 한다.

② 차수판 또는 차수막을 설치하지 않은 통신배관실에는 최소 30밀리미터 이상의 문턱을 설치하여야 한다.

③ 통신배관실 내의 트레이(Tray) 또는 배관, 덕트 등의 설치용 개구부는 화재 시 층간 확대를 방지하도록 방화처리제를 사용하여야 한다.

④ 통신배관실의 출입문은 폭 0.6미터, 높이 1.8미터 이상이어야 한다.

⑤ 집중구내통신실은 TPS실이라고 하며, 통신용 파이프 샤프트 및 통신단자함을 설치하기 위한 공간을 말한다.

키워드 **지능형 홈네트워크 설비의 용어 및 설치기준**

풀이 ① 가스감지기는 LNG인 경우에는 천장 쪽에, LPG인 경우에는 바닥 쪽에 설치하여야 한다.
② 차수판 또는 차수막을 설치하지 않은 통신배관실에는 최소 50밀리미터 이상의 문턱을 설치하여야 한다.
④ 통신배관실의 출입문은 폭 0.7미터, 높이 1.8미터 이상이어야 한다.
⑤ 통신배관실은 TPS실이라고 하며, 통신용 파이프 샤프트 및 통신단자함을 설치하기 위한 공간을 말한다.

정답 ③

487 **다음은 주택건설기준 등에 관한 규정의 승강기 등에 관한 기준이다. (   )에 들어갈 숫자를 옳게 나열한 것은?** 제20회

> ① 6층 이상인 공동주택에는 국토교통부령이 정하는 기준에 따라 대당 (㉠)인승 이상인 승용 승강기를 설치하여야 한다. 다만, 「건축법 시행령」 제89조의 규정에 해당하는 공동주택의 경우에는 그러하지 아니하다.
> ② (㉡)층 이상인 공동주택의 경우에는 제1항의 승용 승강기를 비상용 승강기의 구조로 하여야 한다.
> ③ 10층 이상인 공동주택에는 이삿짐 등을 운반할 수 있는 다음 각 호의 기준에 적합한 화물용 승강기를 설치하여야 한다.
> 1. ~ 3. 〈생략〉
> 4. 복도형인 공동주택의 경우에는 (㉢)세대까지 1대를 설치하되, (㉢)세대를 넘는 경우에는 (㉢)세대마다 1대를 추가로 설치할 것

① ㉠ 5, ㉡ 8, ㉢ 100
② ㉠ 6, ㉡ 8, ㉢ 50
③ ㉠ 6, ㉡ 10, ㉢ 100
④ ㉠ 8, ㉡ 10, ㉢ 50
⑤ ㉠ 8, ㉡ 10, ㉢ 200

키워드 **승강기의 설치기준(주택건설기준 등에 관한 규정 제15조)**

풀이

> **「주택건설기준 등에 관한 규정」에 의한 승강기 설치기준**
> 1. 6층 이상인 공동주택에는 국토교통부령이 정하는 기준에 따라 대당 '6'인승 이상인 승용 승강기를 설치하여야 한다. 다만, 「건축법 시행령」 제89조의 규정에 해당하는 공동주택의 경우에는 그러하지 아니하다.
> 2. '10'층 이상인 공동주택의 경우에는 위 1.의 승용 승강기를 비상용 승강기의 구조로 하여야 한다.
> 3. 10층 이상인 공동주택에는 이삿짐 등을 운반할 수 있는 다음의 기준에 적합한 화물용 승강기를 설치하여야 한다.
> ㉠ 적재하중이 0.9톤 이상일 것
> ㉡ 승강기의 폭 또는 너비 중 한 변은 1.35미터 이상, 다른 한 변은 1.6미터 이상일 것
> ㉢ 계단실형인 공동주택의 경우에는 계단실마다 설치할 것
> ㉣ 복도형인 공동주택의 경우에는 '100'세대까지 1대를 설치하되, '100'세대를 넘는 경우에는 '100'세대마다 1대를 추가로 설치할 것

정답 ③

488 주택건설기준 등에 관한 규정 및 승강기 안전관리법령상 공동주택의 승강기에 관한 설명으로 옳지 않은 것은? 제12회 수정

① 10층 이상인 공동주택의 경우 승용 승강기를 비상용 승강기의 구조로 하여야 한다.
② 10층 이상인 공동주택에는 이삿짐 등을 운반할 수 있는 기준에 적합한 구조의 화물용 승강기를 설치하여야 한다.
③ 10층 이상인 계단실형 공동주택에는 100세대까지 1대를 설치하되, 100세대를 넘는 경우에는 100세대마다 1대를 추가로 화물용 승강기를 설치하여야 한다.
④ 승강기의 정밀안전검사는 설치검사를 받은 날부터 15년이 지난 승강기 등이 그 대상이다.
⑤ 관리주체는 승강기의 안전에 관한 자체점검을 월 1회 이상 하고, 그 결과를 승강기안전종합정보망에 입력하여야 한다.

키워드 **승강기의 설치기준(주택건설기준 등에 관한 규정 제15조, 승강기 안전관리법 제31·32조)**

풀이

화물용 승강기의 설치대수

10층 이상인 공동주택에는 이삿짐 등을 운반할 수 있는 다음의 기준에 적합한 화물용 승강기를 설치하여야 한다.

1. 적재하중이 0.9톤 이상일 것
2. 승강기의 폭 또는 너비 중 한 변은 1.35미터 이상, 다른 한 변은 1.6미터 이상일 것
3. 계단실형인 공동주택의 경우에는 계단실마다 설치할 것
4. 복도형인 공동주택의 경우에는 100세대까지 1대를 설치하되, 100세대를 넘는 경우에는 100세대마다 1대를 추가로 설치할 것

정답 ③

489 주택건설기준 등에 관한 규정상 10층 이상인 공동주택에 설치하는 화물용 승강기에 관한 설명으로 옳지 않은 것은? 제14회

① 적재하중이 0.9톤 이상이어야 한다.
② 승강기의 폭 또는 너비 중 한 변은 1.35m 이상, 다른 한 변은 1.6m 이상이어야 한다.
③ 계단실형인 공동주택의 경우에는 계단실마다 설치하여야 한다.
④ 복도형인 공동주택의 경우에는 200세대까지 1대를 설치하되, 200세대를 넘는 경우 100세대마다 1대를 추가로 설치하여야 한다.
⑤ 승용 승강기 또는 비상용 승강기로서 「주택건설기준 등에 관한 규정」상의 화물용 승강기 기준에 적합한 것은 화물용 승강기로 겸용할 수 있다.

키워드 **화물용 승강기의 설치기준**

풀이 화물용 승강기는 복도형인 경우에는 100세대까지 1대를 설치하되, 100세대를 넘는 경우에는 100세대마다 1대를 추가로 설치하여야 한다(주택건설기준 등에 관한 규정 제15조 제3항 제4호).

정답 ④

490 주택건설기준 등에 관한 규정상 공동주택에 설치하는 승강기의 설치기준에 관한 설명으로 옳지 않은 것은? (단, 독신자용 주택이 아닌 경우임)

① 6층 이상인 공동주택에는 대당 6인승 이상인 승용 승강기를 설치하여야 한다. 다만, 층수가 6층인 건축물로서 각 층 거실의 바닥면적 300제곱미터 이내마다 1개소 이상의 직통계단을 설치한 공동주택의 경우에는 그러하지 아니하다.

② 승용 승강기는 계단실형인 공동주택에는 계단실마다 1대 이상을 설치하되, 한 층에 3세대 이상이 조합된 계단실형 공동주택이 22층 이상인 경우에는 2대 이상을 설치하여야 한다.

③ 승용 승강기는 복도형인 공동주택에는 1대에 100세대를 넘는 100세대마다 1대를 더한 대수 이상을 설치하여야 한다.

④ 승용 승강기의 탑승인원수는 계단실형인 공동주택은 동일한 계단실을 사용하는 4층 이상인 층의 세대당 0.3명의 비율로 산정한 인원수 이상, 복도형 공동주택은 4층 이상인 층의 매 세대당 0.2명의 비율로 산정한 인원수 이상으로 한다.

⑤ 10층 이상인 공동주택의 경우에는 승용 승강기를 비상용 승강기의 구조로 하여야 한다.

키워드 **승용 승강기의 설치기준**

풀이 승용 승강기는 복도형인 공동주택에는 1대에 100세대를 넘는 80세대마다 1대를 더한 대수 이상을 설치하여야 한다(주택건설기준 등에 관한 규칙 제4조 제2호).

정답 ③

491 6층 이상의 거실면적의 합계가 9,000m^2인 공동주택에 설치해야 할 승용 승강기의 최소 대수로 옳은 것은? (단, 8인승을 기준으로 함)

① 2대 ② 3대
③ 4대 ④ 5대
⑤ 6대

키워드 승용 승강기의 설치대수 산정방법(건축물의 설비기준 등에 관한 규칙 제5조 별표 1의2)

풀이 공동주택 승용 승강기는 6층 이상 거실면적의 합계가 3,000m^2를 초과하는 경우에는 1대에 3,000m^2를 초과하는 3,000m^2 이내마다 1대의 비율로 가산한 대수를 설치한다.

정답 ②

492 비상용 승강기를 설치하지 아니할 수 있는 건축물에 관한 기준 내용이다. (   )에 들어갈 숫자로 옳은 것은?

> 높이 (㉠)미터를 넘는 층수가 (㉡)개 층 이하로서 당해 각 층의 바닥면적의 합계 200제곱미터 이내마다 방화구획으로 구획된 건축물

① ㉠ 31, ㉡ 4 ② ㉠ 31, ㉡ 3
③ ㉠ 41, ㉡ 4 ④ ㉠ 41, ㉡ 3
⑤ ㉠ 51, ㉡ 3

키워드 비상용 승강기의 설치기준(건축물의 설비기준 등에 관한 규칙 제9조)

풀이

> 비상용 승강기를 설치하지 아니할 수 있는 건축물
> 1. 높이 31미터를 넘는 각 층을 거실 외의 용도로 쓰는 건축물
> 2. 높이 31미터를 넘는 각 층의 바닥면적의 합계가 500제곱미터 이하인 건축물
> 3. 높이 31미터를 넘는 층수가 4개 층 이하로서 당해 각 층의 바닥면적의 합계 200제곱미터(벽 및 반자가 실내에 접하는 부분의 마감을 불연재료로 한 경우에는 500제곱미터) 이내마다 방화구획으로 구획된 건축물

정답 ①

493 비상용 승강기를 설치하여야 하는 건축물로서 높이 31미터를 넘는 각 층의 바닥면적 중 최대 바닥면적이 4,000제곱미터인 경우 설치하여야 하는 비상용 승강기의 최소 대수는?

① 1대 ② 2대
③ 3대 ④ 4대
⑤ 5대

키워드 **비상용 승강기의 설치기준**

풀이 높이 31미터를 넘는 각 층의 바닥면적 중 최대 바닥면적이 1,500제곱미터를 넘는 건축물은 1대에 1,500제곱미터를 넘는 3,000제곱미터 이내마다 1대씩 더한 대수 이상을 설치하여야 한다(건축법 시행령 제90조 제1항 제2호).

$$\text{따라서 비상용 승강기 설치 대수} = 1 + \frac{A - 1{,}500}{3{,}000}$$

$$= 1 + \frac{4{,}000 - 1{,}500}{3{,}000} \fallingdotseq 1.83\text{대}$$

그러므로 비상용 승강기의 최소 대수는 2대이다.

정답 ②

PART 2

494 건축물의 설비기준 등에 관한 규칙상 비상용 승강기의 승강장과 승강로에 관한 설명으로 옳은 것은? 제26회

① 각 층으로부터 피난층까지 이르는 승강로는 화재대피의 효율성을 위해 단일구조로 연결하지 않는다.

② 승강장은 각 층의 내부와 연결될 수 있도록 하되, 그 출입구(승강로의 출입구를 제외한다)에는 30분 방화문을 설치한다. 다만, 피난층에는 60분+ 방화문 또는 60분 방화문을 설치하여야 한다.

③ 승강로는 당해 건축물의 다른 부분과 방화구조로 구획하여야 한다.

④ 옥외에 승강장을 설치하는 경우 승강장의 바닥면적은 비상용 승강기 1대에 대하여 6제곱미터 이상으로 한다.

⑤ 승강장의 벽 및 반자가 실내에 접하는 부분의 마감재료(마감을 위한 바탕을 포함한다)는 불연재료를 사용한다.

키워드 **비상용 승강기의 승강장의 구조(건축물의 설비기준 등에 관한 규칙 제10조)**

풀이 ① 각 층으로부터 피난층까지 이르는 승강로를 단일구조로 연결하여 설치할 것(건축물의 설비기준 등에 관한 규칙 제10조 제3호 나목)

② 승강장은 각 층의 내부와 연결될 수 있도록 하되, 그 출입구(승강로의 출입구를 제외한다)에는 60분+ 방화문 또는 60분 방화문을 설치할 것. 다만, 피난층에는 60분+ 방화문 또는 60분 방화문을 설치하지 않을 수 있다(건축물의 설비기준 등에 관한 규칙 제10조 제2호 나목).

③ 승강로는 당해 건축물의 다른 부분과 내화구조로 구획할 것(건축물의 설비기준 등에 관한 규칙 제10조 제3호 가목)

④ 승강장의 바닥면적은 비상용 승강기 1대에 대하여 6제곱미터 이상으로 할 것. 다만, 옥외에 승강장을 설치하는 경우에는 그러하지 아니하다(건축물의 설비기준 등에 관한 규칙 제10조 제2호 바목).

정답 ⑤

495 건축법령상 피난용 승강기의 설치에 관한 설명으로 옳지 않은 것은? (단, 특수구조건축물은 고려하지 않음)

① 고층건축물에는 승용 승강기 외에 2대 이상의 피난용 승강기를 추가로 설치하여야 한다.

② 승강장의 바닥면적은 승강기 1대당 6제곱미터 이상으로 하여야 한다.

③ 예비전원으로 작동하는 조명설비를 설치하여야 한다.

④ 각 층으로부터 피난층까지 이르는 승강로를 단일구조로 연결하여 설치하여야 한다.

⑤ 승강장의 출입구 부근의 잘 보이는 곳에 해당 승강기가 피난용 승강기임을 알리는 표지를 설치하여야 한다.

키워드 **피난용 승강기 설치기준**

풀이 고층건축물에는 건축물에 설치하는 승용 승강기 중 1대 이상을 피난용 승강기로 설치하여야 한다(건축법 제64조 제3항).

정답 ①

496 승강기 안전관리법령상 승강기의 사후관리에 관한 설명으로 옳지 않은 것은?

① 승강기 또는 승강기부품의 품질보증기간은 2년 이상으로 하며, 그 기간에 구매인 또는 양수인이 사용설명서에 따라 정상적으로 사용·관리했음에도 불구하고 고장이나 결함이 발생한 경우에는 제조·수입업자가 무상으로 유지관리용 부품 및 장비등을 제공(정비를 포함한다)해야 한다.

② 제조·수입업자가 구매인 또는 양수인에게 제공하는 품질보증서에는 유지관리용 부품의 보유기간이 포함되어야 한다.

③ 제조업 또는 수입업을 하기 위해 등록을 한 자는 승강기 유지관리용 부품의 원활한 제공을 위해 동일한 형식의 유지관리용 부품을 최종 판매하거나 양도한 날부터 10년 이상 제공할 수 있도록 해야 한다.

④ 제조·수입업자는 관리주체로부터 승강기 유지관리용 부품의 제공을 요청받은 경우 특별한 이유가 없으면 2일 이내에 그 요청에 따라야 한다.

⑤ 제조·수입업자는 승강기 또는 승강기부품을 판매하거나 양도하였을 때에는 대통령령으로 정하는 바에 따라 승강기부품의 권장 교체주기 및 가격 자료를 공개하여야 한다.

키워드 승강기의 사후관리

풀이 승강기 또는 승강기부품의 품질보증기간은 3년 이상으로 한다(승강기 안전관리법 시행령 제11조 제3항).

정답 ①

497 승강기 안전관리법령상 승강기 안전관리자에 관한 설명으로 옳지 않은 것은?

① 관리하는 승강기로 인하여 사망자가 발생한 사고인 경우 해당 사고를 한국승강기안전공단에 통보하는 것은 승강기 안전관리자의 직무범위에 속한다.

② 관리주체는 승강기 안전관리자(관리주체가 직접 승강기를 관리하는 경우에는 그 관리주체를 말한다)를 선임하였을 때에는 행정안전부령으로 정하는 바에 따라 10일 이내에 행정안전부장관에게 그 사실을 통보하여야 한다.

③ 승강기관리교육의 주기는 3년으로 한다.

④ 법인인 관리주체가 승강기 안전관리자를 선임하지 않고 직접 승강기를 관리하는 경우에는 그 법인의 대표자가 승강기관리교육을 받아야 한다.

⑤ 승강기관리교육은 집합교육, 현장교육 또는 인터넷 원격교육 등의 방법으로 할 수 있다.

키워드 승강기 안전관리자

풀이 관리주체는 승강기 안전관리자(관리주체가 직접 승강기를 관리하는 경우에는 그 관리주체를 말한다)를 선임하였을 때에는 행정안전부령으로 정하는 바에 따라 30일 이내에 행정안전부장관에게 그 사실을 통보하여야 한다. 승강기 안전관리자나 관리주체가 변경되었을 때에도 또한 같다(승강기 안전관리법 제29조 제3항).

정답 ②

498 승강기 안전관리법령상 승강기의 검사 및 자체점검에 관한 설명으로 옳지 않은 것은?

① 관리주체는 설치검사를 받은 날부터 15년이 지난 경우에는 행정안전부장관이 실시하는 정밀안전검사를 받아야 한다.

② 자체점검을 담당하는 사람은 자체점검을 마치면 지체 없이 자체점검 결과를 양호, 주의관찰 또는 긴급수리로 구분하여 관리주체에게 통보해야 하며, 관리주체는 자체점검 결과를 자체점검 후 15일 이내에 승강기안전종합정보망에 입력하여야 한다.

③ 행정안전부장관은 정밀안전검사를 받은 경우 해당 연도의 정기검사를 면제할 수 있다.

④ 안전검사에 불합격한 승강기의 경우 자체점검의 전부 또는 일부를 면제할 수 있다.

⑤ 관리주체는 자체점검을 스스로 할 수 없다고 판단하는 경우에는 승강기의 유지관리를 업으로 하기 위하여 등록을 한 자로 하여금 이를 대행하게 할 수 있다.

키워드 **승강기의 안전검사 및 자체점검**

풀이 자체점검을 담당하는 사람은 자체점검을 마치면 지체 없이 자체점검 결과를 양호, 주의관찰 또는 긴급수리로 구분하여 관리주체에 통보해야 하며, 관리주체는 자체점검 결과를 자체점검 후 10일 이내에 승강기안전종합정보망에 입력해야 한다(승강기 안전관리법 시행령 제29조 제2항).

정답 ②

499 승강기 안전관리법령상 승강기의 자체점검에 관한 설명으로 옳지 않은 것은?

① 관리주체는 승강기의 안전에 관한 자체점검을 월 1회 이상 실시하여야 하고, 그 결과를 승강기안전종합정보망에 입력하여야 한다.

② 관리주체는 자체점검 결과 승강기에 결함이 있다는 사실을 알았을 경우에는 즉시 보수하여야 하며, 보수가 끝날 때까지 해당 승강기의 운행을 중지하여야 한다.

③ 특별자치시장·특별자치도지사 또는 시장·군수·구청장은 자체점검을 하지 아니한 경우에는 그 사유가 없어질 때까지 해당 승강기의 운행정지를 명할 수 있다.

④ 관리주체는 승강기의 안전에 관한 자체점검을 승강기 실무경력이 3년 이상인 사람으로서 직무교육을 이수한 사람으로 하여금 담당하게 해야 한다.

⑤ 설치검사를 받은 날부터 15년이 지난 승강기에 해당하는 경우의 관리주체는 관리하는 승강기에 대해 3개월의 범위에서 자체점검의 주기를 조정할 수 있다.

키워드 **승강기의 자체점검**

풀이 「승강기 안전관리법 시행령」 제30조 제1항 각 호의 어느 하나에 해당하는 경우의 관리주체는 관리하는 승강기에 대해 3개월의 범위에서 자체점검의 주기를 조정할 수 있다. 다만, 다음의 어느 하나에 해당하는 승강기의 경우에는 그렇지 않다(승강기 안전관리법 시행령 제30조 제2항).

1. 설치검사를 받은 날부터 15년이 지난 승강기
2. 최근 3년 이내에 중대한 사고가 발생한 승강기
3. 최근 1년 이내에 중대한 고장이 3회 이상 발생한 승강기

정답 ⑤

500 승강기 안전관리법령상 승강기의 검사 및 점검에 관한 설명으로 옳지 않은 것은?

제25회

① 승강기의 제조·수입업자 또는 관리주체는 설치검사를 받지 아니하거나 설치검사에 불합격한 승강기를 운행하게 하거나 운행하여서는 아니 된다.

② 새로운 유지관리기법의 도입 등 대통령령으로 정하는 사유에 해당하여 자체점검의 주기조정이 필요한 승강기에 대해서는 자체점검의 전부 또는 일부를 면제할 수 있다.

③ 승강기 실무경력이 2년 이상이고 법규에 따른 직무교육을 이수한 사람이 자체점검을 담당할 수 있다.

④ 자체점검을 담당하는 사람은 자체점검을 마치면 지체 없이 자체점검 결과를 양호, 주의관찰 또는 긴급수리로 구분하여 관리주체에 통보해야 한다.

⑤ 원격점검 및 실시간 고장 감시 등 행정안전부장관이 정하여 고시하는 원격관리기능이 있는 승강기를 관리하는 경우는 새로운 유지관리기법의 도입 등 대통령령으로 정하는 사유에 해당한다.

키워드 **승강기의 검사 및 점검**

풀이 승강기 실무경력이 3년 이상이고 법규에 따른 직무교육을 이수한 사람이 자체점검을 담당할 수 있다(승강기 안전관리법 시행령 제28조 제1항 제9호).

정답 ③

501 승강기 안전관리법령상 승강기 정기검사 주기 등에 관한 설명으로 옳지 않은 것은?

① 안전검사가 연기된 경우 해당 정기검사의 검사주기는 연기된 안전검사를 받은 날부터 계산한다.

② 정기검사의 검사주기는 설치검사 또는 직전 정기검사를 받은 날부터 매 1년으로 한다.

③ 설치검사를 받은 날부터 25년이 지난 승강기의 경우에는 정기검사의 검사주기를 직전 정기검사를 받은 날부터 6개월로 한다.

④ 화물용 엘리베이터의 경우에는 정기검사의 검사주기를 직전 정기검사를 받은 날부터 1년으로 한다.

⑤ 정기검사의 검사기간은 정기검사의 검사주기 도래일 전후 각각 30일 이내로 한다. 이 경우 해당 검사기간 이내에 검사에 합격한 경우에는 정기검사의 검사주기 도래일에 정기검사를 받은 것으로 본다.

키워드 **승강기의 정기검사 주기**

풀이 다음의 어느 하나에 해당하는 승강기의 경우에는 정기검사의 검사주기를 직전 정기검사를 받은 날부터 다음의 구분에 따른 기간으로 한다(승강기 안전관리법 시행규칙 제54조 제2항).

1. 설치검사를 받은 날부터 25년이 지난 승강기: 6개월
2. 승강기의 결함으로 중대한 사고 또는 중대한 고장이 발생한 후 2년이 지나지 않은 승강기: 6개월
3. 다음의 엘리베이터: 2년
   ㉠ 화물용 엘리베이터
   ㉡ 자동차용 엘리베이터
   ㉢ 소형화물용 엘리베이터(Dumbwaiter)
4. 「건축법 시행령」 별표 1 제1호 가목에 따른 단독주택에 설치된 승강기: 2년

정답 ④

502 승강기 안전관리법령상 승강기의 수시검사 사유에 해당하지 않는 것은?

① 승강기의 종류를 변경한 경우

② 승강기의 제어방식을 변경한 경우

③ 승강기의 왕복운행거리를 변경한 경우

④ 승강기의 결함으로 중대한 사고 또는 중대한 고장이 발생한 경우

⑤ 관리주체가 요청하는 경우

키워드 **승강기의 수시검사 사유**

풀이 수시검사는 다음의 어느 하나에 해당하는 경우에 하는 검사를 말한다(승강기 안전관리법 제32조 제1항 제2호).

1. 승강기의 종류, 제어방식, 정격(기기의 사용조건 및 성능의 범위를 말한다. 이하 같다)속도, 정격용량 또는 왕복운행거리를 변경한 경우(변경된 승강기에 대한 검사의 기준이 완화되는 경우 등 행정안전부령으로 정하는 경우는 제외한다)
2. 승강기의 제어반(制御盤) 또는 구동기(驅動機)를 교체한 경우
3. 승강기에 사고가 발생하여 수리한 경우(승강기의 결함으로 중대한 사고 또는 중대한 고장이 발생한 경우는 제외한다)
4. 관리주체가 요청하는 경우

정답 ④

PART 2

503 승강기 안전관리법령상 승강기의 정밀안전검사를 받아야 하는 대상에 해당하지 않는 것은?

① 정기검사 또는 수시검사 결과 결함의 원인이 불명확하여 사고 예방과 안전성 확보를 위하여 행정안전부장관이 정밀안전검사가 필요하다고 인정하는 경우
② 자체점검 결과 승강기에 결함이 있다는 사실을 알았을 경우
③ 승강기의 결함으로 중대한 사고 또는 중대한 고장이 발생한 경우
④ 설치검사를 받은 날부터 15년이 지난 경우
⑤ 승강기 성능의 저하로 승강기 이용자의 안전을 위협할 우려가 있어 행정안전부장관이 정밀안전검사가 필요하다고 인정한 경우

키워드 **정밀안전검사 대상**

풀이 정밀안전검사는 다음의 어느 하나에 해당하는 경우에 하는 검사이다. 이 경우 3.에 해당할 때에는 정밀안전검사를 받고, 그 후 3년마다 정기적으로 정밀안전검사를 받아야 한다(승강기 안전관리법 제32조 제1항 제3호).

1. 정기검사 또는 수시검사 결과 결함의 원인이 불명확하여 사고 예방과 안전성 확보를 위하여 행정안전부장관이 정밀안전검사가 필요하다고 인정하는 경우
2. 승강기의 결함으로 중대한 사고 또는 중대한 고장이 발생한 경우
3. 설치검사를 받은 날부터 15년이 지난 경우
4. 그 밖에 승강기 성능의 저하로 승강기 이용자의 안전을 위협할 우려가 있어 행정안전부장관이 정밀안전검사가 필요하다고 인정한 경우

정답 ②

504 **승강기 안전관리법상 승강기의 안전검사에 관한 설명으로 옳은 것은?** 제24회

① 정기검사의 검사주기는 3년 이하로 하되, 행정안전부령으로 정하는 바에 따라 승강기별로 검사주기를 다르게 할 수 있다.

② 승강기의 제어반 또는 구동기를 교체한 경우 수시검사를 받아야 한다.

③ 승강기 설치검사를 받은 날부터 20년이 지난 경우 정밀안전검사를 받아야 한다.

④ 승강기의 결함으로 중대한 사고 또는 중대한 고장이 발생한 경우 수시검사를 받아야 한다.

⑤ 승강기의 종류, 제어방식, 정격속도, 정격용량 또는 왕복운행거리를 변경한 경우 정밀안전검사를 받아야 한다.

키워드 **승강기의 안전검사**

풀이 ① 정기검사의 검사주기는 2년 이하로 하되, 행정안전부령으로 정하는 바에 따라 승강기별로 검사주기를 다르게 할 수 있다(승강기 안전관리법 제32조 제1항 제1호).

③ 승강기 설치검사를 받은 날부터 15년이 지난 경우 정밀안전검사를 받아야 한다(승강기 안전관리법 제32조 제1항 제3호).

④ 승강기의 결함으로 중대한 사고 또는 중대한 고장이 발생한 경우 정밀안전검사를 받아야 한다(승강기 안전관리법 제32조 제1항 제3호).

⑤ 승강기의 종류, 제어방식, 정격(기기의 사용조건 및 성능의 범위를 말한다)속도, 정격용량 또는 왕복운행거리를 변경한 경우(변경된 승강기에 대한 검사의 기준이 완화되는 등 행정안전부령으로 정하는 경우는 제외한다) 수시검사를 받아야 한다(승강기 안전관리법 제32조 제1항 제2호).

정답 ②

505 **승강기 안전관리법령상 승강기의 검사에 관한 설명으로 옳지 않은 것은?**

① 설치검사를 받은 날부터 15년이 지난 경우에 해당할 때에는 정밀안전검사를 받고, 그 후 3년마다 정기적으로 정밀안전검사를 받아야 한다.

② 피난용 엘리베이터를 승객용 엘리베이터로 변경한 경우 수시검사를 받아야 한다.

③ 관리주체는 안전검사에 불합격한 승강기에 대하여 안전검사를 불합격한 날부터 4개월 이내에 안전검사를 다시 받아야 한다.

④ 승강기가 설치된 건축물이나 고정된 시설물에 중대한 결함이 있어 승강기를 정상적으로 운행하는 것이 불가능한 경우 안전검사를 연기할 수 있다.

⑤ 행정안전부장관은 정밀안전검사를 받았거나 정밀안전검사를 받아야 하는 승강기에 대해서는 해당 연도의 정기검사를 면제할 수 있다.

키워드 **승강기의 안전검사**

풀이 다음의 어느 하나에 해당하는 엘리베이터를 승객용 엘리베이터로 변경한 경우에는 수시검사의 제외 대상이다(승강기 안전관리법 시행규칙 제55조 제1호).

1. 장애인용 엘리베이터
2. 소방구조용 엘리베이터
3. 피난용 엘리베이터

정답 ②

506 승강기 안전관리법령상 책임보험 및 승강기 안전관리에 관한 설명으로 옳은 것은?

① 책임보험의 종류는 승강기 사고배상책임보험 또는 승강기 사고배상책임보험과 같은 내용이 포함된 보험으로 한다.

② 책임보험에 가입한 관리주체는 책임보험 판매자로 하여금 책임보험의 가입 사실을 가입한 날부터 30일 이내에 승강기안전종합정보망에 입력하게 해야 한다.

③ 관리주체는 승강기의 안전에 관한 자체점검을 월 2회 이상 하여야 한다.

④ 승강기의 안전검사는 정기검사, 임시검사, 정밀안전검사로 구분되며, 국토교통부장관은 안전검사를 받을 수 없다고 인정하면 그 사유가 없어질 때까지 안전검사를 연기할 수 있다.

⑤ 관리주체는 안전검사에 불합격한 승강기에 대하여 안전검사에 불합격한 날부터 3개월 이내에 안전검사를 다시 받아야 한다.

키워드 **책임보험 및 승강기 안전관리**

풀이 ② 책임보험에 가입한 관리주체는 책임보험 판매자로 하여금 책임보험의 가입 사실을 가입한 날부터 14일 이내에 승강기안전종합정보망에 입력하게 해야 한다(승강기 안전관리법 시행령 제27조 제4항).

③ 관리주체는 승강기의 안전에 관한 자체점검을 '월 1회' 이상 실시하고, 그 결과를 승강기안전종합정보망에 입력하여야 한다(승강기 안전관리법 제31조 제1항).

④ 승강기의 안전검사는 정기검사, 수시검사, 정밀안전검사로 구분되며, 행정안전부장관은 안전검사를 받을 수 없다고 인정하면 그 사유가 없어질 때까지 안전검사를 연기할 수 있다(승강기 안전관리법 제32조 제1·3항).

⑤ 관리주체는 안전검사에 불합격한 승강기에 대하여 안전검사에 불합격한 날부터 4개월 이내에 안전검사를 다시 받아야 한다(승강기 안전관리법 제32조 제2항 후단, 동법 시행규칙 제56조).

정답 ①

507 **승강기 안전관리법령상 승강기의 설치 및 안전관리에 관한 설명으로 옳지 않은 것을 모두 고른 것은?**

> ㉠ 설치공사업자는 승강기의 설치를 끝낸 날부터 15일 이내에 한국승강기안전공단에 승강기의 설치신고를 해야 한다.
> ㉡ 제조·수입업자는 관리주체로부터 승강기 부품의 제공을 요청받은 경우에는 특별한 이유가 없으면 3일 이내에 그 요청에 따라야 한다.
> ㉢ 승강기관리교육의 주기는 2년으로 한다.
> ㉣ 관리주체가 가입하는 책임보험의 보상한도액은 재산피해의 경우에는 사고당 2천만원 이상으로 한다.
> ㉤ 관리주체는 그가 관리하는 승강기로 인하여 사고 발생일부터 7일 이내에 실시된 의사의 최초 진단 결과 1주 이상의 치료가 필요한 부상자가 발생한 사고가 발생한 경우에는 한국승강기안전공단에 통보하여야 한다.

① ㉠
② ㉠, ㉡
③ ㉠, ㉡, ㉢
④ ㉠, ㉡, ㉢, ㉣
⑤ ㉠, ㉡, ㉢, ㉣, ㉤

키워드 **승강기의 안전관리**

풀이 ㉠ 설치공사업자는 승강기의 설치를 끝낸 날부터 10일 이내에 한국승강기안전공단에 승강기의 설치신고를 해야 한다(승강기 안전관리법 시행규칙 제46조 제1항).
㉡ 제조·수입업자는 관리주체로부터 승강기 부품의 제공을 요청받은 경우에는 특별한 이유가 없으면 2일 이내에 그 요청에 따라야 한다(승강기 안전관리법 제8조 제2항).
㉢ 승강기관리교육의 주기는 3년으로 한다(승강기 안전관리법 시행규칙 제52조 제2항).
㉣ 관리주체가 가입하는 책임보험의 보상한도액은 재산피해의 경우에는 사고당 1천만원 이상으로 한다(승강기 안전관리법 시행령 제27조 제3항 제4호).
㉤ 관리주체는 그가 관리하는 승강기로 인하여 사고 발생일부터 7일 이내에 실시된 의사의 최초 진단 결과 3주 이상의 치료가 필요한 부상자가 발생한 사고가 발생한 경우에는 한국승강기안전공단에 통보하여야 한다(승강기 안전관리법 시행령 제37조 제1항 제3호).

정답 ⑤

508 **승강기 안전관리법령상 관리주체가 관리하는 승강기에 중대한 고장이 발생하여 한국승강기안전공단에 통보하여야 하는 경우에 해당하지 않는 것은?**

① 엘리베이터가 최상층을 지나 계속 움직인 경우
② 엘리베이터가 출입문이 열린 상태로 움직인 경우
③ 에스컬레이터가 디딤판이 이탈되어 운행되지 않은 경우
④ 운행 중 정전으로 인하여 정지된 엘리베이터에 이용자가 갇히게 된 경우
⑤ 상승 운행 과정에서 에스컬레이터의 디딤판이 하강 방향으로 역행하는 경우

키워드 **승강기의 중대한 고장(승강기 안전관리법 시행령 제37조 제2항)**

풀이 1. 엘리베이터 및 휠체어리프트: 다음의 경우에 해당하는 고장
㉠ 출입문이 열린 상태로 움직인 경우
㉡ 출입문이 이탈되거나 파손되어 운행되지 않는 경우
㉢ 최상층 또는 최하층을 지나 계속 움직인 경우
㉣ 운행하려는 층으로 운행되지 않은 고장으로서 이용자가 운반구에 갇히게 된 경우(정전 또는 천재지변으로 인해 발생한 경우는 제외한다)
㉤ 운행 중 정지된 고장으로서 이용자가 운반구에 갇히게 된 경우(정전 또는 천재지변으로 인해 발생한 경우는 제외한다)
㉥ 운반구 또는 균형추(均衡錘)에 부착된 매다는 장치 또는 보상수단(각각 그 부속품을 포함한다) 등이 이탈되거나 추락된 경우

2. 에스컬레이터: 다음의 경우에 해당하는 고장
㉠ 손잡이 속도와 디딤판 속도의 차이가 행정안전부장관이 고시하는 기준을 초과하는 경우
㉡ 하강 운행 과정에서 행정안전부장관이 고시하는 기준을 초과하는 과속이 발생한 경우
㉢ 상승 운행 과정에서 디딤판이 하강 방향으로 역행하는 경우
㉣ 과속 또는 역행을 방지하는 장치가 정상적으로 작동하지 않은 경우
㉤ 디딤판이 이탈되거나 파손되어 운행되지 않은 경우

정답 ④

CHAPTER

02 환경관리

▶ **연계학습** | 에듀윌 기본서 2차 [공동주택관리실무 下] p.446

01 **감염병의 예방 및 관리에 관한 법령상 공동주택의 위생관리에 관한 설명으로 옳지 않은 것은?**

① 「공동주택관리법」에 따른 300세대 이상의 공동주택을 관리·운영하는 자는 감염병 예방에 필요한 소독을 하여야 한다.

② 공동주택을 관리·운영하는 자는 소독업의 신고를 한 자에게 소독하게 하여야 한다.

③ 「공동주택관리법」에 따른 주택관리업자가 소독장비를 갖추었을 때에는 그가 관리하는 공동주택은 직접 소독할 수 있다.

④ 공동주택의 소독횟수는 4월부터 9월까지는 6개월마다 1회 이상 소독을 하며, 10월부터 3월까지는 3개월마다 1회 이상 소독을 한다.

⑤ 공동주택을 관리·운영하는 자로서 소독을 실시하지 아니한 자는 100만원 이하의 과태료에 처한다.

키워드 **공동주택의 위생관리**

풀이 소독횟수 기준(감염병의 예방 및 관리에 관한 법률 시행규칙 제36조 제4항 별표 7)

소독을 해야 하는 시설의 종류	소독횟수	
	4월부터 9월까지	10월부터 3월까지
공동주택(300세대 이상)	1회 이상/3개월	1회 이상/6개월

정답 ④

02 **신에너지 및 재생에너지 개발·이용·보급 촉진법에서 정의하는 재생에너지에 해당하지 않는 것은?** 제26회

① 풍력　② 수력

③ 원자력　④ 해양에너지

⑤ 지열에너지

키워드 **재생에너지의 종류(신에너지 및 재생에너지 개발·이용·보급 촉진법 제2조 제2호)**

풀이 재생에너지: 태양에너지, 풍력, 수력, 해양에너지, 지열에너지, 바이오에너지, 폐기물에너지
신에너지: 수소에너지, 연료전지, 석탄을 액화·가스화한 에너지 및 중질잔사유를 가스화한 에너지

정답 ③

03 **실내공기질 관리법령에 따른 실내공간 오염물질에 해당하지 않는 것은?**

① 라돈 ② 오존
③ 일산화질소 ④ 폼알데하이드
⑤ 석면

키워드 **실내공간 오염물질(실내공기질 관리법 시행규칙 제2조 별표 1)**

풀이 실내공간의 오염물질에는 미세먼지(PM-10), 이산화탄소(CO_2), 폼알데하이드, 총부유세균, 일산화탄소(CO), 이산화질소(NO_2), 라돈, 휘발성 유기화합물, 석면, 오존(O_3), 초미세먼지(PM-2.5), 곰팡이, 벤젠, 톨루엔, 에틸벤젠, 자일렌, 스티렌이 있다.

정답 ③

04 **공동주택의 실내공기질 관리에 관한 설명 중 옳은 것은?** 제9회 수정

① 신축되는 공동주택의 시공자는 시공이 완료된 공동주택의 실내공기질을 측정하여 그 측정결과를 입주개시 후에 입주민들이 잘 볼 수 있는 장소에 공고하여야 한다.
② 신축공동주택의 시공자가 실내공기질을 측정하는 경우에는 「환경분야 시험·검사 등에 관한 법률」에 따른 환경오염공정시험기준에 따라 하여야 한다.
③ 신축공동주택의 실내공기질 측정항목에는 폼알데하이드와 총휘발성 유기화합물이 포함된다.
④ 신축공동주택의 실내공기질 권고기준은 폼알데하이드 120$\mu g/m^3$ 이하, VOCs(총휘발성 유기화합물) 500$\mu g/m^3$ 이하이다.
⑤ 공동주택 신축 시에는 환기횟수 0.3회/h 이상의 환기설비를 설치하여야 한다.

키워드 **공동주택의 실내공기질 관리**

풀이 ① 신축되는 공동주택의 시공자는 환경부령으로 정하는 바에 따라 선정된 입주예정자의 입회하에 시공이 완료된 공동주택의 실내공기질을 스스로 측정하거나 환경부령으로 정하는 자로 하여금 측정하도록 하여 그 측정결과를 특별자치시장·특별자치도지사·시장·군수·구청장에게 제출하고, 입주개시 전에 입주민들이 잘 볼 수 있는 장소에 공고하여야 한다(실내공기질 관리법 제9조 제1항).
③ 신축공동주택의 실내공기질 측정항목은 폼알데하이드·벤젠·톨루엔·에틸벤젠·자일렌·스티렌·라돈이 있고, 총휘발성 유기화합물은 포함되지 않는다(실내공기질 관리법 시행규칙 제7조 제2항).
④ 신축공동주택의 실내공기질 권고기준은 폼알데하이드는 210$\mu g/m^3$ 이하이고, VOCs(총휘발성 유기화합물)에 대한 권고기준은 규정되어 있지 않다(실내공기질 관리법 시행규칙 제7조의2 별표 4의2).
⑤ 신축되는 30세대 이상의 공동주택에는 환기횟수를 0.5회/h 이상이 되도록 환기설비를 설치하여야 한다(건축물의 설비기준 등에 관한 규칙 제11조 제1항).

정답 ②

05 실내공기질 관리법 시행규칙에 관한 설명으로 옳지 않은 것은? 제26회

① 주택 공기질 측정결과 보고(공고)는 주민입주 7일 전부터 30일간 주민들에게 공고하여야 한다.

② 벽지와 바닥재의 폼알데하이드 방출기준은 $0.02mg/m^2 \cdot h$ 이하이다.

③ 신축 공동주택의 실내공기질 측정항목에는 폼알데하이드, 벤젠, 톨루엔, 에틸벤젠, 자일렌, 스티렌, 라돈이 있다.

④ 신축 공동주택의 실내공기질 권고기준에서 라돈은 $148Bq/m^2$ 이하이다.

⑤ 신축 공동주택의 시공자는 실내공기질을 측정하는 경우에는 「환경분야 시험·검사 등에 관한 법률」에 따른 환경오염공정시험기준에 따라 하여야 한다.

키워드 **공동주택의 실내공기질 관리**

풀이 신축 공동주택의 시공자는 작성한 별지 제1호의3서식의 주택 공기질 측정결과 보고(공고)를 주민 입주 7일 전부터 60일간 다음의 장소 등에 주민들이 잘 볼 수 있도록 공고하여야 한다(실내공기질 관리법 시행규칙 제7조 제4항).

1. 공동주택 관리사무소 입구 게시판
2. 각 공동주택 출입문 게시판
3. 시공자의 인터넷 홈페이지

정답 ①

06 실내공기질 관리법령상 신축공동주택의 실내공기질 측정항목이 아닌 것은? 제15회 수정

① 자일렌 ② 벤젠
③ 휘발성 유기화합물 ④ 에틸벤젠
⑤ 스티렌

키워드 **실내공기질 측정항목(실내공기질 관리법 시행규칙 제7조 제2항)**

풀이

신축공동주택의 실내공기질 측정항목	
1. 폼알데하이드	2. 벤젠
3. 톨루엔	4. 에틸벤젠
5. 자일렌	6. 스티렌
7. 라돈	

정답 ③

07 실내공기질 관리법령상 신축공동주택의 실내공기질 권고기준으로 옳은 것을 모두 고른 것은?

제22회

㉠ 폼알데하이드 210㎍/m³ 이하	㉡ 벤젠 60㎍/m³ 이하
㉢ 톨루엔 1,000㎍/m³ 이하	㉣ 에틸벤젠 400㎍/m³ 이하
㉤ 자일렌 900㎍/m³ 이하	㉥ 스티렌 500㎍/m³ 이하

① ㉠, ㉡ ② ㉠, ㉢ ③ ㉡, ㉣
④ ㉢, ㉥ ⑤ ㉣, ㉤

키워드 실내공기질 권고기준(실내공기질 관리법 시행규칙 제7조의2 별표 4의2)

풀이 ㉡ 벤젠 30㎍/m³ 이하
㉣ 에틸벤젠 360㎍/m³ 이하
㉤ 자일렌 700㎍/m³ 이하
㉥ 스티렌 300㎍/m³ 이하

정답 ②

08 먹는물의 수질기준에서 건강상 유해영향 유기물질에 관한 기준의 대상에 포함되지 않는 것은?

① 페놀 ② 대장균 ③ 벤젠
④ 톨루엔 ⑤ 에틸벤젠

키워드 먹는물의 수질기준 대상(먹는물 수질기준 및 검사 등에 관한 규칙 제2조 별표 1)

풀이 대장균은 미생물에 관한 기준에 해당한다.

정답 ②

최신기출

09 먹는물 수질기준 및 검사 등에 관한 규칙상 심미적 영향물질에 관한 기준 항목에 해당하지 않는 것은?

제27회

① 염소이온 ② 경도 ③ 색도
④ 페놀 ⑤ 수소이온 농도

키워드 먹는물의 수질기준 대상(먹는물 수질기준 및 검사 등에 관한 규칙 제2조 별표 1)

풀이 페놀은 건강상 유해영향 유기물질에 관한 기준 항목에 해당한다.

정답 ④

10 **먹는물의 수질기준 중 미생물에 관한 기준이다. (　　)에 들어갈 내용으로 적절한 것은?**

총대장균군은 (　　)mℓ에서 검출되지 아니할 것

① 1　　② 10
③ 50　　④ 100
⑤ 150

키워드 **먹는물의 수질기준(먹는물 수질기준 및 검사 등에 관한 규칙 제2조 별표 1 제1호)**

풀이 총대장균군은 '100'mℓ(샘물·먹는샘물, 염지하수·먹는염지하수 및 먹는해양심층수의 경우에는 250mℓ)에서 검출되지 아니하여야 한다.

정답 ④

11 **먹는물의 수소이온 농도기준으로 옳은 것은?**

① pH 4.8 이상 pH 8.4 이하
② pH 5.8 이상 pH 8.5 이하
③ pH 4.8 이상 pH 8.5 이하
④ pH 5.8 이상 pH 8.4 이하
⑤ pH 4.7 이상 pH 8.7 이하

키워드 **먹는물의 수소이온 농도기준(먹는물 수질기준 및 검사 등에 관한 규칙 제2조 별표 1 제5호)**

풀이 수소이온 농도기준은 pH 5.8 이상 pH 8.5 이하이다. 다만, 샘물, 먹는샘물 및 먹는물공동시설의 물의 경우에는 pH 4.5 이상 pH 9.5 이하이어야 한다.

정답 ②

12 **먹는물 수질기준 및 검사 등에 관한 규칙상 음료수 중 수돗물의 수질기준으로 옳지 않은 것은?**

① 일반세균은 1mℓ 중 100CFU(Colony Forming Unit)를 넘지 않을 것
② 총대장균군은 100mℓ에서 검출되지 아니할 것
③ 수소이온 농도는 pH 5.8 이상 pH 8.5 이하이어야 할 것
④ 유리잔류염소는 4.0mg/ℓ를 넘지 않을 것
⑤ 탁도는 수돗물의 경우 1NTU를 넘지 않을 것

키워드 수돗물의 수질기준(먹는물 수질기준 및 검사 등에 관한 규칙 제2조 별표 1)

풀이 탁도는 1NTU(Nephelometric Turbidity Unit)를 넘지 아니할 것. 다만, 지하수를 원수로 사용하는 마을상수도, 소규모급수시설 및 전용상수도를 제외한 수돗물의 경우에는 0.5NTU를 넘지 아니하여야 한다.

정답 ⑤

13 먹는물 수질 및 검사 등에 관한 규칙상 수돗물의 수질기준으로 옳지 않은 것은? 제25회

① 경도(硬度)는 300mg/ℓ를 넘지 아니할 것

② 동은 1mg/ℓ를 넘지 아니할 것

③ 색도는 5도를 넘지 아니할 것

④ 염소이온은 350mg/ℓ를 넘지 아니할 것

⑤ 수소이온 농도는 pH 5.8 이상 pH 8.5 이하이어야 할 것

키워드 수돗물의 수질기준(먹는물 수질기준 및 검사 등에 관한 규칙 제2조 별표 1)

풀이 염소이온은 250mg/ℓ를 넘지 아니할 것

정답 ④

14 먹는물 수질기준 및 검사 등에 관한 규칙상 음료수 중 수돗물의 수질기준으로 옳지 않은 것은?

① 경도(硬度)는 1,000mg/ℓ를 넘지 아니할 것

② 납은 0.01mg/ℓ를 넘지 아니할 것

③ 수은은 0.001mg/ℓ를 넘지 아니할 것

④ 동은 1mg/ℓ를 넘지 아니할 것

⑤ 아연은 3mg/ℓ를 넘지 아니할 것

키워드 수돗물의 수질기준(먹는물 수질기준 및 검사 등에 관한 규칙 제2조 별표 1)

풀이 경도(硬度)는 1,000mg/ℓ(수돗물의 경우 300mg/ℓ, 먹는염지하수 및 먹는해양심층수의 경우 1,200mg/ℓ)를 넘지 아니할 것. 다만, 샘물 및 염지하수의 경우에는 적용하지 아니한다.

정답 ①

15 공동주택관리법령상 층간소음에 관한 설명으로 옳지 않은 것은? 제20회 수정

① 공동주택 층간소음의 범위와 기준은 국토교통부와 환경부의 공동부령으로 정한다.

② 층간소음으로 피해를 입은 입주자등은 관리주체에게 층간소음 발생 사실을 알리고, 관리주체가 층간소음 피해를 끼친 해당 입주자등에게 층간소음 발생을 중단하거나 소음차단 조치를 권고하도록 요청할 수 있다.

③ 관리주체는 필요한 경우 입주자등을 대상으로 층간소음의 예방, 분쟁의 조정 등을 위한 교육을 실시할 수 있다.

④ 욕실에서 급수·배수로 인하여 발생하는 소음의 경우 공동주택 층간소음의 범위에 포함되지 않는다.

⑤ 관리주체 또는 층간소음위원회의 조치에도 불구하고 층간소음 발생이 계속될 경우에는 층간소음 피해를 입은 입주자등은 「공동주택관리법」에 따른 공동주택관리 분쟁조정위원회가 아니라 「환경분쟁 조정 및 환경피해 구제 등에 관한법률」에 따른 환경분쟁조정피해구제위원회에 조정을 신청하여야 한다.

키워드 **공동주택 층간소음의 방지**

풀이 관리주체의 조치에도 불구하고 층간소음 발생이 계속될 경우에는 층간소음 피해를 입은 입주자등은 「공동주택관리법」 제20조 제7항에 따른 공동주택 층간소음관리위원회에 조정을 신청할 수 있다(공동주택관리법 제20조 제4항).

정답 ⑤

16 공동주택관리법상 공동주택의 층간소음방지 등에 관한 설명으로 옳지 않은 것은?

① 대각선에 위치한 인접세대 간의 소음은 층간소음에 포함되지 않는다.

② 층간소음 피해를 끼친 입주자등은 「공동주택관리법」에 따른 관리주체의 조치 및 권고에 협조하여야 한다.

③ 공동주택의 입주자등은 층간소음으로 인하여 다른 입주자등에게 피해를 주지 아니하도록 노력하여야 한다.

④ 의무관리대상 공동주택 중 700세대 이상인 경우에는 층간소음관리위원회를 구성하여야 한다.

⑤ 층간소음으로 피해를 입은 입주자등이 관리주체에게 층간소음 발생 사실을 알리고, 관리주체가 층간소음 피해를 끼친 해당 입주자등에게 층간소음 발생을 중단하도록 소음차단 조치를 권고하도록 요청한 경우, 관리주체는 사실관계 확인을 위하여 세대 내 확인 등 필요한 조사를 할 수 있다.

키워드 **공동주택 층간소음의 방지**

풀이 대각선에 위치한 인접세대 간의 소음은 층간소음에 포함된다(공동주택관리법 제20조 제1항).

정답 ①

17 공동주택 층간소음의 범위와 기준에 관한 규칙상 층간소음에 관한 설명으로 옳지 않은 것은?

① 직접충격 소음은 뛰거나 걷는 동작 등으로 인하여 발생하는 층간소음이다.

② 공기전달 소음은 텔레비전, 음향기기 등의 사용으로 인하여 발생하는 층간소음이다.

③ 욕실, 화장실 및 다용도실 등에서 급수·배수로 인하여 발생하는 소음은 층간소음에 포함한다.

④ 층간소음의 기준 시간대는 주간은 06시부터 22시까지, 야간은 22시부터 06시까지로 구분한다.

⑤ 직접충격 소음은 1분간 등가소음도(Leq) 및 최고소음도(Lmax)로 평가한다.

키워드 **층간소음의 범위**

풀이 욕실, 화장실 및 다용도실 등에서 급수·배수로 인하여 발생하는 소음은 층간소음에서 제외한다.

정답 ③

18 **공동주택 층간소음의 범위와 기준에 관한 규칙의 내용이다. (　　)에 들어갈 숫자가 순서대로 옳은 것은?**

층간소음의 구분		층간소음의 기준[단위: dB(A)]	
		주간(06:00~22:00)	야간(22:00~06:00)
직접충격 소음	1분간 등가소음도(Leq)	(㉠)	(㉡)
	최고소음도(Lmax)	(㉢)	(㉣)
공기전달 소음	5분간 등가소음도(Leq)	(㉤)	(㉥)

① ㉠ 39, ㉡ 34, ㉢ 57, ㉣ 52, ㉤ 45, ㉥ 40
② ㉠ 45, ㉡ 40, ㉢ 57, ㉣ 52, ㉤ 43, ㉥ 38
③ ㉠ 38, ㉡ 43, ㉢ 52, ㉣ 57, ㉤ 40, ㉥ 45
④ ㉠ 40, ㉡ 45, ㉢ 52, ㉣ 57, ㉤ 38, ㉥ 43
⑤ ㉠ 57, ㉡ 52, ㉢ 68, ㉣ 60, ㉤ 43, ㉥ 40

키워드 공동주택 층간소음의 범위와 기준

풀이 층간소음의 기준(공동주택 층간소음의 범위와 기준에 관한 규칙 제3조 별표)

층간소음의 구분		층간소음의 기준[단위: dB(A)]	
		주간(06:00~22:00)	야간(22:00~06:00)
직접충격 소음	1분간 등가소음도(Leq)	39	34
	최고소음도(Lmax)	57	52
공기전달 소음	5분간 등가소음도(Leq)	45	40

정답 ①

19 **공동주택 층간소음의 범위와 기준에 관한 규칙상 층간소음의 기준으로 옳은 것은?** 제24회

① 직접충격 소음의 1분간 등가소음도는 주간 47dB(A), 야간 43dB(A)이다.
② 직접충격 소음의 최고소음도는 주간 59dB(A), 야간 54dB(A)이다.
③ 공기전달 소음의 5분간 등가소음도는 주간 45dB(A), 야간 40dB(A)이다.
④ 1분간 등가소음도 및 5분간 등가소음도는 측정한 값 중 가장 낮은 값으로 한다.
⑤ 최고소음도는 1시간에 5회 이상 초과할 경우 그 기준을 초과한 것으로 본다.

키워드 공동주택 층간소음의 범위와 기준

풀이 ① 직접충격 소음의 1분간 등가소음도는 주간 39dB(A), 야간 34dB(A)이다.
② 직접충격 소음의 최고소음도는 주간 57dB(A), 야간 52dB(A)이다.
④ 1분간 등가소음도 및 5분간 등가소음도는 측정한 값 중 가장 높은 값으로 한다.
⑤ 최고소음도는 1시간에 3회 이상 초과할 경우 그 기준을 초과한 것으로 본다.

정답 ③

20 건축물의 에너지절약설계기준에 따른 용어의 정의로 옳지 않은 것은?

① 수용률: 부하설비 용량 합계에 대한 최대 수용전력의 백분율을 말한다.
② 역률개선용 커패시터(콘덴서): 역률을 개선하기 위하여 변압기 또는 전동기 등에 직렬로 설치하는 커패시터를 말한다.
③ 일괄소등스위치: 층 또는 구역 단위(세대 단위)로 설치되어 조명등(센서등 및 비상등 제외 가능)을 일괄적으로 끌 수 있는 스위치를 말한다.
④ 비례제어운전: 기기의 출력값과 목표값의 편차에 비례하여 입력량을 조절하여 최적운전상태를 유지할 수 있도록 운전하는 방식을 말한다.
⑤ 이코노마이저시스템: 중간기 또는 동계에 발생하는 냉방부하를 실내 엔탈피보다 낮은 도입 외기에 의하여 제거 또는 감소시키는 시스템을 말한다.

키워드 **에너지절약설계기준의 용어(건축물의 에너지절약설계기준 제5조)**

풀이 역률개선용 커패시터(콘덴서)란 역률을 개선하기 위해 변압기 또는 전동기 등에 병렬로 설치하는 커패시터를 말한다.

정답 ②

21 건축물의 에너지절약설계기준 및 녹색건축물 조성 지원법상 용어의 정의에 관한 내용이다. (　　)에 들어갈 용어의 영문 약어는? 제25회

> (　　)(이)란 건축물의 쾌적한 실내환경 유지와 효율적인 에너지 관리를 위하여 에너지 사용내역을 모니터링하여 최적화된 건축물에너지 관리방안을 제공하는 계측·제어·관리·운영 등이 통합된 시스템을 말한다.

① BAS
② BEMS
③ DDC
④ TAB
⑤ CCMS

키워드 **건축물에너지관리시스템**

풀이
- '건축물에너지관리시스템(BEMS)'이란 「녹색건축물 조성 지원법」 제6조의2 제2항에서 규정하는 것을 말한다(건축물의 에너지절약설계기준 제5조 제16호).
- '건축물에너지관리시스템'이란 건축물의 쾌적한 실내환경 유지와 효율적인 에너지 관리를 위하여 에너지 사용내역을 모니터링하여 최적화된 건축물에너지 관리방안을 제공하는 계측·제어·관리·운영 등이 통합된 시스템을 말한다(녹색건축물 조성 지원법 제6조의2 제2항).

정답 ②

22 **건축물의 에너지절약설계기준에 따른 기밀 및 결로방지 등을 위한 조치 내용으로 옳지 않은 것은?**

① 건축물의 거실의 창이 외기에 직접 면하는 부위인 경우에는 기밀성 창을 설치하여야 한다.

② 외기에 직접 면하고 1층 또는 지상으로 연결된 너비 1.0미터의 출입문은 방풍구조로 하여야 한다.

③ 방풍구조로 설치하여야 하는 출입문에서 회전문과 일반문이 같이 설치된 경우, 일반문 부위는 방풍실 구조의 이중문을 설치하여야 한다.

④ 건축물 외피 단열부위의 접합부, 틈 등은 밀폐될 수 있도록 코킹과 가스켓 등을 사용하여 기밀하게 처리하여야 한다.

⑤ 방습층의 단부는 단부를 통한 투습이 발생하지 않도록 내습성 테이프, 접착제 등으로 기밀하게 마감하여야 한다.

키워드 **기밀 및 결로방지 등을 위한 조치(건축물의 에너지절약설계기준 제6조 제4호)**

풀이 외기에 직접 면하고 1층 또는 지상으로 연결된 출입문은 방풍구조로 하여야 한다. 다만, 다음에 해당하는 경우에는 그러하지 않을 수 있다.

1. 바닥면적 3백 제곱미터 이하의 개별 점포의 출입문
2. 주택의 출입문(단, 기숙사는 제외)
3. 사람의 통행을 주목적으로 하지 않는 출입문
4. 너비 1.2미터 이하의 출입문

정답 ②

23 **건축물의 에너지절약설계기준상 건축부문의 권장사항으로 옳지 않은 것은?**

① 건축물은 대지의 향, 일조 및 주풍향 등을 고려하여 배치하며, 남향 또는 남동향 배치를 한다.

② 공동주택은 인동간격을 넓게 하여 저층부의 태양열 취득을 최대한 증대시킨다.

③ 거실의 층고 및 반자 높이는 실의 용도와 기능에 지장을 주지 않는 범위 내에서 가능한 한 낮게 한다.

④ 건축물의 체적에 대한 외피면적의 비 또는 연면적에 대한 외피면적의 비는 가능한 한 크게 한다.

⑤ 실의 냉난방 설정온도, 사용스케줄 등을 고려하여 에너지절약적 조닝계획을 한다.

키워드 **건축부문의 권장사항(건축물의 에너지절약설계기준 제7조 제1·2호)**

풀이 건축물의 체적에 대한 외피면적의 비 또는 연면적에 대한 외피면적의 비는 가능한 한 작게 한다.

정답 ④

24 **건축물의 에너지절약설계기준상 단열계획에 대한 건축부문의 권장사항으로 옳지 않은 것은?**

① 외벽 부위는 내단열로 시공한다.

② 건물 옥상에는 조경을 하여 최상층 지붕의 열저항을 높이고, 옥상면에 직접 도달하는 일사를 차단하여 냉방부하를 감소시킨다.

③ 발코니 확장을 하는 공동주택이나 창 및 문의 면적이 큰 건물에는 단열성이 우수한 로이(Low－E) 복층창이나 삼중창 이상의 단열성능을 갖는 창을 설치한다.

④ 외피의 모서리 부분은 열교가 발생하지 않도록 단열재를 연속적으로 설치하고, 기타 열교부위는 외피 열교부위별 선형 열관류율 기준에 따라 충분히 단열되도록 한다.

⑤ 건축물 용도 및 규모를 고려하여 건축물 외벽, 천장 및 바닥으로의 열손실이 최소화되도록 설계한다.

키워드 **단열계획에 대한 건축부문의 권장사항(건축물의 에너지절약설계기준 제7조 제3호)**

풀이 외벽 부위는 외단열로 시공한다.

정답 ①

25 **건축물의 에너지절약설계기준에 따른 기밀 및 결로방지에 관한 설명으로 옳지 않은 것은?**

① 단열재의 이음부는 최대한 밀착하여 시공하거나, 2장을 엇갈리게 시공한다.

② 벽체 내부의 결로를 방지하기 위하여 단열재의 실외 측에 방습층을 설치한다.

③ 건축물 외피 단열부위의 접합부, 틈 등은 밀폐될 수 있도록 코킹과 가스켓 등을 사용하여 기밀하게 처리한다.

④ 단열부위가 만나는 모서리 부위에 알루미늄박 또는 플라스틱계 필름 등을 사용할 경우에는 150mm 이상 중첩되게 시공한다.

⑤ 알루미늄박 또는 플라스틱계 필름 등을 사용하는 방습층의 이음부는 100mm 이상 중첩하고 내습성 테이프 등으로 기밀하게 마감한다.

키워드 **기밀 및 결로방지 등을 위한 조치(건축물의 에너지절약설계기준 제6조 제4호)**

풀이 벽체 내표면 및 내부에서의 결로를 방지하고 단열재의 성능 저하를 방지하기 위하여 단열조치를 하여야 하는 부위(창 및 문과 난방공간 사이의 층간 바닥 제외)에는 방습층을 단열재의 실내 측에 설치하여야 한다.

정답 ②

26 **건축물의 에너지절약설계기준에 따른 기계부문의 권장사항으로 옳지 않은 것은?**

① 열원설비는 부분부하 및 전부하 운전효율이 좋은 것을 선정한다.

② 냉방설비의 용량계산을 위한 설계기준 실내온도는 28℃를 기준으로 한다.

③ 난방설비의 용량계산을 위한 설계기준 실내온도는 22℃를 기준으로 한다.

④ 급수용 펌프 또는 급수가압펌프의 전동기에는 가변속도제어방식 등 에너지절약적 제어방식을 채택한다.

⑤ 난방 순환수 펌프는 운전효율을 증대시키기 위해 가능한 한 대수제어 또는 가변속제어방식을 채택하여 부하상태에 따라 최적 운전상태가 유지될 수 있도록 한다.

키워드 **기계부문의 권장사항(건축물의 에너지절약설계기준 제9조)**

풀이 난방 및 냉방설비의 용량계산을 위한 설계기준 실내온도는 난방의 경우 20℃, 냉방의 경우 28℃를 기준으로 한다(목욕장 및 수영장은 제외).

정답 ③

27 **건축물의 에너지절약설계기준에 따른 기계부문의 권장사항으로 옳지 않은 것은?**

① 열원설비는 부분부하 및 전부하 운전효율이 좋은 것을 선정한다.

② 외기냉방시스템의 적용이 건축물의 총에너지비용을 감소시킬 수 없는 경우에는 이코노마이저시스템을 도입한다.

③ 난방기기, 냉방기기, 냉동기, 송풍기, 펌프 등은 부하조건에 따라 최고의 성능을 유지할 수 있도록 대수분할 또는 비례제어운전이 되도록 한다.

④ 공기조화기 팬은 부하변동에 따른 풍량제어가 가능하도록 가변익축류방식, 흡입베인제어방식, 가변속제어방식 등 에너지절약적 제어방식을 채택한다.

⑤ 기계환기설비를 사용하여야 하는 지하주차장의 환기용 팬은 대수제어 또는 풍량조절(가변익, 가변속도), 일산화탄소(CO)의 농도에 의한 자동(on-off)제어 등의 에너지절약적 제어방식을 도입한다.

키워드 **기계부문의 권장사항(건축물의 에너지절약설계기준 제9조)**

풀이 중간기 등에 외기도입에 의하여 냉방부하를 감소시키는 경우에는 실내 공기질을 저하시키지 않는 범위 내에서 이코노마이저시스템 등 외기냉방시스템을 적용한다. 다만, 외기냉방시스템의 적용이 건축물의 총에너지비용을 감소시킬 수 없는 경우에는 그러하지 아니한다.

정답 ②

28 **건축물의 에너지절약설계기준에 따른 공동주택의 에너지절약을 위한 방법으로 옳지 않은 것은?**

① 지하주차장의 환기용 팬은 이산화탄소(CO_2) 농도에 의한 자동(on-off) 제어방식을 도입한다.

② 부하특성, 부하종류, 계절부하 등을 고려하여 변압기의 운전대수제어가 가능하도록 뱅크를 구성한다.

③ 급수가압펌프의 전동기에는 가변속제어방식 등 에너지절약적 제어방식을 채택한다.

④ 역률개선용 커패시터(콘덴서)를 집합 설치하는 경우에는 역률자동조절장치를 설치한다.

⑤ 옥외등은 고효율 제품인 LED 조명을 사용하고, 옥외등의 조명회로는 격등 점등 및 자동점멸기에 의한 점멸이 가능하도록 한다.

키워드 **공동주택의 에너지절약을 위한 방법**

풀이 기계환기설비를 사용하여야 하는 지하주차장의 환기용 팬은 대수제어 또는 풍량조절(가변익, 가변속도), 일산화탄소(CO)의 농도에 의한 자동(on-off) 제어 등의 에너지절약적 제어방식을 도입한다(건축물의 에너지절약설계기준 제9조 제5호).

정답 ①

29 **건축물의 에너지절약설계기준상 기계 및 전기부문의 의무사항에 해당하는 것은?**

제25회 수정

① 기계환기설비를 사용하여야 하는 지하주차장의 환기용 팬은 대수제어 방식을 도입하여야 한다.

② 환기를 통한 에너지손실 저감을 위해 성능이 우수한 열회수형환기장치를 설치하여야 한다.

③ 공동주택 각 세대 내의 현관, 계단실의 조명기구는 인체감지점멸형 또는 일정시간 후에 자동 소등되는 조도자동조절조명기구를 채택하여야 한다.

④ 공동주택의 지하주차장에 자연채광용 개구부가 설치되는 경우에는 주위 밝기를 감지하여 전등군별로 자동 점멸되도록 하여야 한다.

⑤ 여러 대의 승강기가 설치되는 경우에는 군관리 운행방식을 채택하여야 한다.

키워드 **기계 및 전기부문의 의무사항**

풀이 ①②④⑤ 기계 및 전기부문의 권장사항에 해당한다.

정답 ③

30 **수변전 설비에 관한 내용으로 옳은 것을 모두 고른 것은?** 제25회

> ㉠ 수전전압 25kV 이하의 수전설비에서는 변압기의 무부하손실을 줄이기 위하여 충분한 안전성이 확보된다면 직접강압방식을 채택한다.
> ㉡ 역률개선용 커패시터(콘덴서)라 함은 역률을 개선하기 위하여 변압기 또는 전동기 등에 직렬로 설치하는 커패시터를 말한다.
> ㉢ 수용률이라 함은 부하설비 용량 합계에 대한 최대 수용전력의 백분율을 말한다.
> ㉣ 부등률은 부하종별 최대수요전력이 생기는 시간차에 의한 값이다.

① ㉠, ㉡
② ㉠, ㉢
③ ㉡, ㉣
④ ㉠, ㉢, ㉣
⑤ ㉡, ㉢, ㉣

키워드 **전기설비부문의 용어의 정의(건축물의 에너지절약설계기준 제5조 제11호)**

풀이 ㉡ 역률개선용 커패시터(콘덴서)라 함은 역률을 개선하기 위하여 변압기 또는 전동기 등에 병렬로 설치하는 커패시터를 말한다.

정답 ④

CHAPTER

03 안전관리

▶ **연계학습** | 에듀윌 기본서 2차 [공동주택관리실무 下] p.488

01 공동주택관리법령상 관리주체가 공동주택의 시설물로 인한 안전사고를 예방하기 위하여 안전관리계획을 수립하여야 하는 대상 시설이 아닌 것은? 제11회 수정

① 중앙집중식 난방시설

② 발전 및 변전시설

③ 승강기 및 인양기

④ 소방시설

⑤ 세대별로 설치된 연탄가스배출기

키워드 **안전관리계획 수립대상 시설**

풀이 세대별로 설치된 것을 제외한 연탄가스배출기가 수립대상에 포함된다(공동주택관리법 시행령 제33조 제1항 제7호).

정답 ⑤

02 공동주택관리법령상 공동주택의 관리주체가 수립해야 할 안전관리계획에 포함되지 않는 것은?

① 중앙집중식 난방시설

② 위험물 저장시설

③ 주택 내 전기시설

④ 소방시설

⑤ 옥상 및 계단 등의 난간

키워드 **안전관리계획 수립대상 시설(공동주택관리법 시행령 제33조 제1항, 동법 시행규칙 제11조 제1항)**

풀이 주택 내 전기시설은 전유부분으로 안전관리계획 수립대상 시설이 아니다.

정답 ③

03 공동주택관리법령상 안전관리계획을 수립하여야 할 시설물이 아닌 것은 모두 몇 개인가?

㉠ 발전 및 변전시설	㉡ 옥상 및 계단 등의 난간
㉢ 피뢰설비	㉣ 폐기물보관시설
㉤ 위험물처리시설	㉥ 석축·옹벽·담장
㉦ 맨홀·정화조 및 하수도	㉧ 공동시청안테나

① 2개　　② 3개

③ 4개　　④ 5개

⑤ 6개

키워드 안전관리계획 수립대상 시설

풀이

안전관리계획 수립대상 시설물(공동주택관리법 시행령 제33조 제1항, 동법 시행규칙 제11조 제1항)

1. 고압가스·액화석유가스 및 도시가스시설
2. 중앙집중식 난방시설
3. 발전 및 변전시설
4. 위험물 저장시설
5. 소방시설
6. 승강기 및 인양기
7. 연탄가스배출기(세대별로 설치된 것은 제외한다)
8. 주차장
9. 석축, 옹벽, 담장, 맨홀, 정화조 및 하수도
10. 옥상 및 계단 등의 난간
11. 우물 및 비상저수시설
12. 펌프실, 전기실 및 기계실
13. 경로당 또는 어린이놀이터에 설치된 시설
14. 「주택건설기준 등에 관한 규정」에 따른 지능형 홈네트워크설비
15. 주민운동시설
16. 주민휴게시설

정답 ③

04 **공동주택관리법령상 시설관리에 관한 설명으로 옳지 않은 것은?**

① 장기수선계획을 수립하는 경우 해당 공동주택의 건설비용을 고려하여야 한다.
② 입주자대표회의와 관리주체는 장기수선계획을 3년마다 검토하여야 한다.
③ 공동주택단지에 「개인정보 보호법 시행령」에 따른 영상정보처리기기를 설치하려는 경우에는 장기수선계획에 반영하여야 한다.
④ 공동주택 중 분양되지 아니한 세대의 장기수선충당금은 사업주체가 부담한다.
⑤ 세대별로 설치된 연탄가스배출기는 의무관리대상 공동주택의 관리주체가 수립하여야 하는 안전관리계획 대상시설에 해당한다.

키워드 **안전관리계획**

풀이 세대별로 설치된 연탄가스배출기는 의무관리대상 공동주택의 관리주체가 수립하여야 하는 안전관리계획 대상시설에서 제외한다(공동주택관리법 시행령 제33조 제1항 제7호).

정답 ⑤

05 **공동주택관리법령상 공동주택단지의 관리주체는 매년 해빙기진단을 실시해야 한다. 해빙기진단대상의 시설물과 가장 거리가 먼 것은?** 제8회 수정

① 석축 ② 담장
③ 옹벽 ④ 법면
⑤ 교량

키워드 **해빙기진단대상의 시설물(공동주택관리법 시행규칙 제11조 제2항 별표 2)**

풀이 담장은 우기진단대상 시설물이다.

정답 ②

06 **공동주택관리법령상 공동주택의 안전관리진단 중 매 분기 실시하는 안전진단대상 시설이 아닌 것은?**

① 기계실 ② 중앙집중식 난방시설
③ 어린이놀이터 ④ 펌프실
⑤ 도시가스시설

키워드 **안전진단대상 시설(공동주택관리법 시행규칙 제11조 제2항 별표 2)**

풀이 중앙집중식 난방시설은 월동기진단시설이다.

정답 ②

07 **공동주택관리법령상 공동주택 시설물의 안전관리에 관한 기준 및 진단사항으로 옳지 않은 것은?** 제14회 수정

① 석축, 옹벽, 법면, 비상저수시설의 해빙기진단은 연 1회 실시한다.
② 석축, 옹벽, 법면, 담장, 하수도 및 주차장의 우기진단은 연 1회 실시한다.
③ 중앙집중식 난방시설, 노출배관의 동파방지, 수목보온의 월동기진단은 연 1회 실시한다.
④ 변전실, 고압가스시설, 소방시설, 펌프실의 안전진단은 매 분기 1회 이상 실시한다.
⑤ 저수시설, 우물, 어린이놀이터의 위생진단은 연 1회 이상 실시한다.

키워드 **안전관리에 관한 기준 및 진단사항(공동주택관리법 시행규칙 제11조 제2항 별표 2)**
풀이 저수시설, 우물, 어린이놀이터의 위생진단은 연 2회 이상 실시한다.

정답 ⑤

08 **공동주택관리법령상 관리주체는 공동주택단지 안의 시설물에 대한 안전진단을 하도록 되어 있다. 다음 중 대상 시설물과 점검횟수로 옳지 않은 것은?**

① 변전실, 고압가스시설, 도시가스시설: 매 분기 1회 이상
② 중앙집중식 난방시설, 수목보온: 연 1회
③ 소방시설, 맨홀: 매 분기 1회 이상
④ 유류저장시설, 펌프실: 연 2회 이상
⑤ 석축·옹벽·법면의 해빙기진단: 연 1회

키워드 **안전관리에 관한 기준 및 진단사항(공동주택관리법 시행규칙 제11조 제2항 별표 2)**
풀이 유류저장시설과 펌프실은 매 분기 1회 이상 안전진단을 실시한다.

정답 ④

09 **공동주택관리법령상 매 분기 1회 이상 실시하는 안전진단대상 시설이 아닌 것은?**

① 펌프실
② 어린이놀이터
③ 승강기
④ 기계실
⑤ 맨홀(정화조 뚜껑을 포함)

키워드 안전관리에 관한 기준 및 진단사항(공동주택관리법 시행규칙 제11조 제2항 별표 2)

풀이 승강기는 안전진단대상 시설로서 「승강기 안전관리법」에서 정하는 바에 따라 매월 1회 이상 자체점검을 실시해야 한다.

정답 ③

10 공동주택관리법령상 공동주택 시설의 안전관리에 관한 기준 및 진단사항으로 옳지 않은 것은? 제22회

① 저수시설의 위생진단은 연 2회 이상 실시한다.

② 어린이놀이터의 안전진단은 연 2회 실시한다.

③ 노출배관의 동파방지 월동기진단은 연 1회 실시한다.

④ 석축, 옹벽의 우기진단은 연 1회 실시한다.

⑤ 법면의 해빙기진단은 연 1회 실시한다.

키워드 안전관리에 관한 기준 및 진단사항(공동주택관리법 시행규칙 제11조 제2항 별표 2)

풀이 어린이놀이터의 안전진단은 매 분기 1회 이상 실시한다.

정답 ②

11 공동주택관리법령상 시설의 안전관리에 관한 기준 및 진단사항에 관한 내용이다. 대상 시설별 진단사항과 점검횟수의 연결이 옳은 것을 모두 고른 것은? 제24회

> ㉠ 어린이놀이터의 안전진단 – 연 2회 이상 점검
> ㉡ 변전실의 안전진단 – 매 분기 1회 이상 점검
> ㉢ 노출배관의 동파방지 월동기진단 – 연 1회 점검
> ㉣ 저수시설의 위생진단 – 연 1회 점검

① ㉠, ㉢
② ㉠, ㉣
③ ㉡, ㉢
④ ㉠, ㉡, ㉣
⑤ ㉡, ㉢, ㉣

키워드 안전관리에 관한 기준 및 진단사항(공동주택관리법 시행규칙 제11조 제2항 별표 2)

풀이 ㉠ 어린이놀이터의 안전진단 – 매 분기 1회 이상 점검
㉣ 저수시설의 위생진단 – 연 2회 이상 점검

정답 ③

12 **다음은 공동주택관리법상 공동주택의 시설물 안전관리진단대상 시설이다. 연간 최소 점검횟수가 많은 것부터 나열한 것은?** 제9회

> ㉠ 위생진단(저수시설, 우물)
> ㉡ 안전진단(전기실, 도시가스시설, 소방시설)
> ㉢ 우기진단(석축, 옹벽, 담장)

① ㉠ > ㉡ > ㉢
② ㉡ > ㉠ > ㉢
③ ㉡ > ㉢ > ㉠
④ ㉢ > ㉡ > ㉠
⑤ ㉢ > ㉠ > ㉡

키워드 **안전관리에 관한 기준 및 진단사항(공동주택관리법 시행규칙 제11조 제2항 별표 2)**

풀이 ㉡ 안전진단(매 분기 1회 이상) > ㉠ 위생진단(연 2회 이상) > ㉢ 우기진단(연 1회)

정답 ②

13 **공동주택관리법령상 공동주택의 안전관리에 관한 설명으로 옳지 않은 것은?** 제12회 수정

① 의무관리대상 공동주택의 관리주체는 해당 공동주택의 시설물로 인한 안전사고를 예방하기 위하여 안전관리계획을 수립하고, 이에 따라 시설물별로 안전관리자와 안전관리책임자를 지정하여 이를 시행하여야 한다.
② 안전관리계획 수립대상 시설은 도시가스시설, 중앙집중식 난방시설, 발전 및 변전시설 등이 포함된다.
③ 각종 안전사고 예방과 방범을 위하여 시설물 안전관리책임자와 경비책임자는 연 2회 이내, 매회별 4시간의 안전교육 및 방범교육을 받아야 한다.
④ 안전진단대상 시설 중 도시가스시설, 소방시설, 전기실, 기계실의 점검횟수는 매 분기 1회 이상이다.
⑤ 연탄가스배출기·중앙집중식 난방시설·노출배관의 동파방지, 수목보온은 해빙기진단대상 시설이다.

키워드 **안전관리에 관한 기준 및 진단사항(공동주택관리법 제32조, 동법 시행규칙 제11조 제2항 별표 2)**

풀이 연탄가스배출기·중앙집중식 난방시설·노출배관의 동파방지, 수목보온은 월동기진단대상 시설이다.

정답 ⑤

14 공동주택관리법령상 공동주택의 안전관리에 관한 설명으로 옳지 않은 것은?

제13회 수정

① 석축 및 옹벽 등에 대한 시설물 해빙기진단은 매년 2월 또는 3월에 연 1회 실시한다.

② 시설물로 인한 안전사고를 예방하기 위하여 안전관리계획을 수립하여야 하는 대상 시설로는 중앙집중식 난방시설 등이 있다.

③ 관리주체는 연 1회 안전점검을 실시하여야 한다.

④ 시설물 안전관리책임자는 시장·군수·구청장이 실시하는 소방 및 시설물에 관한 안전교육을 받아야 한다.

⑤ 방범 및 안전교육대상자의 교육기간은 연 2회 이내, 매회별 4시간으로 한다.

키워드 **공동주택의 안전관리**

풀이 안전점검은 반기마다 하여야 한다(공동주택관리법 시행령 제34조 제1항).

정답 ③

15 공동주택관리법령상 의무관리대상 공동주택의 관리주체의 안전관리계획과 안전점검 및 안전진단에 관한 설명으로 옳지 않은 것은?

제23회

① 건축물과 공중의 안전 확보를 위하여 건축물의 안전점검과 재난예방에 필요한 예산을 매년 확보하여야 한다.

② 사용검사일부터 30년이 경과한 15층 이하의 공동주택에 대하여 반기마다 대통령령으로 정하는 자로 하여금 안전점검을 실시하도록 하여야 한다.

③ 석축과 옹벽, 법면은 해빙기진단 연 1회(2월 또는 3월)와 우기진단 연 1회(6월)가 이루어지도록 안전관리계획을 수립하여야 한다.

④ 해당 공동주택의 시설물로 인한 안전사고를 예방하기 위하여 대통령령으로 정한 바에 따라 안전관리계획을 수립하고 시설물별로 안전관리자 및 안전관리책임자를 지정하여 이를 시행하여야 한다.

⑤ 변전실, 맨홀(정화조 뚜껑 포함), 펌프실, 전기실, 기계실 및 어린이놀이터의 안전진단에 대하여 연 3회 이상 실시하도록 안전관리계획을 수립하여야 한다.

키워드 **안전관리계획과 안전점검 및 안전진단**

풀이 변전실, 맨홀(정화조 뚜껑 포함), 펌프실, 전기실, 기계실 및 어린이놀이터의 안전진단은 매 분기 1회 이상 실시한다(공동주택관리법 제32조, 동법 시행규칙 제11조 제2항 별표 2).

정답 ⑤

16 **공동주택관리법령상 16층 이상의 공동주택 및 사용연수, 세대수, 안전등급, 층수 등을 고려하여 대통령령으로 정하는 15층 이하의 공동주택에 대하여 관리주체가 안전점검을 실시하도록 하여야 하는 자에 해당하지 않는 것은?**

① 「시설물의 안전 및 유지관리에 관한 특별법 시행령」에 따른 책임기술자로서 해당 공동주택단지의 관리직원인 자
② 주택관리사등이 된 후 「시설물의 안전 및 유지관리에 관한 특별법 시행령」에 따른 정기안전점검교육을 이수한 자 중 관리사무소장으로 배치된 자
③ 「시설물의 안전 및 유지관리에 관한 특별법」에 따라 등록한 안전진단전문기관
④ 「건설산업기본법」에 따라 국토교통부장관에게 등록한 유지관리업자
⑤ 「기술사법」에 따라 등록한 기술사

키워드 **공동주택의 안전점검**

풀이 의무관리대상 공동주택의 관리주체는 그 공동주택의 기능유지와 안전성 확보로 입주자등을 재해 및 재난 등으로부터 보호하기 위하여 「시설물의 안전 및 유지관리에 관한 특별법」에 따른 지침에서 정하는 안전점검의 실시 방법 및 절차 등에 따라 공동주택의 안전점검을 실시하여야 한다. 다만, 16층 이상의 공동주택 및 사용연수, 세대수, 안전등급, 층수 등을 고려하여 대통령령으로 정하는 15층 이하의 공동주택에 대하여는 ①②③④로 하여금 안전점검을 실시하도록 하여야 한다(공동주택관리법 제33조 제1항).

정답 ⑤

17 **공동주택관리법령상 공동주택의 안전점검에 관련된 내용이다. (　　)에 알맞은 것은?**

제11회 수정

관리주체는 안전점검의 결과 건축물의 구조·설비의 안전도가 매우 낮아 위해의 우려가 있는 경우에는 다음의 사항을 시장·군수·구청장에게 보고하고, 그 보고 내용에 따른 조치를 취하여야 한다. 1. (　　) 2. 취약의 정도 3. 발생 가능한 위해의 내용 4. 조치할 사항

① 점검기관
② 안전점검책임자
③ 비상연락체계
④ 점검대상 구조·설비
⑤ 점검기간

키워드 **공동주택의 안전점검**

풀이 관리주체는 안전점검의 결과 건축물의 구조·설비의 안전도가 매우 낮아 재해 및 재난 등이 발생할 우려가 있는 경우에는 지체 없이 입주자대표회의(임대주택은 임대사업자)에 그 사실을 통보한 후 시장·군수·구청장에게 '점검대상 구조·설비, 취약의 정도, 발생 가능한 위해의 내용, 조치할 사항'을 보고하고, 해당 건축물의 이용 제한 또는 보수 등 필요한 조치를 하여야 한다(공동주택관리법 제33조 제2항, 동법 시행령 제34조 제5항).

정답 ④

18 공동주택관리법령상 안전점검결과 건축물의 구조·설비의 안전도가 매우 낮아 재해 및 재난 등이 발생할 우려가 있다고 보고받은 시장·군수·구청장의 조치사항이 아닌 것은?

① 공동주택단지별 점검책임자의 지정
② 관리주체가 조치할 사항
③ 공동주택단지별 관리카드의 비치
④ 공동주택단지별 점검일지 작성
⑤ 공동주택단지의 관리기구와 관계 행정기관 간의 비상연락체계 구성

키워드 **공동주택의 안전점검(공동주택관리법 시행규칙 제14조)**

풀이 시장·군수·구청장은 보고받은 공동주택에 대하여 ①③④⑤의 조치를 하고 매월 1회 이상 점검을 실시하여야 한다.

정답 ②

최신기출

19 시설물의 안전 및 유지관리에 관한 특별법 시행령상 정밀안전점검 및 긴급안전점검의 결과보고서에 포함되어야 할 사항에 해당하지 않는 것은? 제27회

① 설계도면, 구조계산서 및 보수·보강 이력 등 자료 수집 및 분석
② 외관조사 결과분석, 재료시험 및 측정 결과분석 등 현장조사 및 시험
③ 콘크리트 또는 강재 등 시설물의 상태평가
④ 시설물의 구조해석 등 안전성 평가
⑤ 종합결론 및 건의사항

키워드 **안전점검등 결과보고서에 포함되어야 할 사항**

풀이 시설물의 구조해석 등 안전성 평가는 정밀안전진단 결과보고서에 포함되어야 할 사항이다(시설물의 안전 및 유지관리에 관한 특별법 시행령 별표 7).

정답 ④

20 어린이놀이시설 안전관리법령상 정기시설검사에 관한 설명으로 옳지 않은 것은?

① 관리주체는 설치검사를 받은 어린이놀이시설에 대하여 안전검사기관으로부터 2년에 1회 이상 정기시설검사를 받아야 한다.

② 정기시설검사를 받으려는 자는 정기시설검사의 유효기간이 끝나기 1개월 전까지 신청서류를 안전검사기관에 제출하여야 한다.

③ 정기시설검사의 신청을 받은 안전검사기관은 신청을 받은 날부터 1개월 이내에 시설기준에 적합한지 여부를 확인하여야 한다.

④ 정기시설검사의 결과에 대하여 이의가 있는 자는 검사결과를 통보받은 날부터 15일 이내에 재검사를 신청할 수 있다.

⑤ 거짓 그 밖의 부정한 방법으로 정기시설검사를 받은 자는 1년 이하의 징역 또는 1천만원 이하의 벌금에 처한다.

키워드 어린이놀이시설의 정기시설검사

풀이 거짓 그 밖의 부정한 방법으로 정기시설검사를 받은 자는 3년 이하의 징역 또는 3천만원 이하의 벌금에 처하며, 정기시설검사를 받지 아니하였거나 정기시설검사에 불합격한 어린이놀이시설을 이용하도록 한 자는 1년 이하의 징역 또는 1천만원 이하의 벌금에 처한다(어린이놀이시설 안전관리법 제28조 제4호, 제29조).

정답 ⑤

21 어린이놀이시설 안전관리법령상 어린이놀이시설의 안전관리에 관한 규정으로 옳지 않은 것은?

① 관리주체는 어린이놀이시설에 대하여 안전점검을 월 1회 이상 실시하여야 한다.

② 관리주체가 해당 어린이놀이시설에 대하여 안전점검을 실시할 수 없는 경우에는 서면계약에 의한 대리인을 지정하여 안전점검을 하게 할 수 있다.

③ 관리주체는 안전점검 결과 해당 어린이놀이시설이 어린이에게 위해를 가할 우려가 있다고 판단되는 경우에는 그 이용을 금지하고 1개월 이내에 안전진단을 신청하여야 한다.

④ 안전진단 결과를 통보받은 관리주체는 해당 어린이놀이시설이 시설기준 및 기술기준에 적합하지 아니한 경우에는 수리·보수 등 필요한 조치를 실시하고 안전검사기관으로부터 해당 어린이놀이시설의 재사용 여부를 확인받아야 한다.

⑤ 관리주체는 안전점검 또는 안전진단을 한 결과에 대하여 안전점검실시대장 또는 안전진단실시대장을 작성하여 최종 기재일부터 2년간 보관하여야 한다.

키워드 **어린이놀이시설의 안전관리**

풀이 관리주체는 안전점검 또는 안전진단을 한 결과에 대하여 안전점검실시대장 또는 안전진단실시대장을 작성하여 최종 기재일부터 3년간 보관하여야 한다(어린이놀이시설 안전관리법 시행규칙 제17조).

정답 ⑤

22 어린이놀이시설 안전관리법령상 안전교육에 관한 설명으로 옳지 않은 것은?

① 관리주체는 어린이놀이시설의 안전관리에 관련된 업무를 담당하는 자로 하여금 어린이놀이시설 안전관리지원기관에서 실시하는 어린이놀이시설의 안전교육을 받도록 하여야 한다.

② 관리주체는 안전관리자를 배치한 경우 안전관리자의 인적사항을 포함한 자료를 배치한 날부터 15일 이내에 어린이놀이시설 안전관리시스템 등을 통해 관리감독기관의 장에게 통보하여야 하며, 관리감독기관의 장은 통보받은 즉시 해당 안전관리자에게 안전교육 이수의무에 대해 고지하여야 한다.

③ 관리주체는 안전관리자가 변경된 경우에는 변경된 날부터 3개월 이내에 어린이놀이시설의 안전관리에 관련된 업무를 담당하는 자로 하여금 안전교육을 받도록 하여야 한다.

④ 안전교육의 주기는 3년에 1회 이상으로 하고, 1회 안전교육시간은 8시간 이상으로 한다.

⑤ 안전관리자의 안전교육 유효기간이 만료되어 안전교육을 받은 경우 안전교육의 유효기간의 기산일은 직전 안전교육 유효기간 만료일의 다음 날로 한다.

키워드 **어린이놀이시설의 안전교육**

풀이 안전교육의 주기는 2년에 1회 이상으로 하고, 1회 안전교육시간은 4시간 이상으로 한다(어린이놀이시설 안전관리법 시행규칙 제20조 제4항).

정답 ④

23 어린이놀이시설 안전관리법령상 안전관리에 관한 설명으로 옳지 않은 것은? 제13회

① 관리주체는 설치검사를 받은 어린이놀이시설이 시설기준 및 기술기준에 적합성을 유지하고 있는지를 확인하기 위하여 안전검사기관으로부터 2년에 1회 이상 정기시설검사를 받아야 한다.

② 관리주체는 설치된 어린이놀이시설의 기능 및 안전성 유지를 위하여 시설의 노후정도, 변형 상태 등의 항목에 대해 안전점검을 월 1회 이상 실시하여야 한다.

③ 관리주체는 어린이놀이시설을 인도받은 날부터 3개월 이내에 어린이놀이시설의 안전관리에 관련된 업무를 담당하는 자로 하여금 안전교육을 받도록 하여야 한다.

④ 안전교육의 주기는 2년에 1회 이상으로 하고, 1회 안전교육시간은 4시간 이상으로 한다.

⑤ 관리주체는 어린이놀이시설을 인도받은 날부터 2개월 이내에 사고배상책임보험이나 사고배상책임보험과 같은 내용이 포함된 보험에 가입하여야 한다.

키워드 어린이놀이시설의 안전관리

풀이 보험은 다음의 구분에 따른 시기에 가입하여야 한다(어린이놀이시설 안전관리법 시행령 제13조 제2항).

1. 관리주체인 경우: 어린이놀이시설을 인도받은 날부터 30일 이내
2. 안전검사기관인 경우: 안전검사기관으로 지정받은 후 설치검사·정기시설검사·안전진단 중 어느 하나의 업무를 최초로 시작한 날부터 30일 이내

정답 ⑤

24 어린이놀이시설 안전관리법령상 안전관리에 관한 설명으로 옳지 않은 것은? 제26회

① 정기시설검사는 안전검사기관으로부터 3년에 1회 이상 받아야 한다.

② 관리주체는 안전점검을 월 1회 이상 실시하여야 한다.

③ 안전관리자가 변경된 경우, 변경된 날부터 3개월 이내에 안전교육을 받도록 하여야 한다.

④ 관리주체는 어린이놀이시설을 인도받은 날부터 30일 이내에 어린이놀이시설 사고배상책임보험에 가입하여야 한다.

⑤ 안전관리자의 안전교육의 주기는 2년에 1회 이상으로 하고, 1회 안전교육 시간은 4시간 이상으로 한다.

키워드 어린이놀이시설의 안전관리

풀이 관리주체는 설치검사를 받은 어린이놀이시설에 대하여 대통령령으로 정하는 방법 및 절차에 따라 안전검사기관으로부터 2년에 1회 이상 정기시설검사를 받아야 한다(어린이놀이시설 안전관리법 제12조 제2항).

정답 ①

25 **어린이놀이시설 안전관리법령상 관리주체가 해당 관리감독기관의 장에게 통보하는 중대한 사고의 내용으로 옳지 않은 것은?**

① 하나의 사고로 3명 이상의 부상

② 사고 발생일로부터 7일 이내에 48시간 이상 입원 치료가 필요한 부상

③ 부상 면적이 신체 표면의 3퍼센트 이상인 부상

④ 2도 이상의 화상

⑤ 신경·근육 또는 힘줄의 손상

키워드 **중대한 사고의 내용**

풀이 해당 관리감독기관의 장에게 통보하여야 하는 중대한 사고에는 ①②④⑤ 외에 사망, 골절상, 수혈 또는 입원이 필요한 정도의 심한 출혈, 부상 면적이 신체 표면의 5퍼센트 이상인 부상, 내장(內臟)의 손상 등이다(어린이놀이시설 안전관리법 시행령 제14조 제1항).

정답 ③

에듀윌이
너를
지지할게

ENERGY

삶의 순간순간이
아름다운 마무리이며
새로운 시작이어야 한다.

– 법정 스님

memo

11,800여 건의 생생한 후기

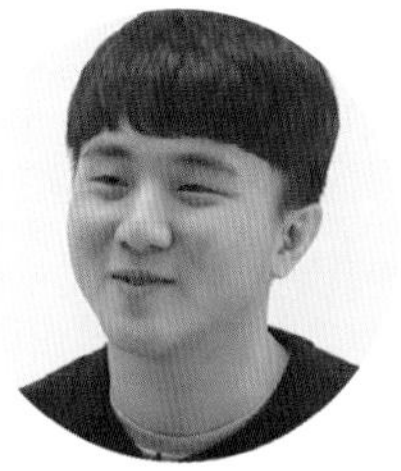

한○수 합격생

에듀윌로 합격과 취업 모두 성공

저는 1년 정도 에듀윌에서 공부하여 합격하였습니다. 수많은 주택관리사 합격생을 배출해 낸 1위 기업이라는 점 때문에 에듀윌을 선택하였고, 선택은 틀리지 않았습니다. 에듀윌에서 제시하는 커리큘럼은 상대평가에 최적화되어 있으며, 나에게 맞는 교수님을 선택할 수 있었기 때문에 만족하며 공부를 할 수 있었습니다. 또한 합격 후에는 에듀윌 취업지원센터의 도움을 통해 취업까지 성공할 수 있었습니다. 에듀윌만 믿고 따라간다면 합격과 취업 모두 문제가 없을 것입니다.

박○현 합격생

20년 군복무 끝내고 주택관리사로 새 출발

육군 소령 전역을 앞두고 70세까지 전문직으로 할 수 있는 제2의 직업이 뭘까 고민하다가 주택관리사 시험에 도전하게 됐습니다. 주택관리사를 검색하면 에듀윌이 가장 먼저 올라오고, 취업까지 연결해 주는 프로그램이 잘 되어 있어서 에듀윌을 선택하였습니다. 특히, 언제 어디서나 지원되는 동영상 강의와 시험을 앞두고 진행되는 특강, 모의고사가 많은 도움이 되었습니다. 거기에 오답노트를 만들어서 틈틈이 공부했던 것까지가 제 합격의 비법인 것 같습니다.

이○준 합격생

에듀윌에서 공인중개사, 주택관리사 준비해 모두 합격

에듀윌에서 준비해 제27회 공인중개사 시험에 합격한 후, 취업 전망을 기대하고 주택관리사에도 도전하게 됐습니다. 높은 합격률, 차별화된 학습 커리큘럼, 훌륭한 교수진, 취업지원센터를 통한 취업 연계 등 여러 가지 이유로 다시 에듀윌을 선택했습니다. 에듀윌 학원은 체계적으로 학습 관리를 해 주고, 공부할 수 있는 공간이 많아서 좋았습니다. 교수님과 자기 자신을 믿고, 에듀윌에서 시작하면 반드시 합격할 수 있습니다.

다음 합격의 주인공은 당신입니다!

더 많은
합격 비법

* 에듀윌 홈페이지 게시 건수 기준 (2025년 1월 기준)

1위 에듀윌만의
체계적인 합격 커리큘럼

원하는 시간과 장소에서, 1:1 관리까지 한번에

온라인 강의

① 전 과목 최신 교재 제공
② 업계 최강 교수진의 전 강의 수강 가능
③ 교수진이 직접 답변하는 1:1 Q&A 서비스

쉽고 빠른 합격의 첫걸음 합격필독서 무료 신청

최고의 학습 환경과 빈틈 없는 학습 관리

직영학원

① 현장 강의와 온라인 강의를 한번에
② 시험일까지 온라인 강의 무제한 수강
③ 강의실, 자습실 등 프리미엄 호텔급 학원 시설

COUPON
당일 등록 회원
시크릿 할인 혜택

설명회 참석 당일 등록 시 특별 수강 할인권 제공

친구 추천 이벤트

"친구 추천하고 한 달 만에 920만원 받았어요"

친구 1명 추천할 때마다 현금 10만원 제공
추천 참여 횟수 무제한 반복 가능

※ *a*o*h**** 회원의 2021년 2월 실제 리워드 금액 기준
※ 해당 이벤트는 예고 없이 변경되거나 종료될 수 있습니다.

친구 추천 이벤트
바로가기

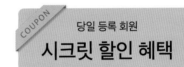

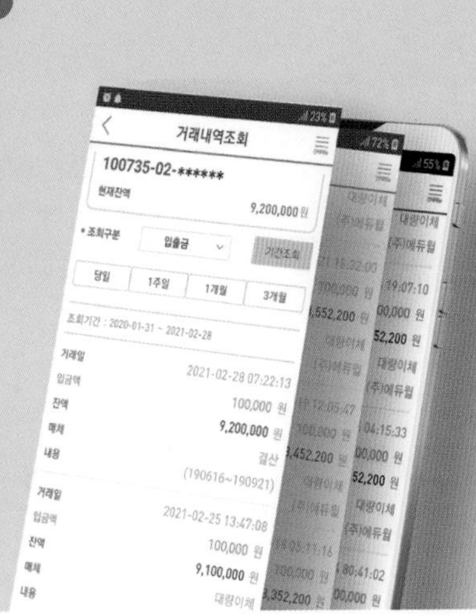

* 2023 대한민국 브랜드만족도 주택관리사 교육 1위 (한경비즈니스)

업계 최초 대통령상 3관왕, 정부기관상 19관왕 달성!

2010 대통령상 2019 대통령상 2019 대통령상

대한민국 브랜드대상 국무총리상 국무총리상 문화체육관광부 장관상 농림축산식품부 장관상 과학기술정보통신부 장관상 여성가족부장관상

서울특별시장상 과학기술부장관상 정보통신부장관상 산업자원부장관상 고용노동부장관상 미래창조과학부장관상 법무부장관상

- **2004**
  서울특별시장상 우수벤처기업 대상
- **2006**
  부총리 겸 과학기술부장관 표창 국가 과학 기술 발전 유공
- **2007**
  정보통신부장관상 디지털콘텐츠 대상
  산업자원부장관 표창 대한민국 e비즈니스대상
- **2010**
  대통령 표창 대한민국 IT 이노베이션 대상
- **2013**
  고용노동부장관 표창 일자리 창출 공로
- **2014**
  미래창조과학부장관 표창 ICT Innovation 대상
- **2015**
  법무부장관 표창 사회공헌 유공
- **2017**
  여성가족부장관상 사회공헌 유공
  2016 합격자 수 최고 기록 KRI 한국기록원 공식 인증
- **2018**
  2017 합격자 수 최고 기록 KRI 한국기록원 공식 인증
- **2019**
  대통령 표창 범죄예방대상
  대통령 표창 일자리 창출 유공
  과학기술정보통신부장관상 대한민국 ICT 대상
- **2020**
  국무총리상 대한민국 브랜드대상
  2019 합격자 수 최고 기록 KRI 한국기록원 공식 인증
- **2021**
  고용노동부장관상 일·생활 균형 우수 기업 공모전 대상
  문화체육관광부장관 표창 근로자휴가지원사업 우수 참여 기업
  농림축산식품부장관상 대한민국 사회공헌 대상
  문화체육관광부장관 표창 여가친화기업 인증 우수 기업
- **2022**
  국무총리 표창 일자리 창출 유공
  농림축산식품부장관상 대한민국 ESG 대상

베스트셀러 1위

6년 연속 최고득점자 배출

1,103명이 에듀윌

브랜드만족도 1위

YES24 수험서 자격증 주택관리사 문제집 베스트셀러 1위(2024년 9월 5주 주별 베스트)
2024년~2022년 공동주택관리실무 시험 최고득점,
2021년~2020년 주택관리관계법규, 공동주택관리실무 시험 과목별 최고득점,
2019년 주택관리관계법규 시험 최고득점
2020년 제23회 주택관리사(보) 제2차(최종) 시험 원서접수 이벤트 및 풀서비스 시 수험번호를 입력한 수강회원 기준
2023 대한민국 브랜드만족도 주택관리사 교육 1위(한경비즈니스)

에듀윌 주택관리사 출제가능 문제집

2차 공동주택관리실무 [객관식편]

고객의 꿈, 직원의 꿈, 지역사회의 꿈을 실현한다

에듀윌 도서몰 book.eduwill.net	• 부가학습자료 및 정오표: 에듀윌 도서몰 > 도서자료실 • 교재 문의: 에듀윌 도서몰 > 문의하기 > 교재(내용, 출간) / 주문 및 배송

합격자 수가
선택의 기준!

2025

에듀윌
주택관리사
출제가능
문제집

2차 공동주택관리실무 [주관식편]

YES24 24년 9월 5주
주별 베스트 기준
베스트셀러
1위

6년 연속
최고득점자
배출

YES24 수험서 자격증
주택관리사 문제집 베스트셀러 1위
산출근거 후면표기

김영곤 편저

eduwill

2025

에듀윌 주택관리사

출제가능 문제집 2차

공동주택관리실무 [주관식편]

eduwill

차례

PART 1 | 행정관리

PART 2 | 시설 · 방재관리

PART 1

행정관리

CHAPTER

01 주택의 정의 및 종류

▶ **연계학습** I 에듀윌 기본서 2차 [공동주택관리실무 上] p.20

01 **건축법 시행령 제3조의5 별표 1(용도별 건축물의 종류)에 관한 규정의 일부이다. (　　) 에 들어갈 용어를 쓰시오.**

> (㉠): 다음의 요건을 모두 갖춘 주택을 말한다.
> 1) 학생 또는 직장인 등 여러 사람이 장기간 거주할 수 있는 구조로 되어 있는 것
> 2) 독립된 주거의 형태를 갖추지 않은 것(각 실별로 욕실은 설치할 수 있으나, 취사시설은 설치하지 않은 것을 말한다)
> 3) 1개 동의 주택으로 쓰이는 바닥면적(부설 주차장 면적은 제외한다. 이하 같다)의 합계가 660제곱미터 이하이고 주택으로 쓰는 층수(지하층은 제외한다)가 3개 층 이하일 것. 다만, 1층의 전부 또는 일부를 필로티 구조로 하여 주차장으로 사용하고 나머지 부분을 주택(주거 목적으로 한정한다) 외의 용도로 쓰는 경우에는 해당 층을 주택의 층수에서 제외한다.
> 4) 적정한 주거환경을 조성하기 위하여 건축조례로 정하는 실별 최소 면적, 창문의 설치 및 크기 등의 기준에 적합할 것

02 **건축법 시행령 제3조의5 별표 1(용도별 건축물의 종류)에 관한 규정의 일부이다. (　　) 에 들어갈 용어를 쓰시오.**

> (㉠): 다음의 요건을 모두 갖춘 주택으로서 공동주택에 해당하지 아니하는 것을 말한다.
> 1) 주택으로 쓰는 층수(지하층은 제외한다)가 3개 층 이하일 것. 다만, 1층의 전부 또는 일부를 필로티 구조로 하여 주차장으로 사용하고, 나머지 부분을 주택(주거 목적으로 한정한다) 외의 용도로 쓰는 경우에는 해당 층을 주택의 층수에서 제외한다.
> 2) 1개 동의 주택으로 쓰이는 바닥면적의 합계가 660제곱미터 이하일 것
> 3) 19세대(대지 내 동별 세대수를 합한 세대를 말한다) 이하가 거주할 수 있을 것

PART 1

03 건축법 시행령 제3조의5 별표 1(용도별 건축물의 종류)에 관한 규정의 일부이다. (   ) 에 들어갈 용어를 쓰시오.

> • (㉠): 주택으로 쓰는 층수가 5개 층 이상인 주택
> • (㉡): 주택으로 쓰는 1개 동의 바닥면적(2개 이상의 동을 지하주차장으로 연결하는 경우에는 각각의 동으로 본다) 합계가 660제곱미터를 초과하고, 층수가 4개 층 이하인 주택

04 건축법 시행령 제3조의5 별표 1(용도별 건축물의 종류)에 관한 규정의 일부이다. (   ) 에 들어갈 용어를 쓰시오.

> • (㉠): 주택으로 쓰는 1개 동의 바닥면적 합계가 660제곱미터 이하이고, 층수가 4개 층 이하인 주택(2개 이상의 동을 지하주차장으로 연결하는 경우에는 각각의 동으로 본다)
> • (㉡): 학교 또는 공장 등의 학생 또는 종업원 등을 위하여 사용하는 것으로서, 해당 기숙사의 공동취사시설 이용 세대수가 전체 세대수(건축물의 일부를 기숙사로 사용하는 경우에는 기숙사로 사용하는 세대수로 한다)의 50퍼센트 이상인 것(교육기본법에 따른 학생복지주택을 포함한다)

05 건축법 시행령 제3조의5 별표 1(용도별 건축물의 종류)에 관한 규정의 일부이다. (   ) 에 들어갈 아라비아 숫자를 쓰시오.

> 다중주택: 다음의 요건을 모두 갖춘 주택을 말한다.
> 1) ~ 2) 〈생략〉
> 3) 1개 동의 주택으로 쓰이는 바닥면적(부설 주차장 면적은 제외한다)의 합계가 (㉠) 제곱미터 이하이고 주택으로 쓰는 층수(지하층은 제외한다)가 (㉡)개 층 이하일 것. 다만, 1층의 전부 또는 일부를 필로티 구조로 하여 주차장으로 사용하고 나머지 부분을 주택(주거 목적으로 한정한다) 외의 용도로 쓰는 경우에는 해당 층을 주택의 층수에서 제외한다.
> 4) 〈생략〉

정답

01 ㉠ 다중주택 02 ㉠ 다가구주택 03 ㉠ 아파트, ㉡ 연립주택 04 ㉠ 다세대주택, ㉡ 일반기숙사 05 ㉠ 660, ㉡ 3

06 건축법 시행령 제3조의5 별표 1(용도별 건축물의 종류)에 관한 규정의 일부이다. (　　)에 들어갈 아라비아 숫자를 쓰시오.

> 다가구주택: 다음의 요건을 모두 갖춘 주택으로서 공동주택에 해당하지 아니하는 것을 말한다.
> 1) 주택으로 쓰는 층수(지하층은 제외한다)가 (㉠)개 층 이하일 것. 다만, 1층의 전부 또는 일부를 필로티 구조로 하여 주차장으로 사용하고, 나머지 부분을 주택(주거 목적으로 한정한다) 외의 용도로 쓰는 경우에는 해당 층을 주택의 층수에서 제외한다.
> 2) 1개 동의 주택으로 쓰이는 바닥면적(부설 주차장 면적은 제외한다)의 합계가 (㉡) 제곱미터 이하일 것
> 3) (㉢)세대(대지 내 동별 세대수를 합한 세대를 말한다) 이하가 거주할 수 있을 것

07 건축법 시행령 별표 1의 용도별 건축물의 종류에 관한 규정의 일부이다. (　　)에 들어갈 용어와 아라비아 숫자를 쓰시오.

> 2. 공동주택[공동주택의 형태를 갖춘 가정어린이집·공동생활가정·지역아동센터·공동육아나눔터·작은도서관·노인복지시설(노인복지주택은 제외한다) 및 주택법 시행령 제10조 제1항 제1호에 따른 아파트형 주택을 포함한다]. 다만, 가목이나 나목에서 층수를 산정할 때 1층 전부를 (㉠) 구조로 하여 주차장으로 사용하는 경우에는 (㉠) 부분을 층수에서 제외하고, 다목에서 층수를 산정할 때 1층의 전부 또는 일부를 (㉠) 구조로 하여 주차장으로 사용하고 나머지 부분을 주택(주거 목적으로 한정한다) 외의 용도로 쓰는 경우에는 해당 층을 주택의 층수에서 제외하며, 〈생략〉
> 가. 아파트: 주택으로 쓰는 층수가 (㉡)개 층 이상인 주택
> 나. 연립주택: 〈생략〉
> 다. 다세대주택: 〈생략〉

08 건축법 시행령 제3조의5 별표 1(용도별 건축물의 종류)에 관한 규정의 일부이다. (　　)에 들어갈 용어와 아라비아 숫자를 쓰시오.

> • 연립주택: 주택으로 쓰는 1개 동의 (㉠)(2개 이상의 동을 지하주차장으로 연결하는 경우에는 각각의 동으로 본다) 합계가 (㉡)제곱미터를 초과하고, 층수가 (㉢)개 층 이하인 주택
> • 다세대주택: 주택으로 쓰는 1개 동의 (㉠) 합계가 (㉡)제곱미터 이하이고, 층수가 (㉢)개 층 이하인 주택(2개 이상의 동을 지하주차장으로 연결하는 경우에는 각각의 동으로 본다)

09 건축법 시행령 제3조의5 별표 1(용도별 건축물의 종류)에 관한 규정의 일부이다. (　　) 에 들어갈 용어와 아라비아 숫자를 쓰시오.

> 일반기숙사: 학교 또는 공장 등의 학생 또는 종업원 등을 위하여 사용하는 것으로서 해당 기숙사의 (㉠) 이용 세대수가 전체 세대수(건축물의 일부를 기숙사로 사용하는 경우에는 기숙사로 사용하는 세대수로 한다)의 (㉡)퍼센트 이상인 것(교육기본법에 따른 학생복지주택을 포함한다)

10 주택법 제2조(정의) 규정의 일부이다. (　　)에 들어갈 용어를 쓰시오.

> (㉠)(이)란 세대(世帶)의 구성원이 장기간 독립된 주거생활을 할 수 있는 구조로 된 건축물의 전부 또는 일부 및 그 부속토지를 말한다.

11 주택법 제2조(정의) 규정의 일부이다. (　　)에 들어갈 용어를 쓰시오.

> • (㉠)(이)란 1세대가 하나의 건축물 안에서 독립된 주거생활을 할 수 있는 구조로 된 주택을 말하며, 그 종류와 범위는 대통령령으로 정한다.
> • (㉡)(이)란 건축물의 벽·복도·계단이나 그 밖의 설비 등의 전부 또는 일부를 공동으로 사용하는 각 세대가 하나의 건축물 안에서 각각 독립된 주거생활을 할 수 있는 구조로 된 주택을 말하며, 그 종류와 범위는 대통령령으로 정한다.

12 다음에서 설명하고 있는 주택법령상 용어를 쓰시오. 제15회

> 주택 외의 건축물과 그 부속토지로서 주거시설로 이용가능한 시설 등을 말하며, 건축법령에 따른 기숙사·다중생활시설·노인복지시설 중 「노인복지법」의 노인복지주택·오피스텔이 그 종류와 범위에 해당된다.

정답

06 ㉠ 3, ㉡ 660, ㉢ 19 **07** ㉠ 필로티, ㉡ 5 **08** ㉠ 바닥면적, ㉡ 660, ㉢ 4
09 ㉠ 공동취사시설, ㉡ 50 **10** ㉠ 주택 **11** ㉠ 단독주택, ㉡ 공동주택 **12** 준주택

13 주택법 제2조(정의) 규정의 일부이다. (　　)에 들어갈 용어를 쓰시오.

(㉠)(이)란 다음 각 목의 어느 하나에 해당하는 주택으로서 (㉠)규모 이하인 주택을 말한다.
가. 국가·지방자치단체, 「한국토지주택공사법」에 따른 한국토지주택공사 또는 「지방공기업법」 제49조에 따라 주택사업을 목적으로 설립된 지방공사가 건설하는 주택
나. 국가·지방자치단체의 재정 또는 「주택도시기금법」에 따른 주택도시기금으로부터 자금을 지원받아 건설되거나 개량되는 주택

14 주택법 제2조(정의) 규정의 일부이다. (　　)에 들어갈 용어를 쓰시오.

(㉠)(이)란 주거의 용도로만 쓰이는 면적(이하 '주거전용면적'이라 한다)이 1호(戶) 또는 1세대당 85제곱미터 이하인 주택(수도권정비계획법 제2조 제1호에 따른 수도권을 제외한 도시지역이 아닌 읍 또는 면 지역은 1호 또는 1세대당 주거전용면적이 100제곱미터 이하인 주택을 말한다)을 말한다. 이 경우 주거전용면적의 산정방법은 국토교통부령으로 정한다.

15 주택법 제2조(정의) 규정의 일부이다. (　　)에 들어갈 용어를 쓰시오.

- (㉠)(이)란 국민주택을 제외한 주택을 말한다.
- (㉡)(이)란 토지의 소유권은 제15조에 따른 사업계획의 승인을 받아 (㉡) 건설사업을 시행하는 자가 가지고, 건축물 및 복리시설(福利施設) 등에 대한 소유권[건축물의 전유부분(專有部分)에 대한 구분소유권은 이를 분양받은 자가 가지고, 건축물의 공용부분·부속건물 및 복리시설은 분양받은 자들이 공유한다]은 주택을 분양받은 자가 가지는 주택을 말한다.

16 주택법 제2조(정의) 규정의 일부이다. (　　)에 들어갈 용어를 쓰시오.

- (㉠)(이)란 공동주택의 주택 내부 공간의 일부를 세대별로 구분하여 생활이 가능한 구조로 하되, 그 구분된 공간의 일부를 구분소유할 수 없는 주택으로서 대통령령으로 정하는 건설기준, 설치기준, 면적기준 등에 적합한 주택을 말한다.
- (㉡)(이)란 300세대 미만의 국민주택규모에 해당하는 주택으로서 대통령령으로 정하는 주택을 말한다.

17 주택법 제2조(정의) 규정의 일부이다. (　　)에 들어갈 용어를 쓰시오.

> 민영주택이란 (㉠)을(를) 제외한 주택을 말한다.

18 주택법령상 용어의 정의이다. (　　)에 들어갈 용어 및 숫자를 순서대로 쓰시오.

제13회 수정

> (㉠)(이)란 주택 외의 건축물과 그 부속토지로서 주거시설로 이용가능한 시설 등을 말하며, 도시형 생활주택이란 (㉡)세대 미만의 국민주택규모에 해당하는 주택으로서 「국토의 계획 및 이용에 관한 법률」에 따른 도시지역에 건설하는 단지형 연립주택, 단지형 다세대주택, 아파트형 주택을 말한다.

19 주택법 제2조(정의) 규정의 일부이다. (　　)에 들어갈 용어를 쓰시오.

> (㉠)(이)란 저에너지 건물 조성기술 등 대통령령으로 정하는 기술을 이용하여 에너지 사용량을 절감하거나 이산화탄소 배출량을 저감할 수 있도록 건설된 주택을 말하며, 그 종류와 범위는 대통령령으로 정한다.

20 주택법 제2조(정의) 규정의 일부이다. (　　)에 들어갈 용어를 쓰시오.

> - (㉠)(이)란 건강하고 쾌적한 실내환경의 조성을 위하여 실내공기의 오염물질 등을 최소화할 수 있도록 대통령령으로 정하는 기준에 따라 건설된 주택을 말한다.
> - (㉡)(이)란 구조적으로 오랫동안 유지·관리될 수 있는 내구성을 갖추고, 입주자의 필요에 따라 내부 구조를 쉽게 변경할 수 있는 가변성과 수리 용이성 등이 우수한 주택을 말한다.

정답

13 ㉠ 국민주택　**14** ㉠ 국민주택규모　**15** ㉠ 민영주택, ㉡ 토지임대부 분양주택
16 ㉠ 세대구분형 공동주택, ㉡ 도시형 생활주택　**17** ㉠ 국민주택　**18** ㉠ 준주택, ㉡ 300
19 ㉠ 에너지절약형 친환경주택　**20** ㉠ 건강친화형 주택, ㉡ 장수명 주택

21 **주택법 제2조(정의) 규정의 일부이다. (　　)에 들어갈 용어와 아라비아 숫자를 쓰시오.**

> '주택단지'란 제15조에 따른 주택건설사업계획 또는 대지조성사업계획의 승인을 받아 주택과 그 (㉠) 및 복리시설을 건설하거나 대지를 조성하는 데 사용되는 일단(一團)의 토지를 말한다. 다만, 다음 각 목의 시설로 분리된 토지는 각각 별개의 주택단지로 본다.
> 가. 철도·고속도로·자동차전용도로
> 나. 폭 (㉡)미터 이상인 일반도로
> 다. 폭 (㉢)미터 이상인 도시계획예정도로
> 라. 가목부터 다목까지의 시설에 준하는 것으로서 대통령령으로 정하는 시설

22 **주택법 제2조(정의) 규정의 일부이다. (　　)에 들어갈 용어를 쓰시오.**

> (㉠)(이)란 하나의 주택단지에서 대통령령으로 정하는 기준에 따라 둘 이상으로 구분되는 일단의 구역으로, 착공신고 및 사용검사를 별도로 수행할 수 있는 구역을 말한다.

23 **주택법 시행령 제8조(공구의 구분기준)에 관한 규정이다. (　　)에 들어갈 아라비아 숫자를 쓰시오.**

> 법 제2조 제18호에서 '대통령령으로 정하는 기준'이란 다음 각 호의 기준을 모두 충족하는 것을 말한다.
> 1. 다음 각 목의 어느 하나에 해당하는 시설을 설치하거나 공간을 조성하여 (㉠)미터 이상의 너비로 공구 간 경계를 설정할 것
>   가. 「주택건설기준 등에 관한 규정」 제26조에 따른 주택단지 안의 도로
>   나. 주택단지 안의 지상에 설치되는 부설 주차장
>   다. 주택단지 안의 옹벽 또는 축대
>   라. 식재·조경이 된 녹지
>   마. 그 밖에 어린이놀이터 등 부대시설이나 복리시설로서 사업계획 승인권자가 적합하다고 인정하는 시설
> 2. 공구별 세대수는 (㉡)세대 이상으로 할 것

24 주택법 제2조(정의) 규정의 일부이다. (　　)에 들어갈 용어를 쓰시오.

> 주택이란 세대(世帶)의 구성원이 장기간 독립된 주거생활을 할 수 있는 구조로 된 (㉠)의 전부 또는 일부 및 그 (㉡)을(를) 말하며, 단독주택과 공동주택으로 구분한다.

PART 1

25 주택법 시행령 제4조(준주택의 종류와 범위)에 관한 설명이다. (　　)에 들어갈 용어를 쓰시오.

> 법 제2조 제4호에 따른 준주택의 종류와 범위는 다음 각 호와 같다.
> 1. 「건축법 시행령」 별표 1 제2호 라목에 따른 (㉠)
> 2. 「건축법 시행령」 별표 1 제4호 거목 및 제15호 다목에 따른 (㉡)
> 3. 「건축법 시행령」 별표 1 제11호 나목에 따른 노인복지시설 중 「노인복지법」 제32조 제1항 제3호의 노인복지주택
> 4. 「건축법 시행령」 별표 1 제14호 나목 2)에 따른 (㉢)

26 주택법 제2조(정의) 규정의 일부이다. (　　)에 들어갈 아라비아 숫자를 쓰시오.

> '국민주택규모'란 주거의 용도로만 쓰이는 면적(이하 '주거전용면적'이라 한다)이 1호(戶) 또는 1세대당 (㉠)제곱미터 이하인 주택을 말하며, 「수도권정비계획법」에 따른 수도권을 제외한 도시지역이 아닌 읍 또는 면 지역은 1호 또는 1세대당 주거전용면적이 (㉡)제곱미터 이하인 주택을 말한다.

정답

21 ㉠ 부대시설, ㉡ 20, ㉢ 8　**22** ㉠ 공구　**23** ㉠ 6, ㉡ 300　**24** ㉠ 건축물, ㉡ 부속토지　**25** ㉠ 기숙사, ㉡ 다중생활시설, ㉢ 오피스텔　**26** ㉠ 85, ㉡ 100

27 **주택법 시행령 제9조(세대구분형 공동주택) 규정의 일부이다. (   )에 들어갈 용어와 아라비아 숫자를 쓰시오.**

> 「주택법」 제15조에 따른 사업계획의 승인을 받아 건설하는 공동주택의 경우: 다음 각 목의 요건을 모두 충족할 것
> 가. 세대별로 구분된 각각의 공간마다 별도의 욕실, 부엌과 (㉠)을(를) 설치할 것
> 나. 하나의 세대가 통합하여 사용할 수 있도록 세대 간에 연결문 또는 (㉡)의 경계벽 등을 설치할 것
> 다. 세대구분형 공동주택의 세대수가 해당 주택단지 안의 공동주택 전체 세대수의 (㉢)을(를) 넘지 않을 것
> 라. 세대별로 구분된 각각의 공간의 주거전용면적(주거의 용도로만 쓰이는 면적으로서 법 제2조 제6호 후단에 따른 방법으로 산정된 것을 말한다) 합계가 해당 주택단지 전체 주거전용면적 합계의 (㉢)을(를) 넘지 않는 등 국토교통부장관이 정하여 고시하는 주거전용면적의 비율에 관한 기준을 충족할 것

28 **주택법 시행령 제9조(세대구분형 공동주택) 규정의 일부이다. (   )에 들어갈 아라비아 숫자를 쓰시오.**

> 「공동주택관리법」 제35조에 따른 행위의 허가를 받거나 신고를 하고 설치하는 공동주택의 경우: 다음 각 목의 요건을 모두 충족할 것
> 가. 구분된 공간의 세대수는 기존 세대를 포함하여 (㉠)세대 이하일 것
> 나. 세대별로 구분된 각각의 공간마다 별도의 욕실, 부엌과 구분 출입문을 설치할 것
> 다. 세대구분형 공동주택의 세대수가 해당 주택단지 안의 공동주택 전체 세대수의 (㉡)와(과) 해당 동의 전체 세대수의 (㉢)을(를) 각각 넘지 않을 것. 다만, 시장·군수·구청장이 부대시설의 규모 등 해당 주택단지의 여건을 고려하여 인정하는 범위에서 세대수의 기준을 넘을 수 있다.
> 라. 구조, 화재, 소방 및 피난안전 등 관계 법령에서 정하는 안전 기준을 충족할 것

29 **주택법 시행령 제10조(도시형 생활주택)에 관한 규정의 일부이다. (   )에 들어갈 용어를 쓰시오.**

> (㉠)형 주택: 다음 각 목의 요건을 모두 갖춘 (㉠)
> 가. 세대별로 독립된 주거가 가능하도록 욕실 및 부엌을 설치할 것
> 나. 지하층에는 세대를 설치하지 아니할 것

30 **주택법 시행령 제10조(도시형 생활주택) 규정의 일부이다. (　　)에 들어갈 아라비아 숫자 및 용어를 쓰시오.**

> 아파트형 주택: 다음 각 목의 요건을 모두 갖춘 아파트
> 가. 세대별로 독립된 주거가 가능하도록 욕실 및 (㉠)을 설치할 것
> 나. (㉡)에는 세대를 설치하지 아니할 것

31 **주택법 시행령 제10조(도시형 생활주택) 규정의 일부이다. (　　)에 들어갈 아라비아 숫자와 용어를 쓰시오.**

> 하나의 건축물에는 도시형 생활주택과 그 밖의 주택을 함께 건축할 수 없다. 다만, 다음 각 호의 어느 하나에 해당하는 경우는 예외로 한다.
> 1. 도시형 생활주택과 주거전용면적이 (㉠)제곱미터를 초과하는 주택 1세대를 함께 건축하는 경우
> 2. 「국토의 계획 및 이용에 관한 법률 시행령」 제30조 제1호 다목에 따른 (㉡) 또는 (㉢)에서 아파트형 주택과 도시형 생활주택 외의 주택을 함께 건축하는 경우

32 **주택법 시행령 제10조(도시형 생활주택) 규정의 일부이다. (　　)에 들어갈 용어를 쓰시오.**

> 하나의 건축물에는 도시형 생활주택과 그 밖의 주택을 함께 건축할 수 없다. 다만, 다음 각 호의 어느 하나에 해당하는 경우는 예외로 한다.
> 1. 〈생략〉
> 2. 「국토의 계획 및 이용에 관한 법률 시행령」 제30조 제1호 다목에 따른 준주거지역 또는 상업지역에서 (㉠)와(과) 도시형 생활주택 외의 주택을 함께 건축하는 경우

정답

27 ㉠ 현관, ㉡ 경량구조, ㉢ 1/3　**28** ㉠ 2, ㉡ 1/10, ㉢ 1/3　**29** ㉠ 아파트
30 ㉠ 부엌, ㉡ 지하층　**31** ㉠ 85, ㉡ 준주거지역, ㉢ 상업지역　**32** ㉠ 아파트형 주택

33 **민간임대주택에 관한 특별법 제2조(정의)의 일부이다. (　　)에 들어갈 용어를 쓰시오.**

> '민간임대주택'이란 임대 목적으로 제공하는 주택(토지를 임차하여 건설된 주택 및 오피스텔 등 대통령령으로 정하는 준주택 및 대통령령으로 정하는 일부만을 임대하는 주택을 포함한다)으로서 임대사업자가 제5조에 따라 등록한 주택을 말하며, (㉠)와(과) (㉡)(으)로 구분한다.

34 **민간임대주택에 관한 특별법 시행령 제2조(준주택의 범위)에 관한 내용이다. (　　)에 들어갈 용어와 아라비아 숫자를 쓰시오.**

> 「민간임대주택에 관한 특별법」(이하 '법'이라 한다) 제2조 제1호에서 '오피스텔 등 대통령령으로 정하는 준주택'이란 다음 각 호의 건축물(이하 '준주택'이라 한다)을 말한다.
> 1. 「주택법」 제2조 제1호에 따른 주택 외의 건축물을 「건축법」에 따라 「주택법 시행령」 제4조 제1호의 기숙사 중 (㉠)기숙사로 리모델링한 건축물
> 1의2. 「주택법 시행령」 제4조 제1호의 기숙사 중 (㉡)기숙사
> 2. 다음 각 목의 요건을 모두 갖춘 「주택법 시행령」 제4조 제4호의 오피스텔
>   가. 전용면적이 (㉢)제곱미터 이하일 것
>   나. 상하수도 시설이 갖추어진 전용 입식 부엌, 전용 수세식 화장실 및 목욕시설(전용 수세식 화장실에 목욕시설을 갖춘 경우를 포함한다)을 갖출 것

35 **민간임대주택에 관한 특별법상 민간임대주택에 관한 내용이다. (　　)에 들어갈 용어와 아라비아 숫자를 쓰시오.** 제24회

> • 민간임대주택이란 임대 목적으로 제공하는 주택[토지를 임차하여 건설된 주택 및 오피스텔 등 대통령령으로 정하는 (㉠) 및 대통령령으로 정하는 일부만을 임대하는 주택을 포함한다]으로서 임대사업자가 제5조에 따라 등록한 주택을 말하며, 민간(㉡)임대주택과 민간매입임대주택으로 구분한다.

36 **민간임대주택에 관한 특별법상 민간임대주택에 관한 내용이다. (　　)에 들어갈 용어와 아라비아 숫자를 쓰시오.**

> • 장기일반민간임대주택이란 임대사업자가 공공지원민간임대주택이 아닌 주택을 (㉠)년 이상 임대할 목적으로 취득하여 임대하는 민간임대주택[아파트(주택법 제2조 제20호의 도시형 생활주택이 아닌 것을 말한다)를 임대하는 민간매입임대주택은 제외한다]을 말한다.
> • 단기민간임대주택이란 임대사업자가 (㉡)년 이상 임대할 목적으로 취득하여 임대하는 민간임대주택[아파트(「주택법」 제2조 제20호의 도시형 생활주택이 아닌 것을 말한다)는 제외한다]을 말한다.

37 **민간임대주택에 관한 특별법 제2조(정의)의 일부이다. (　　)에 들어갈 용어를 쓰시오.**

> 이 법에서 사용하는 용어의 뜻은 다음과 같다.
> 1. 〈생략〉
> 2. '(㉠)'(이)란 다음 각 목의 어느 하나에 해당하는 민간임대주택을 말한다.
>   가. 임대사업자가 임대를 목적으로 건설하여 임대하는 주택
>   나. 「주택법」 제4조에 따라 등록한 주택건설사업자가 같은 법 제15조에 따라 사업계획승인을 받아 건설한 주택 중 사용검사 때까지 분양되지 아니하여 임대하는 주택

38 **민간임대주택에 관한 특별법 제2조(정의)의 일부이다. (　　)에 들어갈 용어를 쓰시오.**

> 이 법에서 사용하는 용어의 뜻은 다음과 같다.
> 1. ~ 2. 〈생략〉
> 3. '(㉠)'(이)란 임대사업자가 매매 등으로 소유권을 취득하여 임대하는 민간임대주택을 말한다.

정답

33 ㉠ 민간건설임대주택, ㉡ 민간매입임대주택 **34** ㉠ 일반, ㉡ 임대형, ㉢ 120 **35** ㉠ 준주택, ㉡ 건설 **36** ㉠ 10, ㉡ 6 **37** ㉠ 민간건설임대주택 **38** ㉠ 민간매입임대주택

39 **민간임대주택에 관한 특별법 제2조(정의) 규정의 일부이다. (　　)에 들어갈 용어와 아라비아 숫자를 쓰시오.**

> ‘(㉠)’(이)란 임대사업자가 다음 각 목의 어느 하나에 해당하는 민간임대주택을 (㉡)년 이상 임대할 목적으로 취득하여 이 법에 따른 임대료 및 임차인의 자격 제한 등을 받아 임대하는 민간임대주택을 말한다.
> 가. 「주택도시기금법」에 따른 주택도시기금(이하 ‘주택도시기금’이라 한다)의 출자를 받아 건설 또는 매입하는 민간임대주택
> 나. 「주택법」 제2조 제24호에 따른 공공택지 또는 이 법 제18조 제2항에 따라 수의계약 등으로 공급되는 토지 및 「혁신도시 조성 및 발전에 관한 특별법」 제2조 제6호에 따른 종전부동산(이하 ‘종전부동산’이라 한다)을 매입 또는 임차하여 건설하는 민간임대주택
> 다. 제21조 제2호에 따라 용적률을 완화받거나 「국토의 계획 및 이용에 관한 법률」 제30조에 따라 용도지역 변경을 통하여 용적률을 완화받아 건설하는 민간임대주택
> 라. 제22조에 따라 지정되는 공공지원민간임대주택 공급촉진지구에서 건설하는 민간임대주택
> 마. 그 밖에 국토교통부령으로 정하는 공공지원을 받아 건설 또는 매입하는 민간임대주택

40 **민간임대주택에 관한 특별법 제2조(정의) 규정의 일부이다. (　　)에 들어갈 용어를 쓰시오.**

> ‘(㉠)’(이)란 임대사업자가 공공지원민간임대주택이 아닌 주택을 10년 이상 임대할 목적으로 취득하여 임대하는 민간임대주택[(㉡)(주택법 제2조 제20호의 (㉢)이(가) 아닌 것을 말한다)(을)를 임대하는 민간매입임대주택은 제외한다]을 말한다.

41 **민간임대주택에 관한 특별법상 용어 정의에 관한 내용이다. (　　)에 들어갈 용어를 쓰시오.**

> (㉠)(이)란 공공지원민간임대주택에 거주하는 임차인 등의 경제활동과 일상생활을 지원하는 시설로서 대통령령으로 정하는 시설을 말한다.

정답

39 ㉠ 공공지원민간임대주택, ㉡ 10　**40** ㉠ 장기일반민간임대주택, ㉡ 아파트, ㉢ 도시형 생활주택　**41** ㉠ 복합지원시설

CHAPTER
02 공동주택관리법의 총칙 및 관리규약

▶ 연계학습 | 에듀윌 기본서 2차 [공동주택관리실무 上] p.34

01 **공동주택관리법상 의무관리대상 공동주택에 관한 설명이다. (   )에 들어갈 숫자를 쓰시오.** 제21회

「건축법」 제11조에 따른 건축허가를 받아 주택 외의 시설과 주택을 동일 건축물로 건축한 건축물로서 주택이 (㉠)세대 이상인 건축물은 「공동주택관리법」에 따른 의무관리대상 공동주택에 해당된다.

02 **공동주택관리법 제2조(의무관리대상 공동주택의 범위) 규정이다. (   )에 들어갈 아라비아 숫자를 쓰시오.**

'의무관리대상 공동주택'이란 해당 공동주택을 전문적으로 관리하는 자를 두고 자치 의결기구를 의무적으로 구성하여야 하는 등 일정한 의무가 부과되는 공동주택으로서, 다음 각 목 중 어느 하나에 해당하는 공동주택을 말한다.

가. (㉠)세대 이상의 공동주택
나. (㉡)세대 이상으로서 승강기가 설치된 공동주택
다. (㉡)세대 이상으로서 중앙집중식 난방방식(지역난방방식을 포함한다)의 공동주택
라. 「건축법」 제11조에 따른 건축허가를 받아 주택 외의 시설과 주택을 동일 건축물로 건축한 건축물로서 주택이 (㉡)세대 이상인 건축물
마. 가목부터 라목까지에 해당하지 아니하는 공동주택 중 입주자등이 대통령령으로 정하는 기준에 따라 동의하여 정하는 공동주택

03 **다음에서 정의하고 있는 공동주택관리법령상의 용어를 쓰시오.** 제19회 수정

분양을 목적으로 한 공동주택과 임대주택이 함께 있는 공동주택단지를 의미한다.

정답

01 ㉠ 150 **02** ㉠ 300, ㉡ 150 **03** 혼합주택단지

04 **공동주택관리법 제2조(정의) 규정의 일부이다. (　　)에 들어갈 용어를 쓰시오.**

> '혼합주택단지'란 분양을 목적으로 한 공동주택과 (㉠)이(가) 함께 있는 공동주택단지를 말한다.

05 **공동주택관리법 제2조 제1항(정의) 규정의 일부이다. (　　)에 들어갈 용어를 쓰시오.**

> • (㉠)(이)란 공동주택의 소유자 또는 그 소유자를 대리하는 배우자 및 직계존비속(直系尊卑屬)을 말한다.
> • (㉡)(이)란 공동주택을 임차하여 사용하는 사람(임대주택의 임차인은 제외한다) 등을 말한다.

06 **공동주택관리법 제2조 제1항(정의) 규정의 일부이다. (　　)에 들어갈 용어를 쓰시오.**

> • (㉠)(이)란 공동주택의 입주자등을 대표하여 관리에 관한 주요사항을 결정하기 위하여 제14조에 따라 구성하는 자치 의결기구를 말한다.
> • (㉡)(이)란 공동주택의 입주자등을 보호하고 주거생활의 질서를 유지하기 위하여 제18조 제2항에 따라 입주자등이 정하는 자치규약을 말한다.

07 **공동주택관리법 제2조 제1항(정의) 규정의 일부이다. (　　)에 들어갈 용어를 쓰시오.**

> • (㉠)(이)란 공동주택을 안전하고 효율적으로 관리하기 위하여 입주자등으로부터 의무관리대상 공동주택의 관리를 위탁받아 관리하는 업(業)을 말한다.
> • (㉡)(이)란 공동주택을 오랫동안 안전하고 효율적으로 사용하기 위하여 필요한 주요 시설의 교체 및 보수 등에 관하여 제29조 제1항에 따라 수립하는 장기계획을 말한다.

PART 1

08 공동주택관리법상 다른 법률과의 관계에 관한 내용이다. ( )에 들어갈 용어를 쓰시오.

제25회

> 제4조【다른 법률과의 관계】① 공동주택의 관리에 관하여 이 법에서 정하지 아니한 사항에 대하여는 (㉠)(을)를 적용한다.
> ② 임대주택의 관리에 관하여 「민간임대주택에 관한 특별법」 또는 (㉡)에서 정하지 아니한 사항에 대하여는 이 법을 적용한다.

09 공동주택관리법 제18조(관리규약) 규정의 일부이다. ( )에 들어갈 용어를 쓰시오.

> 특별시장·광역시장·특별자치시장·도지사 또는 특별자치도지사는 공동주택의 입주자등을 보호하고 주거생활의 질서를 유지하기 위하여 (㉠)(으)로 정하는 바에 따라 공동주택의 관리 또는 사용에 관하여 준거가 되는 관리규약의 (㉡)을(를) 정하여야 한다.

10 공동주택관리법 제18조(관리규약) 규정의 일부이다. ( )에 들어갈 용어를 쓰시오.

> (㉠)은(는) 제1항에 따른 관리규약의 준칙을 참조하여 관리규약을 정한다. 이 경우 「주택법」 제35조에 따라 공동주택에 설치하는 (㉡)의 임대료 등에 관한 사항은 제1항에 따른 관리규약의 준칙, (㉡)의 안정적 운영, 보육서비스 수준의 향상 등을 고려하여 결정하여야 한다.

정답

04 ㉠ 임대주택 **05** ㉠ 입주자, ㉡ 사용자 **06** ㉠ 입주자대표회의, ㉡ 관리규약
07 ㉠ 주택관리업, ㉡ 장기수선계획 **08** ㉠ 주택법, ㉡ 공공주택 특별법 **09** ㉠ 대통령령, ㉡ 준칙
10 ㉠ 입주자등, ㉡ 어린이집

11 **공동주택관리법 시행령 제20조(관리규약의 제정 등) 규정의 일부이다. (　　)에 들어갈 용어와 아라비아 숫자를 쓰시오.**

사업주체는 (㉠)와(과) (㉡)을(를) 체결할 때 관리규약 제정안을 제안해야 한다. 다만, 제29조의3에 따라 사업주체가 입주자대표회의가 구성되기 전에 같은 조 제1항 각 호의 시설의 임대계약을 체결하려는 경우에는 입주개시일 (㉢)개월 전부터 관리규약 제정안을 제안할 수 있다.

12 **공동주택관리법 시행령 제20조(관리규약의 제정 등) 규정의 일부이다. (　　)에 들어갈 용어를 쓰시오.**

법 제18조 제2항에 따라 공동주택 분양 후 최초의 관리규약은 제1항에 따라 (㉠)이(가) 제안한 내용을 해당 (㉡)의 과반수가 서면으로 동의하는 방법으로 결정한다.

13 **공동주택관리법 제19조(관리규약 등의 신고) 규정이다. (　　)에 들어갈 용어와 아라비아 숫자를 쓰시오.**

① 입주자대표회의의 회장[관리규약의 제정의 경우에는 (㉠) 또는 의무관리대상 전환 공동주택의 관리인을 말한다]은 다음 각 호의 사항을 대통령령으로 정하는 바에 따라 시장·군수·구청장에게 신고하여야 하며, 신고한 사항이 변경되는 경우에도 또한 같다. 다만, 의무관리대상 전환 공동주택의 관리인이 관리규약의 제정 신고를 하지 아니하는 경우에는 입주자등의 (㉡)분의 1 이상이 연서하여 신고할 수 있다.
1. 관리규약의 제정·개정
2.~3. 〈생략〉

② 시장·군수·구청장은 제1항에 따른 신고를 받은 날부터 (㉢)일 이내에 신고수리 여부를 신고인에게 통지하여야 한다.

PART 1

14 공동주택관리법령상 관리규약의 제정 및 개정 등 신고에 관한 설명이다. (   )에 들어갈 아라비아 숫자를 쓰시오.

> 법 제19조 제1항에 따른 신고를 하려는 입주자대표회의의 회장(관리규약 제정의 경우에는 사업주체 또는 의무관리대상 전환 공동주택의 관리인을 말한다)은 관리규약이 제정·개정되거나 입주자대표회의가 구성·변경된 날부터 (㉠)일 이내에 신고서를 시장·군수·구청장에게 제출해야 한다.

15 공동주택관리법 제20조의2(간접흡연의 방지 등) 규정의 일부이다. (   )에 들어갈 용어를 쓰시오.

> 간접흡연으로 피해를 입은 입주자등은 (㉠)에게 간접흡연 발생 사실을 알리고, (㉠)이(가) 간접흡연 피해를 끼친 해당 입주자등에게 일정한 장소에서 흡연을 중단하도록 권고할 것을 요청할 수 있다. 이 경우 (㉠)은(는) 사실관계 확인을 위하여 세대 내 확인 등 필요한 조사를 할 수 있다.

정답

11 ㉠ 입주예정자, ㉡ 관리계약, ㉢ 3 **12** ㉠ 사업주체, ㉡ 입주예정자 **13** ㉠ 사업주체, ㉡ 10, ㉢ 7 **14** ㉠ 30 **15** ㉠ 관리주체

CHAPTER

03 공동주택의 관리방법

▶ **연계학습** | 에듀윌 기본서 2차 [공동주택관리실무 上] p.51

01 **공동주택관리법령상 공동주택의 관리방법에 관한 설명이다. (　　)에 들어갈 용어를 쓰시오.**

입주자등은 의무관리대상 공동주택을 제6조 제1항에 따라 (㉠)관리하거나 제7조 제1항에 따라 주택관리업자에게 (㉡)하여 관리하여야 한다.

02 **공동주택관리법령상 의무관리대상 전환 공동주택에 관한 내용이다. (　　)에 들어갈 아라비아 숫자를 쓰시오.**

의무관리대상 전환 공동주택의 입주자등은 제19조 제1항 제1호에 따른 관리규약의 제정 신고가 수리된 날부터 (㉠)개월 이내에 입주자대표회의를 구성하여야 하며, 제19조 제1항 제2호에 따른 입주자대표회의의 구성 신고가 수리된 날부터 (㉡)개월 이내에 제5조에 따른 공동주택의 관리 방법을 결정하여야 한다.

03 **공동주택관리법령상 의무관리대상 전환 공동주택에 관한 내용이다. (　　)에 들어갈 아라비아 숫자를 쓰시오.**

• 제2조 제1항 제2호 마목에 따라 의무관리대상 공동주택으로 전환되는 공동주택(이하 '의무관리대상 전환 공동주택'이라 한다)의 관리인(집합건물의 소유 및 관리에 관한 법률에 따른 관리인을 말하며, 관리단이 관리를 개시하기 전인 경우에는 같은 법 제9조의3 제1항에 따라 공동주택을 관리하고 있는 자를 말한다. 이하 같다)은 대통령령으로 정하는 바에 따라 관할 특별자치시장·특별자치도지사·시장·군수·구청장(자치구의 구청장을 말하며 이하 같다. 이하 특별자치시장·특별자치도지사·시장·군수·구청장은 '시장·군수·구청장'이라 한다)에게 의무관리대상 공동주택 전환 신고를 하여야 한다. 다만, 관리인이 신고하지 않는 경우에는 입주자등의 (㉠)분의 1 이상이 연서하여 신고할 수 있다. • 의무관리대상 전환 공동주택의 입주자등이 공동주택을 위탁관리할 것을 결정한 경우 입주자대표회의는 입주자대표회의의 구성 신고가 수리된 날부터 (㉡)개월 이내에 제7조 제1항 각 호의 기준에 따라 주택관리업자를 선정하여야 한다.

04 **공동주택관리법 시행규칙 제3조(관리방법의 결정 및 변경결정 신고)에 관한 내용이다. (　　)에 들어갈 용어를 쓰시오.**

> 입주자대표회의의 회장(직무를 대행하는 경우에는 그 직무를 대행하는 사람을 포함한다. 이하 같다)은 시장·군수·구청장에게 제1항에 따른 신고서를 제출할 때에는 관리방법의 (㉠) 및 그에 대한 입주자등의 (㉡)을(를) 첨부하여야 한다.

05 **공동주택관리법령상 입주자등이 공동주택의 관리방법을 결정하는 방법 중의 하나에 관한 내용이다. (　　)에 들어갈 숫자를 쓰시오.** 제23회 수정

> 전체 입주자등의 10분의 (㉠) 이상이 서면으로 제안하고 전체 입주자등의 과반수가 찬성

06 **공동주택관리법령상 관리방법의 결정 방법에 관한 설명이다. (　　)에 들어갈 용어와 아라비아 숫자를 쓰시오.**

> 법 제5조 제2항에 따른 공동주택 관리방법의 결정 또는 변경은 다음 각 호의 어느 하나에 해당하는 방법으로 한다.
> 1. 입주자대표회의의 의결로 제안하고 전체 입주자등의 (㉠)이(가) 찬성
> 2. 전체 입주자등의 (㉡) 이상이 서면으로 제안하고 전체 입주자등의 (㉠)이(가) 찬성

07 **공동주택관리법령상 관리방법 결정 등의 신고에 관한 설명이다. (　　)에 들어갈 아라비아 숫자를 쓰시오.**

> 법 제11조 제3항에 따라 입주자대표회의의 회장은 공동주택 관리방법의 결정(위탁관리하는 방법을 선택한 경우에는 그 주택관리업자의 선정을 포함한다) 또는 변경결정에 관한 신고를 하려는 경우에는 그 결정일 또는 변경결정일부터 (㉠)일 이내에 신고서를 시장·군수·구청장에게 제출해야 한다.

정답

01 ㉠ 자치, ㉡ 위탁　**02** ㉠ 3, ㉡ 3　**03** ㉠ 10, ㉡ 6　**04** ㉠ 제안서, ㉡ 동의서
05 ㉠ 1　**06** ㉠ 과반수, ㉡ 1/10　**07** ㉠ 30

08 **공동주택관리법령상 어린이집 등의 임대계약 체결에 관한 설명이다. (   )에 들어갈 용어를 쓰시오.**

> 시장·군수·구청장은 입주자대표회의가 구성되기 전에 다음 각 호의 주민공동시설의 임대계약 체결이 필요하다고 인정하는 경우에는 (㉠)(으)로 하여금 (㉡) 과반수의 서면동의를 받아 해당 시설의 임대계약을 체결하도록 할 수 있다.
> 1. 「영유아보육법」 제10조에 따른 어린이집
> 2. 「아동복지법」 제44조의2에 따른 다함께돌봄센터
> 3. 「아이돌봄 지원법」 제19조에 따른 공동육아나눔터

09 **공동주택관리법령상 사업주체의 어린이집 등의 임대계약 체결에 관한 내용이다. (   )에 들어갈 용어를 쓰시오.** 제25회

> 시행령 제29조의3 【사업주체의 어린이집 등의 임대계약 체결】 ① 시장·군수·구청장은 입주자대표회의가 구성되기 전에 다음 각 호의 주민공동시설의 임대계약 체결이 필요하다고 인정하는 경우에는 사업주체로 하여금 입주예정자 과반수의 서면 동의를 받아 해당 시설의 임대계약을 체결하도록 할 수 있다.
> 1. 「영유아보육법」 제10조에 따른 어린이집
> 2. 「아동복지법」 제44조의2에 따른 다함께돌봄센터
> 3. 「아이돌봄 지원법」 제19조에 따른 (㉠)

10 **다음 (   )에 들어갈 공동주택관리법령상의 용어를 쓰시오.** 제18회 수정

> 사업주체는 법 제11조 제1항에 따라 입주예정자의 과반수가 입주할 때까지 공동주택을 직접 관리하는 경우에는 입주예정자와 관리계약을 체결하여야 하며, 그 관리계약에 따라 법 제24조 제1항에 따른 (㉠)을(를) 징수할 수 있다.

PART 1

11 공동주택관리법 시행령 제10조(관리업무의 인계) 규정의 일부이다. (   )에 들어갈 아라비아 숫자를 쓰시오.

> ① 사업주체 또는 법 제10조의2 제1항에 따른 의무관리대상 전환 공동주택의 관리인은 법 제13조 제1항에 따라 같은 조 각 호의 어느 하나에 해당하게 된 날부터 (㉠)개월 이내에 해당 공동주택의 관리주체에게 공동주택의 관리업무를 인계하여야 한다.
> ② 법 제13조 제2항에 따른 새로운 관리주체는 기존 관리의 종료일까지 공동주택관리기구를 구성하여야 하며, 기존 관리주체는 해당 관리의 종료일까지 공동주택의 관리업무를 인계하여야 한다.
> ③ 제2항에도 불구하고 기존 관리의 종료일까지 인계·인수가 이루어지지 아니한 경우 기존 관리주체는 기존 관리의 종료일(기존 관리의 종료일까지 새로운 관리주체가 선정되지 못한 경우에는 새로운 관리주체가 선정된 날을 말한다)부터 (㉡)개월 이내에 새로운 관리주체에게 공동주택의 관리업무를 인계하여야 한다. 이 경우 그 인계기간에 소요되는 기존 관리주체의 인건비 등은 해당 공동주택의 관리비로 지급할 수 있다.

12 공동주택관리법 시행령 제10조(관리업무의 인계) 규정에 관한 설명의 일부이다. (   )에 들어갈 용어를 쓰시오.

> 사업주체 또는 의무관리대상 전환 공동주택의 관리인은 법 제13조 제1항에 따라 공동주택의 관리업무를 해당 관리주체에 인계할 때에는 입주자대표회의의 회장 및 1명 이상의 감사의 참관하에 인계자와 인수자가 인계·인수서에 각각 서명·날인하여 다음 각 호의 서류를 인계해야 한다. 기존 관리주체가 같은 조 제2항에 따라 새로운 관리주체에게 공동주택의 관리업무를 인계하는 경우에도 또한 같다.
> 1. 설계도서·장비의 명세·장기수선계획 및 법 제32조에 따른 안전관리계획
> 2. 관리비·사용료·이용료의 부과·징수현황 및 이에 관한 회계서류
> 3. (㉠)의 적립현황
> 4. 법 제24조 제1항에 따른 (㉡)의 명세
> 5. 세대 (㉢)을(를) 입주자에게 인도한 날의 현황
> 6. 관리규약과 그 밖에 공동주택의 관리업무에 필요한 사항

정답

08 ㉠ 사업주체, ㉡ 입주예정자 09 ㉠ 공동육아나눔터 10 ㉠ 관리비예치금 11 ㉠ 1, ㉡ 1
12 ㉠ 장기수선충당금, ㉡ 관리비예치금, ㉢ 전유부분

13 **공동주택관리법령상 자치관리에 관한 설명이다. (   )에 들어갈 용어와 아라비아 숫자를 쓰시오.**

> 의무관리대상 공동주택의 입주자등이 공동주택을 자치관리할 것을 정한 경우에는 (㉠)은(는) 제11조 제1항에 따른 요구가 있은 날(제2조 제1항 제2호 마목에 따라 의무관리대상 공동주택으로 전환되는 경우에는 제19조 제1항 제2호에 따른 입주자대표회의의 구성 신고가 수리된 날을 말한다)부터 (㉡)개월 이내에 공동주택의 (㉢)을(를) 자치관리기구의 대표자로 선임하고, 대통령령으로 정하는 기술인력 및 장비를 갖춘 자치관리기구를 구성하여야 한다.

14 **공동주택관리법령상 자치관리기구의 구성 및 운영에 관한 설명이다. (   )에 들어갈 아라비아 숫자를 쓰시오.**

> ③ 자치관리기구 관리사무소장은 입주자대표회의가 입주자대표회의 구성원[관리규약으로 정한 정원을 말하며, 해당 입주자대표회의 구성원의 (㉠)분의 (㉡) 이상이 선출되었을 때에는 그 선출된 인원을 말한다] 과반수의 찬성으로 선임한다.
> ④ 입주자대표회의는 제3항에 따라 선임된 관리사무소장이 해임되거나 그 밖의 사유로 결원이 되었을 때에는 그 사유가 발생한 날부터 (㉢)일 이내에 새로운 관리사무소장을 선임하여야 한다.

15 **공동주택관리법 시행령 제4조 제1항 별표 1 공동주택관리기구의 기술인력 및 장비기준에 관한 규정이다. (   )에 들어갈 용어를 쓰시오.**

장비	• (㉠)(수중펌프를 말한다) 1대 이상 • (㉡)(누전측정기를 말한다) 1대 이상 • 건축물 안전점검의 보유장비: 망원경, 카메라, 돋보기, 콘크리트 균열폭 측정기, 5미터 이상용 줄자 및 누수탐지기 각 1대 이상

16 공동주택관리법 제7조(위탁관리) 규정의 일부이다. ( )에 들어갈 용어를 쓰시오.

> 제7조【위탁관리】① 의무관리대상 공동주택의 입주자등이 공동주택을 위탁관리할 것을 정한 경우에는 입주자대표회의는 다음 각 호의 기준에 따라 주택관리업자를 선정하여야 한다.
> 1. 〈생략〉
> 1의2. 다음 각 목의 구분에 따른 사항에 대하여 전체 입주자등의 과반수의 동의를 얻을 것
> 가. (㉠): 입찰의 종류 및 방법, 낙찰방법, 참가자격 제한 등 입찰과 관련한 중요 사항
> 나. (㉡): 계약상대자 선정, 계약 조건 등 계약과 관련한 중요 사항
> 2. 〈생략〉

17 공동주택관리법 시행령 제5조 주택관리업자의 선정 등에 관한 설명이다. ( )에 들어갈 용어를 쓰시오.

> 법 제7조 제1항 제2호에서 '입찰의 방법 등 대통령령으로 정하는 방식'이란 다음 각 호에 따른 방식을 말한다.
> 1. (㉠)이(가) 정하여 고시하는 경우 외에는 (㉡)(으)로 할 것. 이 경우 다음 각 목의 사항은 (㉠)이(가) 정하여 고시한다.
> 가. 입찰의 절차
> 나. 입찰 참가자격
> 다. 입찰의 효력
> 라. 그 밖에 주택관리업자의 적정한 선정을 위하여 필요한 사항

정답

13 ㉠ 입주자대표회의, ㉡ 6, ㉢ 관리사무소장 **14** ㉠ 3, ㉡ 2, ㉢ 30 **15** ㉠ 비상용 급수펌프, ㉡ 절연저항계 **16** ㉠ 경쟁입찰, ㉡ 수의계약 **17** ㉠ 국토교통부장관, ㉡ 경쟁입찰

18 **공동주택관리법 시행령 제5조 주택관리업자의 선정 등에 관한 설명이다. (　　)에 들어갈 용어를 쓰시오.**

> 법 제7조 제1항 제2호에서 '입찰의 방법 등 대통령령으로 정하는 방식'이란 다음 각 호에 따른 방식을 말한다.
> 3. 입주자대표회의의 (㉠)이(가) 입찰과정 참관을 원하는 경우에는 참관할 수 있도록 할 것
> 4. 계약기간은 (㉡)의 (㉢)을(를) 고려하여 정할 것

19 **공동주택관리법령상 주택관리업의 등록에 관한 설명이다. (　　)에 들어갈 용어와 아라비아 숫자를 쓰시오.**

> ① 주택관리업을 하려는 자는 대통령령으로 정하는 바에 따라 (㉠)에게 등록하여야 하며, 등록사항이 변경되는 경우에는 국토교통부령으로 정하는 바에 따라 변경신고를 하여야 한다.
> ② 제1항에 따라 등록을 한 주택관리업자가 제53조에 따라 그 등록이 말소된 후 (㉡)년이 지나지 아니한 때에는 다시 등록할 수 없다.

20 **공동주택관리법 제52조 주택관리업의 등록에 관한 일부 규정이다. (　　)에 들어갈 아라비아 숫자와 용어를 쓰시오.**

> 제1항에 따른 등록은 주택관리사[임원 또는 사원의 (㉠) 이상이 주택관리사인 (㉡)을(를) 포함한다]가 신청할 수 있다. 이 경우 주택관리업을 등록하려는 자는 다음 각 호의 요건을 갖추어야 한다.
> 1. 자본금(법인이 아닌 경우 자산평가액을 말한다)이 (㉢)억원 이상으로서 대통령령으로 정하는 금액 이상일 것
> 2. 대통령령으로 정하는 인력·시설 및 장비를 보유할 것

21 **공동주택관리법 시행령 제65조 제4항 별표 5 주택관리업의 등록기준에 관한 일부 규정이다. (　　)에 들어갈 아라비아 숫자와 용어를 쓰시오.**

구분	등록기준
자본금	(㉠)억원 이상
주택관리사	주택관리사 1명 이상
시설·장비	• (㉡)마력 이상의 양수기 1대 이상 • (㉢)(누전측정기를 말한다) 1대 이상 • 사무실

22 **공동주택관리법령상 주택관리업의 등록신청 등에 관한 설명이다. (　　)에 들어갈 아라비아 숫자와 용어를 쓰시오.**

> 법 제52조 제1항에 따라 등록사항 변경신고를 하려는 자는 변경사유가 발생한 날부터 (㉠)일 이내에 별지 제32호서식의 변경신고서에 변경내용을 증명하는 서류를 첨부하여 (㉡)에게 제출하여야 한다.

23 **공동주택관리법령상 주택관리업의 등록에 관한 설명이다. (　　)에 들어갈 용어를 쓰시오.**

> 주택관리업자의 지위에 관하여 이 법에 규정이 있는 것 외에는 (㉠) 중 (㉡)에 관한 규정을 준용한다.

24 **공동주택관리법령상 주택관리업자의 관리상 의무에 관한 내용이다. (　　)에 들어갈 숫자를 쓰시오.** 제22회

> 주택관리업자는 관리하는 공동주택에 배치된 주택관리사등이 해임 그 밖의 사유로 결원이 된 때에는 그 사유가 발생한 날부터 (㉠)일 이내에 새로운 주택관리사등을 배치하여야 한다.

정답

18 ㉠ 감사, ㉡ 장기수선계획, ㉢ 조정 주기 **19** ㉠ 시장·군수·구청장, ㉡ 2 **20** ㉠ 1/3, ㉡ 상사법인, ㉢ 2 **21** ㉠ 2, ㉡ 5, ㉢ 절연저항계 **22** ㉠ 15, ㉡ 시장·군수·구청장 **23** ㉠ 민법, ㉡ 위임 **24** ㉠ 15

25 **다음은 주택관리업의 등록말소사유를 정한 공동주택관리법 제53조 제1항 규정의 일부이다. (　　)에 들어갈 용어 또는 숫자를 쓰시오.** 제14회 수정

> • 거짓이나 그 밖의 부정한 방법으로 (㉠)을(를) 한 경우
> • 최근 3년간 (㉡)회 이상의 영업정지처분을 받은 자로서 그 정지처분을 받은 기간이 합산하여 12개월을 초과한 경우

26 **공동주택관리법 제95조의 내용이다. (　　)에 들어갈 용어를 쓰시오.**

> 국토교통부장관 또는 지방자치단체의 장은 다음 각 호의 어느 하나에 해당하는 처분을 하려면 (㉠)을(를) 하여야 한다.
> 1. 제35조 제6항에 따른 행위허가의 취소
> 2. 제53조 제1항에 따른 주택관리업의 등록말소
> 3. 삭제 〈2016. 1. 19.〉
> 4. 제69조 제1항에 따른 주택관리사등의 자격취소

27 **공동주택관리법령상 주택관리업자에 대한 행정처분의 내용이다. (　　)에 들어갈 용어와 아라비아 숫자를 쓰시오.**

> 시장·군수·구청장은 주택관리업자가 고의 또는 과실로 공동주택을 잘못 관리하여 소유자 및 사용자에게 재산상의 손해를 입힌 경우에는 (㉠)을(를) 갈음하여 (㉡)천만원 이하의 (㉢)을(를) 부과할 수 있다.

28 **공동주택관리법령상 주택관리업에 관한 규정이다. (　　)에 들어갈 용어 또는 숫자를 쓰시오.** 제16회 수정

> 시장·군수·구청장은 주택관리업자에 대하여 등록말소 또는 영업정지처분을 하려는 때에는 처분일 1개월 전까지 해당 주택관리업자가 관리하는 공동주택의 (㉠)에 그 사실을 통보하여야 하고, 영업정지에 갈음하여 과징금을 부과하고자 하는 경우에는 영업정지기간 1일당 (㉡)만원을 부과한다.

29 **공동주택관리법령상 주택관리업자에 대한 등록말소 또는 영업정지처분의 기준에 관한 설명이다. (   )에 들어갈 아라비아 숫자와 용어를 쓰시오.**

> 시장·군수·구청장은 법 제53조 제1항에 따라 주택관리업자에 대하여 등록말소 또는 영업정지처분을 하려는 때에는 처분일 (㉠)개월 전까지 해당 주택관리업자가 관리하는 공동주택의 (㉡)에 그 사실을 통보하여야 한다.

30 **공동주택관리법령상 주택관리업 등록말소 등의 기준에 관한 내용이다. (   )에 들어갈 숫자를 쓰시오.** 제11회 수정

> 시장·군수·구청장은 주택관리업자에게 영업정지의 행정처분에 갈음하여 영업정지기간 1일당 (㉠)만원을 부과하되, 영업정지 1개월은 (㉡)일을 기준으로 과징금을 부과할 수 있다. 이 경우 과징금은 2천만원을 초과할 수 없다.

31 **공동주택관리법령상 주택관리업자의 영업정지 3개월에 해당하는 과징금 부과금액을 아라비아 숫자로 쓰시오. (단, 단위는 원임)**

풀이 영업정지 3개월 × 30일 = 90일, 90일 × 30,000원 = 2,700,000원

32 **공동주택관리법령상 과징금 부과 및 납부에 관한 설명이다. (   )에 들어갈 숫자를 쓰시오.** 제13회 수정

> 시장·군수·구청장은 주택관리업자가 고의 또는 과실로 공동주택을 잘못 관리하여 소유자 및 사용자에게 재산상의 손해를 입힌 경우 영업정지에 갈음하여 2천만원 이하의 과징금을 부과할 수 있고, 그 주택관리업자는 그 통지를 받은 날부터 (㉠)일 이내에 과징금을 시장·군수·구청장이 정하는 수납기관에 납부해야 한다.

정답
25 ㉠ 등록, ㉡ 2 **26** ㉠ 청문 **27** ㉠ 영업정지, ㉡ 2, ㉢ 과징금 **28** ㉠ 입주자대표회의, ㉡ 3 **29** ㉠ 1, ㉡ 입주자대표회의 **30** ㉠ 3, ㉡ 30 **31** 2,700,000 **32** ㉠ 30

33 **공동주택관리법상 공동관리와 구분관리에 관한 내용이다. (   )에 들어갈 숫자를 쓰시오.**

제22회

입주자대표회의는 해당 공동주택의 관리에 필요하다고 인정하는 경우에는 국토교통부령으로 정하는 바에 따라 인접한 공동주택단지(임대주택단지를 포함한다)와 공동으로 관리하거나 (㉠)세대 이상의 단위로 나누어 관리하게 할 수 있다.

34 **공동주택관리법 시행규칙 제2조 공동주택의 공동관리 등에 관한 설명이다. (   )에 들어갈 아라비아 숫자를 쓰시오.**

법 제8조 제2항에서 '국토교통부령으로 정하는 기준'이란 다음 각 호의 기준을 말한다.
1. 공동관리하는 총세대수가 (㉠)세대 이하일 것. 다만, 의무관리대상 공동주택단지와 인접한 (㉡)세대 미만의 공동주택단지를 공동으로 관리하는 경우는 제외한다.

35 **공동주택관리법 시행규칙 제2조 공동주택의 공동관리 등에 관한 내용의 일부이다. (   )에 들어갈 용어를 쓰시오.**

입주자대표회의는 법 제8조 제1항에 따라 공동주택을 공동관리하거나 구분관리할 것을 결정한 경우에는 지체 없이 그 내용을 (㉠)에게 (㉡)하여야 한다.

36 공동주택관리법 시행령 제7조 혼합주택단지의 관리에 관한 규정의 일부이다. (   )에 들어갈 아라비아 숫자를 쓰시오.

제1항 각 호의 사항을 공동으로 결정하기 위한 입주자대표회의와 임대사업자 간의 합의가 이뤄지지 않는 경우에는 다음 각 호의 구분에 따라 혼합주택단지의 관리에 관한 사항을 결정한다.

1. 관리방법의 결정 및 변경, 주택관리업자의 선정에 관한 사항: 해당 혼합주택단지 공급면적의 (㉠)을(를) 초과하는 면적을 관리하는 입주자대표회의 또는 임대사업자가 결정
2. 장기수선계획의 조정, 장기수선충당금 및 특별수선충당금을 사용하는 주요 시설의 교체 및 보수에 관한 사항, 관리비등을 사용하여 시행하는 각종 공사 및 용역에 관한 사항: 해당 혼합주택단지 공급면적의 (㉡) 이상을 관리하는 입주자대표회의 또는 임대사업자가 결정. 다만, 다음 각 목의 요건에 모두 해당하는 경우에는 해당 혼합주택단지 공급면적의 2분의 1을 초과하는 면적을 관리하는 자가 결정한다.
   가. 해당 혼합주택단지 공급면적의 (㉡) 이상을 관리하는 입주자대표회의 또는 임대사업자가 없을 것
   나. 시설물의 안전관리계획 수립대상 등 안전관리에 관한 사항일 것
   다. 입주자대표회의와 임대사업자 간 (㉢)회의 협의에도 불구하고 합의가 이뤄지지 않을 것

37 공동주택관리법 시행령 제7조 혼합주택단지의 관리에 관한 규정의 일부이다. (   )에 들어갈 용어를 쓰시오.

입주자대표회의 또는 임대사업자는 제3항에도 불구하고 혼합주택단지의 관리에 관한 제1항 각 호의 사항에 관한 결정이 이루어지지 아니하는 경우에는 법 제71조 제1항에 따른 (㉠)에 분쟁의 조정을 신청할 수 있다.

정답

33 ㉠ 500 **34** ㉠ 1,500, ㉡ 300 **35** ㉠ 시장·군수·구청장, ㉡ 통보 **36** ㉠ 1/2, ㉡ 2/3, ㉢ 2 **37** ㉠ 공동주택관리 분쟁조정위원회

38 **공동주택관리법 제9조(공동주택관리기구)의 일부이다. (　　)에 들어갈 용어를 쓰시오.**

> 입주자대표회의 또는 관리주체는 공동주택 (㉠)의 유지·보수 및 관리 등을 위하여 공동주택관리기구(제6조 제1항에 따른 자치관리기구를 포함한다)를 구성하여야 한다.

39 **민간임대주택에 관한 특별법령상 민간임대주택 관리에 관한 설명이다. (　　)에 들어갈 아라비아 숫자와 용어를 쓰시오.**

> 임대사업자는 민간임대주택이 (㉠)세대 이상의 공동주택 등 대통령령으로 정하는 규모 이상에 해당하면 「공동주택관리법」 제2조 제1항 제15호에 따른 주택관리업자에게 관리를 위탁하거나 (㉡)하여야 한다.

40 **민간임대주택에 관한 특별법령상 민간임대주택 관리에 관한 설명이다. (　　)에 들어갈 용어를 쓰시오.**

> 임대사업자가 제2항에 따라 민간임대주택을 (㉠)하려면 대통령령으로 정하는 기술인력 및 장비를 갖추고 국토교통부령으로 정하는 바에 따라 시장·군수·구청장의 (㉡)을(를) 받아야 한다.

41 **민간임대주택에 관한 특별법 제2조(정의)의 일부이다. (　　)에 들어갈 용어를 쓰시오.**

> '주택임대관리업'이란 주택의 소유자로부터 임대관리를 위탁받아 관리하는 업(業)을 말하며, 다음 각 목으로 구분한다.
> 가. (㉠) 주택임대관리업: 주택의 소유자로부터 주택을 임차하여 자기책임으로 전대(轉貸)하는 형태의 업
> 나. (㉡) 주택임대관리업: 주택의 소유자로부터 수수료를 받고 임대료 부과·징수 및 시설물 유지·관리 등을 대행하는 형태의 업

PART 1

42 **민간임대주택에 관한 특별법령상 주택임대관리업의 등록에 관한 내용이다. (　　)에 들어갈 아라비아 숫자를 쓰시오.** 제17·26회

> 다음 각 호의 구분에 따른 규모 이상으로 주택임대관리업을 하려는 자는 시장·군수·구청장에게 등록을 하여야 한다.
> 1. 자기관리형 주택임대관리업의 경우
>   가. 단독주택: (㉠)호
>   나. 공동주택: (㉠)세대
> 2. 위탁관리형 주택임대관리업의 경우
>   가. 단독주택: (㉡)호
>   나. 공동주택: (㉡)세대

43 **민간임대주택에 관한 특별법령상 주택임대관리업의 등록에 관한 설명이다. (　　)에 들어갈 용어를 쓰시오.**

> 제1항에 따라 등록하는 경우에는 (㉠) 주택임대관리업과 (㉡) 주택임대관리업을 구분하여 등록하여야 한다. 이 경우 (㉠) 주택임대관리업을 등록한 경우에는 (㉡) 주택임대관리업도 등록한 것으로 본다.

44 **민간임대주택에 관한 특별법령상 주택임대관리업의 등록기준에 관한 설명이다. (　　)에 들어갈 아라비아 숫자를 쓰시오.**

> 주택임대관리업의 등록기준으로 자본금은 자기관리형 주택임대관리업은 (㉠)원 이상, 위탁관리형 주택임대관리업은 (㉡)원 이상이다.

정답

38 ㉠ 공용부분 **39** ㉠ 300, ㉡ 자체관리 **40** ㉠ 자체관리, ㉡ 인가 **41** ㉠ 자기관리형, ㉡ 위탁관리형 **42** ㉠ 100, ㉡ 300 **43** ㉠ 자기관리형, ㉡ 위탁관리형 **44** ㉠ 200,000,000, ㉡ 100,000,000

45 **민간임대주택에 관한 특별법령상 주택임대관리업의 등록기준에 관한 설명이다. (   )에 들어갈 아라비아 숫자를 쓰시오.**

주택임대관리업의 등록기준으로 전문인력은 자기관리형 주택임대관리업은 (㉠)명 이상, 위탁관리형 주택임대관리업은 (㉡)명 이상이다.

46 **민간임대주택에 관한 특별법 제7조(주택임대관리업의 등록)에 관한 설명이다. (   )에 들어갈 아라비아 숫자를 쓰시오.**

① ~ ② 〈생략〉 ③ 제1항에 따라 등록한 자가 등록한 사항을 변경하거나 말소하고자 할 경우 시장·군수·구청장에게 신고하여야 한다. 다만, 자본금의 증가 등 국토교통부령으로 정하는 경미한 사항은 신고하지 아니하여도 된다. ④ 시장·군수·구청장은 제3항에 따른 신고를 받은 날부터 (㉠)일 이내에 신고수리 여부를 신고인에게 통지하여야 한다.

47 **민간임대주택에 관한 특별법령상 주택임대관리업에 관한 설명이다. (   )에 들어갈 아라비아 숫자를 쓰시오.**

주택임대관리업자는 제3항에 따라 등록한 사항이 변경된 경우에는 변경사유가 발생한 날부터 (㉠)일 이내에 시장·군수·구청장(변경사항이 주택임대관리업자의 주소인 경우에는 전입지의 시장·군수·구청장을 말한다)에게 신고하여야 하며, 주택임대관리업을 폐업하려면 폐업일 (㉡)일 이전에 시장·군수·구청장에게 말소신고를 하여야 한다.

PART 1

48 **민간임대주택에 관한 특별법령상 주택임대관리업의 결격사유에 관한 규정의 일부이다. (　　)에 들어갈 아라비아 숫자를 쓰시오.**

> 다음 각 호의 어느 하나에 해당하는 자는 주택임대관리업의 등록을 할 수 없다. 법인의 경우 그 임원 중 다음 각 호의 어느 하나에 해당하는 사람이 있을 때에도 또한 같다.
> 1. ~ 2. 〈생략〉
> 3. 제10조에 따라 주택임대관리업의 등록이 말소된 후 (㉠)년이 지나지 아니한 자. 이 경우 등록이 말소된 자가 법인인 경우에는 말소 당시의 원인이 된 행위를 한 사람과 대표자를 포함한다.
> 4. 이 법, 「주택법」, 「공공주택 특별법」 또는 「공동주택관리법」을 위반하여 금고 이상의 실형을 선고받고 집행이 종료(집행이 종료된 것으로 보는 경우를 포함한다)되거나 그 집행이 면제된 날부터 (㉡)년이 지나지 아니한 사람

49 **주택임대관리업자에 관한 설명이다. ㉠과 ㉡에 들어갈 용어를 순서대로 쓰시오.** 제21회

> 「민간임대주택에 관한 특별법」은 주택임대관리업자의 현황 신고에 관하여 주택임대관리업자는 (㉠)마다 그 (㉠)이(가) 끝나는 달의 다음 달 말일까지 자본금, 전문인력, 관리 호수 등 대통령령으로 정하는 정보를 (㉡)에게 신고하여야 한다.

50 **민간임대주택에 관한 특별법령상 주택임대관리업자의 보증상품 가입에 관한 내용이다. (　　)에 들어갈 아라비아 숫자를 쓰시오.** 제25회

> 시행령 제13조【주택임대관리업자의 보증상품 가입】① 법 제14조 제1항에 따라 자기관리형 주택임대관리업자는 다음 각 호의 보증을 할 수 있는 보증상품에 가입하여야 한다.
> 1. 임대인의 권리보호를 위한 보증: 자기관리형 주택임대관리업자가 약정한 임대료를 지급하지 아니하는 경우 약정한 임대료의 (㉠)개월분 이상의 지급을 책임지는 보증

정답
45 ㉠ 2, ㉡ 1　46 ㉠ 5　47 ㉠ 15, ㉡ 30　48 ㉠ 2, ㉡ 3　49 ㉠ 분기, ㉡ 시장·군수·구청장　50 ㉠ 3

51 민간임대주택에 관한 특별법령상 주택임대관리업의 보증상품 가입에 관한 내용이다. (　　)에 들어갈 용어를 쓰시오.

> 시행령 제13조 【주택임대관리업자의 보증상품 가입】 ① 법 제14조 제1항에 따라 (㉠) 주택임대관리업자는 다음 각 호의 보증을 할 수 있는 보증상품에 가입하여야 한다.
> 1. 임대인의 권리보호를 위한 보증: (㉠) 주택임대관리업자가 약정한 임대료를 지급하지 아니하는 경우 약정한 임대료의 3개월분 이상의 지급을 책임지는 보증

52 주택임대관리업의 등록말소사유를 정한 민간임대주택에 관한 특별법 제10조 제1항 규정의 일부이다. (　　)에 들어갈 용어와 아라비아 숫자를 쓰시오.

> - 거짓이나 그 밖의 부정한 방법으로 (㉠)을(를) 한 경우
> - 최근 (㉡)년간 (㉢)회 이상의 영업정지처분을 받은 자로서 그 정지처분을 받은 기간이 합산하여 12개월을 초과한 경우

53 민간임대주택에 관한 특별법령상 주택임대관리업 등록말소 등의 기준에 관한 설명이다. (　　)에 들어갈 아라비아 숫자를 쓰시오.

> 시장·군수·구청장은 법 제10조 제1항에 따른 주택임대관리업 등록의 말소 또는 영업정지처분을 하려면 처분 예정일 (㉠)개월 전까지 해당 주택임대관리업자가 관리하는 주택의 임대인 및 임차인에게 그 사실을 통보하여야 한다.

54 민간임대주택에 관한 특별법령상 주택임대관리업자에 대한 행정처분의 내용이다. (　　)에 들어갈 용어를 쓰시오.

제23회

> 시장·군수·구청장은 주택임대관리업자가 고의 또는 중대한 과실로 임대를 목적으로 하는 주택을 잘못 관리하여 임대인 및 임차인에게 재산상의 손해를 입힌 경우에는 (㉠)을(를) 갈음하여 1천만원 이하의 (㉡)을(를) 부과할 수 있다.

55 **민간임대주택에 관한 특별법령상 주택임대관리업 등록말소 등의 기준에 관한 설명이다. (   )에 들어갈 아라비아 숫자를 쓰시오.**

> 과징금은 영업정지기간 1일당 (㉠)만원을 부과하되, 영업정지 1개월은 (㉡)일을 기준으로 한다. 이 경우 과징금은 (㉢)만원을 초과할 수 없다.

56 **민간임대주택에 관한 특별법령상 주택임대관리업의 과징금 부과 및 납부에 관한 설명이다. (   )에 들어갈 아라비아 숫자를 쓰시오.**

> 제1항에 따라 통지를 받은 자는 통지를 받은 날부터 (㉠)일 이내에 과징금을 시장·군수·구청장이 정하는 수납기관에 납부해야 한다.

정답

51 ㉠ 자기관리형 **52** ㉠ 등록, ㉡ 3, ㉢ 2 **53** ㉠ 1 **54** ㉠ 영업정지, ㉡ 과징금
55 ㉠ 3, ㉡ 30, ㉢ 1,000 **56** ㉠ 30

CHAPTER

04 공동주택의 관리조직

▶ 연계학습 | 에듀윌 기본서 2차 [공동주택관리실무 上] p.89

01 **공동주택관리법령상 입주자대표회의의 구성 등에 관한 설명이다. (　　)에 들어갈 아라비아 숫자와 용어를 쓰시오.**

- 입주자등이 제1항에 따른 요구를 받았을 때에는 그 요구를 받은 날부터 (㉠)개월 이내에 입주자를 구성원으로 하는 입주자대표회의를 구성하여야 한다.
- 입주자대표회의는 (㉡)명 이상으로 구성하되, 동별 세대수에 비례하여 (㉢)(으)로 정한 선거구에 따라 선출된 대표자로 구성한다. 이 경우 선거구는 2개 동 이상으로 묶거나 통로나 층별로 구획하여 정할 수 있다.

02 **공동주택관리법 제14조 입주자대표회의의 구성 등에 관한 규정의 일부이다. 밑줄 친 대통령령으로 정하는 기간을 쓰시오.**

동별 대표자는 동별 대표자 선출공고에서 정한 각종 서류 제출 마감일을 기준으로 다음 각 호의 요건을 갖춘 입주자(입주자가 법인인 경우에는 그 대표자를 말한다) 중에서 대통령령으로 정하는 바에 따라 선거구 입주자등의 보통·평등·직접·비밀선거를 통하여 선출한다. 다만, 입주자인 동별 대표자 후보자가 없는 선거구에서는 다음 각 호 및 대통령령으로 정하는 요건을 갖춘 사용자도 동별 대표자로 선출될 수 있다.

1. 해당 공동주택단지 안에서 주민등록을 마친 후 계속하여 <u>대통령령으로 정하는 기간</u> 이상 거주하고 있을 것(최초의 입주자대표회의를 구성하거나 제2항 단서에 따른 입주자대표회의를 구성하기 위하여 동별 대표자를 선출하는 경우는 제외한다)
2. 해당 선거구에 주민등록을 마친 후 거주하고 있을 것

PART 1

03 공동주택관리법령상 동별 대표자의 선출에 관한 내용이다. (　　)에 들어갈 아라비아 숫자를 쓰시오.

> 사용자는 법 제14조 제3항 각 호 외의 부분 단서 및 같은 조 제10항에 따라 (㉠)회의 선출공고[직전 선출공고일부터 (㉠)개월 이내에 공고하는 경우만 (㉠)회로 계산한다]에도 불구하고 입주자(입주자가 법인인 경우에는 그 대표자를 말한다. 이하 이 조에서 같다)인 동별 대표자의 후보자가 없는 선거구에서 직전 선출공고일부터 (㉠)개월 이내에 선출공고를 하는 경우로서 같은 조 제3항 각 호와 다음 각 호의 어느 하나에 해당하는 요건을 모두 갖춘 경우에는 동별 대표자가 될 수 있다. 이 경우 입주자인 후보자가 있으면 사용자는 후보자의 자격을 상실한다.
> 1. ~ 2. 〈생략〉

04 공동주택관리법 시행령 제11조 동별 대표자의 선출에 관한 규정의 일부이다. (　　)에 들어갈 용어를 쓰시오.

> 법 제14조 제3항에 따라 동별 대표자(같은 조 제1항에 따른 동별 대표자를 말한다. 이하 같다)는 선거구별로 1명씩 선출하되 그 선출방법은 다음 각 호의 구분에 따른다.
> 1. 후보자가 2명 이상인 경우: 해당 선거구 전체 입주자등의 (㉠)이(가) 투표하고 후보자 중 최다득표자를 선출
> 2. 후보자가 1명인 경우: 해당 선거구 전체 입주자등의 (㉠)이(가) 투표하고 투표자 (㉠)의 찬성으로 선출

05 공동주택관리법령상 동별 대표자의 결격사유에 관한 규정의 일부이다. (　　)에 들어갈 숫자를 쓰시오.

제19회 수정

> • 「공동주택관리법」 또는 「주택법」, 「민간임대주택에 관한 특별법」, 「공공주택 특별법」, 「건축법」, 「집합건물의 소유 및 관리에 관한 법률」을 위반한 범죄로 벌금형을 선고받은 후 (㉠)년이 지나지 아니한 사람
> • 해당 공동주택의 동별 대표자를 사퇴한 날부터 (㉡)년이 지나지 아니한 사람

정답

01 ㉠ 3, ㉡ 4, ㉢ 관리규약　**02** 3개월　**03** ㉠ 2　**04** ㉠ 과반수　**05** ㉠ 2, ㉡ 1

06 **공동주택관리법령상 동별 대표자의 결격사유에 관한 규정의 일부이다. (　　　)에 들어갈 아라비아 숫자를 쓰시오.**

- 「공동주택관리법」 또는 「주택법」, 「민간임대주택에 관한 특별법」, 「공공주택 특별법」, 「건축법」, 「집합건물의 소유 및 관리에 관한 법률」을 위반한 범죄로 금고 이상의 실형 선고를 받고 그 집행이 끝나거나(집행이 끝난 것으로 보는 경우를 포함한다) 집행이 면제된 날부터 (㉠)년이 지나지 아니한 사람
- 제23조 제1항부터 제5항까지의 규정에 따른 관리비등을 최근 (㉡)개월 이상 연속하여 체납한 사람

07 **공동주택관리법령상 동별 대표자의 결격사유에 관한 규정의 일부이다. (　　　)에 들어갈 아라비아 숫자를 쓰시오.**

해당 공동주택의 동별 대표자를 사퇴한 날부터 (㉠)년[해당 동별 대표자에 대한 해임이 요구된 후 사퇴한 경우에는 (㉡)년을 말한다]이 지나지 아니하거나 해임된 날부터 (㉢)년이 지나지 아니한 사람

08 **공동주택관리법령상 동별 대표자의 결격사유에 관한 규정의 일부이다. (　　　)에 들어갈 용어를 쓰시오.**

공동주택 소유자 또는 공동주택을 임차하여 사용하는 사람의 결격사유(법 제14조 제4항 및 이 조 제4항에 따른 결격사유를 말한다)는 그를 대리하는 자에게 미치며, 공유(共有)인 공동주택 소유자의 결격사유를 판단할 때에는 지분의 (㉠)을(를) 소유한 자의 결격사유를 기준으로 한다.

09 **공동주택관리법 시행령 제13조 동별 대표자의 임기에 관한 규정의 일부이다. ( )에 들어갈 아라비아 숫자를 쓰시오.**

> 법 제14조 제10항에 따라 동별 대표자의 임기는 (㉠)년으로 한다. 다만, 보궐선거 또는 재선거로 선출된 동별 대표자의 임기는 다음 각 호의 구분에 따른다.
> 1. 모든 동별 대표자의 임기가 동시에 시작하는 경우: (㉡)년
> 2. 그 밖의 경우: 전임자 임기(재선거의 경우 재선거 전에 실시한 선거에서 선출된 동별 대표자의 임기를 말한다)의 남은 기간

PART 1

10 **공동주택관리법 시행령 제13조 동별 대표자의 임기에 관한 규정의 일부이다. ( )에 들어갈 용어와 아라비아 숫자를 쓰시오.**

> 법 제14조 제10항에 따라 동별 대표자는 한 번만 (㉠)할 수 있다. 이 경우 보궐선거 또는 재선거로 선출된 동별 대표자의 임기가 (㉡)개월 미만인 경우에는 임기의 횟수에 포함하지 않는다.

11 **공동주택관리법 시행령 제13조 동별 대표자의 임기에 관한 규정의 일부이다. ( )에 들어갈 아라비아 숫자와 용어를 쓰시오.**

> 제11조 제1항 및 이 조 제2항에도 불구하고 (㉠)회의 선출공고[직전 선출공고일부터 (㉠)개월 이내에 공고하는 경우만 (㉠)회로 계산한다]에도 불구하고 동별 대표자의 후보자가 없거나 선출된 사람이 없는 선거구에서 직전 선출공고일부터 (㉠)개월 이내에 선출공고를 하는 경우에는 동별 대표자를 중임한 사람도 해당 선거구 입주자등의 (㉡)의 찬성으로 다시 동별 대표자로 선출될 수 있다. 이 경우 후보자 중 동별 대표자를 중임하지 않은 사람이 있으면 동별 대표자를 중임한 사람은 후보자의 자격을 상실한다.

정답

06 ㉠ 2, ㉡ 3 **07** ㉠ 1, ㉡ 2, ㉢ 2 **08** ㉠ 과반 **09** ㉠ 2, ㉡ 2 **10** ㉠ 중임, ㉡ 6
11 ㉠ 2, ㉡ 과반수

12 **공동주택관리법 시행령 제12조 제1항 입주자대표회의 임원의 선출에 관한 설명이다. (　　)에 들어갈 아라비아 숫자를 쓰시오.**

> 법 제14조 제6항에 따라 입주자대표회의에는 다음 각 호의 임원을 두어야 한다.
> 1. 회장 1명
> 2. 감사 (㉠)명 이상
> 3. 이사 (㉡)명 이상

13 **공동주택관리법 시행령 제12조 제2항 입주자대표회의 임원의 선출에 관한 설명이다. (　　)에 들어갈 아라비아 숫자와 용어를 쓰시오.**

> 법 제14조 제10항에 따라 제1항의 임원은 동별 대표자 중에서 다음 각 호의 구분에 따른 방법으로 선출한다.
> 1. 회장 선출방법
>   가. 입주자등의 보통·평등·직접·비밀선거를 통하여 선출
>   나. 후보자가 2명 이상인 경우: 전체 입주자등의 (㉠)분의 1 이상이 투표하고 후보자 중 최다득표자를 선출
>   다. 후보자가 1명인 경우: 전체 입주자등의 (㉠)분의 1 이상이 투표하고 투표자 과반수의 찬성으로 선출
>   라. 다음의 경우에는 입주자대표회의 구성원 과반수의 찬성으로 선출하며, 입주자대표회의 구성원 과반수 찬성으로 선출할 수 없는 경우로서 최다득표자가 2인 이상인 경우에는 (㉡)(으)로 선출
>   1) 후보자가 없거나 가목부터 다목까지의 규정에 따라 선출된 자가 없는 경우
>   2) 가목부터 다목까지의 규정에도 불구하고 (㉢)세대 미만의 공동주택단지에서 관리규약으로 정하는 경우

14 **공동주택관리법 시행령 제12조 제2항 입주자대표회의 임원의 선출에 관한 설명이다. (   )에 들어갈 아라비아 숫자와 용어를 쓰시오.**

> 법 제14조 제10항에 따라 제1항의 임원은 동별 대표자 중에서 다음 각 호의 구분에 따른 방법으로 선출한다.
> 1. 〈생략〉
> 2. 감사 선출방법
>   가. 입주자등의 보통·평등·직접·비밀선거를 통하여 선출
>   나. 후보자가 선출필요인원을 초과하는 경우: 전체 입주자등의 (㉠)분의 1 이상이 투표하고 후보자 중 다득표자 순으로 선출
>   다. 후보자가 선출필요인원과 같거나 미달하는 경우: 후보자별로 전체 입주자등의 (㉠)분의 1 이상이 투표하고 투표자 과반수의 찬성으로 선출
>   라. 다음의 경우에는 입주자대표회의 구성원 과반수의 찬성으로 선출하며, 입주자대표회의 구성원 과반수 찬성으로 선출할 수 없는 경우로서 최다득표자가 2인 이상인 경우에는 (㉡)(으)로 선출
>   1) 후보자가 없거나 가목부터 다목까지의 규정에 따라 선출된 자가 없는 경우(선출된 자가 선출필요인원에 미달하여 추가선출이 필요한 경우를 포함한다)
>   2) 가목부터 다목까지의 규정에도 불구하고 (㉢)세대 미만의 공동주택단지에서 관리규약으로 정하는 경우

15 **공동주택관리법 시행령 제12조 제3항 입주자대표회의 임원의 선출에 관한 설명이다. (   )에 들어갈 용어를 쓰시오.**

> 입주자대표회의는 입주자등의 소통 및 화합의 증진을 위하여 그 (㉠) 중 공동체 생활의 활성화에 관한 업무를 담당하는 (㉠)을(를) 선임할 수 있다.

정답

12 ㉠ 2, ㉡ 1 13 ㉠ 10, ㉡ 추첨, ㉢ 500 14 ㉠ 10, ㉡ 추첨, ㉢ 500 15 ㉠ 이사

16 **공동주택관리법령상 입주자대표회의 임원의 업무범위 등에 관한 설명이다. (   )에 들어갈 용어를 쓰시오.**

> • (㉠)은(는) 회장을 보좌하고, 회장이 부득이한 사유로 그 직무를 수행할 수 없을 때에는 관리규약에서 정하는 바에 따라 그 직무를 대행한다.
> • (㉡)은(는) 입주자대표회의에서 의결한 안건이 관계법령 및 관리규약에 위반된다고 판단되는 경우에는 입주자대표회의에 재심의를 요청할 수 있다.

17 **공동주택관리법령상 동별 대표자 등의 선거관리에 관한 설명이다. (   )에 들어갈 용어를 쓰시오.**

> (㉠)은(는) 동별 대표자나 입주자대표회의의 임원을 선출하거나 해임하기 위하여 선거관리위원회를 구성한다.

18 **공동주택관리법령상 선거관리위원회 구성원 수에 관한 내용이다. (   )에 들어갈 아라비아 숫자를 쓰시오.** 제16·26회

> 500세대 이상인 공동주택의 동별 대표자 선출을 위한 선거관리위원회는 입주자등(서면으로 위임된 대리권이 없는 공동주택 소유자의 배우자 및 직계존비속이 그 소유자를 대리하는 경우를 포함한다) 중에서 위원장을 포함하여 (㉠)명 이상 (㉡)명 이하의 위원으로 구성한다.

19 **공동주택관리법령상 선거관리위원회 구성에 관한 내용이다. (   )에 들어갈 숫자를 순서대로 쓰시오.** 제20회

> 500세대 미만인 의무관리대상 공동주택의 경우 선거관리위원회는 입주자등 중에서 위원장을 포함하여 (㉠)명 이상 (㉡)명 이하의 위원으로 구성한다.

20 **공동주택관리법 시행령 제15조 선거관리위원회 구성원 수 등에 관한 규정의 일부이다. (　　)에 들어갈 아라비아 숫자와 용어를 쓰시오.**

제1항에도 불구하고 (㉠)세대 이상인 공동주택은 「선거관리위원회법」 제2조에 따른 선거관리위원회 소속 직원 1명을 (㉡)(으)로 정하는 바에 따라 위원으로 위촉할 수 있다.

21 **공동주택관리법 시행령 제15조 선거관리위원회 구성원 수 등에 관한 규정의 일부이다. (　　)에 들어갈 용어를 쓰시오.**

선거관리위원회의 구성·운영·업무(법 제14조 제4항 각 호에 따른 동별 대표자 결격사유의 확인을 포함한다)·경비, 위원의 선임·해임 및 임기 등에 관한 사항은 (㉠)(으)로 정한다.

22 **공동주택관리법 시행령 제14조 제2항 입주자대표회의의 의결사항에 관한 설명이다. (　　)에 들어갈 용어를 쓰시오.**

법 제14조 제11항에 따른 입주자대표회의의 의결사항은 다음 각 호와 같다. 2. (㉠)에서 위임한 사항과 그 시행에 필요한 규정의 제정·개정 및 폐지 5. (㉡) 이용료 부과기준의 결정

23 **공동주택관리법 시행령 제14조 제2항 입주자대표회의의 의결사항에 관한 설명이다. (　　)에 들어갈 용어를 쓰시오.**

법 제14조 제11항에 따른 입주자대표회의의 의결사항은 다음 각 호와 같다. 10. 장기수선계획에 따른 공동주택 (㉠)의 보수·교체 및 개량 12. 제39조 제5항 및 제6항에 따른 공동주택 (㉠)의 담보책임 종료 확인

정답

16 ㉠ 이사, ㉡ 감사 **17** ㉠ 입주자등 **18** ㉠ 5, ㉡ 9 **19** ㉠ 3, ㉡ 9 **20** ㉠ 500, ㉡ 관리규약 **21** ㉠ 관리규약 **22** ㉠ 관리규약, ㉡ 공용시설물 **23** ㉠ 공용부분

24 **공동주택관리법령상 입주자대표회의에 관한 설명이다. ( )에 들어갈 아라비아 숫자를 쓰시오.**

> 입주자대표회의는 관리규약으로 정하는 바에 따라 회장이 그 명의로 소집한다. 다만, 다음 각 호의 어느 하나에 해당하는 때에는 회장은 해당일부터 (㉠)일 이내에 입주자대표회의를 소집해야 하며, 회장이 회의를 소집하지 않는 경우에는 관리규약으로 정하는 이사가 그 회의를 소집하고 회장의 직무를 대행한다.
> 1. 입주자대표회의 구성원 (㉡)분의 1 이상이 청구하는 때
> 2. 입주자등의 (㉢)분의 1 이상이 요청하는 때
> 3. 전체 입주자의 (㉢)분의 1 이상이 요청하는 때(의결사항 중 장기수선계획의 수립 또는 조정에 관한 사항만 해당한다)

25 **공동주택관리법 제14조(입주자대표회의의 구성 등) 규정의 일부이다. ( )에 들어갈 아라비아 숫자와 용어를 쓰시오.**

> (㉠)세대 이상인 공동주택의 관리주체는 (㉡)(으)로 정하는 범위·방법 및 절차 등에 따라 회의록을 입주자등에게 공개하여야 하며, (㉠)세대 미만인 공동주택의 관리주체는 (㉡)(으)로 정하는 바에 따라 회의록을 공개할 수 있다. 이 경우 관리주체는 입주자등이 회의록의 열람을 청구하거나 자기의 비용으로 복사를 요구하는 때에는 (㉡)(으)로 정하는 바에 따라 이에 응하여야 한다.

26 **공동주택관리법 제2조 정의이다. ( )에 들어갈 용어를 쓰시오.**

> 관리주체란 공동주택을 관리하는 다음 각 목의 자를 말한다.
> 가. 제6조 제1항에 따른 자치관리기구의 대표자인 공동주택의 (㉠)
> 나. 제13조 제1항에 따라 관리업무를 인계하기 전의 (㉡)
> 다. 주택관리업자
> 라. 임대사업자
> 마. 「민간임대주택에 관한 특별법」에 따른 (㉢)(시설물 유지·보수·개량 및 그 밖의 주택관리 업무를 수행하는 경우에 한정한다)

27 공동주택관리법 제63조 관리주체의 업무 등에 관한 규정의 일부이다. (　　)에 들어갈 용어를 쓰시오.

> 관리주체는 다음 각 호의 업무를 수행한다. 이 경우 관리주체는 필요한 범위에서 공동주택의 (㉠)을(를) 사용할 수 있다.
> 1. 공동주택의 (㉠)의 유지·보수 및 안전관리
> 2. 공동주택단지 안의 경비·청소·소독 및 쓰레기수거
> 3. 관리비 및 사용료의 징수와 공과금 등의 납부대행
> 4. (㉡)의 징수·적립 및 관리
> 5. (㉢)(으)로 정한 사항의 집행
> 6. 입주자대표회의에서 의결한 사항의 집행
> 7. 그 밖에 국토교통부령으로 정하는 사항

28 공동주택관리법 제27조 회계서류 등의 작성·보관 및 공개 등에 관한 내용의 일부이다. (　　)에 들어갈 용어와 아라비아 숫자를 쓰시오.

> 의무관리대상 공동주택의 관리주체는 다음 각 호의 구분에 따른 기간 동안 해당 장부 및 증빙서류를 보관하여야 한다. 이 경우 관리주체는 「전자문서 및 전자거래 기본법」 제2조 제2호에 따른 (㉠)을(를) 통하여 장부 및 증빙서류를 작성하거나 보관할 수 있다.
> 1. 관리비등의 징수·보관·예치·집행 등 모든 거래 행위에 관하여 월별로 작성한 장부 및 그 증빙서류: 해당 회계연도 종료일부터 (㉡)년간
> 2. 제7조 및 제25조에 따른 주택관리업자 및 사업자 선정 관련 증빙서류: 해당 계약 체결일부터 (㉡)년간

정답

24 ㉠ 14, ㉡ 3, ㉢ 10 **25** ㉠ 300, ㉡ 관리규약 **26** ㉠ 관리사무소장, ㉡ 사업주체, ㉢ 주택임대관리업자 **27** ㉠ 공용부분, ㉡ 장기수선충당금, ㉢ 관리규약 **28** ㉠ 정보처리시스템, ㉡ 5

29 **공동주택관리법령상 관리비등의 사업계획 및 예산안 수립 등에 관한 내용이다. (　　)에 들어갈 숫자를 쓰시오.** 제17회 수정

> 의무관리대상 공동주택의 관리주체는 다음 회계연도에 관한 관리비등의 사업계획 및 예산안을 매 회계연도 개시 (㉠)개월 전까지 입주자대표회의에 제출하여 승인을 받아야 하며, 회계연도마다 사업실적서 및 결산서를 작성하여 회계연도 종료 후 (㉡)개월 이내에 입주자대표회의에 제출하여야 한다.

30 **공동주택관리법 시행령 제26조 관리비등의 사업계획 및 예산안 수립 등에 관한 규정의 일부이다. (　　)에 들어갈 아라비아 숫자를 쓰시오.**

> 제10조 제1항에 따라 사업주체 또는 의무관리대상 전환 공동주택의 관리인으로부터 공동주택의 관리업무를 인계받은 관리주체는 지체 없이 다음 회계연도가 시작되기 전까지의 기간에 대한 사업계획 및 예산안을 수립하여 입주자대표회의의 승인을 받아야 한다. 다만, 다음 회계연도가 시작되기 전까지의 기간이 (㉠)개월 미만인 경우로서 입주자대표회의 의결이 있는 경우에는 생략할 수 있다.

31 **공동주택관리법령상 관리비등의 집행을 위한 사업자 선정에 관한 내용이다. (　　)에 들어갈 용어를 쓰시오.**

> 의무관리대상 공동주택의 관리주체 또는 입주자대표회의가 제23조 제4항 제1호부터 제3호까지의 어느 하나에 해당하는 금전 또는 제38조 제1항에 따른 하자보수보증금과 그 밖에 해당 공동주택단지에서 발생하는 모든 수입에 따른 금전(이하 '관리비등'이라 한다)을 집행하기 위하여 사업자를 선정하려는 경우 다음 각 호의 기준을 따라야 한다.
> 1. (㉠)방식으로 사업자를 선정할 것. 다만, 선정방법 등이 (㉠)방식을 적용하기 곤란한 경우로서 (㉡)이(가) 정하여 고시하는 경우에는 (㉠)방식으로 선정하지 아니할 수 있다.
> 2. 그 밖에 입찰의 방법 등 대통령령으로 정하는 방식을 따를 것

32 **공동주택관리법 시행령 제25조 관리비등의 집행을 위한 사업자 선정에 관한 규정의 일부이다. (   )에 들어갈 용어를 쓰시오.**

> 법 제25조에 따라 관리주체 또는 입주자대표회의는 다음 각 호의 구분에 따라 사업자를 선정(계약의 체결을 포함한다)하고 집행해야 한다.
> 1. 〈생략〉
> 2. 입주자대표회의가 사업자를 선정하고 집행하는 다음 각 목의 사항
>   가. 법 제38조 제1항에 따른 (㉠)을(를) 사용하여 보수하는 공사
>   나. 사업주체로부터 지급받은 공동주택 공용부분의 (㉡)을(를) 사용하여 보수하는 공사

33 **공동주택관리법 시행령 제25조 관리비등의 집행을 위한 사업자 선정에 관한 규정의 일부이다. (   )에 들어갈 용어를 쓰시오.**

> 법 제25조에 따라 관리주체 또는 입주자대표회의는 다음 각 호의 구분에 따라 사업자를 선정(계약의 체결을 포함한다)하고 집행해야 한다.
> 1. ~ 2. 〈생략〉
> 3. (㉠)이(가) 사업자를 선정하고 (㉡)이(가) 집행하는 다음 각 목의 사항
>   가. (㉢)을(를) 사용하는 공사
>   나. 전기안전관리(전기안전관리법에 따라 전기설비의 안전관리에 관한 업무를 위탁 또는 대행하게 하는 경우를 말한다)를 위한 용역

34 **공동주택관리법령상 계약서의 공개에 관한 규정이다. (   )에 들어갈 용어 또는 숫자를 쓰시오.** 제19회 수정

> 의무관리대상 공동주택의 관리주체 또는 (㉠)은(는) 선정한 주택관리업자 또는 사업자와 계약을 체결하는 경우 그 계약 체결일부터 (㉡)개월 이내에 그 계약서를 해당 공동주택단지의 인터넷 홈페이지 및 동별 게시판에 공개하여야 한다.

정답

29 ㉠ 1, ㉡ 2 **30** ㉠ 3 **31** ㉠ 전자입찰, ㉡ 국토교통부장관 **32** ㉠ 하자보수보증금, ㉡ 하자보수비용 **33** ㉠ 입주자대표회의, ㉡ 관리주체, ㉢ 장기수선충당금 **34** ㉠ 입주자대표회의, ㉡ 1

35 **공동주택관리법령상 관리주체의 회계감사에 관한 내용이다. (　　)에 들어갈 숫자를 쓰시오.** 제18회 수정

> 의무관리대상 공동주택의 관리주체는 매 회계연도 종료 후 (㉠)개월 이내에 재무제표에 대하여 「주식회사 등의 외부감사에 관한 법률」에 따른 감사인의 회계감사를 매년 (㉡)회 이상 받아야 한다.

36 **공동주택관리법령상 관리주체의 회계감사에 관한 내용이다. (　　)에 들어갈 아라비아 숫자를 쓰시오.**

> 의무관리대상 공동주택의 관리주체는 대통령령으로 정하는 바에 따라 「주식회사 등의 외부감사에 관한 법률」 제2조 제7호에 따른 감사인(이하 이 조에서 '감사인'이라 한다)의 회계감사를 매년 (㉠)회 이상 받아야 한다. 다만, 다음 각 호의 구분에 따른 연도에는 그러하지 아니하다.
> 1. (㉡)세대 이상인 공동주택: 해당 연도에 회계감사를 받지 아니하기로 입주자등의 (㉢) 이상의 서면동의를 받은 경우 그 연도
> 2. (㉡)세대 미만인 공동주택: 해당 연도에 회계감사를 받지 아니하기로 입주자등의 과반수의 서면동의를 받은 경우 그 연도

37 **공동주택관리법령상 관리주체에 대한 회계감사에 관한 내용이다. (　　)에 들어갈 숫자와 용어를 순서대로 쓰시오.** 제22회

> 회계감사를 받아야 하는 공동주택의 관리주체는 매 회계연도 종료 후 (㉠)개월 이내에 다음 각 호의 (㉡)에 대하여 회계감사를 받아야 한다.
> 1. 재무상태표
> 2. 운영성과표
> 3. 이익잉여금처분계산서(또는 결손금처리계산서)
> 4. 주석(註釋)

38 **공동주택관리법 시행령 제27조 관리주체에 대한 회계감사 등에 관한 규정의 일부이다. ( )에 들어갈 용어를 쓰시오.**

> 법 제26조 제1항 각 호 외의 부분 본문에 따라 회계감사를 받아야 하는 공동주택의 관리주체는 매 회계연도 종료 후 9개월 이내에 다음 각 호의 재무제표에 대하여 회계감사를 받아야 한다.
> 1. 재무상태표
> 2. (㉠)
> 3. (㉡)[또는 (㉢)]
> 4. 주석(註釋)

39 **공동주택관리법 제26조 회계감사에 관한 내용의 일부이다. ( )에 들어갈 아라비아 숫자와 용어를 쓰시오.**

> 관리주체는 제1항에 따라 회계감사를 받은 경우에는 감사보고서 등 회계감사의 결과를 제출받은 날부터 (㉠)개월 이내에 (㉡)에 보고하고 해당 공동주택단지의 인터넷 홈페이지 및 동별 게시판에 공개하여야 한다.

40 **공동주택관리법 제26조 회계감사에 관한 내용의 일부이다. ( )에 들어갈 아라비아 숫자와 용어를 쓰시오.**

> 제1항에 따른 회계감사의 감사인은 회계감사 완료일부터 (㉠)개월 이내에 회계감사 결과를 해당 공동주택을 관할하는 시장·군수·구청장에게 제출하고 (㉡)에 공개하여야 한다.

정답

35 ㉠ 9, ㉡ 1 **36** ㉠ 1, ㉡ 300, ㉢ 2/3 **37** ㉠ 9, ㉡ 재무제표 **38** ㉠ 운영성과표, ㉡ 잉여금처분계산서, ㉢ 결손금처리계산서 **39** ㉠ 1, ㉡ 입주자대표회의 **40** ㉠ 1, ㉡ 공동주택관리정보시스템

41 **공동주택관리법 제26조 회계감사에 관한 내용의 일부이다. (　　)에 들어갈 용어와 아라비아 숫자를 쓰시오.**

제1항에 따른 회계감사의 감사인은 (㉠)이(가) 선정한다. 이 경우 (㉠)은(는) 시장·군수·구청장 또는 「공인회계사법」 제41조에 따른 한국공인회계사회에 감사인의 추천을 의뢰할 수 있으며, 입주자등의 (㉡)분의 1 이상이 연서하여 감사인의 추천을 요구하는 경우 (㉠)은(는) 감사인의 추천을 의뢰한 후 추천을 받은 자 중에서 감사인을 선정하여야 한다.

42 **공동주택관리법 시행령 제27조 관리주체에 대한 회계감사 등에 관한 내용의 일부이다. (　　)에 들어갈 아라비아 숫자와 용어를 쓰시오.**

⑥ 법 제26조 제1항 각 호 외의 부분 본문에 따른 감사인은 제1항에 따라 관리주체가 회계감사를 받은 날부터 (㉠)개월 이내에 관리주체에게 감사보고서를 제출하여야 한다. ⑦ (㉡)은(는) 감사인에게 감사보고서에 대한 설명을 하여 줄 것을 요청할 수 있다.

43 **공동주택관리법령상 주민공동시설의 위탁운영에 관한 설명이다. (　　)에 들어갈 용어를 쓰시오.**

(㉠)은(는) 입주자등의 이용을 방해하지 아니하는 한도에서 주민공동시설을 (㉠)이(가) 아닌 자에게 위탁하여 운영할 수 있다.

최신기출

44 **공동주택관리법령상 관리주체가 주민공동시설을 위탁하기 위한 절차에 관한 내용이다. (　　)에 들어갈 용어를 쓰시오.** 제27회

「주택법」 제15조에 따른 사업계획승인을 받아 건설한 건설임대주택의 경우에는 다음 어느 하나에 해당하는 방법으로 제안하고 임차인 과반수의 동의를 받아야 한다. 가. (㉠)의 요청 나. 임차인 10분의 1 이상의 요청

45 **공동주택관리법령상 지하층의 유지·관리에 관한 설명이다. (　　)에 들어갈 용어를 쓰시오.**

> 공동주택의 지하층은 (㉠)(으)로 활용할 수 있다. 이 경우 관리주체는 (㉡)(으)로 사용하는 데 지장이 없도록 이를 유지·관리하여야 한다.

46 **공동주택관리법령상 관리사무소장의 배치에 관한 설명이다. (　　)에 들어갈 용어를 쓰시오.**

> 의무관리대상 공동주택을 관리하는 다음 각 호의 어느 하나에 해당하는 자는 주택관리사를 해당 공동주택의 관리사무소장으로 배치하여야 한다. 다만, 대통령령으로 정하는 세대수 미만의 공동주택에는 주택관리사를 갈음하여 주택관리사보를 해당 공동주택의 관리사무소장으로 배치할 수 있다.
> 1. (㉠)(자치관리의 경우에 한정한다)
> 2. 제13조 제1항에 따라 관리업무를 인계하기 전의 (㉡)
> 3. 주택관리업자
> 4. (㉢)

47 **공동주택관리법 제64조 제2항 관리사무소장의 업무에 관한 설명이다. (　　)에 들어갈 용어를 쓰시오.**

> 관리사무소장은 공동주택을 안전하고 효율적으로 관리하여 공동주택의 입주자등의 권익을 보호하기 위하여 다음 각 호의 업무를 집행한다.
> 2. 하자의 발견 및 하자보수의 청구, (㉠)의 조정, 시설물 (㉡)의 수립 및 건축물의 (㉢)에 관한 업무. 다만, 비용지출을 수반하는 사항에 대하여는 입주자대표회의의 의결을 거쳐야 한다.

정답

41 ㉠ 입주자대표회의, ㉡ 10 **42** ㉠ 1, ㉡ 입주자대표회의 **43** ㉠ 관리주체
44 ㉠ 임대사업자 **45** ㉠ 주민공동시설, ㉡ 대피시설 **46** ㉠ 입주자대표회의, ㉡ 사업주체, ㉢ 임대사업자 **47** ㉠ 장기수선계획, ㉡ 안전관리계획, ㉢ 안전점검

최신기출

48 **공동주택관리법령상 의무관리대상 공동주택의 관리사무소장에 관한 내용이다. (　　)에 들어갈 아라비아 숫자를 쓰시오.** 제27회

> • (㉠)세대 미만의 공동주택에는 주택관리사를 갈음하여 주택관리사보를 해당 공동주택의 관리사무소장으로 배치할 수 있다.
> • 관리사무소장은 공동주택의 안전관리계획을 (㉡)년마다 조정하되, 관리여건상 필요하여 관리사무소장이 입주자대표회의 구성원 과반수의 서면동의를 받은 경우에는 (㉡)년이 지나기 전에 조정할 수 있다.
> • 입주자대표회의는 선임된 자치관리기구 관리사무소장이 해임되거나 그 밖의 사유로 결원이 되었을 때에는 그 사유가 발생한 날부터 (㉢)일 이내에 새로운 관리사무소장을 선임하여야 한다.

49 **공동주택관리법 시행규칙 제30조 제1항 관리사무소장의 업무에 관한 설명이다. (　　)에 들어갈 용어와 아라비아 숫자를 쓰시오.**

> 법 제64조 제2항 제4호에서 '국토교통부령으로 정하는 업무'란 다음 각 호의 업무를 말한다.
> 4. 영 제23조 제1항부터 제5항까지의 규정에 따른 관리비등이 예치된 금융기관으로부터 매월 말일을 기준으로 발급받은 (㉠)의 금액과 법 제27조 제1항 제1호에 따른 장부상 금액이 일치하는지 여부를 관리비등이 부과된 달의 다음 달 (㉡)일까지 확인하는 업무

50 **공동주택관리법 시행규칙 제30조 제2항 관리사무소장의 업무 등에 관한 설명이다. (　　)에 들어갈 아라비아 숫자와 용어를 쓰시오.**

> 법 제64조 제5항 전단에 따라 배치 내용과 업무의 집행에 사용할 직인을 신고하려는 관리사무소장은 배치된 날부터 (㉠)일 이내에 별지 제33호서식의 신고서에 다음 각 호의 서류를 첨부하여 (㉡)에 제출하여야 한다.
> 1. 법 제70조 제1항에 따른 관리사무소장 교육 또는 같은 조 제2항에 따른 주택관리사등의 교육 이수현황(주택관리사단체가 해당 교육 이수현황을 발급하는 경우에는 제출하지 아니할 수 있다) 1부

2. 임명장 사본 1부. 다만, 배치된 공동주택의 전임(前任) 관리사무소장이 제3항에 따른 배치종료 신고를 하지 아니한 경우에는 배치를 증명하는 다음 각 목의 구분에 따른 서류를 함께 제출하여야 한다.
   가. 공동주택의 관리방법이 법 제6조에 따른 자치관리인 경우: (㉢) 사본 1부
   나. 공동주택의 관리방법이 법 제7조에 따른 위탁관리인 경우: 위·수탁 계약서 사본 1부
3. 주택관리사보자격시험 합격증서 또는 주택관리사 자격증 사본 1부
4. 영 제70조 및 제71조에 따라 주택관리사등의 손해배상책임을 보장하기 위한 보증설정을 입증하는 서류 1부

PART 1

51 **공동주택관리법 시행규칙 제30조 제3항 관리사무소장의 업무 등에 관한 설명이다. (   )에 들어갈 아라비아 숫자와 용어를 쓰시오.**

> 법 제64조 제5항 후단에 따라 신고한 배치 내용과 업무의 집행에 사용하는 직인을 변경하려는 관리사무소장은 변경사유가 발생한 날부터 (㉠)일 이내에 별지제33호 서식의 신고서에 변경내용을 증명하는 서류를 첨부하여 (㉡)에 제출하여야 한다.

52 **공동주택관리법 시행령 제70조(손해배상책임의 보장) 규정이다. (   )에 들어갈 아라비아 숫자를 쓰시오.**

> 법 제64조 제1항에 따라 관리사무소장으로 배치된 주택관리사등은 법 제66조 제1항에 따른 손해배상책임을 보장하기 위하여 다음 각 호의 구분에 따른 금액을 보장하는 보증보험 또는 공제에 가입하거나 공탁을 하여야 한다.
> 1. (㉠)세대 미만의 공동주택: 3천만원
> 2. (㉠)세대 이상의 공동주택: 5천만원

정답

48 ㉠ 500, ㉡ 3, ㉢ 30 **49** ㉠ 잔고증명서, ㉡ 10 **50** ㉠ 15, ㉡ 주택관리사단체, ㉢ 근로계약서 **51** ㉠ 15, ㉡ 주택관리사단체 **52** ㉠ 500

53 공동주택관리법령에 따를 때 1,000세대의 공동주택에 관리사무소장으로 배치된 주택관리사가 관리사무소장의 업무를 집행하면서 고의 또는 과실로 입주자등에게 재산상 손해를 입히는 경우의 손해배상책임을 보장하기 위하여 얼마의 금액을 보장하는 보증보험 또는 공제에 가입하거나 공탁하여야 하는가? 제20회

54 공동주택관리법 시행령 제70조 손해배상책임의 보장에 관한 설명이다. (　　)에 들어갈 아라비아 숫자를 쓰시오.

> 법 제64조 제1항에 따라 관리사무소장으로 배치된 주택관리사등은 법 제66조 제1항에 따른 손해배상책임을 보장하기 위하여 다음 각 호의 구분에 따른 금액을 보장하는 보증보험 또는 공제에 가입하거나 공탁을 하여야 한다.
> 1. 500세대 미만의 공동주택: (㉠)만원
> 2. 500세대 이상의 공동주택: (㉡)만원

55 공동주택관리법령상 관리사무소장의 손해배상책임에 관한 내용이다. (　　)에 들어갈 용어를 쓰시오.

> 주택관리사등은 제2항에 따른 손해배상책임을 보장하기 위한 보증보험 또는 공제에 가입하거나 (㉠)을(를) 한 후 해당 공동주택의 관리사무소장으로 배치된 날에 다음 각 호의 어느 하나에 해당하는 자에게 보증보험 등에 가입한 사실을 입증하는 서류를 제출하여야 한다.
> 1. 입주자대표회의의 회장
> 2. 임대주택의 경우에는 (㉡)
> 3. 입주자대표회의가 없는 경우에는 (㉢)

56 공동주택관리법령상 관리사무소장의 손해배상책임에 관한 설명이다. (　　)에 들어갈 아라비아 숫자를 쓰시오.

> 제2항에 따라 공탁한 공탁금은 주택관리사등이 해당 공동주택의 관리사무소장의 직을 사임하거나 그 직에서 해임된 날 또는 사망한 날부터 (㉠)년 이내에는 회수할 수 없다.

57 공동주택관리법령상 관리사무소장의 보증보험금 등의 지급 등에 관한 설명이다. (　　) 에 들어갈 아라비아 숫자를 쓰시오.

> 주택관리사등은 보증보험금·공제금 또는 공탁금으로 손해배상을 한 때에는 (㉠)일 이내에 보증보험 또는 공제에 다시 가입하거나 공탁금 중 부족하게 된 금액을 보전하여야 한다.

58 공동주택관리법 제82조 공제사업에 관한 설명이다. (　　)에 들어갈 용어를 쓰시오.

> 주택관리사단체는 제1항에 따른 공제사업을 하려면 공제규정을 제정하여 (㉠)의 승인을 받아야 한다. 공제규정을 변경하려는 경우에도 또한 같다.

59 공동주택관리법령상 주택관리사단체가 제정하는 공제규정에 관한 내용이다. (　　)에 들어갈 용어와 아라비아 숫자를 쓰시오. 제25회

> 시행령 제89조【공제규정】 법 제82조 제2항에 따른 공제규정에는 다음 각 호의 사항이 포함되어야 한다.
> 1. 〈생략〉
> 2. 회계기준: 공제사업을 손해배상기금과 (㉠)(으)로 구분하여 각 기금별 목적 및 회계원칙에 부합되는 기준
> 3. 책임준비금의 적립비율: 공제료 수입액의 100분의 (㉡) 이상(공제사고 발생률 및 공제금 지급액 등을 종합적으로 고려하여 정한다)

정답

53 5천만원 **54** ㉠ 3,000, ㉡ 5,000 **55** ㉠ 공탁, ㉡ 임대사업자, ㉢ 시장·군수·구청장
56 ㉠ 3 **57** ㉠ 15 **58** ㉠ 국토교통부장관 **59** ㉠ 복지기금, ㉡ 10

60 **공동주택관리법 시행령 제90조(공제사업 운용 실적의 공시) 규정에 관한 설명이다. (　　)에 들어갈 아라비아 숫자와 용어를 쓰시오.**

> 법 제82조 제5항에 따라 주택관리사단체는 다음 각 호의 사항이 모두 포함된 공제사업 운용 실적을 매 회계연도 종료 후 (㉠)개월 이내에 (㉡)에게 보고하고, 일간신문 또는 주택관리사단체의 인터넷 홈페이지 등을 통하여 공시하여야 한다.
> 1. 재무상태표, 손익계산서 및 감사보고서
> 2. 공제료 수입액, 공제금 지급액, 책임준비금 적립액
> 3. 그 밖에 공제사업의 운용에 관한 사항

61 **민간임대주택에 관한 특별법령상 (　　)에 들어갈 숫자 또는 용어를 쓰시오.** 제16회 수정

> 임대사업자가 (㉠)세대 이상의 범위에서 대통령령으로 정하는 세대 이상의 민간임대주택을 공급하는 공동주택단지에 입주하는 임차인은 임차인대표회의를 구성할 수 있다. 다만, 임대사업자가 150세대 이상의 민간임대주택을 공급하는 공동주택단지 중 대통령령으로 정하는 공동주택단지에 입주하는 임차인은 임차인대표회의를 구성하여야 한다. 임차인대표회의가 구성된 경우 임대사업자는 다음 각 호의 사항에 관하여 협의하여야 한다.
> • 민간임대주택 관리규약의 제정 및 개정
> • 관리비
> • 민간임대주택의 (㉡)·부대시설 및 복리시설의 유지·보수
> • 임대료 증감
> • 그 밖에 민간임대주택의 유지·보수·관리 등에 필요한 사항으로서 대통령령으로 정하는 사항

62 **민간임대주택에 관한 특별법령상 임대주택관리에 관한 규정이다. (㉠)에 공통으로 들어갈 용어와 (㉡)에 들어갈 용어를 쓰시오.** 제19회 수정

> (㉠)은(는) 입주예정자의 과반수가 입주한 때에는 과반수가 입주한 날부터 30일 이내에 입주현황과 임차인대표회의를 구성할 수 있다는 사실 또는 구성하여야 한다는 사실을 입주한 임차인에게 통지하여야 한다. 다만, (㉠)이(가) 본문에 따른 통지를 하지 아니하는 경우 (㉡)이(가) 임차인대표회의를 구성하도록 임차인에게 통지할 수 있다.

PART 1

63 **민간임대주택에 관한 특별법령상 임차인대표회의에 관한 규정이다. ( )에 들어갈 숫자 또는 용어를 쓰시오.** 제20회 수정

> 〈민간임대주택에 관한 특별법 제52조 제1항 및 제2항〉
> ① 임대사업자가 (㉠)세대 이상의 범위에서 대통령령으로 정하는 세대 이상의 민간임대주택을 공급하는 공동주택단지에 입주하는 임차인은 임차인대표회의를 구성할 수 있다. 다만, 임대사업자가 150세대 이상의 민간임대주택을 공급하는 공동주택단지 중 대통령령으로 정하는 공동주택단지에 입주하는 임차인은 임차인대표회의를 구성하여야 한다.
> ② 임대사업자는 입주예정자의 과반수가 입주한 때에는 과반수가 입주한 날부터 30일 이내에 (㉡)와(과) 임차인대표회의를 구성할 수 있다는 사실 또는 구성하여야 한다는 사실을 입주한 임차인에게 통지하여야 한다.

64 **민간임대주택에 관한 특별법령상 임차인대표회의에 관한 규정의 일부이다. ( )에 들어갈 아라비아 숫자를 쓰시오.**

> ① 임대사업자가 (㉠)세대 이상의 범위에서 대통령령으로 정하는 세대 이상의 민간임대주택을 공급하는 공동주택단지에 입주하는 임차인은 임차인대표회의를 구성할 수 있다. 다만, 임대사업자가 (㉡)세대 이상의 민간임대주택을 공급하는 공동주택단지 중 대통령령으로 정하는 공동주택단지에 입주하는 임차인은 임차인대표회의를 구성하여야 한다.
> ② 임대사업자는 입주예정자의 과반수가 입주한 때에는 과반수가 입주한 날부터 (㉢)일 이내에 입주현황과 임차인대표회의를 구성할 수 있다는 사실 또는 구성하여야 한다는 사실을 입주한 임차인에게 통지하여야 한다.

정답

60 ㉠ 2, ㉡ 국토교통부장관 **61** ㉠ 20, ㉡ 공용부분 **62** ㉠ 임대사업자, ㉡ 시장·군수·구청장 **63** ㉠ 20, ㉡ 입주현황 **64** ㉠ 20, ㉡ 150, ㉢ 30

65 민간임대주택에 관한 특별법 시행령 제42조 제2항 임차인대표회의를 의무적으로 구성하여야 하는 공동주택단지에 관한 규정이다. (　　)에 들어갈 아라비아 숫자를 쓰시오.

> 법 제52조 제1항 단서에서 '대통령령으로 정하는 공동주택단지'란 다음 각 호의 어느 하나에 해당하는 공동주택단지를 말한다.
> 1. (㉠)세대 이상의 공동주택단지
> 2. (㉡)세대 이상의 공동주택으로서 승강기가 설치된 공동주택단지 또는 (㉡)세대 이상의 공동주택으로서 중앙집중식 난방방식 또는 지역난방방식인 공동주택단지

66 민간임대주택에 관한 특별법 시행령 제42조(임차인대표회의) 규정의 일부이다. (　　)에 들어갈 아라비아 숫자와 용어를 쓰시오.

> ①~⑥ 〈생략〉
> ⑦ 동별 대표자가 될 수 있는 사람은 해당 민간임대주택단지에서 (㉠)개월 이상 계속 거주하고 있는 임차인으로 한다. 다만, 최초로 임차인대표회의를 구성하는 경우에는 그러하지 아니하다.
> ⑧ 임차인대표회의는 회장 1명, (㉡) 1명 및 감사 1명을 동별 대표자 중에서 선출하여야 한다.
> ⑨ 임차인대표회의를 소집하려는 경우에는 소집일 (㉢)일 전까지 회의의 목적·일시 및 장소 등을 임차인에게 알리거나 공고하여야 한다.

67 민간임대주택에 관한 특별법령상 임차인대표회의에 관한 설명이다. (　　)에 들어갈 용어를 쓰시오.

> 임차인대표회의가 구성된 경우에는 임대사업자는 다음 각 호의 사항에 관하여 협의하여야 한다.
> 1. 민간임대주택 관리규약의 제정 및 개정
> 2. (㉠)
> 3. 민간임대주택의 (㉡)·부대시설 및 복리시설의 유지·보수
> 4. (㉢) 증감
> 5. 그 밖에 민간임대주택의 유지·보수·관리 등에 필요한 사항으로서 대통령령으로 정하는 사항

정답 65 ㉠ 300, ㉡ 150　66 ㉠ 6, ㉡ 부회장, ㉢ 5　67 ㉠ 관리비, ㉡ 공용부분, ㉢ 임대료

CHAPTER

05 주택관리사제도

▶ 연계학습 | 에듀윌 기본서 2차 [공동주택관리실무 上] p.136

01 **공동주택관리법령상 주택관리사 자격증의 발급 등에 관한 내용이다. ( )에 들어갈 숫자를 쓰시오.** 제18회 수정

> 「공동주택관리법」 제67조 제2항 제2호에 따라 특별시장·광역시장·특별자치시장·도지사 또는 특별자치도지사는 주택관리사보 자격시험에 합격하기 전이나 합격한 후 다음 각 호의 어느 하나에 해당하는 경력을 갖춘 자에 대하여 주택관리사 자격증을 발급한다.
> 1. 〈생략〉
> 2. 주택관리업자의 직원으로 주택관리업무에 종사한 경력 (㉠)년 이상
> 4. 공무원으로 주택 관련 지도·감독 및 인·허가 업무 등에 종사한 경력 (㉡)년 이상

02 **공동주택관리법령상 주택관리사 자격증의 발급 등에 관한 내용이다. ( )에 들어갈 아라비아 숫자를 쓰시오.**

> 「공동주택관리법」 제67조 제2항 제2호에 따라 특별시장·광역시장·특별자치시장·도지사 또는 특별자치도지사는 주택관리사보 자격시험에 합격하기 전이나 합격한 후 다음 각 호의 어느 하나에 해당하는 경력을 갖춘 자에 대하여 주택관리사 자격증을 발급한다.
> 1. 「주택법」 제15조 제1항에 따른 사업계획승인을 받아 건설한 50세대 이상 500세대 미만의 공동주택(건축법 제11조에 따른 건축허가를 받아 주택과 주택 외의 시설을 동일 건축물로 건축한 건축물 중 주택이 50세대 이상 300세대 미만인 건축물을 포함한다)의 관리사무소장으로 근무한 경력 (㉠)년 이상
> 2. 「주택법」 제15조 제1항에 따른 사업계획승인을 받아 건설한 50세대 이상의 공동주택(건축법 제11조에 따른 건축허가를 받아 주택과 주택 외의 시설을 동일 건축물로 건축한 건축물 중 주택이 50세대 이상 300세대 미만인 건축물을 포함한다)의 관리사무소의 직원(경비원, 청소원 및 소독원은 제외한다) 또는 주택관리업자의 임직원으로 주택관리업무에 종사한 경력 (㉡)년 이상

정답

01 ㉠ 5, ㉡ 5 02 ㉠ 3, ㉡ 5

03 **공동주택관리법령상 주택관리사 자격증의 발급 등에 관한 내용이다. (　　)에 들어갈 아라비아 숫자를 쓰시오.**

> 「공동주택관리법」 제67조 제2항 제2호에 따라 특별시장·광역시장·특별자치시장·도지사 또는 특별자치도지사는 주택관리사보 자격시험에 합격하기 전이나 합격한 후 다음 각 호의 어느 하나에 해당하는 경력을 갖춘 자에 대하여 주택관리사 자격증을 발급한다.
> 1. ~ 2. 〈생략〉
> 3. 한국토지주택공사 또는 지방공사의 직원으로 주택관리업무에 종사한 경력 (㉠)년 이상
> 4. 공무원으로 주택 관련 지도·감독 및 인·허가 업무 등에 종사한 경력 (㉡)년 이상
> 5. 법 제81조 제1항에 따른 주택관리사단체와 국토교통부장관이 정하여 고시하는 공동주택관리와 관련된 단체의 임직원으로 주택 관련 업무에 종사한 경력 (㉢)년 이상

04 **공동주택관리법령상 주택관리사등의 자격에 관한 설명이다. (　　)에 들어갈 아라비아 숫자를 쓰시오.**

> 다음 각 호의 어느 하나에 해당하는 사람은 주택관리사등이 될 수 없으며 그 자격을 상실한다.
> 1. 피성년후견인 또는 피한정후견인
> 2. 파산선고를 받은 사람으로서 복권되지 아니한 사람
> 3. 금고 이상의 실형을 선고받고 그 집행이 끝나거나(집행이 끝난 것으로 보는 경우를 포함한다) 집행이 면제된 날부터 (㉠)년이 지나지 아니한 사람
> 4. 금고 이상의 형의 집행유예를 선고받고 그 유예기간 중에 있는 사람
> 5. 주택관리사등의 자격이 취소된 후 (㉡)년이 지나지 아니한 사람(제1호 및 제2호에 해당하여 주택관리사등의 자격이 취소된 경우는 제외한다)

05 **공동주택관리법 제69조(주택관리사등의 자격취소 등) 제1항 규정의 일부이다. (　　)에 들어갈 아라비아 숫자와 용어를 쓰시오.**

> 시·도지사는 주택관리사등이 다음 각 호의 어느 하나에 해당하면 그 자격을 취소하거나 (㉠)년 이내의 기간을 정하여 그 자격을 정지시킬 수 있다. 다만, 제1호부터 제4호까지, 제7호 중 어느 하나에 해당하는 경우에는 그 자격을 취소하여야 한다.
> 1. 〈생략〉
> 2. 공동주택의 관리업무와 관련하여 (㉡) 이상의 형을 선고받은 경우
> 3. 〈생략〉

4. 주택관리사등이 (㉢)기간에 공동주택관리업무를 수행한 경우
〈이하 생략〉

06 **공동주택관리법령상 주택관리사등의 자격취소 등의 기준으로 행정처분 감경사유에 관한 설명이다. (　　)에 들어갈 아라비아 숫자를 쓰시오.**

- 위반행위가 사소한 부주의나 오류에 따른 것으로 인정되는 경우
- 위반의 내용과 정도가 경미하여 입주자등 소비자에게 미치는 피해가 적다고 인정되는 경우
- 위반행위자가 처음 위반행위를 한 경우로서 주택관리사로서 (㉠)년 이상 관리사무소장을 모범적으로 해 온 사실이 인정되는 경우
- 위반행위자가 해당 위반행위로 검사로부터 기소유예처분을 받거나 법원으로부터 선고유예의 판결을 받은 경우
- 중대한 과실로 공동주택을 잘못 관리하여 소유자 및 사용자에게 재산상의 손해를 입힌 경우에 따른 자격정지처분을 하려는 경우로써 위반행위자가 제70조 각 호에 따른 손해배상책임을 보장하는 금액을 (㉡)배 이상 보장하는 보증보험가입·공제가입 또는 공탁을 한 경우

07 **공동주택관리법령상 (　　)에 들어갈 아라비아 숫자를 쓰시오.**

「공동주택관리법 시행령」 별표 8에 의거한 주택관리사등의 공동주택관리법령 위반행위에 대한 행정처분기준은 다음과 같다.

- 중대한 과실로 공동주택을 잘못 관리하여 소유자 및 사용자에게 재산상의 손해를 입힌 경우의 1차 행정처분기준: 자격정지 (㉠)개월, 2차 행정처분기준: 자격정지 (㉡)개월, 3차 행정처분기준: 자격정지 (㉢)개월

정답

03 ㉠ 5, ㉡ 5, ㉢ 5　**04** ㉠ 2, ㉡ 3　**05** ㉠ 1, ㉡ 금고, ㉢ 자격정지　**06** ㉠ 3, ㉡ 2
07 ㉠ 3, ㉡ 6, ㉢ 6

CHAPTER

06 공동주택관리법상 벌칙사항

▶ **연계학습** | 에듀윌 기본서 2차 [공동주택관리실무 上] p.144

01 공동주택관리법상 벌칙에 관한 규정이다. (   )에 들어갈 아라비아 숫자를 쓰시오.

공동주택의 관리와 관련하여 입주자대표회의(구성원을 포함한다)와 관리사무소장이 공모(共謀)하여 부정하게 재물 또는 재산상의 이익을 취득하거나 제공한 경우에는 (㉠)년 이하의 징역 또는 (㉡)만원 이하의 벌금에 처한다.

02 공동주택관리법상 벌칙에 관한 규정이다. (   )에 들어갈 아라비아 숫자를 쓰시오.

다음 각 호의 어느 하나에 해당하는 자는 (㉠)년 이하의 징역 또는 (㉡)만원 이하의 벌금에 처한다. 다만, 제3호에 해당하는 자로서 그 위반행위로 얻은 이익의 100분의 50에 해당하는 금액이 (㉡)만원을 초과하는 자는 (㉠)년 이하의 징역 또는 그 이익의 2배에 해당하는 금액 이하의 벌금에 처한다.

1. 제52조 제1항에 따른 등록을 하지 아니하고 주택관리업을 운영한 자 또는 거짓이나 그 밖의 부정한 방법으로 등록한 자
3. 공동주택의 관리와 관련하여 입주자등·관리주체·입주자대표회의·선거관리위원회(위원을 포함한다)가 부정하게 재물 또는 재산상의 이익을 취득하거나 제공한 자

03 공동주택관리법상 벌칙에 관한 규정이다. (   )에 들어갈 아라비아 숫자를 쓰시오.

제53조에 따른 영업정지기간에 영업을 한 자나 주택관리업의 등록이 말소된 후 영업을 한 자는 (㉠)년 이하의 징역 또는 (㉡)만원 이하의 벌금에 처한다.

04 공동주택관리법상 벌칙에 관한 규정이다. (   )에 들어갈 아라비아 숫자를 쓰시오.

제67조에 따라 주택관리사등의 자격을 취득하지 아니하고 관리사무소장의 업무를 수행한 자 또는 해당 자격이 없는 자에게 이를 수행하게 한 자는 (㉠)년 이하의 징역 또는 (㉡)만원 이하의 벌금에 처한다.

05 **공동주택관리법상 벌칙에 관한 규정이다. ( )에 들어갈 아라비아 숫자를 쓰시오.**

> 다음 각 호의 어느 하나에 해당하는 자는 (㉠)만원 이하의 벌금에 처한다.
> 1. 제6조 제1항에 따른 기술인력 또는 장비를 갖추지 아니하고 관리행위를 한 자
> 2. 제64조 제1항을 위반하여 주택관리사등을 배치하지 아니한 자

06 **공동주택관리법상 과태료에 관한 규정이다. ( )에 들어갈 아라비아 숫자를 쓰시오.**

> 제38조 제2항을 위반하여 하자보수보증금을 이 법에 따른 용도 외의 목적으로 사용한 자에게는 (㉠)만원 이하의 과태료를 부과한다.

07 **공동주택관리법상 과태료에 관한 규정이다. ( )에 들어갈 아라비아 숫자를 쓰시오.**

> 제90조 제3항을 위반하여 관리비·사용료와 장기수선충당금을 이 법에 따른 용도 외의 목적으로 사용한 자는 (㉠)만원 이하의 과태료를 부과한다.

08 **공동주택관리법상 과태료에 관한 규정이다. ( )에 들어갈 아라비아 숫자를 쓰시오.**

> 제29조 제2항을 위반하여 수립되거나 조정된 장기수선계획에 따라 주요 시설을 교체하거나 보수하지 아니한 자는 (㉠)만원 이하의 과태료를 부과한다.

정답

01 ㉠ 3, ㉡ 3,000 **02** ㉠ 2, ㉡ 2,000 **03** ㉠ 1, ㉡ 1,000 **04** ㉠ 1, ㉡ 1,000
05 ㉠ 1,000 **06** ㉠ 2,000 **07** ㉠ 1,000 **08** ㉠ 1,000

09 **공동주택관리법상 과태료에 관한 규정이다. (   )에 들어갈 아라비아 숫자를 쓰시오.**

> 제10조의2 제1항 본문 및 제4항에 따른 의무관리대상 공동주택의 전환 및 제외, 제11조 제3항에 따른 관리방법의 결정 및 변경, 제19조 제1항에 따른 관리규약의 제정 및 개정, 입주자대표회의의 구성 및 변경 등의 신고를 하지 아니한 자는 (㉠)만원 이하의 과태료를 부과한다.

10 **공동주택관리법상 과태료에 관한 규정이다. (   )에 들어갈 아라비아 숫자를 쓰시오.**

> 제29조를 위반하여 장기수선계획을 수립하지 아니하거나 검토하지 아니한 자 또는 장기수선계획에 대한 검토사항을 기록하고 보관하지 아니한 자는 (㉠)만원 이하의 과태료를 부과한다.

11 **공동주택관리법상 과태료에 관한 규정이다. (   )에 들어갈 아라비아 숫자를 쓰시오.**

> 제26조 제3항을 위반하여 회계감사의 결과를 보고 또는 공개하지 아니하거나 거짓으로 보고 또는 공개한 자는 (㉠)만원 이하의 과태료를 부과한다.

12 **공동주택관리법상 과태료에 관한 규정이다. (   )에 들어갈 아라비아 숫자를 쓰시오.**

> 제30조에 따른 장기수선충당금을 적립하지 아니한 자는 (㉠)만원 이하의 과태료를 부과한다.

정답

09 ㉠ 500 **10** ㉠ 500 **11** ㉠ 500 **12** ㉠ 500

CHAPTER

07 입주자관리

▶ 연계학습 | 에듀윌 기본서 2차 [공동주택관리실무 上] p.154

01 공동주택관리법령상 공동주택관리 분쟁조정위원회의 설치에 관한 규정의 일부이다. ( )에 들어갈 용어를 쓰시오.

> 공동주택관리 분쟁(제36조 및 제37조에 따른 공동주택의 하자담보책임 및 하자보수 등과 관련한 분쟁을 제외한다)을 조정하기 위하여 (㉠)에 중앙 공동주택관리 분쟁조정위원회를 두고, (㉡)에 지방 공동주택관리 분쟁조정위원회를 둔다.

02 공동주택관리법령상 공동주택관리 분쟁조정위원회의 심의·조정사항에 관한 설명이다. ( )에 들어갈 용어를 쓰시오.

> 공동주택관리 분쟁조정위원회는 다음 각 호의 사항을 심의·조정한다.
> 1. 입주자대표회의의 구성·운영 및 동별 대표자의 자격·선임·해임·임기에 관한 사항
> 2. 공동주택관리기구의 구성·운영 등에 관한 사항
> 3. 관리비·사용료 및 장기수선충당금 등의 징수·사용 등에 관한 사항
> 4. 공동주택[(㉠)만 해당한다]의 유지·보수·개량 등에 관한 사항
> 5. 공동주택의 (㉡)에 관한 사항
> 6. 공동주택의 층간소음에 관한 사항
> 7. (㉢)에서의 분쟁에 관한 사항
> 8. 다른 법령에서 공동주택관리 분쟁조정위원회가 분쟁을 심의·조정할 수 있도록 한 사항
> 9. 그 밖에 공동주택의 관리와 관련하여 분쟁의 심의·조정이 필요하다고 대통령령 또는 시·군·구의 조례(지방분쟁조정위원회에 한정한다)로 정하는 사항

정답

01 ㉠ 국토교통부, ㉡ 시·군·구 02 ㉠ 공용부분, ㉡ 리모델링, ㉢ 혼합주택단지

03 **공동주택관리법 제73조 중앙분쟁조정위원회의 구성 등에 관한 규정의 일부이다. (   ) 에 들어갈 아라비아 숫자를 쓰시오.**

- 중앙분쟁조정위원회는 위원장 1명을 포함한 (㉠)명 이내의 위원으로 구성한다.
- 중앙분쟁조정위원회의 위원은 공동주택관리에 관한 학식과 경험이 풍부한 사람으로서 다음 각 호의 어느 하나에 해당하는 사람 중에서 국토교통부장관이 임명 또는 위촉한다. 이 경우 제3호에 해당하는 사람이 (㉡)명 이상 포함되어야 한다.

1. 1급부터 4급까지 상당의 공무원 또는 고위공무원단에 속하는 공무원
2. 공인된 대학이나 연구기관에서 부교수 이상 또는 이에 상당하는 직에 재직한 사람
3. 판사·검사 또는 변호사의 직에 (㉢)년 이상 재직한 사람
4. ~ 6. 〈생략〉

04 **공동주택관리법 제73조 중앙분쟁조정위원회의 구성 등에 관한 규정의 일부이다. (   ) 에 들어갈 아라비아 숫자를 쓰시오.**

중앙분쟁조정위원회의 위원은 공동주택관리에 관한 학식과 경험이 풍부한 사람으로서 다음 각 호의 어느 하나에 해당하는 사람 중에서 국토교통부장관이 임명 또는 위촉한다. 이 경우 제3호에 해당하는 사람이 3명 이상 포함되어야 한다.

1. 1급부터 (㉠)급까지 상당의 공무원 또는 고위공무원단에 속하는 공무원
2. 공인된 대학이나 연구기관에서 부교수 이상 또는 이에 상당하는 직에 재직한 사람
3. 판사·검사 또는 변호사의 직에 6년 이상 재직한 사람
4. 공인회계사·세무사·건축사·감정평가사 또는 공인노무사의 자격이 있는 사람으로서 (㉡)년 이상 근무한 사람
5. 주택관리사로서 공동주택의 관리사무소장으로 (㉢)년 이상 근무한 사람
6. 그 밖에 공동주택관리에 대한 전문적 지식을 갖춘 사람으로서 대통령령으로 정하는 사람

05 공동주택관리법 시행령 제82조의3 중앙분쟁조정위원회의 구성에 관한 규정의 일부이다. (　　)에 들어갈 아라비아 숫자를 쓰시오.

> 법 제73조 제2항 제6호에서 '대통령령으로 정하는 사람'이란 다음 각 호의 어느 하나에 해당하는 사람을 말한다.
> 1. 「민사조정법」 제10조 제1항에 따른 조정위원으로서 같은 조 제3항에 따른 사무를 (㉠)년 이상 수행한 사람
> 2. 국가, 지방자치단체, 「공공기관의 운영에 관한 법률」에 따른 공공기관 및 「비영리민간단체 지원법」에 따른 비영리민간단체에서 공동주택관리 관련 업무에 (㉡)년 이상 종사한 사람

06 공동주택관리법령상 중앙 공동주택관리 분쟁조정위원회의 회의 등에 관한 설명이다. (　　)에 들어갈 아라비아 숫자를 쓰시오.

> - 중앙분쟁조정위원회의 위원장은 위원회의 회의를 소집하려면 특별한 사정이 있는 경우를 제외하고는 회의 개최 (㉠)일 전까지 회의의 일시·장소 및 심의안건을 각 위원에게 서면(전자우편을 포함한다)으로 알려야 한다.
> - 중앙분쟁조정위원회는 법 제74조 제2항에 따라 당사자나 이해관계인을 중앙분쟁조정위원회에 출석시켜 의견을 들으려면 회의 개최 (㉡)일 전까지 서면(전자우편을 포함한다)으로 출석을 요청하여야 한다. 이 경우 출석을 요청받은 사람은 출석할 수 없는 부득이한 사유가 있는 경우에는 미리 서면으로 의견을 제출할 수 있다.

07 공동주택관리법령상 중앙 공동주택관리 분쟁조정위원회의 회의 등에 관한 설명이다. (　　)에 들어갈 용어를 쓰시오.

> 국토교통부장관은 분쟁조정 사건을 전자적 방법으로 접수·통지 및 송달하거나, 민원상담 및 홍보 등을 인터넷을 이용하여 처리하기 위하여 (㉠)을(를) 구축·운영할 수 있다.

정답

03 ㉠ 15, ㉡ 3, ㉢ 6　**04** ㉠ 4, ㉡ 10, ㉢ 10　**05** ㉠ 3, ㉡ 5　**06** ㉠ 3, ㉡ 5
07 ㉠ 중앙분쟁조정시스템

08 **공동주택관리법령상 중앙 공동주택관리 분쟁조정위원회의 조정 등에 관한 설명이다. ( )에 들어갈 아라비아 숫자를 쓰시오.**

> 중앙분쟁조정위원회는 제2항에 따른 조정절차를 개시한 날부터 (㉠)일 이내에 그 절차를 완료한 후 조정안을 작성하여 지체 없이 이를 각 당사자에게 제시하여야 한다. 다만, 부득이한 사정으로 (㉠)일 이내에 조정절차를 완료할 수 없는 경우 중앙분쟁조정위원회는 그 기간을 연장할 수 있다. 이 경우 그 사유와 기한을 명시하여 당사자에게 서면으로 통지하여야 한다.

09 **공동주택관리법 제74조(분쟁조정의 신청 및 조정 등) 규정의 일부이다. ( )에 들어갈 아라비아 숫자와 용어를 쓰시오.**

> - 조정안을 제시받은 당사자는 그 제시를 받은 날부터 (㉠)일 이내에 그 수락 여부를 중앙분쟁조정위원회에 서면으로 통보하여야 한다. 이 경우 (㉠)일 이내에 의사표시가 없는 때에는 수락한 것으로 본다.
> - 당사자가 조정안을 수락하거나 수락한 것으로 보는 경우 중앙분쟁조정위원회는 조정서를 작성하고, 위원장 및 각 당사자가 서명·날인한 후 조정서(㉡)을(를) 지체 없이 각 당사자 또는 그 대리인에게 송달하여야 한다. 다만, 수락한 것으로 보는 경우에는 각 당사자의 서명·날인을 생략할 수 있다.
> - 당사자가 조정안을 수락하거나 수락한 것으로 보는 때에는 그 조정서의 내용은 재판상 (㉢)와(과) 동일한 효력을 갖는다. 다만, 당사자가 임의로 처분할 수 없는 사항에 관한 것은 그러하지 아니하다.

10 **공동주택관리법령상 공동주택관리 분쟁조정위원회의 구성에 관한 규정의 일부이다. ( )에 들어갈 숫자를 쓰시오.** 제17회 수정

> ② 지방분쟁조정위원회의 위원은 다음 각 호의 어느 하나에 해당하는 사람 중에서 해당 시장·군수·구청장이 위촉하거나 임명한다.
>
> 4. 공동주택 관리사무소장으로 (㉠)년 이상 근무한 경력이 있는 주택관리사
>
> ④ 공무원이 아닌 위원의 임기는 (㉡)년으로 한다. 다만, 보궐위원의 임기는 전임자의 남은 임기로 한다.

11 공동주택관리법령상 지방 공동주택관리 분쟁조정위원회의 구성에 관한 규정의 일부이다. (　　)에 들어갈 아라비아 숫자와 용어를 쓰시오.

> • 법 제80조 제3항에 따라 지방 공동주택관리 분쟁조정위원회(이하 '지방분쟁조정위원회'라 한다)는 위원장 1명을 포함하여 (㉠)명 이내의 위원으로 구성하되, 성별을 고려하여야 한다.
> • 지방분쟁조정위원회의 위원은 다음 각 호의 어느 하나에 해당하는 사람 중에서 해당 시장·군수·구청장이 위촉하거나 임명한다.
> 1. 해당 시·군 또는 구(자치구를 말한다) 소속 공무원
> 2. 법학·경제학·부동산학 등 주택 분야와 관련된 학문을 전공한 사람으로 대학이나 공인된 연구기관에서 (㉡) 이상 또는 이에 상당하는 직(職)에 있거나 있었던 사람
> 3. 변호사·공인회계사·세무사·건축사·공인노무사의 자격이 있는 사람 또는 판사·검사
> 4. 공동주택 관리사무소장으로 (㉢)년 이상 근무한 경력이 있는 주택관리사
> 5. 그 밖에 공동주택관리 분야에 대한 학식과 경험을 갖춘 사람

12 공동주택관리법령상 지방분쟁조정위원회에 관한 설명이다. (　　)에 들어갈 용어를 쓰시오.

> 분쟁당사자가 지방분쟁조정위원회의 조정결과를 수락한 경우에는 당사자간에 (㉠)와(과) 같은 내용의 합의가 성립된 것으로 본다.

13 민간임대주택에 관한 특별법 제55조(임대주택분쟁조정위원회) 규정의 일부이다. (　　)에 들어갈 용어와 아라비아 숫자를 쓰시오.

> ① (㉠)은(는) 임대주택(민간임대주택 및 공공임대주택을 말한다. 이하 같다)에 관한 학식 및 경험이 풍부한 자 등으로 임대주택분쟁조정위원회(이하 '조정위원회'라 한다)를 구성한다.
> ② 조정위원회는 위원장 1명을 포함하여 (㉡)명 이내로 구성하되, 조정위원회의 운영, 절차 등에 필요한 사항은 대통령령으로 정한다.

정답

08 ㉠ 30　**09** ㉠ 30, ㉡ 정본, ㉢ 화해　**10** ㉠ 5, ㉡ 2　**11** ㉠ 10, ㉡ 조교수, ㉢ 5
12 ㉠ 조정조서　**13** ㉠ 시장·군수·구청장, ㉡ 10

14 **민간임대주택에 관한 특별법령상 임대주택분쟁조정위원회의 구성에 관한 설명이다. (　　)에 들어갈 아라비아 숫자를 쓰시오.**

> 위원장을 제외한 위원은 다음 각 호의 어느 하나에 해당하는 사람 중에서 해당 시장·군수·구청장이 성별을 고려하여 임명하거나 위촉하되, 각 호의 사람이 각각 1명 이상 포함되어야 하고, 공무원이 아닌 위원이 (㉠)명 이상이 되어야 한다.
> 1. 법학, 경제학이나 부동산학 등 주택 분야와 관련된 학문을 전공한 사람으로서 「고등교육법」 제2조 제1호·제2호 또는 제5호에 따른 학교에서 조교수 이상으로 (㉡)년 이상 재직한 사람
> 2. 변호사, 공인회계사, 감정평가사 또는 세무사로서 해당 자격과 관련된 업무에 (㉢)년 이상 종사한 사람

15 **민간임대주택에 관한 특별법령상 임대주택분쟁조정위원회의 구성에 관한 설명이다. (　　)에 들어갈 아라비아 숫자와 용어를 쓰시오.**

> 위원장을 제외한 위원은 다음 각 호의 어느 하나에 해당하는 사람 중에서 해당 시장·군수·구청장이 성별을 고려하여 임명하거나 위촉하되, 각 호의 사람이 각각 1명 이상 포함되어야 하고, 공무원이 아닌 위원이 6명 이상이 되어야 한다.
> 3. 「공동주택관리법」 제67조 제2항에 따른 주택관리사가 된 후 관련 업무에 (㉠)년 이상 근무한 사람
> 4. 국가 또는 다른 지방자치단체에서 민간임대주택 또는 공공임대주택 사업의 인·허가 등 관련 업무를 수행하는 (㉡)급 이상 공무원으로서 해당 기관의 장이 추천한 사람 또는 해당 지방자치단체에서 민간임대주택 또는 공공임대주택 사업의 인·허가 등 관련 업무를 수행하는 (㉡)급 이상 공무원
> 5. 한국토지주택공사 또는 지방공사에서 민간임대주택 또는 공공임대주택 사업 관련 업무에 종사하고 있는 임직원으로서 해당 기관의 장이 추천한 사람
> 6. 임대주택과 관련된 시민단체 또는 (㉢)이(가) 추천한 사람

16 **민간임대주택에 관한 특별법령상 임대주택분쟁조정위원회에 관한 설명이다. (　　)에 들어갈 아라비아 숫자와 용어를 쓰시오.**

> 공무원이 아닌 위원의 임기는 (㉠)년으로 하며 두 차례만 (㉡)할 수 있으며, 조정위원회의 부위원장은 위원 중에서 (㉢)한다.

PART 1

17 **민간임대주택에 관한 특별법령상 임대주택분쟁조정위원회와 관련된 내용이다. (　　)에 들어갈 숫자 또는 용어를 쓰시오.** 제18회 수정

> • 임대주택분쟁조정위원회의 위원장은 해당 지방자치단체의 장이 되며, 위원장은 회의 개최일 (㉠)일 전까지는 회의와 관련된 사항을 위원에게 알려야 한다.
> • 임대사업자와 임차인대표회의가 임대주택분쟁조정위원회의 조정안을 받아들이면 당사자간에 (㉡)와(과) 같은 내용의 합의가 성립된 것으로 본다.

18 **민간임대주택에 관한 특별법 제56조(분쟁의 조정신청) 규정의 일부이다. (　　)에 들어갈 용어를 쓰시오.**

> 공공주택사업자 또는 임차인대표회의는 다음 각 호의 어느 하나에 해당하는 분쟁에 관하여 조정위원회에 조정을 신청할 수 있다.
> 1. 제1항 각 호의 사항
> 2. 공공임대주택의 (㉠). 다만, (㉡)에 관한 사항은 제외한다.

19 **민간임대주택에 관한 특별법 제56조(분쟁의 조정신청) 규정의 일부이다. (　　)에 들어갈 용어를 쓰시오.**

> 공공주택사업자, 임차인대표회의 또는 임차인은 「공공주택 특별법」 제50조의3에 따른 (㉠)에 대한 분쟁에 관하여 조정위원회에 조정을 신청할 수 있다.

정답

14 ㉠ 6, ㉡ 1, ㉢ 1　15 ㉠ 3, ㉡ 5, ㉢ 소비자단체　16 ㉠ 2, ㉡ 연임, ㉢ 호선
17 ㉠ 2, ㉡ 조정조서　18 ㉠ 분양전환가격, ㉡ 분양전환승인　19 ㉠ 우선 분양전환 자격

CHAPTER

08 사무 및 인사관리

▶ 연계학습 | 에듀윌 기본서 2차 [공동주택관리실무 上] p.173

01 근로기준법상 적용 범위에 관한 내용이다. (   )에 들어갈 아라비아 숫자를 쓰시오.

> ① 이 법은 상시 (㉠)명 이상의 근로자를 사용하는 모든 사업 또는 사업장에 적용한다. 다만, 동거하는 친족만을 사용하는 사업 또는 사업장과 가사(家事) 사용인에 대하여는 적용하지 아니한다.
> ② 상시 (㉡)명 이하의 근로자를 사용하는 사업 또는 사업장에 대하여는 대통령령으로 정하는 바에 따라 이 법의 일부 규정을 적용할 수 있다.

02 근로기준법령상 용어의 정의이다. (   )에 들어갈 용어를 쓰시오.

> 근로자란 직업의 종류와 관계없이 (㉠)을(를) 목적으로 사업이나 사업장에 (㉡)을(를) 제공하는 사람을 말한다.

03 근로기준법령상 용어의 정의이다. (   )에 들어갈 용어를 쓰시오.

> (㉠)(이)란 사업주 또는 사업 경영 담당자, 그 밖에 (㉡)에 관한 사항에 대하여 사업주를 위하여 행위하는 자를 말한다.

04 근로기준법에서 사용하는 용어의 정의이다. (   )에 들어갈 용어를 쓰시오.

> • (㉠)(이)란 정신노동과 육체노동을 말한다.
> • (㉡)(이)란 사용자가 근로의 대가로 근로자에게 임금, 봉급, 그 밖에 어떠한 명칭으로든지 지급하는 모든 금품을 말한다.

05 근로기준법에서 사용하는 용어의 정의이다. (　　)에 들어갈 용어를 쓰시오.

(㉠)(이)란 제50조, 제69조 본문 또는 「산업안전보건법」 제139조 제1항에 따른 근로시간의 범위에서 근로자와 사용자 사이에 정한 근로시간을 말한다.

06 근로기준법령상 용어의 정의이다. (　　)에 들어갈 숫자를 순서대로 쓰시오. 제18회

- '평균임금'이란 이를 산정하여야 할 사유가 발생한 날 이전 (㉠)개월 동안에 그 근로자에게 지급된 임금의 총액을 그 기간의 총일수로 나눈 금액을 말한다.
- '단시간근로자'란 1주 동안의 소정근로시간이 그 사업장에서 같은 종류의 업무에 종사하는 통상근로자의 (㉡)주 동안의 소정근로시간에 비하여 짧은 근로자를 말한다.

07 근로기준법령상 용어의 정의이다. (　　)에 들어갈 용어를 쓰시오.

- 근로계약이란 근로자가 사용자에게 (㉠)을(를) 제공하고 사용자는 이에 대하여 (㉡)을(를) 지급하는 것을 목적으로 체결된 계약을 말한다.
- (㉢)(이)란 1주 동안의 소정근로시간이 그 사업장에서 같은 종류의 업무에 종사하는 통상근로자의 1주 동안의 소정근로시간에 비하여 짧은 근로자를 말한다.

08 근로기준법령상 용어의 정의이다. (　　)에 들어갈 용어를 쓰시오.

- (㉠)(이)란 이를 산정하여야 할 사유가 발생한 날 이전 3개월 동안에 그 근로자에게 지급된 임금의 총액을 그 기간의 총일수로 나눈 금액을 말한다. 근로자가 취업한 후 3개월 미만인 경우도 이에 준한다.
- (㉡)(이)란 근로자에게 정기적이고 일률적으로 소정근로 또는 총근로에 대하여 지급하기로 정한 시간급 금액, 일급 금액, 주급 금액, 월급 금액 또는 도급 금액을 말한다.

정답

01 ㉠ 5, ㉡ 4 **02** ㉠ 임금, ㉡ 근로 **03** ㉠ 사용자, ㉡ 근로자 **04** ㉠ 근로, ㉡ 임금
05 ㉠ 소정근로시간 **06** ㉠ 3, ㉡ 1 **07** ㉠ 근로, ㉡ 임금, ㉢ 단시간근로자 **08** ㉠ 평균임금, ㉡ 통상임금

09 근로기준법 제19조 근로조건의 위반에 관한 설명이다. (　　)에 들어갈 용어를 쓰시오.

① 제17조에 따라 명시된 근로조건이 사실과 다를 경우에 근로자는 근로조건 위반을 이유로 손해의 배상을 청구할 수 있으며 즉시 근로계약을 해제할 수 있다.
② 제1항에 따라 근로자가 손해배상을 청구할 경우에는 (㉠)에 신청할 수 있으며, 근로계약이 해제되었을 경우에는 사용자는 (㉡)을(를) 목적으로 거주를 변경하는 근로자에게 귀향 여비를 지급하여야 한다.

10 근로기준법 제36조 금품청산에 관한 설명이다. (　　)에 들어갈 아라비아 숫자와 용어를 쓰시오.

사용자는 근로자가 사망 또는 퇴직한 경우에는 그 지급사유가 발생한 때부터 (㉠)일 이내에 임금, 보상금, 그 밖의 모든 금품을 지급하여야 한다. 다만, 특별한 사정이 있을 경우에는 당사자 사이의 (㉡)에 의하여 기일을 연장할 수 있다.

11 근로기준법 제38조 임금채권의 우선변제에 관한 설명이다. (　　)에 들어갈 아라비아 숫자와 용어를 쓰시오.

제1항에도 불구하고 다음 각 호의 어느 하나에 해당하는 채권은 사용자의 총재산에 대하여 질권·저당권 또는 「동산·채권 등의 담보에 관한 법률」에 따른 담보권에 따라 담보된 채권, 조세·공과금 및 다른 채권에 우선하여 변제되어야 한다.
1. 최종 (㉠)개월분의 임금
2. (㉡)

12 근로기준법령상 사용증명서의 청구에 관한 설명이다. (　　)에 들어갈 아라비아 숫자를 쓰시오.

사용증명서를 청구할 수 있는 자는 계속하여 (㉠)일 이상 근무한 근로자로 하되, 청구할 수 있는 기한은 퇴직 후 (㉡)년 이내로 한다.

13 근로기준법령상 근로자의 명부 등에 관한 설명이다. (　　)에 들어갈 아라비아 숫자를 쓰시오.

> 사용자는 근로자 명부와 대통령령으로 정하는 근로계약에 관한 중요한 서류를 (㉠)년간 보존하여야 하며, 사용기간이 (㉡)일 미만인 일용근로자에 대하여는 근로자 명부를 작성하지 아니할 수 있다.

14 근로기준법령상 해고 등의 제한에 관한 설명이다. (　　)에 들어갈 아라비아 숫자를 쓰시오.

> 사용자는 근로자가 업무상 부상 또는 질병의 요양을 위하여 휴업한 기간과 그 후 (㉠)일 동안 또는 산전(産前)·산후(産後)의 여성이 이 법에 따라 휴업한 기간과 그 후 (㉡)일 동안은 해고하지 못한다. 다만, 사용자가 제84조에 따라 일시보상을 하였을 경우 또는 사업을 계속할 수 없게 된 경우에는 그러하지 아니하다.

15 근로기준법령상 경영상 이유에 의한 해고에 관한 규정의 일부이다. (　　)에 들어갈 아라비아 숫자를 쓰시오.

> • 사용자는 법 제24조 제2항에 따른 해고를 피하기 위한 방법과 해고의 기준 등에 관하여 그 사업 또는 사업장에 근로자의 과반수로 조직된 노동조합이 있는 경우에는 그 노동조합(근로자의 과반수로 조직된 노동조합이 없는 경우에는 근로자의 과반수를 대표하는 자를 말한다)에 해고를 하려는 날의 (㉠)일 전까지 통보하고 성실하게 협의하여야 한다.
> • 법 제24조에 따라 근로자를 해고한 사용자는 근로자를 해고한 날부터 (㉡)년 이내에 해고된 근로자가 해고 당시 담당하였던 업무와 같은 업무를 할 근로자를 채용하려고 할 경우 제24조에 따라 해고된 근로자가 원하면 그 근로자를 우선적으로 고용하여야 한다.

정답

09 ㉠ 노동위원회, ㉡ 취업　**10** ㉠ 14, ㉡ 합의　**11** ㉠ 3, ㉡ 재해보상금　**12** ㉠ 30, ㉡ 3　**13** ㉠ 3, ㉡ 30　**14** ㉠ 30, ㉡ 30　**15** ㉠ 50, ㉡ 3

16 **근로기준법 시행령 제10조 제1항 경영상 이유에 의한 해고 계획의 신고에 관한 설명이다. (　　)에 들어갈 아라비아 숫자를 쓰시오.**

법 제24조 제4항에 따라 사용자는 1개월 동안에 다음 각 호의 어느 하나에 해당하는 인원을 해고하려면 최초로 해고하려는 날의 (㉠)일 전까지 고용노동부장관에게 신고하여야 한다.
1. 상시 근로자 수가 99명 이하인 사업 또는 사업장: (㉡)명 이상
2. 상시 근로자 수가 100명 이상 999명 이하인 사업 또는 사업장: 상시 근로자 수의 (㉢)퍼센트 이상
3. 상시 근로자 수가 1,000명 이상 사업 또는 사업장: 100명 이상

17 **근로기준법상 해고의 예고에 관한 설명이다. (　　)에 들어갈 용어를 쓰시오.**

사용자는 근로자를 해고(경영상 이유에 의한 해고를 포함한다)하려면 적어도 30일 전에 예고를 하여야 하고, 30일 전에 예고를 하지 아니하였을 때에는 30일분 이상의 (㉠)을(를) 지급하여야 한다. 다만, 다음 각 호의 어느 하나에 해당하는 경우에는 그러하지 아니하다.
1. 근로자가 계속 근로한 기간이 3개월 미만인 경우
2. 천재·사변, 그 밖의 부득이한 사유로 사업을 계속하는 것이 불가능한 경우
3. 근로자가 (㉡)(으)로 사업에 막대한 지장을 초래하거나 재산상 손해를 끼친 경우로서 고용노동부령으로 정하는 사유에 해당하는 경우

18 **근로기준법상 해고의 예고에 관한 설명이다. (　　)에 들어갈 아라비아 숫자를 쓰시오.**

사용자는 근로자를 해고(경영상 이유에 의한 해고를 포함한다)하려면 적어도 (㉠)일 전에 예고를 하여야 하고, (㉠)일 전에 예고를 하지 아니하였을 때에는 (㉠)일분 이상의 통상임금을 지급하여야 한다. 다만, 다음 각 호의 어느 하나에 해당하는 경우에는 그러하지 아니하다.
1. 근로자가 계속 근로한 기간이 (㉡)개월 미만인 경우
2. 천재·사변, 그 밖의 부득이한 사유로 사업을 계속하는 것이 불가능한 경우
3. 근로자가 고의로 사업에 막대한 지장을 초래하거나 재산상 손해를 끼친 경우로서 고용노동부령으로 정하는 사유에 해당하는 경우

19 **근로기준법상 해고제도에 관한 설명이다. (　　)에 들어갈 용어를 쓰시오.**

> ① 사용자는 근로자를 해고하려면 해고사유와 해고시기를 (㉠)(으)로 통지하여야 한다.
> ② 근로자에 대한 해고는 제1항에 따라 (㉠)(으)로 통지하여야 효력이 있다.

PART 1

20 **근로기준법령상 부당해고등의 구제신청에 관한 내용이다. (　　)에 들어갈 숫자를 쓰시오.** 제18회

> 사용자가 근로자에게 부당해고등을 하면 근로자는 노동위원회에 구제를 신청할 수 있다. 이에 따른 구제신청은 부당해고등이 있었던 날부터 (㉠)개월 이내에 하여야 한다.

21 **근로기준법령상 부당해고등의 구제신청에 관한 내용이다. (　　)에 들어갈 용어를 쓰시오.**

> 사용자가 근로자에게 부당해고등을 하면 근로자는 (㉠)에 구제를 신청할 수 있다. 이에 따른 구제신청은 부당해고등이 있었던 날부터 3개월 이내에 하여야 한다.

22 **근로기준법 시행령 제11조 구제명령의 이행기한에 관한 내용이다. (　　)에 들어갈 아라비아 숫자를 쓰시오.**

> 「노동위원회법」에 따른 노동위원회(이하 '노동위원회'라 한다)는 법 제30조 제1항에 따라 사용자에게 구제명령(이하 '구제명령'이라 한다)을 하는 때에는 이행기한을 정하여야 한다. 이 경우 이행기한은 법 제30조 제2항에 따라 사용자가 구제명령을 서면으로 통지받은 날부터 (㉠)일 이내로 한다.

정답

16 ㉠ 30, ㉡ 10, ㉢ 10 **17** ㉠ 통상임금, ㉡ 고의 **18** ㉠ 30, ㉡ 3 **19** ㉠ 서면
20 ㉠ 3 **21** ㉠ 노동위원회 **22** ㉠ 30

23 **근로기준법 제31조 구제명령 등의 확정에 관한 설명이다. (   )에 들어갈 아라비아 숫자를 쓰시오.**

> • 「노동위원회법」에 따른 지방노동위원회의 구제명령이나 기각결정에 불복하는 사용자나 근로자는 구제명령서나 기각결정서를 통지받은 날부터 (㉠)일 이내에 중앙노동위원회에 재심을 신청할 수 있다.
> • 제1항에 따른 중앙노동위원회의 재심판정에 대하여 사용자나 근로자는 재심판정서를 송달받은 날부터 (㉡)일 이내에 「행정소송법」의 규정에 따라 소(訴)를 제기할 수 있다.

24 **근로기준법령상 이행강제금에 관한 설명이다. (   )에 들어갈 아라비아 숫자를 쓰시오.**

> • 노동위원회는 구제명령(구제명령을 내용으로 하는 재심판정을 포함한다)을 받은 후 이행기한까지 구제명령을 이행하지 아니한 사용자에게 (㉠)만원 이하의 이행강제금을 부과한다.
> • 노동위원회는 제1항에 따른 이행강제금을 부과하기 (㉡)일 전까지 이행강제금을 부과·징수한다는 뜻을 사용자에게 미리 문서로써 알려 주어야 한다.
> • 근로자는 구제명령을 받은 사용자가 이행기한까지 구제명령을 이행하지 아니하면 이행기한이 지난 때부터 (㉢)일 이내에 그 사실을 노동위원회에 알려줄 수 있다.

25 **근로기준법상 이행강제금에 관한 내용이다. (   )에 들어갈 숫자를 순서대로 쓰시오.**

제20회

> 노동위원회는 최초의 구제명령을 한 날을 기준으로 매년 (㉠)회의 범위에서 구제명령이 이행될 때까지 반복하여 이행강제금을 부과·징수할 수 있다. 이 경우 이행강제금은 (㉡)년을 초과하여 부과·징수하지 못한다.

26 **근로기준법령상 부당해고 구제명령을 받은 후 이행기한까지 이행하지 아니한 사용자에게 노동위원회가 2년간 부과할 수 있는 이행강제금의 최대 상한액을 아라비아 숫자로 쓰시오. (단위는 원임)**

풀이 이행강제금의 1회 상한액은 3,000만원이며, 매년 2회 범위에서 2년까지 반복 부과할 수 있다.

PART 1

27 **근로기준법령상 취업규칙에 관한 설명이다. (　　)에 들어갈 아라비아 숫자와 용어를 쓰시오.**

> 상시 (㉠)명 이상의 근로자를 사용하는 사용자는 취업규칙을 작성하여 (㉡)에게 신고하여야 한다. 이를 변경하는 경우에도 또한 같다.

28 **근로기준법령상 제재 규정의 제한에 관한 설명이다. (　　)에 들어갈 용어와 아라비아 숫자를 쓰시오.**

> 취업규칙에서 근로자에 대하여 감급(減給)의 제재를 정할 경우에 그 감액은 1회의 금액이 (㉠)의 1일분의 (㉡)을(를), 총액이 1임금지급기의 임금 총액의 (㉢)을(를) 초과하지 못한다.

29 **근로기준법령상 취업규칙에 관한 설명이다. (　　)에 들어갈 용어를 쓰시오.**

> 취업규칙은 법령이나 해당 사업 또는 사업장에 대하여 적용되는 (㉠)와(과) 어긋나서는 아니 되며, 고용노동부장관은 법령이나 (㉠)에 어긋나는 취업규칙의 변경을 명할 수 있다.

30 **근로기준법령상 위반의 효력에 관한 설명이다. (　　)에 들어갈 용어를 쓰시오.**

> (㉠)에서 정한 기준에 미달하는 근로조건을 정한 근로계약은 그 부분에 관하여는 무효로 한다. 이 경우 무효로 된 부분은 (㉠)에 따른다.

정답

23 ㉠ 10, ㉡ 15　**24** ㉠ 3,000, ㉡ 30, ㉢ 15　**25** ㉠ 2, ㉡ 2　**26** 120,000,000
27 ㉠ 10, ㉡ 고용노동부장관　**28** ㉠ 평균임금, ㉡ 1/2, ㉢ 1/10　**29** ㉠ 단체협약　**30** ㉠ 취업규칙

31 **근로기준법령상 임금 지급에 관한 설명이다. (　　)에 들어갈 용어를 쓰시오.**

> 임금은 (㉠)(으)로 직접 근로자에게 그 전액을 지급하여야 한다. 다만, 법령 또는 (㉡)에 특별한 규정이 있는 경우에는 임금의 일부를 공제하거나 (㉠) 이외의 것으로 지급할 수 있다.

32 **근로기준법 제43조의2 체불사업주 명단 공개에 관한 규정이다. (　　)에 들어갈 아라비아 숫자를 쓰시오.**

> ① 고용노동부장관은 제36조, 제43조, 제51조의3, 제52조 제2항 제2호, 제56조에 따른 임금, 보상금, 수당, 그 밖에 모든 금품(이하 '임금등'이라 한다)을 지급하지 아니한 사업주(법인인 경우에는 그 대표자를 포함한다. 이하 '체불사업주'라 한다)가 명단 공개 기준일 이전 3년 이내 임금등을 체불하여 (㉠)회 이상 유죄가 확정된 자로서 명단 공개 기준일 이전 1년 이내 임금등의 체불총액이 (㉡)만원 이상인 경우에는 그 인적사항 등을 공개할 수 있다. 다만, 체불사업주의 사망·폐업으로 명단 공개의 실효성이 없는 경우 등 대통령령으로 정하는 사유가 있는 경우에는 그러하지 아니하다.
> ② 고용노동부장관은 제1항에 따라 명단 공개를 할 경우에 체불사업주에게 (㉢)개월 이상의 기간을 정하여 소명 기회를 주어야 한다.

33 **근로기준법 시행령 제25조 지급기일 전의 임금 지급에 관한 설명이다. (　　)에 들어갈 용어와 아라비아 숫자를 쓰시오.**

> 법 제45조에서 '그 밖에 대통령령으로 정한 비상(非常)한 경우'란 근로자나 그의 수입으로 생계를 유지하는 자가 다음 각 호의 어느 하나에 해당하게 되는 경우를 말한다.
> 1. (㉠)하거나 질병에 걸리거나 (㉡)을(를) 당한 경우
> 2. 혼인 또는 사망한 경우
> 3. 부득이한 사유로 (㉢)주 이상 귀향하게 되는 경우

34 근로기준법상 휴업수당에 관한 설명이다. ( )에 들어갈 용어와 아라비아 숫자를 쓰시오.

> 사용자의 귀책사유로 휴업하는 경우에 사용자는 휴업기간 동안 그 근로자에게 (㉠)의 100분의 (㉡) 이상의 수당을 지급하여야 한다. 다만, (㉠)의 100분의 (㉡)에 해당하는 금액이 (㉢)을(를) 초과하는 경우에는 (㉢)을(를) 휴업수당으로 지급할 수 있다.

35 근로기준법상 임금의 시효에 관한 설명이다. ( )에 들어갈 아라비아 숫자를 쓰시오.

> 이 법에 따른 임금채권은 (㉠)년간 행사하지 아니하면 시효로 소멸한다.

36 근로기준법령상 근로시간에 관한 설명이다. ( )에 들어갈 용어와 아라비아 숫자를 쓰시오.

> 1주간의 근로시간은 (㉠)을(를) 제외하고 (㉡)시간을 초과할 수 없으며, 1일의 근로시간은 (㉠)을(를) 제외하고 (㉢)시간을 초과할 수 없다.

37 근로기준법령상 근로시간에 관한 설명이다. ( )에 들어갈 아라비아 숫자를 쓰시오.

> 15세 이상 18세 미만인 사람의 근로시간은 1일에 (㉠)시간, 1주에 (㉡)시간을 초과하지 못한다. 다만, 당사자 사이의 합의에 따라 1일에 1시간, 1주에 (㉢)시간을 한도로 연장할 수 있다.

정답

31 ㉠ 통화, ㉡ 단체협약 **32** ㉠ 2, ㉡ 3,000, ㉢ 3 **33** ㉠ 출산, ㉡ 재해, ㉢ 1
34 ㉠ 평균임금, ㉡ 70, ㉢ 통상임금 **35** ㉠ 3 **36** ㉠ 휴게시간, ㉡ 40, ㉢ 8 **37** ㉠ 7, ㉡ 35, ㉢ 5

38 **근로기준법령상 탄력적 근로시간제에 관한 설명이다. ( )에 들어갈 아라비아 숫자를 쓰시오.**

> 사용자는 취업규칙(취업규칙에 준하는 것을 포함한다)에서 정하는 바에 따라 (㉠)주 이내의 일정한 단위기간을 평균하여 1주간의 근로시간이 제50조 제1항의 근로시간을 초과하지 아니하는 범위에서 특정한 주에 제50조 제1항의 근로시간을, 특정한 날에 제50조 제2항의 근로시간을 초과하여 근로하게 할 수 있다. 다만, 특정한 주의 근로시간은 (㉡)시간을 초과할 수 없다.

39 **근로기준법령상 탄력적 근로시간제에 관한 설명이다. ( )에 들어갈 아라비아 숫자를 쓰시오.**

> 사용자는 근로자대표와의 서면합의에 따라 (㉠)개월 이내의 단위기간을 평균하여 1주간의 근로시간이 제50조 제1항의 근로시간을 초과하지 아니하는 범위에서 특정한 주에 제50조 제1항의 근로시간을, 특정한 날에 제50조 제2항의 근로시간을 초과하여 근로하게 할 수 있다. 다만, 특정한 주의 근로시간은 (㉡)시간을, 특정한 날의 근로시간은 (㉢)시간을 초과할 수 없다.

40 **근로기준법령상 연장·야간 및 휴일근로에 관한 설명이다. ( )에 들어갈 용어와 아라비아 숫자를 쓰시오.**

> ① 사용자는 연장근로(제53조·제59조 및 제69조 단서에 따라 연장된 시간의 근로를 말한다)에 대하여는 (㉠)의 100분의 (㉡) 이상을 가산하여 근로자에게 지급하여야 한다.
> ② 제1항에도 불구하고 사용자는 휴일근로에 대하여는 다음 각 호의 기준에 따른 금액 이상을 가산하여 근로자에게 지급하여야 한다.
> 1. 8시간 이내의 휴일근로: (㉠)의 100분의 (㉡)
> 2. 8시간을 초과한 휴일근로: (㉠)의 100분의 (㉢)
> ③ 사용자는 야간근로(오후 10시부터 다음 날 오전 6시 사이의 근로를 말한다)에 대하여는 (㉠)의 100분의 (㉡) 이상을 가산하여 근로자에게 지급하여야 한다.

41 **근로기준법령상 탄력적 근로시간제에 관한 설명이다. ( )에 들어갈 아라비아 숫자를 쓰시오.**

> 사용자는 근로자대표와의 서면합의에 따라 (㉠)개월을 초과하고 (㉡)개월 이내의 단위기간을 평균하여 1주간의 근로시간이 40시간을 초과하지 아니하는 범위에서 특정한 주에 40시간을, 특정한 날에 8시간을 초과하여 근로하게 할 수 있다. 다만, 특정한 주의 근로시간은 (㉢)시간을, 특정한 날의 근로시간은 12시간을 초과할 수 없다.

42 **근로기준법령상 여성의 시간외근로에 관한 규정이다. ( )에 들어갈 내용을 순서대로 쓰시오.**

제17회

> 사용자는 산후 1년이 지나지 아니한 여성에 대하여는 (㉠)이(가) 있는 경우라도 1일에 2시간, 1주에 6시간, 1년에 (㉡)시간을 초과하는 시간외근로를 시키지 못한다.

43 **근로기준법령상 휴게에 관한 설명이다. ( )에 들어갈 내용을 쓰시오.**

> 사용자는 근로시간이 4시간인 경우에는 (㉠) 이상, 8시간인 경우에는 (㉡) 이상의 휴게시간을 근로시간 도중에 주어야 한다.

44 **근로기준법 제60조 연차 유급휴가에 관한 설명이다. ( )에 들어갈 아라비아 숫자를 쓰시오.**

> 사용자는 1년간 (㉠)퍼센트 이상 출근한 근로자에게 (㉡)일의 유급휴가를 주어야 한다.

정답

38 ㉠ 2, ㉡ 48 **39** ㉠ 3, ㉡ 52, ㉢ 12 **40** ㉠ 통상임금, ㉡ 50, ㉢ 100
41 ㉠ 3, ㉡ 6, ㉢ 52 **42** ㉠ 단체협약, ㉡ 150 **43** ㉠ 30분, ㉡ 1시간 **44** ㉠ 80, ㉡ 15

45 **근로기준법 제60조 연차 유급휴가에 관한 설명이다. (　　)에 들어갈 아라비아 숫자를 쓰시오.**

사용자는 계속하여 근로한 기간이 (㉠)년 미만인 근로자 또는 1년간 (㉡)퍼센트 미만 출근한 근로자에게 1개월 개근 시 1일의 유급휴가를 주어야 한다.

46 **근로기준법 제60조 연차 유급휴가에 관한 설명이다. (　　)에 들어갈 아라비아 숫자를 쓰시오.**

사용자는 3년 이상 계속하여 근로한 근로자에게는 제1항에 따른 휴가에 최초 1년을 초과하는 계속근로연수 매 (㉠)년에 대하여 (㉡)일을 가산한 유급휴가를 주어야 한다. 이 경우 가산휴가를 포함한 총휴가일수는 (㉢)일을 한도로 한다.

47 **다음의 경우 2025년에 甲에게 주어야 하는 연차 유급휴가일수는 며칠인지 아라비아 숫자로 쓰시오.**

• 甲은 2014년 1월 1일에 입사하여 2024년 12월 30일까지 11년간 근속했다. • 甲은 2024년 1년간 90퍼센트 출근했다.

풀이 $15일 + \frac{x - 1년}{2년} \times 1일 = 15일 + \frac{11년 - 1년}{2년} = 20일$

48 **근로기준법 제60조 연차 유급휴가에 관한 설명이다. (　　)에 들어갈 아라비아 숫자와 용어를 쓰시오.**

연차 유급휴가는 (㉠)년간[계속하여 근로한 기간이 (㉠)년 미만인 근로자의 제2항에 따른 유급휴가는 최초 (㉠)년의 근로가 끝날 때까지의 기간을 말한다] 행사하지 아니하면 소멸된다. 다만, (㉡)의 귀책사유로 사용하지 못한 경우에는 그러하지 아니하다.

49 **근로기준법 제61조 연차 유급휴가의 사용 촉진에 관한 설명이다. (　　)에 들어갈 아라비아 숫자를 쓰시오.**

> 사용자가 제60조 제1항·제2항 및 제4항에 따른 유급휴가(계속하여 근로한 기간이 1년 미만인 근로자의 제60조 제2항에 따른 유급휴가는 제외한다)의 사용을 촉진하기 위하여 다음 각 호의 조치를 하였음에도 불구하고 근로자가 휴가를 사용하지 아니하여 제60조 제7항 본문에 따라 소멸된 경우에는 사용자는 그 사용하지 아니한 휴가에 대하여 보상할 의무가 없고, 제60조 제7항 단서에 따른 사용자의 귀책사유에 해당하지 아니하는 것으로 본다.
> 1. 제60조 제7항 본문에 따른 기간이 끝나기 (㉠)개월 전을 기준으로 (㉡)일 이내에 사용자가 근로자별로 사용하지 아니한 휴가일수를 알려주고, 근로자가 그 사용 시기를 정하여 사용자에게 통보하도록 서면으로 촉구할 것
> 2. 제1호에 따른 촉구에도 불구하고 근로자가 촉구를 받은 때부터 (㉡)일 이내에 사용하지 아니한 휴가의 전부 또는 일부의 사용 시기를 정하여 사용자에게 통보하지 아니하면 제60조 제7항 본문에 따른 기간이 끝나기 (㉢)개월 전까지 사용자가 사용하지 아니한 휴가의 사용 시기를 정하여 근로자에게 서면으로 통보할 것

정답

45 ㉠ 1, ㉡ 80 **46** ㉠ 2, ㉡ 1, ㉢ 25 **47** 20 **48** ㉠ 1, ㉡ 사용자 **49** ㉠ 6, ㉡ 10, ㉢ 2

50 **근로기준법 제61조 연차 유급휴가의 사용 촉진에 관한 설명이다. (　　)에 들어갈 아라비아 숫자를 쓰시오.**

> 사용자가 계속하여 근로한 기간이 1년 미만인 근로자의 제60조 제2항에 따른 유급휴가의 사용을 촉진하기 위하여 다음 각 호의 조치를 하였음에도 불구하고 근로자가 휴가를 사용하지 아니하여 제60조 제7항 본문에 따라 소멸된 경우에는 사용자는 그 사용하지 아니한 휴가에 대하여 보상할 의무가 없고, 같은 항 단서에 따른 사용자의 귀책사유에 해당하지 아니하는 것으로 본다.
> 1. 최초 1년의 근로기간이 끝나기 (㉠)개월 전을 기준으로 10일 이내에 사용자가 근로자별로 사용하지 아니한 휴가일수를 알려주고, 근로자가 그 사용 시기를 정하여 사용자에게 통보하도록 서면으로 촉구할 것. 다만, 사용자가 서면 촉구한 후 발생한 휴가에 대해서는 최초 1년의 근로기간이 끝나기 (㉡)개월 전을 기준으로 5일 이내에 촉구하여야 한다.
> 2. 제1호에 따른 촉구에도 불구하고 근로자가 촉구를 받은 때부터 10일 이내에 사용하지 아니한 휴가의 전부 또는 일부의 사용 시기를 정하여 사용자에게 통보하지 아니하면 최초 1년의 근로기간이 끝나기 (㉢)개월 전까지 사용자가 사용하지 아니한 휴가의 사용 시기를 정하여 근로자에게 서면으로 통보할 것. 다만, 제1호 단서에 따라 촉구한 휴가에 대해서는 최초 1년의 근로기간이 끝나기 10일 전까지 서면으로 통보하여야 한다.

51 **근로기준법령상 임산부의 보호에 관한 설명이다. (　　)에 들어갈 아라비아 숫자를 쓰시오.**

> 사용자는 임신 중의 여성에게 출산 전과 출산 후를 통하여 (㉠)일[미숙아를 출산한 경우에는 (㉡)일, 한 번에 둘 이상 자녀를 임신한 경우에는 (㉢)일]의 출산전후휴가를 주어야 한다.

52 **근로기준법령상 임산부의 보호에 관한 설명이다. (　　)에 들어갈 아라비아 숫자를 쓰시오.**

> 사용자는 임신 후 12주 이내 또는 36주 이후에 있는 여성근로자(고용노동부령으로 정하는 유산, 조산 등 위험이 있는 여성 근로자의 경우 임신 전 기간)가 1일 (㉠)시간의 근로시간 단축을 신청하는 경우 이를 허용하여야 한다. 다만, 1일 근로시간이 8시간 미만인 근로자에 대하여는 1일 근로시간이 (㉡)시간이 되도록 근로시간 단축을 허용할 수 있다.

53 근로기준법령상 육아시간에 관한 설명이다. (   )에 들어갈 아라비아 숫자를 쓰시오.

생후 (㉠)년 미만의 유아(乳兒)를 가진 여성근로자가 청구하면 1일 (㉡)회 각각 30분 이상의 유급수유시간을 주어야 한다.

54 근로기준법령상 근로시간 등의 적용 제외를 받는 자에 관한 내용이다. ㉠과 ㉡에 들어갈 내용을 순서대로 쓰시오.

제12회

- 사용자는 「근로기준법」에 규정된 근로시간 등의 적용 제외 조항에 따라 (㉠) 또는 (㉡)적으로 근로에 종사하는 자에 대한 근로시간 등의 적용 제외 승인을 받으려면 해당 근로종사자에 대한 적용 제외 승인신청서를 관할 지방고용노동관서의 장에게 제출하여야 한다.
- 근로시간 등의 적용 제외 승인 대상이 되는 (㉠)적 근로에 종사하는 자는 (㉠)업무를 주 업무로 하며 상태적(狀態的)으로 정신적·육체적 피로가 적은 업무에 종사하는 자로 한다.

55 근로기준법상 직장 내 괴롭힘 발생 시 조치에 관한 내용이다. (   )에 들어갈 용어를 쓰시오.

제23회

사용자는 직장 내 괴롭힘 발생 사실을 인지한 경우에는 지체 없이 당사자 등을 대상으로 그 사실 확인을 위하여 객관적으로 조사를 실시하여야 한다. 사용자는 조사 기간 동안 직장 내 괴롭힘과 관련하여 피해근로자등을 보호하기 위하여 필요한 경우 해당 피해근로자등에 대하여 근무장소의 변경, (㉠) 명령 등 적절한 조치를 하여야 한다.

정답

50 ㉠ 3, ㉡ 1, ㉢ 1 **51** ㉠ 90, ㉡ 100, ㉢ 120 **52** ㉠ 2, ㉡ 6 **53** ㉠ 1, ㉡ 2
54 ㉠ 감시, ㉡ 단속 **55** ㉠ 유급휴가

최신기출

56 **최저임금법상 용어의 정의와 최저임금의 결정에 관한 내용이다. (　　)에 들어갈 용어를 쓰시오.** 제27회

> 제2조【정의】이 법에서 '근로자', '사용자' 및 '임금'이란 「(㉠)」 제2조에 따른 근로자, 사용자 및 임금을 말한다.
> 제4조【최저임금의 결정기준과 구분】① 최저임금은 근로자의 생계비, 유사 근로자의 임금, 노동생산성 및 소득분배율 등을 고려하여 정한다. 이 경우 사업의 종류별로 구분하여 정할 수 있다.
> ② 제1항에 따른 사업의 종류별 구분은 제12조에 따른 (㉡)의 심의를 거쳐 고용노동부장관이 정한다.

57 **최저임금법 제4조 최저임금의 결정기준과 구분에 관한 규정의 일부이다. (　　)에 들어갈 용어를 쓰시오.**

> 최저임금은 근로자의 (㉠), 유사 근로자의 임금, (㉡) 및 (㉢) 등을 고려하여 정한다. 이 경우 사업의 종류별로 구분하여 정할 수 있다.

58 **최저임금법상 최저임금액에 관한 내용이다. (　　)에 들어갈 용어를 쓰시오.** 제24회

> 최저임금액은 시간·일(日)·주(週) 또는 월(月)을 단위로 하여 정한다. 이 경우 일·주 또는 월을 단위로 하여 최저임금액을 정할 때에는 (㉠)(으)로도 표시하여야 한다.

59 **최저임금법상 최저임금액과 최저임금의 효력에 관한 내용이다. (　　)에 들어갈 아라비아 숫자와 용어를 쓰시오.** 제25회

> 제5조【최저임금액】① 〈생략〉
> ② 1년 이상의 기간을 정하여 근로계약을 체결하고 수습 중에 있는 근로자로서 수습을 시작한 날부터 (㉠)개월 이내인 사람에 대하여는 대통령령으로 정하는 바에 따라 제1항에 따른 최저임금액과 다른 금액으로 최저임금액을 정할 수 있다. 다만, 단순노무업무로 고용노동부장관이 정하여 고시한 직종에 종사하는 근로자는 제외한다.
> 부분은 이 법으로 정한 최저임금액과 동일한 임금을 지급하기로 한 것으로 본다.

제6조【최저임금의 효력】① 〈생략〉
② 〈생략〉
③ 최저임금의 적용을 받는 근로자와 사용자 사이의 근로계약 중 최저임금액에 미치지 못하는 금액을 임금으로 정한 부분은 (㉡)(으)로 하며, 이 경우 (㉡)(으)로 된 부분은 이 법으로 정한 최저임금액과 동일한 임금을 지급하기로 한 것으로 본다.

60 **최저임금법령상 수습 중에 있는 근로자에 대한 최저임금액에 관한 내용이다. (　　)에 들어갈 아라비아 숫자를 쓰시오.** 제26회

1년 이상의 기간을 정하여 근로계약을 체결하고 수습 중에 있는 근로자로서 수습을 시작한 날부터 (㉠)개월 이내인 사람에 대해서는 같은 조 제1항 후단에 따른 시간급 최저임금액(최저임금으로 정한 금액을 말한다. 이하 같다)에서 100분의 (㉡)을(를) 뺀 금액을 그 근로자의 시간급 최저임금액으로 한다.

61 **최저임금법 시행령 제4조(도급제 등의 경우 최저임금액 결정의 특례)에 관한 내용이다. (　　)에 들어갈 용어를 쓰시오.**

법 제5조 제3항에 따라 임금이 도급제나 그 밖에 이와 비슷한 형태로 정해진 경우에 근로시간을 파악하기 어렵거나 그 밖에 같은 조 제1항에 따라 최저임금액을 정하는 것이 적합하지 않다고 인정되면 해당 근로자의 (㉠) 또는 업적의 일정단위에 의하여 최저임금액을 정한다.

62 **최저임금법령상 최저임금의 결정에 관한 설명이다. (　　)에 들어갈 아라비아 숫자와 용어를 쓰시오.**

고용노동부장관은 매년 (㉠)월 (㉡)일까지 최저임금을 결정하여야 한다. 이 경우 고용노동부장관은 대통령령으로 정하는 바에 따라 (㉢)에 심의를 요청하고, (㉢)이(가) 심의하여 의결한 최저임금안에 따라 최저임금을 결정하여야 한다.

정답

56 ㉠ 근로기준법, ㉡ 최저임금위원회 **57** ㉠ 생계비, ㉡ 노동생산성, ㉢ 소득분배율
58 ㉠ 시간급 **59** ㉠ 3, ㉡ 무효 **60** ㉠ 3, ㉡ 10 **61** ㉠ 생산고 **62** ㉠ 8, ㉡ 5, ㉢ 최저임금위원회

63 **최저임금법령상 최저임금의 결정에 관한 설명이다. ( )에 들어갈 아라비아 숫자를 쓰시오.**

> 최저임금위원회는 고용노동부장관으로부터 최저임금에 관한 심의 요청을 받은 경우 이를 심의하여 최저임금안을 의결하고 심의 요청을 받은 날부터 (㉠)일 이내에 고용노동부장관에게 제출하여야 한다.

64 **최저임금법령상 최저임금의 결정에 관한 설명이다. ( )에 들어갈 아라비아 숫자를 쓰시오.**

> 고용노동부장관은 최저임금위원회가 심의하여 제출한 최저임금안에 따라 최저임금을 결정하기가 어렵다고 인정되면 (㉠)일 이내에 그 이유를 밝혀 위원회에 (㉡)일 이상의 기간을 정하여 재심의를 요청할 수 있다.

65 **최저임금법 제9조(최저임금안에 대한 이의 제기)에 관한 내용이다. ( )에 들어갈 아라비아 숫자와 용어를 쓰시오.**

> 근로자를 대표하는 자나 사용자를 대표하는 자는 제1항에 따라 고시된 최저임금안에 대하여 이의가 있으면 고시된 날부터 (㉠)일 이내에 대통령령으로 정하는 바에 따라 (㉡)에게 이의를 제기할 수 있다. 이 경우 근로자를 대표하는 자나 사용자를 대표하는 자의 범위는 대통령령으로 정한다.

66 **최저임금법 제12조에 관한 설명이다. ( )에 들어갈 용어를 쓰시오.**

> 최저임금에 관한 심의와 그 밖에 최저임금에 관한 중요 사항을 심의하기 위하여 (㉠)에 (㉡)을(를) 둔다.

67 근로자퇴직급여 보장법 제2조 용어에 관한 설명이다. (　　)에 들어갈 용어를 쓰시오.

(㉠)(이)란 퇴직급여제도나 제25조에 따른 개인형 퇴직연금제도에 의하여 근로자에게 지급되는 연금 또는 일시금을 말한다.

68 근로자퇴직급여 보장법 제2조 용어에 관한 설명이다. (　　)에 들어갈 용어를 쓰시오.

- '퇴직급여제도'란 확정급여형 퇴직연금제도, 확정기여형 퇴직연금제도, 중소기업퇴직연금기금제도 및 제8조에 따른 (㉠)을(를) 말한다.
- '퇴직연금제도'란 확정급여형 퇴직연금제도, 확정기여형 퇴직연금제도 및 (㉡)을(를) 말한다.

69 근로자퇴직급여 보장법 제2조 용어에 관한 설명이다. (　　)에 들어갈 용어를 쓰시오.

- (㉠)(이)란 근로자가 받을 급여의 수준이 사전에 결정되어 있는 퇴직연금제도를 말한다.
- (㉡)(이)란 급여의 지급을 위하여 사용자가 부담하여야 할 부담금의 수준이 사전에 결정되어 있는 퇴직연금제도를 말한다.

70 근로자퇴직급여 보장법의 용어 정의에 관한 내용이다. (　　)에 들어갈 용어를 쓰시오.

제22회

(㉠) 퇴직연금제도란 가입자의 선택에 따라 가입자가 납입한 일시금이나 사용자 또는 가입자가 납입한 부담금을 적립·운용하기 위하여 설정한 퇴직연금제도로서 급여의 수준이나 부담금의 수준이 확정되지 아니한 퇴직연금제도를 말한다.

정답

63 ㉠ 90 **64** ㉠ 20, ㉡ 10 **65** ㉠ 10, ㉡ 고용노동부장관 **66** ㉠ 고용노동부, ㉡ 최저임금위원회 **67** ㉠ 급여 **68** ㉠ 퇴직금제도, ㉡ 개인형 퇴직연금제도 **69** ㉠ 확정급여형 퇴직연금제도, ㉡ 확정기여형 퇴직연금제도 **70** ㉠ 개인형

71 **근로자퇴직급여 보장법의 용어 정의에 관한 내용이다. ( )에 들어갈 아라비아 숫자를 쓰시오.**

> '중소기업퇴직연금기금제도'란 중소기업[상시 (㉠)명 이하의 근로자를 사용하는 사업에 한정한다. 이하 같다] 근로자의 안정적인 노후생활 보장을 지원하기 위하여 둘 이상의 중소기업 사용자 및 근로자가 납입한 부담금 등으로 공동의 기금을 조성·운영하여 근로자에게 급여를 지급하는 제도를 말한다.

72 **근로자퇴직급여 보장법 제4조에 관한 설명이다. ( )에 들어갈 용어를 쓰시오.**

> 사용자는 퇴직하는 근로자에게 급여를 지급하기 위하여 (㉠) 중 하나 이상의 제도를 설정하여야 한다. 다만, 계속근로기간이 1년 미만인 근로자, 4주간을 평균하여 1주간의 소정근로시간이 15시간 미만인 근로자에 대하여는 그러하지 아니하다.

73 **근로자퇴직급여 보장법령상 퇴직급여제도의 설정에 관한 규정이다. ( )에 들어갈 숫자를 순서대로 쓰시오.** 제19회

> 사용자는 퇴직하는 근로자에게 급여를 지급하기 위하여 퇴직급여제도 중 하나 이상의 제도를 설정하여야 한다. 다만, 계속근로기간이 (㉠)년 미만인 근로자, 4주간을 평균하여 1주간의 소정근로시간이 (㉡)시간 미만인 근로자에 대하여는 그러하지 아니하다.

74 **근로자퇴직급여 보장법령상 새로 성립된 사업의 퇴직급여제도에 관한 설명이다. ( )에 들어갈 용어와 아라비아 숫자를 쓰시오.**

> 법률 제10967호 「근로자퇴직급여 보장법」 전부개정법률 시행일 이후 새로 성립(합병·분할된 경우는 제외한다)된 사업의 사용자는 (㉠)의 의견을 들어 사업의 성립 후 (㉡)년 이내에 확정급여형 퇴직연금제도나 확정기여형 퇴직연금제도를 설정하여야 한다.

75 **근로자퇴직급여 보장법령상 퇴직금제도에 관한 설명이다. ( )에 들어갈 아라비아 숫자와 용어를 쓰시오.**

퇴직금제도를 설정하려는 사용자는 계속근로기간 (㉠)년에 대하여 (㉡)일분 이상의 (㉢)을(를) 퇴직금으로 퇴직 근로자에게 지급할 수 있는 제도를 설정하여야 한다.

76 **근로자퇴직급여 보장법령상 퇴직금제도에 관한 설명이다. ( )에 들어갈 아라비아 숫자를 쓰시오.**

사용자는 근로자가 퇴직한 경우에는 그 지급사유가 발생한 날부터 (㉠)일 이내에 퇴직금을 지급하여야 한다. 다만, 특별한 사정이 있는 경우에는 당사자간의 합의에 따라 지급기일을 연장할 수 있고, 이 법에 따른 퇴직금을 받을 권리는 (㉡)년간 행사하지 아니하면 시효로 인하여 소멸한다.

77 **근로자퇴직급여 보장법 시행령 제3조(퇴직금의 중간정산 사유) 규정의 일부이다. ( )에 들어갈 아라비아 숫자를 쓰시오.**

> 법 제8조 제2항 전단에서 '주택구입 등 대통령령으로 정하는 사유'란 다음 각 호의 어느 하나에 해당하는 경우를 말한다.
> 1. ~ 2. 〈생략〉
> 3. 근로자가 (㉠)개월 이상 요양을 필요로 하는 다음 각 목의 어느 하나에 해당하는 사람의 질병이나 부상에 대한 의료비를 해당 근로자가 본인 연간 임금총액의 1천분의 (㉡)을(를) 초과하여 부담하는 경우
>   가. 근로자 본인
>   나. 근로자의 배우자
>   다. 근로자 또는 그 배우자의 부양가족
> 4. ~ 6. 〈생략〉
> 6의2. 사용자가 근로자와의 합의에 따라 소정근로시간을 1일 1시간 또는 1주 5시간 이상 변경하여 그 변경된 소정근로시간에 따라 근로자가 (㉢)개월 이상 계속 근로하기로 한 경우

정답

71 ㉠ 30 **72** ㉠ 퇴직급여제도 **73** ㉠ 1, ㉡ 15 **74** ㉠ 근로자대표, ㉡ 1 **75** ㉠ 1, ㉡ 30, ㉢ 평균임금 **76** ㉠ 14, ㉡ 3 **77** ㉠ 6, ㉡ 125, ㉢ 3

78 **근로자퇴직급여 보장법 시행령 제3조 퇴직금의 중간정산 사유에 관한 설명이다. (　　) 에 들어갈 아라비아 숫자를 쓰시오.**

사용자는 퇴직금을 미리 정산하여 지급한 경우 근로자가 퇴직한 후 (㉠)년이 되는 날까지 관련 증명서류를 보존하여야 한다.

79 **근로자퇴직급여 보장법상 퇴직급여에 관한 내용이다. (　　)에 들어갈 숫자를 쓰시오.**

제23회

사용자에게 지급의무가 있는 '퇴직급여등'은 사용자의 총재산에 대하여 질권 또는 저당권에 의하여 담보된 채권을 제외하고는 조세·공과금 및 다른 채권에 우선하여 변제되어야 한다. 다만, 질권 또는 저당권에 우선하는 조세·공과금에 대하여는 그러하지 아니하다. 그럼에도 불구하고 최종 (㉠)년간의 퇴직급여등은 사용자의 총재산에 대하여 질권 또는 저당권에 의하여 담보된 채권, 조세·공과금 및 다른 채권에 우선하여 변제되어야 한다.

80 **근로자퇴직급여 보장법 제13조 확정급여형 퇴직연금제도의 설정에 관한 내용이다. (　　)에 들어갈 용어를 쓰시오.**

확정급여형 퇴직연금제도를 설정하려는 사용자는 제4조 제3항 또는 제5조에 따라 (㉠)의 동의를 얻거나 의견을 들어 다음 각 호의 사항을 포함한 확정급여형 퇴직연금규약을 작성하여 (㉡)에게 (㉢)하여야 한다. 1. ~ 11. 〈생략〉

81 **근로자퇴직급여 보장법 제18조 운용현황의 통지에 관한 내용이다. (　　)에 들어갈 아라비아 숫자와 용어를 쓰시오.**

확정급여형 퇴직연금제도의 경우 퇴직연금사업자는 매년 (㉠)회 이상 적립금액 및 (㉡) 등을 고용노동부령으로 정하는 바에 따라 가입자에게 알려야 한다.

82 근로자퇴직급여 보장법령상 확정급여형 퇴직연금제도의 급여수준에 관한 설명이다. (   )에 들어갈 아라비아 숫자와 용어를 쓰시오.

확정급여형 퇴직연금제도의 급여수준은 가입자의 퇴직일을 기준으로 산정한 일시금이 계속근로기간 1년에 대하여 (㉠)일분 이상의 (㉡)이(가) 되도록 하여야 한다.

83 근로자퇴직급여 보장법령상 급여 종류 및 수급요건에 관한 설명이다. (   )에 들어갈 아라비아 숫자를 쓰시오.

확정급여형 퇴직연금제도의 급여 종류는 연금 또는 일시금으로 하되, 수급요건은 다음 각 호와 같다. 1. 연금은 (㉠)세 이상으로서 가입기간이 (㉡)년 이상인 가입자에게 지급할 것. 이 경우 연금의 지급기간은 (㉢)년 이상이어야 한다. 2. 일시금은 연금 수급요건을 갖추지 못하거나 일시금 수급을 원하는 가입자에게 지급할 것

84 근로자퇴직급여 보장법령상 부담금의 부담수준 및 납입에 관한 설명이다. (   )에 들어갈 아라비아 숫자와 용어를 쓰시오.

확정기여형 퇴직연금제도를 설정한 사용자는 가입자의 연간 임금총액의 (㉠) 이상에 해당하는 부담금을 (㉡)(으)로 가입자의 확정기여형 퇴직연금제도 계정에 납입하여야 한다.

정답

78 ㉠ 5 **79** ㉠ 3 **80** ㉠ 근로자대표, ㉡ 고용노동부장관, ㉢ 신고 **81** ㉠ 1, ㉡ 운용수익률
82 ㉠ 30, ㉡ 평균임금 **83** ㉠ 55, ㉡ 10, ㉢ 5 **84** ㉠ 1/12, ㉡ 현금

85 **근로자퇴직급여 보장법령상 적립금의 운용방법 및 정보제공에 관한 내용이다. (　　)에 들어갈 용어를 쓰시오.**

> (㉠)의 가입자는 적립금의 운용방법을 스스로 선정할 수 있고, 반기마다 1회 이상 적립금의 운용방법을 변경할 수 있다.

86 **근로자퇴직급여 보장법령상 개인형 퇴직연금제도의 급여 종류별 수급요건에 관한 설명이다. (　　)에 들어갈 아라비아 숫자를 쓰시오.**

> 법 제24조 제5항에 따른 개인형 퇴직연금제도의 급여 종류별 수급요건은 다음 각 호의 구분과 같다.
> 1. 연금: (㉠)세 이상인 가입자에게 지급. 이 경우 연금 지급기간은 (㉡)년 이상이어야 한다.
> 2. 일시금: (㉢)세 이상으로서 일시금 수급을 원하는 가입자에게 지급

87 **근로자퇴직급여 보장법령상 퇴직연금제도에 관한 설명이다. (　　)에 들어갈 아라비아 숫자와 용어를 쓰시오.**

> 상시 (㉠)명 미만의 근로자를 사용하는 사업의 경우 제4조 제1항 및 제5조에도 불구하고 사용자가 개별 근로자의 동의를 받거나 근로자의 요구에 따라 (㉡)을(를) 설정하는 경우에는 해당 근로자에 대하여 퇴직급여제도를 설정한 것으로 본다.

88 **남녀고용평등과 일·가정 양립 지원에 관한 법률상 용어의 정의이다. (　　)에 들어갈 용어를 쓰시오.**

> (㉠)(이)란 사업주가 근로자에게 성별, 혼인, 가족 안에서의 지위, 임신 또는 출산 등의 사유로 합리적인 이유 없이 채용 또는 근로의 조건을 다르게 하거나 그 밖의 불리한 조치를 하는 경우[사업주가 채용조건이나 근로조건은 동일하게 적용하더라도 그 조건을 충족할 수 있는 남성 또는 여성이 다른 한 성(性)에 비하여 현저히 적고 그에 따라 특정 성에게 불리한 결과를 초래하며 그 조건이 정당한 것임을 증명할 수 없는 경우를 포함한다]를 말한다. 다만, 다음 각 목의 어느 하나에 해당하는 경우는 제외한다.
> 가. 직무의 성격에 비추어 특정 성이 불가피하게 요구되는 경우
> 나. 여성근로자의 임신·출산·수유 등 (㉡)을(를) 위한 조치를 하는 경우
> 다. 그 밖에 이 법 또는 다른 법률에 따라 (㉢)을(를) 하는 경우

89 **남녀고용평등과 일·가정 양립 지원에 관한 법률상 용어의 정의이다. (　　)에 들어갈 용어를 쓰시오.**

> • (㉠)(이)란 사업주·상급자 또는 근로자가 직장 내의 지위를 이용하거나 업무와 관련하여 다른 근로자에게 성적 언동 등으로 성적 굴욕감 또는 혐오감을 느끼게 하거나 성적 언동 또는 그 밖의 요구 등에 따르지 아니하였다는 이유로 근로조건 및 고용에서 불이익을 주는 것을 말한다.
> • (㉡)(이)란 현존하는 남녀 간의 고용차별을 없애거나 고용평등을 촉진하기 위하여 잠정적으로 특정 성을 우대하는 조치를 말한다.

90 **남녀고용평등과 일·가정 양립 지원에 관한 법령상 직장 내 성희롱 예방 교육에 관한 내용이다. (　　)에 들어갈 숫자를 쓰시오.** 제22회

> 상시 (㉠)명 미만의 근로자를 고용하는 사업의 사업주는 근로자가 알 수 있도록 홍보물을 게시하거나 배포하는 방법으로 직장 내 성희롱 예방 교육을 할 수 있다.

정답

85 ㉠ 확정기여형 퇴직연금제도 **86** ㉠ 55, ㉡ 5, ㉢ 55 **87** ㉠ 10, ㉡ 개인형 퇴직연금제도
88 ㉠ 차별, ㉡ 모성보호, ㉢ 적극적 고용개선조치 **89** ㉠ 직장 내 성희롱, ㉡ 적극적 고용개선조치
90 ㉠ 10

91 **남녀고용평등과 일·가정 양립 지원에 관한 법률상 성희롱 예방 교육의 위탁에 관한 설명이다. ( )에 들어갈 용어를 쓰시오.**

사업주는 성희롱 예방 교육을 (㉠)이(가) 지정하는 기관에 위탁하여 실시할 수 있다.

92 **남녀고용평등과 일·가정 양립 지원에 관한 법률상 성희롱 예방 교육의 위탁에 관한 내용이다. ( )에 들어갈 아라비아 숫자를 쓰시오.**

> 고용노동부장관은 성희롱 예방 교육기관이 다음 각 호의 어느 하나에 해당하면 그 지정을 취소할 수 있다.
> 1. 거짓이나 그 밖의 부정한 방법으로 지정을 받은 경우
> 2. 정당한 사유 없이 제3항에 따른 강사를 (㉠)개월 이상 계속하여 두지 아니한 경우
> 3. (㉡)년 동안 직장 내 성희롱 예방 교육 실적이 없는 경우

93 **남녀고용평등과 일·가정 양립 지원에 관한 법률상 직장 내 성희롱 발생 시 조치에 관한 내용이다. ( )에 들어갈 용어를 쓰시오.**

> 사업주는 직장 내 성희롱 발생 사실을 알게 된 경우에는 지체 없이 그 사실 확인을 위한 조사를 하여야 한다. 사업주는 조사 기간 동안 피해근로자등을 보호하기 위하여 필요한 경우 해당 피해근로자등에 대하여 근무장소의 변경, (㉠) 명령 등 적절한 조치를 하여야 한다. 이 경우 사업주는 피해근로자등의 의사에 반하는 조치를 하여서는 아니 된다.

94 **남녀고용평등과 일·가정 양립 지원에 관한 법률상 배우자 출산휴가에 관한 내용이다. ( )에 들어갈 숫자를 쓰시오.** 제17회 수정

> 사업주는 근로자가 배우자의 출산을 이유로 휴가를 고지하는 경우에 (㉠)일의 휴가를 주어야 하고, 이 경우 사용한 휴가기간은 유급으로 한다. 이 휴가는 근로자의 배우자가 출산한 날부터 120일이 지나면 사용할 수 없다.

95 **남녀고용평등과 일·가정 양립 지원에 관한 법률상 배우자 출산휴가에 관한 내용이다. (　　)에 들어갈 아라비아 숫자와 용어를 쓰시오.** 제26회 수정

> 제18조의2【배우자 출산휴가】 ① 사업주는 근로자가 배우자의 출산을 이유로 휴가(이하 '배우자 출산휴가'라 한다)를 고지하는 경우에 (㉠)일의 휴가를 주어야 한다. 이 경우 사용한 휴가기간은 (㉡)(으)로 한다.
> ② 제1항 후단에도 불구하고 출산전후휴가급여등이 지급된 경우에는 그 금액의 한도에서 지급의 책임을 면한다.
> ③ 배우자 출산휴가는 근로자의 배우자가 출산한 날부터 (㉢)일이 지나면 사용할 수 없다.

96 **남녀고용평등과 일·가정 양립 지원에 관한 법률상 모성보호에 관한 내용이다. (　　)에 들어갈 용어 또는 숫자를 쓰시오.** 제23회 수정

> 사업주는 근로자가 인공수정 또는 체외수정 등 (㉠)을(를) 받기 위하여 휴가를 청구하는 경우에 연간 (㉡)일 이내의 휴가를 주어야 하며, 이 경우 최초 2일은 유급으로 한다. 다만, 근로자가 청구한 시기에 휴가를 주는 것이 정상적인 사업 운영에 중대한 지장을 초래하는 경우에는 근로자와 협의하여 그 시기를 변경할 수 있다.

97 **남녀고용평등과 일·가정 양립 지원에 관한 법률상 육아휴직에 관한 설명이다. (　　)에 들어갈 아라비아 숫자를 쓰시오.**

> 사업주는 임신 중인 여성근로자가 모성을 보호하거나 근로자가 만 (㉠)세 이하 또는 초등학교 (㉡)학년 이하의 자녀(입양한 자녀를 포함한다. 이하 같다)를 양육하기 위하여 휴직(이하 '육아휴직'이라 한다)을 신청하는 경우에 이를 허용하여야 한다. 다만, 대통령령으로 정하는 경우에는 그러하지 아니하다.

정답

91 ㉠ 고용노동부장관 **92** ㉠ 3, ㉡ 2 **93** ㉠ 유급휴가 **94** ㉠ 20 **95** ㉠ 20, ㉡ 유급, ㉢ 120 **96** ㉠ 난임치료, ㉡ 6 **97** ㉠ 8, ㉡ 2

98 남녀고용평등과 일·가정 양립 지원에 관한 법령상 육아휴직의 신청 등에 관한 내용이다. ( )에 들어갈 아라비아 숫자를 쓰시오.

> 시행령 제11조 【육아휴직의 신청 등】 ① 법 제19조 제1항 본문에 따라 육아휴직을 신청하려는 근로자는 휴직개시예정일의 (㉠)일 전까지 신청서에 다음 각 호의 사항을 적어 사업주에게 제출해야 한다.
> 1. 신청인의 성명, 생년월일 등 인적사항
> 2. ~ 5. 〈생략〉
> ② 〈생략〉
> ③ 제1항 및 제2항 후단에도 불구하고 다음 각 호의 어느 하나에 해당하는 경우에는 휴직개시예정일 (㉡)일 전까지 육아휴직을 신청할 수 있다.
> 1. 임신 중인 여성 근로자에게 유산 또는 사산의 위험이 있는 경우
> 2. ~ 3. 〈생략〉
> ④ 사업주는 근로자가 제1항부터 제3항까지의 규정에 따라 육아휴직을 신청하는 경우에는 육아휴직을 허용해야 한다. 이 경우 제1항 및 제2항에 따라 육아휴직을 신청하는 근로자에게는 그 신청일부터 (㉢)일 이내에, 제3항에 따라 육아휴직을 신청하는 근로자에게는 그 신청일부터 3일 이내에 육아휴직을 허용한 사실을 서면 또는 전자적 방식으로 알려야 한다.

최신기출

99 남녀고용평등과 일·가정 양립 지원에 관한 법령상 육아휴직의 종료에 관한 내용이다. ( )에 들어갈 아라비아 숫자를 쓰시오. 제27회

> 시행령 제14조 【육아휴직의 종료】 ① 육아휴직 중인 근로자는 다음 각 호의 구분에 따른 사유가 발생하면 그 사유가 발생한 날부터 (㉠)일 이내에 그 사실을 사업주에게 알려야 한다.
> 1. 임신 중인 여성 근로자가 육아휴직 중인 경우: 유산 또는 사산
> 2. 제1호 외의 근로자가 육아휴직 중인 경우
> 가. 해당 영유아의 사망
> 나. 〈생략〉
> ② 사업주는 제1항에 따라 육아휴직 중인 근로자로부터 영유아의 사망 등에 대한 사실을 통지받은 경우에는 통지받은 날부터 (㉡)일 이내로 근무개시일을 지정하여 그 근로자에게 알려야 한다.

100 **남녀고용평등과 일·가정 양립 지원에 관한 법률상 육아기 근로시간 단축에 관한 설명이다. ( )에 들어갈 아라비아 숫자를 쓰시오.**

> 사업주는 근로자가 만 (㉠)세 이하 또는 초등학교 (㉡)학년 이하의 자녀를 양육하기 위하여 근로시간의 단축(이하 '육아기 근로시간 단축'이라 한다)을 신청하는 경우에 이를 허용하여야 한다. 다만, 대체인력 채용이 불가능한 경우, 정상적인 사업 운영에 중대한 지장을 초래하는 경우 등 대통령령으로 정하는 경우에는 그러하지 아니하다.

101 **남녀고용평등과 일·가정 양립 지원에 관한 법률상 육아기 근로시간 단축에 관한 설명이다. ( )에 들어갈 아라비아 숫자를 쓰시오.**

> 사업주가 해당 근로자에게 육아기 근로시간 단축을 허용하는 경우 단축 후 근로시간은 주당 (㉠)시간 이상이어야 하고 (㉡)시간을 넘어서는 아니 된다.

102 **남녀고용평등과 일·가정 양립 지원에 관한 법률상 육아기 근로시간 단축 중 근로조건 등에 관한 내용이다. ( )에 들어갈 아라비아 숫자와 용어를 쓰시오.**

> - 사업주는 제19조의2에 따라 육아기 근로시간 단축을 하고 있는 근로자에게 단축된 근로시간 외에 연장근로를 요구할 수 없다. 다만, 그 근로자가 명시적으로 청구하는 경우에는 사업주는 주 (㉠)시간 이내에서 연장근로를 시킬 수 있다.
> - 육아기 근로시간 단축을 한 근로자에 대하여 「근로기준법」 제2조 제6호에 따른 (㉡) 임금을 산정하는 경우에는 그 근로자의 육아기 근로시간 단축 기간을 (㉡)임금 산정 기간에서 제외한다.

정답

98 ㉠ 30, ㉡ 7, ㉢ 14 **99** ㉠ 7, ㉡ 30 **100** ㉠ 12, ㉡ 6 **101** ㉠ 15, ㉡ 35
102 ㉠ 12, ㉡ 평균

103 **남녀고용평등과 일·가정 양립 지원에 관한 법률상 육아휴직과 육아기 근로시간 단축의 사용형태에 관한 내용이다. ( )에 들어갈 아라비아 숫자를 쓰시오.**

제19조의4【육아휴직과 육아기 근로시간 단축의 사용형태】① 근로자는 육아휴직을 (㉠)회에 한정하여 나누어 사용할 수 있다. 이 경우 임신 중인 여성 근로자가 모성보호를 위하여 육아휴직을 사용한 횟수는 육아휴직을 나누어 사용한 횟수에 포함하지 아니한다.
② 근로자는 육아기 근로시간 단축을 나누어 사용할 수 있다. 이 경우 나누어 사용하는 1회의 기간은 (㉡)개월[근로계약기간의 만료로 (㉡)개월 이상 근로시간 단축을 사용할 수 없는 기간제근로자에 대해서는 남은 근로계약기간을 말한다] 이상이 되어야 한다.

104 **남녀고용평등과 일·가정 양립 지원에 관한 법률상 가족돌봄휴직에 관한 설명이다. ( )에 들어갈 아라비아 숫자를 쓰시오.**

가족돌봄휴직기간은 연간 최장 (㉠)일로 하며, 이를 나누어 사용할 수 있다. 이 경우 나누어 사용하는 1회의 기간은 (㉡)일 이상이 되어야 한다.

105 **남녀고용평등과 일·가정 양립 지원에 관한 법률상 가족돌봄휴가에 관한 내용이다. ( )에 들어갈 아라비아 숫자를 쓰시오.**

가족돌봄휴가기간은 연간 최장 (㉠)일[제3호에 따라 가족돌봄휴가기간이 연장되는 경우 (㉡)일(한부모가족지원법 제4조 제1호의 모 또는 부에 해당하는 근로자의 경우 (㉢)일) 이내]로 하며, 일단위로 사용할 수 있을 것. 다만, 가족돌봄휴가기간은 가족돌봄휴직기간에 포함된다.

106 남녀고용평등과 일·가정 양립 지원에 관한 법률상 가족돌봄 등을 위한 근로시간 단축에 관한 내용이다. ( )에 들어갈 아라비아 숫자와 용어를 쓰시오.

> 사업주는 근로자가 다음 각 호의 어느 하나에 해당하는 사유로 근로시간의 단축을 신청하는 경우에 이를 허용하여야 한다. 다만, 대체인력 채용이 불가능한 경우, 정상적인 사업 운영에 중대한 지장을 초래하는 경우 등 대통령령으로 정하는 경우에는 그러하지 아니하다.
> 1. 근로자가 가족의 질병, 사고, 노령으로 인하여 그 가족을 돌보기 위한 경우
> 2. 근로자 자신의 질병이나 사고로 인한 부상 등의 사유로 자신의 건강을 돌보기 위한 경우
> 3. (㉠)세 이상의 근로자가 은퇴를 준비하기 위한 경우
> 4. 근로자의 (㉡)을(를) 위한 경우

107 남녀고용평등과 일·가정 양립 지원에 관한 법률상 가족돌봄 등을 위한 근로시간 단축에 관한 내용이다. ( )에 들어갈 아라비아 숫자를 쓰시오.

> 사업주가 제1항에 따라 해당 근로자에게 근로시간 단축을 허용하는 경우 단축 후 근로시간은 주당 (㉠)시간 이상이어야 하고 (㉡)시간을 넘어서는 아니 된다.

108 남녀고용평등과 일·가정 양립 지원에 관한 법률상 차별적 처우등의 시정신청에 관한 내용이다. ( )에 들어갈 아라비아 숫자를 쓰시오.

> 근로자는 사업주로부터 다음 각 호의 어느 하나에 해당하는 차별적 처우 등(이하 '차별적 처우등'이라 한다)을 받은 경우 「노동위원회법」 제1조에 따른 노동위원회(이하 '노동위원회'라 한다)에 그 시정을 신청할 수 있다. 다만, 차별적 처우등을 받은 날(제1호 및 제3호에 따른 차별적 처우등이 계속되는 경우에는 그 종료일)부터 (㉠)개월이 지난 때에는 그러하지 아니하다.
> 1. 제7조부터 제11조까지 중 어느 하나를 위반한 행위(이하 '차별적 처우'라 한다)
> 2. 제14조 제4항 또는 제14조의2 제1항에 따른 적절한 조치를 하지 아니한 행위
> 3. 제14조 제6항을 위반한 불리한 처우 또는 제14조의2 제2항을 위반한 해고나 그 밖의 불이익한 조치

정답

103 ㉠ 3, ㉡ 1 **104** ㉠ 90, ㉡ 30 **105** ㉠ 10, ㉡ 20, ㉢ 25 **106** ㉠ 55, ㉡ 학업
107 ㉠ 15, ㉡ 30 **108** ㉠ 6

109 **남녀고용평등과 일·가정 양립 지원에 관한 법률상 조정·중재에 관한 내용이다. (　　)에 들어갈 아라비아 숫자를 쓰시오.**

> ① 노동위원회는 제27조에 따른 심문 과정에서 관계 당사자 쌍방 또는 일방의 신청이나 직권으로 조정(調停)절차를 개시할 수 있고, 관계 당사자가 미리 노동위원회의 중재(仲裁)결정에 따르기로 합의하여 중재를 신청한 경우에는 중재를 할 수 있다.
> ② 제1항에 따른 조정 또는 중재의 신청은 제26조에 따른 시정신청을 한 날부터 (㉠)일 이내에 하여야 한다. 다만, 노동위원회가 정당한 사유로 그 기간에 신청할 수 없었다고 인정하는 경우에는 (㉠)일 후에도 신청할 수 있다.
> ③ 노동위원회는 조정 또는 중재를 하는 경우 관계 당사자의 의견을 충분히 들어야 한다.
> ④ 노동위원회는 특별한 사유가 없으면 조정절차를 개시하거나 중재신청을 받은 날부터 (㉡)일 이내에 조정안을 제시하거나 중재결정을 하여야 한다.

110 **남녀고용평등과 일·가정 양립 지원에 관한 법률상 조정·중재 또는 시정명령에 관한 내용이다. (　　)에 들어갈 아라비아 숫자를 쓰시오.**

> ① 제28조에 따른 조정·중재 또는 제29조에 따른 시정명령의 내용에는 차별적 처우등의 중지, 임금 등 근로조건의 개선(취업규칙, 단체협약 등의 제도개선 명령을 포함한다) 또는 적절한 배상 등의 시정조치 등을 포함할 수 있다.
> ② 제1항에 따라 배상을 하도록 한 경우 그 배상액은 차별적 처우등으로 근로자에게 발생한 손해액을 기준으로 정한다. 다만, 노동위원회는 사업주의 차별적 처우등에 명백한 고의가 인정되거나 차별적 처우등이 반복되는 경우에는 그 손해액을 기준으로 (㉠)배를 넘지 아니하는 범위에서 배상을 명령할 수 있다.

111 **남녀고용평등과 일·가정 양립 지원에 관한 법률상 시정명령 등의 확정에 관한 내용이다. (　　)에 들어갈 아라비아 숫자를 쓰시오.**

> ① 「노동위원회법」 제2조 제1항에 따른 지방노동위원회의 시정명령 또는 기각결정에 불복하는 관계 당사자는 시정명령서 또는 기각결정서를 송달받은 날부터 (㉠)일 이내에 중앙노동위원회에 재심을 신청할 수 있다.
> ② 제1항에 따른 중앙노동위원회의 재심결정에 불복하는 관계 당사자는 재심결정서를 송달받은 날부터 (㉡)일 이내에 행정소송을 제기할 수 있다.

112 **노동조합 및 노동관계조정법 제2조 용어에 관한 설명이다. (　　)에 들어갈 용어를 쓰시오.**

> '노동조합'이라 함은 근로자가 주체가 되어 자주적으로 단결하여 근로조건의 유지·개선 기타 근로자의 경제적·사회적 지위의 향상을 도모함을 목적으로 조직하는 단체 또는 그 연합단체를 말한다. 다만, 다음 각 목의 1에 해당하는 경우에는 노동조합으로 보지 아니한다.
> 가. (㉠) 또는 항상 그의 이익을 대표하여 행동하는 자의 참가를 허용하는 경우
> 나. 경비의 주된 부분을 (㉠)(으)로부터 원조받는 경우
> 다. 공제·수양 기타 (㉡)만을 목적으로 하는 경우
> 라. 근로자가 아닌 자의 가입을 허용하는 경우
> 마. 주로 (㉢)을(를) 목적으로 하는 경우

113 **노동조합 및 노동관계조정법 제2조 용어에 관한 설명이다. (　　)에 들어갈 용어를 쓰시오.**

> (㉠)(이)라 함은 (㉡)와(과) 사용자 또는 사용자단체 간에 임금·근로시간·복지·해고 기타 대우 등 근로조건의 결정에 관한 주장의 불일치로 인하여 발생한 분쟁상태를 말한다. 이 경우 주장의 불일치라 함은 당사자간에 합의를 위한 노력을 계속하여도 더 이상 자주적 교섭에 의한 합의의 여지가 없는 경우를 말한다.

114 **노동조합 및 노동관계조정법 제2조 용어에 관한 설명이다. (　　)에 들어갈 용어를 쓰시오.**

> (㉠)(이)라 함은 파업·태업·직장폐쇄 기타 노동관계 당사자가 그 주장을 관철할 목적으로 행하는 행위와 이에 대항하는 행위로서 업무의 정상적인 운영을 저해하는 행위를 말한다.

정답

109 ㉠ 14, ㉡ 60　**110** ㉠ 3　**111** ㉠ 10, ㉡ 15　**112** ㉠ 사용자, ㉡ 복리사업, ㉢ 정치운동　**113** ㉠ 노동쟁의, ㉡ 노동조합　**114** ㉠ 쟁의행위

115 **노동조합 및 노동관계조정법 제12조 신고증의 교부에 관한 규정의 일부이다. (   )에 들어갈 아라비아 숫자를 쓰시오.**

> 고용노동부장관, 특별시장·광역시장·특별자치시장·도지사·특별자치도지사 또는 시장·군수·구청장(이하 '행정관청'이라 한다)은 제10조 제1항의 규정에 의한 설립신고서를 접수한 때에는 제2항 전단 및 제3항의 경우를 제외하고는 (㉠)일 이내에 신고증을 교부하여야 한다.

116 **노동조합 및 노동관계조정법령상 신고증 교부에 관한 설명이다. (   )에 들어갈 아라비아 숫자를 쓰시오.**

> 행정관청은 설립신고서 또는 규약이 기재사항의 누락 등으로 보완이 필요한 경우에는 대통령령이 정하는 바에 따라 (㉠)일 이내의 기간을 정하여 보완을 요구하여야 한다. 이 경우 보완된 설립신고서 또는 규약을 접수한 때에는 (㉡)일 이내에 신고증을 교부하여야 한다.

117 **노동조합 및 노동관계조정법 제13조 변경사항의 신고 등에 관한 규정의 일부이다. (   )에 들어갈 아라비아 숫자를 쓰시오.**

> 노동조합은 제10조 제1항의 규정에 의하여 설립신고된 사항 중 다음 각 호의 1에 해당하는 사항에 변경이 있는 때에는 그날부터 (㉠)일 이내에 행정관청에게 변경신고를 하여야 한다.
> 1. 명칭
> 2. 주된 사무소의 소재지
> 3. 대표자의 성명
> 4. 소속된 연합단체의 명칭

118 **노동조합 및 노동관계조정법 제14조 제1항 및 제2항 서류비치 등에 관한 설명이다. (　　)에 들어갈 아라비아 숫자를 쓰시오.**

> ① 노동조합은 조합설립일부터 (㉠)일 이내에 다음 각 호의 서류를 작성하여 그 주된 사무소에 비치하여야 한다.
> 1. 조합원 명부(연합단체인 노동조합에 있어서는 그 구성단체의 명칭)
> 2. 규약
> 3. 임원의 성명·주소록
> 4. 회의록
> 5. 재정에 관한 장부와 서류
>
> ② 제1항 제4호 및 제5호의 서류는 (㉡)년간 보존하여야 한다.

119 **노동조합 및 노동관계조정법령상 총회에 관한 설명이다. (　　)에 들어갈 아라비아 숫자와 용어를 쓰시오.**

> 노동조합은 매년 (㉠)회 이상 총회를 개최하여야 하며, 노동조합의 대표자는 총회의 의장이 된다. 총회는 회의개최일 (㉡)일 전까지 그 회의에 부의할 사항을 공고하고 규약에 정한 방법에 의하여 소집하여야 한다. 다만, 노동조합이 동일한 사업장 내의 근로자로 구성된 경우에는 그 (㉢)(으)로 공고기간을 단축할 수 있다.

120 **노동조합 및 노동관계조정법령상 임시총회 등의 소집에 관한 설명이다. (　　)에 들어갈 아라비아 숫자를 쓰시오.**

> 노동조합의 대표자는 조합원 또는 대의원의 (㉠) 이상이 회의에 부의할 사항을 제시하고 회의의 소집을 요구한 때에는 지체 없이 임시총회 또는 임시대의원회를 소집하여야 한다.

정답

115 ㉠ 3　**116** ㉠ 20, ㉡ 3　**117** ㉠ 30　**118** ㉠ 30, ㉡ 3　**119** ㉠ 1, ㉡ 7, ㉢ 규약
120 ㉠ 1/3

121 **노동조합 및 노동관계조정법령상 임원의 자격 등에 관한 설명이다. (　　)에 들어갈 용어와 아라비아 숫자를 쓰시오.**

> 노동조합의 임원 자격은 (㉠)(으)로 정한다. 이 경우 하나의 사업 또는 사업장을 대상으로 조직된 노동조합의 임원은 그 사업 또는 사업장에 종사하는 조합원 중에서 선출하도록 정한다. 임원의 임기는 (㉠)(으)로 정하되 (㉡)년을 초과할 수 없다.

122 **노동조합 및 노동관계조정법령상 회계감사에 관한 설명이다. (　　)에 들어갈 용어와 아라비아 숫자를 쓰시오.**

> 노동조합의 대표자는 그 (㉠)(으)로 하여금 (㉡)월에 1회 이상 당해 노동조합의 모든 재원 및 용도, 주요한 기부자의 성명, 현재의 경리 상황 등에 대한 회계감사를 실시하게 하고 그 내용과 감사결과를 전체 조합원에게 공개하여야 한다.

123 **노동조합 및 노동관계조정법령상 단체협약의 작성에 관한 설명이다. (　　)에 들어갈 아라비아 숫자와 용어를 쓰시오.**

> 단체협약의 당사자는 단체협약의 체결일부터 (㉠)일 이내에 이를 (㉡)에 신고하여야 한다.

124 **노동조합 및 노동관계조정법 제32조 단체협약의 유효기간의 상한에 관한 설명이다. (　　)에 들어갈 아라비아 숫자를 쓰시오.**

> ① 단체협약의 유효기간은 (㉠)년을 초과하지 않는 범위에서 노사가 합의하여 정할 수 있다.
> ② 단체협약에 그 유효기간을 정하지 아니한 경우 또는 제1항의 기간을 초과하는 유효기간을 정한 경우에 그 유효기간은 (㉠)년으로 한다.

125 **노동조합 및 노동관계조정법령상 단체협약의 유효기간에 관한 설명이다. (　　)에 들어갈 숫자를 순서대로 쓰시오.** 제21회

PART 1

- 단체협약의 유효기간이 만료되는 때를 전후하여 당사자 쌍방이 새로운 단체협약을 체결하고자 단체교섭을 계속하였음에도 불구하고 새로운 단체협약이 체결되지 아니한 경우에는 별도의 약정이 있는 경우를 제외하고는 종전의 단체협약은 그 효력만료일로부터 (㉠)월까지 계속 효력을 갖는다.
- 단체협약에 그 유효기간이 경과한 후에도 새로운 단체협약이 체결되지 아니한 때에는 새로운 단체협약이 체결될 때까지 종전 단체협약의 효력을 존속시킨다는 취지의 별도의 약정이 있는 경우에는 그에 따르되, 당사자 일방은 해지하고자 하는 날의 (㉡)월 전까지 상대방에게 통고함으로써 종전의 단체협약을 해지할 수 있다.

126 **노동조합 및 노동관계조정법 제34조 단체협약의 해석에 관한 설명이다. (　　)에 들어갈 용어와 아라비아 숫자를 쓰시오.**

① 단체협약의 해석 또는 이행방법에 관하여 관계 당사자간에 의견의 불일치가 있는 때에는 당사자 쌍방 또는 단체협약에 정하는 바에 의하여 어느 일방이 (㉠)에 그 해석 또는 이행방법에 관한 견해의 제시를 요청할 수 있다.
② (㉠)은(는) 제1항의 규정에 의한 요청을 받은 때에는 그날부터 (㉡)일 이내에 명확한 견해를 제시하여야 한다.
③ 제2항의 규정에 의하여 (㉠)이(가) 제시한 해석 또는 이행방법에 관한 견해는 (㉢)와(과) 동일한 효력을 가진다.

정답

121 ㉠ 규약, ㉡ 3　122 ㉠ 회계감사원, ㉡ 6　123 ㉠ 15, ㉡ 행정관청　124 ㉠ 3
125 ㉠ 3, ㉡ 6　126 ㉠ 노동위원회, ㉡ 30, ㉢ 중재재정

127 **노동조합 및 노동관계조정법령상 단체협약에 관한 설명이다. (　　)에 들어갈 용어와 아라비아 숫자를 쓰시오.**

- 일반적 구속력: 하나의 사업 또는 사업장에 상시 사용되는 동종의 근로자 (㉠) 이상이 하나의 단체협약의 적용을 받게 된 때에는 당해 사업 또는 사업장에 사용되는 다른 동종의 근로자에 대하여도 당해 단체협약이 적용된다.
- 지역적 구속력: 하나의 지역에 있어서 종업하는 동종의 근로자 (㉡) 이상이 하나의 단체협약의 적용을 받게 된 때에는 (㉢)은(는) 당해 단체협약의 당사자의 쌍방 또는 일방의 신청에 의하거나 그 직권으로 노동위원회의 의결을 얻어 당해 지역에서 종업하는 다른 동종의 근로자와 그 사용자에 대하여도 당해 단체협약을 적용한다는 결정을 할 수 있다.

최신기출

128 **노동조합 및 노동관계조정법상 근로자의 구속제한에 관한 내용이다. (　　)에 들어갈 용어를 쓰시오.** 제27회

제39조【근로자의 구속제한】 근로자는 쟁의행위 기간 중에는 (㉠) 외에는 이 법 위반을 이유로 구속되지 아니한다.

129 **노동조합 및 노동관계조정법령상 조정기간에 관한 설명이다. (　　)에 들어갈 아라비아 숫자를 쓰시오.**

노동쟁의에 대한 조정은 조정의 신청이 있은 날부터 일반사업에 있어서는 (㉠)일, 공익사업에 있어서는 (㉡)일 이내에 종료하여야 한다.

130 **노동조합 및 노동관계조정법령상 중재 시 쟁의행위의 금지에 관한 설명이다. (　　)에 들어갈 아라비아 숫자를 쓰시오.**

노동쟁의가 중재에 회부된 때에는 그날부터 (㉠)일간은 쟁의행위를 할 수 없다.

131 **노동조합 및 노동관계조정법령상 노동쟁의의 조정 및 중재의 효력에 관한 설명이다. (　　)에 들어갈 용어를 쓰시오.**

조정서의 내용은 (㉠)와(과) 동일한 효력을 가지며, 중재재정의 내용은 (㉠)와(과) 동일한 효력을 가진다.

132 **노동조합 및 노동관계조정법상 부당노동행위에 관한 내용이다. (　　)에 들어갈 용어를 쓰시오.** 제26회

근로자가 어느 노동조합에 가입하지 아니할 것 또는 탈퇴할 것을 고용조건으로 하거나 특정한 노동조합의 조합원이 될 것을 고용조건으로 하는 행위. 다만, 노동조합이 당해 사업장에 종사하는 근로자의 3분의 2 이상을 대표하고 있을 때에는 근로자가 그 노동조합의 조합원이 될 것을 고용조건으로 하는 (㉠)의 체결은 예외로 한다.

133 **노동조합 및 노동관계조정법령상 구제신청에 관한 내용이다. (　　)에 들어갈 숫자를 쓰시오.** 제15회

사용자의 부당노동행위로 인하여 그 권리를 침해당한 근로자 또는 노동조합은 노동위원회에 그 구제를 신청할 수 있으며, 구제의 신청은 부당노동행위가 있은 날(계속하는 행위는 그 종료일)부터 (㉠)월 이내에 행하여야 한다.

134 **노동조합 및 노동관계조정법령상 구제신청에 관한 내용이다. (　　)에 들어갈 용어를 쓰시오.**

사용자의 부당노동행위로 인하여 그 권리를 침해당한 근로자 또는 노동조합은 (㉠)에 그 구제를 신청할 수 있다.

정답

127 ㉠ 반수, ㉡ 2/3, ㉢ 행정관청　**128** ㉠ 현행범　**129** ㉠ 10, ㉡ 15　**130** ㉠ 15
131 ㉠ 단체협약　**132** ㉠ 단체협약　**133** ㉠ 3　**134** ㉠ 노동위원회

135 **노동조합 및 노동관계조정법령상 부당노동행위에 관한 설명이다. (　　)에 들어갈 용어를 쓰시오.**

노동위원회는 부당노동행위가 성립한다고 판정한 때에는 사용자에게 (㉠)을(를) 발하여야 하며, 부당노동행위가 성립되지 아니한다고 판정한 때에는 그 구제신청을 (㉡) 하는 결정을 하여야 한다.

136 **노동조합 및 노동관계조정법령상 구제명령의 확정에 관한 설명이다. (　　)에 들어갈 아라비아 숫자를 쓰시오.**

지방노동위원회의 구제명령 또는 기각결정에 불복이 있는 관계 당사자는 그 명령서 또는 결정서의 송달을 받은 날부터 (㉠)일 이내에 중앙노동위원회에 그 재심을 신청할 수 있으며, 중앙노동위원회의 재심판정에 대하여 관계 당사자는 그 재심판정서의 송달을 받은 날부터 (㉡)일 이내에 「행정소송법」이 정하는 바에 의하여 소를 제기할 수 있다.

137 **노동조합 및 노동관계조정법령상 긴급이행명령에 관한 설명이다. (　　)에 들어갈 용어를 쓰시오.**

사용자가 행정소송을 제기한 경우에 관할법원은 (㉠)의 신청에 의하여 결정으로써, 판결이 확정될 때까지 (㉠)의 구제명령의 전부 또는 일부를 이행하도록 명할 수 있으며, 당사자의 신청에 의하여 또는 직권으로 그 결정을 취소할 수 있다.

138 **고용보험 및 산업재해보상보험의 보험료징수 등에 관한 법률 제6조 보험의 의제가입에 관한 설명이다. (　　)에 들어갈 아라비아 숫자를 쓰시오.**

제5조 제1항부터 제4항까지의 규정에 따른 사업주가 그 사업을 운영하다가 근로자(고용보험의 경우에는 고용보험법 제10조 및 제10조의2에 따른 적용 제외 근로자는 제외한다. 이하 이 항에서 같다)를 고용하지 아니하게 되었을 때에는 그날부터 (㉠)년의 범위에서 근로자를 사용하지 아니한 기간에도 보험에 가입한 것으로 본다.

139 **고용보험 및 산업재해보상보험의 보험료징수 등에 관한 법률 제11조 보험관계의 신고에 관한 설명이다. (　　)에 들어갈 아라비아 숫자를 쓰시오.**

> 사업주는 제5조 제1항 또는 제3항에 따라 당연히 보험가입자가 된 경우에는 그 보험관계가 성립한 날부터 (㉠)일 이내에, 사업의 폐업·종료 등으로 인하여 보험관계가 소멸한 경우에는 그 보험관계가 소멸한 날부터 (㉡)일 이내에 공단에 보험관계의 성립 또는 소멸신고를 하여야 한다.

140 **고용보험 및 산업재해보상보험의 보험료징수 등에 관한 법률 제12조 보험관계의 변경신고에 관한 설명이다. (　　)에 들어갈 아라비아 숫자를 쓰시오.**

> 보험에 가입한 사업주는 그 이름, 사업의 소재지 등 대통령령으로 정하는 사항이 변경된 경우에는 그날부터 (㉠)일 이내에 그 변경사항을 공단에 신고하여야 한다.

141 **고용보험 및 산업재해보상보험의 보험료징수 등에 관한 법률에 관한 설명이다. (　　)에 들어갈 아라비아 숫자를 쓰시오.**

> 고용보험료율은 보험수지의 동향과 경제상황 등을 고려하여 1,000분의 (㉠)의 범위에서 고용안정·직업능력개발사업의 보험료율 및 실업급여의 보험료율로 구분하여 정하며, 실업급여의 보험료율은 1천분의 (㉡)(으)로 한다.

142 **고용보험 및 산업재해보상보험의 보험료징수 등에 관한 법률상 보험료율의 결정에 관한 설명이다. (　　)에 들어갈 아라비아 숫자를 쓰시오.**

> 고용노동부장관은 산재보험료율을 정하는 경우에는 특정 사업 종류의 산재보험료율이 전체 사업의 평균 산재보험료율의 (㉠)배를 초과하지 아니하도록 하여야 한다.

정답

135 ㉠ 구제명령, ㉡ 기각　**136** ㉠ 10, ㉡ 15　**137** ㉠ 중앙노동위원회　**138** ㉠ 1
139 ㉠ 14, ㉡ 14　**140** ㉠ 14　**141** ㉠ 30, ㉡ 18　**142** ㉠ 20

143 **고용보험 및 산업재해보상보험의 보험료징수 등에 관한 법률상 보험료율의 결정에 관한 설명이다. (　　)에 들어갈 아라비아 숫자를 쓰시오.**

고용노동부장관은 특정 사업 종류의 산재보험료율이 인상되거나 인하되는 경우에는 직전 보험연도 산재보험료율의 100분의 (㉠)의 범위에서 조정하여야 한다.

144 **고용보험 및 산업재해보상보험의 보험료징수 등에 관한 법률상 월별 보험료의 납부기한 및 고지에 관한 설명이다. (　　)에 들어갈 아라비아 숫자를 쓰시오.**

사업주는 그달의 월별 보험료를 다음 달 (㉠)일까지 납부하여야 하며, 건강보험공단은 사업주에게 다음 각 호의 사항을 적은 문서로써 납부기한 (㉡)일 전까지 월별 보험료의 납입을 고지하여야 한다. 1. 징수하고자 하는 보험료 등의 종류 2. 납부하여야 할 보험료 등의 금액 3. 납부기한 및 장소

145 **산업재해보상보험법 제5조 용어의 정의이다. (　　)에 들어갈 용어를 쓰시오.**

• (㉠)(이)란 부상 또는 질병이 완치되거나 치료의 효과를 더 이상 기대할 수 없고 그 증상이 고정된 상태에 이르게 된 것을 말한다. • (㉡)(이)란 부상 또는 질병이 치유되었으나 정신적 또는 육체적 훼손으로 인하여 노동능력이 상실되거나 감소된 상태를 말한다.

146 **산업재해보상보험법 제5조 용어의 정의이다. (　　)에 들어갈 용어를 쓰시오.**

• (㉠)(이)란 업무상의 부상 또는 질병에 따른 정신적 또는 육체적 훼손으로 노동능력이 상실되거나 감소된 상태로서 그 부상 또는 질병이 치유되지 아니한 상태를 말한다. • (㉡)(이)란 분진을 흡입하여 폐에 생기는 섬유증식성(纖維增殖性) 변화를 주된 증상으로 하는 질병을 말한다.

147 **산업재해보상보험법령상 보험급여의 종류에 관한 설명이다. (　　)에 들어갈 용어를 쓰시오. (순서 무관)**

보험급여의 종류는 다음 각 호와 같다.
1. 요양급여
2. 휴업급여
3. 장해급여
4. 간병급여
5. 유족급여
6. (㉠)
7. (㉡)
8. (㉢)

148 **산업재해보상보험법령상 보험급여 산정에 관한 규정이다. (　　)에 들어갈 내용을 쓰시오.** 제16회

보험급여를 산정하는 경우 해당 근로자의 평균임금을 산정하여야 할 사유가 발생한 날부터 1년이 지난 이후에는 매년 전체 근로자의 임금 평균액의 증감률에 따라 평균임금을 증감하되, 그 근로자의 연령이 60세에 도달한 이후에는 (㉠)에 따라 평균임금을 증감한다.

149 **산업재해보상보험법상 보험급여에 관한 설명이다. (　　)에 들어갈 용어를 쓰시오.**

(㉠)은(는) 근로자가 업무상의 사유로 부상을 당하거나 질병에 걸린 경우에 그 근로자에게 지급한다.

정답

143 ㉠ 30 **144** ㉠ 10, ㉡ 10 **145** ㉠ 치유, ㉡ 장해 **146** ㉠ 중증요양상태, ㉡ 진폐
147 ㉠ 상병보상연금, ㉡ 장례비, ㉢ 직업재활급여 **148** ㉠ 소비자물가변동률 **149** ㉠ 요양급여

150 **산업재해보상보험법상 요양급여에 관한 설명이다. (　　)에 들어갈 용어와 아라비아 숫자를 쓰시오.**

- 요양급여는 산재보험 의료기관에서 요양을 하게 한다. 다만, 부득이한 경우에는 요양을 갈음하여 (㉠)을(를) 지급할 수 있다.
- 부상 또는 질병이 (㉡)일 이내의 요양으로 치유될 수 있으면 요양급여를 지급하지 아니한다.

151 **산업재해보상보험법상 요양급여와 휴업급여에 관한 내용이다. (　　)에 들어갈 숫자를 순서대로 쓰시오.**

제20회

- 요양급여의 경우 업무상의 사유로 인한 근로자의 부상 또는 질병이 (㉠)일 이내의 요양으로 치유될 수 있으면 지급하지 아니한다.
- 휴업급여의 경우 1일당 지급액은 평균임금의 100분의 (㉡)에 상당하는 금액으로 한다. 다만, 취업하지 못한 기간이 3일 이내이면 지급하지 아니한다.

152 **산업재해보상법상 휴업급여에 관한 내용이다. (　　)에 들어갈 숫자를 순서대로 쓰시오.**

제22회

휴업급여는 업무상 사유로 부상을 당하거나 질병에 걸린 근로자에게 요양으로 취업하지 못한 기간에 대하여 지급하되, 1일당 지급액은 평균임금의 100분의 (㉠)에 상당하는 금액으로 한다. 다만, 취업하지 못한 기간이 (㉡)일 이내이면 지급하지 아니한다.

153 **산업재해보상보험법상 휴업급여에 관한 설명이다. (　　)에 들어갈 용어와 아라비아 숫자를 쓰시오.**

휴업급여는 업무상 사유로 부상을 당하거나 질병에 걸린 근로자에게 요양으로 취업하지 못한 기간에 대하여 지급하되, 1일당 지급액은 (㉠)의 100분의 (㉡)에 상당하는 금액으로 한다. 다만, 취업하지 못한 기간이 (㉢)일 이내이면 지급하지 아니한다.

154 산업재해보상보험법상 부분휴업급여에 관한 설명이다. (　　)에 들어갈 용어와 아라비아 숫자를 쓰시오.

요양 또는 재요양을 받고 있는 근로자가 그 요양기간 중 일정기간 또는 단시간 취업을 하는 경우에는 그 취업한 날에 해당하는 그 근로자의 (㉠)에서 그 취업한 날에 대한 임금을 뺀 금액의 100분의 (㉡)에 상당하는 금액을 지급할 수 있다.

155 산업재해보상보험법상 재요양기간 중의 휴업급여에 관한 설명이다. (　　)에 들어갈 용어와 아라비아 숫자를 쓰시오.

재요양을 받는 사람에 대하여는 재요양 당시의 임금을 기준으로 산정한 (㉠)의 100분의 (㉡)에 상당하는 금액을 1일당 휴업급여 지급액으로 한다.

156 산업재해보상보험법상 보험급여에 관한 설명이다. (　　)에 들어갈 용어를 쓰시오.

(㉠)은(는) 근로자가 업무상의 사유로 부상을 당하거나 질병에 걸려 치유된 후 신체 등에 장해가 있는 경우에 그 근로자에게 지급하며, (㉡)은(는) 요양급여를 받은 사람 중 치유 후 의학적으로 상시 또는 수시로 간병이 필요하여 실제로 간병을 받는 사람에게 지급한다.

157 산업재해보상보험법령상 장해급여에 관한 설명이다. (　　)에 들어갈 용어를 쓰시오.

(㉠) 또는 (㉡)은(는) 수급권자의 선택에 따라 지급한다. 다만, 대통령령으로 정하는 노동력을 완전히 상실한 장해등급의 근로자에게는 (㉠)을(를) 지급하고, 장해급여 청구사유 발생 당시 대한민국 국민이 아닌 사람으로서 외국에서 거주하고 있는 근로자에게는 (㉡)을(를) 지급한다.

정답

150 ㉠ 요양비, ㉡ 3　**151** ㉠ 3, ㉡ 70　**152** ㉠ 70, ㉡ 3　**153** ㉠ 평균임금, ㉡ 70, ㉢ 3　**154** ㉠ 평균임금, ㉡ 80　**155** ㉠ 평균임금, ㉡ 70　**156** ㉠ 장해급여, ㉡ 간병급여　**157** ㉠ 장해보상연금, ㉡ 장해보상일시금

158 **산업재해보상보험법상 장해등급의 재판정에 관한 내용이다. (　　)에 들어갈 아라비아 숫자를 쓰시오.**

> 장해등급의 재판정은 장해보상연금의 지급 결정을 한 날을 기준으로 (㉠)년이 지난 날부터 (㉡)년 이내에 하여야 한다.

159 **산업재해보상보험법상 유족급여에 관한 설명이다. (　　)에 들어갈 아라비아 숫자를 쓰시오.**

> 유족급여는 다음 표에 따른 유족보상연금이나 유족보상일시금으로 하되, 유족보상일시금은 근로자가 사망할 당시 유족보상연금을 받을 수 있는 자격이 있는 사람이 없는 경우에 지급한다.

유족급여의 종류	유족급여의 금액
유족보상연금	유족보상연금액은 다음의 기본금액과 가산금액을 합한 금액으로 한다. 1. 기본금액: 급여기초연액(평균임금에 365를 곱하여 얻은 금액)의 100분의 (㉠)에 상당하는 금액 2. 가산금액: 유족보상연금 수급권자 및 근로자가 사망할 당시 그 근로자와 생계를 같이하고 있던 유족보상연금 수급자격자 1인당 급여기초연액의 100분의 (㉡)에 상당하는 금액의 합산액. 다만, 그 합산금액이 급여기초연액의 100분의 (㉢)을(를) 넘을 때에는 급여기초연액의 100분의 (㉢)에 상당하는 금액으로 한다.
유족보상일시금	평균임금의 1,300일분

160 **산업재해보상보험법령상 유족보상연금 수급자격자의 범위에 관한 설명이다. (   )에 들어갈 아라비아 숫자를 쓰시오.**

> 유족보상연금을 받을 수 있는 자격이 있는 사람(이하 '유족보상연금 수급자격자'라 한다)은 근로자가 사망할 당시 그 근로자와 생계를 같이하고 있던 유족(그 근로자가 사망할 당시 대한민국 국민이 아닌 사람으로서 외국에서 거주하고 있던 유족은 제외한다) 중 배우자와 다음 각 호의 어느 하나에 해당하는 사람으로 한다. 이 경우 근로자와 생계를 같이하고 있던 유족의 판단 기준은 대통령령으로 정한다.
> 1. 부모 또는 조부모로서 각각 (㉠)세 이상인 사람
> 2. 자녀로서 (㉡)세 미만인 사람
> 3. 손자녀로서 (㉡)세 미만인 사람
> 4. 형제자매로서 (㉢)세 미만이거나 (㉠)세 이상인 사람
> 5. 〈생략〉

161 **산업재해보상보험법상 보험급여에 관한 내용이다. (   )에 들어갈 용어를 쓰시오.**

제25회

> 제66조【(㉠)】 ① 요양급여를 받는 근로자가 요양을 시작한 지 2년이 지난 날 이후에 다음 각 호의 요건 모두에 해당하는 상태가 계속되면 휴업급여 대신 (㉠)(을)를 그 근로자에게 지급한다.
> 1. 그 부상이나 질병이 치유되지 아니한 상태일 것
> 2. 그 부상이나 질병에 따른 중증요양상태의 정도가 대통령령으로 정하는 중증요양상태등급 기준에 해당할 것
> 3. 요양으로 인하여 취업하지 못하였을 것

정답

158 ㉠ 2, ㉡ 1 **159** ㉠ 47, ㉡ 5, ㉢ 20 **160** ㉠ 60, ㉡ 25, ㉢ 19
161 ㉠ 상병보상연금

162 **산업재해보상보험법상 보험급여에 관한 내용이다. (　　)에 들어갈 용어와 아라비아 숫자를 쓰시오.**

> 제66조【상병보상연금】① (㉠)을(를) 받는 근로자가 요양을 시작한 지 (㉡)년이 지난 날 이후에 다음 각 호의 요건 모두에 해당하는 상태가 계속되면 (㉢) 대신 상병보상연금을 그 근로자에게 지급한다.
> 1. 그 부상이나 질병이 치유되지 아니한 상태일 것
> 2. 그 부상이나 질병에 따른 중증요양상태의 정도가 대통령령으로 정하는 중증요양상태등급 기준에 해당할 것
> 3. 요양으로 인하여 취업하지 못하였을 것

163 **산업재해보상보험법상 장례비에 관한 내용이다. (　　)에 들어갈 아라비아 숫자를 쓰시오.** 제24회

> 장례비는 근로자가 업무상의 사유로 사망한 경우에 지급하되, 평균임금의 (㉠)일분에 상당하는 금액을 그 장례를 지낸 유족에게 지급한다. 다만, 장례를 지낼 유족이 없거나 그 밖에 부득이한 사유로 유족이 아닌 사람이 장례를 지낸 경우에는 평균임금의 (㉡)일분에 상당하는 금액의 범위에서 실제 드는 비용을 그 장례를 지낸 사람에게 지급한다.

164 **산업재해보상보험법상 장례비에 관한 설명이다. (　　)에 들어갈 용어와 아라비아 숫자를 쓰시오.**

> 장례비는 근로자가 업무상의 사유로 사망한 경우에 지급하되, (㉠)의 (㉡)일분에 상당하는 금액을 그 장례를 지낸 유족에게 지급한다. 다만, 장례를 지낼 유족이 없거나 그 밖에 부득이한 사유로 유족이 아닌 사람이 장례를 지낸 경우에는 (㉠)의 (㉡)일분에 상당하는 금액의 범위에서 실제 드는 비용을 그 장례를 지낸 사람에게 지급한다.

165 **산업재해보상보험법상 직업재활급여에 관한 설명이다. ( )에 들어갈 용어를 쓰시오. (ⓛ~ⓒ은 순서 무관)**

> 직업재활급여의 종류는 다음 각 호와 같다.
> 1. 장해급여 또는 진폐보상연금을 받은 사람이나 장해급여를 받을 것이 명백한 사람으로서 대통령령으로 정하는 사람 중 취업을 위하여 직업훈련이 필요한 사람에 대하여 실시하는 직업훈련에 드는 비용 및 (㉠)
> 2. 업무상의 재해가 발생할 당시의 사업에 복귀한 장해급여자에 대하여 사업주가 고용을 유지하거나 직장적응훈련 또는 재활운동을 실시하는 경우에 각각 지급하는 (㉡), (㉢) 및 재활운동비

166 **산업재해보상보험법령상 심사청구에 관한 설명이다. ( )에 들어갈 아라비아 숫자를 쓰시오.**

> 보험급여 결정 등에 불복하는 자는 보험급여 결정등이 있음을 안 날부터 (㉠)일 이내에 근로복지공단에 심사청구를 하여야 하고, 심사청구서를 받은 근로복지공단의 소속 기관은 (㉡)일 이내에 의견서를 첨부하여 근로복지공단에 보내야 한다.

167 **산업재해보상보험법령상 심사청구에 관한 설명이다. ( )에 들어갈 아라비아 숫자를 쓰시오.**

> 근로복지공단은 심사청구서를 받은 날부터 (㉠)일 이내에 심사청구에 대한 결정을 하여야 한다. 다만, 부득이한 사유로 그 기간 이내에 결정을 할 수 없으면 한 차례만 (㉡)일을 넘지 아니하는 범위에서 그 기간을 연장할 수 있다.

정답

162 ㉠ 요양급여, ㉡ 2, ㉢ 휴업급여 **163** ㉠ 120, ㉡ 120 **164** ㉠ 평균임금, ㉡ 120
165 ㉠ 직업훈련수당, ㉡ 직장복귀지원금, ㉢ 직장적응훈련비 **166** ㉠ 90, ㉡ 5 **167** ㉠ 60, ㉡ 20

168 **산업재해보상보험법상 심사청구 및 재심사청구에 관한 설명이다. (   )에 들어갈 용어를 쓰시오.**

> 심사청구를 심의하기 위하여 근로복지공단에 관계 전문가 등으로 구성되는 (㉠)을(를) 두며, 재심사청구를 심리·재결하기 위하여 고용노동부에 (㉡)을(를) 둔다.

169 **산업재해보상보험법상 재심사청구에 관한 설명이다. (   )에 들어갈 아라비아 숫자를 쓰시오.**

> 재심사청구는 심사청구에 대한 결정이 있음을 안 날부터 (㉠)일 이내에 제기하여야 한다. 다만, 제1항 단서에 따라 심사청구를 거치지 아니하고 재심사청구를 하는 경우에는 보험급여에 관한 결정이 있음을 안 날부터 (㉡)일 이내에 제기하여야 한다.

170 **산업재해보상보험법상 재심사위원회에 관한 설명이다. (   )에 들어갈 용어를 쓰시오.**

> 재심사위원회의 위원이 그 사건에 관하여 증언이나 감정을 한 경우에는 그 사건의 심리·재결에서 (㉠)되며, 당사자는 위원에게 심리·재결의 공정을 기대하기 어려운 사정이 있는 경우에는 (㉡)신청을 할 수 있으며, 재심사위원회의 위원은 (㉠)(이)나 (㉡)신청의 사유에 해당하면 스스로 그 사건의 심리·재결을 (㉢)할 수 있다.

171 **산업재해보상보험법상 시효에 관한 설명이다. (   )에 들어갈 아라비아 숫자를 쓰시오.**

> 다음 각 호의 권리는 (㉠)년간 행사하지 아니하면 시효로 말미암아 소멸한다. 다만, 제1호의 보험급여 중 장해급여, 유족급여, 장례비, 진폐보상연금 및 진폐유족연금을 받을 권리는 (㉡)년간 행사하지 아니하면 시효의 완성으로 소멸한다.
> 1. 제36조 제1항에 따른 보험급여를 받을 권리
> 2. 제45조에 따른 산재보험 의료기관의 권리
> 3. 제46조에 따른 약국의 권리
> 4. 제89조에 따른 보험가입자의 권리
> 5. 제90조 제1항에 따른 국민건강보험공단등의 권리

172 **고용보험법 제2조 용어의 정의이다. (　　)에 들어갈 용어를 쓰시오.**

- (㉠)(이)란 피보험자와 사업주 사이의 고용관계가 끝나게 되는 것(예술인 및 노무제공자의 경우에는 문화예술용역 관련 계약 또는 노무제공계약이 끝나는 것을 말한다)을 말한다.
- (㉡)(이)란 근로의 의사와 능력이 있음에도 불구하고 취업하지 못한 상태에 있는 것을 말한다.

173 **고용보험법 제2조 용어의 정의이다. (　　)에 들어갈 용어와 아라비아 숫자를 쓰시오.**

- (㉠)(이)란 직업안정기관의 장이 수급자격자가 실업한 상태에서 적극적으로 직업을 구하기 위하여 노력하고 있다고 인정하는 것을 말한다.
- 일용근로자란 (㉡)개월 미만 동안 고용되는 사람을 말한다.

174 **고용보험법상 고용보험사업에 관한 설명이다. (　　)에 들어갈 용어를 쓰시오. (순서 무관)**

고용보험은 법 제1조의 목적을 이루기 위하여 고용보험사업으로 고용안정·직업능력개발사업, (㉠), (㉡) 및 (㉢) 등을 실시한다.

175 **고용보험법령상 적용 제외 근로자에 관한 설명이다. (　　)에 들어갈 아라비아 숫자를 쓰시오.**

해당 사업에서 1개월간 소정근로시간이 (㉠)시간 미만이거나 1주간의 소정근로시간이 (㉡)시간 미만인 근로자에게는 이 법을 적용하지 아니한다.

정답

168 ㉠ 산업재해보상보험심사위원회, ㉡ 산업재해보상보험재심사위원회 **169** ㉠ 90, ㉡ 90 **170** ㉠ 제척, ㉡ 기피, ㉢ 회피 **171** ㉠ 3, ㉡ 5 **172** ㉠ 이직, ㉡ 실업 **173** ㉠ 실업의 인정, ㉡ 1 **174** ㉠ 실업급여, ㉡ 육아휴직 급여, ㉢ 출산전후 휴가 급여 **175** ㉠ 60, ㉡ 15

176 **고용보험법령상 피보험자격에 관한 신고 등에 관한 설명이다. (   )에 들어갈 용어와 아라비아 숫자를 쓰시오.**

> 사업주나 하수급인(下受給人)은 (㉠)에게 그 사업에 고용된 근로자의 피보험자격 취득 및 상실에 관한 사항을 신고하려는 경우에는 그 사유가 발생한 날이 속하는 달의 다음 달 (㉡)일까지(근로자가 그 기일 이전에 신고할 것은 요구하는 경우에는 지체 없이) 신고해야 한다. 이 경우 사업주나 하수급인이 해당하는 달에 고용한 일용근로자의 근로일수, 임금 등이 적힌 근로내용 확인신고서를 그 사유가 발생한 날의 다음 달 (㉡)일까지 (㉠)에게 제출한 경우에는 피보험자격의 취득 및 상실을 신고한 것으로 본다.

177 **고용보험법 제37조 실업급여의 종류에 관한 설명이다. (   )에 들어갈 용어를 쓰시오.**

> • 실업급여는 구직급여와 (㉠)(으)로 구분한다.
> • (㉠)의 종류는 다음 각 호와 같다.
> 1. 조기(早期)재취업 수당
> 2. 직업능력개발 수당
> 3. 광역 구직활동비
> 4. 이주비

178 **고용보험법 제37조 실업급여의 종류에 관한 설명이다. (   )에 들어갈 용어를 쓰시오. (순서 무관)**

> 취업촉진 수당의 종류는 다음 각 호와 같다.
> 1. (㉠)
> 2. (㉡)
> 3. (㉢)
> 4. 이주비

179 **고용보험법상 구직급여의 수급요건에 관한 설명이다. (　　)에 들어갈 아라비아 숫자를 쓰시오.**

> 구직급여는 이직한 근로자인 피보험자가 다음 각 호의 요건을 모두 갖춘 경우에 지급한다. 다만, 제5호와 제6호는 최종 이직 당시 일용근로자였던 사람만 해당한다.
> 1. 제2항에 따른 기준기간(이하 '기준기간'이라 한다) 동안의 피보험 단위기간(제41조에 따른 피보험 단위기간을 말한다. 이하 같다)이 합산하여 (㉠)일 이상일 것
> 2. ~ 4. 〈생략〉
> 5. 다음 각 목의 어느 하나에 해당할 것
>   가. 제43조에 따른 수급자격 인정신청일이 속한 달의 직전 달 초일부터 수급자격 인정신청일까지의 근로일수의 합이 같은 기간 동안의 총 일수의 (㉡) 미만일 것
>   나. 건설일용근로자(일용근로자로서 이직 당시에 통계법 제22조 제1항에 따라 통계청장이 고시하는 한국표준산업분류의 대분류상 건설업에 종사한 사람을 말한다. 이하 같다)로서 수급자격 인정신청일 이전 (㉢)일간 연속하여 근로내역이 없을 것

180 **고용보험법상 실업급여의 기초가 되는 임금일액에 관한 내용이다. (　　)에 들어갈 용어를 쓰시오.** 제24회

> 구직급여의 산정 기초가 되는 임금일액은 「고용보험법」 제43조 제1항에 따른 수급자격의 인정과 관련된 마지막 이직 당시 「근로기준법」 제2조 제1항 제6호에 따라 산정된 (㉠)(으)로 한다. 다만, 마지막 이직일 이전 3개월 이내에 피보험자격을 취득한 사실이 2회 이상인 경우에는 마지막 이직일 이전 3개월간(일용근로자의 경우에는 마지막 이직일 이전 4개월 중 최종 1개월을 제외한 기간)에 그 근로자에게 지급된 임금 총액을 그 산정의 기준이 되는 3개월의 총 일수로 나눈 금액을 기초일액으로 한다.

정답

176 ㉠ 고용노동부장관, ㉡ 15 **177** ㉠ 취업촉진 수당 **178** ㉠ 조기재취업 수당, ㉡ 직업능력개발 수당, ㉢ 광역 구직활동비 **179** ㉠ 180, ㉡ 1/3, ㉢ 14 **180** ㉠ 평균임금

181 **고용보험법령상 급여의 기초가 되는 구직급여일액에 관한 설명이다. (　　)에 들어갈 아라비아 숫자를 쓰시오.**

> 구직급여일액은 다음 각 호의 구분에 따른 금액으로 한다.
> 1. 제45조 제1항부터 제3항까지 및 제5항의 경우에는 그 수급자격자의 기초일액에 100분의 (㉠)을(를) 곱한 금액
> 2. 제45조 제4항의 경우에는 그 수급자격자의 기초일액에 100분의 (㉡)을(를) 곱한 금액(이하 '최저구직급여일액'이라 한다)

182 **고용보험법령상 급여기초 임금일액의 상한액에 관한 설명이다. (　　)에 들어갈 아라비아 숫자를 쓰시오.**

> 법 제45조 제5항에 따라 구직급여의 산정 기초가 되는 임금일액이 (㉠)만원을 초과하는 경우에는 (㉠)만원을 해당 임금일액으로 한다.

183 **고용보험법령상 다음 조건에서 기초일액이 얼마인지 쓰시오. (단위는 원이며, 주어진 조건 외에는 고려하지 않음)**

> - 마지막 이직일 이전 3개월간의 일수: 90일
> - 산정하여야 할 사유가 발생한 날 이전 3개월 동안에 그 근로자에게 지급된 임금의 총액: 1,260만원
> - 일용근로자가 아님
> - 산정된 기초일액이 「근로기준법」에 따른 그 근로자의 통상임금보다 많음
> - 산정된 기초일액이 그 수급자격자의 이직 전 1일 소정근로시간에 이직일 당시 적용되던 「최저임금법」에 따른 시간단위에 해당하는 최저임금을 곱한 금액보다 많음

풀이 기초일액은 이직 당시의 평균임금으로 한다. 다만, 기초일액의 상한액은 110,000원이다.

기초일액 $= \frac{12,600,000\text{원}}{90\text{일}} = 140,000$원. 다만, 상한액을 초과하므로 기초일액은 110,000원이다.

184 **고용보험법령상 다음에서 정한 조건에 의할 때 구직급여일액은 얼마인지 쓰시오. (단위는 원임)**

> • 마지막 이직일 이전 3개월간의 일수: 90일
> • 그 기간 동안의 총임금액: 990만원

풀이 구직급여일액은 기초일액의 100분의 60이며, 기초일액은 이직 당시의 평균임금으로 한다. 기초일액의 상한액은 110,000원이다.

1. 기초일액 $= \dfrac{9,900,000\text{원}}{90\text{일}} = 110,000\text{원}$

2. 구직급여일액 $= 110,000\text{원} \times \dfrac{60}{100} = 66,000\text{원}$

185 **고용보험법상 구직급여에 관한 내용이다. (　　)에 들어갈 아라비아 숫자를 쓰시오.**

제25회 수정

> 제48조 【수급기간 및 수급일수】 ① 구직급여는 이 법에 따로 규정이 있는 경우 외에는 그 구직급여의 수급자격과 관련된 이직일의 다음 날부터 계산하기 시작하여 (㉠) 개월 내에 제50조 제1항에 따른 소정급여일수를 한도로 하여 지급한다.
>
> 제49조 【대기기간】 ① 제44조에도 불구하고 제42조에 따른 실업의 신고일부터 계산하기 시작하여 (㉡)일간은 대기기간으로 보아 구직급여를 지급하지 아니한다. 다만, 최종 이직 당시 건설일용근로자였던 사람에 대해서는 제42조에 따른 실업의 신고일부터 계산하여 구직급여를 지급한다.
>
> ※ 제44조 【실업의 인정】 ① 구직급여는 수급자격자가 실업한 상태에 있는 날 중에서 직업안정기관의 장으로부터 실업의 인정을 받은 날에 대하여 지급한다.

정답 **181** ㉠ 60, ㉡ 80　**182** ㉠ 11　**183** 110,000원　**184** 66,000원　**185** ㉠ 12, ㉡ 7

186 **고용보험법령상 구직급여의 소정급여일수에 관한 설명이다. (　　)에 들어갈 숫자를 순서대로 쓰시오. (단, A, B는 구직급여의 수급 요건을 갖춘 자로서 자영업자가 아님)**

제21회

- A는 이직일 현재 연령이 28세 이하인 자로서 피보험기간이 2년인 경우: (㉠)일
- B는 「장애인고용촉진 및 직업재활법」에 따른 장애인으로서 이직일 현재 연령이 32세인 자로서 피보험기간이 4년인 경우: (㉡)일

풀이 하나의 수급자격에 따라 구직급여를 지급받을 수 있는 날(이하 '소정급여일수'라 한다)은 대기기간이 끝난 다음 날부터 계산하기 시작하여 피보험기간과 연령에 따라 다음 표에서 정한 일수가 되는 날까지로 한다.

구분		피보험기간				
		1년 미만	1년 이상 3년 미만	3년 이상 5년 미만	5년 이상 10년 미만	10년 이상
이직일 현재 연령	50세 미만	120일	150일	180일	210일	240일
	50세 이상 및 장애인	120일	180일	210일	240일	270일

187 **장애인 근로자인 甲(40세)이 다니던 회사가 도산하여 이직하였다. 甲의 피보험기간이 5년이라면 구직급여의 소정급여일수는 며칠인지 쓰시오.**

188 **甲(50세)은 구직급여를 받다가 소정급여일수 80일을 남겨 두고 재취업하였다. 甲의 소정급여일수는 150일이고, 이직 당시 평균임금은 13만원이었다. 甲이 수령할 수 있는 조기재취업 수당은 얼마인지 쓰시오. (단위는 원임)**

풀이 조기재취업 수당의 금액은 구직급여일액에 미지급일수의 2분의 1을 곱한 금액으로 한다.

1. 기초일액: 평균임금이 130,000원으로 기초일액은 110,000원이다.
2. 구직급여일액: 기초일액의 60/100이므로 66,000원이다.
3. 조기재취업 수당: (80일 × 1/2) × 66,000원 = 2,640,000원

189 **고용보험법령상 육아휴직 급여에 관한 내용이다. (　　)에 들어갈 아라비아 숫자를 쓰시오.**

육아휴직 급여를 지급받으려는 사람은 육아휴직을 시작한 날 이후 1개월부터 육아휴직이 끝난 날 이후 12개월 이내에 신청하여야 한다. 다만, 해당 기간에 대통령령으로 정하는 사유로 육아휴직 급여를 신청할 수 없었던 사람은 그 사유가 끝난 후 (㉠)일 이내에 신청하여야 한다.

190 고용보험법 시행령 제95조(육아휴직 급여) 제1항에 관한 설명이다. (　　)에 들어갈 용어와 아라비아 숫자를 쓰시오.

> ① 법 제70조제1항에 따른 육아휴직 급여는 다음 각 호의 구분에 따른 금액을 월별 지급액으로 한다.
> 1. 육아휴직 시작일부터 3개월까지: 육아휴직 시작일을 기준으로 한 월 (㉠)임금에 해당하는 금액. 다만, 해당 금액이 (㉡)만원을 넘는 경우에는 (㉡)만원으로 하고, 해당 금액이 (㉢)만원보다 적은 경우에는 (㉢)만원으로 한다.

191 고용보험법 시행령 제95조(육아휴직 급여) 제1항에 관한 설명이다. (　　)에 들어갈 용어와 아라비아 숫자를 쓰시오.

> ① 법 제70조제1항에 따른 육아휴직 급여는 다음 각 호의 구분에 따른 금액을 월별 지급액으로 한다.
> 1. 〈생략〉
> 2. 육아휴직 4개월째부터 6개월째까지: 육아휴직 시작일을 기준으로 한 월 (㉠)임금에 해당하는 금액. 다만, 해당 금액이 (㉡)만원을 넘는 경우에는 (㉡)만원으로 하고, 해당 금액이 (㉢)만원보다 적은 경우에는 (㉢)만원으로 한다.

192 고용보험법 시행령 제95조(육아휴직 급여) 제1항에 관한 설명이다. (　　)에 들어갈 아라비아 숫자를 쓰시오.

> ① 법 제70조제1항에 따른 육아휴직 급여는 다음 각 호의 구분에 따른 금액을 월별 지급액으로 한다.
> 1. ~ 2. 〈생략〉
> 3. 육아휴직 7개월째부터 종료일까지: 육아휴직 시작일을 기준으로 한 월 통상임금의 100분의 (㉠)에 해당하는 금액. 다만, 해당 금액이 (㉡)만원을 넘는 경우에는 (㉡)만원으로 하고, 해당 금액이 (㉢)만원보다 적은 경우에는 (㉢)만원으로 한다.

정답

186 ㉠ 150, ㉡ 210 **187** 240일 **188** 2,640,000원 **189** ㉠ 30 **190** ㉠ 통상, ㉡ 250, ㉢ 70 **191** ㉠ 통상, ㉡ 200, ㉢ 70 **192** ㉠ 80, ㉡ 160, ㉢ 70

193 **고용보험법령상 심사와 재심사에 관한 설명이다. (　　)에 들어갈 용어를 쓰시오.**

> 제17조에 따른 피보험자격의 취득·상실에 대한 확인, 제4장의 규정에 따른 실업급여 및 제5장에 따른 육아휴직 급여와 출산전후휴가 급여 등에 관한 처분에 이의가 있는 자는 (㉠)에게 심사를 청구할 수 있고, 그 결정에 이의가 있는 자는 (㉡)에 재심사를 청구할 수 있다.

194 **고용보험법령상 심사와 재심사에 관한 설명이다. (　　)에 들어갈 아라비아 숫자를 쓰시오.**

> 심사의 청구는 법 제87조 제1항의 확인 또는 처분이 있음을 안 날부터 (㉠)일 이내에, 재심사의 청구는 심사청구에 대한 결정이 있음을 안 날부터 (㉠)일 이내에 각각 제기하여야 한다.

195 **고용보험법령상 심사의 청구 등에 관한 설명이다. (　　)에 들어갈 아라비아 숫자를 쓰시오.**

> 직업안정기관 또는 근로복지공단은 심사청구서를 받은 날부터 (㉠)일 이내에 의견서를 첨부하여 심사청구서를 고용보험심사관에게 보내야 한다. 고용보험심사관은 심사청구를 받으면 (㉡)일 이내에 그 심사청구에 대한 결정을 하여야 한다. 다만, 부득이한 사정으로 그 기간에 결정할 수 없을 때에는 한 차례만 (㉢)일을 넘지 아니하는 범위에서 그 기간을 연장할 수 있다.

196 **고용보험법령상 심사청구 및 재심사청구에 관한 설명이다. (　　)에 들어갈 용어를 쓰시오.**

> 심사청구에 대한 심사를 행하게 하기 위하여 (㉠)을(를) 두며, 재심사를 하게 하기 위하여 고용노동부에 (㉡)을(를) 둔다.

197 **고용보험법령상 고용보험심사관에 관한 설명이다. (　　)에 들어갈 용어를 쓰시오.**

> 당사자는 고용보험심사관에게 심리·결정의 공정을 기대하기 어려운 사정이 있으면 그 심사관에 대한 (㉠)신청을 (㉡)에게 할 수 있다.

198 **국민연금법 제49조 급여의 종류에 관한 설명이다. (　　)에 들어갈 용어를 쓰시오. (순서 무관)**

> 이 법에 따른 급여의 종류는 다음과 같다.
> 1. (㉠)
> 2. (㉡)
> 3. (㉢)
> 4. (㉣)

199 **국민연금법령상 부양가족연금액에 관한 설명이다. (　　)에 들어갈 아라비아 숫자를 쓰시오.**

> 부양가족연금액은 수급권자(유족연금의 경우에는 사망한 가입자 또는 가입자였던 자를 말한다)를 기준으로 하는 다음 각 호의 자로서 수급권자에 의하여 생계를 유지하고 있는 자에 대하여 해당 호에 규정된 각각의 금액으로 한다. 이 경우 생계유지에 관한 대상자별 인정기준은 대통령령으로 정한다.
> 1. 배우자: 연 (㉠)만원
> 2. (㉡)세 미만이거나 제52조의2에 따른 장애상태에 있는 자녀(배우자가 혼인 전에 얻은 자녀를 포함한다): 연 (㉢)만원
> 3. 60세 이상이거나 제52조의2에 따른 장애상태에 있는 부모(부 또는 모의 배우자, 배우자의 부모를 포함한다): 연 (㉢)만원

정답

193 ㉠ 고용보험심사관, ㉡ 고용보험심사위원회 **194** ㉠ 90 **195** ㉠ 5, ㉡ 30, ㉢ 10 **196** ㉠ 고용보험심사관, ㉡ 고용보험심사위원회 **197** ㉠ 기피, ㉡ 고용노동부장관 **198** ㉠ 노령연금, ㉡ 장애연금, ㉢ 유족연금, ㉣ 반환일시금 **199** ㉠ 15, ㉡ 19, ㉢ 10

200 **국민연금법령상 노령연금에 관한 설명이다. (   )에 들어갈 아라비아 숫자를 쓰시오.**

> 가입기간이 (㉠)년 이상인 가입자 또는 가입자였던 자에 대하여는 (㉡)세[특수직종 근로자는 (㉢)세]가 된 때부터 그가 생존하는 동안 노령연금을 지급한다.

201 **국민연금법령상 조기노령연금에 관한 설명이다. (   )에 들어갈 아라비아 숫자를 쓰시오.**

> 가입기간이 (㉠)년 이상인 가입자 또는 가입자였던 자로서 (㉡)세 이상인 자가 대통령령으로 정하는 소득이 있는 업무에 종사하지 아니하는 경우 본인이 희망하면 (㉢)세가 되기 전이라도 본인이 청구한 때부터 그가 생존하는 동안 일정한 금액의 연금을 받을 수 있다.

202 **국민연금법상 유족연금의 수급권자에 관한 내용이다. (   )에 들어갈 아라비아 숫자의 합계를 쓰시오.**

> 다음 각 호의 어느 하나에 해당하는 사람이 사망하면 그 유족에게 유족연금을 지급한다.
> 1. 노령연금 수급권자
> 2. 가입기간이 (   )년 이상인 가입자 또는 가입자였던 자
> 3. 연금보험료를 낸 기간이 가입대상기간의 3분의 1 이상인 가입자 또는 가입자였던 자
> 4. 사망일 (   )년 전부터 사망일까지의 기간 중 연금보험료를 낸 기간이 3년 이상인 가입자 또는 가입자였던 자. 다만, 가입대상기간 중 체납기간이 3년 이상인 사람은 제외한다.
> 5. 장애등급이 (   )급 이상인 장애연금 수급권자

풀이 다음 각 호의 어느 하나에 해당하는 사람이 사망하면 그 유족에게 유족연금을 지급한다.

1. 노령연금 수급권자
2. 가입기간이 '10'년 이상인 가입자 또는 가입자였던 자
3. 연금보험료를 낸 기간이 가입대상기간의 3분의 1 이상인 가입자 또는 가입자였던 자
4. 사망일 '5'년 전부터 사망일까지의 기간 중 연금보험료를 낸 기간이 3년 이상인 가입자 또는 가입자였던 자. 다만, 가입대상기간 중 체납기간이 3년 이상인 사람은 제외한다.
5. 장애등급이 '2'급 이상인 장애연금 수급권자

따라서 (   )에 들어갈 숫자의 합계는 10 + 5 + 2 = 17이다.

203 국민연금법령상 유족의 범위에 관한 설명이다. (   )에 들어갈 아라비아 숫자를 쓰시오.

> 유족연금을 지급받을 수 있는 유족은 제72조 제1항 각 호의 사람이 사망할 당시 그에 의하여 생계를 유지하고 있던 다음 각 호의 자로 한다. 이 경우 가입자 또는 가입자였던 자에 의하여 생계를 유지하고 있던 자에 관한 인정 기준은 대통령령으로 정한다.
> 1. 배우자
> 2. 자녀. 다만, (㉠)세 미만이거나 제52조의2에 따른 장애상태에 있는 사람만 해당한다.
> 3. 부모(배우자의 부모를 포함한다). 다만, (㉡)세 이상이거나 제52조의2에 따른 장애상태에 있는 사람만 해당한다.
> 4. 손자녀. 다만, (㉢)세 미만이거나 제52조의2에 따른 장애상태에 있는 사람만 해당한다.
> 5. 조부모(배우자의 조부모를 포함한다). 다만, (㉡)세 이상이거나 제52조의2에 따른 장애상태에 있는 사람만 해당한다.

204 국민연금법령상 보험급여에 관한 설명이다. (   )에 들어갈 용어를 쓰시오.

> 가입기간이 10년 미만인 가입자 또는 가입자였던 자가 60세가 된 때에 해당하게 되면 본인이나 그 유족의 청구에 의하여 (㉠)을(를) 지급받을 수 있다.

205 국민연금법령상 연금보험료의 부과·징수에 관한 설명이다. (   )에 들어갈 아라비아 숫자를 쓰시오.

> 사업장가입자의 연금보험료 중 기여금은 사업장가입자 본인이, 부담금은 사용자가 각각 부담하되, 그 금액은 각각 기준소득월액의 1천분의 (㉠)에 해당하는 금액으로 하며, 연금보험료는 납부의무자가 다음 달 (㉡)일까지 내야 한다.

정답

200 ㉠ 10, ㉡ 60, ㉢ 55 **201** ㉠ 10, ㉡ 55, ㉢ 60 **202** 17 **203** ㉠ 25, ㉡ 60, ㉢ 19 **204** ㉠ 반환일시금 **205** ㉠ 45, ㉡ 10

206 **국민연금법령상 고액·상습 체납자의 인적사항 공개에 관한 설명이다. (　　)에 들어갈 아라비아 숫자를 쓰시오.**

건강보험공단은 이 법에 따른 납부기한의 다음 날부터 (㉠)년이 지난 연금보험료, 연체금 및 체납처분비의 총액이 (㉡)만원 이상인 체납자(사업장가입자에 한한다)가 납부능력이 있음에도 불구하고 체납한 경우 체납자의 인적사항(사용자의 인적사항을 말한다) 및 체납액 등을 공개할 수 있다.

207 **국민연금법령상 심사청구에 관한 설명이다. (　　)에 들어갈 아라비아 숫자를 쓰시오.**

가입자의 자격, 기준소득월액, 연금보험료, 그 밖의 이 법에 따른 징수금과 급여에 관한 국민연금공단 또는 건강보험공단의 처분에 이의가 있는 자는 그 처분을 한 국민연금공단 또는 건강보험공단에 심사청구를 할 수 있으며, 심사청구는 그 처분이 있음을 안 날부터 (㉠)일 이내에 문서로 하여야 하며, 처분이 있은 날부터 (㉡)일을 경과하면 이를 제기하지 못한다. 다만, 정당한 사유로 그 기간에 심사청구를 할 수 없었음을 증명하면 그 기간이 지난 후에도 심사청구를 할 수 있다.

208 **국민연금법상 심사청구에 관한 설명이다. (　　)에 들어갈 용어를 순서대로 쓰시오.**

제21회

가입자의 자격, 기준소득월액, 연금보험료, 그 밖의 「국민연금법」에 따른 징수금과 급여에 관한 국민연금공단 또는 국민건강보험공단의 처분에 이의가 있는 자는 그 처분을 한 국민연금공단 또는 국민건강보험공단에 심사청구를 할 수 있으며, 심사청구 사항을 심사하기 위하여 국민연금공단에 (㉠)을(를) 두고, 국민건강보험공단에 (㉡)을(를) 둔다.

209 **국민연금법령상 재심사청구에 관한 설명이다. (　　)에 들어갈 아라비아 숫자와 용어를 쓰시오.**

심사청구에 대한 결정에 불복하는 자는 그 결정통지를 받은 날부터 (㉠)일 이내에 (㉡)에 재심사를 청구할 수 있다.

210 **국민연금법령상 시효에 관한 설명이다. (   )에 들어갈 아라비아 숫자를 쓰시오.**

> 연금보험료, 환수금, 그 밖의 이 법에 따른 징수금을 징수하거나 환수할 권리는 (㉠)년간, 급여(제77조 제1항 제1호에 따른 반환일시금은 제외한다)를 받거나 과오납금을 반환받을 수급권자 또는 가입자 등의 권리는 (㉡)년간, 제77조 제1항 제1호에 따른 반환일시금을 지급받을 권리는 (㉢)년간 행사하지 아니하면 각각 소멸시효가 완성된다.

211 **국민건강보험법령상 주무관청에 관한 설명이다. (   )에 들어갈 용어를 쓰시오.**

> 이 법에 따른 건강보험사업은 (㉠)이(가) 맡아 주관하며, 건강보험의 보험자는 (㉡)(으)로 한다.

212 **국민건강보험법 제6조(가입자의 종류) 규정의 일부이다. (   )에 들어갈 아라비아 숫자를 쓰시오.**

> 모든 사업장의 근로자 및 사용자와 공무원 및 교직원은 직장가입자가 된다. 다만, 다음 각 호의 어느 하나에 해당하는 사람은 제외한다.
> 1. 고용 기간이 (㉠)개월 미만인 일용근로자

213 **국민건강보험법 제8조(자격의 취득 시기 등) 규정 일부이다. (   )에 들어갈 아라비아 숫자와 용어를 쓰시오.**

> 제1항에 따라 자격을 얻은 경우 그 직장가입자의 사용자 및 지역가입자의 세대주는 그 명세를 보건복지부령으로 정하는 바에 따라 자격을 취득한 날부터 (㉠)일 이내에 (㉡)에게 신고하여야 한다.

정답

206 ㉠ 1, ㉡ 2,000 **207** ㉠ 90, ㉡ 180 **208** ㉠ 국민연금심사위원회, ㉡ 징수심사위원회 **209** ㉠ 90, ㉡ 국민연금재심사위원회 **210** ㉠ 3, ㉡ 5, ㉢ 10 **211** ㉠ 보건복지부장관, ㉡ 국민건강보험공단 **212** ㉠ 1 **213** ㉠ 14, ㉡ 보험자

214 **국민건강보험법상 국민건강보험가입자격에 관한 내용이다. (   )에 들어갈 아라비아 숫자를 쓰시오.** 제24회

- 가입자의 자격이 변동된 경우 직장가입자의 사용자와 지역가입자의 세대주는 그 명세를 보건복지부령으로 정하는 바에 따라 자격이 변동된 날부터 (㉠)일 이내에 보험자에게 신고하여야 한다.
- 가입자의 자격을 잃은 경우 직장가입자의 사용자와 지역가입자의 세대주는 그 명세를 보건복지부령으로 정하는 바에 따라 자격을 잃은 날부터 (㉡)일 이내에 보험자에게 신고하여야 한다.

215 **국민건강보험법령상 보험급여에 관한 설명이다. (   )에 들어갈 용어를 쓰시오.**

국민건강보험공단은 가입자나 피부양자가 보건복지부령으로 정하는 긴급하거나 그 밖의 부득이한 사유로 요양기관과 비슷한 기능을 하는 기관으로서 보건복지부령으로 정하는 기관(업무정지기간 중인 요양기관을 포함한다. 이하 '준요양기관'이라 한다)에서 질병·부상·출산 등에 대하여 요양을 받거나 요양기관이 아닌 장소에서 출산한 경우에는 그 (㉠)에 상당하는 금액을 보건복지부령으로 정하는 바에 따라 가입자나 피부양자에게 (㉡)(으)로 지급한다.

216 **국민건강보험법상 보험료에 관한 내용이다. (   )에 들어갈 아라비아 숫자와 용어를 쓰시오.** 제25회

제73조 【보험료율 등】 ① 직장가입자의 보험료율은 1천분의 (㉠)의 범위에서 심의위원회의 의결을 거쳐 대통령령으로 정한다.

제78조 【보험료의 납부기한】 ① 제77조 제1항 및 제2항에 따라 보험료 납부의무가 있는 자는 가입자에 대한 그 달의 보험료를 그 다음 달 (㉡)일까지 납부하여야 한다. 다만, 직장가입자의 소득월액보험료 및 지역가입자의 보험료는 보건복지부령으로 정하는 바에 따라 (㉢)별로 납부할 수 있다.

217 **국민건강보험법령상 고액·상습 체납자의 인적사항 공개에 관한 설명이다. (   )에 들어갈 아라비아 숫자를 쓰시오.**

국민건강보험공단은 이 법에 따른 납부기한의 다음 날부터 (㉠)년이 경과한 보험료, 연체금과 체납처분비의 총액이 (㉡)만원 이상인 체납자가 납부능력이 있음에도 불구하고 체납한 경우 그 인적사항·체납액 등을 공개할 수 있다.

218 **국민건강보험법령상 (   )에 들어갈 용어를 쓰시오.**

가입자 및 피부양자의 자격, 보험료등, 보험급여, 보험급여 비용에 관한 국민건강보험공단의 처분에 이의가 있는 자는 국민건강보험공단에 (㉠)을(를) 할 수 있으며, 요양급여비용 및 요양급여의 적정성 평가 등에 관한 건강보험심사평가원의 처분에 이의가 있는 국민건강보험공단, 요양기관 또는 그 밖의 자는 건강보험심사평가원에 (㉠)을(를) 할 수 있다.

219 **국민건강보험법령상 이의신청에 관한 설명이다. (   )에 들어갈 아라비아 숫자를 쓰시오.**

이의신청은 처분이 있음을 안 날부터 (㉠)일 이내에 문서로 하여야 하며 처분이 있은 날부터 (㉡)일을 지나면 제기하지 못한다. 다만, 정당한 사유로 그 기간에 이의신청을 할 수 없었음을 소명한 경우에는 그러하지 아니하다.

220 **국민건강보험법령상 심판청구에 관한 설명이다. (   )에 들어갈 용어를 쓰시오.**

이의신청에 대한 결정에 불복하는 자는 (㉠)에 심판청구를 할 수 있다.

정답

214 ㉠ 14, ㉡ 14 **215** ㉠ 요양급여, ㉡ 요양비 **216** ㉠ 80, ㉡ 10, ㉢ 분기
217 ㉠ 1, ㉡ 1,000 **218** ㉠ 이의신청 **219** ㉠ 90, ㉡ 180 **220** ㉠ 건강보험분쟁조정위원회

CHAPTER

09 대외업무관리 및 리모델링

▶ **연계학습** | 에듀윌 기본서 2차 [공동주택관리실무 上] p.334

01 **공동주택관리법령상 관리비용의 지원에 관한 설명이다. (　　)에 들어갈 용어를 쓰시오.**

> 국가는 공동주택의 보수·개량, 층간소음 저감재 설치 등에 필요한 비용의 일부를 (㉠)에서 융자할 수 있다.

02 **공동주택관리법령상 공동주택관리에 관한 설명이다. (　　)에 들어갈 용어를 쓰시오.**

> 시·도지사는 공동주택단지를 모범적으로 관리하도록 장려하기 위하여 매년 공동주택(㉠)을(를) 선정할 수 있다.

03 **공동주택관리법령상 공동주택관리에 관한 설명이다. (　　)에 들어갈 용어를 쓰시오.**

> 국토교통부장관은 제1항 및 제2항에 따라 시·도지사가 선정한 공동주택(㉠) 중에서 공동주택(㉡)을(를) 선정하여 표창하거나 상금을 지급할 수 있고, 그 밖에 필요한 지원을 할 수 있다.

04 **공동주택관리법령상 공동주택관리에 관한 설명이다. (　　)에 들어갈 용어를 쓰시오.**

> 국토교통부장관은 공동주택관리의 투명성과 효율성을 제고하기 위하여 공동주택관리에 관한 정보를 종합적으로 관리할 수 있는 (㉠)을(를) 구축·운영할 수 있고, 이에 관한 정보를 관련 기관·단체 등에 제공할 수 있다.

05 **공동주택관리법 제92조(보고·검사 등)에 관한 내용이다. ( )에 들어갈 아라비아 숫자를 쓰시오.**

> 제92조【보고·검사 등】① 국토교통부장관 또는 지방자치단체의 장은 필요하다고 인정할 때에는 이 법에 따라 허가를 받거나 신고·등록 등을 한 자에게 필요한 보고를 하게 하거나, 관계 공무원으로 하여금 사업장에 출입하여 필요한 검사를 하게 할 수 있다.
> ② 제1항에 따른 검사를 할 때에는 검사 (㉠)일 전까지 검사 일시, 검사 이유 및 검사 내용 등 검사계획을 검사를 받을 자에게 알려야 한다. 다만, 긴급한 경우나 사전에 통지하면 증거인멸 등으로 검사 목적을 달성할 수 없다고 인정하는 경우에는 그러하지 아니하다.

06 **공동주택관리법령상 공동주택관리에 관한 감독에 대한 내용이다. ( )에 들어갈 숫자를 쓰시오. (분수는 분수로 표시)** 제20회 수정

> 공동주택의 입주자등은 입주자대표회의등이 공동주택 관리규약을 위반한 경우 전체 입주자등의 (㉠) 이상의 동의를 받아 지방자치단체의 장에게 입주자대표회의등의 업무에 대하여 감사를 요청할 수 있다.

07 **공동주택관리법령상 공동주택관리에 관한 감독에 관한 설명이다. ( )에 들어갈 아라비아 숫자를 쓰시오.**

> 지방자치단체의 장은 제1항부터 제4항까지의 규정에 따라 명령, 조사 또는 검사, 감사의 결과 등을 통보하는 경우 그 내용을 해당 공동주택의 입주자대표회의 및 관리주체에게도 통보하여야 한다. 통보를 받은 관리주체는 같은 조 제8항에 따라 통보를 받은 날부터 (㉠)일 이내에 그 내용을 공동주택단지의 인터넷 홈페이지 및 동별 게시판에 (㉡)일 이상 공개해야 한다. 이 경우 동별 게시판에는 통보받은 일자, 통보한 기관 및 관계 부서, 주요 내용 및 조치사항 등을 요약하여 공개할 수 있다.

정답

01 ㉠ 주택도시기금 **02** ㉠ 모범관리단지 **03** ㉠ 모범관리단지, ㉡ 우수관리단지
04 ㉠ 공동주택관리정보시스템 **05** ㉠ 7 **06** ㉠ 2/10 **07** ㉠ 10, ㉡ 7

08 공동주택관리법 제93조의2 공동주택 관리비리 신고센터의 설치 등에 관한 규정의 일부이다. (   )에 들어갈 용어를 쓰시오.

> (㉠)은(는) 공동주택 관리비리와 관련된 불법행위 신고의 접수·처리 등에 관한 업무를 효율적으로 수행하기 위하여 공동주택 관리비리 신고센터(이하 '신고센터'라 한다)를 설치·운영할 수 있다.

09 공동주택관리법 시행령 제96조의3 공동주택 관리비리의 신고 및 확인에 관한 규정의 일부이다. (   )에 들어갈 아라비아 숫자를 쓰시오.

> 신고센터는 제2항에 따른 확인 결과 신고서가 신고자의 인적사항이나 신고내용의 특정에 필요한 사항을 갖추지 못한 경우에는 신고자로 하여금 (㉠)일 이내의 기간을 정하여 이를 보완하게 할 수 있다. 다만, (㉠)일 이내에 자료를 보완하기 곤란한 사유가 있다고 인정되는 경우에는 신고자와 협의하여 보완기간을 따로 정할 수 있다.

10 공동주택관리법 시행령 제96조의5 공동주택 관리비리 신고의 처리에 관한 규정의 일부이다. (   )에 들어갈 아라비아 숫자를 쓰시오.

> ① 신고센터는 제96조의3 제1항에 따른 신고서를 받은 날부터 (㉠)일 이내(같은 조 제4항에 따른 보완기간은 제외한다)에 해당 지방자치단체의 장에게 신고사항에 대한 조사 및 조치를 요구하고, 그 사실을 신고자에게 통보하여야 한다.
> ② 제1항에 따라 신고사항에 대한 조사 및 조치를 요구받은 지방자치단체의 장은 요구를 받은 날부터 (㉡)일 이내에 조사 및 조치를 완료하고, 조사 및 조치를 완료한 날부터 (㉠)일 이내에 국토교통부장관에게 통보하여야 한다. 다만, (㉡)일 이내에 처리가 곤란한 경우에는 한 차례만 (㉢)일 이내의 범위에서 그 기간을 연장할 수 있다.

11 공동주택관리법령상 관리주체의 공개 의무에 관한 내용이다. (　　)에 들어갈 아라비아 숫자를 쓰시오.

제26회

> 공동주택의 입주자등, 관리주체, 입주자대표회의나 그 구성원이 「공동주택관리법」을 위반하여 지방자치단체의 장이 공사의 중지, 원상복구 또는 그 밖에 필요한 조치를 명하는 경우, 지방자치단체의 장은 그 내용을 해당 공동주택의 입주자대표회의 및 관리주체에게도 통보하여야 한다. 통보를 받은 관리주체는 통보를 받은 날부터 (㉠)일 이내에 그 내용을 공동주택단지의 인터넷 홈페이지 및 동별 게시판에 (㉡)일 이상 공개해야 한다.

12 공동주택관리법령상 협회의 설립 등에 관한 설명이다. (　　)에 들어갈 용어와 아라비아 숫자를 쓰시오.

> 협회를 설립하려면 다음 각 호의 구분에 따른 인원수를 발기인으로 하여 정관을 마련한 후 창립총회의 의결을 거쳐 (㉠)의 인가를 받아야 한다. 인가받은 정관을 변경하는 경우에도 또한 같다.
> 1. 주택관리사단체: 공동주택의 관리사무소장으로 배치된 자의 (㉡) 이상

13 공동주택관리법령상 협회에 관한 설명이다. (　　)에 들어갈 용어를 쓰시오.

> 협회에 관하여 이 법에서 규정한 것 외에는 「민법」 중 (㉠)에 관한 규정을 준용한다.

14 공동주택관리법령상 장기수선계획에 관한 설명이다. (　　)에 들어갈 용어를 쓰시오.

> (㉠)은(는) 장기수선계획을 검토하기 전에 해당 공동주택의 (㉡)(으)로 하여금 국토교통부령으로 정하는 바에 따라 시·도지사가 실시하는 장기수선계획의 비용산출 및 공사방법 등에 관한 교육을 받게 할 수 있다.

정답

08 ㉠ 국토교통부장관　**09** ㉠ 15　**10** ㉠ 10, ㉡ 60, ㉢ 30　**11** ㉠ 10, ㉡ 7
12 ㉠ 국토교통부장관, ㉡ 1/5　**13** ㉠ 사단법인　**14** ㉠ 관리주체, ㉡ 관리사무소장

15 **공동주택관리법령상 장기수선계획에 관한 설명이다. (　　)에 들어갈 아라비아 숫자와 용어를 쓰시오.**

> 법 제29조 제4항에 따른 장기수선계획의 조정교육에 관한 업무를 영 제95조 제3항 제1호에 따라 위탁받은 기관은 교육 실시 (㉠)일 전에 교육의 일시·장소·기간·내용·대상자 및 그 밖에 교육에 필요한 사항을 공고하거나 (㉡)에게 통보하여야 한다.

16 **공동주택관리법 제70조(주택관리업자등의 교육) 규정의 일부이다. (　　)에 들어갈 아라비아 숫자를 쓰시오.**

> ② 관리사무소장으로 배치받으려는 주택관리사등이 배치예정일부터 직전 (㉠)년 이내에 관리사무소장·공동주택관리기구의 직원 또는 주택관리업자의 임직원으로서 종사한 경력이 없는 경우에는 국토교통부령으로 정하는 바에 따라 시·도지사가 실시하는 공동주택관리에 관한 교육과 윤리교육을 이수하여야 관리사무소장으로 배치받을 수 있다. 이 경우 공동주택관리에 관한 교육과 윤리교육을 이수하고 관리사무소장으로 배치받은 주택관리사등에 대하여는 제1항에 따른 관리사무소장의 교육의무를 이행한 것으로 본다.
> ③ 공동주택의 관리사무소장으로 배치받아 근무 중인 주택관리사등은 제1항 또는 제2항에 따른 교육을 받은 후 (㉡)년마다 국토교통부령으로 정하는 바에 따라 공동주택관리에 관한 교육과 윤리교육을 받아야 한다.

17 **공동주택관리법령상 주택관리업자등의 교육 및 벌칙에 관한 내용이다. (　　)에 들어갈 아라비아 숫자를 쓰시오.** 제24회

> 공동주택의 관리사무소장으로 배치받아 근무 중인 주택관리사는 「공동주택관리법」 제70조 제1항 또는 제2항에 따른 교육을 받은 후 (㉠)년마다 국토교통부령으로 정하는 바에 따라 공동주택관리에 관한 교육과 윤리교육을 받아야 하며, 이 교육을 받지 아니한 자에게는 (㉡)만원 이하의 과태료를 부과한다.

18 공동주택관리법령상 관리사무소장으로 배치받은 주택관리사등의 교육에 관한 내용이다. (   )에 들어갈 용어를 쓰시오. 제26회

> 관리사무소장으로 배치받은 주택관리사등은 국토교통부령으로 정하는 바에 따라 관리사무소장으로 배치된 날부터 3개월 이내에 공동주택관리에 관한 교육과 (㉠)교육을 받아야 한다.

19 공동주택관리법 시행규칙 제33조(주택관리업자등의 교육) 규정의 일부이다. (   )에 들어갈 아라비아 숫자를 쓰시오.

> ① 법 제70조 제1항에 따라 주택관리업자(법인인 경우에는 그 대표자를 말한다) 또는 관리사무소장으로 배치받은 주택관리사등은 다음 각 호의 구분에 따른 시기에 영 제95조 제3항 제2호에 따라 교육업무를 위탁받은 기관 또는 단체(이하 '교육수탁기관'이라 한다)로부터 공동주택관리에 관한 교육과 윤리교육을 받아야 한다. 이 경우 교육수탁기관은 관리사무소장으로 배치받으려는 주택관리사등에 대해서도 공동주택관리에 관한 교육과 윤리교육을 시행할 수 있다.
> 1. 주택관리업자: 주택관리업의 등록을 한 날부터 (㉠)개월 이내
> 2. 관리사무소장: 관리사무소장으로 배치된 날(주택관리사보로서 관리사무소장이던 사람이 주택관리사의 자격을 취득한 경우에는 그 자격취득일을 말한다)부터 (㉡)개월 이내
>
> ④ 제1항부터 제3항까지의 규정에 따른 교육기간은 (㉢)일로 한다.

20 공동주택관리법령상 입주자대표회의의 구성원에 관한 설명이다. (   )에 들어갈 용어를 쓰시오.

> (㉠)은(는) 대통령령으로 정하는 바에 따라 입주자대표회의의 구성원에게 입주자대표회의의 운영과 관련하여 필요한 교육 및 (㉡)교육을 실시하여야 한다. 이 경우 입주자대표회의의 구성원은 그 교육을 성실히 이수하여야 한다.

정답

15 ㉠ 10, ㉡ 관리주체 **16** ㉠ 5, ㉡ 3 **17** ㉠ 3, ㉡ 500 **18** ㉠ 윤리 **19** ㉠ 3, ㉡ 3, ㉢ 3 **20** ㉠ 시장·군수·구청장, ㉡ 윤리

21 공동주택관리법령상 입주자대표회의의 구성원 교육에 관한 규정이다. (　　)에 들어갈 숫자를 쓰시오. 제12·14회 수정

> • 입주자대표회의 구성원은 매년 (㉠)시간의 운영·윤리교육을 이수하여야 한다.
> • 시장·군수·구청장은 입주자대표회의 구성원 또는 입주자등에 대하여 운영 및 윤리교육을 하려면 교육일시, 교육장소, 교육기간, 교육내용, 교육대상자, 그 밖에 교육에 관하여 필요한 사항을 교육 (㉡)일 전까지 공고하거나 대상자에게 알려야 한다.

22 공동주택관리법령상 입주자대표회의의 구성원 교육에 관한 규정이다. (　　)에 들어갈 용어를 쓰시오.

> 운영·윤리교육은 (㉠)의 방법으로 한다. 다만, 교육 참여현황의 관리가 가능한 경우에는 그 전부 또는 일부를 (㉡)(으)로 할 수 있다.

23 공동주택관리법령상 안전관리계획 및 교육 등에 관한 설명이다. (　　)에 들어갈 용어를 쓰시오.

> 다음 각 호의 사람은 국토교통부령으로 정하는 바에 따라 공동주택단지의 각종 안전사고의 예방과 방범을 위하여 (㉠)이(가) 실시하는 방범교육 및 안전교육을 받아야 한다.
> 1. (㉡)에 종사하는 사람
> 2. 제1항의 안전관리계획에 따라 시설물 안전관리자 및 안전관리책임자로 선정된 사람

24 공동주택관리법령상 안전관리계획 및 교육 등에 관한 내용이다. (　　)에 들어갈 숫자를 쓰시오. 제11회 수정

> 공동주택단지 안의 각종 안전사고 예방과 방범을 위하여 경비업무에 종사하는 사람과 안전관리계획에 따라 시설물 안전관리책임자로 선정된 사람은 국토교통부령으로 정하는 바에 따라 시장·군수·구청장이 실시하는 방범교육 및 안전교육을 받아야 한다. 이 때 그 교육시간은 연 (㉠)회 이내에서 시장·군수·구청장이 실시하는 횟수, 매회별 (㉡)시간이다.

25 다음은 1993년에 건축법상의 허가를 받아 건축된 30세대 규모의 공동주택에 있어서 용도변경에 관한 설명이다. ( )에 들어갈 숫자를 쓰시오. (분수는 분수로 표시)

제10회 수정

PART 1

> 전체 입주자 (㉠) 이상의 동의를 얻어 주민운동시설, 주택단지 안의 도로 및 어린이놀이터를 각각 전체 면적의 (㉡)의 범위에서 주차장 용도로 변경하는 경우로서 그 용도변경의 필요성을 시장·군수·구청장이 인정하는 경우

26 공동주택관리법 시행령 제35조 제1항 별표 3에 규정된 부대시설 및 입주자 공유인 복리시설의 용도변경 허가기준에 관한 설명이다. ( )에 들어갈 용어를 쓰시오. (순서 무관)

> 전체 입주자 3분의 2 이상의 동의를 얻어 (㉠), 주택단지 안의 도로 및 (㉡)을(를) 각각 전체 면적의 4분의 3 범위에서 주차장 용도로 변경하는 경우[2013년 12월 17일 이전에 종전의 주택건설촉진법(법률 제6916호 주택건설촉진법 개정법률로 개정되기 전의 것을 말한다) 제33조 및 종전의 주택법(법률 제13805호 주택법 전부개정법률로 개정되기 전의 것을 말한다) 제16조에 따른 사업계획승인을 신청하거나 건축법 제11조에 따른 건축허가를 받아 건축한 20세대 이상의 공동주택으로 한정한다]로서 그 용도변경의 필요성을 시장·군수·구청장이 인정하는 경우

27 공동주택관리법 시행령 제35조 제1항 별표 3에 규정된 공동주택의 용도변경 허가기준에 관한 설명이다. ( )에 들어갈 용어와 아라비아 숫자를 쓰시오.

> 법령의 개정이나 여건 변동 등으로 인하여 「주택건설기준 등에 관한 규정」에 따른 주택의 건설기준에 부적합하게 된 공동주택의 (㉠)을(를) 같은 영에 적합한 시설로 용도를 변경하는 경우로서 전체 입주자 (㉡) 이상의 동의를 받은 경우

정답

21 ㉠ 4, ㉡ 10 **22** ㉠ 집합교육, ㉡ 온라인교육 **23** ㉠ 시장·군수·구청장, ㉡ 경비업무
24 ㉠ 2, ㉡ 4 **25** ㉠ 2/3, ㉡ 3/4 **26** ㉠ 주민운동시설, ㉡ 어린이놀이터 **27** ㉠ 전유부분, ㉡ 2/3

28 **공동주택관리법 시행령 제35조 제1항 별표 3에 규정된 공동주택 파손·철거의 허가기준에 관한 설명이다. (　　)에 들어갈 아라비아 숫자를 쓰시오.**

> 1) 시설물 또는 설비의 철거로 구조안전에 이상이 없다고 시장·군수·구청장이 인정하는 경우로서 다음의 구분에 따른 동의요건을 충족하는 경우
> 가) 전유부분의 경우: 해당 동에 거주하는 입주자등 (㉠) 이상의 동의
> 나) 공용부분의 경우: 해당 동 입주자등 (㉡) 이상의 동의. 다만, 비내력벽을 철거하는 경우에는 해당 동에 거주하는 입주자등 (㉠) 이상의 동의를 받아야 한다.
> 2) 위해의 방지를 위하여 시장·군수·구청장이 부득이하다고 인정하는 경우로서 해당 동에 거주하는 입주자등 (㉠) 이상의 동의를 받은 경우

29 **공동주택관리법 시행령 제35조 제1항 별표 3에 규정된 부대시설 및 입주자 공유인 복리시설 파손·철거의 허가기준에 관한 설명이다. (　　)에 들어갈 아라비아 숫자를 쓰시오.**

> 1) 건축물인 부대시설 또는 복리시설을 전부 철거하는 경우로서 전체 입주자 (㉠) 이상의 동의를 받은 경우
> 2) 시설물 또는 설비의 철거로 구조안전에 이상이 없다고 시장·군수·구청장이 인정하는 경우로서 다음의 구분에 따른 동의요건을 충족하는 경우
> 가) 건축물 내부인 경우: 전체 입주자등 (㉡) 이상의 동의
> 나) 그 밖의 경우: 전체 입주자등 (㉠) 이상의 동의
> 3) 위해의 방지를 위하여 시설물 또는 설비를 철거하는 경우에는 시장·군수·구청장이 부득이하다고 인정하는 경우로서 전체 입주자등 (㉡) 이상의 동의를 받은 경우

30 **공동주택관리법 시행령 제35조 제1항 별표 3에 규정된 세대구분형 공동주택의 설치의 허가기준에 관한 설명이다. (　　)에 들어갈 아라비아 숫자를 쓰시오.**

> 「주택법 시행령」 제9조 제1항 제2호의 요건을 충족하는 경우로서 다음 각 목의 구분에 따른 요건을 충족하는 경우
> 가. 대수선이 포함된 경우
> 1) 내력벽에 배관설비를 설치하는 경우: 해당 동에 거주하는 입주자등 (㉠) 이상의 동의를 받은 경우
> 2) 그 밖의 경우: 해당 동 입주자 (㉡) 이상의 동의를 받은 경우
> 나. 그 밖의 경우: 시장·군수·구청장이 구조안전에 이상이 없다고 인정하는 경우로서 해당 동에 거주하는 입주자등 (㉠) 이상의 동의를 받은 경우

31 공동주택관리법 시행령 제35조 제1항 별표 3에 규정된 공동주택의 파손·철거의 신고기준에 관한 설명이다. ( )에 들어갈 용어를 쓰시오.

> 노약자나 장애인의 편리를 위한 계단의 단층 철거 등 경미한 행위로서 (㉠)의 동의를 받은 경우

32 공동주택관리법 시행령 제35조 제1항 별표 3에 규정된 공동주택 및 입주자 공유가 아닌 복리시설의 증축·증설의 허가기준에 관한 설명의 일부이다. ( )에 들어갈 아라비아 숫자를 쓰시오.

> 1) 다음의 어느 하나에 해당하는 증축의 경우
> 가) ~ 나) 〈생략〉
> 다) 공동주택의 필로티 부분을 전체 입주자 (㉠) 이상 및 해당 동 입주자 (㉠) 이상의 동의를 받아 국토교통부령으로 정하는 범위에서 주민공동시설로 증축하는 경우로서 통행, 안전 및 소음 등에 지장이 없다고 시장·군수·구청장이 인정하는 경우
>
> 2) 구조안전에 이상이 없다고 시장·군수·구청장이 인정하는 증설로서 다음의 구분에 따른 동의요건을 충족하는 경우
> 가) 공동주택의 전유부분인 경우: 해당 동에 거주하는 입주자등 (㉡) 이상의 동의
> 나) 공동주택의 공용부분인 경우: 해당 동 입주자등 (㉠) 이상의 동의

정답
28 ㉠ 1/2, ㉡ 2/3 29 ㉠ 2/3, ㉡ 1/2 30 ㉠ 1/2, ㉡ 2/3 31 ㉠ 입주자대표회의
32 ㉠ 2/3, ㉡ 1/2

33 공동주택관리법령상의 요건을 갖추어 A공동주택의 필로티 부분을 주민공동시설인 입주자집회소로 증축하는 경우의 행위허가 기준에 관한 내용이다. (　　)에 들어갈 용어 또는 숫자를 쓰시오. 제23회

> (1) 입주자집회소로 증축하려는 필로티 부분의 면적 합계가 해당 주택단지 안의 필로티 부분 총면적의 100분의 (㉠) 이내일 것
> (2) (1)에 따른 입주자집회소의 증축 면적을 A공동주택의 바닥면적에 산입하는 경우 (㉡)이(가) 관계 법령에 따른 건축 기준에 위반되지 아니할 것

34 공동주택관리법 시행령 제35조 제1항 별표 3에 규정된 부대시설 및 입주자 공유인 복리시설의 증축·증설의 허가기준에 관한 설명이다. (　　)에 들어갈 아라비아 숫자를 쓰시오.

> 1) 전체 입주자 (㉠) 이상의 동의를 받아 증축하는 경우
> 2) 구조안전에 이상이 없다고 시장·군수·구청장이 인정하는 증설로서 다음의 구분에 따른 동의요건을 충족하는 경우
> 가) 건축물 내부인 경우: 전체 입주자등 (㉡) 이상의 동의
> 나) 그 밖의 경우: 전체 입주자등 (㉠) 이상의 동의

35 지속 가능한 공동주거관리의 방법에 관한 내용이다. (　　)에 들어갈 건축법령상 용어를 쓰시오. 제21회

> (㉠)은(는) 물리적·기능적으로 노후화된 건축물을 대수선하거나 건축물의 일부를 증축 또는 개축하여 수명을 연장시킬 뿐만 아니라 새로운 사회적 기능을 부여함으로써 건축물 총체적 개념의 자산상승을 유발시키는 행위이다.

36 **주택법령상 리모델링에 해당하는 행위에 관한 설명이다. (　　)에 들어갈 아라비아 숫자를 쓰시오. (단, 임시사용승인을 받은 경우 및 조례는 고려하지 않음)**

> 건축물의 노후화 억제 또는 기능 향상 등을 위한 행위로서, 「주택법」에 따른 사용검사일 또는 「건축법」에 따른 사용승인일부터 (㉠)년이 지난 공동주택을 각 세대의 주거전용면적의 (㉡)퍼센트 이내[세대의 주거전용면적이 85제곱미터 미만인 경우에는 (㉢)퍼센트 이내]에서 증축하는 행위

37 **주택법 제2조 용어의 정의이다. (　　)에 들어갈 용어를 쓰시오.**

> (㉠)(이)란 세대수 증가형 리모델링으로 인한 도시과밀, 이주수요 집중 등을 체계적으로 관리하기 위하여 수립하는 계획을 말한다.

38 **주택법령상 수직증축형 리모델링의 허용요건에 관한 내용이다. (　　)에 들어갈 숫자를 쓰시오.** 제19회 수정

> '대통령령으로 정하는 범위'란 다음 각 호의 구분에 따른 범위를 말한다.
> 1. 수직으로 증축하는 행위(이하 '수직증축형 리모델링'이라 한다)의 대상이 되는 기존 건축물의 층수가 15층 이상인 경우: (㉠)개 층
> 2. 수직증축형 리모델링의 대상이 되는 기존 건축물의 층수가 14층 이하인 경우: (㉡)개 층

정답

33 ㉠ 30, ㉡ 용적률　34 ㉠ 2/3, ㉡ 1/2　35 ㉠ 리모델링　36 ㉠ 15, ㉡ 30, ㉢ 40
37 ㉠ 리모델링 기본계획　38 ㉠ 3, ㉡ 2

39 주택법 제2조 리모델링에 관한 설명이다. (   )에 들어갈 아라비아 숫자를 쓰시오.

'리모델링'이란 제66조 제1항 및 제2항에 따라 건축물의 노후화 억제 또는 기능 향상 등을 위한 다음 각 목의 어느 하나에 해당하는 행위를 말한다.

다. 나목에 따른 각 세대의 증축 가능 면적을 합산한 면적의 범위에서 기존 세대수의 (㉠)퍼센트 이내에서 세대수를 증가하는 증축 행위(이하 '세대수 증가형 리모델링'이라 한다). 다만, 수직으로 증축하는 행위(이하 '수직증축형 리모델링'이라 한다)는 다음 요건을 모두 충족하는 경우로 한정한다.

1) 최대 (㉡)개 층 이하로서 대통령령으로 정하는 범위에서 증축할 것
2) 리모델링 대상 건축물의 구조도 보유 등 대통령령으로 정하는 요건을 갖출 것

40 주택법 제11조 주택조합 설립 등에 따라 주택을 리모델링하기 위하여 주택조합을 설립하려는 경우에 필요한 결의에 관한 내용이다. (   )에 들어갈 아라비아 숫자를 쓰시오.

제1항에 따라 주택을 리모델링하기 위하여 주택조합을 설립하려는 경우에는 다음 각 호의 구분에 따른 구분소유자(집합건물의 소유 및 관리에 관한 법률 제2조 제2호에 따른 구분소유자를 말한다)와 의결권(집합건물의 소유 및 관리에 관한 법률 제37조에 따른 의결권을 말한다)의 결의를 증명하는 서류를 첨부하여 관할 시장·군수·구청장의 인가를 받아야 한다.

1. 주택단지 전체를 리모델링하고자 하는 경우에는 주택단지 전체의 구분소유자와 의결권의 각 (㉠) 이상의 결의 및 각 동의 구분소유자와 의결권의 각 과반수의 결의
2. 동을 리모델링하고자 하는 경우에는 그 동의 구분소유자 및 의결권의 각 (㉠) 이상의 결의

41 주택법령상 리모델링주택조합에 관한 설명이다. (   )에 들어갈 용어를 쓰시오.

리모델링의 허가를 신청하기 위한 동의율을 확보한 경우 리모델링 결의를 한 리모델링 주택조합은 그 리모델링 결의에 찬성하지 아니하는 자의 주택 및 토지에 대하여 (㉠)을(를) 할 수 있다.

42 **주택법령상 리모델링 기본계획에 관한 설명이다. (　　)에 들어갈 아라비아 숫자를 쓰시오.**

> 특별시장·광역시장 및 대도시의 시장은 관할구역에 대하여 리모델링 기본계획을 (㉠)년 단위로 수립하여야 하며, (㉡)년마다 리모델링 기본계획의 타당성을 검토하여 그 결과를 리모델링 기본계획에 반영하여야 한다.

43 **주택법령상 리모델링 기본계획의 수립절차에 관한 설명이다. (　　)에 들어갈 아라비아 숫자를 쓰시오.**

> 특별시장·광역시장 및 대도시의 시장(제71조 제2항에 따른 대도시가 아닌 시의 시장을 포함한다)은 리모델링 기본계획을 수립하거나 변경하려면 (㉠)일 이상 주민에게 공람하고, 지방의회의 의견을 들어야 한다. 이 경우 지방의회는 의견제시를 요청받은 날부터 (㉡)일 이내에 의견을 제시하여야 하며, (㉡)일 이내에 의견을 제시하지 아니하는 경우에는 이의가 없는 것으로 본다. 다만, 대통령령으로 정하는 경미한 변경인 경우에는 주민공람 및 지방의회 의견청취 절차를 거치지 아니할 수 있다.

44 **주택법령상 리모델링 허가에 관한 내용이다. (　　)에 들어갈 아라비아 숫자를 쓰시오.**

> 시장·군수·구청장이 (㉠)세대 이상으로 세대수가 증가하는 세대수 증가형 리모델링을 허가하려는 경우에는 기반시설에의 영향이나 도시·관리계획과의 부합 여부 등에 대하여 「국토의 계획 및 이용에 관한 법률」 제113조 제2항에 따라 설치된 시·군·구 도시계획위원회의 심의를 거쳐야 한다.

정답

39 ㉠ 15, ㉡ 3　**40** ㉠ 2/3　**41** ㉠ 매도청구　**42** ㉠ 10, ㉡ 5　**43** ㉠ 14, ㉡ 30
44 ㉠ 50

45 **주택법령상 증축형 리모델링에 관한 설명이다. ( )에 들어갈 용어를 쓰시오.**

제2조 제25호 나목 및 다목에 따라 증축하는 리모델링(이하 '증축형 리모델링'이라 한다)을 하려는 자는 시장·군수·구청장에게 (㉠)을(를) 요청하여야 하며, (㉠)을(를) 요청받은 시장·군수·구청장은 해당 건축물의 증축 가능 여부의 확인 등을 위하여 (㉠)을(를) 실시하여야 한다.

46 **주택법령상 리모델링에 관한 설명이다. ( )에 들어갈 용어를 쓰시오.**

시장·군수·구청장이 (㉠)(으)로 건축물 구조의 안전에 위험이 있다고 평가하여 「도시 및 주거환경정비법」에 따른 (㉡) 및 「빈집 및 소규모주택 정비에 관한 특례법」에 따른 소규모재건축사업의 시행이 필요하다고 결정한 건축물은 증축형 리모델링을 하여서는 아니 된다.

47 **주택법 제70조(수직증축형 리모델링의 구조기준)에 관한 설명이다. ( )에 들어갈 용어를 쓰시오.**

수직증축형 리모델링의 설계자는 국토교통부장관이 정하여 고시하는 구조기준에 맞게 (㉠)을(를) 작성하여야 한다.

48 **주택법령상 리모델링에 관한 설명이다. ( )에 들어갈 용어를 쓰시오.**

시장·군수·구청장은 리모델링의 원활한 추진을 지원하기 위하여 (㉠)을(를) 설치하여 운영할 수 있다.

49 주택법 시행령 제75조 제1항 별표 4의 리모델링 동의비율에 관한 설명이다. (   )에 들어갈 아라비아 숫자를 쓰시오.

> 나. 리모델링주택조합의 경우
> 다음의 사항이 적혀 있는 결의서에 주택단지 전체를 리모델링하는 경우에는 주택단지 전체 구분소유자 및 의결권의 각 (㉠)퍼센트 이상의 동의와 각 동별 구분소유자 및 의결권의 각 (㉡)퍼센트 이상의 동의를 받아야 하며(리모델링을 하지 않는 별동의 건축물로 입주자 공유가 아닌 복리시설 등의 소유자는 권리변동이 없는 경우에 한정하여 동의비율 산정에서 제외한다), 동을 리모델링하는 경우에는 그 동의 구분소유자 및 의결권의 각 (㉢)퍼센트 이상의 동의를 받아야 한다.
> 1) 리모델링 설계의 개요
> 2) 공사비
> 3) 조합원의 비용분담 명세

PART 1

50 주택법령상 리모델링의 허가기준에 관한 사례이다. (   )에 들어갈 아라비아 숫자를 쓰시오.

> 주택단지 소유자가 100명인 경우, 입주자대표회의(공동주택관리법 제2조 제1항 제8호에 따른 입주자대표회의를 말한다)가 주택법령에 따라 공동주택 리모델링을 하려면 소유자의 비용분담 명세 등이 적혀 있는 결의서에 주택단지 소유자 (㉠)명의 동의를 받아야 한다.

정답

45 ㉠ 안전진단 **46** ㉠ 안전진단, ㉡ 재건축사업 **47** ㉠ 구조설계도서 **48** ㉠ 리모델링 지원센터 **49** ㉠ 75, ㉡ 50, ㉢ 75 **50** ㉠ 100

51 주택법 시행령 제75조 제1항 별표 4의 리모델링 허용행위에 관한 설명이다. (   )에 들어갈 아라비아 숫자를 쓰시오.

> 입주자 공유가 아닌 복리시설 등
> 1) 사용검사를 받은 후 (㉠)년 이상 지난 복리시설로서 공동주택과 동시에 리모델링 하는 경우로서 시장·군수·구청장이 구조안전에 지장이 없다고 인정하는 경우로 한정한다.
> 2) 증축은 기존 건축물 연면적 합계의 (㉡) 이내여야 하고, 증축 범위는 「건축법 시행령」 제6조 제2항 제2호 나목에 따른다. 다만, 주택과 주택 외의 시설이 동일 건축물로 건축된 경우는 주택의 증축 면적비율의 범위 안에서 증축할 수 있다.

52 주택법령상 공동주택 리모델링에 따른 특례에 관한 규정이다. (   )에 들어갈 용어를 쓰시오.

> 공동주택의 소유자가 리모델링에 의하여 전유부분의 면적이 늘거나 줄어드는 경우에는 「집합건물의 소유 및 관리에 관한 법률」 제12조 및 제20조 제1항에도 불구하고 (㉠)은(는) 변하지 아니하는 것으로 본다. 다만, 세대수 증가를 수반하는 리모델링의 경우에는 (㉡)에 따른다.

53 건축법 제8조(리모델링에 대비한 특례 등) 규정의 일부이다. (   )에 들어갈 용어와 아라비아 숫자를 쓰시오.

> 리모델링이 쉬운 구조의 (㉠)의 건축을 촉진하기 위하여 (㉠)을(를) 대통령령으로 정하는 구조로 하여 건축허가를 신청하면 제56조, 제60조 및 제61조에 따른 기준을 100분의 (㉡)의 범위에서 대통령령으로 정하는 비율로 완화하여 적용할 수 있다.

정답 51 ㉠ 10, ㉡ 1/10 52 ㉠ 대지사용권, ㉡ 권리변동계획 53 ㉠ 공동주택, ㉡ 120

CHAPTER 10 공동주택회계관리

▶ 연계학습 | 에듀윌 기본서 2차 [공동주택관리실무 上] p.388

01 공동주택관리법 시행령 제23조 제1항 별표 2 관리비의 세부명세 중 일반관리비의 구성명세이다. ( )에 들어갈 용어를 쓰시오.

- 인건비: 급여, 제 수당, 상여금, 퇴직금, 산재보험료, 고용보험료, 국민연금, 국민건강보험료 및 식대 등 (㉠)
- 제 사무비: 일반사무용품비, 도서인쇄비, 교통통신비 등 관리사무에 직접 소요되는 비용
- 제세공과금: 관리기구가 사용한 전기료, 통신료, 우편료 및 관리기구에 부과되는 세금 등
- 피복비
- (㉡)
- 차량유지비: 연료비, 수리비, 보험료 등 차량유지에 직접 소요되는 비용
- 그 밖의 부대비용: 관리용품구입비, (㉢) 그 밖에 관리업무에 소요되는 비용

02 공동주택관리법령상 다음과 같은 관리비 세부구성명세가 포함되어야 할 관리비 항목을 쓰시오.

차량유지비: 연료비, 수리비, 보험료 등 차량유지에 직접 소요되는 비용

03 공동주택관리법 시행령 제23조 제1항 별표 2 관리비의 세부명세 중 수선유지비의 구성명세이다. ( )에 들어갈 용어를 쓰시오.

- 법 제29조 제1항에 따른 (㉠)에서 제외되는 공동주택의 공용부분의 수선·보수에 소요되는 비용으로 보수용역 시에는 용역금액, 직영 시에는 자재 및 인건비
- 냉난방시설의 청소비, (㉡) 등 공동으로 이용하는 시설의 보수유지비 및 제반 검사비
- 건축물의 (㉢)
- 재난 및 재해 등의 예방에 따른 비용

정답

01 ㉠ 복리후생비, ㉡ 교육훈련비, ㉢ 회계감사비 02 일반관리비 03 ㉠ 장기수선계획, ㉡ 소화기충약비, ㉢ 안전점검비용

04 공동주택관리법령상 다음과 같은 관리비 세부구성명세가 포함되어야 할 관리비 항목을 쓰시오.

> 냉난방시설의 청소비, 소화기충약비 등 공동으로 이용하는 시설의 보수유지비 및 제반 검사비

05 공동주택관리법령상 다음과 같은 관리비 세부구성명세가 포함되어야 할 관리비 항목을 쓰시오.

> 주택관리업자에게 위탁하여 관리하는 경우로서 입주자대표회의와 주택관리업자 간의 계약으로 정한 월간 비용

06 공동주택관리법 시행령 제23조 관리비 등에 관한 설명이다. (   )에 들어갈 용어를 쓰시오.

> 관리주체는 다음 각 호의 비용에 대해서는 제1항에 따른 관리비와 구분하여 징수하여야 한다.
> 1. (㉠)
> 2. 제40조 제2항 단서에 따른 (㉡) 실시비용

07 공동주택관리법 제23조 제3항에 따라 관리주체는 입주자등이 납부하는 대통령령으로 정하는 사용료 등을 입주자등을 대행하여 그 사용료를 받을 자에게 납부할 수 있다. 이에 관한 공동주택관리법 시행령 제23조 제3항의 설명이다. (　　)에 들어갈 용어를 쓰시오.

> 법 제23조 제3항에서 '대통령령으로 정하는 사용료 등'이란 다음 각 호의 사용료 등을 말한다.
> 1. 전기료(공동으로 사용되는 시설의 전기료를 포함한다)
> 2. 수도료(공동으로 사용하는 수도료를 포함한다)
> 3. 가스사용료
> 4. (㉠)인 공동주택의 난방비와 급탕비
> 5. (㉡)
> 6. 생활폐기물수수료
> 7. 공동주택단지 안의 건물 전체를 대상으로 하는 (㉢)
> 8. 입주자대표회의 운영경비
> 9. 선거관리위원회 운영경비

08 공동주택관리법 시행령 제23조 관리비등에 관한 규정의 일부이다. (　　)에 들어갈 용어를 쓰시오.

> 관리주체는 제1항부터 제5항까지의 규정에 따른 관리비등을 다음 각 호의 금융기관 중 (㉠)이(가) 지정하는 금융기관에 예치하여 관리하되, (㉡)은(는) 별도의 계좌로 예치·관리하여야 한다. 이 경우 계좌는 법 제64조 제5항에 따른 관리사무소장의 직인 외에 입주자대표회의의 회장 인감을 복수로 등록할 수 있다.
> 1. 「은행법」에 따른 은행
> 2. 「중소기업은행법」에 따른 중소기업은행
> 3. 「상호저축은행법」에 따른 상호저축은행
> 4. 「보험업법」에 따른 보험회사
> 5. 그 밖의 법률에 따라 금융업무를 하는 기관으로서 국토교통부령으로 정하는 기관

정답

04 수선유지비 **05** 위탁관리수수료 **06** ㉠ 장기수선충당금, ㉡ 안전진단
07 ㉠ 지역난방방식, ㉡ 정화조오물수수료, ㉢ 보험료 **08** ㉠ 입주자대표회의, ㉡ 장기수선충당금

09 **공동주택관리법령상 (　　)에 들어갈 용어를 쓰시오.**

관리주체는 해당 공동주택의 공용부분의 관리 및 운영 등에 필요한 경비를 공동주택의 (㉠)(으)로부터 징수할 수 있다. 그 필요한 경비를 「공동주택관리법」 제24조 제1항에서는 (㉡)(이)라 한다.

10 **공동주택관리법령상 (　　)에 들어갈 용어를 쓰시오.**

관리주체는 장기수선계획에 따라 공동주택의 주요 시설의 교체 및 보수에 필요한 (㉠)을(를) 해당 주택의 (㉡)(으)로부터 징수하여 적립하여야 한다.

11 **공동주택관리법령상 장기수선충당금에 관한 설명이다. (　　)에 들어갈 용어를 쓰시오.**

장기수선충당금의 사용은 (㉠)에 따른다. 다만, 해당 공동주택의 (㉡) 과반수의 서면동의가 있는 경우에는 다음 각 호의 용도로 사용할 수 있다. 1. 제45조에 따른 조정등의 비용 2. 제48조에 따른 하자진단 및 감정에 드는 비용 3. 제1호 또는 제2호의 비용을 청구하는 데 드는 비용

12 **공동주택관리법 시행령 제31조 장기수선충당금의 적립 등에 관한 규정의 일부이다. (　　)에 들어갈 용어를 쓰시오.**

법 제30조 제4항에 따라 장기수선충당금의 (㉠)은(는) 해당 공동주택의 공용부분의 내구연한 등을 고려하여 (㉡)(으)로 정한다.

PART 1

13 **공동주택관리법 시행령 제31조 장기수선충당금의 적립 등에 관한 규정의 일부이다. ( )에 들어갈 용어를 쓰시오.**

> 장기수선충당금의 (㉠)은(는) 장기수선계획으로 정한다. 이 경우 국토교통부장관이 주요 시설의 계획적인 교체 및 보수를 위하여 최소 (㉠)의 기준을 정하여 고시하는 경우에는 그에 맞아야 한다.

14 **공동주택관리법 시행령 제31조 장기수선충당금의 적립 등에 관한 규정의 일부이다. ( )에 들어갈 용어를 쓰시오.**

> 장기수선충당금의 적립금액은 (㉠)(으)로 정한다. 이 경우 (㉡)이(가) 주요 시설의 계획적인 교체 및 보수를 위하여 최소 적립금액의 기준을 정하여 고시하는 경우에는 그에 맞아야 한다.

15 **공동주택관리법령상 장기수선충당금의 적립 등에 관한 규정이다. ( )에 들어갈 용어를 쓰시오.**

> 법 제30조 제4항에 따라 장기수선충당금은 관리주체가 다음 각 호의 사항이 포함된 장기수선충당금 (㉠)을(를) (㉡)에 따라 작성하고 입주자대표회의의 의결을 거쳐 사용한다.
> 1. 수선공사(공동주택 공용부분의 보수·교체 및 개량을 말한다)의 명칭과 공사내용
> 2. 수선공사 대상 시설의 위치 및 부위
> 3. 수선공사의 설계도면 등
> 4. 공사기간 및 공사방법
> 5. 수선공사의 범위 및 예정공사금액
> 6. 공사발주 방법 및 절차 등

정답

09 ㉠ 소유자, ㉡ 관리비예치금 **10** ㉠ 장기수선충당금, ㉡ 소유자 **11** ㉠ 장기수선계획, ㉡ 입주자 **12** ㉠ 요율, ㉡ 관리규약 **13** ㉠ 적립금액 **14** ㉠ 장기수선계획, ㉡ 국토교통부장관 **15** ㉠ 사용계획서, ㉡ 장기수선계획

16 **공동주택관리법 시행령 제31조에 따른 장기수선충당금의 적립 등에 관한 규정의 일부이다. (　　)에 들어갈 아라비아 숫자와 용어를 쓰시오.**

> • 장기수선충당금은 해당 공동주택에 대한 다음 각 호의 구분에 따른 날부터 (㉠)년이 경과한 날이 속하는 달부터 매달 적립한다. 다만, 건설임대주택에서 분양전환된 공동주택의 경우에는 제10조 제5항에 따라 임대사업자가 관리주체에게 공동주택의 관리업무를 인계한 날이 속하는 달부터 적립한다.
>
> 1. 「주택법」 제49조에 따른 사용검사(공동주택단지 안의 공동주택 전부에 대하여 같은 조에 따른 임시사용승인을 받은 경우에는 임시사용승인을 말한다)를 받은 날
> 2. 「건축법」 제22조에 따른 사용승인(공동주택단지 안의 공동주택 전부에 대하여 같은 조에 따른 임시사용승인을 받은 경우에는 임시사용승인을 말한다)을 받은 날
>
> • 공동주택 중 분양되지 아니한 세대의 장기수선충당금은 (㉡)이(가) 부담한다.

17 **다음과 같은 조건에서 아파트 공급면적이 200m²인 세대의 월간 세대별 장기수선충당금을 구하시오. (단, 단위는 원임)** 제15회, 제17회 수정

> • 총세대수: 총 400세대(공급면적 100m² 200세대, 200m² 200세대)
> • 총공급면적: 60,000m²
> • 장기수선계획기간 중의 연간 수선비: 72,000,000원
> • 계획기간: 10년(단, 연간 수선비는 매년 일정하다고 가정함)

풀이 월간 세대별 장기수선충당금 $= \dfrac{\text{장기수선계획기간 중의 수선비 총액}}{\text{총공급면적} \times 12 \times \text{계획기간(년)}} \times$ 세대당 주택공급면적

$$= \frac{72{,}000{,}000 \times 10}{60{,}000 \times 12 \times 10} \times 200 = 20{,}000\text{원}$$

18 **민간임대주택에 관한 특별법 제51조(민간임대주택의 관리)에 관한 설명이다. (　　)에 들어갈 용어를 쓰시오.**

> 임대사업자는 민간임대주택을 관리하는 데 필요한 경비를 임차인이 최초로 납부하기 전까지 해당 민간임대주택의 유지관리 및 운영에 필요한 경비[이하 '(㉠)'(이)라 한다]를 대통령령으로 정하는 바에 따라 부담할 수 있다.

19 민간임대주택에 관한 특별법령상 (   )에 들어갈 용어를 쓰시오.

> 민간임대주택의 임대사업자는 주요 시설을 교체하고 보수하는 데에 필요한 (㉠)을(를) 적립하여야 한다.

20 민간임대주택에 관한 특별법령상 (   )에 들어갈 용어를 쓰시오.

> 임대사업자가 민간임대주택을 양도하는 경우에는 (㉠)을(를) 「공동주택관리법」에 따라 최초로 구성되는 (㉡)에 넘겨주어야 한다.

21 민간임대주택에 관한 특별법 시행령 제43조(특별수선충당금의 요율 및 사용 절차 등)에 관한 규정의 일부이다. (   )에 들어갈 아라비아 숫자를 쓰시오.

> 장기수선계획을 수립하여야 하는 민간임대주택의 임대사업자는 특별수선충당금을 사용검사일 또는 임시사용승인일부터 (㉠)년이 지난 날이 속하는 달부터 「주택법」에 따른 사업계획승인 당시 표준건축비의 1만분의 (㉡)의 요율로 매달 적립하여야 한다.

22 민간임대주택에 관한 특별법 시행령 제43조(특별수선충당금의 요율 및 사용 절차 등)에 관한 규정의 일부이다. (   )에 들어갈 용어를 쓰시오.

> 특별수선충당금은 (㉠)와(과) 해당 민간임대주택의 소재지를 관할하는 (㉡)의 공동명의로 금융회사 등에 예치하여 따로 관리하여야 한다.

정답

16 ㉠ 1, ㉡ 사업주체 **17** 20,000원 **18** ㉠ 선수관리비 **19** ㉠ 특별수선충당금
20 ㉠ 특별수선충당금, ㉡ 입주자대표회의 **21** ㉠ 1, ㉡ 1 **22** ㉠ 임대사업자, ㉡ 시장·군수·구청장

23 **민간임대주택에 관한 특별법 시행령 제43조(특별수선충당금의 요율 및 사용 절차 등)에 관한 규정의 일부이다. (   )에 들어갈 용어를 쓰시오.**

> (㉠)은(는) 특별수선충당금을 사용하려면 미리 해당 민간임대주택의 소재지를 관할하는 (㉡)와(과) 협의하여야 한다.

24 **민간임대주택에 관한 특별법령상 특별수선충당금의 적립현황 보고에 관한 설명이다. (   )에 들어갈 아라비아 숫자를 쓰시오.**

> 시장·군수·구청장은 영 제43조 제6항에 따라 별지 제27호 서식의 특별수선충당금 적립현황 보고서를 매년 (㉠)월 31일과 (㉡)월 31일까지 관할 특별시장·광역시장·특별자치시장·도지사 또는 특별자치도지사(이하 '시·도지사'라 한다)에게 제출하여야 하며, 시·도지사는 이를 종합하여 매년 (㉢)월 15일과 (㉣)월 15일까지 국토교통부장관에게 보고하여야 한다.

25 **공공주택 특별법 제50조의4 규정의 일부이다. (   )에 들어갈 용어를 쓰시오.**

> • 300세대 이상의 공동주택 등 대통령령으로 정하는 규모에 해당하는 공공임대주택의 공공주택사업자는 주요 시설을 교체하고 보수하는 데에 필요한 (㉠)을(를) 적립하여야 한다.
> • 공공주택사업자가 임대의무기간이 지난 공공건설임대주택을 분양전환하는 경우에는 (㉠)을(를) 「공동주택관리법」 제11조에 따라 최초로 구성되는 입주자대표회의에 넘겨주어야 한다.

26 공공주택 특별법 시행령 제57조 특별수선충당금의 요율 및 사용절차 등 규정의 일부이다. ( )에 들어갈 아라비아 숫자를 쓰시오.

> 공공주택사업자는 법 제50조의4 제1항에 따른 특별수선충당금(이하 '특별수선충당금'이라 한다)을 사용검사일(임시사용승인을 받은 경우에는 임시사용승인일을 말한다)부터 (㉠)년이 지난 날이 속하는 달부터 매달 적립하되, 적립요율은 다음 각 호의 비율에 따른다.
> 1. 영구임대주택, 국민임대주택, 행복주택, 통합공공임대주택 및 장기전세주택: 국토교통부장관이 고시하는 표준건축비의 1만분의 (㉡)
> 2. 제1호에 해당하지 아니하는 공공임대주택: 「주택법」 제15조 제1항에 따른 사업계획승인 당시 표준건축비의 1만분의 (㉢)

정답

23 ㉠ 임대사업자, ㉡ 시장·군수·구청장 24 ㉠ 1, ㉡ 7, ㉢ 2, ㉣ 8 25 ㉠ 특별수선충당금
26 ㉠ 1, ㉡ 4, ㉢ 1

나는 천천히 가는 사람입니다.

그러나 뒤로 가진 않습니다.

PART 2

시설 · 방재관리

CHAPTER

01 시설관리

▶ **연계학습** I 에듀윌 기본서 2차 [공동주택관리실무 下] p.8

01 **공동주택관리법상 용어의 정의이다. (　　)에 들어갈 용어를 쓰시오.**

> (㉠)(이)란 공동주택을 오랫동안 안전하고 효율적으로 사용하기 위하여 필요한 주요 시설의 교체 및 보수 등에 관하여 제29조 제1항에 따라 수립하는 장기계획을 말한다.

02 **공동주택관리법령상 장기수선계획 수립에 관한 내용이다. (　　)에 들어갈 숫자 또는 용어를 쓰시오.**

제18회 수정

> (㉠)세대 이상의 공동주택을 건설·공급하는 사업주체는 대통령령으로 정하는 바에 따라 그 공동주택의 (㉡)에 대한 장기수선계획을 수립하여야 한다.

03 **공동주택관리법 제29조 제1항 규정이다. (　　)에 들어갈 용어를 쓰시오.**

> 300세대 이상의 공동주택을 건설·공급하는 사업주체 또는 「주택법」 제66조 제1항 및 제2항에 따라 리모델링을 하는 자는 대통령령으로 정하는 바에 따라 그 공동주택의 공용부분에 대한 (㉠)을(를) 수립하여 「주택법」 제49조에 따른 사용검사를 신청할 때에 사용검사권자에게 제출하고, 사용검사권자는 이를 그 공동주택의 (㉡)에게 인계하여야 한다. 이 경우 사용검사권자는 사업주체 또는 리모델링을 하는 자에게 (㉠)의 보완을 요구할 수 있다.

04 **공동주택관리법령상 장기수선계획 수립에 관한 설명이다. (　　)에 들어갈 용어를 쓰시오.**

> 법 제29조 제1항에 따라 장기수선계획을 수립하는 자는 국토교통부령으로 정하는 기준에 따라 장기수선계획을 수립하여야 한다. 이 경우 해당 공동주택의 (㉠)을(를) 고려하여야 한다.

05 공동주택관리법령상 장기수선계획 수립에 관한 내용이다. ( )에 들어갈 숫자를 순서대로 쓰시오.

제16회 수정

> 소화설비 중 소화펌프의 전면교체 수선주기는 (㉠)년이고, 스프링클러 헤드의 전면교체 수선주기는 (㉡)년이다.

06 공동주택관리법령상 장기수선계획의 수선주기에서 ( )에 들어갈 숫자를 순서대로 쓰시오.

제10회 수정

> • 난방설비의 보일러 전면교체의 수선주기는 (㉠)년이다.
> • 지붕의 방수공사 전면수리의 수선주기는 (㉡)년이다.

07 공동주택관리법령상 장기수선계획 수립에 관한 내용이다. ( )에 들어갈 아라비아 숫자를 쓰시오.

> 지붕의 금속기와 잇기 전면교체의 수선주기는 (㉠)년이고, 아스팔트 싱글잇기의 전면교체의 수선주기는 (㉡)년이다.

08 공동주택관리법령상 장기수선계획 수립에 관한 내용이다. ( )에 들어갈 아라비아 숫자를 쓰시오.

> 건물 외부의 페인트칠 전면도장의 수선주기는 (㉠)년이고, 외부 창·문의 출입문(자동문) 전면교체의 수선주기는 (㉡)년이다.

정답

01 ㉠ 장기수선계획 **02** ㉠ 300, ㉡ 공용부분 **03** ㉠ 장기수선계획, ㉡ 관리주체
04 ㉠ 건설비용 **05** ㉠ 20, ㉡ 25 **06** ㉠ 15, ㉡ 15 **07** ㉠ 20, ㉡ 20 **08** ㉠ 8, ㉡ 15

09 **공동주택관리법령상 장기수선계획 수립에 관한 내용이다. (　　)에 들어갈 아라비아 숫자를 쓰시오.**

> 바닥의 지하주차장(바닥) 전면교체의 수선주기는 (㉠)년이고, 건물 내부 페인트칠의 전면도장의 수선주기는 (㉡)년이다.

10 **공동주택관리법령상 장기수선계획 수립에 관한 내용이다. (　　)에 들어갈 아라비아 숫자를 쓰시오.**

> 예비전원(자가발전)설비의 발전기 전면교체의 수선주기는 (㉠)년이고, 배전반의 전면교체의 수선주기는 (㉡)년이다.

11 **공동주택관리법령상 장기수선계획 수립에 관한 내용이다. (　　)에 들어갈 아라비아 숫자를 쓰시오.**

> 변전설비의 변압기 전면교체의 수선주기는 (㉠)년이고, 배전반 전면교체의 수선주기는 (㉡)년이다.

12 **공동주택관리법령상 장기수선계획 수립에 관한 내용이다. (　　)에 들어갈 아라비아 숫자를 쓰시오.**

> 자동화재감지설비의 감지기 전면교체의 수선주기는 (㉠)년이고, 수신반 전면교체의 수선주기는 (㉡)년이다.

13 **공동주택관리법령상 장기수선계획 수립에 관한 내용이다. (　　)에 들어갈 아라비아 숫자를 쓰시오.**

> 소화설비의 소화펌프 전면교체의 수선주기는 (㉠)년이고, 스프링클러 헤드 전면교체의 수선주기는 (㉡)년이며, 소화수관(강관) 전면교체의 수선주기는 (㉢)년이다.

14 공동주택관리법령상 장기수선계획 수립에 관한 내용이다. (   )에 들어갈 아라비아 숫자를 쓰시오.

> 승강기 및 인양기의 기계장치 전면교체의 수선주기는 (㉠)년이고, 와이어로프 전면교체의 수선주기는 (㉡)년이며, 제어반 전면교체의 수선주기는 (㉢)년이다.

15 공동주택관리법령상 장기수선계획 수립에 관한 내용이다. (   )에 들어갈 아라비아 숫자를 쓰시오.

> 승강기 및 인양기의 쉬브(도르레) 전면교체의 수선주기는 (㉠)년이고, 조속기(과속조절기) 전면교체의 수선주기는 (㉡)년이며, 도어개폐장치 전면교체의 수선주기는 (㉢)년이다.

16 공동주택관리법령상 장기수선계획 수립에 관한 내용이다. (   )에 들어갈 아라비아 숫자를 쓰시오.

> 통신 및 방송설비의 엠프 및 스피커 전면교체의 수선주기는 (㉠)년이고, 방송수신 공동설비 전면교체의 수선주기는 (㉡)년이며, 보일러실 및 기계실의 동력반 전면교체의 수선주기는 (㉢)년이다.

17 공동주택관리법령상 장기수선계획 수립에 관한 내용이다. (   )에 들어갈 아라비아 숫자를 쓰시오.

구분	공사종별	수선방법	수선주기 (년)	수선율 (%)	비고
보안·방범 시설	1) 감시반(모니터형)	전면교체	(㉠)	100	
	2) 녹화장치	전면교체	(㉠)	100	
	3) 영상정보처리기기 및 침입탐지시설	전면교체	(㉠)	100	

정답

09 ㉠ 15, ㉡ 8 **10** ㉠ 30, ㉡ 20 **11** ㉠ 25, ㉡ 20 **12** ㉠ 20, ㉡ 20
13 ㉠ 20, ㉡ 25, ㉢ 25 **14** ㉠ 15, ㉡ 5, ㉢ 15 **15** ㉠ 5, ㉡ 15, ㉢ 15 **16** ㉠ 15, ㉡ 15, ㉢ 20 **17** ㉠ 5

18 **공동주택관리법령상 장기수선계획 수립에 관한 내용이다. (　　)에 들어갈 아라비아 숫자를 쓰시오.**

지능형 홈네트워크 설비의 홈네트워크기기 전면교체의 수선주기는 (㉠)년이고, 단지 공용시스템장비 전면교체의 수선주기는 (㉡)년이다.

19 **공동주택관리법령상 장기수선계획 수립에 관한 내용이다. (　　)에 들어갈 아라비아 숫자를 쓰시오.**

급수설비의 급수펌프 전면교체의 수선주기는 (㉠)년이고, 저수조(스테인레스, 합성수지) 전면교체의 수선주기는 (㉡)년이며, 급수관(강관) 전면교체의 수선주기는 (㉢)년이다.

20 **공동주택관리법령상 장기수선계획 수립에 관한 내용이다. (　　)에 들어갈 아라비아 숫자를 쓰시오.**

난방설비의 보일러 전면교체의 수선주기는 (㉠)년이며, 급수탱크 전면교체의 수선주기는 (㉡)년이다.

21 **공동주택관리법령상 장기수선계획 수립에 관한 내용이다. (　　)에 들어갈 아라비아 숫자를 쓰시오.**

난방설비의 순환펌프 전면교체의 수선주기는 (㉠)년이며, 난방관(강관) 전면교체의 수선주기는 (㉡)년이다.

22 **공동주택관리법령상 장기수선계획 수립에 관한 내용이다. (　　)에 들어갈 아라비아 숫자를 쓰시오.**

난방설비의 열교환기 전면교체의 수선주기는 (㉠)년이고, 급탕탱크 전면교체의 수선주기는 (㉡)년이며, 급탕관(강관) 전면교체의 수선주기는 (㉢)년이다.

23 **공동주택관리법령상 장기수선계획 수립에 관한 내용이다. (　　)에 들어갈 아라비아 숫자를 쓰시오.**

> 옥외 부대시설 및 옥외 복리시설의 아스팔트포장 전면수리의 수선주기는 (㉠)년이고, 울타리 전면교체의 수선주기는 (㉡)년이며, 어린이놀이시설 전면교체의 수선주기는 (㉢)년이다.

24 **공동주택관리법령상 장기수선계획 수립에 관한 내용이다. (　　)에 들어갈 아라비아 숫자를 쓰시오.**

> 옥외 부대시설 및 옥외 복리시설의 현관입구·지하주차장 진입로 지붕 전면교체의 수선주기는 (㉠)년이고, 자전거보관소 전면교체의 수선주기는 (㉡)년이며, 주차차단기 전면교체의 수선주기는 (㉢)년이다.

25 **공동주택관리법령상 장기수선계획 수립에 관한 내용이다. (　　)에 들어갈 아라비아 숫자를 쓰시오.**

> 옥외 부대시설 및 옥외 복리시설의 보도블록 전면교체의 수선주기는 (㉠)년이며, 전기자동차의 고정형 충전기 전면교체의 수선주기는 (㉡)년이다.

26 **공동주택관리법령상 장기수선계획에 관한 규정이다. (　　)에 들어갈 용어 및 숫자를 순서대로 쓰시오.** 제20회

> (㉠)와(과) 관리주체는 장기수선계획을 (㉡)년마다 검토하고, 필요한 경우 이를 국토교통부령으로 정하는 바에 따라 조정하여야 하며, 수립 또는 조정된 장기수선계획에 따라 주요 시설을 교체하거나 보수하여야 한다.

정답

18 ㉠ 10, ㉡ 20　**19** ㉠ 10, ㉡ 25, ㉢ 15　**20** ㉠ 15, ㉡ 15　**21** ㉠ 10, ㉡ 15
22 ㉠ 15, ㉡ 15, ㉢ 10　**23** ㉠ 15, ㉡ 20, ㉢ 15　**24** ㉠ 15, ㉡ 15, ㉢ 10　**25** ㉠ 15, ㉡ 10
26 ㉠ 입주자대표회의, ㉡ 3

27 **공동주택관리법령상 장기수선계획에 관한 내용이다. ( )에 들어갈 아라비아 숫자를 쓰시오.**

입주자대표회의와 관리주체는 장기수선계획을 (㉠)년마다 검토하고, 필요한 경우 이를 국토교통부령으로 정하는 바에 따라 조정하여야 하며, 입주자대표회의와 관리주체는 주요 시설을 신설하는 등 관리 여건상 필요하여 전체 입주자 과반수의 서면동의를 받은 경우에는 (㉡)년이 지나기 전에 장기수선계획을 조정할 수 있다.

28 **공동주택관리법령상 장기수선계획에 관한 내용이다. ( )에 들어갈 용어를 쓰시오.**

입주자대표회의와 관리주체는 장기수선계획을 3년마다 (㉠)하고, 필요한 경우 이를 국토교통부령으로 정하는 바에 따라 조정하여야 하며, 수립 또는 조정된 장기수선계획에 따라 주요 시설을 교체하거나 보수하여야 한다. 이 경우 입주자대표회의와 관리주체는 장기수선계획에 대한 (㉠)사항을 기록하고 보관하여야 한다.

29 **공동주택관리법 시행규칙 제7조(장기수선계획의 수립기준 등)에 관한 내용이다. ( )에 들어갈 용어를 쓰시오.** 제23회

입주자대표회의와 관리주체는 「공동주택관리법」 제29조 제2항 및 제3항에 따라 장기수선계획을 조정하려는 경우에는 「에너지이용 합리화법」 제25조에 따라 산업통상자원부장관에게 등록한 에너지절약전문기업이 제시하는 에너지절약을 통한 주택의 (㉠) 감소를 위한 시설 개선 방법을 반영할 수 있다.

30 **공동주택관리법 시행규칙 제10조 제2항에 관한 설명이다. ( )에 들어갈 용어를 쓰시오. (순서 무관)**

의무관리대상 공동주택의 관리주체는 영 제32조 제2항에 따라 공용부분 시설물의 교체, 유지보수 및 하자보수 등을 한 경우에는 다음 각 호의 서류를 공동주택관리정보시스템에 등록하여야 한다. 1. (㉠) 2. 공사 전·후의 평면도 및 단면도 등 주요 도면 3. (㉡)

31 **공동주택관리법령상 하자담보책임에 관한 설명이다. ( )에 들어갈 용어와 아라비아 숫자를 쓰시오.**

제1항 및 제2항에 따른 담보책임의 기간(이하 '담보책임기간'이라 한다)은 하자의 중대성, 시설물의 사용 가능 햇수 및 교체 가능성 등을 고려하여 공동주택의 (㉠) 및 시설공사별로 (㉡)년의 범위에서 대통령령으로 정한다. 이 경우 담보책임기간은 다음 각 호의 날부터 기산한다.

1. 전유부분: 입주자(제2항에 따른 담보책임의 경우에는 임차인)에게 인도한 날
2. 공용부분: 「주택법」 제49조에 따른 사용검사일(같은 법 제49조 제4항 단서에 따라 공동주택의 전부에 대하여 임시사용승인을 받은 경우에는 그 임시사용승인일을 말하고, 같은 법 제49조 제1항 단서에 따라 분할 사용검사나 동별 사용검사를 받은 경우에는 그 분할 사용검사일 또는 동별 사용검사일을 말한다) 또는 「건축법」 제22조에 따른 공동주택의 사용승인일

PART 2

32 **공동주택관리법 시행령 제36조 제1항 담보책임기간에 관한 설명이다. ( )에 들어갈 아라비아 숫자를 쓰시오.**

법 제36조 제3항에 따른 공동주택의 내력구조부별 및 시설공사별 담보책임기간은 다음 각 호와 같다.

1. 내력구조부별(건축법 제2조 제1항 제7호에 따른 건물의 주요구조부를 말한다) 하자에 대한 담보책임기간: (㉠)년

33 **공동주택관리법령상 시설공사별 하자담보책임기간에 관한 내용이다. ( )에 들어갈 숫자를 쓰시오.** 제18회 수정

소방시설공사 중 자동화재탐지설비공사는 하자담보책임기간이 (㉠)년이고, 지붕공사 및 방수공사는 하자담보책임기간이 (㉡)년이다.

정답

27 ㉠ 3, ㉡ 3 28 ㉠ 검토 29 ㉠ 온실가스 30 ㉠ 이력 명세, ㉡ 주요 공사 사진
31 ㉠ 내력구조부별, ㉡ 10 32 ㉠ 10 33 ㉠ 3, ㉡ 5

34 **공동주택관리법령상 시설공사별 하자담보책임기간에 관한 내용이다. (   )에 들어갈 아라비아 숫자를 쓰시오.**

> 마감공사 중 미장공사는 담보책임기간이 (㉠)년이고, 옥외급수·위생 관련 공사 중 옥외 급수 관련 공사는 담보책임기간이 (㉡)년이며, 지붕공사 중 홈통 및 우수관공사의 담보책임기간은 (㉢)년이다.

35 **공동주택관리법령상 시설공사별 하자담보책임기간에 관한 내용이다. (   )에 들어갈 아라비아 숫자를 쓰시오.**

> 마감공사 중 수장공사는 담보책임기간이 (㉠)년이고, 조적공사 중 일반벽돌공사의 담보책임기간은 (㉡)년이며, 철골공사 중 경량철골공사의 담보책임기간은 (㉢)년이다.

36 **공동주택관리법령상 시설공사별 하자담보책임기간에 관한 내용이다. (   )에 들어갈 아라비아 숫자를 쓰시오.**

> 마감공사 중 주방기구공사는 담보책임기간이 (㉠)년이고, 급·배수 및 위생설비공사 중 급수설비공사는 담보책임기간이 (㉡)년이며, 조적공사 중 석공사(건물외부 공사)는 담보책임기간이 (㉢)년이다.

37 **공동주택관리법령상 시설공사별 하자담보책임기간에 관한 내용이다. (   )에 들어갈 아라비아 숫자를 쓰시오.**

> 마감공사 중 석공사(건물 내부 공사)는 담보책임기간이 (㉠)년이고, 옥내가구공사는 담보책임기간이 (㉡)년이며, 가전제품은 담보책임기간이 (㉢)년이다.

38 공동주택관리법령상 시설공사별 하자담보책임기간에 관한 내용이다. (　　)에 들어갈 아라비아 숫자를 쓰시오.

> 마감공사 중 도배공사는 담보책임기간이 (㉠)년이고, 도장공사는 담보책임기간이 (㉡)년이며, 철근콘크리트공사 중 콘크리트공사는 담보책임기간이 (㉢)년이다.

39 공동주택관리법령상 시설공사별 하자담보책임기간에 관한 내용이다. (　　)에 들어갈 아라비아 숫자를 쓰시오.

> 마감공사 중 타일공사는 담보책임기간이 (㉠)년이고, 대지조성공사 중 포장공사는 담보책임기간이 (㉡)년이며, 전기 및 전력설비공사 중 전기기기공사는 담보책임기간이 (㉢)년이다.

40 공동주택관리법령상 시설공사별 하자담보책임기간에 관한 내용이다. (　　)에 들어갈 아라비아 숫자를 쓰시오.

> 창호공사 중 창호철물공사는 담보책임기간이 (㉠)년이고, 철근콘크리트공사 중 일반철근콘크리트공사는 담보책임기간이 (㉡)년이다.

41 공동주택관리법령상 시설공사별 하자담보책임기간에 관한 내용이다. (　　)에 들어갈 아라비아 숫자를 쓰시오.

> 목공사 중 수장목공사는 담보책임기간이 (㉠)년이고, 급·배수 및 위생설비공사 중 온수공급설비공사는 담보책임기간이 (㉡)년이다.

정답

34 ㉠ 2, ㉡ 3, ㉢ 5　**35** ㉠ 2, ㉡ 5, ㉢ 5　**36** ㉠ 2, ㉡ 3, ㉢ 5　**37** ㉠ 2, ㉡ 2, ㉢ 2
38 ㉠ 2, ㉡ 2, ㉢ 5　**39** ㉠ 2, ㉡ 5, ㉢ 3　**40** ㉠ 3, ㉡ 5　**41** ㉠ 3, ㉡ 3

42 **공동주택관리법 시행령 제36조 제2항 및 제4항 담보책임기간에 관한 설명이다. (　　) 에 들어갈 아라비아 숫자를 쓰시오.**

> ② 사업주체(건축법 제11조에 따른 건축허가를 받아 분양을 목적으로 하는 공동주택을 건축한 건축주를 포함한다)는 해당 공동주택의 전유부분을 입주자에게 인도한 때에는 국토교통부령으로 정하는 바에 따라 주택인도증서를 작성하여 관리주체(의무관리대상 공동주택이 아닌 경우에는 집합건물의 소유 및 관리에 관한 법률에 따른 관리인을 말한다)에게 인계하여야 한다. 이 경우 관리주체는 (㉠)일 이내에 공동주택관리정보시스템에 전유부분의 인도일을 공개하여야 한다.
> ④ 사업주체는 주택의 미분양(未分讓) 등으로 인하여 제10조 제4항에 따른 인계·인수서에 같은 항 제5호에 따른 인도일의 현황이 누락된 세대가 있는 경우에는 주택의 인도일부터 (㉡)일 이내에 인도일의 현황을 관리주체에게 인계하여야 한다.

43 **공동주택관리법령상 하자보수 등에 관한 설명이다. (　　)에 들어갈 용어를 쓰시오.**

> 사업주체(건설산업기본법 제28조에 따라 하자담보책임이 있는 자로서 제36조 제1항에 따른 사업주체로부터 건설공사를 일괄 도급받아 건설공사를 수행한 자가 따로 있는 경우에는 그 자를 말한다)는 담보책임기간에 하자가 발생한 경우에는 해당 공동주택의 제1호부터 제4호까지에 해당하는 자(이하 이 장에서 '입주자대표회의등'이라 한다) 또는 제5호에 해당하는 자의 청구에 따라 그 하자를 보수하여야 한다. 이 경우 하자보수의 절차 및 종료 등에 필요한 사항은 대통령령으로 정한다.
> 1. (㉠)
> 2. 입주자대표회의
> 3. 관리주체(하자보수청구 등에 관하여 입주자 또는 입주자대표회의를 대행하는 관리주체를 말한다)
> 4. 「집합건물의 소유 및 관리에 관한 법률」에 따른 (㉡)
> 5. 공공임대주택의 임차인 또는 임차인대표회의(이하 '임차인등'이라 한다)

PART 2

44 공동주택관리법 시행령 제45조의2 하자보수청구 서류 등의 보관 등 규정의 일부이다. (   )에 들어갈 용어와 아라비아 숫자를 쓰시오.

> 제45조의2【하자보수청구 서류 등의 보관 등】 ① 법 제38조의2 제1항에서 '하자보수청구 서류 등 대통령령으로 정하는 서류'란 다음 각 호의 서류를 말한다.
> 1. 하자보수청구 내용이 적힌 서류
> 2. ~ 5. 〈생략〉
>
> ② 입주자 또는 입주자대표회의를 대행하는 관리주체(법 제2조 제1항 제10호 가목부터 다목까지의 규정에 따른 관리주체를 말한다. 이하 이 조 및 제45조의3에서 같다)는 법 제38조의2 제1항에 따라 제1항 각 호의 서류를 문서 또는 전자문서의 형태로 보관해야 하며, 그 내용을 제53조 제5항에 따른 (㉠)에 등록해야 한다.
>
> ③ 제2항에 따른 문서 또는 전자문서와 (㉠)에 등록한 내용은 관리주체가 사업주체에게 하자보수를 청구한 날부터 (㉡)년간 보관해야 한다.

45 공동주택관리법 시행령 제38조 제3항 하자보수 등에 관한 설명이다. (   )에 들어갈 아라비아 숫자를 쓰시오.

> 사업주체는 제1항에 따라 하자보수를 청구받은 날(법 제48조 제1항 후단에 따라 하자진단결과를 통보받은 때에는 그 통보받은 날을 말한다)부터 (㉠)일 이내에 그 하자를 보수하거나 다음 각 호의 사항을 명시한 하자보수계획을 입주자대표회의등 또는 임차인등에 서면(전자문서 및 전자거래 기본법 제2조 제1호에 따른 정보처리시스템을 사용한 전자문서를 포함한다)으로 통보하고 그 계획에 따라 하자를 보수하여야 한다. 다만, 하자가 아니라고 판단되는 사항에 대해서는 그 이유를 서면으로 통보하여야 한다.
> 1. ~ 3. 〈생략〉

정답 42 ㉠ 30, ㉡ 15 43 ㉠ 입주자, ㉡ 관리단 44 ㉠ 하자관리정보시스템, ㉡ 10 45 ㉠ 15

46 **공동주택관리법령상 담보책임의 종료에 관한 설명이다. ( )에 들어갈 아라비아 숫자를 쓰시오.**

> 사업주체는 담보책임기간이 만료되기 (㉠)일 전까지 그 만료 예정일을 해당 공동주택의 입주자대표회의(의무관리대상 공동주택이 아닌 경우에는 집합건물의 소유 및 관리에 관한 법률에 따른 관리단을 말한다) 또는 해당 공공임대주택의 임차인대표회의에 서면으로 통보하여야 한다. 이 경우 사업주체는 다음 각 호의 사항을 함께 알려야 한다.
> 1. ~ 2. 〈생략〉

47 **공동주택관리법 시행령 제39조 제6항 담보책임의 종료에 관한 설명이다. ( )에 들어갈 아라비아 숫자를 쓰시오.**

> 입주자대표회의의 회장은 제5항에 따라 공용부분의 담보책임 종료확인서를 작성하려면 다음 각 호의 절차를 차례대로 거쳐야 한다. 이 경우 전체 입주자의 (㉠) 이상이 서면으로 반대하면 입주자대표회의는 제2호에 따른 의결을 할 수 없다.
> 1. 의견 청취를 위하여 입주자에게 다음 각 목의 사항을 서면으로 개별통지하고 공동주택단지 안의 게시판에 (㉡)일 이상 게시할 것
>   가. 담보책임기간이 만료된 사실
>   나. 완료된 하자보수의 내용
>   다. 담보책임 종료확인에 대하여 반대의견을 제출할 수 있다는 사실, 의견제출기간 및 의견제출서
> 2. 입주자대표회의 의결

48 **공동주택관리법령상 하자보수 등에 관한 설명이다. ( )에 들어갈 용어를 쓰시오.**

> 사업주체등은 제37조 제1항에 따른 입주자대표회의등 또는 임차인등의 하자보수청구에 이의가 있는 경우, 입주자대표회의등 또는 임차인등과 협의하여 대통령령으로 정하는 안전진단기관에 보수책임이 있는 하자범위에 해당하는지 여부 등 (㉠)을(를) 의뢰할 수 있다. 이 경우 (㉠)을(를) 의뢰받은 안전진단기관은 지체 없이 (㉠)을(를) 실시하여 그 결과를 사업주체등과 입주자대표회의등 또는 임차인등에게 통보하여야 한다.

49 공동주택관리법령상 하자보수 등에 관한 설명이다. ( )에 들어갈 용어를 쓰시오.

> 하자분쟁조정위원회는 다음 각 호의 어느 하나에 해당하는 사건의 경우에는 대통령령으로 정하는 안전진단기관에 그에 따른 (㉠)을(를) 요청할 수 있다.
> 1. 제1항의 하자진단 결과에 대하여 다투는 사건
> 2. 당사자 쌍방 또는 일방이 하자(㉠)을(를) 요청하는 사건
> 3. 하자원인이 불분명한 사건
> 4. 그 밖에 하자분쟁조정위원회에서 하자(㉠)이(가) 필요하다고 결정하는 사건

PART 2

50 공동주택관리법 시행령 제62조 하자진단 및 감정에 관한 규정의 일부이다. ( )에 들어갈 아라비아 숫자를 쓰시오.

> ①～② 〈생략〉
> ③ 제1항에 따른 안전진단기관은 법 제48조 제1항에 따른 하자진단을 의뢰받은 날부터 (㉠)일 이내에 그 결과를 사업주체등과 입주자대표회의등에 제출하여야 한다. 다만, 당사자 사이에 달리 약정한 경우에는 그에 따른다.
> ④ 제2항에 따른 안전진단기관은 법 제48조 제2항에 따른 하자감정을 의뢰받은 날부터 (㉠)일 이내에 그 결과를 하자분쟁조정위원회에 제출하여야 한다. 다만, 하자분쟁조정위원회가 인정하는 부득이한 사유가 있는 때에는 그 기간을 연장할 수 있다.

51 공동주택관리법령상 하자보수보증금에 관한 설명이다. ( )에 들어갈 용어를 쓰시오.

> (㉠)은(는) 대통령령으로 정하는 바에 따라 하자보수를 보장하기 위하여 하자보수보증금을 담보책임기간(보증기간은 공용부분을 기준으로 기산한다) 동안 예치하여야 한다. 다만, 국가·지방자치단체·한국토지주택공사 및 지방공사인 (㉠)의 경우에는 그러하지 아니하다.

정답

46 ㉠ 30 **47** ㉠ 1/5, ㉡ 20 **48** ㉠ 하자진단 **49** ㉠ 감정 **50** ㉠ 20
51 ㉠ 사업주체

52 **공동주택관리법령상 하자보수보증금의 예치 및 보관에 관한 설명이다. (   )에 들어갈 용어를 쓰시오.**

> 사용검사권자는 (㉠)이(가) 구성된 때에는 지체 없이 제1항에 따른 예치명의 또는 가입명의를 해당 (㉠)(으)로 변경하고 (㉠)에 현금 예치증서 또는 보증서를 인계하여야 한다.

53 **공동주택관리법령상 하자보수보증금의 예치 및 보관에 관한 설명이다. (   )에 들어갈 용어를 쓰시오.**

> (㉠)은(는) 제3항에 따라 인계받은 현금 예치증서 또는 보증서를 해당 공동주택의 (㉡)(의무관리대상 공동주택이 아닌 경우에는 집합건물의 소유 및 관리에 관한 법률에 따른 관리인을 말한다)(으)로 하여금 보관하게 하여야 한다.

54 **공동주택관리법 시행령 제42조 제1항 하자보수보증금의 범위에 관한 규정의 일부이다. (   )에 들어갈 용어와 아라비아 숫자를 쓰시오.**

> 법 제38조 제1항에 따라 예치하여야 하는 하자보수보증금은 다음 각 호의 구분에 따른 금액으로 한다.
> 1. 〈생략〉
> 2. 「주택법」 제15조에 따른 주택사업계획승인만을 받아 대지조성 없이 공동주택을 건설하는 경우: 사업계획승인서에 기재된 해당 공동주택의 총사업비에서 (㉠)을(를) 뺀 금액의 (㉡)

55 **공동주택관리법 제38조 하자보수보증금의 예치 및 사용에 관한 규정의 일부이다. (　　) 에 들어갈 아라비아 숫자를 쓰시오.**

> ① 〈생략〉
> ② 입주자대표회의등은 제1항에 따른 하자보수보증금을 제39조에 따른 하자심사·분쟁조정위원회의 하자 여부 판정 등에 따른 하자보수비용 등 대통령령으로 정하는 용도로만 사용하여야 하며, 의무관리대상 공동주택의 경우에는 하자보수보증금의 사용 후 (㉠)일 이내에 그 사용내역을 국토교통부령으로 정하는 바에 따라 시장·군수·구청장에게 신고하여야 한다.
> ③ 제1항에 따른 하자보수보증금을 예치받은 자(이하 '하자보수보증금의 보증서 발급기관'이라 한다)는 하자보수보증금을 의무관리대상 공동주택의 입주자대표회의에 지급한 날부터 (㉡)일 이내에 지급 내역을 국토교통부령으로 정하는 바에 따라 관할 시장·군수·구청장에게 통보하여야 한다.

56 **공동주택관리법령상 하자보수보증금의 청구 및 관리에 관한 설명이다. (　　)에 들어갈 아라비아 숫자를 쓰시오.**

> 제1항에 따른 청구를 받은 하자보수보증서 발급기관은 청구일부터 (㉠)일 이내에 하자보수보증금을 지급해야 한다. 다만, 제43조 제1호 및 제4호의 경우 하자보수보증서 발급기관이 청구를 받은 금액에 이의가 있으면 하자분쟁조정위원회에 분쟁조정이나 분쟁재정을 신청한 후 그 결과에 따라 지급해야 한다.

57 **공동주택관리법령상 하자보수보증금의 반환에 관한 내용이다. (　　)에 들어갈 숫자를 쓰시오.** 제15회 수정

> 입주자대표회의는 사업주체가 예치한 하자보수보증금을 다음의 구분에 따라 순차적으로 사업주체에게 반환하여야 한다.
> 1. 사용검사일부터 (㉠)년이 경과된 때: 하자보수보증금의 100분의 15
> 2. 사용검사일부터 3년이 경과된 때: 하자보수보증금의 100분의 (㉡)

정답

52 ㉠ 입주자대표회의　53 ㉠ 입주자대표회의, ㉡ 관리주체　54 ㉠ 대지가격, ㉡ 3/100
55 ㉠ 30, ㉡ 30　56 ㉠ 30　57 ㉠ 2, ㉡ 40

58 **공동주택관리법령상 사업주체가 예치한 하자보수보증금을 입주자대표회의가 사업주체에게 반환하여야 하는 비율에 관한 내용이다. (　　)에 들어갈 숫자를 쓰시오.** 제23회

> • 사용검사일부터 3년이 경과된 때: 하자보수보증금의 100분의 (㉠)
> • 사용검사일부터 5년이 경과된 때: 하자보수보증금의 100분의 (㉡)
> • 사용검사일부터 10년이 경과된 때: 하자보수보증금의 100분의 (㉢)

59 **공동주택관리법령상 하자보수보증금의 반환에 관한 내용이다. (　　)에 들어갈 아라비아 숫자를 쓰시오.**

> 입주자대표회의는 사업주체가 예치한 하자보수보증금을 다음 각 호의 구분에 따라 순차적으로 사업주체에게 반환하여야 한다.
> 1. 사용검사일부터 2년이 경과된 때: 하자보수보증금의 100분의 (㉠)
> 2. 사용검사일부터 3년이 경과된 때: 하자보수보증금의 100분의 (㉡)
> 3. 사용검사일부터 5년이 경과된 때: 하자보수보증금의 100분의 (㉢)
> 4. 사용검사일부터 10년이 경과된 때: 하자보수보증금의 100분의 20

60 **공동주택관리법령상 하자심사·분쟁조정위원회 설치 등에 관한 설명이다. (　　)에 들어갈 용어를 쓰시오.**

> 제36조부터 제38조까지에 따른 담보책임 및 하자보수 등과 관련한 제2항의 사무를 심사·조정 및 관장하기 위하여 (㉠)에 하자심사·분쟁조정위원회를 둔다.

61 **공동주택관리법령상 하자심사·분쟁조정위원회의 선정대표자에 관한 설명이다. (　　)에 들어갈 아라비아 숫자를 쓰시오.**

> 법 제39조 제3항에 따라 신청한 하자심사·분쟁조정 또는 분쟁재정(이하 '조정등'이라 한다) 사건 중에서 여러 사람이 공동으로 조정등의 당사자가 되는 사건의 경우에는 그 중에서 (㉠)명 이하의 사람을 대표자로 선정할 수 있다.

62 공동주택관리법령상 하자분쟁조정위원회의 구성 등에 관한 설명이다. (   )에 들어갈 아라비아 숫자와 용어를 쓰시오.

> 하자분쟁조정위원회는 위원장 1명을 포함한 (㉠)명 이내의 위원으로 구성하며, 위원장은 (㉡)(으)로 한다.

63 공동주택관리법령상 하자분쟁조정위원회의 구성 등에 관한 설명이다. (   )에 들어갈 아라비아 숫자를 쓰시오.

> • 하자 여부 판정 또는 분쟁조정을 다루는 분과위원회는 하자분쟁조정위원회의 위원장(이하 '위원장'이라 한다)이 지명하는 (㉠)명 이상 (㉡)명 이하의 위원으로 구성한다.
> • 분쟁재정을 다루는 분과위원회는 위원장이 지명하는 (㉢)명의 위원으로 구성하되, 제7항 제3호에 해당하는 사람이 1명 이상 포함되어야 한다.

64 공동주택관리법령상 하자분쟁조정위원회의 구성 등에 관한 설명이다. (   )에 들어갈 아라비아 숫자를 쓰시오.

> 위원장은 분과위원회별로 사건의 심리 등을 위하여 전문분야 등을 고려하여 (㉠)명 이상 (㉡)명 이하의 위원으로 소위원회를 구성할 수 있다. 이 경우 위원장이 해당 분과위원회 위원 중에서 소위원회의 위원장을 지명한다.

정답

58 ㉠ 40, ㉡ 25, ㉢ 20 **59** ㉠ 15, ㉡ 40, ㉢ 25 **60** ㉠ 국토교통부 **61** ㉠ 3
62 ㉠ 60, ㉡ 상임 **63** ㉠ 9, ㉡ 15, ㉢ 5 **64** ㉠ 3, ㉡ 5

65 **공동주택관리법령상 하자분쟁조정위원회의 구성 등에 관한 설명이다. (   )에 들어갈 아라비아 숫자를 쓰시오.**

> 하자분쟁조정위원회의 위원은 공동주택 하자에 관한 학식과 경험이 풍부한 사람으로서 다음 각 호의 어느 하나에 해당하는 사람 중에서 국토교통부장관이 임명 또는 위촉한다. 이 경우 제3호에 해당하는 사람이 (㉠)명 이상 포함되어야 한다.
> 1. 1급부터 (㉡)급까지 상당의 공무원 또는 고위공무원단에 속하는 공무원이거나 이와 같은 직에 재직한 사람
> 2. 공인된 대학이나 연구기관에서 부교수 이상 또는 이에 상당하는 직에 재직한 사람
> 3. 판사·검사 또는 변호사의 직에 (㉢)년 이상 재직한 사람

66 **공동주택관리법령상 하자분쟁조정위원회의 구성 등에 관한 설명이다. (   )에 들어갈 아라비아 숫자를 쓰시오.**

> 하자분쟁조정위원회의 위원은 공동주택 하자에 관한 학식과 경험이 풍부한 사람으로서 다음 각 호의 어느 하나에 해당하는 사람 중에서 국토교통부장관이 임명 또는 위촉한다. 이 경우 제3호에 해당하는 사람이 9명 이상 포함되어야 한다.
> 4. 건설공사, 전기공사, 정보통신공사, 소방시설공사, 시설물 정밀안전진단 또는 감정평가에 대한 전문적 지식을 갖추고 그 업무에 (㉠)년 이상 종사한 사람
> 5. 주택관리사로서 공동주택의 관리사무소장으로 (㉡)년 이상 근무한 사람
> 6. 「건축사법」 제23조 제1항에 따라 신고한 건축사 또는 「기술사법」 제6조 제1항에 따라 등록한 기술사로서 그 업무에 (㉢)년 이상 종사한 사람

67 **공동주택관리법령상 하자분쟁조정위원회의 구성 등에 관한 설명이다. (   )에 들어갈 아라비아 숫자와 용어를 쓰시오.**

> 위원장과 공무원이 아닌 위원의 임기는 (㉠)년으로 하되 (㉡)할 수 있으며, 보궐위원의 임기는 전임자의 남은 임기로 한다.

68 **공동주택관리법 제41조 하자분쟁조정위원회의 위원의 제척 등에 관한 설명이다. (   )에 들어갈 용어를 쓰시오.**

> 하자분쟁조정위원회의 위원이 다음 각 호의 어느 하나에 해당하는 경우에는 그 사건의 조정등에서 (㉠)된다.
> 1. 위원 또는 그 배우자나 배우자였던 사람이 해당 사건의 당사자가 되거나 해당 사건에 관하여 공동의 권리자 또는 의무자의 관계에 있는 경우
> 2. ~ 8. 〈생략〉

69 **공동주택관리법 제41조 하자분쟁조정위원회의 위원의 제척 등에 관한 설명이다. (   )에 들어갈 용어를 쓰시오.**

> 당사자는 위원에게 공정한 조정등을 기대하기 어려운 사정이 있는 경우에는 하자분쟁조정위원회에 (㉠) 신청을 할 수 있으며, 하자분쟁조정위원회는 (㉠) 신청이 타당하다고 인정하면 (㉠) 결정을 하여야 한다.

70 **공동주택관리법령상 하자분쟁조정위원회의 회의 등에 관한 설명이다. (   )에 들어갈 용어와 아라비아 숫자를 쓰시오.**

> 소위원회는 다음 각 호에 해당하는 사항을 심의·의결하거나, 소관 분과위원회의 사건에 대한 심리 등을 수행하며, 회의는 그 구성원 (㉠)의 출석으로 개의하고 출석위원 (㉡)의 찬성으로 의결한다. 이 경우 소위원회에서 의결한 사항은 하자분쟁조정위원회에서 의결한 것으로 본다.
> 1. (㉢)만원 미만의 소액 사건
> 2. ~ 5. 〈생략〉

정답

65 ㉠ 9, ㉡ 4, ㉢ 6 **66** ㉠ 10, ㉡ 10, ㉢ 10 **67** ㉠ 2, ㉡ 연임 **68** ㉠ 제척
69 ㉠ 기피 **70** ㉠ 과반수, ㉡ 전원, ㉢ 1,000

71 **공동주택관리법령상 하자분쟁조정위원회의 회의 등에 관한 설명이다. (　　)에 들어갈 아라비아 숫자를 쓰시오.**

하자분쟁조정위원회 위원장은 전체위원회, 분과위원회 또는 소위원회 회의를 소집하려면 특별한 사정이 있는 경우를 제외하고는 회의 개최 (㉠)일 전까지 회의의 일시·장소 및 안건을 각 위원에게 알려야 한다.

72 **공동주택관리법령상 하자분쟁조정위원회의 회의 등에 관한 설명이다. (　　)에 들어갈 용어를 쓰시오.**

(㉠)은(는) 다음 각 호의 사항을 인터넷을 이용하여 처리하기 위하여 (㉡)을(를) 구축·운영할 수 있다. 1. 조정등 사건의 접수·통지와 송달 2. ~ 7. 〈생략〉

73 **공동주택관리법 시행령 제57조(하자 여부 판정서의 기재사항)에 관한 내용이다. (　　)에 들어갈 아라비아 숫자와 용어를 쓰시오.**

① 법 제43조 제2항에서 '대통령령으로 정하는 사항'이란 다음 각 호의 사항을 말한다. 1. ~ 7. 〈생략〉 8. 보수기한 ② 제1항 제8호의 보수기한은 송달일부터 (㉠)일 이내의 범위에서 정하여야 한다. ③ 사업주체는 법 제43조 제3항에 따라 하자보수 결과를 지체 없이 (㉡)에 등록하는 방법으로 하자분쟁조정위원회에 통보해야 한다.

74 **공동주택관리법 제43조(하자심사)에 관한 내용이다. (　　)에 들어갈 아라비아 숫자와 용어를 쓰시오.**

제2항의 하자 여부 판정 결과에 대하여 이의가 있는 자는 하자 여부 판정서를 송달받은 날부터 (㉠)일 이내에 제48조 제1항에 따른 (㉡) 또는 대통령령으로 정하는 관계 전문가가 작성한 의견서를 첨부하여 국토교통부령으로 정하는 바에 따라 이의신청을 할 수 있다.

75 **공동주택관리법령상 하자분쟁조정위원회의 하자심사에 관한 설명이다. (　　)에 들어갈 아라비아 숫자를 쓰시오.**

> 재심의를 하는 분과위원회가 당초의 하자 여부 판정을 변경하기 위하여는 재적위원 과반수의 출석으로 개의하고 출석위원 (㉠) 이상의 찬성으로 의결하여야 한다. 이 경우 출석위원 (㉠) 이상이 찬성하지 아니한 경우에는 당초의 판정을 하자분쟁조정위원회의 최종 판정으로 본다.

PART 2

76 **공동주택관리법 제44조 분쟁조정에 관한 규정의 일부이다. (　　)에 들어갈 아라비아 숫자와 용어를 쓰시오.**

> ① 하자분쟁조정위원회는 제39조 제2항 제2호 및 제3호에 따른 분쟁의 조정절차를 완료한 때에는 지체 없이 대통령령으로 정하는 사항을 기재한 조정안(신청인이 조정신청을 한 후 조정절차 진행 중에 피신청인과 합의를 한 경우에는 합의한 내용을 반영하되, 합의한 내용이 명확하지 아니한 것은 제외한다)을 결정하고, 각 당사자 또는 그 대리인에게 이를 제시하여야 한다.
> ② 제1항에 따른 조정안을 제시받은 당사자는 그 제시를 받은 날부터 (㉠)일 이내에 그 수락 여부를 하자분쟁조정위원회에 통보하여야 한다. 이 경우 수락 여부에 대한 답변이 없는 때에는 그 조정안을 수락한 것으로 본다.
> ③ 하자분쟁조정위원회는 각 당사자 또는 그 대리인이 제2항에 따라 조정안을 수락(대통령령으로 정하는 바에 따라 서면 또는 전자적 방법으로 수락한 경우를 말한다)하거나 기한까지 답변이 없는 때에는 위원장이 기명날인한 조정서 정본을 지체 없이 각 당사자 또는 그 대리인에게 송달하여야 한다.
> ④ 제3항에 따른 조정서의 내용은 (㉡)와(과) 동일한 효력이 있다. 다만, 당사자가 임의로 처분할 수 없는 사항으로 대통령령으로 정하는 것은 그러하지 아니하다.

정답

71 ㉠ 3　**72** ㉠ 국토교통부장관, ㉡ 하자관리정보시스템　**73** ㉠ 60, ㉡ 하자관리정보시스템
74 ㉠ 30, ㉡ 안전진단전문기관　**75** ㉠ 2/3　**76** ㉠ 30, ㉡ 재판상 화해

77 **공동주택관리법령상 하자분쟁조정위원회의 분쟁재정에 관한 내용이다. (　　)에 들어갈 아라비아 숫자를 쓰시오.**

> ① 하자분쟁조정위원회는 법 제44조의2 제1항에 따라 심문기일에 당사자를 출석시켜 구두(口頭)로 의견을 진술하게 해야 한다. 다만, 당사자가 질병, 해외 체류 등의 사유로 심문기일에 출석하여 의견을 진술하기 어렵다고 인정되는 경우에는 서면으로 진술하게 할 수 있다.
> ② 하자분쟁조정위원회는 제1항에 따른 심문기일의 (㉠)일 전까지 당사자에게 심문기일을 통지해야 한다.

78 **공동주택관리법령상 하자분쟁조정위원회의 분쟁재정에 관한 내용이다. (　　)에 들어갈 아라비아 숫자와 용어를 쓰시오.**

> 제6항에 따른 재정문서는 그 정본이 당사자에게 송달된 날부터 (㉠)일 이내에 당사자 양쪽 또는 어느 한쪽이 그 재정의 대상인 공동주택의 하자담보책임을 원인으로 하는 소송을 제기하지 아니하거나 그 소송을 취하한 경우 (㉡)와(과) 동일한 효력이 있다. 다만, 당사자가 임의로 처분할 수 없는 사항으로서 대통령령으로 정하는 사항은 그러하지 아니하다.

79 **공동주택관리법상 조정등의 처리기간 등에 관한 내용이다. (　　)에 들어갈 용어를 쓰시오.**

제26회

> 제45조【조정등의 처리기간 등】① 하자분쟁조정위원회는 조정등의 신청을 받은 때에는 지체 없이 조정등의 절차를 개시하여야 한다. 이 경우 하자분쟁조정위원회는 그 신청을 받은 날부터 다음 각 호의 구분에 따른 기간(제2항에 따른 흠결보정기간 및 제48조에 따른 하자감정기간은 제외한다) 이내에 그 절차를 완료하여야 한다.
> 1. 하자심사 및 분쟁조정: 60일(공용부분의 경우 90일)
> 2. 분쟁(㉠): 150일(공용부분의 경우 180일)

80 공동주택관리법 제45조 조정등의 처리기간 등에 관한 규정의 일부이다. (　　)에 들어갈 아라비아 숫자를 쓰시오.

하자분쟁조정위원회는 조정등의 신청을 받은 때에는 지체 없이 조정등의 절차를 개시하여야 한다. 이 경우 하자분쟁조정위원회는 그 신청을 받은 날부터 다음 각 호의 구분에 따른 기간(제2항에 따른 흠결보정기간 및 제48조에 따른 하자감정기간은 제외한다) 이내에 그 절차를 완료하여야 한다.
1. 〈생략〉
2. 분쟁재정: (㉠)일[공용부분의 경우 (㉡)일]

81 공동주택관리법 제45조 조정등의 처리기간 등에 관한 규정의 일부이다. (　　)에 들어갈 아라비아 숫자를 쓰시오.

하자분쟁조정위원회는 조정등의 신청을 받은 때에는 지체 없이 조정등의 절차를 개시하여야 한다. 이 경우 하자분쟁조정위원회는 그 신청을 받은 날부터 다음 각 호의 구분에 따른 기간(제2항에 따른 흠결보정기간 및 제48조에 따른 하자감정기간은 제외한다) 이내에 그 절차를 완료하여야 한다.
1. 하자심사 및 분쟁조정: (㉠)일[공용부분의 경우 (㉡)일]
2. 〈생략〉

82 공동주택관리법 제45조 조정등의 처리기간 등에 관한 규정의 일부이다. (　　)에 들어갈 아라비아 숫자를 쓰시오.

제1항에 따른 기간 이내에 조정등을 완료할 수 없는 경우에는 해당 사건을 담당하는 분과위원회 또는 소위원회의 의결로 그 기간을 한 차례만 연장할 수 있으나, 그 기간은 (㉠)일 이내로 한다. 이 경우 그 사유와 기한을 명시하여 각 당사자 또는 대리인에게 서면으로 통지하여야 한다.

정답

77 ㉠ 7　**78** ㉠ 60, ㉡ 재판상 화해　**79** ㉠ 재정　**80** ㉠ 150, ㉡ 180　**81** ㉠ 60, ㉡ 90
82 ㉠ 30

83 **공동주택관리법 제46조 조정등의 신청의 통지 등에 관한 규정의 일부이다. (　　)에 들어갈 아라비아 숫자를 쓰시오.**

> ① 하자분쟁조정위원회는 당사자 일방으로부터 조정등의 신청을 받은 때에는 그 신청내용을 상대방에게 통지하여야 한다.
> ② 제1항에 따라 통지를 받은 상대방은 신청내용에 대한 답변서를 특별한 사정이 없으면 (㉠)일 이내에 하자분쟁조정위원회에 제출하여야 한다.

84 **공동주택관리법령상 하자분쟁조정위원회에 관한 규정이다. (　　)에 들어갈 용어를 쓰시오.**

> 하자분쟁조정위원회는 분쟁의 조정등의 절차에 관하여 이 법에서 규정하지 아니한 사항 및 소멸시효의 중단에 대하여는 (㉠)을(를) 준용하고, 조정등에 따른 서류송달에 관하여는 (㉡) 제174조부터 제197조까지의 규정을 준용한다.

85 **공동주택관리법 시행령 제63조 하자분쟁조정위원회의 운영 및 사무처리에 관한 내용이다. (　　)에 들어갈 용어를 쓰시오.**

> ① 법 제49조 제1항에 따라 하자분쟁조정위원회의 운영을 지원·보조하는 등 그 사무를 처리하기 위하여 (㉠)에 사무국을 둔다.
> ② 사무국은 (㉡)의 명을 받아 그 사무를 처리한다.
> ③ 사무국의 조직·인력은 (㉠)의 원장이 (㉢)의 승인을 받아 정한다.

86 **습공기 관련 용어의 설명이다. (　　)에 들어갈 용어를 쓰시오.**

> 습공기가 냉각될 때 일정한 온도에서 공기 중의 수증기가 물방울로 변화된다. 이때의 온도를 (㉠)(이)라고 하며, 공기 중에 포함되어 있는 수증기가 포화해서 이슬이 맺히기 시작할 때의 온도로 절대습도에 의해 결정된다.

87 아스팔트 방수에 관한 설명이다. (　　)에 들어갈 아라비아 숫자를 쓰시오.

> 침입도란 모체에 아스팔트가 침입해 들어가는 비율로서 (㉠)℃에서 (㉡)g의 추를 (㉢)초 동안 누를 때 0.1mm 들어간 것을 침입도 1이라 한다.

88 아스팔트 방수재료의 침입도가 20이라면 재료시험 시 25℃ 온도로 하중 100g에 시간 5초인 표준조건에서 표준봉이 몇 mm 침입한 것을 의미하는지 아라비아 숫자로 쓰시오.

풀이 침입도란 모체에 아스팔트가 침입해 들어가는 비율로서 25℃에서 100g의 추를 5초 동안 누를 때 0.1mm 들어간 것을 침입도 1이라 한다. 그러므로 $20 \times 0.1 = 2$(mm)이다.

89 주택법상 용어에 관한 설명이다. (　　)에 들어갈 용어를 쓰시오.

> • '주택단지'란 주택건설사업계획 또는 대지조성사업계획의 승인을 받아 주택과 그 (㉠) 및 복리시설을 건설하거나 대지를 조성하는 데 사용되는 일단(一團)의 토지를 말한다.
> • 주택에 딸린 주차장, 관리사무소, 담장 및 주택단지 안의 도로는 (㉠)에 해당한다.

90 주택법 제2조 용어에 관한 설명이다. (　　)에 들어갈 용어를 쓰시오.

> 주택단지의 입주자 등의 생활복리를 위한 어린이놀이터, 근린생활시설, 유치원, 주민운동시설 및 경로당은 (㉠)에 해당한다.

정답
83 ㉠ 10　**84** ㉠ 민사조정법, ㉡ 민사소송법　**85** ㉠ 국토안전관리원, ㉡ 위원장, ㉢ 국토교통부장관　**86** ㉠ 노점온도　**87** ㉠ 25, ㉡ 100, ㉢ 5　**88** 2　**89** ㉠ 부대시설　**90** ㉠ 복리시설

91 주택법 제2조(정의)의 일부이다. (   )에 들어갈 용어를 쓰시오.

'간선시설'(幹線施設)이란 도로·상하수도·전기시설·가스시설·통신시설 및 (㉠) 등 주택단지(둘 이상의 주택단지를 동시에 개발하는 경우에는 각각의 주택단지를 말한다) 안의 (㉡)을(를) 그 주택단지 밖에 있는 같은 종류의 (㉡)에 연결시키는 시설을 말한다. 다만, 가스시설·통신시설 및 (㉠)의 경우에는 주택단지 안의 (㉡)을 포함한다.

92 건축법령상 용어의 정의이다. (   )에 들어갈 용어를 쓰시오. 제23회

- (㉠)구조란 화재에 견딜 수 있는 성능을 가진 구조로서 국토교통부령으로 정하는 기준에 적합한 구조를 말한다.
- (㉡)구조란 화염의 확산을 막을 수 있는 성능을 가진 구조로서 국토교통부령으로 정하는 기준에 적합한 구조를 말한다.

93 다음은 건축법령상 용어의 정의이다. (   )에 들어갈 용어를 쓰시오. 제18회

(㉠)재료란 불에 잘 타지 아니하는 성능을 가진 재료로서 국토교통부령으로 정하는 기준에 적합한 재료를 말한다.

94 건축법령상 용어의 정의이다. (   )에 들어갈 용어를 쓰시오.

(㉠)(이)란 불에 타지 아니하는 성질을 가진 재료로서 국토교통부령으로 정하는 기준에 적합한 재료를 말한다.

95 **건축법 시행령 제64조 규정의 일부이다. (   )에 들어갈 내용을 쓰시오.**

> 제64조【방화문의 구분】 ① 방화문은 다음 각 호와 같이 구분한다.
> 1. (㉠) 방화문: 연기 및 불꽃을 차단할 수 있는 시간이 (㉡)분 이상이고, 열을 차단할 수 있는 시간이 (㉢)분 이상인 방화문
> 2. 60분 방화문: 〈생략〉
> 3. 30분 방화문: 〈생략〉

96 **주택건설기준 등에 관한 규칙상 반자높이에 관한 규정이다. (   )에 들어갈 아라비아 숫자를 쓰시오.**

> 거실 및 침실의 반자높이(반자를 설치하는 경우만 해당한다)는 (㉠)미터 이상으로 하고 층높이는 (㉡)미터 이상으로 하되, 각각 5센티미터를 단위로 한 것을 기준척도로 할 것

최신기출

97 **다음은 주택건설기준 등에 관한 규정의 세대 간의 경계벽 등에 관한 기준이다. (   )에 들어갈 숫자를 순서대로 쓰시오.** 제20·27회

> ① 공동주택 각 세대 간의 경계벽 및 공동주택과 주택 외의 시설 간의 경계벽은 내화구조로서 다음 각 호의 어느 하나에 해당하는 구조로 해야 한다.
> 1. 철근콘크리트조 또는 철골·철근콘크리트로서 그 두께(시멘트모르타르·회반죽·석고플라스터, 그 밖에 이와 유사한 재료를 바른 후의 두께를 포함한다)가 (㉠)센티미터 이상인 것
> 2. 무근콘크리트조·콘크리트블록조·벽돌조 또는 석조로서 그 두께(시멘트모르타르·회반죽·석고플라스터, 그 밖에 이와 유사한 재료를 바른 후의 두께를 포함한다)가 (㉡)센티미터 이상인 것

정답

91 ㉠ 지역난방시설, ㉡ 기간시설 **92** ㉠ 내화, ㉡ 방화 **93** ㉠ 난연 **94** ㉠ 불연재료
95 ㉠ 60분+, ㉡ 60, ㉢ 30 **96** ㉠ 2.2, ㉡ 2.4 **97** ㉠ 15, ㉡ 20

98 **주택건설기준 등에 관한 규정상 세대 간의 경계벽 등에 관한 규정이다. (　　)에 들어갈 아라비아 숫자를 쓰시오.**

> 공동주택 각 세대 간의 경계벽 및 공동주택과 주택 외의 시설 간의 경계벽은 내화구조로서 다음 각 호의 어느 하나에 해당하는 구조로 해야 한다.
> 1. 철근콘크리트조 또는 철골·철근콘크리트조로서 그 두께(시멘트모르타르·회반죽·석고플라스터, 그 밖에 이와 유사한 재료를 바른 후의 두께를 포함한다)가 (㉠)센티미터 이상인 것
> 2. 무근콘크리트조·콘크리트블록조·벽돌조 또는 석조로서 그 두께(시멘트모르타르·회반죽·석고플라스터, 그 밖에 이와 유사한 재료를 바른 후의 두께를 포함한다)가 (㉡)센티미터 이상인 것
> 3. 조립식 주택부재인 콘크리트판으로서 그 두께가 (㉢)센티미터 이상인 것
> 4. 제1호 내지 제3호의 것 외에 국토교통부장관이 정하여 고시하는 기준에 따라 한국건설기술연구원장이 차음성능을 인정하여 지정하는 구조인 것

99 **주택건설기준 등에 관한 규정상 바닥구조에 관한 내용이다. (　　)에 들어갈 아라비아 숫자를 쓰시오.** 제24회

> 제14조의2【바닥구조】 공동주택의 세대 내의 층간바닥(화장실의 바닥은 제외한다. 이하 이 조에서 같다)은 다음 각 호의 기준을 모두 충족해야 한다.
> 1. 콘크리트 슬래브 두께는 (㉠)밀리미터[라멘구조(보와 기둥을 통해서 내력이 전달되는 구조를 말한다. 이하 이 조에서 같다)의 공동주택은 (㉡)밀리미터] 이상으로 할 것. 다만, 다음 각 목의 어느 하나에 해당하는 주택의 층간바닥은 예외로 한다.
>   가. 법 제51조 제1항에 따라 인정받은 공업화주택
>   나. 목구조(주요구조부를 「목재의 지속가능한 이용에 관한 법률」에 따른 목재 또는 목재제품으로 구성하는 구조를 말한다) 공동주택

100 **주택건설기준 등에 관한 규정상 공동주택 세대 내의 층간바닥 구조에 관한 내용이다. ( )에 들어갈 아라비아 숫자를 쓰시오.** 제25회

> 제14조의2 【바닥구조】 공동주택의 세대 내의 층간바닥(화장실의 바닥은 제외한다. 이하 이 조에서 같다)은 다음 각 호의 기준을 모두 충족해야 한다.
> 1. 〈생략〉
> 2. 각 층간 바닥은 바닥충격음 차단성능[바닥의 경량충격음(비교적 가볍고 딱딱한 충격에 의한 바닥충격음을 말한다) 및 중량충격음(무겁고 부드러운 충격에 의한 바닥충격음을 말한다)이 각각 (㉠)데시벨 이하인 성능을 말한다]을 갖춘 구조일 것. 다만, 다음 각 목의 층간바닥은 그렇지 않다.
>   가. 라멘구조의 공동주택(법 제51조 제1항에 따라 인정받은 공업화주택은 제외한다)의 층간바닥
>   나. 가목의 공동주택 외의 공동주택 중 발코니, 현관 등 국토교통부령으로 정하는 부분의 층간바닥

101 **주택건설기준 등에 관한 규정상 공동주택의 벽체 및 창호 등에 관한 규정이다. ( )에 들어갈 아라비아 숫자를 쓰시오.**

> (㉠)세대 이상의 공동주택을 건설하는 경우 벽체의 접합부위나 난방설비가 설치되는 공간의 창호는 국토교통부장관이 정하여 고시하는 기준에 적합한 결로(結露)방지 성능을 갖추어야 한다.

102 **주택건설기준 등에 관한 규정상 공동주택의 계단의 치수기준에 관한 규정이다. ( )에 들어갈 아라비아 숫자를 쓰시오.**

> 공동으로 사용하는 계단의 유효폭은 (㉠)센티미터 이상, 단높이는 (㉡)센티미터 이하, 단너비는 (㉢)센티미터 이상이어야 한다.

정답

98 ㉠ 15, ㉡ 20, ㉢ 12 **99** ㉠ 210, ㉡ 150 **100** ㉠ 49 **101** ㉠ 500
102 ㉠ 120, ㉡ 18, ㉢ 26

103 **주택건설기준 등에 관한 규정상 공동주택의 계단의 치수기준에 관한 규정이다. (　　)에 들어갈 아라비아 숫자를 쓰시오.**

> 건축물의 옥외계단의 유효폭은 (㉠)센티미터 이상, 단높이는 (㉡)센티미터 이하, 단너비는 (㉢)센티미터 이상이어야 한다.

104 **주택건설기준 등에 관한 규정상 계단에 관한 규정이다. (　　)에 들어갈 아라비아 숫자의 합계를 쓰시오.**

> 제1항에 따른 계단은 다음 각 호에 정하는 바에 따라 적합하게 설치하여야 한다.
> 1. 높이 (　　)미터를 넘는 계단(세대 내 계단을 제외한다)에는 (　　)미터[기계실 또는 물탱크실의 계단의 경우에는 (　　)미터] 이내마다 해당 계단의 유효폭 이상의 폭으로 너비 120센티미터 이상인 계단참을 설치할 것. 다만, 각 동 출입구에 설치하는 계단은 1층에 한정하여 높이 (　　)미터 이내마다 계단참을 설치할 수 있다.

풀이 높이 (2)미터를 넘는 계단(세대 내 계단을 제외한다)에는 (2)미터[기계실 또는 물탱크실의 계단의 경우에는 (3)미터] 이내마다 해당 계단의 유효폭 이상의 폭으로 너비 120센티미터 이상인 계단참을 설치할 것. 다만, 각 동 출입구에 설치하는 계단은 1층에 한정하여 높이 (2.5)미터 이내마다 계단참을 설치할 수 있다. 따라서 2 + 2 + 3 + 2.5 = 9.5

105 **주택건설기준 등에 관한 규정상 공동주택의 출입문에 관한 규정이다. (　　)에 들어갈 아라비아 숫자를 쓰시오.**

> 주택단지 안의 각 동 출입문에 설치하는 유리는 안전유리[(㉠)킬로그램의 추가 (㉡)센티미터 높이에서 낙하하는 충격량에 관통되지 아니하는 유리를 말한다. 이하 같다]를 사용하여야 한다.

106 **주택건설기준 등에 관한 규정상 공동주택의 출입문에 관한 규정이다. (　　)에 들어갈 용어를 쓰시오.**

> 주택단지 안의 각 동 옥상 출입문에는 「소방시설 설치 및 관리에 관한 법률」 제40조 제1항에 따른 성능인증 및 같은 조 제2항에 따른 제품검사를 받은 (㉠)을(를) 설치하여야 한다. 다만, 대피공간이 없는 옥상의 출입문은 제외한다.

107 **주택건설기준 등에 관한 규정상 공동주택의 복도에 관한 규정의 일부이다. (　　)에 들어갈 아라비아 숫자를 쓰시오.**

> 복도형인 공동주택의 복도는 다음 각 호의 기준에 적합하여야 한다.
> 2. 중복도에는 채광 및 통풍이 원활하도록 (㉠)미터 이내마다 1개소 이상 외기에 면하는 개구부를 설치할 것

PART 2

108 **주택건설기준 등에 관한 규정상 난간에 관한 내용이다. (　　)에 들어갈 숫자를 쓰시오.**

제18회

> 난간의 높이는 바닥의 마감면으로부터 (㉠)센티미터 이상. 다만, 건축물 내부계단에 설치하는 난간, 계단 중간에 설치하는 난간 기타 이와 유사한 것으로 위험이 적은 장소에 설치하는 난간의 경우에는 90센티미터 이상으로 할 수 있다.

109 **주택건설기준 등에 관한 규정상 공동주택의 난간에 관한 규정이다. (　　)에 들어갈 아라비아 숫자를 쓰시오.**

> 난간의 각 부위의 치수는 다음 각 호의 기준에 적합하여야 한다.
> 1. 난간의 높이: 바닥의 마감면으로부터 (㉠)센티미터 이상. 다만, 건축물 내부계단에 설치하는 난간, 계단 중간에 설치하는 난간 기타 이와 유사한 것으로 위험이 적은 장소에 설치하는 난간의 경우에는 (㉡)센티미터 이상으로 할 수 있다.
> 2. 난간의 간살의 간격: 안목치수 (㉢)센티미터 이하

정답

103 ㉠ 90, ㉡ 20, ㉢ 24　**104** 9.5　**105** ㉠ 45, ㉡ 75　**106** ㉠ 비상문자동개폐장치
107 ㉠ 40　**108** ㉠ 120　**109** ㉠ 120, ㉡ 90, ㉢ 10

110 건축법 시행령 제2조(정의) 규정의 일부이다. ( )에 들어갈 용어를 쓰시오.

(㉠)(이)란 건축물의 내부와 외부를 연결하는 완충공간으로서 전망이나 휴식 등의 목적으로 건축물 외벽에 접하여 부가적(附加的)으로 설치되는 공간을 말한다. 이 경우 주택에 설치되는 (㉠)(으)로서 국토교통부장관이 정하는 기준에 적합한 (㉠)은(는) 필요에 따라 거실·침실·창고 등의 용도로 사용할 수 있다.

111 건축법 시행령 제2조(정의) 규정의 일부이다. ( )에 들어갈 용어를 쓰시오.

'발코니'란 건축물의 내부와 외부를 연결하는 (㉠)(으)로서 전망이나 휴식 등의 목적으로 건축물 (㉡)에 접하여 부가적(附加的)으로 설치되는 공간을 말한다.

112 공동주택의 대피공간에 관한 설명이다. ( )에 들어갈 숫자를 쓰시오. 제10회

공동주택 중 아파트로서 4층 이상인 층의 각 세대가 2개 이상의 직통계단을 사용할 수 없는 경우에는 발코니(발코니의 외부에 접하는 경우를 포함한다)에 인접 세대와 공동으로 또는 각 세대별로 다음 각 호의 요건을 모두 갖춘 대피공간을 하나 이상 설치해야 한다.

- 대피공간은 바깥의 공기와 접할 것
- 대피공간의 바닥면적은 인접 세대와 공동으로 설치하는 경우에는 (㉠)제곱미터 이상일 것

113 **건축법령상 공동주택의 대피공간에 관한 규정의 일부이다. (　　)에 들어갈 아라비아 숫자를 쓰시오.**

> 공동주택 중 아파트로서 (㉠)층 이상인 층의 각 세대가 2개 이상의 직통계단을 사용할 수 없는 경우에는 발코니(발코니의 외부에 접하는 경우를 포함한다)에 인접 세대와 공동으로 또는 각 세대별로 다음 각 호의 요건을 모두 갖춘 대피공간을 하나 이상 설치해야 한다. 이 경우 인접 세대와 공동으로 설치하는 대피공간은 인접 세대를 통하여 2개 이상의 직통계단을 쓸 수 있는 위치에 우선 설치되어야 한다.
> 1. ~ 2. 〈생략〉
> 3. 대피공간의 바닥면적은 인접 세대와 공동으로 설치하는 경우에는 (㉡)제곱미터 이상, 각 세대별로 설치하는 경우에는 (㉢)제곱미터 이상일 것
> 4. ~ 5. 〈생략〉

114 **주택건설기준 등에 관한 규정상 공동주택의 진입도로에 관한 설명이다. (　　)에 들어갈 아라비아 숫자를 쓰시오.**

> 공동주택을 건설하는 주택단지는 기간도로와 접하거나 기간도로로부터 당해 단지에 이르는 진입도로가 있어야 한다. 이 경우 기간도로와 접하는 폭 및 진입도로의 폭은 다음 표와 같다.

주택단지의 총세대수	기간도로와 접하는 폭 또는 진입도로의 폭
300세대 미만	(㉠)미터 이상
300세대 이상 500세대 미만	(㉡)미터 이상
500세대 이상 1천세대 미만	(㉢)미터 이상
1천세대 이상 2천세대 미만	(㉣)미터 이상
2천세대 이상	(㉤)미터 이상

정답

110 ㉠ 발코니 **111** ㉠ 완충공간, ㉡ 외벽 **112** ㉠ 3 **113** ㉠ 4, ㉡ 3, ㉢ 2 **114** ㉠ 6, ㉡ 8, ㉢ 12, ㉣ 15, ㉤ 20

115 A단지는 300세대, B단지는 500세대, C단지는 700세대이며, A·B·C단지 모두 공동으로 하나의 진입도로를 사용하는 경우, 주택건설기준 등에 관한 규정상 그 진입도로의 폭을 몇 m 이상으로 하여야 하는지 아라비아 숫자로 쓰시오.

116 주택건설기준 등에 관한 규정상 주택단지 안의 도로에 관한 설명이다. (　　)에 들어갈 아라비아 숫자를 쓰시오.

> 공동주택을 건설하는 주택단지에는 폭 (㉠)미터 이상의 보도를 포함한 폭 (㉡)미터 이상의 도로(보행자전용도로, 자전거도로는 제외한다)를 설치하여야 한다.

117 주택건설기준 등에 관한 규정상 주택단지 안의 도로에 관한 규정이다. (　　)에 들어갈 아라비아 숫자를 쓰시오.

> 제1항에도 불구하고 다음 각 호의 어느 하나에 해당하는 경우에는 도로의 폭을 4미터 이상으로 할 수 있다. 이 경우 해당 도로에는 보도를 설치하지 아니할 수 있다.
> 1. 해당 도로를 이용하는 공동주택의 세대수가 (㉠)세대 미만이고 해당 도로가 막다른 도로로서 그 길이가 (㉡)미터 미만인 경우
> 2. 〈생략〉

118 주택건설기준 등에 관한 규정상 주택단지 안의 도로에 관한 규정이다. (　　)에 들어갈 아라비아 숫자를 쓰시오.

> 주택단지 안의 도로는 유선형 도로로 설계하거나 도로 노면의 요철(凹凸) 포장 또는 과속방지턱의 설치 등을 통하여 도로의 설계속도(도로설계의 기초가 되는 속도를 말한다)가 시속 (㉠)킬로미터 이하가 되도록 하여야 한다.

119 **주택건설기준 등에 관한 규정상 주택단지 안의 도로에 관한 규정이다. (　　)에 들어갈 아라비아 숫자를 쓰시오.**

(㉠)세대 이상의 공동주택을 건설하는 주택단지 안의 도로에는 어린이 통학버스의 정차가 가능하도록 국토교통부령으로 정하는 기준에 적합한 어린이 안전보호구역을 1개소 이상 설치하여야 한다.

120 **주택건설기준 등에 관한 규칙상 주택단지 안의 도로 중 보도에 관한 내용이다. (　　)에 들어갈 아라비아 숫자를 쓰시오.** 제26회

보도는 보행자의 안전을 위하여 차도면보다 (㉠)센티미터 이상 높게 하거나 도로에 화단, 짧은 기둥, 그 밖에 이와 유사한 시설을 설치하여 차도와 구분되도록 설치할 것

121 **주택건설기준 등에 관한 규칙상 주택단지 안의 도로에 설치하는 교통안전시설의 설치기준에 관한 규정의 일부이다. (　　)에 들어갈 아라비아 숫자를 쓰시오.**

지하주차장의 출입구, 경사형·유선형 차도 등 차량의 속도를 제한할 필요가 있는 곳에는 높이 (㉠)센티미터 이상 (㉡)센티미터 이하, 너비 (㉢)미터 이상인 과속방지턱을 설치하고, 운전자에게 그 시설의 위치를 알릴 수 있도록 반사성 도료(塗料)로 도색한 노면표지를 설치할 것

정답

115 15 **116** ㉠ 1.5, ㉡ 7 **117** ㉠ 100, ㉡ 35 **118** ㉠ 20 **119** ㉠ 500
120 ㉠ 10 **121** ㉠ 7.5, ㉡ 10, ㉢ 1

122 **주택건설기준 등에 관한 규정상 주차장에 관한 규정이다. (   )에 들어갈 아라비아 숫자를 쓰시오.**

> 주택단지에는 주택의 전용면적의 합계를 기준으로 하여 다음 표에서 정하는 면적당 대수의 비율로 산정한 주차대수 이상의 주차장을 설치하되, 세대당 주차대수가 1대(세대당 전용면적이 60제곱미터 이하인 경우에는 0.7대) 이상이 되도록 하여야 한다. 다만, 지역별 차량보유율 등을 고려하여 설치기준의 5분의 1(세대당 전용면적이 60제곱미터 이하인 경우에는 2분의 1)의 범위에서 특별시·광역시·특별자치시·특별자치도·시·군 또는 자치구의 조례로 강화하여 정할 수 있다.

주택규모별(전용면적: 제곱미터)	주차장 설치기준(대/제곱미터)			
	가. 특별시	나. 광역시·특별자치시 및 수도권 내의 시지역	다. 가목 및 나목 외의 시지역과 수도권 내의 군지역	라. 그 밖의 지역
85 이하	(㉠)	(㉡)	(㉢)	(㉣)

123 **주택건설기준 등에 관한 규정상 주차장에 관한 규정이다. (   )에 들어갈 아라비아 숫자를 쓰시오.**

> 주택단지에는 주택의 전용면적의 합계를 기준으로 하여 다음 표에서 정하는 면적당 대수의 비율로 산정한 주차대수 이상의 주차장을 설치하되, 세대당 주차대수가 1대(세대당 전용면적이 60제곱미터 이하인 경우에는 0.7대) 이상이 되도록 하여야 한다. 다만, 지역별 차량보유율 등을 고려하여 설치기준의 5분의 1(세대당 전용면적이 60제곱미터 이하인 경우에는 2분의 1)의 범위에서 특별시·광역시·특별자치시·특별자치도·시·군 또는 자치구의 조례로 강화하여 정할 수 있다.

주택규모별(전용면적: 제곱미터)	주차장 설치기준(대/제곱미터)			
	가. 특별시	나. 광역시·특별자치시 및 수도권 내의 시지역	다. 가목 및 나목 외의 시지역과 수도권 내의 군지역	라. 그 밖의 지역
85 초과	(㉠)	(㉡)	(㉢)	(㉣)

124 다음에 해당하는 공동주택단지의 주차대수를 쓰시오.

> • 지역: 대전광역시
> • 세대수: 400세대
> • 세대별 주거전용면적
> 1. 200세대는 85제곱미터
> 2. 200세대는 100제곱미터

풀이 1. 대전광역시에서 85제곱미터인 세대: (200 × 85) ÷ 85 = 200대
2. 대전광역시에서 100제곱미터인 세대: (200 × 100) ÷ 70 = 285.7, 소수점 이하는 1대이므로 286대

따라서 총주차대수는 200 + 286 = 486대

125 주택건설기준 등에 관한 규칙상 주차장의 구조 및 설비에 관한 규정의 일부이다. (　　) 에 들어갈 아라비아 숫자를 쓰시오.

> 「환경친화적 자동차의 개발 및 보급 촉진에 관한 법률」 제2조 제3호에 따른 전기자동차의 이동형 충전기(이하 '이동형 충전기'라 한다)를 이용할 수 있는 콘센트(각 콘센트별 이동형 충전기의 동시 이용이 가능하며, 사용자에게 요금을 부과하도록 설치된 것을 말한다. 이하 같다)를 「주차장법」 제2조 제7호의 주차단위구획 총 수에 다음 각 목의 구분에 따른 비율을 곱한 수(소수점 이하는 반올림한다) 이상 설치할 것. 다만, 지역의 전기자동차 보급률 등을 고려하여 필요한 경우에는 다음 각 목에 규정된 비율의 5분의 1의 범위에서 특별자치시·특별자치도·시·군 또는 자치구의 조례로 설치 기준을 강화하거나 완화할 수 있다.
> 가. ~ 나. 〈생략〉
> 다. 2025년 1월 1일 이후: (㉠)퍼센트

정답
122 ㉠ 1/75, ㉡ 1/85, ㉢ 1/95, ㉣ 1/110 **123** ㉠ 1/65, ㉡ 1/70, ㉢ 1/75, ㉣ 1/85
124 486대 **125** ㉠ 10

126 **최근 공동주택에 전기자동차 충전시설의 설치가 확대되고 있다. 다음은 환경친화적 자동차의 개발 및 보급 촉진에 관한 법령의 일부이다. ( )에 들어갈 아라비아 숫자를 쓰시오.**

> 제18조의5【전용주차구역 및 충전시설의 설치 대상시설】 법 제11조의2 제1항 각 호 외의 부분에서 '대통령령으로 정하는 시설'이란 다음 각 호에 해당하는 시설로서 「주차장법」에 따른 주차단위구획의 총 수(같은 법에 따른 기계식 주차장의 주차단위구획의 수는 제외하며, 이하 '총주차대수'라 한다)가 50개 이상인 시설 중 환경친화적 자동차 보급현황·보급계획·운행현황 및 도로여건 등을 고려하여 특별시·광역시·특별자치시·도·특별자치도(이하 '시·도'라 한다)의 조례로 정하는 시설을 말한다.
> 1. 〈생략〉
> 2. 「건축법 시행령」 제3조의5 및 별표 1 제2호에 따른 공동주택 중 다음 각 목의 시설
>   가. (㉠)세대 이상의 아파트
>   나. 기숙사
> 3. 시·도지사, 시장·군수 또는 구청장이 설치한 「주차장법」 제2조 제1호에 따른 주차장

127 **환경친화적 자동차의 개발 및 보급 촉진에 관한 법률 시행령 제18조의6(전용주차구역의 설치기준)에 관한 규정의 일부이다. ( )에 들어갈 아라비아 숫자를 쓰시오.**

> 제18조의6【전용주차구역의 설치기준】 ① 법 제11조의2 제1항에 따라 설치해야 하는 환경친화적 자동차 전용주차구역(이하 '전용주차구역'이라 한다)의 수는 해당 시설의 총주차대수의 100분의 (㉠) 이상의 범위에서 시·도의 조례로 정한다. 다만, 2022년 1월 28일 전에 건축허가를 받은 시설(이하 '기축시설'이라 한다) 중 다음 각 호의 자가 소유하고 관리하는 기축시설(이하 '공공기축시설'이라 한다)이 아닌 기축시설의 경우에는 해당 시설의 총주차대수의 100분의 (㉡) 이상의 범위에서 시·도의 조례로 정한다.
> 1. ~ 2. 〈생략〉

128 **환경친화적 자동차의 개발 및 보급 촉진에 관한 법령상 충전시설의 종류에 관한 설명이다. (　　)에 들어갈 아라비아 숫자를 쓰시오.**

> 법 제11조의2 제1항 및 제2항에 따른 환경친화적 자동차 충전시설은 충전기에 연결된 케이블로 전류를 공급하여 전기자동차 또는 외부충전식 하이브리드자동차(외부 전기 공급원으로부터 충전되는 전기에너지로 구동 가능한 하이브리드자동차를 말한다. 이하 같다)의 구동축전지를 충전하는 시설로서 구조 및 성능이 산업통상자원부장관이 정하여 고시하는 기준에 적합한 시설이어야 하며, 그 종류는 다음 각 호와 같다.
> 1. 급속충전시설: 충전기의 최대 출력값이 (㉠)킬로와트 이상인 시설
> 2. 완속충전시설: 충전기의 최대 출력값이 (㉠)킬로와트 미만인 시설

129 **주차장법령상 (　　)에 들어갈 아라비아 숫자를 쓰시오.**

> 노외주차장 내부 공간의 일산화탄소 농도는 주차장을 이용하는 차량이 가장 빈번한 시각의 앞뒤 (㉠)시간의 평균치가 (㉡)피피엠 이하로 유지되어야 한다.

130 **주차장법령상 (　　)에 들어갈 아라비아 숫자를 쓰시오.**

> 자주식 주차장으로서 지하식 또는 건축물식 노외주차장에는 벽면에서부터 50센티미터 이내를 제외한 바닥면의 최소 조도(照度)와 최대 조도를 다음 각 목과 같이 한다.
> 가. 주차구획 및 차로: 최소 조도는 (㉠)럭스 이상, 최대 조도는 최소 조도의 (㉠)배 이내
> 나. 주차장 출구 및 입구: 최소 조도는 (㉡)럭스 이상, 최대 조도는 없음
> 다. 사람이 출입하는 통로: 최소 조도는 (㉢)럭스 이상, 최대 조도는 없음

정답

126 ㉠ 100 **127** ㉠ 5, ㉡ 2 **128** ㉠ 40 **129** ㉠ 8, ㉡ 50 **130** ㉠ 10, ㉡ 300, ㉢ 50

131 **주차장법령상 방범설비 설치규정의 일부이다. (   )에 들어갈 아라비아 숫자를 쓰시오.**

> 주차대수 (㉠)대를 초과하는 규모의 자주식 주차장으로서 지하식 또는 건축물식 노외 주차장에는 관리사무소에서 주차장 내부 전체를 볼 수 있는 폐쇄회로 텔레비전(녹화장치를 포함한다) 또는 네트워크 카메라를 포함하는 방범설비를 설치·관리하여야 하되, 다음 각 목의 사항을 준수하여야 한다.
> 가. 방범설비는 주차장의 바닥면으로부터 (㉡)센티미터의 높이에 있는 사물을 알아볼 수 있도록 설치하여야 한다.
> 나. ~ 다. 〈생략〉
> 라. 촬영된 자료는 컴퓨터보안시스템을 설치하여 (㉢)개월 이상 보관하여야 한다.

132 **주택건설기준 등에 관한 규정상 관리사무소 등에 관한 규정이다. (   )에 들어갈 아라비아 숫자를 쓰시오.**

> 50세대 이상의 공동주택을 건설하는 주택단지에는 다음 각 호의 시설을 모두 설치하되, 그 면적의 합계가 (㉠)제곱미터에 50세대를 넘는 매 세대마다 (㉡)제곱센티미터를 더한 면적 이상이 되도록 설치해야 한다. 다만, 그 면적의 합계가 100제곱미터를 초과하는 경우에는 설치면적을 100제곱미터로 할 수 있다.
> 1. 관리사무소
> 2. 경비원 등 공동주택 관리 업무에 종사하는 근로자를 위한 휴게시설

133 **주택건설기준 등에 관한 규정상 수해방지 등에 관한 규정이다. (   )에 들어갈 아라비아 숫자를 쓰시오.**

> 주택단지에 높이 2미터 이상의 옹벽 또는 축대(이하 '옹벽등'이라 한다)가 있거나 이를 설치하는 경우에는 그 옹벽등으로부터 건축물의 외곽부분까지를 당해 옹벽등의 높이만큼 띄워야 한다. 다만, 다음 각 호의 1에 해당하는 경우에는 그러하지 아니하다.
> 1. 옹벽등의 기초보다 그 기초가 낮은 건축물. 이 경우 옹벽등으로부터 건축물 외곽부분까지를 (㉠)미터[3층 이하인 건축물은 (㉡)미터] 이상 띄워야 한다.
> 2. 옹벽등보다 낮은 쪽에 위치한 건축물의 지하부분 및 땅으로부터 높이 (㉢)미터 이하인 건축물부분

134 **주택건설기준 등에 관한 규정상 수해방지에 관한 내용이다. (　　)에 들어갈 용어를 쓰시오.** 제25회

> 제30조 【수해방지 등】 ① 〈생략〉
> ② 〈생략〉
> ③ 주택단지가 저지대 등 침수의 우려가 있는 지역인 경우에는 주택단지 안에 설치하는 (㉠)·전화국선용단자함 기타 이와 유사한 전기 및 통신설비는 가능한 한 침수가 되지 아니하는 곳에 이를 설치하여야 한다.

135 **주택건설기준 등에 관한 규칙상 수해방지에 관한 규정의 일부이다. (　　)에 들어갈 아라비아 숫자를 쓰시오.**

> 주택단지(단지경계선 주변외곽부분을 포함한다)에 비탈면이 있는 경우에는 다음 각 호에서 정하는 바에 따라 수해방지 등을 위한 조치를 하여야 한다.
> 1. 〈생략〉
> 2. 비탈면의 높이가 (㉠)미터를 넘는 경우에는 높이 (㉠)미터 이내마다 그 비탈면의 면적의 (㉡)분의 1 이상에 해당하는 면적의 단을 만들 것. 다만, 사업계획승인권자가 그 비탈면의 토질·경사도 등으로 보아 건축물의 안전상 지장이 없다고 인정하는 경우에는 그러하지 아니하다.
> 3. 〈생략〉

136 **주택건설기준 등에 관한 규칙상 수해방지에 관한 규정의 일부이다. (　　)에 들어갈 아라비아 숫자를 쓰시오.**

> 비탈면과 건축물등과의 위치관계는 다음 각 호에 적합하여야 한다.
> 1. 〈생략〉
> 2. 비탈면 아랫부분에 옹벽 또는 축대(이하 '옹벽등'이라 한다)가 있는 경우에는 그 옹벽등과 비탈면 사이에 너비 (㉠)미터 이상의 단을 만들 것
> 3. 비탈면 윗부분에 옹벽등이 있는 경우에는 그 옹벽등과 비탈면 사이에 너비 (㉡)미터 이상으로서 당해 옹벽등의 높이의 (㉢) 이상에 해당하는 너비 이상의 단을 만들 것

정답

131 ㉠ 30, ㉡ 170, ㉢ 1 **132** ㉠ 10, ㉡ 500 **133** ㉠ 5, ㉡ 3, ㉢ 1 **134** ㉠ 수전실
135 ㉠ 3, ㉡ 5 **136** ㉠ 1, ㉡ 1.5, ㉢ 1/2

137 **주택건설기준 등에 관한 규정상 안내표지판에 관한 규정이다. (   )에 들어갈 아라비아 숫자와 용어를 쓰시오.**

> (㉠)세대 이상의 주택을 건설하는 주택단지와 그 주변에는 다음 각 호의 기준에 따라 안내표지판을 설치하여야 한다.
> 1. 〈생략〉
> 2. 단지의 진입도로변에 단지의 명칭을 표시한 (㉡)을(를) 설치할 것
> 3. 단지의 주요출입구마다 단지 안의 건축물·도로 기타 주요 시설의 배치를 표시한 (㉢)을(를) 설치할 것

138 **주택건설기준 등에 관한 규정상 보안등에 관한 규정이다. (   )에 들어갈 아라비아 숫자를 쓰시오.**

> 주택단지 안의 어린이놀이터 및 도로[폭 (㉠)미터 이상인 도로의 경우에는 도로의 양측]에는 보안등을 설치하여야 한다. 이 경우 당해 도로에 설치하는 보안등의 간격은 (㉡)미터 이내로 하여야 한다.

139 **주택건설기준 등에 관한 규칙상 영상정보처리기기의 설치기준에 관한 규정의 일부이다. (   )에 들어갈 아라비아 숫자를 쓰시오.**

> 영 제39조에서 '국토교통부령으로 정하는 기준'이란 다음 각 호의 기준을 말한다.
> 1. 승강기, 어린이놀이터 및 공동주택 각 동의 출입구마다 「개인정보 보호법 시행령」 제3조 제1호 또는 제2호에 따른 영상정보처리기기(이하 '영상정보처리기기'라 한다)의 카메라를 설치할 것
> 2. 영상정보처리기기의 카메라는 전체 또는 주요 부분이 조망되고 잘 식별될 수 있도록 설치하되, 카메라의 해상도는 (㉠)만 화소 이상일 것
> 3. 영상정보처리기기의 카메라 수와 녹화장치의 모니터 수가 같도록 설치할 것. 다만, 모니터 화면이 다채널로 분할 가능하고 다음 각 목의 요건을 모두 충족하는 경우에는 그렇지 않다.
>   가. 다채널의 카메라 신호를 1대의 녹화장치에 연결하여 감시할 경우에 연결된 카메라 신호가 전부 모니터 화면에 표시돼야 하며 1채널의 감시화면의 대각선방향 크기는 최소한 (㉡)인치 이상일 것

140 **공동주택관리법령상 영상정보처리기기의 설치 및 관리 등에 관한 설명이다. ( )에 들어갈 용어와 아라비아 숫자를 쓰시오.**

- 공동주택단지에 「개인정보 보호법 시행령」 제3조 제1호 또는 제2호에 따른 영상정보처리기기를 설치하거나 설치된 영상정보처리기기를 보수 또는 교체하려는 경우에는 (㉠)에 반영하여야 한다.
- 공동주택단지에 설치하는 영상정보처리기기는 다음 각 호의 기준에 적합하게 설치 및 관리해야 한다.
  1. 영상정보처리기기를 설치 또는 교체하는 경우에는 「주택건설기준 등에 관한 규칙」 제9조에 따른 설치 기준을 따를 것
  2. 선명한 화질이 유지될 수 있도록 관리할 것
  3. 촬영된 자료는 컴퓨터보안시스템을 설치하여 (㉡)일 이상 보관할 것
  4. 영상정보처리기기가 고장 난 경우에는 지체 없이 수리할 것
  5. 영상정보처리기기의 (㉢)을(를) 지정하여 관리할 것

141 **공동주택관리법령상 영상정보처리기기의 관리에 관한 설명이다. ( )에 들어갈 용어를 쓰시오.**

관리주체는 영상정보처리기기의 촬영자료를 보안 및 방범 목적 외의 용도로 활용하거나 타인에게 열람하게 하거나 제공하여서는 아니 된다. 다만, 다음 각 호의 어느 하나에 해당하는 경우에는 촬영자료를 열람하게 하거나 제공할 수 있다.

1. (㉠)에게 열람 또는 제공하는 경우
2. (㉠)의 동의가 있는 경우
3. 범죄의 수사와 공소의 제기 및 유지에 필요한 경우
4. 범죄에 대한 재판업무수행을 위하여 필요한 경우
5. 다른 법률에 특별한 규정이 있는 경우

정답

137 ㉠ 300, ㉡ 단지입구표지판, ㉢ 단지종합안내판 **138** ㉠ 15, ㉡ 50
139 ㉠ 130, ㉡ 4 **140** ㉠ 장기수선계획, ㉡ 30, ㉢ 안전관리자 **141** ㉠ 정보주체

142 주택건설기준 등에 관한 규정상 유치원에 관한 규정의 일부이다. (   )에 들어갈 아라비아 숫자를 쓰시오.

(㉠)세대 이상의 주택을 건설하는 주택단지에는 유치원을 설치할 수 있는 대지를 확보하여 그 시설의 설치희망자에게 분양하여 건축하게 하거나 유치원을 건축하여 이를 운영하려는 자에게 공급해야 한다. 다만, 다음 각 호의 어느 하나에 해당하는 경우에는 그렇지 않다.
1. 당해 주택단지로부터 통행거리 (㉡)미터 이내에 유치원이 있는 경우
2. 당해 주택단지로부터 통행거리 (㉢)미터 이내에 「교육환경보호에 관한 법률」 제9조 각 호의 시설이 있는 경우

143 주택건설기준 등에 관한 규정상 주민공동시설에 관한 설명이다. (   )에 들어갈 아라비아 숫자를 쓰시오.

100세대 이상의 주택을 건설하는 주택단지에는 다음 각 호에 따라 산정한 면적 이상의 주민공동시설을 설치하여야 한다. 다만, 지역 특성, 주택 유형 등을 고려하여 특별시·광역시·특별자치시·특별자치도·시 또는 군의 조례로 주민공동시설의 설치면적을 그 기준의 4분의 1 범위에서 강화하거나 완화하여 정할 수 있다.
1. 100세대 이상 1,000세대 미만: 세대당 (㉠)제곱미터를 더한 면적
2. 1,000세대 이상: 500제곱미터에 세대당 (㉡)제곱미터를 더한 면적

144 주택건설기준 등에 관한 규정상 주민공동시설에 관한 설명이다. (   )에 들어갈 용어를 쓰시오. (순서 무관)

주민공동시설을 설치하는 경우 해당 주택단지에는 다음 각 호의 구분에 따른 시설이 포함되어야 한다. 다만, 해당 주택단지의 특성, 인근 지역의 시설설치 현황 등을 고려할 때 사업계획승인권자가 설치할 필요가 없다고 인정하는 시설이거나 입주예정자의 과반수가 서면으로 반대하는 다함께돌봄센터는 설치하지 않을 수 있다.
1. 150세대 이상: (㉠), (㉡)

145 **주택건설기준 등에 관한 규정상 주민공동시설에 관한 설명이다. (　　)에 들어갈 용어를 쓰시오. (순서 무관)**

> 주민공동시설을 설치하는 경우 해당 주택단지에는 다음 각 호의 구분에 따른 시설이 포함되어야 한다. 다만, 해당 주택단지의 특성, 인근 지역의 시설설치 현황 등을 고려할 때 사업계획승인권자가 설치할 필요가 없다고 인정하는 시설이거나 입주예정자의 과반수가 서면으로 반대하는 다함께돌봄센터는 설치하지 않을 수 있다.
> 1. 〈생략〉
> 2. 300세대 이상: (㉠), (㉡), (㉢)

146 **주택건설기준 등에 관한 규정상 주민공동시설에 관한 설명이다. (　　)에 들어갈 용어를 쓰시오.**

> 주민공동시설을 설치하는 경우 해당 주택단지에는 다음 각 호의 구분에 따른 시설이 포함되어야 한다. 다만, 해당 주택단지의 특성, 인근 지역의 시설설치 현황 등을 고려할 때 사업계획승인권자가 설치할 필요가 없다고 인정하는 시설이거나 입주예정자의 과반수가 서면으로 반대하는 (㉠)은(는) 설치하지 않을 수 있다.
> 1. ~ 2. 〈생략〉
> 3. 500세대 이상: 경로당, 어린이놀이터, 어린이집, 주민운동시설, 작은도서관, (㉠)

147 **주택법 제39조(공동주택성능등급의 표시)의 규정이다. (　　)에 들어갈 용어를 쓰시오.**

> 사업주체가 대통령령으로 정하는 호수 이상의 공동주택을 공급할 때에는 주택의 성능 및 품질을 입주자가 알 수 있도록 「녹색건축물 조성 지원법」에 따라 다음 각 호의 공동주택성능에 대한 등급을 발급받아 국토교통부령으로 정하는 방법으로 (㉠)에 표시하여야 한다.
> 1. 경량충격음·중량충격음·화장실소음·경계소음 등 소음 관련 등급
> 2. 리모델링 등에 대비한 가변성 및 수리 용이성 등 구조 관련 등급
> 3. 조경·일조확보율·실내공기질·에너지절약 등 환경 관련 등급
> 4. 커뮤니티시설, 사회적 약자 배려, 홈네트워크, 방범안전 등 생활환경 관련 등급
> 5. 화재·소방·피난안전 등 화재·소방 관련 등급

정답

142 ㉠ 2,000, ㉡ 300, ㉢ 200 **143** ㉠ 2.5, ㉡ 2 **144** ㉠ 경로당, ㉡ 어린이놀이터
145 ㉠ 경로당, ㉡ 어린이놀이터, ㉢ 어린이집 **146** ㉠ 다함께돌봄센터 **147** ㉠ 입주자 모집공고

148 주택법 제39조 공동주택 성능등급의 표시에 관한 규정의 일부이다. ( )에 들어갈 용어를 쓰시오.

> 사업주체가 대통령령으로 정하는 호수 이상의 공동주택을 공급할 때에는 주택의 성능 및 품질을 입주자가 알 수 있도록 「녹색건축물 조성 지원법」에 따라 다음 각 호의 공동주택성능에 대한 등급을 발급받아 국토교통부령으로 정하는 방법으로 입주자 모집공고에 표시하여야 한다.
> 1. 경량충격음·중량충격음·화장실소음·경계소음 등 (㉠)
> 2. 리모델링 등에 대비한 가변성 및 수리 용이성 등 (㉡)

149 주택법 제39조 공동주택 성능등급의 표시에 관한 규정의 일부이다. ( )에 들어갈 용어를 쓰시오.

> 사업주체가 대통령령으로 정하는 호수 이상의 공동주택을 공급할 때에는 주택의 성능 및 품질을 입주자가 알 수 있도록 「녹색건축물 조성 지원법」에 따라 다음 각 호의 공동주택성능에 대한 등급을 발급받아 국토교통부령으로 정하는 방법으로 입주자 모집공고에 표시하여야 한다.
> 1. ~ 2. 〈생략〉
> 3. 조경·일조확보율·실내공기질·에너지절약 등 (㉠)
> 4. 커뮤니티시설, 사회적 약자 배려, 홈네트워크, 방범안전 등 (㉡)
> 5. 화재·소방·피난안전 등 화재·소방 관련 등급

150 주택건설기준 등에 관한 규정상 공동주택 바닥충격음 차단구조의 성능등급 인정의 유효기간 등에 관한 설명이다. ( )에 들어갈 아라비아 숫자를 쓰시오.

> 공동주택 바닥충격음 차단구조의 성능등급 인정의 유효기간은 그 성능등급 인정을 받은 날부터 (㉠)년으로 하며, 공동주택 바닥충격음 차단구조의 성능등급 인정을 받은 자는 유효기간이 끝나기 전에 유효기간을 연장할 수 있다. 이 경우 연장되는 유효기간은 연장될 때마다 (㉡)년을 초과할 수 없다.

151 **주택건설기준 등에 관한 규정 제64조(에너지절약형 친환경주택의 건설기준 등) 규정의 일부이다. ( )에 들어갈 용어를 쓰시오.**

> 「주택법」 제15조에 따른 사업계획승인을 받은 공동주택을 건설하는 경우에는 다음 각 호의 어느 하나 이상의 기술을 이용하여 주택의 총 에너지사용량 또는 총 이산화탄소 배출량을 절감할 수 있는 에너지절약형 친환경주택으로 건설하여야 한다.
> 1. 고단열·고기능 외피구조, 기밀설계, 일조확보 및 친환경자재 사용 등 (㉠)
> 2. 고효율 열원설비, 제어설비 및 고효율 환기설비 등 (㉡)
> 3. 태양열, 태양광, 지열 및 풍력 등 신·재생에너지 이용기술
> 4. 자연지반의 보존, 생태면적률의 확보 및 빗물의 순환 등 생태적 순환기능 확보를 위한 (㉢)
> 5. 건물에너지 정보화 기술, 자동제어장치 및 지능형 전력망 등 에너지 이용효율을 극대화하는 기술

152 **건강친화형 주택 건설기준에 관한 용어의 정의 중 일부이다. 기준에서 명시하고 있는 ( )에 들어갈 용어를 쓰시오.** 제22회

> '건강친화형 주택'이란 오염물질이 적게 방출되는 건축자재를 사용하고 (㉠) 등을 실시하여 새집증후군 문제를 개선함으로써 거주자에게 건강하고 쾌적한 실내환경을 제공할 수 있도록 일정수준 이상의 (㉡)와(과) (㉠)성능을 확보한 주택으로서 의무기준을 모두 충족하고 …〈중략〉… 적합한 주택을 말한다.

153 **장수명 주택 건설·인증기준에 관한 정의 중 일부이다. 기준에서 명시하고 있는 ( )에 들어갈 용어를 쓰시오. (순서 무관)**

> '장수명 주택'이란 (㉠), (㉡), (㉢)에 대하여 장수명 주택 성능등급 인증기관의 장이 장수명 주택의 성능을 확인하여 인증한 주택을 말한다.

정답

148 ㉠ 소음 관련 등급, ㉡ 구조 관련 등급 **149** ㉠ 환경 관련 등급, ㉡ 생활환경 관련 등급
150 ㉠ 5, ㉡ 3 **151** ㉠ 저에너지 건물 조성기술, ㉡ 에너지 고효율 설비기술, ㉢ 외부환경 조성기술
152 ㉠ 환기, ㉡ 실내공기질 **153** ㉠ 내구성, ㉡ 가변성, ㉢ 수리용이성

154 **건축법령상 건축설비의 설치 원칙에 관한 내용이다. 법령에서 명시하고 있는 (   )에 들어갈 용어를 쓰시오.** 제22회

> 건축설비는 건축물의 안전·방화, 위생, 에너지 및 (㉠)의 합리적 이용에 지장이 없도록 설치하여야 하고, 배관피트 및 닥트의 단면적과 수선구의 크기를 해당 설비의 수선에 지장이 없도록 하는 등 설비의 유지·관리가 쉽게 설치하여야 한다.

155 **건축법령상 건축설비 설치의 원칙에 관한 설명이다. (   )에 들어갈 용어를 쓰시오.**

> 건축물에 설치하는 급수·배수·냉방·난방·환기·피뢰 등 건축설비의 설치에 관한 기술적 기준은 (㉠)(으)로 정하되, 에너지 이용 합리화와 관련한 건축설비의 기술적 기준에 관하여는 (㉡)와(과) 협의하여 정한다.

156 **채수한 지하수의 물처리 과정으로 (   )에 들어갈 용어를 쓰시오.**

> 채수 → (㉠) → (㉡) → (㉢) → 살균 → 급수

157 **물의 경도에 관한 설명이다. (   )에 들어갈 용어를 쓰시오.**

> 물의 경도는 물속에 녹아 있는 칼슘, 마그네슘 등의 염류의 양을 (㉠)의 농도로 환산하여 나타낸 것이다.

158 물의 경도에 관한 설명이다. (   )에 들어갈 용어를 쓰시오.

> (㉠)은(는) 총경도가 90ppm 이하로 세탁용과 보일러 급수용으로 적당하며, (㉡)은(는) 총경도가 110ppm 이상으로 세탁용과 보일러 급수용으로 부적당하다.

PART 2

159 주택건설기준 등에 관한 규정상 급·배수시설에 관한 설명이다. (   )에 들어갈 용어와 아라비아 숫자를 쓰시오.

> 주택의 화장실에 설치하는 급수·배수용 배관은 다음 각 호의 기준에 적합해야 한다.
> 1. 급수용 배관에는 (㉠)밸브 등 수압을 조절하는 장치를 설치하여 각 세대별 수압이 일정하게 유지되도록 할 것
> 2. 배수용 배관은 층상배관공법(배관을 해당 층의 바닥 슬래브 위에 설치하는 공법을 말한다) 또는 층하배관공법(배관을 바닥 슬래브 아래에 설치하여 아래층 세대 천장으로 노출시키는 공법을 말한다)으로 설치할 수 있으며, 층하배관공법으로 설치하는 경우에는 일반용 경질(단단한 재질) 염화비닐관을 설치하는 경우보다 같은 측정조건에서 (㉡)데시벨 이상 소음 차단성능이 있는 저소음형 배관을 사용할 것

160 건축물의 설비기준 등에 관한 규칙상 세대수가 20세대인 다세대주택에 설치되는 음용수의 급수관 최소기준은 몇 밀리미터인지 아라비아 숫자로 쓰시오.

풀이

가구 또는 세대수	1	2·3	4·5	6~8	9~16	17 이상
급수관 지름의 최소기준(밀리미터)	15	20	25	32	40	50

정답

154 ㉠ 정보통신 **155** ㉠ 국토교통부령, ㉡ 산업통상자원부장관 **156** ㉠ 침전, ㉡ 폭기, ㉢ 여과 **157** ㉠ 탄산칼슘 **158** ㉠ 연수, ㉡ 경수 **159** ㉠ 감압, ㉡ 5 **160** 50

161 **건축물의 설비기준 등에 관한 규칙상 주거용 건축물의 급수관 지름 선정 시 가구나 세대의 구분이 불분명한 경우, 바닥면적이 300제곱미터 초과 500제곱미터 이하인 경우 음용수 급수관 최소기준은 몇 밀리미터인지 아라비아 숫자로 쓰시오.**

풀이

가구 또는 세대수	1	2·3	4·5	6~8	9~16	17 이상
급수관 지름의 최소기준(밀리미터)	15	20	25	32	40	50

[비고]
가구 또는 세대의 구분이 불분명한 건축물에 있어서는 주거에 쓰이는 바닥면적의 합계에 따라 다음과 같이 가구 수를 산정한다.
1. 바닥면적 85제곱미터 이하: 1가구
2. 바닥면적 85제곱미터 초과 150제곱미터 이하: 3가구
3. 바닥면적 150제곱미터 초과 300제곱미터 이하: 5가구
4. 바닥면적 300제곱미터 초과 500제곱미터 이하: 16가구
5. 바닥면적 500제곱미터 초과: 17가구

162 **다음은 주택건설기준 등에 관한 규정의 비상급수시설 중 지하저수조에 관한 기준이다. (　　)에 들어갈 숫자를 순서대로 쓰시오. (단, 조례는 고려하지 않음)** 제20회

> 고가수조저수량(매 세대당 0.25톤까지 산입한다)을 포함하여 매 세대당 (㉠)톤[독신자용 주택은 (㉡)톤] 이상의 수량을 저수할 수 있을 것

163 **주택건설기준 등에 관한 규정상 비상급수시설 중 지하저수조에 관한 내용이다. (　　)에 들어갈 아라비아 숫자를 쓰시오.** 제24회

> 제35조【비상급수시설】①~② 〈생략〉
> 1. 〈생략〉
> 2. 지하저수조
> 가. 고가수조저수량[매 세대당 (㉠)톤까지 산입한다]을 포함하여 매 세대당 (㉡)톤(독신자용 주택은 0.25톤) 이상의 수량을 저수할 수 있을 것. 다만, 지역별 상수도 시설용량 및 세대당 수돗물 사용량 등을 고려하여 설치기준의 2분의 1의 범위에서 특별시·광역시·특별자치시·특별자치도·시 또는 군의 조례로 완화 또는 강화하여 정할 수 있다.
> 나. (㉢)세대(독신자용 주택은 100세대)당 1대 이상의 수동식펌프를 설치하거나 양수에 필요한 비상전원과 이에 의하여 가동될 수 있는 펌프를 설치할 것

PART 2

164 **수도법령상 아파트 및 그 복리시설에 설치하는 저수조 설치기준이다. (　　)에 들어갈 아라비아 숫자를 쓰시오.**

> 저수조의 맨홀부분은 건축물(천장 및 보 등)로부터 (㉠)센티미터 이상 떨어져야 하며, 그 밖의 부분은 (㉡)센티미터 이상의 간격을 띄울 것

165 **수도법령상 아파트 및 그 복리시설에 설치하는 저수조 설치기준이다. (　　)에 들어갈 아라비아 숫자를 쓰시오.**

> 각 변의 길이가 (㉠)센티미터 이상인 사각형 맨홀 또는 지름이 (㉠)센티미터 이상인 원형 맨홀을 1개 이상 설치하여 청소를 위한 사람이나 장비의 출입이 원활하도록 하여야 하고, 맨홀을 통하여 먼지나 그 밖의 이물질이 들어가지 아니하도록 할 것. 다만, 5세제곱미터 이하의 소규모 저수조의 맨홀은 각 변 또는 지름을 (㉡)센티미터 이상으로 할 수 있다.

166 **수도법령상 아파트 및 그 복리시설에 설치하는 저수조 설치기준이다. (　　)에 들어갈 아라비아 숫자를 쓰시오.**

> - 침전찌꺼기의 배출구를 저수조의 맨 밑부분에 설치하고, 저수조의 바닥은 배출구를 향하여 (㉠) 이상의 경사를 두어 설치하는 등 배출이 쉬운 구조로 할 것
> - (㉡)세제곱미터를 초과하는 저수조는 청소·위생점검 및 보수 등 유지관리를 위하여 1개의 저수조를 둘 이상의 부분으로 구획하거나 저수조를 2개 이상 설치하여야 하며, 1개의 저수조를 둘 이상의 부분으로 구획할 경우에는 한쪽의 물을 비웠을 때 수압에 견딜 수 있는 구조일 것

정답

161 40　**162** ㉠ 0.5, ㉡ 0.25　**163** ㉠ 0.25, ㉡ 0.5, ㉢ 50　**164** ㉠ 100, ㉡ 60
165 ㉠ 90, ㉡ 60　**166** ㉠ 1/100, ㉡ 5

167 **수도법령상 아파트 및 그 복리시설에 설치하는 저수조 설치기준이다. (　　)에 들어갈 아라비아 숫자를 쓰시오.**

> 건축물 또는 시설 외부의 땅 밑에 저수조를 설치하는 경우에는 분뇨·쓰레기 등의 유해물질로부터 (㉠)미터 이상 띄워서 설치하여야 하며, 맨홀 주위에 다른 사람이 함부로 접근하지 못하도록 장치할 것. 다만, 부득이하게 저수조를 유해물질로부터 (㉠)미터 이상 띄워서 설치하지 못하는 경우에는 저수조의 주위에 차단벽을 설치하여야 한다.

168 **수도법령상 절수설비와 절수기기에 관한 설명이다. (　　)에 들어갈 아라비아 숫자를 쓰시오.**

> 법 제15조 제1항에 해당하는 건축물 및 시설에 설치해야 하거나 같은 조 제2항에 따른 자가 설치해야 하는 절수설비나 절수기기는 다음과 같다.
> 가. 수도꼭지
> 1) 공급수압 98kPa에서 최대토수유량이 1분당 (㉠)리터 이하인 것. 다만, 공중용 화장실에 설치하는 수도꼭지는 1분당 (㉡)리터 이하인 것이어야 한다.
> 2) 샤워용은 공급수압 98kPa에서 해당 수도꼭지에 샤워호스(Hose)를 부착한 상태로 측정한 최대토수유량이 1분당 (㉢)리터 이하인 것

169 **수도법령상 절수설비와 절수기기에 관한 설명이다. (　　)에 들어갈 아라비아 숫자를 쓰시오.**

> 법 제15조 제1항에 해당하는 건축물 및 시설에 설치해야 하거나 같은 조 제2항에 따른 자가 설치해야 하는 절수설비나 절수기기는 다음과 같다.
> 가. 〈생략〉
> 나. 변기
> 1) 대변기는 공급수압 98kPa에서 사용수량이 (㉠)리터 이하인 것
> 2) 대·소변 구분형 대변기는 공급수압 98kPa에서 평균사용수량이 (㉡)리터 이하인 것
> 3) 소변기는 물을 사용하지 않는 것이거나, 공급수압 98kPa에서 사용수량이 (㉢) 리터 이하인 것

170 **최고층 샤워꼭지의 높이가 지상 30m, 옥상탱크에서 최고층 샤워꼭지까지 마찰손실이 0.02MPa일 때 옥상탱크의 설치높이는 지면으로부터 몇 m인지 아라비아 숫자로 쓰시오.**

풀이 $H \geq H_1 + H_2 + h$(m)

여기서 H: 고가탱크의 높이(m)

H_1: 최고층 급수기구에서의 소요압력에 해당하는 높이(m)

H_2: 고가탱크에서 최고층의 급수기구에 이르는 사이의 마찰손실수두(m)

h: 지반에서 최고층 급수전까지의 높이(m)

그러므로 $H = (0.07 \times 100) + (0.02 \times 100) + 30 = 39$(m)

171 **급수배관 설계·시공상의 유의사항에 관한 내용이다. (　　)에 들어갈 용어를 쓰시오.**

제17회

> 건물 내에는 각종 설비배관이 혼재하고 있어 시공 시 착오로 서로 다른 계통의 배관을 접속하는 경우가 있다. 이 중에 상수로부터의 급수계통과 그 외의 계통이 직접 접속되는 것을 (㉠)(이)라고 한다. 이렇게 될 경우 급수계통 내의 압력이 다른 계통 내의 압력보다 낮아지게 되면 다른 계통 내의 유체가 급수계통으로 유입되어 물의 오염 원인이 될 수 있다.

172 **급수부하단위(FU)에 관한 설명이다. (　　)에 들어갈 용어와 아라비아 숫자를 쓰시오.**

> 급수부하단위란 (㉠)의 1분당 (㉡)리터의 급수량을 1단위로 하여, 각 기구의 단위를 산출하여 급수량을 정하는 방법으로 주로 급수관의 관경을 구하는 데 적용된다.

173 **급배수배관 설계·시공상의 유의사항에 관한 내용이다. (　　)에 들어갈 용어를 쓰시오.**

> 고층 건물의 저층부에는 높은 수압이 걸린다. 이때 수전을 갑자기 열거나 닫으면 급수배관에 갑작스런 압력상승현상이 발생하며 물이 관 벽 등에 부딪히게 됨으로써 소음 및 진동을 일으키게 된다. 이러한 현상을 (㉠)(이)라 한다.

정답

167 ㉠ 5　**168** ㉠ 6.0, ㉡ 5, ㉢ 7.5　**169** ㉠ 6, ㉡ 6, ㉢ 2　**170** 39
171 ㉠ 크로스 커넥션　**172** ㉠ 세면기, ㉡ 30　**173** ㉠ 수격작용(또는 워터해머링)

174 **급배수설비의 배관시공에 관한 내용이다. (　　)에 들어갈 용어를 쓰시오.** 제19회

> 바닥이나 벽 등을 관통하는 배관의 경우에는 콘크리트를 타설할 때 미리 철판 등으로 만든 (㉠)을(를) 넣고 그 속으로 관을 통과시켜 배관을 한다. 이렇게 배관을 하게 되면 관의 신축에 무리가 생기지 않고 관의 수리나 교체 시 용이하게 할 수 있다.

175 **다음은 급수배관 피복에 관한 내용이다. (　　)에 들어갈 용어를 쓰시오.** 제22회

> 여름철 급수배관 내부에 외부보다 찬 급수가 흐르고 배관 외부가 고온다습할 경우 배관 외부에 결로가 발생하기 쉽다. 또한 겨울철에 급수배관 외부 온도가 영하로 떨어질 때 급수배관계통이 동파하기 쉽다. 이러한 두 가지 현상을 방지하기 위해서는 급수배관에 (㉠)와(과) 방동 목적의 피복을 해야 한다.

176 **수도법령상 대형건축물등의 소유자등이 해야 하는 소독등 위생조치 등에 관한 규정이다. (　　)에 들어갈 용어와 아라비아 숫자를 쓰시오.**

> - 대형건축물등의 소유자등은 저수조를 (㉠) 1회 이상 청소하고 그 위생상태를 (㉡) 1회 이상 점검하여야 한다.
> - 대형건축물등의 소유자등은 저수조가 신축되었거나 (㉢)개월 이상 사용이 중단된 경우에는 사용 전에 청소를 하여야 한다.

177 **수도법령상 대형건축물등의 소유자등이 해야 하는 소독등 위생조치 등에 관한 규정이다. (　　)에 들어갈 아라비아 숫자를 쓰시오.**

> 제1항 및 제2항에 따라 청소를 하는 경우, 청소에 사용된 약품으로 인하여 「먹는물 수질기준 및 검사 등에 관한 규칙」 별표 1에 따른 먹는물의 수질기준이 초과되지 않도록 해야 하며, 청소 후에는 저수조에 물을 채운 다음 각 호의 기준을 충족하는지 여부를 점검해야 한다.
> 1. 잔류염소: 리터당 0.1밀리그램 이상 4.0밀리그램 이하
> 2. 수소이온농도(pH): (㉠) 이상 (㉡) 이하
> 3. 탁도: (㉢)NTU(네펠로메트릭 탁도 단위, Nephelometric Turbidity Unit) 이하

178 **수도법령상 대형건축물등의 소유자등이 해야 하는 소독등 위생조치 등에 관한 규정이다. (　　)에 들어갈 아라비아 숫자를 쓰시오.**

> • 대형건축물등의 소유자등은 매년 마지막 검사일부터 (㉠)년이 되는 날이 속하는 달의 말일까지의 기간 중에 1회 이상 수돗물의 안전한 위생관리를 위하여 「먹는물관리법 시행규칙」 제35조에 따라 지정된 먹는물 수질검사기관에 의뢰하여 수질검사를 하여야 한다.
> • 대형건축물등의 소유자등과 저수조청소업자는 저수조의 청소, 위생점검 또는 수질검사를 하거나 수질기준 위반에 따른 조치를 하면 각각 그 결과를 기록하고, (㉡)년간 보관하여야 한다.

PART 2

179 **수도법령상 수도시설의 관리에 관한 교육 규정이다. (　　)에 들어갈 아라비아 숫자를 쓰시오.**

> 공동주택의 관리자는 (㉠)년마다 (㉡)시간의 집합교육 또는 이에 상응하는 인터넷을 이용한 교육. 다만, 최초 교육은 교육대상자가 된 날부터 (㉢)년 이내에 받아야 한다.

정답

174 ㉠ 슬리브 **175** ㉠ 방로(또는 결로방지) **176** ㉠ 반기, ㉡ 월, ㉢ 1 **177** ㉠ 5.8, ㉡ 8.5, ㉢ 0.5 **178** ㉠ 1, ㉡ 2 **179** ㉠ 5, ㉡ 8, ㉢ 1

180 **회전수가 가변인 아래와 같은 펌프의 회전수를 1,440rpm으로 한 경우, 다음의 값을 구하여 아라비아 숫자로 쓰시오.**

• 펌프 및 모터의 효율은 일정하다. • 정격운전 시 펌프의 성능 – 회전수: 1,800rpm – 토출량: 1,000ℓ/min – 전양정: 50m – 축동력: 10kW

(1) 토출량(ℓ/min)을 구하시오.

(2) 양정(m)을 구하시오.

(3) 축동력(kW)을 구하시오.

풀이 (1) 상사법칙에 의해 유량은 회전수에 비례한다.

$$Q_2 = Q_1\left(\frac{N_2}{N_1}\right) = 1{,}000 \times \left(\frac{1{,}440}{1{,}800}\right) = 800(\ell/\text{min})$$

(2) 양정은 회전수의 제곱에 비례한다.

$$H_2 = H_1\left(\frac{N_2}{N_1}\right)^2 = 50 \times \left(\frac{1{,}440}{1{,}800}\right)^2 = 32(\text{m})$$

(3) 축동력은 회전수의 세제곱에 비례한다.

$$L_2 = L_1\left(\frac{N_2}{N_1}\right)^3 = 10 \times \left(\frac{1{,}440}{1{,}800}\right)^3 = 5.12(\text{kW})$$

181 **펌프의 이상현상에 관한 설명이다. (　　)에 들어갈 용어를 쓰시오.**

(㉠)(이)란 물이 관 속을 유동하고 있을 때 흐르는 물속의 어느 부분의 정압이 그때 물의 온도에 해당하는 증기압 이하로 되면 부분적으로 증기가 발생하는 현상을 말한다.

182 **다음은 배관계 또는 덕트계에서 발생할 수 있는 현상이다. (　　)에 들어갈 용어를 쓰시오.**

제20회

운전 중인 펌프 및 배관계 또는 송풍기 및 덕트계에 외부로부터 강제력이 작용되지 않아도 배관(덕트) 내 유량(풍량)과 양정(압력)에 주기적인 변동이 지속되는 것을 (㉠) 현상이라 한다.

183 펌프의 이상현상에 관한 설명이다. ( )에 들어갈 용어를 쓰시오.

> (㉠)(이)란 관 속을 충만하게 흐르는 액체의 속도를 급격히 변화시키면 액체에 심한 압력의 변화가 발생하는 현상을 말한다.

184 펌프의 이상현상에 관한 설명이다. ( )에 들어갈 용어를 쓰시오.

> (㉠) 현상이란 비등점이 낮은 액체 등을 이송할 경우 펌프의 입구 측에서 발생되는 현상으로 일종의 액체의 비등현상을 말한다.

185 90℃의 물 500kg과 30℃의 물 1,000kg을 혼합하였을 때 혼합된 물의 온도는 몇 ℃인지 아라비아 숫자로 쓰시오.

풀이 $t = \dfrac{(90 \times 500) + (30 \times 1{,}000)}{500 + 1{,}000} = 50(℃)$

186 급탕설비에서 물 20kg을 15℃에서 65℃로 가열하는 데 필요한 열량(kJ)을 구하시오. (단, 물의 비열은 4.2kJ/kg·K임) 제17회

풀이 급탕열량 = 20kg × 4.2kJ/kg·K × (65 − 15) = 4,200(kJ)

187 급탕인원 200명인 아파트의 1일당 최대 예상 급탕량은 몇 m^3/d인지 아라비아 숫자로 쓰시오. (단, 1인 1일당 급탕량은 150ℓ/d·인으로 함)

풀이 $Q_d = N \cdot q_d$ = 200인 × 150ℓ/d·인 = 30,000(ℓ/d) = 30(m^3/d)

정답

180 (1) 800, (2) 32, (3) 5.12 **181** ㉠ 공동현상(또는 캐비테이션) **182** ㉠ 서징(surging, 또는 서어징, 맥동, 써어징, 써징) **183** ㉠ 수격작용 **184** ㉠ 베이퍼록 **185** 50 **186** 4,200 **187** 30

188 유효면적이 800m²인 사무소 건물에서 한 사람이 하루에 사용하는 급탕량이 10ℓ인 경우, 이 건물에 필요한 급탕량(m³/d)을 아라비아 숫자로 쓰시오. (단, 유효면적당 인원은 0.2인/m²)

풀이 $Q_d = A \times k \times n \times q$

여기서 A: 건물 연면적(m²)

k: 건물 연면적에 대한 유효면적의 비율(%)

n: 유효면적당의 인원(인/m²)

q: 건물 종류별 1일 1인당 사용수량(ℓ/d)

$\therefore Q_d$ = 800m² × 0.2인/m² × 10ℓ/d

= 1,600(ℓ/d) = 1.6(m³/d)

189 1인 1일 급탕량 100리터(ℓ), 급탕온도 70℃, 급수온도 10℃, 가열능력비율 1/7, 물의 비열이 4.2kJ/kg·K일 경우 100인이 거주하는 공동주택에서의 급탕가열능력(kW)은?

제19회

풀이 $H = \frac{Q_d \times r \times C \times (t_h - t_c)}{3,600}$(kW)

여기서 Q_d: 1일 급탕량(ℓ/d)

r: 가열능력 비율

t_h: 급탕온도(℃)

t_c: 급수온도(℃)

C: 물의 비열(4.2kJ/kg·K)

1일 급탕량(Q_d) = 100인 × 100(ℓ/인·d) = 10,000ℓ/d이므로

$H = \frac{10,000 \times 1/7 \times 4.2 \times (70 - 10)}{3,600} = 100$(kW)

190 급탕배관의 구배에 관한 내용이다. (   )에 들어갈 아라비아 숫자를 쓰시오.

배관의 구배는 온수의 순환을 원활하게 하기 위해 될 수 있는 한 급구배로 하며, 중력순환식은 (㉠), 강제순환식은 (㉡)(으)로 한다.

191 배관의 신축이음쇠에 관한 설명이다. (　　)에 들어갈 용어를 쓰시오.

> • (㉠)은(는) 관의 신축 등을 흡수하기 위해서 2개 이상의 엘보를 조합하여 구성하는 가동성을 가진 이음쇠이다.
> • (㉡)은(는) 파이프를 원형 또는 ㄷ자형으로 밴딩하여 밴딩부에서 신축을 흡수하는 이음쇠이다.

PART 2

192 온도 0℃, 길이 400m의 강관에 60℃의 급탕이 흐를 때 강관의 신축량은 몇 m인지 아라비아 숫자로 쓰시오. (단, 강관의 선팽창계수는 1.1×10^{-5}/℃임)

풀이 신축량(ℓ) $= 1,000 \cdot l \cdot C \cdot \Delta t$(mm)

여기서 l: 온도변화 전의 관의 길이(m)

C: 관의 선팽창계수

Δt: 온도변화

∴ 신축량(ℓ) $= 1,000 \times 400 \times 1.1 \times 10^{-5} \times (60-0)$

$= 264(\text{mm}) = 0.264(\text{m})$

193 저탕조의 용량이 2m³이고 급탕배관 내의 전체 수량이 1m³일 때, 개방형 팽창탱크의 용량은 몇 m³인지 아라비아 숫자로 쓰시오. (단, 급수의 밀도는 1kg/ℓ, 탕의 밀도는 0.983kg/ℓ이며, 소수점 둘째 자리까지만 구함)

풀이 팽창탱크 용량(V) $= \left(\frac{1}{\rho_2} - \frac{1}{\rho_1}\right) V_e(\text{m}^3)$

여기서 V: 팽창탱크 용량(m³)

ρ_1: 물의 밀도(kg/ℓ)

ρ_2: 급탕의 밀도(kg/ℓ)

V_e: 장치 내의 전수량(ℓ)

∴ 팽창탱크 용량(V) $= \left(\frac{1}{0.983} - \frac{1}{1}\right) \times 3 ≒ 0.051 ≒ 0.05(\text{m}^3)$

정답
188 1.6　**189** 100　**190** ㉠ 1/150, ㉡ 1/200　**191** ㉠ 스위블 조인트, ㉡ 신축곡관
192 0.264　**193** 0.05

194 **다음이 설명하는 용어를 쓰시오.** 제21회

공동주택에서 지하수조 등에서 배출되는 잡배수를 배수관에 직접 연결하지 않고, 한번 대기에 개방한 후 물받이용 기구에 받아 배수하는 방식

195 **물의 재이용 촉진 및 지원에 관한 법령상 빗물이용시설의 시설기준·관리기준에 관한 내용이다. (   )에 들어갈 숫자를 쓰시오.** 제22회

건축면적이 1만제곱미터 이상의 아파트에 설치된 빗물의 집수시설, 여과장치, 저류조, 펌프·송수관·배수관 등의 빗물이용시설은 연 (㉠)회 이상 주기적으로 위생·안전 상태를 점검하고 이물질을 제거하는 등 청소를 할 것

196 **배수설비에 관한 설명이다. (   )에 들어갈 용어를 쓰시오.**

(㉠)(이)란 하수 본관 및 가옥 배수관 내에서 발생한 하수 유해가스가 위생기구에서 배수가 안 될 때 빈 관 속을 통하여 실내에 침입하는 것을 방지하는 것이다.

197 **트랩의 봉수에 관한 설명이다. (   )에 들어갈 아라비아 숫자를 쓰시오.**

배수용 P트랩의 유효 봉수 깊이는 (㉠)~(㉡)mm이다.

198 **트랩의 봉수파괴 원인에 관한 설명이다. (   )에 들어갈 용어를 쓰시오.**

(㉠)작용이란 배수 시에 트랩 및 배수관이 사이펀을 형성하여 기구에 만수된 물이 일시에 흐르게 되면서 기구 내의 물에 생기는 사이펀작용에 의해 트랩의 봉수가 유출하여 그 일부 또는 전부가 파괴되는 현상이다.

199 트랩의 봉수파괴 원인에 관한 설명이다. (　　)에 들어갈 용어를 쓰시오.

> (㉠)작용이란 봉수파괴 원인의 일종으로 트랩에 이어진 기구 배수관이 수평지관을 경유 또는 직접 배수수직관에 연결되어 있을 때 수평지관이나 수직관 내를 일시에 다량의 배수가 흘러내리는 경우 그 물로 인해 일종의 피스톤작용을 일으켜 하류 또는 하층 기구의 트랩 속 봉수를 공기의 압력에 의해 역으로 실내 쪽으로 역류시키는 현상이다.

PART 2

200 트랩의 봉수파괴 원인에 관한 설명이다. (　　)에 들어갈 용어를 쓰시오.

> (㉠)작용이란 감압에 의한 흡인작용으로 수직관 가까이에 기구가 설치되어 있을 때 수직관 위로부터 일시에 다량의 물이 낙하하면 그 수직관과 수평관의 연결부에 순간적으로 진공이 생기고 그 결과 트랩의 봉수가 흡인 배출되는 현상이다.

201 트랩의 봉수파괴 원인에 관한 설명이다. (　　)에 들어갈 용어를 쓰시오.

> (㉠)(이)란 봉수파괴 원인의 일종으로 트랩의 오버플로우관 부분에 머리카락, 걸레 등이 걸려 아래로 늘어뜨려져 있으면 이 작용에 의해 봉수가 서서히 흘러내려 마침내 봉수가 말라버리는 현상으로, 액체의 응집력과 고체와 액체 사이의 부착력에 의해서 파괴되는 현상이다.

202 트랩의 봉수파괴 원인에 관한 설명이다. (　　)에 들어갈 용어를 쓰시오.

> 트랩의 봉수파괴 원인의 일종으로 자주 일어나지 않는 현상이나, 위생기구의 물을 갑자기 배수하는 경우나 강풍 또는 기타 원인으로 배관 중에 급격한 압력의 변화가 일어난 경우에 봉수면이 상하 동요를 일으켜 사이펀작용이 일어나거나 사이펀작용이 일어나지 않더라도 봉수가 배출되는 경우를 말한다. 이러한 현상은 통기관을 설치해도 막을 수 없다. 이를 운동량에 의한 (㉠)작용이라고 한다.

정답

194 간접배수　**195** ㉠ 2　**196** ㉠ 트랩　**197** ㉠ 50, ㉡ 100　**198** ㉠ 자기사이펀
199 ㉠ 분출(또는 토출, 역사이펀)　**200** ㉠ 유인사이펀(또는 흡인, 유도사이펀)　**201** ㉠ 모세관현상
202 ㉠ 관성

203 **기구통기관의 연결높이에 관한 설명이다. (   )에 들어갈 아라비아 숫자를 쓰시오.**

통기관과 통기수직관이나 신정통기관은 통기관이 담당하는 가장 높은 기구의 물넘침선 위 (㉠)mm 이상에서 연결한다. 통기지관이나 도피통기관 또는 루프통기관의 수평 통기관 높이는 가장 높은 기구의 물넘침선 위로 (㉠)mm 이상 되어야 한다.

204 **배수배관의 통기방식에 관한 설명이다. (   )에 들어갈 용어를 쓰시오.** 제18회

공동주택 등에서 사용되는 통기방식의 하나로 배수수직관의 상부를 그대로 연장하여 대기에 개방되도록 하는 것을 (㉠)통기방식이라 한다.

205 **배수통기설비의 통기관에 관한 설명이다. (   )에 들어갈 용어를 쓰시오.** 제17회

배수수직관의 길이가 길어지면 배수수직관 내에서도 압력변동이 발생할 수 있다. 이러한 배수수직관 내의 압력변화를 방지하기 위하여 배수수직관과 통기수직관을 연결하는 것을 (㉠)통기관이라 한다.

206 **배수통기설비의 통기관에 관한 설명이다. (   )에 들어갈 용어를 쓰시오.**

(㉠)통기관은 위생기구마다 통기관을 설치하는 가장 이상적인 통기방식으로 1개의 트랩 봉수를 보호할 목적으로 그 트랩의 하류로부터 취출한 기구에 높은 위치로 통기계통에 접속하는 통기관을 말한다.

207 **배수통기설비의 통기관에 관한 설명이다. (   )에 들어갈 용어를 쓰시오.**

2개 이상의 트랩을 보호하기 위하여 최상류 기구의 하류 배수수평지관에서 통기관을 취하며, 이 통기관을 신정통기관에 접속하는 것을 (㉠)통기라 하고 통기수직관에 접속하는 것을 (㉡)통기라 한다. 이 양자를 합쳐서 (㉢)통기관이라 한다.

208 **배수통기설비의 통기관에 관한 설명이다. (　　)에 들어갈 용어를 쓰시오.**

> (㉠)통기관은 루프통기식 배관에서 통기 능률을 촉진시키기 위해 설치하는 것으로 배수통기 양 계통 간의 공기 유통을 원활하게 하기 위해 보조적으로 마련하는 통기관이다.

209 **배수통기설비의 통기관에 관한 설명이다. (　　)에 들어갈 용어를 쓰시오.**

> (㉠)통기관은 통기와 배수의 역할을 함께하는 통기관으로 배수횡지관 상류 기구의 바로 아래에 연결하며, 습윤통기관이라고도 한다.

210 **배수통기설비의 통기관에 관한 설명이다. (　　)에 들어갈 용어를 쓰시오.**

> (㉠)통기관은 한 개의 통기관을 2개 이상의 위생기구에 접속한 것으로 나란히 설치된 위생기구가 같은 위치로 배치되어 있을 때 기구배수관 교점에서 접속하여 수직으로 설치해 양 기구의 트랩 봉수를 보호할 목적으로 마련하는 1개의 통기관을 말한다.

211 **배수통기설비의 통기관에 관한 설명이다. (　　)에 들어갈 용어를 쓰시오.**

> (㉠)방식은 특수배수 이음새에 의한 단일입관방식의 배수 시스템으로, 이음새에는 공기혼합 이음새와 공기분리 이음새가 있다.

212 **청소구(Clean Out)에 관한 설명이다. (　　)에 들어갈 아라비아 숫자를 쓰시오.**

> 청소구는 배수관 내의 청소·점검을 위해 배수계통에 설치하여 개구가 가능하도록 만든 부분으로 배관이 (㉠)도 이상의 각도로 구부러지는 곳, 수평관 100mm 이하는 직선거리 (㉡)m 이내마다, 100mm 초과하는 관에는 (㉢)m 이내마다 설치한다.

정답

203 ㉠ 150　204 ㉠ 신정　205 ㉠ 결합　206 ㉠ 각개　207 ㉠ 환상, ㉡ 회로, ㉢ 루프
208 ㉠ 도피　209 ㉠ 습식　210 ㉠ 공용　211 ㉠ 소벤트　212 ㉠ 45, ㉡ 15, ㉢ 30

213 다음 ( )에 들어갈 용어를 쓰시오.

(㉠)(이)란 아파트 등의 공동주택에서 세탁기, 주방싱크 등에 세제를 포함한 배수가 위에서 배수되면 아래층 기구 트랩의 봉수가 파괴되어 세제 거품이 올라오는 구역을 말한다.

214 다음은 배수관에 관한 내용이다. ( )에 들어갈 용어를 쓰시오. 제20회

배수수직관에서 흘러내리는 물의 속도는 중력가속도에 의해 급격히 증가하지만 무한정 증가하지는 않는다. 즉, 배수가 흐르면서 배관 내벽 및 배관 내 공기와의 마찰에 의해 속도와 저항이 균형을 이루어 일정한 유속을 유지하는데, 이것을 (㉠)유속이라 한다.

215 다음은 배수관에 관한 내용이다. ( )에 들어갈 용어를 쓰시오.

배수수직관에서의 배수의 유속은 보통 3~6m/s이나(종국유속), 배수수평주관에서는 0.6~1.5m/s로 느리게 설계된다. 따라서 배수수직관에서 가속된 빠른 유속이 배수수평주관에서 순간적으로 감속되어 배수의 흐름이 흐트러지고, 큰 물결이 일어나는 것을 (㉠)현상이라 한다.

216 배수수평주관에서 발생되는 현상에 관한 설명으로 ( )에 들어갈 용어를 쓰시오. 제21회

배수수직주관으로부터 배수수평주관으로 배수가 옮겨가는 경우, 굴곡부에서는 원심력에 의해 외측의 배수가 관벽으로 힘이 작용하면서 흐른다. 또한 배수수직주관 내의 유속은 상당히 빠르지만 배수수평주관 내에서는 이 유속이 유지될 수 없기 때문에 급격히 유속이 떨어지게 되고 뒤이어 흘러내리는 배수가 있을 경우에는 유속이 떨어진 배수의 정체로 인하여 수력도약 현상이 발생한다. 이러한 현상이 나타나는 부근에서는 배수관의 연결을 피하고 (㉠)을(를) 설치하여 배수관 내의 압력변화를 완화시켜야 한다.

PART 2

217 배수부하단위에 관한 설명이다. (　　)에 들어갈 아라비아 숫자를 쓰시오.

> 배수관의 관경 결정은 구경 (㉠)mm의 트랩을 갖는 세면기의 배수량을 (㉡)ℓ/min으로 하고 동시사용률과 사용빈도수 등을 감안하여 기구 배수부하단위(FU)를 이용하여 결정한다.

218 배관계통에 사용하는 밸브에 관한 설명이다. (　　)에 들어갈 용어를 쓰시오.

> (㉠)밸브는 일명 게이트밸브라고도 하며, 밸브가 완전히 개방되면 관면적에 변화가 없어 유체의 흐름에 따른 관내마찰저항이 작다.

219 배관계통에 사용하는 밸브에 관한 설명이다. (　　)에 들어갈 용어를 쓰시오.

> (㉠)밸브는 스톱밸브, 구형밸브라고도 하며, 유로를 폐쇄하거나 수도본관의 유량조절에 사용하는 밸브로, 유체의 흐름을 밸브의 전후에서 직선방향으로 하는 밸브이다.

220 배관계통에 사용하는 밸브에 관한 설명이다. (　　)에 들어갈 용어를 쓰시오.

> (㉠)밸브는 글로브밸브의 일종으로, 유체의 흐름을 직각으로 바꾸는 경우에 사용하는 밸브이다.

221 배관계통에 사용하는 밸브에 관한 설명이다. (　　)에 들어갈 용어를 쓰시오.

> (㉠)밸브는 유체의 흐름을 한 방향으로만 흐르게 하고 반대방향으로는 흐르지 못하게 하는 밸브로, 역지밸브라고도 한다.

정답

213 ㉠ 발포 존　**214** ㉠ 종국　**215** ㉠ 도수(또는 수력도약)　**216** ㉠ 통기관　**217** ㉠ 32, ㉡ 28.5　**218** ㉠ 슬루스　**219** ㉠ 글로브　**220** ㉠ 앵글　**221** ㉠ 체크

222 **다음 (   )에 들어갈 용어를 쓰시오.**

> (㉠)은(는) 배관 도중 먼지 또는 토사, 쇠부스러기 등이 들어가 배관이 막히고 각종 밸브 시트부를 손상시켜 수명을 단축시키는 것을 방지하거나 배관 내를 흐르는 냉온수 등에 혼입된 이물질이 펌프 등의 기기에 들어가지 않도록 그 앞부분에 설치한다.

223 **배관의 지지장치에 관한 설명이다. (   )에 들어갈 용어를 쓰시오.**

> (㉠)은(는) 관의 수직방향 변위가 없는 곳에 사용하는 장치이고, (㉡)은(는) 배관의 수직 변위가 작은 경우에 사용하는 장치이며, (㉢)은(는) 배관의 수직 변위가 크게 발생할 경우에 사용하는 장치이다.

224 **배관의 지지장치에 관한 설명이다. (   )에 들어갈 용어를 쓰시오.**

> (㉠)은(는) 관의 이동이나 회전을 방지하기 위한 지지점을 완전히 고정하는 장치이고, (㉡)은(는) 관의 회전은 되지만 직선운동을 방지하는 장치이며, (㉢)은(는) 관이 그 축 주위를 회전하는 것을 방지하기 위한 장치이다.

225 **하수도법령상 용어에 관한 설명이다. (   )에 들어갈 용어를 쓰시오.**

> • (㉠)(이)라 함은 사람의 생활이나 경제활동으로 인하여 액체성 또는 고체성의 물질이 섞이어 오염된 물과 건물·도로 그 밖의 시설물의 부지로부터 하수도로 유입되는 빗물·지하수를 말한다. 다만, 농작물의 경작으로 인한 것은 제외한다.
> • (㉡)(이)라 함은 수거식 화장실에서 수거되는 액체성 또는 고체성의 오염물질(개인하수처리시설의 청소과정에서 발생하는 찌꺼기를 포함한다)을 말한다.

226 하수도법령상 용어에 관한 설명이다. (   )에 들어갈 용어를 쓰시오.

> • (㉠)(이)라 함은 사람의 생활이나 경제활동으로 인하여 액체성 또는 고체성의 물질이 섞이어 오염된 물을 말한다.
> • 분뇨라 함은 (㉡)에서 수거되는 액체성 또는 고체성의 오염물질을 말하며, (㉢)의 청소과정에서 발생하는 찌꺼기를 포함한다.

227 하수도법령상 용어에 관한 설명이다. (   )에 들어갈 용어를 쓰시오.

> (㉠)(이)란 하수와 분뇨를 유출 또는 처리하기 위하여 설치되는 하수관로·공공하수처리시설·간이공공하수처리시설·하수저류시설·분뇨처리시설·배수설비·개인하수처리시설 그 밖의 공작물·시설의 총체를 말한다.

228 하수도법령상 용어에 관한 설명이다. (   )에 들어갈 용어를 쓰시오.

> (㉠)(이)라 함은 지방자치단체가 설치 또는 관리하는 하수도를 말한다. 다만, (㉡)은(는) 제외하며, (㉡)(이)라 함은 건물·시설 등의 설치자 또는 소유자가 해당 건물·시설 등에서 발생하는 하수를 유출 또는 처리하기 위하여 설치하는 배수설비·개인하수처리시설과 그 부대시설을 말한다.

229 하수도법령상 용어에 관한 설명이다. (   )에 들어갈 용어를 쓰시오.

> • (㉠)(이)란 오수와 하수도로 유입되는 빗물·지하수가 함께 흐르도록 하기 위한 하수관로를 말한다.
> • (㉡)(이)란 오수와 하수도로 유입되는 빗물·지하수가 각각 구분되어 흐르도록 하기 위한 하수관로를 말한다.

정답

222 ㉠ 스트레이너　223 ㉠ 리지드 행거, ㉡ 베리어블스프링 행거, ㉢ 콘스탄트 행거　224 ㉠ 앵커, ㉡ 스톱, ㉢ 가이드　225 ㉠ 하수, ㉡ 분뇨　226 ㉠ 오수, ㉡ 수거식 화장실, ㉢ 개인하수처리시설　227 ㉠ 하수도　228 ㉠ 공공하수도, ㉡ 개인하수도　229 ㉠ 합류식 하수관로, ㉡ 분류식 하수관로

230 **하수도법령상 용어에 관한 설명이다. (　　)에 들어갈 용어를 쓰시오.**

> • (㉠)(이)라 함은 분뇨를 침전·분해 등의 방법으로 처리하는 시설을 말한다.
> • (㉡)(이)라 함은 건물·시설 등에서 발생하는 하수를 공공하수도에 유입시키기 위하여 설치하는 배수관과 그 밖의 배수시설을 말한다.
> • (㉢)(이)라 함은 건물·시설 등에서 발생하는 오수를 침전·분해 등의 방법으로 처리하는 시설을 말한다.

231 **하수도법령상 개인하수처리시설의 설치기준에 관한 설명이다. (　　)에 들어갈 아라비아 숫자를 쓰시오.**

> 법 제34조 제4항에 따른 개인하수처리시설의 설치기준은 다음 각 호의 구분에 따른다.
> 1. 하수처리구역 밖
> 가. 1일 오수 발생량이 (㉠)세제곱미터를 초과하는 건물·시설 등(이하 '건물등'이라 한다)을 설치하려는 자는 오수처리시설(개인하수처리시설로서 건물등에서 발생하는 오수를 처리하기 위한 시설을 말한다. 이하 같다)을 설치할 것
> 나. 1일 오수 발생량 (㉠)세제곱미터 이하인 건물등을 설치하려는 자는 정화조(개인하수처리시설로서 건물등에 설치한 수세식 변기에서 발생하는 오수를 처리하기 위한 시설을 말한다. 이하 같다)를 설치할 것

232 **수질오염지표에 관한 설명이다. (　　)에 들어갈 용어를 쓰시오.**

> BOD란 (㉠)(으)로 오수 중의 오염물질이 미생물에 의하여 분해되어 안정된 물질로 변할 때 얼마만큼 오수 중의 산소량이 소비되는가를 나타내는 값이다.

233 **수질오염지표에 관한 설명이다. (　　)에 들어갈 용어를 쓰시오.**

> COD란 (㉠)(으)로 수중의 산화되기 쉬운 오염물질이 화학적으로 안정된 물질로 변화하는 데 필요한 산소량을 ppm으로 나타낸 것이다.

234 수질오염지표에 관한 설명이다. (   )에 들어갈 용어를 쓰시오.

> (㉠)(이)란 물에 녹아 있는 산소의 양을 말하며, (㉡)(이)란 하수를 처리할 때 수면에 떠오르는 유지 또는 고형물질의 집합을 말한다.

235 오수의 BOD 제거율이 95%인 정화조에서 정화조로 유입되는 오수의 BOD 농도가 300ppm일 경우, 방류수의 BOD 농도는 몇 ppm인지 아라비아 숫자로 쓰시오.

풀이 $\text{BOD 제거율} = \frac{\text{유입수 BOD} - \text{유출수 BOD}}{\text{유입수 BOD}} \times 100(\%)$

$0.95 = \frac{300 - x}{300} \quad \therefore x = 15$

236 오수의 BOD 제거율이 80%인 정화조에서 정화 후의 방류수 BOD 농도가 40ppm일 경우, 정화조로 유입되는 오수의 농도는 몇 ppm인지 아라비아 숫자로 쓰시오.

풀이 $\text{BOD 제거율} = \frac{\text{유입수 BOD} - \text{유출수 BOD}}{\text{유입수 BOD}} \times 100(\%)$

$0.8 = \frac{x - 40}{x} \quad \therefore x = 200$

237 처리대상인원 1,000명, 1인 1일당 오수량 0.2m³, 평균 BOD 200ppm, BOD 제거율 80%인 오수처리시설에서 유출수의 BOD량은 몇 kg/d인지 아라비아 숫자로 쓰시오.

풀이 유입수 BOD = 1,000(명) × 200(kg) × (200 ÷ 1,000,000) = 40(kg/d)
유출수 BOD = 40(kg/d) × 20% = 8(kg/d)

정답

230 ㉠ 분뇨처리시설, ㉡ 배수설비, ㉢ 개인하수처리시설 **231** ㉠ 2 **232** ㉠ 생물화학적 산소 요구량 **233** ㉠ 화학적 산소 요구량 **234** ㉠ 용존산소량, ㉡ 스컴 **235** 15 **236** 200 **237** 8

238 **건축물의 설비기준 등에 관한 규칙상 개별난방설비의 설치기준에 관한 규정이다. (　　)에 들어갈 용어를 쓰시오.**

> 보일러는 거실 외의 곳에 설치하되, 보일러를 설치하는 곳과 거실 사이의 경계벽은 출입구를 제외하고는 (㉠)의 벽으로 구획할 것

239 **건축물의 설비기준 등에 관한 규칙상 공동주택 개별난방설비 설치기준에 관한 내용이다. (　　)에 들어갈 아라비아 숫자를 쓰시오.** 제26회

> 제13조【개별난방설비 등】① 영 제87조 제2항의 규정에 의하여 공동주택과 오피스텔의 난방설비를 개별난방방식으로 하는 경우에는 다음 각 호의 기준에 적합하여야 한다.
> 1. 〈생략〉
> 2. 보일러실의 윗부분에는 그 면적이 (㉠)제곱미터 이상인 환기창을 설치하고, 보일러실의 윗부분과 아랫부분에는 각각 지름 (㉡)센티미터 이상의 공기흡입구 및 배기구를 항상 열려있는 상태로 바깥공기에 접하도록 설치할 것. 다만, 전기보일러의 경우에는 그러하지 아니하다.

240 **건축물의 설비기준 등에 관한 규칙상 개별난방설비의 설치기준에 관한 규정이다. (　　)에 들어갈 용어를 쓰시오.**

> 오피스텔의 경우에는 난방구획을 (㉠)(으)로 구획할 것

241 **건축물의 설비기준 등에 관한 규칙상 개별난방설비의 설치기준에 관한 규정이다. (　　)에 들어갈 용어를 쓰시오.**

> 보일러의 연도는 (㉠)구조로서 (㉡)연도로 설치할 것

242 건축물의 설비기준 등에 관한 규칙상 온수온돌의 설치기준에 관한 규정이다. (　　)에 들어갈 용어를 쓰시오.

> (㉠)(이)란 온돌이 설치되는 건축물의 최하층 또는 중간층의 바닥을 말하며, (㉡)(이)란 배관층 위에 시멘트, 모르타르, 미장 등을 설치하거나 마루재, 장판 등 최종 마감재를 설치하는 층을 말한다.

PART 2

243 건축물의 설비기준 등에 관한 규칙상 온수온돌의 설치기준에 관한 규정이다. (　　)에 들어갈 용어를 쓰시오.

> (㉠)(이)란 온돌구조의 높이 조정, 차음성능 향상, 보조적인 단열기능 등을 위하여 배관층과 단열층 사이에 완충재 등을 설치하는 층을 말한다.

244 건축물의 설비기준 등에 관한 규칙상 온수온돌의 설치기준에 관한 규정이다. (　　)에 들어갈 용어를 쓰시오.

> (㉠)(이)란 온수온돌의 배관층에서 방출되는 열이 바탕층 아래로 손실되는 것을 방지하기 위하여 배관층과 바탕층 사이에 단열재를 설치하는 층을 말하며, (㉡)(이)란 열을 발산하는 온수를 순환시키기 위하여 배관층에 설치하는 온수배관을 말한다.

245 건축물의 설비기준 등에 관한 규칙상 온수온돌의 설치기준에 관한 규정이다. (　　)에 들어갈 용어를 쓰시오.

> (㉠)(이)란 단열층 또는 채움층 위에 방열관을 설치하는 층을 말한다.

정답

238 ㉠ 내화구조　**239** ㉠ 0.5, ㉡ 10　**240** ㉠ 방화구획　**241** ㉠ 내화, ㉡ 공동
242 ㉠ 바탕층, ㉡ 마감층　**243** ㉠ 채움층　**244** ㉠ 단열층, ㉡ 방열관　**245** ㉠ 배관층

246 **건축물의 설비기준 등에 관한 규칙상 온수온돌의 설치기준에 관한 규정이다. (　　)에 들어갈 아라비아 숫자와 용어를 쓰시오.**

> 바탕층이 지면에 접하는 경우에는 바탕층 아래와 주변 벽면에 높이 (㉠)센티미터 이상의 (㉡)처리를 하여야 하며, 단열재의 윗부분에 (㉢)처리를 하여야 한다.

247 **다음은 난방원리에 관한 내용이다. (　　)에 들어갈 용어를 순서대로 쓰시오.** 제20회

> (㉠)은(는) 물질의 온도를 변화시키는 데 관여하는 열로 일반적으로 온수난방의 원리에 적용되는 것이며, (㉡)은(는) 물질의 상태를 변화시키는 데 관여하는 열로 일반적으로 증기난방의 원리에 적용되는 것이다.

248 **다음과 같은 특징을 갖는 보일러를 쓰시오.**

> - 부하변동에 잘 적응되며, 보유수면이 넓어서 급수용량 제어가 쉽다.
> - 예열시간이 길고, 반입 시 분할이 어려우며 수명이 짧다.
> - 공조 및 급탕을 겸하며 비교적 규모가 큰 건물에 사용된다.

249 **난방설비의 보일러에 관한 설명이다. (　　)에 들어갈 용어를 쓰시오.**

> (㉠) 보일러는 하나의 관 내를 흐르는 동안에 예열, 가열, 증발, 과열이 행해져 과열증기를 얻을 수 있다.

250 **난방설비의 보일러에 관한 설명이다. (　　)에 들어갈 용어를 쓰시오.**

> (㉠) 보일러는 수직으로 세운 드럼 내에 연관 또는 수관이 있는 소규모 패키지형으로 되어 있다.

251 **보일러의 정격출력에 관한 내용이다. (　　)에 들어갈 용어를 쓰시오.** 제19회

정격출력 = 난방부하 + 급탕부하 + 손실부하 + (㉠)부하

252 **보일러의 출력에 관한 내용이다. (　　)에 들어갈 용어를 쓰시오.**

• 정미출력 = (㉠)부하 + (㉡)부하 • 상용출력 = (㉠)부하 + (㉡)부하 + (㉢)부하 • 정격출력 = (㉠)부하 + (㉡)부하 + (㉢)부하 + 예열부하

253 **보일러의 출력표시방법에 관한 내용이다. (　　)에 들어갈 용어를 쓰시오.** 제24회

보일러의 출력표시방법에서 난방부하와 급탕부하를 합한 용량을 (㉠)출력으로 표시하며 난방부하, 급탕부하, 배관부하, 예열부하를 합한 용량을 (㉡)출력으로 표시한다.

254 **보일러의 출력에 관한 내용이다. (　　)에 들어갈 용어를 쓰시오.**

• (㉠) = 난방부하 + 급탕부하 • (㉡) = 난방부하 + 급탕부하 + 배관부하 • (㉢) = 난방부하 + 급탕부하 + 배관부하 + 예열부하

255 **표준방열량에 관한 내용이다. (　　)에 들어갈 아라비아 숫자를 쓰시오.**

열매	표준상태의 온도(℃)		표준방열량(kW/m²)
	열매온도	실내온도	
증기	(㉠)	(㉡)	(㉢)

정답

246 ㉠ 10, ㉡ 방수, ㉢ 방습 **247** ㉠ 현열, ㉡ 잠열 **248** 노통연관보일러 **249** ㉠ 관류형 **250** ㉠ 입형 **251** ㉠ 예열 **252** ㉠ 난방, ㉡ 급탕, ㉢ 배관 **253** ㉠ 정미, ㉡ 정격 **254** ㉠ 정미출력, ㉡ 상용출력, ㉢ 정격출력 **255** ㉠ 102, ㉡ 18.5, ㉢ 0.756

256 표준방열량에 관한 내용이다. (   )에 들어갈 아라비아 숫자를 쓰시오.

열매	표준상태의 온도(℃)		표준방열량(kW/m²)
	열매온도	실내온도	
온수	(㉠)	(㉡)	(㉢)

257 어느 실의 손실열량이 40.7kW이고 환기에 의한 손실열량이 11.6kW이다. 이 실에 온수난방에 의한 방열기를 설치할 경우 상당방열면적은 몇 m²인지 아라비아 숫자로 쓰시오.

풀이 $\text{상당방열면적(EDR)} = \dfrac{\text{방열기의 손실열량(kW)}}{\text{표준방열량(kW/m}^2)} = \dfrac{40.7 + 11.6}{0.523} = \dfrac{52.3}{0.523} = 100(\text{m}^2)$

258 손실열량이 11.34kW인 사무실에 증기난방을 설치할 때 주철제방열기의 소요절수는 몇 개인지 아라비아 숫자로 쓰시오. [단, 주철제방열기는 3세주형 650mm, 방열면적(1절)은 0.15m²임]

풀이 $N = \dfrac{\text{방열기의 손실열량(kW)}}{\text{표준방열량(kW/m}^2) \times a} = \dfrac{11.34}{0.756 \times 0.15} = \dfrac{11.34}{0.1134} = 100(\text{개})$

여기서 a: 방열기의 Section당 방열면적(m²)

259 보일러의 이상현상에 관한 설명이다. (   )에 들어갈 용어를 쓰시오.

> (㉠)(이)란 증기 송기 시 증기관 내부에서 생성되는 응결수(드레인)가 고온·고압의 증기의 영향으로 배관을 강하게 치는 현상을 말한다.

260 보일러의 이상현상에 관한 설명이다. (   )에 들어갈 용어를 쓰시오.

> (㉠)현상이란 증기관으로 보내지는 증기에 비수 등 수분이 과다 함유되어 배관 내부에 응결수나 물이 고여서 워터해머링(Water Hammering)의 원인이 되는 현상을 말한다.

261 **보일러의 이상현상에 관한 설명이다. (   )에 들어갈 용어를 쓰시오.**

(㉠)(이)란 비수, 관수가 갑자기 끓을 때 물거품이 수면을 벗어나서 증기 속으로 비상하는 현상을 말하며, (㉡)(이)란 보일러의 물이 끓을 때 그 속에 함유된 유지분이나 부유물에 의해 거품이 생기는 현상을 말한다.

262 **보일러의 이상현상에 관한 설명이다. (   )에 들어갈 용어를 쓰시오.**

(㉠)(이)란 전열면이 과열에 의해 외압을 견디지 못해 안쪽으로 오목하게 찌그러지는 현상을 말하며, (㉡)(이)란 전열면이 과열에 의해 내압력을 견디지 못하고 밖으로 부풀어 오르는 현상을 말한다.

263 **압축식 냉동장치를 설명한 그림이다. (   )에 들어갈 기기명칭을 쓰시오.** 제18회

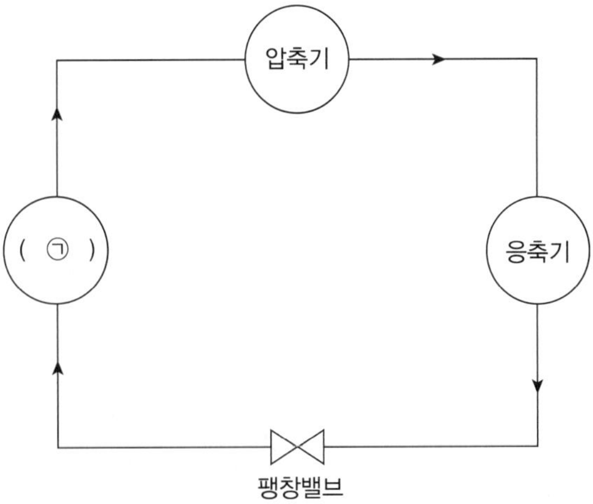

정답

256 ㉠ 80, ㉡ 18.5, ㉢ 0.523 **257** 100 **258** 100 **259** ㉠ 수격작용 **260** ㉠ 캐리오버
261 ㉠ 프라이밍(Priming), ㉡ 포밍(Forming) **262** ㉠ 압궤, ㉡ 팽출 **263** ㉠ 증발기

264 **흡수식 냉동기의 냉동사이클에 관한 설명이다. (　　)에 들어갈 용어를 쓰시오.**

흡수기 → (㉠) → (㉡) → 팽창밸브 → 증발기

265 **지역냉방 등에 적용되는 흡수식 냉동기에 관한 설명이다. (　　)에 들어갈 용어를 순서대로 쓰시오.** 제21회

흡수식 냉동기는 증발기, 흡수기, 재생기, (㉠)의 4가지 주요 요소별 장치로 구성되며, 냉매로는 (㉡)이(가) 이용된다.

최신기출

266 **주택건설기준 등에 관한 규칙상 (　)에 들어갈 아라비아 숫자를 쓰시오.** 제27회

제8조【냉방설비 배기장치 설치공간의 기준】 ① 영 제37조 제6항에서 '국토교통부령으로 정하는 기준'이란 다음 각 호의 요건을 모두 갖춘 것을 말한다.

1. ~ 2. 〈생략〉
3. 세대별 주거전용면적이 (㉠)제곱미터를 초과하는 경우로서 세대 내 거실 또는 침실이 2개 이상인 경우에는 거실을 포함한 최소 (㉡)개의 공간에 냉방설비 배기장치 연결배관을 설치할 것

267 **주택건설기준 등에 관한 규칙 제8조(냉방설비 배기장치 설치공간의 기준)에 관한 내용이다. (　　)에 들어갈 아라비아 숫자를 쓰시오.**

제1항 제2호에 따른 배기장치의 설치·유지 및 관리에 필요한 여유 공간은 다음 각 호의 구분에 따른다.

1. 배기장치 설치공간을 외부 공기에 직접 닿는 곳에 마련하는 경우로서 냉방설비 배기장치 설치공간에 출입문을 설치하고, 출입문을 연 상태에서 배기장치를 설치할 수 있는 경우: 가로 (㉠)미터 이상
2. 그 밖의 경우: 가로 (㉠)미터 이상 및 세로 (㉡)미터 이상

268 **주택건설기준 등에 관한 규칙상 '주택의 부엌·욕실 및 화장실에 설치하는 배기설비' 기준이다. ( )에 들어갈 용어를 쓰시오.** 제21회

> 배기통은 연기나 냄새 등이 실내로 역류하는 것을 방지할 수 있도록 다음에 해당하는 구조로 할 것
> 가. 세대 안의 배기통에 (㉠) 또는 이와 동일한 기능의 배기설비 장치를 설치할 것

269 **건축물의 설비기준 등에 관한 규칙상 건축물의 냉방설비 등에 관한 규정의 일부이다. ( )에 들어갈 아라비아 숫자를 쓰시오.**

> 상업지역 및 주거지역에서 건축물에 설치하는 냉방시설 및 환기시설의 배기구와 배기장치의 설치는 다음 각 호의 기준에 모두 적합하여야 한다.
> 1. 배기구는 도로면으로부터 (㉠)미터 이상의 높이에 설치할 것

270 **고층 아파트의 공기유동에 관한 설명이다. ( )에 들어갈 용어를 쓰시오.** 제18회

> 고층 아파트의 경우, 겨울철 실내·외 온도차에 의해 저층부에서 외기가 유입되어 계단실이나 엘리베이터 샤프트를 통하여 상층부로 기류(공기)가 상승한다. 이 현상을 (㉠) 효과(현상)라고 한다.

풀이 건축물 내부의 온도가 바깥보다 높고 밀도가 낮을 때 건물 내의 공기는 부력을 받아 이동하는데, 이를 '굴뚝효과' 또는 '연돌효과'라고 한다.

271 **다음 설명에 해당하는 용어를 쓰시오.**

> • 인체 주변의 온도가 인체대사량 대비 너무 떨어져서 추위를 느끼는 현상
> • 소비되는 열량이 많아져서 추위를 느끼게 되는 현상
> • 외부의 기온이 낮을 때 외부의 찬 공기가 들어오거나 외기(外氣)와 접한 유리나 벽면 따위가 냉각되면서 실내에 찬 공기의 흐름이 생기는 현상

정답
264 ㉠ 발생기, ㉡ 응축기 **265** ㉠ 응축기, ㉡ 물 **266** ㉠ 50 ㉡ 2 **267** ㉠ 0.5, ㉡ 0.7
268 ㉠ 자동역류방지댐퍼 **269** ㉠ 2 **270** ㉠ 연돌(또는 굴뚝) **271** 콜드드래프트

272 **건축물의 설비기준 등에 관한 규칙 제14조(배연설비)에 관한 규정의 일부이다. (　　)에 들어갈 아라비아 숫자를 쓰시오.**

> 법 제49조 제2항에 따라 배연설비를 설치하여야 하는 건축물에는 다음 각 호의 기준에 적합하게 배연설비를 설치해야 한다. 다만, 피난층인 경우에는 그렇지 않다.
> 1. 영 제46조 제1항에 따라 건축물이 방화구획으로 구획된 경우에는 그 구획마다 1개소 이상의 배연창을 설치하되, 배연창의 상변과 천장 또는 반자로부터 수직거리가 (㉠)미터 이내일 것. 다만, 반자높이가 바닥으로부터 3미터 이상인 경우에는 배연창의 하변이 바닥으로부터 (㉡)미터 이상의 위치에 놓이도록 설치하여야 한다.

273 **건축물의 설비기준 등에 관한 규칙 제14조(배연설비)에 관한 규정의 일부이다. (　　)에 들어갈 아라비아 숫자를 쓰시오.**

> 법 제49조 제2항에 따라 배연설비를 설치하여야 하는 건축물에는 다음 각 호의 기준에 적합하게 배연설비를 설치해야 한다. 다만, 피난층인 경우에는 그렇지 않다.
> 2. 배연창의 유효면적은 별표 2의 산정기준에 의하여 산정된 면적이 (㉠)제곱미터 이상으로서 그 면적의 합계가 당해 건축물의 바닥면적(영 제46조 제1항 또는 제3항의 규정에 의하여 방화구획이 설치된 경우에는 그 구획된 부분의 바닥면적을 말한다)의 (㉡)분의 1 이상일 것. 이 경우 바닥면적의 산정에 있어서 거실바닥면적의 (㉢)분의 1 이상으로 환기창을 설치한 거실의 면적은 이에 산입하지 아니한다.

274 **건축물의 설비기준 등에 관한 규칙상 환기설비기준에 관한 내용이다. (　　)에 들어갈 아라비아 숫자를 쓰시오.** 제25회

> 제11조【공동주택 및 다중이용시설의 환기설비기준 등】① 영 제87조 제2항의 규정에 따라 신축 또는 리모델링하는 다음 각 호의 어느 하나에 해당하는 주택 또는 건축물(이하 '신축공동주택등'이라 한다)은 시간당 (㉠)회 이상의 환기가 이루어질 수 있도록 자연환기설비 또는 기계환기설비를 설치해야 한다.
> 1. (㉡)세대 이상의 공동주택
> 2. 주택을 주택 외의 시설과 동일건축물로 건축하는 경우로서 주택이 30세대 이상인 건축물

275 **건축물의 설비기준 등에 관한 규칙상 환기설비에 관한 규정이다. (   )에 들어갈 용어와 아라비아 숫자를 쓰시오.**

> 자연환기설비는 다음 각 목의 요건을 모두 갖춘 공기여과기를 갖춰야 한다.
> 가. 도입되는 바깥공기에 포함되어 있는 입자형·가스형 오염물질을 제거 또는 여과하는 성능이 일정 수준 이상일 것
> 나. 한국산업표준(KS B 6141)에 따른 입자 포집률이 (㉠)(으)로 측정하여 (㉡)퍼센트 이상일 것
> 다. 청소 또는 교환이 쉬운 구조일 것

PART 2

276 **건축물의 설비기준 등에 관한 규칙상 환기설비에 관한 규정이다. (   )에 들어갈 아라비아 숫자를 쓰시오.**

> 자연환기설비는 설치되는 실의 바닥부터 수직으로 (㉠)미터 이상의 높이에 설치하여야 하며, 2개 이상의 자연환기설비를 상하로 설치하는 경우 (㉡)미터 이상의 수직간격을 확보하여야 한다.

277 **건축물의 설비기준 등에 관한 규칙상 환기설비에 관한 규정이다. (   )에 들어갈 용어와 아라비아 숫자를 쓰시오.**

> 기계환기설비의 (㉠) 단계의 필요 환기량은 신축공동주택 등의 세대를 시간당 (㉡)회로 환기할 수 있는 풍량을 확보하여야 한다.

278 **건축물의 설비기준 등에 관한 규칙상 환기설비에 관한 규정이다. (   )에 들어갈 아라비아 숫자를 쓰시오.**

> 기계환기설비는 신축공동주택 등의 모든 세대가 시간당 (㉠)회 이상의 환기횟수를 만족시킬 수 있도록 (㉡)시간 가동할 수 있어야 한다.

정답

272 ㉠ 0.9, ㉡ 2.1 **273** ㉠ 1, ㉡ 100, ㉢ 20 **274** ㉠ 0.5, ㉡ 30 **275** ㉠ 질량법, ㉡ 70 **276** ㉠ 1.2, ㉡ 1 **277** ㉠ 적정, ㉡ 0.5 **278** ㉠ 0.5, ㉡ 24

279 **건축물의 설비기준 등에 관한 규칙상 기계환기설비에 관한 규정이다. (   )에 들어갈 용어와 아라비아 숫자를 쓰시오.**

> 바깥공기를 공급하는 공기공급체계 또는 바깥공기가 도입되는 공기흡입구는 다음 각 목의 요건을 모두 갖춘 공기여과기 또는 집진기 등을 갖춰야 한다. 다만, 제7호 다목에 따른 환기체계를 갖춘 경우에는 별표 1의4 제5호를 따른다.
> 가. 입자형·가스형 오염물질을 제거 또는 여과하는 성능이 일정 수준 이상일 것
> 나. 여과장치 등의 청소 및 교환 등 유지관리가 쉬운 구조일 것
> 다. 공기여과기의 경우 한국산업표준(KS B 6141)에 따른 입자 포집률이 (㉠)(으)로 측정하여 (㉡)퍼센트 이상일 것

280 **건축물의 설비기준 등에 관한 규칙상 환기설비에 관한 규정이다. (   )에 들어갈 아라비아 숫자를 쓰시오.**

> 기계환기설비에서 발생하는 소음의 측정은 한국산업규격(KS B 6361)에 따르는 것을 원칙으로 한다. 측정위치는 대표길이 1미터(수직 또는 수평 하단)에서 측정하여 소음이 (㉠)dB 이하가 되어야 하며, 암소음(측정대상인 소음 외에 주변에 존재하는 소음을 말한다)은 보정하여야 한다. 다만, 환기설비 본체(소음원)가 거주공간 외부에 설치될 경우에는 대표길이 1미터(수직 또는 수평 하단)에서 측정하여 (㉡)dB 이하가 되거나, 거주공간 내부의 중앙부 바닥으로부터 1.0~1.2미터 높이에서 측정하여 (㉢)dB 이하가 되어야 한다.

최신기출

281 **건축물의 설비기준 등에 관한 규칙상 신축공동주택등의 기계환기설비의 설치기준에 관한 내용이다. (   )에 들어갈 아라비아 숫자를 쓰시오.** 제27회

> 외부에 면하는 공기흡입구와 배기구는 교차오염을 방지할 수 있도록 (㉠)미터 이상의 이격거리를 확보하거나, 공기흡입구와 배기구의 방향이 서로 (㉡)도 이상 되는 위치에 설치되어야 하고 화재 등 유사시 안전에 대비할 수 있는 구조와 성능이 확보되어야 한다.

282 **건축물의 설비기준 등에 관한 규칙상 기계환기설비의 설치 기준에 관한 내용이다. ( ) 에 들어갈 아라비아 숫자를 쓰시오.** 제26회

> 제11조 제1항의 규정에 의한 신축공동주택등의 환기횟수를 확보하기 위하여 설치되는 기계환기설비의 설계·시공 및 성능평가방법은 다음 각 호의 기준에 적합하여야 한다.
> 1. ~ 14. 〈생략〉
> 15. 기계환기설비의 에너지 절약을 위하여 열회수형 환기장치를 설치하는 경우에는 한국산업표준(KS B 6879)에 따라 시험한 열회수형 환기장치의 유효환기량이 표시용량의 (㉠)퍼센트 이상이어야 한다.

PART 2

283 **건축물의 설비기준 등에 관한 규칙상 환기구의 안전 기준에 관한 내용이다. ( )에 들어갈 숫자를 쓰시오.** 제23회 수정

> 환기구[건축물의 환기설비에 부속된 급기(給氣) 및 배기(排氣)를 위한 건축구조물의 개구부(開口部)를 말한다. 이하 같다]는 보행자 및 건축물 이용자의 안전이 확보되도록 바닥으로부터 (㉠)미터 이상의 높이에 설치해야 한다. 다만, 다음 각 호의 어느 하나에 해당하는 경우에는 예외로 한다.
> 1. 환기구를 벽면에 설치하는 등 사람이 올라설 수 없는 구조로 설치하는 경우. 이 경우 배기를 위한 환기구는 배출되는 공기가 보행자 및 건축물 이용자에게 직접 닿지 아니하도록 설치되어야 한다.
> 2. 안전울타리 또는 조경 등을 이용하여 접근을 차단하는 구조로 하는 경우

284 **단위 세대당 환기대상 체적이 200m^{3}인 아파트를 신축할 경우, 세대별 시간당 필요한 최소 환기량은 몇 m^3/h인지 아라비아 숫자로 쓰시오. (단, 아파트 규모는 300세대임)**

풀이 환기량 = 환기횟수 × 실내체적
신축공동주택의 최저 환기횟수는 시간당 0.5회
∴ 환기량 = 0.5 × 200 = 100(m^3/h)

정답
279 ㉠ 계수법, ㉡ 60 280 ㉠ 40, ㉡ 50, ㉢ 40 281 ㉠ 1.5, ㉡ 90 282 ㉠ 90
283 ㉠ 2 284 100

285 **다음 조건의 경우, 정상상태의 실내 이산화탄소 농도를 1,000ppm 이하로 유지하기 위한 최소 외기도입량(m^3/h)을 구하시오.** 제21회

- 총 재실자 수: 5명
- 1인당 이산화탄소 발생량: $0.024m^3/h$ · 인
- 외기의 이산화탄소 농도: 400ppm
- 기타: 인체에서 발생한 이산화탄소는 즉시 실 전체로 일정하게 확산하며, 틈새바람은 고려하지 않음

풀이 $Q = \frac{5 \times 0.024}{0.001 - 0.0004} = \frac{0.12}{0.0006} = 200(m^3/h)$

286 **소방시설 설치 및 관리에 관한 법률상 소방시설에 관한 정의이다. (   )에 들어갈 용어를 쓰시오.** 제17회 수정

소방시설이란 소화설비, (㉠)설비, 피난구조설비, 소화용수설비, 그 밖에 소화활동설비로서 대통령령으로 정하는 것을 말한다.

287 **소방시설 설치 및 관리에 관한 법률상 소방시설에 관한 정의이다. (   )에 들어갈 용어를 쓰시오. (순서 무관)**

소방시설이란 소화설비, 경보설비, (㉠), (㉡), 그 밖에 (㉢)(으)로서 대통령령으로 정하는 것을 말한다.

288 **소방시설 설치 및 관리에 관한 법령상 소방시설에 관한 설명이다. (   )에 들어갈 용어를 쓰시오.**

- (㉠)(이)란 물 또는 그 밖의 소화약제를 사용하여 소화하는 기계·기구 또는 설비를 말한다.
- (㉡)(이)란 화재발생 사실을 통보하는 기계·기구 또는 설비를 말한다.

289 **소방시설 설치 및 관리에 관한 법령상 소방시설에 관한 설명이다. ( )에 들어갈 용어를 쓰시오.**

> • (㉠)(이)란 화재가 발생할 경우 피난하기 위하여 사용하는 기구 또는 설비를 말한다.
> • (㉡)(이)란 화재를 진압하는 데 필요한 물을 공급하거나 저장하는 설비를 말한다.
> • (㉢)(이)란 화재를 진압하거나 인명구조활동을 위하여 사용하는 설비를 말한다.

290 **소방시설 설치 및 관리에 관한 법령상 경보설비에 관한 내용이다. ( )에 들어갈 용어를 쓰시오.**

> 경보설비: 화재발생 사실을 통보하는 기계·기구 또는 설비로서 다음 각 목의 것을 말한다.
> 가. 단독경보형 감지기
> 나. (㉠)
>   1) 비상벨설비
>   2) 자동식 사이렌설비
> 다. ~ 차. 〈생략〉

291 **소방시설 설치 및 관리에 관한 법령상 피난구조설비에 관한 내용이다. ( )에 들어갈 용어를 쓰시오. (순서 무관)**

> 피난구조설비: 화재가 발생할 경우 피난하기 위하여 사용하는 기구 또는 설비로서 다음 각 목의 것을 말한다.
> 가. 피난기구
>   1) (㉠)
>   2) (㉡)
>   3) 완강기
>   4) 간이완강기
>   5) 그 밖에 화재안전기준으로 정하는 것

정답

285 200 286 ㉠ 경보 287 ㉠ 피난구조설비, ㉡ 소화용수설비, ㉢ 소화활동설비
288 ㉠ 소화설비, ㉡ 경보설비 289 ㉠ 피난구조설비, ㉡ 소화용수설비, ㉢ 소화활동설비
290 ㉠ 비상경보설비 291 ㉠ 피난사다리, ㉡ 구조대

292 **소방시설 설치 및 관리에 관한 법령상 피난구조설비에 관한 내용이다. (   )에 들어갈 용어를 쓰시오. (순서 무관)**

> 피난구조설비: 화재가 발생할 경우 피난하기 위하여 사용하는 기구 또는 설비로서 다음 각 목의 것을 말한다.
> 가. 〈생략〉
> 나. 인명구조기구
>   1) 방열복, 방화복(안전모, 보호장갑 및 안전화를 포함한다)
>   2) (㉠)
>   3) (㉡)

293 **소방시설 설치 및 관리에 관한 법률 시행령상 건물의 소방시설에 관한 내용이다. (   )에 들어갈 용어를 쓰시오.** 제25회 수정

> [별표 1] 소방시설
> 1. ~ 4. 〈생략〉
> 5. (㉠): 화재를 진압하거나 인명구조활동을 위하여 사용하는 설비로서 다음 각 목의 것
>   가. 제연설비
>   나. 연결송수관설비
>   다. 연결살수설비
>   라. 비상콘센트설비
>   마. (㉡)
>   바. 연소방지설비

294 **소방시설 설치 및 관리에 관한 법령상 소화활동설비에 관한 내용이다. (   )에 들어갈 용어를 쓰시오. (순서 무관)**

> 소화활동설비란 화재를 진압하거나 인명구조활동을 위하여 사용하는 다음의 설비를 말한다.
> • (㉠)
> • 연결송수관설비
> • 연결살수설비
> • (㉡)
> • 무선통신보조설비
> • (㉢)

PART 2

295 소방시설 설치 및 관리에 관한 법령상 용어에 관한 설명이다. (　　)에 들어갈 용어를 쓰시오.

> • (㉠)(이)란 화재를 예방하고 화재발생 시 피해를 최소화하기 위하여 소방대상물의 재료, 공간 및 설비 등에 요구되는 안전성능을 말한다.
> • (㉡)(이)란 건축물 등의 재료, 공간, 이용자, 화재 특성 등을 종합적으로 고려하여 공학적 방법으로 화재 위험성을 평가하고 그 결과에 따라 화재안전성능이 확보될 수 있도록 특정소방대상물을 설계하는 것을 말한다.

296 소방시설 설치 및 관리에 관한 법령상 용어에 관한 설명이다. (　　)에 들어갈 용어를 쓰시오.

> (㉠)(이)란 소방시설 설치 및 관리를 위한 다음 각 목의 기준을 말한다.
> 가. (㉡): 화재안전 확보를 위하여 재료, 공간 및 설비 등에 요구되는 안전성능으로서 소방청장이 고시로 정하는 기준
> 나. (㉢): 가목에 따른 (㉡)을 충족하는 상세한 규격, 특정한 수치 및 시험방법 등에 관한 기준으로서 행정안전부령으로 정하는 절차에 따라 소방청장의 승인을 받은 기준

297 소방시설 설치 및 관리에 관한 법령상 용어에 관한 설명이다. (　　)에 들어갈 아라비아 숫자를 쓰시오.

> '무창층'(無窓層)이란 지상층 중 다음 각 목의 요건을 모두 갖춘 개구부(건축물에서 채광·환기·통풍 또는 출입 등을 위하여 만든 창·출입구, 그 밖에 이와 비슷한 것을 말한다. 이하 같다)의 면적의 합계가 해당 층의 바닥면적(건축법 시행령 제119조 제1항 제3호에 따라 산정된 면적을 말한다. 이하 같다)의 (㉠)분의 1 이하가 되는 층을 말한다.
> 가. 크기는 지름 (㉡)센티미터 이상의 원이 통과할 수 있을 것
> 나. 해당 층의 바닥면으로부터 개구부 밑부분까지의 높이가 (㉢)미터 이내일 것
> 다. ~ 마. 〈생략〉

정답

292 ㉠ 공기호흡기, ㉡ 인공소생기　**293** ㉠ 소화활동설비, ㉡ 무선통신보조설비
294 ㉠ 제연설비, ㉡ 비상콘센트설비, ㉢ 연소방지설비　**295** ㉠ 화재안전성능, ㉡ 성능위주설계
296 ㉠ 화재안전기준, ㉡ 성능기준, ㉢ 기술기준　**297** ㉠ 30, ㉡ 50, ㉢ 1.2

298 **소방시설 설치 및 관리에 관한 법령상 용어에 관한 설명이다. (　　)에 들어갈 용어를 쓰시오.**

> (㉠)(이)란 소방시설등을 구성하거나 소방용으로 사용되는 제품 또는 기기로서 대통령령으로 정하는 것을 말하며, (㉡)(이)란 곧바로 지상으로 갈 수 있는 출입구가 있는 층을 말한다.

299 **소방시설 설치 및 관리에 관한 법령상 용어에 관한 설명이다. (　　)에 들어갈 용어를 쓰시오.**

> 피난층이란 곧바로 (㉠)(으)로 갈 수 있는 (㉡)이(가) 있는 층을 말한다.

300 **소방시설 설치 및 관리에 관한 법령상 자동소화장치에 관한 내용이다. (　　)에 들어갈 용어를 쓰시오.** 제18회 수정

> 자동소화장치를 설치해야 하는 특정소방대상물은 다음의 어느 하나에 해당하는 특정소방대상물 중 후드 및 덕트가 설치되어 있는 주방이 있는 특정소방대상물로 한다. 이 경우 해당 주방에 자동소화장치를 설치해야 한다.
> 1) 주거용 (㉠)자동소화장치를 설치해야 하는 것: 아파트등 및 오피스텔의 모든 층
> 2) 캐비닛형 자동소화장치, 가스자동소화장치, 분말자동소화장치 또는 고체에어로졸 자동소화장치를 설치해야 하는 것: 화재안전기준에서 정하는 장소

301 **소방시설 설치 및 관리에 관한 법령상 비상방송설비 관련 내용이다. (　　)에 들어갈 숫자를 쓰시오.** 제16회 수정

> 비상방송설비를 설치해야 하는 특정소방대상물(위험물저장 및 처리시설 중 가스시설, 사람이 거주하지 않거나 벽이 없는 축사 등 동물 및 식물 관련 시설, 지하가 중 터널 및 지하구는 제외한다)은 다음의 어느 하나에 해당하는 것으로 한다.
> 1) 연면적 3천5백m^2 이상인 것은 모든 층
> 2) 층수가 (㉠)층 이상인 것은 모든 층
> 3) 지하층의 층수가 (㉡)층 이상인 것은 모든 층

302 **소방시설 설치 및 관리에 관한 법령상 소화설비에 관한 내용이다. (　　)에 들어갈 아라비아 숫자를 쓰시오.**

> • 화재안전기준에 따라 소화기구를 설치해야 하는 특정소방대상물은 다음의 어느 하나에 해당하는 것으로 한다.
> 1) 연면적 (㉠)m^2 이상인 것. 다만, 노유자 시설의 경우에는 투척용 소화용구 등을 화재안전기준에 따라 산정된 소화기 수량의 2분의 1 이상으로 설치할 수 있다.
> 2) ~ 4) 〈생략〉
>
> • 스프링클러설비를 설치해야 하는 특정소방대상물(위험물저장 및 처리시설 중 가스시설 또는 지하구는 제외한다)은 다음의 어느 하나에 해당하는 것으로 한다.
> 1) 층수가 (㉡)층 이상인 특정소방대상물의 경우에는 모든 층. 다만, 다음의 어느 하나에 해당하는 경우는 제외한다.
> 2) ~ 14) 〈생략〉

303 **소방시설 설치 및 관리에 관한 법령상 옥내소화전설비에 관한 내용이다. (　　)에 들어갈 아라비아 숫자를 쓰시오.**

> 옥내소화전설비를 설치해야 하는 특정소방대상물은 다음의 어느 하나에 해당하는 것으로 한다. 다만, 위험물저장 및 처리시설 중 가스시설, 지하구 및 업무시설 중 무인변전소(방재실 등에서 스프링클러설비 또는 물분무등소화설비를 원격으로 조정할 수 있는 무인변전소로 한정한다)는 제외한다.
> 1) 다음의 어느 하나에 해당하는 경우에는 모든 층
>   가) 연면적 (㉠)m^2 이상인 것(터널은 제외한다)
>   나) 지하층·무창층(축사는 제외한다)으로서 바닥면적이 (㉡)m^2 이상인 층이 있는 것
>   다) (㉢)층 이상인 층 중에서 바닥면적이 (㉡)m^2 이상인 층이 있는 것
> 2) ~ 5) 〈생략〉

정답

298 ㉠ 소방용품, ㉡ 피난층 **299** ㉠ 지상, ㉡ 출입구 **300** ㉠ 주방 **301** ㉠ 11, ㉡ 3
302 ㉠ 33, ㉡ 6 **303** ㉠ 3,000, ㉡ 600, ㉢ 4

304 **소방시설 설치 및 관리에 관한 법령상 비상경보설비에 관한 내용이다. (　　)에 들어갈 아라비아 숫자를 쓰시오.**

> 비상경보설비를 설치해야 하는 특정소방대상물(모래·석재 등 불연재료 공장 및 창고시설, 위험물저장 및 처리시설 중 가스시설, 사람이 거주하지 않거나 벽이 없는 축사 등 동물 및 식물 관련 시설 및 지하구는 제외한다)은 다음의 어느 하나에 해당하는 것으로 한다.
> 1) 연면적 (㉠)m^2 이상인 것은 모든 층
> 2) 지하층 또는 무창층의 바닥면적이 (㉡)m^2(공연장의 경우 100m^2) 이상인 것은 모든 층

305 **소방시설 설치 및 관리에 관한 법령상 비상조명등에 관한 내용이다. (　　)에 들어갈 아라비아 숫자를 쓰시오.**

> 비상조명등을 설치해야 하는 특정소방대상물(창고시설 중 창고 및 하역장, 위험물저장 및 처리시설 중 가스시설 및 사람이 거주하지 않거나 벽이 없는 축사 등 동물 및 식물 관련 시설은 제외한다)은 다음의 어느 하나에 해당하는 것으로 한다.
> 1) 지하층을 포함하는 층수가 (㉠)층 이상인 건축물로서 연면적 (㉡)m^2 이상인 경우에는 모든 층
> 2) 위 1)에 해당하지 않는 특정소방대상물로서 그 지하층 또는 무창층의 바닥면적이 (㉢)m^2 이상인 경우에는 해당 층

306 **소방시설 설치 및 관리에 관한 법령상 상수도소화용수설비를 설치하여야 하는 특정소방대상물의 연면적 기준은 몇 m^2인지 아라비아 숫자로 쓰시오.**

307 **소방시설 설치 및 관리에 관한 법령상 연결송수관설비에 관한 내용이다. (   )에 들어갈 아라비아 숫자를 쓰시오.**

> 연결송수관설비를 설치해야 하는 특정소방대상물(위험물저장 및 처리시설 중 가스시설 또는 지하구는 제외한다)은 다음의 어느 하나에 해당하는 것으로 한다.
> 1) 층수가 (㉠)층 이상으로서 연면적 (㉡)m^2 이상인 경우에는 모든 층
> 2) 위 1)에 해당하지 않는 특정소방대상물로서 지하층을 포함하는 층수가 (㉢)층 이상인 경우에는 모든 층
> 3) 위 1) 및 2)에 해당하지 않는 특정소방대상물로서 지하층의 층수가 3층 이상이고 지하층의 바닥면적의 합계가 1천m^2 이상인 경우에는 모든 층

308 **소방시설 설치 및 관리에 관한 법령상 연결살수설비에 관한 내용이다. (   )에 들어갈 아라비아 숫자를 쓰시오.**

> 연결살수설비를 설치해야 하는 특정소방대상물(지하구는 제외한다)은 다음의 어느 하나에 해당하는 것으로 한다.
> 1) 〈생략〉
> 2) 지하층(피난층으로 주된 출입구가 도로와 접한 경우는 제외한다)으로서 바닥면적의 합계가 (㉠)m^2 이상인 경우에는 지하층의 모든 층. 다만, 「주택법 시행령」 제46조 제1항에 따른 국민주택규모 이하인 아파트등의 지하층(대피시설로 사용하는 것만 해당한다)과 교육연구시설 중 학교의 지하층의 경우에는 (㉡)m^2 이상인 것으로 한다.

309 **소방시설 설치 및 관리에 관한 법령상 비상콘센트설비에 관한 내용이다. (   )에 들어갈 아라비아 숫자를 쓰시오.**

> 비상콘센트설비를 설치해야 하는 특정소방대상물(위험물저장 및 처리시설 중 가스시설 또는 지하구는 제외한다)은 다음의 어느 하나에 해당하는 것으로 한다.
> 1) 층수가 (㉠)층 이상인 특정소방대상물의 경우에는 (㉡)층 이상의 층
> 2) ~ 3) 〈생략〉

정답

304 ㉠ 400, ㉡ 150 **305** ㉠ 5, ㉡ 3,000, ㉢ 450 **306** 5,000 **307** ㉠ 5, ㉡ 6,000, ㉢ 7 **308** ㉠ 150, ㉡ 700 **309** ㉠ 11, ㉡ 11

310 **소방시설 설치 및 관리에 관한 법령상 소방용품의 내용연수에 관한 내용이다. (　　)에 들어갈 아라비아 숫자를 쓰시오. (단, 사용기한을 연장하는 경우는 고려하지 않음)**

> 특정소방대상물의 관계인은 내용연수가 경과한 소방용품을 교체하여야 한다. 이 경우 내용연수를 설정해야 하는 소방용품은 분말형태의 소화약제를 사용하는 소화기로 하며, 그 소방용품의 내용연수는 (㉠)년으로 한다.

311 **소방시설 설치 및 관리에 관한 법령상 소방시설기준 적용의 특례에 관한 기준 내용이다. (　　)에 들어갈 용어를 쓰시오. (순서 무관)**

> 소방본부장이나 소방서장은 특정소방대상물에 설치하여야 하는 소방시설 가운데 기능과 성능이 유사한 (㉠)·(㉡)·(㉢) 및 비상방송설비 등의 소방시설의 경우에는 대통령령으로 정하는 바에 따라 유사한 소방시설의 설치를 면제할 수 있다.

312 **소방시설 설치 및 관리에 관한 법률 시행령 제14조 별표 5 유사한 소방시설의 설치면제 기준 내용이다. (　　)에 들어갈 용어를 쓰시오.**

> 물분무등소화설비를 설치해야 하는 차고·주차장에 (㉠)을(를) 화재안전기준에 적합하게 설치한 경우에는 그 설비의 유효범위에서 설치가 면제된다.

313 **소방시설 설치 및 관리에 관한 법률 시행령 제14조 별표 5 유사한 소방시설의 설치면제 기준 내용이다. (　　)에 들어갈 용어를 쓰시오.**

> 비상경보설비 또는 단독경보형 감지기를 설치해야 하는 특정소방대상물에 (㉠) 또는 화재알림설비를 화재안전기준에 적합하게 설치한 경우에는 그 설비의 유효범위에서 설치가 면제된다.

314 **소방시설 설치 및 관리에 관한 법률 시행규칙상 '소방시설등의 자체점검'은 다음과 같이 구분하고 있다. (   )에 들어갈 용어를 쓰시오.** 제21회 수정

> 작동점검은 소방시설등을 인위적으로 조작하여 정상적으로 작동하는지를 소방청장이 정하여 고시하는 소방시설등 작동점검표에 따라 점검하는 것을 말한다. (㉠)은(는) 소방시설등의 작동점검을 포함하여 소방시설등의 설비별 주요 구성 부품의 구조기준이 화재안전기준과 「건축법」 등 관련 법령에서 정하는 기준에 적합한지 여부를 소방청장이 정하여 고시하는 소방시설등 종합점검표에 따라 점검하는 것을 말한다.

최신기출

315 **소방시설 설치 및 관리에 관한 법률 시행규칙상 소방시설등 자체점검 시 준수해야 할 사항에 관한 내용이다. (   )에 들어갈 아라비아 숫자를 쓰시오.** 제27회

> 6. 공동주택(아파트등으로 한정한다) 세대별 점검방법은 다음과 같다.
> 가. ~ 나. 〈생략〉
> 다. 관리자는 수신기에서 원격 점검이 불가능한 경우 매년 작동점검만 실시하는 공동주택은 1회 점검 시마다 전체 세대수의 (㉠)퍼센트 이상, 종합점검을 실시하는 공동주택은 1회 점검 시마다 전체 세대수의 (㉡)퍼센트 이상 점검하도록 자체점검 계획을 수립·시행해야 한다.

정답

310 ㉠ 10 **311** ㉠ 스프링클러설비, ㉡ 물분무등소화설비, ㉢ 비상경보설비 **312** ㉠ 스프링클러설비 **313** ㉠ 자동화재탐지설비 **314** ㉠ 종합점검 **315** ㉠ 50, ㉡ 30

316 **소방시설 설치 및 관리에 관한 법령상 자체점검 결과의 조치 등에 관한 내용이다. (　　) 에 들어갈 아라비아 숫자를 쓰시오.**

> 제23조【소방시설등의 자체점검 결과의 조치 등】① 관리업자 또는 소방안전관리자로 선임된 소방시설관리사 및 소방기술사(이하 '관리업자등'이라 한다)는 자체점검을 실시한 경우에는 법 제22조 제1항 각 호 외의 부분 후단에 따라 그 점검이 끝난 날부터 (㉠)일 이내에 별지 제9호서식의 소방시설등 자체점검 실시결과 보고서(전자문서로 된 보고서를 포함한다)에 소방청장이 정하여 고시하는 소방시설등점검표를 첨부하여 관계인에게 제출해야 한다.
> ② 제1항에 따른 자체점검 실시결과 보고서를 제출받거나 스스로 자체점검을 실시한 관계인은 법 제23조 제3항에 따라 자체점검이 끝난 날부터 (㉡)일 이내에 별지 제9호서식의 소방시설등 자체점검 실시결과 보고서(전자문서로 된 보고서를 포함한다)에 다음 각 호의 서류를 첨부하여 소방본부장 또는 소방서장에게 서면이나 소방청장이 지정하는 전산망을 통하여 보고해야 한다.
> 1. ~ 2. 〈생략〉
> ③ 〈생략〉
> ④ 제2항에 따라 소방본부장 또는 소방서장에게 자체점검 실시결과 보고를 마친 관계인은 소방시설등 자체점검 실시결과 보고서(소방시설등점검표를 포함한다)를 점검이 끝난 날부터 (㉢)년간 자체 보관해야 한다.

317 **소방시설 설치 및 관리에 관한 법령상 자체점검 결과의 조치 등에 관한 내용이다. (　　) 에 들어갈 아라비아 숫자를 쓰시오.**

> 제23조【소방시설등의 자체점검 결과의 조치 등】① ~ ④ 〈생략〉
> ⑤ 제2항에 따라 소방시설등의 자체점검 결과 이행계획서를 보고받은 소방본부장 또는 소방서장은 다음 각 호의 구분에 따라 이행계획의 완료 기간을 정하여 관계인에게 통보해야 한다. 다만, 소방시설등에 대한 수리·교체·정비의 규모 또는 절차가 복잡하여 다음 각 호의 기간 내에 이행을 완료하기가 어려운 경우에는 그 기간을 달리 정할 수 있다.
> 1. 소방시설등을 구성하고 있는 기계·기구를 수리하거나 정비하는 경우: 보고일부터 (㉠)일 이내
> 2. 소방시설등의 전부 또는 일부를 철거하고 새로 교체하는 경우: 보고일부터 (㉡)일 이내

⑥ 제5항에 따른 완료기간 내에 이행계획을 완료한 관계인은 이행을 완료한 날부터 (㉢)일 이내에 별지 제11호서식의 소방시설등의 자체점검 결과 이행완료 보고서(전자문서로 된 보고서를 포함한다)에 다음 각 호의 서류(전자문서를 포함한다)를 첨부하여 소방본부장 또는 소방서장에게 보고해야 한다.
1. 이행계획 건별 전·후 사진 증명자료
2. 소방시설공사 계약서

PART 2

318 **소화기구 및 자동소화장치의 화재안전기술기준상 용어에 관한 설명이다. ( )에 들어갈 아라비아 숫자를 쓰시오.**

'소화기'란 소화약제를 압력에 따라 방사하는 기구로서 사람이 수동으로 조작하여 소화하는 다음 각 목의 것을 말한다.
가. '소형소화기'란 능력단위가 (㉠)단위 이상이고 대형소화기의 능력단위 미만인 소화기를 말한다.
나. '대형소화기'란 화재 시 사람이 운반할 수 있도록 운반대와 바퀴가 설치되어 있고 능력단위가 A급 (㉡)단위 이상, B급 (㉢)단위 이상인 소화기를 말한다.

319 **화재안전기술기준상 소화기의 설치기준에 관한 내용이다. ( )에 들어갈 아라비아 숫자를 쓰시오.**

특정소방대상물의 각 부분으로부터 1개의 소화기까지의 보행거리가 소형소화기의 경우에는 (㉠)m 이내, 대형소화기의 경우에는 (㉡)m 이내가 되도록 배치할 것

정답

316 ㉠ 10, ㉡ 15, ㉢ 2 **317** ㉠ 10, ㉡ 20, ㉡ 10 **318** ㉠ 1, ㉡ 10, ㉢ 20 **319** ㉠ 20, ㉡ 30

320 **화재안전기술기준상 소화기의 설치기준에 관한 내용이다. (　　)에 들어갈 아라비아 숫자를 쓰시오.**

> 소화기구(자동확산소화기를 제외한다)는 거주자 등이 손쉽게 사용할 수 있는 장소에 바닥으로부터 높이 (㉠)미터 이하의 곳에 비치하고, 소화기에 있어서는 '소화기', 투척용 소화용구에 있어서는 '투척용 소화용구', 마른 모래에 있어서는 '소화용 모래', 팽창질석 및 팽창진주암에 있어서는 '소화질석'이라고 표시한 표지를 보기 쉬운 곳에 부착할 것

321 **화재안전기술기준상 주거용 주방자동소화장치의 설치기준에 관한 내용이다. (　　)에 들어갈 용어를 쓰시오.**

> 주거용 주방자동소화장치는 다음의 기준에 따라 설치할 것
> 2.1.2.1.1 소화약제 (㉠)은(는) 환기구(주방에서 발생하는 열기류 등을 밖으로 배출하는 장치를 말한다. 이하 같다)의 청소부분과 분리되어 있어야 하며, 형식승인 받은 유효설치 높이 및 방호면적에 따라 설치할 것
> 2.1.2.1.2 (㉡)은(는) 형식승인 받은 유효한 높이 및 위치에 설치할 것
> 2.1.2.1.3 〈생략〉
> 2.1.2.1.4 〈생략〉
> 2.1.2.1.5 (㉢)은(는) 주위의 열기류 또는 습기 등과 주위온도에 영향을 받지 아니하고 사용자가 상시 볼 수 있는 장소에 설치할 것

322 **화재안전기술기준상 주거용 주방자동소화장치의 설치기준에 관한 내용이다. (　　)에 들어갈 아라비아 숫자를 쓰시오.**

> 가스용 주방자동소화장치를 사용하는 경우 탐지부는 수신부와 분리하여 설치하되, 공기보다 가벼운 가스를 사용하는 경우에는 천장 면으로부터 (㉠)cm 이하의 위치에 설치하고, 공기보다 무거운 가스를 사용하는 경우에는 바닥 면으로부터 (㉡)cm 이하의 위치에 설치할 것

PART 2

323 다음에서 설명하고 있는 옥내소화전설비의 화재안전기술기준상의 용어를 쓰시오.

제15회 수정

펌프의 성능시험을 목적으로 펌프 토출 측의 개폐밸브를 닫은 상태에서 펌프를 운전하는 것을 말한다.

324 옥내소화전설비의 화재안전기술기준상의 용어를 쓰시오.

(㉠)(이)란 구조물 또는 지형지물 등에 설치하여 자연낙차의 압력으로 급수하는 수조를 말하고, (㉡)(이)란 소화용수와 공기를 채우고 일정압력 이상으로 가압하여 그 압력으로 급수하는 수조를 말하며, (㉢)(이)란 가압원인 압축공기 또는 불연성 기체의 압력으로 소화용수를 가압하여 그 압력으로 급수하는 수조를 말한다.

325 옥내소화전설비의 화재안전기술기준상의 용어를 쓰시오.

(㉠)(이)란 대기압 이하의 압력을 측정하는 계측기를 말하며, (㉡)(이)란 대기압 이상의 압력과 대기압 이하의 압력을 측정할 수 있는 계측기를 말한다.

326 화재안전기술기준상 옥내소화전설비에 관한 내용이다. (　　)에 들어갈 아라비아 숫자를 쓰시오.

옥내소화전설비의 수원은 그 저수량이 옥내소화전의 설치개수가 가장 많은 층의 설치개수(2개 이상 설치된 경우에는 2개)에 (㉠)m^3(호스릴옥내소화전설비를 포함한다)를 곱한 양 이상이 되도록 해야 하며, 옥내소화전설비의 수원은 산출된 유효수량 외에 유효수량의 (㉡) 이상을 옥상(옥내소화전설비가 설치된 건축물의 주된 옥상을 말한다)에 설치해야 하는 것이 원칙이다.

정답

320 ㉠ 1.5　**321** ㉠ 방출구, ㉡ 감지부, ㉢ 수신부　**322** ㉠ 30, ㉡ 30　**323** 체절운전
324 ㉠ 고가수조, ㉡ 압력수조, ㉢ 가압수조　**325** ㉠ 진공계, ㉡ 연성계　**326** ㉠ 2.6, ㉡ 1/3

327 **각 층마다 옥내소화전설비 6개를 설치한 15층 건물의 수원의 최소 저수량은 몇 m^3인지 아라비아 숫자로 쓰시오.**

풀이 2개 × 2.6m^3 = 5.2(m^3)

328 **옥내소화전설비의 화재안전기술기준(NFTC 102)상 가압송수장치에 관한 내용이다. (　　)에 들어갈 아라비아 숫자를 쓰시오.** 제25회 수정

> 2.2 가압송수장치
> 2.2.1.3 노즐선단의 방수압력 및 방수량: 특정소방대상물의 어느 층에 있어서도 해당 층의 옥내소화전(2개 이상 설치된 경우에는 2개의 옥내소화전)을 동시에 사용할 경우 각 소화전의 노즐선단에서의 방수압력이(㉠)MPa(호스릴옥내소화전설비를 포함한다) 이상이고, 방수량이 (㉡)ℓ/min(호스릴옥내소화전설비를 포함한다) 이상이 되는 성능의 것으로 할 것. 다만, 하나의 옥내소화전을 사용하는 노즐선단에서의 방수압력이 (㉢)MPa을 초과할 경우에는 호스접결구의 인입 측에 감압장치를 설치해야 한다.

329 **화재안전기술기준상 옥내소화전설비에 관한 내용이다. (　　)에 들어갈 아라비아 숫자를 쓰시오.**

> 펌프의 토출량은 옥내소화전이 가장 많이 설치된 층의 설치개수(옥내소화전이 2개 이상 설치된 경우에는 2개)에 (㉠)ℓ/min를 곱한 양 이상이 되도록 할 것

330 **옥내소화전이 가장 많이 설치된 층의 설치개수가 6개인 경우 펌프의 토출량은 몇 ℓ/min인지 아라비아 숫자로 쓰시오.**

풀이 2개 × 130ℓ/min = 260(ℓ/min)

331 **화재안전기술기준상 옥내소화전설비에 관한 내용이다. (   )에 들어갈 용어를 쓰시오. (ⓛ, ⓒ은 순서 무관)**

펌프의 토출 측에는 (㉠)을(를) 체크밸브 이전에 펌프토출 측 플랜지에서 가까운 곳에 설치하고, 흡입 측에는 (㉡) 또는 (㉢)을(를) 설치할 것

PART 2

332 **화재안전기술기준상 옥내소화전설비에 관한 내용이다. (   )에 들어갈 용어를 쓰시오.**

가압송수장치에는 체절운전 시 수온의 상승을 방지하기 위한 (㉠)을(를) 설치할 것. 다만, (㉡)의 경우에는 그러하지 아니하다.

333 **화재안전기술기준상 옥내소화전설비에 관한 내용이다. (   )에 들어갈 아라비아 숫자를 쓰시오.**

기동용 수압개폐장치 중 압력챔버를 사용할 경우 그 용적은 (㉠)ℓ 이상의 것으로 할 것

334 **화재안전기술기준상 옥내소화전설비에 관한 규정이다. (   )에 들어갈 아라비아 숫자를 쓰시오.**

펌프의 성능은 체절운전 시 정격토출압력의 (㉠)%를 초과하지 않고, 정격토출량의 (㉡)%로 운전 시 정격토출압력의 (㉢)% 이상이 되어야 하며, 펌프의 성능을 시험할 수 있는 성능시험배관을 설치할 것. 다만, 충압펌프의 경우에는 그렇지 않다.

정답

327 5.2 **328** ㉠ 0.17, ㉡ 130, ㉢ 0.7 **329** ㉠ 130 **330** 260 **331** ㉠ 압력계, ㉡ 연성계, ㉢ 진공계 **332** ㉠ 순환배관, ㉡ 충압펌프 **333** ㉠ 100 **334** ㉠ 140, ㉡ 150, ㉢ 65

335 **화재안전기술기준상 옥내소화전설비의 배관에 관한 내용이다. ( )에 들어갈 아라비아 숫자를 쓰시오.**

> 펌프의 토출 측 주배관의 구경은 유속이 (㉠)m/s 이하가 될 수 있는 크기 이상으로 해야 하고, 옥내소화전방수구와 연결되는 가지배관의 구경은 (㉡)mm(호스릴옥내소화전설비의 경우에는 25mm) 이상으로 해야 하며, 주배관 중 수직배관의 구경은 (㉢)mm(호스릴옥내소화전설비의 경우에는 32mm) 이상으로 해야 한다.

336 **화재안전기술기준(NFTC)상 옥내소화전설비의 배관에 관한 내용이다. ( )에 들어갈 아라비아 숫자를 쓰시오.** 제18회 수정

> 연결송수관설비의 배관과 겸용할 경우의 주배관은 구경 (㉠)mm 이상, 방수구로 연결되는 배관의 구경은 65mm 이상의 것으로 해야 한다.

337 **화재안전기술기준상 옥내소화전설비의 송수구에 관한 내용이다. ( )에 들어갈 아라비아 숫자를 쓰시오.**

> 옥내소화전설비의 송수구는 지면으로부터 높이가 (㉠)m 이상 (㉡)m 이하의 위치에 설치하고, 구경 (㉢)mm의 쌍구형 또는 단구형으로 할 것

338 **화재안전기술기준상 옥내소화전설비의 방수구에 관한 내용이다. ( )에 들어갈 아라비아 숫자를 쓰시오.**

> 특정소방대상물의 층마다 설치하되, 해당 특정소방대상물의 각 부분으로부터 하나의 옥내소화전방수구까지의 수평거리가 (㉠)미터(호스릴옥내소화전설비를 포함한다) 이하가 되도록 할 것. 다만, 복층형 구조의 공동주택의 경우에는 세대의 출입구가 설치된 층에만 설치할 수 있다.

339 **화재안전기술기준상 옥내소화전설비의 방수구에 관한 내용이다. (   )에 들어갈 아라비아 숫자를 쓰시오.**

> 옥내소화전 방수구는 바닥으로부터의 높이가 (㉠)m 이하가 되도록 하고, 호스는 구경 (㉡)mm[호스릴옥내소화전설비의 경우에는 (㉢)mm] 이상의 것으로서 특정소방대상물의 각 부분에 물이 유효하게 뿌려질 수 있는 길이로 설치할 것

340 **화재안전기술기준상 옥내소화전설비에 관한 내용이다. (   )에 들어갈 아라비아 숫자를 쓰시오.**

> 비상전원은 자가발전설비, 축전지설비(내연기관에 따른 펌프를 사용하는 경우에는 내연기관의 기동 및 제어용 축전지를 말한다) 또는 전기저장장치(외부 전기에너지를 저장해 두었다가 필요한 때 전기를 공급하는 장치)로서 옥내소화전설비를 유효하게 (㉠)분 이상 작동할 수 있어야 할 것

341 **화재안전기술기준상 옥외소화전설비의 수원에 관한 설명이다. (   )에 들어갈 아라비아 숫자를 쓰시오.**

> 옥외소화전설비의 수원은 그 저수량이 옥외소화전의 설치개수(옥외소화전이 2개 이상 설치된 경우에는 2개)에 (㉠)m^3를 곱한 양 이상이 되도록 해야 한다.

342 **4개의 옥외소화전설비가 설치되어 있는 경우 수원의 저수량은 몇 m^3인지 아라비아 숫자로 쓰시오.**

풀이 2개 × $7m^3 = 14(m^3)$

정답

335 ㉠ 4, ㉡ 40, ㉢ 50 336 ㉠ 100 337 ㉠ 0.5, ㉡ 1, ㉢ 65 338 ㉠ 25
339 ㉠ 1.5, ㉡ 40, ㉢ 25 340 ㉠ 20 341 ㉠ 7 342 14

343 **화재안전기술기준상 옥외소화전 노즐선단에서의 최저방수압력(MPa)과 최소방수량(ℓ/min)을 순서대로 쓰시오.** 제16회 수정

344 **다음은 옥외소화전설비의 화재안전기술기준(NFTC 109)의 일부이다. (　　)에 들어갈 숫자를 쓰시오.** 제23회 수정

> 2.3 배관 등
> 2.3.1 호스접결구는 지면으로부터의 높이가 0.5 m 이상 (㉠)m 이하의 위치에 설치하고 특정소방대상물의 각 부분으로부터 하나의 호스접결구까지의 수평거리가 (㉡)m 이하가 되도록 설치해야 한다.

345 **화재안전기술기준상 옥외소화전설비에 관한 내용이다. (　　)에 들어갈 아라비아 숫자를 쓰시오.**

> 호스는 구경 (㉠)mm의 것으로 해야 한다.

346 **다음은 화재안전기술기준(NFTC)상 옥외소화전설비의 소화전함 설치기준이다. (　　)에 들어갈 숫자를 순서대로 쓰시오.** 제20회 수정

> 2.4.1 옥외소화전설비에는 옥외소화전마다 그로부터 (㉠)m 이내의 장소에 소화전함을 다음의 기준에 따라 설치해야 한다.
> 2.4.1.1 옥외소화전이 10개 이하 설치된 때에는 옥외소화전마다 (㉡)m 이내의 장소에 1개 이상의 소화전함을 설치해야 한다.

347 **화재안전기술기준상 스프링클러설비에 관한 규정이다. (　　)에 들어갈 용어를 쓰시오.**

> (㉠) 스프링클러헤드란 감열체 없이 방수구가 항상 열려 있는 헤드를 말하며, (㉡) 스프링클러헤드란 정상상태에서 방수구를 막고 있는 감열체가 일정온도에서 자동적으로 파괴·용해 또는 이탈됨으로써 방수구가 개방되는 헤드를 말한다.

348 **화재안전기술기준상 스프링클러설비에 관한 규정이다. (　　)에 들어갈 용어를 쓰시오.**

(㉠)(이)란 가압된 물이 분사될 때 헤드의 축심을 중심으로 한 반원상에 균일하게 분산시키는 헤드를 말하며, (㉡)(이)란 물과 오리피스가 분리되어 동파를 방지할 수 있는 스프링클러헤드를 말한다.

349 **화재안전기술기준상 스프링클러설비에 관한 규정이다. (　　)에 들어갈 용어를 쓰시오.**

- (㉠)(이)란 헤드가 설치되어 있는 배관을 말한다.
- (㉡)(이)란 가지배관에 급수하는 배관을 말한다.
- (㉢)(이)란 가압송수장치 또는 송수구 등과 직접 연결되어 소화수를 이송하는 주된 배관을 말한다.

350 **화재안전기술기준상 스프링클러설비에 관한 규정이다. (　　)에 들어갈 용어를 쓰시오.**

(㉠)(이)란 가지배관과 스프링클러헤드를 연결하는 구부림이 용이하고 유연성을 가진 배관을 말한다.

351 **화재안전기술기준상 스프링클러설비에 관한 규정이다. (　　)에 들어갈 용어를 쓰시오.**

(㉠)(이)란 가압송수장치에서 폐쇄형 스프링클러헤드까지 배관 내에 항상 물이 가압되어 있다가 화재로 인한 열로 폐쇄형 스프링클러헤드가 개방되면 배관 내에 유수가 발생하여 습식 유수검지장치가 작동하게 되는 스프링클러설비를 말한다.

정답

343 0.25, 350　**344** ㉠ 1, ㉡ 40　**345** ㉠ 65　**346** ㉠ 5, ㉡ 5　**347** ㉠ 개방형, ㉡ 폐쇄형
348 ㉠ 측벽형 스프링클러헤드, ㉡ 건식 스프링클러헤드　**349** ㉠ 가지배관, ㉡ 교차배관, ㉢ 주배관
350 ㉠ 신축배관　**351** ㉠ 습식 스프링클러설비

352 화재안전기술기준상 스프링클러설비에 관한 규정이다. (   )에 들어갈 용어를 쓰시오.

(㉠)(이)란 가압송수장치에서 준비작동식 유수검지장치의 1차 측까지는 항상 정압의 물이 가압되고, 2차 측 폐쇄형 스프링클러헤드까지는 소화수가 부압으로 되어 있다가 화재 시 감지기의 작동에 의해 정압으로 변하여 유수가 발생하면 작동하는 스프링클러설비를 말한다.

353 화재안전기술기준상 스프링클러설비에 관한 규정이다. (   )에 들어갈 용어를 쓰시오.

(㉠) 스프링클러설비란 가압송수장치에서 (㉠) 유수검지장치 1차 측까지 배관 내에 항상 물이 가압되어 있고 2차 측에서 폐쇄형 스프링클러헤드까지 대기압 또는 저압으로 있다가 화재발생 시 감지기의 작동으로 (㉠) 밸브가 개방되면 폐쇄형 스프링클러헤드까지 소화수가 송수되고, 폐쇄형 스프링클러헤드가 열에 의해 개방되면 방수가 되는 방식의 스프링클러설비를 말한다.

354 화재안전기술기준상 스프링클러설비에 관한 규정이다. (   )에 들어갈 용어를 쓰시오.

(㉠) 스프링클러설비란 (㉠) 유수검지장치 2차 측에 압축공기 또는 질소 등의 기체로 충전된 배관에 폐쇄형 스프링클러헤드가 부착된 스프링클러설비로서, 폐쇄형 스프링클러헤드가 개방되어 배관 내의 압축공기 등이 방출되면 (㉠) 유수검지장치 1차 측의 수압에 의하여 (㉠) 유수검지장치가 작동하게 되는 스프링클러설비를 말한다.

355 화재안전기술기준상 스프링클러설비에 관한 규정이다. (   )에 들어갈 용어를 쓰시오.

(㉠)(이)란 가압송수장치에서 일제개방밸브 1차 측까지 배관 내에 항상 물이 가압되어 있고 2차 측에서 개방형 스프링클러헤드까지 대기압으로 있다가 화재 시 자동감지장치 또는 수동식 기동장치의 작동으로 일제개방밸브가 개방되면 스프링클러헤드까지 소화수가 송수되는 방식의 스프링클러설비를 말한다.

356 **화재안전기술기준상 스프링클러설비에 관한 규정이다. (　　)에 들어갈 용어를 쓰시오.**

> (㉠)(이)란 스프링클러헤드의 방수구에서 유출되는 물을 세분시키는 작용을 하는 것을 말한다.

357 **화재안전기술기준상 스프링클러설비의 수원에 관한 내용이다. (　　)에 들어갈 아라비아 숫자를 쓰시오.**

> 폐쇄형 스프링클러헤드를 사용하는 경우에는 스프링클러설비 설치장소별 스프링클러헤드의 기준개수에 (㉠)m^3를 곱한 양 이상이 되도록 할 것

358 **화재안전기술기준상 스프링클러설비의 가압송수장치에 관한 내용이다. (　　)에 들어갈 아라비아 숫자를 쓰시오.**

> 가압송수장치의 정격토출압력은 하나의 헤드선단에 (㉠)MPa 이상 (㉡)MPa 이하의 방수압력이 될 수 있게 하는 크기일 것

359 **화재안전기술기준상 스프링클러설비의 설치유지 및 안전관리에 관한 설명이다. (　　)에 들어갈 숫자를 순서대로 쓰시오.** 제13회 수정

> 가압송수장치의 송수량은 (㉠)MPa의 방수압력 기준으로 (㉡)ℓ/min 이상의 방수성능을 가진 기준개수의 모든 헤드로부터의 방수량을 충족시킬 수 있는 양 이상의 것으로 할 것. 이 경우 속도수두는 계산에 포함하지 않을 수 있다.

정답

352 ㉠ 부압식 스프링클러설비 **353** ㉠ 준비작동식 **354** ㉠ 건식 **355** ㉠ 일제살수식 스프링클러설비 **356** ㉠ 반사판(또는 디플렉터) **357** ㉠ 1.6 **358** ㉠ 0.1, ㉡ 1.2 **359** ㉠ 0.1, ㉡ 80

360 화재안전기술기준상 스프링클러설비에 관한 내용이다. (   )에 들어갈 아라비아 숫자를 쓰시오.

개방형 스프링클러설비 하나의 방수구역을 담당하는 헤드의 개수는 (㉠)개 이하로 할 것. 다만, 2개 이상의 방수구역으로 나눌 경우에는 하나의 방수구역을 담당하는 헤드의 개수는 (㉡)개 이상으로 해야 한다.

361 화재안전기술기준상 스프링클러설비에 관한 내용이다. (   )에 들어갈 아라비아 숫자를 쓰시오.

습식 스프링클러설비 또는 부압식 스프링클러설비 외의 설비에는 헤드를 향하여 상향으로 수평주행배관의 기울기를 (㉠) 이상, 가지배관의 기울기를 (㉡) 이상으로 할 것. 다만, 배관의 구조상 기울기를 줄 수 없는 경우에는 배수를 원활하게 할 수 있도록 배수밸브를 설치해야 한다.

362 화재안전기술기준상 스프링클러설비에 관한 내용이다. (   )에 들어갈 아라비아 숫자를 쓰시오.

스프링클러헤드는 특정소방대상물의 천장·반자·천장과 반자 사이·덕트·선반 기타 이와 유사한 부분(폭이 1.2m를 초과하는 것에 한한다)에 설치해야 한다. 다만, 폭이 (㉠)m 이하인 실내에 있어서는 측벽에 설치할 수 있다.

363 화재안전기술기준상 스프링클러설비에 관한 내용이다. (   )에 들어갈 아라비아 숫자를 쓰시오.

스프링클러헤드는 살수가 방해되지 않도록 스프링클러헤드로부터 반경 (㉠)cm 이상의 공간을 보유할 것. 다만, 벽과 스프링클러헤드 간의 공간은 (㉡)cm 이상으로 하며, 스프링클러헤드와 그 부착면(상향식 헤드의 경우에는 그 헤드의 직상부의 천장·반자 또는 이와 비슷한 것을 말한다. 이하 같다)과의 거리는 (㉢)cm 이하로 할 것

364 화재감지기에 관한 설명이다. (　　)에 들어갈 용어를 쓰시오.

(㉠) 감지기는 실온이 일정온도 이상으로 상승하였을 때 작동하는 감지기를 말하며, (㉡) 감지기는 실내온도의 상승률, 즉 상승속도가 일정한 값을 넘었을 때 작동하는 감지기이다.

365 화재감지기에 관한 설명이다. (　　)에 들어갈 용어를 쓰시오.

(㉠) 감지기는 정온식 감지기와 차동식 감지기가 결합한 형태의 감지기이다.

366 화재안전기술기준상 자동화재탐지설비의 경계구역에 관한 내용이다. (　　)에 들어갈 아라비아 숫자를 쓰시오.

하나의 경계구역의 면적은 (㉠)m^2 이하로 하고 한 변의 길이는 (㉡)m 이하로 할 것. 다만, 해당 특정소방대상물의 주된 출입구에서 그 내부 전체가 보이는 것에 있어서는 한 변의 길이가 (㉢)m의 범위 내에서 (㉣)m^2 이하로 할 수 있다.

367 화재안전기술기준상 자동화재탐지설비의 감지기에 관한 내용이다. (　　)에 들어갈 아라비아 숫자를 쓰시오.

차동식 분포형의 것을 제외한 감지기는 실내로의 공기유입구로부터 (㉠)m 이상 떨어진 위치에 설치하고, 스폿형 감지기는 (㉡)도 이상 경사되지 않도록 부착할 것

정답

360 ㉠ 50, ㉡ 25　**361** ㉠ 1/500, ㉡ 1/250　**362** ㉠ 9　**363** ㉠ 60, ㉡ 10, ㉢ 30
364 ㉠ 정온식, ㉡ 차동식　**365** ㉠ 보상식　**366** ㉠ 600, ㉡ 50, ㉢ 50, ㉣ 1,000　**367** ㉠ 1.5, ㉡ 45

368 **화재안전기술기준상 자동화재탐지설비의 감지기에 관한 내용이다. (　　)에 들어갈 아라비아 숫자를 쓰시오.**

> 보상식 스폿형 감지기는 정온점이 감지기 주위의 평상시 최고온도보다 (㉠)℃ 이상 높은 것으로 설치하고, 정온식 감지기는 주방·보일러실 등으로서 다량의 화기를 취급하는 장소에 설치하되, 공칭작동온도가 최고주위온도보다 (㉠)℃ 이상 높은 것으로 설치할 것

369 **화재안전기술기준상 자동화재탐지설비의 음향장치에 관한 내용이다. (　　)에 들어갈 아라비아 숫자를 쓰시오.**

> 음향장치는 다음의 기준에 따른 구조 및 성능의 것으로 할 것
> 2.5.1.4.1 정격전압의 (㉠)% 전압에서 음향을 발할 수 있는 것으로 할 것. 다만, 건전지를 주전원으로 사용하는 음향장치는 그렇지 않다.
> 2.5.1.4.2 음향의 크기는 부착된 음향장치의 중심으로부터 1m 떨어진 위치에서 (㉡) dB 이상이 되는 것으로 할 것

370 **화재안전기술기준상 자동화재탐지설비에 관한 내용이다. (　　)에 들어갈 아라비아 숫자를 쓰시오.**

> 자동화재탐지설비에는 그 설비에 대한 감시상태를 (㉠)분간 지속한 후 유효하게 (㉡)분 이상 경보할 수 있는 비상전원으로서 축전지설비(수신기에 내장하는 경우를 포함한다) 또는 전기저장장치(외부 전기에너지를 저장해 두었다가 필요한 때 전기를 공급하는 장치)를 설치해야 한다. 다만, 상용전원이 축전지설비인 경우 또는 건전지를 주전원으로 사용하는 무선식 설비인 경우에는 그렇지 않다.

371 **화재안전기술기준상 비상방송설비의 확성기에 관한 내용이다. (　　)에 들어갈 아라비아 숫자를 쓰시오.**

> 확성기의 음성입력은 (㉠)W[실내에 설치하는 것에 있어서는 (㉡)W] 이상일 것

372 **화재안전기술기준상 비상방송설비의 확성기에 관한 내용이다. (　　)에 들어갈 아라비아 숫자를 쓰시오.**

> 확성기는 각 층마다 설치하되, 그 층의 각 부분으로부터 하나의 확성기까지의 수평거리가 (㉠)m 이하가 되도록 하고, 해당 층의 각 부분에 유효하게 경보를 발할 수 있도록 설치할 것

PART 2

373 **화재안전기술기준상 비상방송설비의 음량조정기에 관한 내용이다. (　　)에 들어갈 아라비아 숫자를 쓰시오.**

> 음량조정기를 설치하는 경우 음량조정기의 배선은 (㉠)선식으로 할 것

374 **화재안전기술기준상 비상방송설비에 관한 내용이다. (　　)에 들어갈 아라비아 숫자를 쓰시오.**

> 조작부의 조작스위치는 바닥으로부터 (㉠)m 이상 (㉡)m 이하의 높이에 설치할 것

375 **화재안전기술기준상 비상방송설비에 관한 내용이다. (　　)에 들어갈 아라비아 숫자를 쓰시오.**

> 기동장치에 따른 화재신고를 수신한 후 필요한 음량으로 화재발생 상황 및 피난에 유효한 방송이 자동으로 개시될 때까지의 소요시간은 (㉠)초 이하로 할 것

정답

368 ㉠ 20　**369** ㉠ 80, ㉡ 90　**370** ㉠ 60, ㉡ 10　**371** ㉠ 3, ㉡ 1　**372** ㉠ 25
373 ㉠ 3　**374** ㉠ 0.8, ㉡ 1.5　**375** ㉠ 10

376 **화재안전기술기준상 비상방송설비의 음향장치에 관한 내용이다. (   )에 들어갈 아라비아 숫자와 용어를 쓰시오.**

> 음향장치는 다음의 기준에 따른 구조 및 성능의 것으로 해야 한다.
> - 정격전압의 (㉠)% 전압에서 음향을 발할 수 있는 것으로 할 것
> - (㉡)의 작동과 연동하여 작동할 수 있는 것으로 할 것

377 **피난기구의 화재안전기술기준상 정의에 관한 설명이다. (   )에 들어갈 용어를 쓰시오.**

> 이 기준에서 사용하는 용어의 정의는 다음과 같다.
> - (㉠)(이)란 사용자의 몸무게에 따라 자동적으로 내려올 수 있는 기구 중 사용자가 교대하여 연속적으로 사용할 수 있는 것을 말한다.
> - (㉡)(이)란 사용자의 몸무게에 따라 자동적으로 내려올 수 있는 기구 중 사용자가 연속적으로 사용할 수 없는 것을 말한다.
> - (㉢)(이)란 포지 등을 사용하여 자루형태로 만든 것으로서 화재 시 사용자가 그 내부에 들어가서 내려옴으로써 대피할 수 있는 것을 말한다.

378 **피난기구의 화재안전기술기준상 정의에 관한 설명이다. (   )에 들어갈 용어를 쓰시오.**

> 이 기준에서 사용하는 용어의 정의는 다음과 같다.
> - (㉠)(이)란 화재 시 2인 이상의 피난자가 동시에 해당 층에서 지상 또는 피난층으로 하강하는 피난기구를 말한다.
> - (㉡)(이)란 화재 층과 직상 층을 연결하는 계단형태의 피난기구를 말한다.

379 **피난기구의 화재안전기술기준(NFTC 301)상 적응성 및 설치개수에 관한 내용이다. (   )에 들어갈 아라비아 숫자를 쓰시오.** 제24회 수정

> 2.1.3.9 승강식 피난기 및 하향식 피난구용 내림식사다리는 다음의 기준에 적합하게 설치할 것
> 2.1.3.9.1 〈생략〉
> 2.1.3.9.2 대피실의 면적은 $2m^2$(2세대 이상일 경우에는 $3m^2$) 이상으로 하고, 「건축법 시행령」 제46조 제4항 각 호의 규정에 적합하여야 하며 하강구(개구부) 규격은 직경 (㉠)cm 이상일 것. 다만, 외기와 개방된 장소에는 그렇지 않다.

380 **유도등 및 유도표지의 화재안전기술기준상 피난구유도등에 관한 설명이다. (　　)에 들어갈 아라비아 숫자를 쓰시오.**

> 피난구유도등은 피난구의 바닥으로부터 높이 (㉠)m 이상으로서 출입구에 인접하도록 설치해야 한다.

381 **유도등 및 유도표지의 화재안전기술기준상 통로유도등 설치기준에 관한 설명이다. (　　)에 들어갈 아라비아 숫자를 쓰시오.**

> 통로유도등은 특정소방대상물의 각 거실과 그로부터 지상에 이르는 복도 또는 계단의 통로에 다음의 기준에 따라 설치해야 한다.
> 2.3.1.1 복도통로유도등은 다음 각 목의 기준에 따라 설치할 것
> 2.3.1.1.1 복도에 설치하되 피난구유도등이 설치된 출입구의 맞은편 복도에는 입체형으로 설치하거나 바닥에 설치할 것
> 2.3.1.1.2 구부러진 모퉁이 및 2.3.1.1.1에 따라 설치된 통로유도등을 기점으로 보행거리 (㉠)m마다 설치할 것
> 2.3.1.1.3 바닥으로부터 높이 (㉡)m 이하의 위치에 설치할 것. 다만, 지하층 또는 무창층의 용도가 도매시장·소매시장·여객자동차터미널·지하역사 또는 지하상가인 경우에는 복도·통로 중앙부분의 바닥에 설치해야 한다.

382 **유도등 및 유도표지의 화재안전기술기준상 통로유도등 설치기준에 관한 설명이다. (　　)에 들어갈 아라비아 숫자를 쓰시오.**

> 통로유도등은 특정소방대상물의 각 거실과 그로부터 지상에 이르는 복도 또는 계단의 통로에 다음의 기준에 따라 설치해야 한다.
> 2.3.1.2 거실통로유도등은 다음의 기준에 따라 설치할 것
> 2.3.1.2.1 거실의 통로에 설치할 것. 다만, 거실의 통로가 벽체 등으로 구획된 경우에는 복도통로유도등을 설치할 것
> 2.3.1.2.2 구부러진 모퉁이 및 보행거리 (㉠)m마다 설치할 것
> 2.3.1.2.3 바닥으로부터 높이 (㉡)m 이상의 위치에 설치할 것. 다만, 거실통로에 기둥이 설치된 경우에는 기둥부분의 바닥으로부터 높이 (㉢)m 이하의 위치에 설치할 수 있다.

정답

376 ㉠ 80, ㉡ 자동화재탐지설비 **377** ㉠ 완강기, ㉡ 간이완강기, ㉢ 구조대 **378** ㉠ 다수인 피난장비, ㉡ 피난용 트랩 **379** ㉠ 60 **380** ㉠ 1.5 **381** ㉠ 20, ㉡ 1 **382** ㉠ 20, ㉡ 1.5, ㉢ 1.5

383 **유도등 및 유도표지의 화재안전기술기준상 통로유도등 설치기준에 관한 설명이다. (　　)에 들어갈 아라비아 숫자를 쓰시오.**

> 계단통로유도등은 다음의 기준에 따라 설치할 것
> 2.3.1.3.1 각 층의 경사로 참 또는 계단참마다(1개 층에 경사로 참 또는 계단참이 2 이상 있는 경우에는 2개의 계단참마다) 설치할 것
> 2.3.1.3.2 바닥으로부터 높이 (㉠)m 이하의 위치에 설치할 것

384 **유도등 및 유도표지의 화재안전기술기준상 유도표지 설치기준에 관한 설명이다. (　　)에 들어갈 아라비아 숫자를 쓰시오.**

> 유도표지는 다음의 기준에 따라 설치해야 한다.
> 2.5.1.1 계단에 설치하는 것을 제외하고는 각 층마다 복도 및 통로의 각 부분으로부터 하나의 유도표지까지의 보행거리가 (㉠)m 이하가 되는 곳과 구부러진 모퉁이의 벽에 설치할 것
> 2.5.1.2 피난구유도표지는 출입구 상단에 설치하고, 통로유도표지는 바닥으로부터 높이 (㉡)m 이하의 위치에 설치할 것

385 **유도등 및 유도표지의 화재안전기술기준상 유도등의 전원에 관한 기준이다. (　　)에 들어갈 아라비아 숫자를 쓰시오.**

> 비상전원은 다음의 기준에 적합하게 설치해야 한다.
> 2.7.2.1 축전지로 할 것
> 2.7.2.2 유도등을 (㉠)분 이상 유효하게 작동시킬 수 있는 용량으로 할 것. 다만, 다음의 특정소방대상물의 경우에는 그 부분에서 피난층에 이르는 부분의 유도등을 (㉡)분 이상 유효하게 작동시킬 수 있는 용량으로 해야 한다.
> 2.7.2.2.1 지하층을 제외한 층수가 11층 이상의 층
> 2.7.2.2.2 지하층 또는 무창층으로서 용도가 도매시장·소매시장·여객자동차터미널·지하역사 또는 지하상가

386 화재안전기술기준상 연결송수관설비의 송수구에 관한 내용이다. (　　)에 들어갈 아라비아 숫자를 쓰시오.

> 연결송수관설비의 송수구는 지면으로부터 높이가 (㉠)m 이상 (㉡)m 이하의 위치에 설치하고, 구경 (㉢)mm의 쌍구형으로 할 것

387 화재안전기술기준상 연결송수관설비의 배관에 관한 내용이다. (　　)에 들어갈 아라비아 숫자를 쓰시오.

> 주배관의 구경은 (㉠)mm 이상의 것으로 할 것

388 화재안전기술기준상 연결송수관설비에 관한 내용이다. (　　)에 들어갈 아라비아 숫자를 쓰시오.

> 연결송수관설비의 배관은 지면으로부터의 높이가 (㉠)m 이상인 특정소방대상물 또는 지상 (㉡)층 이상인 특정소방대상물에 있어서는 습식설비로 할 것

389 화재안전기술기준상 연결송수관설비의 방수구에 관한 내용이다. (　　)에 들어갈 아라비아 숫자를 쓰시오.

> 연결송수관설비의 방수구의 호스접결구는 바닥으로부터 높이 (㉠)m 이상 (㉡)m 이하의 위치에 설치하고, 방수구는 연결송수관설비의 전용 방수구 또는 옥내소화전 방수구로서 구경 (㉢)mm의 것으로 설치할 것

정답

383 ㉠ 1　**384** ㉠ 15, ㉡ 1　**385** ㉠ 20, ㉡ 60　**386** ㉠ 0.5, ㉡ 1, ㉢ 65
387 ㉠ 100　**388** ㉠ 31, ㉡ 11　**389** ㉠ 0.5, ㉡ 1, ㉢ 65

390 화재안전기술기준상 연결송수관설비에 관한 내용이다. (   )에 들어갈 아라비아 숫자를 쓰시오.

> 펌프의 양정은 최상층에 설치된 노즐선단의 압력이 (㉠)MPa 이상의 압력이 되도록 할 것

391 화재안전기술기준상 비상콘센트설비에 관한 내용이다. (   )에 들어갈 아라비아 숫자를 쓰시오.

> 비상콘센트설비의 전원회로는 단상교류 (㉠)V인 것으로서, 그 공급용량은 (㉡)kVA 이상인 것으로 할 것

392 화재안전기술기준상 비상콘센트설비에 관한 내용이다. (   )에 들어갈 아라비아 숫자를 쓰시오.

> 하나의 전용회로에 설치하는 비상콘센트는 (㉠)개 이하로 할 것. 이 경우 전선의 용량은 각 비상콘센트(비상콘센트가 3개 이상인 경우에는 3개)의 공급용량을 합한 용량 이상의 것으로 해야 한다.

393 화재안전기술기준상 비상콘센트설비에 관한 내용이다. (   )에 들어갈 아라비아 숫자를 쓰시오.

> 비상콘센트설비는 바닥으로부터 높이 (㉠)m 이상 (㉡)m 이하의 위치에 설치할 것

394 **고층건축물의 화재안전기술기준상 옥내소화전설비에 관한 내용이다. ( )에 들어갈 아라비아 숫자를 쓰시오.**

> 수원은 그 저수량이 옥내소화전의 설치개수가 가장 많은 층의 설치개수(5개 이상 설치된 경우에는 5개)에 (㉠)m^3(호스릴옥내소화전설비를 포함한다)를 곱한 양 이상이 되도록 해야 한다. 다만, 층수가 50층 이상인 건축물의 경우에는 (㉡)m^3를 곱한 양 이상이 되도록 해야 한다.

PART 2

395 **고층건축물의 화재안전기술기준상 옥내소화전설비에 관한 내용이다. ( )에 들어갈 아라비아 숫자를 쓰시오.**

> 비상전원은 자가발전설비, 축전지설비(내연기관에 따른 펌프를 사용하는 경우에는 내연기관의 기동 및 제어용 축전지를 말한다) 또는 전기저장장치(외부 전기에너지를 저장해 두었다가 필요한 때 전기를 공급하는 장치)로서 옥내소화전설비를 유효하게 (㉠)분[50층 이상인 건축물의 경우에는 (㉡)분] 이상 작동할 수 있어야 한다.

396 **고층건축물의 화재안전기술기준상 스프링클러설비에 관한 내용이다. ( )에 들어갈 아라비아 숫자를 쓰시오.**

> 수원은 그 저수량이 스프링클러설비 설치장소별 스프링클러헤드의 기준개수에 (㉠)m^3를 곱한 양 이상이 되도록 해야 한다. 다만, 50층 이상인 건축물의 경우에는 (㉡)m^3를 곱한 양 이상이 되도록 해야 한다.

정답

390 ㉠ 0.35 **391** ㉠ 220, ㉡ 1.5 **392** ㉠ 10 **393** ㉠ 0.8, ㉡ 1.5 **394** ㉠ 5.2, ㉡ 7.8 **395** ㉠ 40, ㉡ 60 **396** ㉠ 3.2, ㉡ 4.8

397 공동주택의 화재안전성능기준(NFPC 608)상 소화기구 및 자동소화장치에 관한 내용이다. (　　)에 들어갈 아라비아 숫자를 쓰시오.

> 제5조 【소화기구 및 자동소화장치】 ① 소화기는 다음 각 호의 기준에 따라 설치해야 한다.
> 1. 바닥면적 (㉠)제곱미터마다 1단위 이상의 능력단위를 기준으로 설치할 것

398 공동주택의 화재안전성능기준(NFPC 608)상 옥내소화전설비에 관한 내용이다. (　　)에 들어갈 용어를 쓰시오.

> 제6조 【옥내소화전설비】 옥내소화전설비는 다음 각 호의 기준에 따라 설치해야 한다.
> 1. (㉠) 방식으로 설치할 것
> 2. 복층형 구조인 경우에는 출입구가 없는 층에 방수구를 설치하지 아니할 수 있다.
> 3. 감시제어반 전용실은 (㉡) 또는 지하 1층에 설치할 것. 다만, 상시 사람이 근무하는 장소 또는 관계인이 쉽게 접근할 수 있고 관리가 용이한 장소에 감시제어반 전용실을 설치할 경우에는 지상 2층 또는 지하 2층에 설치할 수 있다.

399 공동주택의 화재안전성능기준(NFPC 608)상 스프링클러설비에 관한 내용이다. (　　)에 들어갈 아라비아 숫자를 쓰시오.

> 제7조 【스프링클러설비】 스프링클러설비는 다음 각 호의 기준에 따라 설치해야 한다.
> 1. 폐쇄형 스프링클러헤드를 사용하는 아파트등은 기준개수 (㉠)개(스프링클러헤드의 설치개수가 가장 많은 세대에 설치된 스프링클러헤드의 개수가 기준개수보다 작은 경우에는 그 설치개수를 말한다)에 (㉡)세제곱미터를 곱한 양 이상의 수원이 확보되도록 할 것. 다만, 아파트등의 각 동이 주차장으로 서로 연결된 구조인 경우 해당 주차장 부분의 기준개수는 (㉢)개로 할 것

400 15층인 아파트에 각 세대마다 15개의 폐쇄형 스프링클러헤드가 설치되어 있는 경우 수원의 저수량은 몇 m^3인지 아라비아 숫자로 쓰시오.

풀이 아파트의 기준개수는 10개이므로 10개 × $1.6m^3 = 16(m^3)$

최신기출

401 공동주택의 화재안전성능기준(NFPC 608)상 (　　)에 들어갈 아라비아 숫자를 쓰시오.

제27회

> 제7조 【스프링클러설비】 스프링클러설비는 다음 각 호의 기준에 따라 설치해야 한다.
> 1. ~ 3. 〈생략〉
> 4. 아파트등의 세대 내 스프링클러헤드를 설치하는 경우 천장·반자·천장과 반자사이·덕트·선반등의 각 부분으로부터 하나의 스프링클러헤드까지의 수평거리는 (㉠)미터 이하로 할 것.
> 5. 외벽에 설치된 창문에서 (㉡)미터 이내에 스프링클러헤드를 배치하고, 배치된 헤드의 수평거리 이내에 창문이 모두 포함되도록 할 것. 다만, 다음 각 목의 어느 하나에 해당하는 경우에는 그렇지 않다
> 가. 〈생략〉
> 나. 창문과 창문 사이의 수직부분이 내화구조로 (㉢)센티미터 이상 이격되어 있거나, 「발코니 등의 구조변경절차 및 설치기준」 제4조 제1항부터 제5항까지에서 정하는 구조와 성능의 방화판 또는 방화유리창을 설치한 경우
> 다. 〈생략〉

402 공동주택의 화재안전성능기준(NFPC 608)상 스프링클러설비에 관한 내용이다. (　　)에 들어갈 용어 및 아라비아 숫자를 쓰시오.

> 제7조 【스프링클러설비】 스프링클러설비는 다음 각 호의 기준에 따라 설치해야 한다.
> 1. ~ 5. 〈생략〉
> 6. 거실에는 (㉠) 스프링클러헤드를 설치할 것
> 7. ~ 8. 〈생략〉
> 9. 「스프링클러설비의 화재안전기술기준(NFTC 103)」 2.7.7.1 및 2.7.7.3의 기준에도 불구하고 세대 내 실외기실 등 소규모 공간에서 해당 공간 여건상 헤드와 장애물 사이에 (㉡)센티미터 반경을 확보하지 못하거나 장애물 폭의 (㉢)배를 확보하지 못하는 경우에는 살수방해가 최소화되는 위치에 설치할 수 있다.

정답

397 ㉠ 100　**398** ㉠ 호스릴, ㉡ 피난층　**399** ㉠ 10, ㉡ 1.6, ㉢ 30　**400** 16
401 ㉠ 2.6, ㉡ 0.6, ㉢ 90　**402** ㉠ 조기반응형, ㉡ 60, ㉢ 3

403 **공동주택의 화재안전성능기준(NFPC 608)상 자동화재탐지설비에 관한 내용이다. (　　) 에 들어갈 용어를 쓰시오.**

> 제11조 【자동화재탐지설비】 ① 감지기는 다음 각 호의 기준에 따라 설치해야 한다.
> 1. (㉠)방식의 감지기, 광전식 공기흡입형 감지기 또는 이와 동등 이상의 기능·성능이 인정되는 것으로 설치할 것
> 2. 〈생략〉
> 3. 세대 내 거실(취침용도로 사용될 수 있는 통상적인 방 및 거실을 말한다)에는 (㉡)감지기를 설치할 것
> 4. 〈생략〉

404 **공동주택의 화재안전성능기준(NFPC 608)상 비상방송설비에 관한 내용이다. (　　)에 들어갈 용어 및 아라비아 숫자를 쓰시오.**

> 제12조 【비상방송설비】 비상방송설비는 다음 각 호의 기준에 따라 설치해야 한다.
> 1. (㉠)은(는) 각 세대마다 설치할 것
> 2. 아파트등의 경우 실내에 설치하는 확성기 음성입력은 (㉡)와트 이상일 것

405 **공동주택의 화재안전성능기준(NFPC 608)상 연결송수관설비에 관한 내용이다. (　　) 에 들어갈 아라비아 숫자를 쓰시오.**

> 제17조 【연결송수관설비】 ① 방수구는 다음 각 호의 기준에 따라 설치해야 한다.
> 1. 〈생략〉
> 2. 아파트등의 경우 계단의 출입구(계단의 부속실을 포함하며 계단이 2 이상 있는 경우에는 그중 1개의 계단을 말한다)로부터 (㉠)미터 이내에 방수구를 설치하되, 그 방수구로부터 해당 층의 각 부분까지의 수평거리가 (㉡)미터를 초과하는 경우에는 방수구를 추가로 설치할 것

406 **공동주택의 화재안전성능기준(NFPC 608)상 비상콘센트설비에 관한 내용이다. (   )에 들어갈 아라비아 숫자를 쓰시오.**

> 제18조 【비상콘센트】 아파트등의 경우에는 계단의 출입구(계단의 부속실을 포함하며 계단이 2개 이상 있는 경우에는 그중 1개의 계단을 말한다)로부터 (㉠)미터 이내에 비상콘센트를 설치하되, 그 비상콘센트로부터 해당 층의 각 부분까지의 수평거리가 (㉡)미터를 초과하는 경우에는 비상콘센트를 추가로 설치해야 한다.

407 **화재의 예방 및 안전관리에 관한 법률 시행령상 특급 소방안전관리대상물에 관한 규정의 일부이다. (   )에 들어갈 아라비아 숫자를 쓰시오.**

> 1. 특급 소방안전관리대상물
>   가. 특급 소방안전관리대상물의 범위
>   「소방시설 설치 및 관리에 관한 법률 시행령」 별표 2의 특정소방대상물 중 다음의 어느 하나에 해당하는 것
>   1) (㉠)층 이상(지하층은 제외한다)이거나 지상으로부터 높이가 (㉡)미터 이상인 아파트

408 **화재의 예방 및 안전관리에 관한 법령상 소방안전관리자를 두어야 하는 특정소방대상물 중 1급 소방안전관리대상물에 관한 내용이다. (   )에 들어갈 아라비아 숫자를 쓰시오.**

제24회 수정

> 2. 1급 소방안전관리대상물
>   가. 1급 소방안전관리대상물의 범위
>   「소방시설 설치 및 관리에 관한 법률 시행령」 별표 2의 특정소방대상물 중 다음의 어느 하나에 해당하는 것(제1호에 따른 특급 소방안전관리대상물은 제외한다)
>   1) (㉠)층 이상(지하층은 제외한다)이거나 지상으로부터 높이가 (㉡)미터 이상인 아파트

정답

403 ㉠ 아날로그, ㉡ 연기 **404** ㉠ 확성기, ㉡ 2 **405** ㉠ 5, ㉡ 50 **406** ㉠ 5, ㉡ 50
407 ㉠ 50, ㉡ 200 **408** ㉠ 30, ㉡ 120

409 **화재의 예방 및 안전관리에 관한 법령상 소방안전관리대상물의 근무자 및 거주자에 대한 소방훈련 등에 관한 내용이다. 법령에서 명시하고 있는 (   )에 들어갈 용어를 쓰시오.**

제22회 수정

> 소방안전관리대상물의 관계인은 그 장소에 근무하거나 거주하는 사람 등에게 소화·(㉠)·피난 등의 훈련과 소방안전관리에 필요한 교육을 하여야 하고, 피난훈련은 그 소방대상물에 출입하는 사람을 안전한 장소로 대피시키고 유도하는 훈련을 포함하여야 한다. 이 경우 소방훈련과 교육의 횟수 및 방법 등에 관하여 필요한 사항은 행정안전부령으로 정한다.

410 **화재의 예방 및 안전관리에 관한 법령상 소방안전관리대상물의 근무자 및 거주자에 대한 소방훈련 등에 관한 내용이다. (   )에 들어갈 아라비아 숫자를 쓰시오.**

> 소방안전관리대상물의 관계인은 제1항에 따라 소방훈련과 교육을 실시했을 때에는 그 실시 결과를 별지 제28호서식의 소방훈련·교육 실시 결과 기록부에 기록하고, 이를 소방훈련 및 교육을 실시한 날부터 (㉠)년간 보관해야 한다.

411 **도시가스사업법령상 용어에 관한 설명이다. (   )에 들어갈 아라비아 숫자를 쓰시오.**

> 중압이란 (㉠)메가파스칼 이상 (㉡)메가파스칼 미만의 압력을 말한다. 다만, 액화가스가 기화되고 다른 물질과 혼합되지 아니한 경우에는 0.01메가파스칼 이상 0.2메가파스칼 미만의 압력을 말한다.

412 **도시가스사업법령상 용어에 관한 설명이다. (   )에 들어갈 아라비아 숫자를 쓰시오.**

> 고압이란 (㉠)메가파스칼 이상의 압력을 말하며, 저압이란 (㉡)메가파스칼 미만의 압력을 말한다.

413 **도시가스사업법령상 가스사용시설의 시설·기술·검사기준에 관한 내용이다. ( )에 들어갈 아라비아 숫자를 쓰시오.** 제24회

> 1. 배관 및 배관설비
>   가. 시설기준
>   1) 배치기준
>   가) 가스계량기는 다음 기준에 적합하게 설치할 것.
>   ① 가스계량기와 화기(그 시설 안에서 사용하는 자체화기는 제외한다) 사이에 유지하여야 하는 거리: (㉠)m 이상

414 **다음은 도시가스사업법령상 시설기준과 기술기준 중 가스사용시설의 시설·기술·검사기준이다. ( )에 들어갈 숫자를 순서대로 쓰시오.** 제20회

> 가스계량기($30m^3/hr$ 미만인 경우만을 말한다)의 설치높이는 바닥으로부터 (㉠)m 이상 (㉡)m 이내에 수직·수평으로 설치하고 밴드·보호가대 등 고정장치로 고정시킬 것. 다만, 격납상자에 설치하는 경우, 기계실 및 보일러실(가정에 설치된 보일러실은 제외한다)에 설치하는 경우와 문이 달린 파이프 덕트 안에 설치하는 경우에는 설치 높이의 제한을 하지 아니한다.

415 **도시가스사업법령상 가스사용시설의 시설·기술·검사기준에 관한 내용이다. ( )에 들어갈 숫자를 쓰시오.** 제23회

> 가스계량기와 전기계량기 및 전기개폐기와의 거리는 (㉠)cm 이상, 굴뚝(단열조치를 하지 아니한 경우만을 말한다)·전기점멸기 및 전기접속기와의 거리는 (㉡)cm 이상, 절연조치를 하지 아니한 전선과의 거리는 (㉢)cm 이상의 거리를 유지할 것

정답

409 ㉠ 통보 **410** ㉠ 2 **411** ㉠ 0.1, ㉡ 1 **412** ㉠ 1, ㉡ 0.1 **413** ㉠ 2
414 ㉠ 1.6, ㉡ 2 **415** ㉠ 60, ㉡ 30, ㉢ 15

최신기출

416 도시가스사업법 시행규칙상 가스사용시설의 시설·기술·검사기준에 관한 내용이다. ( )에 들어갈 아라비아 숫자를 쓰시오. 제27회

> 입상관과 화기(그 시설 안에서 사용하는 자체화기는 제외한다) 사이에 유지해야 하는 거리는 우회거리 (㉠)m 이상으로 하고, 환기가 양호한 장소에 설치해야 하며 입상관의 밸브는 바닥으로부터 (㉡)m 이상 2m 이내에 설치할 것. 다만, 보호상자에 설치하는 경우에는 그러하지 아니하다.

417 도시가스사업법령상 가스사용시설의 시설·기술·검사기준에 관한 내용이다. ( )에 들어갈 아라비아 숫자를 쓰시오.

> 배관을 지하에 매설하는 경우에는 지면으로부터 (㉠)m 이상의 거리를 유지할 것

418 도시가스사업법령상 가스사용시설의 시설·기술·검사기준에 관한 내용이다. ( )에 들어갈 아라비아 숫자를 쓰시오.

> 배관은 움직이지 않도록 고정 부착하는 조치를 하되 그 호칭지름이 13mm 미만의 것에는 (㉠)m마다, 13mm 이상 33mm 미만의 것에는 (㉡)m마다, 33mm 이상의 것에는 (㉢)m마다 고정장치를 설치할 것(배관과 고정장치 사이에는 절연조치를 할 것). 다만, 호칭지름 100mm 이상의 것에는 적절한 방법에 따라 (㉢)m를 초과하여 설치할 수 있다.

419 도시가스사업법령상 가스사용시설의 시설·기술·검사기준에 관한 내용이다. ( )에 들어갈 용어를 쓰시오.

> 지상배관은 부식방지도장 후 표면색상을 (㉠)(으)로 도색하고, 지하매설배관은 최고사용압력이 저압인 배관은 (㉡)(으)로, 중압 이상인 배관은 (㉢)(으)로 할 것

420 도시가스사업법령상 가스사용시설의 시설·기술·검사기준에 관한 내용이다. (　　)에 들어갈 아라비아 숫자를 쓰시오.

> 지상배관의 경우 건축물의 내·외벽에 노출된 것으로서 바닥에서 (㉠)m의 높이에 폭 (㉡)cm의 황색띠를 2중으로 표시한 경우에는 표면색상을 황색으로 하지 아니할 수 있다.

PART 2

421 건축법령상 건축설비 설치의 원칙에 관한 규정이다. (　　)에 들어갈 아라비아 숫자를 쓰시오.

> 연면적이 (㉠)제곱미터 이상인 건축물의 대지에는 국토교통부령으로 정하는 바에 따라 「전기사업법」 제2조 제2호에 따른 전기사업자가 전기를 배전(配電)하는 데 필요한 전기설비를 설치할 수 있는 공간을 확보하여야 한다.

422 주택건설기준 등에 관한 규정상 전기시설에 관한 내용이다. (　　)에 들어갈 아라비아 숫자를 쓰시오.

> 주택에 설치하는 전기시설의 용량은 각 세대별로 3킬로와트[세대당 전용면적이 60제곱미터 이상인 경우에는 (㉠)킬로와트에 60제곱미터를 초과하는 (㉡)제곱미터마다 (㉢)킬로와트를 더한 값] 이상이어야 한다.

423 주택건설기준 등에 관한 규정상 세대당 전용면적이 85m^2인 주택에 설치하는 전기시설의 세대별 최소 용량(kW)을 쓰시오. 제16회

풀이 주택에 설치하는 전기시설의 용량은 각 세대별로 3킬로와트(세대당 전용면적이 60제곱미터 이상인 경우에는 3킬로와트에 60제곱미터를 초과하는 10제곱미터마다 0.5킬로와트를 더한 값) 이상이어야 한다.

정답

416 ㉠ 2, ㉡ 1.6 **417** ㉠ 0.6 **418** ㉠ 1, ㉡ 2, ㉢ 3 **419** ㉠ 황색, ㉡ 황색, ㉢ 붉은색 **420** ㉠ 1, ㉡ 3 **421** ㉠ 500 **422** ㉠ 3, ㉡ 10, ㉢ 0.5 **423** 4.5

424 **주택건설기준 등에 관한 규정상 전기시설에 관한 내용이다. (   )에 들어갈 아라비아 숫자를 쓰시오.**

주택단지 안의 옥외에 설치하는 전선은 지하에 매설하여야 한다. 다만, 세대당 전용면적이 (㉠)제곱미터 이하인 주택을 전체 세대수의 (㉡) 이상 건설하는 단지에서 폭 (㉢)미터 이상의 도로에 가설하는 전선은 가공선으로 할 수 있다.

425 **전기안전관리법령상 용어에 관한 설명이다. (   )에 들어갈 용어를 쓰시오.**

(㉠)(이)란 수전설비와 구내배전설비를 말한다.

426 **전기안전관리법령상의 용어의 정의이다. 법령에서 명시하고 있는 (   )에 들어갈 용어를 쓰시오.** 제22회 수정

(㉠)(이)란 타인의 전기설비 또는 구내발전설비로부터 전기를 공급받아 구내배전설비로 전기를 공급하기 위한 전기설비로서 수전지점으로부터 배전반(구내배전설비로 전기를 배전하는 전기설비를 말한다)까지의 설비를 말한다.

427 **다음에서 설명하고 있는 전기안전관리법령상의 용어를 쓰시오.** 제15회 수정

수전설비의 배전반에서부터 전기사용기기에 이르는 전선로·개폐기·차단기·분전함·콘센트·제어반·스위치 및 그 밖의 부속설비

428 **전기사업법령상 전압의 구분에 관한 설명이다. (   )에 들어갈 아라비아 숫자를 쓰시오.**

저압이란 직류에서는 (㉠)볼트 이하의 전압을 말하고, 교류에서는 (㉡)볼트 이하의 전압을 말한다.

429 **전기사업법령상 전압의 구분에 관한 설명이다. (   )에 들어갈 숫자를 순서대로 쓰시오.**

제14회

> 전압은 저압, 고압, 특고압으로 구분한다. 이 중 고압이란 교류에서는 (㉠)볼트를 초과하고 (㉡)볼트 이하인 전압을 말한다.

430 **전기사업법령상 전압의 구분에 관한 설명이다. (   )에 들어갈 아라비아 숫자를 쓰시오.**

> 전압은 저압, 고압, 특고압으로 구분한다. 이 중 고압이란 직류에서는 (㉠)볼트를 초과하고 (㉡)볼트 이하인 전압을 말한다.

431 **전기사업법령상 전압의 구분에 관한 설명이다. (   )에 들어갈 아라비아 숫자를 쓰시오.**

> 특고압이란 (㉠)볼트를 초과하는 전압을 말한다.

432 **건축전기설비 설계기준상의 수·변전설비 용량계산에 관한 내용이다. (   )에 들어갈 용어를 쓰시오.**

제23회

$$(㉠) = \frac{\text{각 부하의 최대수요전력 합계}}{\text{합성최대수요전력}}$$

433 **수용장소에 설치된 총설비용량에 대하여 실제 사용하고 있는 부하의 최대수요전력과의 비를 나타내는 용어를 쓰시오.**

정답

424 ㉠ 60, ㉡ 1/2, ㉢ 8 **425** ㉠ 전기수용설비 **426** ㉠ 수전설비 **427** 구내배전설비
428 ㉠ 1,500, ㉡ 1,000 **429** ㉠ 1,000, ㉡ 7,000 **430** ㉠ 1,500, ㉡ 7,000
431 ㉠ 7,000 **432** ㉠ 부등률 **433** 수용률(또는 수요율)

434 전기설비용량이 각각 80kW, 100kW, 120kW의 부하설비가 있다. 이때 수용률(수요율)을 80%로 가정할 경우 최대수요(용)전력(kW)을 구하시오. 제17회

풀이 $0.8 \times (80kW + 100kW + 120kW) = 240(kW)$

435 전기설비가 어느 정도 유효하게 사용되고 있는가를 나타내는 척도이고, 어떤 기간 중의 최대수용전력과 그 기간 중의 평균전력과의 비를 나타내는 용어를 쓰시오.

436 설비 A가 150kW, 수용률 0.5, 설비 B가 250kW, 수용률 0.8일 때 합성최대전력이 235kW일 경우 부등률을 구하여 아라비아 숫자로 쓰시오. (단, 소수점 2자리까지)

풀이 $부등률 = \frac{150 \times 0.5 + 250 \times 0.8}{235} \fallingdotseq 1.17$

437 설비용량이 360kW, 수용률 0.8, 부등률 1.2일 때 최대수용(요)전력(kW)을 구하여 아라비아 숫자로 쓰시오.

풀이 $최대수용전력 = \frac{360 \times 0.8}{1.2} = 240(kW)$

438 어떤 건물에서 총설비 부하용량이 850kW, 수용률이 60%일 경우 변압기 용량(kVA)을 구하여 아라비아 숫자로 쓰시오. (단, 설비부하의 종합역률은 0.75임)

풀이 $변압기\ 용량(Pa) = \frac{850 \times 0.6}{0.75} = 680(kVA)$

439 **건축물의 설비기준 등에 관한 규칙상 피뢰설비에 관한 내용이다. (   )에 들어갈 아라비아 숫자를 쓰시오.**

> 낙뢰의 우려가 있는 건축물 또는 높이 (㉠)미터 이상의 건축물에는 피뢰설비를 설치해야 하며, 돌침은 건축물의 맨 윗부분으로부터 (㉡)센티미터 이상 돌출시켜 설치해야 한다.

PART 2

440 **건축물의 설비기준 등에 관한 규칙상 피뢰설비에 관한 내용이다. (   )에 들어갈 용어와 아라비아 숫자를 쓰시오.**

> 피뢰설비의 재료는 최소 단면적이 피복이 없는 (㉠)을(를) 기준으로 수뢰부, 인하도선, 접지극은 (㉡)제곱밀리미터 이상이거나 이와 동등 이상의 성능을 갖출 것

441 **건축물의 설비기준 등에 관한 규칙상 피뢰설비에 관한 내용이다. (   )에 들어갈 용어와 아라비아 숫자를 쓰시오.**

> 피뢰설비의 (㉠)을(를) 대신하여 철골조의 철골구조물과 철근콘크리트조의 철근구조체 등을 사용하는 경우에는 전기적 연속성이 보장될 것. 이 경우 전기적 연속성이 있다고 판단되기 위하여는 건축물 금속구조체의 최상단부와 지표레벨 사이의 전기저항이 (㉡)옴 이하이어야 한다.

정답

434 240　**435** 부하율　**436** 1.17　**437** 240　**438** 680　**439** ㉠ 20, ㉡ 25
440 ㉠ 동선, ㉡ 50　**441** ㉠ 인하도선, ㉡ 0.2

442 **건축물의 설비기준 등에 관한 규칙 제20조(피뢰설비)에 관한 내용이다. (   )에 들어갈 아라비아 숫자를 쓰시오.** 제26회

> 측면 낙뢰를 방지하기 위하여 높이가 (㉠)미터를 초과하는 건축물 등에는 지면에서 건축물 높이의 5분의 4가 되는 지점부터 최상단부분까지의 측면에 수뢰부를 설치하여야 하며, 지표레벨에서 최상단부의 높이가 150미터를 초과하는 건축물은 (㉡)미터 지점부터 최상단부분까지의 측면에 수뢰부를 설치할 것

443 **건축물의 설비기준 등에 관한 규칙상 피뢰설비에 관한 내용이다. (   )에 들어갈 아라비아 숫자를 쓰시오.**

> 측면 낙뢰를 방지하기 위하여 높이가 (㉠)미터를 초과하는 건축물 등에는 지면에서 건축물 높이의 (㉡)이(가) 되는 지점부터 최상단부분까지의 측면에 수뢰부를 설치하여야 하며, 지표레벨에서 최상단부의 높이가 150미터를 초과하는 건축물은 (㉢)미터 지점부터 최상단부분까지의 측면에 수뢰부를 설치할 것

444 **건축물의 설비기준 등에 관한 규칙상 피뢰설비에 관한 내용이다. (   )에 들어갈 용어를 쓰시오.**

> 전기설비의 접지계통과 건축물의 피뢰설비 및 통신설비 등의 접지극을 공용하는 통합접지공사를 하는 경우에는 낙뢰 등으로 인한 과전압으로부터 전기설비 등을 보호하기 위하여 한국산업표준에 적합한 (㉠)을(를) 설치할 것

445 **지능형 홈네트워크 설비 설치 및 기술기준상 용어에 관한 설명이다. (   )에 들어갈 용어를 쓰시오.**

> (㉠)(이)란 홈네트워크장비 및 홈네트워크사용기기를 연결하는 것을 말하며 다음으로 구분한다.
> 가. (㉡): 집중구내통신실에서 세대까지를 연결하는 망
> 나. (㉢): 전유부분(각 세대 내)을 연결하는 망

446 **지능형 홈네트워크 설비 설치 및 기술기준상 용어에 관한 설명이다. (   )에 들어갈 용어를 쓰시오.**

'홈네트워크장비'란 홈네트워크망을 통해 접속하는 장치를 말하며 다음 각 목으로 구분한다.

가. 홈게이트웨이: 전유부분에 설치되어 세대 내에서 사용되는 홈네트워크사용기기들을 유무선 네트워크로 연결하고 세대망과 단지망 혹은 통신사의 기간망을 상호 접속하는 장치

나. (㉠): 세대 및 공용부의 다양한 설비의 기능 및 성능을 제어하고 확인할 수 있는 기기로 사용자인터페이스를 제공하는 장치

다. (㉡): 세대 내 홈게이트웨이와 단지서버 간의 통신 및 보안을 수행하는 장비로서, 백본(Back-Bone), 방화벽(Fire Wall), 워크그룹스위치 등 단지망을 구성하는 장비

라. 단지서버: 홈네트워크 설비를 총괄적으로 관리하며, 이로부터 발생하는 각종 데이터의 저장·관리·서비스를 제공하는 장비

447 **지능형 홈네트워크 설비 설치 및 기술기준상 용어에 관한 설명이다. (   )에 들어갈 용어를 쓰시오.**

'홈네트워크 설비 설치공간'이란 홈네트워크 설비가 위치하는 곳을 말하며, 다음 각 목으로 구분한다.

가. (㉠): 세대 내에 인입되는 통신선로, 방송공동수신설비 또는 홈네트워크 설비 등의 배선을 효율적으로 분배·접속하기 위하여 이용자의 전유부분에 포함되어 실내공간에 설치되는 분배함

나. (㉡)(TPS실): 통신용 파이프 샤프트 및 통신단자함을 설치하기 위한 공간

다. (㉢)(MDF실): 국선·국선단자함 또는 국선배선반과 초고속통신망장비, 이동통신망장비 등 각종 구내통신선로설비 및 구내용 이동통신설비를 설치하기 위한 공간

라. 〈생략〉

정답

442 ㉠ 60, ㉡ 120 **443** ㉠ 60, ㉡ 4/5, ㉢ 120 **444** ㉠ 서지보호장치
445 ㉠ 홈네트워크망, ㉡ 단지망, ㉢ 세대망 **446** ㉠ 세대단말기, ㉡ 단지네트워크장비
447 ㉠ 세대단자함, ㉡ 통신배관실, ㉢ 집중구내통신실

448 **지능형 홈네트워크 설비 설치 및 기술기준상 세대단자함에 관한 내용이다. (　　)에 들어갈 아라비아 숫자를 쓰시오.**

세대단자함은 (㉠)mm × (㉡)mm × (㉢)mm(깊이) 크기로 설치할 것을 권장한다.

449 **지능형 홈네트워크 설비 설치 및 기술기준상 무인택배함에 관한 내용이다. (　　)에 들어갈 아라비아 숫자를 쓰시오.**

무인택배함의 설치수량은 소형주택의 경우 세대수의 약 (㉠) ~ (㉡)%, 중형주택 이상은 세대수의 (㉡) ~ (㉢)% 정도 설치할 것을 권장한다.

450 **지능형 홈네트워크 설비 설치 및 기술기준상 통신배관실에 관한 내용이다. (　　)에 들어갈 아라비아 숫자를 쓰시오.**

통신배관실의 출입문은 폭 (㉠)미터, 높이 (㉡)미터 이상(문틀의 내측치수)이어야 하며, 잠금장치를 설치하고, 관계자 외 출입통제 표시를 부착하여야 하며, 외부의 청소 등에 의한 먼지, 물 등이 들어오지 않도록 (㉢)밀리미터 이상의 문턱을 설치하여야 한다.

451 **지능형 홈네트워크 설비 설치 및 기술기준에 관한 내용이다. (　　)에 들어갈 아라비아 숫자를 쓰시오.**

홈네트워크사용기기의 예비부품은 (㉠)% 이상 (㉡)년간 확보할 것을 권장한다.

452 **건축법 제65조의2(지능형 건축물의 인증)에 관한 규정의 일부이다. (　　)에 들어갈 아라비아 숫자를 쓰시오.**

허가권자는 지능형 건축물로 인증을 받은 건축물에 대하여 제42조에 따른 조경설치면적을 100분의 (㉠)까지 완화하여 적용할 수 있으며, 제56조 및 제60조에 따른 용적률 및 건축물의 높이를 100분의 (㉡)의 범위에서 완화하여 적용할 수 있다.

453 건축법령상 승강기의 설치기준에 관한 내용이다. (　　)에 들어갈 아라비아 숫자를 쓰시오.

> 건축주는 (㉠)층 이상으로서 연면적이 (㉡)제곱미터 이상인 건축물[층수가 6층인 건축물로서 각 층 거실의 바닥면적 (㉢)제곱미터 이내마다 1개소 이상의 직통계단을 설치한 건축물은 제외한다]을 건축하려면 승강기를 설치하여야 한다.

PART 2

454 건축물의 설비기준 등에 관한 규칙상 건축물에 설치하는 승용 승강기의 설치기준에 관한 내용이다. (　　)에 공통으로 들어갈 숫자를 쓰시오. 제23회

> 공동주택에서 15인승 승용 승강기는 6층 이상의 거실면적의 합계가 3천제곱미터 이하일 때는 (㉠)대, 3천제곱미터를 초과하는 경우는 (㉠)대에 3천제곱미터를 초과하는 3천제곱미터 이내마다 1대를 더한 대수를 설치한다.

455 건축물의 설비기준 등에 관한 규칙상 각 층 바닥면적이 2,000m^2인 아파트의 승용 승강기의 최소 설치대수를 구하여 아라비아 숫자로 쓰시오. (단, 층수가 20층으로 10층과 20층은 기계실이고, 나머지는 거실로 사용하며, 승강기는 15인승을 기준으로 함)

풀이 공동주택은 6층 이상의 거실면적의 합계가 3천m^2를 초과하는 경우에는 1대에 3천m^2를 초과하는 3천m^2 이내마다 1대를 더한 대수를 설치한다.

$$\therefore 1 + \frac{(13\text{개 층} \times 2\text{천}m^2) - 3\text{천}m^2}{3\text{천}m^2} \times 1\text{대} = 8.6\text{대} \fallingdotseq 9\text{대}$$

456 건축물의 설비기준 등에 관한 규칙상 승용 승강기의 설치기준에 관한 내용이다. (　　)에 들어갈 아라비아 숫자를 쓰시오.

> 승강기의 대수를 계산할 때 (㉠)인승 이상 (㉡)인승 이하의 승강기는 1대의 승강기로 보고, (㉢)인승 이상의 승강기는 2대의 승강기로 본다.

정답

448 ㉠ 500, ㉡ 400, ㉢ 80 **449** ㉠ 10, ㉡ 15, ㉢ 20 **450** ㉠ 0.7, ㉡ 1.8, ㉢ 50
451 ㉠ 5, ㉡ 5 **452** ㉠ 85, ㉡ 115 **453** ㉠ 6, ㉡ 2,000, ㉢ 300 **454** ㉠ 1 **455** 9
456 ㉠ 8, ㉡ 15, ㉢ 16

457 **건축법 제64조(승강기) 제2항의 규정이다. (   )에 들어갈 아라비아 숫자를 쓰시오.**

> 높이 (㉠)미터를 초과하는 건축물에는 대통령령으로 정하는 바에 따라 제1항에 따른 승강기뿐만 아니라 비상용 승강기를 추가로 설치하여야 한다. 다만, 국토교통부령으로 정하는 건축물의 경우에는 그러하지 아니하다.

458 **건축법령 및 건축물의 설비기준 등에 관한 규칙상 승강기의 설치기준에 관한 내용이다. (   )에 들어갈 아라비아 숫자를 쓰시오.**

> 높이 31미터를 초과하는 건축물에는 승용 승강기뿐만 아니라 비상용 승강기를 추가로 설치하여야 한다. 다만, 다음의 건축물의 경우에는 그러하지 아니하다.
> - 높이 31미터를 넘는 각 층을 거실 외의 용도로 쓰는 건축물
> - 높이 31미터를 넘는 각 층의 바닥면적의 합계가 (㉠)제곱미터 이하인 건축물
> - 높이 31미터를 넘는 층수가 (㉡)개 층 이하로서 당해 각 층의 바닥면적의 합계 (㉢)제곱미터[벽 및 반자가 실내에 접하는 부분의 마감을 불연재료로 한 경우에는 (㉠)제곱미터] 이내마다 방화구획으로 구획한 건축물

459 **건축법령상 비상용 승강기의 설치기준에 관한 설명이다. (   )에 들어갈 아라비아 숫자를 쓰시오.**

> 높이 31m를 넘는 각 층의 바닥면적 중 최대 바닥면적이 (㉠)m^2를 넘는 건축물에는 1대에 (㉠)m^2를 넘는 (㉡)m^2 이내마다 1대씩 더한 대수 이상의 비상용 승강기(비상용 승강기의 승강장 및 승강로를 포함한다)를 설치하여야 한다.

460 **건축물의 설비기준 등에 관한 규칙상 비상용 승강기의 승강장 및 승강로의 구조에 관한 내용이다. (   )에 들어갈 아라비아 숫자를 쓰시오.**

> 비상용 승강기의 승강장 바닥면적은 비상용 승강기 1대에 대하여 (㉠)제곱미터 이상으로 할 것. 다만, 옥외에 승강장을 설치하는 경우에는 그러하지 아니하다.

461 **주택건설기준 등에 관한 규정상 승용 승강기의 설치에 관한 설명이다. (　　　)에 들어갈 숫자를 순서대로 쓰시오.** 제14회

> (㉠)층 이상인 공동주택에는 국토교통부령이 정하는 기준에 따라 대당 (㉡)인승 이상인 승용 승강기를 설치하여야 한다. 다만, 「건축법 시행령」 제89조의 규정에 해당하는 공동주택의 경우에는 그러하지 아니하다.

462 **주택건설기준 등에 관한 규칙상 승용 승강기의 설치에 관한 설명이다. (　　　)에 들어갈 아라비아 숫자를 쓰시오.**

> 승용 승강기는 계단실형인 공동주택에는 계단실마다 1대[한 층에 (㉠)세대 이상이 조합된 계단실형 공동주택이 (㉡)층 이상인 경우에는 2대] 이상을 설치하되, 그 탑승인원수는 동일한 계단실을 사용하는 4층 이상인 층의 세대당 (㉢)명[독신자용 주택의 경우에는 (㉣)명]의 비율로 산정한 인원수 이상일 것

463 **주택건설기준 등에 관한 규칙상 승용 승강기의 설치에 관한 설명이다. (　　　)에 들어갈 아라비아 숫자를 쓰시오.**

> 승용 승강기는 복도형인 공동주택에는 1대에 (㉠)세대를 넘는 (㉡)세대마다 1대를 더한 대수 이상을 설치하되, 그 탑승인원수는 4층 이상인 층의 세대당 (㉢)명[독신자용 주택의 경우에는 (㉣)명]의 비율로 산정한 인원수 이상일 것

464 **주택건설기준 등에 관한 규정상 비상용 승강기의 설치에 관한 설명이다. (　　　)에 들어갈 아라비아 숫자를 쓰시오.**

> (㉠)층 이상인 공동주택의 경우에는 승용 승강기를 비상용 승강기의 구조로 하여야 한다.

정답

457 ㉠ 31　**458** ㉠ 500, ㉡ 4, ㉢ 200　**459** ㉠ 1,500, ㉡ 3,000　**460** ㉠ 6
461 ㉠ 6, ㉡ 6　**462** ㉠ 3, ㉡ 22, ㉢ 0.3, ㉣ 0.15　**463** ㉠ 100, ㉡ 80, ㉢ 0.2, ㉣ 0.1
464 ㉠ 10

465 **주택건설기준 등에 관한 규정상 화물용 승강기의 설치에 관한 설명이다. ( )에 들어갈 아라비아 숫자를 쓰시오.**

(㉠)층 이상인 공동주택에는 이삿짐 등을 운반할 수 있는 다음의 기준에 적합한 화물용 승강기를 설치하여야 한다.
1. 적재하중이 (㉡)톤 이상일 것

466 **주택건설기준 등에 관한 규정상 화물용 승강기의 설치에 관한 설명이다. ( )에 들어갈 아라비아 숫자를 쓰시오.**

10층 이상인 공동주택에는 이삿짐 등을 운반할 수 있는 다음의 기준에 적합한 화물용 승강기를 설치하여야 한다.
2. 승강기의 폭 또는 너비 중 한 변은 (㉠)미터 이상, 다른 한 변은 (㉡)미터 이상일 것

467 **주택건설기준 등에 관한 규정상 화물용 승강기의 설치에 관한 설명이다. ( )에 들어갈 아라비아 숫자를 쓰시오.**

10층 이상인 공동주택에는 이삿짐 등을 운반할 수 있는 다음의 기준에 적합한 화물용 승강기를 설치하여야 한다.
4. 복도형인 공동주택의 경우에는 (㉠)세대까지 1대를 설치하되, (㉡)세대를 넘는 경우에는 (㉢)세대마다 1대를 추가로 설치할 것

468 **승강기의 유지관리 시 원활한 부품 및 장비의 수급을 위해 승강기 안전관리법령에서 다음과 같이 승강기 유지관리용 부품 등의 제공기간을 정하고 있다. 법령에서 명시하고 있는 ( )에 들어갈 숫자를 쓰시오.** 제22회

제11조【승강기 유지관리용 부품 등의 제공기간 등】① 법 제6조 제1항 전단에 따라 제조업 또는 수입업을 하기 위해 등록을 한 자(이하 '제조·수입업자'라 한다)는 법 제8조 제1항 제1호에 따른 승강기 유지관리용 부품(이하 '유지관리용 부품'이라 한다) 및 같은 항 제2호에 따른 장비 또는 소프트웨어(이하 '장비등'이라 한다)의 원활한 제공을 위해 동일한 형식의 유지관리용 부품 및 장비등을 최종 판매하거나 양도한 날부터 (㉠)년 이상 제공할 수 있도록 해야 한다. 다만, 비슷한 다른 유지관리용 부품 또는 장비등의 사용이 가능한 경우로서 그 부품 또는 장비등을 제공할 수 있는 경우에는 그렇지 않다.

469 **승강기 안전관리법 시행령 제11조 제3항 승강기 유지관리용 부품 등의 제공기간 등에 관한 설명이다. (　　)에 들어갈 아라비아 숫자를 쓰시오.**

> 제2항 제2호 나목에 따른 품질보증기간은 (㉠)년 이상으로 하며, 그 기간에 구매인 또는 양수인이 사용설명서에 따라 정상적으로 사용·관리했음에도 불구하고 고장이나 결함이 발생한 경우에는 제조·수입업자가 무상으로 유지관리용 부품 및 장비등을 제공(정비를 포함한다)해야 한다.

PART 2

470 **승강기 안전관리법 제8조 제2항(제조·수입업자의 사후관리) 규정의 일부이다. (　　)에 들어갈 아라비아 숫자를 쓰시오.**

> 제조·수입업자는 다음 각 호의 어느 하나에 해당하는 자로부터 제1항 제1호 또는 제2호에 해당하는 부품 등의 제공을 요청받은 경우에는 특별한 이유가 없으면 (㉠)일 이내에 그 요청에 따라야 한다.
> 1. 관리주체
> 2. 제39조 제1항 전단에 따라 승강기의 유지관리를 업으로 하기 위하여 등록을 한 자
> 3. 제39조 제1항 전단에 따라 승강기의 유지관리를 업으로 하기 위하여 등록을 한 자를 조합원으로 하여 「중소기업협동조합법」에 따라 설립된 법인

471 **승강기 안전관리법 시행규칙 제46조 제1항 승강기의 설치신고에 관한 설명이다. (　　)에 들어갈 아라비아 숫자를 쓰시오.**

> 법 제2조 제6호 다목에 따른 설치공사업자는 법 제27조에 따라 승강기의 설치를 끝낸 날부터 (㉠)일 이내에 공단에 승강기의 설치신고를 해야 한다.

정답

465 ㉠ 10, ㉡ 0.9 **466** ㉠ 1.35, ㉡ 1.6 **467** ㉠ 100, ㉡ 100, ㉢ 100 **468** ㉠ 10
469 ㉠ 3 **470** ㉠ 2 **471** ㉠ 10

472 **승강기 안전관리법 시행령 제27조 제3항(보험의 종류 등) 규정의 일부이다. (　　)에 들어갈 아라비아 숫자를 쓰시오.**

> 책임보험의 보상한도액은 다음 각 호의 기준에 해당하는 금액 이상으로 한다. 다만, 지급보험금액은 제1호 단서의 경우를 제외하고는 실손해액을 초과할 수 없다.
> 1. 사망의 경우에는 1인당 (㉠)만원. 다만, 사망에 따른 실손해액이 (㉡)만원 미만인 경우에는 2천만원으로 한다.
> 2. 부상의 경우에는 1인당 별표 6 제1호에 따른 상해 등급별 보험금액에서 정하는 금액
> 3. 부상의 경우 그 치료가 완료된 후 그 부상이 원인이 되어 신체장애(이하 '후유장애'라 한다)가 생긴 경우에는 1인당 별표 6 제2호에 따른 후유장애 등급별 보험금액에서 정하는 금액
> 4. 재산피해의 경우에는 사고당 (㉢)만원

473 **승강기 안전관리법령상 책임보험에 관한 내용이다. (　　)에 들어갈 아라비아 숫자와 용어를 쓰시오.**

> 책임보험에 가입(재가입을 포함한다. 이하 이 조에서 같다)한 관리주체는 책임보험 판매자로 하여금 제2항에 따른 책임보험의 가입 사실을 가입한 날부터 (㉠)일 이내에 법 제73조 제1항에 따른 (㉡)에 입력하게 해야 한다.

474 **승강기 안전관리법령상 승강기 안전관리자에 관한 설명이다. (　　)에 들어갈 아라비아 숫자를 쓰시오.**

> 관리주체는 제1항에 따라 승강기 안전관리자(관리주체가 직접 승강기를 관리하는 경우에는 그 관리주체를 말한다)를 선임하였을 때에는 행정안전부령으로 정하는 바에 따라 (㉠)일 이내에 행정안전부장관에게 그 사실을 통보하여야 한다. 승강기 안전관리자나 관리주체가 변경되었을 때에도 또한 같다.

475 승강기 안전관리법 제31조(승강기의 자체점검) 규정의 일부이다. (　　)에 들어갈 아라비아 숫자와 용어를 쓰시오.

> 관리주체는 승강기의 안전에 관한 자체점검을 월 (㉠)회 이상 하고, 그 결과를 제73조에 따른 (㉡)에 입력하여야 한다.

476 승강기 안전관리법 시행령 제29조 제2항(승강기의 자체점검)에 관한 설명이다. (　　)에 들어갈 아라비아 숫자와 용어를 쓰시오.

> 자체점검을 담당하는 사람은 자체점검을 마치면 지체 없이 자체점검 결과를 양호, 주의관찰 또는 긴급수리로 구분하여 관리주체에 통보해야 하며, 관리주체는 자체점검 결과를 자체점검 후 (㉠)일 이내에 (㉡)에 입력해야 한다.

477 승강기 안전관리법 제32조(승강기의 안전검사) 제1항 규정의 일부이다. (　　)에 들어갈 아라비아 숫자와 용어를 쓰시오.

> 관리주체는 승강기에 대하여 행정안전부장관이 실시하는 다음 각 호의 안전검사를 받아야 한다.
> 1. 정기검사: 설치검사 후 정기적으로 하는 검사. 이 경우 검사주기는 (㉠)년 이하로 하되, 행정안전부령으로 정하는 바에 따라 승강기별로 검사주기를 다르게 할 수 있다.
> 2. 〈생략〉
> 3. (㉡)안전검사: 다음 각 목의 어느 하나에 해당하는 경우에 하는 검사
>   나. 승강기의 결함으로 제48조 제1항에 따른 중대한 사고 또는 중대한 고장이 발생한 경우

정답

472 ㉠ 8,000, ㉡ 2,000, ㉢ 1,000 **473** ㉠ 14, ㉡ 승강기안전종합정보망 **474** ㉠ 30
475 ㉠ 1, ㉡ 승강기안전종합정보망 **476** ㉠ 10, ㉡ 승강기안전종합정보망 **477** ㉠ 2, ㉡ 정밀

478 **승강기 안전관리법령상 승강기의 안전검사에 관한 설명이다. (　　)에 들어갈 용어를 쓰시오.**

> 관리주체는 승강기에 대하여 행정안전부장관이 실시하는 다음 각 호의 안전검사(이하 '안전검사'라 한다)를 받아야 한다.
> 1. 〈생략〉
> 2. 수시검사: 다음 각 목의 어느 하나에 해당하는 경우에 하는 검사
>   가. 승강기의 종류, (㉠), 정격(기기의 사용조건 및 성능의 범위를 말한다. 이하 같다)속도, 정격용량 또는 왕복운행거리를 변경한 경우(변경된 승강기에 대한 검사의 기준이 완화되는 경우 등 행정안전부령으로 정하는 경우는 제외한다)
>   나. 승강기의 (㉡) 또는 (㉢)을(를) 교체한 경우
>   다. 승강기에 사고가 발생하여 수리한 경우(제3호 나목의 경우는 제외한다)
>   라. 관리주체가 요청하는 경우

479 **승강기 안전관리법상 승강기 정밀안전검사에 관한 내용이다. (　　)에 들어갈 아라비아 숫자를 쓰시오.** 제26회

> 승강기는 설치검사를 받은 날부터 (㉠)년이 지난 경우 정밀안전검사를 받고, 그 후 (㉡)년마다 정기적으로 정밀안전검사를 받아야 한다.

480 **승강기 안전관리법 시행규칙 제54조 정기검사의 주기 등에 관한 설명이다. (　　)에 들어갈 아라비아 숫자를 쓰시오.**

> ① 〈생략〉
> ② 제1항에도 불구하고 다음 각 호의 어느 하나에 해당하는 승강기의 경우에는 정기검사의 검사주기를 직전 정기검사를 받은 날부터 다음 각 호의 구분에 따른 기간으로 한다.
> 1. 설치검사를 받은 날부터 25년이 지난 승강기: (㉠)개월
> 2. 법 제32조 제1항 제3호 나목에 따른 승강기의 결함으로 중대한 사고 또는 중대한 고장이 발생한 후 2년이 지나지 않은 승강기: (㉠)개월
> 3. 다음 각 목의 엘리베이터: (㉡)년
> 가. 별표 1 제2호 가목 9)에 따른 화물용 엘리베이터
> 나. 별표 1 제2호 가목 10)에 따른 자동차용 엘리베이터
> 다. 별표 1 제2호 가목 11)에 따른 소형화물용 엘리베이터(Dumbwaiter)
> 4. 「건축법 시행령」 별표 1 제1호 가목에 따른 단독주택에 설치된 승강기: (㉡)년

PART 2

481 **승강기 안전관리법 시행령 제37조(중대한 사고 및 중대한 고장) 규정의 일부이다. (　　)에 들어갈 아라비아 숫자를 쓰시오.**

> 법 제48조 제1항 제1호에서 '사람이 죽거나 다치는 등 대통령령으로 정하는 중대한 사고'란 다음 각 호의 어느 하나에 해당하는 사고를 말한다.
> 1. 사망자가 발생한 사고
> 2. 사고 발생일부터 7일 이내에 실시된 의사의 최초 진단 결과 (㉠)주 이상의 입원 치료가 필요한 부상자가 발생한 사고
> 3. 사고 발생일부터 7일 이내에 실시된 의사의 최초 진단 결과 (㉡)주 이상의 치료가 필요한 부상자가 발생한 사고

정답

478 ㉠ 제어방식, ㉡ 제어반, ㉢ 구동기 **479** ㉠ 15, ㉡ 3 **480** ㉠ 6, ㉡ 2
481 ㉠ 1, ㉡ 3

CHAPTER

02 환경관리

▶ 연계학습 | 에듀윌 기본서 2차 [공동주택관리실무 下] p.446

01 **감염병의 예방 및 관리에 관한 법령상 소독 관련 내용이다. (　　)에 들어갈 용어를 쓰시오.**

제16회

소독에 이용되는 방법으로 소각, (㉠), 끓는 물 소독, 약물소독, 일광소독이 있다.

02 **감염병의 예방 및 관리에 관한 법령상의 내용이다. (　　)에 들어갈 숫자를 쓰시오.**

제15회

300세대 이상인 공동주택은 4월부터 9월까지는 (㉠)개월에 1회 이상 감염병 예방에 필요한 소독을 하여야 한다.

03 **감염병의 예방 및 관리에 관한 법령상의 내용이다. (　　)에 들어갈 아라비아 숫자를 쓰시오.**

(㉠)세대 이상인 공동주택은 10월부터 3월까지는 (㉡)개월에 1회 이상 감염병 예방에 필요한 소독을 하여야 하며, 공동주택을 관리·운영하는 자로서 소독을 실시하지 아니한 자는 (㉢)만원 이하의 과태료에 처한다.

최신기출

04 **신에너지 및 재생에너지 개발·이용·보급 촉진법상 (　　)에 들어갈 용어를 쓰시오.**

제27회

제2조【정의】이 법에서 사용하는 용어의 뜻은 다음과 같다.

1. '신에너지'란 기존의 화석연료를 변환시켜 이용하거나 수소·산소 등의 화학 반응을 통하여 전기 또는 열을 이용하는 에너지로서 다음 각 목의 어느 하나에 해당하는 것을 말한다.

   가. (㉠)

   나. 연료전지

다. 석탄을 액화·가스화한 에너지 및 중질잔사유(重質殘渣油)를 가스화한 에너지로서 대통령령으로 정하는 기준 및 범위에 해당하는 에너지
라. 그 밖에 석유·석탄·원자력 또는 천연가스가 아닌 에너지로서 대통령령으로 정하는 에너지

PART 2

05 **신에너지 및 재생에너지 개발·이용·보급 촉진법상 용어의 정의에 관한 내용이다. (   )에 들어갈 용어를 쓰시오.** 제25회

제2조【정의】이 법에서 사용하는 용어의 뜻은 다음과 같다.
1. '신에너지'란 기존의 (㉠)(을)를 변환시켜 이용하거나 수소·산소 등의 화학 반응을 통하여 전기 또는 열을 이용하는 에너지로서 다음 각 목의 어느 하나에 해당하는 것을 말한다.
가. 수소에너지
나. (㉡)
다. 석탄을 액화·가스화한 에너지 및 중질잔사유(重質殘渣油)를 가스화한 에너지로서 대통령령으로 정하는 기준 및 범위에 해당하는 에너지
라. 그 밖에 석유·석탄·원자력 또는 천연가스가 아닌 에너지로서 대통령령으로 정하는 에너지

06 **신에너지 및 재생에너지 개발·이용·보급 촉진법령상 용어의 정의이다. (   )에 들어갈 용어를 쓰시오.** 제24회

'재생에너지'란 재생 가능한 에너지를 변환시켜 이용하는 에너지이다. 그 종류에는 태양에너지, 풍력, 수력, 해양에너지, (㉠)에너지, 생물자원을 변환시켜 이용하는 바이오에너지로서 대통령령으로 정하는 기준 및 범위에 해당하는 에너지, 폐기물에너지(비재생폐기물로부터 생산된 것은 제외한다)로서 대통령령으로 정하는 기준 및 범위에 해당하는 에너지, 그 밖에 석유·석탄·원자력 또는 천연가스가 아닌 에너지로서 대통령령으로 정하는 에너지가 있다.

정답
01 ㉠ 증기소독(또는 스팀소독) **02** ㉠ 3 **03** ㉠ 300, ㉡ 6, ㉢ 100 **04** ㉠ 수소에너지
05 ㉠ 화석연료, ㉡ 연료전지 **06** ㉠ 지열

07 **실내공기질 관리법령상 신축공동주택의 실내공기질 측정물질을 나열한 것이다. (　　) 에 들어갈 물질을 쓰시오.** 제19회 수정

> 폼알데하이드, 벤젠, 톨루엔, 에틸벤젠, (㉠), 스티렌, 라돈

08 **실내공기질 관리법령상 (　　)에 들어갈 용어를 쓰시오. (순서 무관)**

> 신축공동주택의 실내공기질 측정항목은 다음과 같다.
> 1. (㉠)　　2. 벤젠　　3. (㉡)
> 4. 에틸벤젠　　5. 자일렌　　6. 스티렌
> 7. (㉢)

09 **실내공기질 관리법령상 신축공동주택의 실내공기질 측정결과에 관한 내용이다. (　　)에 들어갈 아라비아 숫자를 쓰시오.**

> 신축공동주택의 시공자는 실내공기질을 측정한 경우 주택 실내공기질 측정결과 보고(공고)를 작성하여 주민 입주 (㉠)일 전까지 특별자치시장·특별자치도지사·시장·군수·구청장(자치구의 구청장을 말한다)에게 제출해야 한다.

10 **실내공기질 관리법령상 신축공동주택의 실내공기질 측정결과에 관한 내용이다. (　　)에 들어갈 아라비아 숫자를 쓰시오.**

> 신축공동주택의 시공자는 주택 공기질 측정결과 보고(공고)를 주민 입주 (㉠)일 전부터 (㉡)일간 다음 각 호의 장소에 주민들이 잘 볼 수 있도록 공고해야 한다.
> 1. 공동주택 관리사무소 입구 게시판
> 2. 각 공동주택 출입문 게시판
> 3. 시공자의 인터넷 홈페이지

11 **실내공기질 관리법령상 신축공동주택의 실내공기질 권고기준에 관한 내용이다. (　　)에 들어갈 아라비아 숫자를 쓰시오.**

> 신축공동주택의 쾌적한 공기질 유지를 위한 실내공기질 권고기준은 다음과 같다.
> 1. 폼알데하이드 (㉠)$\mu g/m^3$ 이하
> 2. 벤젠 30$\mu g/m^3$ 이하
> 3. 톨루엔 1,000$\mu g/m^3$ 이하
> 4. 에틸벤젠 (㉡)$\mu g/m^3$ 이하
> 5. 자일렌 700$\mu g/m^3$ 이하
> 6. 스티렌 300$\mu g/m^3$ 이하
> 7. 라돈 (㉢)Bq/m^3 이하

12 **실내공기질 관리법령상 신축공동주택의 실내공기질 권고기준에 관한 내용이다. (　　)에 들어갈 용어를 쓰시오.**

> 신축공동주택의 쾌적한 공기질 유지를 위한 실내공기질 권고기준은 다음과 같다.
> 1. 폼알데하이드 210$\mu g/m^3$ 이하
> 2. 벤젠 30$\mu g/m^3$ 이하
> 3. (㉠) 1,000$\mu g/m^3$ 이하
> 4. (㉡) 360$\mu g/m^3$ 이하
> 5. 자일렌 700$\mu g/m^3$ 이하
> 6. (㉢) 300$\mu g/m^3$ 이하
> 7. 라돈 148Bq/m^3 이하

13 **실내공기질 관리법령상 오염물질 방출 건축자재에 관한 내용이다. ㉠과 ㉡에 들어갈 숫자를 순서대로 쓰시오.** 제11회

구분 \ 오염물질 종류	폼알데하이드	총휘발성 유기화합물
접착제	(㉠) 이하	2.0 이하
바닥재		(㉡) 이하

[비고]
위 표에서 오염물질의 종류별 측정단위는 $mg/m^2 \cdot h$로 한다. 다만, 실란트의 측정단위는 $mg/m \cdot h$로 한다.

정답

07 ㉠ 자일렌 08 ㉠ 폼알데하이드, ㉡ 톨루엔, ㉢ 라돈 09 ㉠ 7 10 ㉠ 7, ㉡ 60
11 ㉠ 210, ㉡ 360, ㉢ 148 12 ㉠ 톨루엔, ㉡ 에틸벤젠, ㉢ 스티렌 13 ㉠ 0.02, ㉡ 4.0

14 실내공기질 관리법 시행규칙상 건축자재의 오염물질 방출기준에 관한 내용이다. ( )에 들어갈 아라비아 숫자를 쓰시오. 제25회

구분 \ 오염물질 종류	톨루엔	폼알데하이드
접착제, 페인트, 퍼티, 벽지, 바닥재	(㉠) 이하	(㉡) 이하

15 실내공기질 관리법 시행규칙상 건축자재의 오염물질 방출기준에 관한 내용이다. ( )에 들어갈 아라비아 숫자를 쓰시오.

구분 \ 오염물질 종류	톨루엔	폼알데하이드
표면가공 목질판상 제품	(㉠) 이하	(㉡) 이하

16 실내공기질 관리법령상 오염물질 방출 건축자재에 관한 내용이다. ( )에 들어갈 아라비아 숫자를 쓰시오.

구분 \ 오염물질 종류	총휘발성 유기화합물	톨루엔
페인트	(㉠) 이하	(㉢) 이하
실란트	(㉡) 이하	

[비고]
위 표에서 오염물질의 종류별 측정단위는 $mg/m^2 \cdot h$로 한다. 다만, 실란트의 측정단위는 $mg/m \cdot h$로 한다.

17 실내공기질 관리법령상 공동주택의 소유자에게 권고하는 라돈 농도의 기준에 관한 설명이다. ( )에 들어갈 아라비아 숫자를 쓰시오.

> 법 제11조의10 제2항에 따라 다중이용시설 또는 공동주택의 소유자등에게 권고하는 실내 라돈 농도의 기준은 다음 각 호의 구분에 따른다.
> 1. 다중이용시설의 소유자등: 별표 3에 따른 라돈의 권고기준
> 2. 공동주택의 소유자등: 1세제곱미터당 (㉠)베크렐 이하

18 먹는물 수질기준 및 검사 등에 관한 규칙상 먹는물의 수질기준에 관한 설명이다. (   )에 들어갈 아라비아 숫자를 쓰시오.

> 일반세균은 (㉠)mℓ 중 (㉡)CFU(Colony Forming Unit)를 넘지 아니할 것

19 먹는물 수질기준 및 검사 등에 관한 규칙상 먹는물의 수질기준에 관한 설명이다. (   )에 들어갈 아라비아 숫자를 쓰시오.

> 대장균·분원성 대장균군은 (㉠)mℓ에서 검출되지 아니할 것

20 먹는물 수질기준 및 검사 등에 관한 규칙상 먹는물의 수질기준에 관한 설명이다. (   )에 들어갈 아라비아 숫자를 쓰시오.

> 잔류염소(유리잔류염소를 말한다)는 (㉠)mg/ℓ를 넘지 아니할 것

21 먹는물 수질기준 및 검사 등에 관한 규칙상 수돗물 수질기준에 관한 내용이다. (   )에 들어갈 아라비아 숫자를 쓰시오. 제26회

> 1. ~ 4. 〈생략〉
> 5. 심미적(審美的) 영향물질에 관한 기준
>   가. 경도(硬度)는 1,000mg/ℓ(수돗물의 경우 (㉠)mg/ℓ, 먹는염지하수 및 먹는해양심층수의 경우 1,200mg/ℓ)를 넘지 아니할 것. 다만, 샘물 및 염지하수의 경우에는 적용하지 아니한다.
>   나. ~ 아. 〈생략〉
>   자. 염소이온은 (㉡)mg/ℓ를 넘지 아니할 것(염지하수의 경우에는 적용하지 아니한다)

정답

14 ㉠ 0.08, ㉡ 0.02 **15** ㉠ 0.08, ㉡ 0.05 **16** ㉠ 2.5, ㉡ 1.5, ㉢ 0.08
17 ㉠ 148 **18** ㉠ 1, ㉡ 100 **19** ㉠ 100 **20** ㉠ 4.0 **21** ㉠ 300, ㉡ 250

22 먹는물 수질기준 및 검사 등에 관한 규칙상 먹는물의 수질기준에 관한 설명이다. (　　) 에 들어갈 아라비아 숫자를 쓰시오.

> • 색도는 (㉠)도를 넘지 아니할 것
> • 증발잔류물은 수돗물의 경우에는 (㉡)mg/ℓ를 넘지 아니할 것

23 먹는물 수질기준 및 검사 등에 관한 규칙상 먹는물의 수질기준에 관한 설명이다. (　　) 에 들어갈 아라비아 숫자를 쓰시오.

> 수소이온 농도는 pH (㉠) 이상 pH (㉡) 이하이어야 할 것

24 먹는물 수질기준 및 검사 등에 관한 규칙상 먹는물의 수질기준에 관한 설명이다. (　　) 에 들어갈 아라비아 숫자를 쓰시오.

> 탁도는 (㉠)NTU(Nephelometric Turbidity Unit)를 넘지 아니할 것. 다만, 지하수를 원수로 사용하는 마을상수도, 소규모급수시설 및 전용상수도를 제외한 수돗물의 경우에는 (㉡)NTU를 넘지 아니하여야 한다.

25 주택건설기준 등에 관한 규정상 소음방지대책에 관한 규정이다. (　　)에 들어갈 아라비아 숫자를 쓰시오.

> 사업주체는 공동주택을 건설하는 지점의 소음도가 (㉠)데시벨 미만이 되도록 하되, (㉠)데시벨 이상인 경우에는 방음벽·방음림(소음막이숲) 등의 방음시설을 설치하여 해당 공동주택의 건설지점의 소음도가 (㉠)데시벨 미만이 되도록 법 제42조 제1항에 따른 소음방지대책을 수립해야 한다.

26 **공동주택관리법령상 공동주택 층간소음의 방지 등에 관한 설명이다. (　　)에 들어갈 용어를 쓰시오.**

> 층간소음으로 피해를 입은 입주자등은 (㉠)에게 층간소음 발생 사실을 알리고, (㉠)이(가) 층간소음 피해를 끼친 해당 입주자등에게 층간소음 발생을 중단하거나 소음차단 조치를 권고하도록 요청할 수 있다. 이 경우 (㉠)은(는) 사실관계 확인을 위하여 세대 내 확인 등 필요한 조사를 할 수 있다.

PART 2

27 **공동주택관리법령상 공동주택 층간소음의 방지 등에 관한 내용이다. (㉠)에 공통으로 들어갈 용어와 (㉡)에 들어갈 용어를 쓰시오.** 제19회 수정

> 공동주택의 층간소음으로 피해를 입은 입주자등은 (㉠)에게 층간소음 발생 사실을 알리고, (㉠)이(가) 층간소음 피해를 끼친 해당 입주자등에게 층간소음 발생을 중단하거나 소음차단 조치를 권고하도록 요청할 수 있다. 이에 따른 (㉠)의 조치에도 불구하고 층간소음 발생이 계속될 경우에는 층간소음 피해를 입은 입주자등은 (㉡)에 조정을 신청할 수 있다.

28 **공동주택관리법령상 층간소음의 방지 등에 관한 내용이다. (　　)에 들어갈 아라비아 숫자를 쓰시오.**

> 입주자등은 층간소음에 따른 분쟁을 예방하고 조정하기 위하여 관리규약으로 정하는 바에 따라 다음 각 호의 업무를 수행하는 공동주택 층간소음관리위원회(이하 '층간소음관리위원회'라 한다)를 구성·운영할 수 있다. 다만, 제2조 제1항 제2호에 따른 의무관리대상 공동주택 중 (㉠)세대 이상인 경우에는 층간소음관리위원회를 구성하여야 한다.
> 1. 층간소음 민원의 청취 및 사실관계 확인
> 2. 분쟁의 자율적인 중재 및 조정
> 3. 층간소음 예방을 위한 홍보 및 교육
> 4. 그 밖에 층간소음 분쟁 방지 및 예방을 위하여 관리규약으로 정하는 업무

정답

22 ㉠ 5, ㉡ 500 **23** ㉠ 5.8, ㉡ 8.5 **24** ㉠ 1, ㉡ 0.5 **25** ㉠ 65 **26** ㉠ 관리주체
27 ㉠ 관리주체, ㉡ 공동주택 층간소음관리위원회 **28** ㉠ 700

29 **공동주택관리법 시행령상 층간소음관리위원회 구성원의 교육에 관한 내용이다. (　　)에 들어갈 아라비아 숫자와 용어를 쓰시오.**

> 제21조의3【층간소음관리위원회 구성원의 교육】 ① 법 제20조 제9항에 따라 국토교통부장관이 정하여 고시하는 기관 또는 단체(이하 이 조에서 '층간소음분쟁해결지원기관'이라 한다)는 같은 조 제7항에 따른 공동주택 층간소음관리위원회(이하 '층간소음관리위원회'라 한다)의 구성원에 대해 같은 조 제10항에 따라 층간소음 예방 및 분쟁조정 교육(이하 이 조에서 '층간소음예방등교육'이라 한다)을 하려면 다음 각 호의 사항을 교육 (㉠)일 전까지 공고하거나 교육대상자에게 알려야 한다.
> 1. ~ 4. 〈생략〉
> ② 층간소음관리위원회의 구성원은 매년 (㉡)시간의 층간소음예방등교육을 이수해야 한다.
> ③ 층간소음예방등교육은 집합교육의 방법으로 한다. 다만, 교육 참여현황의 관리가 가능한 경우에는 그 전부 또는 일부를 온라인교육으로 할 수 있다.
> ④ 〈생략〉
> ⑤ 층간소음관리위원회의 구성원에 대한 층간소음예방등교육의 수강비용은 제23조 제8항 후단에 따른 (㉢)에서 부담한다.

30 **공동주택관리법상 층간소음의 방지 등에 관한 내용이다. (　　)에 들어갈 용어를 각각 쓰시오.** 제22회

> 공동주택 층간소음의 범위와 기준은 (㉠)와(과) (㉡)의 공동부령으로 정한다.

31 **공동주택관리법 제20조 제5항에 따라 정한 공동주택 층간소음의 범위와 기준에 관한 규칙상 층간소음의 범위에 관한 내용이다. (　　)에 들어갈 용어를 쓰시오.** 제24회

> 공동주택 층간소음의 범위는 입주자 또는 사용자의 활동으로 인하여 발생하는 소음으로서 다른 입주자 또는 사용자에게 피해를 주는 다음의 소음으로 한다. 다만, 욕실, 화장실 및 다용도실 등에서 급수·배수로 인하여 발생하는 소음은 제외한다.
> • (㉠) 소음: 뛰거나 걷는 동작 등으로 인하여 발생하는 소음
> • (㉡) 소음: 텔레비전, 음향기기 등의 사용으로 인하여 발생하는 소음

32 공동주택 층간소음의 범위와 기준에 관한 규칙에서 층간소음의 기준 중 일부분이다. (　　)에 들어갈 숫자를 순서대로 쓰시오.

제19회

층간소음의 구분		층간소음의 기준[단위: dB(A)]	
		주간(06:00~22:00)	야간(22:00~06:00)
직접충격 소음 (뛰거나 걷는 동작 등으로 인하여 발생하는 소음)	1분간 등가소음도(Leq)	39	34
	최고소음도(Lmax)	(㉠)	(㉡)

33 공동주택 층간소음의 범위와 기준에 관한 규칙상 층간소음의 기준에 관한 내용이다. (　　)에 들어갈 아라비아 숫자를 쓰시오.

층간소음의 구분		층간소음의 기준[단위: dB(A)]	
		주간(06:00~22:00)	야간(22:00~06:00)
직접충격 소음	1분간 등가소음도(Leq)	(㉠)	(㉡)

34 공동주택 층간소음의 범위와 기준에 관한 규칙상 층간소음의 기준에 관한 것이다. (　　)에 들어갈 숫자를 쓰시오.

제23회

층간소음의 구분		층간소음의 기준[단위: dB(A)]	
		주간(06:00~22:00)	야간(22:00~06:00)
공기전달 소음 (텔레비전, 음향기기 등의 사용으로 인하여 발생하는 소음)	5분간 등가소음도(Leq)	(㉠)	(㉡)

정답

29 ㉠ 10, ㉡ 4, ㉢ 잡수입　30 ㉠ 국토교통부, ㉡ 환경부(순서 무관)　31 ㉠ 직접충격, ㉡ 공기전달　32 ㉠ 57, ㉡ 52　33 ㉠ 39, ㉡ 34　34 ㉠ 45, ㉡ 40

35 소음·진동관리법령상 생활소음 규제기준에 관한 내용이다. ㉠과 ㉡에 들어갈 숫자를 순서대로 쓰시오. [단, 단위는 dB(A)임] 제17회

대상지역	시간대별 / 소음원		주간 (07:00~18:00)	야간 (22:00~05:00)
주거지역	확성기	옥외 설치	(㉠) 이하	(㉡) 이하
		옥내에서 옥외로 소음이 나오는 경우	55 이하	45 이하

36 소음·진동관리법령상 생활소음 규제기준에 관한 내용이다. (   )에 들어갈 아라비아 숫자를 쓰시오. [단, 단위는 dB(A)임]

대상지역	시간대별 / 소음원		아침, 저녁 (05:00~07:00, 18:00~22:00)	주간 (07:00~18:00)	야간 (22:00~05:00)
주거지역	확성기	옥외 설치	60 이하	65 이하	60 이하
		옥내에서 옥외로 소음이 나오는 경우	(㉠) 이하	(㉡) 이하	(㉢) 이하

37 소음·진동관리법령상 생활소음 규제기준에 관한 내용이다. (   )에 들어갈 아라비아 숫자를 쓰시오. [단, 단위는 dB(A)임]

대상지역	시간대별 / 소음원	아침, 저녁 (05:00~07:00, 18:00~22:00)	주간 (07:00~18:00)	야간 (22:00~05:00)
주거지역	공장	(㉠) 이하	(㉡) 이하	(㉢) 이하

38 소음·진동관리법령상 생활소음 규제기준에 관한 내용이다. (   )에 들어갈 아라비아 숫자를 쓰시오. [단, 단위는 dB(A)임]

대상지역	소음원 \ 시간대별	아침, 저녁 (05:00~07:00, 18:00~22:00)	주간 (07:00~18:00)	야간 (22:00~05:00)
주거지역	공사장	(㉠) 이하	(㉡) 이하	(㉢) 이하

39 건축물의 에너지절약설계기준의 용어에 관한 설명이다. (   )에 들어갈 용어를 쓰시오.

제26회

(㉠)층이라 함은 습한 공기가 구조체에 침투하여 결로발생의 위험이 높아지는 것을 방지하기 위해 설치하는 투습도가 24시간당 $30g/m^2$ 이하 또는 투습계수 $0.28g/m^2 \cdot h \cdot mmHg$ 이하의 투습저항을 가진 층을 말한다.

40 건축물의 에너지절약설계기준에 따른 방습층의 정의이다. (   )에 들어갈 아라비아 숫자를 쓰시오.

'방습층'이라 함은 습한 공기가 구조체에 침투하여 결로발생의 위험이 높아지는 것을 방지하기 위해 설치하는 투습도가 24시간당 (㉠)g/m^2 이하 또는 투습계수 (㉡)$g/m^2 \cdot h \cdot mmHg$ 이하의 투습저항을 가진 층을 말한다.

41 건축물의 에너지절약설계기준에 따른 투광부의 정의이다. (   )에 들어갈 아라비아 숫자를 쓰시오.

'투광부'라 함은 창, 문 면적의 (㉠)% 이상이 투과체로 구성된 문, 유리블록, 플라스틱패널 등과 같이 투과재료로 구성되며, 외기에 접하여 채광이 가능한 부위를 말한다.

정답

35 ㉠ 65, ㉡ 60 **36** ㉠ 50, ㉡ 55, ㉢ 45 **37** ㉠ 50, ㉡ 55, ㉢ 45
38 ㉠ 60, ㉡ 65, ㉢ 50 **39** ㉠ 방습 **40** ㉠ 30, ㉡ 0.28 **41** ㉠ 50

42 건축물의 에너지절약설계기준상 다음에서 정하고 있는 용어를 순서대로 쓰시오. 제21회

- (㉠): 기기의 출력값과 목표값의 편차에 비례하여 입력량을 조절하여 최적 운전상태를 유지할 수 있도록 운전하는 방식을 말한다.
- (㉡): 수용가에서 일정 기간 중 사용한 전력의 최대치를 말한다.

43 건축물의 에너지절약설계기준상 다음에서 정하고 있는 용어를 쓰시오.

- (㉠): 설비기기에 공급된 에너지에 대하여 출력된 유효에너지의 비를 말한다.
- (㉡): 기기를 여러 대 설치하여 부하상태에 따라 최적 운전상태를 유지할 수 있도록 기기를 조합하여 운전하는 방식을 말한다.

44 건축물의 에너지절약설계기준상 다음에서 정하고 있는 용어와 아라비아 숫자를 쓰시오.

- (㉠): 중간기 또는 동계에 발생하는 냉방부하를 실내 엔탈피보다 낮은 도입 외기에 의하여 제거 또는 감소시키는 시스템을 말한다.
- 중앙집중식 냉·난방설비: 건축물의 전부 또는 냉난방 면적의 (㉡)% 이상을 냉방 또는 난방함에 있어 해당 공간에 순환펌프, 증기난방설비 등을 이용하여 열원 등을 공급하는 설비를 말한다. 단, 산업통상자원부 고시 「효율관리기자재 운용규정」에서 정한 가정용 가스보일러는 개별 난방설비로 간주한다.

45 건축물의 에너지절약설계기준상 '기밀 및 결로방지 등을 위한 조치'에 관한 내용이다. (   )에 들어갈 용어를 쓰시오. 제21회

벽체 내표면 및 내부에서의 결로를 방지하고 단열재의 성능 저하를 방지하기 위하여 단열조치를 하여야 하는 부위(창 및 문과 난방공간 사이의 층간 바닥 제외)에는 (㉠)을(를) 단열재의 실내 측에 설치하여야 한다.

46 건축물의 에너지절약설계기준상 '기밀 및 결로방지 등을 위한 조치'에 관한 내용의 일부이다. (　　)에 들어갈 아라비아 숫자를 쓰시오.

> 방습층 및 단열재가 이어지는 부위 및 단부는 이음 및 단부를 통한 투습을 방지할 수 있도록 다음과 같이 조치하여야 한다.
> 1) 〈생략〉
> 2) 방습층으로 알루미늄박 또는 플라스틱계 필름 등을 사용할 경우의 이음부는 (㉠)mm 이상 중첩하고 내습성 테이프, 접착제 등으로 기밀하게 마감할 것
> 3) 단열부위가 만나는 모서리 부위는 방습층 및 단열재가 이어짐이 없이 시공하거나 이어질 경우 이음부를 통한 단열성능 저하가 최소화되도록 하며, 알루미늄박 또는 플라스틱계 필름 등을 사용할 경우의 모서리 이음부는 (㉡)mm 이상 중첩되게 시공하고 내습성 테이프, 접착제 등으로 기밀하게 마감할 것

최신기출

47 건축물의 에너지절약설계기준상 전기설비부문에 관한 용어의 정의이다. (　　)에 들어갈 용어를 쓰시오.

제27회

> (㉠)(이)라 함은 승강기가 균형추보다 무거운 상태로 하강(또는 반대의 경우)할 때 모터는 순간적으로 발전기로 동작하게 되며, 이 때 생산되는 전력을 다른 회로에서 전원으로 활용하는 방식으로 전력소비를 절감하는 장치를 말한다.

48 건축물의 에너지절약설계기준상 '설계용 외기조건'에 관한 내용의 일부이다. (　　)에 들어갈 아라비아 숫자를 쓰시오.

> 난방 및 냉방설비의 용량계산을 위한 외기조건은 각 지역별로 위험률 (㉠)%(냉방기 및 난방기를 분리한 온도출현분포를 사용할 경우) 또는 1%(연간 총시간에 대한 온도출현 분포를 사용할 경우)로 하거나 별표 7에서 정한 외기 온·습도를 사용한다. 별표 7 이외의 지역인 경우에는 상기 위험률을 기준으로 하여 가장 유사한 기후조건을 갖는 지역의 값을 사용한다. 다만, 지역난방공급방식을 채택할 경우에는 산업통상자원부 고시 「집단에너지시설의 기술기준」에 의하여 용량계산을 할 수 있다.

정답

42 ㉠ 비례제어운전, ㉡ 최대수요전력 **43** ㉠ 효율, ㉡ 대수분할운전 **44** ㉠ 이코노마이저 시스템, ㉡ 60 **45** ㉠ 방습층 **46** ㉠ 100, ㉡ 150 **47** ㉠ 회생제동장치 **48** ㉠ 2.5

49 **건축물의 에너지절약설계기준상 '설계용 실내온도 조건'에 관한 내용의 일부이다. (　　) 에 들어갈 아라비아 숫자를 쓰시오.**

> 난방 및 냉방설비의 용량계산을 위한 설계기준 실내온도는 난방의 경우 (㉠)℃, 냉방의 경우 (㉡)℃를 기준으로 하되(목욕장 및 수영장은 제외) 각 건축물 용도 및 개별 실의 특성에 따라 별표 8에서 제시된 범위를 참고하여 설비의 용량이 과다해지지 않도록 한다.

49 ㉠ 20, ㉡ 28 **정답**

CHAPTER

03 안전관리

▶ 연계학습 | 에듀윌 기본서 2차 [공동주택관리실무 下] p.488

01 공동주택관리법 제32조 제1항에 관한 내용이다. (   )에 들어갈 용어를 쓰시오.

> 의무관리대상 공동주택의 관리주체는 해당 공동주택의 시설물로 인한 안전사고를 예방하기 위하여 대통령령으로 정하는 바에 따라 (㉠)을(를) 수립하고, 이에 따라 시설물별로 안전관리자 및 안전관리책임자를 지정하여 이를 시행하여야 한다.

02 공동주택관리법령상 안전관리기준 및 진단사항에 관한 내용이다. (   )에 들어갈 용어를 쓰시오.

구분	대상시설	점검횟수
(㉠)진단	석축, 옹벽, 법면, 교량, 우물, (㉡)	연 1회(2월 또는 3월)

03 공동주택관리법령상 안전관리기준 및 진단사항에 관한 내용이다. (   )에 들어갈 용어를 쓰시오.

구분	대상시설	점검횟수
(㉠)진단	석축, 옹벽, 법면, 담장, 하수도 및 (㉡)	연 1회(6월)

04 공동주택관리법령상 안전관리기준 및 진단사항에 관한 내용이다. (   )에 들어갈 용어를 쓰시오.

구분	대상시설	점검횟수
(㉠)진단	(㉡), 중앙집중식 난방시설, 노출배관의 동파방지, 수목보온	연 1회(9월 또는 10월)

정답

01 ㉠ 안전관리계획　02 ㉠ 해빙기, ㉡ 비상저수시설　03 ㉠ 우기, ㉡ 주차장
04 ㉠ 월동기, ㉡ 연탄가스배출기

05 공동주택관리법령상 안전관리기준 및 진단사항에 관한 내용이다. (　　)에 들어갈 용어를 쓰시오.

구분	대상시설	점검횟수
(㉠)진단	변전실, 고압가스시설, 도시가스시설, 액화석유가스시설, 소방시설, 맨홀(정화조의 뚜껑을 포함한다), 유류저장시설, 펌프실, 승강기, 인양기, 전기실, 기계실, (㉡), 주민운동시설 및 주민휴게시설	매 분기 1회 이상

06 공동주택관리법령상 안전관리기준 및 진단사항에 관한 내용이다. (　　)에 들어갈 용어를 쓰시오.

구분	대상시설	점검횟수
(㉠)진단	저수시설, 우물 및 (㉡)	연 2회 이상

07 공동주택관리법령상 안전관리계획에 따른 안전관리기준 및 진단사항으로 안전진단과 위생진단에 공통되는 대상시설을 쓰시오.

08 공동주택관리법령상 안전점검에 관한 내용이다. (　　)에 들어갈 숫자를 쓰시오.

제19회 수정

> 의무관리대상 공동주택의 관리주체는 그 공동주택의 기능유지와 안전성 확보로 입주자 등을 재해 및 재난 등으로부터 보호하기 위하여 「시설물의 안전 및 유지관리에 관한 특별법」 제21조에 따른 지침에서 정하는 안전점검의 실시 방법 및 절차 등에 따라 공동주택의 안전점검을 실시하여야 한다. 다만, (㉠)층 이상의 공동주택 및 사용연수, 세대수, 안전등급, 층수 등을 고려하여 대통령령으로 정하는 (㉡)층 이하의 공동주택에 대하여는 대통령령으로 정하는 자로 하여금 안전점검을 실시하도록 하여야 한다.

09 **공동주택관리법령상 공동주택의 안전점검에 관한 규정의 일부이다. ( )에 들어갈 아라비아 숫자를 쓰시오.**

> 「공동주택관리법」 제33조 【안전점검】 ① 의무관리대상 공동주택의 관리주체는 그 공동주택의 기능유지와 안전성 확보로 입주자등을 재해 및 재난 등으로부터 보호하기 위하여 「시설물의 안전 및 유지관리에 관한 특별법」 제21조에 따른 지침에서 정하는 안전점검의 실시 방법 및 절차 등에 따라 공동주택의 안전점검을 실시하여야 한다. 다만, …〈중략〉… 및 사용연수, 세대수, 안전등급, 층수 등을 고려하여 대통령령으로 정하는 (㉠)층 이하의 공동주택에 대하여는 대통령령으로 정하는 자로 하여금 안전점검을 실시하도록 하여야 한다.
>
> 「공동주택관리법 시행령」 제34조 【공동주택의 안전점검】 ② 법 제33조 제1항 단서에서 '대통령령으로 정하는 (㉠)층 이하의 공동주택'이란 (㉠)층 이하의 공동주택으로서 다음 각 호의 어느 하나에 해당하는 것을 말한다.
>
> 1. 사용검사일부터 (㉡)년이 경과한 공동주택
> 2. 〈생략〉

10 **공동주택관리법령상 공동주택의 안전점검에 관한 내용이다. ( )에 들어갈 용어를 쓰시오.**

> 법 제33조 제2항에 따라 관리주체는 안전점검의 결과 건축물의 구조·설비의 안전도가 매우 낮아 위해 발생의 우려가 있는 경우에는 다음 각 호의 사항을 시장·군수·구청장에게 보고하고, 그 보고내용에 따른 조치를 취하여야 한다.
>
> 1. 점검대상 (㉠)·설비
> 2. (㉡)의 정도
> 3. 발생 가능한 위해의 내용
> 4. 조치할 사항

정답

05 ㉠ 안전, ㉡ 어린이놀이터 **06** ㉠ 위생, ㉡ 어린이놀이터 **07** 어린이놀이터 **08** ㉠ 16, ㉡ 15 **09** ㉠ 15, ㉡ 30 **10** ㉠ 구조, ㉡ 취약

11 **공동주택관리법령상 공동주택의 안전점검에 관한 내용이다. (   )에 들어갈 용어를 쓰시오.**

> 영 제34조 제6항에 따라 시장·군수·구청장은 같은 조 제5항에 따라 보고받은 공동주택에 대하여 다음 각 호의 조치를 하고 매월 1회 이상 점검을 실시하여야 한다.
> 1. 공동주택단지별 (㉠)의 지정
> 2. 공동주택단지별 (㉡)의 비치
> 3. 공동주택단지별 점검일지의 작성
> 4. 공동주택단지의 관리기구와 관계 행정기관 간의 (㉢) 구성

12 **시설물의 안전 및 유지관리에 관한 특별법령상 용어에 관한 설명이다. (   )에 들어갈 용어를 쓰시오.**

> (㉠)(이)란 경험과 기술을 갖춘 자가 육안이나 점검기구 등으로 검사하여 시설물에 내재(內在)되어 있는 위험요인을 조사하는 행위를 말한다.

13 **시설물의 안전 및 유지관리에 관한 특별법령상 용어의 정의에 관한 내용이다. (   )에 들어갈 용어를 쓰시오.** 제25회

> 제2조 【정의】 이 법에서 사용하는 용어의 뜻은 다음과 같다.
> 1. ~ 5. 〈생략〉
> 6. (㉠)(이)란 시설물의 물리적·기능적 결함을 발견하고 그에 대한 신속하고 적절한 조치를 하기 위하여 구조적 안전성과 결함의 원인 등을 조사·측정·평가하여 보수·보강 등의 방법을 제시하는 행위를 말한다.

14 **시설물의 안전 및 유지관리에 관한 특별법령상 용어에 관한 설명이다. (   )에 들어갈 용어를 쓰시오.**

> (㉠)(이)란 시설물의 붕괴·전도 등으로 인한 재난 또는 재해가 발생할 우려가 있는 경우에 시설물의 물리적·기능적 결함을 신속하게 발견하기 위하여 실시하는 점검을 말한다.

15 시설물의 안전 및 유지관리에 관한 특별법령상 용어에 관한 설명이다. (   )에 들어갈 용어를 쓰시오.

> (㉠)(이)란 완공된 시설물의 기능을 보전하고 시설물 이용자의 편의와 안전을 높이기 위하여 시설물을 일상적으로 점검·정비하고 손상된 부분을 원상복구하며 경과시간에 따라 요구되는 시설물의 개량·보수·보강에 필요한 활동을 하는 것을 말한다.

16 시설물의 안전 및 유지관리에 관한 특별법령상 시설물의 안전 및 유지관리 기본계획에 관한 내용이다. (   )에 들어갈 용어와 아라비아 숫자를 쓰시오.

> (㉠)은(는) 시설물이 안전하게 유지관리될 수 있도록 하기 위하여 (㉡)년마다 시설물의 안전 및 유지관리에 관한 기본계획을 수립·시행하여야 한다.

17 시설물의 안전 및 유지관리에 관한 특별법 시행령의 안전점검 및 진단의 실시 시기에 관한 내용이다. (   )에 들어갈 아라비아 숫자를 쓰시오. 제26회

안전등급	정기안전점검	정밀안전점검		정밀안전진단	성능평가
		건축물	건축물 외 시설물		
D·E 등급	1년에 (㉠)회 이상	2년에 1회 이상	1년에 1회 이상	(㉡)년에 1회 이상	(㉢)년에 1회 이상

정답

11 ㉠ 점검책임자, ㉡ 관리카드, ㉢ 비상연락체계 12 ㉠ 안전점검 13 ㉠ 정밀안전진단
14 ㉠ 긴급안전점검 15 ㉠ 유지관리 16 ㉠ 국토교통부장관, ㉡ 5 17 ㉠ 3, ㉡ 4, ㉢ 5

18 **다음은 어린이놀이시설 안전관리법의 용어 정의에 관한 내용이다. ( )에 들어갈 용어를 순서대로 쓰시오.** 제20회

> • (㉠)(이)라 함은 어린이놀이시설의 관리주체 또는 관리주체로부터 어린이놀이시설의 안전관리를 위임받은 자가 육안 또는 점검기구 등에 의하여 검사를 하여 어린이놀이시설의 위험요인을 조사하는 행위를 말한다.
> • (㉡)(이)라 함은 제4조의 안전검사기관이 어린이놀이시설에 대하여 조사·측정·안전성 평가 등을 하여 해당 어린이놀이시설의 물리적·기능적 결함을 발견하고 그에 대한 신속하고 적절한 조치를 하기 위하여 수리·개선 등의 방법을 제시하는 행위를 말한다.

19 **어린이놀이시설 안전관리법령상 용어에 관한 설명이다. ( )에 들어갈 용어를 쓰시오.**

> (㉠)(이)란 설치된 어린이놀이시설이 기능 및 안전성을 유지할 수 있도록 정비·보수 및 개량 등을 행하는 것을 말한다.

20 **어린이놀이시설 안전관리법령상 어린이놀이시설의 설치검사 등에 관한 내용이다. ( )에 들어갈 숫자를 쓰시오.** 제19회

> 관리주체는 제1항에 따라 설치검사를 받은 어린이놀이시설에 대하여 대통령령으로 정하는 방법 및 절차에 따라 안전검사기관으로부터 (㉠)년에 1회 이상 정기시설검사를 받아야 한다.

21 **어린이놀이시설 안전관리법령상 ( )에 들어갈 아라비아 숫자와 용어를 쓰시오.**

> 관리주체는 설치검사를 받은 어린이놀이시설에 대하여 대통령령으로 정하는 방법 및 절차에 따라 안전검사기관으로부터 (㉠)년에 1회 이상 (㉡)을(를) 받아야 한다.

22 어린이놀이시설 안전관리법령상 안전점검에 관한 내용이다. ( )에 들어갈 아라비아 숫자와 용어를 쓰시오.

> 관리주체는 안전점검 결과 해당 어린이놀이시설이 어린이에게 위해를 가할 우려가 있다고 판단되는 경우에는 그 이용을 금지하고 (㉠)개월 이내에 안전검사기관에 (㉡)을(를) 신청하여야 한다.

23 어린이놀이시설 안전관리법령상 안전점검에 관한 내용이다. ( )에 들어갈 용어를 쓰시오.

> 어린이놀이시설의 관리주체는 점검항목에 대하여 다음의 기준에 따라 구분하여 안전점검을 한 후, 그 결과를 안전점검실시대장에 기록하여야 한다.
> 1. (㉠): 어린이놀이시설의 이용자에게 위해(危害)·위험을 발생시킬 요소가 없는 경우
> 2. (㉡): 어린이놀이시설의 이용자에게 위해·위험을 발생시킬 요소는 발견할 수 없으나, 어린이놀이기구와 그 부분품의 제조업체가 정한 사용연한이 지난 경우
> 3. (㉢): 어린이놀이시설의 이용자에게 위해·위험을 발생시킬 요소가 되는 틈, 헐거움, 날카로움 등이 생길 가능성이 있거나, 어린이놀이시설이 더럽거나 안전 관련 표시가 훼손된 경우
> 4. 이용금지: 어린이놀이시설의 이용자에게 위해·위험을 발생시킬 수 있는 틈, 헐거움, 날카로움 등이 있거나 위해가 발생한 경우

24 어린이놀이시설 안전관리법령상 ( )에 들어갈 아라비아 숫자를 쓰시오.

> 관리주체는 안전점검 또는 안전진단을 한 결과에 대하여 안전점검실시대장 또는 안전진단실시대장을 작성하여 최종 기재일부터 (㉠)년간 보관하여야 한다.

정답

18 ㉠ 안전점검, ㉡ 안전진단 19 ㉠ 유지관리 20 ㉠ 2 21 ㉠ 2, ㉡ 정기시설검사
22 ㉠ 1, ㉡ 안전진단 23 ㉠ 양호, ㉡ 요주의, ㉢ 요수리 24 ㉠ 3

25 **어린이놀이시설 안전관리법령상 안전교육에 관한 내용이다. (   )에 들어갈 아라비아 숫자를 쓰시오.**

> 관리주체는 다음의 구분에 따른 기간 이내에 어린이놀이시설의 안전관리에 관련된 업무를 담당하는 자(이하 '안전관리자'라 한다)로 하여금 안전교육을 받도록 하여야 한다.
> 1. 어린이놀이시설을 인도받은 경우: 인도받은 날부터 (㉠)개월
> 2. 안전관리자가 변경된 경우: 변경된 날부터 (㉡)개월
> 3. 안전관리자의 안전교육 유효기간이 만료되는 경우: 유효기간 만료일 전 (㉢)개월

26 **어린이놀이시설 안전관리법령상 안전교육에 관한 내용이다. (   )에 들어갈 아라비아 숫자를 쓰시오.**

> 안전교육의 주기는 (㉠)년에 1회 이상으로 하고, 1회 안전교육 시간은 (㉡)시간 이상으로 한다.

27 **어린이놀이시설 안전관리법 시행령 제13조 보험의 종류 등에 관한 규정의 일부이다. (   )에 들어갈 아라비아 숫자를 쓰시오.**

> ① 법 제21조 제2항에 따른 보험의 종류는 어린이놀이시설 사고배상책임보험이나 사고배상책임보험과 같은 내용이 포함된 보험으로 한다.
> ② 제1항에 따른 보험은 다음 각 호의 구분에 따른 시기에 가입하여야 한다.
> 1. 관리주체인 경우: 어린이놀이시설을 인도받은 날부터 (㉠)일 이내

28 **어린이놀이시설 안전관리법령상 사고보고에 관한 내용이다. (   )에 들어갈 아라비아 숫자를 쓰시오.**

> 관리주체는 그가 관리하는 어린이놀이시설로 인하여 하나의 사고로 인한 (㉠)명 이상의 부상, 사고 발생일로부터 (㉡)일 이내에 (㉢)시간 이상의 입원치료가 필요한 부상, (㉣)도 이상의 화상, 부상 면적이 신체 표면의 (㉤)% 이상인 부상 등 어린이놀이시설 이용자에게 중대한 사고가 발생한 때에는 즉시 사용중지 등 필요한 조치를 취하고 해당 관리감독기관의 장에게 통보하여야 한다.

29 **어린이놀이시설 안전관리법령상 중대한 사고에 관한 내용이다. (　　)에 들어갈 아라비아 숫자를 쓰시오.**

> 중대한 사고의 통보를 받은 관리감독기관의 장은 필요하다고 판단되는 경우에는 관리주체에게 자료의 제출을 명하거나 현장조사를 실시할 수 있다. 이 경우 관리주체는 자료의 제출 명령을 받은 날부터 (㉠)일 이내에 해당 자료를 제출하여야 한다. 다만, 관리주체가 정하여진 기간에 자료를 제출하는 것이 어렵다고 사유를 소명하는 경우 관리감독기관의 장은 (㉡)일의 범위에서 그 제출 기한을 연장할 수 있다.

30 **어린이놀이시설 안전관리법령상 안전관리에 관한 내용이다. (　　)에 들어갈 아라비아 숫자를 쓰시오.**

> 관리감독기관의 장은 소관 어린이놀이시설의 안전관리를 위하여 필요하다고 인정하는 때에는 대통령령이 정하는 바에 따라 설치자 또는 관리주체에게 해당 어린이놀이시설의 설치·관리 등에 관한 자료의 제출을 명하거나 보고를 하게 할 수 있다. 이 경우 설치자 또는 관리주체는 자료제출 명령을 받거나 보고를 요구받은 날부터 (㉠)일 이내에 해당 자료를 제출하거나 해당 사항에 대하여 보고하여야 한다. 다만, 설치자 또는 관리주체가 정하여진 기간에 자료제출 또는 보고를 하는 것이 어렵다고 사유를 소명하는 경우 관리감독기관의 장은 (㉡)일의 범위에서 그 제출 또는 보고의 기한을 연장할 수 있다.

정답

25 ㉠ 3, ㉡ 3, ㉢ 3　**26** ㉠ 2, ㉡ 4　**27** ㉠ 30　**28** ㉠ 3, ㉡ 7, ㉢ 48, ㉣ 2, ㉤ 5
29 ㉠ 10, ㉡ 20　**30** ㉠ 20, ㉡ 30

에듀윌이
너를
지지할게

ENERGY

삶의 순간순간이
아름다운 마무리이며
새로운 시작이어야 한다.

– 법정 스님

memo

2025 에듀윌 주택관리사 2차 출제가능 문제집 공동주택관리실무

발 행 일	2025년 2월 28일 초판
편 저 자	김영곤
펴 낸 이	양형남
펴 낸 곳	㈜에듀윌
I S B N	979-11-360-3650-6
등록번호	제25100-2002-000052호
주 소	08378 서울특별시 구로구 디지털로34길 55 코오롱싸이언스밸리 2차 3층

www.eduwill.net

대표전화 1600-6700

여러분의 작은 소리
에듀윌은 크게 듣겠습니다.

본 교재에 대한 여러분의 목소리를 들려주세요.
공부하시면서 어려웠던 점, 궁금한 점,
칭찬하고 싶은 점, 개선할 점, 어떤 것이라도 좋습니다.

에듀윌은 여러분께서 나누어 주신 의견을
통해 끊임없이 발전하고 있습니다.

에듀윌 도서몰 book.eduwill.net

- 부가학습자료 및 정오표: 에듀윌 도서몰 → 도서자료실
- 교재 문의: 에듀윌 도서몰 → 문의하기 → 교재(내용, 출간) / 주문 및 배송